JN496306

Consumer Behavior

소비자 행동론

Michael R. Solomon 지음
황장선 | **이지은** | **전승우** | **최자영** 옮김

PEARSON

소비자 행동론 제11판

CONSUMER BEHAVIOR, 11th Edition

11판 1쇄 발행 | 2016년 3월 21일
11판 2쇄 발행 | 2018년 2월 26일
지은이 | Michael R. Solomon
옮긴이 | 황장선, 이지은, 전승우, 최자영
펴낸곳 | 도서출판 경문사
등　록 | 1995년 11월 9일 제300-1995-138호
주　소 | 서울특별시 서대문구 독립문로 21-9
전　화 | 738-7035(대표)
FAX | 722-4678
e-mail | kmsp@korea.com
홈페이지 | http://www.kmsp.co.kr

값 35,000원
ISBN 978-89-420-0850-6 93320

CONSUMER BEHAVIOR, 11th Edition

Authorized Translation from the English language edition, entitled CONSUMER BEHAVIOR, GLOBAL EDITION, 11th Edition by SOLOMON, MICHAEL R., published by Pearson Education, Inc, Copyright © 2014

지은이 소개 / *ABOUT THE AUTHOR*

Michael R. Solomon 박사

- 영국 Manchester University 경영대학의 소비자행동학 담당 교수
- Saint Joseph's University, Haub School of Business, Center for Consumer Research 소장
- 주요 연구분야: 소비자 행동, 라이프 스타일 이슈들, 브랜딩 전략, 제품의 상징적 차원들, 유행의 심리, 장식, 이미지, 서비스 마케팅, 가상세계에서의 마케팅, 시각적인 온라인 조사 방법론의 개발 등
- Academy of Marketing Science 회장 역임
- 광고 및 마케팅 커뮤니케이션 분야에서 가장 많은 연구를 수행한 연구자 10인 중 한 명
- 전 세계 주요 기업 관련 프로젝트 진행, 주요 매체 기고 및 강연

옮긴이 소개 / *ABOUT THE TRANSLATORS*

황장선(seralpha@cau.ac.kr)
중앙대학교 광고홍보학과 교수

전승우(schun5@dongguk.edu)
동국대학교 경영학과 교수

이지은(jlee114@cau.ac.kr)
중앙대학교 경영학부 교수

최자영(choi181@ssu.ac.kr)
숭실대학교 벤처중소기업학과 교수

머리말 / *PREFACE*

나는 사람들을 관찰하는 것을 좋아한다. 여러분은 어떠한가? 쇼핑하는 사람들, 장난치는 사람들, 소비하는 사람들… 소비자 행동은 사람과 그들의 정체성을 형성하는데 도움을 주는 제품에 관한 연구 분야이다. 나 또한 한 명의 소비자로서 이러한 과정들이 어떻게 진행되는지를 공부하는 데에 개인적 관심이 많으며, 독자 여러분들도 비슷할 것이라 생각한다.

많은 수업에서 학생들은 단지 수동적 관찰자에 머물며, 간접적으로 그들에게 영향을 주는 주제들을 학습하는 데에 그친다. 누구나 다 플라즈마 물리학자나 중세 불어학자, 또는 마케팅 전문가이지는 않다. 그러나 우리는 소비자다. 이 책에서 다루어지는 많은 내용들은 독자들이 학생, 교수, 직장인, 그 누구이든 간에, 그들에게 전문적이면서도 개인적인 관련성을 갖는 것들이다. 거의 모든 사람들은 폐점 마지막 순간의 쇼핑, 저녁 외출을 위한 치장, 고가제품 구매에 대한 고민, 카리브해에서 보내는 일주일 휴가에 대한 환상, 공휴일 즐기기, 졸업, 면허 취득, 로또 당첨 등과 같은 기억할 만한 사건에 대한 기념 등과 같은 다양한 일의 시도 및 그 과정에서의 어려움을 경험했을 수 있다.

이번 판에서 나는 소비자 행동 분야의 연구와 모델을 개발한 매우 훌륭한 학자들에 의한 가장 최근의 뛰어난 생각들을 여러분들에게 소개하려고 했다. 물론 그것만으로는 충분하지는 않다. 소비자 행동은 응용 과학이며, 때문에 우리는 연구의 결과물들을 실제 세상에 적용할 때, "일상적 상식(horse sense)"의 역할을 절대 잊어서는 안 된다. 그것이 우리가 이러한 멋진 이론들을 뒷받침하기 위해 많은 실제적인 사례들을 찾는 이유인 것이다.

이 책의 차별성: 구매, 소유, 존재

소비자 행동은 구매 행위를 공부하는 것 그 이상이며, 소유와 존재 또한 매우 중요하다. 소비자 행동은 물건을 사는 일 그 이상이다. 그것은 물건을 소유하는 것(또는 소유하지 않는 것)이 우리의 삶에 어떻게 영향을 주며, 자기 자신과 서로의 존재에 대해 느끼는 방법에 어떻게 영향을 주는지에 관한 연구 분야이다. 나는 개개인의 소비자들과 그들의 사회적 현실 간에 분리될 수 없는 복잡한 상호 연계를 강조하기 위해 책의 각 부를 시작할 때마다 보여줄 수 있는 소비자 행동의 수레바퀴(Wheel of Consumer Behavior)를 개발했다.

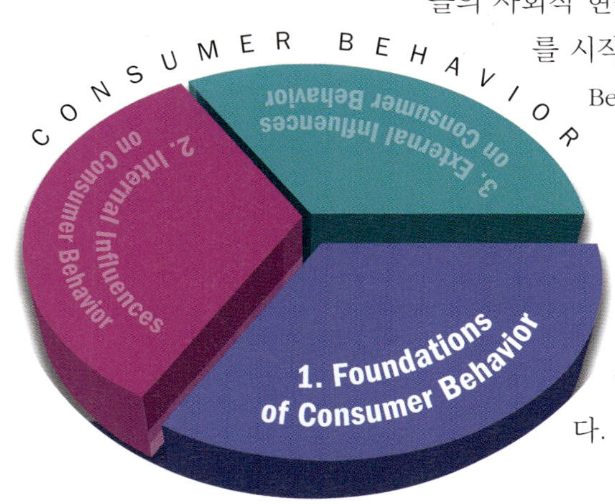

사람들의 구매 이유를 이해하는 것은 물론 우리는 제품, 서비스, 소비활동 등이 우리가 경험하는 더 넓은 사회적 세계에 어떻게 기여하는지를 이해하고자 한다. 쇼핑, 요리, 청소, 야구, 해변가에서의 휴식, 거울에 자신을 비춰보는 것까지 무엇이든 마케팅 시스템은 우리의 생활에 영향을 미친다. 이러한 경험들이 별로 복잡하지만 않다면, 다문화적 관점을 통해 소비자에 대한 우리의 이해는 더욱 향상될 것이다.

소비자행동의 원칙들이 우리들의 일상생활에 어떻게 관련되는지를 보여줌으로써 이러한 생각들을 흥미로운 최근 사례들을 중심으로 탐색하게 될 것이다. 11판 전반에 걸쳐, 여러분들은 red market, Phantom Vibration Syndrome, sexting, bromances, helicopter moms, cosplay, the sheconomy, headbanging rituals 등과 같은 최신 주제들에 대한 논의를 보게 될 것이다. 이러한 용어들에 대해 이해하기 힘들다면, 이 책을 즉시 읽어보길 권한다.

118 SECTION 1 소비자 행동의 기초

혜 규범(reciprocity norm)의 위반으로 느낄 것이다.

선물 그 자체보다 포장(선물만큼 중요한)이 더 중요한 일본에서는 이 문화권 내에서 선물 증정의식이 얼마나 중요한 것인지를 보여준다. 일본인들은 사회적 집단 내에서 다른 사람에 대한 의무의 중요한 측면이라고 생각한다. 선물 증정은 도덕적으로 중요한 것이다(giri: 도리). 높은 의식적 행동은 사람이 가족/개인적 선물과 회사/직업적 선물 둘 다 줄 때 발생한다. 각 개개인은 잘 정의된 인척 관계와 상호간 선물 증정 의무를 공유하는 친구들을 갖고 있다(kosai: 교제). 사람들은 장례식, 입원과 같은 사회적 행사, 하나의 삶의 단계에서 다른 단계로 이동하는 것(예, 결혼, 생일)을 기념하기 위해, 그리고 인사(예, 방문객을 만났을 때)로서 개인적 선물을 준다. 그들은 기업의 창립 기념, 새로운 건물의 오픈, 혹은 새로운 상품의 발표를 기념하기 위해 회사 선물을 준다. 일본인은 체면을 잃지 않는 것을 강조하는 것과 함께, 받는 사람은 그가 받은 것에 대한 어떤 실망을 나타내지 않기 위해서 선물 준 사람 앞에서 열어보지 않는다.

휴일 의식(Holiday Rituals)

휴일에 우리는 일상으로부터 벗어나 이 날을 위한 특별한 의식을 치른다. 각 문화의 기념 행사는 전통적으로 하나의 모험 또는 아일랜드의 St. Patrick 혹은 중국의 월로(月老)와 같은 더 특별한 캐릭터들과 관련이 있다. 이 특별한 이벤트들은 많은 의식적 제품과 의례를 필요로 한다. 추수감사절의 의례는 오직 그날에 우리가 많이 소비하는 칠면조와 크렌베리 소스 같은 많은 양의 음식과 우리가 (아직 디저트를 남겨놓고도) 얼마나 많이 먹었는지를 불평하는 것, 그리고 기념 미식축구 경기를 보기 위해 소파에 후식을 들고 가는 것을 포함한다.

대부분의 휴일은 종종 역사적(예, 추수감사절의 Miles Standish)이거나 이야기의 영웅과 같은 상상의 캐릭터(예, 발렌타인데이의 큐피트)와 같은 문화적 신화를 기념한다. 휴일의 기본 요소는 우리의 뿌리 깊은 욕구에 호소하기 때문에 휴일은 계속된다.

이 홍콩의 McDonald's 광고는 공휴일을 기념하고 있다. 직역을 하면, "만우절: 당신 친구들을 놀려먹을 수 있는 최고의 날"
출처: Courtesy of DDB Hong Kong.

글로벌화

미국에서의 경험은 중요하다. 그러나, 그것이 다가 아니다. 이 책은 세계 여러 나라의 다양한 소비자들에 대하여 다루게 된다. 그들은 다양한 형태로 구매, 소유, 존재의 경험을 하고 있으며, 그러한 것들에 대한 이해는 필수적이다. 이 책을 통해 미국 이외의 소비자들과 기업들에 관련된 여러 사례들을 만나야만 하는 이유이다. 2001년 9월 11일 비극적 사건 전에는 이것에 대해 잘 몰랐다면, 우리는 지금 이러한 것에 대한 이해가 필수적이라는 것을 잘 알고 있다. 미국인들은 또한 글로벌 시민이기도 하며, 다른 관점에 대한 충분한 이해를 해야만 한다.

Net Profit

괴상한 Mentos-Diet Coke 동영상을 기억하는가? 사람들이 이 작은 캔디 하나를 Diet Coke 통 안에 집어넣으면 20피트 높이의 물기둥이 생긴다는 사실을 알고 나서는 최소한 800개의 유사 동영상이 YouTube에 넘쳐났다. Mentos는 무료로 엄청난 광고를 한 것이다. 지난 10년 동안 가장 중요한 마케팅 현상은 사용자 제작 콘텐츠(UGC: User-Generated Contents)라고 할 수 있다. 사람들은 매일 제품, 브랜드, 기업 등에 대해 그들의 블로그, 팟캐스트, SNS 등에 의견을 올린다. 이 중요한 현상이 웹 2.0 시대를 잘 보여준다. 생산자로부터 소비자에 이르는 일방향적 전달 일색이던 인터넷이 사회적 상호작용적 매체로 재탄생한 것이다.

디지털 소비자 행동: 가상 커뮤니티

더욱 많은 대다수가 매일 온라인에서 활동하는 것처럼 세계가 변화하고 있다는 것에는 의심의 여지가 없고, 소비자 행동은 그보다 더욱 빠르게 진화하고 있다. 이번 11판은 지난번에 이어 지속적으로 디지털 소비자 행동의 멋진 신세계가 도래했음을 강조하며 축하한다. 오늘날 소비자들과 제조업자들은 우리가 이전에 전혀 경험하지 못했던 방식으로 전자적으로 연계되어 있다. 정보의 급속한 전파는 새로운 트렌드들이 개발되는 속도와 그것들이 전파되는 방향을 변화시키고 있다.

새로운 디지털 세계의 가장 흥미로운 것들 중 하나는 소비자들이 한 동네 사람이든 지구 반대편에 있는 사람들이건 모두와 직접적으로 상호작용할 수 있다는 것이다. 그 결과, 우리는 서둘러 커뮤니티의 의미를 재정의할 필요가 있다. 소비자들이 제품에 대해 다른 사람들과 이야기하는 것을 좋아한다는 사실을 안다는 것만으로 충분하지 않다. 현재 우리는 Alabama의 가정주부, Alaska의 장애인 노인, Amsterdam에 사는 몸에 피어싱을 한 십대 청소년 등을 포함해 전자적인 커뮤니티 내에서 새로운 영화, CD, 자동차, 의류 등에 대한 이야깃거리들을 공유하고 소문을 낸다. 우리들 중 많은 사람들이 Facebook, Twitter, Second Life와 같은 컴퓨터 매개 환경(Computer-Mediated Environment: CME)에서 만나고 있다. 나는 가상세계에서 무엇이 일어나고 있는지에 대하여 매우 관심이 많으며, 여러분은 이번 개정판에서 소비자 세계에서 새롭게 일어나고 있는 일들과 관련된 많은 사례들을 보게 될 것이다.

우리는 웹 서핑을 하는 사람이 가상 세계에서의 변신을 위해 자기 사진을 투영할 수 있을 때, 또는 한 기업 구매 대행업자가 전 세계 공급업자들로부터 순식간에 새로운

The Tangled Web

일본의 식품 및 간장 브랜드는 사람들이 "아시안화되는" 것을 허용하는 Facebook 앱을 출시했다. "도시 아시아인 모습"을 하기 위해서는 일본 스모 선수들의 사진과 당신의 사진을 합성하여 올리면 된다. 이 앱은 그 기업의 네덜란드 지사에서 만들었는데, "아시아의 도시에서 오늘 어떤 일들이 일어나고 있는지를 알려주는 포털"이라고 명명했다. 음…. 그리 그럴듯하

Marketing Opportunity

성공하고 있는 기업들은 욕구가 움직이는 표적이라는 사실을 잘 이해하고 있다. 과거에 훌륭한 마케팅 실적으로 유명세를 떨쳤다 하더라도 그런 명예에 안주할 수 있는 기업은 없다. 모든 기업이 변화하는 소비자들과 시장을 앞질러 혁신을 지속해야 한다. BMW가 좋은 예를 보여준다. 아우디나 벤츠 같은 경쟁자를 포함해 누구도 이 독일 자동차 브랜드가 어떻게 훌륭한 차를 만드는지에 대해 토를 달지는 않는다(물론 'Ultimate Driving Machine'이라는 슬로건에 대해서는 동의하지 않겠지만). 여전히 BMW의 엔지니어들과 디자이너들은 충성스런 고객들을 포함한 모든 운전자들의 욕구가 어떻게 변할 것인지에 대한 이해가 필요하다는 사실을 잘 알고 있다. 이 기업은 다음과 같은 핵심 트렌드에 대해 매우 민감하다.

- 환경친화적 제품에 대한 욕구
- 더욱 막히는 도로와 런던 같은 도시에서 일어나는 통행세 인상 조치
- 소비자들에게 차를 구매하는 것보다 렌트를 하는 것을 더 권장하는 비즈니스 모델

BMW의 반응: 이 기업은 10억 달러 이상을 새로운 전기자동차인 i3 모델과 i8 모델의 개발에 투입했다. 이 미래지향적 자동차는 연비를 개선하기 위해 경량 카본 섬유를 사용했고, 인테리어의 25%가 재활용 플라스틱으로 제작되었다. 덧붙여, BMW는 차량-공유 서비스를 시작했는데, DriveNow라는 서비스이며 현재 뮌헨에서 시행하고 있다. 운전자가 컴퓨터 칩을 사용하여, 차량을 얻고, 사용 후에는 원하는 장소에 놔두는 방식이다. 한발 앞선 생각이다.

기기를 구매하기 위해 경매에 입찰하는 것이 가능할 때, 소비자 행동의 파생적 결과를 탐색하기 시작한다. 이러한 시장과의 상호작용에 있어서 전개되는 새로운 방법들은 기업과 소비자에게 모두에게 동시에 풍부한 기회를 제공한다. 당신은 이번 개정판 전체에 걸쳐 반영된 변화하고 있는 디지털 세계의 모습을 볼 수 있을 것이다. 더불어, 각 장은 **Net Profit**이라는 칼럼을 포함하고 있는데, 이것은 우리가 기업활동을 하는 방법을 향상 시키기 위한 인터넷의 잠재력을 잘 보여주는 구체적인 사례들이다.

그러나 디지털 세계가 항상 장밋빛 공간일까? 불행히도, "실제 세계"와 마찬가지로, 디지털 세상 또한 그렇지는 않다. 소비자들과 관련된 잠재적 이슈들은 프라이버시를 침해하는지, 어린이들의 호기심에 기대는지, 잘못된 제품 정보를 제공하는지 등에 대한 것들이며, 이러한 논쟁은 늘 존재하기 마련이다. **The Tangled Web**이라고 명명한 칼럼은 이러한 뉴미디어의 남용에 대한 몇 가지 이슈들을 다루게 된다. 여전히, 나는 웹이 없는 세상을 상상할 수 없으며, 그것이 우리 분야를 바꾸는 방식을 여러분들이 즐기길 바란다. 소비자 행동의 새로운 가상세계가 나타날 때, 여러분들은 그것들 위에 또는 아래에 있게 될 것이다.

하나의 큰 텐트로서의 소비자 연구: 균형 있는 관점의 중요성

이 책의 독자 여러분들과 마찬가지로, 소비자 행동 분야는 역사가 짧고, 역동적이며, 유동적이다. 이 분야는 많은 서로 다른 분야의 관점들에 의해 지속적으로 풍부해지고 있다. 이 분야는 서로 다른 다양한 관점들을 받아들이는 하나의 큰 텐트(big tent)와 같다. 나는 이 장들에서 이 분야의 엄청난 다양성을 표현하고자 한다. 소비자 연구자들은 자연과학 일부와 예술 분야를 훌륭한 측정을 위해 받아들이고 있으며, 거의 모든 사회과학 분야를 아우르고 있다. 이러한 여러 분야의 혼합으로부터 하나의 역동적이고 복잡한 연구 관점이 생기는데, 소비자 연구자들이 연구하기 적절한 것과 그렇지 않은 것에 대한 믿음, 즉 소비자 연구 분야의 범위와 적절한 연구 방법 등에 대한 생각 등을 포함한다.

이 책은 소비자들을 이해하는 것이 얼마나 전략적으로 중요한 것인지를 강조한다. 마케팅의 기본적인 콘셉트들 중 많은 것들이 실무자의 사람들에 대한 이해 능력으로부터 도출된 것이다. 무엇보다 먼저, 만일 우리가 왜 사람들이 그렇게 행동하는지를 이해하지 못한다면, 어떻게 우리가 그들의 욕구를 식별할 수 있을까? 만일 우리가 그들의 욕구를 알아내지 못한다면, 그들의 욕구는 어떻게 충족시킬 수 있을까? 사람들의 욕구를 충족시키지 못한다면 우리는 마케팅 콘셉트를 갖지 못하게 되며, 텐트를 걷어 집에 가게 될 것이다!

마케팅 전략을 알려주는 소비자 연구의 잠재력을 설명하기 위해, 이 교재는 그러한 개념들이 사용될 수 있는 기회의 실제 사례들뿐만 아니라 마케팅 실무자에 의한 소비자 행동 개념의 구체적인 많은 적용 사례들을 포함한다(아마도 실무자들은 이 과정을 거쳐 전략들을 수정할 수도 있다). **Marketing Opportunity** 칼럼은 마케팅 실무자들이 소비자 연구에서 얻게 된 지혜를 실제 비즈니스 활동에 적용시키는 훌륭한 방법들을 잘 보여줄 것이다.

좋은 것, 나쁜 것, 이상한 것

전략적 초점은 훌륭하지만, 이 책은 마케터가 행하는 모든 것들이 소비자나 그들의 환경이 갖게 되는 최고의 관심사항이라고 가정하지는 않는다. 마찬가지로, 소비자로서 우리가 행하는 많은 것들도 긍정적인 것만은 아니다. 우리는 중독, 지위 선망, 자민족 중심주의, 인종 차별, 성 차별, 그 밖의 다른 많은 편향된 관점에 시달리고 있다. 유감스럽게도 고의든 아니든 마케팅 활동들이 이러한 인간의 결점을 이용하거나 부추기기도 한다. 이 책은 소비자 행동의 모든 것을 있는 그대로 다룬다. 우리는 마케팅 실수들 또는 윤리적으로 문제가 있는 활동들을 **Marketing Pitfall** 칼럼에서 다룬다.

더 좋은 것 하나를 언급하자면, 마케터들은 공휴일, 만화책, Krispy Kreme 도넛, 뉴재즈(nu-jazz) 음악, 온라인 애완동물 육성게임(Webkinz), 의복, 주택 디자인, 예술, 유리 등의 영역에서 우리에게 유용한 다양한 선택사항들과 같은 많은 놀라운 (또는 최소한 비범한) 것들을 만들어낸다. 나는 또한 대중문화에 미치는 마케팅의 상당한 영향력을 이해하기 위해 노력을 기울였다. 실제로, 이 책의 마지막 부분은 일상적인 생활에서 소비자들을 세밀하게 알아보고, 비판하며, 가끔은 찬양하는 작업들을 다루게 된다. 나는 내가 이러한 놀라운 것들에 관해 쓰는 것을 즐겼던 것처럼 여러분들도 충분히 즐기면서 읽기 바란다. 소비자 행동의 환상적인 세계에 온 것을 환영한다.

Marketing Pitfall

2012년 허리케인 Sandy가 동부 도시들을 강타했을 때, 이 재해로 인해 어려움을 겪은 기업들이 있는 반면에 위기를 기회로 삼아 성공을 거둔 마케터들도 있다. 예를 들어, Gap은 "우리는 오늘 Gap.com에서 쇼핑을 많이 할 겁니다. 당신은 어때요?"라고 트윗을 보냈다. 이 미국의 대표적인 의류업체는 고객들에게 인센티브를 제공했다. "허리케인이 발생하는 기간 동안 지루하다면 체크아웃 시 Sandysale을 입력해 주세요." 그러나 이 재해의 많은 피해자들은 하나도 즐겁지 않았다. 한 트위터가 다음과 같이 글을 올렸다. "헤이, @americanapparel 사람들이 죽었고 많은 사람들이 도움이 필요해. #Sandy sale은 그만 좀 닥쳐."

대조적으로 Allstate은 보험계약자들이 어떻게 하면 자신들이 보험 청구를 빨리 진행할 수 있는지를 알려주는 라디오 광고를 집행했다. JetBlue Airways는 재부킹 고객들에게 부과하던 벌금을 없앴다. Duracell은 뉴욕시에 트럭을 보내 재해로 전기가 부족한 사람들에게 무료 배터리, 컴퓨터 및 모바일기기를 충전하는 락커를 제공하도록 했다.

참호 속의 소비자 행동

나는 최신 정보의 가치를 신봉한다. 우리 분야는 너무나도 빨리 변화해서 어제의 뉴스가 더 이상은 새로운 얘기가 아닌 경우가 많다. 맞다, 20년 전이나 그 이전에도 존재했던 기본적인 소비자 행동의 구성 개념들은 지금도 적용되며, 이것들을 다룬 연구들은 "시간을 초월한" 것들이 많다(나도 그것들 중 일부를 저술했다!). 여전히, 학생들과 그들의 교수들에게 현재의 연구 관점, 대중문화, 마케팅 활동 등 내가 할 수 있다면 그것들을 제시하여야 한다는 책무를 느끼고 있다. 이러한 이유로 개정판을 낼 때마다, 나는 내 학문적 동료들에게 그들의 진행 중인 연구 논문들 중 가까운 미래에 중요해질 것이라고 믿는 것들을 보내달라고 요청한다. 내 요청에 대한 그들의 협조는 많은 신선한 연구 사례들을 포함시킬 수 있도록 해주었다. 이러한 논문들 중 일부는 이 책이 출판되는 시점에도 아직 발표되지 않은 것들도 있다. 나는 다음의 감사의 글 부분에서 이러한 노력을 도와준 사람들을 포함했다.

나는 CB as I See It 칼럼에서 이러한 생각을 반영했다. 매 장마다 여러분들은 "생생한" 한 인간으로서의 소비자 행동 교수들이 특정 전문 분야에서 선도적 연구자로서 갖는 그들만의 관점을 공유하는 것을 볼 것이다. 나는 이러한 훌륭한 동료들이 마음껏 이야기하도록 요청했고, 여러분들은 관련된 연구 이슈에 대하여 서로 다른 목소리들을 들음으로써 충분한 도움을 받을 수 있을 것이다.

CB AS I SEE IT

Gavan Fitzsimons 교수, *Duke University*

수년 동안 소비자 연구자들은 소비자들을 대체로 의식이 있는, 생각하는 기계라고 생각해왔다. 소비자들은 그들에게 무엇이 중요한지를 고려하고, 이런 측면에서 대안들에서 선택옵션들을 평가하고 결정한다. 그러나 최근에 커지고 있는 소비자 연구자 집단은 거의 정체가 드러났다고 고려되었던 과거의 아이디어에 재도전하기 시작했다. 말하자면, 한 소비자의 삶에서 일어나는 많은 것들은 그들의 의식적인 인지 밖에서 일어난다는 것이다. 소비자들은 그들의 의식적인 인지 밖에서 영향을 받는다는 생각은 많은 소비자들을 놀라게 하고, 따라서 상당한 저항감을 받았다. 그렇다 하더라도 소비자들은 그들이 노출되었다고 인식하지 못하는 자극에 의해 영향을 받고, 그들이 인지하지 않는 과정들이 마음 속에서 일어나고, 심지어 그들이 인식하지 않은 행동들(예, 많은 습관적 행동들을 고려하자)을 한다는 데이터들이 점점 보다 명확해지고 있다. 이런 비인식적 과정들은 종종 적응할 수 있고 소비자들에 도움이 되지만, 또한 동시에 해가 된다.

우리의 실험실에서 나온 하나의 흥미로운 최근 예는 브랜드 로고–Apple이나 IBM 로고–에 소비자들을 무의식적으로 노출시키는 것이다. 우연한 브랜드 노출은 매일 일어난다. 최근의 계산으로는 전형적인 미국 소비자들에게 하루에 3,000~10,000번 사이로 일어난다. 따라서 우리는 이것들이 의미 있는 방법으로 소비자 행동에 영향을 미칠 수 있는지 궁금했다. 이런 실제 생활의 우연한 브랜드 노출을 흉내내기 위해서 Apple이나 IBM 로고들을 10~50밀리세컨드(millisecond)의 아주 짧은 간격 동안 스크린에 깜빡였다. 참가자들은 그 브랜드를 보는 것을 의식하지 않았고, 그들은 단지 스크린의 오른쪽 또는 왼쪽에 있는 상자를 보았다고 믿었다. 결과적으로, Apple에 대한 무의식적인 노출은 비슷하게 IBM 로고에 노출된 소비자들보다 더 창의적으로 만든다는 것을 보여주었다. 이런 우연한 브랜드 노출(incidental brand exposure)은 소비자들이 만족할 수 있을 때까지 그들이 적극적으로 추구하는 목적을 활성화시켰다. 유사한 연구들에서도 우연한 브랜드 노출의 결과로서 하나의 브랜드가 다른 브랜드에 비해 눈에 띄게 선택되었다.

무의식적인 소비자 행동에 대한 미래의 연구는, 소비자들이 그들의 인지 밖의 영향을 받는다는 영역을 지속적으로 발전시킬 것이다. 무의식적인 영향에 대해 소비자들 스스로가 혹사되고, 지치고, 당황해하는 사태는 무르익어서 이제 예외를 기대하기란 어려운 일이 되었다. 남아 있는 가장 흥미로운 몇몇 질문들은 어떻게 무의식적인 과정이 일어나고, 언제 협조적인지 또는 위험한지를 다룬다. 만약 도움이 된다면, 어떻게 소비자들, 회사들, 공공 정책 입안자들이 그것을 받아들이고 부추기냐는 것이다. 예를 들어, 많은 소비자들은 더욱더 창조적이거나 빠르게 선택할지도 모른다. 따라서 그들 자신들을 일부러 Apple이나 Speedo 로고로 둘러싸이게 할지도 모른다. 이런 로고에 계속 노출되는 것은 우연 학습이 되어, 그들은 자신들이 점점 창조적이고 민첩해짐을 발견할 것이다. 만약 이런 노출이 해롭다면, 이들 집단은 이런 효과를 최소화하기 위해서 무엇을 할 수 있을까? 초기 연구 결과들은 부분적으로 적어도 사전 경고(pre-warning)는 이런 무의식적 효과들을 꺾을 수 있다고 제안한다.

Nielsen Nuggets

SECTION NIELSEN NUGGET

시나리오: Healthy Clean, Inc.는 "세균 소멸자(Germ Destructor)" 브랜드에서 표면 살균에 있어서 강한 존재감을 가지고 있다. 이 회사에게 손 위생 시장에 진입하는 것은 살균 해결의 완벽한 범위를 제공하고 카테고리 리더십을 유지하기 위해서 매우 중요하다. Healthy Clean은 손세정제(hand-wash) 시장에서 만지지 않아도 나오는 시스템(no-touch dispensing system)으로 진입하는 것이 어떤지 조사하기를 원한다.

과제: Healthy Clean은 다양한 제품 속성과 제품 컨셉의 일반적인 수용에 대한 소비자 지각을 이해하기 원한다. 다른 연구 대상들 중에서 Healthy Clean은 경쟁우위를 성취할 수 있는 시장을 결정하기를 원한다. 또한 이 회사는 조정이 필요하거나 고객 지각 영향을 미칠 수 있는 제품 속성들을 규명하기 원한다.

제시된 데이터를 검토한 후에

1 만약 신상품 출시를 진행한다면 Healthy Clean이 프로모션에 강조해야하는 구체적 속성을 규명하라.
2 만약 어떤 것이라도 리엔지니어링이 고려되어야 한다면, 구체 속성을 규명하라.
3 이 데이터에 의하면, 이 장에서 논의된 다속성 모델에서 어떤 케팅 전략이 제안될 수 있는가?

세계적인 소비자 및 시장 조사 회사인 Nielsen에서는 최근 실시한 소비자 서베이 데이터를 제공해 주었다. 각 문제들은 Nielsen의 데이터와 구체적인 마케팅 질문에 대한 해결책을 구하는 데에 그 데이터들을 어떻게 사용할 것인지에 대한 제언을 담고 있다. 사람들이 실제로 어떻게 소비하는지에 대해 그 숫자들이 무엇을 말해주는지에 대한 논리적 연결은 당신의 과제이다.

소비자 행동에서의 중요한 생각: 사례연구

사례연구Case Study

NETFLIX

초기에 우편을 통해 영화를 배달하는 것으로 알려진 회사인 넷플릭스는 최근에 65번째 프라임타임 에이미상(Primetime Emmy Award)에서 오리지널 프로그램으로 선정된 주요 텔레비전 스튜디오(방송사)에 참여하였다. 이것은 인터넷 기반의 회사에게는 선례가 없었던 성과였다. 넷플릭스의 오리지널 콘텐츠 시리즈 14개가 선정되었고 거대한 스튜디오인 HBO, ABC, NBC와 같이 나란히 하였다. HBO가 108개 선정되었다는 것에 비교하면 14라는 숫자는 작은 숫자이지만, 넷플릭스는 분명히 텔레비전 콘텐츠의 성공적인 프로듀서로서 업계의 관심을 이끌었다.

이 시스템의 아웃사이더인 이 회사가 어떻게 엔터테인먼트 산업에서 주요 세력이 되었을까? 이것은 소비자의 시청행동이 변하고 있고 넷플릭스가 진화를 이끌었기 때문이다. 인지적 의사결정에서 이러한 변화를 감지하였고 한 주의 드라마보다는 전체의 드라마를 제공하겠다는 의사결정을 하였다.

인지적 의사결정 과정의 다른 단계를 생각하고 넷플릭스가 전통적인 텔레비전과 어떻게 차별화를 하였는지를 보자. 당신이 전통적인 텔레비전을 보기를 원할 때, 당신은 대부분 텔레비전 프로그램과 방송시간 나열 표를 집어 들었을 것이다. 넷플릭스로 당신은 장르별로 프로그램을 알아보고 다른 시청자들의 평점을 이용하여 그것들을 평가할 수 있다. 또한 당신은 또한 수억 명의 소비자 평가 데이터를 바탕으로 한 넷플릭스의 정교화된 추천시스템이 당신에게 프로그램을 제안할 수 있다. 대학교 신입생인 Lydia Utter에 의하면, "나는 전통적인 텔레비전보다 넷플릭스를 선호하는 데 그 이유는 내가 무엇을 시청하면 좋을지 결정하는 데 도움을 주기 때문이다."

텔레비전 시청의 미래는 무엇이고 어떻게 전통적인 텔레비전

행함으로써 학습하는 것은 강의실 경험의 필수불가결한 요소이다. 이번 개정판에는 사례연구가 각 장의 마지막에 제시되는데, 교재의 내용을 학생들이 사례에 반영하여 학습할 수 있도록 토의 문제를 함께 포함하도록 했다. 또한, 11판에서는 학생들의 학습 경험을 강화하기 위해 다음의 항목들을 포함하였다.

- 학습목표는 각 장의 첫머리에 제시했는데, 각 장에서 다루게 되는 중요한 이슈들을 개관하고 있다. 각 장의 요약 부분은 학생들이 그들이 읽은 내용들을 통합할 수 있도록 목표와 연계하여 제시하도록 했다.
- 복습문제는 각 장의 마지막 부분에 제시되어 핵심 이슈들을 공부하는 데에 도움을 주고자 했다.
- 도전과제는 각 장의 마지막에 포함되어 다음의 두 섹션으로 구성되었다
  - 토의문제는 학생들이 실용적이고 윤리적인 함의를 생각하도록 하기 위해 깊은 생각을 요구하는 이슈들을 포함했다.
  - 응용문제는 학생들로 하여금 "실제로 한 번 해보게"하는 목적으로 포함했는데, 그들이 간단한 실험을 하고 실제 세계에서 데이터를 수집하도록 하여 소비자 행동의 원칙들을 적용하는 데에 이해를 돕도록 했다.

옮긴이 머리말 / *PREFACE*

Michael R. Solomon의 원저인 Consumer Behavior: Buying, Having, and Being의 11판 번역을 하게 된 점을 감사하게 생각한다. 지난 9판에 이어 약 4년 반만에 11판의 번역이 이루어지게 되었다. 11판은 9판 이후로 두 번째의 개정이기 때문에 많은 부분의 변화가 있었으며, 이러한 변화들은 대체로 중요한 가치를 갖고 있는 것들이라고 판단되었고, 이 새로운 부분들의 번역에 초점을 두고 작업을 진행했다. 또한, 본 역자들은 지난 9판에서 미흡했던 부분들을 강의와 검토를 통해 찾아내어 이번 11판의 번역에서 이들을 수정하는 데에 중점을 두었다.

최근 수 년 간 Solomon교수가 지속적으로 진행해 온 최신의 사례들을 중심으로 변화하고 있는 소비자 행동 환경의 이해를 돕는 데에 많은 노력을 기울인 것은 11판에서도 여전하다고 할 수 있다. Facebook이나 Instagram의 사례는 물론이며, 최근에 집행된 광고 및 마케팅 사례들을 다수 만나볼 수 있다. 역동적인 소비자들의 변화에 대한 그의 이해는 학자로서 존경을 받을 만한 것임을 번역 작업 내내 느낄 수 있었다.

전 12개 장의 번역은 역자 네 명이 나누어 번역을 하였으며, 교정 작업을 거쳐 용어 및 표현 등에 있어서 일관성을 유지하도록 노력하였지만, 번역 작업이 갖는 한계가 곳곳에 나타날 수 있다. 외국의 사례 및 외국 환경을 고려한 서술 등이 많아서 국내 소비자 행동에 그대로 적용하는 데에 한계가 있는 부분이 있을 것이다. 이것은 번역본이 갖는 태생적인 한계라는 것을 독자 여러분께서 너그러이 이해해 주시기 바란다. 그럼에도 불구하고, 이 많은 내용들 중 번역상의 실수나 매끄럽지 못한 문장들이 있을 수 있다고 생각한다. 이 부분들에 대해 관심있는 독자 여러분의 지적을 부탁 드린다.

2016년 봄 역자 일동

차례 / *CONTENTS*

Chapter 7 ● 자아 274

Chapter 8 ● 태도와 설득 334

Section 3 ● 소비자 행동에 대한 외부적 영향 389

Chapter 9 ● 소비자 행동에 대한 집단과 상황적 영향 390

Chapter 10 ● 소비자 정체성 I : 성 역할과 하위문화 452

Chapter 11 ● 소비자 정체성 II : 사회계급과 라이프스타일 510

Consumer Behavior

소비자 행동론

Michael R. Solomon 지음

황장선 | **이지은** | **전승우** | **최자영** 옮김

經文社

sooruz.com
NO GUTS, NO GLORY
NEW FLEXIBLE WETSUIT.
SEMIDRY GURU RANGE 5/4/3MM
with exclusive G3 Flex Neoprene.
SOÖRUZ

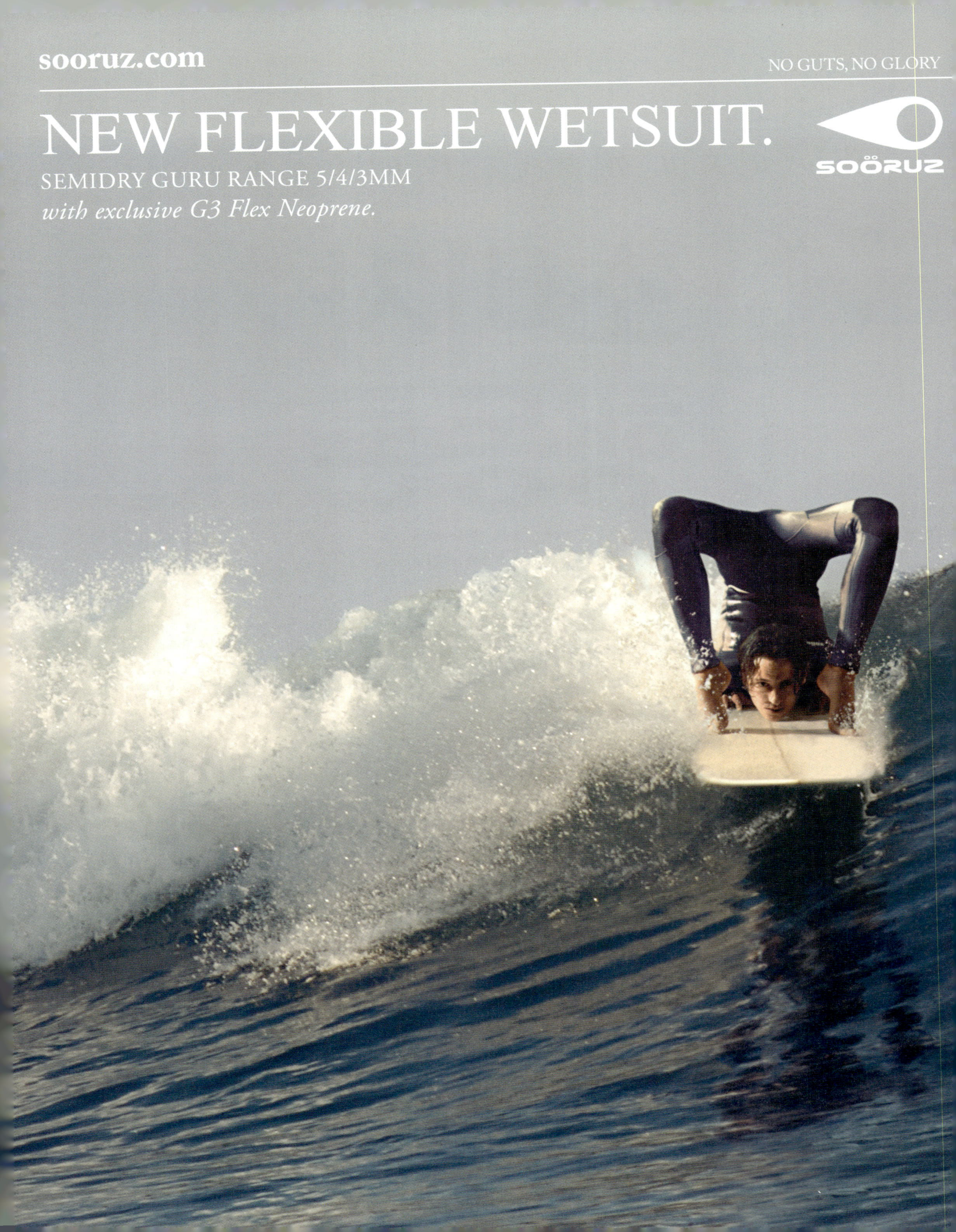

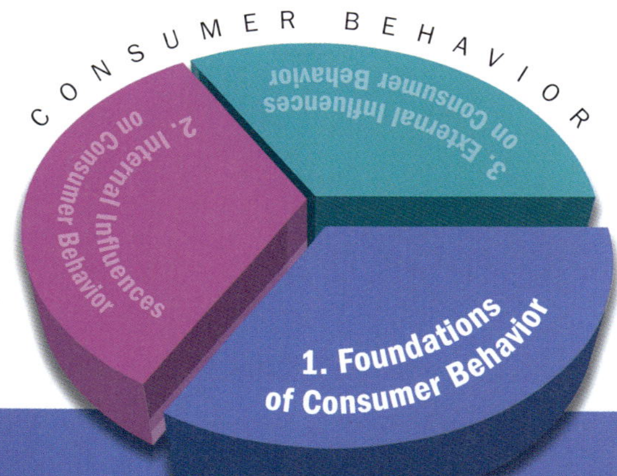

Section 1 • 소비자 행동의 기초

이 책의 서두 부분에서는 소비자행동 분야의 개관을 다루게 된다. 제1장에서는 소비자가 마케팅에 어떤 영향을 미치며, 그 반대로 마케터는 우리에게 어떻게 영향을 미치는지를 살펴보게 된다. 우리는 소비자 행동의 주요 사항들과 소비자들을 움직이게 하는 것을 이해하는 데에 필요한 몇 가지 서로 다른 접근법들에 대해 살펴보게 된다. 제2장에서는 우리 각자가 구매 결정을 어떻게 하는지에 대해 좀 더 구체적으로 살펴볼 것이다. 제3장에서는 문화가 구매 결정에 어떤 영향을 미치는지를 살펴볼 것이며, 끝으로 제4장에서는 이러한 선택이 우리 각자와 우리가 살고 있는 이 세계에 어떤 의미를 갖게 되는지를 중점적으로 알아볼 것이다.

CHAPTERS AHEAD

Chapter 1 • 구매, 소유, 존재: 소비자 행동 개관

Chapter Objectives

이 장을 끝마칠 때, 당신은 다음의 사항들을 이해해야 한다:

1. 소비자 행동은 과정이다.
2. 마케터들은 다양한 소비자 집단의 1차적 욕구와 2차적 욕구를 이해해야 한다.
3. 소비자로서 우리의 선택은 삶의 다른 영역과 밀접한 관련이 있다.
4. 우리의 소비 동기는 복잡하고 가변적이다.
5. 기술과 문화는 새로운 "늘 깨어 있는" 소비자를 만들어냈다.
6. 다양한 유형의 전문가들이 소비자 행동을 연구한다.
7. 소비자 행동을 이해하고 연구하는 데에 있어서 서로 다른 관점들이 있다.

Gail은 회계학 강의까지는 시간이 남아서 아이폰을 꺼내어 그녀의 소셜네트워크에 무엇이 올라왔는지 살펴본다. 회계학과 마케팅 시험 시간 사이에 그녀는 한 주간 흥미로운 사건을 찾지 못했다 – 심지어 그녀의 페이스북(Facebook) 친구들마저 아무 얘기가 없었다. 충분한 서핑 후, 그녀는 공부와 관련된 검색을 해야겠다고 결심했다.

자, 어디로 먼저 가야 할까? Gail은 가장 대중적인 여성 포털 중 하나를 방문하여 어떤 일이 벌어지고 있는지를 보기 시작했다. 그녀는 iVillage.com을 방문하여, 상위 10개 글을 빠르게 검토하였다. Oxygen.com에서는 새로운 리얼리티쇼에 관한 예고와 *Bad Girls Club*의 최근 에피소드의 주요 장면 몇 개를 보았다. 그리고는 HerCampus로 옮겨가서는 오늘의 Eye Candy 섹션에 나와 있는 남학생들을 살펴보았다. 그러는 사이 Jewelmint.com에서 문자를 하나 받았는데, 등록할 때 남겨놓은 정보에 의해서 그녀가 선호할 만한 제품들을 알려주는 내용이다. 아주 멋진 펜던트가 29.99달러이다. 페이팔 계좌를 통해 펜던트를 주문하고 그녀의 페이스북에 사진을 올리는 데에는 그리 긴 시간이 걸리지 않았다. 시계를 슬쩍 본 Gail은 시험을 놓치지 않으려면, 이제 그만 현실로 돌아와야 할 시간이라고 생각했다. 좋아, 학교 셔틀버스를 타기 전에 글 하나 올릴 시간은 있다. 그녀는 RateMyProfessor.com에 로그인하여 그녀의 소비자 행동론 교수의 강의에 대한 후기를 짧게 포스팅했다.

출처: Supri Suharjoto/Shutterstock.com

목표 1

소비자 행동은 과정이다.

소비자 행동: 시장 내의 사람들

본 교재는 Gail과 같은 일반적인 사람들에 관한 것이다. 사람들이 구매하고 사용하는 제품과 서비스, 그리고 그것들이 우리의 실생활에서 어떻게 자리잡는지에 대한 이야기이다. 전체 교재의 서론에 해당하는 본 장은 소비자 행동 분야의 몇 가지 중요한 측면과 사람들이 마케팅 시스템과 어떻게 상호작용하는지를 이해하는 것이 왜 꼭 필요한 것인지에 대해 기술한다. 이제 한 명의 특정 소비자인 경영학도 Gail의 사례로 돌아가자. 앞에서 살펴본 에피소드는 본 교재에서 다루고자 하는 소비자 행동의 몇몇 측면을 잘 보여주고 있다.

Gail은 한 명의 소비자이다. 자, 다른 소비자들과 비교해보자. 어떤 목적에서, 마케터들은 소비자들을 나이, 성별, 소득수준, 직업 등에 의해 분류하는 것이 유용하다고 생각한다. 이것들은 인구의 기술적인 특성이며, **인구통계적 요인**(demographics)이라고 부른다. 다른 경우, 마케터들은 Gail의 음악이나 옷에 대한 관심과 여가시간을 어떻게 쓰는지를 더 알고 싶어한다. 소비자 특성에 관한 지식은 어떤 집단의 소비자들을 타깃으로 할 것이며, 사용할 기술이 무엇인지, 시장을 어떻게 규정할 것인지 등과 같은 많은 마케팅 실제 상황의 결정에서 매우 중요한 역할을 한다.

Gail의 동아리 후배는 그녀의 구매결정에 많은 영향을 미친다. 우리가 다른 사람들과 나누는 대화 중에는 여러 제품 정보와 특정 브랜드에 대한 추천 여부에 관한 것들도 많다. 이 내용은 우리가 텔레비전 광고, 잡지, 옥외 간판 등에서 본 내용들보다 더 영향력이 크다. 웹의 발전은 수많은 온라인 **소비 커뮤니티**(consumption communities)를 만들어냈다. 이곳에서 사람들은 바비 인형에 관한 얘기부터 야구 드림팀 라인업과 아이폰 앱에 대한 의견까지 나눈다. Gail은 같은 제품을 사용하는 동료들과 모임을 만들었다. 각 구성원들은 본인이 사려는 제품이 이 집단의 취향에 맞는 것인지를 확인하게 되는 일종의 압력을 느끼게 된다. 무엇이 좋고 나쁜 것인지, 사야 할 것인지 아닌지에 대한 다른 사람들의 생각을 따르지 않을 경우, 소비자가 집단 거절이나 당황 등의 형태로 꽤 큰 대가를 치를 수도 있다.

미국처럼 하나의 큰 사회에 속한 구성원으로서 사람들은 특정한 문화적 가치와 세계관을 공유하게 된다. 하위문화나 작은 집단의 구성원들은 가치를 공유하고 이러한 집단들은 히스패닉, 십대들, 중서부 지역민들, 심지어 레이디가가의 팬클럽 등 다양한 형태로 이루어진다.

Gail은 웹사이트들을 살펴보는 과정에서 많은 경쟁 브랜드들에 노출되었다. 어떤 사이트들은 그녀의 주목을 전혀 끌지 못했고, 또 다른 많은 사이트들은 그 내용이 그녀와 무관한 것이라 무시당했다. **시장 세분화 전략**의 사용은 제품, 서비스, 아이디어를 모든 사람이 아닌 특정한 집단의 사람들만에게 소구하도록 집중하는 것이다—비록 이것이 해당 집단에 속하지 않는 다른 소비자들이 그 제품에 끌리지 않는다는 것을 의미하는 것은 아니다. 이것이 초콜릿과 바닐라 혼합 아이스크림을 만드는 이유라 할 수 있다.

브랜드들은 흔히 광고, 포장, 브랜딩, 기타 다른 마케팅 전략들로 만들어낸 이미지 또는 "개성"을 명확하게 규정한다. 좋아하는 웹사이트의 선택은 라이프스타일을 나타내는 것이라 할 수 있다. 그것은 그 사람이 어떤 사람인지는 물론 관심사와 무엇을 좋아하는지 등을 모두 말해준다. 사람들은 그 이미지나 그들의 개성과 잘 부합하는 제품의 "개성" 등을 좋아해서 제품을 선택한다. 또한 그 제품을 구매하고 사용한다면 바람직한 수준의 품질은 "마술처럼" 그에게 전이된다고 믿는 경향이 있다.

제품의 겉모양, 맛, 직물, 냄새 등에 의해 우리는 평가를 하게 된다. 좋은 웹사이트는 우리가 느끼고, 맛을 보고 냄새를 맡는 데에 도움을 준다. 우리는 포장의 형태나 색깔에 의해 영향을 받으며, 심지어 광고에 나타난 브랜드명이나 잡지의 표지모델 선택 등에 나타난 상징과 같은 더 사소한 것들에 의해 영향을 받게 된다. 이러한 판단은 한 사회가 사람들이 그들 스스로를 어떻게 규정하는지에 영향을 주고 받는다. 많은 제품의 의미들은 포장과 광고의 표면 아래에 숨겨져 있다. 우리는 마케터들과 사회과학자들이 이러한 의미들을 찾고 적용하기 위해 사용하는 방법들을 논의할 것이다.

Gail처럼 우리들의 의견과 욕구들은 세상으로부터 입력된 것들에 의해 형성되고 이것은 커뮤니케이션과 교통 시스템의 급격한 발전으로 인해 더욱 빠르게 진행되고 있다. 오늘날의 지구촌 문화에서 소비자들은 제품을 통해 다른 세계와 다양한 문화를 경험한다. 심지어 다른 사람들이 양치질을 하는 것을 YouTube에서 보기도 한다.

소비자 행동은 무엇인가

소비자 행동(consumer behavior)의 분야는 많은 기초 분야를 포괄한다. **이것은 개인이나 집단이 그들의 욕구를 충족시키기 위해 제품, 서비스, 아이디어, 또는 경험을 선택할**

때 관련된 과정에 관한 연구이다. 다양한 소비자의 유형이 있는데, 엄마에게 장난감을 사달라고 조르는 8세 어린이부터 수백만 달러의 컴퓨터 시스템의 구매 결정을 내리는 대기업 총수까지 그 폭은 매우 넓다. 우리가 소비하는 것들은 통조림 콩에서부터 마사지, 민주주의, 청바지, 레게 음악, 또는 Adele 같은 유명인에 이를 정도로 다양하다. 우리가 충족하게 되는 욕구는 배고픔과 목마름은 물론 사랑, 지위, 정신적 충족 등에 이른다. 그리고 우리가 이 책을 읽어나가면서 알게 될 것처럼, 사람들은 다양한 제품에 대해 열정을 갖게 된다. 예컨대, 빈티지 에어조던 운동화, 완벽한 요가 매트, 최신 태블릿PC 등의 다양한 제품에 대한 수많은 열성적인 팬들은 시간이 걸리더라도 그들이 갈망하는 것을 찾고 구매하게 된다.

소비자 행동은 과정이다

이 분야를 초기 단계의 연구자들은 구매자 행동이라고 명명했고, 이는 그 시기(1960년대~1970년대)에는 소비자와 판매자 간 구매시점에서의 상호작용이 중요하게 다루어졌다는 것을 의미한다. 많은 마케터들은 소비자 행동을 지속적인 과정이라고 인식하고 있으며, 단지 소비자들이 돈이나 카드를 지불하여 제품을 구매하는 것에만 집중하지는 않는다.

교환은 둘 이상의 조직이나 사람들 간에 가치를 주고받는 거래이며, 마케팅의 가장 중요한 부분이다. 교환 이론은 소비자 행동의 중요한 부분이지만, 확장된 관점은 소비의 전 과정을 포함한다. 그 전 과정은 구매의 전, 중, 후의 모든 것을 포함한다. 그림 1.1은 소비 과정의 각 단계 동안 우리가 다루게 될 주요 이슈들을 보여준다.

소비자는 일반적으로 소비 과정의 3단계 동안 욕구를 규정하고 구매를 하며, 제품을 처분하는 사람으로 볼 수 있다. 그러나 많은 경우에 서로 다른 사람들이 이 일련의 과정에서 역할을 하게 된다. 구매자와 사용자는 동일한 사람이 아닐 수 있다. 자녀의 옷을 구매하는 부모를 생각해 보면 될 것이다(자녀들의 마음에는 전혀 들지 않는 구매를 하기도 한다). 또 다른 경우에, 어떤 사람은 *영향력자*(influencer)로서 제품은 전혀 구매하지

그림 1.1 소비 과정의 단계

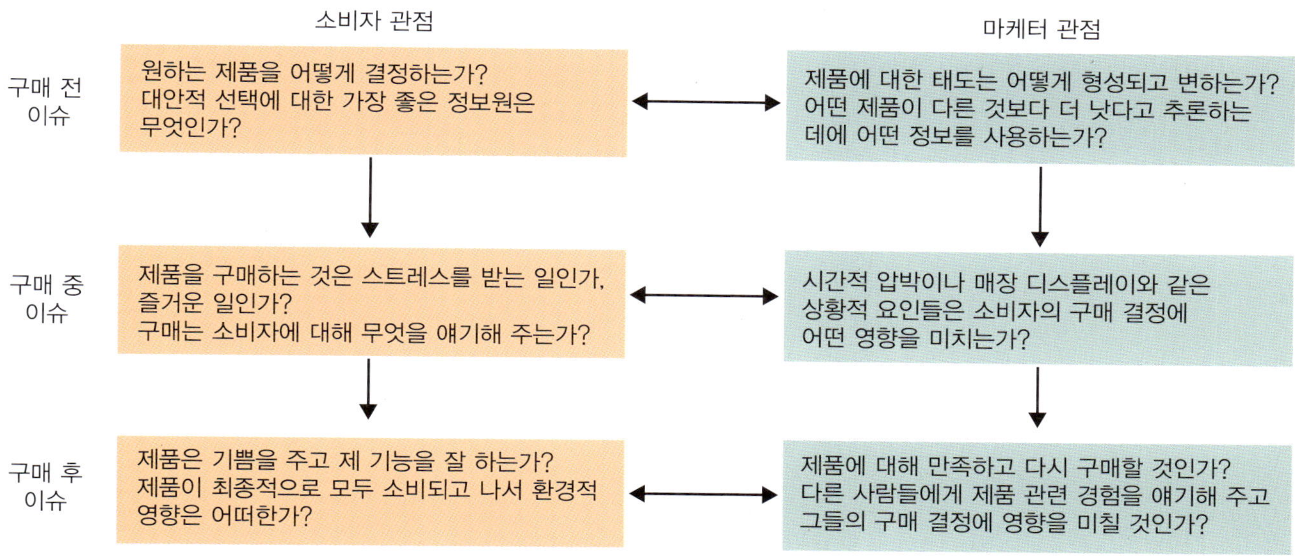

않고 추천이나 반대의 의견을 전달할 수도 있다. 당신이 바지 한 벌을 구매할 때, 당신의 어머니가 얘기하는 어떤 말보다 당신 친구의 눈길 한 번이 더 강한 영향을 미치기도 한다.

끝으로, 소비자들은 조직이나 집단의 형태를 띠기도 한다. 사무실 용품의 구입과 같이 다수의 소비자들이 사용하게 되는 제품의 구매 결정에 한 명 또는 여러 사람들이 관여하게 된다. 어떤 조직에서는 큰 집단의 사람들이 구매 결정을 하게 된다. 예컨대, 기업 회계사, 디자이너, 엔지니어, 영업 담당자, 그 밖의 사람들이 소비 과정의 여러 단계에 모두 관여하기도 한다. 9장에서 다루게 될 것처럼, 가족은 조직의 중요한 형태 중 하나이며, 다양한 구성원들이 그들이 사용하게 될 제품과 서비스에 대한 의사결정에 있어서 중요한 역할을 하게 된다.

Marketing Opportunity

성공하고 있는 기업들은 욕구가 움직이는 표적이라는 사실을 잘 이해하고 있다. 과거에 훌륭한 마케팅 실적으로 유명세를 떨쳤다 하더라도 그런 명예에 안주할 수 있는 기업은 없다. 모든 기업이 변화하는 소비자들과 시장을 앞질러 혁신을 지속해야 한다. BMW가 좋은 예를 보여준다. 아우디나 벤츠 같은 경쟁자를 포함해 누구도 이 독일 자동차 브랜드가 어떻게 훌륭한 차를 만드는지에 대해 토를 달지는 않는다(물론 'Ultimate Driving Machine'이라는 슬로건에 대해서는 동의하지 않겠지만). 여전히 BMW의 엔지니어들과 디자이너들은 충성스런 고객들을 포함한 모든 운전자들의 욕구가 어떻게 변할 것인지에 대한 이해가 필요하다는 사실을 잘 알고 있다. 이 기업은 다음과 같은 핵심 트렌드에 대해 매우 민감하다.

- 환경친화적 제품에 대한 욕구
- 더욱 막히는 도로와 런던 같은 도시에서 일어나는 통행세 인상 조치
- 소비자들에게 차를 구매하는 것보다 렌트를 하는 것을 더 권장하는 비즈니스 모델

BMW의 반응: 이 기업은 10억 달러 이상을 새로운 전기자동차인 i3 모델과 i8 모델의 개발에 투입했다. 이 미래지향적 자동차는 연비를 개선하기 위해 경량 카본 섬유를 사용했고, 인테리어의 25%가 재활용 플라스틱으로 제작되었다. 덧붙여, BMW는 차량-공유 서비스를 시작했는데, DriveNow라는 서비스이며 현재 뮌헨에서 시행하고 있다. 운전자가 컴퓨터 칩을 사용하여, 차량을 얻고, 사용 후에는 원하는 장소에 놔두는 방식이다. 한발 앞선 생각이다.

마케팅 전략에 있어서 소비자의 영향

관리자, 광고주, 그 밖의 마케팅 실무자들은 왜 소비자 행동을 공부해야 하는가? 간단히 말하자면, **이것은 좋은 사업기회를 만들어내기 때문이다**. 기본적인 마케팅 컨셉은 기업이 소비자의 1차적 욕구(needs)를 충족시키기 위해 존재한다는 것이다. 제품을 판매해야 할 사람들이나 조직들에 대해 이해하지 못한다면, 그 니즈를 충족시킬 수 없다. 이것이 우리가 소비자 행동을 공부하는 까닭이다.

목표 2

마케터들은 다양한 소비자 집단의 1차적 욕구와 2차적 욕구를 이해해야 한다.

소비자들은 다르다! 그들을 어떻게 분할하는가?

우리 사회는 많은 소비자들이 공통의 선호를 공유하는 대중 문화로부터 무한대의 선택을 갖는 다양성의 문화까지 진화해 왔다—얼마나 다양한 립스틱과 넥타이 패턴이 당신의 주목을 끌기 위해 경쟁하는지 생각해 보라. 이러한 변화로 인해 시장의 세분화 집단을 규정하고 각 집단을 위한 개별적인 메시지와 제품을 만드는 일은 더욱더 중요해졌다.

뒤에서 다루게 되겠지만, 브랜드 충성도를 만들어내는 것은 매우 훌륭한 마케팅 전략이며, 기업은 그들이 가장 신뢰할 만한 소비자들이나 **중사용자**(heavy users)를 규정할 때, 시장의 세분화 집단을 확정하게 된다. 경험치에 의하여, 마케터들은 **80/20 법칙**을 사용한다. 이것은 상위 20%의 소비자들이 80%의 판매량을 구매한다는 것인데, 자주 유용하게 적용되며, 어떤 경우에는 20%보다 더 적은 비율의 소비자들이 80%의 판매량을 구매하기도 한다. 5,400만 구매자들을 대상으로 진행된 최근의 한 연구에 따르면, 일반 포장재 브랜드의 80% 구매를 상위 2.5%의 소비자들이 했다고 한다. 애완동물 소유자의 1%가 애완동물용 식품의 80%를 구매했고, 이것은 연간 93달러 정도에 이른다. 맥주 음용자의 1.2%가 Budweiser 맥주의 80%를 소비하며, 이것은 연간 170달러 정도에 이른다. 1,364개 브랜드를 연구한 결과, 전체 판매량의 80%를 설명하는 데에 10% 이상의 고객이 필요한 경우는 25개에 불과했다. 80/20법칙은 일반적인 경험치 정도로만 생각하면 된다.

제품의 사용 정도 이외에도, 우리는 큰 시장을 분할하는 데에 다른 여러 차원들을

BMW는 소비자 행동의 변화를 예상하고 i8 같은 전기차를 개발했다. 이 차는 스타일과 환경적 책임이라는 소비자의 두 가지 욕구를 모두 충족시킬 수 있다.
출처: BMW of North America, LLC.

사용한다. 전술한 바와 같이, 인구통계적 요인들은 출생률, 연령 분포, 수입 등과 같은 인구의 관찰 가능한 측면을 측정하는 통계 수치이다. 미국 센서스국은 미국 가정에 관한 인구통계 데이터의 중요한 정보원이라 할 수 있다. 그러나 많은 일반 기업들 또한 특정 집단에 대한 추가적인 데이터를 수집한다. 인구통계 조사에서 나타나는 변화와 경향에 대해 마케터들은 큰 관심을 갖게 되는데, 그 이유는 많은 제품들의 시장 규모를 예측하는 데에 이 데이터들이 유용하게 사용되기 때문이다. 미혼 남성에게 유아용품을 판매한다거나 연봉 15,000달러를 버는 부부에게 세계일주 크루즈 여행상품을 팔 수는 없지 않은가!

본 교재에서 우리는 소비자들 간의 유사성과 차이점을 만들어내는 중요한 인구통계적 요인들을 다루게 된다. 우리는 또한 다른 중요한 변인들도 고려하게 될 것인데, 예컨대 소비자 개성이나 취향의 차이 같은 것들이며, 이들은 제품 선택에 있어서 매우 큰 영향을 미치지만 객관적으로 측정하기 어려운 것들이다. 여기서는 중요한 인구통계적 요인들 몇 가지를 간략하게 정리해 보도록 하자. 자세한 사항들은 본 교재의 뒷부분에서 더 다루기로 한다.

연령

연령대에 따라 갖게 되는 욕구는 대개 상이하다. 사람들은 비록 같은 연령대 안에서도 차이를 보이긴 하지만, 비슷한 시기에 삶을 겪어가면서 공통된 문화적 경험과 가치를 공유하게 마련이다. 어떤 경우에, 마케터들은 특정 연령대 집단을 대상으로 제품을 개발하기도 하며, 나중에 좀 더 넓은 연령대로 확장하게 된다. 에너지 음료인 Red Bull이 했던 방식이 그러했다. 이 기업에서는 이 음료를 술집, 나이트클럽, 헬스클럽 등을 대상으로 공격적으로 출시했으며, 젊은 사람들을 중점적으로 공략하였다. 시간이 지난 후에, 이 제품은 다른 곳에서도 인기를 얻게 되었고, 기업 측에서는 (아마도 늦은 밤에 파티를 즐기지는 않을) 나이 든 골퍼들을 공략하기 위해 PGA 유러피언 투어를 후원하기 시작했다. 또한 길 위에서도 계속 이 음료를 소비하게 하기 위한 촉진활동의 일환으로 보행자들, 택시 운전사들, 렌터카 회사들을 통해 무료로 캔을 공급했다.

성

우리는 아주 어린 나이부터 성을 구분하기 시작한다—심지어 기저귀도 여아용은 분홍

Net Profit

세계 최대의 식음료 체인 기업들 중 하나가 변화하는 세상에 적응하고 있다는 것을 생각해 보자. 맥도널드는 미국 내 마케팅 예산 중 텔레비전에 사용하던 비용을 2/3에서 1/3로 줄였다. 이 기업은 남은 예산을 히스패닉 술집에 설치된 게임과 아프리카계 미국인들의 이발소에서 주로 구독되는 잡지인 *Upscale*에 광고를 내는 데 사용했다. 맥도널드는 Food Locker(할인마트) 상점 내 비디오를 설치하여 젊은 소비자들을 공략하고, 다양한 여성잡지에 광고를 게재하여 어머니들을 소구했다. 이 기업은 심지어 최초의 가상현실게임 중 하나인 *The Losing Ring*을 후원했다. 가상현실게임은 TV, 이메일, 문자 등의 다양한 미디어 채널을 통합하여 사용자들이 복잡한 퍼즐을 푸는 데 서로 협력할 수 있도록 한다. *The Losing Ring*은 미로 찾기 같은 고대 올림픽 경기를 하는 6명의 기억상실증에 걸린 선수들에 관한 얘기다. 각 국가에서 온 선수들은 오프라인의 각 지역은 물론 YouTube, Flickr, 마이크로사이트 등의 온라인에 숨겨진 수수께끼의 열쇠를 찾게 된다. 맥도널드는 미국, 독일, 호주, 중국, 프랑스, 스페인, 스위스, 일본, 캐나다, 아르헨티나, 영국, 싱가포르, 한국, 남아프리카, 스웨덴, 이탈리아, 네덜란드, 멕시코 등의 세계 각지에 전략적으로 가공물을 숨겨놓았다. 최후의 가공물이 드러날 때까지 최종 스토리는 드러나지 않았다. 캠페인의 결말까지 게임의 웹사이트는 480만 방문을 이끌어냈고, 110개국에서 약 300만 명이 참여했다. 버거를 사게 하려는 일반적인 맥도널드 광고와는 달리, 이 캠페인에서는 맥도널드의 이름조차 나오지 않았다. 이 기업은 이 글로벌 게임의 배경에 누가 있었는지를 알게 될 때, 호의적인 평가를 얻게 된다.

Marketing Opportunity

Porter Novelli라는 마케팅 기업에서 실시한 서베이에 의하면, 패스트푸드의 중사용자들은 하루 평균 40달러 이상을 패스트푸드 식당에서 지불하는 사람들이다. 이 사람들은 하루에 한 번 이상을 패스트푸드점에 방문한다. 관련 기업들은 이 중요한 고객들을 얻기 위해 특별히 제조한 제품들을 가지고 치열하게 경쟁하고 있다. 이런 제품들의 중요한 사례를 살펴보자. 이집트의 패스트푸드 체인인 Mo'men은 고객이 선택할 수 있는 큰 샌드위치와 감자튀김, 음료수, 샐러드, 쿠키 등을 포함한 Max Meal을 내놓았다. 샤와르마(아랍음식의 한 종류)로 이집트에서 유명한 Sultan Aayub은 샌드위치 추가 구입에 50% 할인을 제공하는 대형 샤와르마를 출시했다. 벨기에의 햄버거 패스트푸드 체인인 Quick은 "The Giant" 샌드위치를 출시했는데, 이 회사의 버거 주문의 50%를 이 제품이 차지할 정도로 성공을 거두었다.

Marketing Pitfall

2012년 허리케인 Sandy가 동부 도시들을 강타했을 때, 이 재해로 인해 어려움을 겪은 기업들이 있는 반면에 위기를 기회로 삼아 성공을 거둔 마케터들도 있다. 예를 들어, Gap은 "우리는 오늘 Gap.com에서 쇼핑을 많이 할 겁니다. 당신은 어때요?"라고 트윗을 보냈다. 이 미국의 대표적인 의류업체는 고객들에게 인센티브를 제공했다. "허리케인이 발생하는 기간 동안 지루하다면 체크아웃 시 Sandysale을 입력해 주세요." 그러나 이 재해의 많은 피해자들은 하나도 즐겁지 않았다. 한 트위터가 다음과 같이 글을 올렸다. "헤이, @americanapparel 사람들이 죽었고 많은 사람들이 도움이 필요해. #Sandy sale은 그만 좀 닥쳐."

대조적으로 Allstate은 보험계약자들이 어떻게 하면 자신들이 보험 청구를 빨리 진행할 수 있는지를 알려주는 라디오 광고를 집행했다. JetBlue Airways는 재부킹 고객들에게 부과하던 벌금을 없앴다. Duracell은 뉴욕시에 트럭을 보내 재해로 전기가 부족한 사람들에게 무료 배터리, 컴퓨터 및 모바일기기를 충전하는 락커를 제공하도록 했다.

동일한 사회계층에 속한 소비자들은 유사한 예술 또는 레크리에이션과 관련된 소비성향이 있다.
출처: CD: Karpat Polat; AD: Cuneyt Ozalp.

색, 남아용은 파랑색이지 않은가. 화장품에서부터 운동화에 이르기까지 많은 제품들의 타겟은 남성이거나 여성인 경우가 많다. P&G의 여성 마케팅팀은 여성들만을 위한 대중적인 치약인 Crest가 Rejuvenating Effects를 출시했는데, 이 팀의 구성원들은 그들 스스로를 "여성 전담(chicks in charge)"이라고 부른다. P&G는 이 제품이 여성들을 위한 것임을 내세우려 했으며, 포장은 펄이 들어간 반짝이는 박스 안에 청록색 튜브를 넣는 식으로 만들었다. 이 치약은 반짝이고 청록색 톤이며, 바닐라와 시나몬 맛이 난다.

가족 구조

한 사람의 가족과 결혼 여부는 또 다른 중요한 인구통계적 요인이며, 소비자들의 소비지출에 매우 중요한 영향을 미친다. 젊은 미혼자들과 신혼부부들은 운동을 하고, 술집이나 콘서트, 영화관 등에 가는 경우가 많으며, 술을 소비하게 된다. 어린 자녀가 있는 가정들은 건강식품, 과일주스 등을 많이 구매하며, 한부모 가정이나 그들 중 나이가 든 자녀가 있는 경우에는 싸구려 식품을 더 소비하는 경향이 있다. 중년의 부부나 미혼자들은 집안 수리 서비스를 사용하는 경우가 잦다.

사회계층과 소득

동일한 사회계층에 속한 사람들은 대체로 비슷한 수준의 소득과 커뮤니티 내에서의 비슷한 사회적 지위를 갖는다. 그들은 대개 비슷한 직업을 갖고 있으며, 음악, 옷, 레저활동, 예술 등에 대한 비슷한 취향을 갖는다. 그들은 서로 사회적 교류를 하며, 삶의 가치관에 대해 비슷한 이상이나 가치를 공유한다. 부의 분배는 마케터들에게 매우 중요한 것이며, 이것은 어떤 집단이 가장 구매력과 시장 잠재력을 많이 갖고 있는지를 결정하기 때문이다.

Redneck Bank는 사회적 지위에 따른 세분화 시장을 공략하기 위한 독특한 접근을 취했다.
출처: Courtesy of www.redneckbank.com.

인종과 민족

아프리카계, 히스패닉계, 아시아계 등은 미국 내에서 가장 빠르게 성장하는 민족 집단이다. 미국 사회가 점차 다민족 사회로 성장하면서 특별한 제품을 여러 인종과 민족 집단에게 제공하는 기회가 많아졌다. 예를 들어, 맥도널드는 일부 민족 집단을 트렌드세터(trendsetter)로 간주하고 있으며, 새로운 메뉴를 출시하기 전에 이러한 소수 민족 집단의 반응을 살펴보는 과정을 거치곤 한다. 맥도널드의 스무디 중 과일 혼합은 이러한 소수 민족 집단의 선호도를 기반하여 만들어진 것이다.

지역

주요 기업의 마케터들은 제품을 전국 여러 지역에서 판매하려고 한다. 어떤 남부지역 사람들은 다른 지역 사람들이 선호하지 않는 "마음씨 좋은 옛 친구(good ol'boy)" 이미지를 좋아한다. 많은 북부지역 사람들이 "Bubba"를 부정적으로 받아들이는 반면, 남부의 기업에서는 이 이름을 자랑스럽게 생각하곤 한다. 찰스턴(미국 남부의 한 도시)에 위치한 Bubba사는 Bubba-Q-Sauce와 같은 제품을 만들어낸다. 플로리다에서는 레스토

이탈리아의 한 요트 회사 광고로 훗날 요트를 구매하길 꿈꾸는 사람들이나 현재 구매가 가능한 사람들에게 소구한다.
출처: Courtesy of Azimut Yachts.

랑, 스포츠바, 나이트클럽, 리무진 회사가 그들의 상호에 모두 Bubba를 자랑스럽게 새겨 넣고 있다.

라이프스타일

연령이나 성별 같은 인구통계적 특성이 비슷한 소비자들끼리도 서로 다른 라이프스타일을 갖는 경우가 많다. 우리가 스스로에 대하여 느끼는 방식, 가치를 두고 있는 것들, 여가시간에 하고 싶은 것들, 또는 우리의 기분을 좋게 만드는 것들, 이 모든 것들이 어떤 제품을 사용하게 될 것인지에 대한 결정에 중요한 영향을 미친다. P&G는 흉통 치료제인 Prilosec OTC를 출시할 때, 라이프스타일 분석을 통해 하나의 이상적 소비자를 염두에 두고 제품을 개발했다. 그녀의 이름은 Joanne이며, 35세 이상의 자녀가 있는 여성으로 다량의 피자와 맥주보다는 커피 한 잔에서 감동을 더 잘 느끼는 편이다. P&G 실무자는 "우리는 Joanne을 잘 안다. 그녀가 느끼는 것, 먹고 싶어하는 것, 매장에서 사고 싶어하는 것을 모두 알고 있다"고 했다.

마케터들은 조심스레 소비자 집단들을 정의하며, 이전에는 접촉하지 못했던 그 시장 내의 사람들의 말을 듣고자 한다. 그들 다수가 성공의 핵심적인 사항으로 소비자와 브랜드 간의 장기적 관계 구축이라고 인식하고 있다. 이러한 **관계 마케팅**을 지지하는 마케터들은 정기적으로 소비자들과 교류하며, 그들에게 기업과 지속적인 연대를 유지할 이유를 제공한다. 관계에 대한 집중은 우리가 경험했던 불황기에 더욱 중요하다. 이 기간 동안 사람들은 그들의 친구들에게 의지하려고 하지 않는가!

Duracell은 허리케인 Sandy에 의해 전기가 끊긴 사람들에게 전력을 제공함으로써 많은 선행을 만들어냈고, 중요한 소비자 욕구를 충족시켰다.
출처: The Procter & Gamble Company

행동에 의한 세분화: 빅데이터의 출현

데이터베이스 마케팅은 특정 소비자들의 구매 습관을 아주 세부적으로 트랙킹한 데이터에 근거하여 소비자들의 1차적 및 2차적 욕구에 정확하게 부합하는 제품과 메시지를 만들어 낸다. 월마트는 매주 매장을 방문하는 1억 명에 달하는 사람들의 엄청난 정보를 저장하고 있으며 이 데이터들을 전략 수립에 이용한다. 예를 들어, 허리케인이 올 때의 고객 구매 패턴을 분석해 보면, 사람들은 전등을 챙겨놓는 것 이외에도 많은 일들을 한다는 것을 알 수 있다. 딸기 Pop-Tarts의 판매가 약 700%가량 증가했고, 가장 많이 팔린 품목은 맥주다. 이러한 통찰력에 기반하여, 월마트는 큰 태풍이 예고되면, 토스터 패스트리와 맥주 6팩 상품을 매장에 더 들여놓는다.

현재 우리는 마케터에게 엄청난 가치가 있는 거대한 양의 정보를 생산한다. 그것을 볼 수는 없지만, 우리는 다양한 소스로부터 전달되는 많은 데이터에 묻혀 살고 있다. 예

앞을 내다보는 기업들은 "빅데이터" 에서 금광을 캐는 작업을 시작했다.
출처: Copyright © 2012, SAS Institute Inc. All rights reserved. Reproduced with permission of SAS Institute Inc., Cary, NC, USA.

컨대, 날씨 정보를 수집하는 센서, 친구들과 잡담을 나눈 소셜미디어, 우리가 금방 사용한 신용카드 내역, 또는 우리 스마트폰에 장착된 GPS 같은 다양한 정보원들은 기업에게 밤낮으로 수많은 정보를 전달해 준다. 이러한 엄청난 양의 정보는 마케팅 분석가들 및 수학 전문가들 사이에 굉장한 흥미를 끌게 된 한 분야를 만들어냈다. 극단적으로 큰 규모의 데이터 수집과 분석 활동을 **빅데이터**라고 하며, 앞으로 이것과 관련된 얘기를 더 자주 듣게 될 것이다. 계량적인 주제에 대해 많은 흥미를 갖는 것은 당신의 향후 사회생활에는 바람직한 일이다.

하루 동안 소비자들은 250경 바이트의 데이터를 만들어낸다. 새로운 데이터는 매우 빠르게 생성되며, 이것은 매 40개월마다 두 배가 된다. 그리고 현재 우리가 갖고 있

우리는 대중문화에 둘러싸여 있다 – the good, the bad, the ugly. Bad Art 뮤지엄을 위한 이 광고는 그런 것을 일깨워준다.
출처: With permission of Museum of Bad Art.

는 데이터의 90%는 지난 2년 동안 생성된 것이다. 거대한 양의 정보 이외에도, 정보 전달의 속도는 과거에는 몇 달에서 수 년이 걸렸던 의사결정을 실시간에 할 수 있게 만들었다. 예를 들어, 연구자들은 블랙 프라이데이 때 Macy's 백화점의 주차장에서 수집된 GPS 신호에 의해 이 최대 쇼핑 대목인 날의 매출액을 예측했다. 이러한 유형의 지성은 재정 분석가나 마케팅 관리자들이 주식의 거래나 제품의 구매를 매우 빠르게 진행하도록 해준다.

데이터의 폭발적 증가는 우리가 소비자 행동에 대해 생각하는 방식을 완전히 바꿔 놓을 것이다. 기업, 비영리기관, 정당, 심지어 정부까지도 우리가 어떤 제품을 구매할 것인지, 어느 단체에 기부할 것인지, 누구에게 투표할 것인지 등에 대한 정확한 예측을 가능하게 할 엄청난 양의 정보를 잘 활용할 능력을 갖고 있다. 월마트는 매시간 고객들과의 거래로 인해 생성되는 250만 기가바이트 이상의 데이터를 수집하고 있다. 다음은 빅데이터가 우리가 알고 행동하는 것에 어떤 영향을 미치는지에 대한 일부 사례를 보여준다.

- 구글 검색에서 flu와 fever 같은 단어를 모니터링하고 있을 때, 질병관리국의 전문가들은 미국의 어떤 지역에서 독감이 발생했는지를 해당 지역의 당국에서 병원에 공지를 올리기 전에 알 수 있다.
- 시경찰청의 분석가들은 "우범지역"을 확정하기 위해 거대한 양의 범죄 데이터를 활용한다. 이들의 분석은 어느 지역에 더 많은 경찰력을 배치할 것인지를 결정하도록 해준다.
- 2012년 대선에서 공화당이 민주당보다 더 많은 비용을 지출했지만, 많은 이들이 오바마 대통령의 재선은 빅데이터의 훌륭한 활용 덕분이라고 얘기한다. 민주당의 캠페인은 엄청난 양의 데이터를 체계적으로 활용하여 어떤 투표자들을 더 공략해서 오바마 쪽으로 투표하게 할 것인지를 정확하게 판단하도록 했다.

Marketing Opportunity

미국 대학생들이 "봄방학"이라고 알고 있는 문화적 의식을 고려해 보면, 마케팅/미디어와 "실제" 간의 상호작용은 더 명백해진다. 1958년 미시간주립대의 한 영문학 교수가 몇몇 학생들이 플로리다의 Fort Lauderdale로 Easter 기간 동안 여행을 간다는 얘기를 들었다. 그는 그들을 관찰하기 위해 동행했고, 돌아와서는 *Where the Boys Are*라는 소설책을 썼다. 이 책은 영화로 만들어져 히트를 쳤고, Connie Francis가 부른 주제곡은 차트를 휩쓸었다. 1960년에 영화로 상영된 후에 플로리다를 봄방학 기간에 방문한 학생들은 20,000명에서 50,000명까지 증가했다. MTV는 Daytona Beach에서 1986년에 주요 광고주들을 끌어모은 콘서트를 주관했다. 지금은 해마다 수십만의 열성팬이 운집하는 한 상업적 행사의 시작이었던 것이다.

마케터들은 봄방학의 열광에 기여했다.
출처: Kzenon/Shutterstock.

목표 3

소비자로서 우리의 선택은 삶의 다른 영역과 밀접한 관련이 있다.

소비자에 대한 마케팅의 영향

마케팅은 삶을 모방하는가, 또는 그 반대인가? 영화 *Wedding Crashers*가 큰 성공을 거둔 뒤, 미국 전역에서 호텔, 웨딩플래너, 신혼부부들은 파티에 들어가려고 하는 초대받지 않은 손님들이 있다고 신고했다. 좋든 싫든, 마케터들의 행위가 지대한 영향을 미치는 세상에 우리는 살고 있다.

대중 문화

광고, 상점, 제품들이 우리의 주의와 돈을 향해 경쟁하는 것처럼 마케팅적 자극은 지금 우리 주위를 에워싸고 있다. 마케터들은 우리가 세상에 대하여 배운 것의 많은 부분들을 여과시키고 있으며, 이는 멋진 잡지에서 묘사하는 풍요나 광고에서 모델이 하는 역할 등을 통해서 그렇게 하는 것이다. 광고는 재활용과 주류 소비의 방법 또는 소유하고 싶은 집이나 자동차들도 보여준다. 심지어 다른 사람들이 그들이 사거나 사지 않는 제품에 대해 어떻게 평가하는지도 알려준다. 우리는 여러 방식으로 마케터에 의해 영향받기도 하는데, 이것은 그들이 안전하고 잘 작동되는 제품을 판매한다는 것과 그들이 파는 제품의 진실을 말해줄 것이며, 이러한 제품들이 공정하게 가격이 매겨지고 유통될 것이라는 점을 믿기 때문이다.

대중 문화는 대중이 소비하는 음악, 영화, 스포츠, 책, 유명인, 그리고 다른 유형의 엔터테인먼트 등으로 구성되는데, 이것은 마케터들의 상품이며 영감이다. 이것은 또한 우리의 생활에 상당히 장기간 동안 영향을 미치며, 우리가 결혼, 죽음, 휴일과 같은 문화적 사건들을 어떻게 평가하는가에서부터 지구 온난화, 도박, 중독과 같은 사회문제를 어떻게 바라볼 것인지 등에 이르기까지 다양하다. 그것이 슈퍼볼, 크리스마스, 국가 보건 관리, 신문 재활용, 바디 피어싱, 흡연, 트위팅, 온라인 비디오게임 등, 무엇이든 간에

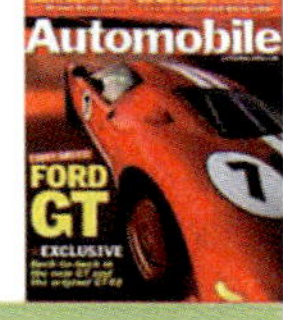

많은 제품들이 그들의 아이덴티티를 확고히 하기 위해 노력한다. 당신이 운전하는 차가 당신 자신을 말한다.
출처: Courtesy of Automobile Magazine, Source Interlink.

마케터들은 우리의 세계관과 어떻게 살 것인지에 대해 중요한 역할을 한다.

비록 많은 사람들이 영화와 뮤지컬 영웅들, 최신 유행 패션, 음식, 액세서리들, 남성과 여성의 매력적인 부분들이 어떤 것인지 등에 대한 우리의 생각에 마케터들이 얼마나 영향을 미치는지를 잘 인식하지 못한다 하더라도, 이러한 문화적 영향은 간과할 수 없는 것이다. 예컨대, 기업이 제품이 갖는 정체성을 만들어내기 위해 사용하는 아이콘들을 생각해 보라. 많은 상상의 창조물들과 개성들, Pillsbury Doughboy에서 Jolly Green Giant에 이르기까지 수많은 것들이 대중문화에서 중심적인 대상들이 되어왔다. 실제, 많은 소비자들이 과거의 대통령, 기업 총수들, 예술가들보다 그러한 캐릭터들을 더 잘 인지해 왔다. 이러한 상징물들이 실제로 존재한 적은 없지만, 우리 대부분은 그것들에 대해 잘 알고 있다고 느끼며, 이들은 특정 제품을 대표하는 효과적인 대변인 역할을 톡톡히 해왔다.

삼성의 이 전자제품 광고는 경험으로서의 소비라는 순수한 욕망에 초점을 두고 있다.
출처: Courtesy of Samsung Electronics America, Inc. Reprinted by permission.

세상은 하나의 단계

역할 이론에 대한 사회학적 관점은 소비자 행동의 많은 부분들이 연극에서의 행동과 유사하다고 본다. 연극에서와 마찬가지로 각 소비자는 좋은 결과를 얻기 위해 줄, 소품, 의상을 갖게 된다. 사람들은 각기 다른 역할을 하기 때문에, 그 역할에 적합하도록 소비 결정을 적절하게 변경하게 된다. 그들이 제품이나 서비스를 선택하는 데에 사용하는 평가 기준들은 맡은 역할에 따라 다르다. 때문에, 마케터들이 다양한 역할을 수행하는 데에 필요한 소품들을 "배우"인 우리들에게 제공하는 것은 중요하다.

살펴본 바와 같이, 오늘날 마케팅 전략의 상징과도 같은 것은 많은 조직들이 소비자들과의 관계를 구축하는 데에 노력한다는 것이다. 그 관계의 특성들은 다양한데, 이러한 유대가 제품이 우리에게 갖는 여러 의미의 일부를 이해하는 데에 도움을 준다. 나아가, 연구자들은 우정이나 연애와 같이 브랜드와의 관계도 시간에 따라 진화한다는 것을 밝혀냈다. 어떤 관계는 깊은 우정과도 같으며, 또 다른 관계들은 흥미롭지만 짧은 하루살이 같기도 하다.

여기 제품과 맺게 되는 관계의 몇 가지 유형을 소개한다.

- **자아 개념 연계**: 제품은 사용자의 정체성을 설정하는 데에 도움을 준다.
- **노스탤지어 연계**: 제품은 과거의 자아와 연계된다.
- **상호연계성**: 제품은 사용자가 겪는 일상의 한 부분이다.
- **사랑**: 제품은 따스함, 열정 등의 감정이나 다른 강한 감정을 발산한다.

목표 4

우리의 소비 동기는 복잡하고 가변적이다.

소비하는 것은 어떤 의미인가?

Peeps에 무슨 일이 있는 것인가? 매년, 사람들은 이 맛없는 병아리 모양의 마시멜로를 무려 15억 개 정도나 구매하며, 그 중 2/3는 부활절 주간에 구매한다. 이 제품은 전혀 영양소가 없지만, 2년 정도나 선반에 놓여진다. 아마도 모든 Peeps가 식용되는 것은 아닐 것이다. 열성적인 사람들은 장식, 설계 모형, 온라인 슬라이드 쇼, 조각품 등에 이것을 사용한다. 일부 팬들은 물리적인 능력을 시험하고 싶어한다. 200개가 넘는 Peep 웹사이트들에서 여성용 물건 편집광들이 이 말랑한 젤리를 전자레인지에 넣거나, 두드리거나, 목을 베거나 하는 등의 남용 사례를 흔히 볼 수 있다.

이 작은 병아리 캔디에 대한 매혹은 현대 소비자 행동 분야의 근본적인 전제를 잘 보여준다. *사람들은 제품을 구매할 때, 기능보다는 의미를 생각하고 구매하는 경우가 많다.* 이 원칙은 제품의 기본적인 기능이 중요하지 않다는 것이 아니라, 제품이 우리 일상에서 어떤 역할을 맡게 되는지가 그 기능 이상을 뜻한다는 것이다. 제품의 깊은 의미는 다른 유사한 제품이나 서비스들과 차별성을 두게 되는 데에 도움이 된다. 우리는 내재적 욕구에 부합하는 이미지나 개성을 갖고 있는 브랜드를 선택한다.

예를 들어, Reebok 대신 Nike를 입는다고 더 빨리 달리거나 높게 점프하지는 못하지만, 많은 열성적인 사람들은 그들의 선호 브랜드를 입는다. 이러한 숙명의 라이벌들은 수많은 록스타, 운동선수, 잘 만들어진 광고, 엄청난 돈 등의 힘으로 조심스럽게 잘 만들어진 그들의 이미지로 시장에서 경쟁하게 된다. 그래서 당신이 Nike "swoosh"를 구매할 때, 단순히 쇼핑몰에 신고 가기 위한 운동화를 사는 것 이상의 다른 것을 의미하게 된다. 그것은 당신이 누구이며, 어떤 사람이 되고 싶은지에 대한 라이프스타일에 관련된 것이다. 이 가죽과 끈으로 만든 단순한 물건이 대단한 의미를 갖게 되는 것이다.

스니커즈, 음악가, 심지어 음료수에 대한 우리의 선호는 현대 사회에서 우리의 위치를 정의하도록 해주며, 비슷한 선호를 갖고 있는 다른 사람들과의 유대를 형성하도록 해준다. 집단 면접에서 한 참여자가 한 말이 소비 선택에 의해 만들어진 이런 독특한 유대를 보여준다: "나는 슈퍼볼 파티에서, 이상하게 보이는 음료수를 선택했다. 그 방의 다른 편에 있던 어떤 사람이 그때 'Yo'라고 외쳤다. 같은 음료를 들고 있던 것이다. 사람들은 같은 음료를 마실 때 유대를 느낀다."

동기(motivation)란 사람들로 하여금 현재의 행동을 하게끔 하는 과정이다. 동기

아랍에미리트에서 집행된 이 광고는 허기를 달래고 싶어하는 기본적인 욕구를 소구한다.
출처: Designed and released by Publinet Advertising & Publicity LLC, Dubai, UAE.

는 소비자가 충족시키고자 하는 욕구가 유발될 때 나타난다. 욕구는 긴장의 상태를 야기하고, 소비자는 이러한 긴장을 감소 또는 제거하려고 한다. 이러한 욕구는 실용적인(utilitarian) 것일 수도 있으며, 쾌락적인(hedonic) 것일 수도 있다. 예를 들어 영양을 이유로 녹색 채소를 더 많이 먹으려는 것처럼 기능적이거나 실제적인 편익을 달성하고자 하는 욕망(실용적)일 수도 있고, 감정적인 반응이나 환상과 관련된 경험적 욕구(쾌락적)일 수도 있다는 것이다. 소비자가 원하는 최종 상태가 **목표**(goal)이다. 마케터들은 소비자가 원하는 편익을 제공하고 긴장 상태를 줄여줄 수 있는 제품과 서비스를 제공하고자 한다.

욕구가 실용적이든 쾌락적이든지 간에, 욕구가 만들어내는 긴장이 클수록 소비자들은 그러한 긴장을 더욱 더 감소시켜야겠다고 느끼게 된다. 이러한 각성의 정도를 **동인**(drive)이라고 한다. **동인이론**(drive theory)는 각성의 불쾌한 상태를 만들어내는 생리학적 욕구에 중점을 둔다(예, 아침 강의 중에 느끼는 배탈). 이 긴장이 야기하는 각성은 우리가 그 긴장을 줄이도록 해준다. 연구자들은 각성을 감소시키려 하는 욕구는 우리 행동의 많은 부분을 만들어 내는 기본적인 메커니즘이라고 주장한다.

기본적인 욕구를 만족시킴으로써 동인을 감소시키는 데 성공한 행동은 반복되는 경향이 있다. 뭔가 간단한 것을 먹기 위해 교실에서 빨리 나가고자 하는 동기는 2시간 전에 무언가를 먹었을 때보다 지난 24시간 동안 아무것도 먹지 못했을 때에 더 클 것이다. 만일 몰래 나가서 뭔가 욕심스럽게 먹었다가 결국은 소화불량이 생겼다면, 다음에 간식을 먹고자 할 때 똑같은 행동을 반복하지는 않을 것이다. 이 경우 동기의 강도는 현재 상태와 목표 사이의 차이에 의해 좌우된다.

동인 이론은 이러한 예측과는 반대되는 인간의 행동 측면을 설명하는 데 어려움을 겪는다. 사람들은 가끔 이런 동인 상태를 감소시키기보다는 증가시키는 일들을 한다. 예를 들어, 사람들은 충족을 연기시키기도 한다. 만일 멋진 저녁 식사를 위해 외출할 예정이라면, 그날은 배가 좀 고프더라도 간식을 포기할 수 있을 것이다.

실용적 욕구는 매우 단순하다 - 우리는 제품들을 다 써서 없어지면 다시 채워야 한다.
출처: Shalmor Avnon Amichay/Y&R.

동기에 관한 가장 최근의 연구들은 무엇이 행동을 만들어내는가를 이해하기 위해 생리적인 요인보다는 인지적인 요인들에 초점을 맞추고 있다. **기대 이론**(expectancy theory)은 행동이 내부로부터 추진되기보다는 긍정적 보상과 같은 바람직한 결과들을 얻기 위한 기대에 의해 주로 이루어진다고 제안한다. 우리가 여러 제품들 중 어느 하나를 선택하는 것은 그 선택이 우리에게 더 좋은 결과를 가져올 것이라고 기대하기 때문이다. 따라서 우리는 동인이란 용어를 신체적이며 인지적인 과정 모두를 의미하는 것으로 좀 더 폭넓게 사용하고자 한다.

동기는 강도뿐만 아니라 방향도 가지고 있다. 동기는 특정한 욕구를 충족시키도록 우리를 움직이게 한다는 점에서 목표 지향적이다. 대부분의 목표들은 다양한 경로를 통해 달성될 수 있으며, 기업의 목적은 그들이 제공하는 대안이 목표를 달성할 가장 높은 가능성을 보장한다는 것을 소비자들에게 확신시키는 것이다. 예를 들어, 다른 사람들에게 인정받으려는 목표를 추구하기 위해 청바지 한 벌이 필요한 여성 소비자의 경우에는 이런 편익을 제공한다고 약속하고 있는 Levi's, Wranglers, True Religion, Diesel, Seven for All Mankind 및 다른 여러 브랜드들 중 하나를 선택할 수 있는 것이다.

우리는 '정말로' 무엇을 원하는가?

어떤 것을 원한다는 것(needing)과 필요로 한다는 것(wanting)은 어떤 차이가 있는가? 이 곤란한 질문에 대한 답은 소비자 행동의 많은 것들을 설명해 준다. **필요**(want)는 개인적 및 문화적 요인이 결정하는 욕구(need)의 구체적인 표현이다. 예컨대, 배고픔은 우리 모두가 충족시켜야 하는 기본적인 욕구(need)이다. 음식을 적게 먹게 되면 긴장 상태가 되고, 우리는 그러한 상태를 최소화하려고 한다. 그러나 이 배고픔을 해결하기 위해 선택하는 방법은 천차만별이다. 어떤 사람은 치즈버거, 감자튀김, 음료 등을 모두 담은 세트 메뉴를 원할 수도 있고, 또 다른 사람은 그냥 비빔밥을 원할 수도 있다. 동기는 소비자를 끌어당기는 힘인 강도(strength)와 소비자가 긴장을 줄이기 위해 취하는 특정한 방법인 방향(direction)에 의해 설명될 수 있다.

실용적 욕구에 근거할 때, 우리는 자동차 연비나 치즈버거의 지방 함량, 칼로리, 단백질, 청바지의 내구성 등과 같은 제품들의 객관적이고 실제적인 속성을 강조하게 된다. 쾌락적 욕구는 주관적이며 경험적인 것이다. 소비자들은 일상적이고 평범한 삶의 일부를 벗어나기 위해 흥분, 자기 확신, 혹은 환상 등의 욕구를 충족시킬 수 있는 제품을 원한다. 많은 제품들이 쾌락적 욕구를 충족시킨다. 명품 또는 사치품들은 소비자에게 즐거움을 약속한다—당신은 아르마니의 재킷이나 티파니의 브로치를 얼마나 강하

맥도널드는 그들의 커피가 생리적 욕구–깨어나기–를 충족시킬 수 있다고 약속한다.
출처: Courtesy of McDonald's.

게 원하는가?

물론 소비자들은 특정 제품이 두 가지 형태의 편익을 모두 제공하기 때문에 구매할 수도 있다. 예를 들면, 밍크 코트는 호화로운 이미지를 줄 뿐만 아니라 춥고 긴 겨울을 따뜻하게 보낼 수 있게 해주기 때문에 구매하게 된다. 실제로, 독특한 소비경험에 관해 최근 한 연구가 보고한 것에 따르면, 우리가 이상한 것(예, 베이컨 아이스크림, 아이스 호텔)을 선택할 때에도 **생산성 지향**(productivity orientation)이라고 하는 것 때문에 그렇게 한다는 것이다. 이것은 지속적으로 시간을 생산적으로 사용하려는 노력을 말한다. 새로운 것을 시도하는 것은 우리가 얻길 원하는 경험의 "버킷리스트(bucket list)"에서 그것들을 지워나가는 방법이다.

소비자 욕구를 어떻게 분류할 것인가

일부 학자들은 인간의 모든 행동을 명확하게 설명하기 위해 체계적인 추적이 가능한 보편적인 욕구 목록을 확정하였다. 이러한 노력들 가운데, 심리학자 Henry Murray는 특정 행동을 하도록 만드는 20개의 심인성 욕구를 기술했다. 이러한 욕구들은 자율성(독립적으로 되는 것), 방어(비난으로부터 자신을 방어하기), 놀이(즐거운 활동에 참여하기)와 같은 차원들을 포함한다.

또 다른 동기적 접근들은 특정 욕구와 이것이 행동에 미치는 효과에 초점을 두고 있다. 예를 들어, 높은 *성취 욕구(need for achievement)*를 지닌 사람은 개인적 성공에 강한 가치를 둔다. 이런 사람들은 성공을 나타내는 제품이나 서비스에 높은 가치를 부여하는데, 이러한 소비 품목들이 그들의 목표 실현에 대해 피드백을 제공해 주기 때문이다. 이런 소비자들은 자신의 성취를 입증해 주는 제품의 훌륭한 잠재고객이다. 일하는 여성에 대한 한 연구는, 성취 동기가 높은 여성들은 그들의 비즈니스에 도움이 되는 의상을 선택하며 여성스러움을 강조하는 옷에는 관심이 낮다는 것을 밝혔다. 소비자 행동과 관련된 다른 몇 가지 중요한 욕구는 다음과 같다.

- **친화 욕구**(Need for affiliation, 타인과 함께 있으려는 것): 이 욕구는 스포츠 팀에 속하는 것, 자주 다니는 술집, 쇼핑몰에 가는 것처럼 집단을 위한 제품이나 서비스와 관련이 있으며 외로움을 덜어주는 역할을 한다.
- **권력 욕구**(Need for power, 자신의 환경을 통제하려는 것): 많은 제품이나 서비스는 소비자들에게 자신이 주변 환경을 지배하고 있다는 느낌을 갖게 해준다. 이런 제품들은 "마력을 높인" 스포츠카와 남들에게 자신의 음악적 취향을 강요하는 큰 휴대용 라디오에서부터 모든 손님들의 변덕스러운 주문에 맞춤 서비스 제공을 약속하는 고급 리조트에 이르기까지 다양하다.
- **독특성 욕구**(Need for uniqueness, 자신의 정체성을 주장하려는 것): 이 욕구는 소비자의 뚜렷한 특징을 강조해 주는 제품들에 의해 충족될 수 있다. 예를 들어, Cachet 향수는 "당신만큼 독특하다(as individual as you are)"라고 광고한다.

심리학자인 Abraham Maslow가 개발한 **욕구의 위계**(Hierarchy of Needs)는 원래 개인의 성장과 정신적인 "절정 경험(peak experience)"의 달성을 이해하기 위해 개발된 것이다. 마케터들이 후에 소비자 동기를 이해하는 데에 이 모형을 적용하게 되었다. Maslow의 위계 구조는 발달의 순서가 고정적이라고 보았는데, 이것은 더 높은 수준의 욕구가 활성화되기 위해서는 그 이전 단계의 욕구가 성취되어야 한다는 것을 의미한다. 이 접근은 정신적인 발달 단계와 처한 환경 조건 또는 경제적 상황 등에 따라 사람들이 기대하는 제품 편익들의 특정 형태들을 구체화하고 있기 때문에, 마케터들은 이 접근법을 적극적으로 수용하고 있다.

그림 1.2는 이 모델을 잘 보여주고 있다. 각 단계에서 개인은 각기 다른 제품 편익을 추구한다. 이상적으로 지배적인 동기가 정의나 아름다움과 같은 "궁극적인" 목표들에 초점이 맞춰질 때까지 각 개인은 그 위계를 진전시켜 나간다. 불행히도, 이런 궁극적인 상태는 도달하기 어려운데, 우리들 대부분은 가끔 어렴풋한 경험 혹은 절정 경험(peak experiences)을 하는 정도로 만족해야만 한다. 49~60세의 남자를 대상으로 한 연

그림 1.2 Maslow'의 욕구의 위계모형

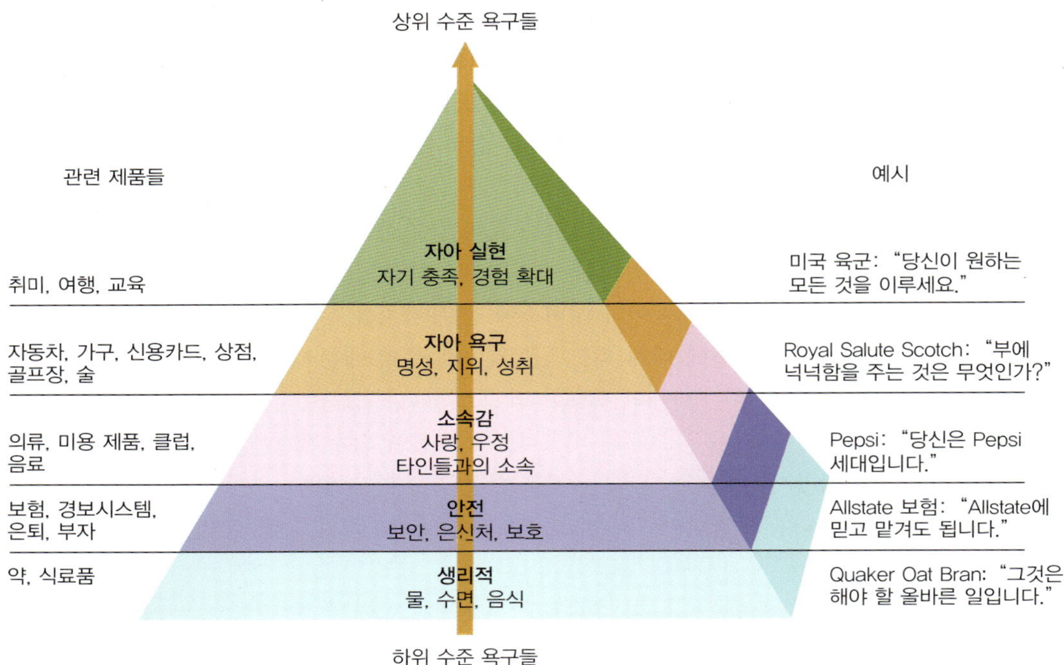

구에서 응답자들은 자아 성취를 위해 (1) 스포츠와 육체적 활동, (2) 지역 사회 활동과 자선 활동, (3) 건축과 개조라는 세 가지 형태의 활동을 하는 것이 밝혀졌다. 이들의 직업과는 상관없이, 이른바 매력적인 일들(magnetic points)이 이루어지지 않은 일들을 점차 대체해가고 있었다.

마케터들은 위계를 비교적 단순하게 적용시켜 왔는데, 특히 같은 제품이나 활동이 다양한 욕구들을 만족시킬 수 있다는 점에서 그러하다. 예컨대, 한 연구에서 원예(gardening)는 위계의 모든 수준에 있는 욕구들을 만족시킬 수 있다는 것을 발견했다.

- **생리적**(physiological): "나는 땅을 일구고 싶다."
- **안전**(safety): "나는 정원에 있으면 안전하다고 느껴진다."
- **사회적**(social): "내가 생산한 것을 다른 사람과 나눌 수 있다."
- **존경**(esteem): "나는 뭔가 아름다운 것을 만들어낼 수 있다."
- **자아 실현**(self-actualization): "내 정원은 나에게 마음의 평안을 준다."

Maslow의 위계 체계를 그대로 받아들일 경우에 생기는 여러 문제들이 있는데, 그 중 하나가 문화적 제약이다. 즉, 이 위계가 갖고 있는 가정들은 서구 문화에만 국한될 수 있다는 것이다. 다른 문화권의 사람들은 위계의 순서에 의문을 가질 수 있다. 금욕을 맹세한 종교인은 자기 충족을 얻기 전에 생리적 욕구가 반드시 충족되어야 한다는 것에 대해 반드시 동의하지는 않을 것이다.

마찬가지로, 많은 아시아 문화권에서는 개인적 욕구(존경의 욕구)보다는 집단의 복지(소속감의 욕구)에 더 높은 가치를 부여한다. Maslow의 위계 체계는 마케팅에서 널리 적용되어 마케터들에게 도움이 되고 있는데, 그 이유는 소비자들이 거치게 되는 욕구의

이 이탈리아 광고는 Maslow의 욕구위계 중 안전에 대한 욕구를 강화한다.
출처: Courtesy of Subaru Italy.

위계 순서를 정확히 기술했기 때문이 아니라, 삶의 여러 단계와 서로 다른 소비 상황하에서 욕구의 우선순위가 달라질 수 있다는 것을 보여주기 때문이다.

목표 5

기술과 문화는 새로운 "늘 깨어 있는" 소비자를 만들어냈다.

"언제나 깨어 있는" 글로벌 소비자

오늘날 우리가 당연하게 받아들이는 일들 중 상당 부분은 우리의 조부모들이 꿈만 꾸었던 것들이다. 우리는 한 번의 클릭으로 곧바로 사람들, 장소, 제품 등에 접속할 수 있다. 많은 소비자들은 과거처럼 몇 주나 몇 달이 걸리는 대신에 단 하루 동안 다른 나라를 다녀올 수도 있다.

지구상의 많은 사람들이 도시 지역에 거주하며, 이 도시에서 다양한 나라에서 온 사람들과 함께 살며, 외국의 음식들을 먹기도 한다. UN은 **거대도시**(megacity)를 인구 1,000만 명 이상이 거주하는 지역으로 정의하는데, 2011년에 전 세계적으로 이미 20개의 거대도시 지역이 있다. 연구자들은 2030년까지 지구상의 사람들 60%가 이러한 거대도시 지역에 거주할 것이며, 20억 명 이상의 사람들이 슬럼지역에 거주할 것이라고 예측한다. 이미 중국의 쇼핑몰 네 곳은 미국 미네소타의 가장 큰 몰보다 더 크며, 조만간 전 세계에서 가장 큰 7개의 쇼핑몰을 보유하게 될 것이다. 이러한 도시 집중화 현상은 개발도상국의 인구 증가와 더불어 엄청난 현대화 수요를 이끌어냈으며, 중국, 인도, 브라질 등에서 현격하게 진행되었다. 이 과정에 대한 긍정과 부정의 목소리가 동시에 존재하는 것도 사실이다. 많은 사람들은 몇 세기 전의 최고 권력자들보다 더 나은 삶의 질을 향유하고 있다. 한편, 수백만의 사람들이 비참하게 살고 있고, 배가 고픈 채로 잠드는 아이들도 많으며, 성장지향의 정책들이 공기, 대지, 물을 오염시키고 있다. 이 책의 후반에서 살펴볼 수 있듯이, 이러한 이슈들은 소비자 행동에 대한 이해, 그리고 기업과 소비자들이 우리의 미래와 자녀들에게 남겨줄 지구에 어떤 영향을 미칠 것인가에 직접적인 관련이 있다.

온라인 커뮤니케이션의 폭발은 미디어 환경을 바꾸어놓았다. 이 독일 신문광고는 "우리는 애완동물들을 페이스북에 가입시켰어요. 새로운 신문을 볼 준비가 되어 있나요?"라고 얘기한다.
출처: Courtesy of WELT KOMPAKT.

디지털 네이티브: 소셜미디어 라이프

디지털 혁명이 소비자 행동에 있어서 가장 중요한 영향을 미쳤으며, 더욱더 많은 지구상의 사람들이 온라인매체를 사용함에 따라 웹의 영향이 더욱 확대될 것이라는 점에 대해서는 이론의 여지가 없다. 우리 대부분은 열성적인 서퍼이며, 일상에서 문자, 트위터, 페이스북, 핀터레스트 등이 없는 시간을 상상하기 어려울 정도이다. 하루에 10번이나 동네 스타벅스 상점에서 FourSquare를 강박적으로 체크하는 행동 같은 것은 이러한 일들 중 일부에 불과하다.

온라인 마케팅은 우리의 생활을 상당히 쉽게 만들었다. 이제 집을 떠나지 않고 24/7(24시간 일주일 내내) 쇼핑을 할 수 있으며, 빗속의 신문을 줍기 위해 젖지 않고도 신문을 읽을 수 있으며, 내일의 날씨를 알기 위해 저녁 6시까지 기다리지 않아도 된다. 그리고 이동식 기기와 무선 커뮤니케이션의 증가로 주식거래부터 날씨에 이르기까지 모든 정보를 컴퓨터 앞에 앉아 있지 않아도 얻을 수 있다.

이것이 B2C e-커머스의 모든 것은 아니다. 사이버 공간의 폭발은 소비자 간의 활동인 **C2C e-커머스**의 혁신을 가져왔다. 가상 브랜드 커뮤니티의 신세계가 열렸다. 더 이상 소비자들은 집 주변의 오프라인 상점에서만 쇼핑하지는 않는다. 그 경계를 넘어서 친구를 찾고, 와인이나 힙합과 스케이트 보딩의 동호회 동료를 찾는다.

한 달에 한 번 만나서 커피에 대한 공통된 관심사항을 나누는 지역 수집가들로 구성된 작은 집단을 생각해 보라. 그런 모임이 수천 개 있다고 하자. 스포츠 기념품, 바비 인형, Harley-Davidson 오토바이, 냉장고 자석, World of Warcraft 같은 다자간 온라인 게임(MMOGs) 등에 대한 공통된 열정으로 전 세계의 사람들이 모인다고 생각해 보라. 웹은 전 세계의 소비자들이 제품, 서비스, 음악, 레스토랑, 영화 등에 대한 그들의 경험을 공유할 수 있는 쉬운 방법을 제공한다. Hollywood Stock Exchange(hsx.com)는 시뮬레이션된 엔터테인먼트 주식 시장을 제공하는데, 여기서 거래자들은 각 영화에 대한 4주간 박스 오피스 결과를 예측한다. Amazon.com은 고객들이 책에 대한 후기를 작성하도록 권장하며, Gail이 했던 것처럼 당신도 당신의 교수님에 대한 평가를 RateMyProfessors.com에 올릴 수 있다(교수님에게 이런 사실을 얘기하지 마라. 우리만의 비밀이다). 다양한 토픽에 대해 얘기할 수 있는 채팅룸의 인기는 비슷한 마음을 갖는 전 세계의 "네티즌들"과 함께 매일 커지고 있다. Second Life, Habbo Hotel, Kaneva 같은 거대한 **가상의 세계**(virtual worlds)에서 그런 일은 계속 벌어지고 있다. 뉴스 리포트는 가끔 멋진 또는 기괴한 인터넷에서 시작된 사랑 이야기를 들려준다. 그것은 사람들이 Match.com이나 OKCupid.com과 같은 사이트들에서 짝을 찾는 데에서 시작된다. 어떤 달에는 사교 사이트인 Plenty of Fish의 방문자 수가 1억2천2백만이나 기록되었다.

당신이 현재의 일반적인 대학생이라면, 인터넷이 단순히 몇 개의 흐릿한 이미지와 문장 정도만 보여주는 일방향적인 형태였던 시기를 기억하지 못할 것이다. 믿기 힘들테지만, 지난 세기에는 그런 투박한 기술조차도 없었다. 여러분은 이러한 일들을 역사 시간에나 접할 수 있을 것이다. 그 시절, 사람들은 서로 손글씨 편지를 주고받았으며, 최근 사건을 알기 위해 우체통에 배달되는 잡지를 기다려야 했다. **디지털 세대**(digital native)는 2001년도 문헌에서 처음 등장하는데, 캠퍼스에서 노트북으로 공부를 하기 시작한 새로운 유형의 학생들을 설명하기 위해 만들어진 용어이다. 이러한 소비자들은 급속도로 연계된 세상에서 디지털 기술이 존재하는 한 언제나 온라인 접속 상태가 유지되는 세상에 살아왔다.

십 년 가량이 흐른 지금 인터넷은 우리 사회의 주축이 되었다. PC, 디지털 비디오, 오디오 레코더, 웹캠, 스마트폰 등과 같은 기기의 대중화로 인해 전 세계 어떤 소비자들이라도 콘텐츠를 만들고 공유할 수 있게 되었다. 정보는 대기업이나 정부로부터 일반 소비자들에게 전달되는 하향식 흐름을 보이지 않는다. 오늘날 우리 각자는 클릭 한 번으로 많은 사람들과 커뮤니케이션하며, 정보의 흐름은 사람들 간에 이루어진다.

이것을 **수평적 혁명**이라고 하며, 많은 부분이 소셜미디어의 확산에 의해 이루어진 것이라 하겠다. **소셜미디어**는 사람들, 커뮤니티, 조직의 상호 연계되어 있는 네트워크 간의 커뮤니케이션, 상호 전달, 콜라보레이션, 촉진 등을 위한 온라인 수단이다.

웹 2.0의 탄생이 가능하게 한 인터넷 및 관련 기술들은 오늘날 소셜미디어가 가능하고 대중화될 수 있게 하였다. 매일같이 소셜미디어는 더 많은 사람들이 온라인 커뮤니티에 가입하는 것처럼 확대되고 있다. 페이스북은 **동시적 상호작용**(synchronous interactions—친구와 문자를 하는 것처럼 실시간 활동), **비동시적 상호작용**(asynchronous interactions), 사진 공유, 게임, 애플리케이션, 그룹, 거래 등 많은 일들이 10억 명 이상의 사용자 간에 이루어지는 사회적 편익이다.

사람들은 소셜 커뮤니티에 단순히 가입만 하는 것이 아니다. 어떤 형태로든 기여도 하게 된다. YouTube에서 사람들은 매분 72시간 분량의 비디오를 업로드한다. 30일

Net Profit

괴상한 Mentos-Diet Coke 동영상을 기억하는가? 사람들이 이 작은 캔디 하나를 Diet Coke 통 안에 집어넣으면 20피트 높이의 물기둥이 생긴다는 사실을 알고 나서는 최소한 800개의 유사 동영상이 YouTube에 넘쳐났다. Mentos는 무료로 엄청난 광고를 한 것이다. 지난 10년 동안 가장 중요한 마케팅 현상은 사용자 제작 콘텐츠(UGC: User-Generated Contents)라고 할 수 있다. 사람들은 매일 제품, 브랜드, 기업 등에 대해 그들의 블로그, 팟캐스트, SNS 등에 의견을 올린다. 이 중요한 현상이 웹 2.0 시대를 잘 보여준다. 생산자로부터 소비자에 이르는 일방향적 전달 일색이던 인터넷이 사회적 상호작용적 매체로 재탄생한 것이다.

동안 YouTube에서 방송된 비디오의 양은 지난 60년 동안 주요 네트워크TV (CBS, NBC, ABC)에서 방영된 분량보다 더 많다. 소셜미디어와 관련된 이 엄청난 통계를 살펴보라.

- 위키피디아에 올린 글 하나에 1달러를 받는다면, 당신은 한 시간에 156.23달러를 벌게 된다.
- 5천만 사용자를 확보하는 데, 라디오는 38년, TV는 13년, 인터넷은 4년이 걸렸다. 페이스북은 9개월 만에 1억 명의 사용자를 확보했다.
- 페이스북 사용자의 70%는 미국 외의 사람들이다.
- 소셜네트워크는 온라인상의 활동 중 1위 자리를 계속 고수해 오던 포르노를 앞질렀다.
- 작년에 결혼한 8쌍의 신혼부부들 중 한 쌍은 소셜미디어에서 만난 사람들이다.
- 기업의 80%는 기본 채용 수단으로 LinkedIn을 사용한다.
- 세계 최고 브랜드 10개에 대한 검색의 25%는 사용자 생성 콘텐츠(UGC: User Generated Contents)이다.
- 사람들은 매일 15억 개 이상의 콘텐츠를 페이스북에서 공유한다.
- 트위터 사용의 80%는 모바일 기기에서 이루어지며, 사용자들의 17%는 화장실에서 트윗을 한다.

이 모든 흥미로운 사실들은 소셜미디어 플랫폼이 **참여의 문화**(culture of participation)를 만들어냈기 때문에 가능한 것이다. 이것은 민주주의에서의 중요한 신념이며, 다른 사람들, 기업, 조직 등과 자유롭게 상호작용할 수 있는 능력이며, 사용자들이 간단한 코멘트부터 리뷰, 평가, 사진, 이야기 등 많은 콘텐츠를 공유할 수 있는 수단에 대한 공개된 장이다. 물론, 실제의 민주주의처럼 우리는 단맛과 동시에 쓴맛도 감내해야만 한다. 온라인상에는 불미스러운 일들이 수없이 많다. 페이스북, 온라인 게임 사이트, Second Life 같은 가상 세계 등에서 보내는 많은 시간들은 실제 생활에서 이혼, 파산, 심지어 감방에 가는 일을 야기하기도 한다.

목표 6

다양한 유형의 전문가들이 소비자 행동을 연구한다.

연구 분야로써의 소비자 행동

소비자 행동의 분야는 많은 것을 둘러싸고 있다는 것을 분명하게 해야 한다. 간단한 우유 한 팩을 사는 것부터 복잡한 통신에 접속되는 컴퓨터 시스템을 선택하는 것까지, 자선을 위하여 기금을 기부하기 위한 결정부터 한 회사를 속이기 위한 악독한 계획까지 다양한 상황에서 그러하다.

많은 것들을 이해해야 하며 많은 방법들이 존재한다. 비록 우리가 꽤나 오랫동안 소비자로 살아왔지만, 소비 자체가 연구의 대상이 된 것은 최근의 일이다. 사실, 오늘날 많은 경영학부에서는 소비자 행동 과목을 주요 과목으로 개설하고 있지만, 대부분의 대학들은 1970년대까지 관련 교과목을 하나도 개설하지 않았었다.

소비자 행동에 대한 확장적 관점은 구매 대상과 구매 이유에 대한 연구보다 더 많은 것을 포함한다. 마케터들이 어떻게 소비자들에게 영향을 미칠 것이며, 소비자들은 어떻게 이러한 제품을 사용하는지에 대해서도 다루게 된다. 이 사례에서 Dubai의 한 호텔은 사회적으로 책임있는 행동을 홍보한다.
출처: Courtesy of Marco Polo Hotel/Dubai; Brandcom Agency.

소비자 연구자는 어디에서 찾을 수 있는가?

어디에서 소비자 연구들을 찾을 수 있나? 소비자를 찾을 수 있는 어느 곳에서나 그들이 있다. 소비자 연구자들은 제조업체, 소매점, 마케팅 조사 회사, 정부, 비영리 조직, 대학 등에 있다. 최신 신경영상 기계가 있는 실험실에서 정교한 실험을 하거나 쇼핑몰에서 사람들을 인터뷰하고 있는 연구자들도 흔히 볼 수 있다. 포커스 그룹을 실시하거나 대규모 여론조사 작업에도 참여한다. 예를 들어, 광고 대행사가 소매업체 JCPenney를 위한 새로운 캠페인 작업을 시작할 때, 그 대행사는 직원을 며칠 동안 50명 이상의 여성들과 시간을 보내도록 했다. 그들은 실제로 응답자들의 생활을 이해하기를 원했고, 그래서 그들은 그 여성들의 집을 청소하고, 카풀을 하고, 저녁 요리와 쇼핑을 거들었다. 광고 기획자 중 한 명이 말한 것처럼, "만약 사자가 어떻게 사냥하는지를 알고 싶다면, 동물원에 가서는 안 된다—정글로 가야 한다."

그리고 연구자들은 일상의 가정용품과 최신 하이테크 제품, 박물관 전시와 어린이 대상 광고의 효과와 같은 공공 정책 쟁점에 이르기까지 많은 다양한 주제에 대해 연구한다. 실제, 소비자 문제는 신성한 것이 아니다. 어떤 연구자들은 성인용품과 피임도구와 같은 "민감한" 제품군들을 연구한다. Trojan 콘돔의 마케팅 디렉터는 "세탁 같은 일은 우리가 앉아서 사람들이 어떻게 사용하는지를 볼 수 있지만, 우리 제품은 그렇지가 못하다."고 말한다. 남성들이 콘돔을 어떻게 이해하고 있는지를 알기 위해 Trojan은 임상 심리학자, 정신과 의사, 문화 인류학자 등에게 연구를 의뢰한다.

소비자 행동 연구에 대한 다양한 학문의 영향

많은 다른 관점들이 새로운 소비자 행동의 분야를 만들어낸다. 또한 이보다 더 복합적인 영역도 없을 것이다. 정신 생리학으로부터 문학에 이르기까지 아주 다양한 분야의 학자들이 소비자 행동 연구를 하고 있다. 대학교, 제조업체, 박물관, 광고대행사, 정부 등에서 소비자 연구자를 고용한다. The Association for Consumer Research, the Society for Consumer Psychology와 같은 몇몇 전문가 그룹은 1970년대 중반 이후로부터 형성되어 왔다.

소비자 연구자들의 다양한 관심사에 대한 아이디어를 획득하기 위해서, 이 분야의 주요 저널인 *the Journal of Consumer Research*를 후원하는 전문가 협회를 고려해 보면 꽤 다양한 곳들이 있다. the American Association of Family and Consumer Sciences, the American Statistical Association, the Association for Consumer Research, the Society for Consumer Psychology, the International Communication Association, the American Sociological Association, the American Marketing Association, the Society for Personality and Social Psychology, the American Association for Public Opinion Research, the American Economic Association 등이 이 소비자 행동 연구 저널을 지원

표 1.1 소비자 행동에서 학제 간 연구 주제들

학문의 초점	잡지 사용 연구 문제 예
실험 심리학: 인식, 학습 그리고 기억 과정에서의 제품 역할	잡지의 디자인 혹은 레이아웃과 같은 특정 측면이 어떻게 인식되고 해석되는가; 잡지의 어떤 부분을 사람들이 가장 쉽게 읽는가
임상 심리학: 심리적 조정에서의 제품 역할	잡지가 독자의 신체적 이미지에 어떤 영향을 미치는가(예: 날씬한 모델이 평범한 여성들을 과체중이라고 느끼게 하는가?)
미시경제학/인간생태학: 개인적 혹은 가족 자원의 분배에 있어서의 제품 역할	가구당 잡지 구입 비용에 영향을 미치는 요인들
사회 심리학: 사회 집단의 구성원으로써 개인의 행동에 있어서의 제품 역할	잡지의 광고가 해당 상품에 대한 독자의 태도에 영향을 미치는 방법들: 주변인의 압력(peer pressure)이 한 개인의 구독 결정에 어떤 영향을 미치는가
사회학: 사회의 제도와 집단 관계에서의 제품 역할	한 사회적 집단에서 확산된 잡지 선호 유형
거시경제학: 시장과 소비자 관계에서의 제품 역할	높은 실업률 기간 동안 패션 잡지의 가격 효과와 광고된 상품에 대한 지출
기호학/문학비평: 의미의 언어적 및 시각적 커뮤니케이션에서의 제품 역할	잡지 광고와 모델에 의해 전달된 메시지가 해석되는 방법
인구통계학: 측정가능한 인구통계적 특징에서의 제품 역할	잡지 독자의 연령, 소득, 결혼 여부의 효과
역사학: 시대에 따른 사회적 변화에서의 제품 역할	잡지에서 "여성스러움"에 대한 문화적 묘사가 시간에 따라 변화는 방식
문화 인류학: 사회의 신념과 관습에서의 제품 역할	잡지의 패션과 모델이 독자의 남성스럽거나 여성스러운 행동 정의에 영향을 주는 방법(예, 직업 여성의 역할, 성적 금기)

그림 1.3 소비자 연구의 피라미드

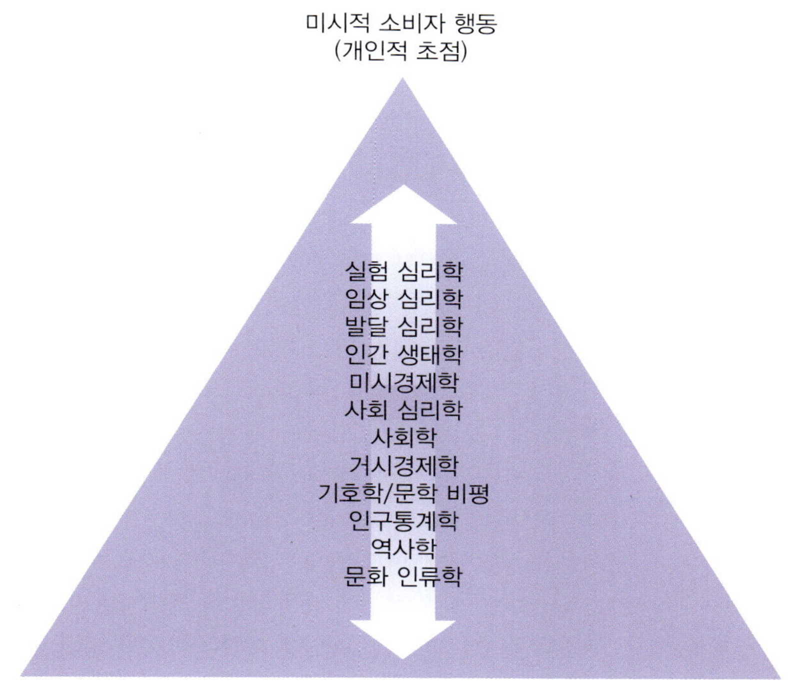

한다. 다양성 그 자체라 할 수 있다.

다양한 배경의 많은 연구자들이 소비자 행동에 대해 관심을 갖는다는 사실은 명백하다. 이러한 이슈들을 연구하는 데에 "맞는" 학문 분야는 어떤 것인가? 당신은 장님과 코끼리에 관한 우화를 기억할 것이다. 그 이야기의 요점은 각 사람들이 코끼리의 다른 부분을 만지고 그 결과로써 각각 코끼리에 대한 묘사가 굉장히 달랐다는 것이다. 이 얘기는 소비자 연구에도 마찬가지로 적용된다. 그것을 연구하는 연구자의 훈련과 흥미에 따라서, 그들은 다른 방법과 다른 수준으로 같은 소비자 현상에 접근할 것이다. 표 1.1은 잡지 사용과 같은 "간단한" 주제가 어떻게 많은 다른 방식으로 이해될 수 있는지를 설명한다.

그림 1.3은 연구 주제들에 관련된 수준과 학문 분야를 간단하게 도식화한 것이다. 다양한 학문 분야를 소비자 행동의 미시적인 분야와 거시적인 분야로 구분하여 구성하였다. 피라미드의 상층부에 가까운 분야들은 개인 소비자(미시적 주제)에 집중하는 편이며, 바닥 부분에 가까운 분야들은 특정 문화권의 사람들에 의해 형성된 소비 패턴과 같은 대규모 집단의 총체적인 활동에 더 많은 관심을 갖는 편이다. 이 책을 공부해 나가면서, 윗부분의 주제들에 주로 초점을 두고 시작하여 후반에는 하단에 위치한 주제들을 다루어 나갈 것이다.

목표 7

소비자 행동을 이해하고 연구하는 데에 있어서 서로 다른 관점들이 있다.

소비자 연구에 대한 두 가지 관점

우리가 소비자 행동을 분류하고 무엇을 어떻게 연구할 것인가에 관해 결정하는 일은 연구자들이 만든 근본적인 가정에 의해 이루어지는 것이 일반적이다. 우리는 이런 신념을 우리가 세상을 어떻게 이해하고 있는지를 좌우하는 **패러다임**이라고 한다. 다른 분야처럼, 하나의 패러다임은 소비자 행동 분야를 지배하고 있지만 어떤 사람들은 그것이 또 다른 대안적 패러다임이 현재 패러다임의 근본적인 가정을 공격하면서 발생하는 패러다임 전환의 과정에 있다고 보기도 한다.

현재 지배적인 패러다임의 근본적인 가정은 **실증주의**(positivism)이다(혹은 *모더니즘*). 이 관점은 16세기 말 이후로 서구의 예술과 과학에 지대한 영향을 미쳤으며, 사람의 이성은 우수하고 과학이 발견할 수 있는 절대적이며 객관적인 진실이 있다는 점을 강조한다. 실증주의는 물체의 기능을 강요하고, 기술을 찬양하고, 세상을 이성적이고 분명하게 정의된 과거, 현재, 미래를 가진 질서정연한 장소로 간주한다.

해석주의(interpretivism) 혹은 포스트모더니즘이라는 새로운 패러다임은 이 과정에 의문을 제기한다. 이 관점의 지지자들에 따르면, 우리 사회가 과학과 기술을 너무 많이 강조하며, 이렇게 행동이 순차적으로 일어나며 이성적인 것이라는 기존의 실종주의적 관점이 실제 우리가 살고 있는 복잡하고 문화적이라는 사실을 부정하고 있다. 실증주의가 물질적인 행복을 너무 중시하며, 과거의 백인 남성들에 의해 지배되는 문화의 동질적 관점을 강요하는 이데올로기에 의해 그것의 논리적 틀이 지배되고 있다고 보는 것이다.

대신에 해석주의자들은 상징적이고 주관적인 경험의 중요성과 의미가 그 사람의 마음에 있다는 점을 강조한다. 이것은 우리 각자가 독특하고 공유된 문화적 경험에 기반하여 자신의 고유의 의미를 만들어낸다는 것이다. 그래서 세상에는 옳고 그른 답이 없다. 이 관점에서, 우리가 살고 있는 세상은 하나의 **혼합 모방품**(pastiche) 혹은 이미지와 생각들의 복합체인 것이다. 이 관점은 우리가 제품에 부여하는 가치를 거부한다. 왜냐하면 그들이 질서를 창출하기 위해 우리를 돕기 때문이다. 대신 다양한 경험을 제공하는 하나의 완성체로서의 소비를 생각하는 데에 초점을 둔다. 표 1.2는 소비자 연구에 대한 이 두 가지 관점 사이의 주요 차이점들이다.

이런 해석주의적 사고가 마케팅 커뮤니케이션을 이해하는 데에 어떤 도움이 될 수 있는지에 대해서, 가장 널리 알려지고 오랫동안 집행된(1959~1978) 광고 캠페인 중 하나를 분석해보자. 광고 대행사 Doyle Dane Bernbach(DDB)는 Volkswagen Beetle의 광고를 제작했다. 자조적인 위트로 잘 알려진 이 캠페인은 대부분의 자동차 광고가 각자의 우월함을 강조하고 있을 때 딱정벌레의 몇 가지 부정적 이미지—노숙자, 작은 크기, 약한 힘—를 긍정적인 특성으로 전환할 수 있는 여러 방법들을 찾았다.

이러한 메시지에 대한 해석주의적 분석은 보다 넓은 문화적 맥락에 기반한 이 접근법의 기반을 다지기 위해서 문학, 심리학, 인류학 등으로부터 여러 개념들을 차용했다. 분석가들은 희극의 학자들이 “Little Man” 패턴이라 부르는 것의 다른 사례에 이 보잘것없는 차를 위해 DDB가 만든 이미지를 연결해 냈다. 이것은 경직되고 딱딱한 관료사회에 구멍을 낼 수 있는 사회적 외침과 같은 광대나 요술쟁이와 관련된 희극적 캐릭터이다. “Little Man” 인물의 또 다른 유형은 코미디언 우디 앨런, 찰리 채플린 같은 사람

표 1.2 소비자 행동에 대한 실증주의적 및 해석주의자 접근

가정	실증주의적 접근	해석주의적 접근
현실의 본질	객관적이고 명백 단일한 현실	사회적으로 구성 복수의 현실
목적	예측	이해
생성된 지식	시간 및 맥락에 구애받지 않음	시간 및 맥락에 따라 다름
인과관계에 대한 관점	실제적 원인이 존재	복합적 및 동시적으로 형성된 사건들
연구자의 관계	연구자와 연구 대상 간의 분리	연구 현상의 일부로 존재하며,상호작용적이며, 협력적인 관계

출처: Adapted from Laurel A. Hudson and Julie L. Ozanne, "Alternative Ways of Seeking Knowledge in Consumer Research," *Journal of Consumer Research 14* (March 1988): 508–21. Reprinted with the permission of the University of Chicago Press. Copyright © 1988 JCR, Inc.

들을 들 수 있다. 마케팅 메시지의 문화적 의미를 살펴볼 때, IBM이 위협적인 구식 이미지를 보다 부드럽게 하는 데에 찰리 채플린을 활용하고, 이를 통해 새로운 PC라는 제품이 사용하기에 어려움이 전혀 없다는 것을 설득하려 했다는 것은 우연의 일치가 아니다.

소비자 연구는 학문적 혹은 실무적 관점을 지향해야 하는가?

많은 연구자들이 소비자 행동 분야를 응용 사회 과학이라고 간주한다. 이들은 우리가 생성해 내는 지식의 가치는 마케팅 실무의 효과를 향상시킬 수 있는지에 관한 점에서 평가되어야 한다고 주장한다. 그러나 다른 관점의 연구자들은 소비자 행동이 모든 것에서 전략적 초점만을 가지고 있어서는 안 된다고 주장한다. 학문은 "비즈니스를 위한 보조물(handmaiden to business)"이 되어선 안 된다는 것이다. 대신에 마케터가 수익을 내기 위해 이 지식을 적용하기보다는 소비의 이해라는 본연의 현상에 초점을 맞추어야 한다. 대부분의 소비자 연구자들은 이러한 다소 극단적인 관점을 가지지는 않는다. 그러나 식품, 가전제품, 자동차 등의 구매와 같은 이 분야의 전통적인 초점을 넘어서서, 노숙자 혹은 환경보호와 같은 사회 문제를 연구의 대상으로 포함하는 등의 연구 영역 확장이 긍정적으로 받아들여져 왔다. 확실한 것은 이 분야의 연구자들 사이에 격렬한 논쟁이 있다는 점이다.

본 교재의 기획

이 책은 소비자 행동의 많은 측면을 다루고 있고, 앞으로 이 장에서 간단하게 설명한 연구의 많은 관점들을 다루게 될 것이다. 이 책의 구성은 간단하다. 미시에서 거시로 옮겨간다. 소비자 행동의 사진 앨범을 한 번 생각해 보자. 각 장은 소비자들의 "스냅 사진"을 제공하고 있지만, 이 사진들을 찍는 데 사용된 렌즈는 연속적으로 더 커지게 된다. 우선, Section 1의 나머지 3개 장은 소비자들이 어떻게 의사결정을 하는지, 그

결정에 영향을 미치는 것들은 무엇이며, 그 결정의 결과는 무엇인지 등을 살펴볼 것이다. Secion 2에서는 개인 의사결정의 측면으로 좀 더 깊게 들어갈 텐데, 제품과 서비스에 대한 학습을 하고, 그것들에 대한 감정에 영향을 미치게 되는 내적인 요인들을 공부할 것이다. Section 3에서는 외적 영향 요인들을 살펴보는 쪽으로 렌즈를 더 확대해 볼 것이다. 외적 요인들은 전통매체와 뉴미디어 등을 통해 접근할 수 있는 다른 이들의 의견과 우리가 속한 집단과 같이 무궁무진하다.

본 장의 정리

본 장의 학습을 완료했다면 다음의 사항들을 이해할 수 있어야 한다:

1. **소비자 행동은 과정이다.**

   소비자 행동은 개인 혹은 집단들이 욕구를 만족시키기 위해 제품, 서비스, 아이디어, 혹은 경험을 선택하고, 구매하여, 사용하거나 파기하는 일련의 과정에 대한 학문 분야이다. 한 소비자가 제품을 구매하고 사용하고 파기할 수도 있지만, 여러 다른 사람들이 이러한 각 과정을 실행할 수도 있다. 덧붙여, 각기 다른 역할에 따라 서로 다른 제품들을 필요하게 되는 역할 수행자로서의 소비자를 생각해 볼 수 있다.

2. **마케터들은 다양한 소비자 집단의 1차적 욕구와 2차적 욕구를 이해해야 한다.**

   시장 세분화는 소비자 행동의 중요한 측면이다. 소비자들은 제품 사용, 인구통계적 요인들(성별, 연령과 같은 객관적인 측면), 사회심리학적 요인들을 비롯한 많은 차원에 따라 세분화될 수 있다. 관계 마케팅이나 데이터베이스 마케팅과 같은 새로운 분야의 발달로 인해 마케터는 다른 소비자 집단의 1차적 욕구(needs)와 2차적 욕구(wants)에 더 주의를 기울이게 되었다.

3. **소비자로서 우리의 선택은 삶의 다른 영역과 밀접한 관련이 있다.**

   마케팅 활동들은 개인에게 막대한 영향을 미친다. 소비자 행동은 공공 정책 쟁점(예, 윤리적 마케팅 실무)이나 대중 문화의 역동성 등에 대해 우리가 어떻게 생각하는지에 영향을 미치게 된다.

4. **우리의 소비 동기는 복잡하고 가변적이다.**

   마케터들은 소비자들의 욕구를 충족시키려고 하지만, 어떤 제품을 구매하는 동기는 아주 다양할 수 있다. 소비자 동기의 확정은 한 제품이 적절한 욕구를 충족시킬 것인지를 보장해 주는 중요한 단계이다. 소비자 행동에 대한 전통적인 관점은 제품이 이성적 욕구를 충족시킬 수 있는 능력(실용주의적 동기)에 초점을 두는 반면, 쾌락적 동기(예: 즐거움이나 탐험에 대한 욕구)는 많은 구매 결정에 있어서 핵심적 역할을 하게 된다. Maslow의 욕구의 위계 모형은 동일한 제품이라도 서로 다른 사람들의 다양한 상황에서 존재하는 완전히 다른 욕구들을 충족시킬 수 있다는 것을 보여준다.

5. **기술과 문화는 새로운 "늘 깨어 있는" 소비자를 만들어냈다.**

   웹과 소셜미디어는 소비자와 기업 그리고 소비자들 간의 상호작용 방식을 변화시키고 있다. 온라인 상거래는 우리가 전 세계로부터 구하기 힘든 제품을 얻을 수 있게 해주며, 소비 커뮤니티에서는 제품 추천과 의견 공유가 이루어진다.

6. **다양한 유형의 전문가들이 소비자 행동을 연구한다.**

   소비자 행동 분야는 다양한 학문에 걸쳐 있다. 사람들이 시장과 어떻게 상호작용하는지에 관심이 있는 많은 다른 분야의 연구자들로 구성되어 있다. 이 학문 분야는 그들의 초점이 얼마나 미시적(개인 소비자) 혹은 거시적(집단의 구성원 혹은 거대한 사회의 구성원으로써 소비자)인지에 의해 분류될 수 있다.

7. **소비자 행동을 이해하고 연구하는 데에 있어서 서로 다른 관점들이 있다.**

   소비자 행동 학자들은 학술적 및 실무적 목적 모두를 지향한다. 연구 지향점을 크게 둘로 나누어 볼 수 있다. 우선 실증주의적 관점은 과학의 객관성을 중시하며, 소비자를 이성적인 의사결정자로 가정한다. 반면, 해석주의적 관점은 소비자의 개인적 경험에 대한 주관적 의미와 어떤 행동이 하나의 단순한 설명이 아닌 다양한 해석에 의해 좌우된다는 생각을 강조한다.

KEY TERMS

80/20 법칙 80/20 theory
B2C e-커머스 B2C e-Commerce
C2C e-커머스 C2C e-Commerce
가상 세계 virtual worlds
가상 현실게임 alternative reality games (ARGs)
거대도시 megacity
관계 마케팅 relationship marketing
교환 exchange
기대 이론 expectancy theory
대중 문화 popular culture
데이터베이스 마케팅 database marketing
동기 motivation
동시적 상호작용 synchronous interactions
동인 drive
동인 이론 drive theory
디지털 세대 digital native
목표 goal
비동시적 상호작용 asynchronous interaftions
빅데이터 Big Data
사용자 생산 콘텐츠 user-generated contents
생산성 지향 productivity orientation
소비 커뮤니티 consumption communities
소비자 consumer
소비자 행동 consumer behavior
소셜미디어 social media
수평적 변혁 horizontal revolution
시장 세분화 전략 market segmentation strategies
실증주의 positivism
역할 이론 role theory
욕구의 위계 Hierarchy of Needs
웹 2.0 Web 2.0
인구통계적 요인 demographics
중 사용자 heavy users
참여 문화 culture of participation
패러다임 paradigm
필요 want
해석주의 interpretivism
혼합 모방품 pastiche

REVIEW

1-1. 소비자 행동의 정의를 제시하라.
1-2. 인구통계학적 특성은 무엇인가? 세 가지의 인구통계학적 특성을 제시하라.
1-3. 시장세분화는 무엇인가? 세 가지 세분화 시장의 예를 들라.
1-4. 역할이론은 무엇이며, 소비자 행동을 이해하는 데 어떤 도움이 되는가?
1-5. 교환의 의미는 무엇인가?
1-6. 기업이 그들의 중 사용자(heavy-user)에 대해 아는 것은 왜 중요한가?
1-7. 데이터 베이스 마케팅은 얼마나 실용적이며 가치가 있는가?
1-8. 소비 과정의 세 가지 단계를 설명해 보라.
1-9. 전통적인 소비 패턴은 글로벌화로 인해 급격히 바뀌었는가?
1-10. 소비자 행동에 있어서 학제적 연구는 신문이나 TV 뉴스 채널의 내용을 어떻게 설명하는가?
1-11. 소비자 행동을 연구하는 두 가지 다른 학문적 기조는 무엇인가? 같은 이슈에 대한 그들의 접근은 어떻게 다른가?

도전과제

토의문제

1-12. 각 개인의 취향과 선호에 따라 제품과 서비스를 소비하는 방법은 천차만별이며, 국가, 지역, 언어, 문화, 시장 등과 같은 다양한 요인에 의해 영향을 받는다. 이것은 특정 제품이 시장에 나오고 판매되는 방법에 또한 영향을 미치기 된다. 당신 국가 또는 지역의 소비자들이 제품과 서비스를 소비하고 수요를 갖는 데에 특정한 방법이 있는가?
1-13. 각 국가나 지역에서 주로 소비되는 제품과 서비스가 있게 마련이다. 집합적으로, 이러한 소비는 집단 결속을 의미한다. 이러한 성격의 제품이나 서비스를 예로 들어보고, 이것들이 어떻게 집단의 결속을 촉진하는지에 대해 논의해 보자.
1-14. 왜 관리자, 광고주, 마케터는 소비자들의 행동에 대해 알려고 하는가? 그 행동을 조정하고 이끌어내는 것이 그들의 역할인가?
1-15. 예산 수립자, 대학 행정가, 그래픽 디자이너, 사회복지사, 간호사 등의 다양한 사람들에게 소비자 행동의 어떤 측면이 흥미로울 수 있는가?
1-16. 각 개인은 브랜드 및 제품과 다양한 관계를 맺고 있다. 자아개념 연계, 노스탤지어 연계, 상호의존, 사랑 등과 같은

의미를 갖게 된다. 당신이 사용하고 있는 제품이나 브랜드 8~10개 정도를 열거하고 이들과 어떤 방식의 연계를 갖고 있는지에 대해 생각해 보라. 이와 관련하여 각 브랜드는 어떤 강점을 갖고 있는가?

1-17. 일부 학자들은 인간의 모든 행동을 명확하게 설명하기 위해 체계적인 추적이 가능한 보편적인 욕구 목록을 확정하였다. 심리학자 Henry Murray는 20개의 심인성 욕구를 기술했다. 이러한 이론들은 대다수 사람들의 기본적인 욕구가 충족되고, 정신적인 원인에 보다 많은 관심을 갖는 대체로 선진국 또는 개발국가 등에서 더 유의미할 수 있다. 그러나 이러한 심인성 욕구가 단순한 소비 욕구보다 더 근본적으로 작동하는 것일까? 소비자 행동의 어떤 수준에 대해 심인성 욕구로 설명할 수 있을까? 기본적인 욕구가 휴식, 음식, 안전 등과 같은 것들일 때도 관련이 있을까? 이 이론이 우리나라의 소비자들을 이해하는 데에 어느 정도의 가치를 가질 수 있을까?

1-18. 소비자들의 삶에 관련성이 높고 현재적인 형태로 소셜미디어를 활용한 기업들은 큰 성공을 거두었다. 그러나 일부 다른 기업들은 위험에 노출되면서 소비자들의 인식상에 큰 손해를 겪기도 했다. 어찌되었건, 기업들은 소셜미디어를 무시할 수 없는 상황이 되었으며, 이 새로운 미디어 환경에서 보다 두드러지게 인식되어야 할 필요가 있다. 문제는 비즈니스가 논쟁의 주제가 된다는 점이다. 이러한 논쟁에서 기업은 거의 통제력을 갖지 못하며, 온라인상의 댓글을 지우는 일은 무자비한 검열로 비춰지게 된다. 어떻게 생각하는가?

1-19. Internet World 통계에 따르면, 세계 인구는 약 70억 명 정도이다. 이들 중 24억 명이 인터넷을 사용한다. 세계 인터넷의 보급은 불균형 그 자체라 할 수 있는데, 아프리카의 경우는 10억 명이 넘는 인구 중 1억7천만 명만이 인터넷 사용을 하고 있다. 이것은 다른 지역과 비교해 보면, 아주 낮은 15.6%밖에 안 되는 비율이다. 북미지역은 78.5%의 보급률을 보이고 있으며, 전 세계 보급률은 34.3%에 이른다. 인터넷 접속이 사람들 간의 상호 교류와 제품 및 서비스의 판매가 이루어지는 방식을 어떻게 바꾸어가고 있는가?

Kenneth Dixon이 *Stanford News*에 2005년 기고한 글에 의하면, 우리가 삶을 영위하는 방식의 변화는 이미 진행 중이며, 현저하게 일어나고 있다. 미국인들을 대상으로 한 Dixon의 연구는 인터넷에 접속이 가능한 사람들은 가족과 보내는 시간이 하루에 70분 미만이라고 한다. 그들은 잠도 대충 자고, TV도 적게 본다. 미국의 인터넷 보급률이 31%를 기록했을 때의 일이다.

인터넷 중독은 전 세계적 현상이며, 2013년 유럽에서 진행한 인터넷 사용에 대한 분석 연구 결과가 이것을 보여준다. 중독률은 전 유럽에 걸쳐 12.7%로 나타났다. 이러한 중독을 설명하는 새로운 용어를 제시했는데, 역기능적 인터넷 행동(DIB: Dysfunctional Internet Behavior)이 그것이다. 당신 국가나 지역의 인터넷 보급률은 어느 정도인가? 사람들 간의 교류에 변화가 있는가? 소비 행동에는 어떤 변화가 있는가? 이러한 변화의 결과는 무엇인가?

1-20. Maslow의 욕구 위계 모형은 상위 욕구의 단계로 진행하기 위해서는 더 기본적인 욕구를 먼저 충족해야 한다는 것을 보여준다. 이것은 굶주린 사람은 우정, 계급의 상징, 자아실현 같은 일에 관심이 없다는 것을 의미한다. 이 모형은 소비자들이 그들의 현재 상황에 따라 가치를 두게 되는 제품의 속성이 상이하게 나타난다는 점을 보여준다. 오늘날 경제 환경에서 이러한 위계는 왜 많은 소비자들이 제품에 대한 판단을 할 때, 그 제품이 친구들에게 호평을 받을지 여부보다는 가격과 품질의 신뢰 정도를 더 중시한다는 것을 설명해 준다. 불황이 소비자들의 제품 평가 방식에 변화를 주고 있을까? 가격 대비 우수한 품질의 브랜드들에 매겨진 기준들이 "새로운 표준(The New Normal)"으로 자리매김할 것인지, 아니면 경제가 다소 좋아질 때 우리의 태도가 다시 바뀔지, 어느 쪽에 동의하는가?

응용문제

1-21. 전국 단위의 마케터들은 지역 단위로 제품과 서비스의 마케팅 및 촉진활동을 자주 하게 된다. 당신의 국가에서는 어떠한가? 한 기업의 사례를 들어 논의해 보자.

1-22. 욕구를 충족시킬 방법의 선택은 각자의 독특한 이력, 학습 경험, 문화적 환경 등에 따라 다르다. 예를 들어, 두 명의 친구가 점심 강의시간에 강한 허기를 느꼈다. 지난 저녁 이후로 아무것도 먹지 않았고, 두 사람의 음식에 대한 욕구는 비슷한 정도라고 하자. 그러나 이러한 욕구를 충족시키는 데에 두 사람이 취한 방법은 제각각일 수 있다. 옆의 친구와 한 번 실제로 해보라. "대개 사형수는 '마지막 식사'의 메뉴를 선택하게 된다. 당신이 그 입장이라면 그 마지막 메뉴는 무엇인가" 여러 친구에게 얻은 답을 한번 비교해 보라. 서로 다른 문화적 배경이나 경험이 있는 친구들끼리는 얼마나 다른 답이 나왔는가? 공통점과 차이점은 어떠한가?

1-23. 온라인상의 행동은 Maslow의 욕구 위계 모형의 각기 다른 단계를 충족시킬 수 있다. 페이스북 같은 소셜미디어를 사용할 때가 좋은 예가 될 것이다. 웹 기반의 기업들은 다음과 같은 사항들을 잘 이해한다면 충성도를 이끌어낼 수 있을 것이다.

- 영양이나 의료와 관련된 이슈에 대해 온라인 검색을 하면, 심리적 욕구가 충족된다.
- 웹은 나쁜 일, 문제가 있는 제품, 위험한 약탈자 등에

주목하도록 할 때, 정보를 수집하고 안전에 대한 욕구를 충족시키도록 해준다.

- 페이스북의 프로파일 페이지는 사용자로 하여금 그들 스스로를 개인으로 규정하도록 한다.
- 온라인 커뮤니티, 블로그, 소셜 네트워크 등은 어떤 분야나 주제에 있어서 전문가로 인정받고 싶어하는 사람들에게 명성이나 성취를 얻도록 해준다.
- 사용자들은 다른 사람들의 도움을 청할 수 있으며, 비슷한 취향과 관심이 있는 사람들과 교류한다.
- 초청된 사람들만 가입이 가능한 커뮤니티는 지위를 제공한다.
- 영적인 것에 기반한 온라인 커뮤니티는 고민이 많고 정신적으로 어려운 사람들에게 도움을 준다.

소셜미디어에 참여하고 싶어하는 사람들을 인터뷰해라. 그들이 가장 많이 사용하는 플랫폼의 리스트와 해당 서비스의 이용 이유를 물어보라. 각 사이트에 대한 욕구는 무엇인가? 이러한 통찰력은 새로운 소셜미디어 제품을 위한 아이디어를 내는 데에 얼마나 도움이 될까?

사례연구Case Study

영국 대중문화를 적용한 브랜드-형성 전략

세계화와 기술의 발달로 인해 대중문화에 대한 관심과 참여는 전세계적으로 꾸준히 성장해 왔다. 나아가, 웹의 성장은 모든 사람들이 블로그, 팟캐스트, 페이스북과 같은 소셜 네트워크 등을 활용하여 정보를 공유하는 수많은 커뮤니티를 만들어냄으로써 새로운 문화적 영향의 확산을 혁신해 왔다. 그 결과, 대중문화는 마케터와 브랜드 관리자들에게는 매력적인 도구가 되었다.

영국의 대중문화는 세계적으로 중요한 위치를 갖고 있으며, 전세계 다양한 연령대의 사람들에게 그들의 사회적 지위, 교육적 배경, 종교 등과 상관없이 어필하고 있다. 앞서는 1960년대의 록밴드인 Beatles가 있었고, 후에는 1990년대 기타 밴드인 Britpop이 있어서 영국 대중음악 산업이 음악적 창조의 국제적 중심으로 자리매김할 수 있게 하였다. 최근에 영국의 대중문화는 대중문학, 패션, TV 엔터테인먼트, 영화 등의 원천이 되고 있다. 예를 들어, 책과 영화를 통해 J. Rowling의 해리포터 시리즈는 전 세계적으로 엄청난 인기를 끌었고, 제임스본드 영화는 오랜 시간 동안 인기를 끌고 있다. 지금은 전 세계적으로 인기를 끌고 있는 TV쇼의 포맷도 영국에서 시작된 것이 많은데, *The Weakest Link, Who Wants to Be a Millionaire, Britain's Got Talent, X Factor* 등은 잘 알려진 사례들이다. 미국, 중국, 인도 등의 여러 나라에서는 이러한 쇼가 유행을 했다. 영국의 코미디 스타일도 예외는 아니어서 *The Office*나 *Four Weddings and a Funeral* 등의 시리즈물이나 영화를 통해 세계 여러 나라에 잘 전파되었다.

브랜드 관리에 대중문화가 미치는 영향은 매우 크다. 특히, 소비자들이 버즈를 일으키고 바이럴 메시지를 전달하고 웹 기반의 소비자 생산 콘텐츠를 사용하는 이러한 디지털 시대에는 더욱 그러하다. 전통적인 브랜드 관리를 최신 대중문화와 통합하는 브랜드들이 더욱 성공적이라는 것은 지속적으로 명백해지고 있다. 고급 스포츠카 브랜드인 Aston Martin, Barclays Bank PLC, Burberry 패션그룹 등은 영국 대중문화가 그들의 타깃 시장에서 어떻게 인지되는지를 잘 이해하고, 대중문화의 국제적 브랜드 잠재력을 발굴해 나감에 따라 많은 성공을 거두었다. 2010년에 Burberry는 해리포터의 여주인공인 헤르미온느 역의 Emma Watson, 인디밴드 One Night Only의 리더인 George Craig를 자사 브랜드의 현대화에 활용했다. 이러한 캐릭터에 연관된 대중문화 속성, 이미지, 상징 등은 이미 하나의 아이콘이 되어 버린 Burberry 제품에 생명을 불어넣었고, 더 뚜렷한 영국의 제품으로 각인시켰다. 이 기업은 세계 시장에서 경쟁력을 높였다.

토의문제

1. 많은 비평가들은 대중문화를 대중적 소비자주의의 일시적 또는 부차적인 현상으로 간주하여 중요하지 않게 본다. 어떻게 생각하는가?
2. 인터넷은 인기있는 것을 전달하는 중요한 매체라는 주장에 대해 어떻게 생각하는가?
3. 익숙한 대중문화에 대해 기술하고, 그 주요 구성 요소와 당신이 선택한 주요 브랜드의 브랜딩 전략에 어떤 영향을 미쳤는지에 대해 설명하라. 이 둘을 연결짓는 것이 마케팅 차원에서 시너지효과를 거둘 수 있는가?

출처: Stephen Brook, "Britain Leads the Way in Selling Global TV Formats," The Guardian (April 5, 2010); Roblyn Simeon, "A Conceptual Model Linking Brand Building Strategies and Japanese Popular Culture," *Marketing Intelligence and Planning* 24, no. 5 (2006): 463–76.

참조

1. http://www.jewelmint.com, accessed July 18, 2013; http://www.oxygen.com, accessed July 18, 2013; http://www.ivillage.com, accessed July 18, 2013; http://www.hercampus.com, accessed July 18, 2013; http://www.RateMyProfessors.com, accessed July 18, 2013.
2. Michael R. Solomon and Elnora W. Stuart, *Marketing: Real People, Real Choices*, 2nd ed. (Upper Saddle River, NJ: Prentice Hall, 2000): 5–6.
3. Joann Muller, "BMW's Car of the Future: Glued, Screwed & Rented," *Forbes* (November 3, 2011), http://www.forbes.com/sites/joannmuller/2011/11/03/bmws-vision-for-the-future-of-automobiles/, accessed December 21, 2012.
4. Jack Neff, "Study: Package-Goods Brands' Consumer Bases Very Small, Yet Diverse," *Advertising Age* (December 8, 2008), http://www.adage.com, accessed December 8, 2008.
5. Natalie Perkins, "Zeroing in on Consumer Values," *Advertising Age* (March 22, 1993): 23.
6. Hannah Karp, "Red Bull Aims at an Older Crowd," *Wall Street Journal* (June 7, 2004): B3.
7. Jack Neff, "Crest Spinoff Targets Women," *Advertising Age* (June 3, 2002): 1.
8. Charles M. Schaninger and William D. Danko, "A Conceptual and Empirical Comparison of Alternative Household Life Cycle Models," *Journal of Consumer Research* 19 (March 1993): 580–94; Robert E. Wilkes, "Household Life-Cycle Stages, Transitions, and Product Expenditures," *Journal of Consumer Research* 22 (June 1995): 27–42.
9. Richard P. Coleman, "The Continuing Significance of Social Class to Marketing," *Journal of Consumer Research* 10 (December 1983): 265–80.
10. Anthony Bianco, "The Vanishing Mass Market," *BusinessWeek* (July 12, 2004): 61–67.
11. Tracy Tuten and Michael R. Solomon, *Social Media Marketing* (Upper Saddle River, NJ: Pearson, 2013); some material provided by Julie Channing, head planner at AKQA for The Lost Ring campaign.
12. Porter Novelli company Web site, http://www.porternovelli.com.
13. Jennifer Ordonez, "A taste for convenience: Fast food companies seek more "heavy users"," *Sarasota Herald-Tribune* (January 13, 2000), http://tinyurl.com/mzv4pau.
14. Quick company Web site, http://groupe.quick.fr/en.
15. Burt Helm, "Ethnic Marketing: McDonald's Is Lovin' It," *Bloomberg-Businessweek* (July 8, 2010), http://www.businessweek.com/magazine/content/10_29/b4187022876832.htm, accessed December 21, 2012.
16. Motoko Rich, "Region's Marketers Hop on the Bubba Bandwagon," *Wall Street Journal Interactive Edition* (May 19, 1999).
17. Sarah Ellison, "Prilosec OTC Blitz by P&G Represents New Drug Foray," *Wall Street Journal* (September 12, 2003), http://www.wsj.com, accessed September 12, 2003.
18. Stuart Elliott, "Capitalizing on Disaster, Sometimes With Results That Match," *New York Times* (October 31, 2012), http://www.nytimes.com/2012/11/01/business/media/marketers-ride-the-coattails-of-a-storm-not-all-successfully.html, accessed December 21, 2012.
19. Constance L. Hayes, "What Wal-Mart Knows About Customers' Habits," *New York Times* (November 14, 2004), http://www.nytimes.com, accessed November 14, 2004.
20. Andrew McAfee and Erik Brynjolfsson, *Big Data: The Management Revolution, Harvard Business Review* (October 2012), http://hbr.org/2012/10/big-data-the-management-revolution/ar/1, accessed December 21, 2012; "Bringing Big Data to the Enterprise," IBM, http://www-01.ibm.com/software/data/bigdata/, accessed December 21, 2012; Geoff Nunberg, "Forget YOLO: Why 'Big Data' Should Be the Word of the Year," *NPR* (December 20, 2012), http://www.npr.org/2012/12/20/167702665/geoff-nunbergs-word-of-the-year-big-data, accessed December 21, 2012.
21. Mylene Mangalindan, "Hollywood's 'Wedding Crashers' Inspires the Invitationless," *Wall Street Journal* (December 28, 2005): B1.
22. Pagan Kennedy, "Who Made That? (Spring Break)," *The New York Times Magazine* (March 24, 2013).
23. Erving Goffman, *The Presentation of Self in Everyday Life* (Garden City, NY: Doubleday, 1959); George H. Mead, *Mind, Self, and Society* (Chicago: University of Chicago Press, 1934); Michael R. Solomon, "The Role of Products as Social Stimuli: A Symbolic Interactionism Perspective," *Journal of Consumer Research* 10 (December 1983): 319–29.
24. Jennifer Aaker, Susan Fournier, and S. Adam Brasel, "When Good Brands Do Bad," *Journal of Consumer Research* 31 (2004): 1–16.
25. Susan Fournier, "Consumers and Their Brands. Developing Relationship Theory in Consumer Research," *Journal of Consumer Research* 24 (March 1998): 343–73.
26. http://www.marshmallowpeeps.com/products/valentines-day, accessed December 22, 2012; Thomas Vinciguerra, "Soft, Chewy and Taking Over the World," *New York Times* (July 5, 2006): Sec. 4, p. 2.
27. Quoted in "Bringing Meaning to Brands," *American Demographics* (June 1997): 34.
28. Russell W. Belk, Guliz Ger, and Søren Askegaard, "The Fire of Desire: A Multisited Inquiry into Consumer Passion," *Journal of Consumer Research* 30 (2003): 326–51; cf. also Yu Chen, "Possession and Access: Consumer Desires and Value Perceptions Regarding Contemporary Art Collection and Exhibit Visits," *Journal of Consumer Research* 35 (April 2009): 925–40.
29. Henrik Hagtvedt and Vanessa M. Patrick, "The Broad Embrace of Luxury: Hedonic Potential as a Driver of Brand Extendibility," *Journal of Consumer Psychology* 19, no. 4 (2009): 608–18.
30. See Paul T. Costa and Robert R. McCrae, "From Catalog to Classification: Murray's Needs and the Five-Factor Model," *Journal of Personality & Social Psychology* 55 (1988): 258–65; Calvin S. Hall and Gardner Lindzey, *Theories of Personality*, 2nd ed. (New York: Wiley, 1970); James U. McNeal and Stephen W. McDaniel, "An Analysis of Need-Appeals in Television Advertising," *Journal of the Academy of Marketing Science* 12 (Spring 1984): 176–90.
31. See David C. McClelland, *Studies in Motivation* (New York: Appleton-Century-Crofts, 1955).
32. Mary Kay Ericksen and M. Joseph Sirgy, "Achievement Motivation and Clothing Preferences of White-Collar Working Women," in Michael R. Solomon, ed., *The Psychology of Fashion* (Lexington, MA: Lexington Books, 1985): 357–69.
33. See Stanley Schachter, *The Psychology of Affiliation* (Stanford, CA: Stanford University Press, 1959).
34. Eugene M. Fodor and Terry Smith, "The Power Motive as an Influence on Group Decision Making," *Journal of Personality & Social Psychology* 42 (1982): 178–85.
35. C. R. Snyder and Howard L. Fromkin, *Uniqueness: The Human Pursuit of Difference* (New York: Plenum, 1980).
36. Abraham H. Maslow, *Motivation and Personality*, 2nd ed. (New York: Harper & Row, 1970).
37. An integrative view of consumer goal structures and goal-determination processes proposes six discrete levels of goals wherein higher-level (versus lower-level) goals are more abstract, more inclusive, and less mutable. In descending order of abstraction, these goal levels are life themes and values, life projects, current concerns, consumption intentions, benefits sought, and feature preferences. See Cynthia Huffman, S. Ratneshwar, and David Glen Mick, "Consumer Goal Structures and Goal-Determination Processes: An Integrative Framework," in S. Ratneshwar, David Glen Mick, and Cynthia Huffman, eds., *The Why of Consumption* (London: Routledge, 2000): 9–35.
38. Paul Henry, "Magnetic Points for Lifestyle Shaping: The Contribution of Self-Fulfillment, Aspirations and Capabilities," *Qualitative Market Research* 9, no. 2 (2006): 170.
39. Study conducted in the Horticulture Department at Kansas State University, cited in "Survey Tells Why Gardening's Good," *Vancouver Sun* (April 12, 1997): B12; see also Paul Hewer and Douglas Brownlie, "Constructing 'Hortiporn': On the Aesthetics of Stylized Exteriors," *Advances in Consumer Research* 33, no. 1 (2006).
40. "Megacities," http://webs.schule.at/website/megacities/megacities_index_en.htm, accessed December 22, 2012; David Barbosa, "China, New Land of Shoppers, Builds Malls on Gigantic Scale," *New York Times* (May 25, 2005), http://www.nytimes.com, accessed May 25, 2005.
41. http://www.hsx.com, accessed December 22, 2012.
42. http://www.RateMyProfessors.com/, accessed December 23, 2012.
43. http://www.pof.com/inbox.aspx, accessed December 16, 2012; Irina Slutsky, "Get Hooked up with the Big Business of Online Dating," *Advertising Age* (February 14, 2011), http://adage.com/article/ad-age-graphics/online-dating-a-a-1-3-billion-market/148845/, accessed May 7, 2011.
44. Marc Prensky, "Digital Natives, Digital Immigrants," *On the Horizon* 9, no. 5 (October 2001): 1–6.
45. Keith Schneider, "Recipe for Success: Take Mentos, Diet Coke. Mix," *New York Times* (February 20, 2007), http://www.nytimes.com/2007/02/20/business/smallbusiness/20eep.html, accessed December 22, 2012; Steve Spangler, "Mentos Diet Coke Geyser," SteveSpanglerScience.com, http://www.stevespanglerscience.com/experiment/original-mentos-diet-coke-geyser, accessed May 7, 2011; Suzanne Vranica and Chad Terhune, "Mixing Diet Coke

and Mentos Makes a Gusher of Publicity," *Wall Street Journal* (June 12, 2006): B1.
46. http://newsroom.fb.com/Key-Facts, accessed December 22, 2012.
47. http://www.youtube.com/t/press_statistics, accessed December 22, 2012.
48. Parts of this section are adapted from Tracy Tuten and Michael R. Solomon, *Social Media Marketing* (Upper Saddle River, NJ: Pearson Education, 2012).
49. Suzanne Vranica, "Ad Houses Will Need to Be More Nimble, Clients Are Demanding More and Better Use of Consumer Data, Web," *Wall Street Journal* (January 2, 2008): B3.
50. Jack Neff, "Mucus to Maxi Pads: Marketing's Dirtiest Jobs, Frank Talk about Diapers and Condoms Lifts Taboos and Helps Make a Difference in Consumers' Lives, Say Those in the Trenches," *Advertising Age* (February 17, 2009), http://www.adage.com, accessed February 17, 2009.
51. For an overview, see Eric J. Arnould and Craig J. Thompson, "Consumer Culture Theory (CCT): Twenty Years of Research," *Journal of Consumer Research* 31 (March 2005): 868–82.
52. Alladi Venkatesh, "Postmodernism, Poststructuralism and Marketing," paper presented at the American Marketing Association Winter Theory Conference, San Antonio, February 1992; see also Stella Proctor, Ioanna Papasolomou-Doukakis, and Tony Proctor, "What Are Television Advertisements Really Trying to Tell Us? A Postmodern Perspective," *Journal of Consumer Behavior* 1 (February 2002): 246–55; A. Fuat Firat and Alladi Venkatesh, "The Making of Postmodern Consumption," in Russell W. Belk and Nikhilesh Dholakia, eds., *Consumption and Marketing: Macro Dimensions* (Boston: PWS-Kent, 1993).
53. Morris B. Holbrook, "The Consumer Researcher Visits Radio City: Dancing in the Dark," in Elizabeth C. Hirschman and Morris B. Holbrook, eds., *Advances in Consumer Research* 12 (Provo, UT: Association for Consumer Research, 1985): 28–31.
54. Brenda Geren, "Motivation: Chinese theoretical perspectives," *Journal of Behavioral Studies in Business*, New York Institute of Technology Bahrain, http://www.aabri.com/manuscripts/10692.pdf, accessed December 16, 2013.
55. Maxwell Chi, "Reducing the Risks of Social Media to Your Organization: Security Policy and Social Media Use," SANS Institute Reading Room (2011), http://www.sans.org/reading-room/whitepapers/policyissues/reducing-risks-social-media-organization-33749.
56. http://www.internetworldstats.com/stats.htm, accessed December 16, 2013.
57. Kenneth M. Dixon, "Researchers link use of Internet, social isolation," *Stanford News* (February 23, 2005), http://news.stanford.edu/news/2005/february23/internet-022305.html, accessed December 16, 2013.
58. Nerea Rial, "Spanish teenagers lead European Internet addiction," *New Europe* (January 18, 2013), http://www.neurope.eu/article/spanish-teenagers-lead-european-internet-addiction, accessed December 16, 2013.
59. Adapted in part from Jack Loechner, "Emotional Business Bonding on Social Networks," *Research Brief*, Center for Media Research (December 27, 2007), http://blogs.mediapost.com/research_brief/?p=1603, accessed December 27, 2007.

Chapter 2 • 의사결정과 소비자 행동

Chapter Objectives

이 장을 끝마칠 때, 당신은 다음의 사항들을 이해해야 한다:

1. 소비자 의사결정은 인지적, 습관적, 정서적인 세 가지 범주로 구성된다.
2. 인지적 구매 결정은 일련의 단계의 결과로 경쟁 옵션에 비해 한 제품을 선택하는 것이다.
3. 우리는 종종 일상적인 의사결정을 하기 위해서 "주먹 구구식" 또는 환경에서의 단서에 의존한다.
4. 우리는 이성적 사고 과정의 결과보다는 감성적 반응에 바탕을 두고 어떤 의사결정을 한다.

출처: olly/Shutterstock.

Richard는 TV를 갖고 있었다. 그의 작고 오래된 흑백 TV 세트는 별로 오래갈 것 같지 않았다. *The Walking Dead*에서 지지직거리는 음악을 들으려고 시도해야 할 만큼 질이 나빴다. NFL 미식축구 게임에서 Jaguars와 Titans 팀을 구별할 수 없었을 때가 참을 수 있는 마지막 한계선이었다. 옆방 Mark의 홈시어터로 마지막 후반부를 보러 갔을 때, 결국 그는 놓치고 있는 것이 무엇인지 깨달았다. 예산이 있든 없든 행동에 옮길 시간이 되었다. 사람들은 각자의 우선순위를 가져야만 한다.

어디서부터 찾기 시작할까? 당연히 웹이다. Richard는 pricegrabbler.com 및 bizrate.com을 포함하여 몇 개의 가격비교 쇼핑 웹사이트를 검색한다. 그는 선택의 폭을 좁힌 후에, 개인적으로 몇 개의 제품에 대해서 조사한다. 거대하고 새로운 창고형 매장 중의 하나에서 아마도 괜찮은 선택(그리고 적당한 가격)을 할 것이라고 생각한다. Zany Zack's Appliance Emporium에 도착하면서, Richard는 토스터, 전자레인지, 오디오의 진열대에 거의 눈길을 주지 않고 바로 뒤에 있는 Video 코너로 곧장 향한다. 몇 분 후에 싸구려 양복을 입은 판매원이 미소를 지으며 그에게 다가온다. Richard는 도움을 요청할 수도 있었지만, 판매원에게 그냥 둘러보고 있는 중이라고 말한다. 그는 판매원들이 제대로 알지도 못하면서 단지 매출만 올리려 한다고 생각한다.

Richard는 60인치 컬러 TV의 몇 가지 기능에 대해 조사한다. 그는 친구 Evey가 아주 좋아하는 Prime Wave에서 만든 TV를 갖고 있다는 것을 알았고, 그의 여동생 Rose는 Kamashita를 사지 말라고 그에게 조언했다. Richard는 Prime Wave 모델에 취침 타이머, 프로그램 메뉴, 케이블 호환 튜너, 중복 화면 기능이 탑재되어 있다는 것을 알지만, 그를 정말로 잡아끄는 스테레오 방송 수신 기능 때문에 좀 더 저렴한 Precision 2000X를 구매한다.

그날 이후, Richard는 안락의자에 앉아 *The Big Bang Theory*에서 Sheldon이 Leonar, Howard 등의 사람들과 지혜를 겨루는 것을 보면서 행복해한다. 만약 그가 텔레비전 광이 된다면, 그는 멋있어질 것이다.

목표 1

소비자 의사결정은 인지적, 습관적, 정서적인 세 가지 범주로 구성된다.

당신의 문제는 무엇인가?

모든 소비자 의사결정은 문제에 대한 반응이다. 물론 이러한 문제들의 유형과 범위는 매우 다양하다. 우리의 욕구(needs)는 갈증해소와 같은 단순한 생리학적인 것부터 대학 전공을 선택하거나 다가올 Rihanna 콘서트에 입고 갈 옷을 선택하는 것과 같은 추상적이며 지적이거나 미적인 것까지 범위가 넓다.

어떤 구매결정은 다른 것보다 더 중요하기 때문에, 우리가 각각에 쏟는 노력의 양도 다르다. 때때로 의사결정 과정은 거의 자동적이다. 우리는 아주 적은 정보를 토대로 신속한 판단을 내리는 경향이 있다. 어떤 경우에는 구매결정에 하루 종일이 걸리기도 한다. 새로운 집, 차, 심지어 iPhone과 Android 휴대폰 간의 선택과 같은 중요한 구매에 대해서는 괴로워하며 말 그대로 며칠 또는 몇 주를 소요한다. 우리는 때때로 서로 다른 선택안들의 장점과 단점을 신중하게 고려하며 매우 이성적으로 생각하면서 의사결정하는 반면, 어떤 경우에는 대단한 열정 또는 심지어 혐오와 같은 반응을 하면서 감성으로 어떤 선택안에 접근하도록 한다.

우리는 삶에서 부딪치는 문제들이 있는 상황에서 분명히 이 복잡한 소비자행동에 "하나의 사이즈를 모두에게 맞추기(one size fits에)"를 적용하기는 어렵다. 현재 많은 연구자들은 의사결정자가 실제로 레퍼토리(repertorie) 전략을 갖고 있다는 것을 인식하였다. **구조적 과정**(constructive processing)이라고 하는 사고의 과정에서 우리는 어떤 선택을 하기에 필요한 노력을 평가한 후에 그 일이 마무리되기 위하여 드는 인지적 "노력"의 양을 조정한다. 어떤 일이 매우 신중함과 이성적인 접근이 요구되면, 우리는 그 일을 하기 위해 지적 능력을 투자할 것이다. 그렇지 않다면, 우리는 "그냥 평소에 내가 하던 대로"와 같은 지름길을 찾거나 우리의 감정적 반응에 기초하여 "직감적"으로 결정할 것이다. 어떤 경우에 우리는 시간이 흐르면서 우리가 무엇을 소비할 것인가를 평가하도록 도와주는 **심적 예산**(mental budget)을 실제적으로 만들어서 현재에 우리가 하는 것을 조정할 수 있다. 예를 들어, 만약 다이어트를 하는 사람이 내일 BBQ 치킨을 먹을 것이라는 것을 안다면, 그는 오늘 유혹적인 사탕을 먹지 않을 것이다.

그림 2.1과 같이 세 개의 바구니로 표현된 소비자 의사결정에 대해서 생각해보자. 우리는 결국 각각의 의사결정 유형을 고려할 것이다. 그러나 서로가 각각 독립적일 필요가 없다는 것을 명심하자. 예를 들어, 살빼기 프로그램을 시작하기로 결정한 Ken에 대해서 생각해 보자. 그가 다이어트 하기, 한정된 예산으로 살기, 또는 마라톤을 하기 위해 연습하든 간에 그의 행동이 변화되거나 유지되기 위한 그의 노력은 **자아 조절**(self-regulation)의 형태로 계획과 관련이 있다. 그는 아마 신중하게 음식을 선택하고 부엌에서 "금지된" 음식 목록을 작성하면서 인지적 의사결정에 참여할 것이다. 추가적으로 그는 정말로 배가 고프든지 말든지 간에 늦은 오후에 정크푸드로 간식을 먹는 행동적 패턴이 있다는 것을 인지할 것이다. Ken은 책상에 앉아서 초콜릿을 먹는 것과 같은 단기적 유혹에 맞서서 장기적인 성공적 다이어트의 혜택에 중요성을 부여하면서 자신과 다툴 것이다. 어떤 경우에 이것은 창의적인 사고를 포함한다. 예를 들어, 소비자들은 궁극적인 목표를 간섭하는 행동의 부정적인 측면을 과장할 때 **반론적 추론**(counteractive construal)에 관여하는 것이다. Ken은 아마도 유혹에 저항하는 하나의 방법으로 과자에 들어 있는 칼로리의 양을 부풀릴 수도 있다. 모든 다이어트자들이 알고 있듯이, 우리는 이 주장에 항상 이기지 못한다.

마지막으로, 열등감 또는 낮은 자존감과 같은 감성적 이슈는 주요한 동기일 것이다. 어떤 경우에 사람들은 사랑하는 사람을 잃거나 아동 학대와 같은 인생 경험에 대한 반응으로 어떤 물건(특히 음식)을 소비한다. 언젠간 영국 뉴스에 나왔던 980파운드가 나

그림 2.1 소비자 의사결정의 세 가지 "바구니"

가는 "세계에서 가장 뚱뚱한 사람"인 영국 사람이 딱 들어맞는 사례이다. 먹는 것에 대해 충족될 수 없는 그의 끊임없이 욕구는 아버지의 학대와 친척에 의한 성적 학대로부터 나왔다고 설명하였다. "나는 이러한 모든 것이 어린 시절부터 내 머릿속에서 지속적으로 맴돌고 있었다"(좋은 소식: 이 사람은 위장 접합수술 이후에 몸무게의 2/3를 줄였다). 분명히 이것은 매우 극단적인 사례이다. 그리고 분명히 몸무게와 싸우고 있는 모든 사람들이 학대의 희생자는 아니다. 그럼에도 감성은 종종 어떤 역할을 한다. 다이어트자들은 지난주보다 3파운드 이상 빠지면 매우 즐거워하는 반면, 그렇지 않으면 좌절하게 되고 실질적으로 Krispy Kreme으로 폭식하면서 반항행동을 한다.

소비자 관여

우리는 이러한 의사결정 "바구니"에 대해 좀 더 자세하게 알아볼 것이다. 그러나 우선 우리는 다시 왜 서로 다른 소비자들이 매우 다른 관점으로 같은 선택 상황에 접근하는지에 대해 물어볼 필요가 있다. 예를 들어, 자동차 딜러샵에서 두 명의 쇼핑객 간의 대화를 상상해 보자.

소비자 #1: 나는 *Car and Driver* 최신 호 잡지에서 읽은 그러한 자동차를 원해. 그것은 6개의 실린더 터보 엔진, 2개의 클러치 변환기, 90 스트로크와 10:1 컴프레션 비율을 가진 자동차야.

소비자 #2: 나는 빨강색 자동차를 원해.

그림 2.2 소비자 관여

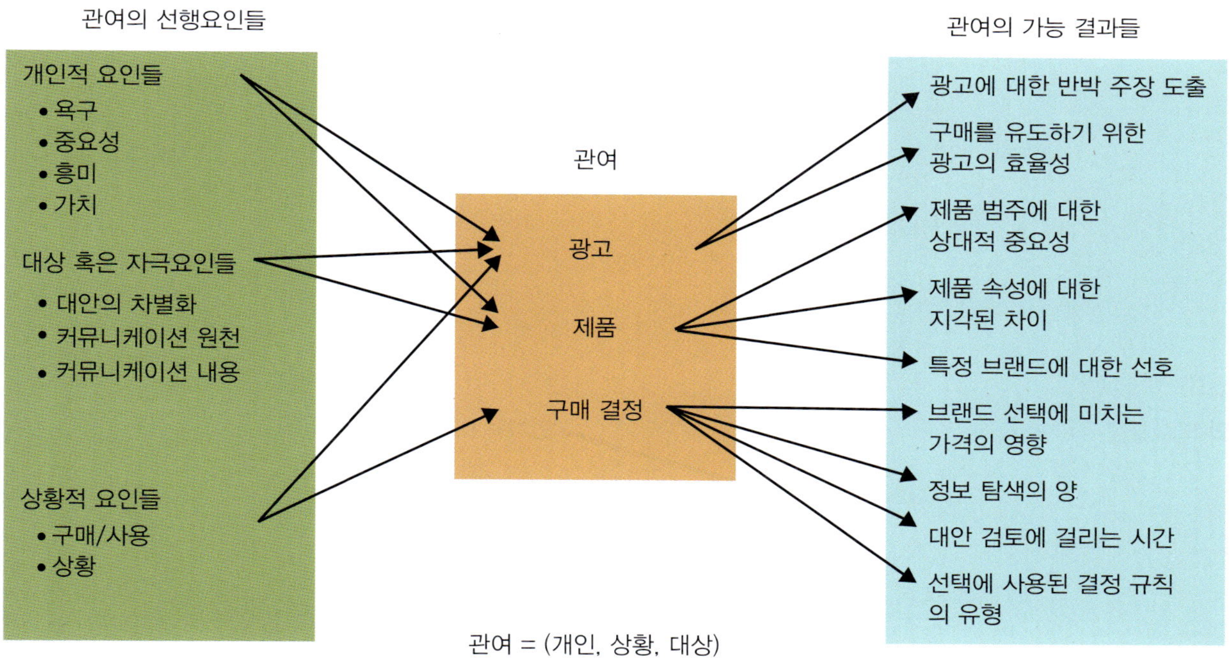

관여의 수준은 이 세 가지 요인 중 하나 혹은 하나 이상에 의해 영향을 받을 수 있다. 개인, 상황, 대상요인들 간의 상호작용이 일어날 가능성이 높다.

Marketing Opportunity

Apple이 iPhone을 처음으로 팔기 시작할 때 미국 전역의 iCultists를 숭배하는 수천 명의 사람들은 이 제품을 처음으로 사는 사람이 되기 위하여 며칠 동안 애플 스토어 앞에서 기다렸다. 온라인으로 신청해서 3일 안에 배송받을 수 있음에도 불구하고 말이다. 어쨌든 터치스크린이 되는 휴대폰을 기다리는 줄은 매우 길었다. 어떤 충성심이 강한 소비자는 "만약 애플이 빵을 만들었더라도, 나는 그것을 살 것이다"라고 말했다.

Apple, Hydrox, Harley-Davison, Jones Soda, Chick-Fil-A, Manolo Blahnik(Sex and the City 드라마 주인공 Carrie를 생각해봐라) 구두와 같은 컬트 제품은 매우 강한 소비자 충성도, 헌신, 그리고 심지어 소비자들에게 숭배되는 제품이다. 대다수의 소비자들은 그들이 기업과 개인적 유대감을 느꼈을 때 그 브랜드에 대해 더 지불할 의향이 있다고 한다.

관여(involvement)는 "개인의 타고난 욕구와 가치, 관심에 근거한 어떤 대상에 대한 지각된 관련성"으로 정의된다. 대상(object)이란 단어는 포괄적인 의미로 사용되며, 어떤 제품(브랜드), 광고, 또는 구매 상황 등을 말한다. 소비자들은 이러한 모든 대상들에 관여될 수 있다. 그림 2.2는 상이한 선행 요인이 관여를 만들 수 있다는 것을 보여준다. 선행 요인은 개인, 대상, 혹은 상황에 관한 것일 수 있다.

어떤 목표를 달성하기 위한 동기는 우리를 만족시킬 제품 또는 서비스를 획득하기 위한 욕망을 증가시킨다. 그러나 위의 소비자#2의 경우에서 보여주는 것과 같이, 모든 사람들이 똑같이 동기화되지는 않는다. 관여는 사람들이 문제를 해결하거나 목표를 달성하도록 도울 수 있는 제품이나 서비스에 대한 정보를 처리하도록 동기화되는 수준을 반영한다. 한 개인의 관여 정도는 마케팅 자극에 관한 절대적인 관심 부족이라는 한 극단에서부터 강박관념이라는 다른 극단에 이르기까지의 범위를 아우르는 하나의 연속체로 생각될 수 있다. **관성**(inertia)은 관여의 낮은 극단에서의 소비를 말하는데, 이 상황에서 소비자는 대안들을 고려할 동기가 부족하기 때문에 의사결정이 습관적으로 이루어진다. 표 2.1은 관여의 정도를 측정하는 데 많이 사용되는 척도들 중 하나이다.

표 2.1 관여의 측정 척도

나에게 [이 대상은]		
1. 중요한	_:_:_:_:_:_:_	중요하지 않은*
2. 지루한	_:_:_:_:_:_:_	흥미로운
3. 관련이 있는	_:_:_:_:_:_:_	관련이 없는*
4. 신나는	_:_:_:_:_:_:_	따분한*
5. 의미가 없는	_:_:_:_:_:_:_	많은 의미가 있는
6. 매력적인	_:_:_:_:_:_:_	매력이 없는*
7. 대단히 흥미로운	_:_:_:_:_:_:_	재미없는*
8. 가치 없는	_:_:_:_:_:_:_	소중한
9. 연관되는	_:_:_:_:_:_:_	연관이 없는*
10. 필요 없는	_:_:_:_:_:_:_	필요한

그림 2.3 관여와 의사결정

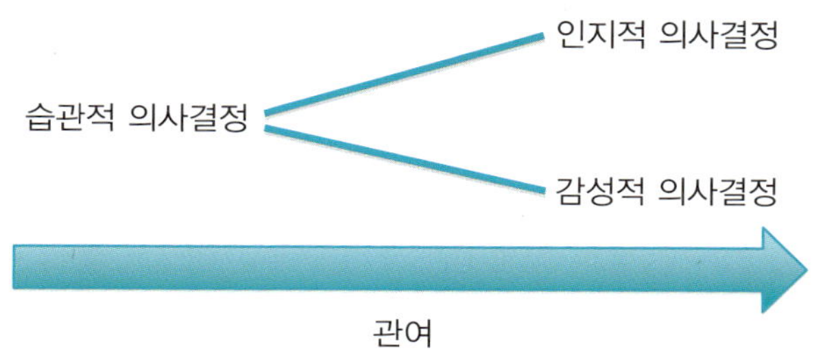

탈모제품에 대한 브라질의 광고는 절박하고 심각하게 대머리의 남성들에게 소구하고 있다.
출처: Art Director: Pedro Vargens, Creative Directors: Bruno Richter and Victor Vicente.

우리가 충족하고 싶은 욕구가 실용적인가 쾌락적인가에 달려 있지만(1장 참조) 우리는 관여가 증가함에 따라 어떤 제품("나는 대출이자율을 알아보는데 3일을 소요했어")에 대해서 생각을 더 많이 하거나 강한 감정적 반응을 경험한다("나는 내 딸이 신부의상을 입은 모습이 어떨까 하는 상상을 할 때 전율을 느껴"). 그림 2.3은 관여와 세 가지 유형의 의사결정 간의 관계를 정리한 것이다. 당연하게도, 우리는 큰 돈을 투자하는 제품군(집)이나 자존감(옷)을 요구하는 제품군에 관여 수준이 높은 경향이 있으며 세제 또는 공구와 같은 일상품에는 낮은 수준의 관여를 한다. 실제로 어떤 사람들에게는 관여를 높이게 할 수 있는 무엇이 있을 것이라는 것을 명심해야 한다. "기술자"들에게 망치나 하수도 공구에 대한 그의 열정에 대해 단지 얘기하는 것과 같다.

관여의 유형

Winter라는 이름을 가진 프리랜서 소프트웨어 프로그래머는 전 세계에 있는 모든 Starbucks 매장을 방문하려는 목표를 가지고 있고, 지금까지 여러 나라에 있는 11,000개 이상의 매장을 방문했다. 브리티시 콜롬비아에 있는 Starbucks 매장이 다음날 문을 닫을 것이라는 것을 알았을 때는, 단지 한 잔의 커피를 주문하기 위해 1,400달러를 들여 비행기를 타고 날아갔다. 그는 자신의 웹사이트인 starbuckseverywhere.net에 자신의 긴 여정을 연대기 순으로 기록하고 있다.

그의 열정은 관여가 여러 형태를 취할 수 있다는 것을 기술하고 있다. "프로그래머(gearhead)"가 새로운 멀티미디어 PC의 최신 스펙에 대한 모든 것을 알려고 동기화될 때처럼 인지적일 수도 있고, 또는 새로 나온 Armani 정장을 생각하기만 해도 너무 멋져 소름이 돋을 정도로 정서적인 것일 수도 있다. 더욱이 Armani를 산다는 바로 그 행위는 쇼핑에 열성적인 사람에게도 관여가 높은 행동이다.

좀 복잡하게 더 깊이 들어가면, Nike나 Adidas의 광고는 여러 가지 이유로 사람들을 관여시킨다(예를 들어, 사람들을 웃게도 울게도 만들며, 또한 좀 더 열심히 일하게도 하기 때

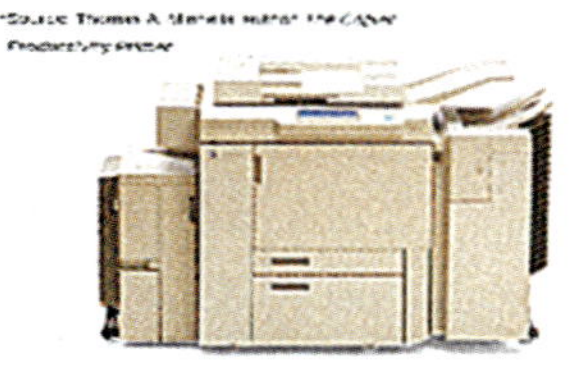

Minolta는 사무실 복사기를 구매하는 데 있어서 지각된 위험을 줄이는 방법으로 무위험 보장을 만들었다.
출처: Minolta Corporation.

Marketing Opportunity

대량맞춤화(mass customization)는 대량 생산 가격으로 개인 소비자들을 위해 제품이나 서비스를 개인화하는 것이다. 이러한 전략은 독자들이 자신들이 원하는 기사의 섹션을 선택할 수 있도록 하는 신문의 웹사이트에서부터 컴퓨터의 환경을 설정하게 하는 Dell 컴퓨터, 비대칭적인 신체에 맞추기 위해 왼쪽 다리보다 오른쪽 다리가 1인치 짧은 바지를 주문할 수 있는 Levi's의 청바지에 이르기까지 다양한 제품과 서비스에 적용된다. Mars Snackfood USA는 소비자들이 초콜릿과의 유대를 갖도록 하게 하기 위해 M&M에 얼굴을 도입했다. mymms.com에서 여러분은 사진을 업로드하고 사진이 들어간 초콜릿과 초콜릿의 표면에 개인적인 메시지가 인쇄되도록 할 수 있다. Amazon.com은 『*The Obama Time Capsule*』이라 불리는 책의 버전을 제공하고 있는데, 여기에서 구매자들은 책 표지의 저자, 서평가의 이름을 자신의 이름으로 변경하고 나아가 Oprah Winfrey와 같은 "다른"유명인의 사진 옆에 자신의 사진을 넣도록 할 수 있다. Lexus는 Mine이라 불리는 맞춤화된 잡지를 발간하기 위해 Time Inc.와 American Express Publishing이 함께하는 프로젝트를 스폰서하고 있다. 소비자들은 Time, Sports Illustrated 와 Food & Wine을 포함한 여러 잡지들에서 콘텐츠를 선택한다. 이들은 핸드폰의 RSS 목록뿐만 아니라 온라인과 오프라인에서 개인화된 자신만의 잡지를 만들 수 있다.

문이다). 관여는 다른 것들과 중복이 되며 사람에 따라 의미가 다르기 때문에 애매모호하게 보일 수 있다. 사실, 제품이나 메시지, 또는 지각자와 관련된 몇 개의 폭넓은 관여 유형이 있다는 데는 합의가 이루어지고 있다.

제품 관여

제품 관여(product involvement)는 특정 제품에 대한 소비자의 관심 수준을 의미한다. 마케터들이 브랜드를 개인과 밀접하게 연결할수록, 더 높은 관여를 만들 것이다.

규칙대로라면, 높은 수준의 관여를 수반하는 구매 의사결정은 **지각된 위험**(perceived risk)이 있다. 이는 잘못된 선택에 의해 부정적인 결과가 있을 수 있다는 믿음을 말한다. 지각된 위험은 제품이 비싸거나 복잡할 때 더 커진다. 또한 지각된 위험은 다른 사람들의 시선을 의식할 때 하나의 요인이 될 수 있고, 우리가 잘못된 선택을 할

	구매자가 위험에 가장 민감한 경우	구매가 위험에 가장 영향을 받는 경우
재정적 위험	위험부담 자본은 돈과 재산으로 구성됨. 상대적으로 적은 소득과 재산을 가진 사람이 가장 영향을 받기 쉬움.	상당한 지출이 요구되는 값비싼 제품은 이런 위험에 가장 영향을 받음.
기능적 위험	위험부담 자본은 기능을 수행하거나 욕구를 충족하는 대안적 수단으로 구성됨. 실용적 소비자들이 가장 민감해 함.	구매 및 사용에 있어서 구매자의 전적인 몰입을 요구하는 제품이나 서비스가 가장 민감.
물리적 위험	위험부담 자본은 육체적 활력과 건강으로 구성됨. 노인, 약한 사람, 건강이 좋지 않은 사람들이 가장 취약함.	기계나 전자제품(자동차나 가연성 제품), 의약품, 의학 치료용품, 식음료가 가장 민감.
사회적 위험	위험부담 자본은 자부심과 자신감으로 구성됨. 변덕스럽거나 불안정한 사람들이 가장 민감해 함.	사회적으로 가시적이거나 상징적인 의류, 보석, 자동차, 집, 운동기구와 같은 제품들이 가장 민감함.
심리적 위험	위험부담 자본은 소속이나 지위를 포함함. 동료들에게 매력이나 자존심이 없는 사람들이 가장 민감해 함.	죄책감을 유발할 수 있는 값비싼 개인적인 사치품, 내구재, 자제 및 희생을 요구하는 서비스가 가장 민감함.

그림 2.4 지각된 위험의 다섯 가지 유형

때 스스로 당황해 할 수 있을 것이다. 이것은 제품이 반드시 엄청 비싸다거나 위험해서 이용하기 어려울 필요는 없다. 예를 들어, 직장 면접을 가려는 졸업 예정 대학생이 땀을 흘리는 것에 대해서 너무 강박과념을 갖거나 그날 아침에 사용할 향수의 브랜드에 대해서 많은 생각을 할지도 모른다.

그림 2.4는 다섯 가지 종류의 위험 – 객관적(예, 물리적 위험) 및 주관적(예, 사회적 위험) 요인들을 포함하는 것뿐만 아니라 각각의 유형이 영향을 미치는 제품을 보여주고 있다. 지각된 위험은 더 큰 "위험부담 자본(risk capital)"을 갖고 있는 소비자에게는 덜 문제가 되는데, 왜냐하면 그러한 소비자들은 잘못된 선택에서 잃는 것이 보다 적기 때문이다. 예를 들어, 자신감이 강한 사람들은 불안하고 나약한 사람들보다 동료들이 멋지지 않다고 생각하는 브랜드를 선택한 것에 대해 덜 걱정하는 경향이 있다. 특정 제품에 매우 관여되었을 때, 이것은 마케터들에게 성배(The Holy Grail)이다. 왜냐하면, 이것은 브랜드 충성도를 보여주기 때문이다. **브랜드 충성도**는 반복구매행동으로 같은 브랜드를 지속적으로 구매하는 의식적 결정을 반영한다. 이러한 정의는 소비자는 정규적으로 그 브랜드를 구매할 뿐만 아니라 단지 습관적으로 구매하기보다는 그 브랜드에 대해 강한 긍정적인 태도를 갖고 있다는 것을 말한다. 사실, 우리는 종종 브랜드 충성 소비자는 단순한 긍정적인 태도 이상을 갖고 있다는 것을 발견한다. 그들은 종종 제품에 대해 열정적이다. "충성적인"이용자들은 어떤 회사가 선호하는 브랜드를 바꾸거나 새

Marketing Pitfall

모든 사람들이 브랜드 충성 고객들을 양성하기를 원한다고 해도 때때로 심지어 가장 효과적인 마케터들을 대항하는 난제가 있다. 우리는 종종 현재의 브랜드가 자신의 욕구를 충족하더라도 브랜드 전환(brand switching)을 한다. 예를 들어, 영국의 맥주회사 Bass Export를 위해 미국의 맥주 시장을 연구했던 연구자들은, 많은 소비자들이 한 가지 선호 브랜드를 고집하기보다는 2~6개의 선호 브랜드 목록을 갖는 경향이 있음을 발견했다. 때때로 우리는 단지 새로운 것을 좋아하는 경향이 있는데, 지겨움을 줄이기 위해 또는 자극의 형태로 다양성을 추구한다. 다양성 추구(variety seeking), 즉 친숙한 것에 반해 새로운 대안을 선택하려는 욕구는 심지어 선호하는 제품을 덜 좋아하는 제품으로 전환시키는 데 영향을 준다. 심지어 이것은 선호에 대해서 지겨워지거나 지치기 전에 일어날 수 있다. 많은 연구들은 비예측성(unpredictability) 자체가 보상이기 때문에 소비자들은 다양성에 대해 즐기려는 의지가 있다는 사실을 지지하고 있다. 우리는 특히 기분이 좋거나 다른 일들이 별로 없을 때 다양성을 찾는 경향이 있다. 심지어 선호품이 있어도 다른 가능성을 맛보고 싶어 하는 경향이 있다. 그러나 결정상황이 애매모호하거나 경쟁 브랜드에 대해 정보가 거의 없을 때, 소비자들은 안전한 선택을 하는 경향이 있다.

이 영국의 광고는 직접적으로 사회적 위험에 어필하고 있다.
출처: Abbott Mead Vickers BBDO, London. Ad created and produced by Simon Langley, Richard Morgan, and John Offenbach.

Marketing Opportunity

소비자들을 회사와 제품에 관여시키기 위한 경쟁들이 끊임없이 있다. 각종의 감초가 든 봉투 안에 다양한 유형의 감초 단맛이 있다. 유명한 남아프리카 제과점인 Beacon은 이 중에서 단 하나의 단맛만 든 봉지를 판매하기로 결정하였다. 그러나 그것을 위한 이름이 없었다. 이것은 중요한 결정으로, Beacon은 특히 페이스북과 같은 소셜미디어에 고객들이 그 제품을 위한 이름을 짓는 것에 관여하도록 결정하였다. 소비자들은 그 이름을 "Liq-O-Dots"이라고 부르기로 결정하였다.

롭게 디자인하거나 제거할 때 매우 격렬하게 반응한다. 당신이 브랜드 충성자인지를 파악하는 간단한 테스트가 한 가지 있다. 만약 어떤 매장이 일시적으로 당신이 좋아하는 브랜드를 판매하지 않는다면, 당신은 다른 제품을 사거나 그 제품을 얻을 수 있을 때까지 미룰 것인가?

메시지 관여

미디어 플랫폼은 그들이 우리에게 전달하고자 하는 내용에 사람들이 주목하도록 하는 동기에 영향을 주고, 이것은 **메시지 관여**라고 알려져 있다. TV는 저관여 매체인데 그 이유는 수동적인 시청자들이 광고의 내용을 거의 통제할 수 없기 때문이다(비디오 프로그램 시청 도중에 프로그램의 일부 구간을 "건너뛴다"고 하더라도). 이와는 대조적으로, 인쇄 매체는 고관여 매체로(인터넷 또는 e-book에 나타났든 간에) 독자는 정보를 능동적으로 처리하고 (원한다면) 다음 내용으로 넘어가기 전에 읽은 내용에 대해 시간을 두고 생각해 볼 수 있다.

TV의 수동적인 특성은 광고주들이 왜 시청자들을 사로잡는 *American Idol*과 같은

이 독일 광고는 저관여제품인 감자에 대한 관여도를 증가시키고자 한다. 바로 먹을 수 있는 감자요리의 광고는 "감자에게서 온 훌륭한 음식"이라고 주장하고 있다.
출처: Courtesy of Unilever/Germany.

쇼 프로그램에 광고를 싣도록 하는지를 설명한다. 광고주들은 시청자들이 광고 메시지가 스크린에 뜰 때 주목하기를 원한다. 텔레비전에 더 많이 관여하는 시청자들은 TV를 보는 동안 광고에 더욱더 긍정적으로 반응하며 이러한 점들이 그들의 구매 의도를 더 높일 것이라는 연구 결과가 있다. 사실, 어떤 메시지들(정말로 잘 만들어진 광고물들을 포함하여)은 매우 관여되어서 **묘사적 전달**(narrative transportation)의 단계를 유발한다. 이 단계에서 사람들은 스토리라인에 빠져들게 된다. 최근 연구에서는 사람들이 복권 광고를 볼 때, 운이 좋다고 느끼는 사람들은 이 단계에 있다는 것을 보여주었다. 일단 빠져들면, 이 메시지로부터 주의를 딴 데로 돌리기는 어렵다. 강박적 도박꾼들에는 대단한 것이 아니지만 그럼에도 불구하고 강력한 효과가 있다.

제품 메시지에 대한 관여의 정도는 소비자마다 다르지만, 마케터들은 수수방관하면서 좋은 결과를 기대해서는 안 된다. 주의를 증가시키거나 감소시키는 몇몇 기본적인 요소들을 이해함으로써 제품 정보가 이해될 가능성을 높이기 위한 단계들을 밟을 수 있다. 마케터는 다음 기법 중 한두 가지를 이용함으로써 관련 정보를 처리할 소비자의 동기를 증대시킬 수 있다:

- **광고에서 색다른 촬영 기법, 갑작스러운 침묵, 또는 예상치 못한 동작과 같은 참신한 자극을 사용하라:** Egg Banking이라는 영국 회사가 프랑스에 신용카드를 출시했을 때, 이 회사의 광고대행사는 사람들이 갖고 있는 가정들에 대해 의문을 갖도록 하는 특이한 광고를 제작했다. 한 광고는 "고양이는 항상 앞발로 착지한다"고 언급한 후 흰색 연구실 가운을 입은 두 명의 연구자가 지붕에서 새끼 고양이를 떨어뜨리고 아무도 고양이들을 다시 보지 못했다(동물 애호가들은 즐거워하지 않았다).
- **주의를 끌 수 있는 시끄러운 음악이나 빠른 행위와 같은 두드러진 자극을 이용하라:** 인쇄 광고의 경우 크기가 큰 광고물들은 주의를 높인다. 또한 시청자는 흑백의 그림보다 색채가 있는 그림들을 더 오래 본다.
- **유명인 후원자들을 포함하라:** 8장에서 논의되겠지만, 사람들은 자신이 존경하는 사람의 경우에 더 많은 정보를 처리한다(심지어 Kim Kardashian일지라도).
- **소비자들이 중요하게 여기는 가치를 제공하라:** Charmin의 두루마리 휴지의 경우 수천 명의 방문객이 사용하는 뉴욕 Times Square에 공공 화장실을 만들었고, 수천 명 이상의 사람들이 전시를 보기 위해 브랜드 웹사이트를 방문했다.
- **주목을 끌 수 있는 새로운 미디어 플랫폼을 창안하라:** Procter & Gamble은 Pringles 스낵 칩에 파랑 혹은 빨간색의 식용 색소로 만들어진 잉크를 사용하여 간단한 질문과 대답을 새겨 넣어 새로운 매체를 창출했다. 또한 Speaking Roses International이라는 회사는 꽃잎에 단어, 이미지와 로고를 레이저 프린트하는 기술을 특허받았다. 호주의 한 회사는 돈을 지불한 고객들을 구분하기 위해 나이트클럽에서 사용하는 손도장을 만들었다. 이 도장은 파티 참가자의 손이 광고 플랫폼이 될 수 있도록 로고나 광고 메시지를 포함하고 있다.
- **메시지가 오락의 형태가 될 수 있는 구경거리를 만들어라:** 라디오와 TV가 처음 도입되었을 때 광고는 말 그대로 공연이었다 – 쇼 호스트들은 마케팅 메시지들을 재미있는 이야깃거리로 통합하였다. 마케터들은 광고에 싫증난 소비자들을 사로잡기 위해 더욱더 노력하고 있기 때문에 점차 살아 있는 광고가 다시 등장하고 있다. Axe 바디 제품은 전 시즌을 통해 뉴욕에 있는 Hamptons 나이트클럽을 후원했는데, 이 기간 동안 나이트클럽은 DJ 부스와 메뉴 및 화장실에 있는 Axe 제품을 브랜드화한 Axe 라운지가 되었다.

상황 관여

상황 관여는 사람들이 제품 또는 서비스를 소비하는 매장, 웹사이트 또는 장소에서 발생한다. 이러한 유형의 관여를 높이는 한 가지 방법은 쇼핑객들이 구매를 하는 시점에서 받는 메시지를 개인화하는 것이다. 예를 들어, 몇몇의 마케터들은 매장에서 소비자들이 선반에서 골랐던 물건을 바탕으로 쇼핑객들에게 다른 것도 추천한다. 어떤 던킨 도너츠 매장에서 모닝 커피를 주문한 사람은 계산대에서 해쉬브라운 또는 아침 샌드위치를 추천하는 광고를 본다.

보행자들을 구분한다(어떤 헤어스타일과 얼굴 피어싱은 이러한 도전을 재미있게 만들 것이다). 이 기술은 사이즈, 코, 눈, 광대뼈, 턱선과 같은 모양를 분석하고 이것들을 데이터베이스와 비교해서 그 사람이 어떤 분류에 있는가를 추측할 수 있다. 기술이 소비자를 분류한 후에, 소비자는 분류에 맞는 메시지를 보게 된다.
출처: Photo by Alex Grimm/Getty Images.

제품 관여는 종종 우리가 어떤 상황에 있느냐에 따라 달라진다. Charmin 두루마리 휴지 브랜드는 SitOrSquat.com이라는 웹사이트를 후원한다. 이 사이트는 여행자가 어느 곳을 여행가든지 간에 근처에 있는 가장 깨끗한 공중화장실을 찾을 수 있도록 해준다. 브랜드 매니저는 "우리의 목표는 혁신적인 대화와 해결책을 가진 Charmin을 소비자들이 집을 떠나 있을 때라도 이들에게 최상의 화장실 경험을 제공하는 것의 중요성을 이해하는 브랜드로 연결시키는 것이다"라고 설명한다. Charmin에 의하면, SitOrSquat는 10개국에서 52,000개 이상의 화장실 리스트를 제공하고 있다.
출처: P&G/Charmin.

목표 2

인지적 구매 결정은 일련의 단계의 결과로 경쟁 옵션에 비해 한 제품을 선택하는 것이다.

인지적 의사결정

이제, 이전에 설명했던 전통적 인지적 의사결정 접근으로 시작하면서 세 개의 의사결정 관점을 고려할 때다. 전통적으로 소비자행동 연구자들은 **정보-처리 관점**에서 의사결정을 접근하였다. 이러한 관점에 따르면, 사람들은 어떤 제품에 대해서 이미 알고 있는 가능한 많은 정보들을 차분하고 신중하게 통합하고, 각각의 선택 대안들의 장단점에 대해 꼼꼼히 따져서 결국 만족스런 결정을 한다. 이러한 신중한 사고는 소비자의 삶의 질에 영향을 주는 상세하고 많은 선택들에 많은 주의를 요하는 재무 계획과 같은 활동과 특히 연관된다(불행하게도, 대부분의 우리는 미래를 먼저 생각하기보다는 단기적 계획을 더 잘하는 것 같다).

마케팅 관리자들은 그들의 고객들이 사실 이러한 종류의 계획을 수행한고 믿을 때, 어떻게 소비자들이 정보를 평가하고, 신념을 형성하고, 제품 선택을 하기 위해 어떤 기준들을 사용하는지에 대해 이해하기 위해 의사결정 단계들을 주의 깊게 연구해야 한다. 이러한 통찰력을 갖고 기업에서는 소비자들이 원하는 특정 정보를 가장 효과적인 형태로 전달하기 위한 제품 및 판매촉진 전략을 세울 수 있다.

그러나 심지어 전통적인 의사결정 관점은 소비자들이 가능한 선택들을 단순화하기 위해 할 수 있는 것을 하는 "인지적 구두쇠"가 되는 경향이 있다는 것을 인식한다. **정보의 경제학**(economics of information)은 정보에 입각한 의사결정을 위해 우리가 필요한 가능한 많은 데이터를 수집할 것이라고 가정한다.

소비자들은 추가되는 정보의 가치에 대해 기대를 형성하고 보상이 비용을 넘을 정도까지(이것을 경제학에서 효용이라고 부른다) 지속적으로 탐색한다. 또한 이런 실용주의 가정에 의하면, 우리들은 먼저 가장 가치 있는 정보를 수집한다고 가정한다. 우리는 이미 알고 있는 것에 부가될 것이라고 생각하는 정도까지만 추가적인 정보를 구한다. 다시 말하면, 사람들은 정보를 수집하는 과정이 시간 소모적이거나 부담스럽지 않은 정도에서 가능한 많은 정보를 수집한다.

의사결정 과정의 단계

Richard가 어느 날 갑자기 새로운 TV에 대한 갈망이 생겨난 것은 아니었다. 그는 새로운 TV에 대한 욕구를 느끼는 것과 실제로 그것을 집으로 가져오는 것 사이에 몇 단계를 거쳤다. 우리는 이러한 단계들을 (1) 문제인식, (2) 정보탐색, (3) 대안 평가, (4) 제품 선택으로 말한다. 물론, 의사결정을 한 후, 결과는 이 과정의 마지막 단계에 영향을 미치며, 여기에서 그 선택이 얼마나 잘되었냐(6장에서 보다 상세하게 설명함)에 바탕을 두고 학습이 일어난다. 물론, 이러한 학습 과정은 우리가 다음번에 유사한 결정을 할 때 똑같은 선택을 할 가능성에 영향을 준다. 그림 2.5는 의사결정 과정의 요약이다. 그럼 각각의 과정에 대해서 간략하게 살펴보도록 하자.

1단계: 문제인식

Ford 자동차의 Fusion 하이브리드 모델을 촉진하는 계획은 적어도 당장은 아닌, 새 자동차 구매에 대해 생각하고 있지 않는 사람들에 초점을 맞추었다. 그 TV 광고는 자동차 산업에서 말하는 "상위 깔대기(upper funnel)" 또는 장래의 잠재적인 구매자들을 타깃으로 했다. Ford의 연구에서는 미국 자동차 운전자의 40%가 아직까지 자사 모델인 Fusion에 대해 인지하지 못한다는 것을 발견했다. 이 회사는 고객들이 새 차를 구입한다고 결정할 때 팔 수 있을 것이라고 확신했다. 그러나 이 회사의 취약점은 사람들로 하여금 그들이 자동차를 사기를 원하는 마음을 갖도록 만드는 것에 있었다. 현재는 아무도 갖지 않는 데에서 갈망을 만들기 위해서, 특정 웹사이트에 오는 방문객들은 여행과 새로운 Fusion 자동차를 획득할 수 있다고 했다. Ford는 Twitter와 Facebook에 이런 경품 행사를 알렸고, 처음 2주 동안 거의 70,000명의 사람들이 그 자동차에 대한 더 많은 정보를 요청했다.

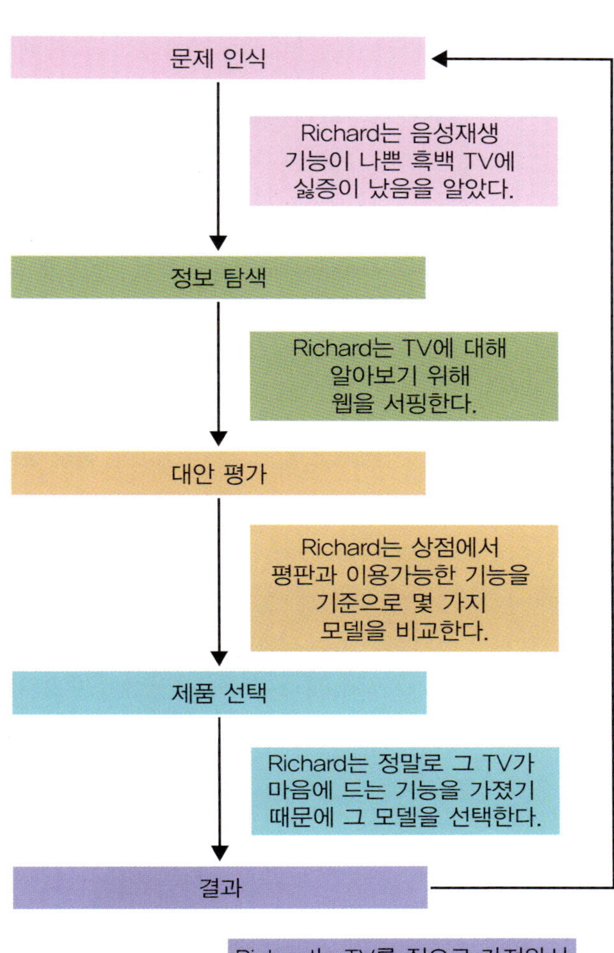

그림 2.5 소비자 의사결정 단계

문제 인식(problem recognition)은 소비자가 현재의 상태와 이상적인 상태 간에 큰 차이를 경험할 때인 Ford가 말하는 "상위 깔대기"에서 일어난다. 소비자는 크거나 작은, 단순하거나 복잡할 수 있는 문제에 대한 해결 필요성을 여기저기에서 인식한다. 예상치 않게 고속도로에서 기름이 떨어졌다면 당연히 문제이지만, 비록 차에 기계적 문제가 없더라도 그 차가 가진 이미지에 불만이 있다면 그것은 문제다. 그가 가진 TV의 품질이 변하지 않았더라도, Richard는 그의 비교 기준(standard of comparison)을 바꿨다. 결국 그는 어떻게 그의 TV 경험을 향상시킬 것인가 하는, 해결해야 할 새로운 문제를 가졌다.

그림 2.6은 어떤 문제가 두 방식 중 한 가지 방식으로 일어난다는 것을 보여준다. 운전 중 기름이 떨어진 사람은 실제 상태(욕구 인식)의 질에서 하락을 경험한다. 반대로, 호화로운 새 차를 갈망하는 사람은 이상 상태(ideal state)를 높인다(기회 인식). 어떤 방식에서든, 실제 상태와 이상 상태 간에는 격차가 있다. Richard는 기회 인식 때문에 문제를 지각했다. 즉, 그는 그가 원했던 TV 수신기의 품질이라는 이상 상태를 올려놓았다.

2단계: 정보 탐색

일단 소비자가 문제를 인식했다면, 소비자는 문제를 해결하기 위한 정보가 필요하다.

그림 2.6 문제 인식: 실제 또는 이상 상태로의 전환

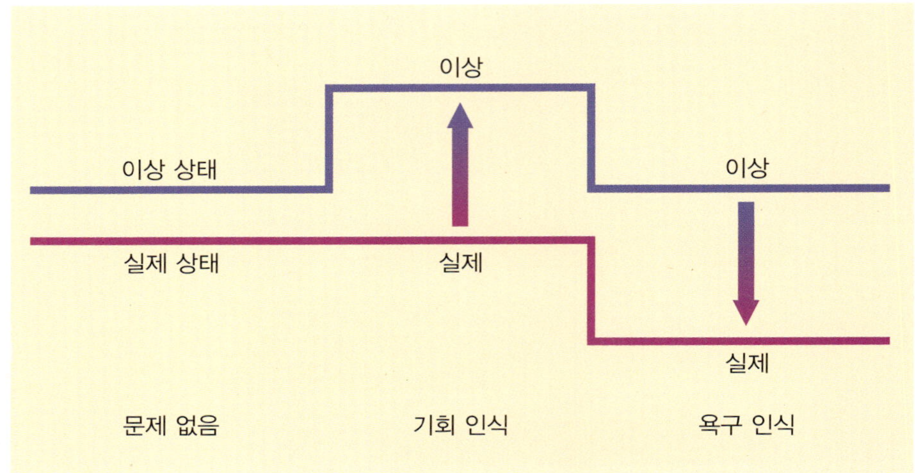

이탈리아의 한 초밥 회사는 문제 인식은 예상치 않은 장소에서 일어날 수 있다고 우리에게 상기시킨다.
출처: Touché Advertising Agency, Bologna, Italy; Sosushi brand.

정보 탐색(information search)은 합리적인 의사결정을 하기 위해 적절한 데이터에 대해 환경을 조사하는 과정이다. 소비자는 욕구를 인식하고 난 다음 특정 정보를 위해 시장을 탐색한다(이 과정을 구매 전 탐색(prepurchase search)이라고 부른다). 그러나 많은 사람들, 특히 노련한 쇼핑객들은 단지 즐기기 위해 또는 시장에서 일어나는 최신 정보를 원하기 때문에 이것저것 살펴보며 돌아다니기를 즐긴다. 이런 쇼핑광들(shopaholics)은 지속적 탐색(ongoing search)을 한다.

열성적인 쇼핑객이냐에 따라 각각의 소비자들은 기억 속에 많은 제품에 관해 지식의 수준이 다르다. 구매 의사결정에 직면할 때, 우리들은 다른 대안 제품들에 대한 정보를 모으기 위해서 자신의 기억 저장소를 훑어봄으로써 내부 탐색을 한다(6장 참조). 심지어 가장 시장 정보에 밝은 사람들도 기존 지식을 외부탐색으로 보충하고, 우리들도 광고, 친구, 또는 단지 평범한 사람들을 관찰하면서 정보를 획득한다. 최근 핀란드의 한

몇몇 제품의 라벨들은 다른 것보다 더 유용하다.
출처: Hachette Book Group, Inc.

연구에서는 이웃사람들이 구매한 것이 우리 자신의 의사결정에 어떻게 영향을 주는지에 대한 것을 밝혔다. 10명의 가까운 이웃 중 한 사람이 자동차를 구매할 때, 그 나머지 사람이 바로 다음 1.5주 동안 같은 자동차를 살 확률이 86%로 뛰었다.

우리는 얼마나 많은 탐색을 하는가? 일반적으로 사람들은 구매가 중요할 때, 구매에 대해서 더 학습해야 할 필요가 있을 때, 또는 관련된 주요 정보를 쉽게 획득할 수 있을 때 탐색을 많이 한다. 소비자들은 제품군과는 상관없이 탐색의 양이 다르게 나타난다. 모든 것이 동일하다고 가정한다면, 어릴수록, 쇼핑과 현상 발견 과정을 즐기는 고학력자일수록, 더 많은 정보 탐색을 하는 경향이 있다. 스타일과 이미지에 보다 큰 가치를 두는 만큼, 여성들은 남성보다 탐색을 많이 하는 경향이 있다.

제품에 대해 무엇인가를 아는 것이 탐색을 더하게 하는가 아니면 덜하게 하는가? 이 질문에 대한 대답은 처음에 나타난 것과 같이 명확하지는 않다. 제품 전문가들과 초보자들은 의사결정에서 매우 다른 과정을 거친다. 어떤 제품에 대해 거의 아는 것이 없는 초보자들은 그 제품에 대해 더 많은 것을 발견하는 데 가장 큰 의욕을 가질 것이다. 하지만 전문가들은 그 제품군에 보다 친숙하다. 즉, 그들이 얻어야 하는 어떤 새로운 제품 정보의 의미를 더 잘 이해할 수 있어야 한다.

그렇다면 누가 더 많은 정보를 탐색하는가? 답은 누구도 아니다이다. 제품에 대해 중간 정도로 적절히 아는 소비자들이 가장 탐색을 많이 하는 경향이 있다. 그림 2.7에서 보여주듯이, 지식과 외부 탐색 노력 간의 관계는 역-U자로 나타난다. 아는 것이 매우

Marketing Pitfall

라벨은 우리의 문제 해결을 도와주지만, 어떤 것이 다른 것들보다 더 유용하다. 여기에 그다지 도움이 안 되는 다양한 라벨의 예가 있다:

- Conair Pro Style 1,600의 헤어 드라이기: 경고/ 샤워할 때 사용하지 마시오. 취침하는 동안 절대 사용하지 마시오.
- 접이식 아기 유모차를 접을 때 사용 방법: 1단계/ 아기를 제거한다.
- Wisconsin 고속도로의 휴게소: 소변기 탈취제를 먹지 마시오.
- Fritos 옥수수 칩 봉지: 당신은 이길 수 있다! 구매가 반드시 필요하지는 않음. 자세한 사항은 안에 있음.
- Swanson 냉동식품: 제안 방법/ 녹이기
- Tesco의 티라미스 디저트(박스의 밑에 쓰여 있음): 위아래로 뒤집지 마라.
- Marks & Spencer 브레드 푸딩: 이 제품은 열이 가해진 후에는 뜨거워질 것이다.
- Rowenta 다리미의 포장: 옷을 입고 다리지 마시오.
- Nytol 숙면을 위한 약: 경고/ 졸음을 유발할 것임

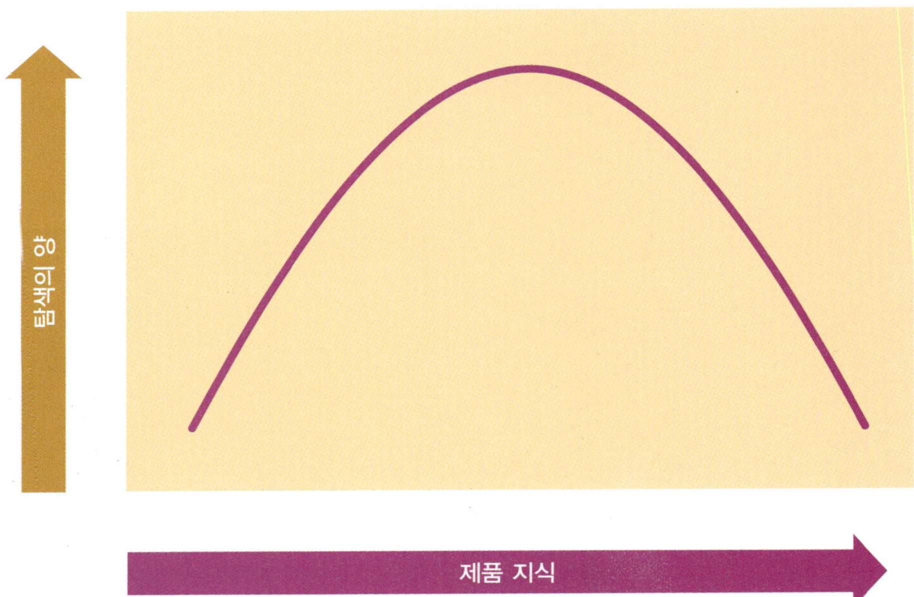

그림 2.7 정보 탐색의 양과 제품 지식 간의 관계

Net Profit

소비자 제품리뷰가 만족도와 충성도의 중요한 동인이라는 것이 점점 명백해지고 있다. 어떤 대규모 조사에서 주요 웹사이트에서 제품을 구매했던 응답자의 약 50%는 소비자 제품 평가 리뷰를 기억하고 있다고 밝혔다. 또 다른 장점으로는 소비자들이 보다 더 넓은 옵션을 경험한다는 것이다. 그리고 동시에 "블록버스터"에 있지 않는 영화, 책, CD들이 더 많이 팔리는 경향이 있다. 예를 들어, 온라인 DVD 대여 회사인 NetFlix에서 특별회원들은 사람들이 주문한 영화의 약 2/3를 추천했다. 사실 Netflix 대여의 70~80%는 최근 개봉작보다는 회사의 예전 카탈로그에 있는 38,000개의 영화로부터 나온다.

온라인 소비자 리뷰의 이런 측면은 새로운 사고방식을 부추기는 하나의 중요한 요인으로, 한 저자는 롱테일(long tail)이라고 불렀다. 우리는 이제 더 이상 이익을 찾기 위해 대히트작(블록버스터 영화 또는 베스트셀러 책)에만 의존할 필요가 없다는 것이 기본적인 생각이다. 만약 충분히 차별화된 제품을 판다면, 기업들은 단지 소수의 사람들만이 원하는 적은 양의 제품을 팔면서 돈을 벌 수 있다. 예를 들어, 당신은 Barnes & Noble이라는 오프라인 서점에서 100,000권의 책을 찾을 수 있는 것에 비교하면 Amazon.com은 370만 권의 책의 재고를 유지하고 있다. 대부분의 오프라인 서점들은 단지 몇 천 권의 책을 판다. 그러나 Barnes & Noble에서 취급할 수 없는 360만 권의 책은 Amazon 매출의 1/4을 차지할 정도로 많다! 롱테일의 또 다른 예로는 성공한 작은 맥주 양조장과 TV 네트워크가 해당될 것이다. Game Show Networks와 같은 채널에서는 예전의 드라마들을 재방송하면서 돈을 벌고 있다.

없는 사람들은 광범위한 탐색 능력이 없다고 느낄지도 모른다. 사실, 그들은 어디서부터 시작해야 할지조차 모를 것이다. 구매를 위해 조사하는 데 많은 시간을 소비하지 않았던 Richard의 예는 매우 전형적이다. 그는 단 한 개의 상점을 방문해서 이미 익숙한 브랜드들만을 보았다. 게다가 그는 단지 몇 개의 제품 속성에만 초점을 두었다.

전문가들은 어떤 정보가 의사결정에 중요한지에 대해서 더 잘 알기 때문에, 그들은 선택적 탐색(selective search)을 한다. 즉, 그들의 노력은 보다 더 집중되어 있고 효율적임을 의미한다. 반대로, 초보자들은 대안들을 구분하기 위해서 타인의 의견과 브랜드명, 가격과 같은 "비기능적" 속성에 보다 더 의존하는 경향이 있다. 마지막으로, 초보자들은 "상향식(bottom-up)"보다는 "하향식(top-down)"으로 정보를 처리하여, 세세한 것보다는 큰 그림에 더 초점을 두는 경향을 갖는다. 예를 들어, 이들은 실질적으로 주장하는 의미보다는 광고 표현과 기술적인 정보량에 의해 더 많은 감명을 받는 경향이 있다.

사이버중간상. "홈 씨어터"와 같은 단어를 구글링해 보았던 사람들은 알고 있듯이, 웹은 몇 초 만에 수많은 제품과 유통업체의 정보를 제공한다. 사실, 오늘날 웹 검색자가 직면하는 가장 큰 문제는 그들의 선택안들을 좁혀주는 것이지 늘려주는 것은 아니다. 사이버공간에 서는 단순화가 핵심이다.

오늘날 엄청난 수의 웹사이트와 웹을 검색하는 수많은 사람들이 있다. 어떻게 정보를 조직하고 어디를 클릭할까? **사이버중간상**(cybermediary)이 종종 그 해답이 된다. 이 말은 소비자들이 대안들을 보다 더 효율적으로 구별하고 평가할 수 있도록 온라인 시장 정보를 걸러내고 조직하는 데 도움을 주는 웹사이트 또는 앱이다. 많은 소비자들은 정기적으로 Bizrate.com 또는 Pricegrabbers.com과 같은 가격비교 쇼핑 사이트에 링크를 건다. 이 사이트들은 가격에 따라 해당 제품을 파는 많은 온라인 소매상들을 나열해 준다. Yahoo! 또는 The Knot과 같은 디렉토리와 포털들은 수많은 다양한 사이트들을 한꺼번에 연결하는 일반적인 서비스들이다. 포럼, 팬클럽, 사용자 그룹들은 소비자들이 여러 옵션을 철저하게 조사할 수 있도록 도와주기 위하여 제품과 관련된 토론을 제공한다. **지식 대리인**(intelligent agent)은 이용자의 과거 행동 분석을 위해 공동 필터링(collaborative filtering) 기술을 사용하는 소프트웨어 프로그램으로, 새로운 구매를 추천하기 위해 이용하는 것이다. 예를 들어, 당신이 Amazon.com에 새로운 책을 제안하도록 하면, 사이트는 당신과 다른 사람들이 과거에 구매한 내역에 기초하여 소설을 제안하기 위한 지식 대리인을 이용한다.

3단계: 대안 평가

우리가 구매 결정에 쏟아붓는 많은 노력들은 비유적으로 말하면 우리가 차의 페달을 밟아 실제로 여러 대안들 중 한 개의 제품을 선택해야 하는 단계에서 일어난다. 현대 소비자 사회는 많은 선택들로 둘러싸여 있어서 선택이 쉽지는 않을 것이다. 어떤 경우에는 담배와 같이 말 그대로 수백 개의 서로 다른 브랜드가 있을 수 있고, 립스틱의 색처럼 동일 브랜드에서도 다른 대안들이 있을 수 있다.

친구들에게 생각나는 향수의 모든 상표를 물어보아라. 당신의 친구들은 즉시 3~5개의 이름을 댈 수 있겠지만, 몇 개를 더 말하기 위해서는 곰곰히 생각해야 할 것이 다. 그 친구는 처음의 상표군에 더 친숙할 것이고, 아마도 그 중에서 한두 개를 사용할 것이다. 또한 그 친구의 목록에는 향기가 좋지 않거나 세련되지 않아서, 생각이 나지만 좋아하지 않는 한두 개의 상표가 포함될지도 모른다. 또한 시장에는 그 친구가 전혀 이름조차 대지 않았던 수많은 브랜드들이 있다는 사실에 주목하라.

만약 당신의 친구가 향수를 사러 매장에 간다면, 그녀는 처음에 생각했던 상표들을 고려할 것이다. 만약 상점에 있는 동안 그녀의 시선을 강력하게 끄는 것이 있다면(예를 들어, 만약 화장품 코너를 지나갈 때 판매원이 향수 샘플로 권유한다면) 몇 개의 상표를 더 고려할 것이다.

우리는 소비자들이 알고 있는 대안들을 **환기 상표군**(evoked set)이라고 부르고, 실질적으로 고려하고 있는 대안들을 **고려 상표군**(consideration set)이라고 부른다. 예를 들어, Richard는 TV의 기술적인 측면에 대해서는 별로 알지 못했고, 그는 그의 기억 속에서 단지 몇 개의 주요 브랜드만을 기억했다. 물론, 이들 중에서 두 개는 수용 가능했고 하나는 아니었다.

소비자들은 종종 놀랍게도 특히 모든 선택이 가능한 상태에서도 몇 개의 대안만을 고려한다. 어떤 비교문화 연구에서는 고려 상표의 수가 제품군과 국가에 따라 다르더라도, 사람들은 일반적으로 아주 적은 수의 제품만을 고려한다고 밝혔다. 예를 들어, 평균적인 미국의 맥주 소비자들은 단지 3개의 브랜드만 고려하는 반면, 캐나다 소비자들은 일반적으로 7개의 상표를 고려한다. 반대로, 노르웨이의 자동차 구매자들은 2개의 대안을 갖고 있지만 미국 소비자들은 평균적으로 8개 이상의 모델을 찾아보았다. 즉, 미국 사람들은 맥주보다는 자동차에 대해서 보다 더 까다로운 경향이 있는 것으로 보인다.

이런 명백한 이유로, 자신의 브랜드가 표적 시장의 환기 상표군에 들어가 있지 않음을 아는 마케터들은 많은 걱정을 하게 된다. 종종 좋은 첫인상을 가질 두 번째 기회는 주어지지 않는다. 소비자들은 이미 고려하고 거부한 제품을 환기 상표군에 넣을 가능성이 없다. 심지어 어떤 마케터가 어떤 브랜드에 대해서 추가적으로 긍정적인 정보를 제공한 후라도, 이전에 고려했으나 제외된 브랜드보다는 새로운 브랜드를 환기 상표군에 추가하는 경향이 있다. 마케터 입장에서 이렇게 거절된 제품에 두 번의 기회를 주지 않는다는 소비자들의 저항은 회사가 제품을 시장에 소개할 때부터 좋은 품질이라는 것을

Marketing Opportunity

당신의 뇌 속에는 "구매 버튼"이 따로 있을까? 어떤 기업에서는 신경과학자들과 팀을 만들어 이에 대한 답을 찾고자 했다. 신경 마케팅(Neuromarketing)은 기능적 자기공명영상(functional magnetic resonance imaging 또는 fMRI)을 이용하는데, 이것은 사람들이 정신적 작업을 수행할 때 나타나는 혈류의 흐름을 찍는 뇌 촬영기이다. 최근 몇 년 동안 연구자들은 편도(amygdala), 뇌의 해마상 융기(hippocampus), 시상하부(hypothalamus)와 같은 뇌의 영역이 기억, 감정, 생화학적 자극들을 섞는 매우 활발한 스위치보드라는 것을 발견했다. 이렇게 서로 연결되어 있는 신경들은 두려움, 공황, 즐거움, 그리고 사회적 압력이 우리의 선택에 영향을 주는 방법을 형성한다.

과학자들은 사람들이 얼굴을 인식하고, 음악을 듣고, 의사결정을 하거나 속임수를 느낄 때, 뇌의 특정 부분이 밝아지고 혈류량이 증가된다는 것을 알고 있다. 이제 많은 과학자들은 영화 예고편, 자동차, 아름다운 얼굴, 특정 브랜드의 충성도에 대한 소비자의 반응을 측정하기 위해 이런 기술을 이용하려고 한다. 영국의 연구자들은 쇼핑객들이 가상의 쇼핑몰을 돌아다닐 때 뇌의 활동을 측정했다. 연구자들은 쇼핑객이 슈퍼마켓 선반에서 어떤 물건을 선택할지에 대한 결정을 할 때 활성화되는 뇌의 부분을 구별해 냈다고 주장했다. DaimlerChrysler사는 자동차 사진을 볼 때 남성의 뇌를 촬영해 보니, 스포츠카는 그들의 보상 부분(reward center)에서 활성화되는 것을 확인했다. 그 회사의 연구자들이 발견한 점은, 가장 인기있는 자동차인 Porsche와 Ferrari 같은 스포츠카는 안면 인식을 지배하는 방추상 안면부(fusiform face area)라고 불리는 뇌의 부분을 활성화시킨다고 밝혔다. 이 연구를 수행한 심리학자들은 "그들은 자동차를 보았을 때 얼굴을 연상한다. 자동차의 조명 등은 눈을 닮았다"라고 말했다.

경쟁사 탄산음료 브랜드를 마시고 있는 사람들의 뇌의 사진을 찍은 연구는, 아주 기본적이고 생리학적인 수준에서 특정 브랜드에 대한 충성도가 그들의 반응에 어떻게 영향을 미치는지에 대해서 설명하고 있다. 연구자들은 Coca-Cola와 Pepsi에 대해 블라인드 테스트를 한 67명의 뇌 사진을 찍어보았다. 각각의 음료수는 뇌의 보상 시스템을 밝게 했고, 심지어 참가자

들의 3/4은 Coca-Cola를 선호한다고 말했지만, 음료수 선호도는 정확히 반으로 나누어졌다. 연구자들이 그들에게 Coca-Cola를 마셨다고 말했을 때, 기억을 통제하는 뇌의 영역이 밝아졌고, 이런 활성화는 단지 맛의 신호에 반응하는 부분을 몰아낸 것이다. 이 경우 코카콜라의 강한 브랜드 정체성이 응답자들의 맛의 감각기관으로부터 나오는 감각을 이긴 것이다.

많은 연구자들은 이런 기술이 소비자 연구에 얼마나 도움이 될지에 대해서 회의적이다. 만약 정말 연구자들이 어떻게 뇌가 반응하는지를 보면서 소비자들의 브랜드 선호도를 믿을 수 있게 측정할 수 있다면, 소비자들이 말하는 것보다는 그들이 하는 것(적어도 뇌가 하는 것)에 의존하는 새로운 연구 기법에 수많은 재미있는 잠재 적 가능성들이 있을 것이다.

확신시키는 것이 중요하다는 것을 알려준다.

우리는 어떻게 제품들을 제품군에 넣는가? 소비자들이 제품에 대한 정보를 처리할 때, 그들은 그렇게 백지 상태에 있지는 않다는 사실을 기억하라. 대신에 소비자들은 특정 제품이나 다른 유사한 제품에 대해 이미 알고 있다는 것으로 제품의 속성을 평가한다. 어떤 35mm 카메라를 생각하는 소비자는 일회용 카메라보다는 다른 35mm 카메라와 비교할 것이다. 소비자가 그 제품을 어떤 범주(category)에 넣는가가 그 제품과 비교할 다른 제품을 결정하기 때문에, 우리의 마음 속에서 브랜드를 구분하는 방법은 어떻게 그 브랜드들을 평가하는가에 있어 매우 큰 역할을 한다.

소비자의 환기 상표군에 있는 제품은 어떤 유사한 특성을 공유하는 경향이 있다. 이런 과정은 사람들이 비교하는 것이 무엇인가에 따라서 그 제품에 도움이 될 수도 있고 해가 될 수도 있다. 예를 들어, 한 연구에서는 약 25%의 소비자가 대마가 마리화나와 같은 식물에서 추출되었다는 것을 안다면(마리화나의 효능은 갖지 않지만), 대마로 만든 제품은 사지 않을 것이라고 말했다. 소비자들은 신제품을 접할 때, 새로운 범주를 생성하기보다는 기존의 범주에 넣으려는 경향이 있다. 물론, 그것은 새로운 기술이 적용된 제품들이 넘어야 할 큰 장벽 중의 하나이다. 전자레인지, MP3 플레이어, GPS를 구매하기 전에, 사람들은 이 제품들이 어떤 제품군에 속해 있는지를 알길 원한다.

어떻게 인지적으로 이런 지식을 지식 구조로 나타내는가를 이해하는 것은 중요하다. **지식 구조**(knowledge structure)란 일련의 신념들과 소비자의 마음에 이런 신념들을 구축하는 방법을 말한다. 마케터들은 소비자들이 그들의 제품을 정확하게 범주화시키는 것을 원하기 때문에 이런 소비자들의 지식 구조는 마케터들에게 중요한 문제이다. 예를 들어, General Foods사는 크랜베리 오렌지와 같은 향이 첨가된 새로운 Jell-O 제품 라인을 선보였고 이것은 샐러드를 위한 Jell-O Gelatin Flavor라고 불렀다. 불행하게도 이 회사는 사람들이 그 제품을 단지 샐러드용으로만 이용한다는 것을 알았는데, 그 이유는 이름이 그 제품을 "디저트"구조보다는 "샐러드"구조에 넣도록 했다는 것이다. 결국 그 제품은 철수되었다.

전형적으로, 우리는 인지적 구조에서 세 가지 수준 중 하나로 제품을 나타낸다. 이를 이해하기 위해, 사람들이 아이스크림콘에 대해 어떻게 반응하는지를 생각해 보자. 비슷한 특성을 가진 다른 제품은 무엇인가? 아이스크림콘에 대한 대안으로 고려하고 있는 것은 무엇인가? 이런 질문은 쉬워 보이지만 그렇지 않다. 한 수준에서 아이스크림콘은 디저트로 먹을 수 있기 때문에 사과와 유사하다. 다른 수준에서, 아이스크림콘은 디저트로 먹을 수 있고 살이 찌기 쉽기 때문에 파이와도 유사하다. 또 다른 수준에서 보

그림 2.8 디저트 범주에서 추상화의 단계

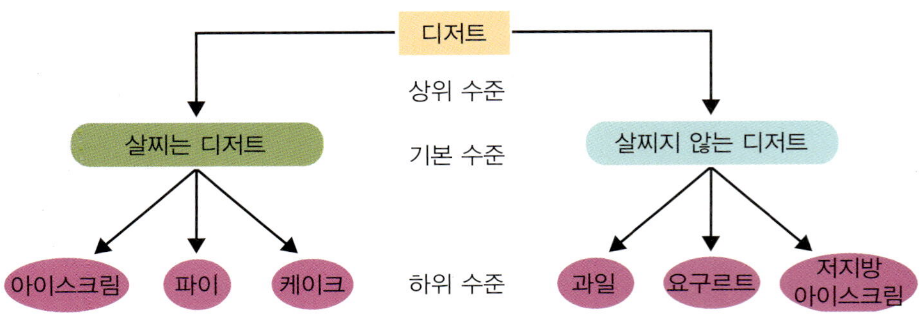

이 선키스트 레몬 주스는 소금의 대체품으로 재포지셔닝되면서 제품의 새로운 범주 생성을 시도했다.
출처: Sunkist Growers.

면, 아이스크림콘은 디저트로 먹을 수 있고, 살이 찌기 쉽고, 둘 다 아이스크림으로 만들어졌기 때문에 아이스크림 파르페와도 유사하다. 그림 2.8은 이러한 세 가지 수준을 설명한다.

사람들이 "살찌는 디저트"범주로 연상하는 식품들은 저녁 후식으로 무엇을 먹을 것인가에 대한 결정에 영향을 미친다는 것을 쉽게 알 수 있다. 중간 수준 또는 기본 수준 범주(basic level category)는 전형적으로 제품을 분류하는 데 가장 유용하다. 이 수준에서 우리가 집단화한 제품들은 서로가 비슷한 점도 많지만 여전히 대안의 범위를 넓게 고려할 수 있기 때문이다. 더 넓은 수준인 상위 범주(superordinate category)는 더욱 추상적인 반면, 보다 세밀한 하위 범주(subordinate category)는 종종 개별적인 브랜드들을 포함한다. 물론 모든 제품들이 하나의 범주에 똑같이 딱 들어맞지는 않는다. 예를 들어, 사과 파이와 대황으로 만든 파이 모두 파이의 종류이지만, 사과 파이는 대황으로 만든 파이보다 "파이"의 하위 범주의 예로 더 좋다. 왜냐하면 이것은 보다 전형적(prototypical)이며 대부분의 사람들은 파이의 맛으로 대황을 생각하기 전에 사과를 생각하기 때문이다. 반대로, 파이 전문가들은 아마도 전형적 및 비전형적 범주 모두의 사례를 많이 알고 있을 것이다.

제품 범주에 대한 전략적 시사점. 우리가 제품을 범주화하는 방법은 많은 전략적 시사점을 갖는다. 이 과정은 소비자들이 어떤 제품을 비교할 것인지에 영향을 주며, 또한 의사결정 시 어떤 기준을 사용할지에 영향을 미친다.

제품 포지셔닝. 포지셔닝 전략(positioning strategy)의 성공은 종종 주어진 제품군에서 그 제품을 소비자가 고려하도록 할 수 있는 마케터의 능력에 달려 있다. 예를 들어, 오렌지주스 산업은 오렌지주스를 하루 중 어느 때라도 마실 수 있는 음료수로 재포지셔닝하

기 위해 부단한 노력을 했다("이제 더 이상 아침에만 먹는 음료수가 아니다"). 반면에, 탄산음료 회사들은 반대로 탄산음료를 아침에 먹기에 적당하다는 주장을 시도했다. 이 탄산음료 회사들은 오렌지주스, 포도주스, 커피와 같이 탄산음료를 "아침 음료"라는 범주로 만들기 위해 노력하고 있다. 물론 이 전략은 Pepsi-Cola가 Pepsi A.M.을 시장에 출시하고 이 제품을 커피 대용품으로 포지셔닝했을 때 기대에 어긋난 결과를 초래할 수 있었다. Pepsi는 이 제품을 아침 음료수로 범주화시키는 것에는 성공을 거두었지만, 소비자들은 이 제품을 아침 이외의 다른 시간에는 마시려 하지 않아서 그 제품은 결국 실패하게 되었다.

경쟁자 확인하기. 추상적인 상위 수준에서, 여러 다양한 제품의 유형들은 회원 자격(membership)을 갖기 위해 경쟁한다. "오락"이라는 범주에는 볼링이나 발레와 같은 것들이 포함되고, 이들 중 하나가 다른 것을 대체할 수 있다고 생각하는 사람들은 그리 많지 않다. 그러나 표면적으로 매우 다른 제품과 서비스도 사실상 소비자들의 지출 가능한 금액이라는 더 넓은 수준에서 서로 경쟁하고 있다. 비록 볼링이나 발레가 많은 사람들에게 있어서 서로 대체될 것 같지 않지만, 심포니 오케스트라는 발레 시즌 티켓의 소비자들을 "문화 행사"라는 상위 범주의 동등한 구성원으로 포지셔닝시킴으로써 유인하려고 노력할 것이다.

우리들은 종종 비교할 수 없는 범주, 즉 어떤 제품에서의 속성들을 다른 제품의 속성들과 직접적으로 관련시킬 수 없음(사과와 오렌지를 비교하는 고전적인 문제처럼)에도 선택해야 하는 상황에 직면한다. 두 아이템을 모두 포함하는 중복적인 범주(예, 오락, 가치, 유용성)를 만든 다음, 상위의 범주 비교로 각각의 대안을 평가할 때 그 과정은 훨씬 쉬워진다.

견본제품 만들기. 사과 파이와 대황으로 만든 파이의 예에서 보듯이, 만약 제품이 정말 그 범주에서 좋은 예가 될 수 있다면, 소비자들에게 친숙해져서 더욱더 쉽게 인식하고 기억될 것이다. **범주 견본제품**(category exemple)의 특성은 사람들이 일반적으로 그 범주에 대해서 어떻게 생각하는지에 대해 불균형적으로 영향을 주는 경향이 있다. 이런 면에서, 범주와 강하게 연관되어 있는 브랜드들은 "지배하는" 역할을 한다. 이 브랜드들은 범주의 모든 제품들을 평가하기 위해 사용되어야 하는 기준들을 정의한다.

전형적이 아니라고 해서 꼭 나쁜 것은 아니다. 오히려 그 제품군 내에서 적절히 새로운 면을 갖고 있는 제품은 더욱더 정보 처리와 긍정적인 평가를 자극할지도 모른다. 우리는 익숙하다고 해서 받아들이거나, 다르다고 해서 전혀 고려하지 않는 것은 아니기 때문이다. 전혀 다른 브랜드(예, Zima와 같은 소수 맥아 음료)는 독특한 틈새시장으로 포지셔닝할지 모르고, 적당하게 다른 브랜드(예, 지역의 소규모 맥주)는 일반적 범주 내에서 확고한 포지션을 유지할 것이다.

상점에서 제품의 배치. 제품 범주화는 또한 제품 진열 장소에 관한 소비자의 기대에 영향을 미칠 수 있다. 만약 제품이 명확하게 어떤 범주에 맞지 않는다면(예, 양탄자가 가구인가?), 이것은 소비자들이 그 제품들을 찾거나 이 제품이 어떤 것일까에 대한 파악 능력을 감소시킬 것이다. 예를 들어, 애완견 주인이 개에게 먹이기 전에 녹여서 요리해 주는 냉동 애완견 식품은 결국 시장에서 실패를 했는데, 그 이유는 식료품점의 "사람을

위한 냉동식품" 코너에서 애완견 식품을 산다는 사실에 대해 많은 사람들이 적응할 수 없었기 때문이다.

평가 기준. Richard가 다른 종류의 TV를 보았을 때, 그는 한두 개의 제품 특성에만 초점을 두었고 다른 것들을 아예 무시했다. 그는 Prime Wave와 Precision이라는 두 개의 특정 브랜드만을 고려하면서 그의 선택을 좁혀나갔고, 결국 스테레오 기능이 있는 것을 선택했다.

평가 기준(evaluative criteria)은 경쟁 옵션의 장점들을 판단할 때 쓰는 차원들이다. 대안 제품들을 비교할 때, Richard는 기능적인 속성("이 TV는 리모콘이 있는가?")에서부터 경험적인 속성("이 TV의 음향 재생은 콘서트홀 수준인가?")까지 많은 기준들로부터 선택할 수 있었을 것이다.

또 다른 중요한 점은 제품들이 서로 차이가 있을 때가 대안들이 유사할 때보다 의사결정에서 더 영향력이 있다는 것이다. 만약 어떤 사람이 고려하고 있는 모든 브랜드가 한 속성에서 동등하게 좋게 평가된다면(예, 모든 TV가 리모콘이 있다면), Richard는 그것을 선택하는 데 있어 다른 이유를 찾아야 할 것이다. **결정적 속성**(determinant attribute)은 우리가 실질적으로 선택안 중에서 차별화하기 위해 사용하는 속성들을 말한다.

마케터들은 어떤 속성을 결정적 속성으로 이용해야 하는가에 대해서 소비자들을 교육한다. 예를 들어, Church & Dwight사가 실시한 소비자 조사에 의하면, 많은 소비자들이 결정적 속성으로 천연재료를 살펴본다고 했다. 그 결과, 회사는 Church & Dwight사의 Arm & Hammer 브랜드를 위해 이미 제조했던 베이킹소다로 그 치약이 만들어졌다고 광고했다.

그리고 때때로 회사는 결정적 속성을 개발한다. Pepsi-Cola는 콜라 캔에 신선함을 말해주는 신선도 보증 기간을 표기하면서 결정적 속성을 만들었다. 이 기업은 광고와 프로모션에 2,500만 달러를 쓰면서 김빠진 음료수만큼 끔찍한 것도 없다는 사실을 소비자에게 확신시켰다 – 물론 98%의 캔은 이런 문제가 생기기 전에 소비된다. 그런데

이 프랑스 광고는 평가 기준을 제시하기 위하여 생생한 방법을 제공하고 있다.
출처: SOORUZ/PUBLICIS Conseil Paris/ Photographers: Cesar Ancelle-Hancelle/ Jacques Demarcillac—Producer: Charles Denis.

놀랍게도, 이 캠페인을 시작한 지 6개월 후의 조사 결과에 의하면, 61%의 응답자들은 신선도 보증 기간이 음료수에서 중요한 속성이라고 느낀다는 사실을 발견했다. 마케터가 새로운 의사결정 기준을 효과적으로 추천하기 위해서는 다음과 같은 세 가지 정보가 전해져야 한다.

1. 브랜드마다 특정 속성에서 매우 큰 차이가 있다는 것을 말해야 한다.
2. 만일 … (여러 상표들 중에서 의사결정을 한다면), 그러면 … (기준으로 그 속성을 이용하시오)이라는 식으로 의사결정 규칙을 소비자에게 제공해야 한다.
3. 마케터들은 소비자들이 과거에 결정했던 방법과 일관된 규칙을 제공해야 한다. 그렇지 않으면, 소비자들은 너무 많은 정신적 노동을 해야 되기 때문에 마케터의 새로운 추천 방식을 거부할 것이다.

소비자들은 종종 자동적으로 선호하는 색상이나 브랜드를 선택하는 휴리스틱을 이용하여 선택을 단순화시킨다.
출처: iParty Retail Store Corp.

표 2.2 TV 세트의 가설적 대안들

속성	브랜드 평가			
	중요도 순위	Prime Wave	Precision	Kanashits
화면의 크기	1	우수	우수	우수
스테레오 방송 성능	2	나쁨	우수	양호
브랜드 평판	3	우수	우수	나쁨
화면에서의 프로그래밍	4	우수	나쁨	나쁨
케이블 수신 성능	5	양호	양호	양호
취침 시계	6	우수	나쁨	양호

사람들은 높은 인지적 관여의 조건에서는 의사결정을 하기 위해 어느 정도는 복잡한 공식을 따르는 컴퓨터와 같이 서로 다른 대안들의 장단점에 대해서 신중하게 생각하는 경향이 있다. 사람들은 습관적 또는 감성적인 의사결정을 할 때, **비보상적 결정 규칙**(noncompensatory decision rule)을 사용하는 경향이 있다. 즉, 어떤 대안이 어떤 측면에서 맞지 않는다면, 우리는 다른 방법으로 우리의 욕구를 어떻게 맞출까에 대하여 생각하기보다는 그 대안을 제거하고 하고, 예를 들어 "나는 그 브랜드에 대해서 들어본 것이 없어" 또는 "그 색깔은 별로야" 하면서 다른 대안으로 방향을 바꾼다. 이러한 개념을 설명하기 위하여 표 2.2는 Richard가 고려했던 TV의 속성을 요약하였다. 그럼 비보상적 규칙으로 시작해서 어떻게 이러한 규칙들이 서로 다른 브랜드 선택을 하게 되었는지 살펴보자.

사전 편찬식 규칙. 사전 편찬식 규칙을 사용할 때는 가장 중요한 속성에서 최고의 상표가 선택된다. 만약 두 개 이상의 상표가 그 속성에서 동등하게 좋게 평가된다면, 그 다음으로 두 번째로 중요한 속성에서 상표들을 비교한다. 이 선택 과정은 차이가 날 때까지 계속된다. Richard의 경우에서는 가장 중요한 속성(60인치 화면)에서 Prime Wave와 Precision이 동일했고, 두 번째로 중요한 속성인 스테레오 기능에서 우수했기 때문에 Precision을 선택했다.

속성별 제거 규칙. 속성별 제거 규칙을 사용하는 구매자들은 또한 가장 중요한 속성에서 브랜드들을 평가한다. 이 경우에도, 구매자들은 특정 탈락 수준(cutoff)을 정한다. 예를 들어, Richard는 TV에 취침 시계 기능이 있는 것에 보다 더 관심이 있다고 하면, 그의 선택은 "반드시 취침 시계 기능이 있어야 한다"는 것으로 규정될 것이다. Prime Wave 모델은 이 기능이 있는데 Precision은 없기 때문에, 그는 Prime Wave를 선택했을 것이다.

결합형 규칙. 앞에서 언급한 두 개의 규칙은 속성에 의해서 처리하는 것인 반면, 결합형 규칙은 브랜드에 의한 처리이다. 속성별 제거 규칙과 같이 의사결정자가 각각의 속성에

대해 탈락 수준을 설정한다. 모든 탈락 수준을 충족한다면 그 상표는 선택되지만, 탈락 수준을 충족하지 못하는 브랜드는 제외된다는 것을 의미한다. 만약 어떤 브랜드도 탈락 수준을 충족할 수 없다면, 선택을 미루거나, 결정 규칙을 바꾸거나, 탈락 수준을 조정할 것이다.

만약 Richard가 모든 속성들이 "좋거나" 우수하다고 평가되어야 한다고 정했더라면, 그는 어떤 것도 선택할 수 없었을 것이다. 그는 그의 가격대에서 높은 기준을 달성하는 것이 불가능하다는 것을 생각하면서 그의 의사결정 규칙을 조정해야만 했을 것이다. 이 경우에 Richard가 화상 프로그램 기능 없이 살 수 있다고 결정할 수 있고, Precision 모델을 다시 생각할 것이다.

만약 우리는 좋고 나쁜 제품 제품을 서로 취소하도록 한다면 매우 다른 선택을 할 것이다. 예를 들어, Richard가 스테레오 수신기를 갖는 것을 고려하지 않았다면, 그는 Prime Wave를 선택했을 것이다. 그러나 이 브랜드는 높은 순위의 속성이 아니기 때문에, 그가 비보상적 규칙을 사용할 때 기회를 갖지는 못한다.

4단계: 제품 선택

일단 우리는 하나의 범주 내에서의 주요 선택안들을 취합하고 평가하고 난 후에 결국 한 개를 선택해야 한다. 우리의 선택을 안내하는 의사결정 규칙은 매우 단순하며 신속한 전략부터 주의집중과 인지적 처리 과정을 요구하는 복잡한 과정에 이른다는 것을 기억하자. 기업들은 점점 더 많은 기능들로 우리를 압도하기 때문에 우리의 일은 쉬워질 기미가 보이지 않는다. 우리는 50개의 버튼이 있는 리모컨, 수백 개의 이해하기 힘든 기능과 긴 사용설명서가 있는 디지털 카메라, 우주선에 맞먹는 복잡한 계기판이 달린 자동차를 다루고 있다. 전문가들은 이런 나선형의 복잡성을 **기능 추가**(feature creep)라고 부른다. 이런 기능의 확산은 역효과가 있는데 그 증거로, Phillips 회사는 반품된 제품의 반 이상은 아무런 하자가 없었고 단지 소비자들이 단지 이것을 어떻게 사용하는지를 몰랐기 때문이라는 사실을 발견했다. 더욱이 사람들은 포기하기 전에 제품을 어떻게 사용하는지에 대해 알려고 노력하기 위해서 평균적으로 단지 20분 정도만 쓴다는 것이다.

왜 기업에서는 이런 문제점들을 피하지 않는가? 한 가지 이유는 우리는 종종 더 많은 기능이 있을수록 더 좋다고 가정하기 때문이다. 일단 제품을 집에 가져온 뒤에야 단순한 것이 좋다는 것을 인식한다. 한 연구에서는, 소비자에게 각 제품이 얼마나 복잡한가라는 측면에서 디지털 제품의 세 가지 모델 중에 고르게 한다. 60% 이상이 가장 기능이 많은 제품을 골랐다. 그런 다음, 참가자들에게 그들의 제품을 개인 맞춤화하기 위해 25개까지의 기능을 고를 수 있는 기회를 주었다. 평균 사람들은 이 중 20개를 선택했다. 그러나 실제적으로 이 제품을 사용할 때 수많은 옵션들은 사용자들을 당황스럽게 만들고, 결국 보다 단순한 제품에 더욱더 행복해한다는 결론을 내렸다. 속담에 "당신이 원하는 것을 신중하게 생각하라"는 말이 있다.

5단계: 구매 후 평가

속담에 "안 해보고서는 모르는 일이다"라는 말이 있다. 다른 말로 하면, 우리의 의사결정 과정의 진정한 테스트는 우리가 이 모든 의사결정 단계를 거친 후에 결정한 선택에 대해서 행복하느냐이다. **구매 후 평가**는 지붕을 닫는 것이다. 즉, 이것은 우리가 선택했던 제품 또는 서비스를 경험하고 이것이 우리의 기대를 만족시키거나 적어도 기대 이상일 때 일어난다.

제품을 구매한 후 제품에 대한 우리의 전반적인 반응 — 연구자들은 이것을 **소비자 만족/불만족**(consumer satisfaction/dissatisfaction: CS/D)이라고 부름 — 은 분명히 우리의 미래 행동에 큰 역할을 한다. 만약 어떤 제품이 처음에 별로였다면, 재판매하는 것보다는 한 번만 파는 것이 훨씬 쉽다. 우리는 제품을 사용하고, 그 제품들을 우리의 일상적인 소비활동에 통합하면서 구매한 제품을 평가한다. 소비자가 제품에서 정확히 무엇을 찾는 것인가? 이 답은 쉽다. 그들은 가치와 품질을 원한다. 그러나 이러한 말은 우리가 정확히 이해하기 어려운 의미를 갖는다. 우리는 상표명, 가격, 제품 보증, 그리고 심지어 회사가 광고에 얼마나 많은 돈을 투자했는냐 하는 등 다양한 단서에 의존할 때 품질을 추론한다.

Marketing Pitfall

만족 또는 불만족은 제품이나 서비스의 실질적인 성능에 반응하는 것 그 이상이다. 기대 불일치 모델(expectancy disconfirmation model)에 따르면, 소비자들은 제품에 대한 기존 경험이나 어느 정도 수준의 품질을 갖고 있는 제품에 대한 커뮤니케이션에 근거하여 제품 성능에 대한 신념을 형성한다. 제품이 생각한 대로 작동하면, 우리는 그 제품에 대해 더 이상 생각하지 않을 것이다. 만일 그 제품의 품질이 기대에 미치지 못하면, 이것은 부정적인 느낌을 만든다. 그러나 성능이 기대를 초과한다면, 우리는 만족하고 즐거워한다.

이런 관점은 기대 관리가 얼마나 중요한지를 보여준다. 사실, 우리는 종종 제품이나 서비스를 제공하는 기업의 능력에 대한 잘못된 기대 때문에 생기는 고객 불만족을 찾아낼 수 있다. 어떤 회사도 완벽할 수 없어서, 모든 것이 항상 완벽하게(심지어 어떤 회사는 전혀 근접하지도 않았다!) 될 것이라는 생각은 아주 현실적이 아니다. 호텔 체인인 Holiday Inn은 결점 없는 서비스를 고객들에게 확실하게 하기 위하여 "No Surprises"의 슬로건을 채택하였다. 예상대로 뜻밖의 일이 일어나고(전화에 응답하는 교환수가 없었고 정돈되지 않는 침대가 있었다) 회사는 완벽이라는 약속을 내려놔야만 했다.

목표 3

우리는 종종 일상적인 의사결정을 하기 위해서 "주먹 구구식" 또는 환경에서의 단서에 의존한다.

습관적 의사결정

우리가 살펴보았던 의사결정 단계들은 완전하고 좋지만 상시적으로 우리는 무엇인가를 살 때마다 이렇게 정교한 일련의 과정을 거치지 않는다. 만약 그렇다면, 우리는 이러한 의사결정을 할 때 일생을 걸쳐야 할지도 모른다. 이렇게 하는 것은 우리가 결국 사야 한다고 결정한 것들을 즐길 시간이 없게 만들 것이다. 우리의 어떤 구매 행동은 논리적 목적을 수반하지 않기 때문에 단순히 "이성적이지 않게 보인다(당신은 비치 수건을 고정시키기 위해 배꼽모양 링을 사용하지 않는다).

우리는 실제로 전혀 먼저 계획을 하지 않고 물건을 사곤 한다. 당신은 식료품점 계산대에서 기다리는 동안 충동적으로 살찌는 캔디를 당신의 카트에 던져 넣은 적이 있지 않은가?(힌트: 사탕과 연예인 잡지들이 그곳에 있는 이유이다).

아직까지 다른 행동들은 실제로 이러한 이성적인 모델들이 예측하는 것과 반대이다. 예를 들어, **구매 탄력**(purchase momentum)은 처음의 충동구매가 심지어 더 많이 구매할 가능성을 높일 때 실제로 일어난다. 즉, 이것은 우리가 "활기를 띠다"와 사재기에 빠지는 것과 같다.

습관적 의사결정(habitual decision making)은 거의 의식적인 노력 없이 선택을 하는 것을 말한다. 많은 구매 결정들은 너무 틀에 박혀 있어서 쇼핑카트를 보기 전까지는 구매했다는 사실을 인식하지 못할 수도 있다! 사실, 대부분의 제품을 위해 우리가 하는 외부탐색의 양은 놀랍게도 적다. 이런 종류의 의식 없는 결정이 많은 경우에서 위험하거나 우둔한 것 같지만, 실제로 이러한 과정은 많은 경우에서 매우 효율적이다. 신문기자 Malcom Gladwell의 신문기자 *Blink*라는 책은 베스트셀러가 되었는데, 이 책에서는 눈 깜짝할 사이에 일어나는 재빠른 판단이 놀랍게도 정확할 수 있다는 것을 기술하였다.

프라이밍과 넛징(Priming and Nudging)

오늘날 연구자들과 정책입안자들은 우리의 일상적인 결정에 영향을 미치는 무의식의 힘에 많은 관심이 있다. 특히 **프라이밍**(priming)에 초점을 맞추고 있다. 이것은 우리를 특정 방향으로 반응하게 만드는 환경에서의 단서로 심지어 우리가 이러한 영향을 인식하지 못하기도 한다. 다음의 예시를 고려해보자. 컴퓨터 회사의 로고의 영향에 대한 연구에서는 소비자들이 화면에 Apple이나 IBM 로고를 간단히 비춰주면서 예열할 때, 그들의 행동은 심지어 그들이 로고를 보았는지 인식하지 못할 때에도 변하였다. 많은 소비자들은 창의성, 비순응성, 혁신을 애플 브랜드와 연관짓는다. 반면, 전통, 책임감, 지능은 IBM과 연결시킨다. 물론 말할 것도 없이, 결과적으로 애플 로고를 보았던 사람들은 IBM 로고를 보았던 사람들보다 더욱더 창의적이고 혁신적인 반응을 보여주었다.

연구자들은 우리의 결정을 편향적으로 하는 요인들을 계속적으로 밝혀내고 있고 대부분이 의식적 인지 수준 밑에서 작동되는 요인들이다. 한 연구에서는 바람직하지 않는 제품–메뚜기 카레요리–에 대한 응답자의 태도는 그들에게 그것에 접근하도록 요청했을 때 향상되었다. 이러한 물리적인 움직임은 전형적으로 선호와 연결된다. 즉, 심지어 우리 자신의 신체 움직임 또는 다른 생리적 반응들은 우리의 마음에 무엇이 일어날 것인가에 영향을 줄 수 있다. 이러한 과정의 이해를 돕기 위해서 당신 스스로 미소 짓거나 찌푸린 다름에 신중하게 당신의 느낌을 측정해보아라. 당신은 자신을 기분 좋게 하기 위해서는 "행복한 얼굴을 하라"는 옛말이 실제로 어느 정도 타당성을 갖게 할 수 있다는 것을 발견할 것이다.

이러한 관점은 소비자의 환경에서의 사소한 변화들이 행동을 변화시킬 수 있다는 것을 내포한다. 즉, 이러한 변화를 **넛지**(nudge)와 같은 변화로 일컫는데, 이것은 획기적인 효과를 이끈다. 예를 들어, 사람들이 행동하는 것을 바꾸는 하나의 "넛지"는 소비자들에게 한 프로그램에 "opt in" 하라고 요청하는 것에서 참여하길 원치 않으면 "opt out"하라고 요청하도록 바꾸는 것이다. 운전자들에게 장기기증을 원하면 신분증에 적으라고 한 유럽의 국가들은 장기기증자가 20% 미만으로 나타났다. 반대로 운전자들에게 장기기증을 원하지 않으면 선택을 하지 말라고 요청한 국가에서는 95% 이상의 사람들이 기증을 한다고 나왔다.

이러한 **디폴트 편향**(default bias)은 사람들은 순응하지 않기 위해 노력을 하는 것보다 요청에 순응하는 경향이 있어서 잠재적으로 다양한 행동을 권장하는 강력한 방법이다. 예를 들어, 사람들은 만약 회사 고용주가 자동적으로 그들의 임금에서 특정 금액을 공제하는 것이 그들 자신이 이러한 과정을 만드는 것보다는 은퇴자금을 위해 더 많은 돈을 저축할 것이다. 또한 많은 소프트웨어 회사들과 소셜미디어 플랫폼이 사용자들에게 그들의 제품과 개인 정책을 수용하게 북돋는 것도 해당된다(예를 들어, 당신은 당신의 정보를 다른 사람들과 공유하도록 하는 페이스북의 선택사항을 선택하지 말아야 할 때이다).

의사결정 편향과 지름길

앞서 설명하였던 디폴트 편향은 우리가 의사결정할 때 종종 편한 방법을 택한다는 것을 설명한다. 우리가 이미 설명하였던 인지적 의사결정 전략들과는 달리 우리는 가장 최선의 결과 – **해결 극대화**(maximizing solution)에 도달하기를 원할 때, 우리는 종종 정신적 노력을 적게 하고 단순히 적당한 결과를 받아들인다. 이것을 **해결 만족화**(satisficing solution)라고 한다. 이렇게 "충분한" 의사결정의 관점은 **제한된 합리성**(bounded rationality)이라고 부른다. 최근에 많은 결정들은 극대화 전략에 기초하지 않

CB AS I SEE IT

Gavan Fitzsimons 교수, *Duke University*

수년 동안 소비자 연구자들은 소비자들을 대체로 의식이 있는, 생각하는 기계라고 생각해왔다. 소비자들은 그들에게 무엇이 중요한지를 고려하고, 이런 측면에서 대안들에서 선택옵션들을 평가하고 결정한다. 그러나 최근에 커지고 있는 소비자 연구자 집단은 거의 정체가 드러났다고 고려되었던 과거의 아이디어에 재도전하기 시작했다. 말하자면, 한 소비자의 삶에서 일어나는 많은 것들은 그들의 의식적인 인지 밖에서 일어난다는 것이다. 소비자들은 그들의 의식적인 인지 밖에서 영향을 받는다는 생각은 많은 소비자들을 놀라게 하고, 따라서 상당한 저항감을 받았다. 그렇다 하더라도 소비자들은 그들이 노출되었다고 인식하지 못하는 자극에 의해 영향을 받고, 그들이 인지하지 않는 과정들이 마음 속에서 일어나고, 심지어 그들이 인식하지 않은 행동들(예, 많은 습관적 행동들을 고려하자)을 한다는 데이터들이 점점 보다 명확해지고 있다. 이런 비인식적 과정들은 종종 적응할 수 있고 소비자들에 도움이 되지만, 또한 동시에 해가 된다.

우리의 실험실에서 나온 하나의 흥미로운 최근 예는 브랜드 로고-Apple이나 IBM 로고-에 소비자들을 무의식적으로 노출시키는 것이다. 우연한 브랜드 노출은 매일 일어난다. 최근의 계산으로는 전형적인 미국 소비자들에게 하루에 3,000~10,000번 사이로 일어난다. 따라서 우리는 이것들이 의미 있는 방법으로 소비자 행동에 영향을 미칠 수 있는지 궁금했다. 이런 실제 생활의 우연한 브랜드 노출을 흉내내기 위해서 Apple이나 IBM 로고들을 10~50밀리세컨드(millisecond)의 아주 짧은 간격 동안 스크린에 깜빡였다. 참가자들은 그 브랜드를 보는 것을 의식하지 않았고, 그들은 단지 스크린의 오른쪽 또는 왼쪽에 있는 상자를 보았다고 믿었다. 결과적으로, Apple에 대한 무의식적인 노출은 비슷하게 IBM 로고에 노출된 소비자들보다 더 창의적으로 만든다는 것을 보여주었다. 이런 우연한 브랜드 노출(incidental brand exposure)은 소비자들이 만족할 수 있을 때까지 그들이 적극적으로 추구하는 목적을 활성화시켰다. 유사한 연구들에서도 우연한 브랜드 노출의 결과로서 하나의 브랜드가 다른 브랜드에 비해 눈에 띄게 선택되었다.

무의식적인 소비자 행동에 대한 미래의 연구는, 소비자들이 그들의 인지 밖의 영향을 받는다는 영역을 지속적으로 발전시킬 것이다. 무의식적인 영향에 대해 소비자들 스스로가 혹사되고, 지치고, 당황해하는 사태는 무르익어서 이제 예외를 기대하기란 어려운 일이 되었다. 남아 있는 가장 흥미로운 몇몇 질문들은 어떻게 무의식적인 과정이 일어나고, 언제 협조적인지 또는 위험한지를 다룬다. 만약 도움이 된다면, 어떻게 소비자들, 회사들, 공공 정책 입안자들이 그것을 받아들이고 부추기냐는 것이다. 예를 들어, 많은 소비자들은 더욱더 창조적이거나 빠르게 선택할지도 모른다. 따라서 그들 자신들을 일부러 Apple이나 Speedo 로고로 둘러싸이게 할지도 모른다. 이런 로고에 계속 노출되는 것은 우연학습이 되어, 그들은 자신들이 점점 창조적이고 민첩해짐을 발견할 것이다. 만약 이런 노출이 해롭다면, 이들 집단은 이런 효과를 최소화하기 위해서 무엇을 할 수 있을까? 초기 연구결과들은 부분적으로 적어도 사전 경고(pre-warning)는 이런 무의식적 효과들을 꺾을 수 있다고 제안한다.

는다는 인식은 행동 경제학 분야를 크게 부활시켰다. **행동 경제학**은 소비자들이 어떻게 경제적인 의사결정을 하는지 연구하는 심리학과 경제학을 섞은 분야이다. opt-out 상황과 반대인 opt-in을 대조하는 디폴트 편향과 같이, 선택의 방법을 다루는 행동 경제학에서의 많은 원리들은 상황, 즉 **프레이밍**(framing) 과정에 집어 넣는다.

프레이밍이 어떻게 이루어지는가를 보기 위하여 다음의 시나리오를 생각해보자.당신은 주요 미식축구 경기의 공짜 티켓을 받았다. 그러나 막판에 가서 갑작스런 폭설로 경기장에 가는 것이 위험하게 되었다. 당신은 그래도 경기에 갈 것인가? 이번에는 게임과 폭설은 똑같지만, 티켓 구입에 상당한 돈을 지불한 경우를 가정해보자. 이 경우 당신은 폭설을 헤치고 갈 것인가?

이런 상황뿐만 아니라 다른 유사한 난제에 대한 사람들의 반응에 대한 분석을 **심적 회계**(mental accounting)의 원리로 설명할 수 있다. 이것은 문제가 제기되는 방식(프레이밍(framing)이라고 부름)을 의미하고 그것이 이익 또는 손해로 표현되느냐에 따라 의사결정에 다르게 영향을 미친다. 이 경우 사람들은 티켓이 공짜였을 때보다 자신이 돈을 지불하여 샀을 때, 폭설 속에서도 위험을 무릅쓰는 경향이 높아지는 걸 연구자들은 발견했다. 오직 가장 열광적인 팬만이 티켓을 많은 돈을 주고 샀든 아니든 이 위험이 같기 때문에 그것이 비이성적인 선택이라는 것을 인식하지 못할 것이다. 연구자들은 어떤 것을 위해 이미 지불된 것에 대해 사람들이 포기하는 것을 꺼린다는 의미에서 이런 의사결정 편견을 매몰 비용 오류(sunk-cost fallacy)라고 부른다.

손실 기피(loss aversion)는 또 다른 편견이다. 사람들은 이득보다 손실을 더 강조한다는 의미이다. 예를 들어, 대부분의 사람들은 돈을 얻었을 때의 기쁨보다 돈을 잃었을 때의 불쾌감이 더 크다는 것이다. **전망 이론**(prospect theory)은 사람들이 어떻게 선택하는가를 설명하는데, 여기서 효용은 이득과 손실의 효용으로 정의한다. 우리는 손실이라는 말보다 이득이라는 말을 사용한다면, 의사결정의 위험을 다르게 평가한다. 이러한 편향을 설명하기 위해 다음의 선택들을 생각해 보자. 각각의 경우에 당신은 안전을 선택할 것인가, 아니면 도박을 선택할 것인가?

독일의 한 신발 브랜드는 제품의 출신지가 중요하다는 것을 상기시키고 있다.
출처: Grey/Copenhagen.

- **옵션 1:** 당신은 30달러를 받으며 동전뒤집기 게임을 할 기회를 갖는다. 앞면이면 9달러를 받고 뒷면이면 9달러를 잃는다.
- **옵션 2:** 당신은 무조건 30달러를 갖거나 또는 이기면 39달러를 받고 지면 21달러를 받는 동전뒤집기 게임 중 하나를 선택한다.

한 연구에서는 옵션 1이 주어진 사람의 70%가 도박을 선택한 반면, 옵션 2가 주어진 사람의 43%만이 도박을 선택했다. 그러나 두 개의 옵션에서 확률은 똑같다! 차이점은 사람들이 "도박장의 돈으로 시합하는 것을 좋아한다"는 것이다. 즉, 남의 돈을 이용한다고 지각할 때에는 보다 더 위험을 감수하려는 의지가 커진다는 것이다. 따라서 이성적 의사결정의 관점과는 다르게, 사람들은 돈이 어디서 나왔느냐에 따라서 가치를 다르게 평가한다. 이것은 예를 들어, 왜 보너스로 받은 돈을 2,000달러나 하는 Manolo Blahnik 구두에 써버린 사람이 구두를 사기 위해서 그녀의 적금에서 같은 금액을 빼서 쓰는 것은 전혀 고려하지 않는가를 설명해 준다.

휴리스틱: 정신적 지름길

우리는 많은 습관적인 결정이 정신적 회계에 따라 달라진다는 것을 보았다. 추가로, 우리는 종종 우리의 선택을 단순화하는 다른 지름길에 의존한다. 예를 들어, Richard는 기나긴 정보 탐색에 대한 대체안으로서 어떤 가정을 하였다. 특히, 그는 Zany Zack에서의 선택은 충분할 것으로 가정하여, Zany Zack의 경쟁사인 어떤 다른 곳에서 쇼핑하는 것을 고민하지 않았다.

우리는 이러한 지름길을 **휴리스틱**(heuristic)이라고 한다. 이러한 정신적 경험 법칙(rules-of-thumb)은 매우 일반적인 것("비싼 제품은 품질이 더 좋다" 또는 "지난번에 산 것과 같은 상표를 사자")에서부터 매우 구체적인 것("우리 엄마가 항상 사는 설탕 상표인 Domino를 사자")까지 다양하다. 때때로 이런 지름길은 우리에게 최고의 이익을 보장하지 않을 수도 있다. 예를 들어, 특정 자동차에 문제를 겪었던 한두 사람만을 개인적으로 아는 소비자는 그 차가 정비면에서 뛰어나다는 사실을 알려고 시간을 쓰는 대신에 자신도 비슷한 문제를 겪을 것이라고 가정할지도 모른다. 우리가 일반적으로 사용하는 몇몇의 휴리스틱에 대해 정리해보자.

줌바 운동 시간은 감성적 경험을 제공하는 데 초점을 두고 있다.
출처: Photo by Danny Martindale/WireImage/Getty Images.

- **공변량(covariation).** 중고차를 팔려는 사람은 아마도 자동차의 외관을 깨끗하고 광이 나도록 한다. 잠재적 구매자들은 그것이 깨끗하고 광이 나는 헌차를 몰고 나간다는 것을 의미한다는 것에도 불구하고, 종종 자동차의 기계적 상태를 외관으로 대신 판단한다. 단지 불완전한 제품 정보를 가졌을 때, 우리는 실제로 서로에 영향을 주거나 주지 않을 수도 있는 사건 간의 관계인 공변량에 대한 우리의 신념을 바탕으로 종종 판단한다.
- **원산지 제품의 주소는 중요하다.** 미국인들은 이탈리아산 구두, 일본산 자동차, 타이완산 옷과 한국산 전자레인지를 구매하는 것을 좋아한다. 제품의 원산지는 종종 의사결정 과정에서 결정적인 요소이다. 소비자들은 어떤 제품을 특정 국가와 강하게 연관시키려 한다. 그리고 그 해당 국가에서 생산한 제품은 종종 이런 연결 고리로부터 나오는 이득을 챙기려고 한다. **자민족중심주의**(ethnocentrism)는 자기 자신의 문화에 있는 제품이나 사람들을 선호하는 경향을 말한다. 자민족중심주의 소비자들은 특히 자국의 경제에 부정적인 효과를 주기 때문에, 다른 곳에서 만들어진 제품을 사는 것은 잘못된 것이라고 느끼는 경향이 있다.
- **친숙한 브랜드명.** 30개 제품군에서의 시장 선도자들을 대상으로 한 보스톤 컨

표 2.3 시장 신념

브랜드	• 모든 브랜드는 기본적으로 동일하다. • 무상표 제품들은 단지 더 낮은 가격으로 다른 라벨을 붙여 파는 브랜드명이다. • 최고의 브랜드는 가장 많이 구매되는 것이다. • 의심스러울 때, 유명 제조업체 브랜드가 항상 안전하고 틀림없는 것이다.
상점	• 전문점은 최고의 브랜드에 친숙하게 하는 가장 좋은 장소이다. 그러나 일단 원하는 것을 확인한 다음, 할인점에서 사는 것이 더 싸다. • 윈도우 디스플레이에는 상점의 특징이 반영된다. • 전문점의 판매원들은 그렇지 않은 사람들보다 더 많은 지식이 있다. • 대형 점포가 소형 점포보다 더 싸게 판매한다. • 지역의 동네 상점들이 최상의 서비스를 제공한다. • 제품 중 하나라도 싸게 파는 상점은 아마도 모든 품목들에 대해서도 싸게 팔 것이다. • 신용과 반품 정책은 대형 백화점에서 가장 관대하다. • 바로 개점한 상점들은 보통 매력적인 가격을 제안한다.
가격/할인/세일	• 세일은 전형적으로 느리게 팔리는 제품을 없애기 위해 시행한다. • 지속적으로 세일을 하는 상점은 실제로 소비자들에게 돈을 아끼게 하는 것이 아니다. • 일반적으로 비싼 가격은 좋은 품질을 의미한다.
광고와 판매 촉진	• 끈질긴 "판매 광고(hard-sell)"는 저품질 제품과 관련있다. • 경품을 주는 품목은 별로 가치가 없다(심지어 공짜라도). • 쿠폰은 상점에서 제공되는 것이 아니기 때문에 소비자들에게 실질적으로 저축의 의미가 있다. • 당신은 지나치게 광고된 제품을 살 때, 고품질이 아니라 그 라벨에 돈을 지불하는 것이다.
제품/포장	• 최대 크기의 용기는 항상 적은 크기의 것보다 단위당 값이 더 싸다. • 신제품은 처음 도입되었을 때보다 더 비싸고, 가격은 시간이 지나면서 정착되는 경향이 있다. • 당신이 실제로 필요한 제품이 무엇인지 확신하지 못할 때에는 가외의 특징에 투자하는 것이 더 좋다. 왜냐하면 당신은 아마도 나중에 그 특징을 더 원할 수 있기 때문이다. • 일반적으로 합성제품들은 자연 원료로 만들어진 제품보다 품질이 낮다. • 시장에서 새로운 제품이 나왔을 때 지켜보는 것이 낫다. 왜냐하면 보통 제조업자가 결함을 해결하기까지는 약간의 시간이 걸리기 때문이다.

출처: Calvin P. Duncan, "Consumer Market Beliefs: A Review of the Literature and an Agenda for Future Research," in Marvin E. Goldberg. Gerald Gorn, and Richard W. Pollay eds., *Advances in Consumer Research* 17 (Provo, UT: Association for Consumer Research, 1990): 729-35.

설팅 그룹의 연구에 의하면, 1930년대에 1등이었던 27개 브랜드(아이보리 비누와 Campbell 수프)는 50년이 지난 후에도 여전히 1위로 남아 있었다고 한다.

- **높은 가격.** 많은 사람들은 높은 가격의 제품이 낮은 가격의 대안보다 품질이 더 좋다고 가정한다. 이러한 가정은 종종 맞는다. 당신은 지불한 만큼 얻는다는 경향이 있다. 그러나 "가격-품질 관계가 항상 정당화되는 것은 아니다"라는 것을 구매자들은 알아야 한다.

목표 4

우리는 이성적 사고 과정의 결과보다는 감성적 반응에 바탕을 두고 어떤 의사결정을 한다.

정서적 의사결정

줌바(Zumba)는 1990년대에 콜롬비아 피트니스 프로그램으로 시작되었으나 오늘날 국제적으로 화제가 되었다. 150개국 이상의 국가에서 약 1,400만 명의 사람들은 매주 힙합, 살사, 맘보, 밸리댄스, 볼리우드와 같은 다양한 춤과 좋은 몸매를 위해 어느 정도의 스쿼트와 런지 자세를 혼합한 수업을 듣는다. 줌바 회사는 인포머티브광고 프로듀서로 시작하였으나, 광고회사의 임원을 그만둔 CEO의 동생이 발탁이 되고 CEO에게 회사의 포커스를 바꾸라고 설득시켰을 때, 그 체제가 대중화되었다. 동생은 어떤 열광적인 댄서들이 나오는 영화를 보았음을 기억한다. 그는 "나는 바로 사장에게 전화를 걸어서 '너는 잘못된 것을 팔고 있다. 너는 이러한 감성이 팔릴 때 피트니스를 파는 것이다'라고 말하였다. 나는 줌바가 사람들이 자유롭고 열광적인 기쁨과 같다고 느꼈

이런 덴마크의 레스토랑 같은 마케터들은 종종 제품의 원산지를 바탕으로 한 소비자들의 기대에 의존한다.
출처: Reef'N Beef/ Saatchi

Marketing Opportunity

최근의 한 연구에서는 이러한 감성적 요소는 사람들이 긴시간 프레임에 경험하는 것과는 반대로 짧은 시간 동안 경험할 결과를 수반하는 결정에서 특히 힘을 발휘할 수 있다는 것을 보여주었다. 또 다른 연구에서는 감성들 간의 상호작용과 우리가 보다 현명한 결정을 하도록 마음속에 있는 정보에 접근하는 방법을 증명하였다. 이러한 연구자들은 감정적 오라클 효과(emotional oracle effect)라고 불리는 것에 대한 증거를 보고하였다. 느낌을 믿는 사람들은 그렇지 않은 사람들보다 미래에 대한 사건을 더 잘 예측할 수 있었다. 이것은 대통령선거, *American Idol*의 우승자, 영화 흥행 성공, 주식 시장을 포함하여 다양한 상황에서 발생하였다. 자신감을 더 갖는 사람들은 그들이 학습된 정보에 더 잘 접근하여서 정보적 예측을 할 수 있도록 도울 수 있기 때문이다.

던 브랜드로 바꾸고자 하였다." 개발된 두 개의 태그라인은 "운동을 버리고 파티에 가자!(Ditch the workout; join the party!)"이다. 나머지는 굳이 말할 필요가 없다.

감성과 소비

줌바 운동이 충분한 몸매를 만들어주지 않을 수 있지만 많은 우리의 결정은 제품에 대한 우리의 감성적 반응에 의해서 일어난다. 사회과학자들은 이러한 다듬어지지 않은 반응을 **정서**라고 한다. 이것은 왜 그렇게 많은 마케팅 활동들과 메시지들이 심지어 다른 종류의 감성적 환기가 어떤 상황에서 더욱더 효과적일 수도 있는데도 불구하고, 우리의 무드나 제품이 정서적인 반응에 연결되는 것을 변화하는 데 초점을 맞추는지를 설명한다. 이러한 연결들은 호텔에서 터무니없는 서비스를 받은 후 멍청한 TV 광고를 보거나 눈노에 찬 사람에게는 이해하기 쉽다. 여기에 몇 가지 최신의 사례들을 살펴보자:

- LUSH 화장품은 이 회사의 첫 번째 제품라인으로 "감성적 찬란함"을 소개하였고, 무드에 의한 제품을 마케팅하였다. 쇼핑객은 "자신감"과 같은 무드를 선택하고 이것은 그녀에게 그날의 색채 선택을 하게 도와주었다.
- 미국 적십자사는 "스토리텔러" 캠페인을 론칭하였는데, 이 캠페인은 대본이 없는 내용을 상영하였고, 실제로 기부로 도움을 받았던 사람들에 의해 만들어졌다. 광고는 적십자사에 의해 감동받았던 사람들의 움직이는 개인적 장부를 제공하였다.
- 페인트 회사인 Valspar의 TV 광고는 인테리어나 사람들이 벽에 페인팅하는 것을 절대 보여주지 않는다. 그 광고에서는 성우가 "어느 정도 벽은 단지 이곳과 저곳 사이를 가르는 벽일 뿐이다"라고 시작하면서, 부부가 하얀색 벽으로 향하면서 흰색 모래 위에서 걷고 있고, 이것은 또 차 속에서 보는 영화스크린을 닮았다. 그 부부는 아주 멋진 광경을 보기 위하여 벽과 상호작용한다. 어떤 광고회사의 임원은 "거의 모든 페인트 광고에서 당신이 보는 것은 청바지를 입고 면티셔츠 입은 부부가 일하는 동안 휘파람을 불면서 롤러를 갖고 벽을 위아래로 다니는 것이다. Valspar는 그렇게 할 필요가 없었다. 우리는 사람들이 벽에 페인트를 하는 것이나 인테리어, 또는 일상적인 잡일과 같은 어떤 것도 보여주지 않았다. 그것은 소비자의 마음의 공간에 대한 것 이상이다. 즉, 우리는 소비자들의 상상과 감성으로 다가갔다."

긍정적 정서

우리의 느낌은 우리가 어떤 결정의 장단점을 비교할 때 정보의 원천으로 작용할 수 있다. 단순히 말하면, 특정 브랜드를 소유할 것이라는 기대가 어떤 사람의 느낌을 좋게 만들 것이라는 사실은 결정적인 속성이다. 심지어 그 브랜드가 다름 경쟁브랜드와 어떤 기능적인 수준에서 유사할지라도 그렇다. 그것은 왜 많은 사람들이 표면적으로 덜 비싼 제품과 같아 보이는 제품에 추가 금액을 지불할 의사가 있는지를 설명하는 데 도움이 된다. 가장 유행하는 Apple의 새로운 iPhone, Ralph Lauren 셔츠나 심지어 비싼 대학의 경우 등이 그 예이다. 어떤 브랜드에 대한 열정적인 헌신은 Saatch & Saatch 광고 회사 사장에 의해 러브마크(lovemark)라고 불렸다.

CB AS I SEE IT

Laurie Meamber 교수, *George Mason University*

당신은 라이브 공연에 참석하여 감각적 콘텐츠, 즉 공연들의 시각적 및 청각적 요소들, 의상들, 그들을 둘러싼 무대에 의해 감정이 폭발된 적이 있는가? 당신은 테마 파크나 유적지와 같은 장소에 가서 당신의 감각들을 사로잡도록 계획된 방식에 놀란 적이 있는가? 당신은 자동차를 사고 나서 내외부의 모양과 느낌을 즐긴 적이 있는가? 이러한 것들은 모두 심미적 소비들의 사례이다. 심미적이란 그리스어인 aesthesis로부터 유래된 단어로 감각들과 세계를 지각하는 것이라는 의미이다. 심미적 경험들은 사실상 감각적이며, 예술과 공연을 포함하여 장소, 제품, 사건들의 일상적인 소비들을 포함한다. 소비자들은 일상적인 생활을 하면서 심미적인 경험을 하게 되고, 종종 심미적인 요일들에 바탕을 두고 선택을 한다. 심미적인 가치는 20세기 후반과 21세기 초반에 중요해졌다. 어떤 작가들은 이러한 심미적인 시대가 일상적인 제품들의 디자인에 대한 관심과 애플, 디즈니, 심지어 General Motors와 같은 경험들이 늘어나는 시기 동안에 다시 태어났다고 주장한다. General Motors는 1990년 후반부터 2010년까지 상징적인 Hummer 브랜드 자동차를 마케팅하였다. 제품들과 경험들은 소비자들의 감각에 어필하는 독특한 심미적 정체성을 제공할 때 심미적인 가치를 포함한다. 심미적 가치는 성능적 가치, 상징적 가치, 금전적 가치나 다른 소비나 제품 특유의 가치와 같은 것들을 대체하지 않는다. 대신에 심미적 가치는 이러한 것들을 다른 형태의 가치로 보충한다. 나는 여러 동료교수들과 함께 예술, 경험, 소비자 제품의 영역에서 심미적 소비의 다양한 사례들을 조사하였다. 예술의 영역에서, 우리는 실감이 넘쳐나고 상호적인 예술적 경험들을 목격하였다. 이것은 Cyburbia Productions에서 개발한 것과 같이 라이브 공연자들을 뒤섞고 멀리서 공연자들과 관중을 연결시키면서, 규모, 시간, 장소를 바꾸는 컴퓨터 프로젝션을 사용한 멀티미디어 경험 또는 라이브 공연을 통해 소비자들의 감각을 사로잡는 하나의 설치물이다.

감각적 경험에 소비자들을 참여시키는 것은 예술에서는 전혀 새로운 것이 아니다. 그러나 새로운 미디어 기술이 이미 접근 가능해짐에 따라서 정교하게 실감하는 제공물들이 증가하고 있다. 특정한 테마의 분위기를 살린 환경은 소비자의 감성을 기쁘게 하기 위해 다양한 심미적인 경험들을 사용하면서 방문자들을 위한 특별한 경험의 세계를 만들고 있다. 예를 들어, 대중에게 개방된 수많은 역사적인 장소에서, 상호적인 전시품들은 소비자들에게 이러한 역사를 살았던 사람들과 같은 감각을 갖도록 허용한다. 예를 들어, 방앗간에서 곡식을 가는 과정이나 극장의 영화에서 대포의 충격을 느끼도록 의자를 흔들리게 하여 방문자들이 실감나게 하도록 허용한다. 또한 소비자 제품들은 감각적 콘텐츠들과 함께 성숙해진다. 전에 언급했던 것과 같이, Humvee 군사용 자동차의 외관에 기반을 둔 Hummer 브랜드 자동차는 내적으로나 외적으로 독특한 디자인으로 알려졌다. 우리 연구에서 이 Hummer 브랜드를 평가하였던 소비자들은 이 자동차는 남성적 인테리어와 보디빌더와 같은 외모를 가졌다고 지적하였다. 심지어 일상적인 소비자 제품들은 심미적 가치를 제공하는 감각적 품질을 포함한다. 예를 들어, 우리가 인터뷰한 소비자들은 커피메이커와 같은 제품들이 그들의 아름다운 외관 때문에 어떻게 감성적 반응들을 불러일으키는지에 대해 토론하였다. 이 연구에서는 소비자들은 제품을 선택할 때, 항상 장인들에 의한 예술품들과 분리시키지 않고, 오리지널 제품과 대중적 제품 모두에게 유사한 감성적 반응을 경험한다고 제시하였다.

부정적 정서

많은 연구자들은 혐오와 같은 원시적인 감성은 우리를 감염으로부터 보호하기 위해 발생되었다고 믿는다. 즉, 우리는 오랜 시간 동안 병원균과 관련된 부패한 고기와 더러운 재료들을 피하기 위해 학습되었다. 그 결과, 심지어 살짝 역겨운 냄새는 코 찡그리기, 윗입술 말아 올리기, 혀 내밀기와 같은 보편적인 반응을 일으킨다. 코를 찡그리는 것은 콧구멍을 통해 침입하는 병원균을 막기 위해 보이는 행동이고 혀를 내미는 것은 상한 음식을 배출하는 데 도움이 되고 구토하기 위한 일반적인 전조행동이다.

좋다, 현재 당신은 충분히 역겹다. 이것은 마케팅과 설득과 관련이 있을까? 글쎄다. 혐오는 우리의 판단에 강력한 영향을 행사한다. 이러한 감성을 경험한 사람들은 도덕적 위법행위와 범죄자에 대한 판단을 더 어렵게 한다. 어떤 실험에서는 역겨운 냄새가 나는 방 또는 더러운 음식 용기가 흩어진 책상에 앉았던 사람들은 깨끗한 환경에서 같은

허그를 콜라로 교환하는 코카콜라의 자동판매기
출처: Coca-Cola Singapore/Solent News/Rex Features/AP Images.

Marketing Opportunity

국제적인 "Open Happiness" 캠페인의 일부로 코카콜라는 싱가포르 국립대에 자동판매기를 설치하고, 허그와의 교환으로 공짜 콜라를 준다. 그 자동판매기는 코카콜라의 색상과 글씨체를 사용하였으며, 앞면에 큰 글씨로 "안아주세요(Hug me)"라고 쓰여 있다. 코카콜라의 ASEAN IMC 디렉터인 Leonaedo O'Grady는 다음과 같이 말하였다. "반응은 놀라웠다…… 한 번은 4~5명이 동시에 그 기계뿐만 아니라 서로를 포옹했다! 실제로 포옹을 하려는 많은 사람들이 긴 줄을 섰다. 이것은 정말로 환상적이고 마음을 따뜻하게 만들었다". 이 기계는 "Happiness Machines" 중 하나이다. 코카콜라는 2009년부터 전 세계적으로 확산하였다. 2000년 초에 미국 대학에 설치된 기계는 말 그대로 다양한 콜라뿐만 아니라 꽃, 풍선을 주었고, 이것은 유튜브에 4,500만 뷰를 기록하였다.

판단을 하라고 요청받았던 사람들보다 이력서에 거짓말을 하거나 거리에서 발견된 지갑을 보관하는 행동을 더욱더 비도덕적이라고 판단하였다. 또 다른 연구에서, 손소독제 앞에 서 있는 동안 설문을 완성하라고 요청받은 서베이 응답자들은 복도에 서있었던 사람들보다 더욱더 보수적인 응답을 하였다.

광고주들은 부정적인 상상을 사용하는 것을 피해서 사람들에게 흥미를 잃지 않게 한다. 그러나 요즘에 많은 광고들은 실제로 그들의 메시지에 관심을 얻기 위하여 혐오와 같은 극단적인 느낌을 주는 것이 생산적일 수 있다고 인식하고 있다.

- 뉴욕시의 보건부는 탄산음료수를 마시는 것이 지방으로 변한다는 이미지를 포함한 광고를 하였다(보건부는 이 캠페인 이후에 설탕이 많이 함유된 음료수 소비가 12%나 떨어졌다고 주장한다).
- Febreze TV 광고는 아주 더러운 방에 눈을 가린 지원자가 앉아 있는 모습을 보여준다. 그들은 냄새 잡는 가정용품 덕분에 기분 좋은 냄새를 맡는다는 생각을 하게 하였다.
- 발톱 무좀을 잡는 Lamisil의 광고는 인간의 발톱 밑에 파고들어 운동선수의 발에 영향을 주는 소름 끼치는 노란색 쥐와 같은 생물인 "Digger"를 모델로 삼았다.

불쾌한 자각에 대하여 얘기해보자. 그러한 자극은 신속한 결정을 할 필요성을 준다. 이 까칠한 시계는 "당신이 조는 것은 잃는 것이다"라는 말에 새로운 의미를 전달한다. 만약 당신이 알람이 울렸을 때 끄기 위해서 일어나지 않는다면, 이것은 당신에게 비싼 값을 치르게 할 것이다. 출처: wireframe.ru.

소셜미디어는 어떻게 우리의 감성을 이용하는가?

우리의 수많은 소셜미디어 활동은 긍정 또는 부정적 감성을 표현하는 것을 포함한다. 우리는 특히 페이스북 또는 트위터에 좋고 나쁜 감정을 공유한다. 또는 심지어 문자나 이메일에 우리가 어떻게 느끼는가를 알리기 위하여 :)와 같은 익살스러운 이모티콘들에 의존한다. Jell-O 브랜드의 매출을 올리기 위하여 Kraft는 트위터에 "기분 추적자(Mood Monitor)"를 공개하였고, 이것은 임의적으로 :(이모티콘을 쓴 사용자에게 쿠폰을 주는 것이다. Kraft는 트위터공간을 모니터해서 평균적으로 웃는 얼굴 그림이 51% 이하로 떨어질 때마다 쿠폰을 주는 것을 시작할 것이다.

사실, 사람들은 그들의 기분과 제품에 대한 감성적인 반응을 표현하는 것이 너무 일상적이어서 이러한 표시들은 그들의 제품들을 사람들이 어떻게 느끼는지에 대해서 보다 더 알기를 원하는 마케터들에게 귀중한 보물이 될 수 있다. **감성분석**(sentiment analysis)이라고 부르는 기술은 사람들이 특정 제품 또는 회사를 기술할 때 사용하는 단어들을 수집하고 분석하기 위하여 소셜미디어를 샅샅이 뒤지는 과정을 말한다(때때로 오피니언 마이닝(opinion mining)이라고 불린다). 사람들이 특정한 방식으로 느낄 때, 그들은 감성과 관련될 것 같은 특정 단어를 선택하는 경향이 있다. 연구자들은 이러한 단어들로부터 데이터를 코딩하기 위하여 **단어-관용구 사전**(word-phrase dictionary)을 만든다(때때로 도서관(library)이라고 부른다). 이 프로그램은 사전에서 그 단어들이 나타나는지를 구별하기 위하여 문장을 탐색한다.

Cannon의 PowerShot A540의 사례를 고려해보자. 제품 리뷰 사이트인 *Epinion*의 리뷰는 "Cannon PowerShot A540은 좋은 조리개와 훌륭한 해상도를 갖고 있다"는 말을 포함하고 있다. 이 감성분석은 Cannon PowerShot A540 제품의 조리개와 해상도와 같은 중요한 측면을 구분하면서 위의 문장에서 관심사를 뽑아낼 것이다. 해상도는 훌륭

Net Profit

빅데이터 이용의 확산(1장 참조)으로 우리는 대규모로 무드를 모니터링하는 더 많은 서비스를 보도록 기대할 수 있다. Ginger.io로 불리는 한 창업회사는 환자들의 무드를 모니터하기 위해 스마트폰 데이터를 이미 이용하고 있다. 앱은 사용자의 문장 메시지 습관, 전화 빈도, 장소에 대한 정보를 수집한다. 만약 환자가 그의 친구에게 전화를 걸지 않거나 며칠간 일하러 가지 않았다면, 이러한 행동 패턴은 그의 의사에게 환자를 체크하도록 부추길 것이다. 의사는 또한 환자들에게 그들의 상태를 추적하기 위해기 간단한 설문조사지를 보낼 수 있다(예를 들어, 당신은 어젯밤에 어떻게 주무셨나요(1점에서 10점 척도에서)?).

한 반면, 조리개는 좋다와 같은 감성을 각각의 측면에서 추출할 수 있다. 텍스트마이닝 소프트웨어는 사람들이 제품에 대해서 어떻게 얘기하는가에 대한 그림을 그리기 위하여 이러한 반응들을 수집하여서 다른 것들과 혼합한다. 유사한 몇몇의 감성분석 프로그램이 있다. ToneCheck라는 새로운 것은 심지어 사람들의 이메일에서 감성을 검사하여 리포트한다.

본 장의 정리

본 장의 학습을 완료했다면 다음 사항들을 이해할 수 있어야 한다:

1. 소비자 의사결정은 인지적, 습관적, 정서적인 세 가지 범주로 구성된다.

소비자 의사결정은 소비자 행동에서 핵심적인 부분이다. 그러나 우리가 제품을 평가하고 선택하는 방법(우리는 이러한 선택에 사고의 양을 부여한다)은 새로움의 정도나 결정과 관련된 위험과 같은 측면에 따라 변한다. 우리는 거의 끊임없이 제품에 관한 결정을 해야 할 필요가 있다. 이 결정들 중 일부는 매우 중요하며 많은 노력을 필요로 하는 반면, 다른 결정들은 실질적으로 자동적으로 이루어진다. 의사결정에 관한 관점은, 사람들이 시간이 지남에 따라 발전하는 습관에 초점을 맞추는 것에서부터 소비자들이 선택하기 전에 반드시 신중하게 정보를 수집하고 분석해야만 하는 수많은 위험이 있는 새로운 상황에 이르기까지 다양하다. 많은 결정들은 매우 자동적으로 되며, 주로 습관에 의해 결정된다. 우리가 제품을 평가하고 선택하는 방법은 제품, 마케팅 메시지, 또는 구매 상황에 대한 관여의 정도에 달려 있다. 제품 관여는 구매결정이 관성에 의한 매우 낮은 것에서부터 소비자들이 그들이 구매하는 것과 매우 강한 관계를 맺는 아주 높은 것까지의 범위를 갖는다.

2. 인지적 구매 결정은 일련의 단계의 결과로 경쟁 옵션에 비해 한 제품을 선택하는 것이다.

전형적인 의사결정은 몇 단계로 구성된다. 첫 단계는 문제 인식인데, 소비자들이 어떤 행동이 취해져야 함을 인식하게 된다. 이런 인식은 현재 가지고 있는 것들이 고장 났거나 새로운 것에 대한 욕구 때문에 일어날 수 있다. 일단 소비자들이 문제를 인식하고, 그것이 어떤 행동을 보장할 정도로 충분히 중요한 것으로 파악되면, 정보 탐색 과정이 시작된다. 탐색은 동일한 문제를 해결하기 위해 이전에 행했던 것이 무엇인지를 결정하기 위해 단지 기억을 더듬어보는 것에서부터 가능한 많은 정보를 축적하기 위해 다양한 출처를 알아보는 광범위한 실사를 수행하는 것에 이르기까지 다양하다. 인터넷은 소비자들이 정보를 탐색하는 많은 방법들을 변화시켰다. 오늘날 우리의 문제는 더 많은 정보를 탐색하기보다는 지나치게 세부적인 것을 제거하는 경향이 있다. 비교 검색 사이트들과 지식 대리인들은 정보를 거르고 탐색 과정을 도와준다. 소비자들은 단순히 의사결정 과정을 하는 방법으로 엄청나게 많은 정보를 분류하는 웹 포털과 같은 사이버중간상에 의존한다. 대안의 평가 단계에서 사람들이 고려하는 제품 대안들은 환기 상표군으로 구성된다. 환기 상표군의 구성 요소들은 대개 몇몇 특징을 공유한다. 우리는 이것들을 유사하게 범주화한다. 사람들이 정신적으로 제품들을 집단화하는 방법은 어떤 대안이 고려될지에 영향을 미치며, 보통 어떤 상표는 이런 범주들과 더 강하게 연관된다(즉, 그들은 보다 더 원형적이다). 소비자들은 결국 대안들 사이에서 제품을 선택해야만 할 때 여러 가지 의사결정 규칙 중 한 가지를 사용한다. 비보상적 규칙은 선택된 기준 중 어떤 것에라도 충족시키지 못하는 대안들을 제거한다. 보상적 규칙은 고관여 상황에서 적용되는 경향이 있는데, 각 대안들의 장점과 단점에 대해 보다 더 신중하게 고려하여 전반적으로 가장 최선의 결정에 이르도록 해준다. 일단 선택을 한 후에 소비자들은 그것이 좋았느냐 나빴느냐를 결정하기 위하여 구매 후 단계에 참여한다. 결국, 이러한 평가는 문제가 발생한 다음번 과정에 영향을 미친다.

3. 우리는 종종 일상적인 의사결정을 하기 위해서 "주먹 구구식" 또는 환경에서의 단서에 의존한다.

많은 경우에 놀랍게도 사람들은 거의 탐색을 하지 않는다. 대신에 그들은 상표나 가격과 같은 다양한 정신적 지름길에 의존하거나 단순히 타인의 선택을 모방한다. 우리는 흔히 의사결정을 단순화시키기 위해 휴리스틱 또는 정신적 경험 법칙을 사용한다. 특히 우리는 시간이 지남에 따라 많은 시장 신념들을 개발한다. 가장 일반적인 신념이 우리는 가격을 보면 품질을 결정할 수 있다는 것이다. 다른 휴리스틱은 제품 품질의 단서로 잘 알려진 상표명 혹은 원산지에 의존한다. 우리가 오랫동안 특정 브랜드를 지속적으로 구매할 때, 이러한 패턴은 진정한 브랜드 충성도나 단순한 타성의 결과인데 그 이유는 가장 쉽기 때문이다. 정신적 회계의 원리는 문제가 프레이밍되는 방법과 이익 또는 손해가 우리가 결정하는 것에 영향을 미치는가를 보여준다. 추가적으로 우리가 인식하지 않을 수도 있는 매우 미묘한 단서들을 포함해서 환경에서의 단서들이 우리에게 다른 대안이 아닌 한 대안을 선택하도록 예열할지도 모른다.

4. 우리는 이성적 사고 과정의 결과보다는 감성적 반응에 바탕을 두고 어떤 의사결정을 한다.

정서적 의사결정은 감성적 반응이 어떻게 우리가 제품에 반응하는가를 결정한다. 마케터들은 종종 광고나 다른 커뮤니케이션 채널들을 통하여 긍정적이고 감성적인 반응을 이끌어내도록 노력하여서 소비자들은 제품 및 서비스에 관계 또는 사랑의 표식(love mark)을 형성한다. 소셜미디어에 있는 수많은 내용들은 정서적인 반응들을 반영하여 플랫폼들은 마케터들에게 소비자들이 그들의 브랜드에 대해서 어떻게 느끼는지를 측정할 수 있는 풍부한 정보의 원천이 된다.

KEY TERMS

감성분석 sentiment analysis
감정적 오라클 효과 emotional oracle effect
결정적 속성 determinant attribute
고려 상표군 consideration set
관여 involvement
광경 spectacles
구매 탄력 purchase momentum
구매후 평가 postpurchase evaluation
구조적 처리과정 constructive processing
기능 추가 feature creep
기대 불일치 모델 expectancy disconfirmation model
넛지 nudge
다양성 추구 variety seeking
단어-관용구 사전 word-phrase dictionary
대량맞춤화 mass customization
디폴트 편향 default bias
롱테일 long tail
메시지 관여 message involvement
묘사적 전달 narrative transportation
문제 인식 problem recognition
범주 견본제품 category exemplar
변량 covariation
보상적 의사결정 규칙 compensatory decision rule
브랜드 충성도 brand loyalty
비보상적 의사결정 규칙 noncompensatory decision rule
사랑의 표식 lovemark
사이버중간상 cybermediary
상황적 관여 situational involvement
소비자만족/불만족(CS/D) consumer satisfaction/dissatisfaction(CS/D)
습관적 의사결정 habitual decision making
신경 마케팅 neuromarketing
심적 예산 mental budget
심적 회계 mental accounting
원산지 country of origin
자기 조절 self-regulation
자민족중심주의 ethnocentrism
전망 이론 prospect theory
정보의 경제학 economics of information
정보처리 관점 information-processing perspective
정보 탐색 information search
정서 affect
제품 관여 product involvement
제한된 합리성 bounded rationality
지식 구조 knowledge structure
지식 대리인intelligent agent
지각된 위험 perceived risk
컬트 제품 cult products
타성 inertia
평가 기준 evaluative criteria
프라이밍 priming
프레이밍(틀) framing
해결 만족화 satisficing solution
해결 최적화 maximization solution
행동경제학 behavioral economics
환기상표군 evoked set
휴리스틱 heuristics

REVIEW

2-1. 왜 우리는 "생각없는" 의사결정이 무엇을 구매할지 많은 생각을 쏟을 때보다 더 효율적일 수 있다고 이야기 하는가?

2-2. 합리적인 의사결정 모델의 단계를 나열하라.

2-3. 구매 탄력(purchase momentum)이란 무엇인가? 이것은 합리적인 의사결정 모델과 어떤 관련이 있는가?

2-4. 인지적, 습관적, 정서적, 이 세가지 유형의 의사결정이 가장 잘 설명할 수 있는 구매 유형의 예를 들어라.

2-5. 소비자 문제를 야기하는 두 가지 방식에 대해 명명하라.

2-6. "매몰 비용의 오류(sunk-cost fallacy)"에 대한 예를 들어라.

2-7. 전망 이론(prospect theory)이란 무엇인가? 이 이론은 우리가 합리적인 의사결정자라는 주장을 지지하는가?

2-8. 소비자의 전문성 수준과 제품에 대해 얼마나 많은 정보를 탐색하는가의 관계에 대해 기술하라.

2-9. 지각된 위험의 세 가지 종류에 대해 나열하고 각각에 대한 예시를 들어라.

2-10. "신제품을 출시할 때, 마케터는 그들의 제품의 약속대로

될 것이라고 과신할 필요가 있다." 이 말은 우리가 소비자의 환기 상표군(evoked set)에 대해 알고 있는 것과 어떻게 관련이 있는가?

2-11. 상위범주, 기본 범주, 하위범주 간의 차이점에 대해 기술하라.

2-12. 견본제품의 예로 무엇이 있는가?

2-13. 소비자가 제품 품질 신호로 이용하는 제품 속성 세 가지를 나열하고 각각에 대한 예를 들어라.

2-14. 어떻게 브랜드명이 휴리스틱으로 작용하는가?

2-15. 관성(inertia)과 브랜드 충성 간의 차이점에 대해 기술하라.

2-16. 비보상적(noncompensatory) 의사결정 방식과 보상적(compensatory) 의사결정 방식의 차이점은 무엇인가? 각각에 대한 예를 한 가지씩 들어라.

2-17. 소비자 관여는 무엇인가? 어떻게 이 개념은 소비자 의사결정과 관련이 있는가?

2-18. 소비자들이 그들의 제품에 관여도를 높이기 위해 마케터들이 이용할 수 있는 전략은 무엇이 있는가?

도전과제

토의문제

2-19. 만일 사람들이 항상 합리적인 의사결정자가 아니라면, 그들이 어떻게 구매 의사결정을 하는지 연구하는 것이 가치가 있는가?

2-20. 소비자가 이미 거부한 제품을 향후 소비자의 환기 상표군에 두는 것은 왜 어려운 것인가? 이 목표를 성취하기 위해 마케터는 어떤 전략을 이용해야 하는가?

2-21. 기술은 정말로 우리가 관심 있는 정보를 인터넷에서 접근하기 위해 우리가 해야 할 일을 줄여준다는 면에서 삶을 좀 더 편리하게 만들 수 있는 잠재성을 가지고 있다. 그러나 단지 우리 및 우리와 비슷한 사람들이 기존에 선택한 것을 기반으로 추천해주는 지식 대리인(intelligent agent)은 우리를 제한한다 – 이들은 우리가 무언가 우연히 찾을 수 있는 기회를 축소시킨다(예, 전혀 들어본 적이 없는 주제의 책 또는 평소에 듣는 스타일과 다른 음악 그룹). 과연 "shopping bots"의 확산은 단지 더 많은 동일한 것을 우리에게 제공함으로써 우리의 삶을 완전히 예측하도록 할 것인가? 만일 그렇다면, 이것은 문제가 되는가?

2-22. 인터넷, 소셜네트워킹 사이트, 블로그, 심지어 웹사이트에 있는 제품 평가에서 익명의 제품 후원 포스팅과 리뷰를 볼 수 있다. 많은 이러한 것들은 제품과 서비스를 제공하는 회사에 의해 생성되었다는 사실이 점점 명확해지고 있다. 이것은 제품과 서비스를 마케팅하는 수단으로 윤리적인가? 이것은 당신의 국가 또는 지역에서 보편적인 활동인가?

2-23. 이 장에서는 사람들은 그들이 전혀 이러한 효과들을 인식하지 못할 때라도 환경에서의 미미한 단서에 반응한다고 하였다. 마케터들은 이러한 영향들을 이용할 수 있을까? 이용해야만 하는가?

2-24. 이 장에서는 새로운 안면 인식 기술을 언급하였다. 마케터들은 곧 쇼핑객들을 외모로 구분하기 위해 이용할 것이고 마케터들은 특정 인구통계학적 측면에서 사람들에 소구하는 광고를 제공할 수 있다. 이러한 기술은 우리에게 관련성 없는 정보의 양을 줄여줄 수 있기 때문에 광고를 보다 더 유용하게 만들 것이다. 그러나 이 기술이 단점이 있지 않을까? 당신은 어떠한 정보를 소비자들이 받아야 할지 결정하기 위하여 (예를 들어) 인종에 대한 프로파일을 이용하는 부정적 애플리케이션에 대해 어떠한 잠재성을 보았는가?

2-25. 소비자 단체인 Commercial Alert는 신경마케팅(neuromarketing)에 대해 매우 비판적이다. 이 단체의 임원은 "만일 기업 마케터와 정치 고문이 우리의 뇌 속을 완전히 분석하고, 슈퍼마켓과 선거 부스에서 우리의 선택을 이끌도록 뇌의 활동을 기록한다면 이 나라에 어떤 일이 일어날 것인가? 그런 다음, 만약 그들의 목적을 달성하기 위해 우리의 행동을 조정하도록 다양한 수단으로 뇌의 활동을 자극시킨다면, 어떤 일이 일어날 것인가?"라고 썼다. 당신은 어떻게 생각하는가? 신경마케팅은 위험한가?

응용문제

2-26. 당신의 국가에 문화적으로 특화된 제품 또는 서비스 하나를 선택하라. 이 제품이 해외에서 팔릴 수 있는 방법과 잠재적 소비자들을 제안하라.

2-27. Trip Advisor 같은 웹사이트의 온라인 리뷰를 이용하여 당신이 살고 있는 지역의 호텔, 식당, 명소를 탐색하라. 리뷰는 얼마나 유용한가? 이러한 리뷰는 당신의 의견과 일치하는가?

2-28. 개인적으로 당신의 나라나 지역에서 유명한 매우 친숙한 제품 또는 서비스를 선택하라. 그 브랜드명을 기억하면서, 집단 또는 다른 사람들에게 그 제품의 속성들을 기술하라. 당신은 그 브랜드를 구분하기 위해서 어떤 태그라인이나 슬로건들을 사용할 수 없다. 그 브랜드는 인식이 가능한가?

2-29. 당신의 나라와 지역과 관련있는 제품이나 서비스를 고르

고, 이 제품이 제품 범주에 어떻게 적합한지에 대해서 제안하라.

2-30. 당신은 많이 알려진 브랜드에 얼마나 매력을 느끼는가? 당신의 구매는 브랜드명에 의해 결정되는가? 당신은 동일한 목표를 달성하는 다른 제품이나 서비스가 있음에도 불구하고 유명한 브랜드를 추구하는가? 당신은 실제로 별 생각없이 자동적으로 이러한 브랜드를 선택하는가? 당신은 마케팅이 효과가 있으며 그 브랜드는 구매시점에서 가장 중요하다고 생각하는가?

2-31. 전형적인 제품 또는 서비스에 소비자 관여도 개념을 적용해보자. 어떻게 마케터들은 매출과 긍정적인 이미지라는 결과를 내기 위해서 마케팅 활동들을 통해서 관여의 선행요인을 조정할 수 있을지에 대해서 기술하라. 이러한 접근은 어떤 경우에 너무 과정 중심적이라서 작동하지 않을 수 있지 않을까?

2-32. 어떤 구매들은 충동적일지라도, 소비자들에게 다양한 선택안들이 있기 때문에 많은 사람들은 신중한 생각을 필요로 한다. 시간이 어느 정도는 중요한 요인이 아닌 경우에, 당신은 어떻게 선택안들을 제거하고 이상적인 구매에 도달하는가?

2-33. 특정 나라는 특정 제품과 서비스에 연관되어 있다. 이러한 인식은 지역에 따라 다르며, 특정 지역에서 국가 간의 전통적인 거래 방식에 의해 크게 영향을 받는다. 이러한 점을 설명하기 위해, 당신의 국가와는 다른 5개의 국가를 선택하고 이러한 국가들이 갖고 있는 명성이 있는 제품을 적어도 2개를 선택하라. 품질과 신뢰성 측면에서 이러한 제품에 대한 당신은 인식은 어떠한가? 당신은 이러한 국가에서 생산된 제품을 얼마나 구매할 의향이 있는가? 당신은 제품이 생산된 고정된 이미지를 바탕으로 구매를 할지도 모른다. 그러나 그 제품들은 그 국가가 제공하는 것의 진정한 의미를 반영하는가?

2-34. 두 개의 경쟁적인 브랜드 사이에 구매결정을 할 때 당신은 어떠한 의사결정 규칙을 사용하는가? 당신은 다른 브랜드에 반해 특정 브랜드를 선택하도록 만드는 일반적인 과정은 무엇인가? 이러한 의사결정 이면에 있는 영향요인들은 무엇인가?

2-35. 이 장에 의하면, 디폴트 편향은 우리가 순응하지 않기 위하여 노력하는 것보다 요청에 순응하는 경향이 있다는 것을 의미한다. 이것은 어느 정도 진실일까?

2-36. 글로벌 경제 환경에서 비전통적인 방법으로 구매를 하는 경향이 있다. 점점 소비자들은 구매 전에 제품을 실제로 보고 느끼지 않고 온라인에서 구매하고 있다. 소비자들이 마음을 바꾸거나 제품과 서비스가 맞지 않다고 느끼는 경우에 "냉각기간"이 존재한다. 이것은 구매 전에 터치할 수 없는 것에 대한 충분한 보상이 되는가?

2-37. 이 장에서 마케터들은 소비자들이 그들의 메시지에 대한 관여를 높일 구경거리들을 만들기 위해 한계를 초월하고 있다고 하였다.

British 방송은 공중에서 H, O, N, D, A의 글씨를 만드는 모습을 만들기 위해서 위험한 점프를 하는 스카이다이버들을 보여주었다.

- Honda는 PA, Lancaster에서 음악이 나오는 찻길을 만들었다. 시멘트의 홈은 자동차가 그 길을 지날 때 William Tell의 Overture가 연주되는 음을 만든다.
- Jameson Irish Whiskey의 New York 캠페인은 벽에 광고를 쏜다. 관리자는 브랜드 프로파일에 맞는 보행자들을 위해 길거리를 스캔하고 그들에게 안내되는 텍스트 메시지를 디스플레이에 넣는다.
- 좀비들이 타이틀 노래의 뮤직 비디오에서 춤을 추는 것을 보여준 Michael Jackson 앨범 Thriller의 25주년을 기념하기 위해 SONY BGM은 런던의 언더그라운드에서 공연을 하였다. "passengers" 집단은 관중 속으로 사라지기 전에 갑자기 좀비로 변한다. 그리고 이 비디오 테이프는 온라인에 올려졌다. 이 비디오는 다른 나라에서도 유사한 공연을 보여주었고 일주일 이내에 백만 명 이상의 사람들이 이 영상을 다운로드 받았다. T-Mobile의 유사한 행동에서 Liverpool 기차역에서 몇백 명의 통근자들이 춤을 추었고, 천오백만 명 이상의 사람들이 그 다음주에 유튜브에서 공연을 시청하였다. 이러한 자발적인 플래쉬몹(Flashmobs)은 점점 일반적인 일이 되고 있다.

당신은 이러한 것들을 할 수 있는가? 당신이 새로운 에너지 드링크를 론칭하기 위해 고용되었다고 상상을 해보자. 제품에 대해 더 많이 배우기 위하여 잠재고객들을 유인할 수 있는 구경거리를 제안해보자.

2-38. 당신은 Richard가 다른 소비자들을 위해 TV 브랜드를 고르거나 다른 제품을 고르는 것과 같은 의사결정과정을 따라할 수 있을까? 브랜드들과 각 브랜드들이 제공하는 기능들을 나열하는 다른 제품군의 눈금표(grid)를 만들어보자.(힌트: 컴퓨터, 자동차, 다른 복합한 제품들의 웹사이트들은 종종 이러한 그리드를 만들고, 당신을 "제품 비교" 옵션을 선택하도록 한다). 몇몇의 응답자들에게 이러한 그리드를 제시하고 그들에게 그들의 선택안을 평가할 때 큰 소리로 말하라고 요청하라. 이러한 설명에 기초하여, 당신은 당신이 사용했을 것 같은 의사결정규칙을 구분할 수 있나?

2-39. 선택 상황에서의 외적인 특성들은 우리의 선택에 영향을 미칠 수 있다. 심지어 우리가 전혀 이성적인 의사결정자일지라도 그럴 것이다. 두 가지 버전의 이러한 시나리오를 만들어라(아래에서 당신이 보는 문장을 변형하라). 그리고 당신의 친구들에게 각각에 대해 질문하라.

당신은 아주 더운 날 해변에 누워 있다. 당신이 마실 수 있는 것은 얼음물뿐이다. 지난 한 시간 동안 당신은 좋아하는 브랜드의 시원한 맥주 한 병을 마시면 얼마나 좋을까에 대해서 생각하고 있다. 당신의 동료가 일어나서 전화로 근방에서 유일하게 맥주를 파는 곳(당신에게 주어진 버전에 따라 다르지만 좋은 리조트 호텔 또는 작은 식료품점)에서 맥주를 가져다 달라고 주문한다. 상대방은 맥주가 상당히 비싸다고 말하고 얼마나 지불할 용의가 있는지 물어본다. 당신은 얼마를 말할 것인가?

연구자들이 응답자들에게 이러한 두 가지 버전의 질문들을 주었을 때, 연구자들은 멋진 리조트 버전을 읽은 조사대상자들의 평균 가격은 2.65달러였지만, 식료품점 버전의 경우에는 1.50달러였다. 이 두 경우에서 소비의 행위는 동일하고, 맥주도 동일하고 맥주는 해변에서 마시는 것이기 때문에 "분위기"를 즐기는 데 추가 비용도 들지 않는다. 어떻게 이러한 결과들을 당신의 결과와 비교할 것인가?

사례연구Case Study

NETFLIX

초기에 우편을 통해 영화를 배달하는 것으로 알려진 회사인 넷플릭스는 최근에 65번째 프라임타임 에이미상(Primetime Emmy Award)에서 오리지널 프로그램으로 선정된 주요 텔레비전 스튜디오(방송사)에 참여하였다. 이것은 인터넷 기반의 회사에게는 선례가 없었던 성과였다. 넷플릭스의 오리지널 콘텐츠 시리즈 14개가 선정되었고 거대한 스튜디오인 HBO, ABC, NBC와 같이 나란히 하였다. HBO가 108개 선정되었다는 것에 비교하면 14라는 숫자는 작은 숫자이지만, 넷플릭스는 분명히 텔레비전 콘텐츠의 성공적인 프로듀서로서 업계의 관심을 이끌었다.

이 시스템의 아웃사이더인 이 회사가 어떻게 엔터테인먼트 산업에서 주요 세력이 되었을까? 이것은 소비자의 시청행동이 변하고 있고 넷플릭스가 진화를 이끌었기 때문이다. 인지적 의사결정과정의 단계를 고려해보면 당신은 왜 더 많은 시청자들이 그 서비스에 가입을 하는지와 기존의 시청자들이 넷플릭스에서 그들의 텔레비전 시청에 더 많이 로그인을 하는지를 알 수 있을 것이다.

첫 번째 단계인 문제 인식은 엔터테인먼트 산업에서 대부분의 사람들에게 명확하다. 소비자들은 고품질의 오락을 원한다. 그리고 그들은 많은 것을 원한다. 닐슨의 최근 데이터에 의하면, 전통적인 온라인 시청은 증가하고 있고, 미국사람들은 평균 하루에 5시간의 비디오를 본다고 한다. 더군다나 사람들은 많은 사람들이 얘기하고 있는 것을 보기를 원한다. House of Cards, Arrested Development, Hemlock Grove라는 넷플릭스의 에이미상 후보 드라마는 시청자들 사이에서 관심을 불러일으켰으며 이것들을 시청하고자 하는 사람들의 욕망이 커졌다.

시청 욕구는 어떤 다른 중요한 방법에서 변하고 있다. 프로그램 품질과 증가에 덧붙여, 시청자들은 한 번에 많은 편수의 드라마를 볼 수 있기를 바란다. "TV 몰아보기(binge viewing)"라고 말하는 것과 같이 소비자들은 드라마의 다음 편을 위해 일주일을 기다리려고 하지 않는다. 그들은 앉아서 몇 달치 또는 몇 년치의 많은 편수의 드라마를 시청하기를 원한다. 넷플릭스는 시청 스타일에서 이러한 변화를 감지하였고 한 주의 드라마보다는 전체의 드라마를 제공하겠다는 의사결정을 하였다.

인지적 의사결정 과정의 다른 단계를 생각하고 넷플릭스가 전통적인 텔레비전과 어떻게 차별화를 하였는지를 보자. 당신이 전통적인 텔레비전을 보기를 원할 때, 당신은 대부분 텔레비전 프로그램과 방송시간 나열 표를 집어 들었을 것이다. 넷플릭스로 당신은 장르별로 프로그램을 알아보고 다른 시청자들의 평점을 이용하여 그것들을 평가할 수 있다. 또한 당신은 또한 수억 명의 소비자 평가 데이터를 바탕으로 한 넷플릭스의 정교화된 추천시스템이 당신에게 프로그램을 제안할 수 있다. 대학교 신입생인 Lydia Utter에 의하면, "나는 전통적인 텔레비전보다 넷플릭스를 선호하는 데 그 이유는 내가 무엇을 시청하면 좋을지 결정하는 데 도움을 주기 때문이다."

텔레비전 시청의 미래는 무엇이고 어떻게 전통적인 텔레비전이 적응할 것인가? 전통적인 텔레비전은 소비자들에게 다음편 드라마를 위해 일주일을 기다리는 것에 어떤 혜택을 줄 수 있을까? 넷플릭스에게 다음의 전략은 무엇인가? 넷플릭스는 어떻게 Hulu와 Amazon과 같은 다른 비디오 스트리밍 경쟁자들을 다룰 것인가?

토의문제

CS 2-1 당신은 전통적인 텔레비전과 스트리밍 비디오 사이에서 당신의 시간을 어떻게 나눌 것인가? 그것은 변했는가? 만약 그렇다면, 어떻게 변했는가?

CS 2-2 소비자들은 넷플릭스에서 쇼를 시청하기 위해 텔레비전을 선택할 때 어떻게 휴리스틱을 이용할 것인가?

출처: "The Cross Platform Report: A Look Across Screens," June 6, 2013, www.nielsen.com, http://www.nielsen.com/us/en/reports/2013/the-cross-platform-report-a-look-across-screens.html, accessed August 7, 2013; Braeme McMillan, "Netflix Scores Big in Emmy Nominations, But Wall Street Not Impressed," www.wired.com(July 24, 2013), http://www.wired.com/underwire/2013/07/netflix-emmy-nominations/, accessed August 7, 2013; Xavier Amatriain and Justin Basilico, "Netflix Recommendations: Beyond the 5 Stars," http://techblog.netflix.com/2012/06/netflix-recommendations-beyond-5-stars.html, accessed August 7, 2013.

참조

1. James R. Bettman, "The Decision Maker Who Came in from the Cold" (presidential address), in Leigh McAllister and Michael Rothschild, eds., *Advances in Consumer Research* 20 (Provo, UT: Association for Consumer Research, 1993): 7–11; John W. Payne, James R. Bettman, and Eric J. Johnson, "Behavioral Decision Research: A Constructive Processing Perspective," *Annual Review of Psychology* 4 (1992): 87–131.
2. Parthasarathy Krishnamurthy and Sonja Prokopec, "Resisting That Triple-Chocolate Cake: Mental Budgets and Self-Control," *Journal of Consumer Research* 37 (June 2010): 68–79.
3. Ying Zhang, Szu-chi Huang, and Susan M. Broniarczyk, "Counteractive Construal in Consumer Goal Pursuit," *Journal of Consumer Research* 37 (June 2010): 129–42.
4. Quoted in Sarah Lyall, "One-Third the Man He Used to Be, and Proud of It," *New York Times* (February 6, 2013), http://www.nytimes.com/2013/02/06/world/europe/paul-mason-is-one-third-the-man-he-used-to-be.html?_r=0, accessed February 6, 2013.
5. Claudia Townsend and Wendy Liu, "Is Planning Good for You? The Differential Impact of Planning on Self-Regulation," Journal of Consumer Research 38 (December 2012): 688–703.
6. Judith Lynne Zaichkowsky, "Measuring the Involvement Construct in Marketing," *Journal of Consumer Research* 12 (December 1985): 341–52.
7. Andrew Mitchell, "Involvement: A Potentially Important Mediator of Consumer Behavior," in William L. Wilkie, ed., *Advances in Consumer Research* 6 (Provo, UT: Association for Consumer Research, 1979): 191–96.
8. Richard L. Celsi and Jerry C. Olson, "The Role of Involvement in Attention and Comprehension Processes," *Journal of Consumer Research* 15 (September 1988): 210–24.
9. Barbara J. Phillips and Edward F. McQuarrie, (2010). "Narrative and Persuasion in Fashion Advertising," *Journal of Consumer Research* 37 (October 2010): 368–92; Goldsmith, Ronald E., Leisha R. Flynn, and Ronald A. Clark, "Materialistic, Brand Engaged, and Status Consuming Consumers and Clothing Behaviors," *Journal of Fashion Marketing and Management* 16, no. 1 (forthcoming): 102–20.
10. Jeremy W. Peters, "Gave Up Sleep and Maybe a First-Born, but at Least I Have an iPhone," *New York Times Online* (June 30, 2007), http://www.nytimes.com/2007/06/30/technology/30phone.html?scp=1&sq=Gave%20up%20Sleep%20and%20Maybe%20a%20First-Born,%20but%20at%20Least%20I%20Have%20an%20iPhone&st=Search, accessed August 24, 2011.
11. Robert W. Pimentel and Kristy E. Reynolds, "A Model for Consumer Devotion: Affective Commitment with Proactive Sustaining Behaviors," *Academy of Marketing Science Review,* no. 5 (2004), www.amsreview.org/articles/pimentel05-2004.pdf, accessed date.
12. Tanya Irwin, "'Breakout Brands' Connect With Customers," *Marketing Daily* (November 4, 2012), http://www.mediapost.com/publications/article/186468/breakout-brands-connect-with-customers.html?edition=53137#ixzz2HcbTBfx7, accessed January 10, 2013.
13. www.starbuckseverywhere.net, accessed February 6, 2013; Julie Jargon, "A Fan Hits a Roadblock on Drive to See Every Starbucks," *Wall Street Journal* (May 23, 2009), http://online.wsj.com/article/SB124301100481847767.html, accessed May 25, 2009.
14. Judith Lynne Zaichkowsky, "The Emotional Side of Product Involvement," in Paul Anderson and Melanie Wallendorf, eds., *Advances in Consumer Research* 14 (Provo, UT: Association for Consumer Research): 32–35.
15. For a discussion of interrelationships between situational and enduring involvement, see Marsha L. Richins, Peter H. Bloch, and Edward F. McQuarrie, "How Enduring and Situational Involvement Combine to Create Involvement Responses," *Journal of Consumer Psychology* 1, no. 2 (1992): 143–53. For more information on the involvement construct, see "Special Issue on Involvement," *Psychology & Marketing* 10, no. 4 (July–August 1993).
16. Alba and Hutchinson, "Dimensions of Consumer Expertise"; Bettman and Park, "Effects of Prior Knowledge and Experience and Phase of the Choice Process on Consumer Decision Processes"; Merrie Brucks, "The Effects of Product Class Knowledge on Information Search Behavior," *Journal of Consumer Research* 12 (June 1985): 1–16; Joel E. Urbany, Peter R. Dickson, and William L. Wilkie, "Buyer Uncertainty and Information Search," *Journal of Consumer Research* 16 (September 1989): 208–15.
17. Joseph B. Pine, II, and James H. Gilmore, *Markets of One: Creating Customer-Unique Value through Mass Customization* (Boston: Harvard Business School Press, 2000), www.managingchange.com/masscust/overview.htm, accessed May 30, 2005.
18. Neeraj Arora, Xavier Dréze, Anindya Ghose, James D. Hess, Reghuram Iyengar, Bing Jing, Yogesh Joshi, V. Kumar, Nicholas Lurie, Scott Neslin, S. Sajeesh, Meng Su, Niladri Syam, Jacquelyn Thomas, and Z. John Zhang, "Putting One-to-One Marketing to Work: Personalization, Customization, and Choice," *Marketing Letters* (2008): 305–21; Mike Beirne, "Mars Gives M&M's a Face," *Brandweek* (May 22, 2008), www.Brandweek.Com/Bw/News/Recent_Display.Jsp?Vnu_Content_Id=1003807134, accessed May 22, 2008.
19. Jacob Jacoby and Robert Chestnut, *Brand Loyalty: Measurement and Management* (New York: Wiley, 1978).
20. David F. Midgley, "Patterns of Interpersonal Information Seeking for the Purchase of a Symbolic Product," *Journal of Marketing Research* 20 (February 1983): 74–83.
21. Cyndee Miller, "Scotland to U.S.: 'This Tennent's for You,'" *Marketing News* (August 29, 1994): 26.
22. Rebecca K. Ratner, Barbara E. Kahn, and Daniel Kahneman, "Choosing Less-Preferred Experiences for the Sake of Variety," *Journal of Consumer Research* 26 (June 1999): 1–15.
23. Herbert E. Krugman, "The Impact of Television Advertising: Learning Without Involvement," *Public Opinion Quarterly* 29 (Fall 1965): 349–56.
24. Kevin J. Clancy, "CPMs Must Bow to 'Involvement' Measurement," *Advertising Age* (January 20, 1992): 26.
25. Brent McFerran, Darren W. Dahl, Gerald J. Gorn, and Heather Honea, "Motivational Determinants of Transportation into Marketing Narratives," *Journal of Consumer Psychology* 20, no. 3 (2010): 306–16.
26. Beacon Allsorts Facebook page, https://www.facebook.com/Beaconallsorts/posts/636796316338040.
27. David W. Stewart and David H. Furse, "Analysis of the Impact of Executional Factors in Advertising Performance," *Journal of Advertising Research* 24 (1984): 23–26; Deborah J. MacInnis, Christine Moorman, and Bernard J. Jaworski, "Enhancing and Measuring Consumers' Motivation, Opportunity, and Ability to Process Brand Information from Ads," *Journal of Marketing* 55 (October 1991): 332–53.
28. Elaine Sciolino, "Disproving Notions, Raising a Fury," *New York Times* (January 21, 2003), www.nytimes.com, accessed January 21, 2003.
29. Louise Story, "Times Sq. Ads Spread via Tourists' Cameras," *New York Times* (December 11, 2006), www.nytimes.com, accessed December 11, 2006.
30. "Read My Chips? Pringles Has Plans to Print Jokes, Trivia on Its Potatoes," *Wall Street Journal* (May 20, 2004): C13; David Serchuk, "A Rose with Another Name," *Forbes* (December 27, 2004): 52.
31. "Ads That Stay with You," *Newsweek* (November 19, 2007), www.newsweek.com/Id/68904, accessed November 19, 2007.
32. Stephanie Clifford, "Axe Body Products Puts Its Brand on the Hamptons Club Scene," *New York Times* (May 22, 2009): B6; Alana Semuels, "Honda Finds a Groovy New Way to Pitch Products: The Musical Road," *Los Angeles Times* (October 13, 2008), www.latimes.com/Business/La-Fi-Roads13-2008oct13,0,4147014.Story, accessed October 13, 2008; Eric Pfanner, "A Live Promotion, At 14,000 Feet," *New York Times* (June 6, 2008), www.nytimes.com, accessed June 6, 2008; Les Luchter, "Jameson Whiskey Texts Targets on N.Y. Streets," *Marketing Daily* (August 8, 2008), www.mediapost.com, accessed August 8, 2008; Doreen Carvajal, "Dancers in the Crowd Bring Back 'Thriller,'" *New York Times* (March 10, 2008), www.nytimes.com, accessed March 10, 2008; Eric Pfanner, "When Consumers Help, Ads Are Free," *New York Times* (June 21, 2009), www.nytimes.com, accessed June 22, 2009.
33. "Billboards with Face Recognition Collect Demographic Data in Japan" (July 19, 2010), http://adverlab.blogspot.com/2010/07/billboards-with-face-recognition.html, accessed May 12, 2011; Emily Steel, "The Ad Changes with the Shopper in Front of It," *Wall Street Journal* (August 21, 2008): B7.
34. John G. Lynch, Richard G. Netemeyer, Stephen A. Spiller, and Alessandra Zammit, "A Generalizable Scale of Propensity to Plan: The Long and the Short of Planning for Time and for Money," *Journal of Consumer Research* 37 (June 2010): 108–128; Bosmans, Anick, Rik Pieters, and Hans Baumgartner, "The Get Ready Mind-Set: How Gearing Up for Later Impacts Effort Allocation Now," *Journal of Consumer Research* 37 (June 2010): 98–107.
35. John C. Mowen, "Beyond Consumer Decision-Making," *Journal of Consumer Marketing* 5, no. 1 (1988): 15–25.
36. Itamar Simonson, Joel Huber, and John Payne, "The Relationship between Prior Brand Knowledge and Information Acquisition Order," *Journal of Consumer Research* 14 (March 1988): 566–78.
37. John R. Hauser, Glenn L. Urban, and Bruce D. Weinberg, "How Consumers Allocate Their Time when Searching for Information,"

Journal of Marketing Research 30 (November 1993): 452–66; George J. Stigler, "The Economics of Information," *Journal of Political Economy* 69 (June 1961): 213–25. For a set of studies focusing on online search costs, see John G. Lynch, Jr., and Dan Ariely, "Wine Online: Search Costs and Competition on Price, Quality, and Distribution," *Marketing Science* 19, no. 1 (2000): 83–103.

38. Jean Halliday, "With Fusion Campaign, Ford Targets 'Upper Funnel' Car Buyers: $60M to $80M Ad Blitz Aimed at Consumers Not Yet Ready to Buy New Vehicle," *Advertising Age* (March 2, 2009), www.advertisingage.com, accessed March 2, 2009.
39. Gordon C. Bruner, II, and Richard J. Pomazal, "Problem Recognition: The Crucial First Stage of the Consumer Decision Process," *Journal of Consumer Marketing* 5, no. 1 (1988): 53–63.
40. Peter H. Bloch, Daniel L. Sherrell, and Nancy M. Ridgway, "Consumer Search: An Extended Framework," *Journal of Consumer Research* 13 (June 1986): 119–26.
41. David Leonhardt, "The Neighbors as Marketing Powerhouses," *New York Times* (June 13, 2005), www.nytimes.com, accessed June 13, 2005.
42. Thaler, "Mental Accounting and Consumer Choice," p. 206.
43. Girish N. Punj and Richard Staelin, "A Model of Consumer Search Behavior for New Automobiles," *Journal of Consumer Research* 9 (March 1983): 366–80. For recent work on online search that decomposes search strategies in terms of type of good, cf. Peng Huang, Nicholas H. Lurie, and Sabyasachi Mitra, "Searching for Experience on the Web: An Empirical Examination of Consumer Behavior for Search and Experience Goods," *Journal of Marketing* 73 (March 2009): 55–69.
44. Examples provided by Dr. William Cohen, personal communication, October 1999.
45. Cobb and Hoyer, "Direct Observation of Search Behavior"; Moore and Lehmann, "Individual Differences in Search Behavior for a Nondurable"; Punj and Staelin, "A Model of Consumer Search Behavior for New Automobiles"; Brian T. Ratchford, M. S. Lee, and D. Toluca, "The Impact of the Internet on Information Search for Automobiles," *Journal of Marketing Research* 40, no. 2 (2003): 193–209.
46. James R. Bettman and C. Whan Park, "Effects of Prior Knowledge and Experience and Phase of the Choice Process on Consumer Decision Processes: A Protocol Analysis," *Journal of Consumer Research* 7 (December 1980): 234–48.
47. www.neurosciencemarketing.com/blog, accessed June 7, 2009; Hotz, "Searching for the Why of Buy"; Blakeslee, "If You Have a 'Buy Button' in Your Brain, What Pushes It?"; Thompson, "There's a Sucker Born in Every Medial Prefrontal Cortex."
48. Michael Porter, *Competitive Advantage* (New York: Free Press, 1985).
49. Jeffrey M. O'Brien, "You're Sooooooo Predictable," *Fortune* (November 27, 2006): 230.
50. Greg Sterling, "Search + Social Media Increases CTR by 94 Percent: Report," *Search Engine Land* (February 28, 2011), http://searchengineland.com/search-social-media-increases-ctr-by-94-percent-report-66231?utm_source=feedburner&utm_medium=feed&utm_campaign=-Feed%3A+searchengineland+%28Search+Engine+Land%3A+Main+Feed%29, accessed April 30, 2011.
51. Material in this section was adapted from Michael R. Solomon and Elnora W. Stuart, *Welcome to Marketing.com: The Brave New World of E-Commerce* (Upper Saddle River, NJ: Prentice Hall, 2001).
52. "Customer Product Reviews Drive Online Satisfaction and Conversion," *Marketing Daily* (January 24, 2007), www.mediapost.com, accessed January 24, 2007.
53. Chris Anderson, *The Long Tail: Why the Future of Business Is Selling Less of More* (New York: Hyperion, 2006).
54. Mary Frances Luce, James R. Bettman, and John W. Payne, "Choice Processing in Emotionally Difficult Decisions," *Journal of Experimental Psychology: Learning, Memory, & Cognition* 23 (March 1997): 384–405; example provided by Professor James Bettman, personal communication (December 17, 1997).
55. Some research suggests that structural elements of the information available, such as the number and distribution of attribute levels, will influence how items in a consideration set are processed; cf. Nicholas H. Lurie, "Decision-Making in Information-Rich Environments: The Role of Information Structure," *Journal of Consumer Research* 30 (March 2004): 473–86.
56. John R. Hauser and Birger Wernerfelt, "An Evaluation Cost Model of Consideration Sets," *Journal of Consumer Research* 16 (March 1990): 393–408.
57. Natasha Singer, "Making Ads That Whisper to the Brain," *New York Times (November 13, 2010),* http://www.nytimes.com/2010/11/14/business/14stream.html?_r=1&ref=technology, *accessed April 17, 2011; Martin Reimann, Andreas Aholt, Carolin Neuhaus, Thorsten Teichert, and Bernd Weber, "On the Use of Functional Magnetic Resonance Imaging in Consumer Research: Review, Procedures and Own Empirical Results" (unpublished manuscript, 2009); Robert Lee Hotz, "Searching for the Why of Buy," Los Angeles Times Online (February 27, 2005),* www.latimes.com/news/science/la-sci-brain27feb27,0,3899978.story?coll=-la-home-headlines; *Sandra Blakeslee, "If You Have a 'Buy Button' in Your Brain, What Pushes It?" New York Times (October 19, 2004),* www.nytimes.com, *accessed October 19, 2004; Clive Thompson, "There's a Sucker Born in Every Medial Prefrontal Cortex," New York Times (October 26, 2003),* www.nytimes.com, *accessed September 29, 2007.*
58. Cait Poyner and Stacy Wood, "Smart Subcategories: How Assortment Formats Influence Consumer Learning and Satisfaction." *Journal of Consumer Research* 37 (June 2010): 159–175; Kenneth C. Manning and David E. Sprott, "Price Endings, Left-Digit Effects, and Choice," *Journal of Consumer Research* 36, no. 2 (2009): 328–35; Sandra J. Milberg, Francisca Sinn, and Ronald C. Goodstein, "Consumer Reactions to Brand Extensions in a Competitive Context: Does Fit Still Matter?" *Journal of Consumer Research* 37, no. 3 (2010): 543–53; David Sleeth-Keppler and S. Christian Wheeler, "A Multidimensional Association Approach to Sequential Consumer Judgments," *Journal of Consumer Psychology* 21, no. 1 (2011): 14–23; Aner Sela, Jonah Berger, and Wendy Liu, "Variety, Vice, and Virtue: How Assortment Size Influences Option Choice," *Journal of Consumer Research* 35, no. 6 (2009): 941–51.
59. Stuart Elliott, "A Brand Tries to Invite Thought," *New York Times* (September 7, 2007), www.nytimes.com, accessed September 7, 2007.
60. Cyndee Miller, "Hemp Is Latest Buzzword," *Marketing News* (March 17, 1997): 1.
61. Alba and Hutchison, "Dimensions of Consumer Expertise"; Joel B. Cohen and Kunal Basu, "Alternative Models of Categorization: Toward a Contingent Processing Framework," *Journal of Consumer Research* 13 (March 1987): 455–72.
62. Robert M. McMath, "The Perils of Typecasting," *American Demographics* (February 1997): 60.
63. Eleanor Rosch, "Principles of Categorization," in E. Rosch and B. B. Lloyd, eds., *Recognition and Categorization* (Hillsdale, NJ: Erlbaum, 1978); cf. also Joseph Lajos, Zsolt Katona, Amitava Chattopadhyay, and Miklos Savary, "Category Activation Model: A Spreading Activation Network Model of Subcategory Positioning when Categorization Uncertainty Is High," *Journal of Consumer Research* 36, no. 1 (June 2009): 122–36.
64. Michael R. Solomon, "Mapping Product Constellations: A Social Categorization Approach to Symbolic Consumption," *Psychology & Marketing* 5, no. 3 (1988): 233–58.
65. McMath, "The Perils of Typecasting."
66. Elizabeth C. Hirschman and Michael R. Solomon, "Competition and Cooperation among Culture Production Systems," in Ronald F. Bush and Shelby D. Hunt, eds., *Marketing Theory: Philosophy of Science Perspectives* (Chicago: American Marketing Association, 1982): 269–72.
67. Michael D. Johnson, "The Differential Processing of Product Category and Noncomparable Choice Alternatives," *Journal of Consumer Research* 16 (December 1989): 300–39.
68. Mita Sujan, "Consumer Knowledge: Effects on Evaluation Strategies Mediating Consumer Judgments," *Journal of Consumer Research* 12 (June 1985): 31–46.
69. Rosch, "Principles of Categorization."
70. Joan Meyers-Levy and Alice M. Tybout, "Schema Congruity as a Basis for Product Evaluation," *Journal of Consumer Research* 16 (June 1989): 39–55.
71. Ronald Alsop, "How Boss's Deeds Buff a Firm's Reputation," *Wall Street Journal* (January 31, 2007): B1.
72. Jack Trout, "Marketing in Tough Times," *Boardroom Reports* 2 (October 1992): 8.
73. Stuart Elliott, "Pepsi-Cola to Stamp Dates for Freshness on Soda Cans," *New York Times* (March 31, 1994): D1; Emily DeNitto, "Pepsi's Gamble Hits Freshness Dating Jackpot," *Advertising Age* (September 19, 1994): 50.
74. C. Whan Park, "The Effect of Individual and Situation-Related Factors on Consumer Selection of Judgmental Models," *Journal of Marketing Research* 13 (May 1976): 144–51.
75. Mita Sujan and James R. Bettman, "The Effects of Brand Positioning Strategies on Consumers' Brand and Category Perceptions: Some Insights from Schema Research," *Journal of Marketing Research* 26 (November 1989): 454–67.
76. See William P. Putsis, Jr., and Narasimhan Srinivasan, "Buying or Just Browsing? The Duration of Purchase Deliberation," *Journal of Marketing Research* 31 (August 1994): 393–402.
77. Robert E. Smith, "Integrating Information from Advertising and Trial: Processes and Effects on Consumer Response to Product Information," *Journal of Marketing Research* 30 (May 1993): 204–19.
78. Rama Jayanti and Anita Jackson, "Service Satisfaction: Investigation of Three Models," in Rebecca H. Holman and Michael R. Solomon, eds.,

Advances in Consumer Research 18 (Provo, UT: Association for Consumer Research, 1991): 603–10; David K. Tse, Franco M. Nicosia, and Peter C. Wilton, "Consumer Satisfaction as a Process," *Psychology & Marketing* 7 (Fall 1990): 177–93. For a recent treatment of satisfaction issues from a more interpretive perspective, see Susan Fournier and David Mick, "Rediscovering Satisfaction," *Journal of Marketing* 63 (October 1999): 5–23.

79. Robert Jacobson and David A. Aaker, "The Strategic Role of Product Quality," *Journal of Marketing* 51 (October 1987): 31–44. For a review of issues regarding the measurement of service quality, see J. Joseph Cronin, Jr., and Steven A. Taylor, "Measuring Service Quality: A Reexamination and Extension," *Journal of Marketing* 56 (July 1992): 55–68.

80. Amna Kirmani and Peter Wright, "Money Talks: Perceived Advertising Expense and Expected Product Quality," *Journal of Consumer Research* 16 (December 1989): 344–53; Donald R. Lichtenstein and Scot Burton, "The Relationship Between Perceived and Objective Price-Quality," *Journal of Marketing Research* 26 (November 1989): 429–43; Akshay R. Rao and Kent B. Monroe, "The Effect of Price, Brand Name, and Store Name on Buyers' Perceptions of Product Quality: An Integrative Review," *Journal of Marketing Research* 26 (August 1989): 351–57; Shelby Hunt, "Post-Transactional Communication and Dissonance Reduction," *Journal of Marketing* 34 (January 1970): 46–51; Daniel E. Innis and H. Rao Unnava, "The Usefulness of Product Warranties for Reputable and New Brands," in Rebecca H. Holman and Michael R. Solomon, eds., *Advances in Consumer Research* 18 (Provo, UT: Association for Consumer Research, 1991): 317–22; Terence A. Shimp and William O. Bearden, "Warranty and Other Extrinsic Cue Effects on Consumers' Risk Perceptions," *Journal of Consumer Research* 9 (June 1982): 38–46.

81. Gilbert A. Churchill, Jr., and Carol F. Surprenant, "An Investigation into the Determinants of Customer Satisfaction," *Journal of Marketing Research* 19 (November 1983): 491–504; John E. Swan and I. Frederick Trawick, "Disconfirmation of Expectations and Satisfaction with a Retail Service," *Journal of Retailing* 57 (Fall 1981): 49–67; Peter C. Wilton and David K. Tse, "Models of Consumer Satisfaction Formation: An Extension," *Journal of Marketing Research* 25 (May 1988): 204–12. For a discussion of what may occur when customers evaluate a new service for which comparison standards do not yet exist, see Ann L. McGill and Dawn Iacobucci, "The Role of Post-Experience Comparison Standards in the Evaluation of Unfamiliar Services," in John F. Sherry, Jr., and Brian Sternthal, eds., *Advances in Consumer Research* 19 (Provo, UT: Association for Consumer Research, 1992): 570–78; William Boulding, Ajay Kalra, Richard Staelin, and Valarie A. Zeithaml, "A Dynamic Process Model of Service Quality: From Expectations to Behavioral Intentions," *Journal of Marketing Research* 30 (February 1993): 7–27.

82. Richard W. Olshavsky and Donald H. Granbois, "Consumer Decision-Making—Fact or Fiction," *Journal of Consumer Research* 6 (September 1989): 93–100.

83. Ravi Dhar, Joel Huber, and Uzma Khan, "The Shopping Momentum Effect," paper presented at the Association for Consumer Research, Atlanta, GA, October 2002.

84. Malcolm Gladwell, *Blink: The Power of Thinking without Thinking* (New York: Little Brown & Company, 2005): 48–71.

85. Geoffrey C. Kiel and Roger A. Layton, "Dimensions of Consumer Information Seeking Behavior," *Journal of Marketing Research* 28 (May 1981): 233–39; see also Narasimhan Srinivasan and Brian T. Ratchford, "An Empirical Test of a Model of External Search for Automobiles," *Journal of Consumer Research* 18 (September 1991): 233–42; Alex Mindlin, "Buyers Search Online, but Not by Brand," *New York Times* (March 13, 2006), www.nytimes.com, accessed March 13, 2006; Cathy J. Cobb and Wayne D. Hoyer, "Direct Observation of Search Behavior," *Psychology & Marketing* 2 (Fall 1985): 161–79; Sharon E. Beatty and Scott M. Smith, "External Search Effort: An Investigation across Several Product Categories," *Journal of Consumer Research* 14 (June 1987): 83–95; William L. Moore and Donald R. Lehmann, "Individual Differences in Search Behavior for a Nondurable," *Journal of Consumer Research* 7 (December 1980): 296–307.

86. Gladwell, 2005, op. cit.

87. J. A. Bargh and T. L. Chartrand, "The Unbearable Automaticity of Being," *American Psychologist* 54, no. 7 (1999): 462–79; J. A. Bargh and M. J. Ferguson, "Beyond Behaviourism: On the Automaticity of Higher Mental Processes," *Psychological Bulletin* 126, no. 6 (2000): 925–45.

88. Tanya L. Chartrand, Joel Huber, Baba Shiv, and Robin J Tanner, "Nonconscious Goals and Consumer Choice," *Journal of Consumer Research* 35, no. 2 (August 2008): 189–201.

89. Aparna A. Labroo and Jesper H. Nielsen, "Half the Thrill Is in the Chase: Twisted Inferences from Embodied Cognitions and Brand Evaluations," *Journal of Consumer Research* 37 (June 2010): 143–58.

90. Leslie Z. McArthur, Michael R. Solomon, and Rebecca H. Jaffe, "Weight Differences in Emotional Responsiveness to Proprioceptive and Pictorial Stimuli," *Journal of Personality and Social Psychology* 39, no. 2 (1980): 308–19.

91. Richard H. Thaler and Cass R. Sunstein, *Nudge: Improving Decisions About Health, Wealth, and Happiness* (New York: Penguin Books, 2009); Rob Girling, *Design's Next Frontier: Nudging Consumers Into Making Better Life Choices, Co. Design* (February 29, 2012), http://www.fastcodesign.com/1669055/designs-next-frontier-nudging-consumers-into-making-better-life-choices?partner=homepage_newsletter, accessed February 16, 2013.

92. Steven J. Levitt and Stephen G. Dubner, *Freakonomics: A Rogue Economist Explores the Hidden Side of Everything* (New York, NY: Harper Perennial, 2009); Dan Ariely, *Predictably Irrational: The Hidden Forces That Shape Our Decisions* (New York, NY: HarperCollins, 2008).

93. Beth Snyder Bulik, "Behavioral Economics Helping Marketers Better Understand Consumers Practice Gives Advertisers Insight into Shoppers' Brand Selection," *Ad Age CMO Strategy* (July 26, 2010), http://adage.com/article/cmo-strategy/behavioral-economics-helping-marketers-understand-consumers/145091/, accessed April 17, 2011; cf. also Robin L. Soster, Ashwani Monga, and William O. Bearden, "Tracking Costs of Time and Money: How Accounting Periods Affect Mental Accounting," *Journal of Consumer Research* 37, no. 4 (2010): 712–21.

94. J. Jeffrey Inman, "The Role of Sensory-Specific Satiety in Consumer Variety Seeking among Flavors" (unpublished manuscript, A. C. Nielsen Center for Marketing Research, University of Wisconsin–Madison, July 1999).

95. Chip Heath and Jack Soll, "Mental Budgeting and Consumer Decisions," *Journal of Consumer Research* 23 (1996): 40–52; Richard Thaler and Eric J. Johnson, "Gambling with the House Money or Trying to Break Even: The Effects of Prior Outcomes on Risky Choice," *Management Science* 36 (June 1990): 643–60; Richard Thaler, "Mental Accounting and Consumer Choice," *Marketing Science* 4 (Summer 1985): 199–214.

96. Laurie J. Flynn, "Like This? You'll Hate That (Not All Web Recommendations Are Welcome)," *New York Times* (January 23, 2006), www.nytimes.com, accessed January 23, 2006. For fairly recent work that uses consumers' self-reported need for cognition as a moderator of heuristic usage, cf. Aimee Drolet, Mary Frances Luce, and Itamar Simonson, "When Does Choice Reveal Preference? Moderators of Heuristic vs. Goal Based Choice," *Journal of Consumer Research* (June 2009): 137–47.

97. Robert A. Baron, *Psychology: The Essential Science* (Boston: Allyn & Bacon, 1989); Valerie S. Folkes, "The Availability Heuristic and Perceived Risk," *Journal of Consumer Research* 15 (June 1989): 13–23; Kahneman and Tversky, "Prospect Theory: An Analysis of Decision under Risk."

98. Wayne D. Hoyer, "An Examination of Consumer Decision-Making for a Common Repeat Purchase Product," *Journal of Consumer Research* 11 (December 1984): 822–29; Calvin P. Duncan, "Consumer Market Beliefs: A Review of the Literature and an Agenda for Future Research," in Marvin E. Goldberg, Gerald Gorn, and Richard W. Pollay, eds., *Advances in Consumer Research* 17 (Provo, UT: Association for Consumer Research, 1990): 729–35; Frank Alpert, "Consumer Market Beliefs and Their Managerial Implications: An Empirical Examination," *Journal of Consumer Marketing* 10, no. 2 (1993): 56–70.

99. Michael R. Solomon, Sarah Drenan, and Chester A. Insko, "Popular Induction: When Is Consensus Information Informative?" *Journal of Personality* 49, no. 2 (1981): 212–24.

100. Beales et al., "Consumer Search and Public Policy," *Journal of Consumer Research* 8, no. 1 (June 1981): 11–22.

101. Items excerpted from Terence A. Shimp and Subhash Sharma, "Consumer Ethnocentrism: Construction and Validation of the CETSCALE," *Journal of Marketing Research* 24 (August 1987): 282.

102. Adam Bryant, "Message in a Beer Bottle," *Newsweek* (May 29, 2000): 43.

103. Duncan, "Consumer Market Beliefs."

104. Chr. Hjorth-Andersen, "Price as a Risk Indicator," *Journal of Consumer Policy* 10 (1987): 267–81; David M. Gardner, "Is There a Generalized Price-Quality Relationship?" *Journal of Marketing Research* 8 (May 1971): 241–43; Kent B. Monroe, "Buyers' Subjective Perceptions of Price," *Journal of Marketing Research* 10 (1973): 70–80.

105. Quoted in Alexandra Bruell, "How Zumba Built a Brand with a Cult Following in Just a Few Years," *Ad Age/CMO Strategy* (August 20, 2012), http://adage.com/article/cmo-interviews/zumba-built-a-cult-a-years/236737/, accessed January 11, 2013.

106. Fabrizio Di Muro and Kyle B. Murray, "An Arousal Regulation Explanation of Mood Effects on Consumer Choice," *Journal of Consumer Research* 39, no. 3 (October 2012): 574–84, http://www.jstor.org/stable/10.1086/664040; Cassie Mogilner, Jennifer Aaker, and Sepandar D. Kamvar, "How Happiness Affects Choice," *Journal of Consumer Research* 39, no. 2 (August 2012): 429–43, http://www.jstor.org/stable/10.1086/663774; For a study that looks at cross-cultural differences in expression of emotion,

cf. Ana Valenzuela, Barbara Mellers, and Judi Strebel, "Pleasurable Surprises: A Cross-Cultural Study of Consumer Responses to Unexpected Incentives," *Journal of Consumer Research* 36, no. 5 (2010): 792–805; cf. also Samuel K. Bonsu, Aron Darmody, and Marie-Agnes Parmentier, "Arrested Emotions in Reality Television," *Consumption Markets & Culture* 13, no. 1 (2010): 91–107. Parts of this section were adapted from Michael R. Solomon, Rebekah Russell-Bennett, and Josephine Previte, *Consumer Behaviour: Buying, Having, Being*, 3rd ed. (Frenchs Forest, NSW: Pearson Australia, 2012).

107. Sarah Mahoney, "LUSH Launches Mood-Boosting Color Line," *Marketing Daily* (June 15, 2012), http://www.mediapost.com/publications/article/176899/lush-launches-mood-boosting-color-line.html?edition=48051#ixzz2HhTpLLNg, accessed January 11, 2013.

108. Tanya Irwin, "American Red Cross Tells Emotional Stories," *Marketing Daily* (December 13, 2012), http://www.mediapost.com/publications/article/189241/american-red-cross-tells-emotional-stories.html?edition=54496#ixzz2HhNKzoOg, accessed January 11, 2013.

109. Hannah H. Chang and Michel Tuan Pham, "Affect as a Decision-Making System of the Present," *Journal of Consumer Research* 2013, vol. 40, issue 1, pages 42–63.

110. Michel Tuan Pham, Leonard Lee, and Andrew T. Stephen, "Feeling the Future: The Emotional Oracle Effect," *Journal of Consumer Research* 39, no. 3 (October 2012): 461–77.

111. Steffan Postaer quoted in Andrew Adam Newman, "Using Appeals to Emotions to Sell Paint," *New York Times* (June 7, 2010), http://www.nytimes.com/2010/06/08/business/media/08adco.html?_r=1&adxnnl=1&emc=eta1&adxnnlx=1304103633-mStFlnofYaYKKni2WfWtLA, accessed April 29, 2011.

112. Lauren Indvik, "Hug a Vending Machine, Get a Free Coke," *April 9, 2012*, http://mashable.com/2012/04/09/coca-cola-hug-machine/?WT.mc_id=en_business&utm_campaign=Business&utm_medium=email&utm_source=newsletter, *accessed January 11, 2013.*

113. Peter Lieberman and David Pizarro, "All Politics Is Olfactory," *New York Times* (October 23, 2010), http://www.nytimes.com/2010/10/24/opinion/24pizarro.html?_r=1&ref=todayspaper, accessed April 29, 2011.

114. Andrea C. Morales, Eugenia C. Wu, and Gavan J. Fitzsimons, "How Disgust Enhances the Effectiveness of Fear Appeals," *Journal of Marketing Research* 49, no. 3 (2012): 383–93; Bruce Horowitz, "Gross Ads Disgust Consumers into Action," *USA Today* (February 27, 2012), http://usatoday30.usatoday.com/money/advertising/story/2012-02-27/gross-ads-fear-vs-disgust/53275918/1, accessed January 11, 2013.

115. Ariel Schwartz, "This App Uses Cell Phone Data To Track How You're Feeling," *Fast Company*, http://www.fastcoexist.com/1680969/this-app-uses-cell-phone-data-to-track-how-youre-feeling, accessed January 11, 2013.

116. E. J. Schultz, "Turning the Frown Upside Down: Kraft's Jell-O Plans Twitter Mood Monitor," *Advertising Age* (May 8, 2011), http://adage.com/article/news/kraft-s-jell-o-plans-twitter-mood-monitor/227439/, accessed May 10, 2011.

117. Tracy Tuten and Michael R. Solomon, *Social Media Marketing* (Upper Saddle River, NJ: Pearson Education, 2012); Jennifer Van Grove, "How a Sentiment Analysis Startup Profits by Checking Emotion in E-mail," *Mashable* (January 20, 2011), http://mashable.com/2011/01/20/lymbix/?utm_source=feedburner&utm_medium=email&utm_campaign=Feed%3A+Mashable+%28Mashable%29, accessed April 29, 2011.

118. Blakeslee, "If You Have a 'Buy Button' in Your Brain, What Pushes it?"

119. Daniel Kahneman and Amos Tversky, "Prospect Theory: An Analysis of Decision under Risk," *Econometrica* 47 (March 1979): 263–91; Timothy B. Heath, Subimal Chatterjee, and Karen Russo France, "Mental Accounting and Changes in Price: The Frame Dependence of Reference Dependence," *Journal of Consumer Research* 22, no. 1 (June 1995): 90–97.

120. "Americans Are Open to Chinese Goods, Poll Finds," *New York Times* (October 22, 2007), www.nytimes.com/2007/10/22/business/22bizpoll.html?ex=1350705600&en=1615df5334b6437f&ei=5088&partner=rssnyt&emc=rss, accessed October 22, 2007.

Chapter 3 · 소비자 의사결정에 대한 문화의 영향

Chapter Objectives

이 장을 끝마칠 때, 당신은 다음의 사항들을 이해해야 한다:

1. 문화는 사회의 개성이다.
2. 뿌리 깊은 문화적 가치는 우리가 추구하거나 회피하는 제품 및 서비스의 유형을 결정한다.
3. 고급 문화와 저급 문화는 구별된다.
4. 많은 현대의 마케터들은 현실 공학 기술자들이다.
5. 신화는 문화의 가치를 표현하며, 현대에는 구성원들에게 이러한 가치를 전달하는 마케팅 메시지이다.
6. 휴일 지키기, 결혼, 선물 교환 등 소비활동의 대부분은 의식적이다.
7. 대체로 제품을 신성한 것 또는 세속적인 것으로 기술할 수 있지만, 제품들이 이 두 영역에 모두 포함되는 것을 흔히 볼 수 있다.
8. 마케터가 문화 간의 차이를 이해하지 못한다면, 어떤 문화권에서는 성공한 제품들이 다른 문화권에서는 실패할 수도 있다.
9. 타문화권의 사람들이 제품에 대해 미국인들과 동일한 의미를 부여하지는 않더라도 서구 문화(주로 미국 문화)는 전 세계에 걸쳐 많은 영향을 미쳤다.

Stephanie는 어찌할 바를 모르고 있다. 그녀가 맡고 있는 기프트샵의 새 크리스마스 프로모션에 대한 마감일이 다가오고 있어서 초조하다. 설상가상으로 지금 집안 문제도 생겼다. 그녀의 아들 Mark는 운전면허 도로주행 시험에서 떨어졌다. 그는 면허증이 없다면 "진정한 남자"가 될 수 없을 것이라고 생각했기 때문에 아주 우울해 있다. 게다가 지금 시간을 내기 어려워, 그녀는 어린 딸 Melissa와 함께 디즈니월드에 가기로 한 고대하던 휴가를 연기할 수밖에 없는 상황이다.

출처: Rob Marmion/Shutterstock.

단짝인 Anne을 일상적 "휴식"을 위해 근처 Starbucks에서 만났을 때, Stephanie의 기분은 밝아지기 시작했다. grande 카푸치노를 맛보면서 카페의 평온함이 느껴졌다. Anne은 그녀에게 우울함을 이기기 위한 최고의 해결책을 조언했다. 집으로 가서 멋지고 긴 목욕을 하고, Starbucks Espresso Swirl 아이스크림을 먹어라. 그래, 안성맞춤이다. 인생에 있어서 매우 작은 것이 크고 다른 것을 만든다는 것은 놀랍다. 그녀가 문을 나서자마자 Stephanie는 Anne이 매우 멋진 올해의 크리스마스 선물을 주었다고 생각했다. 그녀는 그것을 받을 만했다.

목표 1

문화는 사회의 개성이다.

뉴질랜드에서 여행을 하는 동안, Spice Girls는 남성들만 할 수 있는 전쟁 댄스를 시연함으로써 뉴질랜드 토착민인 Maoris족 사이에서 대소동을 만들어냈다. 부족의 대변인은 분개하며 다음과 같이 말했다. "그것은 우리 문화에서는 받아들일 수 없는 것이며, 특히나 타문화의 걸그룹에 의한 것이라면 더더욱 그렇다." 미국인들도 Posh Spice가 그녀의 남편인 David Beckham과 함께 미국에 와서 축구가 재미있다는 것을 가르쳐 주려 할 때에 비슷한 반응을 한 적이 있긴 하다.

문화적 이슈에 대한 민감성은 스타들이든 브랜드 매니저들 사이에서든 간에, 기저에 깔린 차원을 이해할 때에만 일어날 수 있다. **문화**는 한 사회의 개성이다. 그것은 가치, 윤리와 같은 추상적인 신념과 사회가 생산하는 자동차, 의류, 음식, 예술, 스포츠와 같은 물리적인 물건들 및 서비스를 모두 포함한다. 다시 말하면, 그것은 하나의 조직 혹은 사회의 구성원들 사이에서 공유된 의미, 의식, 규범, 전통의 축적이다.

문화적 맥락을 고려하지 않고 단순하게 소비를 이해할 수는 없다. 문화는 사람들이 제품을 보는 "렌즈"이다. 역설적으로, 소비자 행동에 대한 문화의 영향은 매우 강력하고 크기 때문에 때때로 그들의 중요성을 완전히 파악하기 어렵다. 물에 담긴 물고기처럼 우리는 다른 문화를 접할 때까지는 그 문화의 힘을 항상 높게 평가하는 것은 아니다. 갑자기, 우리가 입는 옷, 우리가 먹는 음식, 우리가 타인을 부르는 방식에 대해 당연시하는 많은 가정들은 더 이상 적용되지 않는 것처럼 보인다. 우리가 그러한 다른 것들과 부딪쳤을 때의 효과는 매우 크기 때문에 **문화적 충격**(culture shock)이라는 용어는 절대 과장된 표현이 아니다.

문화는 우리가 다른 활동과 제품에 부여하는 우선 순위를 결정하며, 어떤 특정 제품이 그러한 활동에 대해 적절하게 부합할 지를 결정하는 데 도움을 준다. 어떤 특정 시점에 한 문화의 구성원에게 편익을 제공하는 제품은 시장에서 성공할 확률이 높다. 예를 들면, 미국의 문화는 1970년대 중반, 이상적인 외모의 컨셉으로 딱 맞고, 다듬어진 곡을 강조하기 시작했다. 부유층 소비자들은 이동성과 건강, 자기 자신과 같은 근원적인 가치에 기인하여 슬림한 것에 대해 가치를 두었으며, 이러한 흐름은 Miller의 Lite 맥주가 성공하는 데에 큰 역할을 하게 된다. 그러나 1960년대에 출시된 Gablinger의 유사한 저칼로리 맥주는 실패했다. 이 음료는 "시대를 앞선" 것이었다. 왜냐하면 그 시기에 미국의 맥주 소비자들(거의 대부분은 남자)은 칼로리를 줄이는 것에 대해 별로 신경 쓰지 않았기 때문이다..

소비자 행동과 문화는 쌍방향적 관계를 맺는다. 소비자는 문화적 특성이 가득한 제품과 서비스를 환영하기 마련이다. 한편, 이러한 지식은 해당 시기의 우세한 문화적 신념이 무엇인지를 알게 해주며, 이는 어떤 제품이 성공하는지를 이해하는 데에 분명히 가치 있는 것이다. 예를 들어, 동시대에 우세한 가치를 성공적으로 반영한 몇몇 미국 제품을 생각해 보라:

- 가족 구조의 변화와 미국인의 가정생활 내 새로운 양식의 시작을 반영한 TV 만찬
- 오염, 쓰레기, 동물의 권리에 대한 고객의 우려를 반영하여 동물 실험 없는 자연적 재료로 만든 화장품
- 성적 책임과 개방에 대한 태도의 변화로 나타난, 여성 구매자를 위한 파스텔 포장 용기에 판매되는 콘돔

문화적 체계

문화는 고정적이지 않다. 문화는 낡은 아이디어와 새로운 아이디어가 합성되어 지속적으로 진화한다. 문화적 체계(cultural system)는 다음의 기능적 영역으로 구성된다.

- **생태학**: 하나의 체계가 서식지 상황에 맞춰지는 방법. 문화는 자원을 획득하고 배분하기 위해 사용하는 기술이 그것의 생태를 형성한다. 예를 들면, 일본은 도심에서의 비좁은 여건 때문에 공간을 효율적으로 사용하는 제품에 가치를 둔다.
- **사회적 구조**: 질서 있는 사회 생활을 유지하기 위한 방법. 이것은 문화를 지배하는 가정과 정치적 집단을 포함한다(예, 핵가족 대 대가족, 대의정치와 독재).
- **이데올로기**: 사람들의 정신적 특성과 그것이 환경 및 사회적 집단과 연계하는 방식. 이것은 공통적인 기초 질서와 공정성에 대한 신념 등의 아이디어를 비롯한 세계관에 대한 생각과 관련이 있다. 또한 윤리성 혹은 도덕적 및 심미적 원칙을 공유한다. 인도인의 신흥 중산 계급에 맞춰진 Water Kingdom이라 불리는 봄베이에 있는 테마파크는 문화의 세계관이 어떻게 다를 수 있는지를 보여준다. 이곳은 공공장소에서 남녀가 함께 수영하는 것에 익숙하지 않은 소비자들이 많은 지역이다. 그래서 그 테마파크는 이전에 수영복을 입어본 적 없는 여성들에게 수영복을 대여해 준다. 끈으로 된 노출이 많은 수영복이 아니라 손목부터 발목까지 가리는 수영복이다.

문화적 가치

사우디아라비아의 종교 담당 부처에서 미키 마우스의 만화 캐릭터가 "사탄의 병사"이므로 어린아이들은 미키마우스를 봐서는 안 된다는 법령을 선포했다. 이것은 우리에겐 매우 놀랄 만한 일이지만, 우리는 지독하게 보수적인 이슬람 문화권에 살고 있지는 않다. **가치**(value)는 어떤 조건이 다른 조건보다 바람직하다고 여기는 신념이다. 예를 들면, 대부분의 사람들이 자유를 예속보다 선호하듯이, 자유에 우선순위를 두고 있다고 볼 수 있다. 다른 사람들은 젊게 보이는 것이 나이 들어 보이는 것보다 바람직하다고 믿

이 야채 식품 광고는 2차 세계대전 때의 선전물에서 이미지를 차용하여 브로콜리를 먹는 것이 영웅적인 행동이라는 것을 암시하고 있다.
출처: Courtesy of Fantastic Foods.

Marketing Opportunity

모든 사람들은 깨끗함을 원하지만 어떤 사회는 다른 지역들보다 더 엄격하며 절차를 무시하고 있는 제품이나 서비스를 받아들이지 않는다. P&G의 조사에 따르면, 이탈리아 여자들은 일주일에 음식 준비 이외에 평균 21시간을 가사 업무에 보내는 데 비해, 미국 여성들은 단지 4시간을 사용한다. 이탈리아 여성들은 일주일에 적어도 네 번 부엌과 화장실을 청소하는 반면, 미국 여성들은 한 번만 한다. 이탈리아 여성들은 일반적으로 양말과 시트 등 모든 세탁물을 다림질하고, 어떤 다른 나라의 여성들보다 청소용품을 더 많이 구매한다.

그렇다면 이탈리아 여성들은 세제 제품에 이상적인 소비자인가? 다목적 Cif 스프레이 청소용품을 처음 발매했을 때 Unilever는 이렇게 생각했지만 결국은 실패했다. 마찬가지로, P&G의 베스트셀러 제품인 Swiffer 물걸레도 크게 실패했다. 두 회사 모두 시간을 절약해 주는 것이 아닌 강력한 세척력을 원하는 시장의 바램을 과소평가했다. 이탈리아 여성의 30%만이 식기 세척기를 사용하는데, 그 이유는 자신들이 직접 손으로 닦는 것만큼 세척기가 깨끗하게 그릇을 설거지할 수 있다는 제조회사들의 말을 신뢰하지 않기 때문이다. 이런 가치에 대한 설명은 다음과 같다. 2차 세계대전 이후 이탈리아는 1960년대까지 못 사는 나라였고, 따라서 잘사는 나라에서 보편화된 노동을 절약해 주는 세탁기와 같은 제품은 늦게 사용되기 시작했다. 이탈리아 여성들은 다른 유럽 국가의 여성들에 비해 일을 늦게 시작했으며 일하는 여성의 인구도 많지 않았다. 젊은 이탈리아 여성들은 점차 가정 밖에서 일하기 시작했으나 여전히 자신의 어머니가 집안 일을 한 것과 거의 비슷하게 많은 시간을 집안일에 할애하고 있다.

Unilever사가 왜 이탈리아인들이 다목적 청소용품 Cif를 사용하지 않는지를 알아내기 위해 조사를 한 결과, 이탈리아 여성들은 스프레이 하나가 부엌의 강한 기름때를 없앨 것이라고 확신하지 않거나 한 제품이 여러 다른 부분을 제대로 세정할 수 없을 것이라고 여긴다는 것을 발견했다(실제로 72%의 이탈리아 사람들은 8가지 이상의 다양한 세정 제품을 가지고 있다). 이 회사는 제품을 새로 만들고 다목적이 아닌 여러 가지 종류의 제품을 재도입했다. 또한 이탈리아 사람들은 청소를 자주 하기 때

기 때문에, 자신들을 젊게 보이도록 만들어줄 제품이나 서비스를 적극적으로 추구한다. 개인이 갖고 있는 일련의 가치들은 소비 활동에 있어서 매우 중요한 역할을 한다. 소비자들은 많은 제품이나 서비스가 가치와 관련된 목표를 달성하도록 도와줄 것이라고 믿기 때문에 그것들을 구매한다.

두 사람이 같은 행동을 하고 있다고 믿을 수 있지만(예, 채식주의), 그들의 기본적인 신념 체계는 사뭇 다를 수 있다(예, 동물보호 대 건강에 대한 관심). 사람들이 신념 체계를 공유하는 정도는 개인적, 사회적, 문화적 힘의 함수이다. 어떤 신념 체계를 옹호하는 것은 종종 비슷한 신념을 지닌 사람들과 교제하도록 만듦으로써, 사회적 네트워크들은 부분적으로 공유되며, 그 결과 신념을 가진 사람들은 자신들의 신념을 지지하는 정보에 더 잘 노출되는 경향이 있다(예, "환경보호운동가들"은 벌목꾼들과 사이가 좋지 않다).

목표 2

뿌리 깊은 문화적 가치는 우리가 추구하거나 회피하는 제품 및 서비스의 유형을 결정한다.

핵심 가치

배우 Kim Kardashian은 그녀의 사진이 Cosmopolitan Turkey의 커버페이지에 나왔을 때 전혀 기뻐하지 않았다. 더구나 이 잡지가 발행된 날은 미국연합군에 의해 Ottoman제국이 최후를 맞이한 날이었다. 64개 국가에서 Cosmopolitan 잡지가 발간되고 있으며, 전 세계 모든 독자들이 하나의 내용을 동일한 방식으로 경험할 것이라고 확신하긴 어렵다. 정치적인 차이 이외에도 마케터들은 문화적 가치에 대해 더욱 민감해져야 한다. 일부 국가에서는 겸손에 관한 지역 규범 때문에 여성 독자들은 남편들 몰래 잡지를 봐야 한다! 여러 다른 문화는 여성, 여성스러움, 혹은 매력적인 것이 의미하는 바와 이러한 잡지에 인쇄되는 이슈들에 대한 내용에 대해 바람직하다고 느끼는 것을 정의하는 다양한 신념 체계를 만들어낸다. 중국어판에서는 섹스라는 말을 사용하는 것 자체가 허용되지 않으며, 젊은이의 헌신에 대한 찬양 일색의 글로 분열을 조장하는 글을 대체하게 한다. 역설적으로, 스웨덴판에도 천박한 내용이 많지 않은데 그 이유는 반대이다. 섹스라는 주제에 대해 문화가 너무 개방되어 있어서 이러한 기사가 미국에서처럼 독자들의 관심을 얻지 못하기 때문이다.

물론 대부분의 경우에, 가치는 보편적이다. 누가 건강이나 지혜, 또는 세계 평화를 바라지 않겠는가? 서로 다른 문화를 만드는 것은 이들 보편적 가치의 상대적 중요성, 또는 서열(ranking)이다. 이러한 서열 모음은 한 문화의 **가치 체계**(value system)를 구성한다. 예컨대, 한 연구에서 북미 소비자들의 경우, 자기 신뢰와 자기 향상 및 개인의 목표 성취 등에 초점을 둔 광고 메시지에 대한 태도가 가족 보전, 집단적 목표, 타인과의 조화 등을 강조하는 메시지에 대한 태도보다 훨씬 더 호의적임이 밝혀졌다. 한국인 소비자들은 이와 반대되는 양상을 보였다.

어떤 가치 체계에 대한 구성원들의 승인에 의해 모든 문화를 특징화할 수 있다. 이러한 가치는 모든 개개인에 의해 똑같이 승인되지 않을 수도 있으며, 어떤 경우에서는 가치가 서로 모순되는 것처럼 보일 수도 있다(예, 미국인들은 동조와 개인성 모두를 가치 있는 것으로 보며, 그리고 그 둘 사이에 어떤 조화를 찾으려 한다). 그럼에도 불구하고 한 문화를 독특하게 정의하는 일반적인 **핵심 가치**를 확인하는 것은 가능하다. 자유, 젊음, 성취, 물질주의 및 활동 등과 같은 핵심 가치들은 미국 문화의 특징이라 할 수 있다.

반대로, 대부분의 일본인들은 독립성의 일부를 보안 및 안전과 기꺼이 바꾸고자 한

다. 이것이 자녀들과 관련된 경우에는 특히 더 그러하다. 공동체가 학교 길을 따라 경비를 세우는 것과 부모들이 자녀들의 가방 안에 위치파악시스템(GPS) 장비와 안전 버저를 넣어주는 것은 일반적이다. 일본의 수많은 실내 공원은 부모들의 마음을 편안하게 해주도록 고안된 아주 안전한 환경이다. 이러한 예 중 전형적인 것이 Fantasy Kids Resort인데, 이 안에는 정형화된 모니터들, 안전 카메라, 항박테리아 모래가 있다. 방문객들은 살균이 되는 비누 성분의 스프레이를 유모차의 바퀴에 뿌리고, 경비들은 방문객이 입장하기 전에 신분 확인을 요구한다.

문화가 가치를 두는 것이 무엇인지 어떻게 판단할 수 있을까? 자기 자신의 문화에 의해 승인되는 신념과 행동을 학습하는 과정을 **문화화**(enculturation)라고 한다. 이에 반해, 다른 문화의 가치 체계와 행동을 학습하는 과정(흔히 외국의 소비자 시장을 이해하고 싶어하는 사람들에게는 더욱 중요함)을 **문화변용**(acculturation)이라고 한다. 우리는 부모, 친구, 교사 등의 사회화 대행인들에 의해 이들 신념을 익히게 된다. 실례로 한 연구에서 연구자들은 사냥의 영역을 탐색했다. 사냥을 배우는 것처럼 가족과 친구들에게 젊은이가 지도를 받는 과정을 묘사했다. 초보 사냥군에서부터 전문적인 사냥군이 되기까지의 과정을 거쳐가는 것처럼 이러한 사회화 대행인들은 이야기와 전통을 이용하여 지도를 하게 된다.

매체 또한 이러한 사회화 대행인 역할을 담당하게 되는데, 우리는 광고가 전달하는 가치를 관찰함으로써 한 문화의 우선 순위에 관해 많은 것을 학습한다. 예컨대, 미국과 중국에서의 판매 전략은 아주 다르다. 미국의 방송 광고들은 제품들에 관한 사실과 공신력있는 권위자들의 제안을 더 많이 제시하는 데 반해, 중국의 광고주들은 주장을 입증하기 위해 너무 많은 것을 하려고 애쓰지 않고 감성적 소구(emotional appeal)에 더 많은 초점을 두려는 경향이 있다. 미국 광고들은 젊음을 지향하는 반면, 중국 광고들은 연장자들의 지혜를 훨씬 더 강조한다.

앞서 살펴본 것처럼, *가치*는 선하고 악한 목표에 대한 매우 일반적인 생각이다. 이것들은 옳은 것과 잘못된 것, 수용 가능한 것과 혹은 수용할 수 없는 것을 좌우하는 관습 혹은 규칙 등을 구분해낸다. 초록색 교통 신호는 "가라," 빨간색 신호는 "멈춰라"를 의미하는 등의 규칙과 같은 공인된 규범(enacted norm)은 명확하게 결정된다. 그러나 대체로 많은 규범들이 애매모호한 경우가 많다. 우리는 타인과 상호작용함에 따라 **자연성장적 규범**(crescive norm)을 발견한다. 이러한 자연성장적 규범의 형태는 다음과 같다.

- **관습**(custom)은 가정에서의 역할 분담 혹은 특별한 의식을 어떻게 행해야 하는 지와 같은 기본적인 행동을 통제하는 규범이다.
- **풍습**(more, '모레이'라고 읽는다)은 강한 도덕성의 함축을 가진 관습이다. 이것은 종종 근친상간 혹은 사람을 잡아먹는 풍습과 같은 금기사항 혹은 금지된 행동을 포함한다. 위반은 종종 강한 제재를 가져온다. 사우디아라비아와 같은 이슬람권 사람들은 매장의 마네킹에 속옷을 진열하거나 광고에서 여성의 몸을 묘사하는 것을 신성모독이라고 여긴다. 그래서 판매자들은 조금 편법을 사용하게 된다. 한 속옷 매장은 제품을 진열하기 위해 곡선을 아주 가늘게 암시하는 머리와 다리가 없는 마네킹을 특별히 디자인했다.
- **관례**(conventions)는 우리가 일상생활에서 어떻게 행동해야 하는지를 규제하는 규범이다. 이 규칙은 종종 개인의 집을 꾸미고, 옷을 입거나 저녁 파티를 주최하는 "올

문에 용량을 50% 늘리고 광고 캠페인도 편의성을 강조하기보다는 세척력을 강조하는 것으로 바꾸었다. P&G도 Swiffer를 재도입했는데, 이번에는 밀랍과 Swiffer 먼지털이를 추가했고 이것은 베스트셀러가 되었다. 최초 8개월 동안 예상 수요의 두 배가 넘는 5백만 개가 팔렸다.

바른" 방법 등을 비롯한 소비자 행동의 중요한 세부사항으로 다루어진다. 중국 정부는 베이징 올림픽을 준비할 때 시민의 관례를 변화시키려고 했다. 지역적 습관과 외국인 방문객이 기대하는 것이 서로 상충되었다. 우선, 인도에 침을 뱉는 것, 코 풀기, 가래 뱉는 소리가 너무 흔해서 한 외국인은 그 소리를 "중국 국가(anthem)"라고 조롱하기도 했다. 중국 정부가 대규모 청소를 지시한 것은 물론이고(스모그 수준을 줄이기 위해 도시 교통을 제한했다), 올림픽 팬 다수가 도시에 몰려들기 전에 사람들이 침을 뱉지 않는 것에 익숙하게 하기 위해 공공장소에서 침을 뱉는 것에 대해 엄청난 벌금을 부과시켰다.

자연성장적 규범의 세 가지 모든 형태는 가끔은 문화적으로 적절한 어떤 행동을 통합적으로 정의하기 위해 작용된다. 예를 들면, 풍습(more)은 먹어도 괜찮은 음식의 종류를 알려준다. 이 규범은 문화에 따라 다르게 나타난다. 그래서 개고기는 미국에서 금기이며, 힌두교에서는 고기를 피하고, 이슬람은 돼지고기 제품을 피한다. 관습(custom)은 우리가 식사를 할 수 있는 적절한 시간이 언제인지를 결정한다. 관례(conventions)는 우리가 사용하는 도구, 테이블 에티켓, 만찬자리에서 입기 위한 적절한 의상과 같이 아주 세부적인 것을 포함한 식사하는 방법을 결정하게 된다. 우리는 종종 이런 관례를 당연시 여긴다. 우리는 그들이 하는 것이 "올바른" 것이라고 가정한다. 이 규범에 관해 우리가 알고 있는 많은 것은 우리가 TV 광고, 시트콤, 인쇄 광고, 다른 여러 매체에서 배우들의 행동을 관찰함으로써 간접적으로 배운 것들이다. 마케팅 시스템이 왜 문화의 중요한 요소인지를 기억해야 할 것이다.

가치가 소비자 행동에 어떻게 연결되는가?

그 중요성에도 불구하고, 가치는 기대한 만큼 소비자 행동을 이해하는 데 많은 도움을 주지는 못했다. 그 이유 중 하나는 자유, 안전, 내적 조화 등과 같이 폭넓은 개념들은 어떤 제품 범주 내에 있는 상표들을 구별짓기보다는 일반적인 구매 행태에 더 큰 영향을 줄 가능성이 있기 때문이다. 이러한 이유 때문에 일부 연구자들은 안전이나 행복과 같은 광범위한 문화적 가치(cultural value), 편리한 쇼핑이나 신속한 서비스 같은 소비 특유의 가치(consumption-specific value), 그리고 사용의 용이성이나 내구성과 같은 제품 특유의 가치(product-specific value)를 구별하는 것이며, 이것들은 각기 다른 문화권의 사람들이 소유에 대해 부여하는 중요성에 영향을 미치게 된다.

제품 특유의 가치에 관한 최근 연구는 서핑, 스노우보딩, 스케이트보딩과 같은 익스트림 스포츠를 즐겨하는 호주인들을 깊이 관찰했다. 연구자들은 브랜드 선택을 결정하는 네 가지의 주요 가치를 자유, 소속, 탁월, 연결 등으로 규명했다. 예를 들어, 이들이 연구한 한 여성 서퍼는 소속감이라는 가치를 지니고 있었다. 이 여성은 주요 브랜드가 대중화됨에 따라 지역적인 뿌리를 잃어버릴 때조차도 유명한 브랜드의 서핑복들을 입음으로써 이러한 가치를 표현하고 있었다. 반대로, 다른 서퍼는 연결이라는 가치를 중요시하고 있었는데, 이 사람은 지역 브랜드만을 선택하고 지역 서핑 이벤트를 지지하는 방식을 통해 이러한 가치를 표현하고 있었다.

세련됨과 같은 브랜드 이미지는 모든 문화에 걸쳐 공통적으로 나타나지만, 다른 것들은 특정 문화권에서 더 적절하게 적용될 수 있다. 일본인들은 평화를 가치있게 여기는 반면, 스페인 사람들은 열정을, 미국 사람들은 강인함을 가치있게 생각한다. 가치가 상당 부분의 소비자 행동을 야기하기 때문에(최소한 아주 일반적인 의미에서), 사실상 모든 소비자 연구들이 가치의 확인 및 측정과 궁극적으로 관련된다고 할 수 있다. 여기서 문화적 가치들을 측정하고 이 지식들을 마케팅 전략에 적용하려는 연구자들의 몇 가지 특별한 시도들에 대해 살펴보자.

Rokeach 가치 서베이

심리학자인 Milton Rokeach는 여러 다양한 문화들에 적용되는 일련의 **궁극적 가치들**(terminal values), 또는 바람직한 목적 상태를 규명하였다. 이들 가치를 측정하기 위해 사용되는 척도인 Rokeach 가치 서베이는 궁극적 가치를 달성하기 위해 필요한 행위들로 구성되는 일련의 **도구적 가치들**(instrumental values)을 포함하고 있다. 이들 두 가지 가치 세트는 표 3.1과 같다.

이러한 일반적 가치에서의 차이가 제품 특유의 선호와 매체 이용에서의 차이를 만

표 3.1 궁극적 가치와 도구적 가치

도구적 가치	궁극적 가치
야심찬	안락한 삶
대범한	흥미진지한 삶
유능한	성취감
쾌활한	세계 평화
청결한	미의 세계
용감한	평등
관용적인	가족의 안전
도움이 되는	자유
정직한	행복
상상력이 풍부한	내적 조화
독립적인	성숙한 사랑
지적인	국가 안전
논리적인	즐거움
사랑하는	구원
순종적인	자기 존중
예의바른	사회적 인정
책임감 있는	참된 우정
자제력 있는	지혜

출처: Richard W. Pollay, "Measuring the Cultural Values Manifest in Advertising," *Current Issues and Research in Advertising*(1983): 71-92. CtC Press.

들어낸다는 것을 보여주는 몇 가지 증거가 있다. 그럼에도 불구하고 마케팅 연구자들은 Rokeach 가치 서베이를 폭넓게 활용해 오지는 않았다. 그 이유 중 하나는 우리 사회가 더 큰 사회 속에서 각각 그 자신들의 핵심 가치 체계를 갖고 있는 더 작은 세트의 소비 미시문화(consumption microcultures)로 진화해 가고 있기 때문이다(10장 참조). 예컨대, 미국에서는 꽤 많은 사람들이 자연적인 건강 습관과 대체의학을 강하게 믿고 있다. 질병에 대한 주류 의학의 접근 대신에 건강(wellness)에 대한 이러한 초점은 정치적 및 사회적 쟁점들에 관한 의견뿐만 아니라 음식 선택에서부터 대체 전문의의 활용에 이르기까지 그들의 많은 행동들에 영향을 미치고 있다.

가치 목록(LOV: List of Values)

좀 더 직접적으로 마케팅에 적용될 수 있는 가치들을 분리해내기 위해 **LOV**(List of Value) **척도**가 개발되었다. 이 도구는 구성원들이 승인하는 가치들에 기초하여 9개의 소비자 세분 시장을 규명했으며, 각각의 가치를 소비 행동에서의 차이와 관련지어 설명하고 있다. 이러한 소비자 세분 시장들은 소비자들이 우선 순위에 두고 있는 가치들에 따라 분류되는데, 소비자들의 소속감, 흥분, 타인들과의 좋은 관계 및 안전과 같은 가치 등이 포함된다. 예를 들어, 소속감에 대한 가치를 추구하는 사람들은 그렇지 않은 사람들에 비해 나이가 많고, Reader's Digest와 TV Guide를 즐겨 읽고, 술을 많이 마시고 손님 접대를 많이 하며, 집단 활동을 선호하는 편이다. 이와는 대조적으로, 흥분(excitement)에 대해 높은 가치를 부여하는 사람은 좀 더 젊으며 Rolling Stone 잡지를 즐겨 본다.

수단-목적 사슬 모델

수단-독적 사슬 모델(means-end chain model)은 사람들이 매우 구체적인 제품 속성들을 궁극적 가치에 연결 짓는다고 가정한다. 우리는 우리가 가치를 부여하는 궁극적인 상태에 도달하기 위해 여러 수단들 중에서 하나를 선택하게 된다. 따라서 제품들은 우리가 추구하는 상태를 이루는 수단으로서의 가치를 지닌다. **래더링**(laddering)이라는 기법을 통해, 특정의 속성들과 일반적인 결과들 사이에 소비자들이 어떤 연관을 부여하는지를 알 수 있다. 또한 래더링 기법을 통해 소비자들은 바람직한 목적 상태와 기능적인 제품의 속성들을 연결시키는 추상적 개념의 "사다리"를 오를 수 있다. 소비자들의 피드백에 근거하여, 연구자들은 특정 제품 속성들이 어떻게 궁극적인 상태와 연계될 수 있는지를 보여 주는 위계적 가치도(hierarchical value map)를 만들어낸다.

래더링 기법은 문화권에 따라 제품과 가치의 연결이 어떻게 다른지를 보여준다.

신디케이티드 서베이

많은 회사들은 대규모 조사를 통해 가치의 변화를 추적한다. 연구 결과들은 마케터들에게 판매되는데, 이들은 정기적으로 변화와 경향들에 대한 최신 정보를 제공받고 요금을 지불한다. 이러한 접근은 Playtex가 거들(girdle)의 판매 하락을 우려했던 1960년대 중반에 시작되었다. Playtex는 Yankelovich, Skelly & White라는 조사 회사에 판매 하락의 원인 분석을 의뢰했다. 조사 결과에 의하면 판매의 하락은 외모와 자연스러움에 대한 가치가 변화했기 때문인 것으로 나타났다. Playtex는 좀 더 가볍고 편안한 속옷을 디자인했고, Yankelovich는 관련 산업에서 이러한 변화 유형의 영향을 추적했다. 점차적으로 Yankelovich는 미국인의 태도를 추적하고자 하는 대형 연구의 아이디어를 발전시키게 되었다. 1970년에 Yankelovich MonitorTM를 시작했는데, 이 조사는 4,000명의 응답자를 대상으로 실시한 두 시간의 인터뷰에 근거하고 있었다.

오늘날 많은 신디케이티드 서베이들 또한 가치의 변화를 추적하고 있다. 그 가운데 일부는 중요한 문화적 트렌드를 계속해서 파악하며, 광고주들을 위한 메시지들을 구체화하기 위해서 광고 대행사들에 의해 실시되고 있다. 이러한 서비스에는 VALS2™(11장에서 논의), GlobalScan(광고대행사인 Backer Spielvogel Bates에 의해 운영됨), New Wave(Ogilvy & Mather 광고대행사), DDB World Communications Group에 의해 수행되는 Lifestyles Study 같은 것들이 있다.

목표 3

고급 문화와 저급 문화는 구별된다.

마케팅과 문화의 음양

빈민가 10대들은 그 연령대에서 전체 인구의 단지 8%에 해당하고, 교외 지역의 백인들보다 상당히 낮은 수입을 갖지만, 젊은 사람들의 음악 및 패션 취향에 대한 그들의 영향은 매우 강력하다. 주요 소매 체인들이 유행을 이해하고 젊은 중산층 쇼핑객들을 유인하려 할 만큼 "도시의" 패션은 주요 지역에서 핵심적이다. Macy's와 JCPenney는 Sean John과 FUBU("for us by us")를 판매하고 있다. Versace, Tommy Hilfiger, Enyce, Ecko, Nautica, Affliction과 같은 상표들은 고등학생들에게 높은 인기를 끌고 있다. hiphopcapital.com 같은 웹사이트는 힙합의 여러 가지 상징물들을 판매한다. 이러한 하위문화가 왜 대중 시장에 강력한 영향을 미치는가?

사회적 제약에도 불구하고 부와 명성을 얻은 John Dillinger, James Dean, Dr. Dre 같은 아웃사이더 영웅들은 항상 미국인들을 매혹했다. 그것은 도시의 음악계에 대한 많은 교외 지역의 백인 10대 청소년들의 몰입을 설명한다. 도시의 젊은이들을 연구한 기업의 한 임원은 "사람들은 랩의 강한 반-억압(anti-oppression) 메시지와 흑인의 소외에 동조한다"고 설명했다. 주류 문화가 거대한 청중의 소비를 위한 "최신 유행의" 하위 문화로부터 상징을 수정하는 것은 일반적인 일이다. 이런 일이 발생할 때, 이 문화적 제품들은 아웃사이더들이 그들의 원래 의미를 변환시키는 **흡수**(cooptation)의 과정을 겪는다. 힙합 패션과 음악의 확산은 마케팅 시스템이 하위문화적 의미들을 이용하고 그것들을 재해석하여 대량 소비를 위해 그들을 재생산할 때 일어나는 하나의 예에 불과하다.

이러한 움직임을 시작하도록 하는 반문화(counterculture)는 그 자리에 그대로 정지해 있는 것이 아니다. 그들은 길들이기 위한 전략을 개발하고 그들의 상징과 관례를 다시 정치화한다. 예를 들면, 대형 식품회사들과 소매업체들은 채식주의 혹은 유기농 음식 문화를 받아들임으로써 오늘날 변화하는 소비자의 미각을 인지하고 주요 식료품 구매자들을 위한 식품의 패키지를 변화시킨다. Wal-Mart는 유기농 음식을 판매하고 거대 복합기업 ConAgra는 Ben & Jerry의 아이스크림을 판매한다. 가까이에서 생산된 고기와 채소를 강조하는 "locavore" 생활 양식의 지지자들은 그들의 "진짜" 물건을 판매하기 위해 파머스 마켓과 같은 대안적 유통 채널을 찾게 된다.

여기서는 우리의 문화가 일상 제품에 존재하는 의미들을 어떻게 창조하는지, 이 의미들이 어떻게 한 사회 내에서 움직이는지를 알아볼 것이다. 그림 3.1에서 보여주는 것

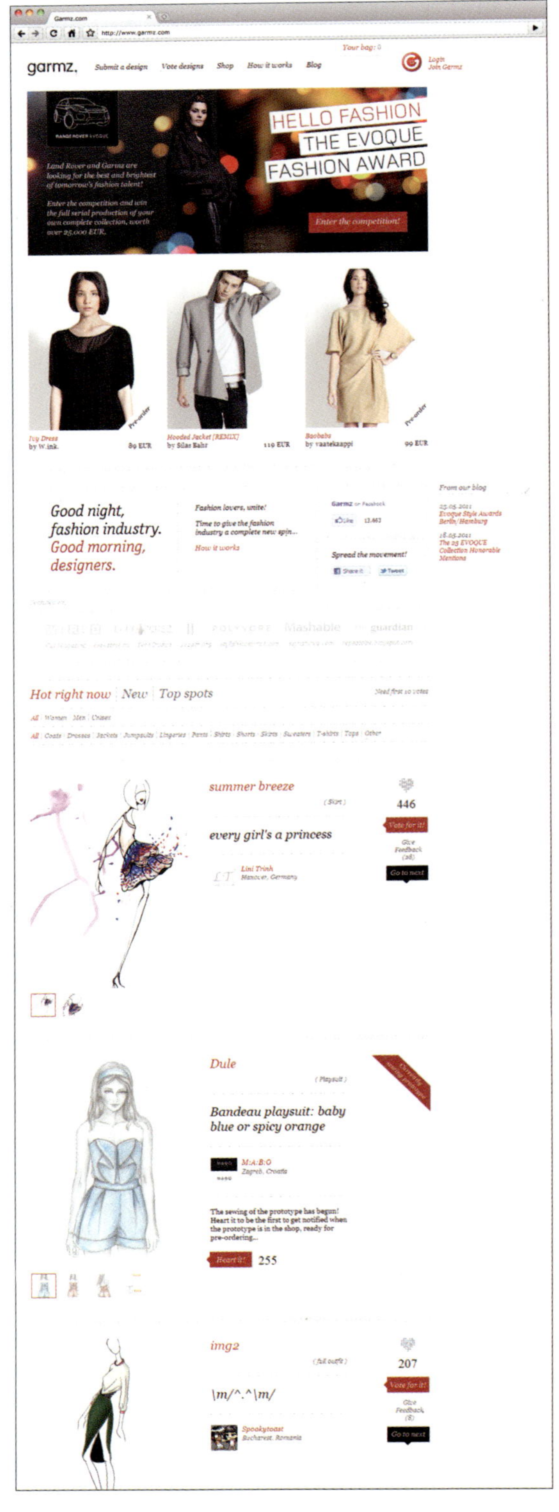

Garmz, Fabricly, Threadless, ModCloth 등의 새로운 패션 사이트들은 소비자들과 열성 팬들이 문화적 게이트키퍼로서의 역할을 하는 현상이 점차 더 커지고 있음을 잘 보여준다. 제10장에서 살펴본 바와 같이, 소비자들로 하여금 그들이 무엇을 생산하고 판매할 것인지를 결정하도록 하는 크라우드 소싱을 사용한다. 실제로 패션 사이트 ModaOperanda는 스스로를 프리테일러(pretailer)로 명명한다. 이 사이트는 패션 리더들과 함께 작업하여 디자이너들이 무대에서만 볼 수 있을 법한 디자인을 만들도록 한다.
출처: Courtesy of Garmz GMBH.

처럼, 광고와 패션 산업은 이 과정에서 중요한 역할을 한다. 그들은 성적 매력과 세련됨, 단지 평범한 "멋"과 같은 상징적 품질을 기능적 제품과 연관 짓는다. 우리가 정체성을 창조하고 표현하기 위해 제품들을 사용함으로써 이들 제품들은 우리에게 그들의 의미를 전달한다.

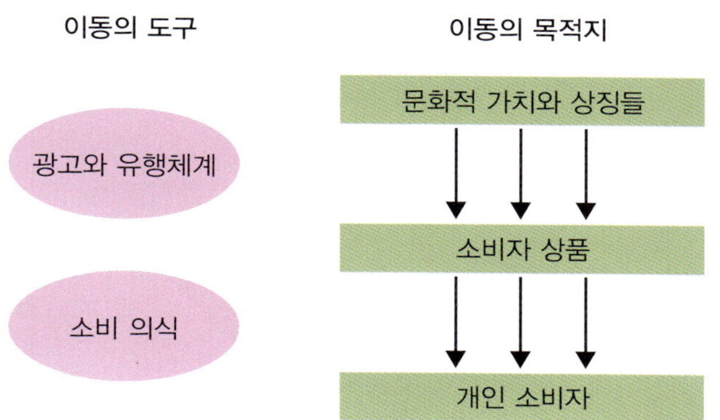

그림 3.1 The Movement of Meaning

문화적 운동

Aztec 조랑말. Tory Burch 플랫슈즈. Cage-free 계란. Rihanna. 하이테크 가구. 강남스타일. 최첨단 건축물. Angry Birds. Foursquare checkins. 태블릿. 하이브리드 자동차. 코스타리카 관광 여행. 글래디에이터 샌들. 우리는 다양한 양식과 가능성으로 가득 찬 세계에 살고 있다. 우리가 먹는 음식, 우리가 운전하는 차, 우리가 입는 옷, 우리가 살고 일하는 곳, 우리가 듣는 음악—인기있는 문화와 유행의 성쇠가 모든 것에 영향을 준다.

가끔 우리는 시장에서의 엄청나게 많은 선택의 수에 압도된다. 넥타이나 립스틱 색상과 같이 일상적 선택을 하려는 사람은 수많은 대안들을 보게 된다. 그러나, 이것이 겉으로는 많아 보여도, 사실상 어떤 시점에서 우리가 이용 가능한 선택들은 몇 개 되지 않을 뿐이다. 그림 3.2는 자동차, 드레스, 컴퓨터, 음반 아티스트, 정치 후보자, 종교, 심지어 과학적 방법론들 등 다른 것들에 대해 우리가 명확한 대안을 선택할 때, 우리의 선택이 실제로 깔때기를 닮은 복잡한 여과 과정의 정점이라는 것을 보여준다. 초기에 많은 가능한 대안들이 채택을 받기 위해 경쟁한다. 대부분 개념에서 소비까지의 통로를 따라 내려감으로써 그 혼합의 과정에서 떨어져 나간다. 우리는 이 여과 과정을 **문화적 선택**(cultural selection)이라 부른다.

미각과 제품 선호는 진공 상태에서 형성되는 것이 아니다. 대중 매체가 우리에게 제시하는 많은 이미지는 우리의 선택에 영향을 미치며, 심지어 광고에서 마케터가 만들어낸 환상의 세계에 살기를 바라는 우리의 욕망까지 만들어낸다. 이 선택들은 끊임없이 진화하고 변화한다. 올해 "유행한(hot)" 옷 입는 스타일이나 요리의 형식이 내년에 "유행이 지나(out)"게 될 수도 있다.

힙합 스타일의 대중화는 패션과 대중 문화의 일부를 보여준다.

- 양식(style)은 더 근본적인 사회적 경향을 반영한다(예, 정치와 사회적 상황)
- 양식은 상대적으로 작은 집단의 사람들에 의한 위험하거나 독특한 주장으로 시작되고 다른 사람들이 그것을 알게 됨으로써 퍼져나간다.
- 양식은 종종 디자이너들과 사업가들의 계획된 발명, 자신의 욕구를 만족시키기 위해 이 창작물을 수정하는 일반 소비자들에 의한 자발적인 행동 간의 상호작용에 의해 만들어진다. 소비자들이 원하는 것을 예측하는 디자이너, 생산자, 판매자는 시장에서 성공할 것이다. 이 과정에서 의견 선도자들이 처음 사용하도록 설득하는 데에 성공한다면 그 제품의 유통이 촉진될 수 있다.

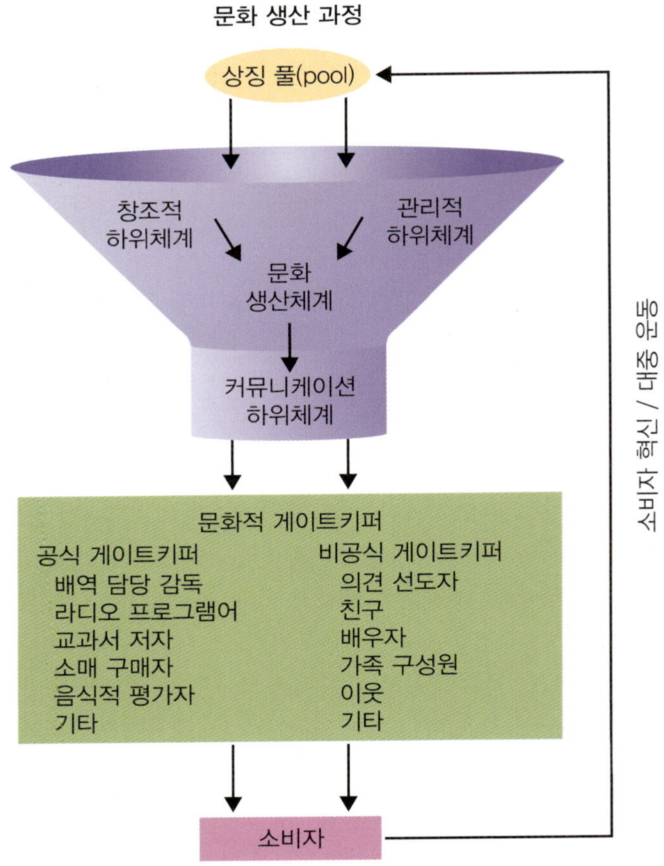

그림 3.2 문화 생산 과정

- 이들 문화적 생산물들은 종종 국가, 대륙을 가로질러 넓게 퍼져간다.
- 소셜미디어 등 매체 상에서의 영향력자들은 어떤 제품이 성공할 것인지를 결정하는 데 중요한 역할을 한다.
- 사람들은 지속적으로 자신을 표현하기 위한 새로운 방법들을 원하기 때문에 대부분의 양식들은 싫증나기 마련이고, 마케터는 이 욕망을 따르기 위해 경쟁한다.
- 문화적 선택의 과정은 결코 멈추지 않고, 대중 문화에서 어떤 양식이 쓸모없게 되었을 때 다른 양식들이 그것을 대체하게 된다.

어떤 한 명의 디자이너, 특정 기업이나 광고 대행사 조차도 대중 문화를 만들어낼 수는 없다. 대신에, 많은 사람들과 조직들이 모든 인기 있는 음악, 최신 자동차, 새로운 패션 스타일에 공헌한다. **문화 생산 체계**(Culture Production System: CPS)는 문화적 제품을 만들고 판매하는 개인과 기업의 집합체이다. CPS의 구조는 그것이 창조하는 제품의 형태를 결정한다. 경쟁 체계의 수와 다양성 및 혁신 대 조화의 양과 같은 요인들이 어떤 순간에 무슨 제품을 선택할 것인가에 영향을 미친다. 예를 들면, 음악 산업의 분석에 의하면, 인기 음반들은 대기업들이 그 산업을 지배할 때는 서로 비슷하지만, 많은 상표들이 경쟁할 때 더 다양한 음악적 양식들을 볼 수 있게 된다. 표 3.2는 Beyonce의 플래티넘 앨범 4와 같은 히트 음악을 함께 생산해내는 많은 문화적 전문가들을 묘사한다.

한 문화 생산 체계는 다음과 같은 세 가지 주요 하위체계를 갖는다.

표 3.2 음악산업에서의 문화적 전문가

전문가	기능
작곡/작사가	음악 작곡 및 작사. 시장에서 성공할 것인지의 평가를 갖고 예술적 선택을 조화시켜야만 한다.
연주가	음악과 가사를 해석. 미리 결정된 시장(예, The Monkees, Menudo, New Kids on the Block)에 호소하기 위해 저절로 형성되거나 대행사에 의해 포장될 수 있다.
선생님과 코치	연주자의 재능을 개발하고 향상시킨다.
대행사	음반회사에 연주자를 대신하여 업무를 처리한다.
A&R(artist & repertoire) 실행자	음반을 제작하기 위하여 아티스트를 확보한다.
홍보담당자, 이미지 컨설턴트, 디자이너, 스타일리스트	구매하는 공중에게 전달되는 그룹의 이미지를 창조한다.
녹음 기술자, 프로듀서	판매되기 위한 음반을 만든다.
마케팅 실무자	연주자의 외모, 티켓 가격, 촉진 전략 등에 대한 전략적 결정을 한다.
영상 감독	음반 촉진을 위해 곡을 시각적으로 해석하여 뮤직 비디오를 제작한다.
음악 평론가	청취자를 위한 음반의 장점을 평가한다.
DJ, 라디오PD	음반이 방송될 것인지 그리고/혹은 라디오 방송국의 정기적 방송 스케줄에 포함시킬 것인지를 결정한다.
음반 매장 운영자	출시된 많은 음반들이 저장될 것인지 그리고/혹은 대량으로 촉진될 것인지를 결정한다.

1. 새로운 상징과 제품을 만들어내는 창조적 하위체계
2. 새로운 상징과 제품을 선택하고, 실체를 만들고, 생산하여 유통을 관리하는 관리적 하위체계
3. 새로운 제품에 의미를 부여하고 상징적 속성의 복합체를 제공하기 위한 커뮤니케이션 하위체계

음악 발매를 위한 문화 생산 체계의 세 가지 구성 요소의 예는 (1) 가수(예: 가수 Beyonce, 창조적 하위체계), (2) 기업(예, Beyonce의 CD를 유통하는 Columbia Records, 관리적 하위 체계), 그리고 (3) 그 음반의 촉진 노력을 하는 광고 대행사와 Pepsi와 같은 기업은 기획사인 Parkwood Entertainment와 함께 그녀의 음악을 촉진하고 슈퍼볼 같은 이벤트나 Pepsi의 한정판 캔에 그녀가 나타날 수 있도록 촉진하는 등의 노력을 한다.

많은 전문가들이나 "인기를 만드는 사람들(tastemakers)"은 우리가 고려하는 상품에 대해 언급한다. 이 **문화적 게이트키퍼**들은 그것이 "깔때기(funnel)" 아래로 이동하는 동안 정보의 과잉을 여과한다. 게이트키퍼들은 영화, 음식점, 자동차 비평가, 인테리어 디자이너, 디스크 자키, 소매 구매자, 잡지 편집자 등을 포함하며, 최신의 가십, TV와 영화의 구성, 대중문화의 다른 여러 가지 부분들을 열광적으로 쫓고 공유하는 팬 집단들도 해당된다. 총체적으로, 사회과학자들은 이들 대행 집합체를 처리량 섹터(throughput sector)라고 부른다.

고급 문화와 저급 문화

질문: Beethoven과 Kanye West가 갖는 공통점은 무엇인가? 비록 우리가 이 둘을 음악 분야의 유명한 작곡가와 랩 가수로 관련짓더라도, 많은 사람들은 이 둘의 공통점은 그게 전부라고 주장할 것이다. 문화 생산 체계는 많은 종류의 제품을 만들지만, 우리는 몇몇 기본적 차이를 만든다.

예술 제품(art product)은 순전히 그것의 아름다움 또는 그것이 우리에게 감정적 영감을 불어넣기 때문에 감탄하게 되는 대상이다(희열 혹은 혐오). 대조적으로, **공예 제품**(craft product)은 그것의 기능적 아름다움 때문에 좋아한다(예, 세라믹 재떨이 혹은 손으로 조각한 낚시 미끼들). 공예는 빠른 생산을 가능케 하는 방식을 따르는 경향이 있다.

이 둘의 차이를 이해하기 위해, 아티스트 Thomas Kinkade의 놀랄 만한 성공을 생각해 보자. 이 화가는 그의 작품 중 천만 개의 디지털 재생산품을 판매했다. 심지어 2012년 작고 이후에도 캘리포니아의 한 공장에서 캔버스에 붙일 수 있는 얇은 플라스틱 필름 위에 각 원본의 디지털 사진을 재생산하는 그림들이 만들어졌다. 이때 "하이라이터들(high-lighters)"은 유성 페인트를 정해진 지점에 바르는 조립라인에 앉아서 작업을 한다. 이 기업은 커피 머그잔, La-Z-Boy 안락의자, 심지어 로맨스 소설의 표지에까지 그의 이미지를 빌려주고 수익을 낸다.

Kinkade의 "성공 방정식"이 설명하는 것처럼, 고급과 저급 문화 사이의 차이는 그것의 실제 사용만큼이나 분명하지 않다. 그러한 차이(예, 부자는 문화를 갖지만 가난한 사람은 갖지 못한다는 생각)를 만들어내는 계급 간의 편견에 더하여, 오늘날 고급 문화와 저급 문화는 흥미로운 방법으로 어울린다. 가전제품, 타이어, 시리얼 외에도, Costco는 Pablo Picasso, Marc Chagall, Joan Miró 등의 한정판 석판화 등의 순수 예술품을 판매한다.

다국적 소비자 연구팀은 고급 및 저급 문화의 연구를 예술가들이 공공 장소에 그림, 벽화 등을 만들어내는 길거리 문화(street art)의 영역에까지 확장시켰다. 그들은 예술이 예술가들과 그 지역에 거주하는 사람들 간의 "거래"의 도구로 사용되는 수많은 장소를 찾아냈다. 모든 반응들이 긍정적이지 않다 하더라도 길거리 예술이 이전의 불모지

대중문화의 캐릭터들은 기업들이 전 세계의 고객들과 커뮤니케이션하는 하나의 속기와 같은 형태라 할 수 있다. 이 광고는 나이지리아에서 집행된 것이지만, 많은 국가에서 매우 친숙한 캐릭터이기도 하다.
출처: Noah's Ark Communications Ltd.

에 권력과 소유의 느낌을 생산해냈기 때문에 공공 공간에 대한 사람들의 경험이 강화되는 것은 흔한 일이 되어버렸다.

마케터는 종종 제품 촉진을 위해 고급 예술 이미지를 사용한다. 그들은 쇼핑 가방을 장식하거나 공중과의 호의적 관계를 구축하기 위한 예술적인 이벤트를 후원한다. Toyota는 고급 승용차 전시장 내의 고객들이 자동차를 예술 물건으로 보는 것을 발견했다. 그때 그 회사는 "지금까지, 우리가 지지하는 순수 예술은 오직 조각, 그림, 음악이었다"라는 자막을 가진 Lexus 광고에 이 테마를 사용했다.

문화적 공식

대조적으로, 대중 문화는 대중 시장을 위해 제품을 대량생산한다. 이 제품들은 불특정 청중의 평균적 취향을 만족시키려는 목적으로 만들어진다. 이것들은 독특함을 추구하기 보다는 예측 가능한 수준에서 만들어진다. 왜냐하면 그들은 잘 정해진 패턴을 따르기 때문이다. 추리소설이나 공상과학과 같은 많은 인기있는 예술 형식들은 익숙한 역할과 소품들이 자주 등장하는 **문화적 공식**(culture formula)을 따른다. 예를 들어, 고전적인 서부영화에서는 말을 타고 떠도는 주인공을 볼 수 있으며, SF영화에서는 우주선이 등장한다. 추리 소설에서 탐정은 고물 자동차를 몰고, 패밀리 시트콤에서는 웨건 자동차가 자주 등장한다. 비슷한 것들을 더 살펴보면, 고전적 서부영화에 6구경 권총, SF영화

이 영국 광고가 묘사하고 있는 것처럼 고급 예술은 흥미로운 방식으로 대중 예술에 흡수된다.
출처: Courtesy of Eddis Trailers c/o The Explorer Group.

이 영국 광고는 공포 영화 포스터의 문화적 공식을 차용하고 있다.
출처: MCBD and Elvis.

에는 레이저건, 추리소설에는 피스톨 권총이나 탐정의 주먹, 패밀리 시트콤에서는 욕설 등이 싸움의 수단으로 사용된다. 로맨스 소설은 문화적 공식의 극단적인 경우이다. 심지어 컴퓨터 프로그램들은 사용자가 그 이야기 구성요소의 일정한 세트를 체계적으로 변경하여 그들 자신의 로맨스를 "쓰도록" 한다.

창조적 하위체계의 구성원은 이 방식에 의존함으로써, 그들이 영감을 위해 시대를 거슬러 올라가는 것처럼 이미지를 재활용하려는 경향이 있다. 그러므로 젊은이들은 *The Real Gilligan's Island*와 같은 리메이크나 *Gilligan's Island* 회고쇼를 본다. 디자이너들은 빅토리아 시대의 영국이나 아프리카 식민지 시대의 스타일을 변용하여 사용한다. 힙합 DJ는 옛 노래에서 소리의 일부분을 추출하고 새로운 방식으로 그들을 조합한다. Gap은 카키색의 바지에 Humphrey Bogart, Gene Kelly, Pablo Picasso 등의 유명인들을 주연으로 광고를 집행한다. CD 제작, 디지털 카메라, 영상 소프트웨어 등은 누구나 사용할 수 있게 되어, 사실상 누구나 과거를 "다시 혼합할" 수 있다.

목표 4

현대의 많은 마케터들은 현실 공학 기술자들이다.

현실 공학

사람들은 보험회사인 GEICO의 광고에 등장하는 원시인을 사랑한다. "너무 쉬워서 심지어 원시인도 할 수 있다"고 광고에서 주장할 때 GEICO의 무감각에 대항하여 투쟁하는 것처럼, 그는 "여피족" 의류를 입은 채 광고에 나타난다. 시청자들은 그를 얼마나 사랑하는가? ABC는 오늘날 미국에서 선입견과 싸우는 원시인 룸메이트의 집단에 관한 짧은 생방송 시트콤을 만들어냈다. GEICO는 그 주인공에 관한 수백 통의 편지와 이메일을 받았고, 대학 스포츠 이벤트의 팬들은 "Beating(팀명)은 너무 쉽다, 심지어 원시인도 그것을 할 수 있다"라고 말하는 표지를 들었다. 그 원시인은 광고와 밴드 3 Doors Down의 뮤직 비디오에 계속 나타났다.

현실 공학(reality engineering)은 마케터가 인기있는 문화 요소를 사용하고 그것들을 촉진적 매체로서 사용할 때 발생한다. 더 이상 무엇이 진짜인지 알기는 어렵다. 전문가들은 심지어 그들이 화학적 세탁, 사포 등 새 청바지가 이미 낡은 것처럼 보이게 하기 위한 여러 기술을 적용하여 "중고 청바지"를 만든다. 그 산업은 심지어 그러한 모순들을 포함하는 실행을 위한 용어까지 있다: 새로운 빈티지!

현실 공학자들은 많은 활용 가능한 도구를 갖고 있다. 그들은 영화에 제품을 배치하고, 향기를 사무실과 매장에 공급하고, 택시 뒤에 비디오 모니터를 부착하고, 경찰차의 광고 공간 혹은 *The Blair Witch Project*와 같은 "다큐멘터리" 영화를 구매한다. 이러한 추

7-Eleven은 유명한 만화시리즈인 Simpsons의 영화판 홍보를 위해 많은 매장을 Kwit-E-Mart로 변형시켜 실제로 선보였다. 그 프로모션 기간 동안 고객들은 Krusty O의 시리얼과 Buzz Cola, 아이스 Squishees, 등 관련 상품 전부를 집어 들었다.
출처: Photo by David McNew/Getty Images.

가수 Hatsune Miku의 콘서트 티켓은 언제나 열성팬들이 통로에 꽉 들어찰 정도로 판매된다. 문제점 하나: Miku는 존재하지 않는다. 그녀는 대략 16세의 5피트 2인치 정도의 키를 갖고 있는 아바타이다. 그녀의 노래는 일본 여배우의 목소리를 디지털로 리마스터되어 만들어졌다. 그녀는 매우 인기가 높아서 일본 우주선인 Akatsuki에 그녀의 이미지가 새겨진 메탈 플레이트가 실려 우주로 보내졌다.
출처: © Crypton Future Media, Inc. www.crypton.net.

세는 점차 늘고 있으며, 브로드웨이 연극, 베스트셀러 소설, 인기 음악의 작사에 대한 역사학적 분석은 시간이 지나면서 실제 브랜드명의 사용이 크게 증가하는 것을 분명하게 보여준다.

여기에 현실 공학의 몇 가지 사례를 살펴보자.

- Mattel은 1971년 Malibu Barbie가 출시된 이래로 그 인형의 안락한 집으로 역할을 해 왔던 Barbie Malibu Dreamhouse를 팔 것이라고 공시했다. 이 기업은 Barbie의

새로운 집을 발표할 계획을 갖고 있으며, 이 놀이 상품에 새로운 생명을 불어넣으려 한다.

이 캠페인은 실제와 이미지 상의 요소들을 혼합한다. 부동산 웹사이트인 Trulia의 한 섹션은 "dreamhouse의 꿈꾸는 자"라고 불리우는 목록들을 판매한다. Brave 케이블 채널의 부동산 리얼리티 시리즈의 등장인물인 Josh Altman도 집을 올려놨다.

- Quill.com의 사무용품 부문 소매점인 Staples는 Dunder Mifflin Paper Company of Scranton의 제품들을 들여놨다. 이는 대부분의 팬들이 잘 알고 있는 것처럼 최근 종영한 The Office라는 TV 프로그램의 세트이다.
- 2012 Coachella 뮤직 페스티벌은 작고한 Tupac Shakur의 "가상의 퍼포먼스"라는 헤드라인을 사용했다. YouTube는 48시간 내에 1,500만 뷰를 기록했고, Tupac의 최고 인기 앨범은 12년 만에 처음으로 빌보드 차트에 올라갔다. Elivs Presley나 Michael Jackson같은 다른 작고한 스타들의 홀로그램을 올릴 계획들이 진행 중이다.
- 뉴욕의 한 커플은 기업 광고를 통해 80,000달러의 결혼 자금을 적립했다. 그들은 결혼 행사에 쿠폰을 활용했고, 1-800-FLOWERS를 활용해 25개의 부케를 던졌다.

제품 배치(간접광고)

Pennsylvania의 Altoona시에서는 간접광고를 집행하는 인기 영화를 촉진하기 위해 "POM Wonderful Presents: The Greatest Movie Ever Sold"라고 도시 자체를 다시 이름 붙였다. 제작자는 POM Wonderful pomegranate 쥬스사에 1백만 달러에 이 타이틀을 팔았다. Lady Gaga는 히트한 동영상인 "Telephone"에 Virgin Mobile 전화, Miracle Whip 드레싱 등의 여러 브랜드들을 삽입했다.

많은 변화가 아닐 수 없다. 예전에, Melrose Place가 Nokia 휴대전화를 "Nokio"로 바꾸었을 때처럼, TV 방송들은 쇼에 나타나기 전에 PD들이 브랜드명을 교묘하게 바꾸도록 했다. 오늘날, 실제 제품은 어디에서든지 나타난다. 다수의 연기에 현실주의적 분위기를 살려주는 실제의 브랜드가 있는 반면, 노출로부터 엄청난 혜택을 받은 갑자기 스타가 된 다른 것이 있다. 예를 들면, Sex and the City의 영화 버전에서 Carrie의 비서는 그녀가 Borrow 혹은 Steal로 불리는 대여 웹사이트에서 그녀의 값비싼 가방을 "빌렸다"는 것을 인정했다. "그것은 Good Housekeeping의 인증서와 같다. 우리에게 즉각적인 신빙성과 이름 알리기를 가능하게 해주었다"라고 이 기업의 마케팅 부문장이 언급했다.

Bag Borrow 혹은 Steal은 무료로 광고를 했다(이런, 그들은 여기서 또 하나를 얻었군!). 그러나 많은 경우에서 이 "광고(plugs)"는 우연이 아니다. **간접 광고**(PPL: product placement)는 영화, TV 쇼, 책, 연극 등에서 실제 제품을 삽입하는 것이다. 많은 형태의 제품들이 우리의 문화에서 주연(혹은 적어도 조연)의 역할을 한다. 여러 제품의 삽입이 가능한 TV 쇼는 The Biggest Loser(단 3개월 동안 약 4,000개의 브랜드가 노출된다), American Idol(각 심사위원들이 Coca-Cola 컵을 어떻게 미묘하게 들고 있는가?), The Apprentice, America's Next Top Model, One Tree Hill 등에 이른다.

간접 광고는 결코 우연의 과정이 아니다. 마케터는 TV와 영화에 그들의 브랜드를 광고하기 위해 1년에 약 250억 달러를 지불한다. 일부 회사는 이 일을 전문적으로 한다. 만약 운이 좋다면, 광고주의 제품을 쇼의 소품 담당자가 주목하게 될 때 이런 일은 보다

독일의 The Food Hotel은 캔 모양의 가구부터 맥주 나무통으로 만든 스툴의자에 이르기까지 완전히 음식과 관련된 테마로 채워져 있다. 각 룸은 식품 기업의 후원을 받고 있다. 초콜릿 제조업체인 Ferrero의 후원을 받는 룸은 TV 광고를 재구성해서 만들어졌는데, 이 기업의 Raffaello 코코넛 캔디를 사막의 섬에 올려놓고 야자수나무, 해변 그림, 해변에서의 휴일과 관련된 책 등으로 채웠다. 포테이토칩을 만드는 Chio의 후원으로 꾸며진 룸은 마치 화려한 디스코 클럽과 같이 회전 디스코볼과 고급 사운드 시스템, 번쩍이는 욕실 조명 등으로 채워졌다.
출처: Courtesy of epa european pressphoto agency b.v.

더 효율적으로 진행될 수 있다. 예를 들면, *Grey's Anatomy*의 에피소드 중에 카페테리아 장면에서, 등장인물인 Izzie Stevens가 Izze Sparkling Pomegranate 과일 음료를 마시는 것은 우연의 일치가 아니다. Pepsi를 대행한 PPL 대행사는 소품으로 사용되기 위해 아무것도 지불하지 않았지만, 새로운 브랜드가 HBO의 *Entourage*, CBS의 *Big Bang Theory*와 *The New Adventures of Old Christine* 등에 나타났을 때는 전혀 다른 상황이 된다.

비록 대다수의 소비자들이 광고와 프로그램 간의 경계가 너무 모호하게 되어간다고 믿을지라도, 오늘날 주요 개봉작들은 실제 상품들로 가득 채워진다(이러한 경계구분이 모호해진다는 것에 대한 우려는 젊은 사람들보다 장년층에서 더 잘 나타난다). 한 연구는 소비자들이 쇼의 줄거리가 제품의 편익을 분명하게 보여줄 때 효과적이라고 보고했다. 같은 맥락에서, 소매상이 ABC의 Extreme Makeover: Home Edition에서 도움이 필요한 힘든 가족들을 위해 가구, 의류, 기구와 다른 주요 상품들을 제시할 때, 시청자들은 긍정적인 인상을 갖는다.

일부 연구자들은 간접 광고가 소비자 의사결정을 목표로 한다고 주장한다. 왜냐하면 이러한 소품들이 감정적으로 시청자들을 안정시키는 동안 문화적 소속감을 만들기 때문이다. 다른 연구는 프로그램의 내용과 맥락이 조화를 이루는 경우에는 브랜드 태도를 강화시키지만, 그렇지 못한 경우에는 어울리지 않아 보이기 때문에 브랜드 태도에 부정적으로 영향을 준다는 것을 발견했다.

게임 광고(Advergame)

만약 Need for Speed Underground 2 비디오 레이싱 게임에서 거리 아래로 굉음을 내며 움직인다면, Old Spice와 Burger King의 광고판은 Best Buy 매장을 통과하게 된다. 신병 모집 수단으로 미국 정부에 의해 생산된 America's Army는 가장 성공적인 게임 광고 중 하나이다. America's Army 웹사이트 방문자들 중 28%는 신규 모집 페이지로 이동하기 위해 클릭한다.

미국 소비자의 약 3/4은 비디오 게임을 한다. 그럼에도 불구하고 마케터들은 게임의 스토리에 브랜드를 통합하는 아이디어에 대해 비밀을 유지하고 있다. Axe, Mini Cooper, Burger King 등의 브랜드들은 게임 사용자들을 푹 빠지게 하는 스토리를 만들어낸다. Orbitz는 온라인 여행 사이트가 집행한 어떤 종류의 광고들보다도 높은 CTR(click-through rate)을 기록한 배너 게임을 선보였다. 그러나 이러한 연계가 가끔은 비판에 직면하는데, 그것은 폭력적 행동을 유발하는 것처럼 보이기 때문이다. 최근에 Eletronic Arts사에서는 Medal of Honor Warfighter 게임을 출시하는 과정에서, 웹사이트에 여러 링크를 걸어놓았는데, 이 링크들은 권총, 칼, 전투 용품 등 이 게임에 등장하는 것들의 실제 제조업체 카탈로그이다. 게이머들의 항의가 이어진 뒤, 이 링크들은 모두 없어졌다.

게임 광고(advergaming)의 미래는 긍정적이며, 이는 온라인 게임들은 기업들이 특정 소비자 집단을 타겟으로 삼을 수 있는 인터랙티브 광고와 통합적으로 운용되기 때문이다. 이 배치들은 레이싱 트랙 주변에 나타나는 광고판처럼 짧게 노출될 수 있거나 브랜디드 엔터테인먼트(branded entertainment)의 형식을 취하고 직접적으로 구매로 연결시키게 된다. 또한 YouTube와 다른 사이트에서 급성장한 UCC 인기 비디오들은 광고 수단으로서 성장하는 시장을 창출했다. 이 전략이 아주 빠르게 성장해서 심지어 그것을 위한 새로운 용어가 나왔다. **Plinking**™은 동영상에서 제품이나 서비스의 링크를 끼워 넣는 작업이다.

Renault는 대중들의 선호에 잘 맞는 전기차를 만드는 비결을 알아냈을 수도 있다. 그들을 비디오 게임에 몰두하게 만드는 것이다. 이 자동차 회사의 Twizy Z.E. 콘셉트카는 유럽에서는 내년까지 할인을 하지 않을 것이지만, Sims 플레이어들은 향후 출시될 Eletric Vehicle Pack을 다운로드 받을 수 있게 된다. 이 패키지에는 태양열 패널, 프로펠러 등 가상 세계의 비용을 절약할 수 있는 기능들이 포함된다.
출처: Renault Communications.

왜 이 새로운 매체가 그토록 많은 관심을 받는가?

- 30초 TV 스팟 광고와 비교하여, 광고주들은 더 오랜 시간 동안 시청자의 주목을 얻을 수 있다. 게임 사용자들은 광고 사이트에서 평균 5분에서 7분을 보낸다.
- 생리학적 측정에 의하면 사용자들은 게임을 할 때 아주 집중적이고 자극받은 상태가 된다.
- 마케터들은 게임과 제품들의 특성을 다양한 사용자의 프로필에 잘 맞출 수 있다. 어린 사용자를 위한 액션 게임을 개발하는 한편, 부자와 학력이 높은 사용자들을 위해서는 전략 게임을 만든다.
- 게임 제작자들은 지금 가상 광고를 삽입하기 위해 PC 비디오 게임에 빈 공간을 남겨놓은 채로 출시하기 때문에 광고주들이 집행할 수 있는 전략은 다양하다. 이것은 광고주가 메시지를 바꾸고 그것들을 실제로 보는 게임 사용자의 수만큼 예산을 집행하도록 한다. Sony는 고객들이 PlayStation3 비디오 게임 안에 직접적으로 온라인 광고를 삽입하도록 한다. 게임 안의 광고들은 사용자의 인터넷 연결을 통해 시간이 지나면서 변한다.
- 게임 사용을 트랙킹하고 마케팅 조사를 실시하는 사업은 앞으로 큰 잠재적 가능성이 있다. 예를 들면, PC에서 Activision의 Tony Hawk's Underground 2 스케이팅 게임에 코드화된 들리지 않는 라디오 신호는 게임 사용자들이 그 게임 안에 매치된 Jeep의 제품을 볼 때마다 Nielsen 모니터링 시스템에 기록된다.

문화적 이야기와 의식

모든 문화는 우리가 세계를 이해하는 데 필요한 이야기와 의식을 만들어낸다. 우리가 다른 지역에서 행해지는 어떤 낯선 관습에 대해 들었을 때, 그 사람들이 생각하고 행동하는 것을 이해하는 것이 어려울 수 있다. 그래도 우리는 굉장히 평범해 보이는 문화적 관습을 갖고 있다. 비록 방문객이 굉장히 특이한 것을 발견할지라도! 유럽 사람들이 NASCAR(National Association for Stock Car Auto Racing, 미국 개조 자동차 경기연맹) 이벤트에 참석할 때, 당신은 문화가 상대적이라는 것을 이해할 것이다.

"원시적인" 신념 체계가 "현대적" 합리의 사회에 얼마나 영향을 주는지를 이해하기 위해, 마술에 대한 우리의 지대한 관심을 생각해 보자. 건강식품, 노화방지 화장품, 운동 프로그램, 카지노 도박 등의 마케터들은 그들의 제품이 질병, 노화, 가난, 불운 등을 피할 수 있는 "마술적" 속성이 있다고 종종 강조한다. 많은 사람들은 로또에서 그들의 "행운의 숫자"를 걸고, "악마의 눈"을 피하기 위해 토끼의 발과 다른 부적을 갖고 다니며, "행운의" 옷을 소유하고 있다. 한 연구에 의하면, 아시아권의 소비자들은 로또에서 이길 확률과 서로 다른 재정적 옵션에 얼마나 투자할지에 대해 행운의 숫자가 영향을 미친다고 생각한다.

주술에 대한 관심은 사회 구성원들이 무언가에 압도당하거나 무력감을 느낄 때 급부상하는 경향이 있다. 마술적인 해결책들은 "쉬운" 답을 제시하여 우리의 삶을 단순하게 한다. 많은 소비자들은 우리의 문제를 해결하는 능력을 가진 "전자 마술사"로서 경외감을 갖고 컴퓨터를 본다(또 다른 경우, 마술적으로 데이터를 사라지게 만드는 것). 소프트

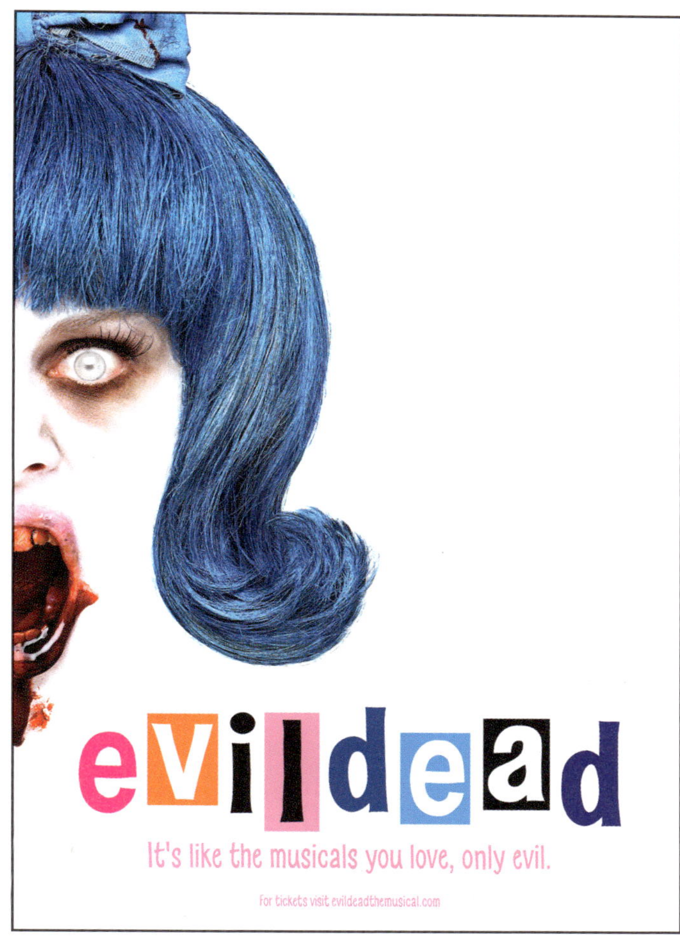

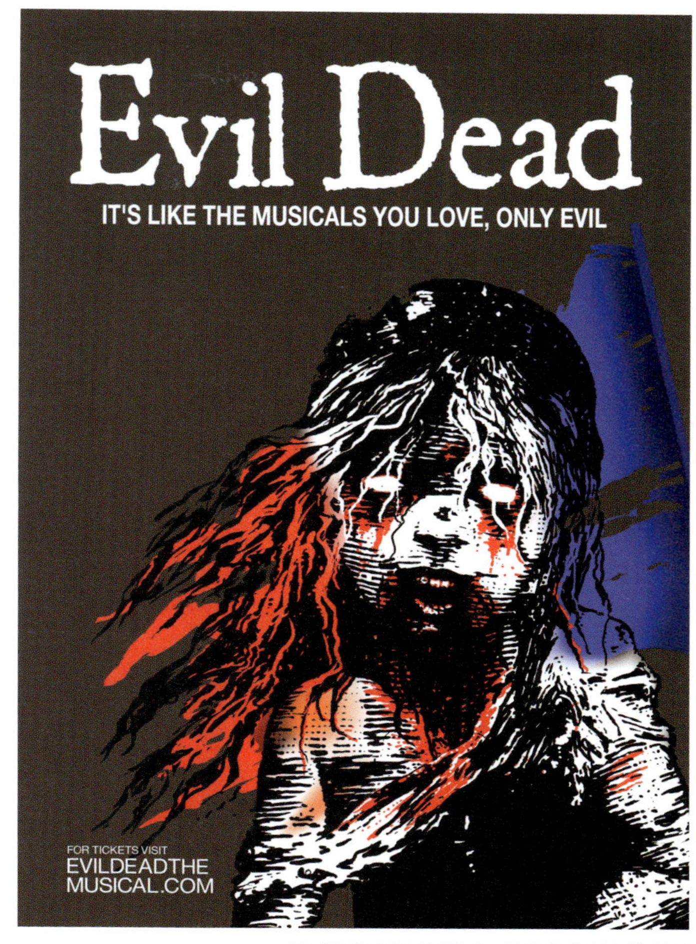

캐나다 한 연극의 광고는 우리에게 익숙한 이야기를 활용하고 있다.
출처: Courtesy of Saatchi Toronto.

웨어 개발자는 그들의 프로그램을 통해 특별한 경험이 없는 사람들을 안내하는 "마법사"를 제공한다. 혹은 우리는 사람의 영혼이 어떤 객체에 머문다고 생각할 것이다. 아이들(일부 어른들 역시)은 Nike Air를 신었을 때 Michael Jordan의 운동 능력 일부를 마술적으로 흡수한다는 것을 믿는다. 말도 안 되는 소리라고 생각하는가? 영화 Like Mike는 정확히 이런 스토리라인으로 구성된 것이다. 이 장에서는 고대에서 현대에 이르기까지 모든 사회에서 통용되는 문화의 두 가지 측면인 신화(myth)와 의식(ritual)을 논의하고자 한다.

목표 5

신화는 문화의 가치를 표현하며, 현대에는 문화권의 구성원들에게 이러한 가치를 전달하는 마케팅 메시지이다.

신화(Myth)

태국 사람들은 초자연적 힘을 믿는 편이다. 하나의 흔한 광경으로 "영령의 집"이 있는데, 보호 귀신이 사는 작은 미니어처이다. 어떤 것은 전기가 통해서 내부에 불도 들어간다. 전국 7-Eleven 매장에서 쉽게 찾아볼 수 있다. 태국인들은 무속인들에게 대략 연간 6,300만 달러를 지불한다. 민트껌 다음으로 많이 팔리는 것이 행운의 부적이며, 정크푸드 다음으로 많이 팔리는 것이 점성 관련 도서이다. 점을 보는 YouTube 채널들도 있으며, 금값의 예측을 한다는 "풍수 도사(Feng Shui Master)"와 같은 컴퓨터 프로그램도 있다.

무료 복권 사이트인 LuckySurf.com은 행운의 토끼발 미신을 재미있게 활용하고 있다.
출처: Courtesy of LuckySurf.com.

신화(myth)는 문화적 사고를 대표하는 상징적 요소를 가진 이야기이다. 이야기는 종종 두 개의 상반되는 힘 사이의 갈등에 초점을 두며, 그것의 결과는 사람들에게 도덕적 지침을 제공한다. 이런 방식으로 신화는 소비자들에게 그들의 세계에 대한 가이드라인을 제공하기 때문에 불안을 감소시킨다. 한 문화권의 소비자 대부분은 이 이야기를 학습하지만 보통 그것의 기원에 대해서는 생각하지 않는다.

빨간망토 소녀(Little Red Riding Hood)는 소녀가 할머니 집에 가는 길에 늑대인간을 만난 16세기 프랑스 소작농의 이야기로부터 시작했다(그들 스스로 죽은 동물로 변한다고 주장했기 때문에 심판을 받은 사람들의 몇몇 사례를 포함해 이 시기 동안 늑대의 괴롭힘을 당한 역사적인 증거이다). 늑대인간은 이미 할머니를 죽였고, 식품 창고에 그녀의 고기를 저장했으며, 병에 그녀의 피를 부었다. 우리가 알고 있는 버전과는 대조적으로, 소녀가 집에 도착했을 때 늑대인간은 할머니를 잡아먹은 뒤, 벌거벗고 침대에 있었다. 이야기를 좀 더 극적으로 만들기 위해, 다른 버전에서는 근친상간을 암시하기 위해서 늑대를 "할배(gaffer)"로 언급하는 경우도 있다. 이 이야기는 1697년 처음 출판되었고, 루이 14세 시대의 분방한 여성들에게 경고했다(저자는 이 버전에서 소녀에게 매춘부를 상징하는 빨간색

이 노르웨이 무역 협회 광고는 작은 빨강 망토 신화를 활용하고 있다. 광고 카피는 "다수가 되면 많은 장점이 있다."
출처: Lofavor Norway – Supertanker (SMFB Norway) Photo: Petrus Olsson, Adamsky.

을 입혔다). 결국 Grimm 형제는 1812년에 자신들의 버전을 썼고, 그들은 아이들에게 겁을 주어 좋은 행동을 하도록 하기 위해 성관계 대신 폭력을 소재로 사용했다. 그리고 Grimm 형제의 버전에서 그 시기의 성 역할 기준을 강화하기 위해서, 남자는 늑대로부터 소녀를 구한다. 그래서 이 신화는 사람을 잡아먹는 풍습과 근친상간, 난혼과 같은 문화적으로 해서는 안 되는 행동과 같은 선명한 메시지를 전달한다.

일부 경우에 마케터는 이 이야기를 각색하고, (아마도 무의식적으로) 신화적 구조에 따라 그들의 메시지를 형성시킨다. 예를 들어, McDonald's의 "신화적" 품질을 취하는 방식을 생각해 보라. "황금빛 아치"는 미국 문화와 거의 동일시되고 있다. 전 세계 어디서나 McDonald's의 매장에서 미국인들은 고향에 온 것 같이 느끼게 된다. Ronald McDonald가 Hamburglar를 물리치는 것과 같은 선과 악을 포함하는 기본적인 투쟁은 McDonald's의 광고가 만든 환상 세계에 나타난다. McDonald's는 심지어 조직의 초년생이 Golden Arches의 방식을 학습하기 위해 가는 "신학대학(Hamburger University)"을 갖고 있다.

기업들은 그들의 역사에서 종종 신화와 전설을 갖게 되며, 일부는 기업의 신입사원들에게 그것을 가르친다. Nike는 매장에서 시간제 근로자에게 회사의 문화를 설명하는 "기업의 이야기꾼(corporate storytellers)"으로서 수석 경영진을 지정했다. 그들은 Oregon주 레이싱팀의 코치가 더 좋은 신발을 만들기 위해 와플 틀에 고무를 부은 이야기를 한다 (Nike 와플 밑창의 기원). 이 이야기는 팀워크를 강화하기 위해 선수와 코치의 헌신을 강조한다. 신입직원들은 Nike 전설의 중요성을 제대로 인식하기 위해 코치들이 일하고 있는 트랙을 방문한다. 그리고 Nike 고위 경영자 (CEO를 포함한)는 그들의 엉덩이에 "swoosh(나이키 로고)" 문신이 있다는 소문이 돈다.

신화는 문화에서 다음과 같은 네 가지 상호연계된 긴밀한 기능을 한다.

1. **형이상학적**(metaphysical): 신화는 존재의 기원을 설명하는 것을 돕는다.
2. **우주론적**(cosmological): 우주의 모든 구성체가 단일한 그림의 일부분이라는 것을 강조한다.

이 이태리 청바지 광고는 동물 캐릭터와 관련된 현대의 신화에서 이미지를 차용하고 있다.
출처: Courtesy Meltin' Pot Jeans/Armando Testa, Milan.

3. **사회학적**(sociological): 신화는 문화의 구성원들이 준수하는 사회적 제도에 권위를 부여함으로써 사회적 질서를 유지한다.
4. **심리학적/정신적**(psychological): 신화는 개인의 행동에 대한 모델을 제공한다.

신화를 분석할 때, 우리는 프랑스 인류학자 Claude Lévi-Strauss(청바지 회사와 관련이 없는)가 개척한 기법을 통해서 그들의 근본적인 구조를 검토한다. Lévi-Strauss는 많은 이야기들이 어떤 차원의 두 가지가 대립하는 것을 나타내는 **이원 대립**(binary opposition)의 구성이라고 주장한다. 흔히 매개인(mediating figure)이 신화적 반대세력 간의 갈등을 해결한다. 예컨대, 자연과 인간 간의 차이를 메워주기 위해 많은 신화들이 인간의 능력을 가진 동물(예, 말하는 뱀)에 관한 것들이다. 유사한 맥락에서 마케터는 종종 자동차(기술)에게 Cougar, Cobra, Mustang과 같은 동물 이름(자연)을 부여한다.

신화는 고대 그리스와 로마를 말하는 것 같지만, 현실에서는 만화책, 영화, 휴가, 심지어 광고가 현대인들의 문화적 신화를 구현한다. 그리고 연구자들은 일부 사람들이 그들 소유의 소비자 동화(consumer fairy tales)를 만들어낸다고 보고한다. 소비자들은 해피엔딩을 위한 제품과 서비스를 찾는 것처럼 마술적 대리인, 기부자, 난관 극복의 조력자에 대한 이야기를 한다.

현명한 마케터는 우리가 이런 동화 속에서 살 수 있게 함으로써 많은 것들을 얻는다. 그들 자신의 버전으로 유명한 신화를 재연하고 싶어하는 커플들을 위해 정성스럽게 준비된 웨딩 Disney 무대의 인기를 생각해 보라. Disney World에서 신부가 된 공주는 작은 왕관을 쓰고, 공원의 호숫가 웨딩 무대에서 말이 끄는 마차를 타며, 회색 날개와 금실 바지를 입은 두 하인을 완비했다. 맹세를 주고 받을 때, 집사는 두 개의 웨딩 밴드와 함께 통로를 걷게 되며, 동시에 트럼펫이 울리고 그는 벨벳 베개에 유리 구두를 놓아둔다. Disney는 이 호화스러운 공연을 매년 약 2천 번 개최한다. 이 회사는 영화같은 이 신화적 매력을 신부복 사업으로 확장시키는 작업을 계속한다. 작은 크리스탈 왕관을 갖춘 공주복 라인이 판매된다. 동화의 신부는 Cinderella, Snow White, Belle, Sleeping

Beauty, Jasmine, Ariel과 같은 의상을 입고 결혼할 수 있다.

많은 "블록버스터" 영화와 인기 있는 TV 쇼는 신화적 테마를 활용한다. 비록 극적인 특수 효과나 매력적인 스타들이 절대로 다치진 않지만, 대다수의 영화는 신화적 형태를 따르는 캐릭터와 줄거리 구조에 대한 매력의 큰 덕을 보았다. 여기에 신화적 블록버스터의 세 가지 예가 있다.

- **바람과 함께 사라지다:** 신화는 종종 전쟁과 같은 격변의 시기에 발생한다. 이 이야기에서 북부(기술과 민주주의를 대표하는)는 남부(자연과 귀족을 대표하는)와 싸운다. 이 영화는 사랑과 명예가 미덕인 로맨틱한 시대(전쟁 전의 남부)를 묘사한다. 전쟁 이후에, 물질주의와 산업화(즉, 현대 소비자 문화)의 새로운 가치가 이전의 것들을 대체한다. 이 영화는 남자와 자연이 조화를 이루며 존재했던 잃어버린 시대를 그리고 있다.
- **E.T.**(The Extra-Terrestrial): E.T는 메시아의 방문을 포함하는 친숙한 신화를 대표한다. 다른 세계의 온순한 생명체가 지구를 방문하고 기적을 수행한다(예, 죽은 꽃을 다시 살린다). 그의 "제자들"은 이웃 아이들이다. 그들은 그가 현대 기술로 무장한 세속적인 사회와 싸우도록 돕는다. 이 신화는 신이 선택한 사람은 순수하고 이기적이지 않다는 것을 가르친다.
- **Star Trek:** 우주선 Enterprise호의 모험을 다룬 TV 시리즈와 영화, 속편들("마지막 개척자")은 뉴잉글랜드 청교도들이 새로운 대륙을 탐험하고 정복한 이야기 같은 신화와 관련되어 있다. Klingons와의 충돌은 미국 원주민과의 충돌을 반영한다. 또한 79개 에피소드 중 13개는 이상향을 추구하는 테마를 활용했다..

광고는 때때로 신화적 테마를 표현한다. 예를 들면, Pepperidge Farm의 광고는 소비자가 제품이 자연 그대로인 상태였던 예전의 좋은 시절(잃어버린 낙원)을 "기억하라"고 한다. Avis는 강한 적을 이긴 약자의 테마를 사용했다(예, 다윗과 골리앗). 히스패닉계 소비자가 더 많은 우유를 사게 하기 위한 방송 광고는 집을 관통하여 흐느끼며 우는 여성 유령을 묘사했다. 그녀는 La Llorona(우는 여자)이다. 라틴 아메리카 신화에서 그녀는 아이들을 죽이고, 자살하고, 그 결과 그녀의 잃어버린 가족을 찾는 것처럼 영원히 돌아다니는 캐릭터이다. 그러나 이 버전에서는 울고 있는 유령이 냉장고에 가지만 빈 우유곽만 발견한 것으로 제작되었다.

목표 6

휴일 지키기, 결혼, 선물 교환 등 소비활동의 대부분은 의식적이다.

의식(Ritual)

의식(ritual)은 정해진 순서대로 이루어지고 지속적으로 반복되는 일련의 상징적이고 복합적 행동이다. 의식이라고 하면, 아마도 동물 혹은 인간의 제물을 포함하는 기이한 부족의 의식이 떠오를지 모르지만, 실제로 많은 현대 소비자 활동은 의식적이다.

많은 대학들은 학생들이 잘 구성된 그룹 활동에 참여하는 독특한 의식을 자랑하지만, 최근 일부 학교들은 안전 문제, 미성년자 음주 등의 문제로 이러한 의식들을 폐지했다. 이같은 불미스런 일들은 Vermont 대학과 Princeton의 누드 동계 올림픽에서 벌어진 온천 화상 등을 포함한다. Texas 대학에 맞선 연례 풋볼 게임 전야의 모닥불 행사는

Marketing Opportunity

대학에서의 tailgating(시합 전후에 경기장 밖에서 갖는 야외 파티)과 프로 미식축구 경기는 오늘날 가장 눈에 띄는 집단 의식 중 하나이다. 속설에 의하면, 이 관행은 미식축구 경기가 끝난 뒤 팬들이 그들의 마차에서 음식을 해야 했던 19세기에 시작되었다. 지금, tailgating은 대형 비지니스로 자리잡았다. CoCa-Cola에서 실시한 한 조사는 41%의 tailgater가 음식과 재료에 한 시즌 500달러 이상을 지출한다고 기록했으며, Ragu사의 조사는 팬의 반 이상이 실제 경기보다 파티를 더 좋아한다는 것을 발견했다. 지금 식품 기업으로부터 캠핑 재료 공급자까지 모두가 이 활기찬 경기 전 의식의 일부가 되고자 노력하고 있다. NFL은 통모양의 그릴을 포함한 tailgating 상품을 한 해 1억 달러 정도 판매한다. The Buffalo Bills는 주차장에 샤워실과 탈의실을 제공하며, Denver Broncos는 각 홈경기마다 "가장 가치 있는 tailgater"를 뽑는다. The Houston Texans는 지역의 스포츠 상품 매장에서 "Tailgating 101" 강의를 지원한다. 가장 열성적인 팬들을 위한 상품도 있다. California의 주문 제작회사 Galpin Motors는 거대한 그릴과 두 개의 맥주 통을 위한 수도꼭지와 믹서기, 아래로 접히는 TV 스크린 등을 완벽히 갖춘 tailgaters의 소형 트럭을 단 70,000달러에 판매한다.

무너진 통나무로 인한 12명의 사상자로 막을 내렸다(모닥불 의식은 학교 외에서 다시 시작되었다). 일부 남아 있는 대학 의식은 아래와 같다.

- **MIT:** 매년 봄, 학생들은 기숙사 마당으로 소를 끌어들여 구덩이에 둔 뒤, 지붕 위에서 불타는 화장실 휴지의 뭉치를 아래로 던진다.
- **Wesleyan College**(Connecticut): 학생들은 매년 봄 하루 종일 라이브 음악, 페이스 페인팅, 그리고 많은 양의 마리화나를 사용하여, 단지에서 연기를 피워내는 Doonesbury 캐릭터 Zonker Harris를 추앙한다.
- **Simon Fraser University**(British Columbia): 2월의 북극곰 수영대회(Polar Plunge) 기간 동안 분장한 공과대 학생들이 서로를 그림자 연못으로 던진다.
- **University of California at Santa Barbara:** 학생들은 그 해의 처음 비가 오는 날, 벌거벗고 교정을 가로질러 달린다. Princeton과 Michigan 대학은 나체 달리기를 금지하지만, Yale에서 고학년 학생들은 각 학기말 여전히 벌거벗은 채로 두 캠퍼스 도서관 사이를 달리고 기말 시험을 위해 벼락치기를 하는 저학년 학생들에게 사탕을 던진다.

광고대행사 BBDO Worldwide는 브랜드와 의식 사이의 밀접한 관계를 설명하기 위한 연구를 수행했다. 우리의 의식을 수행하기 위해 사용되는 브랜드를 "**요새 브랜드**(fortress brands)"라고 명명한다. 왜냐하면 그들이 우리의 의식에 한 번 들어오고 나면 우리는 그것을 대체할 수 없다. 우리는 양치를 하기 위해, 맥주를 마시기 위해, 혹은 면도를 하기 위해서 그것들을 사용한다. 26개국에서 연구가 진행되었으며, 그 결과 전 세계 모든 사람들이 거의 동일한 소비자 의식을 실행한다는 것을 발견했다. BBDO는 사람들의 89%가 그들의 배열된 의식에 따라 항상 같은 브랜드를 사용한다고 주장한다. 어떤 것이 의식을 방해하거나 브랜드 선택을 가능하지 못하게 했을 때 그들 중 3/4은

출처: Photo by Mike Stobe/NHLI via Getty Images.

영국과 아일랜드의 많은 맥주 애호가들은 호프집 바텐터가 완벽한 Guinness 1파인트를 완벽하게 따르는 광경을 가슴 깊이 새기게 된다. 전통적으로, 바텐더가 45도 각도로 컵을 잡고 천천히 부으면 정확히 119.5초가 걸리고, 3/4이 찬다. 그것을 병째로 부으면 그 상징인 크림이 가장 위로 온다. Guinness는 사람들이 바쁜 저녁시간에 바(bar)에서 빨리 맥주를 따라서 더 많이 마시기를 원했으며, 단 25초만에 흑맥주를 제공하는 초음파 기술인 FastPour를 출시했다. 당신은 아마도 결과를 추측할 수 있을 것이다. 고객들이 그러한 혁신을 반대했고, 결국 이 맥주회사는 그 시스템을 버려야만 했다. 주) Diageo(Guinness 소유자)는 포기하지 않았으며 이 의식에 친근하지 않는 시장에서 더 효율적인 기술을 실험하기를 계속했다. Keg통을 수용하기에는 너무 작은 규모의 도쿄의 바에서 Guinness Surger로 불리는 쇼가 선보였다. 바텐더는 맥주 잔에 1파인트를 따르고 특별한 접시 위에 두었는데, 특유의 윗부분 거품을 만들어내는 초음파로 강한 인상을 남겼다.
출처: Photo by Oli Scarff/Getty Images.

실망하거나 짜증을 냈다. 예를 들면, 그 보고서는 전투를 위한 준비(preparing for battle)로 부르는 하나의 흔한 의식 분류를 정의했다. 이것은 우리 대부분이 출근하기 위해 준비하는 것을 의미한다. 양치하기, 샤워나 목욕하기, 먹거나 마시기, 가족 또는 친구와 이야기하기, 이메일 확인하기, 면도하기, 화장하기, TV 보기, 라디오 듣기, 신문 읽기 등이 이러한 의식이라 할 수 있다.

의식은 몇 개의 수준에서 발생한다. 일부는 광범위한 문화 또는 종교적 가치에 의해 강화된다. 슈퍼볼, 대통령 취임식, 졸업식과 같은 공공의 의식은 거대한 집단 내의 멤버십을 확신시켜 주며, 어느 누구나 같은 생각을 하는 것으로 우리를 안심시키는 공동의 활동이다. 최근 한 연구에서는 헤비메탈 음악 콘서트에서 집단적인 헤드뱅잉(headbanging) 의식을 살펴보았다. 연구자들은 낮은 경제적 계급의 경향과 다른 환경으로부터 권력 상실감을 느끼는 참여자들이 집단적으로 다시 젊어지고 인정받는 카타르시스를 경험하는 공연에 어떻게 참여하는지를 보여주었다(이것은 제약회사들이 두통약을 판매할 수 있는 기회를 제공할지도 모른다).

다른 의식들은 작은 집단 내에서 또는 독자적으로 발생한다. 연구자들은 많은 사람들의 늦은 밤 아이스크림을 먹는 행동이 종종 좋아하는 숟가락과 그릇에 관련된 의식적 요소를 갖는다는 것을 발견했다. 그리고 의식은 변할 수 있다. 의식은 시간에 따라 변한다. 예를 들면, 우리가 결혼식에서 쌀을 던지는 것은 그 커플이 풍요롭게 잘 살기를 바라는 것을 표현한다.

많은 사업들은 그들이 소비자에게 **의식적 가공품**(ritual artifacts)을 제공하기 때문에 유익하다. 의식을 수행하기 위해 웨딩 쌀, 생일 초, 졸업장, 전문화된 음식과 음료(예, 웨딩 케이크, 의식용 와인, 야구장의 핫도그), 트로피와 훈장, 악단 복장, 축하 카드, 은퇴 시계와 같이 필요한 품목이 있다. 또한 우리는 종종 그 가공품들이 사용되는 순서와 그것을 사용한 사람을 확인하기 위해 의식적 대본(ritual script)에 따른다. 졸업 프로그램과 친목회 메뉴얼, 에티켓 책자 등이 좋은 사례이다.

Net Profit

만남에서 장례식에 이르기까지 모든 의식들이 온라인으로 이전되고 있다. 미국의 수많은 장례업체는 장례식의 웹캐스팅을 제공하고 있다. theknot.com과 같은 많은 웹사이트들은 신부들과 그들의 어머니들을 돕기 위한 원스톱 쇼핑을 제공한다. JC Penney는 웨딩 플래닝 사이트 OurweddingDay.com과 협력 관계를 시작했다. 예비 신부가 한 매장에 등록하면, 그녀는 "BrideLine"과 같은 "가상 웨딩 플래너" 도구의 접속과 채팅을 통한 실시간 조언 – 온라인 업무, 개인화된 웨딩 웹사이트, 큰 이벤트의 예산을 위한 재정 계획 도구를 포함하는 무료 회원권 등 – 을 받게 된다. 웨딩업체인 David's Bridal에서 실시한 최근의 한 조사에 의하면, 절반에 해당하는 신부들이 최근에 결혼에 의해 변경되는 이름과 관계 지위 등에 관련된 정보를 페이스북 등에 곧바로 올렸다고 한다. 응답자의 절반은 그들의 결혼식 동영상이 유튜브에서 인기를 끌길 희망한다고 했다.

몸치장 의식(Grooming Ritual)

하루에 머리를 100번씩 빗거나 데이트 전에 거울을 보고 혼잣말을 하는 것은 사실 우리 모두가 개인적인 **몸치장 의식**(grooming rituals)을 하는 것이다. 이 의식들은 우리가 개인적 자아로부터 사회적 자아로 변하거나 돌아오도록 해준다. 몸치장 의식은 우리가 세상에 직면하기 전에 자신감을 주고, 우리의 더러운 것을 "깨끗하게 한다." 소비자가 그들의 몸치장 의식에 대해 말할 때, 이 이야기들에 나타나는 지배적인 주제들 중 일부는 관련 제품과 행동의 결과로 나타나는 신비스러운 품질을 반영한다. 많은 사람들은 그녀가 어떤 제품을 사용한 후에 멋지게 변했다(Cinderella 신화와 유사한)고 느끼는 전후(before-after) 현상을 강조한다.

개인 케어 제품을 만드는 일부 회사는 이 의식의 힘을 이해하고 그것들이 이루어지기 위해 우리가 필요한 가공품을 공급한다. 제모제 생산업체인 Nair은 Nair Pretty 제품으로 어린 소녀를 대상으로 하면서 고객 기반을 확장했다. 업계에서 "첫 번째 털 제거제"라고 부르는 시장이다. 연구자들은 어머니와 딸들을 대상으로 FGI를 실시했고, 거기에서 그들은 "소녀가 처음으로 털을 제거했을 때, 그것은 인생의 변화를 맞이하는 순간"이라는 것을 알게 되었다. 응답자의 일부는 실제로 털 제거 파자마 파티(slumber party)를 열었다고 했으며, 엄마들은 그들의 털을 제거하기 위한 10대용 제품을 구매했다. 그래서 소년 또는 로맨스에 초점을 두는 대신에, Nair Pretty의 광고는 제모제는 털로부터 자유로워지는 방법이라고 제시했다. 광고 카피에는 "나는 세상의 시민이다. 나는 몽상가다. 나는 상쾌하다. 나는 나의 다리에 눈에 띄는 짧은 털을 갖지 않을 것이다"라고 되어 있다.

몸치장 의식은 두 개의 이원 대립을 표현한다. 사적/공적, 일/여가. 많은 미적 의식은 자연의 상태에서 사회적 세계(한 여자가 "그녀의 얼굴에 화장하는" 때처럼)로의 전환 혹은 그 반대 경우를 반영한다. 목욕은 깨끗하게 하는 시간이 될 것이다. 즉, 세속적인 세계의 "죄"를 씻어버리는 방법이 된다. 이 일상의 의식에서, 여성들은 개인적 아름다움과 영원한 젊음의 추구와 같은 문화가 갖는 가치를 다시 확인한다. 씻는 의식은 "그리고 당신의 하루가 시작할 때 Oil of Olay의 의식"을 선언하는 Olay Beauty Cleanser의 Oil 광고에서 분명하게 나타난다.

선물 증정 의식(Gift-Giving Rituals)

선물 증정 의식(gift-giving ritual)에서, 우리는 완벽한 물건을 마련하고, 꼼꼼하게 가격표를 제거하고, 조심스럽게 포장을 하여(우리는 이 제품을 일상적인 것에서 독특한 것으로 상징적 변화를 가한다) 받는 사람에게 전달한다. 선물은 매장에서 산 물건, 집에서 만든 물건, 혹은 서비스가 될 수 있다. 몇몇 최근의 조사는 Megaupload, KaZaa, Morpheus와 같은 음악 파일 공유 시스템이 선물과 관련된 것이라고 논쟁한다. 예를 들면, 이 작업은 호혜(reciprocity)의 선물 주기 관습의 명백한 증거를 찾아낸다. 파일을 다운로드하지만 다른 사람들에게 이용 가능하게 그들 자신의 파일을 보내지 않는 사람들은 "거머리(leeches)"라 불린다.

연구자들은 주는 사람이 가치 있는 품목을 전달하고 받는 사람은 화답을 하는 경제적 교환의 형태로서 선물 증정을 본다. 그러나 선물 증정은 상징적 교환이기도 하다. 사실 제2차 세계대전 당시 강제 수용소 수감자의 개인적 기억을 분석한 결과, 자신의 생존을 우선시하는 잔혹한 환경에 있는 사람들조차 너그러움을 통해 인간성을 표현하고

구혼 과정은 흔히 남자가 여자에게 선물을 주는 것과 관련이 있다. 그러나, 헤어지는 경우에는 어떤가? ExBoyfriendJewelry.com 웹사이트의 창립자들은 전 애인에게 화풀이를 하고 싶고, 얼마간의 돈을 벌고 싶어하는 헤어진 여자들을 위한 시장을 만들었다. 이 사이트는 "당신은 원하지 않아요. 그는 돌려받을 수 없어요"라고 주장한다. 사용자들은 과거 로맨스의 흔적인 물건들을 판매하고, 경매에 올리고, 거래를 한다. 그러나, 그들은 또한 각 선물에 얽힌 스토리들을 공유해야만 한다.
출처: Courtesy of exboyfriendjewelry.com.

자 하는 욕구가 만연하다는 것이 발견되었다. 연구자들은 자신의 역경은 물론 타인의 역경에 대한 인정을 상징하는 선물 증정은 죄수에게 강제된 비인간성이 난무하는 그 수용소에 대항한 반항의 행동이었다는 것을 발견했다.

일부 연구자는 선물 증정이 사회적 표현의 한 형태로 진화하는 것을 보여주었다. 관계의 초기 단계(바가지 쓰지 않았음을 확인하기 위해 무엇을 주고 받았는지 정확하게 기록하는 단계)에서는 비교적 교환 지향적이지만(수단적으로), 관계가 발전함에 따라 이타적 경향을 띄게 된다.

모든 문화는 개인적 또는 직업적 이유로 선물을 주는 명확한 경우와 의식을 규정한다. 생일 선물 의식은 우리의 경제에 상당히 공헌한다. 미국인들은 1년에 평균 6개의 생일 선물을 구매하며, 이는 약 10억 개에 해당한다. 비즈니스 선물은 직업적인 관계를 정의하고 유지하는 중요한 방법이다. 비즈니스 선물에 대한 지출은 연간 15억 달러를 넘으며, 주는 사람은 적절한 선물을 구매하는 것인지를 확실히 하기 위해 많은 주의를 기울인다. 때때로 직업적 선물을 목적으로 한 컨설턴트가 동반되기도 한다. 대부분의 경영인들은 기업의 선물 증정은 직원들의 사기 향상과 높은 판매를 포함하는 유/무형의 결과를 제공한다고 믿는다.

선물 증정 의식은 다음의 3단계로 진행된다.

1. 구상(gestation)의 단계에서 주는 사람은 어떤 이벤트를 기념하기 위한 품목을 구한다. 이 이벤트는 구조적(structural)(예, 사람들이 크리스마스 선물을 살 때와 같이 문화에 의해 규정된 것)이거나 새로운 것(emergent)(예, 그 결정은 더 개인적이고 특별한 것)이다.
2. 두 번째 단계는 증정(presentation) 혹은 선물 교환의 과정이다. 받은 사람은 선물에 반응하고, 주는 사람은 그 반응을 평가한다.
3. 재정립(reformulation) 단계에서 주는 사람과 받는 사람은 교환 이후의 그들의 새로운 관계를 반영하기 위해 그들 사이의 유대를 재정의한다. 부정적 평가(negativity)는 받은 사람이 선물이 부적절하거나 품질이 낮다고 느꼈을 때 발생할 수 있다. 예를 들어, 기념일 선물로 자신의 부인에게 진공 청소기를 주는 불행한 남편은 소파에서 잠을 자야 하고, 여자 친구에게 잠옷을 선물한 새로운 구혼자는 아마도 많은 점수를 얻지 못할 것이다. 주는 사람은 선물에 대한 반응이 부적당하거나 성의가 없거나 선물과 동등한 가치의 제스처를 반드시 해야 하는 호

혜 규범(reciprocity norm)의 위반으로 느낄 것이다.

선물 그 자체보다 포장(선물만큼 중요한)이 더 중요한 일본에서는 이 문화권 내에서 선굴 증정의식이 얼마나 중요한 것인지를 보여준다. 일본인들은 사회적 집단 내에서 다른 사람에 대한 의무의 중요한 측면이라고 생각한다. 선물 증정은 도덕적으로 중요한 것이다(giri: 도리). 높은 의식적 행동은 사람이 가족/개인적 선물과 회사/직업적 선물 둘 다 줄 때 발생한다. 각 개개인은 잘 정의된 인척 관계와 상호간 선물 증정 의무를 공유하는 친구들을 갖고 있다(kosai: 교제). 사람들은 장례식, 입원과 같은 사회적 행사, 하나의 삶의 단계에서 다른 단계로 이동하는 것(예, 결혼, 생일)을 기념하기 위해, 그리고 인사(예, 방문객을 만났을 때)로서 개인적 선물을 준다. 그들은 기업의 창립 기념, 새로운 건물의 오픈, 혹은 새로운 상품의 발표를 기념하기 위해 회사 선물을 준다. 일본인은 체면을 잃지 않는 것을 강조하는 것과 함께, 받는 사람은 그가 받은 것에 대한 어떤 실망을 나타내지 않기 위해서 선물 준 사람 앞에서 열어보지 않는다.

휴일 의식(Holiday Rituals)

휴일에 우리는 일상으로부터 벗어나 이 날을 위한 특별한 의식을 치른다. 각 문화의 기념 행사는 전통적으로 하나의 모험 또는 아일랜드의 St. Patrick 혹은 중국의 월로(月老)와 같은 더 특별한 캐릭터들과 관련이 있다. 이 특별한 이벤트들은 많은 의식적 제품과 의례를 필요로 한다. 추수감사절의 의례는 오직 그날에 우리가 많이 소비하는 칠면조와 크렌베리 소스 같은 많은 양의 음식과 우리가 (아직 디저트를 남겨놓고도) 얼마나 많이 먹었는지를 불평하는 것, 그리고 기념 미식축구 경기를 보기 위해 소파에 후식을 들고 가는 것을 포함한다.

대부분의 휴일은 종종 역사적(예, 추수감사절의 Miles Standish)이거나 이야기의 영웅과 같은 상상의 캐릭터(예, 발렌타인데이의 큐피트)와 같은 문화적 신화를 기념한다. 휴일의 기본 요소는 우리의 뿌리 깊은 욕구에 호소하기 때문에 휴일은 계속된다.

이 홍콩의 McDonald's 광고는 공휴일을 기념하고 있다. 직역을 하면, "만우절: 당신 친구들을 놀려먹을 수 있는 최고의 날"
출처: Courtesy of DDB Hong Kong.

- **크리스마스:** 북극에서 산타의 모험으로부터 크리스마스 트리 아래서의 모험까지 신화와 의식이 크리스마스 휴일을 가득 채운다. 크리스마스의 의미는 과거 수백 년 동안 굉장히 드라마틱하게 발달했다. 식민지 시대에 크리스마스 의식은 축제와 비슷했고 공공의 소동은 관습이었다. 가장 중요한 것은 "캐롤 부르기(wassailing)" 전통이었다. 소란스러운 젊은 남자들의 무리는 부자를 포위하고 음식과 마실 것을 요구했다. 1800년대 말에, 그 무리들이 너무 다루기 힘들어서 신교도 미국의 행정담당자가 초기 이도교의 관습으로부터 "차용한(borrowed)" 관례인 가족들이 나무 주위에서 크리스마스 모임을 하는 전통을 지어냈다. 1822년 New York 성공회 주교의 부유한 아들인 Clement Clarke Moore가 산타클로스라는 현대의 미신을 만들어냈다. 크리스마스 의식은 천천히 아이들과 선물 증정에 관한 것으로 그 초점이 변했다. 가장 중요한 휴일 의식 중 주연은 산타이며, 아이들은 신화적 인물의 도착을 열렬히 기다린다(심지어 그들의 집에는 굴뚝이 없다). 또한 아이들이 산타에게 쓴 편지를 분석한 오스트리아의 연구는 아이들이 그들의 브랜드 선호를 굉장히 조심스럽게 명시하는 것과 종종 이 대단한 사람으로부터 원하는 것을 얻기 위해 세련된 요구 전략들을 이용하는 것을 찾아냈다. 예수와는 반대로, 산타는 물질주의의 상징이다. 아마도 소비의 세속적인 사원인 매장과 쇼핑몰에 그가 나타나는 것은 우연의 일치가 아닐 것이다. 그의 기원이 무엇이든지, 산타클로스 신화는 착한 일을 할 때 그들이 원하는 것을 얻는 보상을 기대하기를 가르침으로써 아이들을 사회화시킨다.
- **할로윈:** 할로윈은 토속적 종교 의식으로부터 시작했지만, 오늘날 분명한 세속적 이벤트이다. 그러나 크리스마스와는 대조적으로, 할로윈의 의식(예, trick or treat와 의상 파티)은 주로 가족 이외의 사람들을 포함한다. 할로윈은 이상한 휴일이다. 왜냐하면 관련 의식들은 많은 다른 문화적 행사와 반대되기 때문이다. 크리스마스와 대조적으로 선한 것 대신 악을, 그리고 탄생보다 죽음을 기념한다. 이것은 착한 것에 대한 보상이라기보다는 "속임수"의 가려진 위협을 갖고 나쁜 사람들이 갈취하는 것을 조장한다. 할로윈은 우리가 다른 휴일과 연상하여 상징을 왜곡시키는 **반 축제**(antifestival)이다. 예를 들면, 할로윈 마녀는 어머니의 거꾸로 보여지는 형상이다. 또한 그 휴일은 부활절이 유령의 부활을 강요하기 때문에 부활절을 풍자하고, 호박 파이의 건전한 상징을 호박초롱 악마로 변형하여 놀리는 것이다. 뿐만 아니라 할로윈은 사람들이 새로운 역할을 시도하도록 의식화되고 그 결과 사회적으로 수용된 맥락을 제공한다. 아이들은 어두워진 후에 밖에 나가고, 늦게까지 깨어 밤늦도록 그들이 좋아하는 사탕을 먹을 수 있다. 그 외에는 항상 구석에 앉아 있는 괴짜 남자가 Friday the 13th의 Jason처럼 옷을 입고 파티의 중심으로 등장한다.
- **발렌타인데이:** 발렌타인데이에는 성과 사랑에 대한 우리의 기준을 완화시키고, 그 해의 남은 기간 동안 숨길 수 있는 감정을 표현한다(일본에서는 남자에게 여자가 선물을 주게 된다). 한 발렌타인데이 의식 연구는 마케팅 커뮤니케이션이 휴일을 형성하는 데 어떻게 역할을 하는지를 설명한다. 이 조사는 5가지의 친숙한 의식 분류를 다음과 같이 정의했다:

  1. 선물과 카드 교환하기

  2. 애정 보여주기

  3. 외출하기

  4. 음식과 음료를 준비하고 먹기

5. 몸치장과 옷에 특별히 주의함

많은 참여자들(주로 남자)은 그들의 파트너에게 비싼 "로맨틱한" 선물을 사주는 의무적인 행사로 이날을 이해했다. 한 남성은 "만약 당신이 항상 그녀의 행복을 기억하기를 원한다면: 빛나거나 [좋은] 향이 나거나 그녀가 입을 수 있는 것을 선물하라! 그렇지 않으면 당신이 불행해진다"라고 응답했다. 참여자들 일부는 이 휴일이 연인과의 결별로 인한 고통, 사회적으로 강요된 소비와 인위적 애정의 표현 등과 같은 부정적 연상을 드러냈다. 그러나 발렌타인데이는 이미 무시하기 어려울 정도로 매우 보편화된 의식이다.

통과 의례(Rites of Passage)

최근 이혼한 사람들을 위한 댄스 파티와 동아리 신입생 환영회가 갖고 있는 공통점은 무엇인가? 둘 다 현대의 **통과 의례**(rites of passage)이며, 사회적 신분의 변화를 나타내기 위해 우리가 수행하는 의식을 말한다. 모든 사회는 옛날이나 지금이나 이 변화들을 중요하게 여긴다. 일부는 우리 삶의 주기(예, 사춘기 혹은 죽음)에 자연스럽게 발생하는 반면, 다른 것들은 더 개인적인 것들(예, 이혼하고 다시 연애하기)이다.

애벌레가 나비로 변화하는 것처럼, 통과 의례는 3단계로 구성된다. 대학생이 되기 위해 사회적 신분을 변화시키는 젊은 사람들에게 이것이 어떻게 진행되는지 보자.

1. 첫 번째 단계인 분리(separation)에서는 고등학교와 대학을 다니기 위해 집을 떠나는 것과 같이 자신의 원래 집단이나 신분으로부터 분리된다.
2. 경계(liminality)는 신분 사이의 불확실한 상태로 있는 중간 단계이다. 오리엔테이션 동안 캠퍼스 주변에서 길을 헤매는 어리둥절한 신입생을 생각해 보라.
3. 결합(aggregation) 단계에서는 새로운 신분으로 사회에 복귀한다. 우리의 영웅이 자만심 가득찬 대학생 "베테랑"이 되어 추수감사절 휴일에 늠름하게 집으로 돌아간다.

많은 유형의 사람들이 동아리 입회 서약, 신병 훈련소의 신병, 수녀원의 수녀와 같이 통과 의례를 겪는다. 사람들은 직업적 역할을 준비할 때 유사한 전환기적 상태를 겪는다. 예를 들어, 운동선수와 패션 모델은 전형적으로 "계절성(seasoning)"의 과정을 겪는다. 그들은 일상 환경을 떠나(운동선수들은 훈련 캠프에 가고 젊은 모델은 파리나 뉴욕으로 간다), 새로운 하위문화를 주입하고, (만약 그들이 성공적으로 입문을 시도하고 끊임없이 통과한다면) 실제 세계로 되돌아가 그들의 새로운 역할을 하게 된다.

죽음 역시 통과 의례와 관련이 있다. 장례식은 살아 있는 사람들이 죽은 사람과의 관계를 정리하도록 도와준다. 행동은 체계적으로 짜여 있고, 복장(예, 검은 의식 복장, 문상객을 위한 리본, 최고의 옷으로 입관을 준비하는 것), 장례 행렬(장례 자동차 행렬)에 특별한 신분을 받은 운전자가 지나갈 때, 그들은 묘지로 향하는 자동차의 행렬을 끊지 못하도록 하는 강한 사회적 관습을 따른다.

장례 관행은 문화마다 다르지만, 늘 상징으로 넘쳐난다. 예를 들면, Ghana의 장례 의식에 대한 연구는 사람이 죽은 뒤에 한 사람의 사회적 가치를 결정하는 공동체를 발견했다. 이 신분은 그의 가족이 그에게 주는 장례 형식에 의해 결정된다. 죽음 의식의 주요 목적 중 하나는 사망한 사람의 사회적 자아를 성사시키기 위한 것이다. 이것은 문상객들이 고인에 대해 생각하는 것을 나타내는 존경의 수준으로 그 시체를 다룸으로써

CB AS I SEE IT

Lauren Block 교수, *Baruch College, City University of New York*

행운을 위해 하는 의식이 있는가? 나는 시험날 대학 건물의 왼쪽 계단으로만 걷는 학생을 안다. 이 학생은 시험에서의 좋은 결과를 위한 징크스 때문에 엘리베이터를 타지도 않으며, 빌딩의 오른쪽 계단을 사용하지도 않는다. 나는 그의 팀이 이기고 있는 중이라면 4쿼터의 3분을 남겨두고 풋볼게임을 보지 않으려 하는 학생을 안다. 그가 경기를 보지 않는다고 그의 팀이 이기는 것은 아니다. 그가 원하지 않지만, 그것은 마지막 순간에 대한 징크스이고 지는 것은 그의 잘못이 된다. 이해가 되는가? 물론 아니다. 그러나 익숙하게 느껴지지 않는가? 아마도 그럴 것이다.

최근에 미신적 혹은 마술적 생각같이 흔하고 일상적인 것이 사람들 사이에서 어떠한지를 입증하는 연구들이 시작되었다. 미신은 합리적 사고에 반대되거나 알려진 자연의 법칙에 모순되는 믿음이다. 많은 미션이 문화적으로 공유되고 사회적으로 세대에서 세대로 전해지는 반면, 다른 것은 앞에서 설명한 것과 같이 상대적으로 더 특이한 신념이나 의식으로 이루어져 있다. 나는 동료 Tom Kramer와 함께 사람들의 미신적 믿음이 어떻게 소비자 행동에 영향을 주는지 연구했다. 예를 들면, 대만 사람들 사이의 흔한 미신은 행운의 색(예, 빨강)과 행운의 숫자(예, 8)에 대한 믿음을 포함한다. 이번 조사에서 Tom과 나는 대만에서의 조사를 통해 대만 소비자는 같은 상품에 있어서 다른 색깔보다 빨간색 상품을 구매할 가능성이 더 높다는 것과 구매자는 녹색보다 빨간색 상품에 더 높은 기대를 나타내는 것을 발견했다. 반면에, 소비자들은 빨간색 상품이 초록색보다 더 잘 작동하기를 기대하고, 만약 그것이 고장나거나 부서지면 더 많은 화를 냈다. 우리의 연구는 역시 대만의 소비자가 품목 수가 더 많지만 일반적인 숫자(10개의 테니스 공)의 패키지보다 "행운의" 숫자(8개의 테니스 공)만큼 품목이 들어 있는 패키지에 대해 더 높은 가격을 기꺼이 지불한다는 것을 설명했다. 대만 소비자는 숫자 8(10에 비해)이 가진 그들의 긍정적인 미신적 믿음 때문에 25%가 적은 테니스 공에 대해 50% 넘는 가격을 기꺼이 지불했다. 이와 유사하게, 타이완 소비자들은 불행한 숫자를 피하기 위해서도 기꺼이 많은 금액을 지불하는 것을 발견했다. 그들은 같은 상품을 할인한 444타이완 달러(4는 불행의 숫자)보다 555타이완 달러(5는 중립적인 수)를 더 선호한다.

당신은 불행한 숫자를 피하기 위해 기꺼이 더 많은 돈을 지불하는가? 미국의 소비자는 대만 사람들과 같은 믿음을 갖고 있지 않지만, 13이 불행한 숫자라고 생각한다. 많은 미국의 건물은 13층을 갖고 있지 않으며, 미국의 비즈니스 종사자들은 13일의 금요일마다 많은 돈을 잃는다. 사람들은 그날 중요한 거래를 피하기 때문이다. Tom과 나는 13일의 금요일에 대한 미신적 믿음이 미국 학생들의 선택에 영향을 주는지 연구해 보았다. 학생들에게 두 가지 중 선택을 하라고 했다. 첫 번째 내기는 돈의 합이 작은 것이 이기는 것이라고 알려주었고 두 번째 내기는 많거나 없는 것이 이기는 것이라고 했다. 예를 들면, 학생들에게 확실한 18달러를 받는 것과 240달러를 받을 수 있는 20% 기회가 있고 80%는 아무것도 받지 못하는 것 중에서 선택하기를 요청했다. 대부분의 미국 학생들은 많은 돈을 받기를 바라며 위험한 선택을 선호하는 것으로 나타났다. 그러나 우리가 이 질문을 13일의 금요일에 요청했을 때, 학생들의 선택이 위험이 없는 더 작은 돈 쪽으로 바뀌었다.

미신적 믿음이 행동에 어떻게 영향을 주는지에 대한 지식을 사용하는 것이 경영자가 더 나은 비즈니스 결정을 하는 데 도움을 줄 수 있다. 만약 Taco Bell이 그들의 7겹짜리 Crunchwrap Supreme를 중국의 소비자를 위해 8겹으로 바꾸었다면 얼마나 많은 이익을 더 벌었을 것인가? 유사하게, Domino의 4/4/4달러 프로모션은 중국의 소비자에게 아마도 환영받지 못했을 것이다.

발생한다. 연구 대상이었던 Asante 사람들은 죽음을 두려움과 같은 것으로 생각하지 않았다. 그것은 단지 확정의 일부분이고 정체성 협의의 진행 과정이다. Madagascar의 일부 지역 사람들은 한 단계 더 나아간다. 그들은 무덤에서 조상의 시체를 정기적으로 밖으로 꺼내어 가족들이 수의 밖으로 삐쳐 나온 유골의 외형을 쓰다듬을 수 있도록 한다. 이 의식은 Famadihana라고 부르는데, 가족들의 최근 소식을 망자에게 전하고 대신 축복과 인도를 구하는 의식이다.

목표 7

대체로 제품을 신성한 것 또는 세속적인 것으로 기술할 수 있지만, 제품들이 이 두 영역에 모두 포함되는 것을 흔히 볼 수 있다.

신성한 소비와 세속적 소비

신화의 구조에 대해 논의했을 때 우리가 본 것처럼, 많은 소비자 활동의 유형들은 좋고 나쁜 것, 남성 대 여성, 혹은 일반 콜라 대 다이어트 콜라와 같은 분류의 경계나 이원 대립으로 나타난다. 우리가 발견한 가장 중요한 구분 중 하나는 신성한 것과 세속적인 것이다. **신성한 소비**(sacred consumption)는 우리가 어떤 대상과 사건을 일상적인 활동과는 "동떨어진 것으로 만들고" 그것들을 존경심이나 경외심을 갖고 다룰 때 발생한다. 비록 "신성함"이 종교적 가공품과 의식을 생각하게 하는 경향이 있을지라도, 이 맥락에서 신성하다는 것은 반드시 종교적 의미를 반영하는 것은 아니다. 대조적으로, **세속적 소비**(profane consumption)는 일상적 혹은 일반적인 대상과 사건을 설명한다. 그들은 신성한 것의 "특별함(specialness)"을 공유하지 않는다. 비록 두 개의 의미가 일부 유사하다고 하더라도, 이런 맥락에서 우리는 외설을 세속적인 것과 동일시하지는 않는다.

흔히, 우리는 이 두 영역 간의 차이를 그들이 서로 충돌할 때까지 알지 못한다. 서로 충돌하며 불꽃이 튄다. 흡사 Star Trek에서 물질과 반물질 사이의 일종의 충돌처럼 말이다. 태국에서의 충돌은 이 과정을 설명한다. 그것은 몇몇의 뉴욕 바에서 섹시한 춤을 추는 여자에 관한 영화 Coyote Ugly에서 영감을 얻은 방콕의 나이트 클럽이 그들 자신의 "Coyote Girls"를 내세우기 시작했다. 이러한 트렌드는 유행을 했고, 곧 댄서들은 자동차 쇼, 쇼핑몰, 야외 축제 등에 나타났다. 사회적 문제로 떠올랐을 때는 불교 신자들이 부도덕한 생각과 행동을 삼가하는 3개월 기간(일종의 기독교 사순절과 같은)의 끝인 휴일에 불교 사원 근처에서 이 소녀들이 벌인 한 공연에 대해 태국 여왕이 알게 되었을 때이다. 제품을 홍보하기 위해 Coyote Girls를 고용한 모토사이클 상점에 대한 TV 뉴스를 보았을 때, 여왕은 신성한 영역에 대한 세속적인 행동의 침입에 대해 격분했다. Coyote Girls는 현재 공공장소에서 춤추는 것을 금지당했다.

신성화

신성화(sacralization)는 일상적 대상과 사건, 심지어 사람들이 신성한 의미를 취할 때 발생한다. 많은 소비자들은 슈퍼볼과 같은 이벤트와 Elvis Presley와 같은 사람을 신성한 것으로 간주한다. 사실상 어떠한 것도 신성한 것이 될 수 있다. 의심스러운가? Dallas Cowboy 미식축구팀의 구성원이 입은 빨지 않은 낡은 운동복을 판매하는 웹사이트가 있다. 예전의 쿼터백 Troy Aikman의 신발은 1,999달러에 팔렸고, 알 수 없는 선수의 땀이 남아 있는 미세탁 연습용 셔츠는 99달러에 팔렸다. 한 켤레에 19.99달러짜리 중고 양말은 완판되었다. 그 소유자는 이렇게 말한다. "이전에 Cowboy를 만져볼 수 없었던 팬들이 지금은 기회를 갖게 되었다."

객관화(objectification)는 우리가 신성한 것들을 일상적인 물건(냄새 나는 양말과 같은)으로 볼 때 발생한다. 이 과정이 발생하는 하나의 방법은 우리가 신성한 사건과 연계시키는 대상이나 사람들이 자체적으로 신성해지는 **오염**(contamination)을 통해서이다. 이것은 유명한 사람들 소유의 (혹은 그들이 만졌던) 제품에 대한 많은 팬들의 욕망을 설명한다. Washington DC의 Smithsonian 박물관에서조차 오즈의 마법사의 루비 슬리퍼,

이 경보 시스템 광고는 세속적인 제품을 팔기 위해 신성한 이미지를 사용하고 있다.
출처: Courtesy of First Alert Corp.

Star Trek의 페이저 건, TV 쇼 All in the Family에서의 Archie Bunker의 의자와 같은 "신성한 품목" 등을 전시한다. 모든 것은 단단한 진열대 유리 안에 보관되어 있다.

희귀품을 진열하는 박물관 전시뿐 아니라, 우리는 종종 일상적이고 비싸지 않은 것들도 수집하기 위해 따로 챙겨둔다. 우리가 그렇게 할 때 그것들은 세속적인 품목에서 신성한 것으로 변환한다. 하나의 품목은 수집에 들어가자마자 신성화되고, 그것은 수집한 사람에게 다른 사람이 이해하기 어려운 특별한 의미를 갖는다. 예를 들면, 도시 외곽의 레스토랑을 방문한 것을 기념하기 위해 성냥갑을 모으는 사람을 보면 그러하다. 만약 실제로 성냥이 필요할 때, 이것들 중 하나를 사용해 보면 알 수 있다.

수집(collecting)은 특별한 물건이나 물건의 세트를 체계적으로 획득하는 것을 말한다. 이것은 사용하던 물건의 폐기를 거부하는 **저장강박**(hoarding)과는 구분된다. 저장강박은 오래된 신문, 음식, 심지어 죽은 애완동물 등을 처분하지 않아서 도시에서 화재, 퇴거, 아이들의 가출 등을 야기한다. 12개의 도시는 이 문제들을 방지하기 위해 축적 대책위원회를 운영한다.

일반적으로 수집은 이성적이고 감성적인 요소들을 모두 포함한다. 한편으로, 열렬한 수집가는 조심스럽게 그들의 보물들을 정리하고 전시한다. 다른 한편으로, 그들은 수집품에 강한 애착을 보인다. 한 테디베어 수집가는 이런 집착에 대해 다음과 같이 말한다. "만약 내 집이 불에 탄다면, 나는 나의 가구 때문에 울지 않고, 나의 테디베어들에 대해 울 것이다."

일부 소비자 연구자들은 수집가들이 사회적으로 수용된 관습 안에서 물질주의를 충족시키는 그들의 "상"을 획득한다는 것을 느낀다. 체계적으로 수집을 축적할 때, 수집가들은 물질적 대상을 "숭배한다." 그러나 그들은 죄책감이나 옹졸함을 느끼지 않는다. 다른 관점에서 보면, 수집은 실제로 심미적인 경험이라고 볼 수도 있다. 많은 수집가들은 수집을 만들어내는 것으로부터 기쁨을 느낀다. 동기가 무엇이든지 간에 열성적인 수집가들은 종종 그들의 수집을 유지하고 확장하기 위해 많은 시간과 에너지를 쏟는다. 따라서 많은 것을 위한 이런 활동은 그들의 확장된 자아의 중심적 요소가 된다.

신성한 소비의 영역

신성한 소비 활동은 우리 삶의 다양한 면에 스며 있다. 우리는 많은 장소와 사람, 사건 등을 "구분 짓는" 방법을 찾는다. 여기서 우리는 "일상의" 소비가 때때로 결국 일상적이지 않다는 것을 볼 것이다.

신성한 장소

사회는 신성한 장소를 "구분 짓는다." 왜냐하면 그들이 종교적이거나 신화적인 의미(예, Bethlehem, Mecca, Stonehenge)를 갖고 있기 때문이거나 그들이 한 국가의 유산(예, 크렘린궁, 도쿄의 황궁, 자유의 여신상, 혹은 더 최근의 맨해튼의 Ground Zero)이 갖고 있는 일부 측면을 기념하기 때문이다. 오염은 이 장소들을 신성하게 만든다. 신성한 어떤 것은 그 지점에 발생하며, 그 장소 스스로 신성한 것이 되어버린다. 격렬한 Yankees의 팬은 지금 Yankees Sod(공식적으로 허가된 첫 잔디)를 살 수 있다. 비록 거대한 잔디구장을 채우기 위해 수천 달러의 비용이 들지라도, 자부심이 강한 팬들은 경기장에서 관리인이 사용하는 같은 씨앗으로부터 자라는 잔디를 자랑스러워할 수 있다. 그 결과, 그 잔디 조각은 메이저리그 야구의 진품 증명서와 그것이 New York Yankees의 공식적 잔디임을 분명히 하는 위조 방지 홀로그램의 보증이 따른다.

여전히 다른 장소들은 세속적인 것으로 시작하지만 우리는 그것들에 신성한 특성을 부여한다. 영화배우가 후세를 위해 콘크리트로 된 그들의 풋프린팅을 남긴 Hollywood Graumann의 Chinese Theater는 그러한 장소 중 하나이다. 테마 공원은 신성함에 기대어 대량 생산된 환타지의 한 형태이다. 특히, Disney World와 Disneyland(그리고 유럽과 일본에 있는 그들의 전초기지들)는 세계 여러 곳의 소비자들에 의한 "순례"를 위한 도착지이다. Disney World는 더 전통적인 신성한 장소의 많은 특징을 보여준다. 심지어 일부는 그 공원으로의 여행이 치료 능력을 갖고 있다고 믿는다. 그래서 시한부 환자인 아이들의 마지막으로 가보고 싶은 장소가 되기도 한다.

옛말에 "집은 사랑이 있는 곳이다"라고 했다. 많은 문화에서 집은 특히 신성한 장소이다. 냉혹한 외부 세계와 소비자들의 "내부 공간" 사이에는 장벽이 있다. 미국인들은 실내 장식과 가구 배치에 한 해 500억 달러 이상을 지출한다. 그 결과 집은 우리 정체성의 중심적 부분이 된다. 전 세계의 모든 사람들은 "편안함"을 만들기 위해 무엇이라도 한다. 그들은 대문의 화환과 현관 깔개, "가족 사진을 위한 기념벽" 등을 가진 주택으로 개인화한다. 심지어 Starbucks 카페 같은 공공장소도 외부 세계의 냉혹함으로부터 소비자에게 휴식처를 제공할 수 있는 가정적인 공간을 제공하기 위해 노력한다.

신성한 사람

그녀의 웹사이트 livingoprah.com에서, 열성팬 Robyn Okrant는 Oprah Winfrey에 대한 그녀의 헌신을 블로그에 기록했다. 그리고 그 해 먹고, 입고, 읽는 것에 대한 Oprah의 조언에 의해 완벽하게 제시된 그녀의 삶을 사는 데 시간을 보냈다. 그녀는 "만약 내가 진심으로 그녀의 라이프스타일 제안에 전념하면, 행복을 찾을 수 있을까?"라고 생각해 본다.

우리는 우리 스스로가 그들을 대중들과 다르게 만듦으로써 신성한 사람들을 숭배한다. 그 결과 때때로 사람들은 그들이 "초인적인" 능력을 갖고 있다고 믿는다. 이 유명인들이 만진 기념품과 수집품, 심지어 일상적인 품목조차 특별한 의미를 얻는다(그 유명인사들이 그 품목들을 "오염시킨다"). 신문은 스타의 자연 그대로의 사진과 그 저작권을 얻기 위해 파파라치에게 엄청난 돈을 지불한다. 또한 많은 업체들은 유명인들과 그들을 연상케 하는 제품에 대한 우리의 욕구에 기대어 돈을 번다. 유명인의 사진을 거래하는 시장이 커지고, Diana 황태자비의 드레스나 John Lennon의 기타와 같이 유명인이 소유한 물건들이 eBay에서 천문학적인 가격에 판매되고 있다.

신성한 이벤트

때때로 공공 이벤트는 신성하고, 종교적 의식과도 유사하다. 야구 경기 전에 가슴에 손을 올리고 장엄하게 "국기에 대한 맹세"를 낭송하는 팬들, 혹은 록콘서트 동안 어떻게 성냥불을 켜는지를(혹은 환한 휴대전화를 들고 있는지를) 생각해 보라.

스포츠의 세계는 많은 사람들에게 (최근의 도핑과 도박 소문은 차치하고) 신성한 것이다. 우리는 현대 스포츠 이벤트의 기원을 풍요와 관련된 축제(예, 원래의 올림픽)와 같은 고대의 종교적 의식에서 발견한다. 팀들이 경기에 앞서 기도에 참여하는 것은 대단한 것이다. 스포츠 지면은 경전(그리고 우리 모두는 그들을 "종교적으로" 읽는 열성 팬들이 있음을 알고 있다)과 같았고, 경기장은 숭배의 집이다. 그리고 팬들은 신도들이다. 열성 신자는 tailgate 파티와 경기장의 구획들을 번갈아가며 일어나는 "물결" 응원과 같은 집단 활동에 참여한다. 팬들이 보려고 하는 선수와 코치들은 신과 같은 존재다. 열성 신자는 그들이 거의 초인적인 능력을 갖고 있다고 믿는다. 한 연구는 전설적인 University of Alabama 코치 Paul "Bear" Bryant의 이름을 따서 아이들의 이름을 지은 부모들이 600명 이상이나 된다는 사실을 밝혀냈다!

선수는 일반적인 문화적 신화인 영웅 이야기에서 가장 중요한 인물이다. 이 이야기들에서 선수들은 격렬한 상황에서 스스로의 능력을 입증해 보여야 한다. 그 결과 그는 오직 순수한 의지의 힘을 통해 승리를 성취한다. 더 일상적인 수준에서, 열성 신자는 이러한 의식 동안 확실한 의식적 가공품들(야구장의 핫도그 같은)을 소비한다. 간식용 음식과 음료의 판매는 슈퍼볼 기간 내내 급등한다. 사람들은 보통 2주 동안 또띠야 칩에 1,000만 달러 이상 지출하고 큰 경기가 있는 주에는 맥주에 1,500만 달러 이상을 지출한다.

관광은 신성한 경험의 또 다른 예이다. 비행 지연으로 인해 공항 바닥에서 잠을 자야 하는 이유 때문에 비록 동의하지 않을지라도, 사람들은 휴가 기간 동안 여행을 할 때 신성한 시간과 공간을 사용하게 된다. 관광객은 그의 일상적 세계와 다른 "진짜(authentic)" 경험을 위해 검색한다(Club Med의 좌우명인 "문명의 해독제"를 생각해 보라). 이 여행 경험은 일과 여가, "집에 머무르기" 대 "떠나기" 사이의 두 가지 대립을 포함한다. 우리는 종종 관광객으로서 승인되는 행동을 함으로써 일상적인 (세속적인) 관습에 대해 관용을 베풀게 된다. 집에서 결코 참여할 수 없는 불법적이거나 모험적인 경험에 참여한다. ("라스베이거스에서 일어난 일은 라스베이거스에 묻어라(What happens in Vegas stays in Vegas)").

물건에 대한 신성한 경험을 갖기 위한 관광객의 욕망은 실제로 신성한 기억을 파는 기념품 산업의 기반을 만들어준다. 그것이 개인화된 웨딩 성냥첩이든 뉴욕시의 소금 후추 셰이커이든지 간에, 기념품은 소비자의 신성한 경험에 의한 실체적인 물건이다. 개인의 기념품 이외에, 좋아하는 콘서트의 남은 티켓 조각 같은 것들과 아래의 것들은 또 다른 신성한 기념품의 상징이다.

- 지역 생산품(예, California 와인)
- 그림 이미지(예, 엽서)
- "암석 조각"(예, 조개껍데기, 솔방울)
- 그 지역의 문자적 묘사 형태인 상징물(예, 자유의 여신상 미니어처)
- 표시(markers)(예, Hand Rock Cafe 티셔츠)

신성함에서 세속적인 것으로, 그리고 다시 제자리로

단지 삶을 재미있게 하기 위해, 일부 소비자 활동들은 시간을 거쳐 가면서 신성한 것과 세속적인 공간 사이를 오고 간다. 터키에서 이루어진 다도와 관련된 최근 연구는 이러한 변화를 설명한다. 비록 터키는 걸쭉한 커피가 더 유명하긴 하지만, 실제로 터키인들은 어떤 다른 나라들보다 차를 더 소비한다. 터키의 문화에서 사람들은 지속적으로 물처럼(혹은 대신에) 차를 마신다. 차는 일상 생활의 필수적인 부분이다. 많은 가정과 사무실은 전통적인 çaydanlik(두 개로 된 찻주전자)에 찻물을 끓인다. 아침부터 첫 잔을 위해, 그리고 언제든 차를 준비하기 위해서 하루 종일 끓인다. 차를 마시는 과정은 많은 상징적 의미와 관련되어 있다. 차의 색깔을 나타내기 위한 투명한 전통적인 유리잔, (여성의 몸처럼 생긴) 모래시계 모양의 잔, 그리고 자신의 차를 섞는 것과 같은 의식들은 어떻게 차 잎을 곱게 가는지 그리고 최상의 맛을 위해 얼마나 오랫동안 차가 담겨져 있어야 하는지를 알려준다. Lipton이 1984년에 현대적 티백을 소개했을 때, 터키는 현대화에 전념했고 곧 소비자들은 전기 çaydanlik와 작고 모양이 잘 잡힌 찻잔 대신 머그잔을 잡았다. 차는 빠르고 편안함의 상징이 되었고, 마시는 행동은 더욱 독특한 것이 되었다. 지금 많은 터키 소비자들은 빠른 사회적 변화에 직면하여 진짜를 보호하기 위한 방법으로 더 신성하고 전통적인 의식으로 돌아가려고 한다.

대중 시장 제품에 대한 터키 차의 전환은 **비신성화**(desacralization)의 과정을 잘 보여준다. 이것은 우리가 특별한 장소로부터 신성한 품목이나 상징을 제거하거나 대량으로 복사하기 위해 그것의 "특별함"을 잃고 세속적인 것이 될 때에 발생한다. Washington Monument이나 Eiffel Tower 같은 신성한 기념물의 복제 기념품, 모나리자 또는 미켈란젤로의 다비드상과 같은 예술품, 티셔츠의 미국 국기 같은 신성한 상징의 복제품은 그들의 특별한 면을 제거한다. 그들은 상대적으로 가치가 낮은 모조 상품이 된다.

종교 그 자체는 어느 정도 비신성화되어 왔다. 양식화된 십자가 혹은 New Age 크리스탈처럼 종교적 상징은 종종 패션 보석에 나타난다. 비평가들은 종종 크리스마스가 본래의 신성한 의미가 전혀 없는 세속적이고 물질주의적인 행사로 변했다는 점을 들어 비난한다. 유사한 과정은 라마단의 신성한 기간(사람들은 전통적으로 금식과 기도를 준수한다)이 흡사 크리스마스처럼 변해가는 것이며, 이는 이슬람 중동의 비교적 서양화된 부분에서 일어난다. 사람들은 이슬람의 초승달 모양의 조명을 사고, 라마단 카드를 서로에게 보내며 호텔에서 풍성한 금식깨기 연회에 참석한다.

목표 8

마케터가 문화 간의 차이를 이해하지 못한다면, 어떤 문화권에서는 성공한 제품들이 다른 문화권에서는 실패할 수도 있다.

글로벌 소비자 문화

한 문화의 역동성을 충분히 이해하기 어려운 것처럼, 다른 문화권의 소비자들을 움직이게 하는 일은 더욱 복잡한 것이다. 문화적 민감성을 무시한 결과의 손실은 꽤 크다. McDonald's와 같은 유명한 다국적 기업이 세계적으로 확장함에 따라 부딪히게 되는 문제들에 관해 생각해 보자. 오늘날 이 미국의 아이콘과 같은 기업의 전 세계 체인점의 규모는 미국 내보다 훨씬 더 크다.

- 1994년 월드컵 기간 동안, 이 페스트푸드의 거인은 프로모션에 사용되는 일회용 포장에 코란의 신성한 단어를 포함하는 사우디아라비아 국기를 인쇄했다. 세계 주변의 이슬람 교도들은 이 신성한 표현의 차용에 항의했고, 그 회사는 실수를 정정할 수밖에 없었다.
- 2002년에, McDonald's는 감자튀김과 해시브라운이 채식주의자들을 위한 것이라는 잘못된 표기(그것은 고기 부산물로 만든 기름으로 요리된다)에 대한 소송의 일부 해결을 위해 힌두교와 그 밖의 집단에 천만 달러를 기부하는 데에 동의했다.
- 같은 해, 이 회사는 노르웨이 레스토랑에서 새로운 McAfrika 샌드위치를 도입하는 계획을 갑자기 취소했다. 노르웨이 McDonald's의 CEO는 아프리카에서 가뭄이 증가하는 시기에 이 메뉴를 출시하게 된 것이 "우연이며 불행한" 것이라고 국영 텔레비전 방송에서 유감을 표명했다.
- 인도에서, 이 기업은 자사의 유명한 쇠고기 햄버거 중 그 어떤 것도 판매하지 않는다. 또한 인도에서의 중국 음식 대유행을 이용하기 위해 Pizza McPuff, McAloo Tikki(매운 포테이토 버거), Paneer Salsa McWrap, 심지어 Crispy Chinese 버거와 같은 맞춤 제작된 주요 요리를 제공한다. 계란을 제외한 마요네즈를 만들고 모든 매장은 채식주의자와 아닌 사람들의 음식을 위해 분리된 주방을 유지한다. 비채식주의자 주방에서 일하는 사람들은 다른 주방으로 넘어가기 전에 샤워를 해야 한다.
- 2005년, McDonald's는 구정 설날을 지내는 한국, 인도네시아 등의 9개국에서 매운 행운 버거를 출시했다.
- 이 체인점의 Big Tasty Burger는 세 장의 슬라이스 치즈와 스모키 베이컨 소스가 듬뿍 발린 5.5온스의 쇠고기 패티로 구성된 840칼로리의 큰 덩어리이다. 이 메뉴는 스웨덴에서 처음 소개되었고, 지금 라틴아메리카와 호주는 물론 유럽에서 판매되고 있다.

GNP 100억 달러 미만인 국가는 60개국 이상이다. 이 금액 이상을 벌어들이는 기업이 최소한 135개나 된다. 많은 다국적 기업들은 수십억 명의 사람들이 잘 알고 있는 누구나 아는 이름이다. 이러한 마케팅 제국의 지배는 **글로벌 소비자 문화**를 만들었고, 이것은 전 세계 사람들이 동일한 브랜드 제품, 영화 스타, 유명인, 레저 활동 등에 대해 관심을 갖게 만들어냈다. 전 세계적 불황기 중에도 사치품의 판매는 꽤 괜찮은 수준을 유지했다. 소비자들은 매해 고급품 구매에 2,720억 달러를 쓴다. 아시아에서는 2011년부터 2012년까지 무려 20% 가까운 성장세가 나타났다.

고급 자동차, MTV에 등장하는 멋진 록스타, 생활을 편리하게 해주는 가전제품들의 매력적 이미지들은 눈만 돌리면 우리 주위를 가득 채우고 있다. 전 세계 사람들은 물질적 라이프스타일의 이상을 공유하고, 부를 상징하는 유명 브랜드들에 대해 가치를 두기 시작했다. 쇼핑은 필수품을 채우는 지루하고 과업 중심의 투쟁에서 레저 활동으로 진화했다. 이러한 선망의 물건들을 소유하는 것은 그 사람의 지위를 보여주는 장치가 된다. 전 세계의 소비자들은 동일한 열망, 미디어, 브랜드 등을 더욱 더 많이 공유하게 되었다.

목표 9

타문화권의 사람들이 제품에 대해 미국인들과 동일한 의미를 부여하지는 않더라도 서구문화(주로 미국 문화)는 전 세계에 걸쳐 많은 영향을 미쳤다.

새로운 브랜드의 세상

Coca-Cola와 McDonald's는 아시아권 젊은이들 사이에서 인기가 있다. NBA는 미국 외에서 매년 5억 달러의 라이선스 상품을 판매한다. 런던에 있는 Starlite Urban Drive-in의 고객들은 차 안에 앉아서 미국의 "고전"인 Grease와 Dirty Dancing 등을 보면서 버거, 미트롭, 스윗 포테이토파이, 아이스크림 선데이, 초콜릿 브라우니 등을 먹는다.

리스본이나 부에노스아이레스의 거리를 걷다 보면, Nike 모자, Gap 티셔츠, Levi's 청바지를 흔하게 볼 수 있다. 미국 소비자 문화로부터의 유혹은 전 세계에 퍼져 있다. 그러나 많은 곳에서 이에 대한 반발도 일어나고 있다. 여러 나라에서 비판가들은 그들 문화의 미국화를 한탄하는데, 이는 미국문화를 과도한 물질주의로 보기 때문이다. 한 프랑스 비평가는 미국 문화 확산에 대한 저항을 다음과 같이 요약적으로 표현했다. 그는 유로 Disney 테마 파크를 "박스종이, 플라스틱, 섬뜩한 색깔로 만들어진 공포—뚱뚱한 미국인들이 쓴 만화책에서 나오는 딱딱해진 츄잉껌과 멍청한 민속의 구조물"이라고 일갈했다.

베이징에서의 한 서베이는 12세 이하의 전체 어린이 중 거의 절반이 McDonald's가 중국의 국내 브랜드라고 생각한다는 것을 발견했다! 서구(특히 미국)는 대중문화의 수출을 주로 한다. 많은 소비자들은 일반적인 서구의 생활양식과 영어를 현대화 및 교양과 동일시하며, 수많은 미국의 브랜드는 느리게 그러나 확실하게 지역 문화 안으로 스며든다. 또한 일부 글로벌 브랜드들은 너무 널리 퍼져서 모호하게 그들 나라의 것으로 인식한다. 여러 연구들에서, 소비자들은 일상적으로 Heineken을 독일산(실제는 네덜란드산), Nokia를 일본산(실제는 핀란드산)이라고 추측한다.

2009년에 실시한 한 연구는 중국 소비자들이 서구 브랜드들을 어떻게 생각하는지를 살펴보았다. 연구자들은 중국인들의 해석은 중국과 서구 간 관계의 역사에 대한 그들의 독특한 관점에 달려 있다는 사실을 밝혀냈다. 참여자들로부터 서구를 의미하는 4개의 네러티브 테마를 찾아냈다: 해방자, 박해자, 피정복자, 파트너. 그들이 인정하는 관점에 따라, 참여자들은 서구 브랜드들을 민주화, 지배, 중국산 브랜드가 영향력을 갖기 시작함에 따른 아시아 우월주의, 미국과 서구 유럽과의 경제적 협력 관계를 향상시키는 경제적 발전의 도구 등으로 인식했다.

국제 소비 윤리가 확산됨에 따라, 문화간 의식과 상품 선호는 동질화된다. 예를 들면, 이슬람교의 터키에서 일부 도시 생활자들은 비록 선물 교환이 그 나라 대부분 지역에서 관습이 아닐지라도 현재는 크리스마스를 기념한다. 중국에서의 크리스마스에 대한 열광은 쇼핑하고, 먹고, 파티하는 것에 대한 핑계로 새롭게 부상한 도시 중산층에서 일어나고 있다. 비록 예수와 마리아의 사진들을 판매하는 거리 행상들이 그들이 누구인지도 모른다 해도 사람들은 크리스마스 트리, 장식, 기독교의 종교적 물건들을 구매한다. 중국의 소비자들은 전통적 기독교의 축하 행사가 아니라 현대의 국제적 공휴일로서 크리스마스를 받아들인다. 정부는 이 관행을 장려한다. 왜냐하면 그것이 소비자의 지출을 자극하기 때문이다. 휴일을 즐겁게 하기 위해, 중국은 해마다 약 10억 달러어치의 관련 상품을 수출하고, 공장들은 전 세계 사람들이 그들의 크리스마스 트리 아래에 놓아둘 75억 달러의 인형을 생산한다.

이런 동질화가 장래에 나이로비, 뉴기니아, 네덜란드 등에 살고 있는 소비자들이 뉴욕이나 내슈빌의 소비자들과 별 차이가 없어진다는 것을 의미할까? 아마도 아닐 것이다. 왜냐하면 상품의 의미들은 지역의 관습과 가치와 섞여 변화하기 때문이다. 예를 들면, 터키의 일부 도시 여성들은 옷을 건조하기 위해 오븐을 사용하고, 시금치의 진흙을 씻기 위해 식기세척기를 사용한다. 혹은 파푸아 뉴기니아의 사람들은 bilum과 같은 전통적인 의상 스타일에 미키마우스 셔츠나 야구 모자와 같은 서구의 품목을 조합한다. 이러한 과정들은 국제적 동질화가 지역의 문화를 압도하는 것이 가능하지는 않지만, 고유의 상품과 의미들을 가진 Nike의 로고와 같은 국제적 아이콘을 혼합한 다양한 소비자 문화들이 나타날 가능성은 높게 만든다. 예를 들어, 베트남 지역 패스트푸드 체인점들은 McDonald's의 스타일을 베끼면서 시장을 지배하지만, 지역의 독특한 맛을 추가한다. 그 국가들의 거대한 성공적인 Kinh Do 빨강색과 노란색 아울렛은 건조된 오징어 빵과 같은 특산물을 판매한다. 필리핀에서 Jollibee Food Corp. 버거 체인점은 McDonald's의 형상을 복사했다. 그리고 그것은 McDonald's보다 더 많이 팔린다.

혼성화(creolization)는 외국의 영향이 지역의 의미들과 통합될 때 발생한다. 인도에서 신체 장애가 있는 거지들이 삼륜 휠체어를 타고 코카콜라를 팔며, 인기 음악의 혼성인 Indipop은 전통적인 스타일과 록, 랩, 레게 등을 혼합했다. 젊은 히스패닉계 미국인들은 힙합과 Rock en Espanol 사이를 뛰어다니고, 멕시코 라이스를 스파게티 소스와 섞으며, 또띠야 위에 땅콩 버터와 젤리를 펴 바른다. 아르헨티나에서, 코카콜라는 토착 재료로 만들어진 상품의 포트폴리오를 확장하기 위해 그 나라의 전통적인 yerba mate 허브 차의 맛을 가진 소프트 음료, Nativa를 출시했다.

혼성화 과정은 때때로 지역들이 그들의 관습과 호환될 수 있도록 그것들을 수정할 때 상품과 서비스의 기이한 편성을 초래한다. 다음의 혼성화된 수용들을 고려해 보자.

- 페루에서, 인디안 소년들은 트랜지스터 라디오처럼 보이는 페인트 칠을 한 돌을 갖고 다닌다.
- 파푸아 뉴기니아의 고산지대에서, 원주민은 Chivas Regal 포장지를 그들의 드럼 위에 놓고 코뼈 대신에 Pentel 펜을 꽂고 다닌다.
- 에티오피아 Kako의 고지대에서 멀리 떨어진 Bana 원주민은 View-Master에서 Pluto the Circus Dog를 보기 위해 돈을 지불한다.
- 아프리카 Swazi 공주가 Zulu 왕과 결혼할 때, 그녀는 이마 주변에 빨간 새의 날개깃털 장식과 천인조 날개 장식과 쇠꼬리 어깨 망토의 전통적인 의상을 입는다. 그러

The Tangled Web

일본의 식품 및 간장 브랜드는 사람들이 "아시안화되는" 것을 허용하는 Facebook 앱을 출시했다. "도시 아시아인 모습"을 하기 위해서는 일본 스모 선수들의 사진과 당신의 사진을 합성하여 올리면 된다. 이 앱은 그 기업의 네덜란드 지사에서 만들었는데, "아시아의 도시에서 오늘 어떤 일들이 일어나고 있는지를 알려주는 포털"이라고 명명했다. 음…. 그리 그럴듯하지는 않은데 말이다.

나 손님들은 밴드가 "The Sound of Music"을 연주하는 동안 그 축하 행사를 Kodak 영화 카메라로 기록한다.

- 일본인들은 비록 그 의미를 이해하지 못할지라도 새롭고 흥분되는 어떤 것을 위한 약칭으로서 서구의 단어를 사용한다. 그들은 자동차에 Fairlady, Gloria, Bongo Wagon과 같은 이름을 붙인다. 소비자들은 deodorant(데오도란트)와 appuru pai(애플파이)를 구매한다. 광고들은 쇼핑객들이 stoppu rukku(stop and look)하도록 호소하며, 상품들은 yuniku(unique)하다는 것을 내세운다. Coca-Cola의 캔은 "Coke & 소리의 특별함을 느낀다"라고 말하며, Cream Soda로 불리는 한 회사는 "너무 늙어서 죽기 어렵고, 너무 젊어서 행복하기 어렵다"라는 슬로건을 갖고 상품을 판매한다. 영어 이름을 가진 다른 일본의 상품들은 Mouth Pet(구강 청정제), Pocari Sweat(이온음료), Armpit(전기 면도기), Brown Gross Foam(헤어 염색 무스), Virgin Pink Special(스킨 크림), Cow Brand(미용 비누), Mymorning Water(캔 생수) 등이 있다.

각 브랜드가 갖고 있는 글로벌적 특성을 무시하기보다는, 기업들은 전략적으로 그것을 부각시켜야만 한다. 많은 기업들의 미래 성장이 외국 시장에서의 성패에 달려있기 때문에, 이것은 매우 중요하다. 2002년에, 북미, 유럽, 동아시아의 선진국들은 63억 전 세계 인구의 15%에 미치지 못했다. 세계은행에 따르면, 2030년에 지구 인구는 90억으로 늘어날 것이다. 그리고, 이 사람들의 90%는 개발도상국에서 살고 있을 것이다.

기업들이 전 세계의 많은 시장에서 경쟁함에 따라 논쟁은 치열해진다. 기업들은 각 문화를 위해 분할된 마케팅 계획을 개발해야 하는가, 또는 어느 곳에서든 수행하기 위한 단일의 계획을 세밀하게 만들어야 하는가? 각 관점에서 간단히 고려해 보자.

표준화 전략의 수용

Procter & Gamble은 전 세계 소비자들에게 말하기 위한 최선의 방법에 관해 전략을 수립함으로써, 많은 나라에서 동일한 외양, 스타일 선호, 열망 등을 공유하는 큰 시장들을 발견한다. 이것들은 10대 청소년들, 일과 가족을 모두 신경써야 하는 직업 여성들, 베이비붐 세대 등에 해당된다. P&G의 Global Health and Feminine Care 부서장은 "우리는 기술을 통해 점점 더 서로 연결된 전 세계에 형성된 세계적 부족들을 보고 있는 중이다. 만약 당신이 [이 부족들 안에서] 차이점 대신에 공통점에 초점을 둔다면, 중요 비즈니스 기회들이 나타난다"라고 했다. 예를 들어, 브랜드 매니저는 10대 소녀들이 어디에서나 사춘기에 관해 같은 관심과 질문들을 가진다는 것을 발견한다. 그래서 이 기업은 그들에게 40개 나라에서 모두 통할 수 있는 콘텐츠를 만든다.

표준화된 마케팅 전략의 지지자들은 많은 국가들, 특히 산업화된 국가들이 현재 너무 등질적으로 변모하여, 동일한 전략이 전 세계 많은 곳에서 통한다고 주장한다. 만약 여러 시장들을 공략하기 위한 하나의 접근을 개발한다면, 한 회사는 각 문화를 위해 개별적인 전략을 개발하기 위한 상당한 시간과 경비를 초래하지 않기 때문에 규모의 경제라는 이익을 얻을 수 있다. 이 관점은 문화간 공통점에 초점을 두고 있는 **에틱**(etic) **관점**이라 할 수 있다. 문화에 대한 에틱 접근은 객관적이고 분석적이다. 외부자(다른 문화의 사람)가 그것을 보는 것과 같은 문화의 특징을 반영한다.

지역화 전략의 수용

올랜도(Orlando)의 Disney World와 달리, 파리의 Disneyland에 있는 Walt Disney Studios 테마 공원의 방문자들은 그들의 가이드 투어를 해설하는 미국인 영화 배우의 목소리를 들을 수 없다. 대신에, Jeremy Irons, Isabella Rossellini, Nastassja Kinski와 같은 유럽 배우들이 그들의 고유 언어로 해설을 제공한다.

Disney는 1992년에 유럽 Disney Park를 시작한 이후 지역 문화에 민감하게 대처하는 것이 얼마나 중요한지를 어렵게 알게 되었다. 이 기업은 새로운 테마파크가 지역 고객에게 (고기와 함께 와인을 제공하는 것과 같은) 지역 음식물을 제공하지 않았기 때문에 난리가 났었다. 다양한 나라들로부터 온 Euro Disney 방문자들은 심지어 아주 작은 부분에 대해서도 불만을 표했다. 예를 들면, 처음에 그 공원은 그들 자신의 지역 방식이 뛰어나다고 믿는 독일인, 이탈리아인과 다른 사람들로부터 불만을 초래한 French 소시지만을 팔았다. Euro Disney의 CEO는 "우리는 처음 개장했을 때 그것은 Disney스럽게 되기에 충분하다는 신념이 있었다. 현재 우리는 고객들이 그들 자신의 문화와 여행 습관에 대해 환영받기를 원한다는 것을 깨달았다"라고 설명했다.

Disney는 새로 개장한 홍콩 Disneyland에 문화적 민감성에 대해 알게 된 교훈을 적용했다. 임원들은 공원이 성장할 수 있기 위해서는 정문의 위치를 옮겨야 한다고 제언한 풍수 전문가와의 상담 후에 12도 정도 정문의 각도를 옮겼다. Disney는 또한 기차역으로부터 입구까지의 보도에 긍정적인 힘의 흐름(氣)이 이어지도록 하기 위한 띠를 놓았다. 현금출납기는 번영을 비추기 위해 모퉁이 가까이 또는 벽 사이에 위치해 있다. 각 건물을 마무리할 때 향을 태웠고, 개장을 위해 행운의 날(9월 12일)을 골랐다. 그 공원의 주요 무도회실 중 하나의 면적은 8이 중국의 문화에서 행운의 숫자이기 때문에 888제곱미터이다. 중국은 숫자 4를 불행한 것으로 여기기 때문에 호텔 엘리베이터에서 4층 버튼을 찾을 수 없다. Disney 역시 중국의 가족 구조가 다르다는 것을 인식하고 광고를 수정했다. 인쇄 광고는 공원에서 머리장식을 쓴 할머니, 어머니, 딸을 등장시킨다. 중국에서, 부모와 자식 사이의 긴밀한 유대는 위계적 문화 때문에 어렵다. 그래서 한 기획자는 "우리는 당신이 머리를 숙이는 것을 괜찮다고 말하고 싶다"라고 설명한다. 스톱워치를 갖고 나간 캠핑생활에서 이 회사의 디자이너들은 중국 사람들이 미국인들보다 식사를 하는 데 평균 10분 정도 더 걸린다는 것을 발견했다. 그래서 그들은 식당 지역에 여분의 700석을 추가했다. 지금, Disney는 상하이 지역에 테마파크를 또 짓고 있다. 그러나 중국 고객들을 즐겁게 하기 위해서 더욱 큰 변화를 만들어내고 있다. 중국 정부는 새로운 테마파크는 미국의 상징인 Disneyland를 닮아서는 안 된다고 주장한다. Main Street와 같은 미국의 고전적 특징이 없는 세계 유일의 Disney 공원이 될 것이다.

Disney의 경험은 문화에 따른 변화를 강요하는 **에믹**(emic) **관점**을 지지하는 마케터의 관점을 보여준다. 그들은 각 문화는 독특하고, 그것의 소유 가치 체계, 관례, 규칙을 가진다고 생각한다. 이 관점은 각 나라는 차별적 행동과 개성의 특성이라고 할 수 있는 국가적 특성(national character)을 가진다고 본다. 그러므로 마케터는 각 특정 문화의 민감성을 고려하여 각각에 맞는 전략을 세워야 한다. 문화에 대한 에믹 접근은 주관적이고 경험적이다. 내부자가 그것을 경험함으로써 문화를 설명하려고 한다.

때때로 이 전략은 지역의 취향을 수용하기 위해서 제조업자들이 제품을 수정하거나, 소매업자가 제품 전시 방법을 바꿔야 하는 것을 의미한다. Walmart가 1990년대 초반에 해외 매장들을 열기 시작했을 때, 그들은 외국의 소비자들에게 미국의 작은 한 부분을 제공했고 그것이 문제를 일으켰다. 예를 들면, 축구에 미친 브라질에서 골프 클럽의 판촉 활동을 하거나, 멕시코에서 아이스스케이트를 판매하려고 했다. 고객들에게 미소 짓도록 독일인 점원을 훈련시켰을 때, 사람들은 비웃거나 희롱한다고 생각했었다. 현재 Walmart는 지역적 특성을 수용하고자 시도한다. 중국 매장은 살아 있는 거북과 뱀을 판매하고, 걷거나 자전거로 오는 고객들을 위해서 무료 셔틀 버스를 운행해서 냉장고와 같은 부피가 큰 품목들을 배달한다.

일부 사례에서, 어떤 곳의 소비자들은 다른 지역에서 인기있는 제품들을 싫어하며, 그들의 다른 라이프스타일로 인해 기업들은 제품 디자인을 다시 생각해야 할 때도 있다. IKEA는 미국인들이 음료에 얼음을 많이 넣기 때문에 매장에 쌓인 작은 유럽식 컵을 사지 않는다는 것을 깨달았다. 이 스웨덴의 가구 체인점은 역시 유럽인들과 비교하여 미국인들이 더 큰 침대에서 자고, 큰 책장이 필요하며, 소파에 앉는 것보다 웅크리기를 더 좋아한다는 것을 알아냈다. Snapple은 일본에서 실패했다. 왜냐하면 불투명한 음료의 색상과 병에 떠 있는 과육이 기분을 상하게 했기 때문이다. 이와 유사하게, Frito-Lay는 Ruffles 감자 칩(아주 짠)과 Cheetos(일본인들은 한 움큼 먹은 후에 손에 가루가 묻는 것을 좋아하지 않는다) 판매를 중단했다. 그 회사는 여전히 중국에서 Cheetos를 만들지만 그 지역의 버전은 중국 식이요법의 기본 식료품 이외의 어떤 치즈도 포함하지 않는다.

Marketing Pitfall

외국의 새로운 시장을 공략할 때, 마케터가 가장 처음 부딪히게 되는 장애물은 언어 장벽일 것이다. 중국에서 영어가 사용되는 방법이 하나의 사례가 되겠다. 예컨대, 식당에서 웨이터는 “즐거운 식사되세요”라는 의미로 천천히 식사하라고 요청하기도 한다. 호텔에서는 벨맨이 “나오실 필요없어요”라는 의미를 “저를 곁눈으로 보지 마세요”라고 손님에게 얘기하기도 한다. 중국의 쇼핑몰에서는 에스컬레이터 주변에 다음과 같은 플래카드가 붙어 있기도 한다. “조심스럽게 미끄러지고 떨어지세요(Slip and fall down carefully)”. 이 말은 “미끄러져서 떨어지지 않게 조심하세요 (be carefull not to slip and fall)”을 의미하는 것이다. 쓰레기통에 적혀 있는 문구는 원래 “재활용불가(nonrecyclable)”이어야 하는데, “재활용안된(unrecycled)”이라고 적혀 있기도 한다.

언어 장벽을 겪은 사례로 라틴아메리카 지역에서 자동차 Lada Nova를 출시한 Lada의 예가 있다. “nova”는 “no go”를 의미하며, 이는 자동차에게는 매우 부정적인 암시가 될 수밖에 없다.

이러한 문제를 해결하기 위한 기술 중 하나는 역번역(back-translation)이 될 것이다. 즉, 여러 번역자들이 번역된 광고를 다시 원어를 재번역하는 과정을 거치는 것이다. Brainiff 항공은 이러한 과정의 이점을 잘 살렸다. 이 기업은 일등석에 설치한 가죽 시트를 광고하고자 했는데, “Fly with leather”라는 슬로건을 사용했다. 스페인어를 사용하는 시장에서의 번역은 “Vuela en cuero”라는 문구였는데, 이는 말 그대로 보면 “나체인 채로 탑승하세요(Fly naked!)”였다.

마케터가 고려해야 할 문화간 차이

그래서 에믹(emic)이나 에틱(etic) 중 어떤 관점이 더 정확한가? 아마도 둘의 조합이 가장 적절한 답이 될 것이다. 일부 연구자들은 고려해야 할 관련된 차원으로 소비자 양식(consumer style)을 꼽는다. 소비자 양식은 광고에 대한 태도, 정보와 구매의 선호 채널, 브랜드 충성도, 가격 인식 등을 포함하는 사람들의 소비 활동 전반에 영향을 주는 행동, 태도, 의견의 패턴이다. 이 연구자들은 미국, 영국, 프랑스, 독일 등의 국가에서 수집한 데이터를 근거로 하여 소비자 양식의 주요 유형을 다음의 4개로 명시했다.

- 가격에 민감한 소비자
- 다양성 추구자
- 브랜드 충성 소비자
- 정보 추구자

미국만 고려해 봐도 취향에 있어서 꽤 다양한 유형이 존재하는 것을 고려할 때, 전 세계 사람들이 그들의 독특한 선호를 개발하는 것은 당연한 것이다. Panasonic은 중동의 소비자가 어떤 종류의 밥을 좋아한다는 것을 학습할 때까지, 그 밥솥이 음식을 너무 바삭하게 만들지 않고 보존된다는 사실을 강조했다. 미국인들과는 달리, 유럽인들은 아이들의 음식으로 밀크 초콜릿 대신 다크 초콜릿을 선호한다. Sara Lee는 미국에서 초콜릿 칩, 호주에서는 건포도, 홍콩에서는 코코넛이 있는 컵케이크를 판매한다. 악어가죽 가방은 아시아와 유럽에서 인기가 있지만 미국에서는 그렇지 않다.

가장 보편적으로 사용되는 문화간 가치를 측정하는 척도로 네덜란드의 Hofstede가 개발한 **Hofstede Dimensions of National Culture**가 있다. 이 척도는 6개의 차원에 대한 각 국가의 점수를 산출함으로서 사용자들이 가치를 비교하고 대조할 수 있도록 해 준다.

- **권력 거리**(power distance): 조직 내의 힘이 없는 구성원들이 권력이 불공평하게 분배되고 있다고 생각하는 정도.
- **개인주의**(individualism): 개인들이 집단에 통합되는 정도
- **남성다움**(masculinity): 성 역할 간의 분배
- **불확실성 회피**(uncertainty avoidance): 불확실성과 애매모호함에 대한 사회의 수용 정도
- **장기 지향성**(Long-term orientation): 장기 지향성과 관련된 가치들은 절약이나 인내 같은 것들이며, 단기지향성과 관련된 가치들은 전통에 대한 존중, 사회적 책무 수행, 체면을 지키는 것 등이다.
- **관대 대 억제**(Indulgence versus restraint): 삶을 즐기는 것과 관련된 인간의 기본적이고도 자연스러운 욕구의 충족을 사회가 허용해 주는 정도. 억제가 높은 사회에서는 욕구의 충족을 억누르게 되며, 엄격한 사회 규범을 수단으로 그것을 규제한다.

글로벌 마케팅은 효과적인가?

그래서 결론은 무엇인가? 글로벌 마케팅이 효과적인가? 아마도 더 적절한 질문은 "언제 그것이 효과적인가?"일 것이다. 비록 원칙적으로 세계 문화가 동질적이라고 주장하더라도, 실제로 그렇지 않은 경우가 많다. 각 나라의 소비자들이 다양한 관례와 관습들을 갖는 것을 보면 알 수 있다. 그래서 그들은 간단하게 같은 방법으로 상품을 수용하지 않는다. 예를 들면, Kellogg는 브라질에서 사람들이 전통적으로 아침을 많이 먹지 않는다는 것을 발견했다. 그들은 시리얼을 그냥 스낵처럼 먹을 가능성이 더 높다.

사실상, 중요한 문화적 차이들은 심지어 같은 나라에서도 나타난다. 우리는 미국 주변을 이동할 때도 다른 장소로 여행한다고 느낀다. 캐나다의 광고주들은 그들이 프랑스어를 쓰는 퀘벡의 소비자들을 대상으로 할 경우의 메시지는 영어권에서의 메시지와는 많이 달라야 한다는 것을 알고 있다. 몬트리올의 광고들은 토론토보다 더 선정적인데, 이것은 프랑스와 영국에 뿌리를 둔 소비자들 사이에서의 성에 대한 태도의 차이를 반영한 것이다.

Coca-Cola와 같은 일부 대기업들은 성공적으로 단 하나의 국제적 이미지를 만들었다. 여전히, 이 소프트 음료 거인은 각 문화에서 자신을 나타내는 방식에 있어서 작은 변용을 하기도 한다. 비록 Coke 광고가 주로 표준화되었을지라도, 이 기업은 가까이에서 지역적인 면을 강조하기 위해서 지역 광고대행사들이 광고물들을 편집하도록 했다. 이 다문화 노력을 위한 성공의 기회들을 최대한 활용하기 위해, 마케터들은 일반적인 세계관을 공유하는 소비자들이라 하더라도 그들을 각자의 나라와 연관지어야 한다. 사고의 관점이 상대적으로 더 국제적이거나 세계주의적인 사람들 또는 국제적 관점에서 정보를 얻는 사람들일 경우에도 더욱 그러하다.

이 범주에 드는 사람들은 누구일까? 두 개의 소비자 세분 시장이 후보군이 될 수 있겠다. (1) 여행, 사업상의 지인들, 매체 경험 등을 통해서 전 세계의 아이디어와의 연결이 개방되어 있는 부유한 "세계 시민" (2) 여러 나라에 많은 동일한 이미지를 방송하

는 MTV 등의 미디어들에 의해 패션과 음악에 대한 영향을 강하게 받은 젊은 사람들. 예를 들면, 로마나 취리히의 MTV Europe 시청자들은 런던이나 룩셈부르크에서 그들의 MTV로 동일한 "buzz clips"을 볼 수 있다.

41개국 소비자를 대상으로 진행한 한 대규모 연구는 사람들이 글로벌 브랜드에 연관을 짓는 성격이 무엇인지를 규명했고, 그러한 차원들이 제품의 구매 상황에서 어느 정도의 중요성을 갖는지를 측정했다. 연구자들은 같은 방식으로 브랜드를 평가하는 소비자들을 다음과 같이 4개 집단으로 분류했다.

1. **글로벌 시민**(Global citizens): 이 가장 큰 집단(전체 소비자의 55%)은 품질과 혁신의 상징으로 기업의 국제적 성공을 사용한다. 동시에, 그들은 기업이 소비자 건강, 환경, 근로자 권리와 같은 쟁점에 대해 책임감 있게 행동하는지를 고려한다.
2. **글로벌 몽상가**(Global dreamers): 두 번째로 큰 집단(23%)이며, 글로벌 브랜드를 양질의 제품으로 간주하며, 그들이 꿈꾸는 것을 구매할 준비가 된 사람들이다. 글로벌 시민들보다 사회적 책임에 대해서는 덜 고려하는 편이다.
3. **반글로벌주의자**(Antiglobals): 소비자의 13%는 다국적 기업들이 고품질 상품을 유통하는 것에 회의적이다. 그들은 미국인의 가치를 선전하는 브랜드를 좋아하지 않고 글로벌 기업들이 책임감있게 행동하는지에 대해서는 불신하는 편이다. 그들은 다국적 기업과 사업하는 것을 피한다.
4. **글로벌 불가지론자**(Global agnostics): 나머지 9%는 구매 결정에 있어서 브랜드의 글로벌적 속성을 전혀 고려하지 않는다. 대신, 그들은 지역 브랜드를 평가할 때 사용하는 같은 기준으로 국제적 제품을 평가하고 특별히 고려할 만한 것으로 국제적 속성을 간주하지 않는다.

본 장의 정리

본 장의 학습을 완료했다면 다음 사항들을 이해할 수 있어야 한다:

1. 문화는 사회의 개성이다.

한 사회의 문화는 그것의 가치, 윤리 및 사회 구성원이 생산하는 물질적 대상을 포함한다. 그것은 한 사회의 구성원들 사이에 공유된 의미와 전통의 축적이다. 생태학(사람들이 그들의 거주지에 적응하는 방식)과 사회적 구조, 도덕과 심미적 원리를 포함하는 이데올로기의 관점에서 문화는 설명된다.

2. 뿌리 깊은 문화적 가치는 우리가 추구하거나 회피하는 제품 및 서비스의 유형을 결정한다.

근원적인 가치들은 소비자의 동기를 이끌어낸다. 따라서 개성이나 자유와 같은 가치에 부합하는 어떤 목표를 성취하는 데에 도움이 될 것으로 생각하기 때문에, 제품들이 의미를 지니기도 한다. 각각의 문화는 그 구성원의 대부분이 신봉하는 일련의 핵심 가치들에 의해 특징 지어진다.

3. 고급 문화와 저급 문화는 구별된다.

사회과학자들은 문화의 고급(또는 엘리트) 형식과 저급(또는 대중) 형식을 구분한다. 대중 문화 상품은 문화적 공식을 따르고 예측 가능한 구성 요소를 포함하는 경향이 있다. 그러나 마케터들이 일상적 제품을 판매하기 위해 "고급 예술"의 이미지를 접목시키는 일이 잦아지면서 현대 사회에서 이 구분은 명확하지 않다.

4. 현대의 많은 마케터들은 현실 공학 기술자들이다.

현실 공학은 마케터들이 대중 문화의 요소들을 촉진 전략에 사용할 때 발생한다. 이 요소들은 영화에 나타나는 상품의 형태, 사무실과 매장으로 뿜어지는 향기, 광고판, 테마 공원, 혹은 쇼핑 카트에 붙어 있는 모니터 등 일상 생활의 감각적이고 공간적인 면을 포함한다.

5. 신화는 문화의 가치를 표현하며, 현대에는 문화권의 구성원들에게 이러한 가치를 전달하는 마케팅 메시지이다.

신화는 한 문화가 공유하는 이상을 표출하는 상징적 요소의 이야기이다. 많은 신화들은 이분법적 대조를 갖는다. 그것들은 무엇이 맞고 무엇이 아닌지에 대해 가치를 정의한다(예, 자연 v. 기술). 광고, 영화, 미디어 등에서는 현재의 신화를 실어 나른다.

6. 휴일 지키기, 결혼, 선물 교환 등 소비활동의 대부분은 의식적이다.

의식은 일정한 순서로 일어나며, 지속적으로 반복되는 상징적 행동의 복합체이다. 의식은 대중 문화에서 발생하는 많은 소비 활동과 관련되어 있다. 이것은 휴일 지키기와 선물 증정, 꾸미기 등을 포함한다.

통과 의례는 하나의 역할에서 다른 역할로의 변화를 표시하는 의식의 특별한 형태이다. 전형적으로, 이 통과자들은 변화를 가능하게 하기 위해 의례적 물건을 획득하기 위한 욕구를 수반한다. 현대의 통과 의례는 졸업식, 동호회 가입, 결혼, 장례식 등이 있다.

7. 대체로 제품을 신성한 것 또는 세속적인 것으로 기술할 수 있지만, 제품들이 이 두 영역에 모두 포함되는 것을 흔히 볼 수 있다.

우리는 소비자 행동을 신성한 것과 세속적인 것으로 구분한다. 신성한 현상은 일상 활동 혹은 제품으로부터 "분리된" 것이다. 신성화는 우리가 사람, 이벤트, 또는 대상을 일상으로부터 분리할 때 발생한다. 객관화는 신성한 특징을 신성한 사람들이 그 물건을 소유했었기 때문으로 돌릴 때 발생한다. 비신성화는 기업들이 예술 작품을 대량으로 복제할 때처럼, 이전의 신성한 물건이나 활동이 일상의 일부가 될 때, 일어난다.

8. 마케터가 문화 간의 차이를 이해하지 못한다면, 어떤 문화권에서는 성공한 제품들이 다른 문화권에서는 실패할 수도 있다.

소비자 문화가 라이프스타일 선택에 대한 큰 영향을 미치기 때문에, 마케터들은 그들이 여러 국가에서 마케팅 활동을 하게 될 때는 문화적 관습과 선호의 차이점에 관해 가능한 한 많이 학습해야만 한다. 하나의 중요한 쟁점은 각 문화에 우리의 마케팅 전략을 맞출 필요가 있다는 것이다. 에틱(etic) 관점의 지지자들은 많은 문화의 사람들이 같은 공통의 메시지를 인식한다고 믿는다. 에믹(emic) 관점의 신봉자들은 개인적 문화가 너무 독특해서 표준화와 같은 것을 허용하기 어렵다고 주장한다. 대신에 마케터는 지역의 가치와 관행을 잘 반영한 전략을 수행해야 한다. 국제 마케팅에서의 시도들은 여러 종류의 성공을 거둔 바 있다. 많은 경우에, 만약 기본적 가치에 호소하거나, 해당 타겟 시장의 소비자들이 대체로 지역적 가치보다는 글로벌 가치를 중시 여기는 성향의 사람들이라면 그러한 접근은 성공할 가능성이 높다.

9. 타문화권의 사람들이 제품에 대해 미국인들과 동일한 의미를 부여하지는 않더라도 서구 문화(주로 미국 문화)는 전 세계에 걸쳐 많은 영향을 미쳤다.

미국은 대중 문화의 주요 수출국이다. 전 세계 소비자들은 미국의 상품을 열정적으로 수용한다. 특히 엔터테인먼트 매체와 미국인의 라이프스타일에 관련된 품목(예, Marlboro 담배, Levi's 청바지)의 경우에 더욱 그러하다. 세계 문화의 지속적인 "Americanization(미국화)"에도 불구하고, 일부 사람들은 세계화에 저항한다. 왜냐하면 그것이 그들 지역의 문화들을 희미하게 할 것이라는 점을 두려워하기 때문이다. 반면에, 그들은 기존의 문화적 관습에 이 제품들을 통합시킴으로써 혼성화를 실행한다.

KEY TERMS

Hofstede의 국가 문화 차원 Hofstede Dimensions of National Culture
LOV 척도 list of values (LOV) scale
Plinking™
가치 value
가치 체계 value system
간접광고 product placement
객관화 objectification
게임광고 advergaming
공예 제품 craft product
관례 conventions
관습 custom
궁극적 가치 terminal values
글로벌 소비자 문화 global consumer culture
꾸미기 의식 grooming rituals
도구적 가치 instrumental values
래더링 laddering
문화 culture
문화 생산 시스템 culture production system (CPS)
문화변용 acculturation
문화적 게이트키퍼 cultural gatekeeper
문화적 공식 cultural formula
문화적 선택 cultural selection
문화화 enculturation
반축제 antifestival
비신성화 desacralization
사회 구조 social structure
생태학 ecology
선물 증정 의식 gift-giving ritual
세속적 소비 profane consumption
소비자 양식 consumer style
수단-목적 사슬 모델 means–end chain model
수집 collecting
신성한 소비 sacred consumption
신성화 sacralization
신화 myth
에믹 관점 emic perspective
에틱 관점 etic perspective
예술작품 art product

오염 contamination
요새 브랜드 fortress brands
의례적 제품 ritual artifacts
의식 ritual
이데올로기 ideology
이분법 binary opposition
자연성장적 규범 crescive norms
저장 강박 hoarding
통과의례 rites of passage
풍습 more
프리테일러 pretailer
핵심 가치 core values
현실 공학 reality engineering
호혜적 규범 reciprocity norm
혼성화 creolization
흡수 cooptation

REVIEW

3-1. 문화는 무엇인가? 문화를 설명할 때, 사회과학자들이 사용하는 세 가지 차원에 대해 설명하고, 각각의 예를 들어 보라.

3-2. 신화는 특별한 이야기이다. 무엇이 신화를 특별하게 만들어 주는가? 현대적 신화의 한 예를 들어보라.

3-3. 마케터가 사용하는 이분법적 원칙의 예를 들어보라.

3-4. 의식은 무엇인가? 세 가지 의식을 설명하고, 각각의 예를 제시해 보라.

3-5. 의식의 3단계를 열거해 보라.

3-6. 신성한 소비와 세속적 소비의 차이는 무엇인가? 각각의 예를 들어 설명하라.

3-7. 수집은 어떻게 신성해지는가? 수집과 사재기는 어떻게 다른 것인가?

3-8. 집단적 선택에 대해 예를 들어 설명하라

3-9. 문화 생산 체계를 서술하고, 그 세 가지 요소를 열거해 보라. 이 세 가지 요소들과 함께 CPS의 예를 들어보라.

3-10. 문화적 게이트키퍼의 예를 세 가지 들어 설명하라.

3-11. 예술과 공예의 차이를 설명하라.

3-12. 문화적 공식은 무엇인지, 예를 들어 설명하라.

3-13. 간접광고를 정의하고, 이것의 세 가지 예를 들어보라. 브랜디드 엔터테인먼트와 공통점 및 차이점은 무엇인가?

3-14. 게임광고는 무엇인지 예를 들어서 설명하라.

3-15. CPS에 영향을 미치는 요인들은 무엇인가?

3-16. 혁신자, 조기수용자, 게으름뱅이 등에 대해 설명하라(혁신의 확산이론).

3-17. Fashion, a fashion, in fashion 등의 차이에 대해 설명하라.

3-18. 심리학, 경제학, 사회학 등의 관점에서 유행을 이해하기 위해 사용할 수 있는 주요 접근법은 무엇이 있는가?

3-19. 밈(meme)의 예는 무엇이 있는가?

3-20. Trickle-down 효과는 무엇인가? 왜 이 이론이 더 이상 유효하다고 보기 어려운 것인가?

3-21. 일시적 유행, 유행, 고전적 유행 주기 등의 차이는 무엇인가?

도전과제

토의문제

3-22. 문화적 충격이란 무엇인가? 글로벌화 현상의 결과로 나타난 문화적 충격은 우리나라에서 어떤 것이 있을까? 이 사회에 미친 영향과 이에 대한 사람들의 반응은 무엇인가?

3-23. 문화가 매우 보수적인 국가에서조차도 고정적이지 않은 이유는 무엇인가? 문화적 변화를 만들어내는 요인은 무엇인가?

3-24. 모든 문화는 개인적이든 직업적이든 선물을 주는 특정 상황이나 행사를 규정한다. 우리나라에서는 어떤 것들이 있을까?

3-25. 상업적 건물이나 어트랙션이 신성한 것에 준하는 지위를 얻는 것이 가능한가? 우리나라 또는 국내 특정 지역에서 이런 예가 있는가?

3-26. 분리, 경계, 결합 등의 개념에 대해 우리 고유의 문화와 관련하여 설명해 보라. 이 개념들은 우리 상황에도 잘 적용되는가?

3-27. 제품들은 신성한 것 또는 세속적인 것으로 분류될 수 있지만, 어떤 것들은 이 두 카테고리에 모두 해당될 수도 있다. 왜 그러한가?

3-28. 하위문화에서 어떤 특정 시점에서 입문 의식을 갖는 전통이 있다. 우리 문화에서 이런 것은 무엇이 있을지 논의해 보라.

3-29. 우리나라에서 광고에 스포츠는 어떻게 묘사되는가?

3-30. 종교적 의식과 행사들이 마케팅에 무관한 것은 아니다. 또 다른 매출을 신장하는 데에 좋은 기회가 될 수 있다. 어느 정도까지 진실이라고 생각하는가? 이유는?

3-31. 결혼 때, 선물의 선택은 하객들이 선택할 수 있는 웨딩 리

스트에 나와 있거나, 어느 정도 값어치가 있는 수준의 선물을 제공해야 한다는 문화적 압력에 의해 결정된다. 우리나라는 어떤 경우인가?

3-32. 스페인의 Pamplona에서는 매년 9일간의 축제가 열리는데, 그 축제는 매우 독특하며, 위험요소를 갖고 있는 행사이다. 수천 명의 사람들이 모이는 행사이기도 하다. 소몰이 행사는 1910년부터 해왔다. 이것은 황소싸움이 아니며 스페인과 라틴 아메리카에서 대중적인 관중 스포츠가 되었다. 이 이벤트는 관중들을 다소 위험에 빠뜨린다. 황소들을 화나게 한 다음 Pamplona 거리로 뛰쳐나가게 한다. 말 그대로 전체 군중 모두가 위험에 빠지게 된다. 이 행사가 100년이 넘게 이어져 왔고, 보수적으로 계산해도 15명의 죽음이 있었다. 매해 200~300명 정도의 사람들이 부상을 당한다. 일부 사람들은 도망치는 과정에서 소에게 받히고 아주 많은 사람들이 부상을 당한다. 군중과 관련된 이런 위험한 행사가 우리나라에 있는가? 이러한 행사는 금지되어야 할까?

3-33. 이번 주 동안 간접 광고로 TV에 나오는 제품의 로고들을 살펴보라. 프로그램의 성격에 따라 어떤 것들은 다른 것들보다 더 두드러지게 나타날 것이다. 등장인물이 직접 사용하거나 지칭하게 되는 제품이 어떤 것들인지 살펴보라. 이러한 식역하 광고 메시지에 대해 어떻게 생각하는가? 학우들과 논의해 보도록 하라. 외국 프로그램보다 우리나라 프로그램이 더 간접광고를 많이 하는가? 우리나라에서는 어떤 분야에서 간접광고가 더 활성화되고 있는가? 이러한 기법은 브랜드에 실제 가치를 부여해 줄 수 있는가?

3-34. 광고는 예술인가 공예인가? 어떤 것이 되어야 하는가?

3-35. 영화회사들은 대규모의 예산이 투입된 영화를 제작할 때는 종종 시장조사를 실시한다. 필요하다면, 그들은 관객들의 반응이 좋지 않으면, 영화의 특정 부분을 다시 찍을 수도 있다. 일부 사람들은 이런 방식에 반대한다. 그들은 영화, 책, 노래, 연극, 또는 다른 예술적 노력의 고결함이 희생당하지 않기 위해서라도 시장이 원하는 것을 무조건 따르는 것에 반대한다. 어떻게 생각하는가?

3-36. 현실 공학이 늘어나고 있는 상황에 대해 어떻게 생각하는가? 마케터가 우리의 문화를 "소유"하는가? 그래야만 하는가?

3-37. 마케팅과 사회 간의 가장 논쟁적인 이슈들 중 하나는 기업들이 학교에 "교육 재료"를 제공할 때 발생한다. Nike, Hershey, Crayola, Nintendo, Foot Locker 등의 많은 기업들은 광고에서 무료 책 커버를 제공한다. 미술 도구, 블록, 트럭, 인형 등이 여러 기업의 활동에 의해 제공된다. Clearasil은 고등학교 학생들이 피부 관리를 적절하게 잘할 수 있도록 브로슈어와 함께 여드름 치료제를 그들에게 제공한다. 유인물 책자는 학생들이 Clearasil의 웹사이트로 가서 등록을 하고 음악을 무료로 다운로드 받을 수 있도록 해준다. 또 다른 기업들을 학교들과 협의하여 신제품 개발과 관련된 아이디어를 얻기 위한 포커스그룹 인터뷰를 진행하기도 한다. 일부 학교에서는 아이들이 수학공부를 하는 과정에서 기업의 브랜드가 새겨진 여러 소프트웨어를 활용하기도 한다. 많은 교육자들이 이러한 교육 재료들이 재정이 부족한 학교들에게 큰 도움이 되며, 이들의 도움이 있기 때문에 컴퓨터를 비롯한 유용한 재료들을 학생들에게 제공할 수 있다고 말한다. 그러나, 캘리포니아 주에서는 법으로 브랜드명이나 기업의 로고가 새겨진 교과서를 사용하는 것을 금지했다. 이 법은 Barbie, Oreos, Nike, Sony Playstation 등의 브랜드명을 사용한 중학교 수학 교과서에 대해 부모들이 항의를 하면서 제정되었다. 이러한 마케팅 전략에 대해 어떻게 생각하는가? 교육 재료, 컴퓨터 등을 기부하는 대가로 기업의 제품들을 학교 내에서 촉진할 수 있도록 해주는 것은 허용되어야 하는가?

3-38. 문화적 가치가 소비에 전이됨으로써 나타나는 효과는 건강과 웰빙에 대한 관심이 증가하는 것을 살펴보면 쉽게 알 수 있다. 최근에 가장 각광받는 식음료들은 자연 재료 또는 유기농 재료로 만들어진 것들이다. 이러한 경향은 일시적인 것인가? 아니면 오랫동안 지속되어 우리가 먹고 마시는 것 자체에 대해 지속적인 변화를 줄 것인가?

응용 문제

3-39. 첫 데이트에 나갔을 때, 당신이 따르는 자연성장적 관습이 무엇인지 열거해 보라. 첫 번째 데이트의 특징이 잘 나타난 사람들의 행동에 대해 서술해 보라. 어떤 제품과 서비스가 이 관습에 영향을 미치는가?

3-40. 어떤 "마술적" 물건을 갖고 있는 사람을 인터뷰하라(예, 당신의 얼마나 많은 친구들이 행운의 부적 같은 것을 갖고 있는지). 그들이 그 물건들에 대해 어떻게 느끼는지, 그리고 그러한 마법적인 의미를 어떻게 얻게 되었는지를 알아보라. 그 특별한 것들을 잃어버린다면 어떤 느낌일지를 알아보라.

3-341. 기업들이 만든 현대의 신화는 무엇이 있는가? 이 기업들은 그 이야기를 소비자들에게 어떻게 커뮤니케이션하는가?

3-42. 어떤 특정 물건을 수집하는 사람을 인터뷰하라. 그들이 수집품을 어떻게 정리하고 묘사하는가? 신성한 것과 세속적인 것을 구분하는 증거는 있는가?

3-43. 친구에게 그들이 부적절한 선물을 받은 일이 있는지 물어보라. 왜 그들이 그렇게 느꼈으며, 그 일이 그들과 선물을 준 사람 사이의 관계에 어떻게 영향을 주었는지를 알아보라.

3-44. P2P 음악 교류의 증가는 음악 CPS의 구조에 어떻게 영향

을 미치는가? 이 방식은 유명 브랜드의 지배적 위치를 손상시킬 수도 있다. 왜냐하면 청취자들은 덜 알려진 음악을 듣게 될 가능성이 높기 때문이다. 실제로 이러한 일이 일어나는지를 당신의 친구들에게 물어보라. 그들이 더 폭넓은 다양한 아티스트를 듣는지, 아니면 그냥 유명 뮤지션의 음악만 듣는지.

3-45. 당신이 현실에서 문화적 공식을 구별할 수 있는지를 보기 위해 몇몇 로맨스 혹은 액션 소설을 읽어보아라. 당신은 다른 캐릭터들이 수행하는 역할들 사이에서의 차이를 보았는가(예, 영웅, 악인, 유혹하는 사람 등)?

3-46. 12시간 동안 TV를 보면서 간접 광고를 적어보라. 주로 나타나는 제품들은 어떤 것들인가?

3-47. 소비자의 가치에 소구하는 광고들을 찾아보라. 각각의 광고에서 어떠한 가치들이 언급되고 있으며 어떠한 방식으로 전달되고 있는가? 이러한 작업은 마케팅 커뮤니케이션 기획에 있어서 효과가 있는가?

3-48. 미국의 텔레비전은 전 세계에 걸쳐 유사한 프로그램들을 양산하게 한다. 공평하게 보자면, 시청자들은 Big Brother나 American Idol과 같은 히트 프로그램들이 사실은 유럽 쪽의 컨셉에서 시작되었다는 것을 잘 알지 못한다. 실제로 영국 버전의 Big Brother는 싸움이 한 번 나서 가족들이 서로를 살해하겠다고 위협하는 사건이 발생하고는 방송이 중단되었다. 독일 버전에서는 한 여성 참가자가 생방송에서 마취없이 젖꼭지에 피어싱을 한 이후로 "뻔뻔한 관음증"에 대한 고발을 유발했다. 대조적으로, 말레이지아의 쇼는 American Idol 포맷을 가져와서는 Imam Muda(젊은 리더)라고 명명했다. 참가자들은 종교적 이슈에 대해 논쟁하고 코란의 구절들을 암송한다. 우승자는 레코딩 계약을 하는게 아니라 종교적 리더가 되는 데에 도움이 되는 혜택을 받게 된다. 예컨대, 사우디 아라비아 유학 장학금, 이슬람 성지인 메카로 가는 비용 등이 이에 해당한다. 가족 리얼리티 쇼의 각 국가별 버전을 한 번 살펴보라. 온라인에서 확인해 볼 수 있을 것이다. 이러한 프로그램은 각 지역의 문화를 어떻게 수용하고 있는가?

사례연구Case Study

CHEERIOS

Cheerios는 1941년 시리얼로 출시된 이래 아침식사 브랜드로는 줄곧 수위를 달려왔다. 원래 CheeriOats로 명명된 것인데, 1992년 미국 식약처(FDA)가 Cheerios와 다른 오트 제품들이 심장병의 위험을 줄여준다고 발표하면서 이 제품의 위상은 높아졌다. 이 뉴스와 함께, Cheerios는 심장 건강의 상징처럼 되어 버렸다.

수백만 명의 미국인들이 매일같이 Cheerios를 아침식사로 먹거나 또는 유아들에게 간식으로 먹이고 있다. Cheerios의 성공은 미국인의 가장 중요한 가치들 중 하나인 가족에 초점을 맞춘 광고 메시지에 의한 것으로 볼 수 있다. 이 브랜드는 TV광고를 통해서 심장 건강에 좋다는 혜택을 알리기 위해서 두 인종으로 구성된 가족을 등장시켰을 때, 의도하지는 않았지만 현대 인종주의에 대한 국가적 논쟁에 불을 지폈다.

논쟁의 시작이 된 "확인만 해봐(Just Checking)"편 광고는 한 여자아이가 백인인 엄마와 함께 아침을 Cheerios로 먹으면서 심장 건강의 혜택에 대해 배우는 것으로 시작한다. 곧이어 아이의 아빠가 등장하는데, 아이가 아빠의 가슴에 Cheerios를 올려놓으며 더 건강해지라는 메시지를 던지는데, 그는 흑인이다. 이 광고는 전국적으로 방영되었으며, Cheerios의 YouTube 채널에도 올라갔다. 소규모이긴 하지만 일부 집단에서 이 광고의 캐스팅에 대해 불만을 제기했다. Cheerios 측은 곧바로 온라인 광고의 코멘트 게시 섹션을 닫았다. 그러나 이미 약 4백만 명의 방문자들이 인종차별주의자들의 코멘트를 읽었고, 이 토론에 개입하게 되었다.

이 광고는 수많은 블로그, TV쇼, 라디오방송, 뉴스 매체들의 토픽이 되어버렸다. 증가하고 있는 복수 인종 가족의 수를 지지하는 연구에 기반하여 많은 비판자들은 General Mills의 광고를 칭찬했다. 이 기업의 관리자는 미국 가족의 얼굴만 바꾼 것이 그렇게 부정적인 반응을 이끌어냈던 것에 엄청 놀랐다고 고백했다.

광고에 대한 부정적 반응에 의해 촉발되긴 했지만, The Fine Brothers로 알려진 온라인 프로듀서인 Benny와 Rafi Fine은 Cheerios 광고와 관련된 그들만의 동영상을 만들었다. 그 동영상에서는 아이들이 그 광고에 대해 어떻게 생각하는지를 묻고 왜 논쟁이 있는 것인지를 살펴본다. 이 아이들이 본 것은 모두 행복한 가족일 뿐이었다. 아이들은 왜 복수의 인종으로 구성된 가족이 문제인지를 잘 이해하지 못했다. 이러한 반응은 우리의 젊은 세대들이 갖고 있는 가치를 잘 보여주고 있다. The Fine Brothers 동영상은 1,000만 뷰를 넘게 기록했고, 오리지널 광고보다 두 배 이상의 시청 수를 기록했다.

전체적으로, 대부분의 광고 비평가들은 이 동영상이 Cheerios 브랜드에 도움이 되었다고 평가했다. 온라인 데이터 기업인 Kontera의 자료에 따르면 Cheerios가 이 광고로 그들의 경쟁사들보다 137% 높은 평균 시청을 기록했다. Cheerios가 계속 현실주의적 시도를 광고에 적용할 것인지는 시간이 좀 더 지나봐야 알 수 있을 것이다.

토의문제

CS 3-1 Cheerios는 문화적 이슈에 대해 더 민감해졌는가?

CS 3-2 이 광고가 Cheerios의 매출에 도움이 되었다고 생각하나?

출처: "Mixed-Race Ad for Cheerios Does the Brand Some Good Despite YouTube Uproar," June 10, 2013, www.kontera.com, accessed August 7, 2013; Timm Nudd, "Cheerios Finds Its Sweet Spot Once Again First New Ad Since Interracial Family," July 18, 2013, http://www.adweek.com/news/advertising-branding/ad-day-cheerios-finds-its-sweet-spot-once-again-151264, accessed August 7, 2013; Kevin Hunt, "New Cheerios Commercial Celebrates Family," http://www.blog.generalmills.com/2013/05/new-cheerios-commercial-celebrates-family/, accessed August 7, 2013; www.cheerios.com, http://www.cheerios.com/our-story, accessed August 7, 2013.

참조

1. "Spice Girls Dance into Culture Clash," *Montgomery Advertiser* (April 29, 1997): 2A.
2. Clifford Geertz, *The Interpretation of Cultures* (New York: Basic Books, 1973); Marvin Harris, *Culture, People and Nature* (New York: Crowell, 1971); John F. Sherry, Jr., "The Cultural Perspective in Consumer Research," in Richard J. Lutz, ed., *Advances in Consumer Research* 13 (Provo, UT: Association for Consumer Research, 1985): 573–75.
3. William Lazer, Shoji Murata, and Hiroshi Kosaka, "Japanese Marketing: Towards a Better Understanding," *Journal of Marketing* 49 (Spring 1985): 69–81.
4. Celia W. Dugger, "Modestly, India Goes for a Public Swim," *New York Times* (March 5, 2000), www.nytimes.com, accessed March 5, 2000; cf. also Marius K. Luedicke, Craig J. Thompson, and Markus Giesler, "Consumer Identity Work as Moral Protagonism: How Myth and Ideology Animate a Brand-Mediated Moral Conflict," *Journal of Consumer Research* 36, no. 6 (2010): 1016–32.
5. Robert F. Worth, "Arab TV Tests Societies' Limits with Depictions of Sex and Equality," *New York Times* (September 26, 2008), www.nytimes.com/2008/09/27/World/Middleast/27beirut.Html?_R=1&Scp=1&Sq=N. . ., accessed September 26, 2008.
6. Ajay K. Sirsi, James C. Ward, and Peter H. Reingen, "Microcultural Analysis of Variation in Sharing of Causal Reasoning about Behavior," *Journal of Consumer Research* 22 (March 1996): 345–72.
7. Vercihan Ziflioğlu, "TV Celebrity Kardashian Lashes Out at Turkish Cosmo Cover," *Hürriyet Daily News* (April 12, 2011), http://www.hurriyetdailynews.com/n.php?n=american-tv-personality-angry-for-her-ghotos-on-turkish-magazine-2011-04-12, accessed May 10, 2011; David Carr, "Romance in *Cosmo*'s World Is Translated in Many Ways," *New York Times* (May 26, 2002), www.nytimes.com, accessed May 26, 2002.
8. Milton Rokeach, *The Nature of Human Values* (New York: Free Press, 1973).
9. Sang-Pil Han and Sharon Shavitt, "Persuasion and Culture: Advertising Appeals in Individualistic and Collectivistic Societies," *Journal of Experimental Social Psychology* 30 (1994): 326–50.
10. Chisaki Watanabe, "Japanese Parents Embrace Ultra-Secure Children's Park," *Philadelphia Inquirer* (September 4, 2006): A2.
11. Jay Alabaster and Ryan Nakashima, "Japanese Comforted or Cramped in Evacuee Shelters," MSNBC.com (April 19, 2011), http://www.msnbc.msn.com/id/42672467/ns/world_news-asia-pacific/t/japanese-comforted-or-cramped-evacuee-shelters/, accessed May 10, 2011.
12. Jon Littlefield and Julie L. Ozanne, "Socialization into Consumer Culture: Hunters Learning to Be Men," *Consumption Markets & Culture* 14, no. 4 (2011): 333–60.
13. Carolyn A. Lin, "Cultural Values Reflected in Chinese and American Television Advertising," *Journal of Advertising* 30 (Winter 2001): 83–94.
14. George J. McCall and J. L. Simmons, *Social Psychology: A Sociological Approach* (New York: Free Press, 1982).
15. Deborah Ball, "Women in Italy Like to Clean but Shun the Quick and Easy: Convenience Doesn't Sell When Bathrooms Average Four Scrubbings a Week," *Wall Street Journal* (April 25, 2006): A1.
16. Arundhati Parmar, "Out from Under," *Marketing News* (July 21, 2003): 9–10.
17. Jim Yardley, "No Spitting on the Road to Olympic Glory, Beijing Says," *New York Times* (April 17, 2007), www.nytimes.com, accessed April 17, 2007.
18. Donald E. Vinson, Jerome E. Scott, and Lawrence R. Lamont, "The Role of Personal Values in Marketing and Consumer Behavior," *Journal of Marketing* 41 (April 1977): 44–50; John Watson, Steven Lysonski, Tamara Gillan, and Leslie Raymore, "Cultural Values and Important Possessions: A Cross-Cultural Analysis," *Journal of Business Research* 55 (2002): 923–31.
19. Pascale Quester, Michael Beverland, and Francis Farrelly, "Brand-Personal Values Fit and Brand Meanings: Exploring the Role Individual Values Play in Ongoing Brand Loyalty in Extreme Sports Subcultures," *Advances in Consumer Research* 33, no. 1 (2006): 21–28.
20. Jennifer Aaker, Veronica Benet-Martinez, and Jordi Garolera, "Consumption Symbols as Carriers of Culture: A Study of Japanese and Spanish Brand Personality Constructs," *Journal of Personality & Social Psychology* 81, no. 3 (2001): 492–508.
21. Milton Rokeach, *Understanding Human Values* (New York: Free Press, 1979); see also J. Michael Munson and Edward McQuarrie, "Shortening the Rokeach Value Survey for Use in Consumer Research," in Michael J. Houston, ed., *Advances in Consumer Research* 15 (Provo, UT: Association for Consumer Research, 1988): 381–86.
22. B. W. Becker and P. E. Conner, "Personal Values of the Heavy User of Mass Media," *Journal of Advertising Research* 21 (1981): 37–43; Vinson, Scott, and Lamont, "The Role of Personal Values in Marketing and Consumer Behavior."
23. Craig J. Thompson and Maura Troester, "Consumer Value Systems in the Age of Postmodern Fragmentation: The Case of the Natural Health Microculture," *Journal of Consumer Research* 28 (March 2002): 550–71.
24. Sharon E. Beatty, Lynn R. Kahle, Pamela Homer, and Shekhar Misra, "Alternative Measurement Approaches to Consumer Values: The List of Values and the Rokeach Value Survey," *Psychology & Marketing* 2 (1985): 181–200; Lynn R. Kahle and Patricia Kennedy, "Using the List of Values (LOV) to Understand Consumers," *Journal of Consumer Marketing* 2 (Fall 1988): 49–56; Lynn Kahle, Basil Poulos, and Ajay Sukhdial, "Changes in Social Values in the United States During the Past Decade," *Journal of Advertising Research* 28 (February–March 1988): 35–41; see also Wagner A. Kamakura and Jose Alfonso Mazzon, "Value Segmentation: A Model for the Measurement of Values and Value Systems," *Journal of Consumer Research* 18 (September 1991): 28; Jagdish N. Sheth, Bruce I. Newman, and Barbara L. Gross, *Consumption Values and Market Choices: Theory and Applications* (Cincinnati, OH: South-Western, 1991).
25. Thomas J. Reynolds and Jonathan Gutman, "Laddering Theory, Method, Analysis, and Interpretation," *Journal of Advertising Research* (February–March 1988): 11–34; Beth Walker, Richard Celsi, and Jerry Olson, "Exploring the Structural Characteristics of Consumers' Knowledge," in Melanie Wallendorf and Paul Anderson, eds., *Advances in Consumer Research* 14 (Provo, UT: Association for Consumer Research, 1986): 17–21; Tania Modesto Veludo-de-Oliveira, Ana Akemi Ikeda, and Marcos Cortez Campomar, "Laddering in the Practice of Marketing Research: Barriers and Solutions," *Qualitative Market Research: An International Journal* 9, no. 3 (2006): 297–306. For a recent critique of this technique, cf. Elin Brandi Sørenson and Søren Askegaard, "Laddering: How (Not) to Do Things with Words," *Qualitative Market Research: An International Journal* 10, no. 1 (2007): 63–77.
26. This example was adapted from Michael R. Solomon, Gary Bamossy, and Søren Askegaard, *Consumer Behaviour: A European Perspective*, 2nd ed. (London: Pearson Education Limited, 2002).
27. "25 Years of Attitude," *Marketing Tools* (November–December 1995): 38–39.
28. www.hiphopcapital.com, accessed February 16, 2013.
29. Marc Spiegler, "Marketing Street Culture: Bringing Hip-Hop Style to the

Mainstream," *American Demographics* (November 1996): 29–34.
30. Elizabeth M. Blair, "Commercialization of the Rap Music Youth Subculture," *Journal of Popular Culture* 27 (Winter 1993): 21–34; Basil G. Englis, Michael R. Solomon, and Anna Olofsson, "Consumption Imagery in Music Television: A Bi-Cultural Perspective," *Journal of Advertising* 22 (December 1993): 21–34.
31. Craig Thompson and Gokcen Coskuner-Balli, "Countervailing Market Responses to Corporate Co-optation and the Ideological Recruitment of Consumption Communities," *Journal of Consumer Research* 34 (August 2007): 135–52.
32. Grant McCracken, "Culture and Consumption: A Theoretical Account of the Structure and Movement of the Cultural Meaning of Consumer Goods," *Journal of Consumer Research* 13 (June 1986): 71–84.
33. Alisa Gould-Simon, "How Fashion Retailers Are Redefining E-Commerce with Social Media," Mashable.com (March 7, 2011), http://mashable.com/2011/03/07/fashion-retailers-social-e-commerce/, accessed April 28, 2011.
34. Richard A. Peterson, "The Production of Culture: A Prolegomenon," in Richard A. Peterson, ed., *The Production of Culture, Sage Contemporary Social Science Issues* 33 (Beverly Hills, CA: Sage, 1976); Elizabeth C. Hirschman, "Resource Exchange in the Production and Distribution of a Motion Picture," *Empirical Studies of the Arts* 8, no. 1 (1990): 31–51; Michael R. Solomon, "Building Up and Breaking Down: The Impact of Cultural Sorting on Symbolic Consumption," in J. Sheth and E. C. Hirschman, eds., *Research in Consumer Behavior* (Greenwich, CT: JAI Press, 1988): 325–51. For a study that looked at ways consumers interact with marketers to create cultural meanings, cf. Lisa Peñaloza, "Consuming the American West: Animating Cultural Meaning and Memory at a Stock Show and Rodeo," *Journal of Consumer Research* 28 (December 2001): 369–98. Cf. also Markus Giesler, "Conflict and Compromise: Drama in Marketplace Evolution," *Journal of Consumer Research* 34 (April 2007): 739–53.
35. Richard A. Peterson and D. G. Berger, "Entrepreneurship in Organizations: Evidence from the Popular Music Industry," *Administrative Science Quarterly* 16 (1971): 97–107.
36. *Ben Sisario,* "In Beyoncé Deal, Pepsi Focuses on Collaboration," *New York Times* (December 9, 2012), http://www.nytimes.com/2012/12/10/business/media/in-beyonce-deal-pepsi-focuses-on-collaboration.html?smid=tw-nytimesmusic&seid=auto&_r=1&, accessed February 16, 2013.
37. Paul M. Hirsch, "Processing Fads and Fashions: An Organizational Set Analysis of Cultural Industry Systems," *American Journal of Sociology* 77, no. 4 (1972): 639–59; Russell Lynes, *The Tastemakers* (New York: Harper & Brothers, 1954); Michael R. Solomon, "The Missing Link: Surrogate Consumers in the Marketing Chain," *Journal of Marketing* 50 (October 1986): 208–19.
38. Howard S. Becker, "Arts and Crafts," *American Journal of Sociology* 83 (January 1987): 862–89.
39. Herbert J. Gans, "Popular Culture in America: Social Problem in a Mass Society or Social Asset in a Pluralist Society?" in Howard S. Becker, ed., *Social Problems: A Modern Approach* (New York: Wiley, 1966).
40. http://www.thomaskinkadeonline.com/?gclid=CO65vf7XvbUCFVGf4AodSGYArg, accessed February 16, 2013; Karen Breslau, "Paint by Numbers," *Newsweek* (May 13, 2002): 48.
41. Martin Forstenzer, "In Search of Fine Art Amid the Paper Towels," *New York Times on the Web* (February 22, 2004), www.nytimes.com.
42. Luca M. Visconti, John F. Sherry Jr., Stefania Borghini, and Laurel Anderson, "Street Art, Sweet Art? Reclaiming the 'Public' in Public Place," *Journal of Consumer Research* 37, no. 3 (2010): 511–29.
43. Annetta Miller, "Shopping Bags Imitate Art: Seen the Sacks? Now Visit the Museum Exhibit," *Newsweek* (January 23, 1989): 44.
44. Kim Foltz, "New Species for Study: Consumers in Action," *New York Times* (December 18, 1989): A1.
45. Arthur A. Berger, *Signs in Contemporary Culture: An Introduction to Semiotics* (New York: Longman, 1984).
46. Michiko Kakutani, "Art Is Easier the 2d Time Around," *New York Times* (October 30, 1994): E4.
47. www.geico.com/about/commercials/music/cavemen, accessed June 25, 2009.
48. Brooks Barnes and Suzanne Vranica, "Why Advertising's Cavemen Are Going Totally Hollyrock," *Wall Street Journal* (March 5, 2007): B1; Nina M. Lentini, "Doh! Looks Like 7-Eleven Stores May Get Homered," *Marketing Daily* (March 30, 2007), www.mediapost.com, accessed March 30, 2007.
49. Michael R. Solomon and Basil G. Englis, "Reality Engineering: Blurring the Boundaries Between Marketing and Popular Culture," *Journal of Current Issues & Research in Advertising* 16, no. 2 (Fall 1994): 1–17.
50. Austin Bunn, "Not Fade Away," *New York Times* (December 2, 2002), www.nytimes.com, accessed December 2, 2002.
51. Marc Santora, "Circle the Block, Cabby, My Show's On," *New York Times* (January 16, 2003), www.nytimes.com, accessed January 16, 2003; Wayne Parry, "Police May Sell Ad Space," *Montgomery Advertiser* (November 20, 2002): A4.
52. This process is described more fully in Michael R. Solomon, *Conquering Consumerspace: Marketing Strategies for a Branded World* (New York: AMACOM, 2003); cf. also T. Bettina Cornwell and Bruce Keillor, "Contemporary Literature and the Embedded Consumer Culture: The Case of Updike's Rabbit," in Roger J. Kruez and Mary Sue MacNealy, eds., *Empirical Approaches to Literature and Aesthetics: Advances in Discourse Processes* 52 (Norwood, NJ: Ablex, 1996), 559–72; Monroe Friedman, "The Changing Language of a Consumer Society: Brand Name Usage in Popular American Novels in the Postwar Era," *Journal of Consumer Research* 11 (March 1985): 927–37; Monroe Friedman, "Commercial Influences in the Lyrics of Popular American Music of the Postwar Era," *Journal of Consumer Affairs* 20 (Winter 1986): 193.
53. Stuart Elliott, "Leaving Behind Malibu in Search of a New Dream Home," *New York Times* (February 6, 2013), http://www.nytimes.com/2013/02/07/business/media/barbie-to-sell-her-malibu-dreamhouse.html?_r=0, accessed February 17, 2013.
54. Niall Firth, "Japanese 3D Singing Hologram Hatsune Miku Becomes Nation's Strangest Pop Star," *Mail Online* (November 12, 2010), http://www.dailymail.co.uk/sciencetech/article-1329040/Japanese-3D-singinghologram-Hatsune-Miku-nations-biggest-pop-star.html, accessed April 28, 2011.
55. Stuart Elliott, "Expanding Line of Dunder Mifflin Products Shows Success in Reverse Product Placement," *New York Times* (November 23, 2012), http://mediadecoder.blogs.nytimes.com/2012/11/23/expanding-line-of-dunder-mifflin-products-shows-success-in-reverse-product-placement/, accessed February 17, 2013.
56. Mark J. Miller, "Hologram Virtual Performances Put Dead Celebs on the Comeback Trail," *Brandchannel* (June 19, 2012), http://www.brandchannel.com/home/post/2012/06/19/Hologram-Virtual-Performances-061912.aspx, accessed February 17, 2013.
57. Erica Orden, "This Book Brought to You by . . .," *Wall Street Journal* (April 26, 2011), http://professional.wsj.com/article/SB10001424052748704132204576285372092660548.html?mg=reno-WallStreetJournal, accessed April 28, 2011.
58. Joseph Plambeck, "Product Placement Grows in Music Videos," *New York Times* (July 5, 2010), http://www.nytimes.com/2010/07/06/business/media/06adco.html, accessed November 3, 2013.
59. Jennifer Sokolowsky, "Germany's Food Hotel: A La Carte Blanche for Brands," *BrandChannel* (November 25, 2010), http://www.brandchannel.com/home/post/2010/11/25/Germany-Food-Hotel.aspx, accessed April 28, 2011.
60. Fara Warner, "Why It's Getting Harder to Tell the Shows from the Ads," *Wall Street Journal* (June 15, 1995): B1.
61. Quoted in Simona Covel, "Bag Borrow or Steal Lands the Role of a Lifetime, Online Retailer Hopes to Profit from Mention in 'Sex and the City,'" *Wall Street Journal* (May 28, 2008), http://online.wsj.com/article/SB121184149016921095.html?mod=rss_media_and_marketing, accessed May 28, 2008; www.bagborroworsteal.com, accessed June 25, 2009.
62. "Top 10 Product Placements in First Half of '07," *Marketing Daily* (September 26, 2007), www.mediapost.com, accessed September 26, 2007.
63. Brian Steinberg, "Getting Izze to Izzie on 'Grey's Anatomy': How PepsiCo Placed Beverage Brand in ABC Show without Paying a Thing," *Advertising Age* (April 1, 2009), www.adage.com, accessed April 1, 2009.
64. Claire Atkinson, "Ad Intrusion Up, Say Consumers," *Advertising Age* (January 6, 2003): 1.
65. Motoko Rich, "Product Placement Deals Make Leap from Film to Books," *New York Times* (June 12, 2006), www.nytimes.com, accessed June 12, 2006.
66. Cristel Antonia Russell, "Investigating the Effectiveness of Product Placements in Television Shows: The Role of Modality and Plot Connection Congruence on Brand Memory and Attitude," *Journal of Consumer Research* 29 (December 2002): 306–18; Denise E. DeLorme and Leonard N. Reid, "Moviegoers' Experiences and Interpretations of Brands in Films Revisited," *Journal of Advertising* 28, no. 2 (1999): 71–90; Barbara B. Stern and Cristel A. Russell, "Consumer Responses to Product Placement in Television Sitcoms: Genre, Sex and Consumption," *Consumption, Markets & Culture* 7 (December 2004): 371–94.
67. Louise Story, "More Marketers Are Grabbing the Attention of Players During Online Games," *New York Times* (January 24, 2007), www.nytimes.com, accessed January 24, 2007; Shankar Gupta, "King of the Advergames," www.mediapost.com, accessed December 22, 2006; "Plinking," *Fast Company* (April 2007): 31; Sarah Sennott, "Gaming the Ad," *Newsweek* (January 31, 2005): E2; "Advertisements Insinuated into Video Games," *New York Times* (October 18, 2004), www.nytimes.com,

accessed October 18, 2004; Jack Loechner, "Advergaming," *Research Brief* (October 24, 2007), http://www.mediapost.com/publications/?fa=Articles.showArticle&art_aid=69570&passFuseAction=PublicationsSearch.showSearchReslts&art_searched=&page_number=0, accessed September 13, 2011; Tim Zuckert, "Become One with the Game, Games Offer Brands a Unique Way to Be the Entertainment—Not Just Sponsor It," *Advertising Age* (June 16, 2008), www.adage.com, accessed June 16, 2008.

68. Barry Meier and Andrew Martin, "Real and Virtual Firearms Nurture a Marketing Link," *New York Times* (December 24, 2012), http://www.nytimes.com/2012/12/25/business/real-and-virtual-firearms-nurture-marketing-link.html, accessed February 17, 2013.
69. Nick Wingfield, "Sony's PS3 to Get In-Game Ads," *Wall Street Journal* (June 4, 2008): B7; Jeffrey Bardzell, Shaowen Bardzell, and Tyler Pace, *Player Engagement and In-Game Advertising* (November 23, 2008), http://class.classmatandread.net/pp/oto.pdf, accessed September 13, 2011.
70. Cf. Karen V. Fernandez and John L. Lastovicka, "Making Magic: Fetishes in Contemporary Consumption," *Journal of Consumer Research* (August 2011), 38, no. 2: 278–99.
71. Jiang Yuwei, Angela Cho, and Rashmi Adaval, "The Unique Consequences of Feeling Lucky: Implications for Consumer Behavior," *Journal of Consumer Psychology* 19, no. 2 (2009): 171–84.
72. Molly O'Neill, "As Life Gets More Complex, Magic Casts a Wider Spell," *New York Times* (June 13, 1994): A1.
73. Thomas Fuller, "Thais Look to the Supernatural," *New York Times* (December 28, 2010), http://www.nytimes.com/2010/12/29/world/asia/29iht-ghost29.html?_r=1&scp=5&sq=Thailand&st=cse, accessed April 28, 2011.
74. Susannah Meadows, "Who's Afraid of the Big Bad Werewolf?," *Newsweek* (August 26, 2002): 57.
75. Conrad Phillip Kottak, "Anthropological Analysis of Mass Enculturation," in Conrad P. Kottak, ed., *Researching American Culture* (Ann Arbor: University of Michigan Press, 1982), 40–74; cf. also Teresa Davis and Olga Kravets, "Bridges to Displaced Meaning: The Reinforcing Roles of Myth and Marketing in Russian Vodka Labels," *Advances in Consumer Research* 32, no. 1 (2005): 480.
76. Eric Ransdell, "The Nike Story? Just Tell It!" *Fast Company* (January–February 2000): 44.
77. Joseph Campbell, *Myths, Dreams, and Religion* (New York: E. P. Dutton, 1970).
78. Claude Lévi-Strauss, *Structural Anthropology* (Harmondsworth, England: Peregrine, 1977).
79. Tina Lowrey and Cele C. Otnes, "Consumer Fairy Tales and the Perfect Christmas," in Cele C. Otnes and Tina M. Lowrey, eds., *Contemporary Consumption Rituals: A Research Anthology* (Mahwah, NJ: Lawrence Erlbaum, 2003).
80. Merissa Marr, "Fairy-Tale Wedding? Disney Can Supply the Gown," *Wall Street Journal* (February 22, 2007): B1; Laura M. Holson, "For $38,000, Get the Cake, and Mickey, Too," *New York Times Web* (May 24, 2003), www.nytimes.com, accessed May 24, 2003.
81. Elizabeth C. Hirschman, "Movies as Myths: An Interpretation of Motion Picture Mythology," in Jean Umiker-Sebeok, ed., *Marketing and Semiotics: New Directions in the Study of Signs for Sale* (Berlin: Mouton de Gruyter, 1987), 335–74.
82. See William Blake Tyrrell, "Star Trek as Myth and Television as Mythmaker," in Jack Nachbar, Deborah Weiser, and John L. Wright, eds., *The Popular Culture Reader* (Bowling Green, OH: Bowling Green University Press, 1978): 79–88.
83. Bernie Whalen, "Semiotics: An Art or Powerful Marketing Research Tool?" *Marketing News* (May 13, 1983): 8.
84. Eduardo Porter, "New 'Got Milk?' TV Commercials Try to Entice Hispanic Teenagers," *Wall Street Journal* (December 28, 2001), www.wsj.com, accessed December 28, 2001.
85. See Dennis W. Rook, "The Ritual Dimension of Consumer Behavior," *Journal of Consumer Research* 12 (December 1985): 251–64; Mary A. Stansfield Tetreault and Robert E. Kleine, III, "Ritual, Ritualized Behavior, and Habit: Refinements and Extensions of the Consumption Ritual Construct," in Marvin Goldberg, Gerald Gorn, and Richard W. Pollay, eds., *Advances in Consumer Research* 17 (Provo, UT: Association for Consumer Research, 1990): 31–38.
86. Nancy Keates and Charles Passy, "Tailgating, Inc.," *Wall Street Journal* (August 29, 2003), www.wsj.com, accessed August 29, 2003; www.tailgating.com, accessed June 23, 2009.
87. Deborah Ball, "British Drinkers of Guinness Say They'd Rather Take It Slow," *Wall Street Journal* (May 22, 2003), www.wsj.com, accessed May 22, 2003.
88. Karl Greenberg, "BBDO: Successful Brands Become Hard Habit for Consumers to Break," *Marketing Daily* (May 14, 2007), www.mediapost.com, accessed May 14, 2007.
89. Virginia Postrel, "From Weddings to Football, the Value of Communal Activities," *New York Times* (April 25, 2002), www.nytsimes.com, accessed April 25, 2002.
90. Paul Henry and Marylouise Caldwell, "Headbanging as Resistance or Refuge: A Cathartic Account," *Consumption, Markets, and Culture,* 10 (June 2007): 159–74.
91. Kim Foltz, "New Species for Study: Consumers in Action," *New York Times* (December 18, 1989): A1.
92. For a study that looked at updated wedding rituals in Turkey, see Tuba Ustuner, Güliz Ger, and Douglas B. Holt, "Consuming Ritual: Reframing the Turkish Henna-Night Ceremony," in Stephen J. Hoch and Robert J. Meyers, eds., *Advances in Consumer Research* 27 (Provo, UT: Association for Consumer Research, 2000): 209–14.
93. For a study that looked specifically at rituals pertaining to birthday parties, see Cele Otnes and Mary Ann McGrath, "Ritual Socialization and the Children's Birthday Party: The Early Emergence of Gender Differences," *Journal of Ritual Studies* 8 (Winter 1994): 73–93.
94. www.OurWeddingDay.com, accessed June 23, 2011; "Poll: Weddings Get More Social," *Marketing Daily* (January 14, 2011), http://www.mediapost.com/publications/?fa=Articles.showArticle&art_aid=143017&nid=122685, accessed April 29, 2011; Karl Greenberg, "JC Penney Inks Deal with Wedding Site," *Marketing Daily* (March 27, 2009), www.mediapost.com, accessed March 27, 2009; Laura M. Holson, "For Funerals Too Far, Mourners Gather on the Web," *New York Times* (January 24, 2011), http://www.nytimes.com/2011/01/25/fashion/25death.html?_r=2&hp=&adxnnl=1&adxnnlx=1295960444-LJmi3sSA0KtI0cBEmmh+tw, accessed April 28, 2011.
95. Dennis W. Rook and Sidney J. Levy, "Psychosocial Themes in Consumer Grooming Rituals," in Richard P. Bagozzi and Alice M. Tybout, eds., *Advances in Consumer Research* 10 (Provo, UT: Association for Consumer Research, 1983): 329–33.
96. Quoted in Andrew Adam Newman, "Depilatory Market Moves Far Beyond the Short-Shorts Wearers," *New York Times* (September 14, 2007), www.nytimes.com, accessed September 14, 2007.
97. Diane Barthel, *Putting on Appearances: Gender and Advertising* (Philadelphia: Temple University Press, 1988).
98. Russell W. Belk, Melanie Wallendorf, and John F. Sherry, Jr., "The Sacred and the Profane in Consumer Behavior: Theodicy on the Odyssey," *Journal of Consumer Research* 16 (June 1989): 1–38; Jean-Sebastien Marcoux, "Escaping the Gift Economy," *Journal of Consumer Research* 36, no. 4 (December 2009): 671–85.
99. Markus Giesler and Mali Pohlmann, "The Anthropology of File Sharing: Consuming Napster as a Gift," in Punam Anand Keller and Dennis W. Rook, eds., *Advances in Consumer Research* 30 (Provo, UT: Association for Consumer Research 2003); Markus Giesler, "Consumer Gift Systems," *Journal of Consumer Research* 33, no. 2 (2006): 283.
100. Jill G. Klein and Tina M. Lowrey, "Giving and Receiving Humanity: Gifts among Prisoners in Nazi Concentration Camps," *Advances in Consumer Research* 33, no. 1 (2006): 659.
101. Tina M. Lowrey, Cele C. Otnes, and Julie A. Ruth, "Social Influences on Dyadic Giving over Time: A Taxonomy from the Giver's Perspective," *Journal of Consumer Research* 30 (March 2004): 547–58; Russell W. Belk and Gregory S. Coon, "Gift Giving as Agapic Love: An Alternative to the Exchange Paradigm Based on Dating Experiences," *Journal of Consumer Research* 20 (December 1993): 393–417. See also Cele Otnes, Tina M. Lowrey, and Young Chan Kim, "Gift Selection for Easy and Difficult Recipients: A Social Roles Interpretation," *Journal of Consumer Research* 20 (September 1993): 229–44; Burcak Ertimur and Ozlem Sandikci, "Giving Gold Jewelry and Coins as Gifts: The Interplay of Utilitarianism and Symbolism," *Advances in Consumer Research* 32, no. 1 (2005).
102. Monica Gonzales, "Before Mourning," *American Demographics* (April 1988): 19.
103. Alf Nucifora, "Tis the Season to Gift One's Best Clients," *Triangle Business Journal* (December 3, 1999): 14.
104. John F. Sherry, Jr., "Gift Giving in Anthropological Perspective," *Journal of Consumer Research* 10 (September 1983): 157–68.
105. Daniel Goleman, "What's Under the Tree? Clues to a Relationship," *New York Times* (December 19, 1989): C1; John F. Sherry, Jr., Mary Ann-McGrath, and Sidney J. Levy, "The Dark Side of the Gift," *Journal of Business Research* (1993): 225–44.
106. Colin Camerer, "Gifts as Economics Signals and Social Symbols," *American Journal of Sociology* 94 (Supplement 1988): 5, 180–214; Robert T. Green and Dana L. Alden, "Functional Equivalence in Cross-Cultural Consumer Behavior: Gift Giving in Japan and the United States," *Psychology & Marketing* 5 (Summer 1988): 155–68; Hiroshi Tanaka and Miki Iwamura, "Gift Selection Strategy of Japanese Seasonal Gift Purchasers: An Explorative Study," paper presented at the Association for Consumer Research, Boston, October 1994; cf. also Tonya Williams Bradford, "Intergenerationally Gifted Asset Dispositions," *Journal of Consumer Research* 36 (June 2009): 93–111.

107. See, for example, Russell W. Belk, "Halloween: An Evolving American Consumption Ritual," in Richard Pollay, Jerry Gorn, and Marvin Goldberg, eds., *Advances in Consumer Research* 17 (Provo, UT: Association for Consumer Research, 1990): 508–17; Melanie Wallendorf and Eric J. Arnould, "We Gather Together: The Consumption Rituals of Thanksgiving Day," *Journal of Consumer Research* 18 (June 1991): 13–31.
108. Bruno Bettelheim, *The Uses of Enchantment: The Meaning and Importance of Fairy Tales* (New York: Alfred A. Knopf, 1976).
109. Kenneth L. Woodward, "Christmas Wasn't Born Here, Just Invented," *Newsweek* (December 16, 1996): 71.
110. Aron O'Cass and Peter Clarke, "Dear Santa, Do You Have My Brand? A Study of the Brand Requests, Awareness and Request Styles at Christmas Time," *Journal of Consumer Behavior* 2 (September 2002): 37–53.
111. Theodore Caplow, Howard M. Bahr, Bruce A. Chadwick, Reuben Hill, and Margaret M. Williams, *Middletown Families: Fifty Years of Change and Continuity* (Minneapolis: University of Minnesota Press, 1982).
112. Angeline Close and George M. Zinkhan, "A Holiday Loved and Loathed: A Consumer Perspective of Valentine's Day," *Advances in Consumer Research* 33, no. 1 (2006): 356–65.
113. Arnold Van Gennep, *The Rites of Passage*, trans. Maika B. Vizedom and Shannon L. Caffee (London: Routledge & Kegan Paul, 1960; orig. published 1908); Michael R. Solomon and Punam Anand, "Ritual Costumes and Status Transition: The Female Business Suit as Totemic Emblem," in Elizabeth C. Hirschman and Morris Holbrook, eds., *Advances in Consumer Research* 12 (Washington, DC: Association for Consumer Research, 1995): 315–18.
114. Walter W. Whitaker, III, "The Contemporary American Funeral Ritual," in Ray B. Browne, ed., *Rites and Ceremonies in Popular Culture* (Bowling Green, OH: Bowling Green University Popular Press, 1980): 316–25. For an examination of funeral rituals, see Larry D. Compeau and Carolyn Nicholson, "Funerals: Emotional Rituals or Ritualistic Emotions," paper presented at the Association of Consumer Research, Boston, October 1994.
115. Samuel K. Bonsu and Russell W. Belk, "Do Not Go Cheaply into That Good Night: Death-Ritual Consumption in Asante, Ghana," *Journal of Consumer Research* 30 (June 2003): 41–55; cf also Stephanie O'Donohoe and Darach Turley, "Till Death Do Us Part? Consumption and the Negotiation of Relationships Following a Bereavement," *Advances in Consumer Research* 32, no. 1 (2005): 625–26.
116. Barry Bearak, "Dead Join the Living in a Family Celebration," *New York Times* (September 5, 2010), http://nytimes.com/2010/09/06/world/africa/06madagascar.html?scp=2&sq=madagascar&st=cse, accessed April 28, 2011.
117. "Queen Prompts Thailand to Restrict 'Coyote Ugly' Dance Troupes," *New York Times* (December 28, 2006), www.nytimes.com, accessed December 28, 2006.
118. J. C. Conklin, "Web Site Caters to Cowboy Fans by Selling Sweaty, Used Socks," *Wall Street Journal* (April 21, 2000), www.wsj.com, accessed April 21, 2000.
119. George E. Newman, Gil Diesendruck, and Paul Bloom, "Celebrity Contagion and the Value of Objects," *Journal of Consumer Research* 38, no. 2 (August 2011): 215–228.
120. Dan L. Sherrell, Alvin C. Burns, and Melodie R. Phillips, "Fixed Consumption Behavior: The Case of Enduring Acquisition in a Product Category," in Robert L. King, ed., *Developments in Marketing Science* 14 (1991): 36–40.
121. Anne Underwood, "Hoarders Pack It In," *Newsweek* (July 26, 2004): 12.
122. Russell W. Belk, "Acquiring, Possessing, and Collecting: Fundamental Processes in Consumer Behavior," in Ronald F. Bush and Shelby D. Hunt, eds., *Marketing Theory: Philosophy of Science Perspectives* (Chicago: American Marketing Association, 1982): 85–90.
123. Ruth Ann Smith, *Collecting as Consumption: A Grounded Theory of Collecting Behavior* (unpublished manuscript, Virginia Polytechnic Institute and State University, 1994): 14.
124. For a discussion of these perspectives, see Smith, *Collecting as Consumption*.
125. John Branch, "Yankees Grass Is Now a Brand," *New York Times* (March 21, 2009), www.nytimes.com/2009/03/22/sports/baseball/22grass.html?scp=1&sq=Yankees%20Grass%20Is%20Now%20a%20Brand&st=cse, accessed March 21, 2009.
126. Kottak, "Anthropological Analysis of Mass Enculturation."
127. Joan Kron, *Home-Psych: The Social Psychology of Home and Decoration* (New York: Clarkson N. Potter, 1983); Gerry Pratt, "The House as an Expression of Social Worlds," in James S. Duncan, ed., *Housing and Identity: Cross-Cultural Perspectives* (London: Croom Helm, 1981): 135–79; Michael R. Solomon, "The Role of the Surrogate Consumer in Service Delivery," *Service Industries Journal* 7 (July 1987): 292–307.
128. Grant McCracken, "'Homeyness': A Cultural Account of One Constellation of Goods and Meanings," in Elizabeth C. Hirschman, ed., *Interpretive Consumer Research* (Provo, UT: Association for Consumer Research, 1989): 168–84.
129. http://livingoprah.com/, accessed June 22, 2011; quoted in Jessica Grose, "Life in the Time of Oprah," *New York Times* (August 15, 2008), www.nytimes.com/2008/08/17/fashion/17oprah.html?scp=1&sq=Jessica%20Grose,%20%93Life%20in%20the%20Time%20of%20Oprah&st=cse, accessed August 17, 2008.
130. Emile Durkheim, *The Elementary Forms of the Religious Life* (New York: Free Press, 1915).
131. Susan Birrell, "Sports as Ritual: Interpretations from Durkheim to Goffman," *Social Forces* 60, no. 2 (1981): 354–76; Daniel Q. Voigt, "American Sporting Rituals," in Browne, ed., *Rites and Ceremonies in Popular Culture*.
132. Ronald W. Pimentel and Kristy E. Reynolds, "A Model for Consumer Devotion: Affective Commitment with Proactive Sustaining Behaviors," *Academy of Marketing Science Review* 5 (2004): 1.
133. Mark A. Stein, "Block That Snack," *New York Times* (February 4, 2007): 2.
134. Dean MacCannell, *The Tourist: A New Theory of the Leisure Class* (New York: Shocken Books, 1976).
135. Belk et al., "The Sacred and the Profane in Consumer Behavior."
136. Beverly Gordon, "The Souvenir: Messenger of the Extraordinary," *Journal of Popular Culture* 20, no. 3 (1986): 135–46.
137. Belk et al., "The Sacred and the Profane in Consumer Behavior"; Amber M. Epp and Linda L. Price, "The Storied Life of Singularized Objects: Forces of Agency and Network Transformation," *Journal of Consumer Research* 36, no. 5 (2010): 820–37.
138. Güliz Ger and Olga Kravets, "Rediscovering Sacred Times in the Mundane: Tea Drinking in Turkey," *Consuming Routines: Rhythms, Ruptures, and the Temporalities of Consumption*, International Workshop, European University Institute, Florence, Italy, May 3–5, 2007; cf. also Güliz Ger, "Religion and Consumption: The Profane Sacred," *Advances in Consumer Research* 32, no. 1 (2005): 79–81.
139. Deborah Hofmann, "In Jewelry, Choices Sacred and Profane, Ancient and New," *New York Times* (May 7, 1989), www.nytimes.com, accessed October 11, 2007.
140. Lee Gomes, "Ramadan, a Month of Prayer, Takes on a Whole New Look," *Wall Street Journal* (December 4, 2002), www.wsj.com, accessed December 4, 2002.
141. Peter Gumbel, "Big Mac's Local Flavor," CNNmoney.com (May 2, 2008), http://money.cnn.com/2008/04/29/news/companies/big_macs_local.fortune/index.htm, accessed May 2, 2008; Geoffrey A. Fowler, "For Prosperity Burger, McDonald's Tailors Ads to Asian Tastes," *Wall Street Journal* (January 24, 2005), www.wsj.com, accessed January 24, 2005; Saritha Rai, "Tastes of India in U.S. Wrappers," *New York Times* (April 29, 2003), www.nytimes.com, accessed April 29, 2003; Gerard O'Dwyer, "McD's Cancels McAfrika Rollout," *Advertising Age* (September 9, 2002): 14; "McDonald's to Give $10 Million to Settle Vegetarian Lawsuit," *Wall Street Journal* (June 4, 2002), www.wsj.com, accessed June 4, 2002; "Packaging Draws Protest," *Marketing News* (July 4, 1994): 1.
142. Mariko Sanchanta and Yoree Koh, "Beefing Up McDonald's," *Wall Street Journal* (January 12, 2011), http://online.wsj.com/article/SB10001424052748703791904576075450692538030.html, accessed April 10, 2011.
143. Charles Onians, "By Toutatis! Asterix McDonald's Ad Irks French" (August 19, 2010), http://www.google.com/hostednews/afp/article/ALeqM5hmwaTJFdWfl0_J3N6qe2YA6Vximw, accessed April 28, 2011.
144. "McCurrywurst Time in Germany," *Burger Business* (February 18, 2013), http://www.burgerbusiness.com/?p=13289, accessed February 20, 2013.
145. For a discussion of this trend, see Russell W. Belk, "Hyperreality and Globalization: Culture in the Age of Ronald McDonald," *Journal of International Consumer Marketing* 8 (1995): 23–38.
146. "Bain Projects Global Luxury Goods Market Will Grow Overall by 10% in 2012, Though Major Structural Shifts in Market Emerge," Bain & Company (October 15, 2012), http://www.bain.com/about/press/press-releases/bain-projects-global-luxury-goods-market-will-grow-ten-percent-in-2012.aspx, accessed March 30, 2013.
147. Normandy Madden, "New GenerAsians Survey Gets Personal with Asia-Pacific Kids," *Advertising Age International* (July 13, 1998): 2.
148. Adam Thompson and Shai Oster, "NBA in China Gets Milk to Sell Hoops," *Wall Street Journal* (January 22, 2007): B1; "They All Want to Be Like Mike," *Fortune* (July 21, 1997): 51–53.
149. Emma Hall, "Volvo Parks Brits at the Drive-in Movie: 'Starlite' Promo Allows Locals to Soak up American Car Culture," *Ad Age Global* (July 7, 2010), http://adage.com/article/global-news/marketing-volvo-parks-brits-drive-movie/144824/, accessed April 28, 2011.
150. Alan Riding, "Only the French Elite Scorn Mickey's Debut," *New York Times* (April 13, 1992): A1.
151. Elisabeth Rosenthal, "Buicks, Starbucks and Fried Chicken, Still China?" *New York Times* (February 25, 2002), www.nytimes.com, accessed February 25, 2002.

152. Special Report, "Brands in an Age of Anti-Americanism," *BusinessWeek* (August 4, 2003): 69–76.
153. Lily Dong and Kelly Tian, "The Use of Western Brands in Asserting Chinese National Identity," *Journal of Consumer Research* 36 (October 2009).
154. David Murphy, "Christmas's Commercial Side Makes Yuletide a Hit in China," *Wall Street Journal* (December 24, 2002), www.wsj.com, accessed December 24, 2002.
155. This example courtesy of Professor Russell Belk, University of Utah, personal communication, July 25, 1997.
156. James Hookway, "In Vietnam, Fast Food Acts Global, Tastes Local," *Wall Street Journal* (March 12, 2008), http://online.wsj.com/article/Sb120528509133029135.html?mod=mm_hs_marketing_strat, accessed March 12, 2008.
157. Miriam Jordan, "India Decides to Put Its Own Spin on Popular Rock, Rap and Reggae," *Wall Street Journal* (January 5, 2000), www.wsj.com, accessed January 5, 2000; Rasul Bailay, "Coca-Cola Recruits Paraplegics for 'Cola War' in India," *Wall Street Journal* (June 10, 1997).
158. Rick Wartzman, "When You Translate 'Got Milk' for Latinos, What Do You Get?" *Wall Street Journal* (June 3, 1999).
159. Charles Newbery, "Coke Goes Native with New Soft Drink," *Advertising Age* (December 1, 2003): 34.
160. Eric J. Arnould and Richard R. Wilk, "Why Do the Natives Wear Adidas: Anthropological Approaches to Consumer Research," *Advances in Consumer Research* 12 (Provo, UT: Association for Consumer Research, 1985): 748–52.
161. John F. Sherry, Jr., and Eduardo G. Camargo, "May Your Life Be Marvelous: English Language Labelling and the Semiotics of Japanese Promotion," *Journal of Consumer Research* 14 (1987): 174–88.
162. Bill Bryson, "A Taste for Scrambled English," *New York Times* (July 22, 1990): 10; Rose A. Horowitz, "California Beach Culture Rides Wave of Popularity in Japan," *Journal of Commerce* (August 3, 1989): 17; Elaine Lafferty, "American Casual Seizes Japan: Teen-agers Go for N.F.L. Hats, Batman and the California Look," *Time* (November 13, 1989): 106.
163. Lucy Howard and Gregory Cerio, "Goofy Goods," *Newsweek* (August 15, 1994): 8.
164. Abe Sauer, "'Asianate Yourself' with Amoy. Actually, Please Don't," *Brandchannel* (March 9, 2011), http://www.brandchannel.com/home/post/2011/03/09/Asianate-Yourself-With-Amoy.aspx, accessed April 30, 2011; http://www.amoy.nl/web/#/home, accessed May 11, 2011.
165. www.beinggirl.com/en_US/home.jsp, accessed June 25, 2009; Carol Hymowitz, "Marketers Focus More on Global 'Tribes' than on Nationalities," *Wall Street Journal* (December 10, 2007): B1.
166. Theodore Levitt, *The Marketing Imagination* (New York: Free Press, 1983).
167. Geoffrey A. Fowler, "Main Street, H.K.: Disney Localizes Mickey to Boost Its Hong Kong Theme Park," *Wall Street Journal* (January 23, 2008): B1; Merissa Marr, "Small World: Disney Rewrites Script to Win Fans in India; China, Latin America Are Also in Turnaround," *Wall Street Journal* (June 11, 2007): A1; Laura M. Holson, "The Feng Shui Kingdom," *New York Times* (April 25, 2005), www.nytimes.com, accessed April 25, 2005; Keith Bradsher, "Disneyland for Chinese Offers a Soup and Lands in a Stew," *New York Times* (June 17, 2005): A1; Paulo Prada and Bruce Orwall, "Disney's New French Theme Park Serves Wine—and Better Sausage," *Wall Street Journal* (March 12, 2002), www.wsj.com, accessed March 12, 2002.
168. David Barboza and Brooks Barnes, "Disney Plans Lavish Park in Shanghai," *New York Times* (April 7, 2011), http://www.nytimes.com/2011/04/08/business/media/08disney.html?pagewanted=1&_r=1&ref=business, accessed April 10, 2011.
169. Terry Clark, "International Marketing and National Character: A Review and Proposal for an Integrative Theory," *Journal of Marketing* 54 (October 1990): 66–79.
170. Geraldo Samor, Cecilie Rohwedder, and Ann Zimmerman, "Innocents Abroad? Walmart's Global Sales Rise as It Learns from Mistakes; No More Ice Skates in Mexico," *Wall Street Journal* (May 16, 2006): B1.
171. Marc Gobé, *Emotional Branding: The New Paradigm for Connecting Brands to People* (New York: Allworth Press, 2001).
172. Norihiko Shirouzu, "Snapple in Japan: How a Splash Dried Up," *Wall Street Journal* (April 15, 1996): B1.
173. Glenn Collins, "Chinese to Get a Taste of Cheese-Less Cheetos," *New York Times* (September 2, 1994): D4.
174. http://carlgene.com/blog/2012/02/45-mandarin-sentences-with-chinese-characteristics/; http://www.oddee.com/item_97732.aspx; http://www.buzzfeed.com/nataliemorin/chinese-signs-that-got-seriously-lost-in-tranlsation.
175. Adam Wooten, "International Business: In global airline marketing, idioms must be handled carefully," *Deseret News* (January 1, 2011), http://www.deseretnews.com/article/705363635/In-global-airline-marketing-idioms-must-be-handled-carefully.html?pg=all.
176. For a case study that explores how the Guinness brand does this, cf. John Amis and Michael L. Silk, "Transnational Organization and Symbolic Production: Creating and Managing a Global Brand," *Consumption Markets & Culture* 13, no. 2 (2010): 159–79.
177. Martin McCarty, Martin I. Horn, Mary Kate Szenasy, and Jocelyn Feintuch, "An Exploratory Study of Consumer Style: Country Differences and International Segments," *Journal of Consumer Behaviour* 6, no. 1 (2007): 48.
178. Julie Skur Hill and Joseph M. Winski, "Goodbye Global Ads: Global Village Is Fantasy Land for Marketers," *Advertising Age* (November 16, 1987): 22.
179. Geert Hofstede, *Culture's Consequences: Comparing Values, Behaviors, Institutions, and Organizations across Nations* (Thousand Oaks, CA: Sage, 2001). For a recent critique of this instrument, cf. Aron M. Levin, Irwin P. Levin, and Michael P. Cook, "Measuring and Accounting for Cross-Country Response Biases in Marketing Food and Drink Products," *International Journal of Consumer Marketing*, in press.
180. Adapted from "What Are Hofstede's Five Cultural Dimensions?" www.geert-hofstede.com, accessed February 17, 2013.
181. Clyde H. Farnsworth, "Yoked in Twin Solitudes: Canada's Two Cultures," *New York Times* (September 18, 1994): E4.
182. Hill and Winski, "Goodbye Global Ads."
183. MTV Europe, personal communication, 1994; see also Teresa J. Domzal and Jerome B. Kernan, "Mirror, Mirror: Some Postmodern Reflections on Global Advertising," *Journal of Advertising* 22 (December 1993): 1–20; Douglas P. Holt, "Consumers' Cultural Differences as Local Systems of Tastes: A Critique of the Personality-Values Approach and an Alternative Framework," *Asia Pacific Advances in Consumer Research* 1 (1994): 1–7.
184. Douglas B. Holt, John A. Quelch, and Earl L. Taylor, "How Global Brands Compete," *Harvard Business Review* (September 2004): 68–75.
185. "Three people gored during Pamplona bull run," *The Independent U.K.* (July 13, 2013), http://www.independent.co.uk/news/world/europe/three-people-gored-during-pamplona-bull-run-8705591.html.
186. http://www.channel4.com/info/press/news/research-shows-product-placement-can-shift-brand-perception.
187. Jack Neff, "Clearasil Marches into Middle-School Classes, *Advertising Age* (November 2006): 8; Bill Pennington, "Reading, Writing and Corporate Sponsorships," *New York Times on the Web* (October 18, 2004); Caroline E. Mayer, "Nurturing Brand Loyalty: With Preschool Supplies, Firms Woo Future Customers and Current Parents," *Washington Post* (October 12, 2003): F1.
188. Karlene Lukovitz, "New-Product Hits Tap In-Home, Health Trends," *Marketing Daily* (April 1, 2011), http://www.mediapost.com/publications/?fa=Articles.showArticle&art_aid=147857&nid=125349, accessed April 10, 2011.
189. Suzanne Kapner, "U.S. TV Shows Losing Potency around World," *New York Times* (January 2, 2003), www.nytimes.com, accessed January 2, 2003; "Big Brother Nipple Sparks Outrage," *BBCNews* (September 10, 2004), www.bbcnews.com, accessed September 10, 2004.
190. Liz Gooch, "A Reality Show Where Islam Is the Biggest Star," *New York Times* (July 28, 2010), http://www.nytimes.com/2010/07/29/world/asia/29imam.html?scp=1&sq=islamic%20reality%20show&st=cse, accessed April 10, 2011.

Chapter 4 · 소비자와 사회적 복지

Chapter Objectives

이 장을 끝마칠 때, 당신은 다음의 사항들을 이해해야 한다:

1. 윤리적 비즈니스가 좋은 비즈니스이다
2. 마케터는 비즈니스 활동 과정에서 안전하고 기능적인 제품을 제공할 의무를 가지고 있다.
3. 소비자 행동은 우리 사회가 직면하고 있는 주요 공공 정책 이슈에 직접적으로 영향을 미친다.
4. 소비자 행동은 개인과 사회에 해를 끼칠 수 있다.

Tracy는 매주 하는 쇼핑에서 평소에 늘 구매하는 제품들을 카트에 습관적으로 던져 담으면서 식료품 통로 쪽으로 카트를 끌고 지나가고 있다. 그녀는 Tide 세탁세제에 손을 뻗어 카트에 넣으려다 잠깐 멈칫하였다. 세제와 그녀가 구매하는 식료품이 환경에 미치는 영향에 대해 좀 더 생각해 보기로 한 자신의 결심을 떠올렸다. 아들 Jon이 학교에서 돌아온 후 그녀에서 다음 세대를 위해 세계를 보존하는데 엄마가 어떤 기여를 하고 있는지를 물었을 때 그녀는 대답을 할 수 없어서 당황하였던 것이다. 아이를 통해서 33세의 어른이 교훈을 배우는 시간이었다.

출처: Art Allianz/Shutterstock.

세제부터 시작해 보는 게 좋을 것 같다. Tracy는 미국 소비자들이 옷을 세탁하기 위해 사용하는 엄청난 양의 담수뿐만 아니라 물 공급에 해로운 화학물질과 다른 첨가제의 과도한 사용에 관한 신문 기사를 지난주에 본 기억이 떠올랐다.

Tracy는 항상 Tide를 구매해 왔다. Tide는 그녀의 엄마가 수년 동안 사용해 오던 제품이다. 이제 그녀는 세제 코너를 유심히 보게 되었고 그녀는 Dropps, Ecos, Method, Seven Generation과 같이 전에 본 적이 없는 몇몇 환경보호를 위한 브랜드뿐만 아니라 여러 다른 브랜드들이 있음을 주목하게 되었다. 그녀가 각각의 상자들에 DfE(Design for the Environment, 환경을 위한 디자인)라 불리는 미국 환경 보호 기관에서 발행하는 여러 다른 "ecolabels"이 부착되었음을 발견하였다. 하지만 Tide 박스에는 이런 라벨이 부착되어 있지 않았다. 오히려 Tide 라벨에는 세탁을 위해 뜨거운 물 대신에 찬물을 사용하는 것을 권장하며 P&G는 세탁을 위해 많은 비누거품을 필요로 하지 않는 농축액 제품을 판매한다고 적혀 있었다. 또한 Tracy는 그린 제품의 가격이 좀 더 비싸다는 것을 알게 되었다. 오늘날에는 단돈 1센트도 중요하다. 자신의 귀중한 식료품 예산 중 어느 정도가 적은 거품 세탁을 위해 사용될 가치가 있을까? 이런 모든 선택들은 정말 혼란스럽다. 아마도 Tracy는 기존에 알고 있던 제품을 고수하고 환경 문제는 다른 사람들이 고민하게끔 할 수도 있다. 하지만 이럴 경우 아들 Jon이 엄마가 얼마나 환경을 의식하는 행동을 하냐고 물을 때 그녀는 어떻게 대답을 해야 할까?

목표 1

윤리적 비즈니스가 좋은 비즈니스이다.

마케팅 윤리와 소비자 권리

Tracy와 같은 미국의 평범한 소비자들은 환경에 도움이 되는 "그린" 제품을 점점 더 많이 선택하고 있다. 하지만 "그린 혁명"은 과장된 측면이 있다. 왜냐하면 불경기 이후 소비자들은 이전보다 훨씬 더 가격에 민감해졌기 때문이다. 또한 좋은 의도를 가진 소비자들조차도 어떤 브랜드가 더 좋은지를 알기가 어렵다. 여러 브랜드들이 경쟁적으로 주장하는 내용을 구분하는 것은 쉽지 않다. 하나의 해결책은 독립된 평가 기관이 대안들 중에서 선택을 할 수 있도록 라벨링 시스템을 개발하는 것이지만 이러한 시스템조차도 파악하기 어려울 수 있다. 전 세계에 430개 이상의 에코 라벨 시스템이 있으며 25% 정도가 북미에 존재한다. 미국정부는 기업과 소비자들에게 그린 세제를 선택하도록 독려하고 있다. EPA는 심지어 DfE 라벨에 대한 인지를 높이기 위해 NASCAR과 함께 프로모션 협약을 체결하였다. 청소 산업이 후원하는 DfE 증명 및 또 다른 유형의 평가 시스템뿐만 아니라 몇몇 제조업자들과 소매상들은 SC Jonson's Greenlist와 홀푸드 식품 체인에서 개발한 Eco-Scale들과 같은 자신들만의 라벨을 제공하고 있다. Procter & Gamble의 Tide와 같은 다른 큰 브랜드들은 찬물에서 잘 작동하도록 만들어진 고농축 버전을 판매하고 있다. 직접적인 비교를 하기는 어렵지만 Tracy와 같은 소비자들이 그린 세제 브랜드 선택을 단념하고 자신들이 알고 있는 브랜드를 고수한다면 모든 것을 잃게 될 수도 있다고 이러한 경쟁 시스템들은 경고하고 있다. 마케터들이 "좋은 일을 함"과 동시에 "잘하는 것"이 가능할까? 이들은 이윤을 얻으면서 소비자와 환경에 도움이 되는 것을 행할 수 있을까?

대답은 간단하다. 윤리적 비즈니스는 좋은 비즈니스이다. 미국 소비자를 대상으로 한 Conference Board의 조사결과 소비자가 기업에 관한 평가를 내릴 때 가장 중요한 기준은 노동 행위, 비즈니스 윤리, 그리고 환경적 이슈 등의 분야에서의 사회적 책임이라는 것이 밝혀졌다. 소비자들은 윤리적이라고 느끼는 기업의 제품을 더 좋게 생각한다.

비즈니스(사업) 윤리는 시장의 활동을 인도하는 행동 지침이며 이는 한 문화 내의 대부분의 사람들이 옳은 것과 잘못된 것, 선 혹은 악을 판단하는 것에 대한 기준이다. 이 브편적인 가치는 정직, 신뢰, 공정, 존중, 정의, 청렴, 타인에 대한 배려, 책임, 그리고 충성을 포함한다.

물론, 옳고 그른 것에 대한 견해는 사람, 조직, 문화에 따라 다르다. 일부 기업들은 판매원이 거짓정보를 고객들에게 제공하더라도, 거래를 위해 가능한 모든 노력을 기울이는 것이 괜찮다고 믿는 반면에 다른 회사들은 고객에게 전적으로 진실하지 못한 것은 아주 잘못된 것으로 느낀다. 각 문화는 고유한 가치체계, 신념과 관습을 가지고 있기 때문에, 전 세계의 회사들은 윤리적 사업 행동을 다르게 정의한다. 예를 들면, 한 연구는 가치의 차이 때문에(3장 참고), 멕시코의 기업들은 윤리의 형식적인 규범을 거의 가지고 있지 않으며, 미국이나 캐나다의 회사들보다 공무원에게 뇌물을 줄 가능성이 더 높다는 것을 발견했다. 그러나 업무와 대인 관계에 관한 태도의 차이 때문에, 이 회사들은 미국이나 캐나다 회사들보다 하위급 고용인들을 더 잘 대우할 가능성 역시 있다.

이 문화적 차이는 뇌물과 같은 비즈니스 관습들이 허용될 수 있는 지에 대해 영향을 미친다. 사업을 수주하기 위해 외국인들을 매수하는 것은 1977년 해외 부패방지법(Foreign Corrupt Practices Act)이 제정된 이후로 금지되었다. 가장 산업화된 나라들이 속한 경제개발기구(OECD) 역시 뇌물을 금지한다. 하지만 여전히 많은 나라들에서 이러한 관행은 일반적이다. 일본에서, 이것은 *kuroi kiri*(검은 안개)라고 불려진다 그리고 독일에서는 *schmiergeld*(아첨 돈), 프랑스에서는 *pot-de-vin*(와인 담는 병), 이탈리아인들은 *bustarella*(작은 봉투)라고 부른다. 이것들은 모두 *baksheesh*(팁)을 언급하고 있는데 이는 중동 사람들이 거래에 뇌물을 써서 일을 원활하게 하기 위한 '팁'을 설명하는 용어이다. 공급자 혹은 고객으로부터 사업을 얻기 위한 교환으로 "선물"을 주는 것은 많은 나라들에서 받아들여지며 심지어 몇몇 국가에서는 수용되는 관행이다.

이러한 행동들이 고의적으로 이루어지는지와 관계 없이, 일부 마케터들의 이런 행동은 소비자와의 신뢰감을 망가뜨린다. 어떤 경우에, 이 행동들은 제조업자가 잘못된 라벨을 패키지에 붙인 경우처럼 명백한 불법행위이다. 혹은 한 소매상이 고가 상품을 판매하기 위한 목적으로 값싼 제품을 제공함으로써 매장 안으로 소비자를 유인하기 위해 "유인상술(bite-and-switch)" 판매전략을 채택할 수도 있는데 이 또한 불법이다.

또한 마케팅 관행들은 비록 명확하게 불법적이지 않더라도 사회에 악영향을 준다. 일부 회사들은 저소득층을 대상으로 술과 담배 제품 옥외광고를 하며 또 다른 회사는 남성 소비자를 이용하기 위해 여성들을 상품화하는 광고를 후원한다.

필요와 욕구: 마케터가 소비자들을 조종하는가?

마케팅에 대한 가장 흔하고 신랄한 비판 중 하나는 마케팅이 소비자들에게 물질적인 것을 과도하게 "필요하다"라고 생각하게 하고, 만약 소비자들이 이 "필수품들"을 가지지 못한다면 불행한 사람이 될 것이라고 설득한다는 것이다. 이 쟁점은 복잡하며 분명하게 고려할 가치가 있는 것이다. 마케터는 사람들이 필요로 하는 것을 제공하는가 아니면 사람들에게 자신들이 무엇을 필요로 하는지를 알려줘야 하는가?

누가 시장을 통제하는가 – 기업들 혹은 소비자들? 이 질문은 구매하고, 소유하고 존재하는 새로운 방법이 매일 만들어짐에 따라 더욱 복잡해진다. 마케터 공간의 "좋았던 날들" – 기업들이 대장 노릇을 하며 소비자들이 알거나 하기를 원하는 것을 결정하던 때 – 은 이미 사라졌다. 많은 사람들은 그들 자신의 **소비자공간**(consumer space)을 구축함에 따라 자신들이 기업과 언제, 어떻게, 혹은 기업들과 상호작용을 할지 말지를 선택할 수 있는 힘을 가졌다고 느낀다. 이러한 새로운 환경하에서 개인들은 자신들이 원하는 제품의 유형 및 제품에 대해 알기를 원할 경우 언제, 어디서, 어떠한 방법으로 알기를 원하는지를 기업에게 알린다. 결국, 기업들은 이러한 소비자 "유목민(nomads)"의 충성도를 얻기 위해 새로운 방법으로 브랜드 자산을 개발하고 영향력을 키울 필요가 있다. 사람들은 여전히 기업들을 필요로 하지만 이는 새로운 방법과 그들 자신의 조건에 의해서이다. 우리가 이 책을 통하여 볼 것처럼, 소비자행동에서의 엄청난 변화들은 사람들이 제품 정보를 검색하고 브랜드 대안들을 평가하는 방법에 영향을 미치고 있다. 멋진 신세계의 소비자공간에서 우리는 우리 자신의 마케팅 운명을 형성하는데 생각보다 훨씬 큰 잠재력을 지니고 있다.

마케터가 인위적 니즈(needs)를 창출하는가?

마케팅 체계는 정치적인 스펙트럼의 양쪽 진영으로부터 모두 비난을 받고 있다. 한편으로는, 종교적 우파의 일부 구성원들은 마케터들이 쾌락적 즐거움의 이미지를 나타내고 영혼과 환경을 훼손시키면서 세속적 인간주의의 추구를 고무시킴으로써 사회의 도덕적 와해에 공헌한다고 믿는다. National Religious Partnership for Environment라고 불리는 종교적 그룹의 연합은 연료를 많이 소비하는 자동차와 기후 변화를 야기시키는 여러 요인들은 사람과 지구를 보호하는 것에 대한 기독교의 도덕적 가르침에 반한다고 주장한다.

반면, 일부 좌파들은 물질적 쾌락의 기만적 약속이 사람들로 하여금 이 체제를 변화시키려는 개혁적 행동을 저버리게 만든다고 주장한다. 이 주장에 따르면, 그 마케팅 체계는 수요 – 오직 그것의 상품만이 만족시킬 수 있는 수요 – 를 창출한다

답변. 1장에서 본 것처럼, *1차적 욕구(need)는 기본적인 생물학적 동기이며 2차적 욕구(want)는 사회가 필요를 만족시키기 위하여 가르친 하나의 방법을 나타낸다.* 예를 들어, 목마름은 생물학적인 니즈이다. 마케터는 목마름을 없애기 위해 우리에게 염소의 우유

보다는 Coca-Cola를 원하도록 가르친다. 따라서, 니즈는 이미 존재하는 것이지만 마케터는 이 니즈를 충족시키는 방법을 추천해 주고 있다. 기본적인 마케팅의 목표는 니즈를 창출하기 위한 것이 아니라 니즈가 존재한다는 인식을 창출하기 위한 것이다.

광고와 마케팅은 필수적인가?

사회적 비평가 Vance Packard는 50년전에 "정신과학과 사회과학으로부터 얻은 통찰을 바탕으로 우리의 이유없는 습관들, 우리의 구매 결정과 우리의 사고 과정들에 영향을 미치기 위해 대규모 노력들이 이루어지고 있고 자주 성공을 거두고 있다." 라고 기술했다. 경제학자 John Kenneth Galbraith는 라디오와 TV가 대중들을 조종하기 위한 중요한 도구의 역할을 한다고 비난했다. 왜냐하면 소비자들은 이 매체를 사용하기 위하여 글을 읽고 쓸 필요가 없기 때문에, 반복적이고 설득력 있는 커뮤니케이션이 거의 모든 사람에게 도달할 수 있다. 이 비판은 간단한 클릭이 우리를 정보의 세계로 데려다 주는 온라인 커뮤니케이션과 더 관련이 있을 것이다.

일부 사람들은 마케터들이 우리의 소유물에 의해 우리가 평가되는 물질주의적인 사회를 조성하기 위해 제품과 바람직한 사회적 속성을 독단적으로 연결시킨다고 비난한다. 한 저명한 비평가는 심지어 우리가 충분히 물질주의적이지 않다는 것이 문제라고 주장했다. 우리는 재화가 가지고 있는 실용적인 기능에 대해 제품의 가치를 충분히 판단하지 않고 재화가 상징하는 비이성적인 가치에 집중을 한다. 이 관점에 의하면, "맥주는 맥주를 마시는 것이 남자답고, 마음이 젊거나 친절하다는 것을 보여주지 않더라고 충분하다. 세탁기는 우리가 진보적이거나 우리의 이웃에게 부러움의 대상을 의미하기 보다는 옷을 세탁하기 위한 유용한 기계이다."

답변. *제품들은 존재하는 니즈를 충족시키기 위해 만들어지고, 광고는 오직 그들의 이용 가능성을 커뮤니케이션 하는 것을 돕는다. 정보의 경제학적* 관점에 따르면, 광고는 소비자 정보의 중요한 정보원이다. 이 관점은 제품에 대해 탐색하는 데 사용되는 시간의 경제학적 비용을 강조한다. 따라서, 광고는 소비자들이 기꺼이 지불한 서비스이다. 왜냐하면 그것이 제공하는 정보는 탐색 시간을 줄여주기 때문이다.

마케터가 기적을 약속하는가?

광고를 통하여, 소비자들은 제품이 마법적인 속성을 가지고 있다고 믿게 되고(3장을 보라), 우리가 구매하는 것들은 우리의 삶을 변화시킨다. 소비자들은 아름다워지며 성공하고 모든 질병으로부터 회복될 것이다. 이 관점에서 광고는 원시사회에서의 신화의 역할을 하게 된다. 광고는 복잡한 문제에 대해 간단하며 불안을 줄여주는 해답을 제공한다.

답변. *광고회사들은 조종하고자 하는 사람들에 관해 충분히 알지 못하고 있다.* 신제품의 실패율이 40~80%인 것을 생각해 보라. 비록 사람들이 광고회사들이 그들을 조종하기 위해 무한한 마법적인 속임수와 과학적인 기법을 가지고 있다고 생각할지라도, 실제로 산업은 좋은 제품을 판매하기 위해 노력할 때 성공하고 그렇지 않을 때 실패하게 된다.

이 광고는 광고가 인위적 욕구를 창출한다는 비난에 반대하기 위해서 미국 광고업협회 (American Association of Advertising Agencies)에 의해 만들어졌다.
출처: Used with permission of American Association of Advertising Agencies.

물질주의: 당신이 가지고 있는 소유물이 바로 당신이다.

2차 세계대전 중에, 남태평양의 "카고 컬트(Cargo Cults, 화물 숭배 집단)" 구성원들은 추락한 비행기에서 수집되거나 난파된 선박에서 해안으로 밀려온 화물을 신(god)으로 모셨다. 이 사람들은 그들의 섬 근처를 지나가는 비행기나 배를 그들의 조상이 조종하고 있다고 믿어, 그 비행기나 배를 그들의 마을로 유인하려고 애썼다. 게다가 그들은 진짜 비행기를 꾀어들이려는 바램에서 짚으로 가짜 비행기를 만들어놓기도 했다!

우리는 이 정도까지 제품을 숭배하지는 않으나, 많은 사람들이 물질적인 안락으로 가득한 풍족한 생활을 누리기 위해 열심히 일하고 있다. 대부분의 젊은 사람들은 휴대

Marketing Pitfall

1980년대 초기에 루마니아 사회주의 정부는 서구 자본주의의 타락을 보여 주기 위해 미국의 TV 쇼 Dallas를 방송했다. 이 전략은 기대에 어긋난 결과를 보여줬다. 사악한(그러나 부자인) J. R. Ewing은 동유럽과 중동 일부에서 존경받는 아이콘이 되었다. 부카레스트의 인기 있는 여행 명승지는 "South Fork Ranch"라고 이름을 알리는 (영어로) 큰 흰색의 통나무 문을 포함한다. 서구의 "타락"은 전염되는 것으로 여겨진다.

사회주의의 몰락 후, 동유럽은 궁핍의 긴 겨울에서 풍부한 봄으로 빠져나왔다. 그러나 그 그림은 장미빛만은 아니다. 과도기적 경제(transitional economies)에서 살고 있는 많은 사람들이 상품을 성취하는 것은 쉽지 않다. 이 용어는 통제되고, 중앙 집권적인 경제에서 자유 시장 체제를 수용하는 중국, 포르투갈, 그리고 루마니아와 같은 나라들을 잘 설명해 준다. 이 상황에서의 빠른 변화는 대중들이 갑자기 국제적 커뮤니케이션과 외부의 시장 압력에 노출됨으로써 사회적, 정치적, 경제적 차원에서 발생한다.

자본주의로의 변화에서 나타난 일부 결과들은 소외, 좌절, 그리고 시민들이 상품을 구매하기 위해 더 열심히 일하기 위해 그들의 여가 시간을 희생함으로써 증가된 스트레스만큼 지역 문화에 대한 확신과 자신감의 손상을 포함한다. 서구 물질주의 문화의 장신구에 대한 열망은 아마도 물질주의의 구속을 벗어 던진 시민들이 능력만 있다면 현재 미국과 서유럽으로부터 탐나는 소비자 상품에 직접 접근할 수 있는 동유럽 내부에서 가장 분명히 보여진다. 한 분석가는 "과거 소비에트 제국의 주체들이 꿈꾸었던 것처럼, 아메리칸 드림은 시리즈 드라마나 Sears 카탈로그 정도면 몰라도 자유와 정의를 위해 해줄 수 있는 것이 거의 없다"라고 논평했다.

전화, MP3 플레이어 및 다른 제품들이 제공하는 편안함이 없는 생활을 상상할 수 없다. 사실, 마케팅을 소비자에게 어떤 삶의 기준을 제공해 주는 체계의 하나로 생각할 수 있다. 이때 우리가 기대해 왔고 갈망하는 생활 수준 – 개인적 경험 혹은 TV나 영화에 등장하는 부유한 주인공들에 의한 것이든 간에 – 은 우리의 라이프스타일에 영향을 준다. 물론 이러한 기대는 문화에 따라 다르다.

우리의 소유물은 우리의 삶에서 중요한 역할을 하며 소유물을 축적하려는 우리의 욕망은 우리의 가치체계를 형성하게 된다. **물질주의**(Materialism)은 세속적인 소유물에 부여하는 중요성을 의미한다. 우리는 지금의 풍요로운 삶이 언제부터 시작되었는지를 기억해 내기 전까지는 이러한 제품과 서비스의 혜택을 당연한 것으로 여기고 있었다. 예를 들면, 1950년대 미국 다섯 가구 중 두 가구는 전화가 없었으며, 1940년대 미국 가정의 절반은 제대로 된 상하수도 시설을 갖추지 못했었다.

물질주의적 가치는 집단보다는 개인의 웰빙을 강조하는 경향이 있는데, 이것은 가족이나 종교적 가치와 갈등을 일으킬 수 있다. 이러한 갈등은 왜 높은 물질주의적 가치를 지닌 사람들이 덜 행복한 경향이 있는지를 설명하는 데 도움이 될 수 있다. 또한 물질주의는 초기 청소년기(12~13세) 사이에 높은데, 이 연령대의 집단이 또한 가장 낮은 자아 존중감을 갖고 있다는 것과 우연의 일치는 아닐 것이다.

물질주의자들은 지위와 외모를 나타내는 소유물에 더 많은 가치를 부여하는 데 반해, 이 가치를 강조하지 않는 사람들은 그들을 다른 사람들과 연결시켜 주는 제품 혹은 즐거움을 주는 제품들을 존중하는 경향이 있다. 그 결과 고도의 물질주의자들은 공공장소에서 소비하는 제품의 경우 더 비싼 제품을 선호하는 경향이 있다. 두 유형의 물질주의자들이 가치 있다고 여기는 특정 품목들을 비교한 한 연구는 고도의 물질주의자는 보석, 도자기, 별장과 같은 것을 선호하는 반면, 비물질주의자들은 어머니의 결혼 예복, 사진 앨범, 어린시절 사용하던 흔들의자, 정원과 같은 추억의 물건들을 선호한다고 밝히고 있다.

물질적인 사람들은 자신의 자아 정체성과 제품을 연결시키는 경향이 있다. 한 연구는 물질적 가치에 높은 비중을 두는 사람들이 죽음을 두려워하며 브랜드와 더 강한 연결을 형성한다는 것을 발견했다. 또 다른 연구는 자신의 소유물과 사랑에 빠진 소비자는 이러한 관계를 외로움과 사회적 연결망과의 연결 부족을 보완하기 위해 활용하는 경향이 있음을 밝히고 있다. 또 다른 연구에서는 물질주의자들은 제품이 자신들을 행복하게 만들어 줄 것이라 믿기 때문에 구매 전에는 제품에 가치를 부여하는 경향이 있으나 제품 구매 후 기대가 충족되지 않음을 깨닫고 제품에 대한 만족이 감소한다는 것이 밝혀졌다.

하지만, 물질적인 재화에 대한 소비자의 관심은 지속적으로 커지고 있다. – 특히 사치재가 최고로 여겨지는 개발도상국 시장에서 더욱 그렇다. 한 유명한 산업 분석가는 유럽과 미국에서는 사치재의 판매가 지속적으로 성장하는 반면 아제르바이잔, 브라질, 인도네시아, 카자흐스탄, 말레이시아, 멕시코, 남아프리카, 터키, 베트남과 같은 신흥 시장에서는 탄탄한 수익을 낼 것이며, 중국 시장에서 엄청난 성장을 보일 것이라고 예측하였다.

그렇기는 하지만, 어떤 제품이 중요한지와 제품들을 축적하는 것의 중요성에 대한 소비자들의 생각은 계속 변하고 있다. 미국의 경우 대부분의 사람들이 생존을 위해 치열하게 고군분투하는 반면 소득이 지속적으로 상승하는 피라미드의 꼭대기인 상위 1%

표 4.1 '구' 물질주의와 '신' 물질주의

WHOLE FOODS MARKET

	Neiman Marcus	Whole Foods Market
유사점	• 다른 곳에서 구하기 어려운 희귀한 제품 제공 • 제품 범주 내에서 비싼 가격 구사 • 부유한 지역에 위치 • 멋진 생활을 맛보기 위해 가끔 쇼핑하는 사람들이 있음	
차별점	• 핵심 고객들은 부유하며 과시하기를 좋아함 • 배타적이고 위협적임 • 고급 패션 디자인 • 디자이너 라벨 선호 • 익명의 서비스 • 가격에 민감한 소비자는 세일을 찾음 • 무관심한 • 맞춤 생산의 • 기하학적인 • 여분의	• 핵심고객들은 부유하나 이를 숨기고자 함 • 평등주의자이며 따뜻함 • 고감도 디자인 • 알려지지 않은 생산자 선호 • 개인적으로 확인된 서비스 • 가격에 민감한 소비자는 개인 라벨을 찾음 • 인간적인 • 의도적으로 부조화 추구 • 활동적인 • 쌓아둠

출처: Michael Pavone, "How Whole Foods Became the Luxury Brand of Millennials," *Fastcoexist.com* (February 23, 2012), http://www.fastcoexist.com/1679351/how-whole-foods-became-the-luxury-brand-of-millennials, accessed March 1, 2013.

에 대해 큰 정치적인 논쟁이 진행되고 있다. 게다가 사치재에 대한 정의는 부유한 젊은 사람들 사이에서 바뀌고 있다.

따라서 물질주의자들은 다이아몬드를 구매하든, 유기농 요구르트를 구매하든, 자신들이 구매하는 것의 내재된 품질에 가치를 둔다. 오늘날 중요한 영역은 '**출처**(provenance)'이다. 구매자들은 제품의 출처가 분명할 때와 자신들이 선택하는 제품들을 실제로 사람들이 꼼꼼하게 검수한 것이라는 것을 확신할 때 더 많은 비용을 지불할 의사를 보인다. 미술관 전시에 포함될 작품들을 꼼꼼하게 선정하는 전문가를 의미하는 이러한 **큐레이션**(curation)의 과정은 이제 음식, 옷, 여행등과 같은 소비재의 범위에도 적용된다. Whole Foods는 매장 내 칠판에 매장 종업원의 이름을 명시함으로써 물품목록을 개인화하고 있으며 종종 생산물을 재배한 농장을 명시하기도 한다. 표 4.1은 "구" 물질주의와 "신" 물질주의간의 유사점과 차별점을 요약하고 있다.

목표 2
마케터는 비즈니스 활동 과정에서 안전하고 기능적인 제품을 제공할 의무를 가지고 있다.

소비자 권리와 제품 만족

없어진 바지 한 벌에 5,400만 달러나 한다면? 워싱턴의 한 판사는 그의 세로 줄 무늬의 양복바지를 분실한 동네 세탁소를 대상으로 5,400만 달러의 고소를 하여 신문의 헤드라인 뉴스를 장식하였다. 이 판사는 "당일 서비스"와 "만족 보장"에 대한 광고를 한 세탁소를 대상으로 워싱턴의 소비자 보호법에 따라 거의 4년 동안 하루당 수천 달러의 배상을 요구하였다. 그 고소는 몇 개월이 걸렸으나, 결국 고소인은 한 푼도 받지 못하였다. 미국에는 고소가 너무 빈번하다!

만약 당신이 제품이나 서비스에 만족을 못한다면, 어떻게 행동할 수 있겠는가? 당신은 다음의 세 가지 중 가능한 행동 과정을 취할 것이다(때때로 한 가지 이상을 취할 수 있다):

1. **구두 반응:** 당신은 소매업자에게 보상해 줄 것을 직접적으로 요구할 수 있다(예, 환불).
2. **사적 반응:** 당신은 당신의 불만사항을 친구에게 표현하거나, 당신이 구매했던 제품이나 점포에 대해 불매운동을 할 수 있다.
3. **제3자 반응:** 위의 판사와 같이, 당신은 판매자에 대해 법적 조치를 취하거나, 관련 관공서에 불만을 등록하거나 신문사에 편지를 쓸 수도 있다.

한 연구에서는, 경영학 전공 학생들에게 기업에 불만 편지를 쓰도록 하였다. 회사들이 응답으로 무료 샘플을 보내주었을 때, 그 회사에 대한 학생들의 불만이 많이 줄어들었다. 그러나 단지 사과편지만 받고 어떤 대가도 받지 못한 사람들은 그렇지 않았다. 심지어 아무런 응답을 받지 못한 학생들은 이전보다 더 부정적인 이미지를 갖게 되었다고 응답하였다. 이것은 어떤 종류의 응답이라도 응답을 하지 않는 것보다는 낫다는 것을 의미한다.

수많은 요인들이 우리가 어떤 방법을 선택할지에 영향을 준다. 사람들은 저가의 제품보다는 가정의 내구재, 자동차, 옷 등과 같이 고가의 제품에 대해 불만족할 때 행동을 취하는 경향이 있다. 아이러니하게도, 일반적으로 매장에 만족하는 소비자들이 나쁜 경험을 하게 되면 더 불평하는 경향이 있다. 그들은 그 상점과 유대가 있다고 느끼기 때문에 불평을 하게 된다. 나이가 든 사람일수록 불평을 하는 경향이 더 강하며, 매장이 실질적으로 그 문제를 해결해 주리라 더 믿는 경향을 보인다. 문제가 해결된 쇼핑객들은

The Tangled Web

짜증이 난 소비자들은 기업에 대한 불만을 알리기 위해 ihatestar bucks.com에서 boycottwal mart.meetup.com에 이르기까지 수백 개의 **불평사이트**(gripe sites)를 만들었다. 이러한 관행은 광범위하기 진행되고 있기 때문에 몇몇 기업들은 다른 사람들이 구매하기 전에 문제가 될 만한 좋지 않은 사이트명을 적극적으로 사들이고 있다. 예를 들어 Xerox는 xeroxstinks.com, xeroxcorporationsucks.com 및 ihatexerox.net을 등록하였다. 한 연구에 의하면 2만 개 정도의 도메인 주소가 “sucks.com”으로 끝난다. 이러한 사이트의 1/3 정도는 바로 사람들이 맹비난하는 회사들에 의해 등록되어 있다. 이 회사들은 Walmart stores, Coca-Cola, Toys “R” Us, Target, Whole Foods Market 등이다.

출처: © Michael Matthews/Alamy.

아무런 문제가 없었을 때보다 그 매장에 대해 더 나아졌다고 느낀다! 그러나 매장이 고객의 불평에 잘 응대하지 못한다고 믿는다면, 사람들은 이에 대해 싸우기보다는 쉽게 매장을 바꾸는 경향이 있다. 비판을 좋아하는 사람은 없겠지만 마케터들은 다음의 이유들 때문에 소비자들에게 불평을 하게끔 독려해야 한다.

1. 기업들은 문제를 수정할 기회를 가질 수 있다.
2. 소비자들이 자신들이 부당하게 대우받았다는 것을 다른 사람들에게 알리기 위해 소셜 미디어에 의존할 때 발생하는 문제의 확대를 피할 수 있다. 사람들은 긍정적인 사건에 대해 자랑하기보다는 해결되지 않은 부정적인 경험에 대해 말을 더 퍼뜨리는 경향이 있다.
3. 미래의 고객들을 위해 향상된 서비스를 제공하는데 도움이 되는 고객 경험에 관한 가치있는 통찰을 얻을 수 있다.
4. 만약 소비자들이 자신들의 불평에 대해 매장이 반응하지 않는다고 믿게 되면 소비자는 매장과 싸우기보다는 다른 매장으로 옮기게 될 가능성이 높다.

소비자만족 점수가 높은 기업은 큰 경쟁우위를 가지게 되어 여러 혜택을 얻을 수 있다. 특히 많은 다른 기업들이 고객들에게 관심을 가지지 않을 경우에 그러하다. 캐나다 은행 산업에서 5년간 실시된 고객 만족 연구는 전형적인 결과를 보여준다. 더 나은 서비스를 제공한 은행은 다른 은행들보다 더 큰 "지갑점유율(share of wallet)"을 경험하였다.

그렇다고 하더라도, 대규모 설문조사에 참여한 최고마케팅경영자(CMO)의 절반 이상은 고객만족이 향상된다고 하더라도 자신들의 직원들에게 보상을 하지 않는다고 응답하였다. 1/3 이상은 고객 간의 구전(WOM)을 추적할 방법을 가지고 있지 않다고 응답

그림 4.1 Gemba로 가기

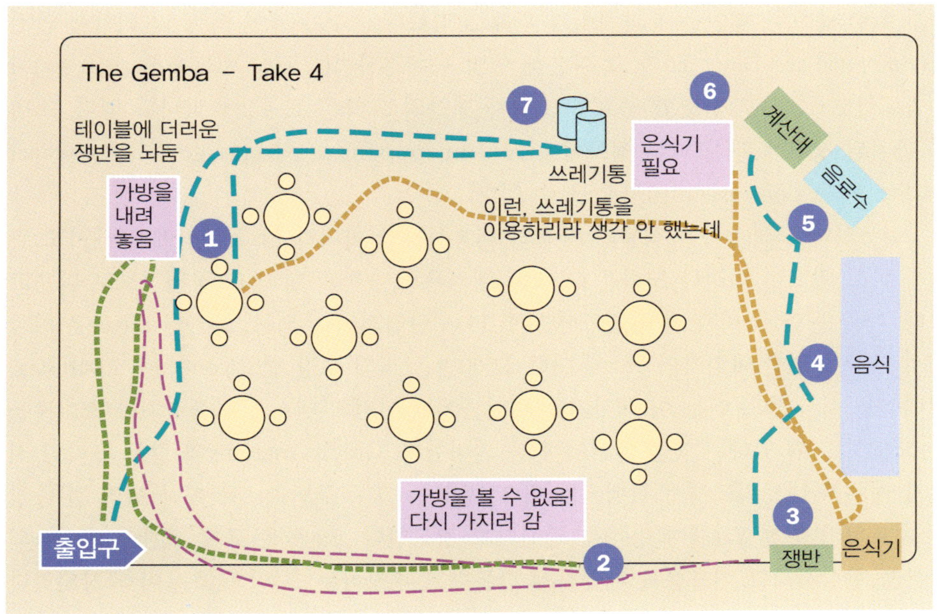

출처: © Quality Function Deployment Institute. Used with permission.

Marketing Opportunity

소비자 만족도를 연구하거나 만족도를 높이기 위해 새로운 제품 또는 서비스를 고안하려고 하는 많은 분석가들은 잠재적인 문제점을 파악하기 위해 어떻게 사람들이 그들의 환경과 실제로 상호작용하는가를 이해하는 것이 중요하다는 것을 인식하고 있다. 그들은 전형적으로 **표적 집단 조사**(focus groups)를 수행하는데, 이 조사에서는 소규모 소비자들이 한 시설물에 모여 새로운 제품을 시도하고, 회사 직원들은 거울 뒤에서 소비자들을 관찰한다. 그러나 어떤 연구자들은 보다 친밀한 접근법을 옹호하는데, 연구자들은 실제 환경에서 소비자들이 어떻게 제품을 소비하는지를 관찰할 수 있도록 한다. 이런 관점은 일본식 접근법인 **총체적 품질 관리**(total quality management: TQM)에서부터 시작되었다. 이것은 불량률은 줄이고 품질을 높이는 데 목적을 두고 있는 경영과 공학적 절차의 복잡한 집합체이다.
더 많은 통찰력을 갖기 위해서, 연구자들은 gemba로 간다. 이것은 일본어로 "정보의 하나뿐인 진정한 원천"이라는 의미이다(역자: 현장(現場)의 일본어이다). 이 철학에 따르면, 가상의 환경에서 제품이나 서비스와 상호작용하도록 실험을 하는 것보다는 소비자들이 제품이나 서비스를 사용하는 정확한 장소에 연구자나 마케터들을 보내는 것이 중요하다는 것이다.

그림 4.1은 실전에서 이 아이디어를 설명한다. 미국의 주요 공항에서 식품 매점을 운영하는 Host Food는 문제 영역을 알아보기 위해 팀을 gemba로 보냈다. 이 경우에는 공항 카페테리아가 gemba이다. 직원들은 고객들이 시설에 들어오는 것을 본 후, 고객들이 메뉴를 살펴보고, 수저를 집고, 지불하고, 자리를 찾는 과정을 따라다녔다. 그 결과들은 Host Food의 시설을 더 쉽게 사용할 수 있도록 재디자인하는데 매우 중요했다. 예를 들어, 팀들은 많은 사람들이 혼자 여행을 한다는 일반적인 문제점을 확인했다. 즉, 음식의 줄을 서기 위해 본인의 짐을 내려놓을 필요성과 음식을 먹는 동안 자신의 귀중품에 눈을 뗄 수 없기 때문에 공포감을 갖는 것을 알게 되었다. 이러한 단순한 통찰력은 Host Food가 시설물의 디자인을 조정하도록 해서 음식 코너와 식탁 사이의 가시선을 향상시켰다.

하였으며 30% 미만이 자신들의 기업이 고객 불평을 잘 해결한다고 답하였다. 이 조사 결과에 어떤 문제가 있는가?

우리가 기대한 것처럼 제품이 작동하지 않거나 안전하지 않다고 드러났을 때 소비자가 만족하지 않는다고 말하는 것은 아주 억제된 표현이다. 이러한 상황에서는 마케터는 소비자들을 안심시킬 수 있는 수순을 즉각 밟아야 한다. 그렇지 않으면 영원히 소비자들을 잃을 수 있다. 만약 기업들이 신뢰할 수 있는 방식으로 문제들을 해결한다면 우리는 기업들을 용서하고 이 문제를 잊어버릴 수 있다. 그러나 기업들이 문제해결을 질질 끌거나 덮으려고 한다면 우리의 분노는 더욱 커진다. 이러한 경우는 BP 오일 유출기간이나 4,200명의 승객과 승무원이 수도시설과 전기, 음식 없이 끊임없는 미디어의 대서특필 속에 5일 동안 고장난 카니발 크루즈 배에 갇혀 있었던 2013년에 발생하였다.

시장 규제

Bear Stearns, Lehman Brothers, AIG 등의 주요 투자 은행과 보험 회사의 몰락 및 2008년의 대침체를 야기한 서브프라임 모기지 붕괴는 왜 많은 사람들이 기업의 자율적 규제보다는 정부와 산업 감시단체들에게 관리와 규제를 하게끔 원하는지를 보여주고 있다. 소비자의 복지에 대한 관심은 20세기가 시작된 이후로 하나의 쟁점으로 되어 왔고, 사회운동가(activist)들은 아동 노동, 착취적인 광고, 그리고 유전자 조작 음식과 같은 쟁점에 대해 지속적인 관심을 나타내고 있다. 최근 살모넬라에 감염된 땅콩 버터와 오염된 치약으로 인한 죽음들은 더욱 상황을 어렵게 만들고 있다.

미국 내 소비자들의 노력의 일부 결과로써, 미국 정부는 소비자 관련된 활동들을 감시하기 위하여 많은 연방 단체를 설립했다. 이것은 농림부(Department of Agriculture), 공정거래위원회(Federal Trade Commission), 식품의약품국(Food and Drug Administration), 증권거래위원회(Securities and Exchange Commission), 그리고 환경보호단체 (Environmental Protection Agency)를 포함한다. 1906년에 출간된 Upton Sinclair의 "The Jungle"이 시카고 정육 산업에 대한 지독한 실태를 폭로한 이후에, 미 의회는 소비자를 보호하기 위한 중요한 법안을 통과시키기 위해 노력했다 – 1906년에 식품 및 의약품 안전법(Pure Food and Drug Act)과 그 다음해 연방 육류검사법(Federal Meat Inspection Act)이 통과되었고 그 이후의 몇몇 중요한 소비자 법안의 요약은 표 4.2에 나타나 있다. 소비자 관련된 쟁점에 관한 다른 정보들을 consumerreports.org와 cpsc.gov(The Consumer Product Safety Commission)에서 찾을 수 있다.

식품의약품국(FDA)은 식품과 약품의 내용물뿐만 아니라 광고 주장에 대해서도 관리를 하고 있으며 이러한 노력은 Obama 행정부의 출현과 함께 더 공격적으로 바뀌고 있다. 예를 들면, 소비자 약물 광고에 대한 FDA 탄압의 부분으로, 2009년 Bayer은 미국에서 가장 유명한 피임약인 Yaz에 대한 2,000만 달러의 **수정 광고**(corrective advertising) 캠페인을 시작했다. 이는 이 회사가 소비자들에게 이전의 메시지가 틀렸거나 소비자들을 오도시킬 수 있다는 것을 알려야 함을 의미한다. Grey's Anatomy와 같은 프라임 시간과 케이블 네트워크에서 집행되는 이 TV광고는 그 누구도 여드름이나 생리 전 증상을 치료하기 위해 Yaz를 복용해는 안된다고 경고한다. Bayer은 규제 기관이 여성들의 기분을 향상시키고 여드름을 깨끗하게 만든다고 주장하는 그 약의 효용이 과장되었다고 결정하자 이전 메시지를 정정하기 위해 이 광고를 집행하기를 요구받았다.

표 4.2 소비자의 복지를 강화하기 위해 제시된 연방 법안의 예

연도	법안	목적
1953	Flammable Fabrics Act	가연성 직물의 주 경계를 넘는 수송 금지
1958	National Traffic and Safety Act	자동차와 타이어에 대한 안전 기준을 마련함
1958	Automobile Information Disclosure Act	새로운 자동차에 대한 권장 소비자 가격을 표시하기를 자동차 제조업자에게 요구
1966	Fair Packaging and Labeling Act	소비자 제품의 포장과 상표를 규정(제조업자들은 포장 내용과 출처에 관한 정보를 제공해야 함)
1966	Child Protection Act	위험한 장난감과 다른 품목의 판매를 금지함
1967	Federal Cigarette Labeling and Advertising Act	담배 포장에 The Surgeon General의 경고 표시를 해야 함
1968	Truth-in Lending Act	대금업자가 신용거래의 실제 비용을 공개해야 함
1969	National Environmental Policy Act	환경에 대한 제품의 영향을 감시하기 위하여 국제 환경 정책을 수립하고, the Council on Environmental Quality를 만듦
1972	Consumer Products Safety Act	안전하지 않은 제품을 명시하고 안전기준을 수립하고, 결함이 있는 제품을 리콜하고 위험한 제품을 금지하기 위한 the Consumer Product Safety Commission을 설립함
1975	Consumer Goods Pricing Act	제조업자와 판매자 사이의 가격 유지 담합을 금지함
1975	Magnuson-Moss Warrant-Improvement Act	소비자 제품 보증을 위한 명확한 기준을 만들고 the Federal Trade Commission이 불공정하거나 기만적인 수행에 관하여 정책을 마련하도록 함
1990	The Nutrition Labeling and Education Act	식품 상표에 관한 the Food and Drug Administration의 새로운 규정을 위한 법적 기초를 재확인하고 이 규칙의 수행을 위한 시간계획표를 세움 건강을 포함하는 규칙들은 1993년 5월 8일부터 효과를 가짐. 영양소 상표와 영양의 내용물 요구에 대한 적용은 1994년 5월 8일부터 효력이 생겼음
1998	Internet Tax Freedom Act	America Online과 다른 인터넷 서비스 제공자에게 지불된 접근 비용의 조세를 포함한 인터넷의 특별 조세에 관한 지불 유예를 수립함. 지불 유예의 확장은 고려되고 있음
2010	Dodd-Frank Wall Street Reform and Consumer Protection Act	2008년에 시작된 불경기에 의해 촉발된 것으로 재무 시스템의 책임과 투명성을 향상시킴으로써 미국의 재무적 안정성을 도모하고 긴급구제를 종료시킴으로써 미국 납세자를 보호하고 남용되는 재무 서비스 관행으로부터 소비자들을 보호하기 위해 대마불사("too big to fail")를 끝내고자 함

그러나 많은 규제 이슈들은 일반적으로 여겨지는 것보다 훨씬 더 중요하며 정책입안자들의 적극적인 감시를 필요로 한다. 예를 들어 최근의 뜨거운 쟁점 이슈는 아동들을 대상으로 하는 나트륨, 포화지방, 첨가당이 많은 음식 광고를 제한하도록 광고주들을 동기 부여시킴으로써 아동 비만을 줄이고자 하는 노력과 연관이 있다. Obama 정부는 일련의 자발적인 지침을 발표하였으며 대부분의 회사들이 이 제안을 따를 것으로 보인다. 이는 약 1,700개의 TV 프로그램 광고에 영향을 미치게 된다. 이 지침은 2~17세 아동들을 대상으로 하는 음식물들은 건강한 식이에 "의미있는 공헌"을 제공해야만 하며 해로운 첨가물에 대한 제한을 따르도록 규정하고 있다. 표 4.3은 미국의 주요 규제기관과 그들의 역할을 보여주고 있다.

표 4.3 미국 규제기관과 책임

규제 기관	책임
Consumer Product Safety Commission (CPSC)	잠재적으로 해로운 제품으로부터 대중을 보호함. 규제와 시험 프로그램을 통해 CPSC는 기업들에게 자신들의 제품이 소비자들에게 해롭지 않다는 것을 확실하게 하는데 도움을 줌
Environmental Protection Agency (EPA)	환경을 보호하기 위한 규제를 개발하고 집행함. 이러한 규제는 생산자가 자신들의 제품 생산에 사용하는 원료와 생산 과정에 주요한 영향을 미치며 따라서 제품을 개발하는 기업의 능력에 영향을 미치게 됨
Federal Communications Commission (FCC)	전화, 라디오, TV를 규제함. FCC 규제는 통신 산업에 종사하는 기업의 마케팅활동에 직접적으로 영향을 주며 마케팅 커뮤니케이션을 위해 방송 매체를 이용하는 모든 회사에 간접적인 영향을 미침
Federal Trade Commission (FTC)	기만적인 광고를 금지하는 법과 제품 라벨링 규제를 집행함. 마케터는 비싼 벌금을 물지 않기 위해서 FTC 규제의 변화 내용을 지속적으로 알고 있어야 함
Food and Drug Administration (FDA)	식품, 의약품, 화장품, 동물용 제품에 대한 법과 규제를 집행함. 제약회사, 일반 의약품 및 다른 다양한 제품들의 마케터들은 시장에 제품을 출시하기 전에 FDA의 승인을 받아야 함
Interstate Commerce Commission (ICC)	주와 주사이의 버스, 트럭, 철도, 수도 작동을 규제함. 기업이 제품을 고객들에게 효율적으로 운반할 있는 능력은 ICC 정책과 규제에 따라 달라짐

소비자주의

"절대적 무기력(Absolute Impotence)." 이것은 "정보 시대의 새로운 사회 활동가 운동"을 지지하는 비영리 조직 Adbusters가 만든 엡솔루트 보드카의 패러디 광고이다. 이 그룹의 잡지 편집자는 미국이 더 이상 한 국가가 아니라 기업의 안건에 의해 전복된 수조 달러 규모의 브랜드라고 주장한다. 그는 미국이 McDonald's, Marlboro, 혹은 General Motors와 다르지 않다고 주장한다.

Adbusters는 만연한 상업주의를 단념시키기 위해 Buy Nothing Day와 TV TurnoffWeek을 포함해 많은 계획들을 후원한다. 광고 메시지를 풍자하는 통렬한 광고물과 TV광고에 덧붙여진 이 노력들은 **문화 훼방**(culture jamming)의 예들이다. 즉 우리의 문화적 경관을 지배하려는 기업의 노력을 방해하기 위한 전략의 일환이다. 이 운동은 "문화 훼방"이 정보 흐름의 방식을 변화시킬 것이라고 믿는다. 기관들이 힘을 휘두르는 방식, TV 방송국의 운영 방식, 식품, 의류, 자동차, 스포츠, 음악 그리고 문화 산업들이 그들의 의제를 설정하는 방식까지도 포함된다. *The Culture Jammers Manifesto*는 "정신공허자들(mind-polluters)"에 대한 반대를 선포한다. "오래된 문화의 잔해 위에, 우리는 비상업적인 열과 성의를 다한 새로운 것을 만들 것이다".

미국 기업의 일부는 이런 주장을 소수 강경파의 미친 소리로 일축할 지라도 이러한 주장은 심각하게 고려되어야 한다. 최근의 AIG, Enron, Martha Stewart, Arthur Andersen 그리고 Merrill Lynch 와 같은 거대 기업과 연관된 스캔들은 대중들 사이에 치솟는 불신과 회의론의 불씨에 기름을 붓는 것과 같다.

1962년에 John F. Kennedy 대통령은 그의 "소비자 권리 선언(Declaration of Consumer Right)"으로 현대 소비자주의 시대를 예고하였다. 이것은 안전에 대한 권리, 알 권리, 배상을 받을 권리, 그리고 선택의 권리를 포함한다. 1960년대와 1970년대는 소비자가 더 좋은 품질의 상품을 요구하기 위해 조직화하기 시작함으로써 소비자 운동의 시대가 되었다(그리고 그것을 제공하지 않는 회사에 대하여 불매운동을 시작했다).

Marketing Pitfall

광고주, 소매상, 그리고 제조사들은 자신들의 메시지나 제품들이 해롭거나 부정확한 것을 피하기 위해 스스로를 감시하려고 노력한다. 이렇게 하는 데는 좋은 의도뿐만 아니라 좀더 실질적인 이유가 존재한다. 이들은 정부가 자신들을 대신하여 이를 행하는 것을 원하지 않는다. 때로는 이러한 노력이 지나친 면도 있다. 예를 들어 이러한 산업의 감시자인 Council of Better Business Bureau의 National Advertising Division (NAD)의 판결을 생각해 보라. 라이벌 회사인 Kimberly-Clark이 제시한 불평에 근간하여 Procter & Gamble은 향후 화장지 광고에서 Charmin 화장지에 등장하는 곰 엉덩이에 약간의 화장지 먼지를 포함시켜야만 했다. 비록 P&G가 자신의 화장지 브랜드인 Charmin이 경쟁사 브랜드인 Cottonelle보다 "닦은 후에 먼지가 덜 남는다."라는 주장을 뒷받침하였지만 NAD는 테스트 결과는 "소비자들이 일반적으로 보고 경험하는 결과를 정확하게 반영하지 못하였다"라고 결정하였다.

Nike의 불공정 노동에 대해 항의를 하기 위해서, Adbusters는 그들 자신의 Blackspot 운동화를 판매한다. 이 운동화는 근로자들이 최소 임금보다 더 많이 받으면서 대부분의 근로자들이 노동 조합에 속한 포르투갈 공장에서 대마(마)로 만들어진다.
출처: Image courtesy of adbusters.org.

1962년의 무책임한 농약사용을 비난한 Rachel Carson의 "*The Silent Spring*", 1965년의 General Motors의 Corvair 자동차의 안전상의 결함을 폭로한 Ralph Nader의 *Unsafe at Any Speed*와 같은 책은 이 운동을 촉진했다. 많은 소비자들은 지구 온난화와 기후 변화, 유독성 폐기물 등과 같은 환경적 관심으로부터 텔레비전 혹은 인기 있는 록과 랩의 가사에 대한 과도한 폭력과 섹스에 이르기까지 소비자와 관련된 장점에 대해 격렬한 관심을 갖는다. 최근의 인종 혹은 종교적 그룹에 관하여 모욕을 하기 위해 대중의 전파를 사용하는 Don Imus 혹은 Glenn Beck과 같은 "shock jocks(일부러 말하는 충격적 발언)"을 둘러싼 논란들은 사람들이 이 쟁점을 굉장히 심각하게 받아들인다는 것을 설명한다.

또한, 일부 소비자 연구자들은 연구뿐만 아니라 시장에서 긴급한 사회적 문제로 여겨지는 것들을 바로잡기 위해 스스로를 조직화하고 있다. 이 관점은 **참여 활동 연구**(participatory action research: PAR) 혹은 **변형적 소비자 연구**(transformative consumer research: TCR)라고 불려진다. 이것은 사람들을 돕거나 사회적 변화를 가져오기 위한 목적을 포함하는 연구 프로젝트를 촉진한다. 소비자들은 연구 대상이 아니지만 이 변화를 인식하기 위한 그 연구자와 함께 일하는 공동연구자이다. TCR의 지지자들은 아이들, 불우하고 장애인과 같이 위험한 환경에 있는 주민들을 대상으로 하거나 물질주의, 위험한 제품의 소비와 강박 소비와 같은 주제에 대하여 연구한다.

사회적 마케팅과 기업의 사회적 책임(CSR)

새롭게 각광받는 TCR 관점이 보여주는 것처럼, 소비자 행동 분야는 소비자로서 우리의 생활을 향상시키는 데 중요한 역할을 할 수 있다. **사회적 마케팅**(social marketing) 전략들은 문맹자에 대한 교육과 같은 긍정적인 행동을 장려하거나 음주운전과 같은 부정적인 활동을 감소시키는 데 마케터가 맥주나 세제를 판매하기 위해 사용하는 기법을 이용한다. 많은 연구자들은 제품들이 제대로 상표표기가 되었는지를 확인하고 사람들이

CB AS I SEE IT

Julie Ozanne 교수, *Virginia Tech*

만약 당신이 세상을 더 좋은 곳으로 만들기 위해 일하고자 한다면, 소비자의 행동을 이해하는 것이 필수적이다. 소비는 지구촌에 직면한 가장 중요한 문제의 중심에 놓여 있다. 경제적으로 발전된 국가들의 소비자들은 놀라운 속도로 우리의 제한된 글로벌 자원을 고갈하고 있다. 우리는 음식을 과도하게 소비하고 과체중 및 건강하지 않은 아이들을 양육하고 있다. 우리는 흡연, 음주 그리고 도박과 같은 위험한 소비 행동에 관여하고 있다. 그러나 세계의 대부분의 사람들은 제한된 소비 기회만을 가지며 심지어 기본적인 영양소조차 제대로 충족하지 못하고 있다. Transformative Consumer Research는 소비자 복지를 증진시키기를 원하는 소비자 연구자들의 새로운 운동이다. 변형적 소비자 연구자들은 이 급박한 사회적 문제의 본성을 이해하기 위한 엄격한 연구에 종사한다. 그러나 그 때 그들은 삶의 질을 향상시키기 위한 사회적 변화 프로그램을 설립할 수 있는 외부의 이해관계자들과 협업을 하기 위하여 대학 밖으로 이동하고자 하였다. 소비자 연구자들은 특별한 위치에 서 있는데 그들이 소비자와 비즈니스의 이권을 이해하고 존중하기 때문이다. 그러므로, 그들은 긍정적인 사회적 변화를 조성하는 소비자 이해 그룹들과, 공공 정책 입안자, 그리고 사업 선도자와 함께 일하는 공정한 중재인으로써 역할을 할 잠재력을 가지고 있다.

우리의 공동체를 지속가능하게 하고 강하게 만들 수 있는 새로운 비즈니스모델과 소비형태를 창출하다는 점에서 흥분되는 시점이다. 노벨 평화상 수상자인 Muhammad Yunis는 가난한 사람들이 자신의 비즈니스를 시작하고자 하는 사람들에게 사실상 가난으로부터 벗어날 수 있는 소비자 융자의 새로운 모델인 microcredit 대출을 제공하는 것을 구상하였다. 소비 역시 새로운 모델이 창출되고 있다. 파리는 도시 도처에 자전거를 보급함으로써 자전거 공유를 장려하고 대여의 첫 1시간 동안은 비용을 부과하지 않아서 간단한 이동은 무료이다. 유사하게, 자동차 한 대가 집단적으로 소유되고 사용되는 자동차 공유(carsharing)는 전 세계 600개 도시에서 시행되고 있다.

나의 연구는 재산의 공유가 어떻게 공동체를 건립하고 강화하는지를 고찰한다. 예를 들어, 장난감 대여 시설은 아주 적은 요금으로 아이들이 장난감을 이용하도록 함으로써 도서관과 유사하게 운영된다. 가족네트워크는 조언과 지원을 위한 중요한 지역자원이 되며 이를 통해 공유 공동체를 형성한다. 아이들은 공동체 재화에 대한 존중과 공유의 즐거움과 같은 중요한 교훈을 학습하는 동안 다양한 장난감을 즐길 수 있다.

광고 메시지를 통하여 중요한 정보를 획득할 수 있게 하거나 텔레비전 쇼로 가장한 아주 긴 장난감 광고의 영향으로부터 아이들을 보호하기 위한 공공 정책을 평가하거나 만드는 것을 돕는다. 예를 들어, American 항공사와 American Association of People with Disabilities(AAPD)는 장애를 가진 사람을 긍정적으로 묘사하는 TV광고를 만드는 일에 협력하고 있다.

많은 기업들이 CSR을 자신들의 비즈니스 모델에 통합시키고자 노력하고 있다. **사회적책임마케팅**(corporate social responsibility: CSR)은 소비자, 직원, 그리고 환경단체를 포함하는 커뮤니티 내의 다양한 이해 당사자들에게 긍정적인 영향을 주기 위해 조직들을 격려하는 과정이다. 예를 들어, 신발회사인 TOMS는 한 켤레의 신발이 판매될 때마다 또 다른 한 켤레의 신발을 가난한 아이들에게 제공한다는 약속을 한 회사로 잘 알려져 있다.

CSR은 좋은 아이디어 이상이다. 여러 소비자 연구들은 다른 상황이 동일할 때 사람들은 지역공동체에 이윤의 일부를 돌려주는 브랜드를 선택하는 경향이 있음을 보여주고 있다. **대의명분마케팅**(cause marketing)은 기업과 사회적 혜택을 위해 기업이나 브랜드를 대의명분(cause)과 연관시키는 인기 있는 전략이다. 실제로 5명 중 3명의 소비자들은 이전년도에 특정 제품이나 서비스를 구매한 이유가 그 제품이나 서비스가 대의명분과 연관되어 있기 때문이라고 답하였다.

최근의 또 다른 연구는 소비자들이 대의명분과 연관되어 구매를 하는 브랜드들을 발표하였다.

1. Yoplait(요플레)
2. 유방암과 연관되어 있는 모든 브랜드
3, 4. Susan G. Komen for the Cure & Newman's Own
5. General Mills
6. 요구르트
7, 8. P&G 와 RED
9. Boxtops for education
10, 11, 12. Kellogg's, Campbell's, Girl Scouts
13. Dawn
14. Avon

목표 3

소비자 행동은 우리 사회가 직면하고 있는 주요 공공 정책 이슈에 직접적으로 영향을 미친다.

소비자 행동과 연관된 주요 정책 이슈들

소비자행동을 우리 주변에서 일어나고 있는 많은 일들로부터 분리하기 어렵다. 이 분야는 우리가 매일 읽고 토론하는 많은 중요 이슈들과 상호작용한다. 주요이슈들은 인간의 권리와 인간다운 근로 조건에서부터 우리가 먹는 음식의 안전과 환경의 미래, 우리와 정부, 회사, 조직과의 관계를 망라한다. 이 장에서는 세 가지 주요 이슈에 대해 다루도록 하겠다.

데이터 프라이버시와 신원 도용

오늘날 많은 마케터들이 직면하는 가장 큰 윤리문제들 중 하나는 얼마나 많이 자신들의 고객에 대해 알 수 있는지 혹은 알아야만 하는지와 관련되어 있다. 웹 페이지를 서핑하거나 모바일 폰(특히 GPS 기능을 가지고 있는 스마트폰)을 가지고 있는 사람들은 누구나 모든 종류의 회사들과 자신들의 개인정보를 공유하고 있다.

분명히 우리 모두는 우리들이 찾는 제품의 정보에 기반하여 우리의 니즈에 자신들의 메시지를 정확하게 맞춤화하도록 기업에 도움을 주는 기술로부터 혜택을 받고 있다. 실제 기업 조사자들은 많은 사람들이 자신들과 개인적으로 연관되는 광고에 크게 개의치 않는다고 보고하고 있다. 그러나 일부 소비자 옹호자들은 이러한 편리성 때문에 너무 높은 비용을 지불한다고 주장한다.

한 소비자 집단의 책임자는 연방통상위원회(Federal Trade Commission)에 "온라인 소비자들은 구매되어지고 물건처럼 팔리고 있다"고 불만을 표현하였다.

우리는 판매되는 것인가? 어떤 의미에서는 그렇다. 당신이 인터넷을 서핑할 때 누군가가 당신의 클릭 – 당신이 구글에서 탐색하는 내용, 당신이 방문하는 사이트, 페이스북에서의 코멘트 등을 조심스럽게 추적하고 있을 것이다. 사람들이 웹을 방문하는 바

이 브라질 광고는 인터넷 상에서 아동으로 가장한 약탈자에 대한 경계감을 높이려는 목적으로 제작되었다.
출처: Advertising Agency: Intertotal Comunicação, Brazil
Executive Creative Director: Guga Almeida
Creative Director: Helder França
Art Director: Eder Pessoa
Copywriter: Carlos Augusto
Director: Jackson Carvalho.

로 그 순간에 사람들이 클릭하는 웹 페이지에 광고 자리를 판매하는 전자 거래 시스템인 **실시간 입찰**(real time bidding)이라 불리는 산업 때문에 당신의 디지털 활동들은 실제로 재무적 가치를 가지게 되었다.

인터넷 초창기 시대에 광고주들은 자신들의 표적 고객과 인구통계학적으로 부합되는 웹사이트에 광고 공간을 구매하였다. 그리고 이 사이트에 방문하는 모든 사람들에게 동일한 광고를 보여주었는데, 이는 이 업계사람들에게서 뿌리고 거두기(spray and pray)라고 불리는 비효과적인 접근이다. 하지만 오늘날은 기업들이 특정한 프로파일을 가진 소비자가 어떤 곳을 방문하는지를 예측하는 복잡한 알고리즘을 개발해 내고 고객들에게 정확하게 맞춤화된 메시지를 제공함에 따라 이러한 초창기의 광고 접근법은 변화되었다. 한편, 이런 것들은 매초 수백만 건의 입찰을 처리하는 강력한 컴퓨터에서 자동적으로 실행되는 ebay에서 볼 수 있는 것과 같은 "살아 있는 경매(live auction)는 아니다. 매 경매는 대개 0.03초 정도 소요된다. 또한 모든 소비자들이 다른 소비자들과 비슷한 것을 구매하거나 비슷한 정도로 지불하지 않기 때문에 이러한 알고리즘은 더 가치가 높은 소비자들이 높은 경매 가격을 구사하도록 하기 위해 이들에게 다른 가치를 부여한다. 이런 거래 회사들 중 한 회사의 CEO는 "아침에 가장 먼저 주요 신문의 1면을 보는 높은 가치를 가진 사람의 최초 임프레션(impression)은 인터넷에서 하루 종일 게임만을 하는 12살의 중국 사용자와는 다른 가치를 가지고 있다"고 말한다. 실시간 입찰 산업은 급격하게 성장하고 있다. 분석가들은 2017년까지 미국 시장만 83억 달러 가치에 이를 것이라고 추정하고 있다.

신원도용(identity theft)은 다른 사람이 당신의 개인 정보를 훔치고 당신의 허락 없이 이를 사용할 때 발생한다. 이들은 신용카드로 물건 가격을 청구하고 당신의 건강보험을 통해 의료 서비스에 접근할 수도 있다. 신용도용은 연방통상위원회에 의하면 가장 일반적인 소비자불만에 해당된다. 이는 보고된 모든 문제들의 20% 정도를 차지한다. 전문가들은 매년 거의 천오백만의 미국인들이 신원도용의 피해자가 되며 재무적인 피해액은 오십억 달러에 이른다고 추정한다. 또한 우리 모두가 알듯이 신용카드를 취소하고 도난과 관련된 문제를 해결하는 것이 엄청나게 귀찮기 때문에 재무적인 측면만이 유일한 고통을 주는 것은 아니다.

신원도용은 시간이 지날수록 교묘해지고 있다. 과거의 도둑들은 지갑을 훔치거나 계좌 번호를 알기 위해 쓰레기를 뒤지는 것으로 만족해했다. 오늘날은 사람들에게 계좌 정보를 제공하도록 요구하는 사기적인 이메일을 보내는 고기술의 **피싱**(phising)과 흔적 없이 수백만 대의 컴퓨터를 제어하는 **봇네트**(botnets) 사기가 만연하다. 최근에 Apple, Best Buy, The New York Times, Sony Pictures 및 NASA를 포함하여 수많은 기업과 정부의 데이터베이스가 해킹당하는 일을 경험하였다.

위치정보 프라이버시(location privacy)는 연관된 이슈이다. 전화기를 가지고 걷고 있는 우리 모두는 자신의 대략적인 위치를 전송하게 되는데 GPS 기능을 가진 전화기의 경우는 반드시 그러하다. 게다가 많은 자동차들이 집중화된 서비스와 자신들의 위치를 공유할 수 있는 GPS 장치를 가지고 있다. 우리 자녀들, 나이든 친척 혹은 다루기 힘든 애완동물들을 예의 주시할 수 잇는 GPS 추척기를 구매할 수 있다. 기업들은 운전자의 운전 습관 및 위험한 동네를 돌아다니는지를 알려주는 작은 추적기를 자동차에 제공한다. 또 다른 서비스는 걱정하는 부모들에게 10대 자녀들의 운전을 추적하고 가족 차의 사용에 대한 "보고자료"를 제공해 준다. 브라질의 한 교육구는 한 단계 더 나아가서 20,000명의 학교 학생들에게 애완동물 추적기에서 사용되는 것과 유사한 GPS 칩이 장착된 교복을 입도록 한다. 이 칩은 자녀들이 학교 운동장에 들어서는 순간 혹은 자녀들이 20분 이상 늦을 경우 부모들에게 자동으로 문자 메시지를 보낸다.

오늘날의 인터넷 시대에 소비자들은 도망갈 수는 있으나 숨을 수는 없다. 만약 누군가가 우리가 어디에 있는지 혹은 어디를 방문했었는지를 알기를 원한다면 그 답에 대한 데이터가 존재한다. 웹 트레킹과 마찬가지로 여기에는 가치가 있다. 우리는 수백 혹은 수천의 리뷰를 통해 우리가 있는 곳으로부터 한 블록 내에서 어떤 스시 집이 가장 좋은지 혹은 고속도로에서 광고판 뒤에 숨어 있는 레이더 건을 가진 경찰관을 쉽게 알아낼 수 있다. 그러나 이러한 정보가 잘못 사용되면 저주가 될 수도 있다. 소비자들은 편리와 지속적인 감시 간에 힘든 트레이드오프를 결정해야만 한다.

시장 접근(Market access)

우리들 중 많은 사람들은 우리가 원하는 곳에서 쇼핑할 자유가 있으며 구매 선택에 대해 쉽게 학습할 수 있는 것을 당연하게 받아들이고 있다. 우리가 필요로 하는 모든 것은 클릭 한 번에 해결될 수 있다. 하지만 실제로는 많은 사람들이 이러한 주장을 할 수가 없다. 이런저런 이유로 이들의 **시장 접근**(market access; 제품과 서비스를 발견하고 구매하는 능력)은 물리적, 정신적, 경제적 및 사회적 장벽으로 인해 제한되어 있다.

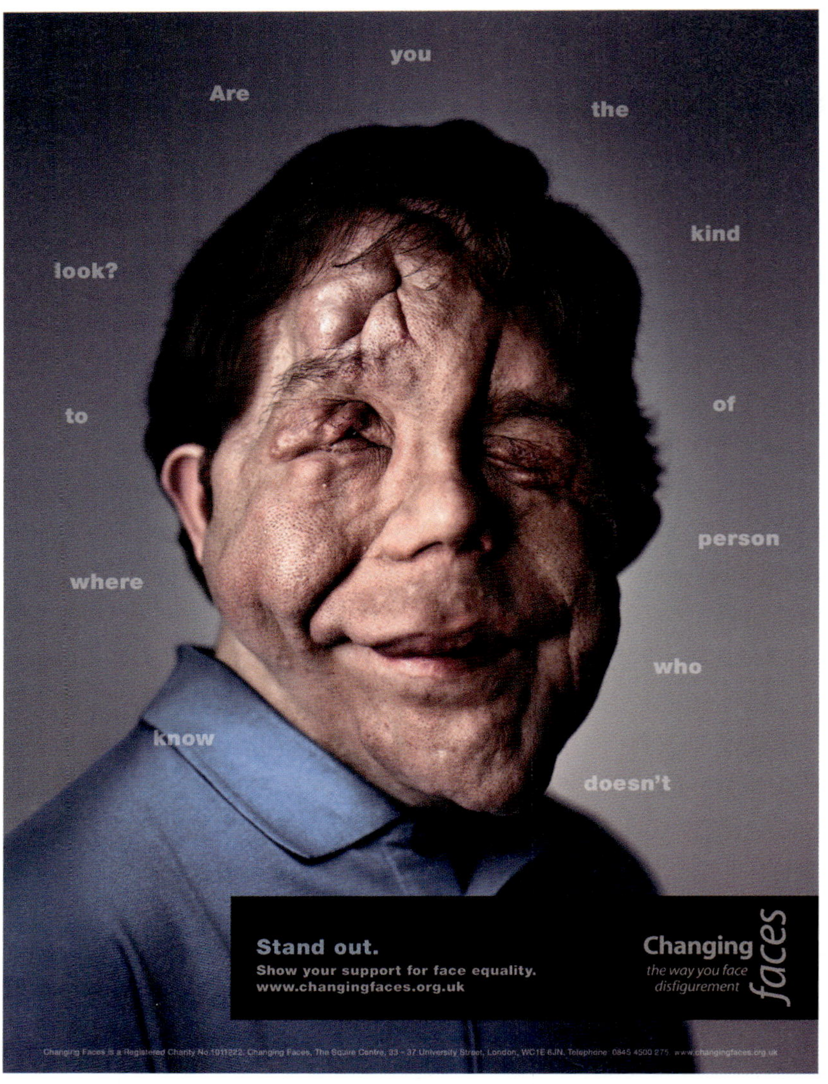

영국의 사회적 마케팅 캠페인은 사람들이 신체적 기형을 가진 개인을 바라보는 방식이 변화하길 바라는 시도를 하고 있다.
출처: Courtesy of Changing Faces U.K. DDB, London; Photograph by Robert Wilson.

장애(disabilities)

장애인들은 미국에서 가장 큰 규모의 소수 시장이다. 미국 성인 5명 중 한 명은 자신들의 일상 생활을 방해하는 장애를 가지고 있다. 미국 Census Bureau는 장애를 가진 5천 4백만의 성인이 거의 연간 2천억 달러를 소비하지만 기업들은 이 방대한 집단의 독특한 필요에 거의 관심을 가지고 있지 않다고 보고하고 있다. 미국 성인 중 1천 1백만 명은 쇼핑을 위해 집을 나가기가 어려운 상태이기 때문에 제품을 구매하기 위해 카탈로그와 인터넷에 전적으로 의존하고 있다. 이렇듯 많은 사람들은 제한된 이동성을 가지고 있으며 상점, 오락 장소, 교육 기관, 그리고 다른 장소에 쉽게 접근하기가 어렵다. 신체적 제한은 실제 혹은 가상의 오명(낙인 찍기)을 야기할 수 있으며 따라서 자아개념과 대인간 관계에 문제가 생길 수 있다. 또 휠체어에 의존하여 움직이는 사람들은 상점에 들어갈 때, 통로를 움직일 때 혹은 너무 좁아 휠체어를 수용할 수 없는 탈의실에 들어갈 때 장벽에 부딪힌다. 어떤 사람들은 공공장소에서의 과도한 걱정과 같은 정신적 질병을 가지고 있다. 이 문제들은 많은 사람들과 관련되어 있다. 예를 들어 베트남과 걸프 전쟁 참전자들의 15퍼센트는 외상 후 스트레스 장애 (PTSD)로 진단 받았으며 아프가니스탄과 이라크 전쟁에 참전한 참전자의 20퍼센트는 집으로 돌아온 후 장애로 인해 VA 시설에서 치료를 받았다. 많은 아동들 역시 오프라인이든 온라인이든 시장 접근에 어려움을 경험하고 있다.

하지만 좋은 소식은 기술이 시장 접근을 향상시킬 수 있는 가능성을 가지고 있다는 것이다. 아래는 몇 가지 고무적인 새로운 개발들이다.

- 터치 스크린은 운동기능에 어려움을 가진 사람들에게 돌파구다. 이들은 프로그램 사용을 위해 더 이상 마우스, 키보드 혹은 펜을 조작할 필요가 없다. iPad와 같은 기구들은 tocuh-to speak 기술을 적정한 가격에 쉽게 사용할 수 있게 해준다. 예를 들어 말을 할 수 없는 사람들은 스크린을 터치함으로써 식사, 활동 등에서의 자신의 선호를 표현할 수 있다. 다른 앱들은 듣는데 어려움을 겪는 사람들을 위해 소리를 증폭시키거나 운동 기능 장애를 자긴 아이들에게 신체적 치료를 할 수 있게 도와준다. LookTel Money Reader 앱은 맹인들이 현금으로 제품 가격을 지불할 수 있게 해준다. 이 앱은 "돈을 읽고" 사람들이 쥐고 있는 지폐가 얼마짜리인지를 알려줄 수 있다.
- 건강문제를 가진 독신을 위한 데이트 웹사이트는 마비, 다발성 경화증을 포함한 다수의 장애를 가진 사람들에게 특정한 패턴을 찾도록 돕는다. NoLongerLonely가 정신적 질병을 가진 사람들에게 집중하는 반면 Dating 4 Disabled는 신체적 질병을 가진 사람들을 위한 사이트이다. 이러한 사이트들은 사용자들에게 자신들의 문제와 파트너에게 기대하는 것을 직설적이고 정직하게 말할 수 있게 한다. 어떤 사이트는 크론병으로 고생하는 형을 위해 남동생이 만든 것이다. 그는 "그는 잘생긴 남자였다. 그러나 당신이 인공항문봉투를 가지고 있다는 것을 언제 여자친구에게 말해야 하는가? 첫 번째 데이트? 세 번째? 좋은 시간이란 없다."라고 말하였다.

Net Profit

가상현실 노출 치료법은 전역 후 집으로 돌아왔을 때 행동장애를 경험하는 외상후 스트레스 장애(PTSD)를 가진 군인들을 돕기 위해 "Virtual Iraq"이라 불리는 프로그램을 사용한다. 이 프로그램에서는 치료사들이 군인들에게 자신의 기억이 야기하는 불안감을 관리하는데 도움이 되도록 전쟁 상황을 재창조한다. 환자들은 머리에 장착된 디스플레이를 쓰며 치료사들은 헬리콥터, 총격, 심지어 기도에 대한 요청에 이르는 시뮬레이션을 통제하게 된다.

식품사막(Food Deserts)

미국 농무부는 **식품사막**(food desert)을 인구의 33% 혹은 500명(둘 중에서 더 적은 것 기준)이 식료품 가게로부터, 도시의 경우 1마일 이상 혹은 시골 지역의 경우 10마일 이상 떨어진 곳에 살고 있는 지역으로 정의하고 있다. 이러한 지역에서는 건강한 식품을 선택하기가 어렵거나 혹은 비싸다. 연구자들은 미국 내 2천 3백오십만의 사람들이 식품 사막지역에 살고 있다고 추정하고 있다.

건강한 선택에 대한 제한된 접근은 빈약한 식습관 및 높은 수준의 비만과 다른 식습관과 관련된 질병을 야기한다. 좀 더 광범위하게는, 이러한 음식 불안정은 건강하고 활동적인 삶을 유지하는데 필요한 음식물들을 구매하는데 어려움을 겪는 저소득 및 중간 소득 가구의 숫자를 증가시키고 있다.

글을 읽고 쓸 줄 아는 능력(Literacy)

미디어 정보 해독력(media literacy)은 인쇄 및 비인쇄 메시지를 포함하여 다양한 형태의 정보에로의 접근, 분석, 평가, 그리고 의사소통할 수 있는 소비자의 능력을 의미한다.

미디어 정보 해독력은 이미지, 언어, 사운드를 사용하는 다양한 유형의 메시지에 대한 비판적인 사고가이며 창의적인 생산자로서 기능할 수 있게 한다. 이러한 움직임은 우리가 특정한 견해를 지지하거나 이런저런 제품을 구매하도록 설득하는 수천 개의

Marketing Opportunity

Kraft 식품은 YES Pack 상업용 샐러드 드레싱을 개발했을 때 포장 과정을 재설계하였다. 이 새로운 플라스틱 용기는 이전 용기에 비하여 생산하는데 에너지를 50% 덜 사용하며 주요 포장 재질을 28% 덜 사용한다. 이 용기는 더 크고 사용하기 편하며 저렴하기 때문에 식당에서 많이 사용한다. 이러한 시도는 Kraft 회사에 경쟁 우위를 제공하며 회사의 수익을 증가시킨다.

메시지에 매일 노출되어 있다는 것을 상기시켜 준다. 이러한 정보들을 비판적으로 평가하는 것이 우리가 해야 할 일이지만 모든 사람들이 이러한 능력을 가지고 있지는 못하다.

이것은 구글이나 위키피디아 검색의 결과는 확실하게 사실이고 정확하다고 우리 대부분이 가정하는 구글의 시대에는 더더욱 어렵다. – 오래된 속담이 말하는 것처럼 "매수자 위험원칙"이다. 구매자가 잘 알게 하라.

불행히도 우리 중 일부는 메시지의 원천을 평가하는 것보다 훨씬 더 큰 문제를 가지고 있다. 일단 읽을 수가 없다. 미국 교육부는 미국 성인 7명 중 한 명이 **기능적으로 문맹**(functionally illiterate)이라고 추정하고 있다. 이 용어는 신문과 약병의 설명을 읽는 것과 같은 일상의 과업을 수행할 만한 읽기 역량이 충분하지 않는 사람들을 일컫는다. 미국인의 절반가량이 6학년 수준 이하의 읽기 능력을 가지고 있다. 이러한 제한은 몇 가지 이유로 시장 접근을 방해한다. 첫째, 문맹이거나 문맹에 가까운 소비자들은 최상의 구매 선택에 대해 학습하는데 어려움을 겪기 때문에 불리하다. 둘째, 이들은 수치심과 당황의 감정을 경험하게 되며 라벨이나 다른 글씨를 읽지 못한다는 것을 드러내야만 하는 시장 상황을 피하게 된다. 이런 사람들 중 일부는 이런 문제점이 드러나게 되는 상황을 피함으로써 문맹의 낙인에 대처하고자 한다. 예를 들어 익숙하지 않은 메뉴를 가진 식당에서 식사를 하지 않을 수 있다. 문맹에 가까운 소비자들은 브랜드 로고, 매장 배치와 같은 시각적인 단서에 과도하게 의존하지만 유사하게 포장된 제품(예를 들어 브랜드 라인 확장)을 선택할 때 종종 실수를 하게 된다. 이들은 또한 숫자를 세는데 어려움을 겪는다. 많은 문맹에 가까운 소비자들은 자신의 카트에 놓인 물건들을 구매하는데 충분한 돈을 가지고 있는지 혹은 비윤리적인 상인이 잔돈을 제대로 거슬러 주었는지 등을 파악하는데 어려움을 겪는다. 놀랍지 않게도, 이러한 어려움들은 쇼핑 이전, 쇼핑 중, 쇼핑 이후 과정에서 스트레스, 불안, 공포, 수치 등의 부정적인 감정을 경험하는 문맹에 가까운(낮은 비문맹) 소비자들에게 감정적인 짐을 부과하게 된다.

지속성과 환경 관리 (sustainability and environmental stewardship)

Kraft의 경험은 지속가능한 비즈니스 모델의 가치를 보여주는 예이다. 지속성은 단순히 기업의 탄소발자국이나 플라스틱의 양을 줄이는 선한 노력이 아니다. 실제 지속가능한 비즈니스 모델로 전환하는 10개의 기업 중 6개는 자신들이 재무적으로도 이윤을 거두었다고 보고한다. **세 가지의 핵심적인 지향**(a triple bottom-line orientation)은 다음의 세 가지 방법으로 이윤을 최대화하려는 기업 전략을 의미한다.

1. **재무적 핵심:** 주주들에게 이윤을 제공하라
2. **사회적 핵심:** 조직이 활동하고 있는 지역공동체에 혜택을 환원하라.
3. **환경적 핵심:** 환경에 해로움을 최소화하거나 더 나아가 자연적인 상태를 개선하라.

미국 환경 보호기관(EPA)은 이 개념을 다음과 같이 정의한다. **지속성**(sustainability)은 단순한 원칙에 근간하고 있다. 우리가 생존과 복지를 위해 필요로 하는 모든 것은 직, 간접적으로 우리의 자연환경에 의존한다. 지속성은 현재와 미래 세대의 사회적, 경

슬로바키아의 이 광고는 유기농 식품에 대한 소비자들의 우선 순위가 점차 증가되고 있음을 강조한다.
출처: Courtesy of JANDL.

제적 및 다른 요구들을 충족시키게 하는 인간과 자연이 생산적으로 조화가 가능한 상태를 창조하고 유지하게 한다. 일부는 이러한 사고 방식을 "요람에서 요람까지"로 의미한다. 목표로 하는 것은 기업이 제품을 생산하는데 자원을 거의 사용하지 않게 하기 위해 완전히 재사용하거나 재활용되는 천연 물질로 제품을 만드는 것이다.

이것은 어려운 목표이지만 많은 조직들은 최선을 다해 이 목표를 달성하기 위해 노력하고 있으며 소비자들은 점차 이를 주목하고 있다. 우리들 중 많은 사람들은 쇼핑할 때와 우리가 먹는 음식, 입는 옷, 일하고 사는 건물, 운전하는 자동차에 대한 선택을 할 때 이러한 이슈에 대해 많이 의식하고 있다. 소비자들의 개인적 건강에 대한 관심은 전세계적으로 건강에 대한 증가하는 관심과 합해지고 있다. 일부 분석가들은 이러한 새로운 가치를 **양심적 소비자주의**(conscientious consumerism)라 부른다.

그린마케팅과 그린워싱

지속성 및 기온 변화, 공해, 독성 제품과 같은 연관된 이슈들이 점차 만연해짐에 따라 이 용어를 많이 사용되는 다른 유행어와 구분할 필요가 있다. **그린마케팅**(green marketing)은 환경적으로 도움이 되는 제품의 개발과 프로모션과 연관된 전략을 의미하는 것으로 생산자가 고객들과 의사 소통할 때 이러한 속성을 강조하게 된다. Seventh Generation과 같은 일부 전문화된 기업들이 그린 제품들에 대해 성공적으로 추종자들을 만들었지만 이 전략은 최근에 성공적이지 못하였다. 그럼에도 불구하고 환경 친화적인 제품에 대한 수요는 여전히 존재한다. 미국 소비자들은 1년에 환경 우호적인 제품에 400억 달러 이상을 소비한다. 이 수치는 유기농 식품에 대한 2백9십억 달러, 하이브리드, 전기, 깨끗한 디젤 차량에 대한 100억 달러, 에너지 전구에 대한 20억 달러 및 그린 세제에 대한 6억4천만 달러를 포함하고 있다. 하지만 판매액은 전년도와 비슷하거나 오히려 하락하였다.

브라질의 이 Ford 자동차 광고는 환경보호를 홍보하고 있다.
출처: Courtesy of J. Walter Thompson Publicidade LTDA—Sao Paulo-Brazil.

왜 이런 현상이 발생하였는가? 우리는 소비자들이 환경 문제에 점점 더 많은 관심을 가지고 있다는 것을 알고 있으며 심지어 많은 사람들은 생산자가 윤리적인 조건하에서 생산하는 제품에 더 지불할 의사가 있다고 이야기 하고 있다. 한 전형적인 조사에서 연구자는 조사대상에게 원두를 구매할 때 공정 무역 원칙을 지킨 기업과 지키지 않은 커피 회사에 대한 설명을 하였다. 연구자들은 응답자들이 윤리적으로 구입된 원두를 사용한 커피에 대해서는 파운드당 $1.40를 더 지불할 의향을 보였으며 공정무역 원칙을 지키지 않은 기업에 대해서는 매우 부정적임을 발견하였다. 이 연구는 유기농 면으로 만들어진 셔츠에 대한 조사에서도 유사한 결과를 얻었다.

하지만, 8장에서 좀 더 자세하게 살펴보겠지만, 소비자의 태도와 실제 행동간이 반드시 연결되는 것은 아니다. "지옥으로 가는 길은 선의로 포장되어 있다(실제 행동으로 옮기지 않은 선의는 의미가 없다)"라는 속담이 말하는 바와 같다. 소비자의 "그린 구매"에 대한 선의에도 불구하고 태도와 행동간에 차이가 발생하는 이유에 크게 두 가지를 들 수 있다.

1. 그린 제품들은 일반 제품들보다 원료가격이 비싸고 규모가 큰 브랜드들보다 적은 양으로 팔리기 때문에 운송 비용이 비싼 관계로 좀 더 비싸다. 많은 소비자들이 환경 친화적인 제품들을 구매하려는 마음을 가지고 있지만 경제적으로 힘

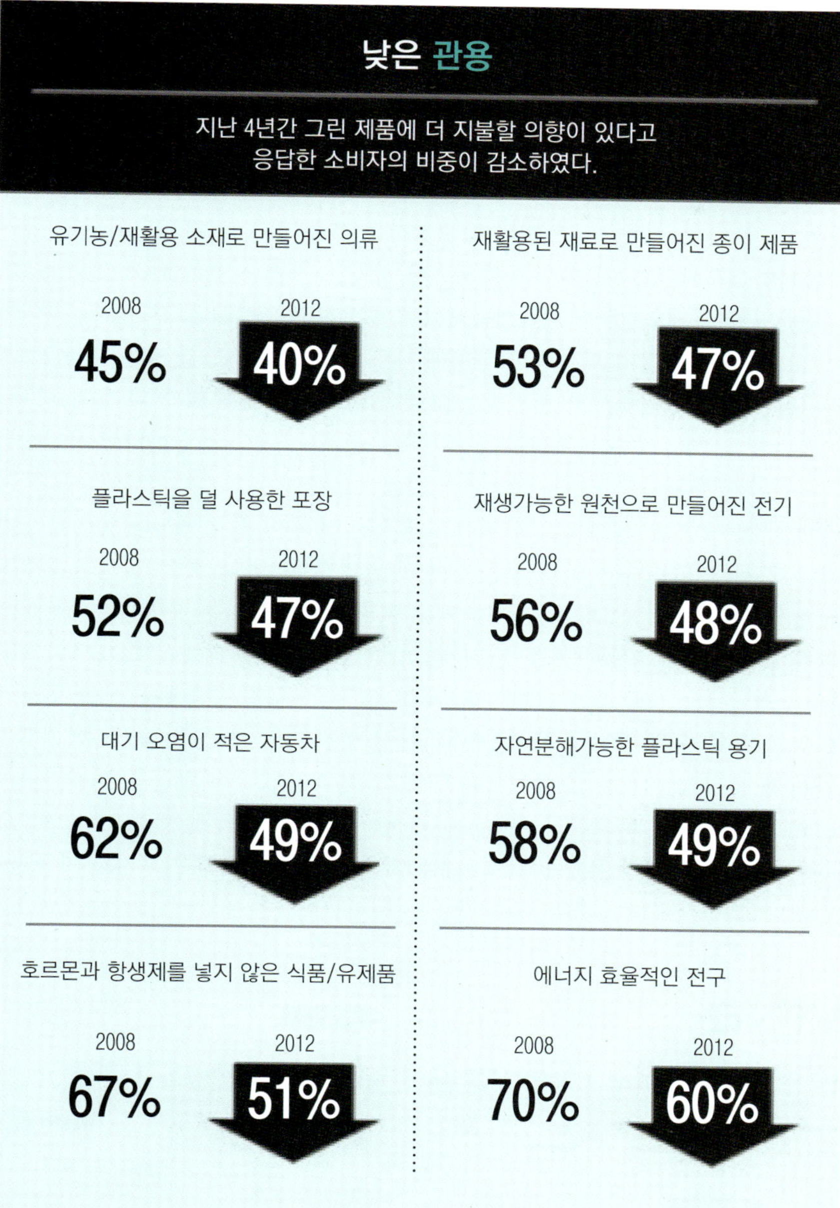

출처: GFK Green Gauge Survey.

그림 4.2 그린의 쇠퇴

든 시기에 자신의 수입으로 이러한 선호를 감당하기가 어렵다. 2008년의 대침체로 인해 그린 운동의 기세가 약해졌다. 예를 들어 2009년에 S.C. Johnson은 Nature's Source라고 불리는 그린 제품 라인을 출시하였는데 이 회사는 이 제품 광고를 위해 2천 5백만 달러를 지출하였다. 2010년까지 이 회사는 이 제품라인의 광고 예산을 0달러까지로 축소하였다. 그림 4.2는 그린 제품에 대한 소비가 줄어들고 있음을 보여주고 있다.

2. 불행하게도, 그린 제품들이 활성화되지 못하는 두 번째 이유는 대개 스스로가 자초한 것이다. **그린워싱**(Greenwashing)은 기업들이 자신들이 얼마나 친환경적인가에 대해 거짓되거나 과장된 주장을 할 때 발생한다. "양치기 소년"의 이야기

Marketing Opportunity

오늘날의 그린 마케팅은 판매보다는 보존에 더 많은 관심을 두고 있다. Unilever는 사람들에게 뜨거운 물의 사용을 줄이게 하기 위한 목적으로 Axe 브랜드에 대한 광고 캠페인을 Facebook과 YouTube에 시작하였다. 이 "샤워 같이하기(Shower pooling)" 캠페인은 팬들에게 같은 생각을 갖고 있는 지인이나 매력적인 타인과 샤워를 같이 하겠다는 서약을 하게 한다.

를 생각해 보라. 소비자들은 기업들의 브랜드에 대한 '그린' 관련 주장을 단순히 믿지는 않는다. 조사에 따르면, 25% 정도의 미국 소비자들은 제품이 정말 환경 친화적인지 혹은 제품이 주장하는 바가 사실인지를 "알 방법이 없다"라고 이야기한다. 이들의 의심은 아마도 정당화될 수 있다. 한 보고에 따르면 "그린" 제품을 생산하는 소비자 기업의 95% 이상은 잘못되거나 정확하지 않은 주장을 하고 있다. 또 다른 조사는 그린이라고 주장하는 제품의 수가 2009년 이후로 73%까지 증가하였으나 조사된 제품 중에서 1/3 정도는 가짜 라벨을 달고 있었고 70개는 뒷받침할 증거도 없이 그린 제품이라고 주장하고 있음을 발견하였다. 한 조사는 71 %의 응답자들이 환경적 영향력에 대해 오도된다고 느낄 경우 제품구매를 중지할 것이라고 답하였으며 37%는 그린워싱에 대해 너무 화가 나서 이 회사가 만드는 모든 제품에 대해 완벽하게 구매거부를 하는 것이 정당하다고 응답하였다.

1장에서 본 것처럼, 상대적으로 적은 수의 소비자들이 특정 소비활동이나 구매 행동의 많은 부분을 설명하고 있는 것은 흔하게 발견할 수 있다. 이는 환경을 돕기 위해 자신의 행동을 수정하는 것과 관련하여 말을 번지르르하게 하는 사람들뿐만 아니라 실제로 행동으로 보여주는 사람들을 볼 때 특히 그러하다. 마케터들은 **LOHAS**("lifestyles of health and sustainability'의 약자)를 실천하고 있는 소비자 집단에 관심을 두고 있다. LOHAS는 환경에 대해 걱정을 하며, 지속가능한 방식으로 생산되는 제품을 원하며, 개인적 개발과 성장 잠재력을 증대시키기 위해 돈을 사용하는 사람들을 의미한다. 소위 "Lohasians(다른 이들은 이 세분집단을 cultural creatives라고 부름)"는 대체의학, 요가 테이프, 에코 여행뿐만 아니라 유기농 음식, 에너지 효율적인 기기, 하이브리드 자동차와 같

Marketing Opportunity

전자상거래의 대부인 Amazon.com은 청소용품, 유아용 액세서리, 화장용품 및 의류의 그린 버전을 판매하기 위해 Vine 웹사이트를 만들었다. 이 사이트에 등록이 되기 위해서는 재생 에너지나 지속 가능한 재료로 만들어져 재사용 가능하거나 물을 절약하는 방식에 의해 생산되어야 하며 제품이 독소를 제거하도록 디자인되거나 에너지 효율적, 천연적, 그리고 유기농이어야 한다.

출처: Courtesy of Vine.com.

표 4.4 LOHAS 시장 분야

개인 건강	그린 건물
천백 70억 달러 자연적인, 유기농 제품 영양 제품 통합적 건강 관리 마음, 몸, 영혼 제품	1,000억 달러 홈인증 에너지 스타 가전기기 지속가능한 바닥재 재생가능한 에너지 시스템 나무 대안
에코 여행	**자연적 라이프스타일**
4백2십억 달러 에코 투어리즘 여행 에코 어드벤처 여행	100억 달러 내부와 외부 가구 유기농 청소용품 소형의 형광등 사회적 변화 자선사업 의류
대체 운송	**대체 에너지**
2백억 달러 하이브리드 차량 바이오디젤 연료 자동차 공유 프로그램	10억 달러 신재생 에너지 공급 인증서 그린 가격제

출처: www.lohas.com/about.htm, accessed March 2, 2013.

은 제품들의 거대한 시장을 대변한다. 이 집단은 미국 성인의 13-19% 정도로 추정되며, 또한 사회 의식적 제품 시장은 2천9백억 달러에 이르고 있다. 표 4.4는 LOHAS 시장이 6개의 다른 부분으로 나누어짐을 보여주고 있다.

제품 처분

그린 이슈는 계산대에서 끝나는 것이 아니다. 우리가 제품을 처분하기로 할 때 우리의 제품을 어떻게 처분하는지의 문제와 연관이 있다. **제품처분**(product disposal)은 소비자 행동의 주요 부분이다.

사람들은 종종 제품에 대해 강한 애착심을 갖기 때문에, 어떤 것을 처분하기로 결정하는 것은 고통스러운 일일 수 있다. 우리의 과거는 우리의 물건에 살아 있기 때문에 우리의 소유물들은 우리의 정체성을 드러낸다. 몇몇 일본인은 낡은 바느질 바늘, 젓가락, 심지어 컴퓨터 칩의 좋은 서비스에 대해 감사하기 위해 그것들을 태우면서 의식적인 "은퇴"의식을 행한다.

어느 시점에서는 자신의 "물건들"을 처분해야 한다. 왜냐하면 구매한 제품이 그 목적을 다했거나 자신의 시각에 더 이상 맞지 않기 때문이다(신혼부부들이 새 장소에 "업그레이드" 할 때처럼). 편리성에 대한 욕구와 더불어 환경에 대한 걱정은, 제품 처분의 용이성을 면도기에서부터 기저귀에 이르기까지의 제품군의 핵심적 속성으로 변화시켰다.

많은 경우에, 오래된 제품이 여전히 기능을 할 수 있어도 새 제품을 구매한다. 이는

Marketing Opportunity

제품의 수명이 끝난 후에 환경에 해롭지 않은 지속가능한 제품에 대한 우리의 요구는 더 나은 대안을 찾는 기업가들에게 새로운 시장과 기회를 제공한다.

예를 들어 TerraCycle은 "이색적인" 제품을 판매한다. 라벨에 표시되어 있는 주요 성분이 "술 취한 벌레의 배설물"이다. 25세의 대학 중퇴생이 이 회사를 설립하였다(회사 자료에 의하면 이 설립자는 "싹을 틔우기 위해" 자신의 대학 아파트 내부의 지렁이 상자 안에 "어떤 식물"을 키우려고 하던 중에 우연히 이 아이디어를 생각해 내게 되었다. 영감의 출처는 다양하다!). TerraCycle은 재활용된 플라스틱 병 안에 비료 제품을 포장하는데, 이 플라스틱 병의 대부분은 이 회사가 조직한 전국적 재활용 프로그램을 통해 수집된다. TerraCycle은 쓰레기 안에 포장된 쓰레기가 "궁극적으로 환경 친화적인" 제품을 만든다고 주장한다. 이 비료는 조각난 신문, 음식 찌꺼기와 이러한 쓰레기를 먹고 소화시키는 벌레들로 가득 찬 상자에서 생겨난다. 그 결과로 생산되는 "배설물"은 엄청난 비료를 만들게 된다.

Terracycle은 지속가능한 제품의 전형이다
출처: TerraCycle®, Inc.

Send us your trash!

우리에게 당신의 쓰레기를 보내세요

We'll make it into cool products!

쓰레기를 멋진 제품으로 만들어 드립니다.

많은 나라에서는 소비자들에게 재활용을 하도록 훈련시키는 것을 우선시하고 있 다. 일본의 경우, 주민들은 그들의 쓰레기를 44개 품목으로 분류한다. 예를 들면, 양말 한 짝은 태우는 상자에, 만약 양말 한 쌍이 "떨어지지 않았고, 좌우가 서로 맞는다면," 중고 옷 보관소에 넣는다.
출처: Bev Schellenberg, Photographer.

물질주의적 사회를 나타내는 특징 중의 하나이다. 제품을 교체하려는 이유로 새로운 기능에 대한 요구, 환경 변화(예, 어떤 냉장고의 색깔은 새로 칠한 주방에 어울리지 않는다), 또는 그 사람의 역할 또는 자아 이미지의 변화를 들 수 있다.

제품 처분의 문제는 공공 정책에 아주 중요한 시사점을 제공하기 때문에 그 중요성이 배가된다. 우리는 낭비하는 사회에 살고 있고, 이는 환경 문제들을 만들 뿐 아니라 결국 엄청난 양의 폐기물을 생산하게 된다. 어떤 연구는 우리가 구매한 식료품의 12% 정도는 한 번도 사용하지 않는다고 보고했다. **처분된 제품**(adandoned products) 중 2/3는 요리되지 않았던 음식 재료와 같이 특정 목적을 위해 구매했던 것이다. 이와 같은 제품들은 바로 사용되지 않기 때문에 찬장 뒤에 슬며시 밀어두었다가 잊어버린다. 당신의 냉장고 뒤에서 일어나고 있는 이런 "과학 프로젝트"의 일부가 이러한 것들에 해당된다. 다른 서베이에서는, 미국 성인의 15%는 그들이 쓰레기를 모으는 사람(pack rat)이라고 인정하며, 또 다른 64%는 그들이 선별적으로 아껴 쓰는 사람이라고 말했다. 대조적으로, 20%는 가능한 쓰지 않는 제품을 버리려고 한다고 말한다. 물건을 아끼려는 소비자들은 대부분 나이 든 사람들과 독신 가구들이다.

한 연구에서는 재활용할 때 소비자들이 갖는 주요 목표를 조사했다. 이 연구는 3장에서 기술한 수단-목적의 사슬(means-end chain) 분석을 이용했다. 이 분석은 어떻게 소비자들의 특정 수단적 목적이 보다 추상적인 최종 가치와 연결되는지를 보여준다. 연구자들은 가장 중요한 낮은 단계의 목표들로 "쓰레기 더미를 피하자", "쓰레기를 줄이자", "재료를 재사용하자", "환경을 구하자" 등이 나타남을 확인했다. 연구자들은 이 목표들

제품 처분은 사용된 전자제품에서 중요한 이슈이다.
출처: With permission from RecycleYour Electronics.ca and Ontario Electronic Stewardship.

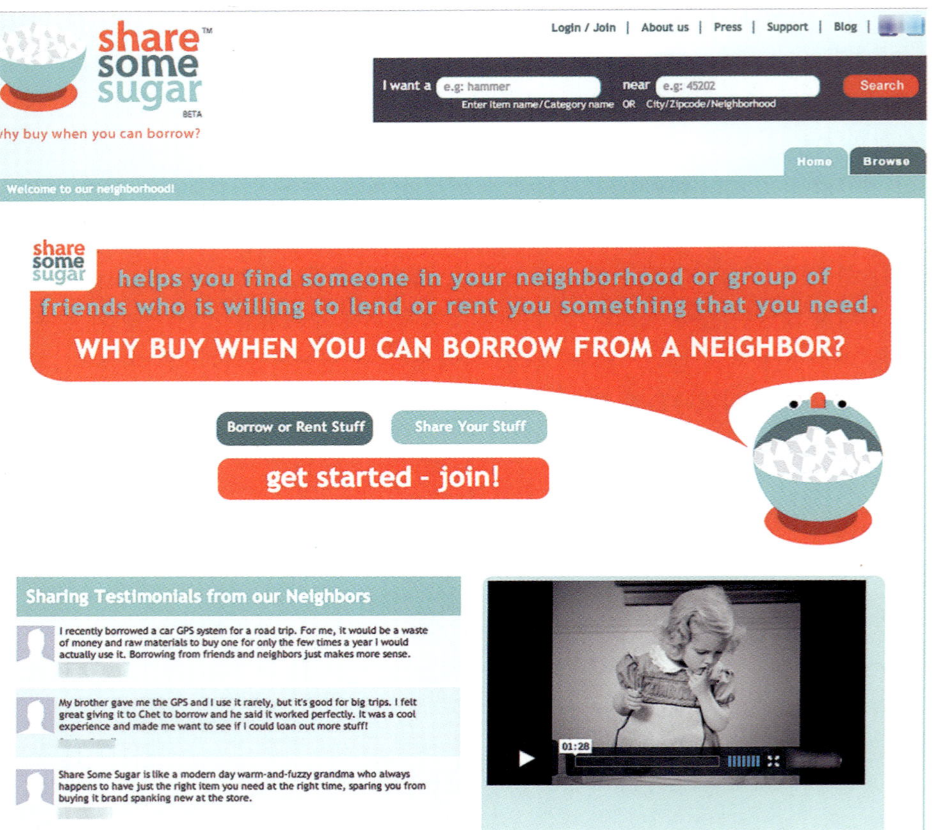

출처: Courtesy of www.sharesomesugar.com.

Net Profit

소셜 미디어 플랫폼은 재활용할 수 있는 새로운 방법을 제공한다. SnapGoods, NeighborGoods.com 및 ShareSomeSuget와 같은 수많은 공유 사이트들은 지역사회에서 사람들이 제품을 공유, 교환 및 대여하게 하는 비즈니스 모델을 가지고 있다. 사실, 몇몇 연구들은 이런 사이트에 참여하는 사람들은 자신들이 지역공동체의 일부라고 느끼게 됨으로써 또한 도움을 받는다고 말하고 있다. 한 연구는 사람들이 자신의 메시지를 트위터에 게재할 때 이는 만족감을 불러일으키는 신경전달물질인 옥시토신을 발생시키며 긍정적 사회적 유대감을 불러일으키는 데 도움을 준다는 것을 발견하였다. 연구자들은 이러한 상호작용은 "스트레스 호르몬을 줄이고 온라인이긴 하지만 자신들이 다른 사람과 진정한 생리적 관계를 가진 것으로 느끼게 한다"는 것을 관찰하였다.

을 최종 가치와 연결했다. 최종 가치는 "건강을 증진하자/질병을 피하자", "생명을 유지할 수 있는 목표를 달성하자", "미래 세대를 위해 제공하자"이다.

또 다른 연구에서는 재활용과 관련된 지각된 노력은 사람들이 곤경에 처할지 아닐지를 예측하는 데 가장 좋은 변수라고 보고했다. 이런 실용적인 차원은 재활용 의지를 예측하는 데 있어서 재활용과 환경에 대한 전반적인 태도보다 더 중요하다. 재활용과 다른 제품 처분 행동을 연구하기 위해 이런 기법을 적용하면서, 사회적 마케터들은 사람들이 환경적으로 책임 있는 행동을 높이도록 동기부여하면서 중요한 가치가 들어가는 광고 카피와 다른 메시지를 보다 쉽게 만들 수 있을 것이다. 물론 고통을 경감시키는 하나의 방법은 재활용을 하는 소비자들에게 보상을 하는 것이다. Gap은 낡은 데님을 수집하기 위해 Cotton Incorporated와 협업하면서 이러한 방법을 시도하였다. 이 데님은 절연처리를 한 후 새로운 집을 짓도록 지역공동체에 기부되었다. 데님을 기부하는 사람들은 새 청바지를 구매할 때 30% 할인을 받으며 Gap이 페이스북 페이지에서 바지를 사는 사람들에게는 40% 할인을 해주었다.

수평적 순환(lateral cycling)에서, 소비자는 본인이 소유한 제품과 다른 사람이 소유한 제품을 교환한다. 한 연구자의 "더 이상 버릴 것은 존재하지 않는다"라는 말처럼 다른 사람의 것을 재사용하는 것은 낭비하는 현대 사회에서 특히 중요하다. 비록 전통적 마케터들은 중고 물건 판매자에게 관심이 없었지만, 환경에 대한 걱정, 품질에 대한 요구, 비용, 패션 의식 등의 요인들 때문에 이런 "중고"시장이 보다 중요해졌다. 사실, **지하 경제**(underground economy)의 경제적 추정치는 미국 GNP의 3~30%이고, 다른 나라들의 경우 GDP의 70% 이상이다. 미국에는 캘리포니아의 60에이커 규모의 Orange

CB AS I SEE IT

John Schouten 교수, *University of Portland*

순수하게 개인적인 의미 같은 것은 존재하지 않는다. 우리는 어느 정도까지 이미 사회적 집단에 의해 구조화된 사물의 공유된 언어, 단어, 느낌, 경험의 의미들로부터 개인적인 의미를 만든다. 마찬가지로, 개인적인 소비자 의사결정 같은 것도 없다. 우리는 사회적 집단의 구성원으로서 학습하고, 질문하고, 받아들이고, 거부하는 가치와 기대를 바탕으로, 사회가 제공하는 여러 가지 것들 중에서 선택한다.

우리는 어떤 집단이나 커뮤니티들을 선택한다. 다른 사람들은 우리를 선택한다. 궁극적으로, 어떤 집단에서 우리의 소속감의 특징은 지속적인 협상의 문제이다. 어떤 종류의 커뮤니티는 종종 시장과 일치하거나 또는 그것을 만든다. 공유된 욕구나 열망에 답하여, 인간들은 서로 같이 가고, 창의성과 노동을 이용하고, 새로운 제품과 서비스를 생산한다. 가장 좋은 예로, 커뮤니티의 창조적인 힘은 문화적 변화를 통해 어마어마한 선(good)을 만들 수 있다. LOHAS(Lifestyle of Health and Sustainability)는 소비자와 경영자로 구성된 이런 사회적 집단의 하나이다. 커뮤니티의 목표와 영향력에 대한 자세한 것은 lohas.com을 보자.

내 관점에서, 오늘날 가장 큰 도전은 증가하는 인간의 소비와 그것을 지원하는 지구의 자연적 시스템의 능력이 급속히 감소하는 것 간의 충돌이다. 인간의 그나마 견딜만한 미래에 대한 가장 좋은 실질적인 희망은 커뮤니티의 능력에 있다고 믿는다. 받아들일 만한 소비자 행동의 양식을 재정의하고, 현재 우리의 존재 기반을 약화시키는 소비자의 관행들을 가능한 것뿐만 아니라 선호하게 만드는 데 소비자들을 적극적으로 그리고 창조적으로 참여하게 하는 것이다.

내게 있어서 커뮤니티의 가장 흥미로운 점은 사회적 및 환경적 정당성을 위해 개인적 구매에서부터 세계적 운동까지의 수준에서 변화에 영향을 주는 그들의 역동성과 힘이다. 최근에 내 연구는 이런 "목적을 가진 커뮤니티들"로 눈을 돌렸다. 예를 들어, 3년 이상 동안 나와 Diane Martin은 Wal-Mart를 더욱더 환경적으로 지속가능하게 만들기 위한 사람들의 집단에 참여했다. Wal-Mart의 경영진 및 공급 체인망의 주요 구성원, 환경 운동가, 학자 등의 관련자들은 스스로 선택한 커뮤니티 구성원들이다. 이렇게 다양한 참가자들의 연합은 지구의 한정된 자원의 지속 가능한 사용을 지원하는 제품, 이산화탄소 중립, 쓰레기 없애기에 대한 목표를 공유한다. 지금까지 이들 집단들은 인상적인 결과를 성취했다. 이 집단들은 Wal-Mart가 쓰레기 매입지에서 나오는 수백만 톤의 쓰레기를 다른 용도로 활용하고, 석탄 사용을 급격히 줄이고, 더 지속 가능한 제품을 개발하고, 진정한 Wal-Mart의 사명인, 이익을 지속적으로 발생하게 도와주었다(심지어 경제적으로 불경기에도 고객들에게 낮은 가격으로 제품을 공급하여). walmartstores.com/sustainability와 Sustainable Value Networks의 링크에 가서 이렇게 진행되고 있는 노력의 결과에 대한 자세한 사항을 살펴보자.

County Marketplace와 같은 12개의 거대한 기관을 포함하여 약 3,500개 이상의 벼룩시장이 있으며, 전국적으로 약 100억 달러 이상의 총 매출을 내고 있다. **리커머스**(recommerce)라는 새로운 트렌드는 많은 소비자들이 자신의 제품을 판매하거나 교환함으로써 자신의 소유물로부터 더 많은 가치를 얻으려는 것을 보여주고 있다. 일부 소비자들은 제품 구매 전 제품의 재판매 가치에 대해 많은 관심을 가진다.

목표 4

소비자 행동들은 개인과 사회에 해를 끼칠 수 있다.

소비자 행동의 어두운 면

2012년 많은 인파들이 최신 스마트폰인 애플의 아이폰 4S의 최초 소유자가 되기 위해 중국 베이징에 있는 최초의 공식 애플 매장 밖에서 밤새 줄을 서고 있었다. 중국 여러지역에서 많은 사람들이 모여들었기 때문에 기다리는 줄은 점차 불명확해져 갔고 차가운 베이징의 겨울 날씨 속에 밤새 기다리느라 사람들은 이성을 잃게 되었다. 결국 싸움이 일어났고 폭동진압 경찰관이 등장하였다. 애플 직원들과 소비자들의 안전을 위해서, 애플 경영진은 추후 언급이 있을 때까지 매장을 닫는다고 발표하였다. 팬들과 폭동진압 경찰 간에 싸움이 일어났으며 많은 사람들이 매장에 계란을 던지는 순간 대혼란이 일어났다. 일부는 경비들의 안내에 따라 돌아갔지만 남은 사람들은 "문을 열어라"라고 외치면서 매장 바깥에 모여 있었다. 이러한 부정적 홍보(기사)가 아주 낯선 것은 아니지만 '제품에 대한 광신은 건전한 것인가?'라는 이슈를 제기한다.

최근의 연구는 사람들이 제품에 대한 광신뿐만 아니라 자신의 자아 정체성을 드러낼 수 있는 자신의 능력을 보여주기 위해 제품을 구매한다고 밝히고 있다. 자신의 자아 이미지를 보여주기 위한 욕망 때문에 소비자는 때때로 마음속에 자아와 브랜드를 연관시킨다. 이러한 심리적 연결이 강할수록 소비자들은 부정적 홍보에도 불구하고 자신의 브랜드를 방어하려 하며 애플 팬의 경우와 비슷한 극단적인 행동을 범할 가능성이 높다. 우리는 우리 자신들을 실용적인 의사결정을 내릴 수 있는 합리적인 사람이라고 여기고 싶어하지만, 우리의 소비 결정은 때때로 우리가 의식하지 못하는 상태에서 생각보다 더 큰 나쁜 영향을 미치고 있다.

소비자 테러(consumer terrorism)

2001년의 9/11 테러리스트 공격은 자유 기업 체제(free-enterprise system)에 경종을 울렸다. 즉, 민간인이 타겟이 될 수 있다는 취약성을 드러내 보였으며, 금융 및 전력과 공급 네트워크의 붕괴가 일반적인 전쟁에서의 결과보다 삶의 방식에 있어서 잠재적으로 더 큰 위험이 될 수 있다는 것을 알게 했다. 이 공격들은 고의적일 수도 아닐 수도 있다 – 유럽에서의 "광우"병의 경제적 파문은 여전히 쇠고기 산업에서 반향을 일으키고 있다. Rand사와 다른 분석가들은 한 국가의 식량공급이 **생물학테러**(bioterrorism: 생물학 무기를 이용한 테러 행위)에 의해 공격당할 수도 있다고 지적하고 있다. 보다 최근에 정책 입안자, 회사 중역 및 군 사령관들은 위에서 언급된 우려에 덧붙여 **사이버테러**(cyberterrorism)에 대한 우려를 나타내고 있다. 이는 American Express와 같은 대형 금융기관의 컴퓨터 시스템이 공격을 받는 경우가 예가 될 수 있다.

2001년의 탄저균 공포 이전에, 제품 안에 유독성 물질을 포함시켜 소비자와 시장을 위협하였다. 이 전술은 7명의 사람이 청산염이 가득한 Tylenol 약을 먹은 후에 죽은 사건으로 1982년 미국에서 공공의 주목을 받았다. 10년 후에, Pepsis는 Diet Pepsi 캔에서 발견된 주사기에 관한 보고가 23개주, 50개 이상 드러났을 때 엄청난 위기에 직면하였다. 이 때, Pepsi는 그 주사기가 제조 과정에서 들어간 것이 아니라는 것을 대중에게 확신시키는 최후의 일격이라 할 만한 PR에 전력을 다하였다. Pepsi사는 심지어 점원이 보지 못하는 사이에 한 고객이 Diet Pepsi 캔 안으로 주사기를 밀어 넣는 것을 포착한 매장의 감시 비디오를 보여주었다. Pepsi의 공격적인 활동은 위기에 정면으로 빠르게 대응하는 것의 중요성을 강조한다.

더 최근에, 심야 만화 쇼에 대한 한 홍보 캠페인은 테러리스트의 공격과 보스턴 시의 일시적인 폐쇄 우려를 자극하였으나 실패하였다. "게릴라 마케팅" 노력의 일환으로서, 마케터가 Cartoon Network TV 쇼 Aqua Teen Hunger Force(수다스러운 밀크 쉐이크, 튀김 한 상자, 미트볼에 관한 만화 시리즈)를 알리기 위해 전선과 배터리를 부착한 깜빡이는 30cm 크기의 전자 간판을 구성했다. 이 간판은 몇몇 미국 도시의 다리와 이목을 끌

이 싱가포르 광고는 젊은이들이 동물진정제인 케타마인을 사용하지 못하도록 하고 있다.
출처: Used with permission of Saatchi & Saatchi of Singapore.

수 있는 다른 장소에 놓여졌고, 행인들에게 손가락질 하는 만화 캐릭터를 한 네모난 상자 모양이었다. 폭탄 처리반과 경찰들이 의심스러운 박스를 조사하는 데 500,000달러 이상의 비용이 들었다. 정신적 피해는 말할 것도 없었다.

중독성 소비

대부분의 사람들이 중독이라고 하면 알코올, 약물, 니코틴 중독을 생각하게 되지만 사실상 사람들은 거의 모든 것에 의존적일 수 있다. 심지어 250명의 회원을 가진 Chapstick Addicts 후원 집단도 있다. **소비자 중독**(consumer addiction)은 제품 혹은 서비스에 대한 생리학적 혹은 심리적 의존이다. 많은 기업들은 중독적 제품 혹은 중독제품에 대한 해결책을 판매함으로써 수익을 얻는다.

기술 중독

BlackBerry를 가진 누구나 증언할 수 있는 것처럼 사람들은 심지어 과학기술에도 중독될 수 있다. 일부 사람들은 이 작은 제품을 "ClackBerry"라고 부르는데 그 이유는 이를 지속적으로 확인하는 것을 멈출 수 없기 때문이다. 심리학자들은 사용자가 이를 사용할 수 없게 되었을 때 중단의증상을 가져오는 정도까지로 **소셜 미디어 중독**(social media addition)을 화학물질 의존과 비교한다. "우리는 누구나 잠재적 중독자이다 – 우리는 우리가 중독될 약, 이것이 헤로인, 달리기, 정크 푸드, 혹은 소셜 미디어 이든 – 을 기다리고 있다"라고 누군가가 말한 것처럼 실제 한 조사에서 스마트폰 사용자 3명 중 한 명은 자신의 핸드폰을 포기하느니 차라리 섹스를 포기하겠다고 응답하였다.

The Tangled Web

인터넷 중독은 이미 가정의 90%가 저가의 고속 광대역 서비스를 연결한 한국에서 큰 문제이다. 많은 젊은 한국인의 사회적 생활은 실제로 모든 거리 구석에 있는 어두침침한 인터넷 영업장 "PC방" 과 관련이 있다. 한 정부 연구는 한국의 18세 이하의 30% 이상이 인터넷 중독의 위험에 있다고 평가한다. 많은 사람들은 이미 실제로 컴퓨터 사용하는 것을 스스로 멈추는 것이 불가능한 것, 그리고 그들이 로그온을 할 수 없을 때 화나고 열망과 같은 허탈한 증상을 보이는 중독의 징후를 보인다. 일부 사용자들은 날이면 날마다 온라인 게임을 한 후의 피로로 인해 실제로 급사했다.

사람들이 온라인 게임이나 소셜 네트워크 사이트에 자료를 게시하는 것에 지나치게 몰입하게 될 때 다른 문제들이 생길 수 있다.

- 영국에서 33세의 미망인이 Small World라는 온라인 게임에 중독된 후 자신의 두 강아지를 굶어 죽게 하고 자신의 세 자녀를 방치하였다. 판사는 그녀에게 온라인을 사용하지 못하게 하였다. 그녀는 6개월 동안 거의 쉬지 않고 가상 현실 게임을 하느라 밤에 2시간만 잠을 잤다. 그녀의 9, 10, 13세 자녀들은 따뜻한 음식을 먹지 못하였고 깡통에 든 차가운 조리된 콩을 "마셨다". 두 마리의 강아지가 굶어 죽었을 때 그녀는 2달 동안 죽은 강아지들을 부엌에 썩은 채로 두었다.
- 미국 여성은 자신의 3개월된 아들을 죽게 한 것에 대한 2급 살인죄로 유죄 판결을 받았다. 이 22세의 엄마는 자신이 페이스북에서 FarmVille을 하고 있을 때 아이가 운다는 이유로 성질을 이기지 못하고 아이가 죽을 때까지 흔들어댔다.
- **사이버불링**(Cyberbullying)은 "…컴퓨터, 휴대폰, 혹은 다른 전자 기기를 사용하여 계획적이며 지속적으로 해를 끼치는 것"을 의미한다. 한 연구는 미국 중학교 학생들 5명 중 한 명은 사이버불링을 경험한다고 보고하였다. 한 7학년 학생은 " 온라인에서는 좀 더 용감하고 자신을 통제할 수 있다고 느끼기 때문에 싸우기가 쉽다. 페이스북에서, 당신은 당신이 원하는 만큼 비열해질 수 있다"라고 하였다.

강박적 소비(Compulsive Consumption)

어떤 소비자들은 문자 그대로 "쇼핑하기 위해 태어난" 것처럼 보인다. 그들은 쇼핑이 쾌락적이거나 기능적인 것이기보다는 행동하기를 강요당하기 때문에 쇼핑한다. **강박적 소비**(compulsive consumption)는 긴장, 분노, 우울 혹은 권태의 해독제로써 종종 과도한 반복적인 쇼핑을 언급한다. "쇼핑중독자"는 중독된 사람들이 약물 혹은 알코올에 의지하는 방식처럼 쇼핑에 의지한다. *강박쇼핑장애*(*compulsive shopping disorder: CSD*)를 진단받은 한 남자는 2,000개 이상의 렌치를 샀고 그것들 중 어떤 것도 사용하지 않았다.

이 브라질 광고는 담배 중독을 막기 위한 캠페인의 일환이다. 마치 우리가 예정보다 훨씬 앞서 있는 것처럼 보인다!
출처: Courtesy of ADESF Association for Smoker Awareness; Neoqama/BBH.

치료사들은 임상학적으로 CSD에 진단받은 여성들의 수가 남성들보다 4대 1로 우세하다고 보고한다. 그들은 여성들이 그들의 대인 관계를 강화하기 위하여 의류와 화장품과 같은 제품에 유혹당하고, 반면에 남성들은 권력을 성취하기 위하여 장치, 도구 그리고 총에 집중하는 경향이 있다고 추측한다.

미국 성인 20명 중 1명 이상은 그들이 실제로 원하거나 필요로 하지 않는 재화를 구매하는 것을 통제할 수 없다. 어떤 연구자들은 강박적 쇼핑이 낮은 자존감과 관련이 될 것이라고 말한다. 이는 미국 성인 인구의 2~16%에 영향을 미친다. 어떤 경우에, 약물 중독처럼 소비자는 자신의 소비에 대하여 거의 혹은 전혀 통제할 수가 없다. 그것이 알코올, 담배, 초콜릿, 다이어트 콜라 혹은 심지어 챕스틱이든지, 그 제품은 소비자를 통제한다. 심지어 쇼핑의 행동 자체가 어떤 사람들에게 중독적인 경험이다. 많은 부정적 혹은 해로운 소비자 행동을 특징짓는 3가지의 공통적인 요인이 있다.

1. 그 행동은 선택에 의해서 행동하는 것이 아니다.
2. 그 행동으로부터 얻는 만족감은 일시적이다.
3. 사람들은 나중에 후회 혹은 죄책감의 강한 감정을 경험한다.

도박은 소비자 사회의 모든 세분 시장에 영향을 주는 소비 중독의 한 예이다. 카지노 도박, 슬롯 머신, 친구와 함께 스포츠 경기 혹은 경마에 내기하는 것 혹은 심지어 복권을 사는 것의 형태를 취하든지 간에 과도한 도박은 굉장히 해로울 수 있다. 극단적으로 도박은 자존감을 낮게 하고, 빚, 이혼 그리고 양육실패의 결과를 초래할 수 있다. 한 심리학자에 따르면, 도박꾼들은 전형적인 중독적 주기를 나타낸다. 그들은 도박을 할 동안 기분이 좋지만 그들이 도박을 끊었을 때 도박의 스릴로 돌아가게 하는 우울을 경험한다. 약물 중독과 다르게, 돈은 극성 도박꾼이 남용하는 마약이다. 몇몇 주에서 온라인 도박의 합법화가 속도를 냄에 따라 이 문제는 더 커질 것이라고 여겨진다. 이미 이러한 새로운 유형에 대한 시장이 존재하는데, 분석가들은 1억 7천만 이상의 사람들이 소셜 네트워크상에서 가상 카지노 게임을 하고 있다고 전망하고 있다.

소비된 소비자(Consumed Consumers)

소비된 소비자(consumed consumers)는 시장에서 자발적이든 아니든 상업적 이익을 위해 사용되거나 활용되는 사람들이다. 소비자들이 그들 스스로 상품이 되는 상황은 난쟁이들을 등장시키는 순회공연부터 신체의 일부와 아기를 판매하는 것까지 포함된다. 이 소비된 소비자들은 다음의 예에서 살펴볼 수 있다.

- **매춘:** 미국에서 매춘에 대한 지출은 매년 200억 달러로 평가된다. 이 수익은 미국의 국내 신발 산업 매출과 맞먹는다.
- **장기, 혈액, 모발 기증자:** 신체부분을 사고 파는 글로벌 **레드 마켓**(red market)이 존재한다. 한 평가에 의하면, 만약 당신이 당신 몸의 재사용할 수 있는 모든 부분을 기부한다면 당신은 약 4,600만 달러를 벌 수 있다(집에서 이것을 시도하지 마라). 미국에서, 수백만 명의 사람들이 자신의 혈액을 판매한다. 장기에 대한 활발한 시장이 역시 존재한다(예, 신장) 그리고 어떤 여성들은 가발 시장에서 그들의 모발을 판매한

다. eBay에서 사람의 신장에 대한 입찰은 그 회사가 경매를 마감하기 전에 570만 달러 이상까지 올라갔다(사람의 장기를 온라인에서 판매하는 것은 불법이다 – 적어도 지금까지). 그 판매자는 "당신은 어느 한쪽의 신장을 선택할 수 있습니다…물론 나도 살아야 하기 때문에 하나만 판매가능. 장난 사절"이라고 작성하였다. 다음은 미국 내 전형적인 레드마켓에서 거래되는 가격이다.

- 혈액 1파인트 (0.473리터): $337
- 헤어(붙임머리 용도): $308
- 각막: $24,400
- 심장: $997,700

- **판매되는 아기:** 수천 명의 대리모들은 불임 부부를 위해 의학적으로 임신을 하고 그들을 위하여 아이들을 낳아준 대가를 지불 받고 있다. 18~25세 사이의 한 가임 여성은 3개월마다 하나의 난자를 기부하고, 매번 7,000달러를 벌 수 있다. 8년 동안 32개의 난자라면 전부 224,000달러이다. 최근에, 경찰이 eBay에 8개월 된 아들을 경매를 통해 판매하려고 한 부부를 체포했다. 이 부부는 "아기 – 수집용으로만, 너무 많이 울기 때문에 갓난아기를 판매한다. 남자, 70cm"라고 쓴 이 제안은 단지 장난이라고 주장하였다.

불법적인 획득과 제품 사용

많은 소비자 행동들은 자아 파괴적이거나 사회적 손해를 가져올 뿐만 아니라 불법적이다. 분석가들은 소비자들이 기업을 대상으로 한 범죄에 대한 비용이 연간 400억 달러 이상이라고 평가한다. McCann-Ericson 광고 대행사가 실시한 조사는 다음의 흥미있는 내용을 밝히고 있다.

- 사람들의 91%는 그들이 규칙적으로 거짓말을 한다고 말한다. 자신의 몸무게에 관하여 셋 중 한 명. 수입에 관하여 넷 중 한 명, 그리고 그들의 나이에 관하여 21%가 거짓말을 한다. 9%는 심지어 그들의 본래의 머리카락 색을 거짓말한다.
- 10명의 미국인의 4명 이상은 공제액을 메우기 위하여 보험 청구금액을 부풀리고자 한다. 불리기를 시도한다.
- 19%는 입장료를 지불하는 것을 피하기 위해 영화관에 슬쩍 들어갔다고 말했다.
- 5명 중 3명 이상의 사람들은 하지 않았음에도 불구하고 처음부터 시작하여 무엇인가를 해낸 것을 자신의 공으로 돌렸다고 말한다. Pillsbury의 CEO에 따르면, 이 "…행동이 아주 일반적으로 행하여 지기 때문에 우리는 한 분류로 이름을 명명하였다 – 과속 자국(speed scratch)".

소비자 절도와 사기(Consumer Theft and Fraud)

우리 누구나 나이지리아 은행 계좌로부터 재산 손실을 회복하는 것을 도와달라는 전설상의 부자들의 보내는 이메일을 받아본 경험이 있을 것이다. 물론, 그 돈을 받기 위해서는 사기꾼들에게 선급금을 줘야만 한다. 이 범죄자들은 사람들로부터 수억 달러 이상의 돈을 성공적으로 사기를 쳤다. 그러나 이와 반대로 "반사기 운동가(counterscammers)"라고 불리는 작지만 용감한 그룹은 때때로 이 사기꾼들의 사기와 모욕에 속는 척함으로써 그 사기의 결과를 사기꾼이 맛보게 한다. 하나의 평범한 전략은, 자신을 비하하는 사인을 가지고 사진을 찍도록 사기꾼을 속인 후 이 사진을 인터넷 사이트에 게재하는 것이다. 온라인과 오프라인 모두에서 사기는 일어난다.

매장의 절도는 가장 흔한 것으로서 매 5초마다 소매점 절도가 발생한다. **손실**(shrinkage)은 절도와 고용인 절도로 인해 재고와 현금이 손실되는 것을 설명하는 산업용어이다 이는 높은 가격의 형태로 소비자에게 전가되기 때문에 큰 문제를 야기한다(손실의 약 40%는 쇼핑객보다 고용인에 의한 것일 수 있다). 쇼핑몰은 매년 보안에 6백만 달러를 지출한다 그리고 매년 4가구당 1가구가 손실액을 충당하기 위해 약 300달러를 추가적으로 지출한다.

소매점 절도는 미국에서 가장 빠르게 증가하는 범죄이다. 한 포괄적인 소매점 연구는 소매점 절도가 미국 소매상이 매년 90억 달러를 지출하는 문제라는 것을 발견했다. 가장 빈번하게 도난되는 상품들은 담배, 운동화, 로고와 브랜드가 있는 의류, 디자이너 청바지 그리고 속옷이다. 사건당 평균 절도되는 양은 1995년 조사에서 20.36달러에서 58.43달러로 증가하였다. 이 문제는 유럽에서도 마찬가지로 소매상들은 매년 100만명 이상의 절도범을 잡는다. 영국이 가장 높은 손실율을 경험하고 있다(연간 판매의 비율순이다). 그 뒤를 노르웨이, 그리스, 프랑스가 따른다. 스위스와 오스트리아는 가장 낮은 비율을 나타낸다.

절도범의 대부분은 전문적인 절도범이나 진정으로 그 상품을 필요로 하는 사람들이 아니다. 미국에서 매년 약 2백만 명 정도가 절도죄로 기소된다. 그러나 분석가들은 절도범 한명이 체포될 때 18개의 보고되지 않는 사건들이 발생한다고 평가한다. 이 체포된 사람들의 4분의 3은 스릴을 위해 혹은 관심을 받기 위해 절도를 하는 중산층 이상의 사람들이다. 소매점 절도는 역시 사춘기 청소년 사이에서 흔하게 발생한다. 연구 증거물은 10대 소매점 절도는 소매점 절도를 하는 친구가 있는 것과 같은 요인들에 의해 영향을 받는다고 지시한다. 만약 그 청소년들이 이 행동이 도덕적으로 잘못이라는 것을 믿지 않는다면 더 많이 발생할 가능성이 있다.

그리고 쇼핑객들이 매장의 교환과 환불 정책을 남용할 때 사기를 저지르는 것은 어떠한가? 쇼핑객들에 관한 것은 무엇인가? Guess, Staples 그리고 Sports Authority와 같은 일부 큰 회사들은 쇼핑객의 가지고 돌아온 상품의 추척 기록을 추적하는 새로운 소프트웨어를 사용한다. 그들은 옷을 사서 한번 입고, 그것을 환불하는 "**상습환불자**(serial wardrobers)"를 엄중히 단속하고자 노력한다. 상품에 대한 가격 표시를 바꾸고 원래보다 높은 가격의 상품으로 교환하는 소비자들이 있는데 그들은 상품을 교환할 때 거짓 혹은 오래된 영수증을 사용하는 쇼핑객도 있다. 소매업계는 이와 다른 형태의 사기 행동으로 인해 한 해 대략 160억 달러를 손해를 본다. 소매업 분석가는 전체 교환량 중 약 9%의 교환이 부당하다고 평가한다.

회사나 개인이 원래 제품의 가짜 복제품을 만들어 소비자들에게 판매하는 **무단복제**(counterfeiting)는 전 세계적으로 연간 6천억 달러에 이른다. 많은 사람들은 위조자들이 거리에서 디자이너의 가짜 핸드백이나 시계를 판매하는 사람들로 생각하지만 실제로 이 문제는 훨씬 광범위하게 퍼져 있다. 중국의 경우 연간 20만 이상의 사람들이 가짜 약을 먹고 죽어가고 있다.

반소비(Anticonsumption)

파괴적인 소비자 행동의 몇몇 유형은 사람들이 의도적으로 상품과 서비스를 손상시키거나 훼손하는 **반소비**(anticonsumption)이다. 이 행동의 일부는 개의 배설물을 보내기 위해 사람들이 온라인 dogdoo.com을 방문하는 것처럼 상대적으로 덜 해롭다. 이 사이트는 심지어 소비자들이 세 가지의 "배설물 패키지" 중에서 선택하게 함으로써 "선물"의 크기를 가늠하게 한다: Econo-Poop(9Kg 무게의 개), Poo Poo Special(20kg 무게의 개), Poo Poo Grande(50kg 무게의 개). 이에 대한 충고: 개봉 전 포장물의 냄새를 맡아라.

반소비는 건물과 지하철에 스프레이 페인팅 그래피티와 같은 온화한 행동으로부터 상품 주입 혹은 거대한 기업들에게 그들의 무릎을 꿇게 할 수 있는 컴퓨터 바이러스 확산과 같은 심각한 것에 이르기까지 다양할 수 있다. 또한 건전하지 않거나 윤리적이지 않다고 느끼는 광고판과 다른 광고물을 파괴하는 정치적인 항의의 형태를 취할 수 있다. 예를 들어, 소수자들이 많이 거주하는 지역에서 일부 성직자들은 그들의 이웃에 대한 담배와 알코올 광고의 확산에 항의하기 위하여 집회를 조직화고 있다. 이 저항들은 때때로 알코올 혹은 담배를 알리기 위한 광고물의 훼손을 포함한다.

본 장의 정리

본 장의 학습을 완료했다면 당신의 이유를 이해할 수 있어야 한다:

1. 윤리적 비즈니스가 좋은 비즈니스이다.

비즈니스 윤리는 시장의 활동을 인도하는 행동지침이며, 이는 한 문화 내 대부분의 사람들이 옳은 것과 잘못된 것, 선 혹은 악을 판단하는 것에 대한 기준이다. 마케터는 여러 윤리적 이슈들에 직면하게 되는데, 특히 소비자들이 필요로 하지 않거나 소비자들에게 이롭지 않은 제품들에 대해 소비자들에게 이를 가지고자 하는 욕구(want)를 얼마나 만들어낼 것이냐 하는 이슈에 직면하게 된다. 연관된 이슈인 물질주의는 사람들이 세속적인 소유물에 애착을 얼마나 부여하느냐 하는 것과 이러한 견해를 조장하는 데 있어 기업의 역할과 연관된다.

2. 마케터는 비즈니스 활동 과정에서 안전하고 기능적인 제품을 제공할 의무를 가지고 있다.

소비자 만족을 극대화하는 것은 윤리적 및 재무적으로 현명하다. 몇몇 경우에 정부나 산업 협회와 같은 외부 조직이 기업의 제품과 광고가 안전하고 분명하며 정확하다는 것을 확신하기 위해 기업을 규제한다. 소비자행동 연구자들도 이러한 과정에서 역할을 담당할 수 있으며 변형적 소비자 연구(TCR)을 하는 학자들은 사회적 변화를 꾀하기 위해 노력하기도 한다. 기업들 또한 기업의 사회적 책임(CSR) 활동과 바람직한 행동을 도모하기 위한 사회적 마케팅 캠페인을 통해서 사회 상황을 해결하는 데 중요한 역할을 한다.

3. 소비자 행동은 우리 사회가 직면하고 있는 주요 공공 정책 이슈에 직접적으로 영향을 미친다.

기업 및 여러 다른 기관들과의 우리의 관계는 복잡하며 우리의 삶의 질에 영향을 미치는 많은 이슈들은 마케팅 활동들과 직접적으로 연관되어 있다. 우리의 프라이버시와 기업이 자신들의 제품을 우리의 개별적 필요에 맞도록 맞추어주는 역량 간의 교환도 여기에 포함된다. 다른 이슈는 시장 접근과 관계가 있는데, 이는 장애, 문맹 등의 상태로 인해 많은 사람들이 시장을 탐색할 수 없기 때문이다. 게다가 우리의 취약한 환경은 재무적, 사회적, 환경적 혜택을 강조하는 세 가지 핵심을 극대화하고자 노력하는 지속가능한 기업 활동에 대한 헌신을 요구한다.

4. 소비자 행동은 개인과 사회에 해를 끼칠 수 있다.

비록 교재들이 종종 이성적이고 정보에 근거한 의사 결정자로써 소비자의 그림을 그리고 있을 지라도, 실제로 많은 소비자 활동들은 개인 혹은 사회에 해가 된다. 소비자 행동의 "어두운 면"은 테러리즘, 중독, 상품으로써 인간의 사용(소비된 소비자) 그리고 절도 혹은 파괴를 포함한다(반소비).

KEY TERMS

gemba
LOHAS
강박적 소비 compulsive consumption
그린마케팅 green marketing
그린워싱 Greenwashing
기능적으로 문맹 functionally illiterate
대의명분마케팅 cause marketing
레드 마켓 red market
리커머스 recommerce
무단복제 counterfeiting
문화 훼방 culture jamming
물질주의 Materialism
미디어 정보 해독력 media literacy
반소비 anticonsumption
변형적 소비자 연구 transformative consumer research: TCR
봇네트 botnets
불평사이트 gripe sites
비즈니스 사업 윤리
사이버불링 Cyberbullying
사이버테러 cyberterrorism
사회적 마케팅 social marketing
사회적책임마케팅 corporate social responsibility: CSR
상습환불자 serial wardrobers
생물학테러 bioterrorism
세 가지의 핵심적인 지향 a triple bottom-line orientation
소비된 소비자 consumed consumers
소비자 중독 consumer addiction
소비자공간 consumer space
소셜 미디어 중독 social media addition
수정 광고 corrective advertising
수평적 순환 lateral cycling
시장 접근 market access
식품사막 food desert
신원도용 identity theft
실시간 입찰 real time bidding
양심적 소비자주의 conscientious consumerism
위치정보 프라이버시 location privacy
제품처분 product disposal
지속성 sustainability
지하 경제 underground economy
참여 활동 연구 participatory action research: PAR
처분된 제품 adandoned products
총체적 품질 관리 total quality management: TQM
출처 provenance
큐레이션 curation
표적 집단 조사 focus groups
피싱 phising

REVIEW

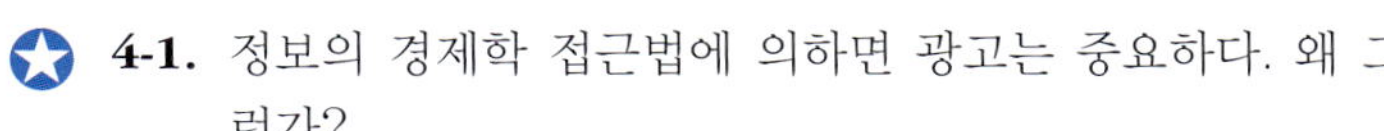

4-1. 정보의 경제학 접근법에 의하면 광고는 중요하다. 왜 그런가?

4-2. 왜 기업들은 소비자들에게 불평을 하게끔 만들어주어야 하는가? 이것은 기업에 어떤 도움을 줄 수 있는가?

4-3. 그린워싱은 무엇이며 이는 윤리적인 것인가? 소비자들은 이를 쉽게 믿게 되는가?

도전과제

토의문제

4-4. 대학생들이 환경과 채식주의에 대해 갖는 관심은 남들에게 멋지게 보이려고 하는 것이며 잠시 반짝하는 유행일 뿐이라는 의견에 동의하는가?

4-5. 마케터들은 공개적으로 토론되는데 적절한 주제에 관한 사회적 규범에 지속적인 도전을 하고 있다. 사적으로 사용되던 제품이 광고와 옥외 공고에 등장하고 있다. 이런 제품들에는 여성용품, 콘돔, 윤활유, 몸단장 제품과 임신 테스트기 등이 있다. 가정용 디지털 임신 테스트 광고는 TV에서 배뇨를 보여줌으로써 그동안의 금기를 깼다. 테스트 기에 소변이 흐르는 것을 보여주면서 다음과 같은 광고가 흘러나온다. "가장 섬세한 기술을 소개합니다. 당신은 여기에 소변을 보면 됩니다." 과거의 여성용품 광고는 아주 미묘하게 제품의 성능에 대해 알려주는 데 그쳤지만 오늘날 Procter & Gamble의 생리대인 Always는 즐거운 주제로 광고한다. "즐거운 생리기간을 가지세요." 광고에서 허용되는 것은 어느 정도까지가 적절한 것인가?

4-6. 변호사들은 유럽 전역에서 1천만 소비자들이 항공사로부터 50억 달러를 보상받아야 한다고 추정하고 있다. 보상을 받아야 한다는 근거는 항공사가 통제할 수 없는 천재지변이 아닌 이유로 비행기가 지연되거나 취소되었다는 것이다. 이러한 주장은 6년 전으로 거슬러 올라간다. 클레임을 하기 위해서는 소비자가 EU공항에서 EU에 등록된 비행기를 타고 이동했어야만 한다. 소비자의 보상권리에 대한 분명한 규정에도 불구하고 항공사들은 수천 명에 이르는 청구인들의 클레임을 기각시켰다. 심지어 EU는 2012년의 판결을 분명히 하고 클레임 과정도 단순화

시켰다. 여러분 나라의 사법제도는 피해를 보상하는 방식에 있어 소비자와 기업 모두의 필요를 적절하게 반영하고 있는가?

4-7. 영국의 가격 비교 웹사이트인 uSwitch는 영국의 5백9십만 사람들이 선불 에너지 계량기가 갖추어진 집에서 살고 있다고 추정한다. The Guardian 신문에 의하면 이 에너지 소비자들은 이러한 계량기가 갖추어지지 않은 집에 사는 고객들보다 1년에 500달러를 더 지불하고 있으며 좀 더 싼 요금제를 선택할 수 있다. 영국에서 평균적인 에너지 사용료는 1년에 거의 3,000달러이다. 적어도 5백만 선불 에너지 소비자들의 경우 자신의 에너지 공급자들에게서 혜택을 받고 있는 것으로 추정된다. 이것이 사실일 경우 선불 계량기가 더 많이 설치될 것이며 이러한 전환은 1년에 6%씩 증가하고 있다. 이처럼 일부 소비자들이 다른 소비자들보다 좀 더 매력적인 대안에 접근할 수 있도록 소비자들을 구분하는 것은 정당한가?

4-8. 칠레에서 2012년 여름에 통과된 새로운 법으로 인해 McDonald's, Burger King 및 기타 페스트푸드 음식점들이 타격을 받았다. 이 회사들은 아동들의 음식에 장난감을 포함시켰다는 이유로 고소당한 상태이다. 이 소송에 대해 어떻게 생각하는가? 이 사건이 어떻게 진행되고 있는지 더 알아보아라.

4-9. 2013년 여름에 Manchester United는 Carrington에 있는 클럽 훈련장에 AON의 이름을 사용하는 조건으로 AON과 8년간 2억 4천5백만 달러 후원 계약을 체결하였음을 선언하였다. 이 계약으로 클럽 훈련장은 AON Training Complex로 이름이 바뀌었다. 이것은 Manchester United가 극동지역에서 열리는 축구 경기에서 AON 후원 티셔츠를 입고 경기를 해야 한다는 내용이 포함된 복잡한 거래 중의 하나이다. 이 거래는 2009년에 AON이 체결했던 4년간의 티셔츠 후원 금액의 2배에 해당한다. 하지만 이 축구 클럽의 고향인 Old Trafford의 이름은 어떠한 금액에도 팔릴 수가 없다. 이 축구 클럽의 부사장은 작명권은 협상의 대상이 아니라고 못박았다. 여러분의 나라나 지역의 스포츠 클럽도 운동구장의 이름을 스폰서에게 판매하였는가? 이러한 움직임에 대한 팬들의 반응은 어떠한가?

4-10. Creative Bloq Web 사이트(www.creativebloq.com)는 2013년에 가장 논란이 되었던 광고들을 발표하였다. 이 광고들은 모두 엄청난 비판을 받은 것들이었다. 선정된 10개의 광고는 전 세계에서 광고되었고, 여러 다른 광고기획사에 의해 만들어졌다. 여러분의 생각은 어떠한가? 이 광고들은 불쾌한가 아니면 논란이 될 만한가? 브랜드들은 왜 이 광고를 수락했을까?

4-11. 마케팅에서 가장 빠르게 성장하고 있는 기술 중의 하나는 안면 인식이다. 2013년에 이 시장은 10억 9천만 달러 가치를 가진 것으로 추정된다. 이 시장은 2018년까지 6십억 5천만 달러까지로 커질 것으로 예상된다. 이는 향후 5년간 27.7%의 엄청난 성장을 의미한다. 안면 인식 기술의 가장 큰 시장은 정부와 공익기업체이겠지만 마케터들도 마케팅의 수단으로 안면 인식의 가치를 인식하고 있다. 안면 인식 기술을 가장 확실하게 적용할 수 있는 분야는 감시 시장과 생채인식인데 이 두 분야는 엄청나게 성장하고 있다. 하지만 이는 소비자 전자제품과 소형 기기 및 혁신적인 클라우드 기반 서비스에도 큰 기회가 될 수 있다.

광고주들 또한 안면인식 기술을 사용하기 시작하였다. 소비자가 광고로부터 얼굴을 돌리면 광고가 멈추게 된다. 광고주들은 소프트웨어에 의해 소비자의 얼굴이 인식될 경우 시장을 세분화하고 구체적인 개인들을 표적화할 수 있는 능력을 갖게 된다. 이는 엄청나게 개인화된 시장 도구이다. 안면 인식 기술에 기반하여 고객들을 타겟화 할 수 있는 기회를 바탕으로 사용가능한 기술을 개발하는 경쟁이 시작되었다.

Singularity 대학의 Tarun Wadhwa는 머지 않아 소비자들이 옥외 광고물을 볼 때 광고물 내 이미지가 자신을 다시 바라보는 일이 일어날 것이라고 주장한다. 이미 Immersive Labs은 사람들이 옥외 광고물을 지나갈 때 나이, 성별 및 주의의 정도를 측정하는 디지털 옥외광고물을 위한 소프트웨어 패키지를 개발하였다. 이는 옥외 캠페인의 효과성을 과학적으로 정량화하기 위해 만들어진 것이다. 기술이 제공하는 편의를 위해 우리의 프라이버시가 희생되어도 되는가? 아니면 기업들은 소비자의 동의 없이 단순히 너무 많은 정보를 수집하려는 것은 아닌가?

응용문제

4-12. 유럽 정보 보안국인 Enisa의 2012년 보고서에 의하면 93%의 소비자들은 기업들이 소비자들에 대한 정보를 보호할 것인지에 대해 우려를 나타내고 있다. 이 보고서에 의하면 서비스 제공자의 47%는 상업자산으로서 개인 정보를 적극적으로 사용하고 있다. 제3자와 정보를 공유하는 비중도 이와 비슷하다. 선택을 할 수 있다면 소비자들은 낮은 가격을 조건으로 데이터를 요구하지 않는 회사보다는 더 많은 개인 정보를 필요로 하는 회사를 선택할 것이다. 소비자들은 또한 더 많은 정보를 제공하면 좀 더 개인화된 서비스를 받을 수 있을 것이라고 생각하였다.

2011년의 Special Euro Barometer 연구에 의하면 90%의 소비자가 자신의 이름과 주소를 온라인 상에서 기업에게 제공하였다. 또한 Enisa 연구에 의하면 소비자의 60%는 좀 더 데이터 우호적인 기업을 선택할 것이며 만약 좀 더 좋은 거래조건을 얻게 될 경우에는 이 수치가 83%로 높아진다고 밝히고 있다.

다양한 나이의 10명의 운전자에게 설문조사를 실시하시오. 당신은 이 프로그램을 설명하고 만약 그들이 구매 시할인을 받기 위하여 참여하기를 원하는지를 물어보아라. 이것의 득과 실은 무엇인가?

4-13. 많은 대학생들을 인터넷으로부터 다운로드 한 음악을 공유한다. 지불 없이 최소 한 곡 혹은 하나의 영화를 다운로드 한 최소 5명을 인터뷰하라. 그들은 그들이 훔치고 있다고 느끼는가? 그들이 이 행동을 위해 제공하는 설명은 무엇인가? 이 인터뷰의 결과로써 공통의 테마를 명시하기를 시도해 보라. 만약 당신이 무료 다운로드 할인을 위한 광고 캠페인을 만들었다면 당신은 당신이 배운 것을 설득 메시지를 만드는 데 어떻게 사용할 것인가?

4-14. 기업의 사회적 책임(CSR)은 전 세계를 걸쳐 점차 기업 전략의 중요한 요소로 되어가고 있다. 일부 개발 도상국의 경우 CSR은 상대적으로 덜 발전되어 있다. 이러한 나라들에서의 비즈니스는 생존하기 위한 투쟁으로서 글로벌 경쟁력 구축에 초점이 맞추어져 있기 때문에 그러하다. 말레이시아의 경우를 보자. 2011년 Lauban e-Journal of Muamalat and Society에 실린 한 연구는 말레이시아 기업들이 CSR를 고려할 위치에 있는지를 살펴보았다. 이 연구는 일부 말레이시아 기업들은 복지, 환경, 교육, 인권의 분야에서 CSR을 이미 다루고 있다고 결론지었다. 말레이시아 기업들은 CSR를 인식하고 있었다. 하지만 이러한 진척에도 불구하고 아직은 일부 경쟁기업에 뒤치지는 것으로 나타났다. 여러분의 나라나 지역에서는 어떠한가? CSR은 기업 전략의 주요 부분인가?

사례연구Case Study

UNICEF의 게릴라 마케팅

뉴욕 시민들은 출근길에 맨하턴의 유니언 스퀘어를 바쁘게 지나간다. 인파를 뚫고 빠르게 지나갈 때 이들은 인도에 설치된 생수 자판기를 지나치게 된다. 이는 더운 날 아주 매력적인 것이다. 하지만 여기에는 함정이 있다. 이 화사한 다양한 색깔의 자판기는 물뿐만 아니라 말라리아, 콜레라, 장티푸스, 뎅기열, 간염, 이질, 살모넬라, 황열병도 함께 배출한다! 이 기계는 UNICEF의 더러운 물 캠페인(Dirty Water Campaign)의 일환이다. UNICEF는 전세계 20억의 사람들이 깨끗한 물을 이용하지 못하고 있으며 수인성 전염병 때문에 하루에 4천 명 이상의 아이들이 죽고 있다는 것을 미국인들에게 알리고자 한다. 또한 UNICEF는 사람들이 기계에 1달러를 넣으면 한 명의 아동에게 40일 동안 깨끗한 물을 제공할 수 있다는 정보를 자판기 앞에 부착하고 있다.

UNICEF는 150개국 이상에서 아동들에게 의료 서비스, 면역조치, 깨끗한 물, 영양, 교육, 긴급구조를 제공하는 전 세계적 인도적 구호단체이다. 이 비영리단체가 게릴라 마케팅 기법을 채택하였다. UNICEF와 같은 단체의 경우 이것이 지나친 도전일 수 있겠지만 이들은 진지한 메시지를 전달해야만 하며 매일 쏟아져 나오는 멋진 옷과 자동차 광고들과 경쟁하는 것은 어렵다고 느낀다.

UNICEF의 또 다른 시도는 전 세계에 있는 지뢰의 위험을 줄이려는 것이다. 이 숨겨져 있는 폭발물에 의해 매년 15,000명의 사람들이 죽거나 부상을 당하는데 이들 대부분이 아동들이다. UNICEF의 지뢰를 알리려는 길거리 캠페인 또한 게릴라 기법을 사용하였는데, 이번에는 취리히 거리에 스티커를 부착하였다. 보행자들은 인도의 색깔과 동일한 스티커들을 쉽게 알아차리지 못하였다. 스티커를 밟게 되면 보행자의 신발 바닥에 달라붙게 되

출처: U.S. Fund for UNICEF.

고 이를 제거하기 위해 보행자가 신발을 뒤집게 되면 UNICEF의 메시지인 "다른 나라들에서 이런 일이 일어났다면 당신은 몸은 훼손되었을 것입니다! 지뢰의 희생자들을 도웁시다"가 적힌 스티커를 보게 된다.

게릴라 마케팅은 일상에 지친 보행자들의 관심을 얻게 될 뿐만 아니라 소셜 미디어의 도움을 통해 많은 다른 사람들에게 메시지를 전파할 수 있는 잠재력이 있다. 말레리아가 들어간 물이나 학교 가는 길에 신발에 붙은 지뢰 스티커처럼 정말 참신하고 색다른 것을 경험했다면 당신은 이를 트윗하거나 유튜브에 비디오로 올리거나 혹은 페이스북에 사진을 업로드 하지 않겠는가?

많은 사람들은 미신을 믿는 아이들은 인도의 갈라진 금을 밟지 않는다는 것을 알게 되었다. 아마도 오늘날은 우리가 밟는 다른 것들이 UNICEF와 같은 단체에 행운을 가져다줄 것이다.

토의문제

CS 4-1 당신은 UNICEF의 캠페인이 효과적이라고 생각하는가? 그 이유는 무엇인가?

CS 4-2 게릴라 마케팅 전술은 공공 장소에 의도적으로 소비자들을 "숨기도록" 한다. 이것은 효과적인 마케팅 기법인가? 혹은 방해 받지 않으려 하는 우리의 권리에 대한 침해인가? 이 전술은 우리의 일상을 방해하는가? 다른 말로 우리는 넘지 못할 선을 넘었는가?

CS 4-3 UNICEF가 "썩은 물(dirty water)"과 같은 대의명분을 전파할 다른 방법에는 어떤 것들이 있을까?

출처: Leon Kaye, "UNICEF's Dirty Water Vending Machines Raises Manhattan," www.triplepundit.com (July 19th, 2010), accessed June 24, 2011. "Unicef Landmine," www.yayeveryday.com, accessed June 24, 2011. www.unicef.com, accessed June 24, 2011.

참조

1. Reported in *American Demographics* (December 1999): 18.
2. Valerie S. Folkes and Michael A. Kamins, "Effects of Information about Firms' Ethical and Unethical Actions on Consumers' Attitudes," *Journal of Consumer Psychology* 8 (1999): 243–59.
3. Jacqueline N. Hood and Jeanne M. Logsdon, "Business Ethics in the NAFTA Countries: A Cross-Cultural Comparison," *Journal of Business Research* 55 (2002): 883–90.
4. Michael R. Solomon, *Conquering Consumerspace: Marketing Strategies for a Branded World* (New York: AMACOM, 2003).
5. Jeffrey Ball, "Religious Leaders to Discuss SUVs with GM, Ford Officials," *Wall Street Journal Interactive Edition* (November 19, 2002); Danny Hakim, "The S.U.V. Is a Beast, and It's Hairy, Too," *New York Times* (February 2, 2005), www.nytimes.com, accessed February 2, 2005; www.nrpe.org/issues, accessed May 11, 2009.
6. William Leiss, Stephen Kline, and Sut Jhally, *Social Communication in Advertising: Persons, Products, and Images of Well-Being* (Toronto: Methuen, 1986); Jerry Mander, *Four Arguments for the Elimination of Television* (New York: William Morrow, 1977).
7. Packard (1957), quoted in Leiss et al., *Social Communication*, 11.
8. Raymond Williams, *Problems in Materialism and Culture: Selected Essays* (London: Verso, 1980).
9. Leiss et al., *Social Communication*.
10. George Stigler, "The Economics of Information," *Journal of Political Economy* (1961): 69.
11. Leiss et al., *Social Communication*, 11.
12. Russell W. Belk, "Possessions and the Extended Self," *Journal of Consumer Research* 15 (September 1988): 139–68; Melanie Wallendorf and Eric J. Arnould, "'My Favorite Things': A Cross-Cultural Inquiry into Object Attachment, Possessiveness, and Social Linkage," *Journal of Consumer Research* 14 (March 1988): 531–47.
13. L. J. Shrum, Jaehoon Lee, James E. Burroughs, and Aric Rindfleisch, "Online Process Model of Second-Order Cultivation Effects: How Television Cultivates Materialism and Its Consequences of Life Satisfaction," *Human Communication Research* 37 (January 2011): 34–57; L. J. Shrum, James E. Burroughs, and Aric Rindfleisch, "Television's Cultivation of Material Values," *Journal of Consumer Research* 32, no. 3 (2005): 473–79.
14. Susan Schultz Kleine and Stacy Menzel Baker, "An Integrative Review of Material Possession Attachment," *Academy of Marketing Science Review,* no. 1 (2004).
15. James E. Burroughs and Aric Rindfleisch, "Materialism and Well-Being: A Conflicting Values Perspective," *Journal of Consumer Research* 29 (December 2002): 348–70.
16. Lan Nguyen Chaplin and Deborah Roedder John, "Growing Up in a Material World: Age Differences in Materialism in Children and Adolescents," *Journal of Consumer Research* 34 (December 2007): 480–93.
17. Marsha L. Richins, "Special Possessions and the Expression of Material Values," *Journal of Consumer Research* 21 (December 1994): 522–33.
18. Ibid.
19. Aric Rindfleisch, James E. Burroughs, and Nancy Wong, "The Safety of Objects: Materialism, Existential Insecurity, and Brand Connection," *Journal of Consumer Research* 36 (June 2009): 1–16.
20. John L. Lastovicka and Nancy J. Sirianni, "Truly, Madly, Deeply: Consumers in the Throes of Material Possession Love," *Journal of Consumer Research* (in press).
21. Marsha L. Richins, "When Wanting Is Better than Having: Materialism, Transformation Expectations, and Product-Evoked Emotions in the Purchase Process," *Journal of Consumer Research* 40, no. 1 (June 2013): 1–18.
22. Professor Russell Belk, University of Utah, personal communication, July 25, 1997.
23. Material in this section adapted from Güliz Ger and Russell W. Belk, "I'd Like to Buy the World a Coke: Consumptionscapes of the 'Less Affluent World,'" *Journal of Consumer Policy* 19, no. 3 (1996): 271–304; Russell W. Belk, "Romanian Consumer Desires and Feelings of Deservingness," in Lavinia Stan, ed., *Romania in Transition* (Hanover, NH: Dartmouth Press, 1997): 191–208; see also Güliz Ger, "Human Development and Humane Consumption: Well-Being Beyond the Good Life," *Journal of Public Policy & Marketing* 16 (1997): 110–25.
24. Professor Güliz Ger, Bilkent University, Turkey, personal communication, July 25, 1997.
25. Erazim Kohák, "Ashes, Ashes . . . Central Europe after Forty Years," *Daedalus* 121 (Spring 1992): 197–215; Belk, "Romanian Consumer Desires and Feelings of Deservingness."
26. "Luxury Goods Market Predicted to Grow Six to Seven Percent in 2012, Defying Global Turmoil and Spreading to New Markets, According to Spring Update of Bain & Company's Luxury Goods Worldwide Market Study," Bain & Company, May 15, 2012, http://www.bain.com/about/press/press-releases/luxury-goods-market-predicted-to-grow-six-to-seven-percent-in-2012.aspx, accessed March 1, 2013.
27. Quoted in Michael Pavone, "How Whole Foods Became the Luxury Brand of Millennials," Fastcoexist.com, February 23, 2012, http://www.fastcoexist.com/1679351/how-whole-foods-became-the-luxury-brand-of-millennials, accessed March 1, 2013.
28. Ariel Sabar, "In Case of Missing Trousers, Aggrieved Party Loses Again," *New York Times* (June 26, 2007), www.nytimes.com, accessed June 26, 2007.
29. Mary C. Gilly and Betsy D. Gelb, "Post-Purchase Consumer Processes and the Complaining Consumer," *Journal of Consumer Research* 9 (December 1982): 323–28; Diane Halstead and Cornelia Droge, "Consumer Attitudes Toward Complaining and the Prediction of Multiple Complaint Responses," in Rebecca H. Holman and Michael R. Solomon, eds., *Advances in Consumer Research* 18 (Provo, UT: Association for Consumer Research, 1991): 210–16; Jagdip Singh, "Consumer Complaint Intentions and Behavior: Definitional and Taxonomical Issues," *Journal of Marketing* 52 (January 1988): 93–107.
30. Emily Steel, "How to Handle 'IHateYourCompany.com': Some Firms Buy Up Negative Domain Names to Avert 'Gripe Sites,'" *Wall Street Journal* (September 5, 2008), http://online.wsj.com/news/articles/SB122057760688302147 accessed November 22, 2013. http://webreprints.djreprints.com/2574430594663.html, accessed September 5, 2008.
31. Gary L. Clark, Peter F. Kaminski, and David R. Rink, "Consumer Complaints: Advice on How Companies Should Respond Based on an Empirical Study," *Journal of Services Marketing* 6 (Winter 1992): 41–50.
32. Alan Andreasen and Arthur Best, "Consumers Complain—Does Business Respond?" *Harvard Business Review* 55 (July–August 1977): 93–101.
33. Tibbett L. Speer, "They Complain Because They Care," *American Demographics* (May 1996): 13–14; cf. also Yany Grégoire, Thomas M. Tripp, and Renaud Legoux, "When Customer Love Turns into Lasting Hate: The Effects of Relationship Strength and Time on Customer Revenge and Avoidance," *Journal of Marketing* 73 (November 2009): 18–32; Ingrid Martin, "Expert-Novice Differences in Complaint Scripts," in Rebecca H. Holman and Michael R. Solomon, eds., *Advances in Consumer Research* 18 (Provo, UT: Association for Consumer Research, 1991): 225–31; Marsha L. Richins, "A Multivariate Analysis of Responses to Dissatisfaction," *Journal of the Academy of Marketing Science* 15 (Fall 1987): 24–31; John A. Schibrowsky and Richard S. Lapidus, "Gaining a Competitive Advantage by Analyzing Aggregate Complaints," *Journal of Consumer Marketing* 11 (1994): 15–26; Clay M. Voorhees, Michael K. Brady, and David M. Horowitz, "A Voice from the

Silent Masses: An Exploratory and Comparative Analysis of Noncomplainers," *Journal of the Academy of Marketing Science* 34 (Fall 2006): 514–27.

34. Bruce Cooil, Timothy L. Keiningham, Lerzan Aksoy, and Michael Hsu, "A Longitudinal Analysis of Customer Satisfaction and Share of Wallet: Investigating the Moderating Effect of Customer Characteristics," *Journal of Marketing* 71 (January 2007): 67–83. For a study that looks at consumer variables moderating this relationship, cf. Kathleen Seiders, Glenn B. Voss, Dhruv Grewal, and Andrea L. Godfrey, "Do Satisfied Customers Buy More? Examining Moderating Influences in a Retailing Context," *Journal of Marketing* 69 (October 2005): 26–43.
35. "Voice of the Consumer Not Leveraged," Center for Media Research (February 3, 2009), www.mediapost.com, accessed February 3, 2009.
36. Robbie Brown, Kim Severson, and Barry Meier, "Cruise Line's Woes Are Far From Over as Ship Makes Port," *New York Times* (February 14, 2013), http://www.nytimes.com/2013/02/15/us/carnival-cruise-line-ship-triumph-towed-into-port.html?pagewanted=all&_r=0, accessed February 20, 2013.
37. Material adapted from a presentation by Glenn H. Mazur, QFD Institute, 2002.
38. Robert V. Kozinets and Jay M. Handelman, "Adversaries of Consumption: Consumer Movements, Activism, and Ideology," *Journal of Consumer Research* 31 (December 2004): 691–704; cf. also Paul C. Henry, "How Mainstream Consumers Think about Consumer Rights and Responsibilities," *Journal of Consumer Research* 37, no. 4 (2010), 670–687.
39. Natasha Singer, "A Birth Control Pill That Promised Too Much," *New York Times* (February 10, 2009), www.nytimes.com, accessed February 10, 2009.
40. Jack Neff, "NAD to Charmin: No Bare Bear Bottoms: P&G Must Show Some Pieces of TP on Bruin's Bums," *Advertising Age* (August 12, 2010), http://adage.com/article/adages/advertising-p-g-show-pieces-charmin-bears/145379/, accessed April 29, 2011.
41. Janet Adamy, "Tough New Rules Proposed on Food Advertising for Kids," *Wall Street Journal* (April 29, 2011), http://professional.wsj.com/article/NA_EP_PUB:SB10001424052748704330404576291091782255946.html?lpe5WSJ_PRO&mg5com-wsj, accessed April 29, 2011.
42. "Adbusters," Adbusters Media Foundation, www.adbusters.org, accessed June 29, 2009.
43. Ibid.
44. www.nikesweatshop.net, accessed June 29, 2002.
45. Nat Ives, "Anti-Ad Group Tries Advertising," *New York Times* (September 21, 2004), www.nytimes.com, accessed September 21, 2004.
46. Julie L. Ozanne and Bige Saatcioglu, "Participatory Action Research," *Journal of Consumer Research* 35 (October 2008): 423–39.
47. For consumer research and discussions related to public policy issues, see Paul N. Bloom and Stephen A. Greyser, "The Maturing of Consumerism," *Harvard Business Review* (November–December 1981): 130–39; George S. Day, "Assessing the Effect of Information Disclosure Requirements," *Journal of Marketing* (April 1976): 42–52; Dennis E. Garrett, "The Effectiveness of Marketing Policy Boycotts: Environmental Opposition to Marketing," *Journal of Marketing* 51 (January 1987): 44–53; Michael Houston and Michael Rothschild, "Policy-Related Experiments on Information Provision: A Normative Model and Explication," *Journal of Marketing Research* 17 (November 1980): 432–49; Jacob Jacoby, Wayne D. Hoyer, and David A. Sheluga, *Misperception of Televised Communications* (New York: American Association of Advertising Agencies, 1980); Gene R. Laczniak and Patrick E. Murphy, *Marketing Ethics: Guidelines for Managers* (Lexington, MA: Lexington Books, 1985): 117–23; Lynn Phillips and Bobby Calder, "Evaluating Consumer Protection Laws: Promising Methods," *Journal of Consumer Affairs* 14 (Summer 1980): 9–36; Donald P. Robin and Eric Reidenbach, "Social Responsibility, Ethics, and Marketing Strategy: Closing the Gap Between Concept and Application," *Journal of Marketing* 51 (January 1987): 44–58; Howard Schutz and Marianne Casey, "Consumer Perceptions of Advertising as Misleading," *Journal of Consumer Affairs* 15 (Winter 1981): 340–57; Darlene Brannigan Smith and Paul N. Bloom, "Is Consumerism Dead or Alive? Some New Evidence," in Thomas C. Kinnear, ed., *Advances in Consumer Research* 11 (1984): 369–73.
48. Cf. Philip Kotler and Alan R. Andreasen, *Strategic Marketing for Nonprofit Organizations*, 4th ed. (Upper Saddle River, NJ: Prentice Hall, 1991); Jeff B. Murray and Julie L. Ozanne, "The Critical Imagination: Emancipatory Interests in Consumer Research," *Journal of Consumer Research* 18 (September 1991): 192–244; William D. Wells, "Discovery-Oriented Consumer Research," *Journal of Consumer Research* 19 (March 1993): 489–504.
49. Karl Greenberg, "American Airlines, AAPD to Create Positive Ads Featuring Disabled People," *Marketing Daily* (March 30, 2009), www.mediapost.com, accessed March 30, 2009.
50. Quoted in Chuck Raasch, "'Conscientious Consumption' Survives Recession," *USA Today* (November 29, 2012), http://www.usatoday.com/story/news/nation/2012/11/28/giving-back-post-great-recession/1634703/, accessed January 2, 2013; http://www.causemarketingforum.com/site/c.bkLUKcOTLkK4E/b.6443937/k.41E3/Background_and_Basics.htm, accessed February 16, 2013.
51. "Cause Marketing Does Affect Brand Purchase," Posted by Sheila Shayon on August 26, 2011, Brand Channel, http://www.brandchannel.com/home/post/2011/08/26/Cause-Marketing-Does-Affect-Brand-Purchase.aspx, accessed November 3, 2013.
52. Karl Greenberg, "Fewer People Find Social Ads Annoying," *Marketing Daily* (December 10, 2012), http://www.mediapost.com/publications/article/188850/fewer-people-find-social-ads-annoying.html?edition=54351#axzz2Ekc0H7Ua, accessed January 4, 2013.
53. Quoted in Natasha Singer, "YOU FOR SALE: Your Online Attention, Bought in an Instant," *New York Times* (November 17, 2012), http://www.nytimes.com/2012/11/18/technology/your-online-attention-bought-in-an-instant-by-advertisers.html?pagewanted=1, accessed January 4, 2013.
54. Ibid.
55. "Identity Theft Action Plan, Pennsylvania Commission on Crime and Delinquency," http://www.portal.state.pa.us/portal/server.pt/community/what_is_id_theft_/12993/identity_theft_statistics/587724, accessed February 16, 2013; "Identity Theft," Federal Trade Commission, http://www.consumer.ftc.gov/features/feature-0014-identity-theft, accessed February 16, 2013; "Identity Theft Victim Statistics," http://www.identitytheft.info/victims.aspx, accessed February 16, 2013; "Hacker '**B**otnet' **H**ijacked **O**nline **S**earches," **Phys.org** (February 7, 2013), http://phys.org/news/2013-02-hacker-botnet-hijacked-online.html, accessed February 16, 2013; **Nicole Perlroth, "**Hackers in China Attacked **t**he *Times* for Last 4 Months," *New York Times* (January 30, 2013), http://www.nytimes.com/2013/01/31/technology/chinese-hackers-infiltrate-new-york-times-computers.html?pagewanted=all, accessed February 16, 2013.
56. "Save Money on Car Insurance Through GPS Tracking, LiveView GPS" (February 9, 2012), http://www.liveviewgps.com/blog/save-money-on-car-insurance-through-gps-tracking/, accessed February 16, 2013; http://www.motosafety.com/, accessed February 16, 2013.
57. Mariella Moon, "Uniforms **w**ith Microchip Notify Parents If Their Children Skip School," **Mashable** (March 26, 2012), http://mashable.com/2012/03/26/uniforms-with-microchip/?utm_medium=e-mail&utm_source=newsletter, accessed January 4, 2013.
58. Susannah Fox, "Americans **L**iving with **D**isability and **T**heir **T**echnology **P**rofile," **PewInternet** (January 21, 2011), http://pewinternet.org/Reports/2011/Disability.aspx, accessed January 2, 2013; **Terry L. Childers and Carol Kaufman-Scarborough, "**Expanding **O**pportunities for **O**nline **S**hoppers with **D**isabilities," *Journal of Business Research* 62 (2009), 572–78.
59. Michael R. Solomon, Kel Smith, Nadine Vogel, and Natalie T. Wood, "Virtual Freedom for People with Disabilities," Society for Disability Studies, Philadelphia (June 2010).
60. Zoe Fox, "4 Ways iPads Are Changing the Lives of People **w**ith Disabilities," Mashable (July 25, 2011), http://mashable.com/2011/07/25/ipads-disabilities/?utm_source=feedburner&utm_medium=email&utm_campaign=Feed%3A+Mashable+%28Mashable%29, accessed January 2, 2013.
61. Nick Bilton," An iPhone App Helps the Blind Identify Currency," *New York Times* (March 9, 2011), http://bits.blogs.nytimes.com/2011/03/09/an-iphone-app-helps-the-blind-identify-currency/?scp=1&sq=app%20helps%20the%20blind&st=cse, accessed January 2, 2013.
62. David Zax, "'Virtual Iraq' Helps Soldiers Overcome PTSD," Fast Company (February 17, 2011), http://www.fastcompany.com/1728656/Virtual-Iraq-Helps-Soldiers-Overcome-PTSD, accessed January 2, 2013.
63. Quoted in Karen Barrow, "Difference Is the Norm on These Dating Sites," *New York Times* (December 27, 2010), http://www.nytimes.com/2010/12/28/health/28dating.html?emc=eta1, accessed January 2, 2013.; http://www.dating4disabled.com/, accessed February 16, 2013; http://www.nolongerlonely.com/, accessed February 16, 2013.
64. "Healthy Food Financing Initiative," Office of Community Services, U.S. Department of Health and Human Services (January 18, 2011), http://www.acf.hhs.gov/programs/ocs/resource/healthy-food-financing-initiative-0, accessed January 4, 2013.
65. National Association for Media Literacy Education, http://namle.net/publications/media-literacy-definitions/, accessed March 1, 2013.
66. Robert Roy Britt, "14 Percent of U.S. Adults Can't Read," *Live Science* (January 10, 2009), http://www.livescience.com/3211-14-percent-adults-read.html, accessed March 1, 2013.
67. Natalie Ross Adkins and Julie L. Ozanne, "The Low Literate Consumer," *Journal of Consumer Research* 32, no. 1 (June 2005): 93–105.
68. Natalie Ross Adkins and Julie L. Ozanne, "The Low Literate Consumer," *Journal of Consumer Research* 32, no. 1 (2005): 93; Madhubalan Viswanathan, José Antonio Rosa, and James Edwin Harris, "Decision-Making and Coping of Functionally Illiterate Consumers and Some

Implications for Marketing Management," *Journal of Marketing* 69, no. 1 (2005): 15.
69. "5 Lessons From the Companies Making Sustainability More Profitable Than Ever," Fast Company Co.Exist (February 5, 2013), http://www.fastcoexist.com/1681339/5-lessons-from-the-companies-making-sustainability-more-profitable-than-ever, accessed March 1, 2013.
70. Quoted in "What Is Sustainability?" United States Environmental Protection Agency," http://www.epa.gov/sustainability/basicinfo.htm, accessed March 1, 2013.
71. Emily Burg, "Whole Foods Is Consumers' Favorite Green Brand," *Marketing Daily*, www.mediapost.com, accessed May 10, 2007.
72. Jack Neff, "As More Marketers Go Green, Fewer Consumers Willing to Pay For It," *Advertising Age* (September 24, 2012), http://adage.com/article/news/marketers-green-fewer-consumers-pay/237377/, accessed January 4, 2013.
73. Remi Trudel and June Cotte, "Does It Pay to Be Good?," *MIT Sloan Management Review* 61 (Winter 2009): 61–68.
74. Stephanie Clifford and Andrew Martin, "As Consumers Cut Spending, 'Green' Products Lose Allure," *New York Times* (April 21, 2011), http://www.nytimes.com/2011/04/22/business/energy-environment/22green.html?hp&_r=0, accessed March 1, 2013.
75. Bruce Horovitz, "Axe Showerpool Promo Raises Eyebrows," *USA Today* (September 17, 2012), http://usatoday30.usatoday.com/money/business/story/2012/09/17/axe-showerpool-promo-raises-eyebrows/57797640/1, accessed March 1, 2013.
76. "Amazon Starts a Shopping Site for the Environmental Crowd," *New York Times* (September 26, 2012), http://bits.blogs.nytimes.com/2012/09/26/amazon-starts-a-shopping-site-for-the-environmental-crowd/?ref=technology, accessed January 4, 2013.
77. Wendy Koch, "'Green' Product Claims Are Often Misleading," *USA Today* (October 26, 2010), http://content.usatoday.com/communities/greenhouse/post/2010/10/green-product-claims/1?csp=34money&utm_source=-feedburner&utm_medium=feed&utm_campaign=Feed%3A+UsatodaycomMoney-TopStories+%28Money+-+Top+Stories%29, accessed April 10, 2011.
78. Mark Dolliver, "Thumbs Down on Corporate Green Efforts," *Adweek* (August 31, 2010), http://www.adweek.com/aw/content_display/news/client/e3i84260d4301c885f91b2cd8a712f323cf, accessed April 10, 2011; Sarah Mahoney, "Americans Hate Faux Green Marketers," *Marketing Daily* (March 25, 2011), http://www.mediapost.com/publications/?fa=Articles.showArticle&art_aid=147415&nid=125122, accessed April 10, 2011.
79. www.lohas.com/about.htm, accessed March 2, 2013.
80. Russell W. Belk, "The Role of Possessions in Constructing and Maintaining a Sense of Past," in Marvin E. Goldberg, Gerald Gorn, and Richard W. Pollay, eds., *Advances in Consumer Research* 17 (Provo, UT: Association for Consumer Research, 1989): 669–76.
81. David E. Sanger, "For a Job Well Done, Japanese Enshrine the Chip," *New York Times* (December 11, 1990): A4.
82. Rob Walker, "The Worm Turns," *New York Times Magazine* (May 20, 2007), accessed May 20, 2007; www.terracycle.net, accessed June 4, 2011.
83. Jacob Jacoby, Carol K. Berning, and Thomas F. Dietvorst, "What About Disposition?" *Journal of Marketing* 41 (April 1977): 22–28.
84. Brian Wansink, S. Adam Brasel, and Steven Amjad, "The Mystery of the Cabinet Castaway: Why We Buy Products We Never Use," *Journal of Family & Consumer Sciences* 92, no. 1 (2000): 104–7.
85. Jennifer Lach, "Welcome to the Hoard Fest," *American Demographics* (April 2000): 8–9.
86. Norimitsu Onishi, "How Do Japanese Dump Trash? Let Us Count the Myriad Ways," *New York Times* (May 12, 2005), www.nytimes.com, accessed May 12, 2005.
87. Debra J. Dahab, James W. Gentry, and Wanru Su, "New Ways to Reach Non-Recyclers: An Extension of the Model of Reasoned Action to Recycling Behaviors," in Frank R. Kardes and Mita Sujan, eds., *Advances in Consumer Research* 22 (Provo, UT: Association for Consumer Research): 251–56.
88. Richard P. Bagozzi and Pratibha A. Dabholkar, "Consumer Recycling Goals and Their Effect on Decisions to Recycle," *Psychology & Marketing* 11, no. 4 (1994): 313–40; see also L. J. Shrum, Tina M. Lowrey, and John A. McCarty, "Recycling as a Marketing Problem: A Framework for Strategy Development," *Psychology & Marketing* 11 (July–August 1994): 393–416; Dahab, Gentry, and Su, "New Ways to Reach Non-Recyclers."
89. "Gap Asks Consumers to Recycle Their Jeans," *RetailingToday.com* (October 5, 2010), http://www.retailingtoday.com/article/gap-asks-consumers-recycle-their-jeans, accessed April 18, 2011.
90. John F. Sherry, Jr., "A Sociocultural Analysis of a Midwestern American Flea Market," *Journal of Consumer Research* 17 (June 1990): 13–30.
91. Allan J. Magrath, "If Used Product Sellers Ever Get Organized, Watch Out," *Marketing News* (June 25, 1990): 9; Kevin McCrohan and James D. Smith, "Consumer Participation in the Informal Economy," *Journal of the Academy of Marketing Science* 15 (Winter 1990): 62.
92. John F. Sherry, Jr., "Dealers and Dealing in a Periodic Market: Informal Retailing in Ethnographic Perspective," *Journal of Retailing* 66 (Summer 1990): 174.
93. "Recommerce," Trendwatching.com, October 2011, http://www.trendwatching.com/trends/recommerce/, accessed March 1, 2013.
94. Quoted in Jenna Wortham, "Neighborly Borrowing, Over the Online Fence," *New York Times* (August 28, 2010), http://www.nytimes.com/2010/08/29/business/29ping.html?_r51&scp51&sq5collaborative%20consumption&st5cse, accessed April 18, 2011; www.snapgoods.com, accessed June 4, 2011; www.neighborgoods.com, accessed June 4, 2011; www.sharesomesugar.com, accessed June 4, 2011.
95. J. E. Escalas and J. R. Bettman, "You Are What They Eat: The Influence of Reference Groups on Consumers' Connections to Brands," *Journal of Consumer Research* 13 (2003): 339–48.
96. Kenneth E. Nusbaum, James C. Wright, and Michael R. Solomon, "Attitudes of Food Animal Veterinarians to Continuing Education in Agriterrorism," paper presented at the 53rd Annual Meeting of the Animal Disease Research Workers in Southern States, University of Florida (February 2001).
97. Sean Gallagher, "Security Pros Predict "Major" Cyber Terror Attack This Year," *Ars Technica* (January 4, 2013), http://arstechnica.com/security/2013/01/security-pros-predict-major-cyberterror-attack-this-year/, accessed April 3, 2013.
98. Betty Mohr, "The Pepsi Challenge: Managing a Crisis," *Prepared Foods* (March 1994): 13.
99. "Boston Officials Livid Over Ad Stunt," *New York Times* (February 1, 2007), www.nytimes.com, accessed February 1, 2007.
100. http://www.experienceproject.com/groups/Am-Addicted-To-Chapstick/34083, accessed May 29, 2011.
101. Erik Sass, "Woman Kills Baby for Interrupting FarmVille," *Social Media & Marketing Daily* (October 28, 2010), http://www.mediapost.com/publications/?fa=Articles.showArticle&art_aid=138502&nid=120184, accessed April 30, 2011.
102. Bob Al-Greene, "Late-Night Gadget Use Damages Your Sleep Cycle," *Mashable* (November 19, 2012), http://mashable.com/2012/11/19/gadgets-sleep/, accessed January 4, 2013.
103. Martin Fackler, "In Korea, A Boot Camp Cure for Web Obsession," *New York Times* (November 18, 2007), www.nytimes.com/2007/11/18/Technology/18rehab.html, accessed November 19, 2007.
104. Chris Pollard, "A Cruel World," *The Sun (U.K.)* (September 13, 2010), http://www.diigo.com/cached?url=http%3A%2F%2Fwww.thesun.co.uk%2Fsol%2Fhomepage%2Fnews%2F3135278%2FMum-addicted-to-Small-World-neglected-kids-and-let-dogs-starve-to-death.html, accessed February 23, 2011.
105. Quoted in http://cyberbullying.us/, accessed March 2, 2013.
106. Quoted in Jan Hoffman, "Online Bullies Pull Schools Into the Fray," *New York Times* (June 27, 2010), http://www.nytimes.com/2010/06/28/style/28bully.html?pagewanted=1&_r=0&emc=eta1, accessed January 4, 2013.
107. Matt Petronzio, "Do You Suffer From These 4 Tech Afflictions?" Mashable (June 1, 2012), http://mashable.com/2012/06/01/tech-addiction/?WT.mc_id=en_top_stories&utm_campaign=Top%2BStories&utm_medium=email&utm_source=newsletter, accessed January 4, 2013.
108. Derek N. Hassay and Malcolm C. Smith, "Compulsive Buying: An Examination of the Consumption Motive," *Psychology & Marketing* 13 (December 1996): 741–52.
109. Nancy M. Ridgway, Monika Kukar-Kinney, and Kent B. Monroe, "An Expanded Conceptualization and a New Measure of Compulsive Buying," *Journal of Consumer Research* 35, no. 4 (2008): 622–39; Thomas C. O'Guinn and Ronald J. Faber, "Compulsive Buying: A Phenomenological Explanation," *Journal of Consumer Research* 16 (September 1989): 154.
110. Curtis L. Taylor, "Guys Who Buy, Buy, Buy," *Newsday* (October 6, 2006): Jim Thornton, "Buy Now, Pay Later," *Men's Health* (December, 2004): 109–12.
111. Georgia Witkin, "The Shopping Fix," *Health* (May 1988): 73; see also Arch G. Woodside and Randolph J. Trappey III, "Compulsive Consumption of a Consumer Service: An Exploratory Study of Chronic Horse Race Track Gambling Behavior," working paper #90-MKTG-04, A. B. Freeman School of Business, Tulane University (1990); Rajan Nataraajan and Brent G. Goff, "Manifestations of Compulsiveness in the Consumer-Marketplace Domain," *Psychology & Marketing* 9 (January 1992): 31–44; Joann Ellison Rodgers, "Addiction: A Whole New View," *Psychology Today* (September–October 1994): 32.
112. Deena Beasley and Nichola Groom, "States Race to Legalize Online Gambling," *The Huffington Post* (February 28, 2013), http://www.huffingtonpost.com/2013/03/01/online-gaming-legalized-in-new-jersey_n_2784866.html, accessed March 1, 2013.
113. Spencer E. Ante and Alexandra Berzon, "Gambling Industry Bets Virtual

Money Turns Real," *Wall Street Journal* (December 20, 2012), http://professional.wsj.com/article/SB10001424127887324731304578191741064162164.html, accessed January 4, 2013.
114. Helen Reynolds, *The Economics of Prostitution* (Springfield, IL: Thomas, 1986).
115. Patrick Di Justo, "How to Sell Your Body for $46 Million," *Wired* (August 2003): 47.
116. Amy Harmon, "Illegal Kidney Auction Pops Up on eBay's Site," *New York Times* (September 3, 1999), www.nytimes.com, accessed September 3, 1999.
117. Scott Carney, "Inside the Business of Selling Human Body Parts," *Wired* (January 31, 2011), http://www.wired.com/magazine/2011/01/ff_redmarkets/2, accessed March 1, 2013.
118. Di Justo, "How to Sell Your Body for $46 Million."
119. Reuters, "German Parents Offer Baby on eBay," *New York Times* (May 25, 2008), www.nytimes.com/2008/05/25/world/europe/25ebayby.html?_r=1&scp=1&sq=baby . . . , accessed May 25, 2008.
120. "Advertisers Face Up to the New Morality: Making the Pitch," *Bloomberg* (July 8, 1997).
121. "Shoplifting: Bess Myerson's Arrest Highlights a Multibillion-Dollar Problem That Many Stores Won't Talk About," *Life* (August 1988): 32.
122. "New Survey Shows Shoplifting Is a Year-Round Problem," *Business Wire* (April 12, 1998).
123. "Customer Not King, But Thief," *Marketing News* (December 9, 2002): 4.
124. Catherine A. Cole, "Deterrence and Consumer Fraud," *Journal of Retailing* 65 (Spring 1989): 107–20; Stephen J. Grove, Scott J. Vitell, and David Strutton, "Non-Normative Consumer Behavior and the Techniques of Neutralization," in Terry Childers et al., eds., *Marketing Theory and Practice,* 1989 AMA Winter Educators' Conference (Chicago: American Marketing Association, 1989): 131–35.
125. Mark Curnutte, "The Scope of the Shoplifting Problems," *Gannett News Service* (November 29, 1997).
126. Anthony D. Cox, Dena Cox, Ronald D. Anderson, and George P. Moschis, "Social Influences on Adolescent Shoplifting—Theory, Evidence, and Implications for the Retail Industry," *Journal of Retailing* 69 (Summer 1993): 234–46.
127. Stephanie Kang, "New Return Policy: Retailers Say 'No' to Serial Exchangers," *Wall Street Journal* (November 29, 2004): B1.
128. Leo Burnett, "Behind New System to Blunt Counterfeiting in China '1-Tag' Lets Consumers Authenticate Products and Avoid Potentially Hazardous Ripoffs," *AdAge Global* (January 31, 2011), http://adage.com/article/global-news/leo-burnett-creates-system-stop-counterfeiting-china/148571/, accessed January 2, 2013.
129. www.dogdoo.com, accessed March 1, 2013.
130. Nina M. Lentini, "Products No Longer So Personal," *Marketing Daily* (February 9, 2007), www.mediapost.com, accessed February 9, 2007; Karin Bittar, "'Pee Ship' Enterprise for Clearblue Pregnancy Test," *Marketing Daily* (December 20, 2006), www.mediapost.com, accessed December 20, 2006.
131. "Airline Operators Still Fighting Legal Compensation Claims," *BBC News U.K.* (October 9, 2013), http://www.bbc.co.uk/programmes/b006mg74/features/flight-compensation-thomas-cook-monarch, accessed December 17, 2013.
132. http://www.uswitch.com/gas-electricity/news/2013/04/22/are-pre-pay-meters-costing-consumers-more/, accessed December 17, 2013.
133. Dan Levine and Lisa Baertlein, "Judge Tosses Happy Meal Lawsuit Against McDonald's," *Reuters* San Francisco (April 4, 2012), http://www.reuters.com/article/2012/04/04/us-mcdonalds-lawsuit-idUSBRE8331DX20120404.
134. Simon Stone, "Naming Rights to Old Trafford will not be Sold Insist Manchester United After New Sponsorship Deal is Agreed," *The Independent U.K.* (April 8, 2013), http://www.independent.co.uk/sport/football/premier-league/naming-rights-to-old-trafford-will-not-be-sold-insist-manchester-united-after-new-sponsorship-deal-is-agreed-8564063.html.
135. Ann-Christine Diaz, "Facial Recognition Technology Makes Marketers a Fun Big Brother," *Advertising Age*, http://adage.com/article/news/brands-facial-recognition-campaigns/244233/, accessed December 17, 2013.
136. European Union Agency for Network and Information Security Web site, http://www.enisa.europa.eu/.
137. Bryan Ching-Wing Lo and Kim-Len Yap, "Are Malaysian Companies Ready for Corporate Social Responsibility?" *Labuan e-Journal of Muamalat and Society* 5 (2011): 11–15, http://wwwkal.ums.edu.my/ljms/2011/LJMS_vol5_2011_2.pdf, accessed December 17, 2013.

YOU SLEPT THROUGH
HALF OF CHEMISTRY
INSTEAD OF
ALL OF IT

Section 2 • 소비자 행동에 영향을 미치는 내적 요인들

이 섹션에서는 소비자의 내적 역동성에 초점을 둘 것이다. "혼자 살 수 있는 사람은 없다" 고 하지만, 우리 각자는 외부 세계로부터 정보를 받는다는 차원에서 어느 정도는 "자아-수용적"이라 하겠다. 우리는 무드에 영향을 주는 광고 메시지, 제품, 다른 사람들은 포함한 다양한 외적 요인을 맞닥뜨리며 산다. 이 섹션의 각 장은 다른 이들에게는 "보이지 않는" 것이지만 매우 중요한 측면들이다.

5장은 외부 세계로부터 다른 사람과 제품에 관한 정보를 흡수하고 해석하는 방법이라 할 수 있는 인지의 과정을 기술한다. 6장은 우리가 이 정보를 어떻게 저장하고 기존의 지식에 어떻게 추가하는지를 다룬다. 7장은 성별과 물리적 외양 등 스스로에 대한 우리의 관점이 우리가 실행하고, 원하고 구매하는 것에 어떻게 영향을 미치는지를 살펴본다. 8장은 우리가 느끼고 생각하고 행하는 것을 통합하여, 구매할 것에 대한 태도를 어떻게 형성하는지를 다루게 된다.

CHAPTERS AHEAD

Chapter 5 • 인지

Chapter Objectives

이 장을 끝마칠 때, 당신은 다음의 사항들을 이해해야 한다:

1. 오늘날 제품의 디자인은 성패를 가르는 핵심 요인이다.
2. 제품과 상업적 메시지는 흔히 감각에 소구하는데, 이러한 메시지의 혼동으로 인해 대부분의 것들은 영향을 미치지 못한다.
3. 인지는 최초 자극을 의미있는 것으로 전환시키는 3단계의 과정이다.
4. 식역하 광고는 대체로 효과가 없지만, 소비자에게 집행하는 데에 있어서 논란이 많다.
5. 우리는 학습된 패턴과 기대에 따라 주목을 한 자극에 대해 해석한다.
6. 기호학 분야는 마케터들이 의미를 만들어내는 데에 상징을 어떻게 사용할지에 대한 이해를 돕는다.

유럽의 휴가는 멋지고, 이번 리스본에서의 일정도 예외는 아니다. 유럽의 훌륭한 과자점과 레스토랑에서 2주간 식사를 즐긴 뒤, Gary는 그의 가족들이 제일 좋아하는 Oreo 스낵 박스와 차가운 우유에 대한 작은 열망을 갖게 되었다. 그래서 그의 아내인 Janeen에게는 비밀로 하고, 그는 "만일을 위해" 약간의 쿠키를 숨겼다 — 갑자기 일어날 수도 있는 경우를 대비해서.

이제 그가 원하는 건 우유다. Gary는 Janeen을 오후 시간에 놀라게 해주기로 충동적으로 결심했다. 그녀가 낮잠을 자는 동안, 그는 방을 몰래 빠져나가 가장 가까운 상점을 찾았다. 상점의 작은 냉장 코너를 살펴보고 그는 당황했다 - 우유가 없었다. 당황하지 않고 Gary는 점원에게 물었다. "Leite, por favor?" 점원은 재빠르게 웃으며 상점 중앙의 선반을 가리켰다. 그곳에는 작고 하얀 상자가 쌓여 있었다. 아니다. 그럴 리가 없다 - Gary는 포르투갈어로 계속 물었다. 그리고 같은 대답을 들었다.

마침내, 그는 그 상자들을 자세히 살펴보고는 그것들이 UHT(ultra heat treated) 우유라는 것을 알았다. 빌어먹을! 세상에 누가 더운 선반 위에 얼마나 오랫동안 놓여져 있었는지도 모르는 작은 박스에 우유가 담겨 있다고 생각하겠는가? Gary는 기운이 빠져 호텔로 돌아왔고 그의 스낵 시간은 상해가는 많은 쿠키처럼 산산이 쪼개져 버렸다.

출처: LensKiss/Shutterstock.

감각

Gary에게는 새로운 일이었겠지만, 세계의 많은 사람들이 매일같이 이런 박스형 우유를 마신다. UHT는 살균 처리된 우유로서 부패를 야기하는 균이 모두 죽을 때까지 열을 가해 만들어지며, 용기가 개봉되지만 않는다면 5~6개월 정도는 비냉장 상태로의 유통이 가능하다. 이 우유는 신선 우유보다는 약간 더 달지만, 기본적으로는 별 차이가 없다.

이런 선반 진열형 우유는 냉장고를 둘 만한 장소가 협소하고 상점들이 재고를 줄이려는 경향이 강한 유럽에서 더욱 인기가 높다. 70% 정도의 유럽인들이 이러한 우유를 일상적으로 마신다. 전문가들의 전망이 밝지만은 않지만, 제조업자들은 미국 시장을 공략하려 하고 있다. 10대가 탄산음료 쪽으로 많이 옮겨가면서 미국에서의 우유 소비는 지속적으로 감소하고 있다. 실제로, 미국 유가공협회는 우유의 소비 촉진을 위해 "Got Milk?"라는 헤드라인으로 유명한 광고 캠페인에 4,400만 달러를 투입했다.

그러나 미국인들이 이러한 박스 타입의 우유를 마시게 하는 일은 더욱 어렵다. 집단 면접 결과, 미국 소비자들은 이 우유가 부패하지 않고 안전하다는 사실에 대해 다소 거부감을 갖고 있는 것으로 나타났다. 또한, 그들은 이런 1리터 크기의 박스는 건조 식품류에 더 적합하다고 생각한다. 많은 학교와 패스트푸드 체인점들은 이미 UHT 우유를 구매하고 있는데, 이는 장기간 보관이 가능하다는 장점 때문이다. 비록 미국인들이 장기 보관 우유로 만든 맥도널드의 McFlurry를 마시는 것에 대해 두 번 생각해 보지는 않겠지만, 이는 그들의 인식에 대한 매우 길고도 어려운 싸움이다.

Oreo 과자의 맛이든, Viva La Juicy 향수 광고의 시각적 요소이든, Black Eyed Peas 그룹 음악의 청각적 요소이든, 우리는 감각으로 넘치는 세상에 살고 있다. 눈길을 돌리면, 우리는 색, 소리, 향기의 향연에 둘러싸여 있는 것이다. 이러한 향연에는 개 짖는 소리, 저녁 하늘의 그림자, 장미 덤불의 향기 등과 같은 자연에서 만들어지는 것들도 있다. 다른 것들은 사람에게서 나오는데, 강의실 옆자리에 앉은 학생이 어지러운 문신을 하고, 번쩍거리는 핑크색 바지와 당신의 눈물샘을 자극하기에 충분한 향수 냄새를 갖고 있을 수 있다.

마케터들은 이러한 자극들에 확실하게 기여하고 있다. 소비자들은 광고물, 제품 패키지, 라디오와 TV 방송, 옥외 간판 등으로부터 절대 자유로워질 수 없다. 이것들 모두 우리의 주의를 끌기 위한 외침을 계속하고 있는 것이다. 가끔 우리는 일상에서 벗어나 "특별한" 자극을 경험하게 된다. 번지점프에서의 스릴, 가상현실 게임, 유니버셜 스튜디오 같은 테마파크에서의 독특한 경험 등이 그러하다.

그러나 MLE/FOCE(Major League Eating / Federation of Competitive Eating)에서 후원하는 행사에서 선택된 소수만이 땅콩크림과 바나나 샌드위치, Moon 파이, 치즈스테이크 등을 최대한 가능한 만큼 입에 밀어 넣을 수가 있다. 어떤 이들은 자동차 스피커에서의 Lupe Fiasco 음악 소리를 입술 피리로 행복하게 만들어낼 수도 있다. 우리 각자는 이런 감각의 공습에 잘 대처해서 주목할 자극과 주시할 것을 잘 구별해 낸다. 주목한 메시지들은 광고주가 의도한 바와는 다르게 영향을 미치는 경우가 많다. 우리는 어떤 것에 의미를 부여할 때 각자의 경험, 편견, 욕망 등에 부합하는 개인적인 "회전"을 부여한다. 이 장은 감각을 흡수하고 이것을 이용해 세상을 해석하는 과정에 초점을 둔다.

감각(sensation)은 빛, 색, 소리, 냄새, 촉감 등의 기본적인 자극에 대한 감각 기관(눈, 귀, 코, 입, 손가락)의 즉각적인 반응을 말한다. **인지**(perception)는 사람들이 이러한 감각들을 선택하고, 조직화하고, 해석하는 과정을 일컫는다. 인지에 대한 연구는 우리가 이러한 원초적인 감각에 의미를 부여하기 위해 무엇을 덧붙이는지에 초점을 두고 있다.

우리의 뇌는 수많은 경로를 통해 외적 자극 또는 감각 입력을 받을 수 있다. 우리는 옥외광고판을 볼 수도 있고, CM송을 들을 수 있고, 캐시미어 스웨터의 부드러움을 느낄 수 있고, 아이스크림의 새로운 풍미를 맛볼 수 있고, 가죽 재킷의 냄새를 맡을 수도 있다. 이러한 입력물들은 인지 과정을 시작하게 하는 가공되지 않은 데이터라 할 수 있다. 예컨대, 외적 환경으로부터 발산된 감각 데이터(예, 라디오를 듣는 것)는 어떤 노래가 젊은 남자의 첫 번째 댄스의 기억을 자극할 때의 내적 감각 경험을 만들어내 그가 데이트할 때 맡았던 향수 냄새와 그의 뺨에서 느끼던 그녀의 머리결 감각을 되살려 줄 수 있는 것이다.

마케터들의 메시지는 여러 감각에 어필할 때에 더욱 효과적이다. 예를 들어, 최근 한 연구에서 맛만을 언급한 포테이토칩 광고의 카피를 읽은 집단과 맛에 냄새와 씹는 느낌을 추가하여 강조한 카피를 읽은 집단을 비교했다. 여러 개의 감각을 건드리는 카피를 담은 광고를 읽은 두 번째 집단이 포테이토칩을 더 맛있다고 인식했다.

각 제품의 독특한 감각적 품질은 경쟁 상황에서 그 제품이 살아남을 수 있는 데에

감각적 마케팅은 감각과 제품 경험 간의 연계를 강조한다.
출처: Courtesy of Coway USA.

중요한 역할을 하는데, 그 브랜드가 감각에 독특한 연관성을 만들어냈다면 더욱 그렇다. Owens-Corning Fiberglass사는 단열재에 밝은 핑크색을 사용했고, 색을 기업의 상징으로 한 첫 번째 회사이다. 이 기업은 Pink Panther 만화 캐릭터를 기업의 상징물로 채택했다. Harley-Davidson은 실제로 회전 소리에 의해 만들어진 독특한 소리(수퇘지가 내는 듯한)를 상징으로 만들기 위해 노력했다. 이러한 반응들은 **쾌락적 소비**(hedonic consumption), 다감각, 환타지, 소비자와 제품 간에 일어나는 상호작용의 감정적 측면에 있어서 중요한 부분이다. 앞 장에서 우리가 다루었던 물리적 실마리가 심지어 우리가 이 영향을 전혀 인지하지 못했을 때에도 우리를 어떻게 "불붙이는지"를 기억해 보라. 우리가 경험한 감각은 **맥락적 효과**인데, 이것은 우리가 제품을 어떻게 생각하는지에 미묘한 영향을 미친다. 여기 소비자 연구에서 나타난 최근 사례들이 있다.

- 참여자들은 카페트 바닥보다는 타일 바닥에 서 있을 때 제품에 대해 더욱 깐깐하게 평가했다.
- 로맨스 영화의 팬들은 냉방에 있을 때 영화를 더 높게 평가했다(연구자들은 이것을 낮은 물리적 온도에 대한 영화가 주는 심리적 따뜻함으로의 보상 때문이라고 설명한다).
- 제품이 향기가 날 때, 소비자들은 이 제품과 관련된 다른 속성들을 더 잘 기억하는 경향이 있다.

목표 1

오늘날 제품의 디자인은 성패를 가르는 핵심 요인이다.

고급 Omni 호텔의 이용객들이 방을 예약하기 위해 호텔 체인의 홈페이지를 방문한다면 그들은 부드러운 벨소리를 듣게 된다. 로비에 들어서면 레몬잎과 녹차 향기를 느끼게 되고, 정교한 꽃 진열품을 보게 된다. 객실에서는 유칼리 목욕 소금 과 Sensation 비누를 보게 되며, 럭셔리한 장식이 되어 있는 미니바도 경험하게 된다.

Marketing Opportunity

제품과 서비스에서 얻게 되는 감각적 경험은 점차 이들에 대한 우리의 선택에 있어서 매우 중요한 역할을 하고 있다. 생산 비용이 낮아지고, 축적하는 물건들의 양이 많아지면서 소비자들은 기본 기능 이외에도 쾌락적 가치를 제공하는 제품을 구매하려 한다. Dilbert 만화는 이러한 경향을 비꼬면서 "품질은 어제의 뉴스이며, 오늘날 우리는 제품의 감정적 효과에 관심을 둔다"고 주장하는 제품 디자이너를 등장시킨다. 감정적 경험은 사람들이 그들의 수입이 오르면서 추가적인 소유보다는 추가적인 경험을 더 선호한다는 심리학 연구의 결과와 일맥상통한다.

이러한 환경에서, 형태는 기능이다. Adam Lowry와 Eric Ryan이라는 젊은 사업가들은 일용직을 그만두고, Method라고 명명한 청소용품을 개발하려고 했을 때, 기본적인 진실을 발견했다. 청소용품 – 지겨운 것. 그렇지 않나?

다시 생각해 보자. 오랫동안, Procter & Gamble과 같은 기업들은 가정주부들에게 비누 파우더 박스와 같은 것들을 꾸준하게 판매해 왔다. Lowry와 Ryan은 그들이 새로운 것을 제공할 수 있다는 도박을 시도했다. 오이, 라벤더, 일랑일랑 등과 같은 이국적 향기가 나는 세제를 멋진 용기에 담아 만들어냈다. 도박은 성공했다. 2년 내에 2백만 달러가 넘는 매출을 올렸다. Target과 Method 판매 계약을 하기에 이르렀다.

Target의 열광을 이끌어내는 방법이 있었던 것이다. 디자인은 더 이상 설거지 한 번 안 해봤을 상류층의 전유물이 아니다. 이 매장 체인은 Karim Rashid, Michael Graves, Philippe Starck, Todd Oldham, Issac Mizrahi 등과 같은 유명 디자이너들을 참여시켰다. 실제, 최근 연구에서는 우리의 뇌가 좋은 디자인을 높게 평가하도록 설계되어 있다는 것을 보여주었다. fMRI를 활용한 이 연구에서 참여자들은 잘 알려진 브랜드보다도 심미학적으로 아름다운 포장에 대해 더 빠른 반응을 보여주었다. 대중 시장의 소비자들은 훌륭한 디자인에 대해 목말라 하고 있었으며, 이를 충족시켜 준 기업에게 열정적인 후원과 충성도를 보여주었다. Gillette Sensor같은 면도기에서부터 Apple의 iPad2에 이르기까지 디자인은 본질 그 자체이다. 형태는 기능이다.

출처: Courtesy of Method Products.

감각적 마케팅(sensory marketing)의 새로운 시대가 열렸다. 이 시대는 제품 경험에 대한 감각의 영향력에 크게 주목을 하는 기업들의 장이다. 호텔, 자동차, 맥주 등의 제조업자들 모두 감각이 어떤 제품이 더 소비자들에게 다가갈 수 있는지, 그리고 시장의 수많은 유사한 제품들 중에 어떤 것이 더 두드러진 것인지를 결정해 준다는 것을 잘 알고 있다. 여기서는 영리한 마케터들이 경쟁적 우위를 만들기 위해서 우리의 감각적 체계를 어떻게 이용하는지에 대해 좀 더 구체적으로 알아보자.

시각

물론 Apple의 제품들은 대개 성능이 좋다. 그러나, 이것이 사람들이 Apple을 좋아하는 이유는 아니다. 잘빠진 스타일과 단순하고 컴팩트한 기능들은 현대화, 세련됨, 그리고 완전히 "신선함"의 상징과도 같은 것이다. 마케터들을 광고, 매장 디자인, 패키지 등에서 시각적 요인들을 상당히 강조한다. 그들은 제품의 색, 크기, 스타일 등을 통해 시각적 채널에 의미를 전달한다.

색은 감정에 보다 직접적인 영향을 미친다. 일부 색(특히, 빨강)은 각성의 느낌을 만들어내고 식욕을 북돋는다. 파랑 같은 색은 휴식의 느낌을 주기도 한다. American Express는 조사 결과 사람들이 푸른색을 "무한과 평화의 감각을 제공하는" 것으로 생각한다는 사실을 알아내고 신제품 Blue 카드를 선보였다. 사람들은 대체로 제품 광고의 배경색이 붉은색인 경우보다는 푸른색인 것을 더 선호하며, 한 비교문화 연구에서는 캐나다인이든 홍콩인이든 모두 푸른색을 더 선호한다는 것을 보여주었다.

사람들은 그들이 구체적인 사항들을 기억해야 할 때 붉은색 배경에 있는 이미지나 단어들을 더 잘 기억하는 반면, 상상력을 요하는 문제에는 푸른색 칠판에 나타났을 때 더 훌륭한 답을 내놓는다. 올림픽에서 붉은색 유니폼의 선수들이 푸른색을 입은 선수들에 비해 우세하게 여겨지며, 남자들은 여자들이 붉은색 옷을 입었을 때 푸른색의 경우

서양 문화권에서 검은색은 세련됨과 관련이 있는 반면, 흰색은 순결을 의미한다.
출처: Used with permission of the San Francisco Ballet.

보다 더 매력적으로 평가한다. 한 연구에서 인테리어 디자이너가 주로 붉은색, 노란색, 푸른색으로 바를 장식했고, 초대받은 사람들이 그 중 하나를 선택하게 했다. 많은 사람들이 노랑과 붉은색의 방을 선택했고, 그들은 대체로 사교적이고, 활동적이며, 식사를 많이 하는 편이었다. 그러나 푸른색 방을 선택한 손님들은 오래 머무는 경향이 있었다. 여기서의 교훈: 사지선다형 시험은 붉은색 종이에, 에세이는 푸른색 종이에, 축하 파티는 붉은색 방에서 하고, 파티에서 일상으로 돌아올 때는 푸른색 방에서 하는 것이 좋다.

색에 대한 어떤 반응들은 학습된 연상에서 나온다. 서양에서 검정은 슬픔의 색인 반면에 일부 동양권, 특히 일본에서는 흰색이 이러한 역할을 한다. 또한, 우리는 검정을 힘과 연관짓는다. NFL과 NHL에서 검은색 유니폼을 입는 팀들은 가장 공격적인 성향을 보인다. 그들은 시즌 내내 해당 리그에서 가장 많은 벌점을 받는 게 다반사이다.

또 다른 반응들은 생물학적 및 문화적 차이에 의해 나타난다. 여성들은 밝은 톤에 더 끌리게 되고 미묘한 명암과 패턴에 더 민감하다. 일부 과학자들은 여성들이 남성들보다 더 색에 민감하기 때문에 이러한 현상이 일어나는 것으로 설명한다. 나이 또한 우리의 색에 대한 반응에 영향을 미친다. 나이가 들어감에 따라, 점차 시력이 약해지게 된다. 나이 든 사람들에게 색은 더 둔하게 보이기 때문에 흰색을 비롯한 밝은 계통의 색을 더 선호하게 된다. 이것은 왜 중년층 이상의 소비자들이 흰색 자동차를 더 많이 선호하는 경향이 있는지를 설명해 준다. 중년층 시장에서 많은 매출을 올리는 Lexus는 전체 매출액의 60%를 흰색 모델에서 올린다. 더 밝고 복잡한 색에 대한 선호 경향은 미국 내의 증가하고 있는 다문화 구성을 반영하기도 한다. 예컨대, 히스패닉들은 라틴아메리카의 강렬한 햇빛의 영향으로 보다 밝은 색을 선호한다. 강한 색들은 강한 햇빛 속에서 그들의 성향을 유지해 준다. 이것이 Procter & Gamble이 라틴 국가에서 제품을 판매할 때보다 밝은 계통의 색을 사용하는 이유이다.

과학자들과 철학자들은 기원전 5세기 소크라테스 시기부터 색의 의미에 대해 논의해 왔지만, 프리즘을 통해 색의 스펙트럼을 알게 된 것은 17세기 초 아이작 뉴튼에 이르러서 가능해졌다. 뉴튼의 관찰은 완전히 과학적이진 못했다. 그는 그때까지 알려진 행성의 수와 온음계를 구성하는 7개와 일치하는 7개의 색을 규정했다.

색에 대한 인지는 물리적 파장과 그러한 자극에 우리의 마음이 어떻게 반응하는가에 달려 있다. 우리의 육안은 노랑을 파장의 중간에서 볼 수 있기 때문에 가장 밝고 시선을 끄는 색이 되는 것이다. Yellow Pages는 이 따분한 전화번호부에 대한 주목 수준을 높이기 위해서 표지를 노랑색으로 채택한 것이다. 문화와 언어까지도 색의 인지에 영향을 미친다. 예를 들어, 웨일스어는 영어의 녹색, 파랑색, 회색, 갈색 등을 지칭하는 단어가 없으며, 영어권에서 사용하지 않는 색을 지칭하는 단어를 사용한다. 헝가리인들은 영어의 붉은색을 지칭하는 단어를 두 개 갖고 있다. 나바호 원주민은 푸른색과 녹색을 통칭하는 한 단어를 갖고 있는 반면, 검은색을 지칭하는 단어는 두 가지를 갖고 있다.

색은 강한 감정적 반응을 이끌어내기 때문에, 포장 디자인에 있어서 어떤 색채를 사용할지는 매우 중요하다. 이러한 결정들은 종종 아무렇게나 이루어지는 경우가 많다. 예컨대, Campbell 수프의 유명한 캔은 붉은색과 흰색으로 되어 있는데, 그 이유가 이 회사의 CEO가 코넬대학의 풋볼 유니폼을 좋아했기 때문이라고 한다. 그러나 오늘날 색의 선택은 매우 중요한 영역이다. 이러한 결정들은 포장 안에 무엇이 들어 있을지에 대한 우리의 예상을 "색칠"하는 것을 돕는다. 한 덴마크 회사가 기존의 "Castello" 치즈의 "자매품"으로 흰색 치즈를 내놓을 때, "Castello Bianco"라는 이름으로 붉은색 포장을 선택했다. 그들은 선반 위에서 가장 잘 보이도록 이렇게 붉은색을 선택했다. 시음 테스트가 매우 긍정적으로 나왔지만, 매출은 실망스러울 정도였다. 소비자 해석에 대한 후속 분석은 붉은색 포장과 제품명이 소비자들로 하여금 제품 유형과 단맛의 정도 등을 잘못 연상하게 했다는 것으로 보여주었다. 덴마크 소비자들은 흰색 치즈와 붉은색 포장을 연계하는 데에 어려움을 겪었던 것이다. 또한 "Bianco"라는 이름은 해당 제품의 실제 맛과 어울리지 않는 단맛을 의미했다. 이 회사는 흰색 포장과 "White Castello"라는 이름으로 다시 시장에 제품을 출시하기에 이르렀다. 그 직후에 매출은 거의 두 배 이상 증가했다.

어떤 색의 조합들은 어떤 기업과 매우 강하게 연관되어 이제는 해당 기업의 **상품 외장**(trade dress)으로 인식되고, 이러한 색을 사용하는 데 있어서 해당 기업은 특권 같은 것을 누리게 된다. 예를 들어, Eastman Kodak은 법정에서 그들의 트레이드마크와 같은 노랑, 검정, 빨강의 조합을 성공적으로 지켜내왔다. 법정에서는 소비자들이 유사한 색의 조합으로 경쟁사의 것과 혼동할 여지가 있는지에 대한 판단을 근거로 제시했다.

물론, 색에 대한 선호는 패션 트렌드에 의해 강하게 영향을 받게 되고, "최신의(hot)" 색을 옷과 집의 인테리어에 사용하고, 다음 시즌에 다른 색으로 바꾸는 것을 되풀이한다. 이러한 스타일은 우연에 의해 만들어지는 것이 아니다. 대부분의 사람들은 일부 회사들이 제조업체와 유통업체들이 구매하려는 "색을 미리 예측"하여, 다음 시즌의 유행 색을 미리 사둔다는 사실을 알지 못한다. 예를 들어, Pantone(이러한 색의 조정자들 중 하나)은 2013년 최고의 색들 중 다음과 같은 것들을 선정했다.

- Linden Green: "깊어가는 가을의 그림자에 가벼움과 밝음을 가져다 준다"
- Mykonos Blue: "클래식하고 편안한 가을 패션에 대담하고 명상적인 푸른색"
- Samba: "잘 드러나는 드라마틱한 패션을 위한 붉은색"

돈과 냄새

냄새는 감정을 자극하거나 차분한 느낌을 만들어낸다. 기억을 일깨워 주기도 하고, 스트레스를 해소해 주기도 한다. 이것은 한 프랑스 향수 회사가 1970년대 이후 컬트 문화를 만들어낸 펑크락 밴드를 기념하기 위해서 Sex Pistols 향기를 출시한 이유를 설명해준다. 한 연구에 따르면, 소비자들이 꽃이나 초콜릿 광고를 보고 그 관련 냄새에도 노출된 경우에는 이 제품들에 관한 정보를 잘 처리하고 더 많은 제품들을 찾으려는 경향이 높다는 것을 밝혀냈다. 또 다른 연구는 참여자들이 냄새와 연계된 브랜드들을 더 잘 회상하며, 이 효과는 2주 이상 지속된다는 것을 밝혀냈다.

많은 소비자들은 그들 주변의 냄새를 조절하며, 1956년 도시 외곽에 거주하는 가족들을 대상으로 한 공기청정제를 Glade가 시장에 내놓기 시작한 이후로 이러한 관심의 증대는 수많은 신제품을 만들어냈다. 오늘날, 젊은이들은 많은 공기청정제, 방향제 등을 이용해 향기를 누리며 살고 있다. 오늘날 냄새는 어디에서나 누릴 수 있다. 리투아니아에서도 향수를 제조하며, 대사관, 호텔, 다른 공공건물 등 이 국가의 이미지를 전파하는 여러 곳에서 이 향수가 사용된다. 버거킹에서도 숯불 버거를 판매하면서 "매력의 향기"와 "숯불에 구운 고기의 상징"이라고 광고한다.

향기에 대한 반응들 중 일부는 좋거나 나쁜 감정을 일깨우는 초기 연상에서 기인하며, 그러한 사실 때문에 기업들은 냄새, 기억, 분위기 등을 서로 연결시키려 한다. Folgers의 연구자들은 많은 사람들에게 커피 향이 그들의 어린 시절 어머니가 아침을 해줄 때의 냄새를 일깨워 그들을 고향으로 이끈다는 사실을 알아냈다. 이 회사는 이러한 통찰력을 광고에 이용했는데, 군복을 입은 한 남자가 이른 아침 집에 도착해 부엌으로 가서 Folgers의 뚜껑을 열고, 향기가 위로 올라온다. 그의 어머니는 눈을 뜨고 미소를 지으며 이렇게 외친다. "우리 애가 왔구나!"

커피 얘기를 하자면, 스타벅스는 아침에 한 번 커피를 가는 대신 바리스타가 그때

CB AS I SEE IT

Aradhna Krishna 교수, *University of Michigan*

감각적 마케팅은 무엇이며, 무엇이 이것을 중요하게 만들며, 왜 매력적일까? 나는 이것을 "소비자들의 감각과 연계하여 그들의 행동에 영향을 주는 마케팅"으로 정의한다. 촉감, 냄새, 맛, 소리, 모양 등과 같은 제품의 감각적 특성은 소비자 행동에 지대한 영향을 미친다. 이러한 감각적 입력들은 우리가 느끼고 생각하고 기억하고 좋아하고 심지어 제품을 어떻게 선택하고 사용하는지에 모두 영향을 미치게 된다. 구체적으로 제품과 서비스의 감각적 특성을 강조함으로써, 또는 심지어 새로운 감동을 창출함으로써 우리는 소비자들의 태도, 인지, 만족 등을 상당 수준 강화시킬 수 있다.

이러한 감각적 마케팅의 개념은 많은 주요 기업들로부터 주목을 받았다. 식품업계의 광고는 그들의 제품 경험에 있어서 맛 이외의 다른 감각들을 더 포함시키려는 노력을 했다는 것을 보여준다. 새로운 츄잉껌 브랜드는 표면적으로는 일차원적 감각 경험(맛)을 모든 오감을 위해 "5"라고 명명하고 이러한 접근을 제품 슬로건에도 포함했다("당신의 감각을 자극하세요"). 다른 사례들은 Magnum 5 Senses 아이스크림과 Denny's 아침식사("오감으로 맛보세요") 등이 있다. 또 다른 제품들은 한 가지 감각적 경험을 제공하지만, 다른 감각들을 자극하는 시도를 한다. Axe Dark Temptation 탈취 스프레이는 매력적인 초콜릿맨을 등장시켜 모든 소녀들을 대상으로 어필한다("초콜릿처럼 매혹적인 당신이 되라"). 심지어 가전제품들은 Blackberry, Chocolate, Touch 등과 같은 이름으로 우리의 감각을 자극하려 한다.

이러한 감각적 마케팅에 대한 증대된 관심은 기업이 **감각적 특징**(sensory signature)을 빠르게 만들어내도록 하게 한다. 실무 관리자들은 그들 스스로에게 다음과 같이 질문할 필요가 있다. "사람들의 마음에 어떤 감각적 인상을 남길 만한 것이 내 브랜드에 있는가?" 그들의 제품이 갖고 있는 어떤 감각적 특성이 소비자들을 자극하고 긍정적이고 독특한 방식으로 그것들을 기억하게 할 수 있는가? 그들은 제품과 관련된 감각적 경험을 강조하는가 또는 완전히 새로운 것을 만들어내는가? 그들은 감각적 경험을 갖고 있으며 이것을 기반으로 감각적 특징을 만들어내는가? 한 기업의 한정적인 감각적 특징과 관련된 유명한 사례는 싱가폴 항공에 관한 것인데, 컨설턴트들에 의해 가장 자주 인용된다. 이 항공사는 독특한 시각적 특징을 만드는 것에 집중했다. 그러나, 더욱 흥미롭고 중요한 것은 그들의 고유한 아로마향인 Floridian Waters였다. 이 향수는 싱가폴 항공에서 사용하기 위해 만들어진 것이었는데, 뜨거운 수건에 사용되고 기내에 뿌려졌고 심지어 승무원도 사용하게 했다. 이 냄새는 활기를 불어넣기만 하는 것은 아니었다. 승객들의 마음에 남았고 아로마에 대한 미래의 노출에 긍정적인 반응을 이끌어냈다.

감각적 특징은 감각적 마케팅의 한 단면에 불과하다. 관리자들은 그들이 제공하는 것을 살펴볼 필요가 있으며, 그들이 제품을 더욱 호소력이 있고 새로운 센세이션을 완벽하게 만들어 낼 수 있도록 어떤 감각적 측면을 강조할 수 있는지에 대해 스스로에게 질문할 필요가 있다. 후자의 사례로 Dippin'Dots가 있는데, 이 회사의 웹사이트에서는 다음과 같은 문구가 있다. "그들의 아이스크림 구슬이 컵으로 '쏟아지는' 광경이 나오고 아이스크림이 반짝이며 우두둑 소리가 나는 장면이 뒤따른다. 부드럽고 매끄러운 아이스크림이 입 속에 녹기 시작할 때… 팬이 탄생한다!" 또 다른 예로는 새로운 형태의 물고기 스파를 들 수 있다. 작은 물고기가 소비자들의 발에 붙은 각질을 뜯어내고 다른 유형의 발치료를 제공하는 것이다. 독특한 감각적 경험을 만들어내는 데에는 여러 경로가 있다.

그때마다 새 주전자에 원두를 가는 그들의 오래된 정책을 되살렸다. 이러한 아이디어는 소비자들이 상점에 들어올 때 원두 냄새가 강하게 나도록 함으로써 스타벅스를 떠난 소비자들을 되찾기 위한 것이다. 체인이 더 커지고, 보다 자동화된 과정을 통해 효율적인 테크닉들을 도입하면서, 이 체인의 설립자는 그 과정을 바꾸었다. 그는 사전에 갈아낸 커피로의 전환은 스타벅스로의 여정에서 "낭만과 영화"를 없애버렸다고 주장했다. "우리는 갓 볶은 커피를 얻었다. 그러나 그 비용으로 향기를 잃어버렸다. 향기는 아마도 우리가 갖고 있던 가장 강력한 비언어적 신호이다."

뇌의 가장 중요한 부분이며 즉각적인 감정을 경험하는 변연계(limbic system)에서 향기 자극을 처리한다. 한 연구에서, 신선한 계피빵 냄새가 참여자들 중 남학생들의 성적 욕구를 자극했다! 또 다른 연구에서는 남성들이 이틀간 입었던 티셔츠를 여성들이 냄새를 맡도록 하고 어느 것을 더 선호하는지 물었다. 그녀들은 자신들과 유전적으로 가장 유사한 남성의 냄새를 선호하는 것으로 나타났다. 연구자들은 이러한 증거가 우리가 조화될 수 있는 이성을 선택하는 성향이 강하다는 점을 보여준다고 주장한다. 그러나 동종 번식 문제를 야기할 만큼 유사한 정도는 아니다.

과학자들이 냄새가 행동에 얼마나 막대한 영향을 미치는가에 대해 발견해 나가면서, 마케터들은 영리한 방법들을 동원하여 이러한 연결 고리를 만들어가고 있다. 광고회사들은 향기 마케팅에 연간 약 8천만 달러를 투입하고 있다. Scent Marketing 연구소에 의하면, 그 규모는 2016년까지 5억 달러에 이를 것으로 예측된다. 이러한 감각 마케팅의 유형은 제조업자들이 향기를 제품에 적용하는 새로운 방법들을 찾아감에 따라 새로운 국면을 맞이하고 있다. 남성 정장, 란제리, 세제, 항공기 객실 등이 좋은 예다.

목표 2

제품과 상업적 메시지는 흔히 감각에 소구하는데, 이러한 메시지의 혼동으로 인해 대부분의 것들은 영향을 미치지 못한다.

소리

코카콜라는 2010년 월드컵의 3억 달러 규모의 글로벌 광고 캠페인의 주제곡으로 소말리아 작곡가인 K'naan이 만든 "Wavin' Flag"를 선택했다. 이 기업은 20개 이상의 지역에서 곡을 재녹음하는 과정에서, 각 지역의 음악가들과 듀엣으로 만들었다. 이 노래는 이 세계적인 경기에 삽입되어 사람들이 따라 불렀다. 한 음악 전문가가 설명하길, "Coke는 **오디오 무늬새기기**(Audio Waterrmarking) 기술을 사용해 왔다." 이것은 오랫동안 인기있고 잘 알려진 속임수 같은 것인데, 작곡가들과 프로듀셔들이 음악의 여러 조각을 잘 엮어서 만드는 것이

이 고전적이고 여성의 몸을 따라 만든 코카콜라 병은 촉감의 위력도 갖고 있다. 이 병은 대략 90여 년 전에 디자인된 것인데, 어둠 속에서도 알아볼 수 있는 병을 만들어달라는 요청에 의해 제작된 것이다.
출처: © Rufus Stone/Alamy.

다. 무늬새기기는 '귀벌레(같은 멜로디가 계속 귀에서 맴도는 현상)'와 같이 우리 뇌에서 작동하며, 거리를 걸을 때 자기도 모르게 흥얼거리게 된다. 우리는 결국 Coke를 위해서 효과적으로 살고, 걷고, 노래를 부르게 되는 것이다.

음악과 다른 소리들은 사람의 감정과 행동에 영향을 미친다. 일부 마케터들은 소리 **상징주의**(sound symbolism)에 주목을 했다. 이것은 어떤 단어의 소리가 그 물건의 크기 같은 속성과 그 물건이 무엇인지에 대해 우리가 갖게 되는 가정에 영향을 미치는 과정이다. 예컨대, 소비자들은 K(Kellog)나 P(Pepsi) 같은 격한 자음으로 시작하는 브랜드명을 더 잘 인식하는 경향이 있다. 또한 어떤 모음과 자음의 소리를 크기에 대한 인지와 연계하여 생각하기도 한다. 작은 음소의 숫자를 포함한 가격을 되뇌이는 것은 가격 할인의 폭을 더 크게 생각하게 만들며, 큰 음소의 숫자를 포함한 경우에는 정반대의 결과를 낳게 된다.

촉감

소매업자에게 주는 힌트: 매장 내 제품을 다루기 위해 소비자들을 이끌고 격려하는 애플 방식을 따라해 보라! 최근 한 연구는 촉감의 잠재력을 잘 보여주었다. 연구자들은 30초 동안 참여자들이 단지 한 제품(저렴한 커피 머그)을 만지작거리는 행동만으로 이 제품에 대한 애착이 더 강해진다는 사실을 밝혀냈다. 이러한 연계는 곧이어 해당 제품의 구매 의도까지도 향상시켰다. 영국의 Asda 마트는 몇몇 휴지 브랜드의 비닐포장을 제거했고, 고객들이 실제로 질감을 만져볼 수 있게 했다. 결과는 상당한 매출의 신장으로 이어졌고, 실제 매장 선반 공간을 50%나 확장해야 할 정도까지 성공적이었다.

고급 마사지에서 느끼는 것이든 겨울바람 결에서 느끼는 것이든 피부에 미치는 감각은 우리를 자극시키거나 긴장을 풀어주거나 한다. 연구자들은 촉감이 심지어 매출에

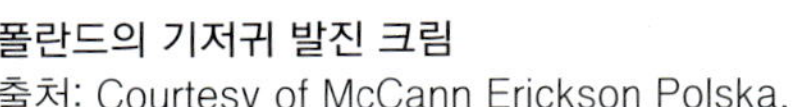
폴란드의 기저귀 발진 크림
출처: Courtesy of McCann Erickson Polska.

도 영향을 미친다는 것을 보여주었다. 한 연구에서, 종업원들이 만지거나 건드렸던 손님들은 더 높은 팁을 주었고, 한 슈퍼마켓에서 시식 판매원들이 가볍게 소비자들을 접촉한 경우에 더욱 그들이 해당 스낵을 더 구매하려고 하고, 해당 브랜드의 쿠폰을 사용하려고 했다는 것이 드러났다. 반면에, 수상한 사람(특히, 남성)이 우연하게 접촉하는 경우에는 매장 내 제품에 대한 부정적인 평가로 귀결되었다.

일부 인류학자들은 촉감을 글쓰기나 말하기 이전에 배우게 되는 원시적인 언어로 본다. 실제로, 연구자들은 소비자 행동에서 이루어지는 촉각적 감각(haptic sense)의 중요한 역할을 규명하기 시작했다. 촉각적 감각은 제품 경험과 결정의 확신 간의 관계를 조절하는 것으로 나타났다. 이것은 우리가 만질 수 있을 때 인지하는 것에 대해 더욱 확신을 한다는 일반적인 상식을 지지해 주는 것이다(이것은 온라인 판매에서 가장 중요한 문제점이 되기도 한다). 접촉에 대한 필요(Need for Touch: NFT)에 있어서 높은 수치를 보이는 사람들은 특히 촉각 차원에서 영향을 많이 받는다. NFT 수치가 높은 사람들은 다음과 같은 서술에 대해 긍정적으로 응답한다.

- 상점 내를 걸어갈 때, 모든 종류의 제품들을 꼭 만져본다.
- 제품을 만져보는 것은 즐거운 일이다.
- 나는 제품을 물리적으로 시험해 보고 나서야 구매를 좀 더 편하게 할 수 있다.

일본인들은 고객들의 느낌을 디자인 요소로 전환하자는 철학인 **Kinsei 공학**(역자주: 일본어로 感性을 뜻함) 적용을 통해 이러한 생각에서 한 발 더 나아갔다. 마쯔다 Miata의 디자이너들은 "말과 기수는 하나"라고 명명한 것처럼 자동차를 그들 신체의 확장으로 보는 젊은 운전자들에게 초점을 맞추었다. 충분한 연구 끝에, 그들은 최적의 경쾌함과 컨트롤의 느낌을 갖기 위해서는 기어 레버를 정확하게 9.5센티미터로 하면 된다는 것을 알게 되었다. 유사한 생각이 Chrysler 300C의 운전석에 적용되었는데, 운전자가 스스로를 약간 더 크게 느끼게 하도록 설계되었다. 자동차 업계의 논평에 의하면, 이 차

Marketing Opportunity

타이핑이나 마우스를 사용하는 것이 우리가 학습한 기술임에도 불구하고, 우리는 물체를 만지고 싶어하는 경향이 있다. 컴퓨터, ATM기계, 디지털 카메라, GPS 기기, e-리더 등에서의 터치스크린 증대는 컴퓨터 디자인의 자연스러운 사용자 인터페이스(natural user interface) 철학의 성장이라 할 수 있다. 이러한 관점은 우리가 학습할 필요가 없는 습관적 인간 운동과 관련되어 있다. Sony는 e-Reader에 터치스크린을 탑재했는데, 이는 이 기업의 엔지니어들이 집단 면접에서 오래된 비터치 모델들을 손으로 문지르는 것을 여러 차례 관찰한 후에 이루어졌다. 터치스크린은 운동 기계, 병원, 공항의 체크인 터미널, Virginia America 항공에서도 적용되고 있다.

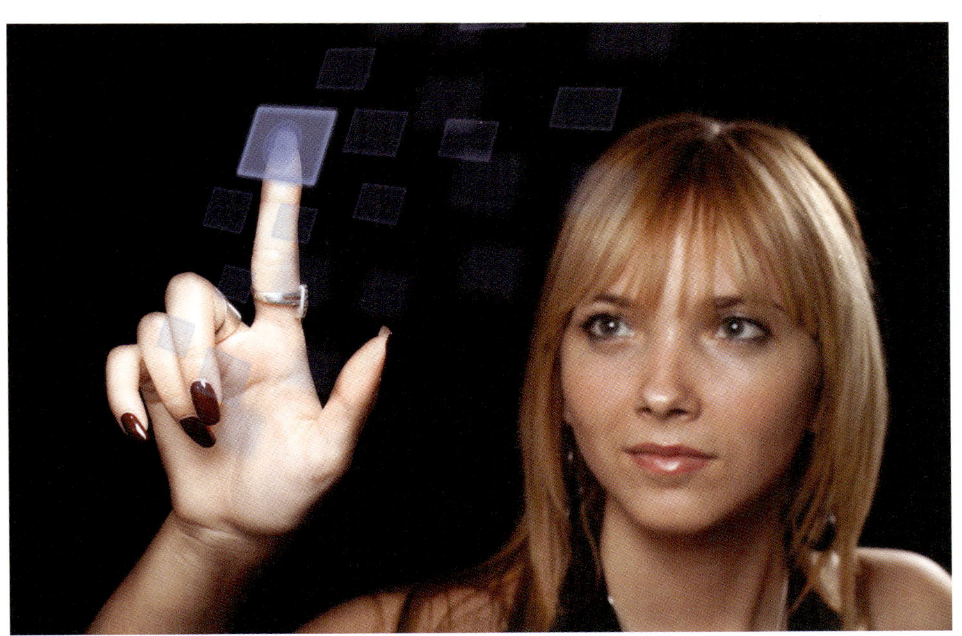

출처: grafvision/shutterstock.com.

인도에서는 소금이 매운 음식의 감각적 공격에 맞서 싸운다.
출처: Courtesy of Taproot India. Contributors: Santosh Padhi, Agnello Dias, Pranan Bhide, and Chintan Ruparel.

는 높은 H-포인트(운전자 엉덩이의 위치)를 갖고 있다. 이러한 변화는 SUV, 픽업 차량, 미니밴 등의 인기에서 더 가속화되었는데, 이들 차량들은 고속도로에서 높은 위치에서 운전하는 것으로 느끼게 해준다. 포드사는 "Command Seating"이라 명명한 것에서 운전자가 그의 주위에 모여든 작은 차들을 내려다보는 것처럼 느끼게 해줌으로써 생기는 힘을 더욱 강화하고자 하였다.

미각

미각 기관은 많은 제품의 경험에 확고한 기여를 한다. 소위 "맛집"이라고 불리는 곳들은 소비자들의 변화된 미각을 즐겁게 해주기 위해 새로운 맛의 조합을 개발한다. 과학자들은 이러한 맛을 테스트하는 기기를 만드는 정도로 바로 뒤를 쫓아갈 뿐이다. Alpha M.O.S.는 맛을 보기 위한 정교한 전자 혀를 파는데, 이 회사는 대표이사가 전자 입이라고 명명한 것에 심혈을 기울이고 있다. 이 기기는 인공적인 타액으로 음식을 씹고 맛을 분석하는 데 있어서 완벽함을 보여준다. 코카콜라와 펩시는 옥수수 시럽의 질을 검증하기 위해 이 혀를 사용하는 반면, Bristol-Myers Squibb & Roche는 쓴맛을 못 느낄 수 있는 약을 만드는 데 사용한다.

문화적인 요인들 또한 훌륭한 맛을 결정한다. 우리가 부여하는 한 식품의 이미지와 가치(채식주의자들이 별로 좋아하지 않을 소고기 메뉴를 어떻게 생각하는지 등)는 실제 맛을 어떻게 경험하는지에 영향을 미친다. 예를 들어, 다른 문화권 음식에 대한 높은 평가는 매운 음식에 대한 욕구를 증가시키는 데 기여했고, 곧 매운 고추 소스에 대한 주문이 이어지게 된다. 미국의 50개 이상 상점에서 Sting이나 Linger, Hell in a Jar, Religious Experience(Original, Hot, Wrath 등의 단계로 제공)와 같은 이름의 아주 매운 소스 제품들이 판매된다.

목표 3

인지는 최초 자극을 의미있는 것으로 전환시키는 3단계의 과정이다.

인지의 단계

컴퓨터처럼 우리는 자극을 입력하고 저장하는 정보 처리의 과정을 수행한다. 그러나, 컴퓨터와는 달리, 어떤 정보가 나타나든 무조건 수동적으로 처리하는 것은 아니다. 첫 번째 단계에서, 우리를 둘러싸고 있는 환경에서 소수의 자극에만 주의를 하게 되는데, 이것은 우리의 주목을 끌려고 하는 수많은 자극들이 존재하기 때문이다. 우리가 알아차리게 된 것들 중에서도 일부에 대해서만 주목을 하게 되고, 다른 많은 자극들은 처리하지 않게 된다. 각 개인은 개별 자극의 의미를 해석하는 데에 있어서 각자가 갖고 있는 고유의 편견, 욕구, 경험 등에 부합하게 하려 한다. 그림 5.1에서 나타난 것과 같이, 이러한 노출, 주목, 해석 등의 3단계가 인지의 과정을 구성하게 된다.

1단계: 노출

노출(exposure)은 감각 기관이 감지할 수 있는 범위 이내에 자극이 들어왔을 때 일어난다. 소비자들은 어떤 자극에 집중을 하며, 다른 것들은 인지하지 못하며, 어떤 메시지들을 무시하기 위해 가던 길을 바꾸기도 한다. 심지어 아주 짧은 시간 동안에 다가오는 자극도 우리가 선택을 하기만 한다면 알아차리게 된다. 그러나 그렇게 짧은 시간 동안 메시지를 받아들이는 것은 보통의 재주가 아니다. 사람들이 인지의 대상에서 어떤 것을 제외할 것인지에 대해 고려하기 전에, 인지 가능한 것이 무엇인지에 대해 생각해 보자. 이러한 판단은 해당 자극이 사람의 **감각적 역치**(seonsory threshold) 이상 또는 이하에 있는지에 관한 것이며, 이 수준이 되어야 우리 인식에 의식적인 영향을 줄 수 있을 만큼 강하다고 보는 것이다.

그림 5.1 인지 과정 전반

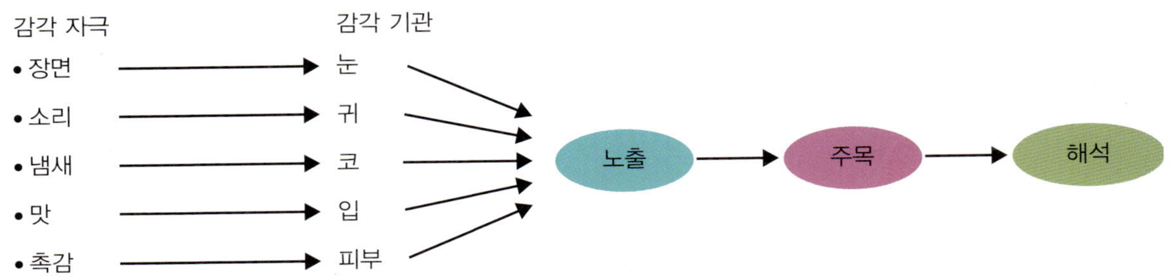

개를 부르는 호각을 불어서 당신이 들을 수 없는 소리에 당신의 개가 반응하는 것을 본 적이 있다면, 사람들이 인지할 수 없는 자극이 있다는 사실이 그리 놀랍지 않을 것이다. 우리들 일부는 다른 사람들이 감각 기관의 장애나 노화에 따라 할 수 없는 것들을 감지하게 된다. **정신물리학**(psychophysics)은 물리적 환경을 개인적이고 주관적인 세계에 어떻게 통합하는가를 다루는 학문 분야이다.

절대적 역치(absolute threshold)는 주어진 감각 기관에서 탐지될 수 있는 최소한의 자극 정도를 말한다. 개 호각 소리는 인간의 청력으로 듣기에는 너무 높은데, 이는 절대적 시작점의 밖에 있는 것이라 할 수 있다. 절대적 시작점은 마케팅 자극을 설계하는 데 중요한 고려사항이다. 고속도로의 옥외광고물은 가장 재미있는 카피를 보여주려고 하지만, 만약 이 인쇄물이 너무 작아서 지나가는 자동차에서 이를 잘 알아볼 수 없다면 천재적인 카피도 무용지물이다. 대조적으로, **차별적 역치**(differential threshold)는 두 가지 자극 사이의 차이점이나 변화를 탐지해 내는 감각 기관의 능력을 말한다. 우리가 두 가지 자극을 구별할 수 있는 최소한의 차이를 j.n.d.(just noticeable difference: 단지 알아차릴 수 있는 정도의 차이)라고 한다.

소비자들이 자극 간의 차이를 구별할 수는 있는지 그리고 그것이 언제인지는 많은 마케팅 상황에서 시사하는 바가 크다. 간혹 마케터는 소비자들이 소매업자가 할인을 제공할 때와 같은 변화를 인지한다는 점을 확신한다. 또 다른 상황에서, 마케터는 상점에서 가격을 올리거나 제조업자가 패키지의 크기를 줄이거나 하는 등의 변화가 있었다는 사실을 경시하고 싶어한다. 불황이 길어지고 동경 지진이나 중동에서의 갈등과 같은 문제들에 의한 공급 부족으로 원자재 가격이 올라감에 따라 일부 기업들은 가격 인상을 숨기기 위해서 실제 가격을 올리는 대신 용량을 줄이는 방식을 취하기도 한다. 마케터들은 변화를 알리는 데에 코드 단어를 사용하기도 한다. 더 작은 용기를 사용하면서 이를 녹색 또는 환경으로 명명하기도 하는데, 이는 작은 박스에는 플라스틱이나 마분지가 더 적게 들어가고, 적은 양은 저칼로리로 해석되면서 "더 건강한"으로 포장되거나 작은 백에 들어갈 수 있어서 "휴대용" 등으로 꾸며진다. 예를 들어, Kraft는 "Fresh Stacks"라는 패키지를 Nabisco Premium과 Honey Maid의 크래커용으로 만들었다. 이 패키지는 같은 가격의 이전 용기보다 15% 더 적은 용량을 담게 되었다. 그러나, Kraft는 이 새로운 패키지는 이전보다 더 많은 크래커 개별포장이 들어 있고, 휴대가 가능한 형태여서 먹을 때까지 계속 신선한 상태가 유지되는 새로운 혜택이 있다는 점을 주장한다. 패키지 관련 전문가는 경제가 회복될 때, 기업들은 새로운 "점보" 사이즈의 제품을 다시 출시하는데, 이는 단위당 가격이 심지어 더 비싸게 책정된다. 이 과정은 다시 시작되는데,

그림 5.2 펩시 로고 변천사

"이것은 끊임없는 순환이다. 가장 작은 패키지까지 나온 다음에는 다시 그 이전에 줄어들었던 중간 크기의 패키지로 대체된다." 그림 5.2는 펩시의 로고 변천사이다.

소비자의 자극 간 차이를 구별하는 능력은 상대적이다. 소음이 많은 거리에서 잘 들리지 않는 소근거리는 정도의 대화가 조용한 도서관에서는 여러 사람들이 듣게 되고 다른 이들을 방해하는 소음이 될 수도 있다. 대화의 음향 강도와 주변의 소음 정도에 따라 상대적인 차이가 있는 것이지, 대화 자체가 얼마나 큰 소리인가는 그리 중요하지 않다. 그리고 이것은 자극이 우리의 뇌에 각인되는지에 영향을 미친다.

19세기 정신물리학자 Ernst Weber는 사람이 어떤 변화를 체계적으로 인지하기 위해 필요한 변화의 양은 최초 자극의 강도와 관련이 있다는 것을 발견했다. 최초의 자극이 강할수록 우리가 인지하는 변화는 더 크다. 이러한 관계를 **Weber의 법칙**이라고 한다.

Weber의 법칙이 세일을 하는 제품의 경우에 어떻게 적용되는지 보자. 가격 인하가 고객들에게 확실한 인상을 주기 위해서는 최소 20%의 할인은 해야 한다고 가정해 보자. 만약 이것이 사실이라면, 10달러에 팔리는 양말 한 켤레는 8달러(2달러 인하) 정도는 되어야 고객들이 가격 인하가 되었다는 사실을 인지하게 된다는 것이다. 그러나 100달러짜리 캐주얼 코트는 2달러 정도의 할인으로는 전혀 혜택을 느끼지 못한다. 소매업자가 어느 정도의 효과를 거두려면 20달러를 할인해야 한다는 것이다.

역설적으로 패키지의 크기를 줄이려는 그린 마케터들이 그들 제품을 농축된 형태로(더욱 지구친화적으로) 생산할 경우에 Weber의 법칙은 넘어서야 할 장애물이 된다. 세제 브랜드들은 그들의 고객들이 기존 세제의 절반에 해당하는 양에 동일한 가격을 지불한다고 확신시켜야 한다. 또한 월마트와 같은 강력한 판매자들이 행사하는 소매업자 본위의 압력 때문에 세제 용기의 크기는 상당히 줄어든다. Procter & Gamble, Unilever, Henkel 등은 기존의 절반 정도 양으로 세탁을 할 수 있게 해주는 농축 제품들을 판매한다. 이러한 사실을 고객들에게 확신시키기 위해 이 기업들이 사용하는 속임수는 용기 뚜껑의 재설계에 있다. P&G와 Church & Dwight는 소비자들에게 더 적은 양으로 충분하다는 것을 설득하기 위해 더 넓은 바닥에 짧은 높이의 뚜껑을 사용한다.

목표 4

식역하 광고는 대체로 효과가 없지만, 소비자에게 집행하는 데에 있어서 논란이 많다.

식역하 인지

대부분의 마케터들은 소비자들의 역치를 넘는 메시지를 만들어 그들이 인지하게 되길 바란다. 역설적으로, 대부분의 소비자들은 마케터들이 광고 메시지를 인식의 역치 이하로 만들거나 무의식적으로 메시지를 인식하게 하도록 만든다고 믿는다. 역치의 다른 말은 역(limen)이며, 우리는 그 역의 아래를 식역하(subliminal)라고 부른다. **식역하 인지**(subliminal perception)는 소비자의 의식 수준 이하에 있는 자극에 대한 인지를 일컫는다.

식역하 인지는 50년 이상 동안 대중을 현혹시켜 온 주제이지만, 이것이 소비자 행동에 효과가 있다는 명확한 증거는 없다. 미국 소비자들을 대상으로 한 서베이 결과, 거의 2/3 정도가 식역하 광고가 있을 것이며, 절반 이상의 사람들은 이 기술이 그들이 원치 않는 것들을 사게 만들 수 있다고 믿고 있었다. ABC는 시청자들을 초대해 광고를 느리게 재생하여 비밀 메시지를 찾도록 하려는 KFC 광고를 허가하지 않았다. 이 광고는 식역하 광고를 반대하는 이 방송국의 오래된 정책에 저촉되기 때문이었다. KFC는 시청자들에게 메시지에 대해 얘기했고 찾는 방법에 대해 얘기했기 때문에 이 광고가 전혀 식역하 수준에서 이루어진 것이 아니라고 주장했다. 그러나 끝내 방송국을 납득시키진 못했다.

이러한 KFC 광고처럼, 소비자들이 "발견한" 대부분의 식역하 광고 사례들은 식역하 수준에서 이루어진 것이 아니다. 반면에, 그러한 이미지는 아주 명백하다. 만약 당신이 어떤 것을 보거나 들었다면, 그것은 식역하가 아니다. 그럼에도 불구하고, 식역하 설득에 대한 지속적 논쟁은 소비자들의 의지에 반하도록 그들을 조작하는 광고주와 마케터의 능력에 대한 대중의 믿음을 형성하는 데 중요한 역할을 해왔다.

식역하 메시지 기술

마케터들은 필경 시각적, 청각적 채널을 통해 식역하 메시지를 보낸다. **Embeds**는 고속 촬영되거나 에어브러싱된 사진을 통해 잡지 광고에 삽입하는 작은 그림들이다. 이러한 숨겨진 그림들은 대체로 성적인 것들이며, 순수한 독자들에게 무의식적이고도 강한 영향을 주기 마련이다. 일부 증거들은 남자들이 성적으로 제안된 식역하 이미지에 노출되었을 때 그들의 분위기가 바뀔 수 있다는 가능성을 일부 암시한다. 그러나 그 효과는 있다고 해도 매우 미미하다. 그리고 만약 이것이 시청자들 사이에 부정적인 감정을 불러일으킨다면 정반대 방향으로 작용할 수도 있다. 지금까지 숨겨진 메시지에 대한 이러한 관심의 실제 효과는 소수 저술가들에 의해 작성된 "폭로(exposes)"의 판매와 일부 소비자들(소비자 행동을 수강하는 학생들을 포함해서)이 인쇄 광고를 좀 더 가까이에서 들여다보게 하는 정도일 것이다. 아마도 그들이 상상하는 것을 보게 만드는 정도라고 할 수 있겠다.

식역하 인지는 효과가 있는가?

임상심리학자들의 연구에 따르면, 이러한 기술들이 마케팅 상황에서 효과가 있을 것인지에 대해선 의문스럽지만, 식역하 메시지는 특정 조건에 있는 사람들에게는 영향이 있는 것으로 보인다. 이러한 종류의 메시지들이 최소한의 역할을 하려면 광고주가 일반 대중 전체에게 전달하는 방식의 포괄적인 메시지보다는 개개인에게 세부적으로 소구할 수 있는 메시지를 짜내야 한다. 또한 이러한 자극은 역치 수준에 최대한 근접해야 할 것이다. 이것과 관련된 다소 부정적인 요인들을 살펴보자.

- 역치 수준은 각 개인마다 편차가 심하다. 낮은 역치을 갖고 있는 소비자들에 의한 의식적 회피를 막기 위해서는 다소 약한 메시지로 소구하여 높은 역치을 갖고 있는 소비자들에게 도달하지 않도록 해야 한다.
- 광고주들은 소비자들이 만들어내는 화면으로부터의 거리나 위치에 대해 통제권이 없다. 예를 들어, 극장에서는 제한된 수의 관객들만이 식역하 메시지에 노출될 수 있는 정확한 좌석 몇 개에 앉게 된다.
- 시청자는 자극에 대해 절대적인 주목을 해야 한다. TV나 영화를 보는 사람들은 주기적으로 그들의 주의를 다른 곳으로 돌리게 마련이며, 심지어 해당 자극이 나타났을 때 그것을 인지하지도 못하는 경우가 많다.
- 비록 광고주가 의도한 효과를 거두지 못했어도, 어느 정도의 효과가 있을 수는 있다. 예컨대, 어떤 메시지가 한 사람의 갈증 정도를 증가시킨다. 그러나 꼭 어떤 특정 음료에 대한 욕구는 아닐 수 있다. 자극은 일반적으로 기본적인 욕구에 영향을 미치는 것이기 때문에, 식역하 메시지를 만드는 비용과 노력을 들인 뒤, 경쟁사 제품도 비슷한 수준의 수요가 증가된다는 것을 알게 된다.

주의를 끌 수 있는 더 좋은 방법들이 있다. 다음을 살펴보자.

2단계: 주목

강의실에 앉아 있을 때 당신은 산만해질 수 있다. 강의에 1분간 집중하고 나서는 다가오는 주말의 즐거운 일들에 대해 생각하게 된다. 갑자기 당신 이름이 불려지고 이내 현실로 돌아오게 된다. 다행히도 그것은 이름이 같은 다른 "희생자"를 부르는 소리였다. 그러나 교수님은 지금 당신의 주목을 끌었다.

주목(attention)은 특정 자극에 투입되는 처리 활동의 정도를 말한다. 재미있는 강의와 "덜 재미있는" 강의에 참여하면서 알게 된 것처럼, 이러한 활동 정도의 배분은 자극의 특성(즉, 강의)과 수용자(즉, 그 시간에 당신의 정신 상태)에 따라 다르게 나타난다.

우리가 "정보 사회"에 살고 있긴 하지만, 좋은 것을 과하게 소유할 수도 있다. 소비자들은 자주 그들이 처리할 수 있는 수준보다 더 많은 정보에 노출되는 **감각 과잉**(sensory overload) 상태에 있다. 우리 사회에서, 이러한 충격은 상업적인 쪽에서 많이 생

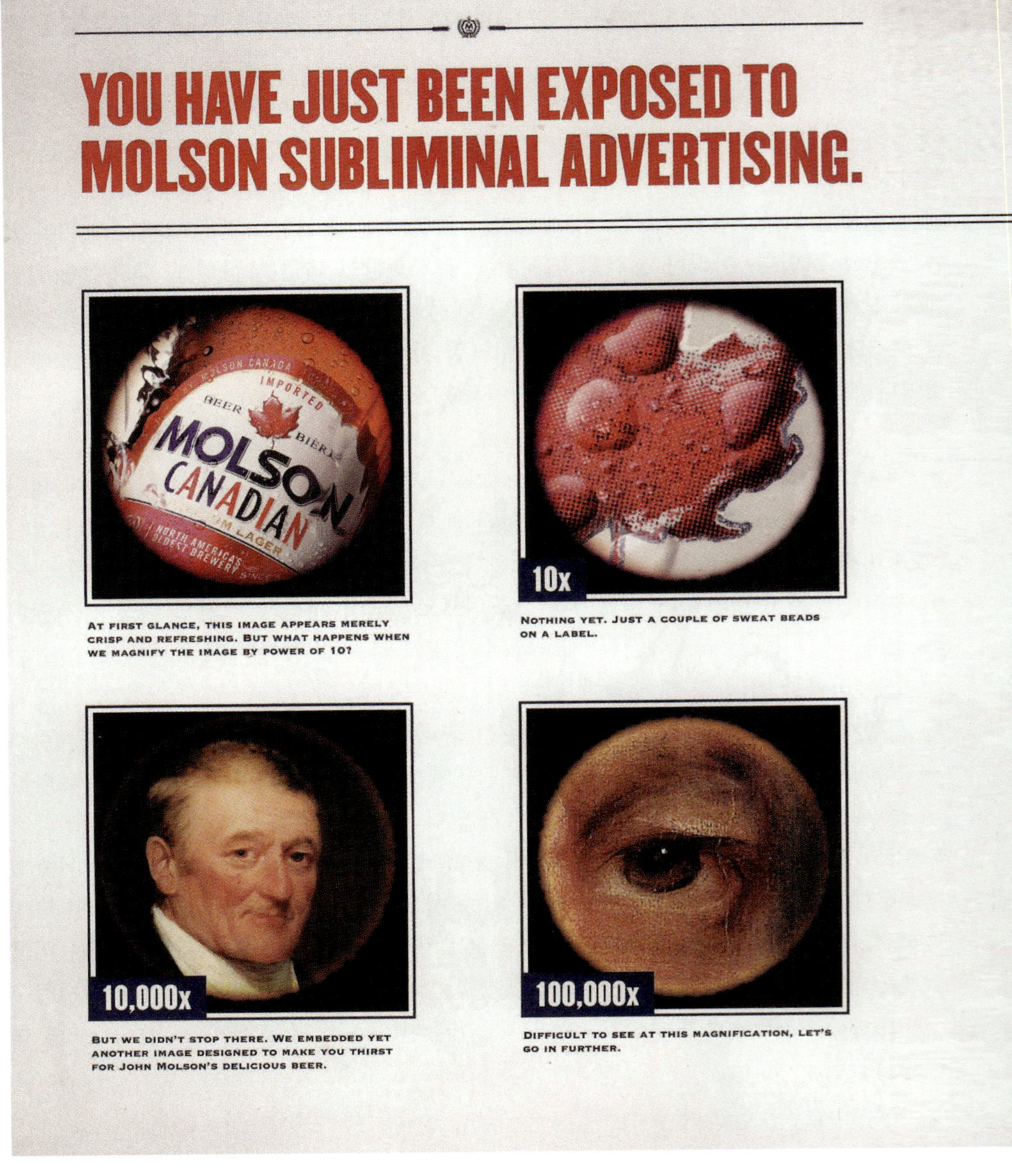

이 캐나다 맥주 광고는 식역하 광고를 조롱하고 있다.
출처: © 2005. Molson USA, LLC.

기며, 주목에 대한 경쟁은 점차 심해지고 있다. 보통의 성인은 매일 3,500개의 광고 정보에 노출되고 있다. 30년 전에는 560개 정도에 불과했다.

당신의 주목을 끌기 위한 경쟁은 매일 매일 더욱 치열해지고 있으며, 이러한 경쟁을 마케터들은 **눈알 경제**(eyeball economy)라고 부른다. 이러한 메시지들을 회피할 수 있도록 해주는 기술들은 이들의 업무를 더욱 어렵게 한다.

멀티태스킹(Multitasking)

젊은 사람들의 주의를 끄는 것은 특히나 어렵다. 당신 교수님도 그것을 잘 알고 계시다. 한 조사에 의하면, 오늘날 10대 청소년의 절반 이상이 휴대폰, TV, 노트북 등을 사용하는 것처럼 동시에 두 개 이상의 매체를 통해 다른 정보를 처리하는 식의 **멀티태스킹**을 한다. 한 연구는 400명의 사람을 하루 동안 관찰했는데, 그들 중 96%는 매체 사용 시간

YOU MAY NOT BE AWARE OF IT, BUT RIGHT NOW YOUR SUBCONSCIOUS IS JONESING FOR A COLD, CRISP MOLSON. WHY? BECAUSE WE SLIPPED THROUGH THE BACK DOOR OF YOUR BRAIN AND PLANTED A FEW VISUAL CUES DEEP IN YOUR MIND. ANY OF THE IMAGES BELOW SEEM STRANGELY FAMILIAR?

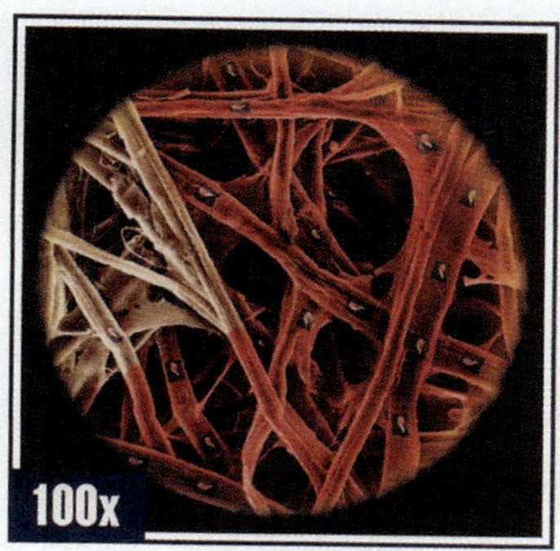

MAGNIFIED AT 100X HOWEVER, WE BEGIN TO SEE SOMETHING.

AN IMAGE OF JOHN MOLSON PRINTED ON THE PAPER FIBER OF THE BEER LABEL. THOUGH MINUTE, YOUR BRAIN PICKED UP ON THIS SUBLIMINAL CUE TO A 219-YEAR HERITAGE OF BREWING GREAT-TASTING BEER.

AH, THERE IT IS: AN IMAGE OF PEOPLE SOCIALIZING WITH AN ICE-COLD MOLSON.

A MICROSCOPIC REMINDER THAT MOLSON HAS BEEN BRINGING FRIENDS TOGETHER SINCE 1786. SHOULD YOU SUDDENLY AWAKEN IN A CROWDED BAR ORDERING A ROUND OF MOLSON FOR EVERYONE, WE DID THAT. AND YOU'RE WELCOME.

의 1/3 정도를 멀티태스킹에 할애했다.

소비자들이 정보를 흡수하고, 저장하고, 이해하는 데에 필요한 능력에 이러한 멀티태스킹이 어떤 영향을 미치는가? 가능성있는 결론 하나를 얘기해 보자. 과음은 도파민을 분비하게 하며, 이는 중독에 이르게 할 수 있다. 이러한 분출이 없으면 지루함을 느끼게 된다. 일부 과학자들은 이러한 자극에 대한 열망은 더욱 심도있는 사고를 하지 못하게 하며, 집중력을 저하시킨다고 경고한다. 한 연구에서는 이메일에 의해 방해받은 사람들은 그렇지 않은 사람들보다 더 많은 스트레스를 받는다는 것을 보여주었다.

몇 가지 좋은 뉴스도 있다. 인터넷 사용자들의 두뇌는 정보를 탐색하는 데에 보다 효율적으로 진보하고 있는 반면, 비디오 게임 사용자들은 시력이 향상되기도 한다는 증거가 나타났다. 한 연구팀에서는 빠른 속도의 비디오 게임 사용자들은 비사용자들에 비해 화면 위 물체의 움직임에 대해 1/3 이상 더 잘 쫓아간다는 것을 밝혀냈다. 게임은 반응을 향상시키며, 혼잡 속에서 구체적인 것들을 찾아내는 능력을 향상시킨다. 좋든 싫든, 기술은 우리의 두뇌를 자극에 더욱 주목할 수 있게 만들어주는 것 같다. 오늘날 우리는 1960년의 사람들보다 매일 3배 정도의 정보를 소비한다. 우리는 꾸준히 주목의 전환을 만들어 낸다. 직장 내 컴퓨터 사용자들은 윈도우 창을 바꾸거나 이메일을 확인하고 다른 프로그램을 사용하는 등의 일을 무려 한 시간 동안 37번이나 한다. 컴퓨터 사용자들은 하루 평균 40개 정도의 웹사이트를 방문한다.

Marketing Pitfall

만약 디지털 비디오 레코더(DVR)가 달린 TV로 시청한다면, 아마도 당신은 별로 흥미없는 광고를 25% 정도는 건너 뛸 것이다. 또 다른 25%의 시청자들은 아무리 광고가 흥미롭게 끝난다 하더라도 아예 그것을 보지 않는다. 따라서 광고 노출을 높이려면 느슨하게 시작하기보다는 더욱 흥미진진한 이야기로 시작해야 하며, 이는 실험실 환경에서 광고 전체를 봐야만 하는 전통적 광고 시청률 측정방법에 의문을 제기한다. 실제로는 광고가 나올 때 채널을 돌려버리는 경우가 많기 때문이다.

마케터들은 어떻게 주목을 끌어내는가?

마케터들은 수많은 정보의 홍수를 깨뜨리고 사람들의 주목을 끌기 위한 방법을 꾸준히 찾고 있다. 제조업자들이 매장 내에서 가장 주목을 받기 위해서 그들의 브랜드들을 매장 내에 중앙 부분과 눈높이 정도의 선반에 배치시키려 노력하는 것처럼 일부 전술은 매우 정공법적이다. 몇 가지 다른 아이디어들을 살펴보자.

- 방송사들은 광고 시간 동안 시청자들을 끌기 위해 노력한다. 몇 개의 광고물을 보고 시청자들이 재미있는 것을 기대할 수 있도록 광고 블록에 프로그램의 내용을 끼워 넣는 방식이다. Fox 방송은 Oleg라는 뉴욕 택시 기사를 의인화한 캐릭터가 등장하는 장면들을 24 같은 TV 시리즈물의 광고 시간에 8초짜리 흐린 초상화 형태로 내보냈다. Oleg는 시청자들에게 Fox의 웹사이트를 방문하도록 그리스 억양으로 주문했다. 한 장면에서 Oleg는 그 자신에 대해 Barry Manilow의 음색으로 "Copacabana"를 노래했다. 다른 장면에서는 Tom Cruise나 Rosie O' Donnell 같은 유명 스타를 택시에 태웠다. 비록 Oleg가 며칠 동안 10만 사이트 방문 횟수를 기록했지만, 어떤 시청자들은 이 캐릭터가 윤리적 고정관념에 박혀 있다고 불평했고, 다른 사람들은 이 캐릭터가 얘기하는 게 무엇인지 이해할 수 없었다. 어쨌거나 Oleg는 예전 이야기에 불과하다. 그러나 기본적으로 좋은 아이디어 중 하나이다.
- 온라인에서 광고주들은 그들의 메시지를 노출시키기 위한 많은 기술들을 사용한다. 오늘날 가장 대중적인 것은 **리치 미디어**(rich media)인데, 이것은 사용자의 주목을 끌기 위해 움직이는 그림 파일이나 비디오 클립을 이용하는 것이다. LowerMyBills.com은 커서를 광고 위에 올리면 움직이는 다른 유형들과 달리, 그림자 댄서와 놀란 사무실 직원의 끝없는 연결로 악명이 높다. 다른 리치 미디어들은 유명한 TV 광고의 온라인 버전인데 클릭하기 전까지는 웹사이트에 고정되어 있는 방식이다. 티저 광고는 TV에서처럼 하나의 스토리를 주지만 나중에 다시 방문하게 만든다.
- 물론 주의를 끄는 확실한 방법은 공공 장소에서 눈에 확 띄거나 이상한 일을 하는 것이다. New York Health and Racquet Club은 새로운 강좌를 촉진하기 위해서 6명의 남성과 여성을 뉴욕시의 Grand Central Terminal 밖에 세워두고 행인들 앞에서 그들의 속옷을 비추게 했다. 옷에는 클럽의 로고와 "Booty Call"이라는 강좌의 이름이 적혀 있었다.

정보를 처리하는 뇌의 능력은 한정되어 있기 때문에, 소비자들은 매우 선별적으로 주목을 한다. **인지적 선택**(perceptual selection)의 과정은 사람들이 자신이 노출되는 자극의 아주 작은 부분에 대해서만 주목한다는 것을 의미한다. 소비자들은 "마음의 경제(psychic economy)"의 한 유형을 실행하는 것인데, 자극들 중에 일부만을 선택하여 정보

과잉에서 벗어나는 것이다. 어떻게 선택할까? 개인적인 요인들과 자극 자체의 요인들이 이 결정을 만들어낸다.

개인적 선택 요인

어떻게 마케터들은 당신이 배고픈 시간이 언제인지를 알고, 음식 광고로 당신을 공략할 시간을 선택할까? 정답은 아직 잘 모른다는 것이다. **인지적 경계**(Perceptual vigilance)는 우리가 현재의 욕구에 관련된 자극에 대해 더 잘 인지하려고 한다는 것을 의미한다. 이와 정반대의 것이 **인지적 방어**(perceptual defense)이다. 사람들은 그들이 원하는 것만을 보며, 원하지 않는 것은 보지 않으려 한다. 만약 어떤 자극이 어떤 방식으로든 우리에게 위협적이라면, 우리는 그것을 인지적으로 처리하지 않거나 그것의 의미를 왜곡해서 받아들이려 할 것이다. 예컨대, 많은 담배를 피우는 흡연자는 암이 퍼진 폐의 사진을 외면한다. 왜냐하면 이러한 강렬한 암시는 너무 직접적으로 소구하기 때문이다.

또 다른 요인은 **적응**(adaptation)인데, 이것은 소비자들이 한 자극에 대해 오랫동안 인지하는 정도를 말한다. 적응의 과정은 소비자들이 한 자극에 대해 아주 친숙해져서 더 이상 주목을 하지 않을 때 일어난다. 소비자는 한 자극에 "익숙해지고(habituate)," 그것을 인지하기 위해서는 더욱 강하고 "많은(doses)" 자극을 요하게 된다. 한 행인은 옥외 광고가 처음 설치되었을 때 그것을 읽게 된다. 그러나 그로부터 며칠 후에 그것은 그저 지나가는 풍경의 한 부분이 되고 만다. 다음과 같은 몇 가지 요인들이 적응에 영향을 미친다:

- **강도**: 약한 강도의 자극(예, 부드러운 소리나 흐린 색깔)은 그것들이 낮은 감각적 효과를 갖기 때문에 익숙하게 된다.
- **변별**: 단순한 자극은 구체적인 부분들에 대한 주목을 요하지 않기 때문에 익숙하게 된다.
- **노출**: 자주 접하는 자극은 노출 빈도가 높아질수록 익숙해진다.
- **관련성**: 관련이 없거나 중요하지 않은 자극들은 주목을 끌지 못하기 때문에 익숙해진다.

자극 선택 요인들

수용자의 마음과 관련된 요인들 이외에도, 자극 자체의 특성 또한 우리가 주목하고 무시하게 되는 것들을 결정하는 데 중요한 역할을 하게 된다. 마케터들은 이러한 요인들을 이해해야 많은 경쟁 제품들 사이에서 소비자들에게 더 잘 소구할 수 있는 메시지와 패키지를 만들어낼 수 있다. 예를 들어, 아이트랙킹 기계를 이용해 소비자들이 어떤 광고를 보는지를 측정한 결과, 시각적으로 복잡한 광고가 주목을 더 끄는 경향이 있는 것으로 나타난 바 있다.

일반적으로 우리는 주변의 것들에 비해 다소 다른 자극들에 대해 더 주목하는 경향이 있다(Weber의 법칙을 상기하자). 이러한 대조를 보일 수 있는 메시지는 다음과 같다:

- **크기**: 경쟁 대상과 대비되는 자극물의 크기는 주목을 잘 이끌어낼 수 있다. 잡지 광고의 열독률은 광고의 크기에 비례한다.
- **색깔**: 앞서 살펴본 바와 같이, 색깔은 제품에 대한 주목을 끌어내거나 확실한 아이

Net Profit

위치는 온라인 광고에서 매우 중요하다. 미세하게 설계된 한 아이트랙킹 연구에서 대부분의 검색 엔진 사용자들이 매우 제한된 수의 검색 결과만을 본다는 것이 명백하게 드러났다. 전형적인 쇼핑 고객이 검색 페이지를 볼 때, 그녀의 눈은 검색 결과의 윗부분부터 시작하여 왼쪽으로 돌아가며, 스크롤링없이 화면 하단까지 움직이게 된다. 검색 엔진 마케터들은 소비자들이 본다는 것을 보장할 수 있는 영역을 골든 트라이앵글이라고 부른다(그림 5.3 참조)

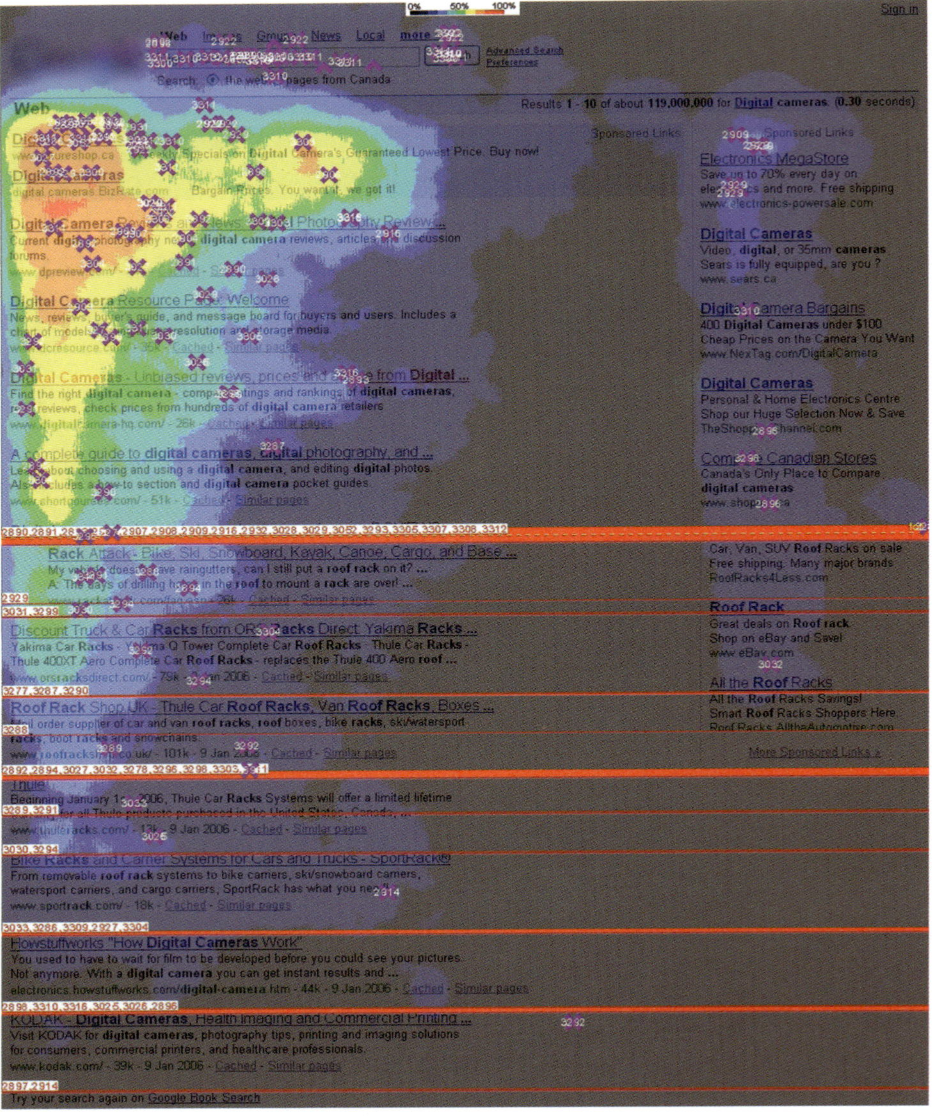

그림 5.3 골든 트라이앵글

아이트래킹 연구는 사람들이 웹사이트에서 노랑, 오렌지, 빨강으로 그려지는 "골든 트라이앵글"을 쳐다보는 데에 대부분의 시간을 사용한다는 사실을 밝혀냈다.
출처: Enquiro Search Solutions, Inc. (Now Mediative Performance LP).

덴티티를 줄 수 있는 훌륭한 방법이다. Black & Decker는 DeWalt라는 거주용 건축 시장을 타겟으로 한 제품을 개발했다. B&D는 일반적인 검은색 대신에 노란색으로 이 새로운 제품 라인을 만들었다. 이는 다른 "따분한(dull)" 제품들 사이에서 보다 두드러지게 하기 위함이었다.

- **위치:** 당연히 눈에 잘 띄는 위치에 있는 자극은 더 많은 주목을 받을 수 있다. 매장 내에서 더 눈에 잘 띄는 진열대를 차지하기 위한 경쟁이 치열한 것도 이 때문이다. 잡지에서는 앞쪽 커버에 실린 광고가 독자의 주목을 가장 많이 받게 된다(힌트: 다음 번에 잡지를 읽게 되면 가장 많은 시간 동안 보게 되는 페이지를 주목해 볼 것). 한 연구는 소비자들이 전화번호부를 뒤지는 동안 눈의 움직임을 트랙킹했는데 메시지 위치의 중요성을 잘 보여준다. 소비자들은 알파벳 순서로 살펴보고 첫 1/4 페이지 내에 있는 광고에 대해 93% 인지를 했지만, 나머지 일반 광고들에 대해선 26%만 인지했다. 그들의 눈은 흑백보다는 컬러 광고를 먼저 주목했으며, 더 오래 봤다. 덧붙여, 참여자들은 그들이 다 사용한 제품의 카테고리와 관련된 광고를 54% 더 봤으며, 이

는 재구매의 결정에 대한 주목의 영향을 잘 보여준다.

- **신기함:** 예상하지 못한 방법이나 위치에 나타난 자극은 주목을 끄는 경향이 있다. 한 가지 방법은 다른 광고가 별로 없는, 즉 기존과는 전혀 다른 장소에 광고를 집행하는 것이다. 이러한 장소들은 쇼핑 카트의 뒷면, 터널의 벽, 경기장 바닥, 화장실 등이 될 수 있다. 런던의 한 옥외광고 대행사는 공항과 인접한 사막과 큰 농장에 대형 광고를 세웠고, 승객들은 창문 밖으로 주목을 하지 않을 수 없을 정도였다. PVC 그물의 조각 위에 디지털 광고를 인쇄한 것을 땅으로부터 약간 위의 프레임에 설치한 것이다.

실제로, 최근의 한 연구는 간섭의 한 유형으로서 신기함이 우리의 경험을 강화한다는 것을 보여준다. 기분 전환은 불쾌한 자극을 싫어하게 하는 만큼 즐거운 자극을 즐기도록 해준다. 실제로, 이 연구는 사람들이 광고가 간섭할 때 TV쇼를 더 즐긴다는 것을 밝혀냈다. 대학생 집단은 그들이 잘 모르는 오래된 시트콤 한 편을 보았는데, 절반 정도의 학생들은 보석, 법률서비스 등 여러 제품의 광고가 있는 프로그램을 보았고, 다른 집단은 광고가 전혀 없는 프로그램을 시청했다. 전자의 경우가 더 높은 평가 결과를 보여주었다. 연구자들은 사람들이 메시지를 받아들일 때에도 비슷한 방식이라는 사실을 알아냈다. 한편, 참여자들은 짜증나게 하는 진공청소기의 소음이 오히려 잠시 멈추었다가 다시 시작할 때 더욱 나쁜 평가를 했다. 연구자들은 이러한 결과를 적응의 효과로 해석한다. 우리는 대개 어떤 사건을 처음 접했을 때 강하게 느끼고, 그 다음부터는 익숙하게 된다. 우리가 간섭을 경험하길 시작했을 때, 우리는 최초의 강도로 돌아간다.

목표 5

우리는 학습된 패턴과 기대에 따라 주목을 한 자극에 대해 해석한다.

3단계: 해석

해석(Interpretation)은 우리가 감각적 자극에 부여한 의미를 말한다. 사람들이 인지하는 자극과 그 자극에 부여하는 의미들 또한 상이하다. 두 명이 동일한 사건을 보거나 들을 때 그들의 해석은 그 자극에 대한 기대에 따라 밤과 낮처럼 다를 수 있다. 한 연구에서는 3~5세의 아동들이 맥도널드 봉지에 담긴 감자튀김을 먹었을 때에 아무것도 적히지 않은 흰 봉투에 담긴 것을 먹었을 때보다 훨씬 더 맛있다고 평가했다. 심지어 맥도널드 봉지에 담긴 것이라면 당근도 맛있게 느꼈다. 절반 이상의 아동들이 일반 봉투에 담긴 것보다 이것을 더 선호했다. Ronald(맥도널드의 어릿광대 마스코트)가 아주 뿌듯해 할 것이다.

어떤 자극에 대해 갖게 되는 의미는 그것에 우리가 부여한 **스키마**(schema) 또는 신념의 조합에 달려 있다. 제2장에서 살펴본 바와 같이, 자극의 일정한 특성의 프라이밍(priming)이 스키마를 만들어낸다. 그리고 이 스키마와 유사한, 과거에 경험한 다른 자극들을 비교하게 된다.

적절한 스키마를 찾아내고 불러내는 것은 많은 마케팅 결정에서 중요하다. 그것은 소비자들이 제품, 패키지, 메시지 등을 평가할 때 어떤 기준을 사용할 것인지를 결정하기 때문이다. Extra Strength Maalox Whip Antacid는 스프레이 캔이 이 제품을 담을 꽤 효율적인 방법인데도 불구하고 실패했다. 소비자들에게는 에어로솔 휩(aerosol whip)이 디저트의 토핑을 의미하지, 약품으로 인식되지는 않았기 때문이다. 그러나 한 대학

영국의 유명한 소매업체인 French Connection은 다른 단어와 유사한 약어를 사용한 광고에 대한 반응을 이끌어내기 위해서 프라이밍 과정을 이용했다.
출처: Used with permission TWBA London on behalf of French Connection.

의 카페테리아가 메뉴를 서술적인 형태(예, 밥과 붉은 콩: 전통적인 밥과 케이준 붉은 콩, 초콜릿 푸딩 대 사틴 초콜릿 푸딩)로 제공했고 손님들은 각 선택사항에 대해 더 많은 정보를 얻게 되었다. 이로 인해 각 메뉴들을 더 잘 분류할 수 있게 되었고 판매도 25% 이상 향상되었다.

심지어 패키지에 있는 제품 이미지의 위치는 두뇌가 그것을 인식하는 데에 영향을 준다. 예를 들어, 중력의 법칙에서 배운 것(무거운 것은 가라앉고 가벼운 것은 뜬다) 때문에 우리는 상자의 아랫부분에 있는 제품들이 윗부분에 있는 것보다 더 무게가 나간다고 생각한다. 또한, 상자의 오른편에 있는 물건들이 왼편에 있는 것들보다 더 무겁게 보인다. 이러한 해석은 지렛대에 대한 통찰력에 의해서 나타난다. 어떤 물체가 지레의 받침대로부터 멀어질수록 그것을 들기가 더 힘들어진다. 우리는 왼쪽부터 오른쪽으로 읽기 때문에 왼편은 자연스럽게 시각적 받침대가 되고 오른편의 것을 더 무겁게 느낀다는 것이다. 제조업자들은 이러한 패키지와 관련된 스키마를 잘 고려해야 한다. 그들은 패키지 안에 들어 있는 내용물에 대한 소비자들의 느낌을 더 좋거나 나쁘게 만들 수 있는 것이다. 제품을 최대한 가볍게 느끼게 하고 싶은 다이어트 제품의 마케터를 생각해 보라.

제7장의 후반부에서 다루겠지만, 제품은 섬세함이나 섹시함과 같은 보편적인 인간 특성에 부여되는 것과 같은 "브랜드 개성(brand personality)"이 있다. 다른 말로, 우리는 제품들을 인간처럼 생각하며 그것들을 의인화하고, 이러한 사고 과정은 제품들을 평가하는 데 있어서 사람들을 분류하는 데 사용되는 스키마를 사용하게 한다. 한 최근 연구는 이것이 어떻게 작용하는지 보여준다. 참여자들은 자동차 광고를 보았는데, 이 광고는 자동차가 "웃거나" 또는 "찡그리는" 모습처럼 보이도록 했다. 인간 스키마가 활성화되었을 때, "웃는" 차를 본 사람들은 "찡그리는" 차를 본 사람들보다 차에 대해 더 호의

우리는 익숙한 단어들과 같은 자극의 패턴을 인식한다. 이 오스트리아 광고에서 소비자들은 철자가 어긋나 있지만, "부엌(kitchen)"을 보려 할 것이다.
출처: Client: XXXLutz; Head of Marketing: Mag. Thomas Saliger; Agency: Demner, Merlicek & Bergmann; Account Supervisor: Andrea Kliment; Account Manager: Albin Lenzer; Creative Directors: Rosa Haider, Tolga Buyukdoganay; Art Directors: Tolga Buyukdoganay, Rene Pichler; Copywriter: Alistair Thompson.

적인 평가를 했다.

자극 기관

어떤 자극과 연계되어 있다고 생각하는 기억 속의 다른 사건, 감각, 또는 이미지와의 관계는 그 자극의 해석에 영향을 미친다. RJR Nabisco가 성인용 Teddy Grahams를 출시했을 때, 이 상품이 어른들을 위한 것임을 확고히 하기 위해서 패키지 색상을 강조하지 않았다. 그러나 판매는 부진했다. Nabisco는 상자 색깔을 밝은 노랑으로 교체하여 이 상품이 재미난 스낵이라는 점을 전달했다. 성인들로 하여금 쿠키의 구매를 시작하도록 하기 위해 밝은색이 성인 취향이라는 점을 전달하려 했다.

우리가 인식하는 자극은 대체로 애매하다. 과거의 경험, 기대, 욕구 등에 근거한 의미를 결정하는 것은 온전히 우리의 몫이다. 한 고전적 실험 연구는 "원하는 것만 보려는" 과정을 잘 보여준다. Princeton과 Dartmouth의 학생들을 각각 이 두 라이벌 학교 간의 풋볼 경기 영화를 보도록 했다. 모두가 동일한 것을 보았지만, 자기 소속 학교가 어딘지에 따라 규칙 위반을 한 곳이 어디이며, 비난의 대상이 어디인지에 대한 평가는 다르게 나타났다.

이 실험에서 보여주듯이, 우리는 제품이나 광고에 각자의 욕구나 가정을 투영하게 된다. 해석의 과정은 마케터에게는 난제이다. Planters LifeSavers Company는 진공 포장된 땅콩 제품인 Planters Fresh Roast를 출시했을 때 이것을 알아냈다. 갓 볶은 커피에 대한 높아진 선호를 땅콩의 신선함을 강조하는 데에 이용했다. 성난 슈퍼마켓 매니저들이 각 매장의 커피 가는 기계에서 땅콩 찌꺼기를 닦아내는 데 드는 비용을 누가 지불할 것인지를 문의할 때까지는 상당한 효과가 있었다.

구경꾼의 눈: 해석적 편견

우리의 뇌는 새롭게 받은 자극을 기존 기억 속의 다른 것들과 연관시키려는 경향이 있으며, 이것은 특정한 근본적인 조직 원리에 바탕을 두고 진행된다. 이러한 원리는 사람들이 각 개별 자극보다는 자극의 총합으로부터 의미를 해석한다는 주장을 하는 **게슈탈**

이 호주의 우편서비스는 형태-배경 원리의 독특한 활용을 사용한다.
출처: © M&C Saatchi, 2007.

트(Gestalt) 심리학파에서 기원한다. 독일어인 게슈탈트는 대략 전체, 패턴, 또는 구성 등을 의미하는데, 이것을 여기서는 "각 부분의 합보다 큰 전체"로 볼 수 있다. 각 구성 요소들을 개별적으로 분석하는 분절적인 관점은 총체적인 효과를 파악할 수 없다. 게슈탈트 관점은 우리의 뇌가 자극을 조직화하는 방법과 관련해서 몇 가지 원리를 제공한다:

- **마감 원리**(closure principle)는 사람들이 미완성의 그림을 완성된 것으로 인지하려는 경향을 말한다. 이것은 기존의 원칙에 근거하여 빈칸을 채우려는 경향이다. 이 원칙은 대부분의 사람들이 네온사인의 몇 글자가 불이 들어오지 않아도 쉽게 전체를 읽어내는 현상을 설명해 준다. 마감 원리는 짧은 노래나 주제곡의 일부분만을 들을 때에도 작용하게 된다. 이러한 원리를 이용하는 마케팅 전략들은 메시지에 주목할 기회를 증대할 수 있는 참여 활동을 소비자들이 더 하게 하도록 한다.
- **유사성 원리**(principle of similarity)는 소비자들이 비슷한 물리적 특성을 갖고 있는 것들끼리 묶으려는 경향이 있다는 것을 알려준다. Green Giant는 자사의 냉동 야채 제품들의 패키지를 새로 디자인할 때 이러한 원칙을 이용하고 있다. 여러 가지 서로 다른 제품들을 통합적으로 보이기 위해 "녹색 바다"를 만들어냈다.

이 인도의 인쇄광고는 유사성 원칙을 활용하여 한 남자의 이미지를 만들어내고 있다.
출처: Courtesy of Taproot India. Contributors: Santosh Padhi, Agnello Dias, Ananth Nanavre, Amol Jadhav, and Amol Kamble.

- **형태-바탕 원리**(figure-background principle)는 어떤 자극의 한 부분이 주도적 역할(형태)을 할 때, 다른 부분들은 배경(바탕)으로 멀어져 간다는 것이다. 이 개념은 한 가운데 있는 물체에 선명하고 명확하게 초점을 맞춘 사진을 생각해 본다면 쉽게 이해할 수 있다. 물체는 지배적이고, 우리의 눈은 곧바로 그것에 집중된다. 형태나 배경으로 인지하게 되는 구성의 부분들은 다른 요인들은 물론 각 개인 소비자들에 따라 다르다. 비슷하게도, 물체-바탕 원리를 사용하는 마케팅 메시지들은 자극을 메시지의 중점적인 부분이 되도록 하기도 하며, 그 부분을 둘러싸는 맥락이 되게 하기도 한다.

Marketing Opportunity

제3장에서 우리는 TV쇼나 영화에서 실제 제품을 이야기의 구성에 배치하는 간접광고라는 인기있는 전략을 살펴보았다. 역 간접광고(Reverse product placement)는 초현실의 훌륭한 예라 하겠다. LastExitToNowhere.com이라는 온라인 상거래 사이트는 소설이나 영화 작품에 나오는 기업의 로고가 새겨진 티셔츠를 판매한다. Tyrell(Blade Runner 영화에 나토는 유전 복제 기업), Polymer Records(This Is Spinal Tap이라는 컬트 영화에 나오는 음악 기업), Weyland-Yutani Corporation(Alien 영화에 나오는 우주선 제조 기업) 등이 그것이다. 80sTees.com이라는 온라인 매장은 Simpsons에 나오는 Duff 맥주가 새겨진 셔츠도 판다. The Office 시리즈에 나오는 페이퍼 컴퍼니인 Dundler Mifflin도 있다. 가짜-실제 제품은 다음과 같이 더 있다.

- Bertie Bott's Every Flavor Beans는 Harry Potter에 나오는 것인데, 실제 매장에 등장했다.
- 영화 Forrest Gump는 Bubba Gump Shrimp Company 레스토랑 체인의 등장을 만들어 냈다.
- Nestle는 Wonka 캔디를 판매한다(Willy Wonka 영화에서 유래했다).

목표 6

기호학 분야는 마케터들이 의미를 만들어내는 데에 상징을 어떻게 사용할지에 대한 이해를 돕는다.

기호학: 의미의 의미

지금까지 살펴본 바와 같이, 마케팅 자극들을 이해하려고 할 때, 그것들을 기존의 연상들에 비추어 해석한다. 한 실험은 가정이 경험에 미치는 영향을 살펴보았다: 이 연구에서 맥주 음용자들에게 구체적인 맥주 제조 공정에 대한 다른 얘기를 하는 것만으로 그들이 선호하는 맛을 바꾸어놓았다. 연구자는 바의 단골들에게 시음 테스트에 참여하는 경우 무료로 맥주를 제공했다(대부분이 이 행사에 참여했다). 참여자들은 두 개의 맥주를 맛보았는데, 하나는 Budweiser나 Samuel Adams의 일반 맥주였고, 다른 하나는 동일한 맥주에 발사믹 식초를 몇 방울 넣은 것이었다. 대부분의 맥주 애호가들이 식초가 첨가된 맥주를 싫어할 것이라는 추측에도 불구하고, 첨가 내용물을 모르는 이 참여자들 중 60%는 이것을 더 선호하였다. 그러나 어느 것에 식초가 들어갔는지를 사전에 들은 참여자들은 1/3만 이 식초가 추가된 맥주를 좋아했다.

우리가 제거한 의미의 많은 부분들은 우리가 인지하는 상징을 통해 만들어내는 것에 영향을 미친다. 결국 많은 마케팅 이미지의 표면에는 실제 제품들과 어떤 실제적인 연관도 없다. 종이에 말려 있는 담배와 카우보이가 무슨 관련이 있는가? 농구선수 LeBron James나 가수 Rihanna 등의 유명인들은 어떻게 음료수나 패스트푸드 브랜드의 이미지를 강화시킬 수 있는가?

소비자들이 상징의 의미들을 어떻게 해석하는지 이해하기 위해, 마케터들은 **기호학**(semiotics)으로 관심을 돌린다. 기호학은 기호와 상징간의 부합과 이것이 우리가 어떻게 의미를 부여하는가에 어떤 역할을 하는지에 대한 연구 분야이다. 소비자들은 그들의 사회적 정체성을 표현하기 위해 제품을 사용하기 때문에, 기호학은 소비자 행동을 설명하는 중요한 단서가 된다. 제품은 학습된 의미를 전달하며, 우리가 그 의미들이 무엇인지를 파악하는 데에 있어서 마케터들에게 의지하는 것이다. 일부 연구자들은 "광고는 문화/소비 사전과 같은 역할을 한다. 그 안에 있는 것들은 제품들이며, 그것들의 정의는 문화적 의미들이다"라고 주장한다.

기호학적 관점에서, 모든 마케팅 메시지는 세 가지 기본적인 요소로 구성된다. **객체**(object), 기호(sign) [또는 상징 (symbol)], 해석 결과(interpretant) 등이 그것이다. **객체**(object)는 메시지의 핵심이 되는 제품이다(예, 말보로 담배). **기호**(sign)는 객체의 의도된 의미를 표현하는 감각적 이미지를 말한다(예, 말보로 카우보이). **해석 결과**(interpretant)는 기호로부터 추론된 의미를 말한다(예, 거친, 개인적인, 미국인). 그림 5.4는 이러한 관계를 보여준다.

기호학자인 Charles Sanders Peirce에 따르면, 기호는 객체와 다음의 세 가지 방법 중 한 가지로 관련을 갖게 된다. 아이콘(icon)은 어떤 방법을 활용해 제품과 닮게 만든 기호이다(예, Ford Mustang은 앞부분에 질주마 모형을 달고 있다). **인덱스**(index)는 일부 특성을 공유함으로써 제품에 연결된 기호이다(예, P&G의 Spic과 Span 세제에 새겨진 소나무는 신선한 향기라는 특성을 전달한다). **상징**(symbol)은 전통적이거나 일반적으로 잘 알려진 연상에 의해 제품과 기호를 관련짓는다(예, Dreyfus Fund 광고에 나오는 사자는 대담함과 강인함이라는 전통적인 연상을 이 기업의 투자에 대한 접근에 연계해 전달한다).

많은 시간, 고민, 자본이 브랜드명과 로고 등 제품의 이미지를 명확하게 전달하

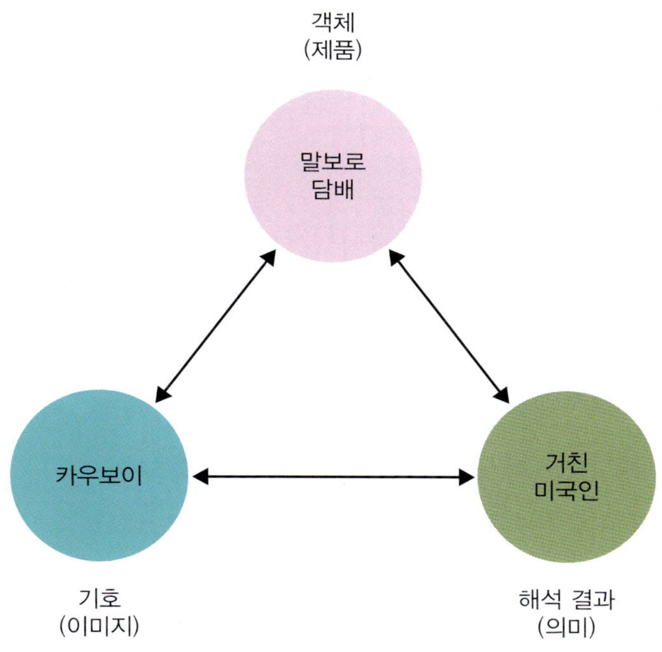

그림 5.4 기호학 관계

는 것에 투입된다(심지어 Exxon이라는 이름이 컴퓨터에 의해 개발될 때에도!). Starbucks는 Starbucks Coffee를 없애고 유명한 사이렌 캐릭터 만을 넣도록 했다. CEO는 이러한 변화에 대해 이 기업이 생각하는 것이 "커피 그 이상의 것(beyond coffee)"을 의미한다고 설명했다.

로고의 선택은 브랜드가 다양한 문화에 소구할 때 더 어렵다. 예를 들어, 중국 기업이 세계적으로 진출을 하면서, 기업들은 고대 중국의 상형 문자를 새롭게 변화시킴으로써 동양과 서양을 모두 아우를 수 있도록 새로운 기업 로고를 만든다. 중국 상형 문자는 고대의 상징이 단어가 의미하는 것을 그림으로 묘사한 것이기 때문에 아이콘이라 할 수 있다. 예컨대, China Telecom의 로고는 두 개의 C가 맞물려 있는 모습인데, 이것은 중국과 "고객(customer)", "경쟁(competition)" 등을 의미한다. 또한, 이 상징은 열심히 일하는 동물의 전형이라 할 수 있는 황소의 뿔과 닮았다. 소프트웨어 기업인 Oracle은 중국 시장을 공략하기 위해 자사의 로고를 새롭게 디자인했는데, "거북 껍질에 새기기"를 의미하는 oracle의 직역을 의미하는 중국 문자 3개를 추가했다. 이 표현은 예언자들이 뼈에 예언을 새기던 고대 중국으로 그 기원을 거슬러 올라간다. 이 캘리포니아 기업은 이 번역에 매우 공을 들였는데, 그 이유는 Oracle의 핵심적 경쟁력인 데이터 저장을 전달하기 위해서였다.

초현실

디자이너 Tommy Hilfiger는 the Hilfiger라고 명명된 그 만의 (가상의) 가족을 갖고 있다. 광고와 지점 오프닝에 나타나는 프레피룩의 사람들인데, 그들이 입은 옷이 무엇인지 쉽게 추측할 수 있다. 현대 광고의 특징들 중 하나는 **초현실**(hyperreality) 상황을 만들어낸다는 것이다. 이것은 애초에 시뮬레이션 또는 "과장(hype)"인 것을 현실로 만드는 과정을 말한다. 광고주들은 객체와 해석 결과 사이의 새로운 관계를 만드는데, 제품과 혜택 간의 연계를 만들어 나갈 때에 그렇다. 이것은 광고가 말보로 담배를 미국의 프론티어

Net Profit

증강현실(AR: Augmented Reality)은 데이터, 이미지, 비디오 등으로 구성된 하나 또는 그 이상의 디지털 레이어를 물리적 객체 위에 겹쳐서 보여주는 매체를 말한다. 거북스러운 안경을 끼고 3D 영화를 본 적이 있다면, 이미 증강현실의 한 형태를 경험한 것이다. 또는 NFL 경기에서 'first down'을 의미하는 노란색 선을 보았다면 단순한 형태의 AR을 경험한 것이다. 향후 수년 이내에 스마트폰과 태블릿에서 AR이 늘 공존할 것이다. Google Goggles와 Layar와 같은 새로운 앱들은 폰의 화면에서 당신이 보게 되는 것 위에 단어나 그림을 덧붙여 보여준다. Google Glasses는 소비자들이 디지털 콘텐츠와 상호작용하도록 하며, 이것은 길을 걷는 일과 같은 일상적인 일의 연장이 되는 것이다.

증강현실 앱은 정보와 마케팅 커뮤니케이션의 새로운 세계를 열고 있다. 당신은 CD 커버에 있는 가수의 이력에 대해 알고 있는가? 누가 동네 바의 시원한 산호초 그림을 그렸는가? 당신이 보고 있던 그 집은 지난달에 얼마에 팔렸는가? 당신의 스마트폰을 그것들 위에 겹쳐놓으면 화면 위에 관련된 정보가 나타날 것이다. AR은 엄청난 산업이 될 것이다. 분석가들은 AR 앱과 관련된 매출은 2017년까지 52억불에 달할 것이라고 예측했다.

Last Exit to Nowhere는 소설 작품에 나타난 기업의 로고가 새겨진 티셔츠를 판매한다.
출처: Images from LastExittoNowhere.com.

정신과 동일시하는 것과 같은 상황이라고 할 수 있다. 초현실 상황에서는 상징과 현실 간의 실제 관계를 구별하는 것이 더 이상 가능하지 않다. 제품 상징과 현실 간의 "인공적" 관계는 우리 삶에 깊이 스며들었다. 예를 들어, 가구 디자이너가 Dexter라는 TV 시리즈물에 영감을 받고 주방 가구 세트를 출시했는데, 이 시리즈물의 주인공은 연쇄 살인범으로 도주하는 경찰의 혈흔 분석가였다. 전체가 흰색인 테이블과 의자들은 커다란 빨강색 반점으로 꾸며졌다.

인지적 포지셔닝

그 결과, 우리는 대체로 해당 제품군과 기존 브랜드의 특성에 대한 학습에 근거하여 제품 자극을 해석하게 된다. 한 브랜드에 대한 인지는 기능적 속성(예, 특징, 가격 등)과 상징적 속성(예, 이미지, 사용시 드는 생각) 등으로 구성된다. 이 책의 후반부에서 브랜드와 같은 주제들에 대해 좀 더 구체적으로 다룰 것이지만, 한 제품에 대한 평가가 실제로 그것이 할 수 있는 것보다는 그것이 의미하는 것의 결과라는 점을 기억해야 할 것이다. 소비자들이 그것을 인지하는 것처럼, 이런 의미는 제품의 시장 내 위치를 만들어내는 것이며, 제품 자체보다는 색상, 포장, 스타일 등 제품 성능에 대한 우리의 기대와 더 많은 관련을 갖고 있다.

마케터가 소비자들이 경쟁 브랜드군을 어떻게 생각하는지에 대해 이해할 때에, 이러한 통찰력을 **포지셔닝 전략**(positioning strategy)을 수립하는 데에 사용하게 된다. 이 전략은 시장 내에서 경쟁자들과 관련하여 해당 제품의 의미를 소비자들이 어떻게 해석하는지에 대해 영향을 미치기 위해 마케팅 믹스(즉, 제품 디자인, 가격, 유통, 마케팅 커뮤니케이션 등)의 구성 요소들을 사용할 때, 마케팅 노력에 있어서 가장 기본적인 요소라 할 수 있다. 예컨대, 다른 제품들과 비교하여 어떤 제품의 맛에 대한 소비자의 선호는 중요하지만, 그 기능적 속성이 제품 평가의 유일한 구성요소이다.

마케터들은 브랜드의 포지션을 시장 내에서 어떻게 잡아나갈 것인지에 대해 여러 차원을 활용한다. 다음과 같은 것들이 그 예가 된다.

- **라이프스타일**: Grey Poupon 머스타드는 "상위 계층"의 조미료이다.
- **가격 선도**: L'Oréal은 자사의 Noisome 페이스 크림을 고급 미용실에서 판매한다. 하지만 Plenitude는 할인점에서 1/6의 가격에 판매된다. 사실 이 두 브랜드는 동일한 화학적 배합에 의한 것이다.
- **속성**: Bounty 페이퍼 타올은 "빠르게 집을 수 있는 윗부분(the quicker picker upper)"이다.
- **제품군**: Spyder Eclipse는 스포티 컨버터블이다.
- **경쟁사**: Northwestern 보험은 "조용한 기업"이다.
- **상황**: Wrigley 껌은 금연 장소에서의 대용품이다.
- **사용자**: Levi's Dockers는 20대~40대 남성을 대상으로 한다.
- **품질**: Ford에서, "품질은 가장 중요하다."

본 장의 정리

1. 오늘날 제품의 디자인은 성패를 가르는 핵심 요인이다.

최근 제품 및 서비스와 관련된 감각적 경험은 경쟁 제품들 간의 선택에 있어서 가장 중요한 요인이 되었다. 소비자들은 제품을 구매할 때 기능적 가치뿐만 아니라 쾌락적 가치까지도 추구하는 경향을 더 보이고 있다. 대부분의 브랜드들은 비슷하며, 구매 선택시 그들의 미학적 품질을 더 중요하게 생각한다.

2. 제품과 상업적 메시지는 흔히 감각에 소구하는데, 이러한 메시지의 혼동으로 인해 대부분의 것들은 영향을 미치지 못한다.

마케팅 자극은 중요한 감각적 품질을 갖는다. 우리는 색상, 냄새, 소리, 맛, 심지어 "느낌" 등에 근거하여 제품을 평가한다. 모든 감각적 자극들이 인지적 과정에 있어서 성공적이지는 않다. 많은 자극들은 주목받기 위해 경쟁하며, 우리는 그들 대부분을 인지하지 못하거나, 정확하게 해석하지 못한다.

3. 인지는 최초 자극을 의미있는 것으로 전환시키는 3단계의 과정이다.

인지는 시각, 소리, 향기와 같은 물리적 감각이 선택되고, 조직화되고, 해석되는 과정이다. 한 자극의 궁극적 해석은 부여된 의미에 의해 결정된다. 인지적 맵은 관련된 차원에 따라 경쟁 브랜드들의 상대적 위치를 평가하는 보편적인 마케팅 수단이다.

4. 식역하 광고는 대체로 효과가 없지만, 소비자에게 집행하는 데에 있어서 논란이 많다.

사람들에게 시각적, 청각적 메시지를 감각적 역치 이하의 수준으로 노출하는 소위 식역하 설득과 관련 기술들은 논쟁의 여지가 많다. 식역하 설득이 효과적이라는 증거가 거의 없지만, 많은 소비자들은 여전히 광고주들이 이러한 기술을 사용한다고 믿는다. (역치 이상에서) 자극이 인지되는지를 결정하는 요인들은 자극의 노출 정도, 얼마나 주목을 이끌어내는지, 어떻게 해석되는지 등이다. 자극들이 더욱 증가하고 있는 상황에서, 광고 혼잡은 많은 마케팅 관련 메시지들이 주목을 향한 경쟁을 벌일 때 나타난다.

5. 우리는 학습된 패턴과 기대에 따라 주목을 한 자극에 대해 해석한다.

우리는 고립된 상태로 자극에 주목하는 것이 아니다. 인지적 조직의 원칙에 따라 자극을 분류하고 체계화한다. 게슈탈트(Gestalt) 또는 전반적인 패턴은 이러한 원칙을 주도한다. 구체적인 집단화 원칙은 마감, 유사성, 형태-배경 관계 등을 말한다. 인지의 마지막 단계는 해석이다. 상징들은 어떤 자극에 대해 다른 사람들도 자주 공유하는 해석을 우리에게 제공함으로써 이 세상을 이해할 수 있게 해준다. 상징주의가 우리의 과거 경험과 얼마나 일치하는지는 관련된 객체에 부여하게 되는 의미에 영향을 미친다.

6. 기호학 분야는 마케터들이 의미를 만들어내는 데에 상징을 어떻게 사용할지에 대한 이해를 돕는다.

마케터들은 제품이나 서비스와 소비자가 원하는 속성 간의 관계를 만들어냄으로써 소비자들과 소통한다. 기호학적 분석은 자극과 기호의 의미 간의 일치와 관련되어 있다. 의도된 의미는 사실에 충실한 것이다(예, 아이들이 노는 그림의 도로 표지판과 같은 아이콘). 또는 공유된 특성 (예, 정지 신호의 빨강색은 위험을 뜻한다)에 기반한다면 분류적일 수 있다. 의미는 사회 구성원들의 합의에 의해, 또는 전통에 따라 부여된 이미지에 존재하는 상징에 의해 전달되기도 한다(예, 정지 신호가 팔각형이고 양보 신호는 삼각형임). 마케터가 만들어낸 연상들은 소비자들이 초현실이 현실이라고 믿기 시작하면서 그들 자신의 삶에 존재하게 된다. 우리는 이것을 조건 초현실이라고 한다.

KEY TERMS

audio watermarking
j.n.d. (just noticeable difference 알아차릴 수 있을 정도의 작은 차이)
Kinsei 공학 Kinsei engineering
간지 embeds
감각 sensation
감각 과잉 sensory overload
감각적 마케팅 sensory marketing
감각적 서명 sensory signature
감각적 역치 sensory threshold
객체 object
게슈탈트 gestalt
골든 트라이앵글 golden triangle
기호 sign
기호학 semiotics
노출 exposure
눈동자 경제 eyeball economy
대조 contrast
리치 미디어 rich media
마감 원칙 closure principle
맥락 효과 context effects
멀티태스킹 multitasking
사회심리학적 요인 psychographics
상징 symbol
스키마 schema
식역하 인지 subliminal perception
아이콘 icon
역 제품 배치 reverse product placement
웨버의 법칙 Weber's Law
음향적 상징주의 sound symbolism
인덱스 index
인지 perception
인지적 경계 perceptual vigilance
인지적 방어 perceptual defense
인지적 선택 perceptual selection
자연적 사용자 인터페이스 natural user interface
적용 adaptation
절대적 역치 absolute threshold
제품 외장 trade dress
주목 attention
증강현실 augmented reality (AR)
차별적 역치 differential threshold
초현실 hyperreality
촉각적 haptic
쾌락적 소비 hedonic consumption
포지셔닝 전략 positioning strategy
해석 interpretation
해석 결과 interpretant
형태–배경 원칙 figure-ground principle

REVIEW

5-1. 쾌락적 소비를 정의하고 예를 들어보라.

5-2. 제품과 상업적 메시지들은 우리의 감각에 소구하려 하는 경우가 많다. 어떻게 작용하는가?

★ **5-3.** 촉감은 소비자들의 제품에 대한 반응에 어떤 영향을 미치는가?

5-4. 인지의 3단계를 규정하고 설명하라.

5-5. 절대적 역치과 차별적 역치의 차이점은 무엇인가?

5-6. 식역하 인지는 효과가 있는가? 그 이유는?

5-7. "소비자들은 "심리적 경제"의 형태를 연습한다. 이것은 무엇을 의미하는가?

5-8. 자극의 수용을 이끌어내는 두 요인을 설명하라.

5-9. "전체는 각 부분의 합보다 크다"라는 주장을 설명하라.

5-10. 제품의 객체, 기호(또는 상징), 해석 결과를 어떻게 정의할 것인가?

5-11. 수많은 마케팅 메시지와 광고 속에서 마케터들은 어떻게 주목을 이끌어낼까? 그들은 어떻게 혼잡을 뚫고 헤쳐나갈까?

5-12. 포지셔닝 전략은 무엇인가? 마케터들이 제품을 포지셔닝하는 방법들은 어떤 것들이 있는가?

도전과제

토의문제

5-13. 많은 연구들은 나이를 들어감에 따라 감각적 탐지 능력이 쇠퇴한다는 것을 보여주었다. 노년층에게 소구해야 하는 마케터에게 절대적 역치의 함의점을 제공해 보라.

5-14. 식역하 광고는 미국 내에서 불법은 아니지만, 영국과 호주에서는 불법이다. 실제로 이러한 방법이 영향을 미친다는 증거가 없는 데에도 불법으로 규정할 수 있는가?

5-15. 2012년 7월, Food Oddity 웹사이트는 미국과 아시아 국가들 간에 다이어트와 일반적 한 끼의 양에 현저한 차이가 있다는 것을 보여주는 인포그래픽을 올렸다. 미국의 비만인구 중 30%는 한 끼의 양이 문제였다. 미국인들의 한 끼 식사량은 아시아, 유럽 등 다른 지역의 양에 비해 압도적으로 많았다. 미국에서 패스트푸드의 한 끼 식사량은 60년 전에 비해 무려 4배가 증가했으며, 1인당 칼로리 소비량은 최고치를 나타냈다.

일본은 전 세계에서 가장 비만인구가 적은 곳이다. 일본의 성인은 미국의 성인에 비해 200칼로리를 적게 소비한다. 일본에도 수많은 패스트푸드가 있음에도 불구하고 말이다.

5-16. 2010년 Problems and Perspectives in Management 저널에 발표된 논문은 장난감 대기업인 Mattel이 중국에서 만든 그들의 제품에 심각한 문제가 있었다는 것을 보여주었다. Mattel은 80개의 생산 라인에서 만들어진 제품들에 대해 리콜을 해야 했으며, 이는 장식에 사용된 페인트의 납성분이 기준치 이상으로 포함되었기 때문이었다. 이때, Mattel은 중국의 제조업체를 통해 전체 제품의 65%를 생산했다. 이유는 간단하다. 유럽이나 미국에서 생산하는 것에 비하여 중국에서 생각하는 것이 훨씬 저렴했다. 임금이 낮고, 다른 비용들도 저렴하다. 일부에서는 법규가 까다롭지 않아서 비용을 절감할 수 있다고 주장하기도 한다. 광동성 지역에서는 거의 10,000개의 제조공장에서 150만 노동자들이 일을 하고 있다. 장난감 기업들이 중국에서 낮은 생산단가의 장점을 취하는 데에는 윤리적으로 문제가 없는가?

5-17. 시장 분석가들은 증강현실(AR: Augmented Reality) 앱이 2017년까지 대략 52억 달러 정도의 가치에 이를 것으로 보고 있다. 그럴 수도 있겠지만, AR은 모든 사람들에게 이용 가능한 것은 아니다. 당신의 국가는 이러한 차세대 기술이 충분히 활용될 만한 인프라를 갖추고 있는가?

5-18. 내용물은 적어졌는데, 일반적인 포장 크기를 유지하고 있는 브랜드가 있는가? 이러한 변화를 그 기업은 명확하게 밝히고 있는가?

응용문제

5-19. 스마트폰과 기능에 대해 각각 3~5명의 남녀를 인터뷰해 보라. 각 제품군에 대해 인지적 맵을 그려보라. 스마트폰에 대한 인지적 맵에 근거하여 볼 때, 현재 제품들이 제공하지 않는 영역들이 있는가? 제품 평가의 차원에 있어서 성별 차이는 어떤 것이며, 그들은 어떻게 다른 차원을 평가에 사용하는가?

5-20. 수년간 여러 버전을 구매해 온 좋아하는 제품을 하나 선택하라. 몇 년간 그 브랜드는 어떻게 변화해 왔는가? 더 나아지고, 커지거나 작아지고, 사용하기 편해지고, 더 나은 맛으로 바뀌는 등의 변화가 있었는가?

5-21. 제품의 색상과 디자인은 특정 타겟 집단에게 소구하기 위해 만들어진다. 색상은 남성 또는 여성 소비자들을 끌기 위해 사용된다. 로고와 포장의 디자인은 매력적으로 소구되기 위해 만들어진다. 여성보다는 남성들에게 더 효과적일 수 있는 이상적인 색, 디자인, 포장은 무엇이라고 생각하는가?

5-22. 광고를 집행하기 위한 새로운 장소를 찾는 것은 언제나 어려운 문제이다. 당신의 국가와 지역을 생각해 보자. 과거에는 광고가 집행되지 않았던 곳이지만, 지금은 효과적으로 집행되고 있는 장소는 어디인가?

사례연구Case Study

지하철 광고의 용감한 신세계

American Express, Target Stores, Coca-Cola, the Discovery Channel, Cadillac, Minute Maid, the Cartoon Network, Royal Caribbean, Calvin Klein 등의 공통점은 무엇인가? 이들은 잠재적 소비자들의 주목을 얻기 위해서 전통적인 광고 공간의 혼잡을 뚫고 성공한 기업들이다. 그 과정에서, 이들은 소비자들을 지하철 승차의 지루함으로부터 빼내어 감탄시키는 데에 성공했다.

지하철 광고는 지하철만큼이나 오래된 것이다. 그러나, 광고 매체의 선구자들인 Submedia와 Sidetrack Technologies는 이 오래된 매체에 새로운 변화를 주었다. 어린이들의 플립 책과 유사한 혁신적 테크놀로지를 적용함으로써, 어두운 지하철 터널을 주요 광고주들을 위한 가치있는 쇼케이스로 바꾸어 버렸다.

이 새로운 방법의 핵심에는 정지된 이미지를 담고 있는 일련의 광패널이 있다. 이 패널들은 500에서 1,000피트 정도의 공간을 차지하는데, 낙서, 먼지, 쥐 등이 가득한 곳이었다. 지하철이 지나갈 때, 이 광패널들은 15~30초 길이의 영상 광고로 살아난다.

광고를 방영하기 위해 또 다른 장소를 확보하는 것은 광고주들에게 그다지 매력적인 것은 아니다. 소비자들이 더욱 더 광고를 보지 않고 건너뛰는 일이 많아지고 있는 매체 환경에서는 이러한 메시지들의 지하철 터널 내 배치는 훌륭한 가능성을 제공하여 준다. 광고주들은 전형적인 혼잡 상황을 헤쳐나갈 수 있는 기회를 요구하고 있다. 이러한 광고들은 독특하기 때문에, 피곤에 찌든 승객에게조차도 주목을 끌어낼 수 있다. "우리는 승객들이 이 광고들을 보았을 때, 놀라서 계속 볼 수밖에 없을 것이라 생각한다"고 Royal Caribbean의 마케팅 및 영업 부문 수석부사장인 Dan Hanrahan은 언급했다.

그러나, 이 매체의 독특함은 이러한 광고 대행사들의 성공 요인들 중 일부분에 불과하다. 나머지는 지하철 승객의 특성에 기인한다. "많은 사람들이 얘기하길, 이 광고들이 지하철 탑승의 지루함에서 벗어날 수 있게 해줬다고 했다"고 뉴욕시 기반의 Submedia의 창립자인 Joshua Spodek이 언급했다. "이것은 Vermont주의 아름다운 지역을 드라이빙할 때 좋은 경치로부터 시선을 빼앗아가는 입간판하고는 질적으로 다른 것이다. 지하철 터널은 준공업적 환경이다."

이 광고들이 지루한 승객들로 하여금 뭔가 할 일을 만들어준 것이든, 새로운 옥외광고 흐름의 최신식 모습이든 간에 업계에서는 대중들의 반응은 놀랄 만큼 긍정적이었다고 밝혔다. Submedia의 발표에 의하면, 승객의 87%가 그 다음 Submedia 광고를 기대하고 있으며, 60%의 승객들은 이 광고들이 그들을 보다 즐겁게 해 준다고 응답했다.

이와 같은 응답들은 언더그라운드 광고 대행사들의 주장을 믿도록 해 준다. 92% 이상의 소비자들은 광고에 나타난 제품들을 기억한다고 했다. 이는 TV 광고의 일반적 회상률 13%와 큰 차이를 보이는 것이다. 이것은 단지 대행사만을 위한 것이 아닌, 엄청난 광고 매출을 의미한다. 대중 교통 협회는 이러한 비사용 부동산 부분에 대한 대여를 통해 엄청난 2차적 수입을 올릴 수 있다는 사실을 깨달았다.

북미, 남미, 아시아, 유럽 등에서 이러한 대중교통 시스템의 터널을 밝히고 있으며, 이러한 광고들은 사실 모든 광고주들이 꿈꿔왔던 것이다. 사람들이 자기 갈 길을 벗어나 보게 되는 광고가 그것이다. 너무나 많은 광고들에 대해 갈수록 회의적인 시각이 팽배해 지는 상황에서 이러한 새로운 플랫폼의 등장은 성공으로의 길을 보여준다.

토의문제

CS 5-1 본 장에서 제시한 주목의 원칙에 근거하여, 왜 승객들이 이러한 새로운 광고들을 긍정적으로 받아들이게 되는지를 설명하시오.

CS 5-2 광고 제작자들이 이러한 매체의 잠재적 소멸을 회피하기 위해 고려하는 것은 무엇인지, 동일한 원칙을 사용하여 설명하시오.

출처: www.submediaworld.com/submediaworld/Tunnel_Advertising, accessed July 23, 2013; Katy Bachman, "Underground Film," Mediaweek 18, no. 15 (April 14, 2008): 24; Louis M. Brill, "Subway In-Tunnel Advertising Gives Outdoor a New Direction," www.sub-media.com/press, accessed May 23, 2009.

참조

1. http://www.milkunleashed.com/shelf-safe-milk/aseptic-packaging-uht-milk.html, accessed July 22, 2013; http://wiki.answers.com/Q/What_is_the_difference_between_fresh_milk_and_uht_treated_milk_and_any_advantages_and_disadvantages, accessed March 28, 2011; Craig Baumrucker, "Why Does Organic Milk Last So Much Longer Than Regular Milk?," *Scientific American* (June 6, 2008), www.scientificamerican.com/article.cfm?id=experts-organic-milk-lasts-longer, accessed June 30, 2009.
2. http://www.universalorlando.com/Theme_Parks/Universal_Studios_-Orlando/Attractions/fear_factor_live.aspx, accessed March 28, 2011; Nat Ives, "Putting Some Terror in Family Outings," *New York Times* (January 17, 2005), www.nytimes.com, accessed January 17, 2005.
3. Ryan S. Elder and Aradhna Krishna, "The Effects of Advertising Copy on Sensory Thoughts and Perceived Taste," *Journal of Consumer Research* 36, no. 5 (2010), 748–56.
4. Glenn Collins, "Owens-Corning's Blurred Identity," *New York Times* (August 19, 1994): D4.
5. Elizabeth C. Hirschman and Morris B. Holbrook, "Hedonic Consumption:

Emerging Concepts, Methods, and Propositions," *Journal of Marketing* 46 (Summer 1982): 92–101.
6. Joan Myers-Levy, Rui (Juliet) Zhu, and Lan Jiang, "Context Effects From Bodily Sensations: Examining Bodily Sensations Induced by Flooring and the Moderating Role of Product Viewing Distance," *Journal of Consumer Research* 37 (June 2010): 1–14.
7. Jiewen Hong and Yacheng Sun, "Warm It Up with Love: The Effect of Physical Coldness on Liking of Romance Movies," *Journal of Consumer Research* 39, no. 2 (August 2012): 293–306.
8. Aradhna Krishna, May O. Lwin, and Maureen Morrin, "Product Scent and Memory," *Journal of Consumer Research* 37 (2010, June): 57–67.
9. Adam Bryant, "Plastic Surgery at AmEx," *Newsweek* (October 4, 1999): 55.
10. Amitava Chattopadhyay, Gerald J. Gorn, and Peter R. Darke, *Roses Are Red and Violets Are Blue—Everywhere? Cultural Universals and Differences in Color Preference among Consumers and Marketing Managers* (unpublished manuscript, University of British Columbia, Fall 1999); Joseph Bellizzi and Robert E. Hite, "Environmental Color, Consumer Feelings, and Purchase Likelihood," *Psychology & Marketing* 9 (1992): 347–63; Ayn E. Crowley, "The Two-Dimensional Impact of Color on Shopping," *Marketing Letters* 4 (January 1993); Gerald J. Gorn, Amitava Chattopadhyay, and Tracey Yi, *Effects of Color as an Executional Cue in an Ad: It's in the Shade* (unpublished manuscript, University of British Columbia, 1994).
11. Virginia Postrel, "The New Trend in Spending," *New York Times* (September 9, 2004), www.nytimes.com, accessed September 9, 2004.
12. Emily Cadei, "Cleaning Up: S. F. Duo Putting a Shine on Its Product Line," *San Francisco Business Times Online Edition* 17, no. 16 (December 6, 2002).
13. Martin Reimann, Judith Zaichkowsky, Carolin Neuhaus, Thomas Bender, and Bernd Weber, "Aesthetic Package Design: A Behavioral, Neural, and Psychological Investigation," *Journal of Consumer Psychology* 20 (2010): 431–41.
14. Pam Belluck, "Reinvent Wheel? Blue Room. Defusing a Bomb? Red Room," *New York Times* (February 5, 2009), www.nytimes.com, accessed February 5, 2009.
15. Mark G. Frank and Thomas Gilovich, "The Dark Side of Self and Social Perception: Black Uniforms and Aggression in Professional Sports," *Journal of Personality & Social Psychology* 54 (1988): 74–85.
16. Pamela Paul, "Color by Numbers," *American Demographics* (February 2002): 31–36.
17. Paulette Thomas, "Cosmetics Makers Offer World's Women an All-American Look with Local Twists," *Wall Street Journal* (May 8, 1995): B1.
18. Marc Gobé, *Emotional Branding: The New Paradigm for Connecting Brands to People* (New York: Allworth Press, 2001).
19. Dirk Olin, "Color Cognition," *New York Times* (November 30, 2003), www.nytimes.com, accessed November 30, 2003.
20. "Ny Emballage og Ny Navn Fordoblede Salget," *Markedsforing* 12 (1992): 24. Adapted from Michael R. Solomon, Gary Bamossy, and Soren Askegaard, *Consumer Behavior: A European Perspective*, 2nd ed. (London: Pearson Education, 2001).
21. Meg Rosen and Frank Alpert, "Protecting Your Business Image: The Supreme Court Rules on Trade Dress," *Journal of Consumer Marketing* 11 (1994): 50–55.
22. Excerpted from http://www.pantone.com/pages/fcr.aspx?p-g=21058&ca=4, accessed March 2, 2013.
23. Ana Teriz, "Smells Like Celeb Spirit," *BrandChannel* (October 29, 2010), http://www.brandchannel.com/home/post/2010/10/29/Smells-like-Celeb-Spirit.aspx, accessed March 27, 2011.
24. Deborah J. Mitchell, Barbara E. Kahn, and Susan C. Knasko, "There's Something in the Air: Effects of Congruent or Incongruent Ambient Odor on Consumer Decision-Making," *Journal of Consumer Research* 22 (September 1995): 229–38; for a review of olfactory cues in store environments, see also Eric R. Spangenberg, Ayn E. Crowley, and Pamela W. Henderson, "Improving the Store Environment: Do Olfactory Cues Affect Evaluations and Behaviors?" *Journal of Marketing* 60 (April 1996): 67–80.
25. Krishna Aradhna, May O. Lwin, and Maureen Morrin, "Product Scent and Memory," *Journal of Consumer Research* 37, no. 1 (2010), 57–67.
26. "Lithuania Launches National Perfume," *Newstalk ZB/ONE News* (January 5, 2011), http://tvnz.co.nz/world-news/lithuania-launches-national-perfume-3992387, accessed March 27, 2011.
27. Emily Bryson York, "Make Your Man a Flamer, Mmmmmmm. Fresh Meat," *Advertising Age* (December 15, 2008), http://adage.com/adages/post?article_id=133264, accessed December 15, 2008.
28. Pam Scholder Ellen and Paula Fitzgerald Bone, "Does It Matter if It Smells? Olfactory Stimuli as Advertising Executional Cues," *Journal of Advertising* 27 (Winter 1998): 29–40.
29. Jack Hitt, "Does the Smell of Coffee Brewing Remind You of Your Mother?" *New York Times Magazine* (May 7, 2000): 73–77.
30. Quoted in Julie Jargon, "At Starbucks, It's Back to the Grind," *Wall Street Journal* (June 17, 2009), online at wsj.com/article/SB124517480498919731.html, accessed June 17, 2009.
31. Maxine Wilkie, "Scent of a Market," *American Demographics* (August 1995): 40–49.
32. Nicholas Wade, "Scent of a Man Is Linked to a Woman's Selection," *New York Times* (January 22, 2002), www.nytimes.com, accessed January 22, 2002.
33. Kara Newman, "How to Sell with Smell," *Business 2.0* (April 2007): 36.
34. Quoted in Sheila Shayon, "World Cup Winner: Coca-Cola for Sonic Branding," *BrandChannel* (July 12, 2010), http://www.brandchannel.com/home/post/2010/07/12/Coca-Cola-World-Cup-Wavin-Flag.aspx, accessed March 28, 2011.
35. Bruce G. Vanden Bergh, Janay Collins, Myrna Schultz, and Keith Adler, "Sound Advice on Brand Names," *Journalism Quarterly* 61, no. 4 (1984): 835–40; Eric Yorkston and Geeta Menon, "A Sound Idea: Phonetic Effects of Brand Names on Consumer Judgments," *Journal of Consumer Research* 31 (June 2004): 43–51; Keith S. Coulter and Robin A. Coulter, "Small Sounds, Big Deals: Phonetic Symbolism Effects in Pricing," *Journal of Consumer Research* 37, no. 2 (2010): 315–28.
36. "You Can Look—But Don't Touch," *Science Daily* (January 20, 2009), www.sciencedaily.com, accessed January 30, 2009; Joann Peck and Suzanne B. Shu, "The Effect of Mere Touch on Perceived Ownership," *Journal of Consumer Research* 36, no. 3 (2009): 434–47.
37. Sarah Ellison and Erin White, "'Sensory' Marketers Say the Way to Reach Shoppers Is the Nose," *Advertising Age* (November 24, 2000): 1–3.
38. Jacob Hornik, "Tactile Stimulation and Consumer Response," *Journal of Consumer Research* 19 (December 1992): 449–58.
39. Brett A. S. Martin, "A Stranger's Touch: Effects of Accidental Interpersonal Touch on Consumer Evaluations and Shopping Time," *Journal of Consumer Research* 39, no. 1 (June 2012): 174–184.
40. J. Peck and T. L. Childers, "Individual Differences in Haptic Information Processing: The 'Need for Touch' Scale," *Journal of Consumer Research* 30, no. 3 (2003): 430–42.
41. Material adapted from a presentation by Glenn H. Mazur, QFD Institute, 2002.
42. Joseph B. White, "Taller in the Saddle: Higher Driver's Seats in Sedans Are Effort to Appeal to Fans of SUVs and Minivans," *Wall Street Journal* (August 23, 2004), www.wsj.com, accessed August 23, 2004.
43. Claire Cain Miller, "To Win Over Users, Gadgets Have to Be Touchable," *New York Times* (September 1, 2010), http://www.nytimes.com/2010/09/01/technology/01touch.html?_r=1&emc=tnt&tntemail0=y, accessed March 27, 2011.
44. John Tagliabue, "Sniffing and Tasting with Metal and Wire," *New York Times* (February 17, 2002), www.nytimes.com, accessed February 17, 2002.
45. Michael W. Allen, Richa Gupta, and Arnaud Monnier, "The Interactive Effect of Cultural Symbols and Human Values on Taste Evaluation," *Journal of Consumer Research* 35 (August 2008): 294–308.
46. Becky Gaylord, "Bland Food Isn't So Bad—It Hurts Just to Think about This Stuff," *Wall Street Journal* (April 21, 1995): B1.
47. Stephanie Clifford and Catherine Rampell, quoted in "Food Inflation Kept Hidden in Tinier Bags," *New York Times* (March 28, 2011), http://www.nytimes.com/2011/03/29/business/29shrink.html?pagewanted=all, accessed March 29, 2011.
48. Ellen Byron, "Selling Detergent Bottles' Big Shrink Suds Makers' Challenge: Convince Consumers Less Isn't Really Less," *Wall Street Journal* (May 21, 2007), www.wsj.com, accessed May 21, 2007.
49. Michael Lev, "No Hidden Meaning Here: Survey Sees Subliminal Ads," *New York Times* (May 3, 1991): D7.
50. "ABC Rejects KFC Commercial, Citing Subliminal Advertising," *Wall Street Journal* (March 2, 2006), www.wsj.com, accessed March 2, 2006.
51. Andrew B. Aylesworth, Ronald C. Goodstein, and Ajay Kalra, "Effect of Archetypal Embeds on Feelings: An Indirect Route to Affecting Attitudes?" *Journal of Advertising* 28, no. 3 (Fall 1999): 73–81.
52. Joel Saegert, "Why Marketing Should Quit Giving Subliminal Advertising the Benefit of the Doubt," *Psychology & Marketing* 4 (Summer 1987): 107–20; see also Dennis L. Rosen and Surendra N. Singh, "An Investigation of Subliminal Embed Effect on Multiple Measures of Advertising Effectiveness," *Psychology & Marketing* 9 (March–April 1992): 157–73; for a more recent review, see Kathryn T. Theus, "Subliminal Advertising and the Psychology of Processing Unconscious Stimuli: A Review of Research," *Psychology & Marketing* (May–June 1994): 271–90.
53. Joseph Burris, "Plugged-in Generation Multi-Tasking Big Time," *Baltimore Sun* (February 17, 2010), http://articles.baltimoresun.com/2010-02-17/features/bal-md.pa.kids17feb17_1_cell-phones-multi-tasking-parental-controls, accessed May 5, 2011.
54. Sharon Waxman, "At an Industry Media Lab, Close Views of Multitasking," *New York Times* (May 15, 2006), http://www.nytimes.com/2006/05/15/technology/15research.html, accessed August 22, 2011.

55. Matt Richtel, "Attached to Technology and Paying a Price," *New York Times* (June 6, 2010), http://www.nytimes.com/2010/06/07/technology/07brain.html?pagewanted=1, accessed April 17, 2011.
56. Brian Steinberg, "How to Keep Ad Skippers from Fast-Forwarding Your Ad," *Advertising Age* (March 31, 2009), www.adage.com, accessed March 31, 2009.
57. A. Selin Atalay, H. Onur Bodur, and Dina Rasolofoarison, "Shining in the Center: Central Gaze Cascade Effect on Product Choice," *Journal of Consumer Research* 39, no. 4 (December 2012): 848–866.
58. Stuart Elliott, "Trying to Keep the Viewers When the Ads Come On," *New York Times* (May 14, 2007), www.nytimes.com, accessed May 14, 2007.
59. Lee Gomes, "As Web Ads Grow, Sites Get Trickier about Targeting You," *Wall Street Journal* (May 9, 2007): B1.
60. Rik Pieters, Michel Wedel, and Rajeev Batra, "The Stopping Power of Advertising: Measures and Effects of Visual Complexity," *Journal of Marketing* 74 (September 2010): 48–60.
61. Roger Barton, *Advertising Media* (New York: McGraw-Hill, 1964).
62. Suzanne Oliver, "New Personality," *Forbes* (August 15, 1994): 114.
63. Adam Finn, "Print Ad Recognition Readership Scores: An Information Processing Perspective," *Journal of Marketing Research* 25 (May 1988): 168–77.
64. Gerald L. Lohse, "Consumer Eye Movement Patterns on Yellow Pages Advertising," *Journal of Advertising* 26 (Spring 1997): 61–73.
65. Chris Sherman, "A New F-Word for Google Search Results," *Search Engine Watch* (March 8, 2005), http://searchenginewatch.com/3488076, accessed June 29, 2010.
66. Michael R. Solomon and Basil G. Englis, "Reality Engineering: Blurring the Boundaries Between Marketing and Popular Culture," *Journal of Current Issues & Research in Advertising* 16, no. 2 (Fall 1994): 1–18; Michael McCarthy, "Ads Are Here, There, Everywhere: Agencies Seek Creative Ways to Expand Product Placement," *USA Today* (June 19, 2001): 1B.
67. Linda Stern, "Bigger Than at Times Square," *Newsweek* (March 24, 2008), www.newsweek.com.
68. Benedict Carey, "Liked the Show? Maybe It Was the Commercials," *New York Times* (March 2, 2009), http://topics.nytimes.com/topics/reference/timestopics/people/c/benedict_carey/index.html, accessed March 3, 2009.
69. Nicholas Bakalar, "If It Says McDonald's, Then It Must Be Good," *New York Times* (August 14, 2007), www.nytimes.com, accessed August 14, 2007.
70. Robert M. McMath, "Image Counts," *American Demographics* (May 1998): 64.
71. Brian Wansink, James Painter, and Koert van Ittersum, "Descriptive Menu Labels' Effect on Sales," *Cornell Hotel & Restaurant Administration Quarterly* (December 2001): 68–72.
72. Xiaoyan Deng and Barbara E. Kahn, "Is Your Product on the Right Side? The 'Location Effect' on Perceived Product Heaviness and Package Evaluation," *Journal of Marketing Research* 46, no. 6 (December 2009): 725–738.
73. Pankaj Aggarwal and Ann L. McGill, "Is That Car Smiling at Me? Schema Congruity as a Basis for Evaluating Anthropomorphized Products," *Journal of Consumer Behavior* 34 (December 2007): 468–79.
74. Anthony Ramirez, "Lessons in the Cracker Market: Nabisco Saved New Graham Snack," *New York Times* (July 5, 1990): D1.
75. Albert H. Hastorf and Hadley Cantril, "They Saw a Game: A Case Study," *Journal of Abnormal & Social Psychology* 49 (1954): 129–34; see also Roberto Friedmann and Mary R. Zimmer, "The Role of Psychological Meaning in Advertising," *Journal of Advertising* (1988): 31–40.
76. Robert M. McMath, "Chock Full of (Pea)nuts," *American Demographics* (April 1997): 60.
77. Benedict Carey, "Knowing the Ingredients Can Change the Taste," *New York Times* (December 12, 2006), www.nytimes.com, accessed December 12, 2006.
78. See David Mick, "Consumer Research and Semiotics: Exploring the Morphology of Signs, Symbols, and Significance," *Journal of Consumer Research* 13 (September 1986): 196–213.
79. Teresa J. Domzal and Jerome B. Kernan, "Reading Advertising: The What and How of Product Meaning," *Journal of Consumer Marketing* 9 (Summer 1992): 48–64.
80. Arthur Asa Berger, *Signs in Contemporary Culture: An Introduction to Semiotics* (New York: Longman, 1984); David Mick, "Consumer Research and Semiotics," 196–213; Charles Sanders Peirce, in Charles Hartshorne, Paul Weiss, and Arthur W. Burks, eds., *Collected Papers* (Cambridge, MA: Harvard University Press, 1931–1958); cf. also V. Larsen, D. Luna, and L. A. Peracchio, "Points of View and Pieces of Time: A Taxonomy of Image Attributes," *Journal of Consumer Research* 31, no. 1 (2004): 102–11.
81. Rob Walker, "False Endorsement," *New York Times Magazine* (November 18, 2007), www.nytimes.com/2007/11/18/magazine/18wwln-consumed-t.html?_r=1&, accessed November 24, 2007; David Edery, "Reverse Product Placement in Virtual Worlds," *Harvard Business Review* (December 2006), http://hbr.org/2006/12/reverse-product-placement-in-virtual-worlds/ar/1, accessed August 22, 2011.
82. Walker, "False Endorsement."
83. Steven Heller, "A Makeover for the Starbucks Mermaid," *New York Times* (January 8, 2011), http://www.nytimes.com/2011/01/09/weekinreview/09heller.html?_r=1&scp=2&sq=starbucks&st=cse, accessed March 27, 2011.
84. Gabriel Kahn, "Chinese Characters Are Gaining New Meaning as Corporate Logos," *Wall Street Journal Interactive Edition* (July 18, 2002).
85. Natalie Zmuda, "Why Tommy Hilfiger Boosted Ad Budget by 60%, Aired First Branded TV Spot Since 2005," *Ad Age CMO Strategy*, http://adage.com/article/cmo-strategy/marketing-tommy-hilfiger-boosted-ad-budget-60/147258/, accessed April 28, 2011.
86. Dexter Dining Room and Kitchen, *Metropolitan Home* (March 2009), www.metropolitanhome.com, accessed January 27, 2009.
87. Bob Teheschi, "Seeing the World Around You Through Your Phone," *New York Times* (July 28, 2010), http://www.nytimes.com/2010/07/29/technology/personaltech/29smart.html?emc=tnt&tntemail0=y, accessed March 28, 2011.
88. Lauren Johnson, "Augmented Reality Apps Predicted to Generate $300M in 2013: study," *Mobile Marketer* (November 7, 2012), http://www.mobilemarketer.com/cms/news/research/14159.html, accessed January 21, 2013.
89. Adapted from Michael R. Solomon and Elnora W. Stuart, *Marketing: Real People, Real Choices*, 2nd ed. (Upper Saddle River, NJ: Prentice Hall, 2000).
90. William Echikson, "Aiming at High and Low Markets," *Fortune* (March 22, 1993): 89.
91. Jenny H. Ledikwe, Julia A. Ello-Martin, and Barbara J. Rolls, "Portion Sizes and the Obesity Epidemic," *The Journal of Nutrition* 135, no. 4 (April 1, 2005): 905–09, http://jn.nutrition.org/content/135/4/905.long.
92. Sarah D. Stanwick and Peter A. Stanwick, "The Ethics of Outsourcing at Mattel," *Problems and Perspectives in Management* 8, no. 4 (2010): 179–83, http://businessperspectives.org/journals_free/ppm/2010/PPM_EN_2010_04_cont_Stanwick.pdf, accessed on December 17, 2013.

Chapter 6 • 학습과 기억

Chapter Objectives

이 장을 끝마칠 때, 당신은 다음의 사항들을 이해해야 한다:

1. 소비자가 제품과 서비스에 대해 어떻게 학습하는지를 이해하는 것이 중요하다.
2. 조건화는 학습으로 귀결된다.
3. 브랜드에 대해 학습된 연상은 다른 제품에 대해 일반화되며, 이러한 사실은 마케터에게 중요하다.
4. 고전적 조건화와 도구적 조건화에는 차이가 있으며, 이러한 과정들은 소비자들이 제품을 학습하는 데에 필요하다.
5. 다른 사람의 행동을 관찰함으로써 제품을 학습한다.
6. 우리의 뇌는 브랜드 관련 정보를 기억에 저장하도록 처리한다.
7. 우리가 어떤 특정 제품과 연관지어 생각하는 다른 제품들은 그것을 기억하는 데 영향을 미친다.
8. 제품들은 우리가 과거의 기억들을 떠올리는 데에 도움이 된다.
9. 마케터는 제품과 광고에 대한 기억을 측정한다.

오! 일요일 아침! 태양은 빛나고, 새들은 노래하고, Joe는 아주 기분이 좋다! 그는 빈티지 Levi's 청바지(1968년산)와 Woodstock 티셔츠(2009년에 나온 모조품이 아닌, 진짜 "Woodstock")를 입고 주방으로 느릿느릿 내려간다. 그는 아침 계획을 떠올리며 미소 짓는다. 그는 막 대학 동창회에서 돌아왔고, 그가 본 모든 사람들과 그들의 오래된 익살스러운 행동에 대해 들은 이야기들을 "처리하는" 시간이다. Joe는 Lava Lamp에 엔진을 걸고, 턴 테이블에 Jefferson Airplane의 음반을 틀고(아, 레코드판의 고귀한 즐거움), 그리고 그가 아주 좋아하는 시리얼 Cap'n Crunch가 가득한 큰 그릇을 붙잡은 채로 그의 푹신한 의자에 깊숙이 앉는다. 기억이 시작된다!

출처: Photos.com/Thinkstock.

목표 1

소비자가 제품과 서비스에 대해 어떻게 학습하는지를 이해하는 것이 중요하다.

학습

Joe는 그를 기분 좋게 만드는 많은 제품들의 도움을 받아 시간을 거슬러 여행을 한다. 왜냐하면 그것들은 그의 추억들을 상기시켜 주기 때문이다. 제품은 향수를 상품화한다. Pepsi는 "Throwback" 캠페인을 시작했는데, 예전 오리지널 버전의 모습을 띈 Pepsi Throwback, Mountain Dew Throwback, Doritos Taco-Flavored 등을 판매한다. 1970년대에 인기를 끌던 캐릭터들을 등장시키기도 한다. Pepsi의 마케팅 담당자는 "과거에 대한 회상은 20대에게도 신선한 매력이 있다. 그들이 원하는 단순하고, 깨끗하고, 진정한 삶에 대한 욕구와 연관되기 때문이다. 그들 대부분은 Facebook, Instagrams, Twitter를 비롯한 다양한 소셜미디어를 통한 정체성 창조를 하고 있으며, 향수를 남들과의 차별화 방법으로 보고 있다.

학습(Learning)은 경험에 의해 야기된 행동에 있어서의 비교적 영구적인 변화이다. 학습자는 직접적으로 경험할 필요가 없으며, 다른 사람들에게 영향을 주는 사건/사상들을 관찰할 때 학습할 수 있다. 우리는 심지어 무엇을 시도하지 않을 때에도 학습한다. 예를 들면, 우리는 많은 브랜드명을 인지하고, 우리가 개인적으로 사용하지 않는 많은 제품의 로고송을 흥얼거린다. 이 지식의 우연하고도 의도하지 않은 획득을 **우연적 학습**(incidental learning)이라고 부른다.

학습은 지속적인 진행 과정이다. 세계에 관한 우리의 지식은 새로운 자극에 노출되고, 차후의 유사 상황에서 행동을 수정하도록 하는 지속적 피드백을 받음으로써 끊임없이 변모한다. 학습의 개념은 제품 로고(예, Coca-Cola)와 같은 자극과 반응(예, "시원한 탄산 음료") 사이의 단순한 연상으로부터 복잡한 인지적 활동(예, 소비자 행동 시험을 위해 학습에 관한 논문을 쓰는 것)에 이르기까지 많은 부분에 해당된다.

학습 분야 심리학자들은 학습 과정을 설명하기 위해 몇 가지 이론을 발전시켜 왔

출처: dotshock/Shutterstock.

Marketing Opportunity

중국의 충산층이 증가하고 있으나, 젊은 소비층은 쇼핑의 여러가지 측면에서 대해 배워야 할 것이 많다. 그들은 새 집에 TV를 비롯한 가전제품을 설치해야 하며, 월수입의 30%를 저축해야 한다. 신용카드는 아직 사용해 본 적이 없다. 많은 중국인 쇼핑객들은 흥정을 해서 값을 깎으려 하고, 이것은 미국 기업들이 극복해야 하는 것이다. "우리는 이 모든 물건들에 대해 배울 필요가 있다. 우리 부모들은 이것들 대부분을 사용해 본 적이 없기 때문이다"라는 한 소비자의 얘기가 이를 대변한다.

이것이 Best Buy가 중국에서 사업을 시작하면서 Five Star Brand를 설립하기로 결정한 이유이다. 이 매장들에서는 직원들은 고객들이 생전 사용해 본 적이 없는 비싼 제품들을 고려하는 과정에서 세세한 가이드를 다 하게 된다. 점원은 고객에게 체리 토마토를 권하기도 하며, 마사지 의자를 제공하기도 한다. 물론 후에 그 마사지 의자의 구매를 권하게 된다. Five Star는 고객들이 각 브랜드의 판매원들이 주장하는 것이 서로 상충될 때, 이를 해결하는 "해결 전문가"를 제공한다. 이 가이드들은 충성 고객들의 연계를 만들어내고, 중요한 결정에서 친분에 의한 관계가 매우 중요한 역할을 하는 중국의 관심을 잘 활용하게 된다.

다. 이 이론들은 단순한 자극-반응 관계(행동적 이론)에 초점을 두는 것들로부터 타인이 말하고 행동하는 것을 관찰할 때 추상적인 규칙들과 개념을 학습하는 복잡한 문제 해결자로서의 소비자를 간주하는 관점(인지적 이론)에 이르기까지 다양하다. 마케터는 이러한 이론들을 이해해야 하며, 이는 기본적인 학습의 원칙들이 소비자들의 많은 구매 결정에 있어서의 핵심이기 때문이다.

목표 2

조건화는 학습으로 귀결된다.

행동적 학습 이론

행동적 학습 이론(Behavioral learning theories)은 학습이 외부적 사건에 대한 반응의 결과로서 발생한다고 가정한다. 이 관점을 지지하는 심리학자들은 내부적 사고 과정에 대해 초점을 두지 않는다. 대신, 이들은 행동의 관찰가능한 부분을 강조하며, 마음을 "블랙박스"로 간주한다. 관찰 가능한 면들은 그 상자 안에 있는 것들(외부 세상으로부터 지각된 자극 혹은 사건)과 그 상자로부터 나오는 것들(반응 혹은 이 자극에 대한 반응)로 구성된다.

학습에 대한 두 가지 주요 접근은 고전적 조건화와 도구적 조건화이다. 행동적 학습 관점에 따르면, 삶을 통해 얻게 되는 피드백은 우리의 경험을 형성한다. 이와 비슷하게, 우리는 일정 기간 동안 형성한 학습된 연계 때문에 브랜드명, 향기, CM송 등의 다른 마케팅 자극에 반응한다. 사람들은 역시 그들이 취하는 행동에 대해서는 보상과 처벌의 결과가 따른다는 것을 학습한다. 이 피드백은 미래의 유사한 상황에서 반응하는 방식에 영향을 준다. 제품 선택에 대한 보상을 받는 소비자들은 그 브랜드를 다시 구입할 가능성이 높을 것이고, 반면에 새로운 레스토랑에서 식중독에 걸린 소비자들은 미래에 그곳에 단골로 다닐 가능성이 적을 것이다.

고전적 조건화(Classical conditioning)는 반응을 이끌어내는 한 자극이 처음에 그것 스스로 반응을 이끌어내지 못한 다른 자극과 짝을 이룰 때 발생한다. 시간이 흐름에 따라, 이 두 번째 자극은 유사한 반응을 초래한다. 왜냐하면 우리는 첫 번째 자극과 그것

어떤 광고 메시지들은 나쁜 냄새와 같은 부정적인 결과를 회피하려는 동기에 소구한다. 이 인도의 민트 광고는 그러한 사례라 할 수 있다
출처: McCann Erickson India.

을 연관시키기 때문이다. 동물의 소화에 대해 연구를 실시한 러시아의 심리학자 Ivan Pavlov는 개를 통해서 처음으로 이 현상을 설명했다. Pavlov는 중성 자극(종소리)과 개의 타액 분비 반응을 유발시키는 것으로 알려진 자극(개에게 육포 가루를 주었다)을 함께 짝지었을 때 고전적인 조건화된 학습이 유발한다는 것을 알아냈다. 그 가루는 반응을 자연적으로 유발할 수 있기 때문에 **무조건적 자극**(unconditioned stimulus: UCS)이다. 시간이 흐르면, 그 종소리는 **조건화 자극**(conditioned stimulus: CS)이 된다. 그것은 처음에는 타액 분비를 발생하지 않았지만, 그 개들이 육포 가루와 종소리를 연상하는 것이 학습되고, 궁극적으로는 단지 종소리에도 침을 흘리기 시작했다. 먹이 주는 시간에 연계된 소리 때문에 이 개와 같은 소비자들이 침을 흘리는 것은 **조건화 반응**(conditioned response: CR)이다.

Pavlov가 설명한 고전적 조건화의 기본적인 형태는 우선적으로 자동적 체계(예, 타액 분비)와 신경 체계(예, 눈 깜박거림) 통제에 대한 반응에 적용되었다. 즉, 그것은 배고픔, 갈증, 성적 각성 등을 포함하는 시각적이고, 후각적인 단서들에 초점을 둔다. 마케터가 지속적으로 이 단서들을 브랜드명과 같은 조건화된 자극들과 짝지을 때, 소비자들은 나중에 이 브랜드 단서들과 마주쳤을 때 배고픔, 갈증, 혹은 각성을 느끼도록 학습되는 것이다.

Net Profit

얼마나 자주 광고주들이 웹사이트에 게재한 광고를 반복하는가? 최근의 한 연구는, 이 질문에 대 한 해답이 그 사이트에 경쟁 광고가 있는지, 그 웹사이트의 내용과 관련이 있는지 등에 달려 있다고 주장한다. 이 연구는 반복적인 광고 메시지는 광고된 제품(이 경우에는 노트북 컴퓨터)에 관해 더 학습하는 데 높은 회상과 관심을 일으킨다는 일반적인 사고를 지지하는 것을 발견했다. 그러나 같은 광고를 반복하는 것은 경쟁자들 역시 그 사이트에 광고를 보여줄 때 효과적이었다. 다른 관점에서 보면, 그 노트북 컴퓨터에 대한 광고 메시지를 다양하게 하는 것이 더 낫다(아마도 동일한 광고가 반복적으로 나타난다면 사람들이 그 광고를 보지 않을 것이기 때문이다). 그리고, 이 광고들이 제품과 관련된 내용의 한 사이트에 나타났을 때 더 효과적이었다.

고전적 조건화는 더 복잡한 반응들에서도 유사한 효과를 가질 수 있다. 심지어 신용카드가 큰 지출을 유발하는 조건화된 자극이 되기도 한다. 특히 우리가 돈을 지출하는 상황에서 제시되기 때문이다. 사람들은 그들이 신용카드로 더 많이 구매를 하고, 현금으로 지불할 때보다 많은 팁을 남긴다는 것을 학습한다. American Express가 "그것 없이 집을 나가지 말라"고 우리를 상기시키는 것은 당연하다.

반복

조건화 효과들은 조건 자극(CS)과 무조건 자극(UCS)이 여러 번 짝지어진 후에 더욱 발생하기쉽다. 반복된 노출, 즉 **반복**(repetition)은 자극-반응 간 연상의 강도를 증가시키고, 기억에서 이 연상이 쇠퇴하는 것을 방지한다. 일부 연구들은 노출 사이의 간격은 마케터가 사용하는 매체의 형태와 더불어 이 전략의 효과에 영향을 줄 수 있다고 보고했다. 가장 효과적인 반복 전략은 인쇄 매체로 TV 광고를 보완하는 것과 같이 관여가 다른 차별적 매체를 번갈아가면 사용하는 방식의 간헐적 노출 조합이다.

많은 고전적 광고 캠페인들은 소비자들의 마음에 제품을 새기기 위해 제품 슬로건을 자주 반복해 왔다. CS가 우연에 의해서만 UCS와 짝을 이루게 되면 조건화는 발생하지 않거나 시간이 오래 걸려 형성될 것이다. 연상 부족의 한 결과는 이전 조건화의 효과가 감소하다가 결국 사라질 때 발생하는 **소멸**(extinction)이다. 예를 들면, 이것은 한 제품이 시장에서 과잉 노출되어 그것의 본래 매력을 잃게 되었을 때 발생할 수 있다. 독특한 악어 장식을 가진 Izod Lacoste의 폴로 셔츠는 이러한 효과의 좋은 예이다. 한때 독점적으로 나타난 악어 아기 옷과 많은 다른 품목에 나타나면서, 그것의 독특성을 잃었다. Ralph Lauren의 폴로셔츠 같은 경쟁자들이 우아한 캐주얼의 상징으로서 이 분야의 대표성을 얻는 데에 성공적으로 도전했다. 오늘날 Izod는 그들의 로고를 나타내는 것에 더 주의를 기울이고 있으며, 그 브랜드는 일부 집단에서 그것의 "멋진 모습(cool)"을 회복하기 시작했다.

자극 일반화

자극 일반화(stimulus generalization)는 CS와 비슷한 자극이 유사한 조건화된 반응을 일으키는 경향을 말한다. 예를 들면, Pavlov는 후속 연구에서 개가 열쇠 짤랑거리는 소리와 같이 종소리와 비슷한 소리를 들었을 때 종종 침을 흘린다는 것을 알게 되었다.

사람들은 또한 원래의 자극에 반응했던 같은 방식으로 다른 유사한 자극에 반응한다. 이 일반화를 **후광 효과**(halo effect)라고 부른다. 유명한 구강청결제인 Listerine과 의도적으로 유사한 용기를 사용하는 제품은 이러한 모방("me-too") 제품이 본래의 다른 특성들을 함께 갖는다고 가정하는 소비자들 사이에서 유사한 반응을 일으킨다. 또한 샴푸 브랜드에 관한 한 연구에서 소비자들은 포장이 유사하면, 품질과 성능도 유사하다고 평가하는 경향이 있었다. 이 "따라하기(piggybacking)" 전략은 장단점이 있다. 이 모방 제품의 품질이 원래의 브랜드보다 낮다고 나타났을 때, 소비자들은 진품에 대해 더 긍정적인 감정들을 나타낸다. 그러나 만약 두 경쟁자들의 품질이 동등하다고 인식한다면, 소비자들은 진품에 대해 지불하는 가격 프리미엄이 가치가 없다고 결론 내리게 된다.

자극 변별

자극 변별(Stimulus discrimination)은 UCS가 CS와 유사한 자극을 따르지 않을 때 발

CB AS I SEE IT

William E. Baker 교수, *University of Akron*

브랜드 인지와 친숙은 중요하다. 높은 인지를 갖고 있는 브랜드들은 소비자들의 고려 대상 범위 내에 있을 확률이 높다. 더 친숙한 브랜드들은 신뢰를 받을 가능성이 높다. 그러나, 브랜드 개발의 가장 중요한 첫 번째 단계는 **브랜드명 각인**(brand-name imprinting)이다.

브랜드는 기억 속의 작은 한 부분을 차지하고 있어야 한다. 이 부분은 구체적인 제품군(스포츠카에 있어서의 포르쉐) 또는 사용상황(늦은 밤 통증 완화)에 관련되어 있다. 일부 연구자들은 이 공간에 대해 "brand node"라고 명명한다. 약한 각인은 브랜드 노드가 제품군이나 사용상황에 명확하지 않게 연결되거나 너무 광범위한 제품군(예, 자동차)이나 사용상황(예, 통증을 느낄 때)에 연결될 때 발생한다. 고객들이 브랜드의 장점을 알기 전에 브랜드명이 고객들에게 여러 차례 강하게 각인된다면, 제품 정보는 더욱 잘 학습될 것이며, 브랜드에 견고하게 연결될 수 있다는 것이 최근 연구에서 확인되었다. 또 다른 연구에서는 브랜드명이나 로고가 광고의 끝에 나타나는 것보다 첫 화면에 제시되는 경우가 브랜드 노드가 기억에 점화되어 더욱 브랜드과 제품 정보 간의 연계가 잘 이루어진다는 것을 보여주었다.

생한다. 이것이 발생했을 때, 반응은 약화되고 곧 사라지게 된다. 학습 과정의 일부는 어떤 자극에 반응을 하고, 다른 유사한 자극에 반응하지 않는 것에 관련된다. 잘 만들어진 브랜드들은 보통 소비자들이 "싸구려 짝퉁"을 사지 않도록 촉구하는데, 이는 그들이 기대하는 결과를 가져오지 않기 때문이다.

목표 3

브랜드에 대해 학습된 연상은 다른 제품에 대해 일반화되며, 이러한 사실은 마케터에게 중요하다.

고전적 조건화 원리의 마케팅 적용

행동적 학습 원리는 특유의 브랜드 이미지를 창출하거나 내재적 욕구와 제품을 연결하는 것과 같은 많은 소비자 관련 현상들에 적용된다. 무조건적인 자극으로부터 조건화된 자극으로의 의미 전이는 Marlboro, Coca-Cola, Adidas와 같이 "만들어낸" 브랜드명이 소비자들에게 왜 강력한 효과를 미치는지를 설명한다. 말보로맨과 담배 사이의 연상은 너무 강력해서 어떤 경우에는 카우보이가 석양을 등지고 있는 광고 안에 더 이상 그 브랜드명을 포함하지 않기도 한다. 실제로 최근의 연구는 이러한 연계가 이전에 접합된 것이라는 것을 보여준다. McDonald's의 로고와 같은 패스트푸드 기업의 광고 이미지를 보았을 때, 즐거움과 식욕을 어린이들의 머릿속에 떠오르게 된다는 것이다.

연구자들이 무의미한 음절(의미 없는 일련의 문자들)을 아름다움 혹은 성공과 같은 의미가 있는 단어들과 함께 짝지었을 때, 그 의미는 가짜 단어에 전이된다. 처음에는 의미없는 단어들의 상징적 의미로의 변화는 심지어 아주 단순한 연상들이 복잡한 의미들을 조건화하고 그 결과들이 오랜 시간 지속될 수 있는 학습이라는 것을 보여준다. 이 연상들은 한 브랜드가 소비자들의 기억에서 강한 긍정적 연상을 갖게 되고, 결과적으로 많은 충성도를 요하는 **브랜드 자산**(brand equity)의 창조와 불멸에 의존하는 많은 마케팅 전략에서 중요하다.

Marketing Pitfall

최소한 표면적으로나마 어떤 브랜드 확장의 사례들은 비교적 더 수월하게 받아들여진다. Ed Hardy 브랜드에서 판매하는 와인을 생각해 보자. "와인은 맛있게 경작된 제품의 배양된 풍미이며, 맛에 대한 만족과 미묘한 차이의 원천이고, 반영과 속박으로 보상하는 살아 있는 액체이다. haute-trash Ed Hardy 브랜드는 라스베거스에서 소비되며, 공항으로 가는 택시에서 50달러짜리 트럭운전사 모자를 남기고 가는 것을 표현한다." 건배!

반복의 마케팅적 적용

한 광고학자는 마케팅 커뮤니케이션에 대한 3회 노출 이상은 낭비라고 주장했다. 첫 번째 노출은 제품을 인식시키고, 두 번째는 소비자와 제품과의 관련성을 설명하며, 세 번째는 그 제품의 편익을 상기시킨다는 것이다. 그러나 이 주장은 소비자들이 실제로 적어도 세 번 그 메시지에 노출(및 처리)되어야 하는 것을 확실히 하기 위해서는 반복이 필요하다는 것을 의미하는 것이다. 이미 살펴본 바와 같이, 이 노출은 결코 보장된 것이 아니다. 왜냐하면 사람들은 많은 마케팅 커뮤니케이션을 들리지 않게 하거나 왜곡하는 경향이 있기 때문이다. 한 연상을 조건화하려고 시도하는 마케터들은 그들이 목표로 하는 소비자들이 충분히 많이 그 자극에 노출되어 그것들이 "접착(stick)"될 수 있도록 해야 한다.

그러나 너무 과할 수도 있다. 소비자들은 한 마케팅 자극을 듣거나 보는 것에 너무 익숙해져서 그것에 더 이상 주목하지 않을 수도 있다. 마케터가 기본적 메시지를 제시하는 방식을 다양화하는 것은 이러한 **광고 소멸**(advertising wear-out)이라는 문제를 완화할 수 있다. Toyota는 관심 없는 지불 옵션들을 촉진하기 위해 The Fixx의 1983년 히트작 "Saved by Zero"의 개정 버전을 배경으로 한 광고를 집행했고, 너무 많이 노출하여 거의 10,000명의 싫증난 시청자들이 회사에 항의하기 위해 Facebook 집단을 조직하기에 이르렀다. 이 싫증난 집단의 한 구성원은 "형편없는 광고들이 있어 왔고, 이것처럼 자주 나오는 것들이 있었다. 그러나 이렇게 많이 나오는 광고는 처음이다"라고 했다.

광고주는 웹사이트에 얼마나 자주 광고를 반복해야 할까? 최근의 연구는 광고가 그 웹사이트의 내용과 관련이 있는지의 여부, 경쟁 광고가 그 사이트에 집행되고 있는지의 여부 등에 따라 해답이 다를 수 있다는 것을 보여주었다. 이 연구는 반복적 광고 메시지는 높은 수준의 회상과 제품에 대한 학습 관심 정도를 이끌어낸다는 것을 보여주었다. 그러나 동일한 광고를 반복하는 것은 경쟁사가 해당 사이트에 광고를 하는 경우에 효과가 있었고, 그렇지 않은 경우에는 광고 메시지를 변형시키는 것이 더 효과가 있었다. 물론 해당 사이트의 콘텐츠와 제품이 서로 연관성이 있는 경우에 광고 효과가 높은 것으로 나타났다.

조건화된 제품 연상의 마케팅 적용

광고는 종종 매력적인 연상을 만들어내기 위해 긍정적인 자극과 제품을 연결시킨다. 음악, 유머, 이미지와 같은 마케팅 메시지의 다양한 요소들은 조건화에 영향을 줄 수 있다. 예를 들면, 한 연구에서 기쁘거나 슬픈 음악과 짝지어진 펜의 영상을 본 대상들은 나중에 기쁜 음악과 같이 나타난 펜을 선택할 가능성이 더 높았다.

소멸의 위험 때문에, 고전적 조건화 전략은 소비자들이 빈번하게 접촉하게 되는 제품에 있어서는 효과적이지 않을 것이다. 왜냐하면 CS가 그 제품들과 연계된다는 보장이 없기 때문이다. 얼음 위에 부어지는 탄산 음료의 신선한 소리와 짝지어진 Pepsi병은 조건화의 좋은 적용처럼 보일 것이다. 불행하게도, 사람들은 이 소리가 없는 많은 다른 맥락에서 그 제품을 역시 보게 될 것이다. 그래서 이것은 조건화 전략의 효과를 감소시킨다.

자극 일반화의 마케팅 적용

자극 일반화의 과정은 종종 기존 브랜드 혹은 기업명에 대해 소비자들이 갖게 되는 긍정적인 연상을 이용하기 위한 브랜딩과 패키지 결정에 있어서 중요한 역할을 하게 된다. 우리는 열성 팬들이 학교 이름이 새겨진 의류에서부터 목욕 액세서리까지 다양한 제품을 구입하는 훌륭한 스포츠 팀을 가진 대학을 볼 때 이 결합의 가치를 높이 평가할 수 있다. 이 산업은 학교가 그들의 이미지를 상업화하기를 거부한 20년 전에는 존재하지 않았다. Texas A&M 대학은 상표 보호를 신청한 첫 번째 학교 중 하나인데, 일부가 권총에 이 학교의 상징인 Aggie 로고를 새기고 난 이후의 일이었다. 오늘날, 이것은 전혀 다른 이야기이다. 많은 대학이 학교 로고가 새겨진 운동복, 음료 밑받침, 그리고 심지어 화장실 자리로부터 얻는 수입을 필요로 한다. 자극 일반화에 기반한 마케팅 전략을 살펴보자.

- **패밀리 브랜딩**: 많은 제품들은 기업의 평판을 이용한다. Campbell's, Heinz, General Electric과 같은 기업들은 다른 제품 라인/계열을 판매하기 위해 그들의 긍정적인 기업 이미지를 활용한다.
- **제품 라인/계열 확장**: 마케터는 기존 브랜드에 관련된 제품을 추가한다. 과일을 연상하는 Dole은 냉장 주스와 주스바를 출시했고, Sun Maid는 건포도에서 건포도 빵까지 확대했다. 권총 제조업자 Smith & Wesson은 가구와 다른 가정 품목들의 계열을 출시했다. Starbucks와 Jim Beam은 최근 Starbucks Coffee Liqueur를 만들어냈다. 한편, Procter & Gamble은 액체 세척제 브랜드를 Mr. Clean로 통일했다. 벽에 있는 크레용 자국과 의자 레일의 긁힌 자국을 제거하는 Mr. Clean Magic Eraser와 손 건조 없이 산뜻하게 씻겨지는 자동차 청소제인 Mr. Clean Autodry 같은 새로운 제품에 그 이름을 적용하였다.
- **라이선스**: 기업들은 종종 잘 알려진 이름들을 "빌린다." 이 전략은 다른 종류의 제품들을 지워버리고 학습된 연상을 만들어내고자 하는 목적으로 실행된다. Jamba Juice는 의류를 출시했다. "바람에 강한" 지포 라이터로 유명한 Zippo사는 남성용 향수를 출시했다(라이터 냄새가 나지는 않는다).
- **유사 포장**: 독특한 포장 디자인은 특정 브랜드가 강한 연상을 창출하도록 한다. 품질이 좋다는 이미지로 소구하기를 원하는 기업들은 그들의 제품을 인기 있는 브랜드의 포장과 유사하게 만들어 이러한 연계를 활용하기도 한다. 이 전략이 브랜드에 대한 본래의 소비자 인식에 어떻게 영향을 미치겠는가? 한 연구는 짝퉁 브랜드에 대한 부정적인 경험이 실제로 소비자의 오리지널 브랜드에 대한 평가를 증가시켰고, 반면에 그 짝퉁 제품에 대해 갖게 되는 긍정적인 경험은 기존 브랜드에 대한 부정적 평가를 야기하는 반대 효과를 갖는다는 것을 발견했다. 또 다른 연구에서는 소비자들이 그 모방 제품이 무모한 과장을 하지 않는 한, "모방 브랜드"에 대해 긍정적으로 생각하는 경향이 있다는 것을 발견했다.

물론, 만약 모방 브랜드가 원래의 것과 아주 흡사하다면 이 전략은 법적인 문제를 야기할 수 있다. 독특한 브랜드의 마케터들은 그들의 디자인과 로고를 보호하는 데에 많은 노력을 기울인다. 그 결과 매년 기업들은 **소비자 혼란**의 쟁점에 관련되어 있는 Lanham Act 사건으로 불리워지는 많은 소송을 제출한다. 기업의 로고, 제품 디자인 혹은 포장이 아주 유사해서 일반적인 쇼핑객이 다른 것을 구매하는 실수는 흔히 일어날 수 있다. 예를 들면, Levi Strauss는 그것의 트레이드 마크인 날고 있는 갈매기의 그림을

The Tangled Web

사람들은 좋아하는 로고에 집착한다. 소셜미디어 플랫폼은 이들로 하여금 원치 않는 변화도 거의 즉시 알 수 있게 해준다. Gap은 2010년에 새로운 로고를 출시하면서 충성 고객들에게 미리 알리지 않는 등, 자사의 오래된 로고에 대한 소비자들의 애착을 잘못 판단했다. 로고를 발표한 지 몇 시간이 지나자 오랫동안 Gap의 로고에 애착을 갖고 있던 소비자들은 성난 포스트를 올리면서 블로그를 달구었다. Gap은 자사의 Facebook에 "우리는 이 로고가 많은 버즈를 만들어 냈다는 것을 알고 있으며, 앞으로의 열광적인 논쟁을 기대한다!" 비판이 더욱 거세지자, 이 기업은 Facebook에 다음과 같이 항복의 글을 올렸다. "좋습니다. 여러분들이 새로운 로고를 마음에 들어하지 않는다는 것을 잘 알겠습니다. 파랑색 박스(예전 로고)로 오늘 밤부터 다시 돌아갑니다".

Marketing Opportunity

Washington State 대학은 직원들과 동물학과 학생들이 기른 와규 소고기를 학교 브랜드를 붙여서 판매한다. Cornell의 Dairy Ice Cream, Texas A&M Jerky 등과 같은 대학 브랜드 음식이 늘어나고 있다.

Marketing Opportunity

작고한 유명 레게 가수인 Bob Marley의 이름과 이미지가 모자, 끈, 티셔츠, 핸드백, 지갑, 벨트, 비치 타올, 배낭 등 매우 다양한 제품에 등장한다. 그의 장녀인 Cedella는 High Tide 수영복을 출시하였는데, 후에 프랜차이즈로 확장하려 한다. 그녀의 오빠인 Rohan은 Marley Coffee 브랜드를 만들었다. 각각의 다양한 사업들은 서로 다른 Marley의 곡조에 의해 이름이 붙여진다.

Procter & Gamble은 자사의 유명 세제 이름을 따서 만든 Tide Dry Cleaners를 개점했다. P&G는 Tide의 80만 Facebook 팬에 의지할 것이며(Facebook에서 이 팬들이 "좋아요" 이외의 어떤 것들을 더 할까?), 다른 충성 고객들은 이 가맹점에 믿고 옷을 맡길 것이다. P&G는 매장과 드라이클리닝 액체에 고객들에게 익숙한 Tide의 향을 채워서 그 연결고리를 강화한다.
출처: Courtesy of Boomburg via Getty Images.

둘러싼 오각형의 주머니 디자인 혹은 의류 수직의 솔기를 꿰맨 독특한 고리를 모방한 거의 100여 개의 다른 의류 제조업자들을 고소한 바 있다.

잘 구축된 브랜드 이미지를 가진 기업들은 그들 브랜드의 독특한 속성을 촉진할 때 자극의 구별을 만들어내려 한다. 따라서 American Express 여행자 수표는 "이름으로 요청하세요"라고 지속적으로 상기시키고 있다. 그러나 기업들이 너무 광범위하게 사용해서 더 이상 구별되지 않는 브랜드명은 공공 영역의 일부가 되고 경쟁자들이 그것을 무료로 사용한다. 아스피린, 실로폰, 요요, 에스컬레이터, 그리고 심지어 구글과 같이 몸에 밴 단어들을 생각해 보라. 이들은 하나의 고유명사로서 시작되어 지금은 동사가 되었다. 이러한 높은 수준의 수용은 당신이 경쟁자일 때, 뛰어넘기 어려운 장애물일 수 있다. Microsoft는 우리가 정보를 필요로 할 때 "google"보다 "bing"을 선택하기를 바란다.

목표 4

고전적 조건화와 도구적 조건화에는 차이가 있으며, 이러한 과정들은 소비자들이 제품을 학습하는 데에 필요하다.

도구적 조건화

도구적 조건화(Instrumental conditioning, 혹은 조작적 조건화)는 긍정적인 결과를 초래하는 행동을 수행하고 부정적인 결과를 야기하는 행동을 피하도록 학습할 때 발생한다. 심리학자 B. F. Skinner는 비둘기와 다른 동물들에게 원하는 행동에 대해 체계적으로 보상했을 때 이들이 춤을 추고, 탁구를 하고, 다른 활동들을 수행하도록 가르침으로써 도구적 조건화의 효과를 설명했다.

고전적 조건화에서의 반응들은 비자발적이고 아주 단순한 반면, 도구적 조건화에서는 목표를 얻기 위해 의도적으로 반응을 만들고, 이 반응들은 더 복잡하다. 우리는 **형성**(shaping) 과정이 우리의 중간 과정상의 행동을 보상함으로써 일정 시간 후에 원하는 행동을 학습하게 된다. 예를 들어, 새로운 매장의 주인은 별다른 목적없이 들른 고객들에게 어떤 형태의 보상을 할 것이며, 나중에 그 고객들이 지속적으로 방문하고, 결국에는 구매하기를 희망한다.

역시, 고전적 조건화가 두 개의 자극을 가깝게 짝짓는 것을 포함하는 반면, 도구적 학습은 학습자가 원하는 행동을 수행한 후에 보상을 받았을 때 발생한다. 이 경우에 학습은 시간을 필요로 하며, 학습자는 강화되지 못한 행동들은 시도하고 버린다. 중요한 차이점은 도구적 학습에서 사람들은 보상을 얻거나 처벌을 피하기 위해 도구적으로 반응을 한다는 것이다. 시간이 흐르면, 소비자들은 그들에게 보상하는 사람을 연상하게 되고, 그들을 기분좋게 하거나 어떤 욕구를 만족시키는 제품을 선택하게 된다.

도구적 조건화는 다음의 세 가지 방법 중 하나로 발생한다:

1. 환경이 보상의 형태로 **긍정적인 강화**(positive reinforcement)를 제공할 때, 이것은 반응을 강화하고 우리는 적절한 행동을 학습한다. 예를 들면, Obsession 향수를 뿌린 뒤에 칭찬을 받은 여성은 이 제품을 사용하는 것이 긍정적 효과를 가진다고 학습하

긍정적 강화는 소비자들이 새로운 제품을 시도해 보고 좋아하게 된 다음에 발생한다.
출처: Provided courtesy of Frito-Lay North America, Inc.

고 그 제품을 계속 구매할 가능성이 높다.

2. **부정적인 강화**(negative reinforcement) 역시 우리가 적절한 행동을 학습하기 위한 반응을 강화한다. 향수 회사는 그 회사의 향수를 사용하지 않아서 토요일 밤 집에 혼자 앉아 있는 여성을 보여주는 광고를 집행할 수도 있다. 이것이 전하는 메시지는 만약 그녀가 그 향수를 사용하기만 했다면 그녀가 이 부정적인 결과를 피할 수 있다는 것이다.
3. 불쾌함을 피하기 위해서 어떤 것을 학습하는 상황과는 대조적으로, **처벌**(punishment)은 불쾌한 사건이 반응으로 나타날 때 발생한다(역겨운 냄새가 나는 향수를 사용하여 우리의 친구들이 우리를 비웃을 때와 같은). 우리는 이 행동을 반복하지 않도록 학습한다.

이런 기제들(mechanisms) 사이의 차이점을 이해하기 위해, 사람의 환경에서부터 그의 행동에이르기까지 반응들은 긍정적이거나 부정적일 수 있고 마케터들은 이 결과들(혹은 예상된 결과들)을 적용하거나 제거할 수 있다는 것을 명심해야 한다. 즉, 긍정적인 강화와 처벌의 조건 하에서는, 어떤 것을 행동할 때 반응을 얻게 된다. 대조적으로, 부정적인 강화는 사람들이 부정적인 결과를 피할 때 발생한다. 어떤 부정적인 것의 제거는 즐거운 일이며, 심지어 보상도 받게 된다.

마지막으로, 사람들이 더 이상 긍정적인 결과를 얻지 못할 때 소멸(extinction)이 발생하기 쉽고, 그 학습된 자극-반응 연계는 유지되지 않을 것이다. 이는 한 여성이 그녀의 향수에 대한 칭찬을 더 이상 받지 않을 때와 같다. 그러므로 긍정적이고 부정적인 강화는 즐거운 경험 때문에 미래의 반응과 결과 간의 연계를 강화한다. 이 연계는 불쾌한

그림 6.1 강화의 유형

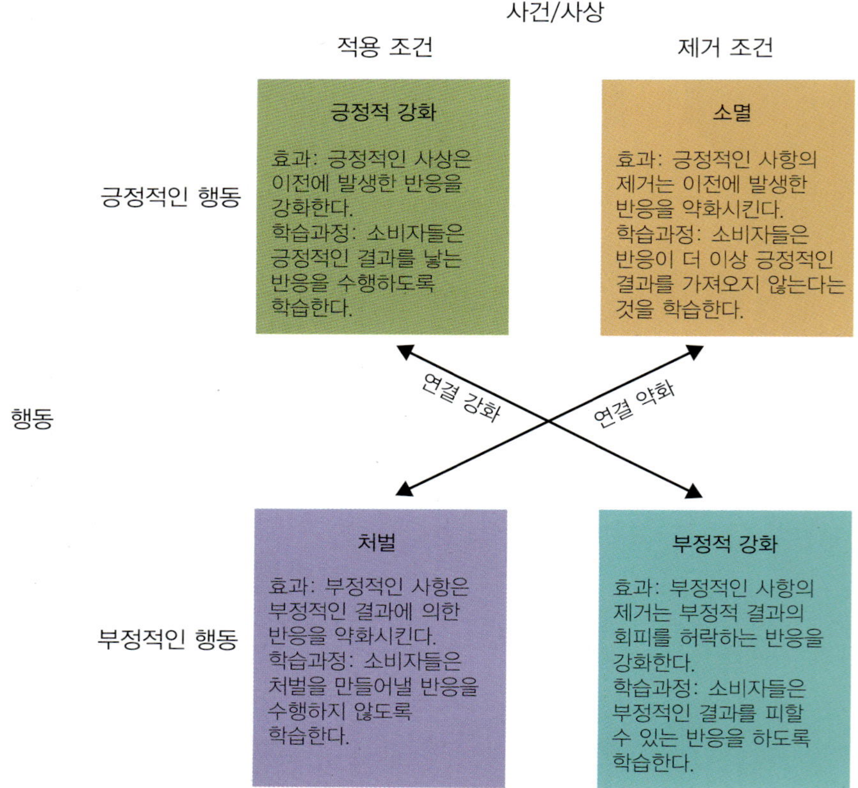

경험 때문에 처벌과 소멸의 조건 하에서는 약해진다. 그림 6.1은 이 네 가지 조건 사이의 관계를 "강화시키도록(reinforce)" 잘 설명해 준다.

가장 효과적인 강화 계획을 결정하는 것은 마케터에게 매우 중요하다. 왜냐하면 그들의 요청에 적절한 반응을 한 소비자들에게 보상할 때 필요한 노력과 자원의 양에 대한 결정이기 때문이다. 다음과 같은 몇 가지 계획이 가능하다.

- **고정 간격 강화**(fixed-interval reinforcement): 일정한 시간이 지난 후에, 첫 번째 반응에 보상을 한다. 이 같은 조건 아래에서, 사람들은 그들이 강화를 얻은 후에 느리게 반응하는 경향이 있지만, 그들의 반응은 다음 강화를 위한 시간이 다가옴에 따라 빨라진다. 예를 들면, 소비자들은 정기 세일의 마지막 날에 매장으로 몰려들 것이고 다음번 세일 때까지 매장에 잘 가지 않게 된다.
- **변동 간격 강화**(variable-interval reinforcement): 강화가 되기까지 필요한 시간은 일부 평균을 기초하여 다르게 나타난다. 왜냐하면 우리는 언제 강화가 이루어질 지를 정확하게 알지 못하기 때문에, 일정한 비율로 반응해야 한다. 이것은 소매업체들이 소위 비밀 고객(secret shoppers)의 활용을 위해 갖고 있는 논리이다. 이들은 예고하지 않은 시간에 소비자처럼 행동하면서 서비스의 품질을 정기적으로 시험하는 사람들이다. 매장 점원들은 이들이 언제 방문할 것인지 정확하게 알 수 없기 때문에, 그들은 "만약을 위해서" 지속적으로 높은 품질을 유지해야 한다.
- **고정 비율 강화**(fixed-ratio reinforcement): 강화는 고정된 반응 횟수 이후에만 발생한다. 이 계획은 시간이 지나도 동일한 행동을 수행하는 것을 지속하도록 동기화한다. 예를 들어, 50장의 영수증을 수집하여 상을 받기 위해, 같은 매장에서 식료품을 계속 구매하게 된다.
- **변동 비율 강화**(variable-ratio reinforcement): 확실한 반응 횟수 이후에는 강화를 받게 되겠지만, 얼마나 많은 반응이 요구되는지는 알 수 없다. 이 상황에서 사람들은 아주 높고 꾸준한 비율로 반응하는 경향이 있으며, 이러한 유형의 행동은 소멸되기 어렵다. 이 강화 계획은 슬롯머신에 대한 중독에 대해 잘 설명해준다. 그 기계에 계속 돈을 넣는다면 무엇이든 얻게 될 것이라고 학습한다(만약 처음부터 빈털털이가 되지 않는다면).

도구적 조건화 원리의 마케팅 적용

도구적 조건화의 원리들은 마케터가 소비자들의 구매 결정에 대해 보상하거나 처벌할 때 적용된다. 마케터들은 소비자들의 행동이 점진적으로 강화되어 갈 때마다 필요한 행동을 취한다. 예를 들면, 자동차 판매자는 주저하는 구매자가 전시 모델에 앉도록 부추기고, 시험 운전을 제안하고, 거래를 매듭지으려 한다.

마케터들은 구매 후의 간단한 감사 인사부터 상당한 보상과 후속 전화에 이르기까지 소비자의 행동을 강화하기 위한 많은 방법을 가지고 있다. 예를 들면, 생명보험회사는 어떤 강화도 받지 않은 통제 집단과 비교하여 구매 후에 감사 편지를 받은 새로운 고객 집단에게서 높은 보험 갱신의 비율을 획득했다.

빈도 마케팅(frequency marketing)은 지불한 만큼 경품을 얻는 정기적인 구매자를 보상하는 잘 알려진 기법이다. 항공 사업은 충실한 고객을 보상하기 위해 1980년대 초반,

"단골 탑승자" 프로그램(현재의 마일리지 프로그램)을 출시했을 때 이 도구적 학습 전략을 활용했다. 이 방법은 비디오 가게에서부터 패스트푸드 매장에 이르기까지 많은 다른 산업에 확산되었다.

게이미피케이션(Gamification)

우리들 대부분이 게임을 하며, 절대 그만두지 못하는 사람들도 있다. 어떤 관점에서 보면, 삶은 게임이라 할 수 있으며, 늘 승자와 패자가 있고, 여러 다양한 목표를 달성하기 위해 넘어서야 하는 도전들도 있다. 많은 기업들이 그 다음 단계로 가려 한다. 그들은 소비자들과 직원들에게 동기 부여를 하기 위해 다양한 활동을 포함한 게임의 기본적인 원칙을 활용하려 한다.

빠른 성장세를 보이고 있는 **게이미피케이션**(gamification) 전략은 지루하고 일상적인 일들에 대해 게임적인 요소들을 가미함으로써 일상적인 행동들을 경험으로 만들어 버린다. 밀레니엄 세대들은 게임과 함께 성장해 왔다고 해도 과언이 아니다. 게임적인

자기 주입식 조건화
출처: Courtesy of Jack in the Box.

Aherk! is a goal-oriented self-blackmailing service in three easy steps:

STEP 2:
Put your ass on the line.

Upload a compromising picture that will be posted to Facebook in case you fail to achieve your goal.

출처: Aherk! (http://aherk.com).

활동 구조는 그들의 학습 스타일이나 그들이 선호하는 플랫폼에 많은 영향을 미쳤다. 게임적 요소들을 살펴보자.

- 잘 설계된 비디오게임 플랫폼과 유사한 역동적 디지털 환경(매장 내, 노트북, 태블릿, 스마트폰 등 모두)
- 여러 개의 단기적 및 장기적 목표
- 빠르고 잦은 피드백
- 노력에 대해서 주어지는 배지나 가상 제품 형태의 보상
- 저위험 환경에서의 선의의 경쟁
- 불확실성의 관리 가능한 수준

Net Profit

Aherk!는 자가 블랙메일을 이용해서 사람들이 목표를 도달할 수 있도록 해 준다. 가입자는 목표를 세우고 데드라인을 설정해서 사이트에 올린다. 자신의 우스꽝스런 사진도 올린다(그들은 이것을 "폭탄"이라고 부른다). 데드라인이 오면, Facebook 친구들은 당신이 목표를 달성했는지에 대해 투표를 한다. 결과가 부정적이면 폭발한다! – 즉, 당신의 이상한 그 사진이 친구들에게 배달된다. 많은 부정적 강화를 만들어주는 앱은 운동을 빼먹으면 실제로 돈을 내야 하는 GymPact(스마트폰으로 트랙킹이 되는 방식), 한참 동안 아무 단어도 쓰지 않고 가만히 앉아 있으면 벌을 주는 방식의 Write or Die 등이 있다. Virtual Fridge Lock(가상 냉장고 잠금)이라는 것도 있는데, 이것은 냉장고 문을 열 때마나 Facebook의 타임라인에 그 사실이 올라가게 만든다.

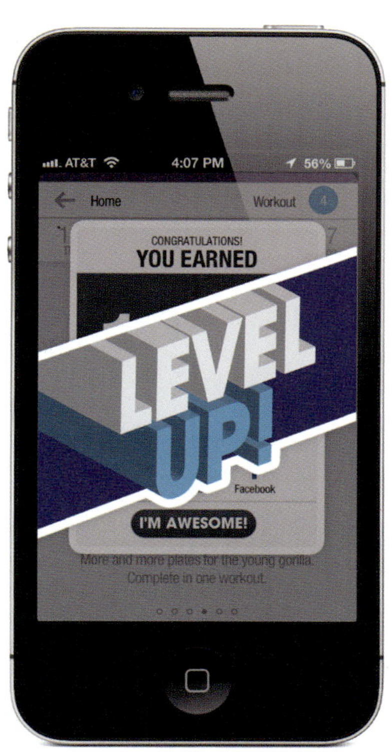

Net Profit

Fitocracy는 체중 감량과 피트니스 운동을 활성화하기 위해 배지를 부여하고 지속적인 피드백을 주는 등의 게이미피케이션 원칙을 적용시킨 새로운 앱의 하나이다. 또 다른 앱으로는 Keas가 있는데, 이것은 근로자들이 건강을 유지할 수 있도록 해주는데, 6명이 한 팀으로 짜여서 정신적 및 육체적 피트니스 목표를 달성하면 포인트를 얻는 방식으로 진행된다. Keas가 부여한 도전들 중에는 30초 동안 마구 웃기 같은 것이 있다. 남아프라키에서는, 식품 매장이나 항공권 구매 등에서 사용할 수 있는 포인트를 건강한 행동을 함으로써 축적할 수 있게 해주는 Vitality라는 앱이 인기다.

출처: Courtesy of Fitocracy, Inc.

인간 행동의 많은 영역들은 숙달의 경지에 이르도록 보상을 하고 동기를 부여하는 공통된 욕구를 갖는다. 다음의 예를 살펴보자.

- **매장 및 브랜드 충성도:** Foursquare는 지역의 카페나 레스토랑에 방문하면 가상 배지를 준다. 그 지역의 "시장"으로 불리워지는 명예를 위해 경쟁적으로 자주 방문하는 사람들이 꽤 있다.
- **소셜 마케팅:** 75개 이상의 전기/수도 업체들이 Opower라는 서비스를 사용하기 시작했는데, 이것은 소비자들이 에너지를 절약하면 보상 배지를 부여하는 방식이다. 소비자들은 그들의 이웃들과 이 과정을 경쟁하며, Facebook에 그들의 성취를 올리기도 한다.
- **종업원 능력:** 일부 레스토랑들은 Objective Logistics라는 서비스를 사용하는데, 이는 웨이터들의 능력에 대해 순위를 매기는 것이며, 이에 대한 보상으로 더 나은 음식을 제공받는다.

인지적 학습 이론

학습의 행동적 이론과는 대조적으로, **인지적 학습 이론**(cognitive learning theory) 관점은 내적 정신 과정의 중요성에 중점을 둔다. 이 관점은 사람들을 그들의 환경을 통제하기 위해 주변 세상으로부터의 정보를 적극적으로 사용하는 문제 해결자로 본다. 이 관점의 지지자들은 학습 과정 동안 창의성과 통찰의 역할을 또한 강조한다.

Ocean Spray의 다이어트 크랜베리 주스 광고는 마케터들이 마케팅 메시지를 비틀기 위해 그들의 인지적 이론 지식을 어떻게 이용할 수 있는가를 잘 보여준다. 이 광고는 수렁에 깊이 빠진 채 서 있는 크랜베리 재배자인 두 남자를 주인공으로 한다. 운동하는 여성 집단이 그들과 합류한다. 원래 그 광고는 여성들이 파티를 하고 있는 것을 묘사하려 했지만, 이 캠페인에 계속 관여해 온 인지 과학자들은 그 아이디어를 거절했고, 그

Pictionary의 이 프랑스 광고는 소비자가 이 내용을 이해하는 데에 많은 시간을 투자하여야 한다.
출처: Courtesy of Ogilvy & Mather, Paris.

운동하는 집단이 더 빠르게 다이어트 메시지를 전달할 것이라고 주장했다. 반면, 그 파티 장면은 그 집단이 왜 축하를 하고 있는지 알아내기 위해 많은 시간을 보내, 결국은 시청자들을 혼란에 빠뜨릴 것이라고 주장했다. 이 추가적인 인지 활동은 광고 메시지로부터 주의를 분산시킬 것이다. 그리고 주인공이 가능한 빨리 그 제품을 언급하는 일반적 광고와 달리, 주요 캐릭터가 그들이 새로운 다이어트 제품을 언급하기까지 몇 초 정도 더 걸리는 것으로 구성했다. 광고에서 추가적인 행동 (그 운동) 때문에 시청자들이 그 이미지를 처리하기 위한 1초 혹은 그 이상의 시간을 필요로 한다고 판단을 했다. 최고 회상 광고 랭킹에서, 이 새로운 광고는 상위 10% 안에 들었다.

학습은 의식적인 것인가?

사람들이 자신의 학습 과정을 인식하는지 혹은 언제 인지하는지에 대한 많은 논란이 있다. 행동적 학습 이론가들은 기계적이고 자동적인 조건화의 특성을 강조하는 반면에, 인지적 학습 쪽의 지지자들은 이 간단한 효과들조차 인지적 요소에 기초한다고 주장한다. 그들의 주장에 따르면, 자극에 대한 반응이 있을 것이라는 기대가 형성된다(기대의 형성은 정신적 활동을 요구한다). 이 학파에 따르면, 조건화가 발생하는 이유는 대상들이 의식적 가설을 만들어 내고, 그것에 대해 행동하기 때문이다.

무의식적 절차성 지식(nonconscious procedural knowledge)의 존재를 지지하는 몇 가지 증거가 있다. 사람들은 분명히 어떤 정보를 자동적이고 수동적인 방식으로 처리하며, 이것이 "무심함(mindlessness)"이라는 조건이다(우리는 그것을 모두 경험했다!). 예를 들어, 새로운 누군가를 만나거나 새로운 제품을 경험할 때에, 새로운 틀을 만들어 내기 보다는 기존의 학습된 카테고리들에 근거하여 그 자극에 반응하는 경향이 있다. 이 경우에 특정한 유형으로 우리에게 신호를 주는 어떤 자극인 촉발물(trigger feature)은 반응을 활성화한다. 예를 들어, 한 연구에 따르면, 한 광고에서 매력적인 여성(촉발물)이 있을 때 남성이 여성의 존재가 실제로 그들의 평가에 영향을 주었다고 믿지 않는다는 사실에도 불구하고 남성들은 그 자동차의 다양한 특성들을 더 뛰어난 것으로 평가했다. 우리는 이전 장에서 프라이밍의 맥락 하에 이러한 촉발에 대해 논의한 바 있다.

그럼에도 불구하고 많은 현대 이론가들은 자동적 조건화의 일부 사례들을 인지적 과정으로 간주한다. 특히, 자극과 반응 사이의 연결에 관해 기대를 형성하는 것을 인지 과정으로 간주한다. 실제, 대상이 CS/UCS 연상을 학습하는 것을 어렵게 하는 차폐 효과(masking effects)를 사용한 연구들에서는 조건화 자극에서 상대적으로 더 큰 학습 손실을 보여주었다. 사춘기 소녀가 TV와 실제 생활을 통해서 여성들이 좋은 향기와 매혹적인 옷을 입을 때 칭찬과 주목을 받게 되는 것을 관찰하게 된다. 그녀는 이 보상의 발생 가능성이 향수를 사용했을 때 더 커진다는 것을 발견하여, 사회적 수용의 보상을 얻기 위해 의도적으로 인기있는 향수를 사용한다. 현재, 비인식적 과정과 프라이밍의 실제 효과는 심리학 분야에서 가장 뜨거운 논쟁 거리이다.

목표 5

다른 사람의 행동을 관찰함으로써 제품을 학습한다.

관찰 학습

관찰 학습(observational learning)은 다른 사람의 행동과 이에 따른 강화에 주목할 때 발생한다. 이 상황에서 학습은 직접적인 경험이라기보다는 대리적인 경험의 결과로서 발생한다. 이 학습의 형태는 복잡한 과정이다. 사람들은 지식을 축적하고 나중

그림 6.2 관찰 학습 과정

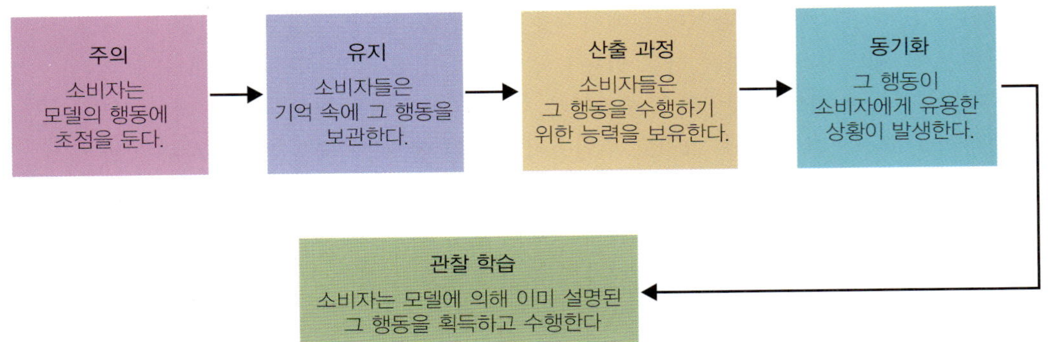

에 이것을 활용하는 것처럼 이러한 관찰을 기억에 저장한다. (순차적 형태가 아닌) 모델링은 다른 사람의 행동을 모방하는 과정이다. 예를 들면, 새로운 향수를 구입하려는 여성은 그녀가 몇 개월 전에 어떤 브랜드를 사용했을 때, 친구들이 했던 반응을 기억할 것이며, 그 결과 그녀는 같은 피드백을 얻길 바라며 친구들의 행동을 흉내낼 것이다.

모델링 과정은 학습의 강력한 형태이며, 다른 사람의 행동을 모방하기 위한 사람들의 경향은 부정적인 효과를 야기할 수 있다. 아이들에게 폭력성을 가르치는 TV쇼와 영화의 잠재적 문제가 그러하다. 아이들은 그들이 시청하는 쇼에서 모델(예, 만화 영웅들)에 의해 새로운 공격 방법에 노출된다. 조금 지나서, 그 어린이는 화가 났을 때, 이 행동을 모방할 것이다. 한 고전적 연구는 어린이들의 행동에 대한 모델링 효과를 설명한다. 어른이 크게 부푼 "Bobo 인형"을 발로 짓밟고 때려 눕히고, 고문하는 것을 본 어린이는 그 인형과 함께 방에 혼자 남겨졌을 때 이 행동을 반복한다. 이것을 목격하지 않은 아이들은 그렇게 하지 않았다. 불행히도, 폭력적인 TV 쇼에 대한 이 연구의 타당성은 아주 분명해 보인다.

그림 6.2는 모델링 형태의 관찰 학습이 발생하기 위한 조건들을 보여주고 있는데, 마케터들은 다음과 같은 네 가지 조건을 충족시켜야 한다.

1. 소비자들은 매력, 능력, 지위, 유사성 등으로 인해 모방하기를 원하는 적절한 모델에 직접적으로 주목해야 한다.
2. 소비자는 그 모델이 말하거나 행동한 것을 기억해야만 한다.
3. 소비자들은 이러한 정보를 행동으로 옮겨야 한다.
4. 소비자는 이 행동들을 수행하기 위해 동기화되어야 한다.

인지적 학습 원리의 마케팅 적용

다른 사람의 행동 결과들을 관찰할 때 대리적으로 학습하는 능력은 마케터의 일을 더 손쉽게 만든다. 소비자들이 구매를 할 때 직접적인 보상 혹은 처벌을 할 필요가 없다. 얼마나 비싸거나 심지어 윤리적으로 문제가 될 수 있는지를 생각해 보라! 대신에, 제품을 사용하거나 사용하지 않는 멋진 모델들에게 무슨 일이 일어났는지 보여줄 수 있다. 마케터들은 소비자들이 종종 이 행동을 나중에 모방할 것을 알고 있다. 예를 들어, 한 향수 광고는 그녀가 어떤 향수를 사용했을 때 매력적이라고 칭찬을 한 주변 사람들을 묘사할 수 있다. 말할 것도 없이 이 학습 과정은 실제로 그 향수를 구입한 각 여성에게 같은 주목을 제공하는 것보다 훨씬 더 효과적이다(브랜드 시장 점유율이 정말 작지 않는 한!).

모델에 대한 소비자들의 평가는 단순한 자극-반응 연계, 그 이상의 것이다. 예를 들면, 한 유명인의 이미지는 좋거나 나쁨의 단순한 반사 반응 이상을 이끌어낸다. 그것은 많은 속성들의 복잡한 조합이다. 일반적으로, 다른 사람을 평가하는 정도는 모델의 사회적 매력 수준에 따른다. 매력은 신체적 외모, 전문성, 혹은 평가자와의 유사성 등 몇 가지 요소에 기초한다(8장 참조).

소비자 사회화

우리는 처음부터 소비자 기술을 갖고 태어나는 것이 아니다. **소비자 사회화**(consumer socialization)는 "젊은 사람들이 시장에서 그들의 기능과 관련된 기술, 지식, 태도 등을 얻는 과정"을 말한다. 이런 지식은 어디서 얻게 되는 것인가? 친구들과 선생님들이 이 과정에 개입할 것이다. 예를 들면, 아이들은 제품에 대해 서로 대화를 하며, 이런 경향은 나이가 먹으면서 증가한다. 특히 어린이들의 경우, 두 가지 기본적인 사회화 원천은 가족과 미디어이다.

부모의 영향

부모는 직 · 간접적으로 소비자 사회화에 영향을 미친다. 부모들은 의도적으로 소비에 대한 그들의 가치를 아이들에게 주입시키려고 노력한다. 또한 자녀들이 TV, 판매원, 동료들과 같은 다른 정보원과 접촉하는 정도를 결정한다. 구매 결정에서 아이들의 관여도에 관한 문화적 기대는 언제 어떻게 부모가 자녀들을 소비자로 사회화시키는지에 대해 영향을 미친다. 예를 들면, 그리스와 인도 같은 전통적인 문화권의 부모들은 미국이나 호주의 부모들보다 소비자와 관련된 기술 및 광고를 이해하는 것에 대해서 그 시기를 더 뒤로 미룬다.

어른들은 또한 관찰 학습의 중요한 모델로서 역할을 하게 된다. 어린이들은 부모들의 행동을 보고 흉내내면서 소비에 대해 배운다. 마케터들이 성인 제품을 어린이 버전으로 전환시킬 때, 이 과정은 더욱 빠르게 진행될 수 있다. 제품 선호의 "물려주기"는 브랜드 충성을 만들게 된다. 연구자들은 어머니와 그 딸들의 제품 선택을 연구하여, 세대 간 영향력을 발견했다.

소비자 사회화 과정은 영아 때부터 시작한다. 처음 2년 안에 아이들은 그들이 원하는 물건을 요구한다. 약 5세 때까지, 대부분의 아이들은 부모나 조부모의 도움으로 구매를 한다. 8세 때까지 대부분의 아이들은 그들 스스로 제품을 산다. 그림 6.3은 아이들이 소비자로 변하는 일련의 단계를 보여준다.

부모들은 그들의 아이들을 사회화할 때 다음과 같은 몇 가지 유형을 보여준다.

- 권위주의적인 부모(authoritarian parents)는 냉담하고, 구속적이며, 비감정적이다. 자녀와 따뜻한 관계를 갖지 않는다. 자녀가 보는 매체의 유형을 검열하고, 광고에 대해 부정적인 견해를 갖는 경향이 있다.
- 무관심한 부모(neglecting parents)도 자녀들과 떨어져 있다. 이들은 자녀들이 하는 일에 통제를 거의 하지 않는다.
- 관대한 부모(indulgent parents)는 소비와 관련된 문제에 대해 좀 더 많은 의사소통을 하며 구속적이지 않다. 그들은 자녀들이 간섭을 많이 받지 않고 시장에 대해 배워야

그림 6.3 소비자 발달의 5단계 (발생 최초 나이와 발생 중앙값 나이)

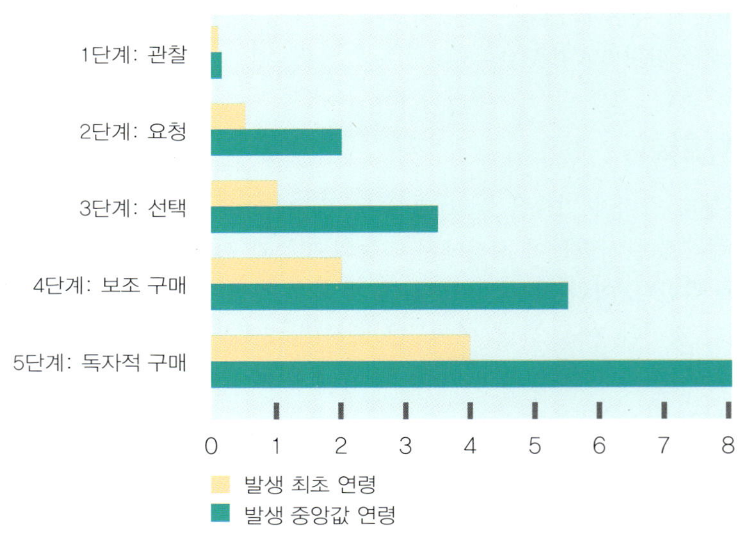

한다고 믿는다.

텔레비전과 웹: 전자 보모

광고는 아주 어린 나이 때부터 영향을 미친다. 우리가 본 것처럼, 많은 마케터들은 그들의 제품을 아이들에게 밀어붙여 평생의 습관으로 만들도록 부추긴다. 최근 논란이 되는 하나의 예외적 사건이 프랑스에서 일어났다. "정크푸드를 많이 먹을 필요가 없고 McDonald's에 일주일에 한 번 이상 갈 필요도 없다"고 주장하는 McDonald's의 광고가 Femine Actuelle 잡지에 실렸을 때, 실제로 자녀들이 McDonald's에 가는 것을 제한하도록 부모들에게 부추겼다. 미국 McDonald's의 대변인은 이 광고에서 표현한 관점에 동의하지 않는다고 말했다. 미국 보건국의 최근 연구는 어린이들에게 패스트푸드 광고를 금지하면 비만율을 18%까지 줄일 수 있다는 것을 보여주었다.

두 가지 연구에서, 영국 학자들은 TV 광고가 5~11세 사이 152명의 아이들의 식습관에 미치는 영향에 대해 조사했다. 이 연구에서, 아이들은 만화에 이어서 10개의 광고를 보았다. 한 세션에서, 아이들은 비디오를 보기 전에 장난감 광고를 보았다. 다른 세션에서는, 주로 어린이 프로그램 시간 동안 방영되는 음식 광고로 대체했다. 두 광고를 본 후 2주 동안 아이들에게 포도, 치즈맛 쌀 케이크, 초콜릿 과자, 감자칩을 포함하여 저지방 간식과 고지방 간식이 있는 테이블에서 원하는 만큼 간식을 먹을 수 있도록 허락했다. 음식 광고를 보았던 5~7세의 아이들은 장난감 광고를 보았던 아이들보다 14~17% 이상의 칼로리를 섭취했다. 심지어 그 결과는 9~11세의 어린이들 사이에서는 더욱 심각했다. 음식 광고에 노출된 아이들은 장난감 광고에 노출된 아이들보다 84~134% 이상의 칼로리를 섭취했다.

오늘날 많은 아이들은 대부분의 시간을 TV, 컴퓨터, 핸드폰과 함께 보낸다. 미국에서 5세 이하 어린이의 80%거 주 1회 이상 인터넷을 사용한다. 이들보다 조금 더 큰 아이들은 멀티태스킹에 익숙하다. Nielsen의 한 연구에서는 2~11세 아이들의 36%가 TV

를 시청하면서 동시에 온라인 콘텐츠를 본다는 것을 밝혀냈다.

아이들의 소셜미디어 사용을 촉진하기 위해서, 핀란드의 디자이너들은 Twitter처럼 작동하는 블록 나누기 장난감을 개발했다. 아직 말을 배우기 전의 아이들에게 잠자기, 먹기, 양치하기 등을 나타내는 아이콘이 새겨진 색색의 블록을 잡도록 하고, 이것들이 의미하는 슬롯에 끼워 넣도록 했다. 이 장치는 '상태 업데이트'로 전환되어 다른 가정 내의 같은 장난감에서 이와 일치하는 블록 모양에 불이 들어오게 된다.

인지적 발달

"어른스러운" 소비 결정을 내리는 아이들의 능력은 분명히 나이가 들면서 함께 향상된다(하지만 성인이라고 항상 성숙한 결정을 하는 것은 아니다). 마케터들은 **인지 발달의 단계**(stage of cognitive development) 또는 심한 복잡성의 개념을 이해하는 능력을 기준으로 아이들을 세분화한다. 일부 자료들은 어린이들이 아주 놀랍게도 소비와 관련된 정보를 잘 배운다는 것을 보여주었다.

스위스의 심리학자 Jean Piaget는 아이들이 뚜렷한 인지적 발달의 단계를 거친다고 주장했다. 그는 아이들이 정보를 처리하는 방법을 배우면서 특정 인지적 구조가 각 단계마다 존재한다고 믿었다. 인지 발달의 한 고전적인 예로서, Piaget는 실제로 같은 양의 레몬에이드를 짧고 넓은 잔에서 길고 폭이 좁은 잔까지 다양하게 준비했다. 잔의 형태가 그 내용을 결정한다고 믿었던 5세 아이들은 길고 폭이 좁은 잔이 짧고 넓은 잔보다 내용물이 많다고 생각했다. Piaget는 이것을 발달의 사전조작단계(preoperational stage of development)라고 했다. 반대로, 6세 아이들은 확실하지 않다는 경향이 있었고, 7세 아이들은 레몬에이드의 양이 변하지 않는다는 것을 알아챘다.

많은 발달 전문가들은 아이들이 더 이상 같은 시기에 이와 같은 고정된 단계를 꼭 거친다고 믿지 않는다. 대안적인 접근으로, 아이들은 정보 처리 능력 또는 기억으로부터 정보를 저장하거나 인출하는 능력이 다르다고 제안한다. 이러한 관점을 지지하는 연구자들은 다음과 같은 3단계를 제시했다.

1. 제한적: 6세 이하의 아이들은 저장-인출 전략을 사용하지 않는다.
2. 암시적: 6세부터 12세 사이의 아이는 자극을 받았을 때만 이 방법을 사용한다.
3. 전략적: 12세 이상의 아이는 자발적으로 저장-인출 전략을 사용한다.

이러한 발달 과정은 아이들이 어른과 같은 방식으로 생각하지 않는다는 것을 명확하게 제시하고 있으며, 정보 사용에 있어서도 같은 방식이 아니라는 것을 암시한다. 이것은 또한 아이들이 제품 정보를 대했을 때, 어른과 같은 결론을 내리지 않을 수 있다는 점을 상기시켜 준다. 예를 들면, 아이들은 TV에서 본 것이 "사실"이 아니라는 것을 깨닫지 못하는 경향이 높다. 그래서 그 결과로 그들은 설득적인 메시지에 더 취약하다. 예를 들어, 아주 어린 아이들은 현실과 미디어의 묘사를 구별할 수 없다. 따라서 MTV의 Teen Mom2 또는 Nickelodeon의 SpongeBob SquarePants를 많이 볼수록, 아이들은 이것을 현실로 받아들일 수도 있는 것이다. 아이들은 또한 성인과 유사한 것에 대해서는 이상화된 이미지들로 본다. 6세 이상의 아이들은 황금 시간대에 TV 시청의 1/4을 보기 때문에, 성인 프로그램과 광고들은 어린이들에게 커다란 영향을 미친다. 예를 들어,

성인용 립스틱 광고를 보는 어린 여자 아이들은 립스틱을 아름다움과 연관시킨다.

최근 연구는 브랜드명에 대한 아이들의 이해가 그들이 성장함에 따라 발달된다는 사실을 보여준다. 아이들은 어린 나이에 브랜드 이름을 연관 짓는 것을 배운다. 그들은 상점에서 브랜드 이름을 인지하고, 몇몇 브랜드에 대한 선호를 발전시키고, 브랜드 이름을 사용해 제품을 요청한다. 그러나 브랜드명은 이런 아이들에게 단순한 인지적 단서로서 기능하여 아이들에게 독특한 특성으로 친숙한 제품을 구별하게 한다. 제품의 보이지 않는 특성을 구체화시키는 개념적 브랜드 의미(conceptual brand meaning)는 약 8세의 중간 아동기에 그림으로 입력된다. 아이들은 몇 년 후에 그들의 생각과 판단으로 이것들을 통합시킨다. 12세가 되면, 아이들은 개념적 또는 상징적 단계에서 브랜드에 대한 생각을 할 수 있으며, 이 의미들을 브랜드와 관련된 최종 판단에 통합적으로 활용하게 된다.

몇 가지 새로운 사업들은 훌륭한 소비자 심리학의 원리들을 이용하는 것이 성공적일 수 있다는 것을 보여준다. 이러한 경향은 예전의 공공 TV 프로그램인 Sesame Street을 통해 시작했지만, 오늘날 이윤을 추구하는 민영 방송국들이 게임에서도 사용하고 있다. 유치원 시장에서 첫 번째 성공적인 시도는 1996년의 Blue's Clues이다. 이는 시청자들이 학습 경험을 공유하기 위해 상냥한 Barney & Friends를 포기하면서 크게 히트했다.

이제 수백 만의 유치원생들이 Nickelodeon의 인기 프로그램인 Dora the Explorer에 관심을 가질 때, 그들은 **다중-지식 이론**(multiple-intelligence theory)에 기초한 내용을 보고 있다는 것을 인식하지 못했다. 이런 영향력있는 관점은 심리학자들이 IQ를 측정하기 위해 사용하는 전통적인 수학 및 단어 능력을 넘어서 운동 신경 또는 음악적 능력과 같은 다른 유형의 지능이 더 중요할 수 있다고 주장한다. 그래서 Dora가 지도를 살필 때, 그녀는 "공간적인" 기술을 동원한다. 그리고 Dora가 어린 시청자들에게 다리를 세우기 위해 널빤지 세는 것을 도와달라고 할 때, 그녀는 "대인적 지성(interpersonal intelligence)"을 만들어내는 것이다.

Marketing Opportunity

훌륭한 브랜드명의 선택은 아주 중요해서 기업들은 선두주자를 따라잡기 위해 종종 네이밍 컨설턴트(naming consultant)를 고용한다. 이 전문가들은 직감적으로 파악되는 의미있는 연상을 발견하려고 하는데, 그것이 어떤 중요한 연결을 만들어내기 때문이다. 그 전략은 Qualcomm("quality"와 "communication"), Verizon(veritas는 라틴어로 "진실"과 "전망"이며 진보를 제안한다), 그리고 Intel("intelligent"와 "electronics")과 같은 이름을 떠올리게 한다. Viagra는 유명한 Niagara 폭포와 비슷하다. 사람들은 물에 성과 생명을 연결지으며, Niagara 폭포는 신혼여행의 메카이다.

이 의미의 조합들은 더 알아채기 어렵게 만들고, 일부 컨설턴트들은 모음과 자음의 원래 소리(현상)와 정서적 반응 사이의 연결에 중점을 두면서 더 기본적인 본능에 호소한다. 연구들은 다른 언어로 말하는 응답자들이 같은 소리를 슬픔과 불안, 활기와 용기와 같은 감정이 실린 음질로 연상한다는 것을 보여준다. 이러한 연상에서 얻기 위해, 연구자들은 대상들에게 단순한 현상에서 성질이 다른 무의미한 이름, 예컨대 paressa 와 taressa와 같은 짝을 주었다. 그리고 더 빠르고, 더 용기있고, 더 멋진 등의 소리를 요청했다. 그들은 마지막에 (p, b, t, d)에 오는 소리들이 느림을 의미하고, f, v, s, 그리고 z 소리가 더 빠른 것처럼 보인다는 것을 발견했다. Prozac과 Amazon은 속도감을 시사한다(회복 혹은 배송).

메시지 이해

아이들은 제품 관련 정보를 처리하는 능력이 다르기 때문에, 광고 제작자가 직접적으로 어린이에게 흥미를 끌려고 노력할 때 많은 심각한 윤리적인 문제들이 야기된다. 어린이들을 옹호하는 집단에서는 7세 이하의 어린이들이 광고의 설득적인 의도를 이해하지 못하고 더 어린 아이들은 광고와 프로그램을 쉽게 구분할 수 없다고 주장한다. 아이들의 인지적 방어는 아직 충분히 개발되지 않아서 광고의 소구를 구분하지 못한다. 따라서 이런 관점에서 그들의 브랜드 선호를 바꾸는 것은 "식은 죽 먹기"라고 비난했다. 그림 6.4는 아이들이 광고가 그들을 설득하려고 하는지를 구분할 수 있는지 평가하려는 하나의 시도라고 할 수 있다.

1970년대 초반, 미 연방거래위원회(FTC)는 아이들을 보호하기 위해 조치를 취했다. 이 기관은 "어린이" 프로그램(대부분 토요일 오전 방송) 동안에 광고를 제한했고, 어린이들이 언제 프로그램이 끝나고 광고가 시작되는지에 대한 시간을 구분할 수 있도록 했다(예, "광고 후에 다시 올게요"). 연방거래위원회는 이 조치를 레이건 행정부의 기업 우호적인 분위기가 있었던 1980년 초에 파기했다. 1990년도 Children's Television Act는 이 규제의 몇 가지를 되살렸다. 여전히 비평가들은 마케터들이 시장의 영향으로부터 아이들을 보호하는 대신에 아직도 이들을 "유아 고객"으로 부르면서 그렇게 대하는 것이 지

그림 6.4 어린이들의 상업적 의도에 대한 인지를 측정하기 위해 연구자들이 사용하는 스케치 사례

배적이라고 비판한다.

그러나 긍정적인 면을 살펴보면, 식품회사들은 그들이 일조해 온 유아 비만 문제와 전쟁을 치루려고 하는 듯하다. Sara Lee, Burger King, Campbell Soup Company, Coca-Cola, Pepsi, Dannon, General Mills, Hershey, Kellogg, Kraft Foods, Mars, McDonald's, Nestle 등에 이르는 수많은 기업들이 Better Business Bureau의 Children's Food and Beverage Initiative에 참여했다. 그들은 11세 이하의 어린이들에게는 정부와 미국 심장협회에서 정한 "건강한" 음식을 위한 기준에 부합하는 제품만 판매하기로 공약했다. 추가로, 이러한 서약은 어린이를 대상으로 하는 광고에서 유명 캐릭터를 사용하는 것과 초등학교와 비디오 게임에서 제품 이미지를 위치시키는 것 또한 조속히 제한하기로 했다. 덧붙여, 연방거래위원회는 어린이들을 대상으로 하는 모바일 앱과 웹사이트에 대한 프라이버시 안전 수칙을 강화했다. 이제 기업들은 어린이들을 누구인지 알고, 접촉하고, 위치를 확인하는 정보를 수집할 때, 부모들의 동의를 얻어야 한다.

목표 6

우리의 뇌는 브랜드 관련 정보를 기억에 저장하도록 처리한다.

기억(Memory)

기억은 필요할 때 이용할 수 있도록 일정 시간 동안 정보를 획득하고 저장하는 과정이다. 기억 연구에 대한 현대적 접근은 정보 처리 접근을 활용한다. 그들은 마음이 어떤 면에서는 컴퓨터와 같다고 가정한다. 데이터를 입력하고, 처리하고, 이후에 개정된 형식으로 사용하기 위해 출력한다. **부호화**(encoding) 단계에서 정보는 시스템이 인식할 수 있는 방식으로 기록한다. **저장**(storage) 단계에서, 우리는 기억에 이미 있는 것과 이 지식을 통합하고 그것이 필요할 때까지 저장소에 보관한다. **인출**(retrieval) 과정 동안, 우리는 원하는 정보에 접근한다. 그림 6.5는 기억 과정을 요약하여 보여준다.

그림 6.5 기억의 유형

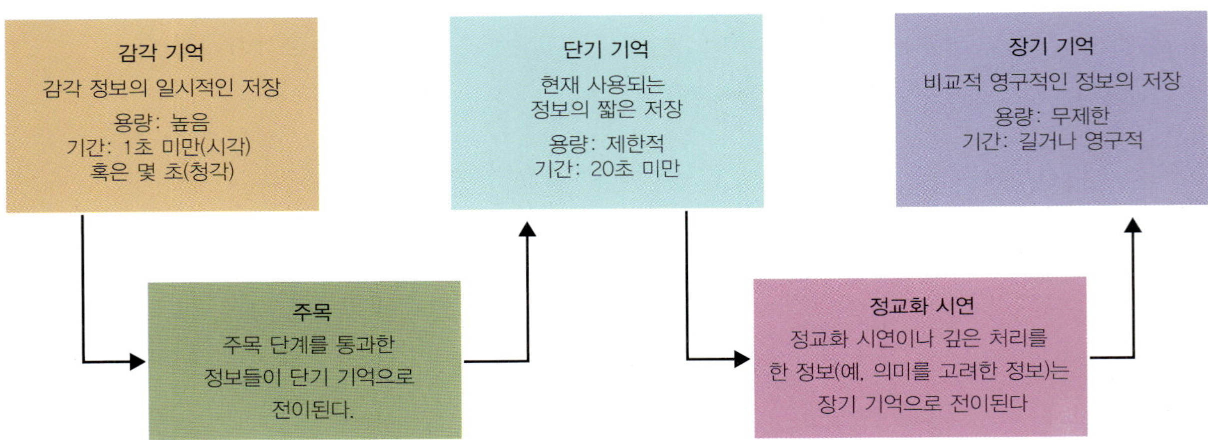

많은 경험들은 머릿속에 잠겨 있으며, 만약 어떤 적절한 단서가 그것들을 자극한다면 몇 년 후에 드러날 수도 있다. 제품과 서비스에 관한 정보를 수집하여 구매 결정에 그것을 적용하는 것은 온전히 소비자의 몫이다. 2장에서 다룬 바 있는 소비자 의사결정 과정에 있어서 우리는 이 내부 기억을 외부 기억과 조합한다. 이것은 시장에서 우리가 여러 브랜드를 식별하고 평가하게 하는 포장을 비롯한 마케팅 자극과 관련된 제품의 모든 세부 사항을 포함한다.

식료품 쇼핑 목록은 강력한 외부 기억을 돕는 좋은 예이다. 소비자들이 쇼핑 리스트를 사용하는 경우, 그 리스트의 약 80% 품목을 즉시 구입한다. 그리고 만약 리스트를 작성한 사람이 그 쇼핑에 참여한다면 특정 해당 품목을 구매할 가능성은 더 높다. 이것은 소비자가 쇼핑을 하기 전에 한 품목을 구입하기를 계획하도록 마케터가 지시할 수 있다면 그것을 구매할 가능성이 높다는 것을 의미한다. 사전 계획을 장려하기 위한 한 방법은, 포장에 소비자들이 그 필수품이 떨어져 가는 것을 알아차렸을 때 간단하게 그 상표를 떼고 바로 쇼핑 리스트에 붙일 수 있는 스티커를 제공하는 것이다. 또는 소매업자가 소비자들이 사용할 수 있는 쇼핑 리스트를 만들어내는 모바일 앱을 제공하는 것도 가능할 것이다(이미 아이폰에만 40개 이상의 앱이 시중에 나와 있다).

우리의 뇌는 어떻게 정보를 부호화하는가?

정보를 부호화하거나 프로그래밍하는 방법은 우리의 뇌가 이 정보를 어떻게 저장할 것인지를 결정하도록 도와준다. 일반적으로, 이미 기억에 있는 다른 정보와 그것과 연상이 가능한 새로 들어오는 데이터를 보관할 가능성이 높다. 예를 들어, 우리는 한 제품군의 물리적 특성에 연결된 브랜드명(예, Coffee-Mate 크림, Sani-Flush 변기 세척기)이나 더 추상적이지 않고 쉽게 시각화 할 수 있는 것(예, Tide 세제나 Ford Mustang 자동차)을 더 잘 기억하는 경향이 있다.

의미의 유형

종종 우리는 문자의 색상 혹은 포장의 모양과 같은 감각적 의미의 표현으로 자극을 단순하게 처리한다. 예컨대, 최근에 맛본 새로운 스낵 음식의 광고를 보게 되면, 친숙함을

헤어 제품에 대한 호주의 한 광고는 일부 사람들이 잊기를 더 좋아하는 초기의 기억을 일깨운다.
출처: Courtesy of Fudge Australia.

느끼게 된다. 많은 경우에, 더 추상적인 수준에서 의미들을 부호화 한다. 의미론적 의미(semantic meaning)는 부유한 사람이 샴페인을 마시거나 유행에 민감한 여성이 배꼽에 피어싱을 한다는 사고와 같은 상징적인 연상을 말한다. 어떻게 이 깊은 의미들을 부호화 하는지를 자세히 살펴보자.

사건 기억(episodic memory)은 개인적인 사건과 관련된다. 결과적으로, 이 기억들을 유지하기 위한 동기는 강력하다. 연인들은 종종 그들의 첫 번째 데이트 혹은 결혼을 회상하는 "그들의 노래"를 갖는다. 우리는 특히 어떤 선명한 연상을 섬광 기억(flashbulb memory)이라고 부른다(예를 들면, 오사마 빈 라덴의 죽음에 대해 어디에서 처음 들었는가?). 과거의 회상은 미래의 행동에 영향을 주게 된다. 대학 후원 기금 마련 캠페인은 동창의 불쾌한 기억보다 즐거운 대학생활의 기억을 일으킬 때 더 많은 기부를 받을 수 있다.

네러티브(narrative)는 종종 제품 정보를 전달하는 데에 효과적이다. 우리의 기억들은 이야기 형태로 취득한 많은 사회적 정보를 저장한다. 청중과 공감하기 위해 이야기의 형태로 광고를 구성하는 것은 효과적이다. 이야기들은 사람들이 보거나 들은 정보의 정신적 표현을 구상하도록 설득한다. 비주얼은 이 구상을 돕고 우리가 더 구체적인 정신적 표현을 개발하도록 한다. 연구자들은 브랜드가 소비자들과 관계를 맺게 될 때, 브랜드를 더 긍정적으로 평가하고 구매를 한다고 주장한다.

CB AS I SEE IT

Kathryn and Michael LaTour **교수**, *The University of Nevada at Las Vegas*

우리의 관점에서 보면, 소비자 연구는 마케팅 관리자를 위한 유용한 지식을 만들어내기 위해 시장의 마음을 꿰뚫어보는 통찰력을 얻도록 "깊게 파는" 것이다. 우리의 연구는 소비자 기억의 복잡성에 관한 지식을 확장시키고, 실무자들이 소비자들에게 접근하는 방법을 강화하는 방법에 대한 이해의 틀을 만들어냄으로써 이러한 명제를 다룬다.

우리 연구는 소비자 경험, 특히 경험을 위한 기억에 초점을 두고 있다. 경험은 noeic이라는 그리스어의 지성 또는 이해를 뜻하는 nous에서 유래했다. 지식은 확신의 감정에서 직접 경험된 것이다. 소비자들은 그들의 경험이 의사결정을 만들어내며, 광고와 같은 외적인 정보는 거의 역할을 하지 못한다고 믿는다. 우리의 연구에서는 정반대의 결과를 얻었다. 초기 연구에서 Kathy LaTour는 기억의 재구성 이론(theory of memory reconstruction)을 마케팅 분야에 소개하면서, 광고시청이 소비자의 입맛을 어떻게 바꾸는지 살펴보았다. 한 실험에서 식초, 소금, 물로 만든 오렌지 주스의 샘플을 맛보게 했다. 맛을 본 다음에 주스가 신선하고 맛이 풍부하다는 광고를 봤을 때, 더 나은 맛으로 주스를 "기억했다." 실제로 더 나은 주스는 한 시간 전에 맛본 것이라고 했었는데, 바뀐 것이다. Elizabeth Loftus(기억 연구 분야의 가장 뛰어난 인지 심리학자들 중 한 명)와 함께 한 다른 연구에서는 거짓을 언급한 자서전 스타일의 Disneyland 광고는 꽤나 많은 참여자들이 어릴 때 이 광고에서 언급한 거짓 사실을 실제로 경험한 것처럼 "회상"했다.

기억은 역설적이다. 사람들은 사건에 대한 매우 자세한 부분까지 기억하기도 하는 반면, 다른 경우에는 전혀 그렇지 않다. 앞선 실험에서 밝혀진 것처럼 참여자들은 그런 실제로는 존재하지 않았던 경험을 했던 것처럼 믿었고, Disney에서의 방학을 가장 멋진 추억으로 기억했다. 정성 조사에서 어린 시절의 어떤 경험이 어른이 되어서까지 영향을 미치는지에 대해 살펴보았다. 자동차에 대한 선호부터 패스트푸드 선택, 콜라 선택, 게임 스타일 등에 이르기까지 다양하다.

최근 연구에서는 소비자들이 그들의 경험에서 더 잘 학습할 수 있도록 어떻게 마케터들이 가르칠 수 있는지를 살펴보았다. 이 연구에서 음용 경험은 많지만 실제 관련 지식은 거의 없는 와인 애호가들을 관찰했다. 애호가들은 와인을 평가하는 데에 스스로의 능력을 과신하고 있었으며, 브라인드 테스트에서 전문 소믈리에처럼 행동했다. 그러나, 이 애호가들에게 와인 아로마 휠로 전문 용어들을 제공했고, 이것은 그들의 맛 경험을 더 낫게 만들어주었고, 더 정확하게 느끼도록 해줌으로써 잘못된 마케팅 커뮤니케이션에 의해 휘둘리지 않도록 해주었다. Kathy Latour는 현재 소믈리에 훈련을 받고 있는데, 이것은 와인에 대한 전문지식을 얻는 동시에 향후 연구에 대한 실무적 관점을 공부할 수 있는 수단이다. 우리의 목표는 더욱 기억할 만한 소비자 경험을 제공하기 위해서 마케팅 실무자들의 경험 디자인을 가이드할 수 있는 연구 프로젝트를 개발하는 것이다. 보다 큰 틀에서 우리는 혁신적인 연구를 진행하고 이 과정을 즐길 수 있기를 희망한다.

기억 체계(Memory System)

정보 처리 관점에 따르면, 세 가지의 뚜렷한 기억 체계들이 있다: 감각 기억(sensory memory), 단기 기억(short-term memory: STM), 장기 기억(long-term memory: LTM). 각각은 브랜드와 관련된 정보를 처리하는 역할을 한다(그림 6.5 참조).

감각 기억

감각 기억은 감각으로부터 받은 정보를 저장한다. 이 저장소는 아주 일시적으로만 가동된다. 기껏 2초 정도밖에 안 된다. 예를 들면, 도넛 매장 앞을 빠르게 지나치는 한 남성이 매장 안에서 풍겨 나오는 매우 끌리는 냄새를 맡게 된다. 비록 이 감각이 단지 몇 초간 지속될지라도, 이것은 그가 냄새의 정체를 더 알아봐야 할지를 생각하도록 만드는데 충분하다. 만약 그가 이 정보를 나중에 처리하기 위해 저장한다면, 단기 기억으로 전이된다.

단기 기억

단기 기억(Short-term memory: STM)은 한정된 시간 동안 정보를 저장하고, 그 용량도 제한적이다. 컴퓨터처럼, 이 체계는 현재 처리하고 있는 정보들을 보유하는 활동 기억(working memory)이다. 우리의 기억들은 언어적 입력을 청각적으로(그것이 어떻게 소리 나는지에 의해) 혹은 어의적으로(그것이 의미하는 것에 의해) 저장할 수 있다.

우리는 **편화**(chunking)라고 부르는 과정에서 작은 조각들을 큰 것들로 조합함으로써 정보를 저장한다. 이 덩어리는 사람들에게 친숙한 정도의 크기로서 하나의 단위로 생각할 수 있는 형태이다. 예를 들면, Seven For All Mankind와 같은 브랜드명은 그 제품에 관해 방대한 상세 정보를 요약한 하나의 덩어리이다.

애초에, 연구자들은 우리의 STM이 한 번에 5개에서 9개 정도의 정보 덩어리를 처리할 수 있다고 믿었다. 그들은 "마법의 숫자 7 +/−2"와 같은 기본적인 속성을 설명했다. 이것이 오늘날 (적어도 미국에서) 전화번호가 7자리를 갖는 이유이다. 지금은 3개에서 4개의 조각이 효과적인 인출을 위한 최적의 크기로 나타난다(우리는 7자리 전화번호를 기억한다. 왜냐하면 개별적으로 자리들이 나누어져 있기 때문이다. 그래서 우리는 정보의 한 조각으로서 3자리로 교환하여 기억할 것이다). 전화 거는 일은 그렇다 치더라도, 편화는 소비자들이 가격 비교를 할 때, 단기 기억에서 어떻게 가격을 유지하는지를 결정하도록 하기 때문에 마케터에게는 중요한 것이다.

장기 기억

장기 기억(Long-term memory: LTM)은 오랜 기간 동안 정보를 유지하도록 하는 체계이다. 정교화 시연(elaborative rehearsal)이라고 부르는 인지적 과정을 통해 정보는 단기 기억으로부터 장기 기억으로 이동하게 된다. 이것은 자극의 의미에 관해 생각하고 기억에 이미 있는 다른 정보와 관련시키는 것을 포함한다. 소비자들 스스로 반복하는 캐치 슬로건이나 징글을 마케터가 만들어낼 때, 이러한 과정이 형성된다.

기억은 어떻게 저장되는가

단기 기억과 장기 기억의 관계는 일부 논쟁거리가 된다. 전통적인 다중 저장(multiple-store) 관점은 STM과 LTM이 서로 별개의 체계라고 가정한다. 최근 연구는 기억의 두 형태 사이의 구분이 없다고 주장한다. 즉 두 가지 체계가 상호의존적이라는 것이다. 이 연구에 따르면, 업무의 성격에 따라 기억의 서로 다른 측면을 활성화하는 처리 수준이 발생한다. 우리는 이 접근을 **기억의 활성 모델**(activation models of memory)이라고 부른다. 정보를 처리하기 위한 더 많은 노력을 할수록, 정보들은 LTM으로 전환되기 쉽다.

연상 네트워크

기억 활성화 모델에 따르면, 제시되는 정보의 조각은 많은 관련된 정보의 조각들을 포함한 **연상 네트워크**(associative network)에 저장된다. 우리는 기억에 저장된 브랜드, 제조업자, 매장과 관련된 개념의 체계를 정리한다. 그 내용들은 당연히

목표 7

우리가 어떤 특정 제품과 연관지어 생각하는 다른 제품들은 그것을 기억하는 데 영향을 미친다.

Marketing Opportunity

마케터들이 우리의 마음에 이미지나 이야기가 떠오르도록 강렬한 브랜드 이름을 짓는 것은 일반적인 일이 되어버렸다. 연구자들은 이 전략이 높은 소비자 평가를 받는 브랜드 이름들이 대체로 의미 없는 철자 혹은 숫자로 구성되는 현상을 야기했다고 주장한다. 한 연구는 소비자들이 Samsung과 LG가 그 산업에서 문자와 숫자의 조합을 가진 전화기 이름의 관습을 처음으로 깬 이후에 더 긍정적으로 휴대전화를 평가했다고 보고했다. LG의 휴대전화는 Chocolate, Shine, Vu, Voyager, Dare, Decoy 등의 재미있는 이름을 지었으며, Samsung은 BlackJack, UpStage, FlipShot, Juke, 최근에는 Access, Instinct, Glyde 등을 추가했다. 같은 기간 동안 이 기업들의 시장 점유율이 증가했다. 다른 휴대전화 브랜드와 비교하여, 소비자들은 이 모델들을 더 현대적이고, 창의적, 매력적이고, 독특하며, 멋지고, 기억하기 쉽다고 평가했다.

각자가 갖고 있는 독자적인 경험에 따른다.

이 저장 단위 혹은 지식 구조(knowledge structures)는 데이터의 조각으로 채워진 복잡한 거미줄과 같다. 입력 정보는 다른 정보와 연결하는 노드에 위치한다(만약 추측하기 어려우면, 사이버 공간을 World Wide Web이라고 부르는 이유를 한 번 생각해 보라). 유사한 정보를 개별 조각으로 나누어서 볼 때, 보다 추상적인 범주 내에 그것들을 함께 여러 덩어리로 뭉친다. 그때 새로운 입력 정보를 우리가 만들어낸 구조와 일치하도록 해석한다(사전의 기대가 현재의 경험에 어떻게 영향을 미치는지에 관한 5장에서의 논의를 생각하라). 이것은 예를 들면 Chanel보다 Titleist가 골프 경기를 후원할 때처럼 "어울린다"고 믿는 브랜드 혹은 매장을 더 잘 기억할 수 있는지를 설명하는 데 도움이 된다. 최근 연구는 사람들이 분명하게 연결되지 않은 브랜드들이라도 회상할 수 있다(예를 들면, 좋아하지 않은 제품이 어떤 이벤트를 후원할 때)고 주장했지만, 이러한 경우에는 두 가지가 왜 어울리는지를 정당화하기는 매우 어려운 일이다.

연상 네트워크에서, 노드들은 연결되어 있다. 예를 들면, 한 소비자가 "향수"에 대한 하나의 연상 네트워크를 가지고 있다. 각 노드는 그 범주와 관련된 개념을 나타낸다. 이 노드는 소비자가 특정한 향수 브랜드 혹은 제품, 심지어 관련된 제품을 명시하는 어떤 속성, 특정 브랜드, 연예인이 될 수 있다. 향수에 대한 연상 네트워크는 섹시나 우아함과 같은 속성만큼 Juicy Couture의 Viva La Juicy, Calvin Klein Eternity, Elizabeth Arden Red Door 등의 브랜드명과 같은 개념을 포함하게 된다.

소비자에게 향수 브랜드를 떠올려 보라고 요청하면, 그들은 그 범주 안의 적절한 브랜드만을 회상한다. 이 집단을 우리는 고려 제품군(evoked set)이라고 한다(2장 참조). 한 제품군 내의 구성원으로서 스스로 자리잡기를 원하는 새로운 참가자(예, 새로운 고급 향수)의 임무는 적절한 범주에 그것의 배치를 촉진하는 단서를 제공하는 것이다. 그림

그림 6.6 향수의 연상 네트워크

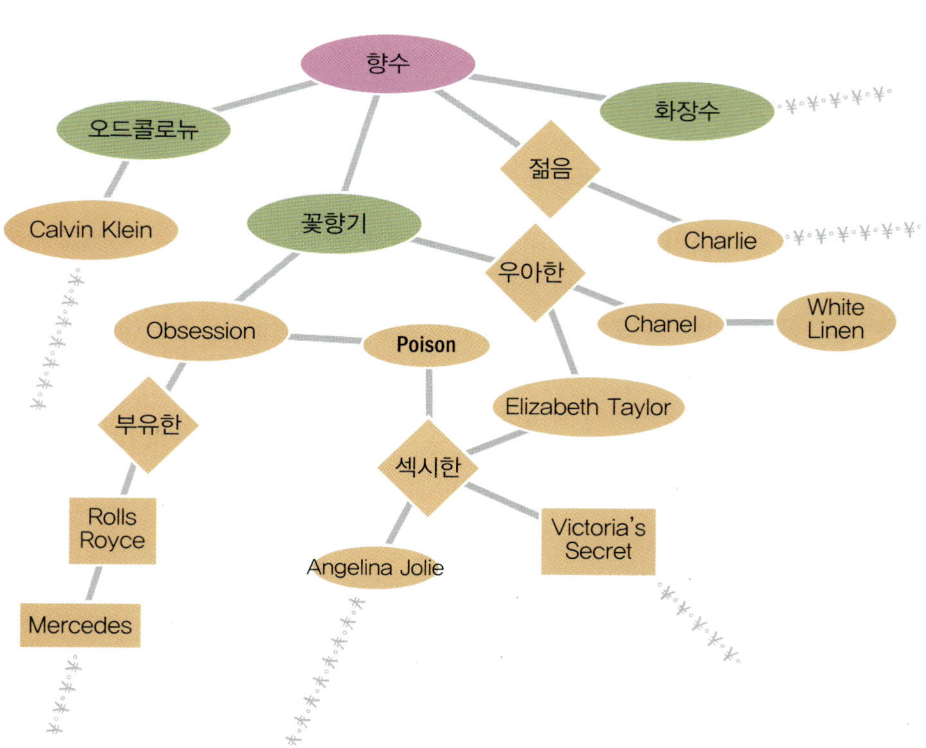

6.6은 향수에 관한 간단한 연상 네트워크를 보여준다.

활성화의 확산

마케팅 메시지는 브랜드에 관한 기억을 직접적으로 활성화하거나(예를 들면, 그것이 우리에게 패키지의 그림을 보여줄 때), 우리의 지식 구조에서 그 브랜드와 관련된 어떤 것을 연결시키면, 간접적으로 활성화된다. 만약 그것이 하나의 노드를 활성화한다면, 그것은 한 지점에서 거미줄의 망을 두드림으로써 망을 가로질러 울려 퍼지는 진동을 보내는 것같이 연결된 다른 노드를 활성화할 것이다. 의미가 연결 네트워크를 가로질러 퍼지므로 우리는 브랜드에 대한 속성을 형성하기 위해 사용하는 관련 속성과 같은 개념을 회상한다.

이 확산적 **활성화**(spreading activation) 과정은 의미의 여러 단계 사이를 앞뒤로 움직이게 한다. 기억에서 정보를 저장하는 방법은 우리가 최초에 그것에 할당된 의미의 형태에 따른다. 다시 말해서, 이 의미 형태는 어떤 것이 언제 어떻게 활성화되는지를 결정하게 된다. 예를 들면, 아래의 하나 또는 그 이상의 방식으로 Axe 남성 향수 광고에 대한 기억의 흔적을 저장할 것이다.

- **브랜드 특성**: 기억은 브랜드가 만들어낸 주장의 형태로 저장된다("그것은 남성적이다").
- **광고 특성**: 기억은 광고 그 자체의 매개체나 내용의 형태로 저장된다(남성다워 보이는 남자가 사용하는 제품).
- **브랜드 동일시**: 기억은 브랜드명의 형태로 저장된다(예, "Axe").
- **제품군**: 기억은 제품이 어떻게 작용하거나 어디에 사용하는지에 의해 저장된다("Axe는 남자의 의약 필수품이다").
- **평가적인 반응**: 기억은 긍정적이거나 부정적인 감정으로서 저장된다("그것은 멋져 보인다").

지식의 수준

지식 구조 내에서 우리는 추상과 복잡성의 서로 다른 수준에서 요소들을 부호화한다. 의미 개념(예, "남성다움")은 개별 노드에 저장된다. 우리는 명제(혹은 신념)라고 부르는 큰 단위들로 이 개념들을 조합하게 된다. 한 명제는 정보의 단일한 덩어리로써 제공할 수 있는 더 복잡한 의미를 형성하기 위해 두 개의 노드와 함께 연결된다. 예를 들면, "Axe는 남성다운 남자를 위한 향수이다"라는 명제이다. 이것이 꼭 정확하게 맞을 필요는 없다.

다음으로, 우리는 **스키마**(schema)라고 부르는 더 복잡한 단위를 만들기 위해 명제들을 통합한다. 스키마는 우리가 경험을 거쳐 개발한 인지적인 틀이다. 우리는 기존 정보와 일치하는 정보를 더 쉽게 부호화한다. 추상의 수준 사이를 자유자재로 움직이는 능력은 처리 능력에 있어서의 유연성과 효율성을 크게 증가시킨다. 이러한 까닭에 아직 스키마가 잘 개발되어 있지 않은 어린아이들은 더 큰 어린이들만큼 구매 정보를 효율적으로 사용하지 못한다.

소비자 행동과 관련된 스키마의 한 형태는 개인들이 기대하는 연속적 사건인 **각본**(script)이다. 소비자로서 우리는 상업적 상황에서 우리의 행동을 안내하는 서비스 각본

출처: Brain Builders by Charles Phillips © BOOKINABOX LIMITED.

Marketing Opportunity

개인적인 인지적 또는 생리적 요인들은 사람들 중 인출 능력 간의 차이를 만들어낸다. 장년층은 아주 오래전의 일은 꽤나 또렷하게 기억하면서 처방전 제약 사용법과 같은 현재 사항들에 대해 지속적으로 좋지 않은 기억력을 보인다. Sudoku and Brain Box와 같은 퍼즐의 최근 인기와 "정신적 체육관"을 제공하는 센터들은 우리가 일상적인 일을 할 때, 다른 근육들을 조용히 놔두는 것처럼 마음을 수양함으로써 우리가 인출 능력을 더욱 날카롭게 유지할 수 있도록 해준다.

을 학습한다. 우리는 어떤 일련의 사건을 예상하며, 만약 그 서비스가 우리의 각본과 동떨어져 있다면 불편함을 느끼게 될 것이다. 치과 방문에 대한 서비스 각본은 (1) 치과로 운전해간다, (2) 대기실에서 오래된 잡지를 읽는다, (3) 이름을 부르는 소리를 듣고 의자에 앉는다, (4) 의사가 잇몸에 어떤 것을 주입한다, (5) 의사가 뾰족한 드릴을 켠다 등 일련의 사건들 같은 것을 포함한다. 각본에 따르려는 욕망은 자동 은행기계, 셀프 서비스 주유소, "자가 스캔(scan-your-own)" 식료품 계산대처럼 서비스 혁신 같은 것이 왜 새로운 일련의 사건을 수용하기 어려운 일부 소비자에 의해 저항받아 왔는지를 설명한다.

구매 결정시 어떻게 기억을 인출하는가

한 주요 연구에서, 응답자의 23%만이 작년에 출시된 신제품들을 회상할 수 있었다. 물론 이것은 마케터에게 우울한 뉴스일 것이다.

인출(Retrieval)은 장기 기억으로부터 정보를 회복하는 과정이다. 인기있는 보드 게임인 Trivial Pursuit이나 Are You Smarter Than a Fifth Grader?라는 유명 TV쇼에 의해서도 알 수 있듯이, 사람들은 대체로 유용하지 않은 방대한 양의 정보를 저장하고 있다. 비록 장기 기억에 들어온 많은 정보들이 사라지지 않을지라도, 적절한 단서가 없는 한 회복하는 것은 어렵거나 거의 불가능하다. 기업들이 만들어낸 마케팅 메시지를 기억할 가능성에 영향을 주는 요인은 무엇인가?

상황적인 요인들 역시 인출에 영향을 준다. 이것은 우리가 메시지와 마주치는 환경과 관련 있다. 당연히 회상은 그 메시지에 주목한 첫 번째 장소에서 강화된다. 우리는 후발 브랜드라고 부르는 것보다 선도 브랜드(시장에 진입한 첫 번째 브랜드)에 관한 정보

CB AS I SEE IT

Jennifer Aaker **교수,** *Standford University*

Space Mountain 놀이 기구를 타기 위해 Disneyland에 있는 당신을 상상해 보라. 로켓 안으로 오를 때 당신은 즐거움과 불안을 느끼며, 심지어 그 놀이 기구를 다 탄 다음에도 혼합된 감정을 계속 느끼게 된다. 당신은 안전 바를 움켜지고 즉시 흥분되고 놀란다. 당신은 혼합된 감정을 가지고 현기증 나는 Space Mountain 놀이 기구를 떠난다. 일주일 후에 당신은 자신의 경험을 어떻게 회상할 것인가? 그 놀이 기구에서 당신이 경험한 혼합된 감정을 기억할 것인가? 혹은 이 혼합된 감정의 기억이 희미해질 것인가?

혼합된 감정의 기억에 관한 질문은 중요하다. 많은 인생의 가장 중요한 사건들은 사람들이 긍정적이고 부정적인 감정을 느끼는 그들 스스로 발견한 감정의 혼합에 의해 정의된다. 예를 들면, 대학 졸업하기("나는 성장하고 있지만 친구들과 가족을 떠남"), 이동하거나("나는 새로운 삶을 시작하지만 나의 오래된 것을 잃음"), 중요한 삶의 목표를 달성하기("나는 목적지에 도달하기 위해 흥분되지만 여행이 끝나서 슬프다") 등이 그러하다.

이 질문에 답하기 위해, 우리는 시계열적 실험을 통해서 회상할 때에는 혼합된 감정의 강도가 과소평가된다는 것을 보여주었다. 시간이 지남에 따른 증가를 나타내는 효과는 단순한 행복 또는 슬픔의 단일 감정에서는 발생하지 않았다. 동시에, 이 결과는 시간의 흐름에 따라, 혼합된 감정은 점점 회상되기 어려워지고, 그 기억들도 흐려지며, 이러한 회상의 오류를 만들어내는 갈등을 느낀다는 것을 나타낸다.

이 연구의 결과는 몇몇 분야에 시사하는 바가 있다. 예를 들면, 그 결과는 모순에 대해 아무렇지 않게 생각하는 사람들은 더 정확하게 혼합된 감정을 회상한다는 것을 의미한다. 이와 비슷하게, 만약 충돌이 생기는 감정을 해결하기 위한 욕구가 크다면, 여기서 설명된 효과는 혼합된 감정과 관련된 애매함에 대해 전혀 문제를 느끼지 않는 사람들에게는 의미가 없다. 그리고 그 효과는 만약 우리가 경험한 혼합된 감정이 지배적인 감정과 일치한다면, 그 결과 우리가 느끼는 충돌은 감소되고 없어진다.

그 결과는 역시 감정적 경험이 근본적으로 브랜드 충성도를 촉진하는 것만큼 구매 의지에 영향을 줄 수 있다고 제시하는 최근 마케팅 연구에 시사하는 바가 있다. 예를 들면, 브랜드로부터 발산하는 따뜻함 혹은 브랜드에 의한 즐거움(예, iPhone)의 양은 근본적으로 우리와 브랜드 간의 관계에 영향을 줄 수 있다. 그러나 실제로 대부분의 소비자-브랜드 관계는 어느 시점에 소비자들 사이에서 구매한 물건이 고장나는 경우처럼 부정적인 감정을 발생시키는 위반에 의해 정의된다. 우리의 연구는 부정적인 사건이 혼합된 감정(단일의 부정적인 사건과 반대되는)의 일부로 분류되는 정도에 의해 소비자는 경험과 그것과 관련된 것들을 기억할 가능성이 달라진다는 것을 제시한다. 만약 그 위반이 정신적으로 브랜드가 갖는 긍정적인 상호작용과 함께 응집된다면, 혼합된 감정적 경험의 기억은 정말 희미해질 것이다. 위반이 고립된 부정적 사건으로 독립적인 경우가 아닐 때에 더욱 그러할 것이다.

를 더 쉽게 기억으로부터 회복할 수 있는데, 이는 첫 번째 제품의 도입은 구분하기 쉽고, 한동안 우리의 주의를 돌릴 경쟁자가 없기 때문이다. 그 제품이 무엇인지에 대한 적절한 단서를 제공하지 않는 경우보다는 제품명에서 그것을 잘 설명하고 있는 브랜드명을 회상하는 것이 더 쉽다.

당연히 마케터가 메시지를 제시하는 방법은 우리가 나중에 그것을 회상할 수 있는 가능성에 영향을 준다. **간격 효과**(spacing effect)는 광고가 짧은 기간 동안 반복적으로 나타나기보다는 일정한 간격을 두고 그 제품을 반복적으로 보여줄 때, 더 효과적으로 회상하는 경향을 말한다. 마케팅 메시지를 보는 환경 역시 회상에 영향을 준다. 예를 들면, 우리가 야구 경기를 보는 동안 광고들은 스포츠 프로그램 중에서 가장 낮은 회상 점수를 나타내는데, 그 활동이 지속적이기보다 멈췄다 시작하기 때문이다. 축구 혹은 농구와 달리, 야구의 경기 속도는 경기 동안 주의를 두리번거리게 하는 많은 기회를 제공한다. 이와 유사하게, General Electric은 그들이 집행한 광고들이 잇단 연출에 의해 중단되는 버라이어티 쇼 혹은 토크쇼 보다는 이야기나 드라마와 같은 지속적인 활동을 가진 콘텐츠에서 더 높은 효과를 나타낸다는 것을 발견했다. 마지막으로, 대규모로 진행된 TV 광고에 대한 한 분석 연구는 시청자가 연속된 광고에서 그들이 본 마지막 것보다 첫 번째로 본 광고를 더 잘 회상한다는 것을 발견했다.

끝으로, 광고의 특성 자체가 그것의 기억 가능 여부를 결정하는 데 큰 역할을 한다. 인쇄 광고에 관한 한 연구는 여러 면에 걸친 연속 광고, 3차원 팝업, 향기나는 광고, 오디오 구성요소를 가진 광고를 포함한 현란한 잡지 광고들이 훨씬 더 기억하기 쉽다고 보고했다. 예를 들면, 독자들이 긁어서 벗기면 검은 체리 바닐라맛 향기를 맡을 수 있는 탭이 있고, 병을 딸 때 재즈 음악이 연주되는 작은 오디오 칩과 열린 병의 3차원 팝업을 가진 2페이지에 걸친 Pepsi Jazz 광고는 독자 회상에서 놀랍게도 100%의 수치를 보여주었다. 불행하게도, 멀티미디어 기술들은 아주 비싸고, 모든 광고들이 Broadway의 프로덕션을 흉내 낼 수는 없다!

무엇이 우리를 망각하게 하는가

마케터들은 소비자들이 그들의 제품을 잊지 않길 바란다. 그러나 성인 13,000명을 대상으로 한 조사에서 참여자들의 절반 이상은 지난 30일 동안 그들이 보고, 듣고, 읽었던 어떠한 특정 광고도 기억할 수 없었다. 당신은 지금 당장 얼마나 많이 기억할 수 있는가? 분명한 것은, 소비자의 망각은 마케터에게는 큰 어려움일 수밖에 없다(시험 공부하는 학생들이 아니지 않은가!).

초기 이론가들은 기억은 단순히 시간의 경과에 의해 사라진다고 가정했다. **소멸**(decay)의 과정에서, 뇌 속에서의 학습에 의한 구조적 변화는 쉽게 사라진다. 망각 역시 간섭(interference)의 결과로서 발생한다. 우리가 추가적인 정보를 학습함에 따라 그것은 초기 정보를 대체한다. 소비자들은 만약 그들이 같거나 유사한 자극에 대한 새로운 반응을 다음에 학습한다면, 자극-반응 연상을 망각하게 될 것이다. 이 과정을 역행 간섭(retroactive interference)이라고 부른다. 혹은 이전 학습이 새로운 학습을 방해할 수 있는데, 이 과정을 순행 간섭(proactive interference)이라 부른다. 왜냐하면 우리는 정보의 조각들을 서로 연결된 노드처럼 저장하기 때문에, 많은 연계에 의해 접목된 의미 개념을 회복하기 쉬운 것이다. 그러나 우리가 새로운 반응을 학습함에 따라, 그 오래된 반응을 인출하는 것에 따른 자극의 효과는 사라지게 된다.

이 간섭 효과는 브랜드 정보의 기억과 관련된 문제를 설명해 준다. 소비자들은 브랜드에 의한 속성 정보를 조직화하는 경향이 있다. 브랜드 혹은 유사한 브랜드에 관한 추가적인 속성 정보는 오래된 브랜드 정보를 회상하는 개인의 능력을 제한할 것이다. 만약 그 브랜드명이 빈번하게 사용되는 단어들로 구성된다면, 회상은 더욱 어려워질 것이다. 이 단어들은 경쟁 연상에게 신호를 주고, 그 결과로 우리는 브랜드 정보를 적게 보유한다. 한 연구에서, 브랜드 평가는 연구자가 12개의 상이한 제품에 관한 광고와 함께 광고를 보여주었을 때보다 동일 제품군의 12개 브랜드에 관한 메시지와 함께 광고를 보여주었을 때가 더 나쁜 평가를 받았다. 그러므로 우리가 한 브랜드의 독특함을 증가시킬 때, 그것은 다른 브랜드의 회상을 손상시킨다. 그러나 우리가 경쟁자의 이름을 (광고에서) 언급할 때, 이것은 우리 브랜드에 대한 미약한 회상을 초래할 수 있다.

상태 의존 인출

시험을 치루게 될 강의실에서 공부한다면 시험을 더 잘 치게 될까? 아마도 그럴 수 있다. 우리가 **상태 의존 인출**(state-dependent retrieval)이라고 부르는 과정은 우리의 내적 상태가 정보를 학습할 때와 회상할 때가 같다면 정보에 더 잘 접근할 수 있다는 것을 설명해준다. 그래서 노출 시기의 감정 혹은 각성 상태가 구매 환경의 그것과 같다면 광고를 더 회상하기 쉽다. 마케터가 정보를 처음 제시했을 때 있었던 단서를 재창조한다면 회상을 강화할 수 있다. 예를 들어, Life 시리얼은 그것의 광고에서부터 시리얼 상자에 이르기까지 "Mikey"의 그림을 사용하는데, 이것은 브랜드 주장의 회상과 우호적인 브랜드 평가를 촉진한다.

친숙성과 회상

일반적으로, 우리가 어떤 품목에 친숙하면 그것에 관한 메시지는 잘 기억하게 된다. 또한 이것은 제품에 대한 인식을 만들어내고 유지하려고 하는 마케터의 기본적 목표 중 하나이다. 소비자는 제품에 대한 경험이 많을수록 제품 정보를 더 많이 사용한다. 그러나 예외도 있다. 이 장의 초반부에서 설명했듯이, 일부 증거들은 극단적인 친숙함은 열등한 학습이나 회상을 초래한다는 것을 나타낸다. 소비자들이 어떤 브랜드 또는 광고에 아주 친숙한 경우에는 더 이상 알아야 할 것이 없다고 생각하기 때문에 해당 메시지에 전혀 주목을 하지 않게 된다. 이러한 현상을 자동성(automaticity)이라고 한다. 예를 들면, 이미 본 TV 광고의 오디오 트랙을 반복하는 라디오 광고에 소비자들을 노출시켰을 때, 그들은 비판적이고 평가적인 과정을 거의 하지 않았고 대신에 광고의 비디오 부분만을 머릿속으로 반복하게 된다.

또한 우리는 브랜드 학습의 순서가 브랜드들과 그들의 속성 간 연계의 강도를 결정하게 될 때 일어나는 **강조 효과**(highlighting effect)를 관찰하게 된다. 소비자들은 기존에 알게 되었던 브랜드들과는 일반적인 속성을 연계하는 반면에 최근에 알게 된 브랜드들과는 독특한 속성을 관련지어 생각한다. 더욱 일반적인 것은 단어, 물체, 얼굴 등에 대해 최근에 알게 된 것보다는 예전에 알게 된 것을 더 잘 인식하는 경향이 있다는 것이다. 이러한 현상은 브랜드에도 잘 적용된다. 잘 알려진 브랜드명을 사용하여 새로운 제품을 출시하는 경우에는 소비자들에게 관련 정보를 더욱 자주 노출시켜서 학습과 기억 간의 연계를 생성시키는 일에 집중해야 한다.

현저성과 회상

브랜드의 **현저성**(salience)은 기억에서 그것의 현저함 혹은 활성화 수준을 말한다. 배경과 대조적으로 나타나는 자극일수록 높은 주목을 이끌어낸다. 이는 다시 말하면, 우리가 그것을 회상할 가능성을 증가시킨다. 자극의 신기함을 증가시키는 대부분의 기술은 회상을 향상시킨다는 **본 레스토프 효과**(von Restorff Effect)는 기억 연구자들에겐 잘 알려져 있다. 이것은 독특한 광고 혹은 눈에 띄는 포장이 브랜드 회상을 촉진한다는 것을 잘 설명해 준다.

광고에서 놀라운 요소를 도입하는 것은 비록 광고에 나타난 사실의 정보와 일치하지 않더라도 회상을 촉진하는 데 특히 효과적일 수 있다. 또한 끝까지 브랜드를 명시하지 않는 미스터리 광고(mystery ads)는 특히 상대적으로 잘 알려지지 않은 브랜드 경우에 제품군과 그 브랜드 사이의 연상을 기억하도록 하는데 더 효과적이다.

그리고 그때 경험한 집중과 감정의 형태는 나중에 그 사건을 회상하는 방식에 또한 영향을 준다. 우리는 **단일 감정**(예, 전체적으로 긍정적이거나 전체적으로 부정적인 것)과 **혼**

합 감정(예, 긍정적이고 부정적인 구성요소를 가진)을 다르게 회상한다. 좋은 것을 실제보다 훨씬 더 좋게 회상하고 나쁜 것은 더 나쁘게 회상하는 것처럼, 시간이 갈수록 단일 감정이 점점 더 양극화된다(아마 "좋은 옛날"은 정말 모든 것이 좋지는 않았을 것이다!).

시청 맥락

광고가 얼마나 멋진가와 상관없이, 그것이 딸려 있는 프로그램은 광고의 효과에 영향을 준다. Nielsen(시청률 조사 회사)에 따르면, 프로그램을 즐기는 시청자들이 광고에 긍정적으로 반응하고 광고된 제품을 구매하기를 원한다고 한다. Nielsen은 50개의 쇼와 200개의 브랜드에 대해 10,000명의 응답자를 조사했다. 거의 3분의 1에 달하는 시청자들이 그들이 즐기는 쇼에 나타난 브랜드 제품을 더 기억하기 쉽다고 했다. 이런 요인의 영향은 쇼 형식에 따라 다양하다. 시트콤에서는 약하지만, Extreme Makeover Home Edition과 같은 "라이프스타일 프로그램"에서는 더 강하다.

이것은 마케터의 메시지가 그 프로그램의 주제 혹은 사건과 일치할 때 더욱 효과가 높다. 그리고 그것은 광고된 제품이 실제로 그 쇼에 나타나거나 언급될 때 더 효과적이다. Discovery 채널은 도시 전설의 타당성을 검사하기 위해 과학을 사용한 프로그램인 Mythbusters의 방송 동안 이 효과를 설명했다. 그 방송 네트워크는 등장인물 한 명이 다른 사람에게 그것이 "… Guinness가 125칼로리에 불과하다는 신화"가 사실인지를 묻는 Guinness 맥주의 짤막한 광고를 집행했다. 이 광고를 본 시청자들은 그 맥주에 대한 일반적인 광고를 보았을 때에 비해 41%나 더 Guinness 브랜드명을 기억했다. 다른 유사한 **하이브리드 광고**들도 이와 비슷한 좋은 결과를 나타냈다.

그림 대 언어적 단서: 그림이 천 마디 말보다 가치가 있는가?

언어적 기억보다 시각적 기억이 더 낫다는 증거가 있지만, 이것은 그림의 회상을 측정하기가 어렵기 때문에 불분명하다. 그러나 우리가 그림 형식으로 본 정보를 나중에는 더 쉽게 인식한다는 조사 자료들이 많다. 확실히 광고의 시각적인 면은 소비자의 주목을 얻기 쉽다. 사실, 아이트랙킹(eye-movement) 연구들에 의하면, 시청자의 약 90%가 광고를 볼 때, 카피를 보기 전에 중요하게 등장한 그림을 먼저 본다.

비록 시각적 광고가 회상을 강화한다해도, 그것이 꼭 이해의 수준을 향상시키는 것은 아니다. 한 연구는 TV 뉴스 기사들과 함께 하는 배경이 비록 그 내용에 대한 이해를 향상시키지 않지만, 뉴스의 세부사항에 대한 회상을 더 잘 일으킨다는 것을 발견했다. 또 다른 연구는 일반적으로 소비자들이 시각적 특징을 가진 광고를 더 잘 회상하고 더 선호한다는 것을 보여줬다.

목표 8

제품들은 우리가 과거의 기억들을 떠올리는 데에 도움이 된다.

기억 표식으로서의 제품

Disney 테마파크의 2012년 마케팅 캠페인은 "기억이 시작하도록 하라(Let the Memories Begin)"이라는 것이었다. 이 캠페인은 방학에 대한 기억에 초점을 두었다. TV광고, 온라인 광고, 브로슈어 등이 방문객들이 등장하는 사진과 비디오로 구성되었다. Disney는 매일 밤 건물의 외벽에 방문객들의 이미지를 투영시켰다. 이 기업은 강력한 기억이 어떤 방식으로 존재하는지를 잘 이해하고 있는 것이다.

제품과 서비스를 사용하는 우리 자신의 사진(예, Disney World에서 Mickey와 함께 한

한 광고의 비주얼적 측면은 소비자의 주목을 끈다. 이상한 경우에는 더욱 그렇다. 이 MINI Cooper가 Dutch가에 집행한 옥외광고 "쓰레기 더미" 사례에서 명확하게 볼 수 있다.
출처: Courtesy of UbachsWisbrun/JWT.

사진)은 강력한 인출의 단서로 작용할 수 있다. 실제, 소비자들이 가장 높이 평가하는 소유의 세 가지 형태는 가구, 시각적 예술, 사진이다. 이것들은 과거의 기억들을 환기시키기 쉽다. 연구자들은 가치 있는 소유들은 감각적 경험들, 친구들과 사랑한 사람들, 그리고 부모 혹은 사랑하는 사람과의 결별 등을 포함한 몇몇 이전 사건에 대한 생각들을 일깨울 수 있다는 것을 알아냈다. 이러한 것은 Flickr와 Instagram과 같은 사진 공유 사이트의 인기를 설명해 준다. Flickr는 50억 개의 사진을 보유하고 있으며, "Share This"라는 도구를 제공하여 Facebook과 Twitter에서 사용할 수 있도록 해준다.

음식도 회상을 촉진할 수 있다. 한 연구는 좋아하는 요리법이 과거의 기억을 어떻게 자극하는지에 관해 살펴보았다. 참여자들이 좋아하는 요리법 세 가지를 적고 이것들에 대해 얘기해 보도록 했을 때, 그들은 유년 시절의 기억들, 가족 휴가, 인생의 획기적인 사건, 가보(세대를 거쳐 내려오는 요리법들)와 시간의 경과(예, 여름에만 먹는 블루베리 칵테일)와 같은 과거 사건의 기억들을 연결하였다. 실제, 가장 유명한 문학 도서는 Marcel Proust의 '잃어버린 시간을 찾아서(Remembrance of Things Past)'라는 고전적(3,000페이지) 소설이다. 화자의 차에 패스트리(마델린)을 찍어 먹는 행동으로부터 이 소설의 엄청난 기억들은 시작된다.

제품들은 과거의 감각이 위협당할 때, 예컨대, 이혼, 이사, 졸업과 같은 사건들이 소비자가 갖고 있는 현재의 정체성을 위협할 때, 표지(marker)로서 특별히 중요하다. 우리의 소중한 소유물들은 종종 일시적인 기억들을 회상할 때 외적 기억의 형식으로써 작

Marketing Opportunity

Proust.com은 향수를 느끼는 노년층 소비자들을 대상으로 하는 기억-공유 서비스이다. 이 소셜 네트워크는 가족과 가까운 친구들에게 그들의 인생 얘기를 할 수 있도록 설계되어 있다. 이 사이트는 "당신의 첫 키스는 언제인가?"와 같은 말을 제시함으로써 기억을 만들어내는 과정을 사용자들에게 가이드한다.

동하는, 기억에 도움이 되는 특성을 갖는다. 예를 들면, 가족 사진은 소비자들이 그들 자신의 인출 단서를 창출하게 한다. 우리가 찍은 110억 장의 아마추어 사진은 매년 우리 문화를 위한 외적 기억 은행을 형성한다. 때때로 자극은 심지어 우리가 그것을 처음 인식한 몇 년 후에 약해진 반응을 일으킬 수 있다. 우리는 이 효과를 **자발적 회복**(spontaneous recovery)이라 부르며, 다시 형성된 이 연계는 굉장히 오랜 시간 동안 노출되지 않은 노래나, 사진에 대한 소비자의 강력한 감정적 반응을 설명할 것이다.

목표 9

마케터는 제품과 광고에 대한 기억을 측정한다.

우리는 마케팅 메시지에 대한 소비자의 회상을 어떻게 측정하는가

마케터들은 소비자에게 메시지를 제시하는 데에 아주 많은 돈을 지불하기 때문에, 사람들이 나중에 실제로 광고들을 기억하기를 바란다. 한 연구에서, TV 시청자의 40% 미만이 광고 메시지와 일치하는 제품 사이의 긍정적 연결을 했고, 단지 65%만이 광고에서 브랜드명을 알아차렸으며, 38%만이 중요한 시점에 그 관계를 인식했다.

심지어, TV 시청자의 단지 7%만이 그들이 본 가장 최근 TV 광고에 나타난 제품 및 기업을 회상했다. 이 수치는 1965년에 기록된 회상률의 절반도 되지 않는다. 30초와 15초 광고의 증가와 단일 스폰서 프로그램에 집행하기보다는 여러 프로그램에 집행하는 텔레비전 광고의 증가와 같은 요인들에 의해 이러한 문제가 발생했다.

특히 TV에 처음 나타난 광고를 반복할 때, 온라인 마케팅 메시지는 보다 더 효과적이다. Google의 한 연구는 YouTube 동영상이 시작되기 전에 광고가 다시 나타날 때, 회상이 향상된다는 것을 보여줬다. Apple 또한 iPhone과 iPods에 나타나는 모바일 광고인 "iAds"에 대해 비슷한 결과를 보고했다.

재인 대 회상

좋은 광고를 판단하는 한 지표는 그것이 우리에게 주는 감명이라 할 수 있다. 그러나

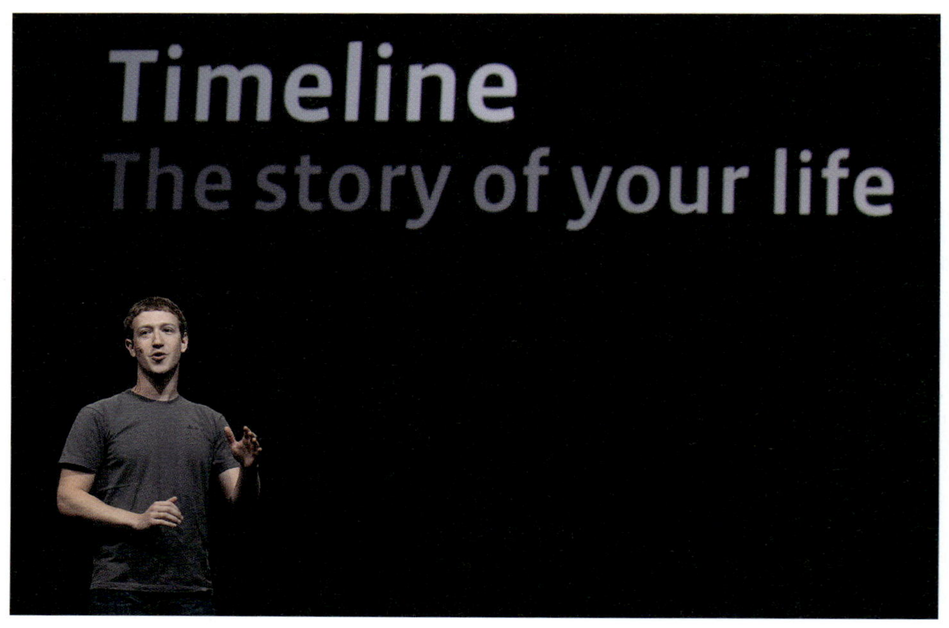

Facebook의 Timeline 기능은 소비자들이 오랫동안 좋아해 왔던 브랜드들을 회상할 수 있도록 해준다.
출처: Justin Sullivan/Getty Images.

이 영향을 어떻게 정의하고 측정할 수 있는가? 영향력의 두 가지 기본적 측정은 **재인**(recognition)과 **회상**(recall)이다. 전형적인 재인 검사에서, 연구자들은 광고를 대상들에게 한 번에 하나를 보여주고 전에 그것을 본 적이 있는지를 묻는다. 대조적으로, 자유 회상 검사는 소비자들에게 다른 정보 없이 그들이 본 것을 자유롭게 생각하기를 요청한다. 물론 이것이 더 많은 노력을 요구한다.

어떤 상황에서는, 특히 연구자가 시청자의 광고에 대한 관심을 지속적으로 유지시킬 때에는 이 두 가지 기억 측정법이 동일한 결과를 보여주기도 한다(비록 우리가 이미 본 것이라도, 그것은 광고에 대한 진짜 기억을 연구하기 위한 지나치게 인공적인 방법이 될 것이다). 그래도 일반적으로 재인 점수는 더 신뢰성이 높고, 회상 점수보다 견고하다는 경향이 있다. 재인 점수는 거의 늘 회상 점수보다 좋은데 이는 재인은 간단한 과정이고 소비자들이 이용 가능한 인출 단서를 더 갖게 되기 때문이다.

그러나 인출의 두 가지 형태는 구매 결정에 중요한 역할을 한다. 회상은 소비자들이 정보 처리 시 제품 관련 정보를 갖고 있지 않아서 소비자들이 이 정보를 산출하기 위해 기억에 의존해야 하는 상황에서 더 중요하기도 하다. 그러나 재인은 매장에서 소비자들이 수천 가지 제품들을 앞에 두고 선택을 하는 상황(즉, 풍부한 외적 기억이 이용 가능하다)에서 보다 더 친숙한 포장을 인식하는 간단한 과제의 경우에 더욱 중요한 요인이 되기 쉽다. 불행하게도, 포장에 대한 재인과 친숙함은 부정적인 결과를 초래할 수 있다. 소비자들이 경고 문구를 무시할 것이다. 왜냐하면 소비자들은 그들의 메시지를 당연하게 받아들이고 그들을 주목하지 않기 때문이다.

기억 측정에 있어서의 문제점

비록 광고의 기억 가능성을 측정하는 것이 중요하지만, 분석가들은 기존 측정 방법들이 이러한 차원들을 정확하게 측정하는지에 대해 의문을 제기한다. 먼저, 측정 도구로부터 획득한 결과들이 반드시 우리가 측정하는 것에 기반할 필요는 없으며, 도구 혹은 응답자에 관한 다른 어떤 것에 기인한다. 이 문제를 **반응 편파**(response bias)라 한다. 예를 들어, 사람들은 그 항목이 묻는 것에 관계 없이 질문에 "예"라고 응답하는 경향이 있다. 또한 실험 참여자들은 종종 "좋은 참여자"가 되기를 바란다. 그들은 그 실험자가 찾는 것을 찾아내고 그들이 생각한 반응을 주기를 시도한다. 이 경향은 너무 강해서 어떤 연구에서는 대상들이 가짜 광고(전에 본 적이 없는 광고)를 인식한 비율이 그들이 본 광고에 대한 재인율 만큼이나 높게 나왔다!

기억 착오

사람들은, 심지어 젊은 사람들도 정보를 잊어버리거나 부정확한 기억을 보유하는 경향이 있다. 가장 전형적인 문제들은 생략(사실을 빠뜨리는 것), 평균화(극단적인 사건을 보고하지 않음으로써 기억을 "표준화하는" 경향), 단축(부정확한 시간 회상) 등이다. 이러한 왜곡들은 목격자 증언에 의존하는 재판 사건들만의 문제가 아니다. 음식과 가정용품의 구매 및 소비를 측정하는 데에 있어서 소비자들의 기억에만 의존한 제품 사용 데이터베이스의 정확성에 대해 이의제기가 지속적으로 있어왔다. 예를 들어, 한 연구는 참여자들에게 그들이 먹는 다양한 음식의 비율(예, 소, 중, 대)을 설명하도록 했다. 그러나 그 연구자는 "중간"의 다른 정의를 사용했다. 그들이 준 정의와 관계없이, 거의 모든 사람들은 그들이 일반적으로 "중간" 비율로 먹는다고 주장했다.

달콤씁쓸한 기억: 향수의 마케팅 효과

마케터들은 종종 인기 있는 캐릭터와 이야기들을 부활시킨다. 그들은 소비자들의 좋은 예전 기억들이 그들로 하여금 과거를 다시 방문하도록 부추기길 희망한다. 우리는 1970년대에 1950년대가 재유행을 했고, 1980년대 소비자들은 1960년대로부터 상당한 추억을 얻었다. 오늘날, 인기 있는 캐릭터는 다시 유행하기 위해 몇 년 동안 사라져야 하는 것 같다. 많은 기업들은 과거의 인기를 되찾기 위해 그들의 예전 성공작들을 활용한다. 새로운 광고들은 Chevrolet를 전통적인 어메리칸 브랜드로 위치시킨다. Planters Peanuts은 Robert Downey Jr.를 Mr. Peanut의 새로운 목소리로 고용하였다. Meister Brau 맥주, Shearson 증권사, Handi-Wrap 비닐랩, Wonder Bread 등과 같은 "사라진" 브랜드 이름들은 이들이 다시 살아나길 기대하는 기업들에게 경매에서 팔려 나간다. 최근의 가장 큰 회상 성공 스토리는 Old Spice Guy 캠페인인데, 바이럴을 통해 70년 이상이나 된 남성 탈취제 브랜드를 다시 살려냈다.

향수(Nostalgia)는 우리가 과거를 슬픔과 동경의 두 가지 관점을 모두 가지고 보는 씁쓸하면서도 달콤한 감정을 설명한다. "좋은 지난 날"에 대한 선호는 광고주가 젊은 시절의 기억을 불러내는 것처럼 점점 흔하며, 이러한 감정들이 그들이 판매하는 것으로 전이되길 기대한다. **복고 브랜드**(retro brand)는 이전 역사 속의 시간으로부터 브랜드가 업데이트된 것이다. 이 제품들은 향수를 유발하며, 연구자들은 그들이 종종 생활이 더

Fossil의 제품 디자인은 초기의 고전적인 스타일의 기억을 일깨운다.
출처: Used with permission of Fossil Inc. Photography by Thom Jackson and Jon Kirk.

한 브라질 회사는 하이테크 제품(소셜미디어에서의 세미나)을 촉진하기 위해서 향수와 관련된 이미지를 사용한다.
출처: Courtesy of MaxiMidia.

이 칠레 광고는 복고풍 소구를 사용한다.
출처: Courtesy of Volkswagen.

안정적이고 단순하거나, 심지어 이상향의 한 시대를 돌이켜 생각하도록 소비자에게 영감을 주는 것을 발견한다. 그들은 우리가 "장미빛 렌즈를 통해 뒤돌아 보게" 한다.

우리의 이전 경험들은 현재의 선호를 결정하는 데에 영향을 미친다. 소비자 연구자들은 우리의 선호가 시간이 지나면서 형성되고 유지되는 중요한 나이를 측정하는 향수 지표를 만들었다. 사람들이 어떤 노래를 좋아할 것인지에 대한 좋은 예측 기준은 그 노래가 인기 있었을 때 그녀의 나이이다. 평균적으로, 우리는 23.5세 때 인기 있었던 노래를 좋아하기 쉽다(아직 23세가 되지 않았다면 인기있는 노래에 주의를 기울여라). 패션 모델에 대한 선호는 33세에 정점에 도달하며, 26~27세에 인기 있었던 영화 배우를 좋아하는 경향이 있다.

본 장의 정리

1. 소비자가 제품과 서비스에 대해 어떻게 학습하는지를 이해하는 것이 중요하다.

학습은 경험으로 야기된 행동의 변화이다. 학습은 자극과 반응 사이의 단순한 연상을 통하거나 인지적 활동의 복잡한 연속을 통해 발생할 수 있다.

2. 조건화는 학습으로 귀결된다.

행동적 학습 이론들은 학습이 외부의 사건에 대한 반응의 결과로서 발생한다고 가정한다. 고전적 조건화는 자연적으로 반응을 이끌어 내는 자극(무조건적 자극)이 이 반응을 이끌어내지 않는 다른 자극과 짝을 이루었을 때 발생한다. 시간이 지나면서 그 두 번째 자극(조건적 자극)은 처음에는 없던 반응을 일으킨다.

3. 브랜드에 대해 학습된 연상은 다른 제품에 대해 일반화되며, 이러한 사실은 마케터에게 중요하다.

반응은 다른 유사한 자극으로 확장할 수 있고 이 과정을 우리는 자극 일반화라고 부른다. 이 과정은 제품에 대한 소비자의 긍정적인 연상을 다른 맥락으로 전이하는 licensing과 family branding과 같은 마케팅 전략을 위한 근간이 된다.

4. 고전적 조건화와 도구적 조건화에는 차이가 있으며, 이러한 과정들은 소비자들이 제품을 학습하는 데에 필요하다.

조작적 혹은 도구적 조건화는 사람들이 긍정적인 결과물을 생산하고 부정적인 결과를 초래하는 행위를 피하는 행동을 학습함으로써 발생한다. 고전적 조건화는 두 자극의 짝을 포함하는 반면에, 도구적 학습은 강화가 자극에 따르는 반응을 발생시킬 때 발생한다. 강화는 반응 후에 보상이 있을 경우에 긍정적이다. 만약 반응을 수행하지 않음으로써 부정적인 결과를 피한다면 이는 부정적이다. 처벌은 불쾌한 사건이 반응 뒤에 나타날 때 발생한다. 행동의 소멸은 재강화가 일어나지 않는 경우에 발생한다.

5. 다른 사람의 행동을 관찰함으로써 제품을 학습한다.

인지적 학습은 정신적 과정의 결과로써 발생한다. 예를 들어 관찰 학습은 다른 사람들이 어떤 행동을 하고 그것에 대한 보상을 받게 되는 것을 본 이후에 소비자들이 행동을 수행할 때 발생한다.

6. 우리의 뇌는 브랜드 관련 정보를 기억에 저장하도록 처리한다.

기억은 학습된 정보의 저장이다. 우리가 정보를 인식했을 때 부호화하는 방식은 우리가 기억에 어떻게 저장할 것인지를 결정한다. 감각 기억, 단기 기억, 장기 기억 등으로 부르는 기억 체계는 각각 외부 세계로부터 정보를 보유하고 처리하는 역할을 한다.

7. 우리가 어떤 특정 제품과 연관지어 생각하는 다른 제품들은 그것을 기억하는 데 영향을 미친다.

우리는 정보를 따로따로 저장하지 않는다. 우리는 그것을 우리의 뇌가 다른 관련 데이터와 그것을 연상하는 지식 구조로 통합한다. 연상 네트워크에서의 제품 정보의 위치와 그것이 부호화된 추상의 수준은 나중에 이 정보를 언제, 어떻게 활성화할지를 결정한다. 친숙함의 수준을 포함한 인출의 가능성에 영향을 주는 일부 요인들, 기억에서의 그것의 현저성(혹은 두드러짐), 그리고 그 정보가 그림이나 문서의 형태로 나타나는지 등이 해당된다.

8. 제품들은 우리가 과거의 기억들을 떠올리는 데에 도움이 된다.

제품 역시 기억 표지로서 역할을 한다. 소비자들은 과거 경험에 관한 기억(자서전적 기억들)을 떠올리기 위해 제품을 사용하며 우리는 종종 그것을 가치 있게 평가한다. 왜냐하면 제품들이 그것을 가능하게 하기 때문이다. 이 기능은 역시 마케팅 전략에서 향수(nostalgia)의 사용을 촉진한다.

9. 마케터는 제품과 광고에 대한 기억을 측정한다.

우리는 제품 정보에 대한 기억을 측정하는 재인 혹은 회상 기술을 사용할 수 있다. 소비자들은 광고가 그들에게 제시되었을 때 주어진 어떤 단서 없이 그것을 회상하기보다 광고를 재인하기 쉽다. 그러나 재인 혹은 회상 둘 다 자동적으로 제품 선호나 구매로 전환되는 것은 아니다.

KEY TERMS

각본 script
간격 효과 spacing effect
간섭 interference
감각적 기억 sensory memory
강조 효과 highlighting effect
게이미피케이션 gamification
고전적 조건화 classical conditioning
고정 간격 강화 fixed-interval reinforcement
고정 비율 재강화 fixed-ratio reinforcement
관찰 학습 observational learning
광고 소멸 advertising wear-out
긍정적 재강화 positive reinforcement
기억 memory
기억의 활성화 모델 activation model of memory
내러티브 narrative
다중 지식 이론 multiple-intelligence theory
단기 기억 short-term memory (STM)
도구적 조건화 instrumental conditioning
라이센싱 licensing
모델링 modeling
무조건적 자극 unconditioned stimulus (UCS)
반복 repetition
반응 편파 response bias
변동 간격 강화 variable-interval reinforcement
변동 비율 강화 variable-ratio reinforcement
복고 브랜드 retro brand
본 레스토프 효과 von Restorff Effect
부정적 재강화 negative reinforcement
부호화 encoding
브랜드 자산 brand equity
브랜드명 각인 brand-name imprinting
빈도 마케팅 frequency marketing
상태 의존 인출 state-dependent retrieval
소멸 decay
소멸 extinction
소비자 사회화 consumer socialization
소비자 혼란 consumer confusion
스키마 schema
양극화 감정 unipolar emotions
연상 네트워크 associative network
우연적 학습 incidental learning
인지적 발달 단계 stage of cognitive development
인지적 학습 이론 cognitive learning theory
인출 retrieval
일시적 기억 episodic memories
자극 일반화 stimulus generalization
자극 차별화 stimulus discrimination
자발적 회복 spontaneous recovery
장기 기억 long-term memory (LTM)
재인 recognition
저장 storage
정교화 시연 elaborative rehearsal
제품 라인 확장 product line extension
조건적 반응 conditioned response (CR)
조건화 자극 conditioned stimulus (CS)
처벌 punishment
패밀리 브랜딩 family branding
편화 chunking
하이브리드 광고 hybrid ads
학습 learning
행동 학습 이론 behavioral learning theories
향수 nostalgia
현저성 salience
형성 shaping
혼합 감정 mixed emotions
확산적 활성화 spreading activation
회상 recall
후광 효과 halo effect

REVIEW

6-1. 무조건적 자극과 조건적 자극의 차이는 무엇인가?

6-2. 사람들은 유사한 자극에 대해서는 그 자극에 대해 반응했던 방식과 유사하게 반응한다. 이 현상이 무엇이며, 어떻게 작용하나?

6-3. 광고 소멸의 위험은 무엇이며, 이것을 최소화하기 위해 마케터는 어떻게 해야 하나?

6-4. 광고주들은 제품과 서비스의 촉진을 위해 유명인들과 잘 알려진 인물들을 기용하고 싶어한다. 좋은 생각일까?

6-5. 고전적 조건화와 도구적 조건화 사이의 차이점은 무엇인가?

6-6. 학습의 행동적 이론과 인지적 이론 사이의 주요 차이점은 무엇인가?

6-7. 정보 처리의 3단계는 무엇인가?

6-8. 외적 기억은 무엇이고 그것이 마케터에게 왜 중요한가?

6-9. 일시적 기억의 사례를 들어보라.

6-10. 전화번호는 왜 7자리인가?

6-11. 기억의 세 가지 형태를 제시하고 그들이 어떻게 함께 작용하는지를 말하라.

6-12. 어떻게 연상 기억이 거미줄과 같은가?

6-13. 사람이 ATM 기계를 사용하기를 원할 가능성이 스키마와 어떻게 관련이 있는가?

6-14. 선도 브랜드가 왜 후발 브랜드보다 기억 상의 이점을 갖는가?

★ **6-15.** 만약 소비자가 한 제품과 친숙하다면, 그 제품의 광고는 회상을 강화하거나 감소하는데 작용한다. 왜 그런가?

6-16. 복고 브랜드가 왜 인기일까? 이것들의 성공에 있어서 핵심적 요소는 무엇인가?

6-17. 스키마는 무엇인가? 예를 들어보라.

6-18. 현저성과 회상에 대해 설명해 보라.

도전과제

토의문제

6-19. Gianfranco Zaccai(Continuum)에 따르면, 집단 면접은 혁신을 망친다. 그는 자신의 마케팅 실무 40년 동안 가장 뛰어난 인재들과 일했는데, 한 번도 집단 면접에 의한 결과로 나타난 혁신을 본 적이 없다고 한다. 집단 면접이 할 수 있는 것이 있는 반면에 할 수 없는 것도 있다는 것이다. 동의하나?

6-20. 광고에 상업적 음악을 사용하는 것은 어제 오늘의 일이 아니지만, 광고주들은 가끔 일어날 수 있는 전혀 예상치 못한 일들을 대비해야만 한다. 2013년, General Motors는 중국에서 출시한 Chevrolet 모델이 인종주의 논쟁에 휘말려서 광고를 중단해야 했다. 이 기업은 2012년 Parov Stelar에 의해 발매된 "Booty Swing"을 광고음악으로 선택했는데, 이 음악은 원래 Lil Hardin Armstrong and Her Swing Orchestra가 연주한 "Oriental Swing"에서 추출한 것이다. 가사에서 중국인들이 "ching-chong, chop suey"로, 일본인들은 "r"을 발음하지 못하는 것으로 묘사하고 있다.

많은 음악인들이 그들의 음악이 광고에서 사용되어 저작료를 받는 것을 원하지만, 일부는 그들의 음악이 절대 광고로 사용될 수 없다고 생각한다. 적절한 사례로는 2012년에 작고한 Adam Yauch ska MCA라는 Beastie Boys의 원년 멤버가 있다. 그의 전 재산은 아내에게 남겨졌고, 그의 어떤 창작물도 광고에 사용될 수 없다는 보호 신청도 함께 이루어졌다. 그가 광고 음악에서의 사용을 승인하지 않은 것은 확실하다.

어떤 음악가들은 그들의 음악이 광고에 사용됨으로써 추가적인 수입을 올리는 것으로 충분히 행복하다. 그들이 저작권료를 받는 것뿐만 아니라 판매량을 증대하게 된다. 광고에서 대중음악의 사용에 대해 어떻게 생각하는가?

응용문제

6-21. 광고에 사용된 배경음악이나 CM송을 얼마나 잘 기억하는가? 여러분 전체가 얼마나 많은 광고음악들을 기억하는지 적어보라. 회상을 촉진시켜 줄 만한 구체적인 것이 있나? 그 음악들은 광고음악으로 만들어진 것인가? 아니면 다른 오리지널 음악을 빌려온 것인가?

6-22. 2012년 싱가폴의 주요 식음료 업체 14곳은 어린이들에게 광고하는 방식에 대해 완전히 새로운 생각을 하려 했다. "아동 책임 광고 서약"이라는 이 공약은 싱가폴 사람들이 보다 건강하고 활동적인 라이프스타일을 갖도록 돕기 위해서 기업들이 실시한 일의 일부이다. 참여 기업들은 Coca-Cola, Ferrero, General Mills, Kellogg's, Kerry, Mars, McCain, McDonald's, Mondelez, Nestle, Pepsico, FrieslandCampina, Suntory, Unilever 등에 이른다. 이들은 외부 기관에서 이루어지는 과학적 검증에 기반한 영양소 표기를 광고에 포함했다. 나아가, 광고뿐만 아니라 12세 미만을 대상으로 하는 모든 광고에 적용했다. 그것이 안 되면 아예 광고를 하지 않기로 했다.

이러한 일들의 실행은 2013년 초부터 이루어졌으며, 광고업계에서도 전폭적인 지지가 있었다. World Federation of Advertising의 커뮤니케이션 책임자인 Will Gilroy는 자율 규제가 진일보한 방식이라고 지적했다. 제3기관에 의한 모니터링은 이에 대한 준수를 이끌어냈고, 건강에 해로울 수 있는 제품의 광고에 아이들이 덜 노출되도록 만들어냈다.

광고주들은 자율규제의 방식을 선호하지만, 경쟁이 치열한 시장에서는 이것이 어려울 수 있다. 싱가폴에서의 식품 소비가 그 증거가 될 것이다. 이러한 초기 노력이 건강에 의미있는 역할을 했는지는 앞으로 지켜볼 일이다. 자율규제가 잘 이루어질까? 법적 규제와 정부의 통제를 대신할 수 있을 것인가?

6-23. 우리나라에서 잘 알려진 제품을 하나 선택하라. 그 제품의 주요 특성을 정의하라. 그 브랜드가 어떻게 성장했는가? 브랜드 확장에 대해 제안해 보라. 라이센싱은 어떨까?

6-24. 여러분은 우리나라에서 오래된 브랜드 10개 이상을 열거해 보라. 그것들은 무엇이며, 왜 오랫동안 성공적일 수 있었는가? 패키지, 디자인, 제품 자체 등에 이르기까지 각 브랜드의 특성과 속성을 열거해 보라.

사례연구 Case Study

아바타는 가상의 양을 꿈꾸었나?

온라인에서 그는 근육질이며, 구릿빛으로 그을린 23세의 서퍼이다. 그러나 The Sims의 가상세계에서 몇 시간 정도 보내고 나서, 50kg인 수줍은 학생으로 일상에 복귀하게 된다. 이상한가? 그렇지 않다. 그는 디지털 형태의 가상 세계에 거주하는 10억 명의 사람들 중 한 명일 뿐이다. 아바타의 세계로 온 것을 환영한다! 마케터들은 사람들이 가상 세계에서 어떻게 시간을 소비하는에 따라 브랜드에 대한 학습 방법이 달라질 수 있다는 것을 이해하기 시작했다.

The Sims와 비슷한 사이트들에서 사용자들은 자신들을 표현하기 위해 아바타를 사용한다. 어떤 사람들은 실제 생활에서의 그들과 유사하게 생긴 아바타를 만들기도 하지만, 다른 이들은 그들이 되고 싶은 사람의 모습, 환상적인 모습, 또는 정반대의 성별을 갖고 있는 사람으로 아바타를 만들기도 한다. 이러한 대체적인 성격들을 갖고 그들은 가상 세계로 나가 탐험하게 된다. 이것들이 마케터에게 무슨 의미가 있는가? 생각보다 많은 것들이 있다. 아바타들은 가상 세계에서 실제 브랜드들과 상호작용하게 된다. 그들은 자신의 아바타를 위해 청바지를 구매하기도 하며, 콘서트나 강의에 참여하기도 한다.

그러나 아바타 집단으로부터 직접 돈을 버는 방법을 이해하려고 하는 것은 가상 세계만이 아니다. 웹사이트 디자이너들과 개발자들 또한 기업의 웹사이트에 방문하는 사람들과 상호작용하는 아바타의 중요성을 인식하고 있다. Spietal같은 일부 기업들은 방문자들을 맞이하고 안내하는 아바타를 디자인하는 스프트웨어를 제공하기도 한다. 어떤 아바타들은 록스타, 배우, 역사적 위인 등과 같은 유명인들의 형태를 띠게 된다. 한 연구는 이러한 아바타들이 사용자의 웹사이트 만족도와 구매 등에 긍정적인 영향을 미친다고 보고했다.

기관들과 교육자들은 아바타의 영향과 가상 세계에 대해 최근 들어 인지하기 시작했다. 많은 기업들은 비즈니스 미팅을 온라인에서 하고 있다. 그들은 직원들이 그들의 아바타를 만들어서 회의에 참석하도록 하고 있다. 일부 대학 총장들은 학생들과 온라인 포럼을 열고 있으며, 그들과의 토의를 위해 아바타를 만들기도 한다. 아바타의 세계와 가상 세계는 마케터들에게 당분간은 지속적인 이슈가 될 것이다.

토의문제

CS 6-1 한 교육 웹사이트에서 방문한 소비자를 아인슈타인을 닮은 아바타가 맞이하도록 할 경우, 고전적 조건화는 어떻게 작용할 것인가?

CS 6-2 가상세계에서 아바타에게 새 옷을 구매하는 소비자는 도구적 조건화에 의해 어떻게 영향을 받을까?

CS 6-3 소비자들은 그들 아바타의 경험으로부터 연상 네트워크를 구축하는가? 이 네트워크는 소비자가 갖는 그 브랜드의 연상 네트워크의 일부인가? 아니면 별개의 것인가?

출처: Audrey Waters, "Number of Virtual World Users Breaks 1 Billion, Roughly Half Under Age 15," readwrite.com (October 1, 2010), http://readwrite.com/2010/10/01/number_of_virtual_world_users_breaks_the_1_billion#awesm=~omeiEn2UL1brEV, accessed November 4, 2013; www.sitepal.com, accessed November 4, 2013; Natalie T. Wood and Michael R. Solomon, (2011), "Adonis or Atrocious: Spokesavatars and Source Effects in Immersive Digital Environments," in eds. Matthew S. Eastin, Terry Daugherty, and Neal M. Burns, Handbook of Research on Digital Media and Advertising: User Generated Content Consumption, IGI Global, 521–534.

참조

1. Jenna Goudreau, "These Old Brands Are Poised for a 2011 Comeback: Nostalgia Will Help Sell to Consumers Who Aren't Happy with the Present," *Forbes* (December 31, 2010), http://today.msnbc.msn.com/id/40856091/ns/today-entertainment, accessed July 22, 2013.
2. Robert A. Baron, *Psychology: The Essential Science* (Boston: Allyn & Bacon, 1989).
3. Laurie Burkitt, "Chasing China's Shoppers," *Wall Street Journal* (June 14, 2012), http://professional.wsj.com/article/SB10001424052702303444204577460693377819420.html?mg=reno64-wsj, accessed January 7, 2013.
4. Richard A. Feinberg, "Credit Cards as Spending Facilitating Stimuli: A Conditioning Interpretation," *Journal of Consumer Research* 13 (December 1986): 348–56; Jenna Goudreau, "These Old Brands Are Poised for a 2011 Comeback: Nostalgia Will Help Sell to Consumers Who Aren't Happy with the Present," *Forbes* (December 31, 2010), http://today.msnbc.msn.com/id/40856091/ns/today-entertainment, accessed July 22, 2013.
5. R. A. Rescorla, "Pavlovian Conditioning: It's Not What You Think It Is," *American Psychologist* 43 (1988): 151–60; Elnora W. Stuart, Terence A. Shimp, and Randall W. Engle, "Classical Conditioning of Consumer Attitudes: Four Experiments in an Advertising Context," *Journal of Consumer Research* 14 (December 1987): 334–39.
6. C. Janiszewski, H. Noel, and A. G. Sawyer, "A Meta-analysis of the Spacing Effect in Verbal Learning: Implications for Research on Advertising Repetition and Consumer Memory," *Journal of Consumer Research* 30, no. 1 (2003): 138–49.
7. Yaveroglu Donthu and Naveen Donthu, "Advertising Repetition and Placement Issues in On-Line Environments," *Journal of Advertising* 37 (Summer 2008): 31–43.
8. James Ward, Barbara Loken, Ivan Ross, and Tedi Hasapopoulous, "The Influence of Physical Similarity of Affect and Attribute Perceptions from National Brands to Private Label Brands," in Terence A. Shimp et al., eds., *American Marketing Educators' Conference* (Chicago: American Marketing Association, 1986): 51–56.
9. Judith Lynne Zaichkowsky and Richard Neil Simpson, "The Effect of

Experience with a Brand Imitator on the Original Brand," *Marketing Letters* 7, no. 1 (1996): 31–39.

10. Roger Dobson, "Logos 'Brand' Youthful Minds: Children's Brains Are Found to Light Up at the Sight of Fast-Food Logos," *The Independent* (September 23, 2012), http://www.independent.co.uk/news/science/logos-brand-youthful-minds-8165962.html, accessed January 21, 2013.
11. Randi Priluck Grossman and Brian D. Till, "The Persistence of Classically Conditioned Brand Attitudes," *Journal of Advertising* 21, no. 1 (1998): 23–31; Chris T. Allen and Thomas J. Madden, "A Closer Look at Classical Conditioning," *Journal of Consumer Research* 12 (December 1985): 301–15; Chester A. Insko and William F. Oakes, "Awareness and the Conditioning of Attitudes," *Journal of Personality & Social Psychology* 4 (November 1966): 487–96; Carolyn K. Staats and Arthur W. Staats, "Meaning Established by Classical Conditioning," *Journal of Experimental Psychology* 54 (July 1957): 74–80.
12. Kevin Lane Keller, "Conceptualizing, Measuring, and Managing Customer-Based Brand Equity," *Journal of Marketing* 57 (January 1993): 1–22.
13. Herbert Krugman, "Low Recall and High Recognition of Advertising," *Journal of Advertising Research* (February–March 1986): 79–80.
14. http://www.edhardywines.com/, accessed April 6, 2011; quoted in Dan Neil, "Ed Hardy Wines? Christian Audigier's Branding Machine Grinds On," *Los Angeles Times* (April 28, 2009), www.latimes.com/business, accessed April 28, 2009.
15. Brian Steinberg, "Ad Nauseam: Repetition of TV Spots Risks Driving Consumers Away, Fragmenting Media, Smaller Budgets Make for More of the Same Ads," *Crain's Detroit Business* (December 1, 2008), www.Crainsdetroit.Com/Article/20081201/Email01/812010278/1092, accessed December 1, 2008.
16. Yaveroglu Donthu and Naveen Donthu, "Advertising Repetition and Placement Issues in On-Line Environments," *Journal of Advertising* 37 (Summer 2008): 31–43.
17. Gerald J. Gorn, "The Effects of Music in Advertising on Choice Behavior: A Classical Conditioning Approach," *Journal of Marketing* 46 (Winter 1982): 94–101.
18. Stuart Elliot, "Gap Inc. Puts 'GAP' Back in Logo," *New York Times (October 12, 2010)*, http://mediadecoder.blogs.nytimes.com/2010/10/12/gap-inc-puts-gap-back-in-logo/?scp_1&sq_gap%20logo&st_cse, accessed March 27, 2011.
19. Andrew Martin, "Smelling an Opportunity," *New York Times* (December 8, 2010), http://www.nytimes.com/2010/12/09/business/09tide.html?_r=1&ref=business, accessed May 7, 2011; Anand Natarajan, "Branding: Interiors by Smith & Wesson," *BusinessWeek* (November 10, 2003): 16; James B. Arndorfer, "Starbucks Wakes Up to Liquor Possibilities," *Advertising Age* (November 22, 2004): 4; Claudia Deutsch, "Will Real Men Buy Mr. Clean?," *New York Times* (September 24, 2003), www.nytimes.com, accessed September 24, 2003.
20. Kirk Johnson, "A University Steak to Go With That Sweatshirt?" *New York Times* (March 2, 2013), http://www.nytimes.com/2013/03/03/us/how-about-a-university-steak-with-your-sweatshirt.html?ref=todayspaper, accessed March 4, 2013.
21. Dan Macsai, "Jamba Juice Launches Clothing Line," *Fast Company* (July 1, 2010), http://www.fastcompany.com/magazine/147/unwanted-wear-your-smoothie.html?partner=homepage_newsletter, accessed April 6, 2011.
22. http://www.zippofragrances.com/VediMacro.phtml?goTo=1&IDMacro=1321&sLang=EN, accessed March 4, 2013; James R. Hagerty, "Zippo Preps for a Post-Smoker World," *Wall Street Journal* (March 8, 2011), http://online.wsj.com/article/SB10001424052748704076804576180411173921454.html?mod=dist_smartbrief&mod=WALLSTREETJOURNAL_hp_MIDDLENexttoWhatsNewsThird, accessed April 6, 2011.
23. Mark J. Miller, "Bob Marley Brand Expands from Music to Coffee to Swimwear," Brandchannel (February 21, 2012), http://www.brandchannel.com/home/post/2012/02/21/Bob-Marley-Brand-Extensions-022112.aspx, accessed January 7, 2013.
24. "Look-Alikes Mimic Familiar Packages," *New York Times* (August 9, 1986): D1.
25. Zaichkowsky and Simpson, "The Effect of Experience with a Brand Imitator on the Original Brand," 31–39.
26. Luk Warlop and Joseph W. Alba, "Sincere Flattery: Trade-Dress Imitation and Consumer Choice," *Journal of Consumer Psychology* 14, nos. 1 & 2 (2004): 21–27.
27. Michael Barbaro and Julie Creswell, "Levi's Turns to Suing Its Rivals," *New York Times* (January 29, 2007), www.nytimes.com/2007/01/29/business/29jeans.html, accessed June 30, 2009.
28. For a comprehensive approach to consumer behavior-based operant conditioning principles, see Gordon R. Foxall, "Behavior Analysis and Consumer Psychology," *Journal of Economic Psychology* 15 (March 1994): 5–91.
29. J. Blaise Bergiel and Christine Trosclair, "Instrumental Learning: Its Application to Customer Satisfaction," *Journal of Consumer Marketing* 2 (Fall 1985): 23–28.
30. Several books have recently been published on this topic; for example, *Implementing Game Mechanics in Web and Mobile Apps* (G. Zichermann and C. Cunningham), *Reality Is Broken: Why Games Make Us Better and How They Can Change the World* (J. McGonigal), and *Total Engagement: Using Games and Virtual Worlds to Change the Way People Work and Businesses Compete* (B. Reeves and L. Read).
31. Lini S. Kadaba, "Aherk! Uses Power of Shame to Motivate Users to Pledge a Goal. If They Fail, the Website Posts an Embarrassing Photo on Facebook. It's a Negative Reinforcement Trend—or 'almost blackmail'," *Philadelphia Inquirer* (September 27, 2012), http://articles.philly.com/2012-09-27/news/34103610_1_facebook-timeline-website-posts-social-media, accessed January 8, 2013.
32. Sandra Mardin, "Points-Based Wellbeing," *Canvas* (September 11, 2011), http://www.canvas8.com/content/2011/11/09/discovery-vitality.html, accessed January 7, 2013.
33. Nick Wingfield, "All the World's a Game, and Business Is a Player," New York Times (December 23, 2012), http://www.nytimes.com/2012/12/24/technology/all-the-worlds-a-game-and-business-is-a-player.html?emc=eta1, accessed January 7, 2013.
34. Suzanne Vranica, "Agencies Don Lab Coats to Reach Consumers, Firms Deploy Scientists Within Creative Groups to Make Messages Stick," *Wall Street Journal* (June 4, 2007): B8.
35. Cf., for example, E. M. Eisenstein and J. W. Hutchinson, "Action-Based Learning: Goals and Attention in the Acquisition of Market Knowledge," *Journal of Marketing Research* 43, no. 2 (2006): 244–58.
36. Ellen J. Langer, *The Psychology of Control* (Beverly Hills, CA: Sage, 1983).
37. Robert B. Cialdini, *Influence: Science and Practice*, 2nd ed. (New York: William Morrow, 1984); Y. Rottenstreich, S. Sood, and L. Brenner, "Feeling and Thinking in Memory-Based versus Stimulus-Based Choices," *Journal of Consumer Research* 33, no. 4 (2007): 461–69.
38. Chris T. Allen and Thomas J. Madden, "A Closer Look at Classical Conditioning," *Journal of Consumer Research* 12 (December 1985): 301–15; see also Terence A. Shimp, Elnora W. Stuart, and Randall W. Engle, "A Program of Classical Conditioning Experiments Testing Variations in the Conditioned Stimulus and Context," *Journal of Consumer Research* 18 (June 1991): 1–12.
39. Sally L. Satel, "Primed for Controversy," *New York Times* (February 23, 2013), http://www.nytimes.com/2013/02/24/opinion/sunday/psychology-research-control.html, accessed March 4, 2013.
40. Terence A. Shimp, "Neo-Pavlovian Conditioning and Its Implications for Consumer Theory and Research," in Thomas S. Robertson and Harold H. Kassarjian, eds., *Handbook of Consumer Behavior* (Upper Saddle River, NJ: Prentice Hall, 1991).
41. Albert Bandura, *Social Foundations of Thought and Action: A Social Cognitive View* (Upper Saddle River, NJ: Prentice Hall, 1986).
42. Ibid.
43. Scott Ward, "Consumer Socialization," in Harold H. Kassarjian and Thomas S. Robertson, eds., *Perspectives in Consumer Behavior* (Glenview, IL: Scott, Foresman, 1980), 380; cf. also Patricia Robinson and Steven Maxwell Kates, "Children and Their Brand Relationships," *Advances in Consumer Research* 32, no. 1 (2005); Terry O'Sullivan, "Advertising and Children: What Do the Kids Think?," *Qualitative Market Research* 8, no. 4 (2005): 371.
44. Thomas Lipscomb, "Indicators of Materialism in Children's Free Speech: Age and Gender Comparisons," *Journal of Consumer Marketing* (Fall 1988): 41–46.
45. George P. Moschis, "The Role of Family Communication in Consumer Socialization of Children and Adolescents," *Journal of Consumer Research* 11 (March 1985): 898–913.
46. Gregory M. Rose, Vassilis Dalakas, and Fredric Kropp, "A Five-Nation Study of Developmental Timetables, Reciprocal Communication and Consumer Socialization," *Journal of Business Research* 55 (2002): 943–49.
47. Elizabeth S. Moore, William L. Wilkie, and Richard J. Lutz, "Passing the Torch: Intergenerational Influences as a Source of Brand Equity," *Journal of Marketing* 66 (April 2002): 17–37.
48. James U. McNeal and Chyon-Hwa Yeh, "Born to Shop," *American Demographics* (June 1993): 34–39.
49. Kari Greenberg, "Study: Kids Influence Family's Use of Media," *Marketing Daily* (June 10, 2010), http://www.mediapost.com/publications/?fa=Articles.showArticle&art_aid=129877, accessed April 19, 2011; Les Carlson, Sanford Grossbart, and J. Kathleen Stuenkel, "The Role of Parental Socialization Types on Differential Family Communication Patterns Regarding Consumption," *Journal of Consumer Psychology* 1, no. 1 (1992): 31–52; cf. also Sonya A. Grier, Janell Mensinger, Shirley H. Huang, Shiriki K. Kumanyika, and Nicolas Stettler, "Fast-Food Marketing

and Children's Fast-Food Consumption: Exploring Parents' Influences in an Ethnically Diverse Sample," *Journal of Public Policy & Marketing* 26 (Fall 2007): 221–235.

50. Marian Burros, "McDonald's France Puts Its Mouth Where Its Money Is," *New York Times* (October 30, 2002), www.nytimes.com, accessed October 30, 2002.
51. Emily Bryson York, "NIH: Banning Fast Food Ads Will Make Kids Less Fat," *Advertising Age* (November 19, 2008), http://adage.com/results.php?endeca=1&return=endeca&search_offset=0&search_order_by=-score&search_advanced=1&searchprop=AdAgeAll&search_phrase=banning+fast+food+ads+will+make+kids+less+fat&searchmode=match-all&sortby=date&range=adage&variable=90&date_range=specific&date_begin=11%2F19%2F08&date_end=&x=42&y=20, accessed November 24, 2008.
52. Andrew Martin, "Kellogg to Curb Marketing of Foods to Children," *New York Times* (June 14, 2007), www.nytimes.com, accessed June 14, 2007; Tara Parker-Pope, "Watching Food Ads on TV May Program Kids to Overeat," *Wall Street Journal* (July 10, 2007): D1.
53. Erik Sass, "Four Out of Five Kids Ages Five and Under Are on the Web," *Marketing Daily* (March 17, 2011), http://www.mediapost.com/publications/?fa=Articles.showArticle&art_aid=146941&nid=124844, accessed April 19, 2011.
54. http://passiripatti.com/2010/11/social-media-for-toddlers/, accessed June 14, 2011; "Sign of the Times: Toy Blocks That Teach Toddlers Social Networking," *Fast Company* (November 30, 2010), http://www.fastcodesign.com/1662781/toy-blocks-become-twitter-for-toddlers?partner=homepage_newsletter, accessed April 19, 2011.
55. Laura A. Peracchio, "How Do Young Children Learn to Be Consumers? A Script-Processing Approach," *Journal of Consumer Research* 18 (March 1992): 425–40; Laura A. Peracchio, "Young Children's Processing of a Televised Narrative: Is a Picture Really Worth a Thousand Words?," *Journal of Consumer Research* 20 (September 1993): 281–93; see also M. Carole Macklin, "The Effects of an Advertising Retrieval Cue on Young Children's Memory and Brand Evaluations," *Psychology & Marketing* 11 (May–June 1994): 291–311.
56. Jean Piaget, "The Child and Modern Physics," *Scientific American* 196, no. 3 (1957): 46–51; see also Kenneth D. Bahn, "How and When Do Brand Perceptions and Preferences First Form? A Cognitive Developmental Investigation," *Journal of Consumer Research* 13 (December 1986): 382–93.
57. Deborah L. Roedder, "Age Differences in Children's Responses to Television Advertising: An Information-Processing Approach," *Journal of Consumer Research* 8 (September 1981): 144–53; see also Deborah Roedder John and Ramnath Lakshmi-Ratan, "Age Differences in Children's Choice Behavior: The Impact of Available Alternatives," *Journal of Marketing Research* 29 (May 1992): 216–26; Jennifer Gregan-Paxton and Deborah Roedder John, "Are Young Children Adaptive Decision Makers? A Study of Age Differences in Information Search Behavior," *Journal of Consumer Research* 21, no. 4 (1995): 567–80.
58. For a study on the effects of commercial programming on creative play, cf. Patricia M. Greenfield, Emily Yut, Mabel Chung, Deborah Land, Holly Kreider, Maurice Pantoja, and Kris Horsley, "The Program-Length Commercial: A Study of the Effects of Television/Toy Tie-Ins on Imaginative Play," *Psychology & Marketing* 7 (Winter 1990): 237–56.
59. Gerald J. Gorn and Renee Florsheim, "The Effects of Commercials for Adult Products on Children," *Journal of Consumer Research* 11 (March 1985): 962–67. For a study that assessed the impact of violent commercials on children, see V. Kanti Prasad and Lois J. Smith, "Television Commercials in Violent Programming: An Experimental Evaluation of Their Effects on Children," *Journal of the Academy of Marketing Science* 22, no. 4 (1994): 340–51.
60. Gwen Bachmannn Achenreiner and Deborah Roedder John, "The Meaning of Brand Names to Children: A Developmental Investigation," *Journal of Consumer Psychology* 13, no. 3 (2003): 205–19.
61. Paula Lyon Andruss, "'Dora' Translates Well," *Marketing News* (October 13, 2003): 8.
62. Gary Armstrong and Merrie Brucks, "Dealing with Children's Advertising: Public Policy Issues and Alternatives," *Journal of Public Policy & Marketing* 7 (1988): 98–113.
63. Bonnie Reece, "Children and Shopping: Some Public Policy Questions," *Journal of Public Policy & Marketing* (1986): 185–94.
64. Stuart Elliott, "If Philip Morris Becomes Altria, Its Corporate Image May Lose Some of the Odor of Stale Smoke," *New York Times* (November 19, 2001). http://www.nytimes.com/2001/11/19/business/media-business-advertising-if-philip-morris-becomes-altria-its-corporate-image.html, accessed August 24, 2011.
65. Daniel Cook, University of Illinois, personal communication, December 2002; Daniel Cook, "Contradictions and Conundrums of the Child Consumer: The Emergent Centrality of an Enigma in the 1990s," paper presented at the Association for Consumer Research, October 2002.
66. http://www.bbb.org/us/children-food-beverage-advertising-initiative/, accessed June 14, 2011; John Eggerton, "Sara Lee Agrees to Limit Food Marketing to Kids," *Broadcasting & Cable* (September 23, 2010), http://www.broadcastingcable.com/article/457541-Sara_Lee_Agrees_to_Limit_Food_Marketing_to_Kids.php, accessed April 19, 2011.
67. Natasha Singer, "New Online Privacy Rules for Children," *New York Times* (**December 19, 2012**), http://www.nytimes.com/2012/12/20/technology/ftc-broadens-rules-for-online-privacy-of-children.html, **accessed January 4, 2013**.
68. R. C. Atkinson and I. M. Shiffrin, "Human Memory: A Proposed System and Its Control Processes," in K. W. Spence and J. T. Spence, eds., *The Psychology of Learning and Motivation: Advances in Research and Theory*, vol. 2 (New York: Academic Press, 1968): 89–195.
69. James R. Bettman, "Memory Factors in Consumer Choice: A Review," *Journal of Marketing* (Spring 1979): 37–53. For a study that explores the relative impact of internal versus external memory on brand choice, see Joseph W. Alba, Howard Marmorstein, and Amitava Chattopadhyay, "Transitions in Preference over Time: The Effects of Memory on Message Persuasiveness," *Journal of Marketing Research* 29 (1992): 406–16.
70. Lauren G. Block and Vicki G. Morwitz, "Shopping Lists as an External Memory Aid for Grocery Shopping: Influences on List Writing and List Fulfillment," *Journal of Consumer Psychology* 8, no. 4 (1999): 343–75.
71. Rob Griffiths, "Shop Shop Shopping List Review," macworld.com, http://www.macworld.com/appguide/app.html?id=71541&expand=false, accessed May 7, 2011.
72. Kim Robertson, "Recall and Recognition Effects of Brand Name Imagery," *Psychology & Marketing* 4 (Spring 1987): 3–15.
73. Kathryn A. Braun, "Post-Experience Advertising Effects on Consumer Memory," *Journal of Consumer Research* 25 (March 1999), 319–34; Kathryn A. Braun-LaTour, Michael S. LaTour, Jacqueline Pickrell, and Elizabeth F. Loftus, "How (and When) Advertising Can Influence Memory for Consumer Experience," *Journal of Advertising* 33, no. 4 (2004): 7–26; Kathryn A. Braun-LaTour, Michael S. LaTour, and George M. Zinkhan, "Using Childhood Memories to Gain Insight into Brand Meaning," *Journal of Marketing* 71 (April 2007): 45–60.
74. Endel Tulving, "Remembering and Knowing the Past," *American Scientist* 77 (July–August 1989): 361.
75. Rashmi Adaval and Robert S. Wyer, Jr., "The Role of Narratives in Consumer Information Processing," *Journal of Consumer Psychology* 7, no. 3 (1998): 207–46; cf. also R. F. Baumeister and L. S. Newman, "How Stories Make Sense of Personal Experiences: Motives that Shape Autobiographical Narratives," *Personality & Social Psychology Bulletin* 20, no. 6 (1994): 676–90; J. Bruner, *Actual Minds, Possible Worlds* (Cambridge, MA: Harvard University Press, 1986).
76. Jennifer Edson Escalas, "Narrative Processing: Building Consumer Connections to Brands," *Journal of Consumer Psychology* 14, nos. 1 & 2 (2004): 168–80.
77. George A. Miller, "The Magical Number Seven, Plus or Minus Two: Some Limits on Our Capacity for Processing Information," *Psychological Review* 63 (1956): 81–97.
78. James N. MacGregor, "Short-Term Memory Capacity: Limitation or Optimization?" *Psychological Review* 94 (1987): 107–8.
79. M. Vanhuele, G. Laurent, and X. Dréze, "Consumers' Immediate Memory for Prices," *Journal of Consumer Research* 33, no. 2 (2006): 163–72.
80. Beth Snyder Bulik, "What's in a (Good) Product Name? Sales Cellphone Study Finds 'Cognitive' Monikers Work; Numerics Flop," February 2, 2009, www.namedevelopment.com/Articles/Good-Cellphone-Names.html, accessed February 27, 2009.
81. See Catherine A. Cole and Michael J. Houston, "Encoding and Media Effects on Consumer Learning Deficiencies in the Elderly," *Journal of Marketing Research* 24 (February 1987): 55–64; A. M. Collins and E. F. Loftus, "A Spreading Activation Theory of Semantic Processing," *Psychological Review* 82 (1975): 407–28; Fergus I. M. Craik and Robert S. Lockhart, "Levels of Processing: A Framework for Memory Research," *Journal of Verbal Learning & Verbal Behavior* 11 (1972): 671–84.
82. Walter A. Henry, "The Effect of Information-Processing Ability on Processing Accuracy," *Journal of Consumer Research* 7 (June 1980): 42–48.
83. T. B. Cornwell, M. S. Humphreys, A. M. Maguire, C. S. Weeks, and C. L. Tellegen, "Sponsorship-Linked Marketing: The Role of Articulation in Memory," *Journal of Consumer Research* 33, no. 3 (2006): 312–21.
84. Kevin Lane Keller, "Memory Factors in Advertising: The Effect of Advertising Retrieval Cues on Brand Evaluations," *Journal of Consumer Research* 14 (December 1987): 316–33. For a discussion of processing operations that occur during brand choice, see Gabriel Biehal and Dipankar Chakravarti, "Consumers' Use of Memory and External Information in Choice: Macro and Micro Perspectives," *Journal of Consumer Research*

12 (March 1986): 382–405.
85. Susan T. Fiske and Shelley E. Taylor, *Social Cognition* (Reading, MA: Addison-Wesley, 1984).
86. Deborah Roedder John and John C. Whitney Jr., "The Development of Consumer Knowledge in Children: A Cognitive Structure Approach," *Journal of Consumer Research* 12 (March 1986): 406–17.
87. Michael R. Solomon, Carol Surprenant, John A. Czepiel, and Evelyn G. Gutman, "A Role Theory Perspective on Dyadic Interactions: The Service Encounter," *Journal of Marketing* 49 (Winter 1985): 99–111.
88. S. Danziger, S. Moran, and V. Rafaely, "The Influence of Ease of Retrieval on Judgment as a Function of Attention to Subjective Experience," *Journal of Consumer Psychology* 16, no. 2 (2006): 191–95.
89. Roger W. Morrell, Denise C. Park, and Leonard W. Poon, "Quality of Instructions on Prescription Drug Labels: Effects on Memory and Comprehension in Young and Old Adults," *The Gerontologist* 29 (1989): 345–54.
90. Aaron Baar, "New Product Messages Aren't Making Intended Impressions," *Marketing Daily* (March 6, 2008), http://publications.mediapost.com/Index.Cfm?Fuseaction=Articles.Showarticle&Art_Aid=779, accessed March 6, 2008.
91. Frank R. Kardes, Gurumurthy Kalyanaram, Murali Chandrashekaran, and Ronald J. Dornoff, "Brand Retrieval, Consideration Set Composition, Consumer Choice, and the Pioneering Advantage" (unpublished manuscript, The University of Cincinnati, Ohio, 1992).
92. Judith Lynne Zaichkowsky and Padma Vipat, "Inferences from Brand Names," paper presented at the European meeting of the Association for Consumer Research, Amsterdam (June 1992).
93. H. Noel, "The Spacing Effect: Enhancing Memory for Repeated Marketing Stimuli," *Journal of Consumer Psychology* 16, no. 3 (2006): 306–20; for an alternative explanation, see S. L. Appleton-Knapp, R. A. Bjork, and T. D. Wickens, "Examining the Spacing Effect in Advertising: Encoding Variability, Retrieval Processes, and Their Interaction," *Journal of Consumer Research* 32, no. 2 (2005): 266–76.
94. Herbert E. Krugman, "Low Recall and High Recognition of Advertising," *Journal of Advertising Research* (February–March 1986): 79–86.
95. Rik G. M. Pieters and Tammo H. A. Bijmolt, "Consumer Memory for Television Advertising: A Field Study of Duration, Serial Position, and Competition Effects," *Journal of Consumer Research* 23 (March 1997): 362–72.
96. Erik Sass, "Study Finds Spectacular Print Ads Get Spectacular Recall," *Marketing Daily* (February 23, 2007), www.mediapost.com, accessed February 23, 2007.
97. Raymond R. Burke and Thomas K. Srull, "Competitive Interference and Consumer Memory for Advertising," *Journal of Consumer Research* 15 (June 1988): 55–68.
98. Eric J. Johnson and J. Edward Russo, "Product Familiarity and Learning New Information," *Journal of Consumer Research* 11 (June 1984): 542–50.
99. Joan Meyers-Levy, "The Influence of Brand Name's Association Set Size and Word Frequency on Brand Memory," *Journal of Consumer Research* 16 (September 1989): 197–208.
100. Michael H. Baumgardner, Michael R. Leippe, David L. Ronis, and Anthony G. Greenwald, "In Search of Reliable Persuasion Effects: II. Associative Interference and Persistence of Persuasion in a Message-Dense Environment," *Journal of Personality & Social Psychology* 45 (September 1983): 524–37.
101. Joseph W. Alba and Amitava Chattopadhyay, "Salience Effects in Brand Recall," *Journal of Marketing Research* 23 (November 1986): 363–70.
102. Margaret Henderson Blair, Allan R. Kuse, David H. Furse, and David W. Stewart, "Advertising in a New and Competitive Environment: Persuading Consumers to Buy," *Business Horizons* 30 (November–December 1987): 20.
103. Kevin Lane Keller, "Memory Factors in Advertising: The Effect of Advertising Retrieval Cues on Brand Evaluations," *Journal of Consumer Research* 14 (December 1987): 316–33.
104. Eric J. Johnson and J. Edward Russo, "Product Familiarity and Learning New Information," *Journal of Consumer Research* 11 (June 1984): 542–50.
105. Eric J. Johnson and J. Edward Russo, "Product Familiarity and Learning New Information"; John G. Lynch and Thomas K. Srull, "Memory and Attentional Factors in Consumer Choice: Concepts and Research Methods," *Journal of Consumer Research* 9 (June 1982): 18–37.
106. Joseph W. Alba and J. Wesley Hutchinson, "Dimensions of Consumer Expertise," *Journal of Consumer Research* 13 (March 1988): 411–54; Julie A. Edell and Kevin Lane Keller, "The Information Processing of Coordinated Media Campaigns," *Journal of Marketing Research* 26 (May 1989): 149–64; cf. also Jeff Galak, Joseph P. Redden, and Justin Kruger, "Variety Amnesia: Recalling Past Variety Can Accelerate Recovery from Satiation," *Journal of Consumer Research* 36, no. 4 (2009): 575–84.
107. Marcus Cunha, Jr., and Juliano Laran, "Asymmetries in the Sequential Learning of Brand Associations: Implications for the Early Entrant Advantage," *Journal of Consumer Research* 35, no. 5 (2009): 788–99; Julie A. Edell and Kevin Lane Keller, "The Information Processing of Coordinated Media Campaigns," *Journal of Marketing Research* 26 (May 1989): 149–64; cf. also Galak, Redden, and Kruger, "Variety Amnesia: Recalling Past Variety Can Accelerate Recovery from Satiation."
108. Cunha, Jr., and Laran, "Asymmetries in the Sequential Learning of Brand Associations: Implications for the Early Entrant Advantage"; Andrew W. Ellis, Selina J. Holmes, and Richard L. Wright, "Age of Acquisition and the Recognition of Brand Names: On the Importance of Being Early," *Journal of Consumer Psychology* 20, no. 1 (2010): 43–52.
109. John G. Lynch and Thomas K. Srull, "Memory and Attentional Factors in Consumer Choice: Concepts and Research Methods," *Journal of Consumer Research* 9 (June 1982): 18–37; Joseph W. Alba and Amitava Chattopadhyay, "Salience Effects in Brand Recall," *Journal of Marketing Research* 23 (November 1986): 363–70; Elizabeth C. Hirschman and Michael R. Solomon, "Utilitarian, Aesthetic, and Familiarity Responses to Verbal versus Visual Advertisements," in Thomas C. Kinnear, ed., *Advances in Consumer Research 11* (Provo, UT: Association for Consumer Research, 1984): 426–31.
110. Susan E. Heckler and Terry L. Childers, "The Role of Expectancy and Relevancy in Memory for Verbal and Visual Information: What Is Incongruency?" *Journal of Consumer Research* 18 (March 1992): 475–92.
111. Russell H. Fazio, Paul M. Herr, and Martha C. Powell, "On the Development and Strength of Category-Brand Associations in Memory: The Case of Mystery Ads," *Journal of Consumer Psychology* 1, no. 1 (1992): 1–13.
112. Jennifer Aaker, Aimee Drolet, and Dale Griffin, "Recalling Mixed Emotions," *Journal of Consumer Research* 35 (August 2008): 268–78.
113. Alex Mindlin, "Commercials Bask in a Show's Glow," *New York Times Online* (December 17, 2007), www.nytimes.com, accessed December 17, 2008.
114. Suzanne Vranica, "New Ads Take on Tivo, Tie-Ins to TV Shows Aim to Prevent Fast-Forwarding," *Wall Street Journal* (October 5, 2007): B4.
115. Hirschman and Solomon, "Utilitarian, Aesthetic, and Familiarity Responses to Verbal versus Visual Advertisements."
116. Terry Childers and Michael Houston, "Conditions for a Picture-Superiority Effect on Consumer Memory," *Journal of Consumer Research* 11 (September 1984): 643–54; Terry Childers, Susan Heckler, and Michael Houston, "Memory for the Visual and Verbal Components of Print Advertisements," *Psychology & Marketing* 3 (Fall 1986): 147–50.
117. Werner Krober-Riel, "Effects of Emotional Pictorial Elements in Ads Analyzed by Means of Eye Movement Monitoring," in Thomas C. Kinnear, ed., *Advances in Consumer Research 11* (Provo, UT: Association for Consumer Research, 1984): 591–96.
118. Hans-Bernd Brosius, "Influence of Presentation Features and News Context on Learning from Television News," *Journal of Broadcasting & Electronic Media* 33 (Winter 1989): 1–14.
119. Edward F. McQuarrie and David Glen Mick, "Visual and Verbal Rhetorical Figures under Directed Processing versus Incidental Exposure to Advertising," *Journal of Consumer Research* 29 (March 2003): 579–87; cf. also Ann E. Schlosser, "Learning Through Virtual Product Experience: The Role of Imagery on True Versus False Memories," *Journal of Consumer Research* 33, no. 3 (2006): 377–83.
120. Hugo Martin, "Disney's 2011 Marketing Campaign Centers on Family Memories," *Los Angeles Times* (September 23, 2010), http://latimesblogs.latimes.com/money_co/201009/disney-to-market-on-memories.html, accessed April 4, 2011.
121. Russell W. Belk, "Possessions and the Extended Self," *Journal of Consumer Research* 15 (September 1988): 139–68.
122. Morris B. Holbrook and Robert M. Schindler, "Nostalgic Bonding: Exploring the Role of Nostalgia in the Consumption Experience," *Journal of Consumer Behavior* 3, no. 2 (December 2003): 107–27.
123. Alexia Tsotsis, "Flickr Dips Its Toes into Social with Twitter and Facebook 'Share This' Features," *TechCrunch* (March 30, 2011), http://techcrunch.com/2011/03/30/flickr-dips-its-toes-into-social-with-twitter-and-facebook-share-this-features/, accessed April 6, 2011.
124. Stacy Menzel Baker, Holli C. Karrer, and Ann Veeck, "My Favorite Recipes: Recreating Emotions and Memories Through Cooking," *Advances in Consumer Research* 32, no. 1 (2005): 304–5.
125. Proust.com, accessed March 4, 2013; Austin Carr, "Barry Diller, IAC Launch Proust, A Social Network for Nostalgic Seniors," *Fast Company* (July 19, 2011), http://www.fastcompany.com/1767926/barry-diller-iac-launch-proust-social-network-nostalgic-seniors, accessed January 7, 2013.
126. Russell W. Belk, "The Role of Possessions in Constructing and Maintaining a Sense of Past," in Marvin E. Goldberg, Gerald Gorn, and Richard W. Pollay, eds., *Advances in Consumer Research* 16 (Provo, UT: Association for Consumer Research, 1989): 669–78.
127. "Only 38% of T.V. Audience Links Brands with Ads," *Marketing News* (January 6, 1984): 10.
128. "Terminal Television," *American Demographics* (January 1987): 15.
129. Meet the Coolest Facebook Brand Timelines From Coke to ESPN to Ford *Brands: With Facebook Timeline, You Shall Know Our Illustrious History*

By: Michael Learmonth, Ad Age/Digital, http://adage.com/article/digital/meet-coolest-facebook-brand-timelines-coke-espn-ford/233015/?utm_source=digital_email&utm_medium=newsletter&utm_campaign=adage, accessed January 7, 2013.

130. Susan Kuchinskas, "Home > Media > Video Brands Increase Recall with TV/Digital Mix, Google Says," *ClizkZ* (December 6, 2011), http://www.clickz.com/clickz/news/2130484/brands-increase-recall-tv-digital-mix-google, accessed January 7, 2013.
131. Kunur Patel, "Apple, Campbell's Say iAds Twice as Effective as TV A Nielsen Study Shows iPhone Users Are Paying Attention, While TV Viewers Not So Much," Ad Age/Digital (February 3, 2011), http://adage.com/article/digital/apple-campbell-s-iads-effective-tv/148630/, accessed January 7, 2013.
132. Richard P. Bagozzi and Alvin J. Silk, "Recall, Recognition, and the Measurement of Memory for Print Advertisements," *Marketing Science* 2 (1983): 95–134.
133. Adam Finn, "Print Ad Recognition Readership Scores: An Information Processing Perspective," *Journal of Marketing Research* 25 (May 1988): 168–77.
134. James R. Bettman, "Memory Factors in Consumer Choice: A Review," *Journal of Marketing* (Spring 1979): 37–53.
135. Mark A. Deturck and Gerald M. Goldhaber, "Effectiveness of Product Warning Labels: Effects of Consumers' Information Processing Objectives," *Journal of Consumer Affairs* 23, no. 1 (1989): 111–25.
136. Surendra N. Singh and Gilbert A. Churchill, Jr., "Response-Bias-Free Recognition Tests to Measure Advertising Effects," *Journal of Advertising Research* (June–July 1987): 23–36.
137. William A. Cook, "Telescoping and Memory's Other Tricks," *Journal of Advertising Research* 27 (February–March 1987): 5–8.
138. "On a Diet? Don't Trust Your Memory," *Psychology Today* (October 1989): 12.
139. Martinne Geller, "Exclusive: Flowers Foods to win Hostess' Wonder Bread," *Chicago Tribune* (February 27, 2013), http://articles.chicagotribune.com/2013-02-27/business/sns-rt-us-hostess-flowersbre91q0tf-20130227_1_bread-brands-beefsteak-brand-hostess-brands, accessed March 4, 2013; Stuart Elliot, "From Retired Brands, Dollars and Memories," *New York Times* (December 8, 2010), http://www.nytimes.com/2010/12/09/business/media/09adco.html?_r=1&adxnnl=1&ref=media&adxnnlx=1301951891-EMjJs87oEc62npAZx-An7Gw, accessed April 4, 2011; Goudreau, "These Old Brands Are Poised for a 2011 Comeback."
140. Susan L. Holak and William J. Havlena, "Feelings, Fantasies, and Memories: An Examination of the Emotional Components of Nostalgia," *Journal of Business Research* 42 (1998): 217–26.
141. Stephen Brown, Robert V. Kozinets, and John F. Sherry, "Teaching Old Brands New Tricks: Retro Branding and the Revival of Brand Meaning," *Journal of Marketing* 67 (July 2003): 19–33.
142. Robert M. Schindler and Morris B. Holbrook, "Nostalgia for Early Experience as a Determinant of Consumer Preferences," *Psychology & Marketing* 20, no. 4 (April 2003): 275–302; Morris B. Holbrook and Robert M. Schindler, "Some Exploratory Findings on the Development of Musical Tastes," *Journal of Consumer Research* 16 (June 1989): 119–24; Morris B. Holbrook and Robert M. Schindler, "Market Segmentation Based on Age and Attitude Toward the Past: Concepts, Methods, and Findings Concerning Nostalgic Influences on Consumer Tastes," *Journal of Business Research* 37 (September 1996)1: 27–40.
143. Clark Bowling, "General Motors apologises after Chevrolet ad includes Chinese, Japanese racist stereotypes," *NY Daily News* (May 1, 2013), http://www.nydailynews.com/autos/ching-chong-chop-suey-gm-pulls-racist-ad-article-1.1332381, accessed on December 17, 2013.
144. "Beastie Boys star Adam Yauch's will bans music in ads," *BBC News U.K.* (August 10, 2012), http://www.bbc.co.uk/news/entertainment-arts-19206509, accessed on December 17, 2013.
145. "The Singapore Food & Beverage Industry—'Responsible Advertising to Children' Initiative," Food Industry Asia, http://foodindustry.asia/industry-pledge-in-singapore.

Chapter 7 • 자아

Chapter Objectives

이 장을 끝마칠 때, 당신은 다음의 사항들을 이해해야 한다:

1. 자아개념은 소비자 행동에 강한 영향을 미친다.
2. 제품들은 종종 사람들의 자아 개념을 규명해 준다.
3. 소비자의 개성은 그 사람의 마케팅 자극에 반응하는 방식에는 영향을 미치지만, 이런 정보를 마케팅 상황에 이용하였을 때 일관된 결과를 얻지는 못하고 있다.
4. 브랜드는 개성을 가지고 있다.
5. 우리가 우리의 신체에 대해 생각하는 방식(그리고 문화가 규정하는 사고방식)은 자아존중감의 중요 구성요소이다.
6. 모든 문화권에는 집단 구성원임을 규명하는 데 도움이 되는 신체 장식 혹은 신체 훼손의 특정 유형이 존재한다.

출처: Yuri Arcurs/Shutterstock.

Lisa는 자신의 고객이 기대하고 있는 보고서를 오후 5시까지 끝내기 위해 집중하고 있다. 그녀는 회사의 중요한 고객들 을 위해 열심히 일해 왔지만, 오늘은 지난밤 Eric과의 데이트에 대한 생각으로 혼돈스럽다. 큰 문제는 없지만, Lisa는 Eric이 자신을 낭만적인 파트너가 아닌 단순한 친구로만 생각하는 것 같은 느낌을 떨쳐 버릴 수가 없었다.

점심시간 동안에 그녀는 잡지 Glamour와 Cosmopolitan을 훑어보면서, 다이어트, 운동, 섹시한 옷차림을 통해 좀 더 매력적으로 보일 수 있는 방법에 대한 여러 기사들을 읽고 충격을 받았다. Lisa는 향수, 의류, 화장품 광고에 등장하는 날씬하고 아름다운 모델을 보고는 우울해졌다. 광고 속 모델들은 모두 과거에 비해 더욱 아름다웠고 매혹적이었다. 물론 그 모델들에게 약간의 "포토샵"을 했을 것이다 – 실제 삶에서 여자들은 그렇게 멋질 수가 없다. 물론, Eric 또한 거리에서 Brad Pitt로 착각될 일도 생길것 같지는 않다.

우울한 나머지 Lisa는 성형수술에 대해 고민해 봐야겠다고 생각한다. 그녀는 자신이 매력이 없는 여성이라고 생각해 본 적은 없지만, 코 수술을 하거나 볼에 있는 점을 제거한다면 더 자신감이 생길 것이라고 생각한다. 수술 후 너무 예뻐져서 많은 사람들의 관심을 받고 있는 웹사이트에 사진을 보낼 용기가 생길지 누가 알겠는가? 하지만 다시 한 번 생각해 보니 Eric이 과연 그만한 가치가 있는 남자인가 하는 의문이 든다.

목표 1

자아개념은 소비자 행동에 강한 영향을 미친다.

자아란 무엇인가?

당신이 구매하는 제품에 의해 당신이 어떤 사람인지가 정의되는가? Lisa 이외에도 자신의 신체적 외모와 소유물이 자신의 "가치"에 영향을 미친다고 생각하는 사람들은 많다. 자신의 외모에 대한 불안은 널리 퍼져 있다. 그래서 사람들은 자신의 일부를 돋보이게 하거나 혹은 숨기기 위해 자동차에서부터 향수에 이르기까지 많은 제품들을 구매한다. 이 장에서는 자신에 대한 감정이 소비 습관을 어떻게 형성시키는지에 대해 살펴보고자 한다. 특히 남성 혹은 여성들이 보여지고 행동해야 하는 방식에 대한 사회적 기대를 충족시키기 위해 고군분투하는 측면에서의 소비 습관에 초점을 맞추고자 한다.

자아(Self)는 존재하는가?

우리 대부분은 레이디 가가(Lady Gaga)의 트위터 팔로어 수인 천만 명에 근접할 수는 없지만 많은 사람들이 수많은 페이스북 친구들뿐만 아니라 적어도 수백 명의 팔로어를 가지고 있다.

이와 같은 소셜 네트워크 서비스의 성장은 우리 누구나가 주인공이 될 수 있게 해주었으며 우리의 일상적이고 재미있는 사소한 이야깃거리를 주변 사람들과 공유할 수 있게 해주었다.

오늘날 사람들은 자신들을 15분간의 명성(짧은 명성, 팝아트의 아이콘인 Andy Warhol이 예측했듯이)을 기다리는 잠재적인 유명인으로 여긴다. 하지만 한 집단의 일부로서가 아닌 각 개인의 삶이 독특하다는 생각은 중세 후기(11~15세기)에나 발전되었다. 나아가, 자아의 독특한 성향에 대한 관심은 서양 사회에서 더욱 강조되었다. 반면에, 동양 문화에서는 집단적 자아(collective self)의 중요성을 강조하는데, 각 개인은 자신의 정체성(identity)을 사회적 집단으로부터 추론한다. 동양과 서양 문화권 모두 자아가 내면적(inner), 개인적(private) 자아와 외적(outer), 공적 (public) 자아로 구분된다고 믿는다. 하지만 어떤 부분을 "실제 자기(real you)"로 간주하느냐에 있어서 차이가 있다 – 서양 문화권에서는 각 개인의 내재적 고유성을 강조하는 자아에 대한 독립적 이해를 지지한다.

반면에, 비서양권 문화에서는 개인의 정체성이 타인과의 관계에 의해서 정의되는 상호의존적 자아(interdependent self)에 초점을 맞춘다. 가령, 유교적 관점은"체면(face)"– 자기에 대한 타인의 지각으로 타인의 시선 속에서 자기가 바라는 위치를 유지하려는 경향 – 의 중요성을 강조하고 있다. 체면의 차원 중 하나는 mien-tzu(역자: 중국어로 面子를 말한다)로 이것은 성공과 겉치레를 통해 성취하는 명성이다. 일부 아시아 문화권에서는 의복의 형태와 색채를 통해 사회적 계층과 직업을 표현하도록 하는 명시적 규칙을 만들었다. 이러한 전통은 옷을 입는 구체적인 안내와 여러 다른 지위의 사람들을 응대하는 방식을 설명해 주는 일본식 스타일의 지침서에 남아 있다.

이러한 경향은 종업원들이 개성을 표현하는 것을 독려하는 서양의 관습인 "자유로운 복장의 금요일(casual Fridays)"과는 상충된다. 이러한 문화적 차이를 구체적으로 설명하기 위해서 Roper Starch Worldwide는 어느 나라의 소비자들이 가장 허영심이 강한지를 규명하기 위해 30개국 소비자들을 비교 조사했다. 조사 결과 베네수엘라 여성 소비자들이 1위를 차지했고, 이들 중 65%는 하루 종일 자신의 외모에 대해서 생각한다고 응답했다. 또한 러시아와 멕시코도 높은 순위를 기록하였으며, 필리핀과 사우디아라비아는 오직 28%의 소비자들만이 이러한 진술에 동의하여 가장 낮은 점수를 기록했다.

자아개념

자아개념(self-concept)은 자신의 고유 속성에 대한 신념과 이러한 각 속성에 대해 자아를 평가하는 방식을 의미한다. 자신의 전반적인 자아개념에 대해서 호의적이라도, 다른 속성보다 더욱 호의적으로 평가하는 속성들이 있다. 가령, Lisa의 경우 여성으로서의 정체성보다 그녀의 전문적인 정체성에 대해서 더욱 호의적으로 느끼고 있다.

자아개념은 매우 복잡한 구조를 갖고 있다. 자아개념의 속성은 내용(예, 외형적 매력도 대 정신적 속성), 긍정성(즉, 자아 존중), 시간에 따른 강도와 안정성, 그리고 정확성 (즉, 개인의 자아 평가가 현실에 부합되는 정도) 등으로 구분할 수 있다. 이 장의 후반부에서 보겠지만, 소비자들의 자아 평가는 상당히 왜곡될 수 있는데, 특히 자신의 신체적 외모의 경우에 그러하다. 또한 시간에 따라 신체적 외모가 얼마나 변화하는지에 대한 우리의 평가 또한 다양한다. 19,000명 이상의 응답자들을 대상으로 자신들의 과거의 음식, 휴가, 취미, 밴드 등에 대한 선호를 질문하고 미래에 자신들의 선호가 어떻게 바뀌게 될 것인지를 예측하게 한 조사에서, 나이의 적고 많음을 떠나서 사람들은 자신들의 이전 선택들은 시간에 변함에 따라 약간 변화해 왔으나 나이가 들수록 선호는 변화하지 않을 것이라고 예측하는 경향이 있음이 밝혀졌다.

화장의 두께 정도를 달리하여 여성의 얼굴을 촬영한 한 연구에서 일반적으로 응답자들은 한 여성의 사진을 보았을 때 화장을 한 여성이 좀더 유능하다고 판단하였다.
출처: Vladimir Gjorgiev/Shutterstock.

자아 존중감

자아 존중감(self-esteem)은 개인의 자아개념에 대한 긍정성으로 간주할 수 있다. 낮은 자아 존중 감을 가진 개인은 뛰어난 성과를 성취하지 못할 것으로 기대하고 당혹스러움이나 실패, 혹은 거절 등을 회피하려고 한다. 가령, Sara Lee가 새로운 스낵케이크 라인을 개발했을 때 낮은 자아 존중감을 가진 소비자는 자신들의 자기 통제력이 부족하다고 느끼기 때문에 조각난 스낵케이크를 선호한다는 것을 발견했다.

Alberto Culver는 변화하는 사회를 반영하는 새로운 제품인 Soft & Beautiful Just for Me Texture Softener를 촉진하기 위해 자아 존중감 소구를 이용했다. 그 제품은 "머릿결"에 관심이 많은 다인종 어린이들의 머리를 다루는 데 어려움을 겪는 백인 어머니들을 타깃으로 설정했다."당신을 사랑하세요. 그리고 당신의 머릿결을 사랑하세요"라고 이야기하는 자아 존중감 고취 캠페인은 부모들이 자신들의 딸에게 자아 이미지에 대해 얘기할 수 있는"대화 창구(conversation starter)"를 제공하는 웹사이트(texturesoftener.com)를 포함하고 있다.

어떻게 마케터들이 자아 존중감에 영향을 미칠 수 있을까? Lisa가 본 것과 같은, 광고에서의 노출은 **사회 비교**(social comparison) 과정을 촉발시킬 수 있는데, 이 과정을 통해 사람들은 자신의 외모를 인위적인 이미지가 묘사하는 사람들과 비교하게 된다. 이것은 인간의 기본적인 성향으로, 많은 마케터들은 자신들의 제품을 사용하는 행복하고, 매력적인 사람의 이상적인 이미지를 제공함으로써 기준점에 대한 소비자들의 욕구를 활용해 왔다. 최근의 Clearasil(여드름 치료제)의 광고는 좋은 예가 될 수 있다. 전형적인 한 광고에서, 두 명의 10대 소년이 40세 정도의 어머니가 그릇에 무언가를 담고 있는 부엌으로 들어간다. 아들이 떠나고 난 후, 아들의 친구가 엄마에게 추근거린다. 광고 슬로건은 다음과 같다. "Clearasil은 자신감을 불러일으킬 수 있습니다."

사회적 비교 과정에 대한 한 연구는 아름다운 모델이 등장하는 광고에 노출된 여 대생들은 매력적인 모델이 등장하지 않는 광고를 본 여대생들에 비해 자신의 외모에 대한 만족감이 낮게 나타남을 보여주었다. 또 다른 연구는 자신의 신체 형태와 사이즈에 대한 젊은 여성들의 지각이 30분짜리의 짧은 TV 프로그램에 노출된 이후에 바뀌었다고 보고하고 있다. 물론 남성들을 대상으로 한 조사에서도 비슷한 결과가 보고되었다.

The Tangled Web

인상관리(impression management) 과정은 사람들이 그들의 MySpace 혹은 Facebook을 통해 자신의 긍정적인 면을 과장할 때 확연히 드러난다. Cloud Girlfriend라는 웹사이트는 당신에게 환상의 인물을 만들 수 있게 하고 역할 놀이를 하는 다른 사람들과의 이야기를 나눌 수 있는 데이트 기회를 만들어 준다. 물론 이 사이트는 안전 장치로서 사용자의 성별을 확인하기 위해 Facebook Connect를 이용한다. 이 사이트의 설립자는 다음과 같이 말하고 있다. "우리는 사람들이 자신의 이상적 자아를 정의내리고 자신의 완벽한 여자 친구 혹은 남자 친구를 찾아서 그 사람이 실제 존재하는 것처럼 서로 연결되어 상호작용하도록 도와준다. 이러한 과정을 통해 사람들은 실제 관계를 관리하는 방법을 배우고 이를 현실과 연결시킬수 있게 도와준다".

실제적 자아와 이상적 자아

소비자들이 자신의 자아 중 한 부분을 이상적인 자아와 비교할 때, 이에 대한 판단은 자아 존중감에 영향을 미친다. 소비자들은"나는 내가 원하는 만큼 매력적인가?" 혹은"나는 내가 원하는 만큼 돈을 벌고 있는가?"와 같은 질문을 던질 수 있다. **이상적 자아**(ideal self)는 자신이 되고 싶어하는 개인의 개념인 데 반해, **실제적 자아**(actual self)는 자신이 갖고 있거나 혹은 갖고 있지 않은 자질들에 대한 보다 현실적인 평가로 간주할 수 있다. 소비자들은 자신의 실제적 자아를 유지할 수 있다고 생각하기 때문에 제품을 선택하기도 하며, 자신의 이상적 자아를 실현시키는 데 도움이 되는 제품을 선택하기도 한다. 또한 소비자들은 다른 사람들이 우리에 대해서 생각하는 것을 "관리하기" 위한 **인상 관리**(impression management)의 과정에 관여하게 되는데, 우리는 우리를 다른 사람들에게 멋져 보이게 하는 옷들과 다른 제품들을 전략적으로 선택한다.

이런 과정은 직업상의 상황과 데이트에서부터 종교적인 의식에 이르기까지 모든 종류의 행동에 적용된다. 예를 들어, *Zebibah*(아랍어로 "건포도"를 의미)를 갖고 있는 이집트의 이슬람교 남자들의 숫자가 늘고 있다. 이것은 헤어라인과 눈썹 사이의 어둡고 둥근 굳은살 또는 혹을 의미한다. 이것은 예배를 보는 사람이 매일의 일상적인 기도 과정(관습을 따르는 이슬람교도들은 하루에 다섯 번씩 기도함)에서 땅에 이마를 지속적으로 누르게 되어 생긴 반점을 표시하는 것이다. 어떤 사람들은 혹이 더 눈에 띄도록 하기 위해 기도를 더 많이 한다. 이러한 반점을 가진 사람들은 자신의 두터운 신앙심을 이마로 광고하게 된다. 이집트의 한 신문 편집자는 "…그 반점에는 일종의 성명이 포함되어 있다. 종종 이것은 자신이 보수적인 이슬람교라는 것을 알리는 개인적인 성명의 역할을 하며, 어떤 경우에는 다른 사람들에게 자신이 더 신앙심이 깊기 때문에 남들도 자신처럼 해야 한다는 것을 보여줌으로써 자신이 더 우월하다는 것을 나타내는 데 사용된다"라고 하였다.

환상: 자아 간의 연결 고리

대부분의 사람들이 실제적 자아와 이상적 자아 간의 차이를 경험하지만, 어떤 소비 자들의 경우 이러한 차이가 특히 크다. 이러한 사람들은 *환상 소구(fantasy appeal)*를 이용한 마케팅 커뮤니케이션의 좋은 표적 고객층이 될 수 있다. **환상**(fantasy) 혹은 백일몽(daydream)은 의식적인 자아 변화로서 외부 자극의 결핍을 보상하거나 혹은 실제 세상으로부터 발생하는 문제로부터 도피하는 방법이다. 많은 제품과 서비스는 소비자들에게 환상을 소구하기 때문에 성공한다. 광고는 우리를 낯설고 흥미로운 상황에로 노출시키며, 우리가 구매하는 제품들은 우리가 흥미롭거나 도발적인 역할을 "시도하게"해준다. 여러 웹사이트가 제공하는 가상 변신(virtual makeovers)과 같은 기술을 통해 소비자들은 현실에서 직접 행하기 전에 다른 모습을 시험해 볼 수 있다.

다양한 자아

관점에 따라, 우리들 각자는 실제로 여러 종류의 사람이 되곤 한다. – 당신의 어머니는 새벽 2시에 파티에 나타난 "당신"을 아마도 알아보지 못할 것이다! 우리는 다양한 사회적 역할을 갖고 있는 것만큼 다양한 자아를 갖고 있다. 우리는 상황에 따라서 다르게 행동하고, 다른 제품과 서비스를 이용한다. 심지어 남들에게 보여지는 우리 자신을 얼마

이 독일 샴푸는 사용자가 환상을 갖도록 도와준다.
출처: JWT/Frankfurt.

나 좋아하는지에 대해서도 차이가 있다. 사람은 각자의 역할에 맞춰 다양한 제품을 요구할 수도 있다. 전문적인 자아를 연기해야 할 때는 차분하고 절제된 향수를 선택할 것이며, *매력적인 여성의 자아*(*femme fatale self*)로 변신해야 하는 토요일 밤에는 보다 자극적인 향수를 사용하기도 한다.

소비자 행동에 관한 *연출적 시각*(*dramaturgical perspective*)에 의하면 소비자들은 서로 다른 역할을 하는 배우로 간주된다. 우리는 다양한 역할을 수행하고, 그에 맞춰 자신의 대본과 소품, 그리고 의상 등을 갖추게 된다. 자아는 서로 다른 구성요소, 즉 *역할 정체성*(*role identity*)을 갖고 있으며, 이러한 구성요소 중 일부만이 특정 시점에 작용한다. 어떤 정체성(예, 남편, 상사, 학생)은 다른 요소보다 자아에 핵심적인 반면, 다른 정체성(예, 무용수, 프로그래머, 무주택자들을 위한 변호사)은 특별한 상황에서 두드러지게 된다.

특히 어떤 역할들은 다른 역할들과 상충된다. 예를 들어, 영국에 거주하는 젊은 이란 여성들을 대상으로 한 연구는 서구의 자유를 만끽하는 동시에 자신들의 고유한 문화를 유지하려는 갈등을 가진 응답자들을 **분열된 자아**(torn self)라고 명명하였다.

전략적으로, 이는 마케터가 특정 역할을 수행하기 위해 소비자가 필요로 하는 제품을 홍보하기 전에 적절한 역할 정체성이 작동하고 있다고 확신하고자 함을 의미한다. 이를 수행하기 위한 명백한 방법 중 하나는 사람들이 자신의 역할 정체성을 잘 인지할

칠레의 다양한 자아에 관한 메시지
출처: Courtesy of Redoff.

Marketing Opportunity

몇몇 대형 유통업체들은 화장과 헤어 염색이 고객들에게 어울리는지를 시뮬레이션하는 "가상 거울'을 시험해 보고 있다. EZFace 시스템을 통해 스크린 앞에 선 개인을 내부 카메라가 사진 찍는다. 그리고 나서 다양한 화장품 - 마스카라, 파운데이션, 립글로스 등-의 바코드를 스캔하면 각각의 화장품이 자동적으로 고객 얼굴에 화장되어 나타난다. 고객은 자신의 이미지를 프린터하거나 메일로 보내거나 혹은 페이스북에 올릴 수 있다.

Marketing Pitfall

자동차 회사인 Renault는 Zoe Renault라는 이름을 가진 두 명의 원고가 이미 있는 상황에서 프랑스 판사가 Zoe라는 이름의 새로운 전기자동차를 출시하려는 회사의 계획을 승인함에 따라 큰 위기를 피하게 되었다.
이 사건에 대한 변호사는 Zoe라는 이름을 가진 35,000명의 프랑스 여성들은 평생 슬픔을 감내해야 할 것이라고 주장하였다. 그는 "당신은 이 Zoe라는 이름을 가진 사람들이 어릴 때 운동장에서 견뎌야 할 조롱과 더 나아가 나이가 들면서 술집에서 사람들이 "너의 에어백을 볼 수 있니? 혹은 "너의 자동차 범퍼를 닦아줄까?'라고 이야기할 때 겪어야 할 수모를 상상할 수 있겠느냐?"라고 주장하였다.

가능성이 높은 상황에 광고 메시지를 배치하는 것이다 – 가령, 건강 음료/에너지 바 제품 회사가 마라톤 대회 참가자들에게 공짜 샘플을 나누어주는 것이 예가 될 수 있다.

상징적 상호주의

만약 각 개인이 수많은 자아를 갖고 있다면, 각각의 자아는 어떻게 발전되며 특정 시점에서 특정 자아를 "활성화(activate)"하기 위한 결정은 어떻게 이루어질까? **상징적 상호주의**(symbolic interactionism)의 사회적 전통은 타인과의 관계가 자아형성에 많은 부분을 차지한다고 강조하고 있다. 이러한 관점에 의하면, 사람들은 사회적 환경 속에 존재한다. 우리는 환경 속에 놓여 있는 상징들을 해석할 때 어떤 상황이나 사물에 의미를 부여한다. 사회 구성원으로서 우리는 사회적으로 공유되는 의미에 동의해야 한다고 배운다. 따라서 빨간 불은 멈춤을 의미하고, "황금색 아치(golden arches)"는 패스트 푸드점을 의미하며, "금발이 더 좋다"는 것을 "알고"있다. 이것은 자신의 소유물이, 자기 자신을 평가하고 "자신이 누구인지" 를 결정하는 데 중요한 역할을 한다는 것을 의미하므로 소비자 행동을 이해하기 위해 중요하다.

이후 우리 각자는 자신의 정체성을 해석하며 이러한 평가들은 소비자가 접하는 새로운 상황과 타인들에 의해서 지속적으로 진화한다. 상징적 상호주의자의 용어에 따르면, 소비자는 지속적으로 이러한 의미들을 협상(negotiate)하게 된다. 본질적으로 소비자들은 "이러한 상황에서 나는 누구인가?"라는 의문을 갖게 된다. 이러한 질문에 대한 대답은 소비자들의 주변에 놓여진 많은 것들에 의해 영향을 받게 된다(다른 사람들은 나를 누구라고 생각할까?). 우리는 자아 충족 예언(self-fulfilling prophecy)의 형태로 타인이 우리에게 부여한다고 지각한 기대에 맞추어 행동한다. 타인이 우리에게 기대하는 방식대로 행동할 때, 우리는 종종 이러한 지각에 확신을 갖게 된다.

거울에 비친 자아

일부 의류 매장에서는 높은 해상도의 디지털 화면처럼 두 모습을 겹쳐 보여주는 쌍방 거울을 이용하고 있다. 당신이 의상을 고를 때, 거울은 당신이 그 옷을 입은 것처럼 옷과 당신의 모습을 겹쳐서 비춰준다. 가상의 옷을 입은 당신의 이미지가 카메라를 통해 인터넷 사이트로 전송되고 당신의 친구들은 이 사이트에 로그인을 한 후 당신의 모습이 어떠한지를 평가하는 문자를 보낼 수 있다. 당신 친구들의 반응은 바로 읽을 수 있는 거울 옆에 나타난다. 친구들은 또한 "마술"거울에 비춰진 당신 에게 잘 어울리는 옷을 선택해 줄 수 있다.

사회학자들은 우리를 향한 다른 사람들의 반응을 상상하는 과정을 "타인의 역할 수행" 혹은 "**거울에 비친 자아**(looking-glass self)"라고 부른다. 이러한 관점에 따르면, 자아를 정의하려는 욕망은 심리적 탐지기의 하나로 작용한다. 우리는 타인의 신호를 "살피고" 타인이 우리에게 갖는 인상을 투영함으로써 우리 자신의 정체성을 파악하게 된다. 유령의 집(funhouse)에 있는 비뚤어진 거울처럼, 우리 자신에 대한 평가는 우리가 누구의 관점을 취하느냐와 우리에 대한 이들의 평가를 얼마나 정확하게 예측하느냐에 따라 달라진다. Lisa와 같은 능력 있는 전문직 여성도 다른 사람들이 자신의 촌스럽고 성적으로 매력 없는 여성으로 여긴다고 생각한다면(이러한 관점이 사실이든 아니든), 나이트클럽에서 시무룩하게 앉아 있을 수 있다. 이러한 "신호"가 Lisa의 실제 행동에 영향을 미칠 수 있기 때문에 이때 자아 충족 예언이 작용하게 된다. 만일 Lisa 스스로가 자신이 매력적이라고 믿지 않는다면, 그녀는 초라한 의상을 선택하게 되고 이것은 실제로 그녀를 덜 매력적으로 보이게 한다. 반면에, 회사에서의 그녀의 자신감은 그녀로 하여금 실제보다도 더 높게 다른 사람들이 그녀를 "전문 경영인다운 자아(executive self)"로 여긴다고 생각하게 할 수 있다(우리는 이미 그와 같은 사람을 알고 있다)!

자아의식

강의 도중에 강의실에 들어가 빈자리를 찾고 있을 때 많은 사람들이 당신을 보고 있다는 느낌을 받았다면, 당신은 자아의식(self-consciousness)의 느낌을 이해할 수 있을 것이다. 반대로, 소비자들은 때때로 자아의식 없이 행동하기도 한다. 가령, 사람들은 높은 자아의식을 가졌다면 도저히 행할 수 없는 행동들을 경기장, 모임, 그리고 사교 파티에서 하기도 한다.

어떤 사람들은 타인과 소통하는 이미지에 좀 더 민감하기도 하다. 하지만 자신들이 만들어내는 이미지를 전혀 염두에 두지 않고 행동하는 사람들도 있다. "공적 이미지(public image)"에 대한 높아진 관심은 제품과 소비 활동의 사회적 적절성에 대한 더 큰 관심으로 이어지기도 한다.

공적 자아의식(public self-consciousness) 척도에서 높은 점수를 받은 소비자는 낮은 점수를 받은 사람들보다 옷에 대한 관심이 많으며, 더 많은 화장품을 사용하는 것으 로 나타났다. 최근의 한 연구는 높은 자아의식을 가진 사람들은 제품을 구매하기가 약간 민망하긴 하나, 추후 공적인 자리에서의 곤란한 경우를 피하게 해주는 질세척제나 방귀 예방약과 같은 개인적 제품을 구매할 의향이 높다고 밝히고 있다.

비슷한 맥락에서, 자아 감시성(self-monitors)이 높은 사람들은 사회적 환경에서 자신을 어떻게 보여줄 것인지에 대해 관심을 쏟으며, 제품 선택에 있어서 타인이 이러한 제품을 어떻게 평가하는지에 영향을 받기도 한다. 자아 감시성 척도는 "나는 타인에게 깊은 인상을 주고 즐겁게 해주기 위해 연극을 한다고 생각한다" 혹은 "나는 아마 멋진 배우가 될 것이다"와 같은 문항에 소비자들이 얼마나 동의하는지를 측정한다. 대학교 풋볼 선수들과 패션 모델처럼 공개적으로 남의 눈에 띄는 집단에서 자아 감시성이 높게 나타나는 것은 놀랄 일이 아니다.

목표 2

제품들은 종종 사람들의 자아 개념을 규명해 준다.

확장 자아

앞서 살펴본 것처럼, 소비자들의 사회적 역할을 정의하기 위해 사용된 제품들은 소비자 자신의 일부가 되기도 한다. 우리 자신의 일부를 구성하는 이러한 외적 대상들은 **확장 자아**(extended self)를 구성한다. 어떤 문화권에서는 말 그대로 물질을 자아에 포함하기도 한다. 즉, 새로운 소유물을 핥아 먹기도 하고, 정복한 적의 이름을 따르기도 하며(경우에 따라 먹기도 함) 죽은 사람과 그의 소유물을 함께 묻기도 한다.

모두 그렇지는 않겠지만, 어떤 사람들은 소유물을 마치 자신의 일부인 것처럼 소중하게 다룬다. 사실, 일부 사람들은 기꺼이 자신들을 소중한 제품에 대한 마니아(fanatic)라고 부른다. 신발을 예로 들어보면, 자신의 신발과 강력한 유대관계를 맺고 있는 Sex and the City의 Carrie를 생각해 볼 수 있다. 한 연구에 의하면, 사람들은 자신의 신발을 자아 변형의 수단인 신데렐라 신발처럼 마술의 상징으로 바라본다고 밝히기도 했다. 소비자 자료에 의하면, (그들의 여형제인 Carrie처럼) 여성들은 남성보다 신발의 상징적 의미에 보다 민감하게 반응한다. 이런 현상들은 보다 젊은 시절에 구입한 신발 – 처음으로 구매한 가죽 신발, 처음으로 구매한 하이힐, 처음으로 구매한 카우보이 부츠 – 에서 두드러지게 나타난다. 이런 현상은 오즈의 마법사(1939)에 등장한 도로시의 빨간 구두와 안데르센의 분홍신(1845)에 등장하는 카렌의 마법의 빨간 구두, 그리고 신데렐라의 유리 구두와 유사하다.

신발과 더불어 개인의 소유물과 애완동물부터 국가적 기념비와 역사적 장소에 이르기까지 다양한 대상을 통해 소비자의 정체성이 형성될 수 있다. 많은 사람들은 사진, 트로피, 오래된 셔츠, 자동차, 그리고 고양이에 이르기까지 자아가 "표현된" 가치 있는 물건들을 밝힐 수 있다. 실제로 우리는 누군가의 침실이나 사무실에 진열되 어 있는 품목들을 대상으로 그 사람의 "일대기"를 추론할 수 있다. 한 연구는 제품/자아가 소비자의 자아 개념에 영향을 미칠만큼 강할 필요가 없음을 보여주고 있다. 한 실험에서 쇼핑몰에서 쇼핑을 하고 있는 여성들에게 두 개 중의 하나의 쇼핑백을 주고 한 시간을 걷게 하였다. Victoria Secret의 백을 받은 여성들은 자신들이 좀 더 감각적이고 매력이 있는 것처럼 느껴졌다고 말하였다. 다른 실험에서 M.B.A 학생들에게 MIT 대학 로고가 새겨진 펜으로 6주간 메모를 하게 하였는데, 학생들은 자신들이 좀 더 현명해진 것 같다고 응답하였다.

아주 개인적인 물건에서부터 더 큰 사회적 맥락 하에 근간을 두고 있다고 느끼게 하는 장소나 사물에 이르기까지 네 가지 수준의 확장 자아는 다음과 같다.

1. **개인 수준:** 소비자들은 자신의 개인 소유물 중 상당 부분을 자아 정의에 포함시킨다. 이러한 제품에는 보석, 자동차, 의류 등이 포함된다. "당신이 입고 있는 것은 바로 당신이다"는 말은 개인의 소유물이 그 사람의 정체성의 일부라는 신념

Net Profit

많은 소비자들은 자신이 성취한 것들이 많아짐에 따라 자존감을 강화하려고 노력한다. 결과 중심적인 경쟁사회에서 우리는 우리의 성공을 자랑스럽게 알릴 수 있는 방법을 지속적으로 찾는다. 우리는 자동차 범퍼 스티커 ("우리 아들은 우등생이다")나 보이 스카우트 수상과 같은 메리트 훈장을 통해 이러한 배지(성취)를 과시한다.

성인들은 "open source" "family Tech Support" 혹은 "나는 실제 인간의 뼈를 사무실에 가지고 있다"와 같은 엽기적인 성취를 인정하는 자신의 Nerd Merit Badges를 구입할 수 있다.

스마트폰을 통해 자신의 물리적 위치를 알려주는 특정 지역 플랫폼에 접속할 때, 소비자들은 자신들이 특정 식당에서 식사를 했다는 것을 입증해 주는 Gowalla의 핀을 얻을 수 있다. 혹은 "사진이 잘 받는" "가십 걸", 혹은 "술에 취한(하루밤 동안 4개 이상의 술집을 체크하면)"과 같은 개인적 자질을 증명하는 FourSquare에서의 배지를 얻을 수 있다.

좋든 싫든, 배우자는 종종 개인의 확장된 자아의 일부가 된다.
출처: Courtesy of Clemenger BBDO.

을 반영하고 있다.

2. **가족 수준:** 이 수준에서의 확장 자아는 소비자의 집과 집에 있는 가구들을 포함한다. 집은 가족의 상징물로 간주될 수 있으며, 일반적으로 정체성의 중심적인 역할을 한다.
3. **커뮤니티 수준:** 이웃이나 태어난 도시에서 형성되는 자아 수준이다. 농촌의 가족들이나 특정 지역사회와 밀접하게 연결되어 있는 거주자들에게 이러한 소속감은 매우 중요하다.
4. **집단 수준:** 특정 사회집단에 대한 소비자의 애착도 확장 자아의 일부로 간주할 수 있다. 이러한 소비자의 하위문화에 대해서는 뒤의 장에서 다루도록 하겠다. 또한 소비자는 명소, 기념물, 스포츠 팀 등을 확장 자아의 일부로 인식하기 도 한다.

디지털 자아

핸드 콘트롤러가 필요하지 않은 Microsoft의 Kinect와 같은 새로운 플랫폼 덕분에 우리의 온라인 및 오프라인 자아는 계속해서 융합되고 있다.

이미 과학자들은 자신의 신체로부터 아바타에게 자원자의 마음을 전송할 수 있었다. 한 연구에서 자원자는 가상세계에서 사람들에게 다른 신체로서 자신을 보여주는 고글 안경을 쓰고 두뇌 활동을 감독할 수 있는 전도체를 포함한 반구형 작은 모자를 착용하였다. 연구자들은 참가자들이 자신의 아바타를 자신의 실제 신체인 것처럼 반응하기 시작한 것을 발견하였다.

이 장의 앞부분에서 우리는 인상관리의 전략적 과정에 대해 논의를 하였는데 이과정에서 사람들은 자신에게 이용가능한 개인적 단서를 선택적으로 편집한다. 우리의 컴

이 이탈리아 광고는 우리가 선호하는 제품이 확장 자아의 일부가 될 수 있음을 보여 준다.
출처: Francesco Biasia and D'Adda, Lorenzini, Vigorelli BBDO.

FRANCESCOBIASIA
HANDBAGS

Net Profit

오늘날 이러한 허구적인 모습들은 사이버 공간에서의 **가상 정체성**(virtual identities)을 인정하며 실시간 상호작용하는 가상세계의 엄청난 증가에 따라 활기를 띠게 되었다. Second Life의 가상세계에 속해 있는 사람들은 이미 1,100만 명을 넘었 으며, 온라인 게임인 World of Warcraft를 이용하는 사람들은 800만 명이 넘었다. 또 한 대부분의 한국 성인들은 CyWorld를 이용하고 있다. 그리고 The Slims Online을 이용하거나, Webkinz, There, Habbo Hotel, 그리고 MTV의 Virtual Laguna Beach와 150개 이상의 다른 가상세계와 같은 **컴퓨터 매개 환경**(computer-mediated environments: CMEs)을 방문하는 사람들은 수백만 명에 이르며 이러한 사이트를 통해 당신은 다양한 역할 연기를 볼 수 있다.

이러한 사이트를 이용하는 사람들은 실제 모습을 반영한 버전에서부터 신체적으로 과장되게 변형된 캐릭터 혹은 용이나 슈퍼히어로에 이르기까지 다양한 범위에서 가상 정체성 혹은 **아바타**(avatars)를 이용한다. 많은 연구자들은 이러한 온라인 자아가 소비자 행동에 어떤 영향을 미치는지 그리고 소비자들이 현실세계(RL)에서의 정체성과 컴퓨터 매개 환경(CMEs)에서의 정체성을 어떻게 연관시키는지에 대한 연구를 시작한 상황이다. 현실세계에서 자아가 다른 사람과 상호작용을 하는 것처럼, 사람들은 아바타를 사용하여 다른 아바타와 상호작용한다. 가령, 현실세계에서처럼 Second Life의 남성들은 여성들보다 다른 남성과 이야기를 할 때 거리를 더 많이 두며 여성들보다 눈을 맞추는 경향이 낮은 편이다. 그리고 아바타 간의 거리가 매우 가까워질 경우 그들은 서로 눈길을 돌리려고 한다. 현실세계에서의 규범이 가상세계에도 영향을 미치고 있는 것이다.

퓨터 세상에서, 이러한 과정은 더 심해진다. 오늘날 우리는 우리의 정체성을 조작하기 위한 "생산 후" 도구에 접근해야만 한다. 이런 무료 혹은 저가의 애플리케이션을 통해 어떤 평범한 사람도 자신이 원하는 대로 자신의 온라인 모습을 극적으로 바꿀 수가 있다. **디지털 정체성 관리**(digital identity management)의 예술을 정복하게 되면 자신의 확장된 자아에 새로운 층을 추가할 수 있기 때문에 게임의 방식을 바꿀 수 있게 된다. 그 결과 우리는 우리의 온라인 정체성을 표현하는 **디지털 자아**(digital self)의 존재를 고려해야만 한다. 소셜미디어 이론가들은 이러한 디지털 정체성의 새로운 형태를 설명하기 위해 social footprints와 lifestremas과 같은 용어를 사용한다. **소셜 풋프린트**(Social footprint)는 특정 디지털 공간(예, Facebook 포스팅)에 머무른 후 소비자가 남기게 되는

유명한 온라인 롤 플레잉 게임인 The Sims는 참가자들에게 가상 정체성을 가질 수 있게 해준다.
출처: The Sims 3 image used with permission of Electronic Arts Inc.

흔적을 말하며, 그녀의 **라이프스트림**(lifestream)은 플랫폼을 망라한(가상 세계 등록, 트위터, 블로그 포스트 등) 특정인의 디지털 삶의 지속적 기록을 말한다.

영향력 있는 사이버펑크 소설 『*Snow Crash*』에서 저자인 Neal Stephenson은 인터넷 의 다음 세상으로 Metaverse라 불리는 가상세계를 상상하고 있다. Metaverse는 3차

표 7.1 디지털 자아가 소비자 행동에 미치는 영향

영역	결과	예들
의사결정	시장 정보, 상호작용, 거래에 대한 소비자의 접근을 개인화하기 위한 주도적인 정보 흐름	• 푸쉬 기술(예, 처방전 약에 대한 자동적 이메일 알림) • 건강 모니터 (노인들의 낙상을 감지할 수 있는 스마트 홈의 동작 감지장치; 소변과 혈액, 신체 지방, 체중을 통한 당 수준을 측정하는 Toto의 "인공 지능" 화장실) • 개인의 예산, 영양 목표, 질병을 바탕으로 요리법을 개인 맞춤화하는 스마트폰 앱
정보탐색	시장 분화와 개인화된 탐색은 사용자들에게 사회적 비교를 위해 인위적으로 유사한 표준에 노출시킴	맞춤화된 탐색은 사용자의 미리 결정된 선호와 연관되는 결과만을 제공한다. 어떤 작가는 이러한 제약 과정을 "filter bubble"이라고 칭한다.
쇼핑	a. 제품 선택이 신뢰할 수 있는 조언자의 "shadow cabinet"과 협의하여 이루어질 수 있도록 하는 구매 옵션의 크라우드소싱 b. 온라인 쇼핑 환경에서 제품 속성에 대한 대리 평가	• 수천 명의 젊은 여성들이 최근 쇼핑에서 구매한 의류에 대해 세세하게 작성한 "haul video"를 유튜브에 게시한다. • 사회적 쇼핑 사이트는 구매 전에 제품들에 대한 온라인 집단 피드백을 제공한다(예: Fash-ism, The Fancy, GoTryitOn) • 촉각 장갑은 디지털 공간에서 제품들에 대한 촉각 특성을 흉내낸다. • 증강현실 거울은 쇼핑객들에게 디지털 자기모습에 제품들을 겹쳐 보이게 한다. • 온라인 개인 조력자들은 시간에 대한 사용자의 독특한 선호를 학습한다(예, Apple's Siri)
제품 사용	개인에게 적응된 맞춤화된 제품	• 약리학의 의약품과 DNA 배열은 환자의 독특한 유전 청사진에 근거하여 환자의 치료와 복용량을 달리한다. • 상호작용적인 자동차 창문은 승객이 창문을 칠판과 증강 현실 플랫폼으로 사용하게 해준다. • 디지털화된 거실 벽은 거주자가 터치스크린을 통해 예술작품을 교체할 수 있도록 장려한다. • 스마트홈은 자동으로 온도와 조명을 조절한다.

출처: Adapted from Jagdish N. Sheth and Michael R. Solomon, "Extending the Extended Self in a Digital World," *Journal of Marketing Theory and Practice*, Volume 2, 2014, in press.

원 디지털 세상으로, 모든 사람들이 매력적인 정체성을 갖고 있다. 그 책의 주인공은 현실세계(real life, RL)에서 피자를 배달하지만 Metaverse에서는 용맹스러운 왕자이며 검술 챔피언으로 등장한다. 전 세계에서 인기를 끌었던 Matrix 3부작도 물리적 현실과 디지털 현실 사이의 경계가 애매한(다소 불길하지만) 세계를 그려내고 있다. 좀 덜 극적이긴 하지만, 의류 체인인 H&M은 웹사이트에서 가상 모델만을 활용하고 있다. 남성과 여성들은 아주 현실적으로 보이기는 하지만 이 모델들은 모두 컴퓨터가 만들어낸 것들이다. 우리의 디지털 자아가 진화함에 따라 이러한 변화들은 이러한 새로운 정체성이 소비자의 의사결정에 어떻게 영향을 미치는지를 고려해야 함을 의미한다. 표 7.1은 이러한 변화의 일부를 요약하고 있다.

목표 3

소비자의 개성은 그 사람의 마케팅 자극에 반응하는 방식에는 영향을 미치지만, 이런 정보를 마케팅 상황에 이용하였을 때 일관된 결과를 얻지는 못하고 있다.

개성(Personality)

파티에서 어떤 사람은 자신감에 넘쳐 남들의 주목을 받고 싶어 하지만 또 다른 사람들은 남들의 눈을 피해 구석에 조용히 있는다. 이런 모임 자체를 싫어하는 사람들도 있다. 동일한 사회적 상황에 놓여 있을 때조차 이처럼 서로 다르게 행동하게 되는 것은 왜일까? 가능한 대답 중 하나는 **개성**(personality)이라는 개념에 있는데, 개성은 개인의 독특한 심리적 구성과 이 심리적 구성이 한 개인이 환경에 반응하는 방식에 어떻게 일관되게 영향을 주는지를 의미한다.

모든 사람들이 독특하고 일관된 개성을 갖고 있는가? 실제로, 쉽게 답할 수 있을 것 같지만, 몇몇 심리학자들은 개성의 개념이 타당하지 않을 수 있다고 주장한다. 많은 연구들도 사람들이 안정적인 개성을 표현하지 않는 것 같다고 주장하고 있다. 사람들은 모든 상황에서 항상 같은 방식으로 행동하지는 않기 때문에, 이것은 단지 사람들을 편리하게 범주화하기 위한 방식이라고 주장한다.

직관적으로는 이러한 주장을 수용하기가 쉽지는 않은데, 이것은 우리가 다른 사람들을 제한된 범위의 상황에서 보는 경향이 있고, 그래서 그들이 일관성 있게 행동하는 것처럼 보이기 때문이다. 반면에, 우리 각자는 자신이 그렇게까지는 일관되지 못하다는 것을 알고 있다. 어떨 때는 거칠고 광적이며, 다른 상황에서는 진지하고 책임감이 강할 수 있다. 확실히 모든 심리학자들이 개성이라는 아이디어를 버리지는 못했다고 하더라도, 많은 사람들은 한 개인을 구성하는 기본적인 특징들은 단지 퍼즐의 일부분에 지나지 않으며, 종종 상황적 요인들이 행동을 결정하는 데 있어서 매우 큰 역할을 한다는 것을 인식하고 있다.

우리는 성장함에 따라 급격한 변화를 경험하지만 개성은 상대적으로 일관되게 유지된다. 널리 사용되는 측정 도구인 Minnesota Multiple Personality Inventory(MMPI)에 대한 수천 명의 점수를 조사한 연구에 의하면 사람들의 개성은 30살 정도에 이르러 안정화되는 경향을 보인다. 예를 들어 대부분의 사람들은 자기훈련에 집중할수록 스릴을 추구하는 것에 관심이 적어진다. 그러니 할 수 있을 때 즐기기 바란다!

2000년에 등장한 The Hot or Not 웹사이트는 간단한 투표 시스템을 통해 여성들이나 남성들이 얼마나 매력적인지를 평가하게 하는 감각적인 초기 웹사이트였다. 오늘날은 Blue Mars 가상 세상의 창조자인 Avatar Reality가 iphone 사용자들에게 당신의 아바타가 얼마나 멋진지를 투표하게 한다.
출처: Courtesy of Avatar Reality, Inc.

정신 분석 측면에서의 소비자 행동: Freud 이론

유명한 심리학자인 Sigmund Freud는 성인의 개성 중 많은 부분이 생리적 욕구들을 만족시키기 위한 욕망과 사회의 책임감 있는 구성원으로서 기능해야 할 필요성 사이의 근원적 갈등에서 발생한다는 주장을 제기했다. 이런 투쟁은 마음 안의 세 가지 체계 사이에서 일어난다(역주: 이런 체계는 두뇌의 신체적 부위를 의미하는 것은 아니다). 그 각각에 대해 간략하게 살펴보도록 하자.

Freud 체계들

원초아(id)는 즉각적인 만족에 관한 것이며 즐거움을 원한다. 원초아는 **쾌락 원리**(pleasure principle)에 따라 작동된다. 쾌락을 최대화하고 고통을 피하려는 우리의 기본

The Tangled Web

현명한 조언: 기업 채용 담당자들은 직장 인터뷰에 대충 입고 오거나 노출이 심한 옷들을 입고 나타나는 학생들에 대해 종종 불만을 토로한다. 이 지원자들에 대해 전문적인 상황에서 자신들이 어떤 역할을 담당해야 하는지에 대한 이해가 부족하다고 하다고 여긴다. 좋지 않은 상황에서 자신의 실제 모습의 사진을 게재하는 사람들은 잠재적 고용주가 자신들의 지원서를 보기 전에 이를 먼저 검토할 수 있다는 것을 알게 될 때 자신들의 이러한 행동을 후회할 것이다. 일부는 직장상사나 엄마가 보기 전에 민망한 포스팅을 찾아서 제거해 주는 Reputation.com과 같은 서비스를 이용하기도 한다.

휴대전화는 10대들이 "확장된 자아"를 온라인에서 공유할 수 있는 새로운 방법을 가져왔다. 10대들이 자신의 누드나 세미누드 사진을 온라인에 포스팅하는 sexting이라는 현상이 증가하고 있다. Cosmogirl.com 조사에 의하면 10대의 20%와 20~26세의 33%가 이러한 관행을 인정한다고 한다.

적 욕구에 따라 행동한다. 원초아는 이기적이고, 비논리적이며, 결과에 개의치 않고, 쾌락적인 행동을 추구하는 방향으로 개인의 정신적 에너지를 사용한다.

초자아(superego)는 원초아의 효과를 상쇄하며 균형을 잡는 역할을 한다. 이 체계는 본질적으로 개인의 양심이다. 초자아는 사회의 규칙들(특히 부모가 우리에게 가르쳐 준)을 내면화한 것이며, 원초아가 이기적인 만족을 추구하지 못하도록 예방하는 일을 한다. 마지막으로, **자아**(ego)는 원초아와 초자아를 중재하는 체계로 결국 유혹과 도덕 간 싸움의 중재자이다. 자아는 외부 세계가 수용할 수 있는 방식으로 원초아를 만족시키는 **현실 원리**(reality principle)에 따라 이 두 개의 상반된 힘의 균형을 이루려 한다(힌트: Freud 이론이 마케팅에 적용되는 부분이 바로 여기이다). 이런 갈등은 무의식 수준에서 발생하므로, 사람들이 자신의 행동에 대한 근원적인 이유를 반드시 인식하는 것은 아니다.

소비자 연구자들은 Freud의 아이디어 중 일부를 채택해 왔다. 특히, 그의 연구는 구매를 일으키는 무의식적 동기들의 잠재적 중요성을 강조한다. 이것은 비록 우리가 소비자들에게 직접적으로 질문할 수 있는 민감한 방법을 고안해 낸다고 하더라도, 소비자들은 제품 선택의 진짜 동기에 대해서는 이야기하지 않을 수 있다는 사실을 함축하고 있다. 또한 Freud 학파의 관점은 자아가 원초아의 요구와 초자아의 제지 사이에서 타협하도록 하는 제품 상징주의에 의존할 가능성을 높여준다. 이런 근원적인 욕망들을 상징하는 제품들을 사용함으로써, 수용될 수 없는 욕망을 수용 가능한 배출구로 내보낼 수 있다. 이것이 제품 상징주의와 동기 사이의 연결이다. 제품은 사회적으로 승인되지 않거나 획득할 수 없는 소비자의 진정한 목표를 나타내거나 표상한다. 제품을 획득함으로써, 금단의 열매를 대리적으로 경험할 수 있는 것이다.

때때로 담배는 담배일 뿐이다

마케팅에 적용되는 Freud 아이디어의 대부분은 제품의 추정된 성적인 상징주의와 관련이 있다. 예컨대, 일부 분석가들은 스포츠카 소유를 성적 만족의 대체물이라고 여긴다(특히 "중년의 위기"를 겪는 남성들에게). 실제로, 어떤 남성들은 지나치게 자신의 자동차에 애착하며, 공을 들여 세차를 하고 광택을 내는 데 많은 시간을 보내기도 한다. Infiniti의 한 광고는 한 자동차 모델을 "자동차의 철판과 당신의 욕망이 합해질 때 생기는 것"이라고 묘사함으로써, 자동차가 기능적 욕구뿐만 아니라 상징적으로 소비자들의 성적 욕구를 만족시킨다는 신념을 강화시킨다. 다른 광고들은 여성에게 소구하는 남성 지향적 상징주의 – 소위 남근 상징(phallic symbols) – 에 초점을 둔다. Freud 자신조차도"때때로 시가(담배)는 시가(담배)일 뿐이다"라고 농담을 하기도 하지만, 주로 성기를 닮은 대상(예, 남성의 성기를 나타내는 시가, 나무, 또는 칼; 여성의 성기를 나타내는 터널)의 사용을 중심으로 Freud의 아이디어들이 대중적으로 널리 적용되고 있다. 이런 강조는 Freud의 꿈 분석으로부터 유래했는데, Freud는 꿈을 통해 억압된 욕망을 상징으로 가득찬 이야기의 형태로 전달한다고 믿었다.

동기 연구

1950년대에, **동기 연구**(motivational research) 접근들은 제품과 광고의 의미를 더 깊이 이해하기 위해 Freud(Freudian)의 아이디어를 차용했다. 동기 연구는 무의식적 동기들을 심도 깊게 강조하는 정신분석적 해석에 근거하고 있다. 이 연구는 기본적으로 사람

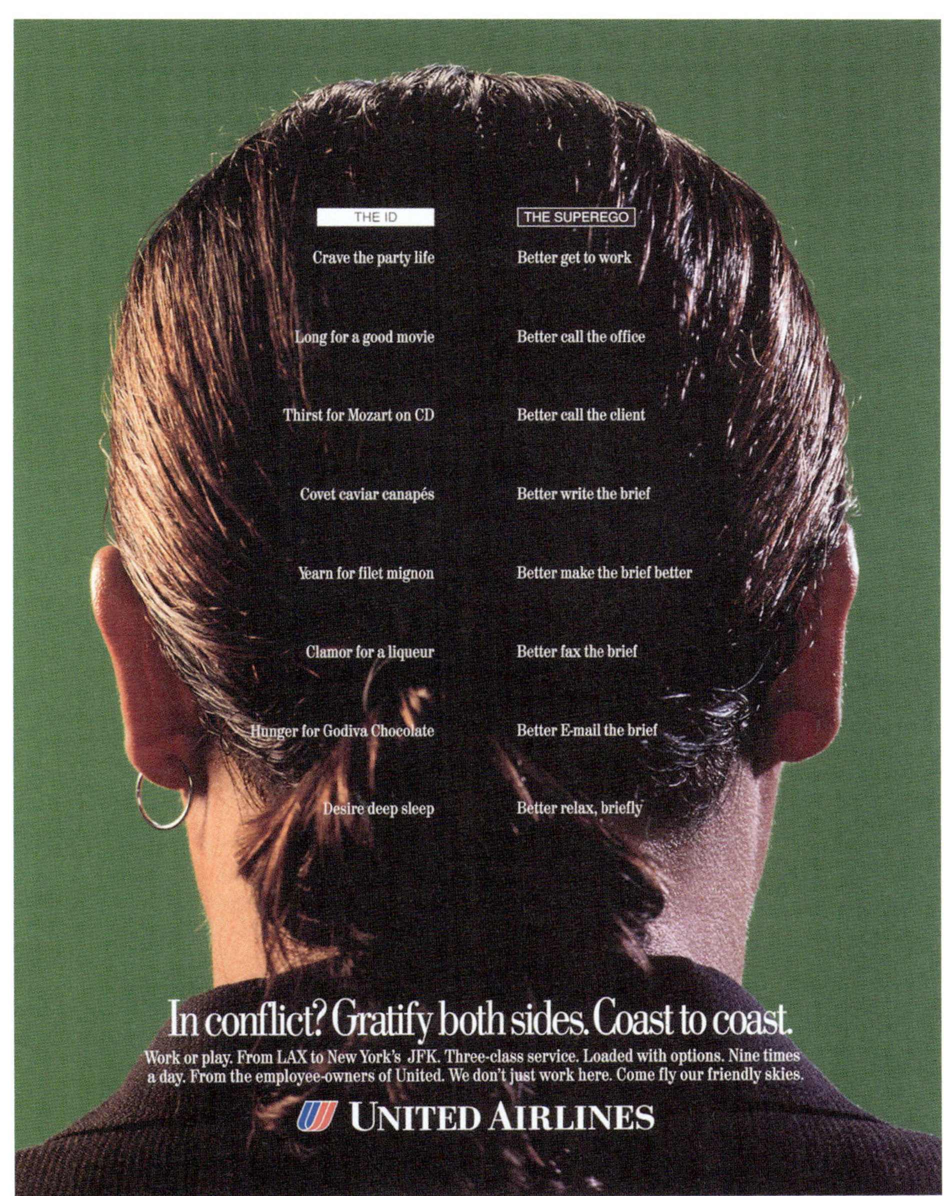

이 광고는 쾌락적 만족에 대한 욕구(원초아로 표현되는)와 이성적이며 과업 지향적인 활동을 하고자 하는 욕구(초자아로 표현되는) 사이의 갈등에 초점을 두고 있다.
출처: United Airlines.

들은 사회적으로 수용될 수 없는 자신의 욕구들을 수용될 수 있는 배출구(제품 대체재 포함)로 내보낸다고 가정하고 있다.

동기 연구는 개별 소비자들과의 *심층 면접*(*depth interview*)에 의존한다. 이 기법은 많은 소비자들에게 제품 사용에 대한 몇 가지 일반적인 질문을 하고 여기서 나온 반응들을 대표성이 있는 통계적 표본의 다수 소비자 반응과 결합하는 것 대신에, 상대적으로 적은 소비자들을 대상으로 개개인의 구매 동기들을 심도있게 조사한다. 심층 면접은 많은 시간이 소요될 수 있으며, 응답자들이 잠재적이거나 내재된 동기들을 말로 분명하게 즉각적으로 표현할 수 없다는 가정에 근거를 두고 있다. 전문적으로 훈련된 면접자가 광범위한 질문과 해석을 행한 후에야 잠재적이거나 내재된 동기들을 이끌어낼 수 있다.

이 연구는 20세기 초반에 비엔나에서 Freud의 제자들과 함께 훈련을 받았던 정신

표 7.2 동기 연구에 의해 정의된 주요 소비 동기

동기	관련 제품들
힘 - 남성다움-정력	힘: 설탕이 든 제품과 다량의 아침식사(자신을 충전하기 위한), 볼링, 전동기차, 개조 차량, 전동공구 등 남성다움 - 정력: 커피, 붉은색 고기, 무거운 신발, 장난감 총, 여성을 위한 모피코트 구매, 면도날로 면도
안전	아이스크림(사랑스런 아이를 떠올리게 하는), 말쑥하게 다림질된 셔츠로 가득한 서랍장, 실제 석고벽(피난처 느낌), 집에서 구운 빵, 병원 치료
에로티시즘(eroticism)	사탕(빨아먹는), 장갑(옷을 벗는 것처럼 여성에 의해 벗겨지는), 여자에게 담뱃불을 붙여주는 남자(압력에 의해 절정에 이르는 흥분이 가득한 순간 이후 이완을 가져오는)
도덕적 순결 - 청결	하얀 빵, 면 소재(순결을 내포하는), 강력한 가정용 세제(가정 주부들이 사용 잘했다고 느끼게 만드는), 목욕(예수에게 형을 선고하고 손에 묻은 피를 씻은 본디오 빌라도(Pontius Pilate)와 동일시되는, 오트밀(희생, 미덕)
사회적 인정	동료애: 아이스크림(즐거움을 공유하는), 커피, 사랑과 애정: 장난감(어린아이에 대한 애정을 표현하는), 설탕과 꿀(애정을 표현하는 용어), 인정: 비누, 미용 제품들
개성	식도락가 식품들, 외제차, 담배 케이스, 보드카, 향수, 만년필
지위	스카치: 궤양, 심장발작, 소화불량(스트레스를 많이 받는 중요한 일을 하는 사람들로 보이게 하는), 카페트(농부들처럼 척박한 땅에 거주하지 않는 사람들로 보이게 만드는)
여성다움	케이크와 과자류, 인형, 실크, 차, 가정 골동품
보상	담배, 캔디, 술, 아이스크림, 과자류
환경에 대한 지배	부엌 기기, 보트, 스포츠용품, 담배 라이터
소외되지 않음(다른 것들과 연관	가정 장식, 스키 타기, 아침방송 듣기(세상과 "접촉"하고 있음을 느끼기 위해)
마법 - 신비	수프(치유의 힘을 느끼게 하는), 그림(방의 분위기를 전환시켜 주는), 탄산 음료(마술적인 거품이 생기는), 보드카(낭만적인 역사를 지닌), 선물의 포장을 푸는 것

출처: Jeffrey F. Durgee,"Interpreting Dichter's Interpretations: An Analysis of Consumption Symbolism,"in *The Handbook of Consumer Motivation, Marketing and Semiotics: Selected Papers from the Copenhagen Symposium*, eds. Hanne Hartvig-Larsen, David Glen Mick, and Christian Alstead (Copenhagen, 1991).

분석가인 Ernest Dichter에 의해 시작되었다. Dichter는 230종 이상의 제품을 대상으로 심층 면접 연구들을 수행했으며, 그의 연구 결과 중 상당수는 실제 마케팅 캠페인에 적용되어 왔다. 예를 들어, Dichter가 애매하게 성적인 표현들이 포함되어 있는 강한 동물 상징성에 소비자들이 잘 반응한다는 것을 밝혀낸 후, Esso(현재의 Exxon)는 수년 동안 "당신의 연료통에 호랑이를 넣으세요"라는 메시지로 소비자들에게 접근했다. 표 7.2은 Dichter가 규명한 주요 소비 동기들을 요약한 것이다.

일부 비평가들은 광고대행사가 실시한 동기 연구에 대해 식역하 지각(subliminal perception) 연구에 대해 반응한 것과 비슷한 반응을 보였다(5장 참조). 이들은 광고주에게 소비자들을 조작할 수 있는 수단을 제공한다는 이유로 동기 연구들을 비난했다. 한편, 많은 소비자 연구자들은 해석이 주관적이기 때문에 정확성과 타당도가 결여되어 있다고 생각한다. 즉, 소수의 사람들을 대상으로 한 인터뷰 후 분석가의 판단에 근거하여 연구의 결론이 도출되기 때문에, 연구 결과가 다수를 대상으로 한 시장으로 일반화될 수 있는가에 대해 의문을 갖게 된다. 게다가, 초기의 동기 연구자들은 정통 Freud 이론에 크게 영향을 받았기 때문에, 해석은 보통 성적인 주제들과 관련이 높다. 이런 성적인 면에 대한 강조는 행동에 대한 여타의 그럴듯한 원인들을 간과하는 경향이 있다. 그러나 동기 연구는 다음과 같은 몇 가지 이유 때문에 적어도 일부 마케터들에게 아주 매력적이다.

- 동기 연구는 면접이나 자료 처리 비용이 상대적으로 낮기 때문에, 대규모 양적 서베이보다 비용이 덜 든다.
- 동기 연구로부터 도출된 지식은 심층 욕구들에 소구하는 마케팅 커뮤니케이션 프로그램을 개발하도록 도와줄 수 있으며, 따라서 소비자를 유혹할 수 있는 더 강력한 덫을 제공해 준다. 비록 어떤 표적 시장 내의 모든 소비자들에게 반드시 타당하지는 않다고 할지라도, 이런 통찰들은 여전히 고객들에게 반향을 불러일으킬 수 있는 광고 문구를 개발하고자 하는 광고주에게는 많은 도움이 된다.
- 일부 연구 결과들은 사후에 직관적으로 그럴듯하게 보인다. 예를 들어, 동기 연구들은 사람들이 커피와 동료애를 연관시키며, 쭈글쭈글함이 노인을 연상시키므로 말린 자두를 싫어하며, 남성들은 청소년기에 최초로 소유했던 차를 그들의 성적 자유의 시작과 동일시한다고 결론지었다.

하지만 여성들이 케이크 굽기와 출산을 동일시한다거나 남성들이 체액이 빠져나가는 것 같은 느낌 때문에 수혈을 꺼려한다는 것과 같은 해석들은 받아들여지기가 어렵다. 하지만 때때로 사람들은 임신한 여성이 "오븐 안에 빵"을 갖고 있다고 이야기하며, Pillsbury는 "오븐에서 나온 것처럼 사랑스러운 것은 없다"고 주장하고 있다. 국제적십자사는 헌혈률을 높이기 위해 동기 연구자인 Dichter를 고용했는데, Ditcher는 남성들(여성은 아님)이 헌혈의 양을 과대 추정하는 경향이 있음을 밝혀내었다. 그 결과 적십자사는 상징적으로 헌혈과 난자에 대한 수정 능력을 동일시함으로써(예, "생명이라는 선물을 주세요") 남성의 생식력 상실의 두려움을 줄일 수 있었다. 이상에서 언급한 결점들에도 불구하고, 일부 광고대행사들은 동기 연구의 일부를 아직도 활용하고 있다. 하지만 동기 연구는 좀 더 엄격한 연구 기법들을 개발하기 위한 통찰력을 제공할 수 있는 탐색적 수단으로 활용될 때 가장 유용하다.

신 Freud 학파 이론들

Freud의 연구는 개성에 관한 후속 이론들에 막대한 영향을 미쳤다. 비록 Freud는 행동에 대한 원인이 겉으로 드러나지 않고 표면 아래에 잠재되어 있을 수 있다는 것을 발견했지만, 그의 동료들과 제자들 중 다수는 한 개인의 개성이 성적 갈등을 해결하는 방법에 의해서보다는 다른 사람들과의 관계를 어떻게 다루는가에 더 영향을 받는다고 생각했다. 이들 이론가들은 흔히 신 Freud 학파(neo-Freuaian)(Freud의 문하생이거나 영향을 받은 추종자를 의미함)라고 불린다.

Karen Horney

신 Freud 학자들 가운데 가장 유명한 사람 중 한 명은 정신분석가인 Karen Horney였다. 그녀는 사람들을 타인 지향(다른 사람들에게 다가가거나)(순종형), 타인 회피(다른 사람들을 피하거나)(고립형), 혹은 다른 사람들에게 반항하는(공격형) 것으로 구분했다. 그뿐

Marketing Opportunity

eLoyalty 회사가 사용하는 기법은 특성이론을 마케팅에 어떻게 적용할 수 있는지 예시화해 준다. 콜센터에서 사용할 수 있는 툴과 서비스를 구축해 주는 이 회사는 전화를 거는 각 고객의 개성 프로파일을 구축한 후 각 고객의 개성 유형과 가장 잘 어울리는 고객 서비스 담당자를 매치시킨다. 이 시스템은 NASA가 비행사 후보들을 제거하고 빌 클린트 대통령이 자신의 연설문을 다듬는 데 사용하였던 Process Communication Model이라 불리는 방법론에 기반하고 있다. 이 시스템의 개발자는 사람들을 6개의 주요 개성 유형으로 분류하는데 각 유형은 서로 다른 커뮤니케이션 스타일을 가지고 있으며 스트레스가 유발 되는 방식도 다르다. 이는 우리가 어떤 유형의 개성을 가진 사람과 이야기를 하는지를 알게 되면 그 사람과 좀 더 효과적으로 커뮤니케이션 할수 있도록 우리의 의사소통 방식을 수정할 수 있다는 아이디어에 기초를 두고 있다. 이 중 하나의 유형은 업무 중심적인 "일중독자(Workaholic)" 개성 유형이다. 고객 서비스 담당자가 일 중독자와 라포를 형성하기 위해 잡담을 시작하게 되면 이는 역효과를 낳을 수 있다. 반면 "반응자(Reactor)"라 불리는 유형은 관계 중심적이기 때문에 업무를 처리하기 전에 전화를 건 사람의 감정을 살펴보지 않으면 실패할 가능성이 높다. 이 자동화된 시스템은 고객이 다시 전화를 걸 때마다 매치가 되는 상담원과 연결이 되도록 고객 유형을 파악하기 위해 전화를 건 사람들의 언어 패턴을 분석한다.

아니라, 초기의 한 연구에서는 순종형의 사람이 이름 있는 브랜드 제품에 자연히 더 끌리는 경향이 있고, 고립형의 사람들은 차 마시기를 좋아하는 사람이 될 가능성이 더 높으며, 공격형으로 분류된 남자들은 강한 남성 지향의 브랜드(예, Old Spice 데오드란트)를 선호하는 것으로 밝혀졌다. 잘 알려진 또 다른 신 Freud 학자는 Alfred Adler인데, 그는 많은 행위가 다른 사람들과 관련된 열등감을 극복하려는 사람들의 욕망에 의해 동기화된다고 주장했으며, 그리고 Harry Stack Sullivan은 사회적 관계에서의 불안을 감소시키기 위해 개성이 어떻게 진화하게 되는지에 초점을 맞추었다.

Carl Jung

Carl Jung 역시 Freud의 제자였다(그리고 Freud에 의해 그의 계승자로 추천되기도 했다). 그러나 Jung은 Freud가 개성의 설명에서 성적 부분을 강조하는 것을 받아들일 수가 없었고, 이것이 그들의 관계를 갈라놓는 결정적 요인으로 작용했다. Jung은 분석심리학(analytical psychology)이라 명명한 자기만의 심리치료법을 개발했다.

Jung은 과거 세대의 누적된 경험이 현재의 우리를 형성한다고 믿었다. 그는 사람들은 모두 집단 무의식(collective unconscious)을 공유하고 있는데, 이는 우리의 조상으로부터 물려받은 기억의 창고라고 제안했다. 예컨대, Jung은 많은 사람들이 어둠을 두려워하는데, 이는 그들의 먼 조상들이 그런 두려움을 가질 만한 이유가 있었기 때문이라고 주장했다. 이렇게 공유된 기억들은 보편적으로 공유되는 아이디어와 행동 패턴인 **원형**(archetypes)을 만들어낸다. 원형은 흔히 신화, 이야기, 꿈에 나타나는 출생, 사망, 혹은 악마와 같은 주제들과 관련이 있다.

Jung의 생각이 설득력이 없어 보일 수 있으나, 사실 광고 메시지는 종종 원형을 포함하고 있다. 예컨대, Jung과 그의 추종자들에 의해 규명된 원형들 중 일부는 "현자(old wise man)"와 "대지(earth mother)"를 포함한다. 이런 이미지들은 마법사나 존경받는 교사와 같은 캐릭터, 심지어 대자연(Mother Nature)과 같은 캐릭터를 사용하는 마케팅 메시지에 흔히 나타난다. 우리의 문화가 현재 해리포터나 반지의 제왕과 같은 이야기들에 열광하고 있는 것은 이들 이미지의 힘을 말해주는 것이다.

유명한 광고대행사인 Young & Rubicam(Y&R)은 그림 7.1에 나타나 있는 자사의 브랜드자산 원형 모델(BrandAsset® Archetypes model)에서 원형 접근방법을 이용하고 있다. 이 모델은 원형들 간의 바람직한 관계는 물론 바람직하지 않은 관계들까지 제시한다. Y&R의 연구자들은 브랜드가 약한 개성을 갖고 있는지 아닌지를 구분하기 위해 이 모델을 사용한다. 바람직한 개성은 원형 내에서 바람직한 특성이 이에 상응하는 나쁜 영향(shadow)을 압도할 때 나타나는 것이다. 심리적으로 병약한 사람에게 상담이 필요한 것과 같이, 브랜드의 나쁜 영향이 우세할 때는 브랜드를 건전한 개성으로 이끌 수 있는 행동을 취하는 것이 필요하다.

원형 이론을 브랜드 개성에 적용한 비슷한 두 번째 접근법 역시 12개의 브랜드 원형 분류 모델을 이용하고 있다. 이 접근법은 소속/사람 vs.독립/자아 실현, 위험/정복 vs. 안정/통제와 같은 두개의 대비되는 목표를 만들어내기 위한 인간의 동기 이론을 이용하고 있다. 표 7.3은 이러한 원형/브랜드 관계를 설명하고 있다.

그림 7.1 브랜드자산 평가 원형

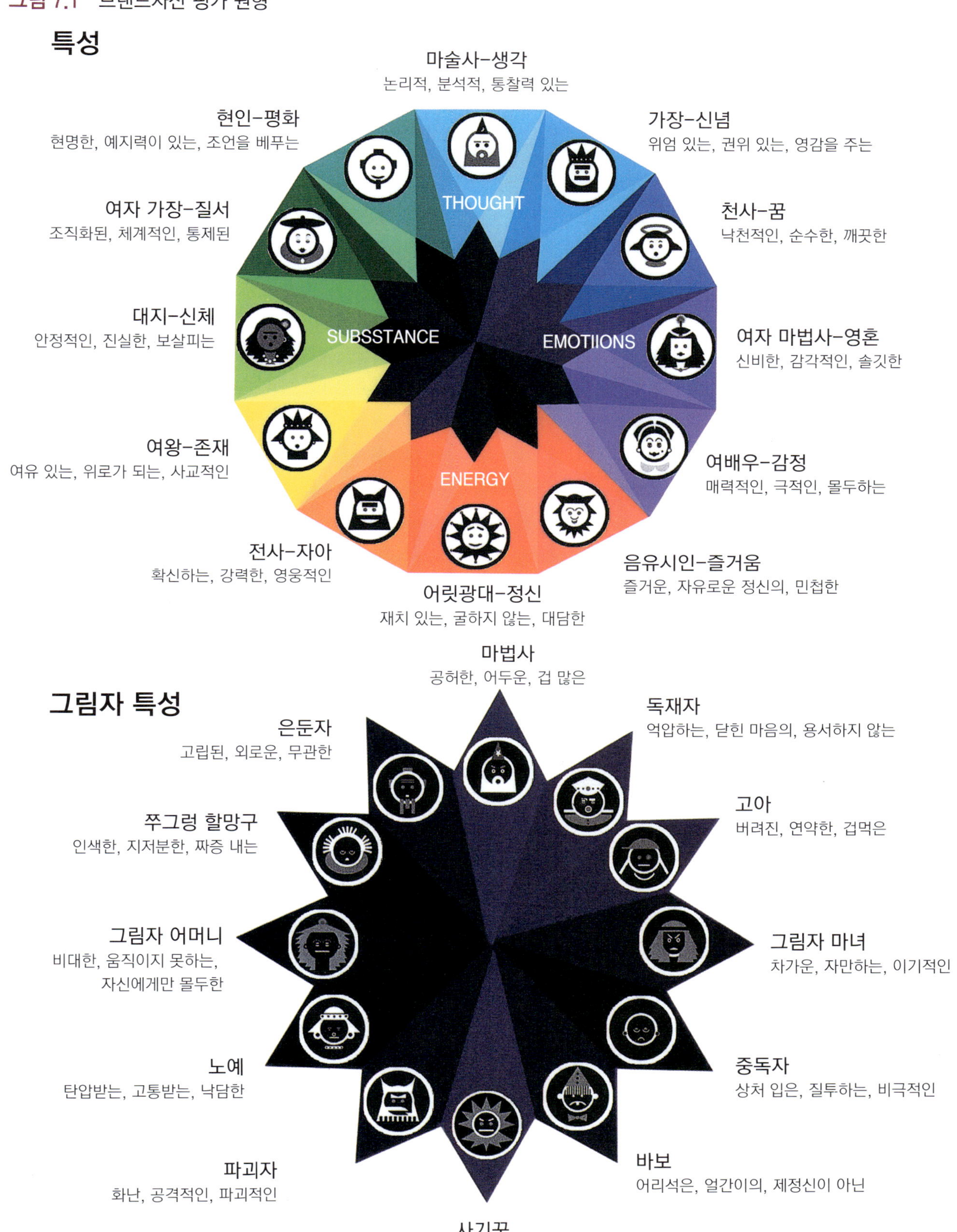

출처: BrandAsset® Consulting: A Young & Rubicam Brands Company.

표 7.3 Mark와 Person 브랜드 원형

원형	설명	브랜드 예	소비자
파라다이스의 동경			
순진한 자 ("Innocent") **핵심 욕망** 파라다이스 경험 **목표:** 행복하기 **두려움:** 나쁜 짓을 하는 것 **전략:** 옳은 일을 하라	"Innocent"의 약속은 삶이 힘들 필요가 없다는 것이다. Innocent 는 당신이 추월차선에서 빠져나와 당신의 삶을 진심으로 즐길 수 있다고 약속하고 있기 때문에 이 복잡하고 힘든 시대에 특히 매력적이다.	영화배우: Reese Witherspoon, Meg Ryan, Tom Hanks, 영화: Baby Boom, Forrest Gump, Local Hero 브랜드: PBS 네트웍, Keds, Disney, Ronald McDonald, Baskin-Robbins 이 브랜드들은 인생은 단순하고 복잡하지 않으며 좋은 것이라고 약속함	이 소비자들은 신뢰할 수 있고 "못 쓸 정도가 아니면 그냥 쓴다"라는 믿음을 가지고 계속해서 사용할 수 있는 브랜드를 찾고자 함. 또한 사용자 친화적 컴퓨터와 같이 삶을 단순하게 해주는 브랜드와 제품을 선호함.
탐험가 ("Explorer") **핵심 욕망** 자유 **목표:** 더 나은, 좀 더 참된 충만한 삶을 경험하기 **두려움:** 함정에 빠지는 것 **전략:** 여행, 찾기, 탐험	"Explorer"는 천성적으로 좀 더 좋은 세상을 찾기 위해 밖으로 나간다. 이들이 탐험하는 여행은 내적임과 동시에 외적이다. 왜냐하면 이들은 외부 세계가 자신의 내부 니즈와 부합하는지를 찾으려는 깊은 열망에 의해 동기화 되기 때문이다. 이들의 좌우명은 "나를 구속하지 말라"임.	이와 관련된 문학작품: 허클베리핀의 모험, 위대한 게츠비, 투명인간, TV쇼: Survivor, Star Trek 브랜드 제품: Jeep Wrangler, The North Face	이들은 독립심과 호기심이 강함 이들은 새로운 것들을 시도해 보기를 좋아하며 따라서 이들로부터 로열티를 얻기 위해서는 제품의 지속적인 새로움 제공과 제품 개선이 중요함. Microsoft와 IBM 등과 같은 소프터웨어 회사들이 이를 잘 알고 있음
현자("Sage") **핵심 욕망** 진실의 발견 **목표:** 세상을 이해하기 위해 지력과 분석을 사용 **두려움:** 퇴짜맞고, 현혹되고, 무시당하는 것 **전략:** 정보와 지식을 추구하고 자기 반성적으로 되는 것	이들은 자신만의 파라다이스를 찾는 방법을 가지고 있다. 이들의 믿음은 좀 더 나은 세상을 만들기 위해 배우고 성장해 가는 인류의 역량에 있다. 이 과정에서 이들은 자신에 대해 좀 더 자유롭게 생각해 보고 자신만의 의견을 갖기를 원한다. 이들은 또한 전문적 학자로 알려져 있다. 이들의 좌우명: 진실이 너를 자유롭게 할 것이다.	브랜드: 하버드 대학교, Mckinsey, Arthur Anderson같은 전문 컨설팅 회사, Google 현자 개성을 가진 유명인: Al Gore, Albert Einstein, Oprah Winfrey, Morgan Freeman	이 소비자들은 브랜드에 대해 현명한 결정을 내리는데 필요한 관련 정보를 가지기를 좋아함. 이 유형의 소비자들은 또한 학습을 좋아하므로 자신들에게 학습곡선(예, 컴퓨터)을 요구하는 제품들에 끌림. Sage, Innocent, Explorer 등의 소비자들은 다른 사람들보다 자신을 강조하고 소유보다 자율성을 중요시함
세상에 지문 남기기			
영웅 ("Hero") **핵심 욕망** 용기있는 행동을 통한 가치의 입증 **목표:** 세상을 더 좋게 만들 수 있는 방법에 대한 통달을 이용 **두려움:** 약함, 취약, 겁먹기 **전략:** 강하고 유능하게 되기	모든 것이 사라지고… 이 때 Hero가 언덕 위에 나타나 세상을 구한다. Hero는 악, 역경, 도전에 대해 승리한다. 이 과정에서 Hero는 다른 사람들에게 영감을 준다. Hero는 야심적이며 도전을 추구한다. 이들은 세상을 좀 더 살기 좋은 곳으로 만들기를 위한다. 이들의 좌우명: 뜻이 있는 곳에 길이 있다.	브랜드: 해병대, 올림픽, NASA 우주 프로그램, 나이키, 적십자, Under Armour 영화: 스타워즈, 라이언 일병 구하기 유명인: Martin Luter King, Nelson Mandela, John F, Kennedy, Superman	이들은 기업과 브랜드가 자신들의 가치, 미션, 비전을 분명하게 명시하기를 기대한다. 점점 Hero 소비자들은 회사의 비전이 사회적 책임감을 어느 정도 반영하기를 기대한다. 이들은 제품이나 서비스의 품질뿐만 아니라 회사의 강점과 윤리성 등에 근간하여 브랜드와 회사를 평가한다.

표 7.3 (계속)

원형	설명	브랜드 예	소비자
무법자 ("Outlaw") **핵심 욕망** 복수, 혁명 **목표:** 작동하지 않는 것 파괴 **두려움:** 무력함 **전략:** 방해하고, 파괴하고, 충격을 주라	"Outlaw"들은 금단의 열매에 대한 유혹을 가지고 있다. 건강하고 사회적으로 바람직한 방식으로 자신들이 원하는 것을 얻는 것을 포기하고 승리하기 위해 불법적이거나 비 윤리적인 전략에 의존하기도 한다. 이들의 좌우명: 규칙은 깨어지기 위해 존재한다.	브랜드: MTV, ABC, NBC, CBS, Jack Daniels, Southern Comfort, Rolling Stone, Harley-Davidson, Mick Jagger 유명 영화: The Godfather, Bonnie and Clyde, Scarface	우리 모두의 마음속에 존재하는 무법자들은 제품을 훔쳐 달아나기를 원한다. 따라서 약탈식의 판매가 이들에게 어필할 수 있는 훌륭한 마케팅 전략이다. 이들은 어둡고, 어슴푸레하며 특징이 강렬한 색상의 신랄한 제품 이미지에 끌린다.
마법사 ("Magician") **핵심 욕망** 근본적인 법과 세상이 작동하는 방식에 대한 지식 **목표:** 꿈의 실현 **두려움:** 예상하지 못한 부정적 결과 **전략:** 비전을 만들고 비전에 따라 살기	"Magician"에게 가장 근본적인 것은 사물이 작동하는 방식에 대한 근본적인 지식을 찾고 이러한 원칙들을 실제로 적용하고자 하는 욕망이다. 마법적인 전통의 가장 전형적인 적용은 정신, 마음과 신체를 치유하고 젊음의 근간과 장수의 비결을 찾는 것이다. 혹은 무엇인가가 일어나게 해주는 제품을 창조하는 것이다. 이들의 좌우명: 그것은 일어날 수 있어.	마법의 순간을 조장해 주는 브랜드: Sony, Google, Moet and Chandon, Verve Clicquot, MasterCard. Disney TV 쇼: City of Angels, Touched by an Angel, Seventh Heaven	고객으로서 이 유형의 소비자들에게는 자신이 누구인지를 믿는 것이 제품이나 서비스의 품질만큼이나 중요하다. 따라서 이들에게 마케팅을 할 때는 회사나 브랜드, 회사의 가치, 회사의 의식 등을 판매해야 한다. 이들은 개인적 변화에 의해 동기 부여되므로 변형적인 경험을 제공하는 기업들이 이들에게 소구할 수 있다.
누구도 홀로 존재할 수는 없다.			
평범한 사람 ("Regular Guy/Gal") **핵심 욕망** 타인과의 연결 **목표:** 어딘가에 속해서 잘 지내기 **두려움:** 눈에 띄고 잘난척해서 남들에게 배척당하는 것 **전략:** 평범하면서도 확고한 덕을 개발하고 남들과 조화를 이루어라	이 원형은 평범한 사람이 되는 것의 가치로움을 보여준다. "The Regular Guy" 원형은 대개 작업복이나 일상적인 옷을 입고 구어체로 말하는 활동적인 개인이다. 이들은 민주주의의 핵심적인 원형이다. 이들의 좌우명: 모든 남성과 여성은 동등하게 태어났다.	브랜드: VISA, Target, Sizzler, Toyata 이들의 정신을 찬양하는 영화: The Full Monty, Local Hero, Raising Ned Devine	로고들이 지위와 연관될 수 있음. 탐험가들에게 로고는 정체성을 나타내는 것이지만 "Regular Guy/Gal"들에게는 로고나 브랜드는 그 브랜드의 의미를 가진 제품을 사용하는 다른 소비자들과의 연관성을 보여주는 제휴의 수단이 될 수 있다. 이들의 이미지는 중산층이다, 이들 소비자들의 브랜드 로열티를 높이기 위해서는 다른 사람들과의 연관성을 중요하게 고려해야 한다.
연인 ("Lover") **핵심 욕망** 친근감을 얻고 감각적인 즐거움의 경험 **목표:** 사람들과의 관계 안에 존재하기 **두려움:** 혼자인 것, 사랑받지 못하는 인기 없는 사람 **전략:** 신체적, 정신적, 다른 모든 면에서 점점 매력적으로 되기	"Lover" 원형은 부모의 사랑에서부터 우정, 정신적인 사랑에 이르기까지 모든 유형의 사랑을 지배하지만 가장 중요한 것은 로맨틱 사랑이다. 이들은 항상 강렬하고 개인적인 우정을 위해 적극적으로 행동한다. 이들은 자신들이 타인들을 엄청나게 잘 배려한다고 생각한다. 이들은 또한 전형적으로 경쟁을 싫어한다. 이것은 종종 질투와 비열한 행동을 가져오기도 한다. 이들의 좌우명: "나는 당신만을 바라보고 있어요"	브랜드: Coco Chanel, Christian Dior, The Body Shop, Revlon, Godiva, Victoria's Secret, Hallmark, Haagen Dazs 영화: Titanic, Pretty Woman, Casablanca 유명인: Sofia Vergara, Sophia Loren, Elizabeth Taylor, George Clooney	이들은 친밀하며 참되고 개인적인 깊은 형태의 연결을 원한다. 이들은 제품을 특정한 관계로 규명한다. "Lovers"들은 자신들을 특별하고 사랑받는 것처럼 느끼게 도와주는 제품과 회사와 깊은 관계를 맺는다. 이 유형의 소비자들은 "특별한 고객만을 위해 보냅니다"와 같이 남과 다른 특별한 관심을 받는 것을 좋아한다.

표 7.3 (계속)

원형	설명	브랜드 예	소비자
어릿광대 ("Jester ") **핵심 욕망** 충만한 즐거움의 순간 속에서 사는 것 **목표:** 멋진 시간을 가지고 세상을 밝게 만드는 것 **두려움:** 지루함과 지루함을 느끼는 것 **전략:** 즐기고 농담하고 재미있어지기	"Jester" 원형은 광대와 협잡꾼 및 놀기나 까불기를 좋아하는 사람들을 포함한다. 혼자 재미를 느끼는 것이 가능하기는 하지만 Jester들은 사람들을 불러내어 함께 즐기고자 한다. Jester들은 자신들을 위해 삶을 즐기고 상호작용을 한다. 이들은 또한 인생이라는 파티에 존재하게 되는 것을 사랑한다! 이들의 좌우명: 내가 춤을 출 수 없으면 나는 당신의 혁명의 일부가 되고 싶지 않아.	브랜드: M & Ms, Snickers, Skitters, Pringles, Coke, Pepsi, Bud Light 유명인: Robin Williams, Johny Carson, Chris Rock, Will Smith	이들은 유머를 좋아하는 우리 모두이다. 이들은 자신들을 즐겁게 만들어주고 기분을 좋게 해주는 재미있는 광고와 후광효과가 있는 제품을 좋아한다. 이들을 위한 광고와 포장은 밝은 색상을 강조하고 많은 액션을 포함한 것이다. 기발한 것일수록 더 좋다. 일반적으로 이들은 재미있는 마케팅을 사랑한다. 이들은 우리가 새로운 시대에 놓여 있다는 것에 의해 위축되지 않는다.
세상에 체계를 제공함			
간병인 ("Caregiver") **핵심 욕망** 해로운 것으로부터 사람들을 보호하는 것 **목표:** 남들 돕기 **두려움:** 이기적, 배은망덕 **전략:** 타인들을 위해 무언가를 행하자	"Caregiver"는 애타주의자이며 동정, 박애, 그리고 타인을 돕고자 하는 열망에 의해 움직인다. 이들은 자신뿐만 아니라 타인에 대해서도 불안정과 고난에 대해 공포를 느낀다. 최악의 공포는 자신들의 어머니에게 일어나는 어떤 것일 수 있다. 일반적으로 말해서 이들의 좌우명: '당신의 이웃을 당신처럼 사랑하라'이다.	브랜드: Campbell's Soup, Avon, Hallmark, Weight Watches 유명인: Princess Diana, Mother Teresa, Florence Nightingale, Angelina Jolie 유명 TV 쇼와 영화: Sesame Street, Mrs. Doubtfire, The First wives Club	이들에게 가장 효과가 낮은 마케팅 방법 중 하나는 이들에게 자신이 중요하게 생각하는 것이 무엇인지를 명확하게 하라고 하는 것이다. Caregiver들은 이러한 진술문에 매우 냉소적이다. 대신 이들은 감성적인 진술문에 좀더 잘 반응한다. 이들은 또한 Innocent와 연관되어 있다.
창조자 ("Creator") **핵심 욕망:** 지속적이 가치를 가진 무엇인가를 창조하는 것 **목표:** 비전에 형태를 제공하기 **두려움:** 평범한 비전, 평범한 실행 **전략:** 예술적인 스킬과 통제력을 개발하기	"만약 상상될 수 없으면 창조되어질 수 없다"가 이들의 좌우명이다. "Creator" 원형은 종종 예술가, 작가, 혁신가, 기업가 사이에서 찾아볼 수 있다. "Creator"의 열정은 물질적인 형태로 자신을 표현하는 것이다. 이들은 종종 무언가를 창조하고 혁신하도록 강요되어 진다. 이들은 자신의 옷, 집, 사무실 등에서 창의성을 표현할 수 있다.	창의적인 브랜드는 비동조주의자들이다. 이 브랜드들에는 Crayloa, Martha Stewart, M.A.C. 화장품 등이 포함된다. 유명인: Sir Richard Branson (Virgin 항공 대표), Steve Jobs	이들은 자신들이 무엇인가를 창조하고 자신들의 창조성을 내보일 수 있도록 도와주는 브랜드를 사랑한다. 예술적인 제품이라면 이들을 만족시킬 수 있다. 기업들은 자신들의 광고와 마케팅 커뮤니케이션이 예술적인 형태로 전달되고 있는지를 이들과 의사소통하는 것이 중요하다.
통치자 ("Ruler") **핵심 욕망** 통제 **목표:** 번영하는 성공적인 가족,회사, 공동체를 만들어내는 것 **두려움:** 대혼란, 전복을 당하는 것 **전략:** 리더십 행사하기	"Ruler" 원형을 상상할 때는 왕과 나, CEO, 한 국가의 대통령을 생각해 보면 된다. Ruler는 다음과 같은 좌우명 아래 존재한다: "권력은 모든 것이 아니다. 그것은 유일한 것이다." 대혼란을 피하기 위해 행해야 할 최고의 일은 통제를 하는 것임을 이들은 잘 알고 있다.	브랜드: Microsoft, Citi Bank, Cadillac, Brooks Brothers 유명인: Mark Zuckerberg (Facebook), Queen Elizabeth II, Bill Gates	이들은 통제를 좋아한다. 하지만 이들은 남에게 지시받는 것을 좋아하지 않는다. 이상적으로 "Ruler"들에게 커뮤니케이션 하기 이전에 브랜드 전략, 브랜드 약속, 브랜드 정수, 브랜드 캐릭터, 개성 등은 깊이 생각한 후 문서로 분명하게 표현되어져야 한다.

출처: Adapted from: Michael R. Solomon, Rebekah Russell-Bennett, and Josephine Previte, *Consumer Behaviour: Buying, Having, Being*, 3rd ed., Frenchs Forest, NSW: Pearson Australia, 2012.

특성 이론

인기 있는 온라인 매칭 서비스인 match.com이나 eharmony.com은 사람들에게 "개성 프로필"을 만들도록 하며, 비슷한 프로필을 가진 다른 구성원과 연결시켜 준다. 개성에 대한 이런 접근은 개인을 정의할 수 있는 규명 가능한 특성인 **개성 특질**(personality traits)의 양적인 측정에 초점을 두고 있다.

몇 가지 핵심적인 개성의 특성은 무엇일까? 하나는 우리가 사회적으로 사교적인지를 기준으로 사람들을 구분한다는 것이다(외향적 특성). 몇몇 연구 결과들은 개인이 자신에 대해 생각하는 바와 일치하는 광고 메시지가 더 설득적이라고 주장한다.

소비자 행동과 연관된 또 다른 특성은 절약(검소함)이다. 검소한 사람은 단기간의 구매 충동에 굴복하지 않는다. 대신에 이들은 자신들이 이미 소유하고 있는 것들을 현명하게 사용하는 것을 선택한다. 예를 들어, 이런 개성 유형은 타이밍 샤워나 직장에서 점심 때 먹기 위해 집에서 남은 음식을 싸갖고 오는 것처럼 비용 절감 조치들을 선호하는 경향이 있다. 확실하게 경제적으로 힘든 시기에는 많은 사람들이 돈을 절약하기 위한 방법을 찾기 때문에 "내적 절약성"을 나타내게 된다. 실제로 대침체(Great Recession) 때 절약이라는 단어에 대한 구글 검색은 대략 2,500% 정도 증가했다. 여전히 많은 사람들이 비싼 차나 Jimmy Choo 구두에 돈을 물쓰듯 하지만 분석가들은 점점 더 많은 사람들이 경제가 나아지더라도 더 절약할 것으로 예측한다. 분석가들은 사람들은 더 작은 집을 구입하고 많은 빚을 갚기 위해 가진 수입 안에서 살아갈 것으로 기대한다. 이런 예측은 얼마나 정확한가? 아마도 대답은 우리 중 진정으로 절약적인 개성을 소유하고 있는 사람들과 경제가 좀 나아질 때까지만 단지 "쉬어가려는"사람들의 숫자가 어느 정도인가에 달려 있다.

리서치회사인 Mindset Media에 의하면, 연령, 성별, 소득과 같은 인구통계학적 변수보다 개성 특성이 소비자가 선택하는 매체의 유형을 더 잘 예측한다. 이 회사는 또한 사람들이 시청하는 TV프로그램은 그 사람의 주도적인 개성 특성과 브랜드 이미지 간의 조화에 기반하여 마케터들에게 그 사람의 개성 및 선호하는 브랜드의 유형에 대한 통찰력을 제공한다. 각 TV 프로그램과 연관된 개성을 발견하기 위해 이 회사는 최근에 25,000명의 시청자들을 대상으로 70개 이상의 프로그램에 대한 자기 보고식 자료를 분석하였다. 아래는 이 회사가 분석을 통해 밝혀낸 미디어/특성/브랜드 연관에 대한 일부 결과이다.

- *Mad Men*의 시청자들은 현실주의자보다는 이상주의자에 가깝고 감정적으로 민감하고 지적으로 호기심이 많다. 이들과 연관되는 브랜드는 Apple과 Audi A6이다.
- *Family Guy*의 시청자들은 자신들이 불공평하다고 여기는 권위, 법칙, 틀을 싫어하는 반항자들이며 이들은 대개 화나 비꼼 등을 통해 자신의 감정을 알리는 데 주저하지 않는다. 이들과 연관되는 브랜드는 DiGiorno와 Ford F150이다.
- *Glee*의 시청자들은 상상력과 지적 추구가 좋은 삶에 기여한다고 믿으며 독특하고 다양한 경험을 추구하는 열린 사람들이다. 이들은 자신의 감정에 민감하며 나아가 행복이나 슬픔을 다른 사람들보다 더 강하게 느낀다. 이들과 연관되는 브랜드는 Evian과 Volkswagen Jetta이다.
- *Dancing with the stots*의 시청자들은 안정과 신뢰할 수 있는 것들은 선호하는 전통

독일회사의 이 제품들은 정리가 잘 되는 것을 좋아하는 사람들에게 소구한다.
출처: Photo provided courtesy of The Container Store.

주의자들이다. 이들은 권위를 존중하며 현실에 발을 단단하게 딛고 있다. 이들과 연관되는 브랜드는 Kraft와 Chrysler Town과 Country이다.

- The Office의 시청자들은 자신들이 다른 사람들보다 우월하다고 생각하며 자신의 성취를 뽐내기를 좋아한다. 이들은 또한 책임지는 것을 좋아한다. 이들과 연관되는 브랜드는 Strtbucks와 BMW Series 3이다.

빅 파이브(Big Five)

개성의 특성을 측정하는 접근법으로 가장 많이 알려진 것은 **Big Five**(또한 Neo-Personaity Inventory로 알려진)이다. 이것은 개성의 기초를 형성하는 개방성, 성실성, 외향성, 친화성, 신경증의 5개의 영역으로 구성된다. 표 7.4는 이 영역들을 설명하고 있다.

또 다른 흔히 이용되는 성격 유형검사는 융(Jung)의 심리 유형론을 토대로 고안된 **Myers-Briggs Types Indictor(MBTI)**이다. 여러분이 직업을 구할 때 당신의 보스가 될 사람이 당신에게 이 테스트를 보게 할 가능성이 많다. MBTI는 다음과 같은 영역에 기반하여 사람들이 두 개 중 어떤 집단에 속하는 지에 따라 사람들을 16개의 범주로 나눈다.

표 7.4 Big Five 성격 영역에 대한 설명

	설명	측정항목의 예 (동의/비동의)
개방성	개인이 일을 하는데 있어 새로운 방식에 개방되어 있는 정도	일을 할 때 새로운 방식을 생각하는 것을 좋아한다.
성실성	개인이 필요로 하는 조직이나 틀의 정도	항상 준비되어 있다
외향성	개인이 다른 사람들로부터의 자극을 참아내는 정도	모임에서 많은 다른 사람들에게 이야기한다
친화성	다른사람에의 의견을 따르는 정도	타인을 위해 시간을 할애한다
신경증 (감정적 불안정)	개인이 스트레스에 얼마나 잘 대처하는가	쉽게 속상해 한다

출처: Michael R. Solomon, Rebekah Russell-Bennett, and Josephine Previte, *Consumer Behaviour: Buying, Having, Being*, 3rd ed., Frenchs Forest, NSW: Pearson Australia, 2012.

1. 관심의 집중
 내향: 내부 초점
 외향: 외부 초점

2. 정보 처리
 감각: 연속적이며 단계별로 정보를 받아들임
 직관: 스냅샷 혹은 큰 그림 위주로 정보를 받아들임

3. 의사 결정
 사고: 상황에서 한 걸음 물러나 객관적인 관점을 취하면서 의사결정
 감정: 상황 안으로 들어가 주관적인 관점을 취하면서 의사결정

4. 외부 세계와의 거래
 판단: 기한을 맞추고 목표를 달성하기 위한 체계적인 접근
 인식: 기한을 맞추고 급히 돌진하는 방식으로 목표를 달성하는 즉각적인 접근

Myers-Briggs 검사의 발행자는 이러한 영역들을 소셜미디어 사용과도 연관시킨다. 예를 들어 이들은 Facebook이나 Twitter 그리고 LinkedIn과 같은 플랫폼을 사용하는 사람들은 좀 더 외향적이며 직관적이고 사고에 의한 결정을 내리는 경향이 높다고 보고하고 있다.

소비자 연구에 있어서 특성 이론의 문제점들

대다수의 소비자들은 자신들이 갖고 있는 여러 특성들에 따라 범주화될 수 있기 때문에, 특성 이론은 시장을 세분화하는 데 사용될 수 있다. 예컨대, 만일 한 자동차 제조사가 특정한 특성 프로필을 가진 운전자들이 특정한 자동차를 더 선호할 가능성이 있다고 생각한다면, 자동차 회사는 이런 정보를 유용하게 활용할 수 있다. 소비자들이 자신의 개성의 확장인 제품을 구매할 것이라는 것은 직감적으로 이해될 수 있다. 많은 마케팅 관리자들도 여러 다른 유형의 소비자들에게 소구하는 브랜드 개성(brand personality)

을 창조하고자 노력함으로써 이러한 아이디어를 지지하고 있다. 하지만 불행하게도, 제품 선택을 예측하기 위해 표준화된 개성 특성 측정치를 사용하는 것은 만족할 만한 결과를 가져오지 못했다. 일반적으로 마케팅 연구자들은 측정된 개성 특성들을 근거로 소비자들의 행동을 예측하기가 어려웠다. 이런 모호한 결과들은 다음과 같은 논리적 근거로 설명될 수 있다.

- 척도들의 대부분은 충분히 타당하거나 신뢰할 만하지 못하다. 척도들은 측정하고자 하는 것을 적절히 측정하지 못하며, 그 결과들은 시간의 경과에 따라 안정적이지 못할 수 있다.
- 개성 검사들은 대개 특정한 집단(예, 정신질환이 있는 사람들)을 위해 개발된 것이다. 마케터들은 관련성이 낮은 좀 더 일반적인 집단들에 적용하기 위해 이 검사들을 "차용"한다.
- 이 검사들은 대개 적절한 조건에서 실시되지 않는다. 적절히 훈련받지 않은 사람들에 의해 교실에서 혹은 주방 식탁에서 검사가 실시될 수 있다.
- 연구자들은 대개 항목들을 삭제하거나 추가하고 변수들의 이름을 변경하는 과정에서 자신의 상황에 적합하도록 도구들을 개조한다. 이런 임시변통의 변화는 척도의 타당성을 약화시키며, 또한 소비자 표본별로 결과를 비교해 보려는 연구자들의 능력을 감소시킨다.
- 많은 특성 척도들은 전체적이고 전반적인 경향성(예, 정서적 안정이나 내향성)을 측정하도록 만들어졌다. 그런데 마케터들은 이 결과들을 특정 브랜드의 구매를 예측하기 위해 이용한다.
- 많은 사례에서, 마케터들은 소비자 행동에 특성 척도들을 어떻게 관련시켜야 할지에 대한 아무런 고민 없이 소비자들에게 많은 질문에 대답하게 한다. 그러고 나서 연구자들은 어쩌다 흥미있어 보이는 것을 추적하기 위해 "동시다발적 접근(shotgun approach)"을 취한다. 이런 접근법은 우연에 의존하게 되고 다른 연구에서는 나타날 수 없는 왜곡된 결과를 낳을 수 있다.

많은 연구들이 의미 있는 결과를 산출하는 데 실패한 후 마케팅 연구자들은 개성 척도의 이용을 대부분 포기했지만, 몇몇 연구자들은 이런 방향의 연구에 걸었던 초기의 기대를 포기하지 않고 있다. 더 최근의 결과들(주로 유럽에서)은 과거의 잘못으로부터 교훈을 얻고자 한다. 연구자들은 경제적 행동과 관련이 있는 개성 특성들의 보다 구체적인 척도를 이용한다. 그들은 주로 단일 개성 항목이 아닌 행동의 다중 척도를 사용함으로써 이런 척도들의 타당성을 높이고자 한다. 또한 이들 연구자들은 개성 특성들이 소비자들에 관해 설명할 수 있는 부분에 대한 기대를 낮추어왔다. 이제 그들은 특성들이 단지 해결책의 일부일 뿐이며, 개성 자료가 유용하기 위해서는 사람들의 사회적, 경제적 조건들에 대한 정보와 통합되어야 한다는 것을 알고 있다. 그 결과, 최근 일부의 연구들은 젊은이들 사이에서의 알코올 소비나 새롭고 건강에 좋은 음식물을 구매하려는 의도와 같은 소비자 행동에 개성 특성을 좀 더 성공적으로 연관시킬 수 있었다. 표 7.5는 개성의 특성과 제품구매 및 사용을 연관 지으려고 하는 소비자연구의 몇가지 예들을 보여주고 있다.

표 7.5 라이프스타일 차원들

개성 특성	소비자 행동에 미치는 영향
미신	"행운의 양말", 머리에 쓴 모자의 방향, 행운의 부적 구매, 불운(예, 오팔, 공작새의 털, 살구)과 연관된 특정 제품 구매 거부와 같은 스포츠 팬의 행동
친환경	개인적 재활용 노력, 자동차 이용 줄임, 공공 교통 이용 확대
낭만주의	영화 장르 선택, 위험 추구 경향, 따뜻한 나라 방문 선호, 럭셔리 여행 선호
기꺼이 돈을 사용함	낭비벽이 있는 사람은 적게 저축하고 인색한 사람들보다 더 많은 빚을 지고 있음. 신용카드를 많이 사용하고 쾌락재를 더 많이 구입함
쇼핑의 즐거움	쇼핑을 좋아하는 사람은 제품 탐색에 많은 시간을 소비하여 제품에 대한 지식 수준이 높아짐
인지 욕구 (사고의 즐거움)	사고를 즐기는 사람들은 그림보다 단어에 더 잘 반응하며 작은 활자의 인쇄물을 읽기보다 단어들을 처리하면서 시간을 보내도록 동기 부여됨
애정 욕구 (감정을 처리하는 즐거움)	감정을 즐기는 사람들은 단어들보다 그림에 더 잘 반응하며, 강박적 행동을 더 자주하며, 그림들이 충동구매를 부추김
충동성	과식에 대해 죄책감보다는 즐거움을 경험하는 경향이 있음
독특성 욕구	군중들 사이에서 눈에 띄고 싶어하는 사람들은 의견 선도자인 경우가 많음. 이들은 다른 사람들에게 제품이나 서비스에 대한 정보의 원천이 되는 경우가 많음
대인간 영향력 민감성 (다른 사람들에 의해 어떻게 영향을 받는지)	다른 사람들에게 쉽게 영향을 받는 사람은 권위와 같은 사회적 혜택을 제공하는 와인을 선호하는 경향이 있음
자아 의식	자신들의 모습이 다른 사람들에게 어떻게 보여질까를 걱정하는 사람들은 기업이나 사람들 앞에서 직접적으로 불평을 하는 경향이 낮음
외향성	외향적인 사람들은 소비를 할 때 좀 더 긍정적인 감정을 경험함.
신경증	신경질적인 사람들은 자신들의 만족 정도와는 상관없이 재구매나 불평을 적게 하는 경향이 있음

출처: Michael R. Solomon, Rebekah Russell-Bennett, and Josephine Previte, *Consumer Behaviour: Buying, Having, Being*, 3rd ed., Frenchs Forest, NSW: Pearson Australia, 2012.

목표 4
브랜드는 개성을 가지고 있다.

브랜드 개성

Apple제품 사용자들은 그렇지 않은 사람들보다 더 멋진 사람들인가? 우리들 중 많은 사람들이 초창기 PC나 안드로이드 폰을 사용하는 무지한 대중을 경멸하는 애플 매니아들을 알고 있다. 사실 2만 명을 대상으로 한 조사에서 iPad 사용자들은 불친절하며 공감성이 낮아 "이기적인 엘리트"라고 불린 바가 있다. 이 조사는 또한 iPad 사용자들을 "부자일 확률이 6배 더 높으며, 교육 수준이 높고, 권력지향적이며, 기대 이상의 성과를 내었으며, 세련되고, 불친절하고, 비박애적"이라고 묘사하였다. 이들은 '권력과 성취'를 중요시하는 비즈니스와 재무에 과대한 관심을 가진 자기 중심적인 일중독자들이며 다른 사람들을 돕는 일에는 관심이 없다. 이는 성공적인 브랜드에 끌리게 된 사람들을 너무 심하게 표현한 것 같다. 제품의 소유자들뿐만 아니라 제품들도 개성을 가지고 있는가? 이 흥미로운 질문에 대해 답을 최근의 연구는 소비자들이 병의 표지 디자인에 근거하여 와인의 "개성"에도 큰 차이가 있을 것으로 추론한다고 밝히고 있다.
출처: *Journal of Marketing*, published by the American Marketing Association, Ulrich R. Orth & Keven Malkewitz, May 2008, Vol. 72, p. 73.

개성 특성		낮음	높음
성실함	솔직함, 정직함, 건전함, 즐거움		
흥분	대담무쌍, 용기 있는, 상상력 있는,		
역량	신뢰적, 지적임, 성공적임		
세련됨	상류 계층, 매력적임		
무뚝뚝하고 소박함	야외운동을 즐김, 강인함		

찾아보자.

1886년, 마케팅 역사에서 기념비적인 사건이 벌어졌다 – 퀘이커 오츠 맨(Quaker Oats man)이 처음으로 핫 시리얼 박스에 나타난 것이다. 퀘이커 교도들(Quakers)은 19세기 미국에서 빈틈없지만 공정하다는 명성을 갖고 있었으며, 일부 상인들은 이들의 신뢰성을 이용하고자 이 종교 집단의 단원처럼 옷을 입고 다녔다. 시리얼회사가 자사 제품의 포장에 퀘이커 교도들의 이런 이미지를 "차용"하고자 결정했을 때, 이 회사는 구매자들도 비슷한 연상을 할 것이라는 것을 인식하고 있었다.

오늘날 수천 개의 브랜드 또한 그들이 형성하기를 원하는 이미지를 전달하기 위해 개인 혹은 집단의 개성 특성을 차용한다. **브랜드 개성**(brand personality)은 제품을 사람으로 간주하고 소비자들이 제품에 부여하는 특성들의 집합이다. 한 광고대행사는 자신의 광고주 중 한 명이 광고에서 어떻게 묘사되어야 하는지를 파악하는 데 도움을 주기 위해 다음과 같은 메모를 작성하였다. 다음의 기술에 근거하여 이 "광고주"가 누구인지 추측할 수 있는가? "그는 창의적이고, 예측하기 어려우며, 장난꾸러기이다. 그는 걷고 말할 수 있을 뿐만 아니라 노래 부르고, 얼굴이 빨개지며, 윙크를 하며, 포인터와 같은 조그만 장치를 갖고 일한다. 그는 또한 악기를 연주할 수도 있다. 그는 걸을 때 으스대며 걷는 경향이 있다. 그는 밀가루 반죽으로 만들어졌으며 무게를 갖고 있다." 물론 우리 모두는 포장과 여러 외적인 단서가 제품의 "개성"을 창조한다는 것을 알고 있다(이 경우는 Pillsbury의 Doughboy임).

의인화(anthropomorphism)는 사물이나 동물에 인간의 특징을 부여할 때 발생한다. 만화 캐릭터나 신화적 창조물은 마치 사람인 것처럼 취급될 수 있으며, 심지어 인간의 감정을 갖는 것으로 가정된다. 다시 Charlie the Tuna, the Keebler Elves, Michelin Man과 같은 친숙한 캐릭터들을 생각해 보거나 사람들이 자신의 컴퓨터가 그들보다 더 영리하다거나 심지어 그들을 미치도록 하기 위해 "음모를 꾸미고 있다"고 믿게 될 때 느끼는 좌절감을 생각해 보라. 광고주인 Sprint Business Services를 위한 조사에서, Grey 광고사가 장거리 통신 회사를 동물로 상상하도록 했을 때, 소비자들은 AT&T는 사자로, MCI는 뱀으로, 그리고 Sprint는 퓨마로 응답했다. Grey 광고사는 이 조사 결과를 경쟁사보다 더 공격적인 접근법을 취하기보다는 "더 많은 비즈니스를 하는 데 도움을 줄 수 있는"기업으로서 Sprint를 포지셔닝하는 데 이용했다.

어떤 의미에서 브랜드 개성은 그 브랜드의 시장 포지션에 대한 진술이다. 이것을 이해하는 것은 마케팅 전략에 있어서 아주 중요한데, 만일 소비자들이 제조업체가 의도하는 방식으로 브랜드를 인식하지 못하고 있다면, 이 제품은 재포지셔닝되어야 한다(즉, 그 브랜드의 개성 개조를 위해). 이것은 현재 Volvo가 당면하고 있는 문제인데, Volvo 차는 안전성으로는 명성이 있지만 신나거나 섹시한 것으로 여겨지지는 않는다. 안전하고 견고한 브랜드 개성은 C70 모델과 같은 늘씬한 오픈카를 판매하는 것을 어렵게 했기 때문에 한 영국 광고는 "열망, 선망, 질투. Volvo의 위험"이라는 슬로건으로 소비자의 지각을 바꾸려는 시도를 했다. 그러나 사람들과 마찬가지로, 개성이 바뀌었다는 것을 사람들에게 확신시켜야만 더 나아갈 수 있다. Volvo는 수년간 그들의 이미지를 다채롭게 시도해 왔으나, 대부분의 소비자들은 이를 믿지 않았다. 영국에서 시도된 초기의 광고에서, 그 회사는 "안전한 섹스(Safe Sex)"라는 헤드라인과 함께 Volvo가 벼랑에서 헬리콥터를 끌어내는 액션 이미지를 보여주었다. 그러나 시장조사 결과 사람들이 그 새로운 이미지를 믿고 있지 않은 것으로 밝혀졌다. 어떤 브랜드 컨설턴트는 다음과 같이 말했다. "최신 유행의 댄스를 추기 위해 노력하는 조부모를 보았을 때 갖게 되는 느낌과 비슷한 감정이 들었다. 약간 즐겁기도 하고 당혹스럽기도 하고."

여전히 Volvo는 섹시한 브랜드로 변화하기 위해 노력하고 있다. 이들은 자신들의

Marketing Pitfall

물론 다른 제품들처 럼 정확하게 이미지가 반영되지는 않으나 대학 역시 브랜드 개성을 갖고 있다. ESPN은 광고대행사인 Anomaly가 다양한 학교의 전형적인 학생들처럼 연기할 배우들을 모집하려고 한다는 것을 알게 된 후 대학 농구 광고 캠페인을 중단시켜야만 했다. 이들의 아이디어는 학생들을 콜센터에 배치시키고 소비자들에게 전화를 하여 TV로 자신들이 속한 학교의 경기를 보도록 권하는 것이었다. 누출된 메모 안에 작성된 몇 가지 "브랜드 개성"은 다음과 같이 묘사되어 있었다:

- Tennessee: 여자 목동(cowgirl)의 명예 전당을 배회하는 단정치 못한 소녀
- Duke: 현명하고 젊은 백인 남성. 그는 잘생겼으며 부자집 출신이다. 한마디로 말해 그는 모든 사람들이 좋아할 수밖에 없는 종류의 남자이다. 그는 모두가 되기를 원하는 그런 남자이다.
- Oklahoma: 대단하며, 그는 모든 것이 대단하다고 생각한다. 그는 콜센터의 모든 것과 인생의 모든 것에 열광하며 이런 전염성이 강한 열광을 만나는 모든 사람과 공유하기를 원한다.
- Purdue: 영재. 14세. 혹은 14세처럼 보이는 18세. 항공학. 마법의 어린이. Superbad의 McLovin을 생각해 보라.
- Kansas: 농장 출신. 그러나 그는 싹이 트고 있는 기술 산업과 유전자조작 옥수수 등과 같은 기록에 근거하여 캔사스를 세계적인 곳이라 주장하느라 애를 씀.
- Villanova: 가난한 듀크(Duke). 핸섬하지도 그렇게 부자이지도 않으며 말쑥하지도 않다. 하지만 두세 잔의 맥주를 마신 후에야 그런데 누가 신경 쓰겠는 가? 그는 충분히 친절하다.
- Pittsburgh: 말괄량이. 그녀는 우리 이웃 동네에서 자랐으며, 어느 누구의 실없는 이야기를 받아들이지 않을 것이며, 만약 당신이 반대의견을 제시하면 쇠지렛대로 당신의 눈을 후려칠 것이다. 그러므로 절대 그렇게 하지 마라. Tina Fey 타입을 생각하면 된다.
- Georgetown: 9개의 국제적 도시에 산 경험이 있으며 4.36 GPA(평균학점)를 갖고 있으나, 항상 그녀의 여동생의 그늘에 가리어져 있음(여동생의 GPA는 4.37임). 그녀는 대부분의 사람들이 그녀를 좋아한다는 것만 제외하면 여자 Duke와 비슷하다. Reese Witherspoon을 생각해 보라.

새로운 S60모델을 외설적인 S60이라 칭하며 이 차를 유럽에서 출시하기 위하여 런던, 파리, 베를린, 마드리드 등에서 지하 파티를 주최하였다. 이 파티 참가자들은 Volvo가 각 이벤트에서 "참가자들의 외설스러움, 동조성, 자신감, 대담성, 호기심 및 욕망을 측정하기 위해 조심스럽게 디자인된" 일련의 실험을 고안하고 영화화한 것을 알지 못하였다. 어떤 도시의 거주자들이 규칙을 가장 많이 어기는지를 보기 위하여 3,000명 이상의 파티 참가자들이 몰래 촬영되었다. 스포일러 경고: 파리가 공식적으로 "유럽에서 가장 무례한 도시"로 밝혀짐.

브랜드와 친해지기

인기 있는 문화권에서 가장 많이 알려져 있는 인물 중의 대다수는 Jolly Green Giant, Keebler Elves, Mr. Peanut, Charlie the Tuna와 같은 장수 브랜드를 대변하는 캐릭터이다. 이런 캐릭터들은 전달하는 의미를 최신의 것으로 유지하기 위해 정기적으로 변신을 꾀한다. 예를 들어, Bayer는 최근에 Speedy Alka-Seltzer를 다시 선보였다: 1950년대 이후로 Speedy Alka-Seltzer는 어떤 종류의 소화불량도 기꺼이 해결할 수 있는 다방면에서 훌륭한 사람이었다. 오늘날 그는 음식과 음료를 "지나치게" 탐닉하는 20~30대 남자들을 위한 "연애 바람잡이(wing man)"로 나타나고 있다. 당신은 이런 설명에 딱 들어맞는 사람을 알고 있는가? 이 캠페인의 크리에이티브 디렉터는 Speedy를 "남자들이 남자들로 보여야 할 때 나타나 좋은 시간을 보내게 해주는 것"으로 소개하는 것이 캠페인의 목표라고 설명했다.

성공적인 브랜드 개성을 구축하는 것은 종종 브랜드 충성도를 수립하는 데 핵심적이지만 생각하는 것처럼 쉽지는 않다. 한 가지 이유는 많은 고객들(특히 젊은 층)이 브랜드가 주장하는 것과 실제가 다르거나 어느 정도 진짜가 아니라는 것을 알려주는 매우 민감한 "거짓말 탐지기"를 갖고 있기 때문이다. 이런 일이 발생했을 때, 그 전략 은 소비자의 반란으로 인해 역효과를 낳을 수도 있다. 소비자들은 브랜드를 공격하기 위한 웹사이트를 만들거나 브랜드를 비웃는 패러디를 YouTube에 게시할 수도 있다. 일부 연구자들은 이런 현상을 **도플갱어 브랜드 이미지**(Doppelgänger brand image)라고 정의 내렸다(진짜처럼 보이지만 사실은 그것을 비판한 것). 예를 들어, 많은 소비자들은 Quaker에 인수되기 전까지 Snapple 브랜드에 엄청난 충성심을 보였다. 이런 충성자들은 Quaker가 Snapple의 특이한 서민의 감성을 박탈했다고 느꼈다. 충격을 받은 한 디스크자키는 Snapple을 자신의 라디오 쇼에서 "Crapple"이라고 재명명했다.

브랜드들의 특성들을 비교, 대조하기 위해 이용될 수 있는 몇 가지 개성 차원은 다음과 같다:

- 유행이 지난, 건전한, 전통적인
- 놀라운, 활기찬, "유행을 따르는"
- 진지한, 지적인, 효율적인
- 매혹적인, 낭만적인, 섹시한
- 튼튼한, 야외 활동을 좋아하는, 터프한, 강건한

실제로, 소비자들은 생활용품들에서부터 보다 세속적이고 기능적인 제품들에 이르기까지 – 심지어 주방기기에 이르기까지 – 모든 종류의 무생물 제품들에 개성 특질을 부여하는 데 크게 어려움이 없는 것 같다. Whirlpool의 조사에서 사람들은 Whirlpool의 제품들을 경쟁 브랜드들보다 더 여성적인 것으로 보고 있음이 밝혀졌다. 피험자들에게 Whirlpool을 한 명의 사람으로서 상상해 보라고 했을 때, 그들의 대부분은 교외에 살고 있는 현대적이고, 가족 지향적인 – 매력적이긴 하지만 속되지 않은 – 여성으로 응답했다. 이에 비해 Kitchen Aid 브랜드에 대해서는 매혹적이고, 부유하며, 클래식 음악과 연극을 즐기는 현대적인 전문직의 여성으로 응답했다. 독특한 브랜드 개성을 창조하고 커뮤니케이션하는 제품은 경쟁사 제품으로부터 차별화되며 소비자에게 다년간의 충성심을 고취시킨다. 하지만 개성 분석은 마케터 들에게 기능적 품질과는 관련이 없는 브랜드의 약점을 규명할 수 있도록 도와준다: Adidas는 표적 집단(focus group)의 아이들에게 Adidas가 살아나서 파티에 왔다고 상상하고 그 파티에서 무엇을 할 것 같은지를 답하도록 요청했다. 아이들은 Adidas는 맥주통 주변에서 친구들과 어울려 소녀들에 관해 이야기할 것 같다고 대답했다. 불행하게도, 그들은 또한 Nike는 소녀들과 "함께 있을" 것이라고 대답했다! 이런 결과는 Adidas의 브랜드 관리자가 해야 할 일이 있다는 것을 상기시켜 준다. 이런 과정은 **애니미즘**(animism)과 비교될 수 있는데, 이는 무생물의 대상에게 살아 있는 것처럼 만드는 자질을 부여하는 문화적 관례이다.

우리가 누구인지를 말해주는 것은 우리가 구입한 제품인가?

자아–이미지 일치성 모델(self-image congruence model)은 제품 속성이 자아의 한 부분과 조화를 이룰 때 해당 제품이 선택될 수 있음을 제안한다. 이 모델은 제품 속성과 소비자의 자아 이미지 간의 인지적 대응 과정을 가정하고 있다.

시간이 지남에 따라 다른 사람들과 맺는 유대와 비슷하게 제품들과도 관계를 맺게 된다. 이것은 사랑이나 짝사랑, 존경 나아가 공포와 증오를 포함한다. 심지어 어떤 연구는 특정 브랜드의 사용을 중단한 후 사람들이 강한 부정적 감정을 발전시키게 되며 비방이나 파손행위 등을 통해 브랜드를 불명예스럽게 만든다고 보고하고 있다.

기존 연구들은 제품 사용과 자아 이미지 간의 일치성을 지지하고 있다. 이러한 연구들 중 초기 연구는 자동차 소유자들의 자신에 대한 평가가 그들의 자동차에 대한 지각들과 일치한다고 밝혔다. Pontiac 운전자들은 자신들이 Volkswagen 운전자들보다 활동적이고 화려하다고 인식했다. 최근의 독일 연구에서는 거의 70%의 응답자들이 남성과 여성 운전자들의 사진을 보고 이들이 타는 자동차를 추측할 수 있음을 보여주기도 했다.

기존 연구들은 소비자의 자아 이미지와 이들이 선호하는 매장과의 일치성뿐만 아니라 가장 선호하는 맥주, 비누, 치약 및 담배 브랜드와 소비자 간의 일치성을 보고하고 있다. 소비자와 제품 간의 일치를 설명하기 위해 사용되는 구체적인 제품 속성에는 거친/섬세한, 흥분하기 쉬운/냉정한, 이성적/정서적, 형식적/비형식적 등이 있다.

이러한 연구 결과들이 직관적이기는 하나, 소비자들이 자신과 어울리는 제품을 항상 구매한다고 확신할 수는 없다. 소비자들이 복잡하거나 인간적인 이미지를 갖고 있지 않은 실제적이고, 기능적인 제품에서 자신의 일면을 발견하는지는 확실치 않다. 향수처럼 표현적이며 이미지 지향적인 제품에 대한 브랜드 개성을 고려하는 것과 토스터기에 인간의 특성을 주입하는 것은 다른 문제이다.

몇몇 소비자들은 우리가 입고 있는 것이 우리를 정의한다고 말하기도 한다. Modcloth.com은 자신들을 표현하기 위해 스타일을 이용하는 여성들을 위한 독특한 패션을 제공하는 웹사이트의 하나이다.
출처: Courtesy of Modcloth.com.

Marketing Opportunity

정체성 마케팅(identity marketing)은 브랜드 제품을 광고하기 위해 소비자들에게 자아의 일부를 변경시키도록 하는 촉진 전략이다. 뉴질랜드 항공은 뉴질랜드로의 왕복 항공 티켓을 제공하는 조건으로 "두개골 광고 게시판"을 만들었다 – 30명의 로스엔젤레스 참가자들은 머리를 깎고 항공 회사의 광고를 머리에 새겼다.

또 다른 문제는 "닭과 달걀"의 질문이다. 사람들은 제품이 자아와 유사하다고 판단하기 때문에 구매를 하는 것인지, 아니면 그들이 해당 제품을 구매했기 때문에 그 제품이 자아와 유사하다고 판단하는지의 여부이다. 개인의 자아 이미지와 구매 제품 이미지 간의 유사성은 제품 소유 기간 동안에는 증가하는 경향이 있을 수 있기 때문에 이런 설명은 배제될 수 없다.

반영된 자아는 자아개념을 형성하는 데 도움을 주는데, 이는 타인이 자신을 어떻게 보는지를 상상함으로써 자기 자신을 볼 수 있음을 의미한다. 타인이 보는 것은 개인의 옷, 보석, 가구, 자동차 등이 포함되기 때문에 이러한 제품들이 지각된 자아를 형성하는 데 중요한 역할을 하게 되는 것이다. 소비자의 소유물은 사회적 역할을 반영하기 때문에 소유물을 통해 "지금 나는 누구인가?"라는 질문에 응답할 수 있게 된다.

개인의 소비 행동은 그 사람의 사회적 정체성을 판단하는 데 있어서 도움을 준다. 또한 개인의 의상과 옷차림뿐만 아니라 여가 활동(예, 스쿼시 대 볼링), 선호 음식(예, 두부와 콩 대 스테이크와 감자), 자동차, 가정 장식품의 선택 등 다양한 근거를 바탕으로 개인의 성격을 추론하게 된다. 가령, 한 연구는 거실에 걸어둔 그림을 보면 그 사람의 성격에 대해 정확하게 추론할 수 있다고 주장하기도 한다. 소비자의 제품 사용이 타인이 이들을 지각하는 데 영향을 미치는 것과 마찬가지로, 제품은 소비자의 자아개념과 사회적 정체성을 결정짓는 역할을 하기도 한다.

자아개념을 유지하기 위해서 사물에 의존하는 정도만큼 우리는 특정 대상에 애착을 느낀다. 이러한 대상들은 특히 낯선 상황에서 우리의 정체성을 강화해 줄 때 안 전장치로 활용된다. 예를 들어, 개인적 물건들로 자신의 기숙사 방을 장식하는 학생들은 대학교에서 쉽게 낙제하지 않는다. 이러한 대처 방식은 낯선 환경에서 자아를 보호하기 위한 수단인 것이다. 한 연구에서는 다양한 연령의 어린이들에게 "나는 누구인가?"에 대해 자아를 나타내는 그림을 활용하여 콜라주 형식으로 표현하게 했다. 연구 결과, 아동기 중기에서 청소년기 초기 사이의 높은 연령대의 어린이들이 브랜드 제품의 사진을 많이 포함시킨 것으로 나타났다. 이는 나이가 들어감에 따라 사물들에 대한 감정이 구체적인 관계(예, "나는 이것을 갖고 있다")에서 보다 세련되고, 추상적인 관계(예, "그것은 나와 비슷하다")로 변화했음을 의미한다.

자아를 정의하기 위해 소비 정보를 이용하는 것은 사회에서 새로운 역할을 수행 해야 하는 경우와 같이 총체적으로 사회적 정체성을 형성해야 할 때 특히 중요하다. 가령, 우리가 처음으로 대학교에서 학기를 시작하거나 혹은 오랜만에 데이트를 시작할 때 느끼는 불안감을 생각해 보라. **상징적 자아 완성 이론**(symbolic self-completion theory)은, 불완전한 자아 정의를 가진 사람들은 그들의 역할과 연관된 상징들을 획득하고 보여줌으로써 정체성을 완성하려는 경향이 있다고 제안하고 있다.

가령, 청소년들은 자신의 남자다움을 발전시키도록 도와줄 수 있다고 믿는 자동차나 담배와 같은 "남성다운" 제품을 이용하기도 한다. 이러한 제품들은 성인 남자로 서의 새로운 정체성이 불확실한 기간 동안 하나의 "사회적 버팀목"의 역할을 하게 되는 것이다. 역할에 대해서 성숙해질수록, 이러한 사회적 역할과 연관된 제품에 의존하려는 경향은 약화된다. 가령, 어린이들이 스케이트보드를 시작할 때, 그들은 종종 40~70달러에 이르는 "트럭"(trucks: 바퀴와 구동축)이 없는 프로 스케이트보드에 투자를 한다. 하지만(스케이트 산업은 유감스럽겠지만), 그들이 스케이트보드에 익숙해질수록 그들은

더블 다운 치킨 필레 샌드위치 홍보를 위해 KFC는 인간 게시판으로 활동할 여자 대학생들을 모집하였다. 이 브랜드 대사들은 샌드위치를 홍보하기 위해 엉덩이에 브랜드의 메시지가 쓰여진 체육복을 입고 있었다.
출처: Photo Courtesy KFC Corporation.

15~30달러짜리 평범한 스케이트보드를 찾게 된다.

자아 정체성에 소유물이 기여하는 바는 이러한 소중한 물건을 잃어버리거나 도둑맞았을 때 더욱 명백해진다. 교도소나 군대와 같이 개인의 개성을 억누르고 집단의 정체성을 강조하는 기관에서 가장 먼저 이루어지는 것은 개인의 소유물을 압수하는 것이다. 강도와 자연재해 피해자들은 우울감 또는 "모욕감"을 느낀다고 얘기하기도 한다. 강도를 당한 후 어떤 소비자는 다음과 같은 말을 하기도 한다. "그것은 죽음과도 같아요. 마치 강간을 당한 것과 같아요." 강도 피해자들은 공동체 의식이 줄어들고, 프라이버시가 낮아진다고 느끼며 자기 집의 외관에 대한 자부심마저 낮아지는 것으로 나타나고 있다.

재난을 당한 소비자들을 조사한 연구들은 화재, 태풍, 홍수, 혹은 지진과 같은 자연재해로 모든 것을 잃어버린 소비자의 경우 제품 상실에 의한 충격이 매우 크다고 보고하고 있다. 어떤 사람들은 새로운 소유물을 획득함으로써 자신의 정체성을 다시 형성해 나가는 과정을 겪는 것을 꺼려하기도 한다. 자연재해 피해자들과의 인터뷰를 살펴보면, 어떤 사람들은 새로운 소유물에 자아를 반영하는 것을 망설여서 새로운 제품을 구매하는 데 초연해진다는 것을 확인할 수 있다. 한 50대 여성의 이야기는 소비자들의 이러한 전형적인 태도를 보여준다: "저는 제 물건을 매우 사랑했어요. 다시 이런 일을 당할 수는 없지요. 지금 제가 구입하는 제품들은 나에게 그다지 중요하지 않아요."

CB AS I SEE IT

Lisa Bolton 교수, *Penn State University*
Americus Reed II 교수, *The University of Pennsylvania*

"브랜딩"의 개념은 마케팅을 하는 데 아주 근원적인 것이다. 브랜딩은 혜택을 전달하며 범주 내의 제품 간에 차별화를 정립한다. 그러나 범주의 상표 그 자체가 소비자들에게 보여지지 않는 중요성을 가질 수 있다. "건강한 라이프스타일" 을 추구하기를 원하는 – 특히 합병증(예, 콜레스테롤, 비만)의 위험이 높은 – 소비자를 생각해 보라.

우리는 건강 구제책(health remedy)이라는 표시가 건강한 라이프스타일에 어떻게 영향을 미치는지를 조사해 왔다. "약" 혹은 "보조제"로 명명된 같은 건강 구제책에 대 해 소비자들이 어떻게 반응할지를 상상해 보자. 이것이 운동 계획 및 식습관에 영향을 줄 것이라고 생각하는가? 그렇다면 어떻게 영향을 줄까?

건강 구제책이 "약"으로 명명되었을 때 소비자들은 건강 구제책(예, 고지방 식이의 위험성)과 관련된 위험을 낮추는 경향이 있다. 그 결과 소비자들은 좀 더 위험한 행동(예, 고지방 식이)에 관여하는 경향이 높아진다. 재미있는 것은 이런 제약 마케팅의 "부메랑" 효과는 높은 콜레스테롤이나 비만의 문제를 가진 고위험 소비자들에게 더욱 두드러진다는 것이다. 즉, 약물 치료는 실상 도와주어야 할 소비자들에게 가장 해를 끼친다.

위험에 처해 있는 소비자들은 약(의약품) 을 위험한 행동으로부터의 위험을 없애주는 "자유로운 몸으로 감옥에서 나오는 것"으로 인지한다. 부메랑 효과는 또한 실제 행동에서도 관찰되어진다. 예를 들어, 한 연구에서 소비자들은 약 치료 광고에 한번 노출된 후 더 많은 M&M 캔디를 먹었다.

대조적으로, "보조제"라는 표시는 해로운 결과를 가져오지 않는다. 소비자들은 이 표시가 라이프스타일의 다른 변화(건강한 식이요법, 운동)와 함께 치료가 이루어져야 함을 "의미"한다는 것을 알고 있는 것 같다. 보조제가 건강한 라이프스타일을 해치는 것으로 보이지는 않으나 연구자들은 후속 연구가 필요한 보조제 마케팅과 관련된 여러 이슈들을 인지하고 있다.

소비자의 건강과 복지에 대한 부정적인 결과는 차치하고서라도, 부메랑 효과는 마케터들에게 중요한 시사점을 제공하고 있다. 좀 더 책임감 있는 접근법이 건강한 행동에 대한 부메랑 효과를 "제거"하는 데 도움을 줄 수 있을까?

목표 5

우리가 우리의 신체에 대해 생각하는 방식(그리고 문화가 규정하는 사고방식)은 자아 존중감의 중요 구성요소이다.

신체 이미지

대부분의 여성들에게 청바지를 입어보는 것은 고통스럽다. Levi Strauss는 이러한 과정을 좀 더 수월하게 하기 위해서 Curve ID시스템이라 불리는 온라인 피팅 서비스를 시작하였다. 이러한 디지털 제공은 50개국에서 20개 언어로 사용가능하다. 이는 전 세계 60,000명 여성의 수치를 바탕으로 만들어졌으며 완벽한 청바지를 찾는 과정에서 여성들이 경험하는 좌절을 경감시키기 위해 보다 맞춤화된 경험을 제공하는 것이 목적이다. 이것은 당신이 새로운 바지를 입고 나가기 전에 어느 정도 "배를 집어 넣고", "처진 엉덩이를 올리고", 혹은 "허벅지를 정돈"하기 위해 Spanx 속옷을 고려하게 하는 것을 허락한다.

개인의 신체적 외모는 자신의 자아 개념의 많은 부분을 차지한다. **신체 이미지**(body image)는 자신의 신체적 자아에 대한 소비자 의 주관적 평가이다. 전반적인 자아 개념과 유사하게 신체 이미지도 정확한 평가가 이루어지기는 힘들다. 어떤 남성은 실제보다 자신을 더욱 남성답다고 생각할 수 있으며, 또 어떤 여성은 실제보다 자신이 비만이라고 생각할 수도 있다. 일부 마케터들은 소비자의 외모에 대한 불안정성을 이용하여 신체 이미지를 왜곡시키기도 한다. 따라서 실제적 자아와 이상적 자아 사이에 차이를 만들어 소비자들에게 이런 차이를 줄여줄 수 있다고 느끼는 제품을 구매하도록 만든다. 심지어 소셜미디어조차도 우리가 우리의 신체에 대해 느끼는 방식에 영향을 미친다. Facebook 사용자에 대한 최근 연구는 이들의 절반이 Facebook 사이트에서 자신의 사진을 본 후 자신의 신체 이미지에 대해 좀 더 의식하게 되었다고 응답했음을 밝히고 있다.

이상적인 미

개인이 타인에게 드러내는 신체 이미지에 대한 만족도는 이러한 이미지가 속한 이상적인 문화적 가치에 의해 큰 영향을 받는다. **이상적인 미**(ideal of beauty)는 외모의 특정 모델 혹은 본보기라 할 수 있다. 남성과 여성에 있어서 이상적인 미에는 의상스타일, 화장품, 헤어스타일, 피부색(창백함 대 황갈색), 그리고 신체 형태(큰 가슴 대 작은 가슴, 근육질인가 아닌가) 등이 포함될 수 있다.

이러한 이상적인 미에 부합하기 위한 우리의 바람은 실제 구매행동에 영향을 미친다. 나아가 이러한 특성을 드러내고자 하는 압력은 점점 이른 나이에 시작된다. 의류업체인 Abercrombie & Fitch는 몇 년 전 사춘기 이전의 아이들에게 끈팬티를 판매하여 큰 비난을 받았다. 여성과 남성의 매력성에 대한 판단은 이들의 삶에 근본적인 영향력을 행사하게 하며 이는 단지 "아름다운 사람들"과 어울릴 때에만 중요한 것이 아니다.

무작위로 선정한 관찰자들의 평가에서 외모 수준이 하위 1/7에 포함된 미국 근로자들은 평균적으로 상위 1/3에 포함된 사람들에 비해 평균 연간 10~15% 적게 돈을 벌며 평생의 경우 대략 $230,000 정도 차이가 나타남이 한 연구에서 밝혀졌다. 또 다른 국가간 연구에서는 아름다운 사람들이 더 행복하다는 것을 발견하였다. 누가 책의 표지를 보고 책의 내용을 판단하지 말라고 하였는가?

아름다움은 보편적인가?

어떤 아름다움이 더욱 멋진 것인가에 대한 기준은 다르지만 아름다움에 대한 편견은 여러 국가에서 발견된다. 중국 공산주의자들은 미인 경연대회를 "영혼의 오염"이라는 이유로 금지했지만 최근에 다시 "Miss World" 미인대회를 개최하기도 했다. 중국인들은 외모를 중요시하여 성형수술을 상업적 투자로 여기며 수술을 위해 대출을 받기도 한다.

최근 연구에서는 어떤 신체적 특징을 다른 특징보다 선호하는 것은 유전적인 것이며, 이는 전세계적으로 보편적으로 나타난다고 보고되고 있다. 연구자들이 아기들에게 5시간 동안 다양한 어른들의 사진을 보여주었을 때 아기들은 보다 매력적인 어른의 사진을 더욱 오랫동안 본 것으로 나타났다. 구체적으로 사람들은 건강, 젊음과 연관되는 특성들 및 생식 능력 및 힘과 관련 있는 속성들을 선호한다. 이러한 특징에는 큰 눈, 높은 광대뼈, 그리고 좁은 턱도 포함되어 있다. 성적인 바람직성을 판단하는 데 있어서 다양한 민족과 인종에서는 외모의 균형을 중요한 판단 기준으로 삼는다. 한 연구에서는 얼굴의 대칭을 이루는 남성과 여성이 비대칭의 얼굴을 가진 사람보다 평균 3~4년 정도 일찍 성경험을 시작한다고 밝혀졌다.

또한 남성들은 성적 단서로 여성의 신체 형태를 이용하는 경향이 높은데, 진화론적인 설명에 의하면 이것은 여성의 곡선이 생식 능력의 단서를 제공해 주기 때문이다. 전형적인 여성은 임신 시 체력 유지를 위한 8만 칼로리를 공급하기 위해 사춘기 동안 엉덩이와 넓적다리 부근에 거의 35파운드의 "생식지방"을 저장하게 된다. 대부분의 가임 여성의 경우 허리와 엉덩이 비율이 0.6~0.8로 나타나는데, 이러한 모래시계 형태를 남성들은 호의적으로 평가한다고 한다. 시대가 변하면서 전체 몸무게에 대한 선호도는 달라지더라도 허리와 엉덩이 비율은 이러한 범위에서 유지되는 경향이 있다. 심지어 매우 마른 모델인 Twiggy(Kate Moss 이전에 "매우 마른 외모"의 선구자)의 허리와 엉덩이 비율도 0.73이었다.

하지만 여성들은 얼굴 아래쪽이 발달된 남성(남성의 힘을 알려주는 남성호르몬의 표시)과 평균 이상의 신장과 두드러진 눈썹을 가진 남성을 선호한다. 최근 연구에서는 여성들이 얼마나 남성적인 특성을 갖고 있는가를 기준으로 잠재적인 배우자를 판단한다는 것을 발견했다. 연구자들은 응답자들에게 남성성이 과장된 사진부터 남성성을 최소화한 사진을 보여주었다. 연구 결과, 여성들은 사각의 턱과 잘 정리된 이마 등성이를 가진 남성을 단기간에 만날 수 있는 파트너로 응답한 반면, 둥근 얼굴과 두툼한 입술과 같이 여성스러운 특질을 가진 남성을 오랫동안 만날 수 있는 파트너로 인식한다고 응답했다. 전반적으로, 여성들은 너무 남성적인 특성을 가진 사람들은 위험하고, 경쟁적이며, 싸움에 노출되기 쉽고, 상사에게 도전하는 경향이 있고, 배우자를 속이고, 양육에 신경을 덜 쓸 것 같다고 응답했다. 하지만 여성스러운 얼굴을 가진 남성인 경우 좋은 부모와 남편, 성실한 근로자, 그리고 정서적으로 든든한 배우자가 되어줄 것으로 가정하고 있었다.

또 다른 연구에서는 이런 선호도는 여성의 월경 주기 동안에 변할 수 있음을 제시하기도 했다. 연구자들은 일본과 스코틀랜드에서 컴퓨터로 합성된 남성의 사진들을 여성들에게 보여주었는데, 남성의 사진들은 턱의 크기와 눈썹의 돌출 등 많은 부분에서 다르게 합성되었다. 연구 결과, 여성들은 배란기 동안보다 강하고 남성적인 특징을 가

이 일본의 반 흡연 광고는 메시지를 설득시키기 위해 여성의 외모에 대한 걱정에 소구하고 있다.
출처: Courtesy of McCann Worldgroup Holdings Japan.

진 남성의 사진을 선호한 반면, 다른 월경 주기 동안에는 선호도가 다르게 나타난 것으로 조사되었다. 만약 이런 결과들이 타당하다면, 이것은 여성들이 자손에게 이러한 특질을 물려줄 수 있는 강한 남성을 선호하는 것이 생물학적으로 내재되어 있다는 것을 의미하는 것이다.

남성의 특질에 대한 이러한 선호도는 의식적인 수준에서 일어나는 것이 아님을 명심할 필요가 있다. 연구자들은 배란기의 여자 대학생들과 배란기가 아닌 여자 대학생들을 대상으로 실험을 했다. 각 여성들을 대상으로 한 번은 가임기, 다른 한 번은 비가임기에 사진 촬영을 요청했다. 그 후 연구자들은 다른 남성과 여성 패널을 구성하여 이들에게 두 사진(얼굴은 보이지 않게 함)을 비교해서 평가한 후 보다 매력적으로 보이는 사진을 선택하라고 요청했다. 연구 결과, 패널들은 배란기에 촬영된 사진을 더 선택하는 것으로 나타났는데, 이는 배란기에 촬영된 사진의 여성들이 좀 더 화려한 의상과 보석들을 착용하고 있었기 때문이다. 연구자들은 이런 여성들의 행동을 냄새나 피부 색깔의 변화를 통해 배란기에 있다는 신호를 보내는 동물들의 행동과 비교하여 설명했다.

턱의 크기는 제쳐두고서라도 우리가 우리의 신체를 "포장"하는 방법은 엄청나게 다양하며, 이런 목적을 달성하기 위해 마케터들은 여러 활동들을 한다. 광고나 다른 매체들은 미의 형태가 어떤 시점에서 바람직하게 판단되는지를 결정하는 데 중요한 역할을 하기도 한다. 이상적인 미는 일종의 문화적 척도로 작용하기도 한다. 소비자들은 자신을 어떤 기준(일반적으로 그 당시 패션 매체에 의해 지지되는)과 비교하고, 그러한 기준에 못 미칠 경우 자신의 외모에 불만족해 하기도 한다. 이로 인해 자아 존중감이 낮아지기도 하며, 경우에 따라서는 다른 매력적인 모델에 의해 유발된 부정적 느낌 때문에 광고 효과가 감소되기도 한다.

이런 문화적 이상점을 표현하기 위해 다양한 관용구들이 사용된다. "바람둥이 여자", "이웃집 여자", "냉정하고 거만한 여자" 등을 이야기할 수 있으며, 이상적인 여성을 상징하는 J-Lo, Gwyneth Paltrow, 혹은 다이애나 왕비와 같은 구체적인 여성들을 의미할 수도 있다. 남성의 경우에는"경마 기수", "귀여운 소년", 그리고 "책벌레", "Brad Pitt 형", "Wesley Snipes 형" 등이 포함될 수 있다.

서양의 이상적인 미

미는 미학 이상이다 – 사람들은 어떤 사람의 지위, 지적 교양, 그리고 사회적 바람직성에 대해 추론하기 위해 피부색이나 눈의 형태와 같은 단서들을 이용한다. 지배 적인 문화에서 우세하게 나타나는 미의 기준들은 이러한 문화에 동일시를 원하는 약소 문화에 의해 차용되기도 한다. 가령, 말레이시아의 한 광고에서는 옆 책상에 앉은 남학생에게 시선을 받지 못하는 매력적인 여대생이 등장한다. "그녀는 이쁘다"라며 남학생은 혼잣말을 한다. "하지만…" 그리고 Unilever PLC사에서 나오는 Pond의 미백 보습제를 바르고 난 후 그녀의 얼굴은 미백의 피부색으로 바뀐다. 소년은 "내가 왜 그녀를 알아채지 못했을까?" 하며 후회한다. 많은 아시아 문화에서는 밝은 피부색을 가진 사람을 부유하고 사회적 지위가 높다고 인식한다. 그리고 이들은 어두운 피부색을 가진 사람을 어렵게 일하는 노동자로 인식한다. 이런 편견은 오늘날에도 지속되고 있다. 한 설문조사에서는 74%의 말레이시아 사람, 68%의 홍콩 사람, 그리고 55%의 대만 사람들이 흰 피부의 여성에게 보다 매력을 느낀다고 응답했다. 또한 각 국가의 여성들의 1/3은 피부 화이트닝 제품을 사용한다고 밝혔다. Olay는 White Radiance라 불리는 제품을 갖고 있으며, L'Oréal은 White Perfect 제품라인을 판매하고 있다.

매력적인 미국 (백인) 명사들의 이미지가 대중매체를 통해 전 세계에 확산됨에 따라 서양의 미에 대한 이상 – 크고 둥근 눈, 가는 허리, 큰 가슴, 금발 및 파란 눈 – 을 추구하는 여성들은 이런 특성을 얻기 위해 성형수술을 하게 된다.

- 몇 년 전에 Lux 비누와 Omega 손목시계의 지역 홍보를 맡은 Cindy Burbridge라는 여성 모델은 최초의 파란 눈을 가진 Miss Thailand로 선발되었다. 그녀는 태국인들이 전통적인 태국인의 모습인 동그란 얼굴, 원형의 눈썹, 그리고 작은 입을 가진 외모를 싫어하고 점차 서양인의 외모를 선호함에 따라 여러 지역의 패션과 연예

산업을 주도하게 된 혼혈인 중의 한 명이었다. 태국인들은 자신의 모습을 돋보이도록 하기 위해 파란색 렌즈를 구매했다. 태국에서 가장 섹시한 남성과 여성을 선택하는 설문에서 가장 높은 점수를 받은 9명 중 7명이 혼혈인이었다. 태국어는 어두운 피부에 대해 매우 부정적인 감정을 반영한다. 일반적으로 사용되는 모욕적인 단어로 "검은 신체"라는 의미의 *tua dam*, 그리고 "오리의 간처럼 검은"이라는 의미의 dam tap pet가 있다.

- 매년 나이지리아의 Most Beautiful Girl 수상자는 Miss World에서 좋은 성적을 얻지 못했다. 현지인들은 아프리카 여성의 경우 서양적인 아름다움의 경쟁에서 밀릴 수밖에 없다고 생각해 왔다. 그런데 2001년경 Most Beautiful의 수상자인 Agbani Darego는 Miss World에 선정되었다. 그녀는 51년 역사상 최초로 수상한 흑인 여성이었다. 그러나 이런 자랑스러움과 함께 당혹스러움도 함께 나타났다. 새로운 Miss World 수상자는 아프리칸 문화에서 평가되는 관능적인 몸매가 아니었였다. 서부와 중부 아프리카에서는 몸집이 큰 여성이 존경을 받았으며, 미인대회 참가자들은 보통 90kg 이상의 몸무게를 지니고 있었다. 나이지리아의 여성들은 몸을 불리기 위해 심지어 가축 사료나 특수 비타민을 섭취하기도 했다. 남동부 나이지리아에 위치한 Calabari에서는 미래 신부가 될 여성을 비옥한 농장으로 보냈으며, 그곳에서 많이 먹여 뚱뚱하게 살이 찌도록 했다. 몇 주 후 뚱뚱해진 여성은 마을광장에서 자랑스럽게 행진하기도 한다. 한 아프리카인이 언급했듯이, "포동포동 살찐 것은 부유함을 의미하며, 마른 몸매는 아프리카인들이 원하지 않는 모든 것들(에이즈와 같은 각종 질병, 궁핍함과 배고픔)을 의미한다." 수상자인 Darego는 1.8m의 키에 매우 마른 몸을 지니고 있었다. 나이가 많은 나이지리아 인들은 그런 수상자를 본 적이 없었고, 어떤 사람들은 그녀를 검은 피부를 가진 백인 여성이라고 비판하기도 했다. 그러나 젊은 사람들은 달랐다. 젊은 아프리카 인들에게는 마른 몸매가 유행이었다. 나이지리아의 수도인 Lagos에서 사교계의 마른 소녀들을 lepa라고 부르는데, 심지어 이를 제목으로 한 대중가요도 있다. Lepa Shandi라 불리는 영화는 새로운 유행을 대변하기도 했다(Lepa Shandi는 나이지리아의 20나이라 화폐 두께만큼이나 가냘픈 소녀를 의미한다).
- 일본의 유통업체들은 bonkyu-bon이라 불리는 패션 산업의 새로운 유행을 따라잡기 위해 보다 큰 의류를 확보하고자 노력하고 있다. bonkyu-bon은 "big-small- big"을 의미하는데, 이는 일본의 전통적인 미의 기준이 바뀌고 있음을 의미한다(일본 여성들의 몸은 점점 곡선화되어 가고 있다). 오늘날 일본 여성들의 평균 엉덩이 사이즈는 35인치인데 이는 과거 어머니 세대에 비하면 약 1인치가 넓어진 것이다. 또한 20대 여성들은 어머니보다 적어도 2사이즈가 큰 브라를 사용하고 있는 반면에 허리는 더욱 얇아졌다. 일본 정부에서는 20대 여성들이 1950년대보다 3인치 정도 키가 커진 것으로 보고했다. 이런 변화는 서구식 식생활에서 비롯되었다(전통적인 어류, 채식, 그리고 두부의 식습관에서 육류, 유제품 및 Krispy Kreme 도넛, Cold Stone Creamery 아이스크림과 같이 몸에 좋지 않은 디저트식의 식습관으로 변화하기 시작한 것이다). 몸에 꼭 맞는 운동복으로 유명한 Juicy Couture는 가장 큰 상점 중의 하나를 도쿄에 오픈했으며, 또 다른 백화점은 미국 디자이너가 디자인한 큰 사이즈의 의류를 판매하기 시작했다. 일본의 가장 큰 란제리 기업인 와코루(Wacoal)사는 슈퍼패드 브라를 취급하는 것으로 유명하다. 현재 그 회사는 20대의 여성을 보다 굴곡 있게 만들어주기 위

미국인들은 이빨 교정을 위해 연간 수백만 달러를 지출하고 있지만 최근 일본인들 사이에서는 곧은 이빨을 삐뚤어지게 만드는 것이 유행이다. 미국인들은 "덧니"나 "송곳니"처럼 보이는 것을 부정적으로 생각하지만 일본 남성들은 yaeba(이중치)라 불리는 이것을 매력적으로 생각한다. 블로그들은 yaeba 모습을 찬양하고 여성들은 자신들의 실제 이빨에 플라스틱 조각을 덧붙이기 위해 치과에 가서 돈을 사용한다.
출처: © Philip Bigg/Alamy.

해 약간의 볼륨 패드로 가슴을 풍만하게 보이도록 해주는 "Love Bra"라는 새로운 베스트셀러를 갖고 있다.

시대에 따른 이상적인 미

아름다움은 피상적인 것이지만 역사적으로 여성들은 아름다운 미를 달성하기 위해 서 많은 노력을 기울여왔다. 그들은 굶어도 봤고, 자신의 발을 고통스럽게 묶기도 했으며, 그들의 입술에 판을 끼워 넣기도 했고, 거울 앞의 헤어 드라이기와 뜨거운 태양 아래 오랜 시간을 보내기도 했으며, 사회적 기대를 충족시키기 위한 유방축소 또는 확대 수술도 받아왔다.

돌이켜 보면, 역사는 "패션" 혹은 이상적인 미에 의해 특징지어져 왔다. 이는 오늘날 사람들이 피트니스와 햇볕에 그을린 몸을 강조하는 것처럼 보편적인 문화적 사건과 관련이 있다. 미국 역사를 살펴보면 시대에 따라 우세한 아름다움이 달라짐을 알 수 있다. 예를 들어, 오늘날 건강과 활력을 강조하는 것과는 반대로 1800년대 초에는 병약한 듯 섬세한 모습이 유행이었다. 시인 John Keat는 그 시대의 이상적인 여성을 "남성의 보호를 받기 위해 우는 백색의 어린 양"이라고 표현하기도 했다. 1980년대 Lillian Russell이 유행시킨 육감적인 여성과 1890년대 건강한 Gibson Girl, 그리고 1920년대 여배우 Clara Bow의 작고 소년 같은 모습 또한 시대적 유행의 유형이었다.

19세기 미국 여성들의 이상적인 허리 사이즈는 18인치였다. 당시에 코르셋의 착용부위를 너무 조였기 때문에 일상생활에서 두통이 발생하거나 기절하는 경우도 있었으며, 심지어 자궁과 척추에 장애가 발생하는 경우도 있었다. 현대 여성들도 "꽉 조일" 정도는 아니지만 여전히 하이힐, 제모, 눈가 주름제거 수술, 그리고 지방 흡입의 고통을 겪기도 한다. 게다가 화장품, 의류, 헬스클럽, 그리고 패션잡지 등에 수백만 달러를 소비하기도 하는데, 이런 관행들은 오늘날 적용되는 미에 대한 욕망 – 옳든 그르든 – 이 아직도 살아 있음을 보여준다.

우리의 문화는 미묘한 방식으로 이러한 미의 기준들과 지속적으로 소통하고 있다(잡지 표지, 백화점 쇼윈도우, 그리고 TV 쇼 등을 통해서). 페미니스트들은 도처에 존재하는 Barbie와 같은 패션 인형이 부자연스러운 마름이라는 이상을 강화한다고 주장한다. 우리는 평균적인 여성 신체를 인형의 모습을 통해 추론하기도 하지만, 그 인형들은 부자연스럽게 키가 크고 마른 몸매를 지니고 있다. 전통 Barbie 인형이 실제 여성이라고 간주한다면, 그 여성은 아마도 38-18-34일 것이다! 1998년 Mattel사는 Barbie 인형에게 보다 작아진 가슴과 날씬한 엉덩이를 만드는"성형수술"을 했다. 하지만 그 인형은 정확히 말하면 여전히 실제에 가깝지 않다. 이 회사는 보다 커진 엉덩이와 작은 가슴을 가진(그리고 처음으로 Barbie는 배꼽을 갖게 되었다) 좀 더 현실적인 Barbie 인형을 판매하고 있다.

이상에서 살펴보았듯이, 서양 여성들의 이상적인 신체 모습은 지속적으로 변하고 있다 – 수백년 전에 보티젤리와 다른 화가들이 그린 모델들의 초상화를 보라. 이런 변화들은 성적으로 다른 형태의 표시(sexual dimorphic markers) – 남성과 여성을 구 별하는 신체의 모습 – 를 재정의할 수 있게 해주었다. 1990년대 초반에는 어린 소년의 신체를 닮은 모델들(가장 유명했던 모델로는 Kate Moss가 있다)의 "부랑자(waif)" 패션이 논란을 불러일으켰다. Miss America 수상자들의 키와 몸무게를 보고 영양 전문가들은 이들의 영양 상태가 매우 좋지 않다고 결론을 내리기도 했다. 1920년대 미인대회 참가자들은 현재 정상 범위 내의 체질량 지수(20~25)를 갖고 있었다. 그 이후 Miss America 수상자들 중에는 세계건강보건기구(WHO)가 규정한 영양 부족의 기준인 체질량 지수 18.5 이하인 수상자가 늘어나기 시작했다.

마찬가지로, *플레이보이(Playboy)* 잡지에 50년 동안 게재된 사진을 살펴본 한 연구에서는 관능적인 모래시계 몸매(hourglass figure)인 37-23-36을 가진 Marilyn Monroe 이후 여성들은 맵시가 떨어지고 보다 양성적으로 변했다고 주장하기도 했다. 하지만 플레이보이 잡지의 대변인은 이렇게 얘기한다. "시간이 지나면서 여성들은 더욱 건강해지고, 사회 진출이 늘어나고 있으며, 건강을 유지하려고 노력함에 따라서 여성들의 몸매는 변해왔고 우리는 이를 반영하고 있다. 하지만 안목이 있는 사람이라면 잡지에 나온 여성들을 양성적이라고 여기지는 않는다."부터 1999년까지 잡지의 주요 데이터를 재조사한 결과 마른 몸매에 대한 트렌드는 안정화되었고 사실상 반전이 시작되었다는 것을 보여주고 있다. 플레이보이에 등장하는 여성들이 지난 21년간 다소 살이 찌기는 했지만, 여성 모델들은 여전히 그들 또래 집단에서 정상적 몸무게보다는 몸무게가 적게 나

Marketing Opportunity

60년전과 비교하면 오늘날 "평균" 미국 소비자들의 신체 크기와 모양은 엄청나게 달라졌다. 미국 정부는 미국 성인의 2/3가 과체중이거나 비만이라고 추정하고 있다. 그럼에도 불구하고 의류 회사들은 백인이며 젊은 (살찌지 않은) 여성 군인들을 샘플로 하여 사이즈 기준을 수립한 1941년의 군대 연구에 근간하여 옷을 제작하고 있다.

전형적인 여성들의 몸매가 더 이상 작지 않음에 따라 이러한 기준들은 마침내 변화하기 시작하였다. 오늘날 가장 많이 판매되는 드레스는 사이즈 14인데 1985년에는 사이즈 8이였다. 천천히 그러나 확실히, 많은 여성들이 마른 몸매에 대한 비현실적인 이상을 거부하고 "큰 것이 아름답다!"라는 슬로건을 받아들임에 따라 이러한 기준들은 변화하였다. Oprah, Queen Latifah, Rosie O'Donnel과 같은 체격이 큰 여성들의 인기와 Emme와 같은 플러스 사이즈의 대변인은 덩치가 큰 여성들의 자아 존중감을 향상시키는 데 많은 기여를 하였다. 실제 플러스 사이즈의 의류들은 90년 이상 존재해 왔었다. 오늘날, Forever 21, Target과 같은 대형 상점이나 Elli Tahari와 같은 비싼 디자이너들은 체격이 큰 여성들에게로 관심을 옮기고 있다. 최근 12개월 동안 전체 여성들을 대상으로 한 의류 시장은 0.8% 감소하였지만 플러스 사이즈 시장은 1.4 % 증가하였다.

게다가 미국 여성에 대한 이러한 과거의 신체 사이즈를 근간으로 한 표준은 오늘날의 인종의 다양함을 인식하고 바뀔 필요가 있다. 현재 기준에 의하면 백인 여성들의 58%가 과체중인 데 반해 아프리칸 미국 여성의 78%와 히스패닉 여성의 72%가 과체중이다. 비백인들의 신체 모양 역시 다르다. 예를 들어 히스패닉 미국인들과 아시아 미국인들은 백인들과 비교하여 키가 작은 편이다.

의류 산업은 이런 세분시장의 시장 가능성을 가볍게 받아들여서는 안 된다. 여성들은 연간 플러스 사이즈 의류에 470억 달러를 지출하고 있는데 이는 전체 의류 시장의 20%를 차지하는 수치이다. 하지만 플러스 사이즈 시장은 어려운 시장이다. 체격이 큰 여성들은 체격이 작은 비슷한 나이대의 여성들이 걱정하지 않아도 되는 쇼핑 문제를 가지고 있다. 이들 중 일부는 체격이 작은 여성들과 같은 피팅룸에서 옷을 입어보는 것을 좋아하지 않는다.

플러스 사이즈 옷들은 저장 공간을 많이 차지하며 체격이 크더라도 체형이 다 다르기 때문에 사이즈 16 드레스가 180파운드 여성에게 잘 맞을 것이라고 생각하면 안 된다. 예를 들어 180파운드 여성이라 할지라도 어떤 사람은 몸통이 크고 또 다른 사람은 허벅지가 두꺼우며 또 다른 사람은 엉덩이가 크다. 플러스 사이즈 고객의 또 다른 장애물은 쇼핑이 감정적으로 복잡한 경험이라는 것이다. 플러스 사이즈의 고객이 몰에 방문할 때 그녀는 대부분의 옷들이 자신에게 작다는 것을 알게 된다. 18~35세를 겨냥하여 감각적인 옷들을 판매하는 플러스 사이즈 브랜드인 Torrid의 책임자인 Liz Munoz는 "이것은 너무 안된 일이다" 라고 말한다.

감을 알 수 있다.

얄밉게도, 연구자들이 여성들에게 남성들이 여성의 다양한 몸매를 어떻게 평가할지를 물어보았을 때 여성들은 남성들보다 더 마른 수치를 선택하였다. 즉 여성들은 남성들이 아주 마른 패션 모델 타입을 선호한다고 생각한다. 하지만 남성들이 선호하는 몸매는 "실제" 여성의 몸매와 좀 더 가깝다.

이상적인 것이 실제적인 것으로 바뀌고 있는가?

십대를 위한 잡지인 seventeen은 최근에 "일반 소녀들"을 모델로 활용할 것임을 약속하였다. 이러한 변화는 4일만에 거의 85,000명이 참여한 온라인 청원에 의해 이루어졌다. 이 청원을 시작한 14세의 독자는 "Seventeen을 읽고 이러한 가짜 이미지가 자신들이 추구해야 할 이미지로 생각하면서 미국 전역에서 고통받고 있는 소녀들을 위해 나섰습니다. 나는 이런 포토샵된 이미지가 얼마나 해로운 것인지를 알고 있습니다"라고 말하고 있다.

수년간 Dove의 Real Beauty캠페인은 자신들의 광고에 완벽하지 않은 신체를 가진 여성들을 등장시키면서 비현실적인 미의 이상점에 대한 관심을 유발하였다. "보세요. 사이즈 8(뚱뚱한 plus size model)의 슈퍼모델의 허벅지를 탄력있게 하는 것은 크게 어렵지 않습니다." Unilever사는 시장조사 후에 많은 여성들이 그들이 사용하는 제품의 현실성이 떨어지기 때문에 해당 제품을 잘 믿지 않는다는 것을 발견하고 캠페인을 시작했다. Unilever가 전 세계 3,200명의 여성들에게 그들의 외모를 묘사하라는 질문에서 응답자들의 대부분은 자신을 "평균적인" 혹은 "일반적인" 모습을 가졌다고 답했으며, 오직 2%의 여성만이 자신이 "아름답다"라고 응답했다.

하지만 Unilever의 중국 여성들을 대상으로 한 경험은 여성의 외모에 대한 규범이 문화에 따라 달라진다는 것을 다시 한 번 상기시켜 준다. Dove의 리얼뷰티 캠페인은 중국에서는 실패했는데, 중국 여성들이 광고에 나타난 실제가 아닌 변형된 아름다움과 같은 것을 얻을 수 있다고 정말로 믿는다는 것을 후에 알게 되었다. 그 결과 이 회사는 리얼뷰티 캠페인을 그만두고 성공한 미국 시트콤 Ugly Betty의 중국 버전을 론칭했다. Ugly Wudi 쇼는 쇼에서 선보인 다양한 Dove 제품의 도움을 받아 자신만의 아름다움을 나타내기 위해 노력하는 가공의 광고 에이전시 종업원인 Lin Wudi에 초점을 두고 있다. 여러분이 기대하듯이, Wudi를 연기하는 배우는 완벽한 피부를 지니고 있으며 큰 안경과 가짜 치아 교정기만 벗으면 실제로는 꽤 매력적인 배우이다.

남성의 이상적인 미

우리는 얼굴 특질, 남성다움, 그리고 수염(누가 Justin Bieber와 Jonny Depp을 헷갈려 하겠는가?)을 갖고 남성들에 대한 이상적인 아름다움을 구별하려고 한다. 남성과 여성을 대상으로 한 전국적인 조사에 의하면, 여성들이 근육미를 위해 고군분투하는 남성에 비해 다소 근육질이 없는 남성을 선호하기는 하나 남성과 여성 모두 남성미의 우세한 기준은 강한 남성다움, 근육질의 몸이다.

광고 속 남성 모델들이 대부분 강하고 근육질의 신체를 가진 전형적 남성성을 갖고 있는 것으로 판단하건대, 광고주들은 이상적인 남성미를 알고 있는 듯하다.

중학생과 고등학생 소년 중 40% 이상이 근육량을 늘이기 위해 정기적으로 운동한다고 응답하고 있다. 아마도 더 문제가 되는 것은 이들의 38%가 단백질 보충제를 섭취

실제로 1979년 Body Shop은 비현실적으로 이상적인 미에 반대하는 정서의 확산에 동참하기 시작했다.
출처: The Body Shop International, plc

하며 6% 정도는 스테로이드를 시도한 적이 있다고 응답했다.

몸만들기

최근에 일본 회사인 와코루는 나온 배를 감추기 위한 남성용 거들을 출시했다. Levi's는 여성들을 위해 몸매를 멋지게 보이도록 해주는 Ultimate Lift 544 청바지를 소개했다. 착용자에게 엉덩이 모양을 만들어주기 위한 컵 모양의 좌석도 생겨났다. 의심할 여지 없이 몸매를 만들어주는 많은 제품들이 시중에 나와 있다.

출처: Courtesy of Rent the Runway.

Net Profit

전자 상거래 사이트인 Rent the Runway는 모델들 대신에 일반인 여성을 활용하며 사이트 방문자들은 특정 드레스가 자신과 비슷한 이들에게 어떻게 어울리는지를 알아보기 위해 특정 연령, 키, 몸무게, 가슴 사이즈의 여성들을 찾아볼 수 있다. 이러한 기술을 통해 다른 여성들이 자신과 비슷한 사이즈를 가진 고객들을 찾아내고 이들에게 질문을 할 수 있다. 이러한 전략은 성공적인 것으로 보인다. 실제 사진을 클릭한 쇼핑객의 전환율이 모델 사진을 클릭한 사람들에 비해 2배 이상인 것으로 나타났다.

많은 소비자들이 실제의 신체적 자아와 이상의 신체적 자아 사이에 갭을 느끼고 있기 때문에 외모를 바꾸기 위해 다양한 노력을 기울인다. 거들에서 브래지어, 화장품에서 성형수술, 선탠 살롱에서 다이어트 음료에 이르기까지 많은 제품과 서비스들은 신체적 자아를 변화시킬 수 있다는 약속을 하고 있다. 많은 마케팅 활동에서 신체적 자아개념(그리고 자신의 외모를 향상시키려는 소비자의 욕망)은 말로 표현하기 어려울 정도로 중요하다.

비만

"지나치게 마르거나 지나치게 부자일 수는 없어!"라는 표현이 있는 것처럼, 우리 사회는 체중에 대한 강박관념을 갖고 있다. 대중 매체는 우리에게 날씬하고 행복한 사람의 이미지를 지속적으로 노출시키고 있다. 암이나 심장병, 당뇨보다 몸무게를 더 걱정하는 여성들이 두 배 이상 많았다는 연구 결과가 있다. 단지 40%의 응답자만이 자신의 외모에 만족한다고 응답했다.

비만(fattism)은 우리가 속한 문화에 깊이 뿌리내리고 있는데, 보육원에 다니는 아주 어린 아이들도 비만인 친구의 그림보다 휠체어를 타거나 목발을 짚거나 혹은 얼굴에 상처가 난 친구의 그림을 더욱 선호한다는 연구도 있다. 12~19세 사이의 소녀들을 대상으로 한 조사에서도 55%의 소녀들이 다이어트를 하고 싶도록 유도하는 광고를 "늘" 보고 있다고 보고하기도 했다.

최근의 광고 논란은 우리의 마른 몸매에 대한 열광을 증명해 보이고 있다. Pepsi가 새로운 "스키니" 다이어트 소다를 소개했을 때 엄청난 문제가 야기되었다. 이 회사가 이 제품을 패션 위크 – 마른 모델에 대한 엄청난 홍보가 이루어지는 – 에 맞추어 출시하였을 때 전미섭식장애협회에서는 Pepsi가 이에 대해 사과해야 한다고 항의하였다. 또한 이 단체는 "당신은 지나치게 마르거나 지나치게 강할 수 없다"라는 메시지를 중심으로 캠페인을 한 iPod의 최초 광고 캠페인을 중지시켰다.

마른 몸매에 대한 미국인들의 강박관념이 전 세계적으로 대단함에도 불구하고, 비만율이 전 세계적으로 아주 빠른 속도로 증가하고 있기 때문에 마른 몸에 대한 문화적

광고는 때때로 남성의 아름다움에 대한 지배적인 표준을 반영한다.
출처: Courtesy of Simplot Australia.

우선 순위 또한 확산되고 있다.

- 전통적인 피지(Fiji) 문화에서 이상적인 여성의 신체는 튼튼한 것이었다. 피지에 서 어떤 여성의 체중이 줄어들기 시작한다는 것은 걱정할 문제이며 병이 있음을 나타내는 신호이다. 하지만 몇 년 전에 위성 TV가 섬에 설치되면서 피지인들은 마른 여배우들이 등장하는 Melrose Place와 Beverly Hills 90210과 같은 미국 TV 드라마를 보기 시작했다. 현재 피지의 식습관은 변했으며, 피지의 10대들은 섭식장애를 보이기도 한다. 한 연구 결과에 의하면 주당 3일 이상 야간 TV 프로그램을 시청하는 10대들의 약 50% 이상이 자신이 다른 소녀들보다 더욱 뚱뚱하다고 인식하는 것으로 알려져 있다. 연구의 참가자들은 Heather Locklear와 같은 여배우가 자신들의 신체를 변화시키도록 자극을 주었다고 응답했다. 피지에서와 마찬가지로, 전통적으로 이집트인들은 다소 뚱뚱한 여성을 선호했는데 밸리 댄스의 전통이 이러한 현상을 부추겼다. 하지만 현재는 다이어트가 유행이다.
- 일본에서는 회사와 지방 정부단체에 매년 행하는 정기검사의 일환으로 40~74세에 속하는 시민들의 허리둘레를 측정하도록 요구하고 있다. 만약 정부가 정한 제한선인 남자 33.5인치와 여자 35.4인치를 넘을 경우 의학 교육을 받아야만 한다. 궁극적으로, 정부는 체중 목표를 만족시키지 못하는 조직에 금전적인 벌금을 부과할 계획이다.
- 유럽에서 Slim-Fast라는 다이어트 브랜드는 고정관념을 다루었다. 유럽에서 가장 통통한 여성들이 영국 여성이다. 영국은 유럽에서 가장 높은 비만율을 기록하기도 했다(15세의 1/5은 과체중이다). 해당 회사는 영국 여성들이 체중을 줄이지 못하면 보다 섹시한 프랑스, 스페인, 그리고 스웨덴 여성들에게 체면을 잃게 될 것이라는 광고를 지속적으로 실시했다. Slim-Fast의 한 광고에서는 프랑스 여성 모델이 이렇게 얘기한다. "나는 영국 여성을 사랑해요. 그들은 저를 보다 돋보이게 하거든요." 다른 광고에서는 날씬한 스페인 여성이 이렇게 꾸짖기도 한다. "사실을 직시하세요. 작년의

The Tangled Web

거식증과 과식증의 닉네임인 "ana"와 mia"라는 이름을 가진 젊은 사람들을 유혹하는 웹사이트가 적어도 400개는 된다. 이 "커뮤니티들"은 속성 다이어트, 폭식, 토하기, 걱정하는 부모로부터 체중 감소 숨기기 등에 대한 조언을 제공한다. 그룹 다이어트는 소비자들이 과도한 체중 감소 목적의 블로그 링(blog ring)을 애용함에 따라 – 특히 봄방학과 같은 이벤트 전에 최대한 체중을 감소시키도록 여대생들에게 도전을 부여할 때 – 점차 문제가 되고 있다. 전형적인 한 블로그의 포스트에서 여성은 다음과 같이 고백하고 있다: 24시간 동안 "한 조각의 크래커, 딸기 하나, 약간의 수프"만 먹었다. 또 다른 여성은 점심식사로 망고 한 조각과 껌 하나를 씹었다고 이야기하고 있다. 이러한 사이트들은 엄청나게 마른 유명인들의 사진으로 장식되어 있으며 "다이어트 코크는 나의 삶"이라는 슬로건은 프로 아나(pro-ana: 거식증 옹호론자)라 불리는 언더그라운드 움직임의 추종자들 – 때때로 빨간 팔찌를 하고 공공장소에서 자신들을 드러내는 – 에게 소구한다.

대학생인 Galia Slayen은 자신이 다니는 대학의 섭식장애 인지행사를 위해 실제 사이즈의 바비 인형을 만들었다(가슴 39인치, 허리 18인치, 힙 33인치). 그녀가 자라면서 바비 인형이 그녀에게 어떤 영향을 미쳤는지에 대해 NBC의 Today Show와 인터뷰를 했을 때 그녀는 다음과 같이 언급하였다. "나는 (나의 섭식장애를 이유로) 바비인형을 비난하고 싶지 않다. 나는 금발이고 푸른 눈을 가졌으며 나는 이러한 외모가 당연한 것이라고 생각했었다. 바비는 나의 우상이였으며 바비는 나 자신을 바라보는 방법에 영향을 주었다.
출처: Courtesy of Galia Slayen.

비키니가 작아진 게 아니에요."

미용 성형수술

자신의 볼품 없는 신체를 바꾸거나 외모를 더욱 매력적으로 보이게 하려는 목적으로 성형수술을 하는 소비자들은 늘어나고 있는 추세이다. 미국성형학회(American Academy of Cosmetic Surgery)에 의하면, 미국 의사들은 1년에 거의 860,000번의 성형수술을 했으며 이 중 남성 환자의 숫자는 150,000명에 육박한다고 보고했다. 성형 수술에 대한 관대함이 증가하면서, 소비자와 의학전문가들은 변형을 위한 신체 부위를 확장하고 있다. 예를 들어, low-rise 청바지와 derrière라 불리는 스판덱스 소재의 운동복과 같은 패션들이 유행하면서 엉덩이 확대 수술의 인기는 높아지고 있는 것이다. 엉덩이 확대 수술은 20,000달러의 수술 비용이 요구되지만 성형수술 시장에서 매우 높은 인기를 차지하고 있다.

이러한 "수정"에 대한 열광은 수술이 필요하지 않는 어린 소비자들에게까지 확대되고 있다. 미국 성형 수술 협회는 의사들이 13~19세의 10대들에게 연간 12,000번의 보톡스 시술을 하고 있다고 보고하고 있다. 물론 이런 시술이 의학적으로 필요한 경우도 있겠지만 대부분의 어린 환자들은 잇몸이 드러나는 웃음이나 사각턱과 같은 자신들이 느끼기에 불완벽하다고 여기는 것들을 고치기 위해 시술을 선택하고 있다. 일부 10대들은 보톡스가 주름을 방지한다고 잘못 생각하고 있다.

신체 이미지 왜곡

2개월이 채 안 되는 짧은 기간 동안 4명의 젊은 브라질 여성이 거식증으로 사망했는데, 이것은 신체 이미지와 식이장애에 대한 국제적인 논란을 불러일으켰다. 첫 번째 사망자는 21세의 모델로 일본의 패션쇼에서 쓰러졌을 때 172cm의 키에 36kg를 조금 넘는 몸무게를 지니고 있었다. 스페인에서는 정부가 체질량지수(BMI)를 측정하여 극도로 마른 모델을 사용하지 못하게 하는 금지안을 도입했다. 18세 이하 여성 모델의 경우 BMI는 17.4 이상이어야 하며, 18세 이상 모델의 경우 18.5 이상의 BMI를 갖고 있어야 한다. 이는 175cm의 키이며 18세 이상인 모델의 경우 57kg의 몸무게가 되어야 함을 의미한다. Unilever도 Lux 샤워젤과 Sunsilk 샴푸 및 Slim-Fast 다이어트 음료수에 이르는 전 제품의 광고에 소위 "사이즈 0"인 모델의 사용을 금지했다.

일부 사람들은 자신들이 만족할 만한 이상적인 신체 이미지를 달성하기 위해 건강을 해치면서까지 자아 존중과 외모와의 관계를 과장하기도 한다. 여성들은 남성에 비해서 신체적 특징이 자신의 자아 가치를 반영한다는 매체의 메시지를 더욱 많이 찾는 경향이 있기 때문에, 신체 이미지에 대한 왜곡 현상이 여성들에게 주로 발견된다는 것은 놀라운 것이 아니다.

남성들의 경우, 현재 외모와 이상적 외모 그리고 여성들에게 매력적이라 불릴 만한 외모에 대한 견해 차이는 나타나지 않는다. 반면에, 여성들은 남성에게 매력적이거나 혹은 가장 이상적인 외모는 실제보다 더욱 말라야 한다는 견해를 갖고 있다. 한 조사에서는 여대생들의 2/3는 체중 조절을 위해 건강을 해칠 행동을 하고 있다고 인정했다. 날씬한 이미지를 전달하는 광고 메시지는 체중에 대한 불안감을 조장함으로써 이런 행동들이 강화되도록 하기도 한다.

연구자들은 왜곡된 신체 이미지는 특히 젊은 여성들에게 만연되고 있는 섭식장애와 연결된다고 얘기한다. 신경성 식욕부진증(anorexia)이 있는 사람들은 자신을 너무 뚱뚱하다고 생각하며, 보다 날씬해지기 위해서 굶는다. 이런 상태는 흔히 신경성 폭식증(bulimia)으로 이어지기도 하는데 이는 두 단계를 거치게 된다. 첫 번째 단계는 엄청나게 먹기(대부분 은밀하게)로서 이 단계에서는 한 번에 5천 칼로리 이상을 먹어 치우기도 한다. 두 번째 단계는 구토를 하고, 설사약을 남용하며, 단식을 하거나, 혹은 지나치게 격렬한 운동을 하는 과정(여성의 통제감을 거듭 분명히 하는 "정화" 과정) 이 뒤따르게 된다.

대부분의 섭식장애자들은 백인, 중상류층 계층의 10대와 여대생들에게 발견된다. 흔히 이러한 피해자들은 체중에 대해 혹평하는 남자 형제나 아버지를 두고 있으며, 그러한 장애는 성적 학대와도 연관이 있다. 또한 폭식증은 자신의 동료에 의해 동기화될 수 있다. 운동선수 팀, 치어리더 팀, 여성회 등과 같은 집단에서 폭식은 호의적인 규범으로 간주될 수도 있다. 한 대학 여학생회에 대한 연구에 의하면, 그 집단에서 구성원들의 인기는 많이 먹을수록 증가한다고 보고하기도 했다.

목표 6

모든 문화권에는 집단 구성원임을 규명하는 데 도움이 되는 신체 장식 혹은 신체 훼손의 특정 유형이 존재한다.

신체 장식과 훼손

모든 문화권에서 신체는 다양한 방식으로 꾸며지거나 변화된다. 신체를 꾸미는 것은 다양한 목적을 갖고 있다.

- **집단 구성원들을 다른 사람들과 구분하기 위한 목적:** 북미의 Chinook 인디언들은 신생아의 머리를 1년 동안 두 개의 판자 사이에 끼워 누르는데, 이는 영원히 머리 모양을 바꾸기 위한 목적을 갖고 있다. 우리 사회에서 10대들은 성인들과 구별되는 독특한 머리와 의상을 선택하기도 한다.
- **사회 조직에서 개인의 위치를 알리기 위한 목적:** 많은 문화권에서 소년이 상징적으로 남성이 되어가는 과정에서 사춘기 의식을 거행한다. 가나(Ghana)의 청년들은 자신의 어린 시절이 지나갔음을 상징화하도록 해골을 닮은 하얀 줄을 자신의 몸에 칠하기도 한다. 서구 문화권에서는 이러한 의식이 몸에 가벼운 상처를 내거나 위험한 활동에 참여하는 형태로 나타나기도 한다.
- **성 범주 내에서 개인의 위치를 알리기 위한 목적:** 남미의 Tchikrin 인디언들은 소년의 입술을 확대하기 위해 구슬 목걸이를 삽입한다. 서구 여성들은 여성스러움을 증대시키기 위해 립스틱을 칠하기도 한다. 20세기 초 작은 입술은 당시 여성들의 순종적인 역할을 나타내기 때문에 유행하기도 했다. 오늘날 크고 붉은 입술은 도발적이며, 공격적인 성적 취향을 나타낸다. 많은 유명 여배우와 모델과 같은 여성들은 크고 삐죽 나온 입술을 위해 콜라겐을 주입한다든지 입술 보정물을 삽입하기도 한다(모델 산업에서는 이를 "간 입술(liver lips)"이라고 부른다).
- **성 정체성을 높이기 위한 목적:** 무릎과 엉덩이에 문제를 일으키고, 요통과 피로를 동반하는 가장 큰 원인인 하이힐 착용은 여자다움을 강화하기 위한, 아시아의 전통 전족(foot binding) 습관과 비교될 수 있다. 어떤 의사는 이렇게 얘기하기도 했다: "전 세계 모든 의사들이 지구의 종말이 올 때까지 아무리 외쳐도 여성들은 하이힐을 계속해서 신고 있을 것이다."
- **이상적인 사회적 역할을 보여주기 위한 목적:** 남미의 Suya족은 복종과 경청의 중요 성을 강조하기 위해 귀걸이를 착용한다. 서구 사회에서는 일부 게이들이 관계 시 그들이 선호하는 역할(복종 또는 지배) 중 어떤 것을 선호하는지를 오른쪽 혹은 왼쪽 귀에 귀걸이로 표시하기도 한다.
- **높은 지위나 계급을 보여주기 위한 목적:** 북미의 Hidates 인디언들은 얼마나 많은 사람을 죽였는지 보여주기 위해 깃털 장식을 한다. 우리 사회에서 일부 사람들은 그들의 지위를 보여주기 위해 시력에 아무런 문제가 없음에도 불구하고 도수가 없는 안경을 착용하기도 한다.
- **안정감을 제공하기 위한 목적:** 소비자들은 흔히 "악마의 눈(evil eye)"으로부터 보호받기 위해, 행운의 장식물, 부적 및 토끼의 발 등을 착용하고 다닌다. 일부 현대 여성들은 그들의 목에 "강도 퇴치용 호각"을 걸고 다니기도 한다.

문신

일시적이든 영구적이든 문신은 신체를 장식하는 인기있는 방식이다. Mattel사는 최근에 소녀들이 자신의 몸에 붙일 수 있는 조그마한 문신과 함께 문신이 들어간 바비 인형을 출시했다. 또한 이 인형에는 소녀들이 잉크로 색칠할 수 있는 수용성 문신 도구가 포함되어 있다.

사람들은 자신을 설명하기 위한 목적으로 문신을 이용하며, 이러한 문신 디자인은 원시 사회에서 행해진 바디페인팅과 유사한 기능을 한다. 문신(타히티인들의 ta-tu로부터 유래한 tattoo)은 민속 예술에 깊은 뿌리를 갖고 있다. 최근까지 문신에 대한 이미지는 거칠며, 주로 죽음을 상징(해골)하거나 동물(특히 표범, 독수리, 뱀), 미인(pinup women), 혹은 군대 디자인이었다. 좀 더 최근에는 공상과학소설 주제, 일본의 상징주의 및 부족 디자인을 포함하고 있다.

역사적으로, 문신은 사회적 추방자들과 깊은 관련이 있다. 가령, 16세기 일본에서는 죄수들을 확인하기 위한 목적으로 얼굴과 팔에 문신을 새겼는데, 이는 19세기 교도소 수용자들과 20세기 포로수용자들에게도 마찬가지로 적용되었다. 폭주족이나 일본의

호주의 술 광고에 나오는 흥미로운 문신
출처: Advertising Agency: JayGrey. Photographer: Sean Izzard.

야쿠자(*폭력 집단*)와 같은 주변 집단(marginal group)은 흔히 집단 정체성과 결속을 나타내기 위해 이런 상징(문신)을 사용한다.

오늘날 문신은 자아의 모험적 측면을 표현하기 위한 꽤 안전한 행위 중 하나로 간주된다. Harris Poll은 25~29세 사이의 미국인 중 1/3과 30~39세 사이의 미국인 중 1/4이 문신을 하고 있다고 보고했다. 앞서의 논의와 일관되게 문신을 한 사람과 그렇지 않은 사람을 비교할 때 문신을 하지 않은 사람들은 문신을 한 사람이 좀 더 일탈적이고 반항적이라고 생각하는 경향이 있다. 한편, 문신을 한 사람의 1/3은 문신이 자신들을 더 섹시하게 느끼도록 한다고 응답했다.

점점 많은 사람들이(FDA에서는 약 1,700만 명의 미국인들이 문신을 했다고 추정한다)이 문신에 동참하고 있다. 그들 중의 일부는 훗날 문신을 한 것에 대해 후회를 할 것이 분명하다(아마도 아침에 일어났을 때?). Dr. Tattoff, Tat2BeGone, 그리고 Tatto MD와 같은 문신제거시술소는 소위 "문신 후회(tatoo regret)"와 관련된 욕구를 만족시키고 있다. 한 관계자는 매년 문신을 제거하는 미국인들이 100,000명이나 되는 것으로 추정하고 있다. 하지만 불행하게도 현재까지는 문신을 새기는 것보다는 제거하는 것이 훨씬 복잡하고 어렵다. 문신을 새기는 비용은 수백 달러이지만 문신을 제거하는 데는 수천 달러가 필요하며 여러 번의 레이저 시술이 요구된다. 특수 레이저 장비는 문신 색소를 림프샘 정화 시스템인 입자로 분해한다. 문신을 완전히 제거하는 데 적어도 한 달에 한 번의 간격으로 평균 8번의 시술이 요구되며, 다른 색의 잉크로 새겨진 문신은 다른 종 류의 레이저를 사용하여 제거해야 한다. 교훈은 다음과 같다: 당신의 신체에 다른 사람의 이름을 새기기 전에 그 사람과 계속해서 함께할 계획인지를 생각해 보라.

바디 피어싱

다양한 종류의 금속을 몸에 삽입시켜 신체를 장식하는 것 역시 일부 비주류 집단에 서 시작되었으나 지속적으로 발전하여 오늘날은 유행하는 패션이 되었다. 서부 해안의 언더그라운드로 유행했던 Aerosmith의 1993년 비디오 "Cryin"에서 Alicia Silverstone은 배꼽 링과 문신을 했는데 이것이 바디 피어싱의 촉발점이라 할 수 있다. 피어싱은 배꼽에 고리 모양이 튀어나오게 하는 것에서부터 쇠못을 두개골에 삽입하는 것(집에서는 절대 금물)에 이르기까지 다양하다. *Piercing Fans International Quarterly*와 같은 잡지의 발행 부수는 놀랄만큼 증가하고 있으며, 웹사이트에도 많은 추종자들이 방문하고 있다.

본 장의 정리

1. 자아개념은 소비자 행동에 강한 영향을 미친다.

소비자들의 자아개념은 자신에 대한 이들의 태도를 반영한다. 긍정적이든 부정적이든, 이런 태도들은 다양한 구매 결정을 내리는 데 나침반을 제공한다. 우리는 자아 존중감을 북돋우거나 자신을 "보상"하기 위해 제품을 이용하기도 한다.

2. 제품들은 종종 사람들의 자아 개념을 규명해 준다.

우리는 우리의 개성(personality)과 유사하다고 생각하는 제품을 선택하게 된다. 자아에 관한 상징적 상호주의는 우리가 많은 유형의 자아를 가지고 있으며, 각각의 자아의 역할에 맞는 다양한 제품을 필요로 한다는 것을 의미한다. 신체 이외에도 다른 많은 것들이 자아의 일부로서 간주될 수 있다. 사람들은 자아를 정의하기 위해 가치 있는 물건, 자동차, 집, 그리고 심지어 스포츠 팀에 대한 애착이나 국가적 기념물을 활용하며 이런 것들이 통합되어 확장된 자아가 된다.

3. 소비자의 개성은 그 사람의 마케팅 자극에 반응하는 방식에는 영향을 미치지만, 이런 정보를 마케팅 상황에 이용하였을 때 일관된 결과를 얻지는 못하고 있다.

개성은 개인의 독특한 심리적 구성과 이 심리적 구성이 한 개인이 환경에 반응하는 방식에 어떻게 일관되게 영향을 주는지를 의미한다. 개성의 차이에 근거한 마케팅 전략의 성공 여부는 아직은 애매한 상태인데, 이것은 부분적으로는 일부 개성 특성들에서의 차이들이 소비 맥락에서 측정되고 적용되어온 방법 때문이다. 몇몇 분석가들은 Freud 심리학 및 유사 관점에 기반을 둔 기법들을 이용함으로써 소규모 소비자 표본에서의 근본적인 차이를 이해하고자 해온 반면, 다른 접근법들은 정교한 양적 기법들을 이용하여 대규모 표본 안에서 보다 객관적으로 이런 차원들을 평가하고자 해왔다.

4. 브랜드는 개성을 가지고 있다.

브랜드 개성(brand personality)은 제품을 사람으로 간주하고 소비자들이 제품에 부여하는 특성들의 집합이다. 소비자들은 생명이 없는 제품들에 개성을 부여한다. 다른 사람들과의 관계처럼 이러한 개성 부여 또한 시간에 따라 변화한다. 따라서 마케터들은 소비자들에게 지각하게 하고 싶은 자신들의 브랜드 개성이 지속적으로 유지될 수 있게 항상 주시해야 한다. 바람직한 브랜드 개성을 구축하는 것은 브랜드 로열티를 형성하는 핵심요소이다.

5. 우리가 우리의 신체에 대해 생각하는 방식(그리고 문화가 규정하는 사고방식)은 자아 존중감의 중요 구성요소이다.

개인이 신체에 대해 갖는 생각은 또한 자아 이미지에 피드백을 제공한다. 문화는 구체적인 이상적인 아름다움을 전달하며, 소비자들은 그러한 아름다움을 달성하기 위해 어떤 일도 서슴지 않는다. 많은 소비자들은 다이어트, 성형수술, 피어싱, 문신 등을 통해 이런 목적을 달성하고자 한다. 아름다움에 대한 문화적 기대치에 맞춰 생활하려고 지나치게 노력하기 때문에 때때로 이런 활동들은 극단적인 것으로 이어지기도 한다. 이런 대표적인 예로 특히 여성들이 마른 몸매를 가져야 한다는 강박관념인 섭식장애가 있다.

6. 모든 문화권에는 집단 구성원임을 규명하는 데 도움이 되는 신체 장식 혹은 신체 훼손의 특정 유형이 존재한다.

신체 장식 혹은 신체 훼손은 집단 구성원을 다른 사람들과 구별하거나, 사회 조직이나 성별 범주(예, 동성애) 속에서 자신의 지위나 계급을 보여준다. 나아가, 안정감을 제공하거나 행운을 위한 표식으로 활용되기도 한다.

KEY TERMS

Big Five
Myers-Briggs Types Indictor(MBTI)
가상 정체성 virtual identities
개성 특질 personality traits
개성 personality
거울에 비친 자아 looking-glass self
도플갱어 브랜드 이미지 Doppelgänger brand image
동기 연구 motivational research
디지털 정체성 관리 digital identity management
라이프스트림 lifestream
분열된 자아 torn self
브랜드 개성 brand personality
비만 fattism
사회 비교 social comparison
상징적 상호주의 symbolic interactionism
상징적 자아 완성 이론 symbolic self-completion theory
소셜 풋프린트 Social footprint
신체 이미지 body image
실제적 자아 actual self
애니미즘 animism
원초아 id
원형 archetypes
의인화 anthropomorphism
이상적 자아 ideal self
이상적인 미 ideal of beauty
인상 관리 impression management
자아 존중감 self-esteem
자아 ego
초자아 superego
컴퓨터 매개 환경 computer-mediated environments: CMEs
쾌락 원리 pleasure principle
현실 원리 reality principle
확장 자아 extended self
환상 fantasy

REVIEW

7-1. Big Five란 무엇인가?

7-2. 라이프스타일 영역에서 23개의 서로 다른 개성 특성이 규명되었다. 이 특성들을 나열하고 각각에 대한 예를 제시하시오. 이 중 당신에게 적용될 수 있는 5가지에는 어떤

것들이 있는지 응답하시오.

7-3. "디지털 자아"는 실제 세계에서의 소비자의 자아 개념과 어떻게 다르며 이러한 차이는 마케터들에게 왜 중요한가?

7-4. 미국 내에서 이상적인 미는 지난 50년간 변해왔는가? 그렇다면 어떻게 변해왔는가? 비만이란 무엇인가?

7-5. 신체 이미지에 대한 주관적인 관점은 마케터들에게 의해 어떻게 이용되어 왔는가?

도전과제

토의문제

7-6. 당신의 구매 습관은 당신 자신의 개성을 어느 정도 반영하고 있는가?

7-7. Voucher Codes 웹사이트에 의하면 "pester power(아이들이 부모를 졸라서 원하는 것을 얻어내는 힘)" 때문에 영국 부모들은 연간 $750을 지출하고 있다. 아이들은 분명히 광고에 의해 영향을 받으며 부모들은 아이들의 주의를 다른데로 돌리기 위해 노력한다. 연구에 의하면 10살 아이를 가진 한 부모는 이런 노력을 포기하고 자녀가 그 제품을 필요로 하는지 아닌지와 상관없이 구매를 해준다. Pester power란 무엇이며 이는 당신의 나라에서 문제가 되고 있는가?

7-8. 2012년 Glamour Magazine에 의해 진행된 한 조사는 천 명의 여성들에게 포토샵으로 수정된 광고에 대한 태도를 질문하였다. 기술의 발전에 따라 이미지를 조정하는 것이 쉬워져서 사진 수정 기법은 엄청난 수준에 도달하였다. 젊은 여성들은 나이 든 여성들보다 이러한 수정에 더 만족해 하는 것처럼 보인다. 상업적인 사진 수정에 대한 찬성 비율은 잡지에 사진이 게재되었을 경우 43%였으나 광고에 등장하였을 때는 단지 39%에 지나지 않았다. 당신은 이러한 수정 기법에 대해 어떻게 생각하는가?

응용문제

7-9. 친구나 가족 구성원의 "소비 전기(consumption biography)"를 작성해 보라. 이들이 가장 좋아하는 소유물 의 리스트를 만들거나 사진을 찍은 후 다른 사람들이 이러한 정보에 기반을 두어 이들의 개성을 묘사할 수 있는지 알아보아라.

7-10. 강도의 희생자나 홍수, 허리케인, 혹은 다른 자연재난으로 개인의 소유물을 잃어버린 사람들을 인터뷰하라. 이들은 어떻게 자신의 소유물을 재구성하며 이러한 손실은 이들에게 어떠한 영향을 미쳤는가? 비슷한 맥락에서 여러분의 동료들을 대상으로 투표를 해보라. 만약 그들이 집이나 아파트에 불이 나서 탈출을 해야 하는데 소유물 중 단 하나만을 갖고 나올 수 있다면 어떤 것을 갖고 나오겠는가?

7-11. 어떤 사람들은 자신이 생각하기에 이상적인 신체 이미지를 얻기 위해 건강을 희생시킨다. 이것은 당신의 국가에서 문제가 되는 것인가?

사례연구Case Study

아름다움 이상을 위한 캠페인

그들은 마르고 피부에 잡티 하나 없으며 아름다운 머리카락을 소유하고 있다. 그들은 TV나 인쇄물 및 옥외광고 판에서 최신 샴푸, 안티에이징 크림과 피부 클렌저를 선전하는 모델과 유명인들이다. 이들이 전달하는 메시지는 간단하다 – 우리의 제품을 구매하면 당신들도 원하는 목적을 달성할 수 있다 – 당신들도 이 모델처럼 보일 수 있다.

2004년 초에, Unilever는 Dove 제품에 대해 "참된 아름다움(Real Beauty)"이라 불리는 대담한 광고를 시작하였다. 피부 탄력 강화 크림의 판매를 위한 Dove 캠페인의 첫 단계로 속옷만 입은 다양한 신체 사이즈를 가진 "평범한" 여성들의 수정되지 않은 사진을 옥외광고에 활용하기 시작하였다.

Dove는 여성들이 패션업계가 결정한 아름다움의 기준에 부합할 필요가 없다는 메시지를 보냈다. 나이와 신체 사이즈에 상관없이 모든 사람은 아름다우며 강하고 자신감을 느낄 수 있어야 한다. 이 캠페인은 이후 몇 년 동안 지속적으로 진행되었으며 "진화(Evolution)"라는 광고가 입소문을 타면서 더욱 유명해졌다. 이 광고는 평범하게 생긴 한 여성이 영화 스튜디오에 들어오는 것으로 시작된다. 일련의 화장과 머리 손질, 그리고 놀라운 컴퓨터 보정 기술을 거친 후에 이 여성은 완전히 멋진 여성으로 바뀌어 옥외광고물의 모델이 된다. 옥외광고물을 보여주는 마지막 장면이 보여진 후 비디오 장면이 깜깜하게 바뀌면서 "아름다움에 대한 우리의 지각이 왜곡되어 있다는 것은 놀랄 만한 것이 아니다"라는 문구가 나타난다. 이 바이러스성의 비디오에 이어 어린 소녀의 눈에 비친 개인 치장, 다이어트, 운동 광고의 강렬함을 보여주는 매우 효과적인 "맹공격(Onslaught)"이라는 광고가 제작되었다. 이 광고는 "미용 산업이 말하기 전에 너의 딸들에게 먼저 알려주어라"라는 또 다른 강렬한 메시지를 보여주면서 끝나고 있다.

"참된 아름다움" 캠페인의 다른 중요한 부분은 Dove 자아존중기금이다. 젊은 여성들이 놀랄 만큼 낮은 수준의 자아 존중감을 가지고 있으므로, 이 캠페인은 이러한 여성들을 대상으로 자신감을 심어줄 수 있는 도구와 워크숍을 제공하기 시작하였다. 2009년에, Dove는 2백만 이상의 소녀들과 연결되어 있으며 이 프로그램을 지속적으로 제공하기를 희망하고 있다.

Dove는 이 캠페인을 통해 아주 좋은 홍보 결과를 얻게 되었다. 아주 영향력 있는 Oprah Winfrey Show를 포함하여 다양한 대담 프로에서 언급되었다. 또한 "진화" 광고는 2007년 칸 국제 광고제에서 대상을 수상하였다.

하지만 이 캠페인에 대한 비판도 만만치 않았다. 일부 사람들은 Dove를 판매하고 있는 Unilever가 다른 기업들과 마찬가지로 아름다움에 대한 잘못된 이상을 심어주는 데 일조를 했다고 비판하고 있다. 이 회사의 Axe 브랜드의 광고는 여성을 상품화하는 메시지를 전달하는 데 아주 노골적이었다고 여겨진다. 게다가 Unilever가 판매하고 있는 안티에이징 크림과 탄력강화 크림은 자신의 외모에 대한 여성들의 불안을 이용하고 있다. 만약 이 여자가 자신의 자연적인 아름다움에 만족한다면 왜 이러한 제품을 필요로 하겠는가? 마지막으로, Dove가 이러한 "평범한" 여성들을 묘사하기 위해 사용한 포토샵 기법에 대한 논란이 있다. NewYorker 잡지의 한 기사는 평범한 여성을 매력적으로 보이게 하기 위해 수정 작업을 엄청나게 했다고 주장하는 유명한 사진 편집장에 대해 언급하였다. Unilever의 반응은 자신들은 디지털로 사진을 변경한 것이 아니고 단지 피부색을 고치고 먼지를 없애기 위해서 수정을 했다고 주장하였다. 하지만 "진화" 캠페인이 수정 기법을 비판했기 때문에 이것은 Dove와 광고 대행사인 Ogilvy & Mather에 대해 나쁜 영향을 미칠 수 있는 비난이다.

마지막으로, 이러한 감정적인 캠페인이 실제로 판매를 신장시킬 수 있을지에 대한 의문이 남는다. 이것은 분명히 광고 혼잡도를 뚫고 브랜드를 알릴 수 있지만 장기적으로도 소비자들에게 지지를 받을 수 있을까? Dove는 2002~2007년 사이에 판매가 두 배가 되었다고 보고했지만, 앞으로 5년간의 실적이 어떻게 될지 두고 볼 필요가 있다. 미용 제품을 판매하면서 동시에 이러한 테마가 계 속해서 소비자의 심금을 울릴 수 있을까?

토의문제

CS 7-1 Dove의 캠페인은 사람들이 광고에 의해 매력적이거나 비매력적이라고 여겨지는 것을 결정하게 된다고 가정하고 있다. 당신은 이 의견에 찬성하는가?

CS 7-2 일부 사람들은 패션 제품들은 "열망적인"이라고 주장한다" 이들 제품들은 실제 자신이 아닌 자신이 될 수 있는 것에 대해 생각하게 하도록 한다. 여성들은 광고에서 "평범한" 모델을 보기를 원할까? 그렇다면 왜 그럴까?

출처: www.dove.us, accessed July 23, 2013; Neol Bussey, "Dove Abandons Its Soapbox to Focus on the Soap," *Campaign* (August 28, 2008); Molly Prior, "Reality Check: Would You Buy Beauty Products from These Women?" *WWD* (April 20, 2007); Jack Neff, "Retouching Ruckus Leaves Dove Flailing," *Advertising Age* (May 12, 2008).

참조

1. http://wiki.answers.com/Q/Who_has_the_most_Twitter_followers, accessed May 28, 2011.
2. Harry C. Triandis, "The Self and Social Behavior in Differing Cultural Contexts," *Psychological Review* 96, no. 3 (1989): 506–20; H. Markus and S. Kitayama, "Culture and the Self: Implications for Cognition, Emotion, and Motivation," *Psychological Review* 98 (1991): 224–53.
3. Markus and Kitayama, "Culture and the Self."
4. Nancy Wong and Aaron Ahuvia, "A Cross-Cultural Approach to Materialism and the Self," in Dominique Bouchet, ed., *Cultural Dimensions of International Marketing* (Denmark: Odense University, 1995): 68–89.
5. Lisa M. Keefe, "You're So Vain," *Marketing News* (February 28, 2000): 8.
6. Morris Rosenberg, *Conceiving the Self* (New York: Basic Books, 1979); M. Joseph Sirgy, "Self-Concept in Consumer Behavior: A Critical Review," *Journal of Consumer Research* 9 (December 1982): 287–300; www.mediapost.com, accessed February 15, 2007; Roy F. Baumeister, Dianne M. Tice, and Debra G. Hutton, "Self-Presentational Motivations and Personality Differences in Self-Esteem," *Journal of Personality* 57 (September 1989): 547–75; Ronald J. Faber, "Are Self-Esteem Appeals Appealing?" in Leonard N. Reid, ed., *Proceedings of the 1992 Conference of the American Academy of Advertising* (1992): 230–35.
7. John Tierney, "Why You Won't Be the Person You Expect to Be?" *New York Times* (January 3, 2013), http://www.nytimes.com/2013/01/04/science/study-in-science-shows-end-of-history-illusion.html?_r=0, accessed January 23, 2013.
8. Emily Yoffe, "You Are What You Buy," *Newsweek* (June 4, 1990): 59.
9. Derek D. Rucker, David Dubois, and Adam D. Galinsky, "Generous Paupers and Stingy Princes: Power Drives Consumer Spending on Self Versus Others," *Journal of Consumer Research* 37, no. 6 (April 2011): 1015–29.
10. Christine Bittar, "Alberto-Culver Ties Hair Relaxer to Self-Esteem," www.mediapost.com, accessed February 15, 2007; www.texturesoftener.com, accessed May 29, 2009.
11. Michael Hafner, "How Dissimilar Others May Still Resemble the Self: Assimilation and Contrast After Social Comparison," *Journal of Consumer Psychology* 14, nos. 1 & 2 (2004): 187–96.
12. Marsha L. Richins, "Social Comparison and the Idealized Images of

Advertising," *Journal of Consumer Research* 18 (June 1991): 71–83; Mary C. Martin and Patricia F. Kennedy, "Advertising and Social Comparison: Consequences for Female Preadolescents and Adolescents," *Psychology & Marketing* 10 (November–December 1993): 513–30; cf. also Claudia Townsend and Sanjay Sood, "Self-Affirmation Through the Choice of Highly Aesthetic Products," *Journal of Consumer Research* Vol. 39, No. 2 (August 2012): pp. 415–28.

13. Philip N. Myers, Jr., and Frank A. Biocca, "The Elastic Body Image: The Effect of Television Advertising and Programming on Body Image Distortions in Young Women," *Journal of Communication* 42 (Summer 1992): 108–33.
14. Charles S. Gulas and Kim McKeage, "Extending Social Comparison: An Examination of the Unintended Consequences of Idealized Advertising Imagery," *Journal of Advertising* 29 (Summer 2000): 17–28.
15. Brent McFerran, Darren W. Dahl, Gavan J. Fitzsimons, and Andrea C. Morales, "Might an Overweight Waitress Make You Eat More? How the Body Type of Others Is Sufficient to Alter Our Food Consumption," *Journal of Consumer Psychology* 20, no. 2 (2010): 146–51; cf. also Michael Häfner and Debra Trampe, "When Thinking Is Beneficial and When It Is Not: The Effects of Thin and Round Advertising Models," *Journal of Consumer Psychology* 19, no. 4 (2009): 619–28; Brent McFerran, Darren W. Dahl, Gavan J. Fitzsimons, and Andrea C. Morales "I'll Have What She's Having: Effects of Social Influence and Body Type on the Food Choices of Others," *Journal of Consumer Research* 36, no. 6 (April 2010): 173–80.
16. For the seminal treatment of this process, cf. Erving Goffman, *The Presentation of Self in Everyday Life* (New York: Doubleday, 1959).
17. Quoted in Michael Slackman, "Fashion and Faith Meet, on Foreheads of the Pious," *New York Times* (December 18, 2007), www.nytimes.com, accessed December 18, 2007.
18. http://www.cloudgirlfriend.com/, accessed March 4, 2013; Quoted in Alexia Tsotsis, "Cloud Girlfriend Launches as a Dating Site, NOT a Virtual Girlfriend Service," *Tech Crunch* (April 26, 2011), http://techcrunch.com/2011/04/26/cloud-girlfriend-launches-as-a-dating-site-not-a-virtual-girlfriend-service/, accessed May 28, 2011.
19. Harrison G. Gough, Mario Fioravanti, and Renato Lazzari, "Some Implications of Self Versus Ideal-Self Congruence on the Revised Adjective Check List," *Journal of Personality & Social Psychology* 44, no. 6 (1983): 1214–20.
20. Steven Jay Lynn and Judith W. Rhue, "Daydream Believers," *Psychology Today* (September 1985): 14.
21. www.taaz.com, accessed May 29, 2009; www.dailymakeover.com, accessed May 29, 2009.
22. Erving Goffman, *The Presentation of Self in Everyday Life* (Garden City, NY: Doubleday, 1959); Michael R. Solomon, "The Role of Products as Social Stimuli: A Symbolic Interactionism Perspective," *Journal of Consumer Research* 10 (December 1983): 319–29.
23. A. Reed, "Activating the Self-Importance of Consumer Selves: Exploring Identity Salience Effects on Judgments," *Journal of Consumer Research* 31, no. 2 (2004): 286–95.
24. Aliakbar Jafari and Christina Goulding, "'We Are Not Terrorists!' UK-Based Iranians, Consumption Practices and the 'Torn Self,'" *Consumption Markets & Culture* 11 (June 2008): 73–91.
25. Quoted in Fred Meier, "Girls Named Zoe Lose Suit Against Renault for Naming Electric Car Zoe," *DriveOn* (November 10, 2010), http://content.usatoday.com/communities/driveon/post/2010/11/girls-lose-renault-zoe-electric-car-lawsuit-over-name/1, accessed April 10, 2011.
26. George H. Mead, *Mind, Self and Society* (Chicago: University of Chicago Press, 1934).
27. Debra A. Laverie, Robert E. Kleine, and Susan Schultz Kleine, "Reexamination and Extension of Kleine, Kleine, and Kernan's Social Identity Model of Mundane Consumption: The Mediating Role of the Appraisal Process," *Journal of Consumer Research* 28 (March 2002): 659–69.
28. Natasha Singer, "If the Mirror Could Talk (It Can)," *New York Times* (March 18, 2007), www.nytimes.com, accessed March 18, 2007.
29. Charles H. Cooley, *Human Nature and the Social Order* (New York: Scribner's, 1902).
30. J. G. Hull and A. S. Levy, "The Organizational Functions of the Self: An Alternative to the Duval and Wicklund Model of Self-Awareness," *Journal of Personality & Social Psychology* 37 (1979): 756–68; Jay G. Hull, Ronald R. Van Treuren, Susan J. Ashford, Pamela Propsom, and Bruce W. Andrus, "Self-Consciousness and the Processing of Self-Relevant Information," *Journal of Personality & Social Psychology* 54, no. 3 (1988): 452–65.
31. Arnold W. Buss, *Self-Consciousness and Social Anxiety* (San Francisco: Freeman, 1980); Lynn Carol Miller and Cathryn Leigh Cox, "Public Self-Consciousness and Makeup Use," *Personality & Social Psychology Bulletin* 8, no. 4 (1982): 748–51; Michael R. Solomon and John Schopler, "Self-Consciousness and Clothing," *Personality & Social Psychology Bulletin* 8, no. 3 (1982): 508–14.
32. Loraine Lau-Gesk and Aimee Drolet, "The Publicly Self-Conscious Consumer: Prepare to Be Embarrassed," *Journal of Consumer Psychology* 18 (April 2008): 127–36.
33. Morris B. Holbrook, Michael R. Solomon, and Stephen Bell, "A Re-Examination of Self-Monitoring and Judgments of Furniture Designs," *Home Economics Research Journal* 19 (September 1990): 6–16; Mark Snyder, "Self-Monitoring Processes," in Leonard Berkowitz, ed., *Advances in Experimental Social Psychology* (New York: Academic Press, 1979): 85–128.
34. Mark Snyder and Steve Gangestad, "On the Nature of Self-Monitoring: Matters of Assessment, Matters of Validity," *Journal of Personality & Social Psychology* 51 (1986): 125–39; Timothy R. Graeff, "Image Congruence Effects on Product Evaluations: The Role of Self-Monitoring and Public/Private Consumption," *Psychology & Marketing* 13 (August 1996): 481–99; Richard G. Netemeyer, Scot Burton, and Donald R. Lichtenstein, "Trait Aspects of Vanity: Measurement and Relevance to Consumer Behavior," *Journal of Consumer Research* 21 (March 1995): 612–26.
35. Ernest Beaglehole, *Property: A Study in Social Psychology* (New York: Macmillan, 1932).
36. https://foursquare.com/user/2509238/badges/foursquare, accessed May 28, 2011; Rob Walker, "Lifelong Earning," *New York Times* (June 11, 2010), http://www.nytimes.com/2010/06/13/magazine/13fob--consumed-t.html?emc=eta1, accessed April 10, 2011.
37. Scott Smith, Dan Fisher, and S. Jason Cole, "The Lived Meanings of Fanaticism: Understanding the Complex Role of Labels and Categories in Defining the Self in Consumer Culture," *Consumption, Markets & Culture* 10 (June 2007): 77–94.
38. Russell W. Belk, "Shoes and Self," *Advances in Consumer Research* (2003): 27–33.
39. Park Ji Kyung and Deborah Roedder John, "Got to Get You into My Life: Do Brand Personalities Rub Off on Consumers?" *Journal of Consumer Research* 37, no. 4 (2010): 655–69.
40. Russell W. Belk, "Possessions and the Extended Self," *Journal of Consumer Research* 15 (September 1988): 139–68.
41. "Virtual Reality Avatars Created," *The Drum* (February 17, 2011), http://www.thedrum.co.uk/news/2011/02/17/18810-virtual-reality-avatars-created/, accessed April 10, 2011.
42. Erving Goffman, *The Presentation of Self in Everyday Life*, (New York: Anchor, 1959); Barry R. Schlenker and Beth A. Pontari, "The Strategic Control of Information: Impression Management and Self-Presentation in Daily Life," in Abraham Tesser, Richard B. Felson, and Jerry Suls, eds., *Psychological Perspectives on Self and Identity* (Washington, DC, American Psychological Association, (2000): 199–232.
43. Michael R. Solomon, "Digital Identity Management: Old Wine in New Bottles?" *Critical Studies in Fashion and Beauty* 1, no. 2 (December 2010): 173–80.
44. Neal Stephenson, *Snow Crash* (New York: Bantam Books, 1992).
45. Katie Kindelan, "Clothing Giant H&M Defends 'Perfect' Virtual Models," ABC News Blogs (December 6, 2011), http://gma.yahoo.com/blogs/abc-blogs/clothing-giant-h-m-defends-perfect-virtual-models-173726573.html, accessed January 11, 2013.
46. "Virtual World Web Reaches 50,000 Virtual Worlds," *San Francisco Chronicle* (March 31, 2011), http://www.sfgate.com/cgi-bin/article.cgi?f=/g/a/2011/03/31/prweb8256005.DTL, accessed May 28, 2011.
47. Natalie Wood and Michael R. Solomon, eds., *Virtual Social Identity* (Newport Beach, CA: Sage, 2010); Peter Svensson, "Study: Virtual Men Are Standoffish Too," *MyFox 21* (February 2007), http://matei.org/ithink/2007/02/22/study-virtual-men-are-standoffish-too-yahoo-news/, accessed February 22, 2007.
48. Liz Neporent, "Getting Naked in the Virtual World—More Women Than Men Show Flesh," *New York Times* (December 26, 2012), http://abcnews.go.com/blogs/health/2012/12/26/getting-naked-in-the-virtual-world-more-women-than-men-show-flesh-2/, accessed January 11, 2013.
49. This section is adapted from Jagdish N. Sheth and Michael R. Solomon, "Extending the Extended Self in a Digital World," *Journal of Marketing Theory and Practice* (2014, in press).
50. Diane Dannenfeldt, "How Prescription Alerts Work," *How Stuff Works*, http://computer.howstuffworks.com/e-mail-messaging/prescription-alerts1.htm, accessed May 28, 2012.
51. Changing Places, MIT Media Lab, http://www.media.mit.edu/research/groups/changing-places, accessed May 28, 2012; "Clever Toilet Checks on Your Health," *CNN Tech* (June 28, 2005), http://articles.cnn.com/2005-06-28/tech/spark.toilet_1_toilet-toto-bathroom?_s=PM:TECH, accessed May 31, 2012.
52. http://itunes.apple.com/us/app/weight-watchers-mobile/id331308914?mt=8, accessed May 28, 2012.

53. Eli Pariser, *The Filter Bubble: What the Internet Is Hiding from You* (New York: The Penguin Press, 2011).
54. Viet Le, "'Haul Videos': The Ultimate in Materialistic PG Porn?" *All Tech Considered*, http://www.npr.org/blogs/alltechconsidered/2010/02/haul_videosthe_ultimate_pg_gir2.html, accessed May 28, 2012.
55. Stephanie Rosenbloom, "Log On, Coordinate, Pose," *New York Times* (February 29, 2012), http://www.nytimes.com/2012/03/01/fashion/virtual-closet-web-sites-like-pinterest-and-stylitics-revise-online-fashion-shopping.html?_r=2&scp=1&sq=log%20on,%20coordinate&st=cse, accessed May 31, 2012.
56. "Haptic Glove," Cornell University, https://courses.cit.cornell.edu/ee476/FinalProjects/s2008/crs54_tz36/crs54_tz36/twocolumn.html, accessed May 31, 2012.
57. Christina Passariello, "Electronic Mirrors Sell Lipstick and a Makeover," *Wall Street Journal* (August 27, 2010), http://professional.wsj.com/article/SB10001424052748703700904575391213196820750.html?mg=reno64-wsj, accessed May 31, 2012.
58. "Pharmacogenetic Testing," Genelex, http://www.healthanddna.com/healthcare-professional/pharmacogenetics.html, accessed May 31, 2012; Stephanie Baum, "DNA Sequencing Platform Could Help Physicians Target Drugs for Each Patient," *MedCity News* (March 20, 2012), http://medcitynews.com/2012/03/dna-sequencing-platform-could-help-physicans-target-drugs-for-each-patient/, accessed May 31, 2012.
59. "Toyota Window to the World—Multimedia System," YouTube (July 4, 2011), http://www.youtube.com/watch?v=dl9eqdZpvJU, accessed May 31, 2012.
60. Robert Stratton, "Interactive LED Art Wall," YouTube (August 24, 2011), http://www.youtube.com/watch?v=33acbSk-mI0, accessed May 31, 2012.
61. Molly Edmonds, "How Smart Homes Work," *HowStuffWorks*, http://home.howstuffworks.com/smart-home.htm, accessed June 1, 2012.
62. See J. Aronoff and J. P. Wilson, *Personality in the Social Process* (Hillsdale, NJ: Erlbaum, 1985); Walter Mischel, *Personality and Assessment* (New York: Wiley, 1968).
63. http://www.reputation.com/, accessed May 29, 2011.
64. Sean D. Hamill, "Students Sue Prosecutor in Cellphone Photos Case," *New York Times* (March 25, 2009), www.nytimes.com/2009/03/26/us/26sextext.html, accessed March 26, 2009.
65. Robert R McCraie and Paul T. Costa, "The Stability of Personality: Observations and Evaluations," *Current Directions in Psychological Science* (1994): 173–175.
66. Ernest Dichter, *A Strategy of Desire* (Garden City, NY: Doubleday, 1960); Ernest Dichter, *The Handbook of Consumer Motivations* (New York: McGraw-Hill, 1964); Jeffrey J. Durgee, "Interpreting Dichter's Interpretations: An Analysis of Consumption Symbolism," in *The Handbook of Consumer Motivations* (unpublished manuscript, Rensselaer Polytechnic Institute, Troy, New York, 1989); Pierre Martineau, *Motivation in Advertising* (New York: McGraw-Hill, 1957).
67. Vance Packard, *The Hidden Persuaders* (New York: D. McKay, 1957).
68. Harold Kassarjian, "Personality and Consumer Behavior: A Review," *Journal of Marketing Research* 8 (November 1971): 409–18.
69. Karen Horney, *Neurosis and Human Growth* (New York: Norton, 1950).
70. Joel B. Cohen, "An Interpersonal Orientation to the Study of Consumer Behavior," *Journal of Marketing Research* 6 (August 1967): 270–78; Pradeep K. Tyagi, "Validation of the CAD Instrument: A Replication," in Richard P. Bagozzi and Alice M. Tybout, eds., *Advances in Consumer Research* 10 (Ann Arbor, MI: Association for Consumer Research, 1983): 112–14.
71. For a comprehensive review of classic perspectives on personality theory, see Calvin S. Hall and Gardner Lindzey, *Theories of Personality*, 2nd ed. (New York: Wiley, 1970).
72. See Carl G. Jung, "The Archetypes and the Collective Unconscious," in H. Read, M. Fordham, and G. Adler, eds., *Collected Works*, vol. 9, part 1 (Princeton, NJ: Princeton University Press, 1959).
73. This material was contributed by Rebecca H. Holman, senior vice president and director, Consumer Knowledge Structures, The Knowledge Group, Young & Rubicam Brands, July 2005.
74. Margaret Mark and Carol S. Pearson, *The Hero and the Outlaw: Building Extraordinary Brands Through the Power of Archetypes* (New York: McGraw-Hill, 2001). This section borrows from a discussion in Michael R. Solomon, Rebekah Russell-Bennett, and Josephine Previte, *Consumer Behaviour: Buying, Having, Being*, 3rd ed. (Frenchs Forest, NSW: Pearson Australia, 2012).
75. E. B. Boyd, "How a Personality Test Designed to Pick Astronauts Is Taking the Pain out of Customer Support," *Fast Company* (December 1, 2010), http://www.fastcompany.com/1706766/how-a-system-designed-to-weed-out-nasa-astronauts-is-taking-the-pain-out-of-customer-support-call?partner=homepage_newsletter, accessed April 13, 2011.
76. For an application of trait theory, cf. Adam Duhachek and Dawn Iacobucci, "Consumer Personality and Coping: Testing Rival Theories of Process," *Journal of Consumer Psychology* 15, no. 1 (2005): 52–63.
77. S. Christian Wheeler, Richard E. Petty, and George Y. Bizer, "Self-Schema Matching and Attitude Change: Situational and Dispositional Determinants of Message Elaboration," *Journal of Consumer Research* 31 (March, 2005): 787–97.
78. John L. Lastovicka, Lance A. Bettencourt, Renee Shaw Hughner, and Ronald J. Kuntze, "Lifestyle of the Tight and Frugal: Theory and Measurement," *Journal of Consumer Research* 26 (June 1999): 85–98; The Hartman Group, "The Continuing Economic Maelstrom & the US Consumer: Implications for CPG, Restaurant and Retail January 2009," http://www.hartman-group.com/publications/white-papers/the-continuing—economic-maelstrom-the-us-consumer, accessed September 3, 2011; Joseph Lazzaro, "US Savings Rate Soars to 14-Year High," *Daily Finance* (June 1, 2009), www.dailyfinance.com/2009/06/01/us-savings-rate-soars-to-14-year-high, accessed June 1, 2009; Andrea K. Walker, "Economy Breeds a Frugal Consumer," *Baltimore Sun* (April 20, 2009), www.baltimoresun.com/business/bal-te.bz.shoppinghabits19apr20,0,1577826.story, accessed June 1, 2009.
79. Adapted from information presented in Beth Snyder Bulik, "You Are What You Watch: Market Data Suggest Research Links Personality Traits to Consumers' Viewing Habits, Helps Marketers Match Brands with Audiences," *Advertising Age* (November 1, 2010), http://adage.com/article/news/research-links-personality-traits-tv-viewing-habits/146779/, accessed April 13, 2011.
80. Adapted from https://www.cpp.com/products/mbti/index.aspx, accessed March 6, 2013.
81. Stephanie Buck, "What Type of Social Media Personality Are You?" Mashable.com (August 13, 2012), http://mashable.com/2012/08/13/what-type-of-social-media-personality-are-you-infographic/?utm_medium=email&utm_source=newsletter, accessed March 6, 2013.
82. Jacob Jacoby, "Personality and Consumer Behavior: How Not to Find Relationships," in *Purdue Papers in Consumer Psychology*, no. 102 (Lafayette, IN: Purdue University, 1969); Harold H. Kassarjian and Mary Jane Sheffet, "Personality and Consumer Behavior: An Update," in Harold H. Kassarjian and Thomas S. Robertson, eds., *Perspectives in Consumer Behavior*, 4th ed. (Glenview, IL: Scott Foresman, 1991): 291–353; John Lastovicka and Erich Joachimsthaler, "Improving the Detection of Personality Behavior Relationships in Consumer Research," *Journal of Consumer Research* 14 (March 1988): 583–87. For an approach that ties the notion of personality more directly to marketing issues, see Jennifer L. Aaker, "Dimensions of Brand Personality," *Journal of Marketing Research* 34 (August 1997): 347–57.
83. See Girish N. Punj and David W. Stewart, "An Interaction Framework of Consumer Decision-Making," *Journal of Consumer Research* 10 (September 1983): 181–96.
84. J. F. Allsopp, "The Distribution of On-Licence Beer and Cider Consumption and Its Personality Determinants Among Young Men," *European Journal of Marketing* 20, no. 3 (1986): 44–62; Gordon R. Foxall and Ronald E. Goldsmith, "Personality and Consumer Research: Another Look," *Journal of the Market Research Society* 30, no. 2 (April 1988): 111–25; J. Z. Sojka and J. L. Giese, "Using Individual Differences to Detect Consumer Shopping Behavior," *International Review of Retail, Distribution and Consumer Research* 13, no. 4 (2003): 337–53; P. Albanese, "Personality and Consumer Behaviour: An Operational Approach," *European Journal of Marketing* 27, no. 8 (1993): 28–37; M. B. Holbrook and T. J. Olney, "Romanticism and Wanderlust: An Effect of Personality on Consumer Preferences," *Psychology and Marketing* 12, no. 3 (1995): 207–22; H. Baumgartner, "Towards a personology of the consumer," *Journal of Consumer Research* 29 (September 2002): 286–92.
85. J. C. Mowen and B. Carlson, "Exploring the Antecedents and Consumer Behavior Consequences of the Trait of Superstition," *Psychology and Marketing* 20, no. 12 (2003): 1045–65; M. Cleveland, M. Kalamas, and M. Laroche, "Shades of Green, Linking Environmental Locus of Control and Pro-environmental Behaviors," *Journal of Consumer Marketing* 22, no. 4/5 (2005): 198–212; J. C. Mowen, *The 3M Model of Motivation and Personality: Theory and Empirical Applications to Consumer Behavior* (Massachusetts: Kluwer Academic Publishers, 2000); M. B. Holbrook and T. J. Olney, "Romanticism and Wanderlust: An Effect of Personality on Consumer Preferences," *Psychology and Marketing* 12, no. 3 (1995): 207–22; S. I. Rick, C. E. Cryder, and G. Loewenstein, "Tightwads and Spendthrifts," *Journal of Consumer Research* 34 (April 2008): 767–81; J. K. Sojka and J. L. Giese, "The Influence of Personality Traits on the Processing of Visual and Verbal Information," *Marketing Letters* 12, no. 1 (2001): 91–106; R. A. Clark and R. E. Goldsmith, "Market Mavens: Psychological Influences," *Psychology and Marketing* 22 (April 2005): 289–312; U. R. Orth, "Consumer Personality and Other Factors in Situational Brand Choice Variation," *Journal of Brand Management* 13, no. 2 (2005): 115–33; M. Marquis

and P. Filiatrault, "Understanding Complaining Responses Through Consumers' Self-Consciousness Disposition," *Psychology and Marketing* 19, no. 3 (2002): 267–91; T. A. Mooradian and J. M. Olver, "'I Can't Get No Satisfaction': The Impact of Personality and Emotion on Postpurchase Processes," *Psychology and Marketing* 14, no. 4 (1997): 379–92.

86. Quoted in Stuart O'Brien, "iPad Owners Are 'Self-Centered Workaholics,'" *Mobile Entertainment* (July 30, 2010), http://www.mobile-ent.biz/news/read/ipad-owners-are-self-centered-workaholics, accessed April 13, 2011.

87. Thomas Hine, 'Why We Buy: The Silent Persuasion of Boxes, Bottles, Cans, and Tubes," *Worth* (May 1995): 78–83.

88. Jennifer Aaker, Kathleen D. Vohs, and Cassie Mogilner, "Nonprofits Are Seen as Warm and For-Profits as Competent: Firm Stereotypes Matter," *Journal of Consumer Research* 37, no. 2 (August 2010): 224–37.

89. Bradley Johnson, "They All Have Half-Baked Ideas," *Advertising Age* (May 12, 1997): 8.

90. Michael Hiestand, "ESPN Drops Ad Campaign That Was to Portray College Stereotypes," *USA Today* (November 14, 2008), www.usatoday.com/money/advertising/2008-11-13-espn-ad-campaign-killed_N.html, accessed November 14, 2008.

91. Rebecca Piirto Heath, "The Frontiers of Psychographics," *American Demographics* (July 1996): 38–43.

92. Quoted in Erin White, "Volvo Sheds Safe Image for New, Dangerous Ads," *Wall Street Journal* (June 14, 2002), www.wsj.com, accessed June 14, 2002; Viknesh Vijayenthiran, "Volvo's Upmarket Plans Hindered by Brand Image, Poor CO_2 Emissions," *Motor Authority* (November 24, 2008), www.motorauthority.com/volvo-continuing-with-plans-to-move-upmarket.html, accessed June 1, 2009.

93. Shirley Brady, "Volvo's Naughty S60 Experiment," *BrandChannel* (July 28, 2010), http://www.brandchannel.com/home/post/2010/07/28/Volvo-Naughty-S60-Experiment.aspx, accessed April 13, 2011.

94. Yongjun Sung and Spencer F. Tinkham, "Brand Personality Structures in the United States and Korea: Common and Culture-Specific Factors," *Journal of Consumer Psychology* 15, no. 4 (2005): 334–50; Beverly T. Venable, Gregory M. Rose, Victoria D. Bush, and Faye W. Gilbert, "The Role of Brand Personality in Charitable Giving: An Assessment and Validation," *Journal of the Academy of Marketing Science* 33 (July 2005): 295–312.

95. Quoted in Stuart Elliott, "A 1950s Brand Mascot Fights 21st-Century Indigestion," *New York Times* (March 5, 2008), www.nytimes.com, accessed March 5, 2008.

96. Craig J. Thompson, Aric Rindfleisch, and Zeynep Arsel, "Emotional Branding and the Strategic Value of the Doppelganger Brand Image," *Journal of Marketing* 70, no. 1 (2006): 50.

97. Jennifer L. Aaker, "Dimensions of Brand Personality," *Journal of Marketing Research* 34 (August 1997): 347–57.

98. Tim Triplett, "Brand Personality Must Be Managed or It Will Assume a Life of Its Own," *Marketing News* (May 9, 1994): 9.

99. Seth Stevenson, "How to Beat Nike," *New York Times* (January 5, 2003), www.nytimes.com, accessed January 5, 2003.

100. Susan Fournier, "Consumers and Their Brands: Developing Relationship Theory in Consumer Research," *Journal of Consumer Research* 24, no. 4 (March 1998): 343–73.

101. Jennifer L. Aaker, "The Malleable Self: The Role of Self-Expression in Persuasion," *Journal of Marketing Research* 36 (February 1999): 45–57; Sak Onkvisit and John Shaw, "Self-Concept and Image Congruence: Some Research and Managerial Implications," *Journal of Consumer Marketing* 4 (Winter 1987): 13–24. For a related treatment of congruence between advertising appeals and self-concept, see George M. Zinkhan and Jae W. Hong, "Self-Concept and Advertising Effectiveness: A Conceptual Model of Congruency, Conspicuousness, and Response Mode," in Rebecca H. Holman and Michael R. Solomon, eds., *Advances in Consumer Research* 18 (Provo, UT: Association for Consumer Research, 1991): 348–54.

102. C. B. Claiborne and M. Joseph Sirgy, "Self-Image Congruence as a Model of Consumer Attitude Formation and Behavior: A Conceptual Review and Guide for Further Research," paper presented at the Academy of Marketing Science Conference, New Orleans, 1990.

103. Susan Fournier and Julie L. Yao, "Reviving Brand Loyalty: A Reconceptualization within the Framework of Consumer-Brand Relationships," *International Journal of Research in Marketing* 14, no. 5 (December 1997): 451–72; Caryl E. Rusbult, "A Longitudinal Test of the Investment Model: The Development (and Deterioration) of Satisfaction and Commitment in Heterosexual Involvements," *Journal of Personality & Social Psychology* 45, no. 1 (1983): 101–17.

104. Allison R. Johnson, Maggie Matear, and Matthew Thomson, "A Coal in the Heart: Self-Relevance as a Post-Exit Predictor of Consumer Anti-Brand Actions," *Journal of Consumer Research* 38, no. 1 (June 2011): 108–25.

105. A. L. E. Birdwell, "A Study of Influence of Image Congruence on Consumer Choice," *Journal of Business* 41 (January 1964): 76–88; Edward L. Grubb and Gregg Hupp, "Perception of Self, Generalized Stereotypes, and Brand Selection," *Journal of Marketing Research* 5 (February 1986): 58–63.

106. Benedict Carey, "With That Saucy Swagger, She Must Drive a Porsche," *New York Times* (June 13, 2006), www.nytimes.com, accessed June 13, 2006.

107. Ira J. Dolich, "Congruence Relationship Between Self-Image and Product Brands," *Journal of Marketing Research* 6 (February 1969): 80–84; Danny N. Bellenger, Earle Steinberg, and Wilbur W. Stanton, "The Congruence of Store Image and Self Image as It Relates to Store Loyalty," *Journal of Retailing* 52, no. 1 (1976): 17–32; Ronald J. Dornoff and Ronald L. Tatham, "Congruence Between Personal Image and Store Image," *Journal of the Market Research Society* 14, no. 1 (1972): 45–52.

108. Naresh K. Malhotra, "A Scale to Measure Self-Concepts, Person Concepts, and Product Concepts," *Journal of Marketing Research* 18 (November 1981): 456–64.

109. Jack L. Nasar, "Symbolic Meanings of House Styles," *Environment & Behavior* 21 (May 1989): 235–57; E. K. Sadalla, B. Verschure, and J. Burroughs, "Identity Symbolism in Housing," *Environment & Behavior* 19 (1987): 579–87.

110. Solomon, "The Role of Products as Social Stimuli"; Robert E. Kleine III, Susan Schultz-Kleine, and Jerome B. Kernan, "Mundane Consumption and the Self: A Social-Identity Perspective," *Journal of Consumer Psychology* 2, no. 3 (1993): 209–35; Newell D. Wright, C. B. Claiborne, and M. Joseph Sirgy, "The Effects of Product Symbolism on Consumer Self-Concept," in John F. Sherry Jr. and Brian Sternthal, eds., *Advances in Consumer Research* 19 (Provo, UT: Association for Consumer Research, 1992): 311–18; Susan Fournier, "A Person-Based Relationship Framework for Strategic Brand Management" (doctoral dissertation, University of Florida, 1994).

111. www.airnewzealand.com/aboutus/mediacentre/cranial-billboards-campaign.htm, accessed March 5, 2013.

112. A. Dwayne Ball and Lori H. Tasaki, "The Role and Measurement of Attachment in Consumer Behavior," *Journal of Consumer Psychology* 1, no. 2 (1992): 155–72.

113. William B. Hansen and Irwin Altman, "Decorating Personal Places: A Descriptive Analysis," *Environment & Behavior* 8 (December 1976): 491–504.

114. Lan Nguyen Chaplin and Deborah Roedder John, "The Development of Self-Brand Connections in Children and Adolescents," *Journal of Consumer Research* 32 (June 2005): 119–29.

115. R. A. Wicklund and P. M. Gollwitzer, *Symbolic Self-Completion* (Hillsdale, NJ: Erlbaum, 1982).

116. Jack L. Nasar, "Symbolic Meanings of House Styles," *Environment & Behavior* 21 (May 1989): 235–57; E. K. Sadalla, B. Verschure, and J. Burroughs, "Identity Symbolism in Housing," *Environment & Behavior* 19 (1987): 579–87.

117. Paul Glader, "Avid Boarders Bypass Branded Gear," *Wall Street Journal* (July 27, 2007): B1.

118. Erving Goffman, *Asylums* (New York: Doubleday, 1961).

119. Floyd Rudmin, "Property Crime Victimization Impact on Self, on Attachment, and on Territorial Dominance," *CPA Highlights, Victims of Crime Supplement* 9, no. 2 (1987): 4–7.

120. Barbara B. Brown, "House and Block as Territory," paper presented at the Conference of the Association for Consumer Research, San Francisco, 1982.

121. Shay Sayre and David Horne, "I Shop, Therefore I Am: The Role of Possessions for Self-Definition," in Shay Sayre and David Horne, eds., *Earth, Wind, and Fire and Water: Perspectives on Natural Disaster* (Pasadena, CA: Open Door Publishers, 1996): 353–70; cf. also Jill G. Klein and Laura Huang, "After All Is Lost: Meeting the Material Needs of Adolescent Disaster Survivors," *Journal of Public Policy & Marketing* 26, no. 1 (Spring 2007): 1–12.

122. Lisa E. Bolton, Joel B. Cohen, and Paul N. Bloom (2006), "Does Marketing Products as Remedies Create 'Get Out of Jail Free Cards'?" *Journal of Consumer Research* 33 (June): 71–81.

123. Amit Bhattacharjee, Lisa E. Bolton, and Americus Reed, II, "License to Lapse: The Effects of Weight Management Product Marketing on a Healthy Lifestyle," working paper, *Wharton*, 2009.

124. Lisa E. Bolton, Americus Reed II, Kevin Volpp, and Katrina Armstrong, "How Does Drug and Supplement Marketing Affect a Healthy Lifestyle?" *Journal of Consumer Research* 34, no. 5 (2008): 713–26.

125. Sheila Shayon, "Levi's for Women: Shape, Not Size, Matters," *BrandChannel* (September 17, 2010), http://www.brandchannel.com/home/post/2010/09/17/Levis-Women-Curve-ID-Digital.aspx, accessed April 10, 2011; http://us.levi.

com/shop/index.jsp?categoryId=3146849&AB=CMS_Home_CurveID_081010, accessed May 28, 2011.
126. http://www.spanx.com/category/index.jsp?categoryId=2992553&clickid=topnav_shapers_txt, accessed May 28, 2011.
127. Samantha Murphy, "No, You're Not Fat—Facebook Just Makes You Think You Are," Mashable (March 30, 2012), http://mashable.com/2012/03/30/facebook-makes-you-feel-fat/?WT.mc_id=en_social-media&utm_campaign=Social%2BMedia&utm_medium=email&utm_source=newsletter, accessed January 11, 2013.
128. Nina Mandell, "Padded Swimsuits for All? Abercrombie and Fitch Marketing Padded Tops to Young Girls," *New York Daily News* (March 27, 2011), http://www.nydailynews.com/lifestyle/fashion/2011/03/27/2011-03-27_padded_swimsuits_for_all_abercrombie_and_fitch_marketing_padded_tops_to_young_gi.html, accessed April 10, 2011.
129. Daniel S. Hamermesh, "Ugly? You May Have a Case," *New York Times Magazine* (August 27, 2011), http://www.nytimes.com/2011/08/28/opinion/sunday/ugly-you-may-have-a-case.html?ref=opinion, accessed January 11, 2013.
130. Sharon Jayson, "Study: Beautiful People Cash in on Their Looks," *USA Today* (March 31, 2011), http://usatoday30.usatoday.com/money/perfi/basics/2011-03-30-beauty30_ST_N.htm, accessed January 11, 2013.
131. "Saving Face," *The Economist* (July 10, 2004): 55.
132. Emily Flynn, "Beauty: Babes Spot Babes," *Newsweek* (September 20, 2004): 10.
133. For some results that provide exceptions to this overall phenomenon, cf. Elizabeth Cashdan, "Waist-to-Hip Ratio Across Cultures: Trade-Offs Between Androgen- and Estrogen-Dependent Traits," *Current Anthropology* 49, no. 6 (2008): 1099–1107.
134. Abigail W. Leonard, "How Women Pick Mates vs. Flings," *LiveScience* (January 2, 2007), www.livescience.com/health/070102_facial_features.html, accessed January 3, 2007.
135. Corky Siemaszko, "Depends on the Day: Women's Sex Drive a Very Cyclical Thing," *New York Daily News* (June 24, 1999): 3.
136. http://science.netscape.com/story/2006/10/10/fertile-women-dress-to-impress, accessed February 1, 2007; Kristina M. Durante, Vladas Griskevicius, Sarah E. Hill, Carin Perilloux, and Norman P. Li, "Ovulation, Female Competition, and Product Choice: Hormonal Influences on Consumer Behavior," *Journal of Consumer Research* 37 (April 2011): 921–34.
137. Amanda B. Bower, "Highly Attractive Models in Advertising and the Women Who Loathe Them: The Implications of Negative Affect for Spokesperson Effectiveness," *Journal of Advertising* 30 (Fall 2001): 51–63.
138. Basil G. Englis, Michael R. Solomon, and Richard D. Ashmore, "Beauty Before the Eyes of Beholders: The Cultural Encoding of Beauty Types in Magazine Advertising and Music Television," *Journal of Advertising* 23 (June 1994): 49–64; Michael R. Solomon, Richard Ashmore, and Laura Longo, "The Beauty Match-Up Hypothesis: Congruence Between Types of Beauty and Product Images in Advertising," *Journal of Advertising* 21 (December 1992): 23–34.
139. Thomas Fuller, "A Vision of Pale Beauty Carries Risks for Asia's Women," *International Herald Tribune Online* (May 14, 2006), accessed May 16, 2006.
140. Seth Mydans, "Oh Blue-Eyed Thais, Flaunt Your Western Genes!" *New York Times* (August 29, 2002), www.nytimes.com, accessed August 29, 2002.
141. Fuller, "A Vision of Pale Beauty Carries Risks for Asia's Women."
142. Norimitsu Onishi, "Globalization of Beauty Makes Slimness Trendy," *New York Times* (October 3, 2002), www.nytimes.com, accessed October 3, 2002.
143. Ellen Knickermeyer, "Full-Figured Females Favored," *Opelika-Auburn News* (August 7, 2001).
144. Amy Chozick, "The 'Love Bra' Catches Fire," *Wall Street Journal* (May 7, 2007): A1.
145. Austin Considine, "A Little Imperfection for That Smile?" *New York Times* (October 21, 2011), http://www.nytimes.com/2011/10/23/fashion/in-japan-a-trend-to-make-straight-teeth-crooked-noticed.html,accessed December 2, 2013.
146. Lois W. Banner, *American Beauty* (Chicago: University of Chicago Press, 1980); for a philosophical perspective, see Barry Vacker and Wayne R. Key, "Beauty and the Beholder: The Pursuit of Beauty Through Commodities," *Psychology & Marketing* 10 (November–December 1993): 471–94.
147. Mark J. Miller, "Macy's Introduces Marilyn Monroe Collection to a Racier Generation," *Brandchannel* (March 6, 2013), http://www.brandchannel.com/home/post/2013/03/06/Macys-Marilyn-Monroe-030613.aspx, accessed March 7, 2013.
148. Elaine L. Pedersen and Nancy L. Markee, "Fashion Dolls: Communicators of Ideals of Beauty and Fashion," paper presented at the International Conference on Marketing Meaning, Indianapolis, IN, 1989; Dalma Heyn, "Body Hate," *Ms.* (August 1989): 34; Mary C. Martin and James W. Gentry, "Assessing the Internalization of Physical Attractiveness Norms," *Proceedings of the American Marketing Association Summer Educators' Conference* (Summer 1994): 59–65.
149. Lisa Bannon, "Barbie Is Getting Body Work, and Mattel Says She'll Be 'Rad,'" *Wall Street Journal Interactive Edition* (November 17, 1997).
150. Lisa Bannon, "Will New Clothes, Bellybutton Create 'Turn Around' Barbie," *Wall Street Journal Interactive Edition* (February 17, 2000).
151. "Report Delivers Skinny on Miss America," *Montgomery Advertiser* (March 22, 2000): 5A.
152. "Study: Playboy Models Losing Hourglass Figures," CNN.com (December 20, 2002), www.CNN.com.
153. Anthony H. Ahrensa, Sarah F. Etua, James J. Graya, James E. Mosimanna, Mia Foley Sypecka, and Claire V. Wisemanb, "Cultural Representations of Thinness in Women, Redux: *Playboy* Magazine's Depiction of Beauty from 1979 to 1999," *Body Image* (September 2006): 229–35.
154. Quoted in Will Lassek, Steve Gaulin, and Hara Estroff Marano, "Eternal Curves," *Psychology Today* (July 03, 2012), http://www.psychologytoday.com/articles/201206/eternal-curves, accessed January 11, 2013.
155. Quoted in Lauren Indvik, Mashable (July 3, 2012), http://mashable.com/2012/07/03/seventeen-real-girls-petition/?utm_source=feedburner&utm_medium=email&utm_campaign=Feed%3A+Mashable+%28Mashable%29, accessed January 11, 2013.
156. Erin White, "Dove 'Firms' with Zaftig Models: Unilever Brand Launches European Ads Employing Non-Supermodel Bodies," *Wall Street Journal* (April 21, 2004): B3.
157. Quoted in Sarah Nassauer, "Project Plus-Size Retailers Put New Focus On Getting the Fit Right; An Hourglass Shape, High Waists Are Key," *Wall Street Journal* (September 1, 2011), http://professional.wsj.com/article/SB10001424053111904332804576540650673343320.html?mg=reno-wsj, accessed January 11, 2013; Stephanie Clifford, "Plus-Size Revelation: Bigger Women Have Cash, Too," *New York Times* (June 18, 2010), http://www.nytimes.com/2010/06/19/business/19plus.html?emc=eta1, accessed April 10, 2011.
158. Geoffrey A. Fowler, "Unilever Gives 'Ugly Betty' a Product-Plug Makeover in China," *Wall Street Journal* (December 29, 2008), www.wsj.com, accessed December 29, 2008.
159. Stephanie Clifford, "High Fashion, No Airbrushing," *New York Times* (October 19, 2012), http://www.nytimes.com/2012/10/20/business/rent-the-runway-uses-real-women-to-market-high-fashion.html?ref=todayspaper&_r=0, accessed January 11, 2013.
160. Jill Neimark, "The Beefcaking of America," *Psychology Today* (November–December 1994): 32.
161. Richard H. Kolbe and Paul J. Albanese, "Man to Man: A Content Analysis of Sole-Male Images in Male-Audience Magazines," *Journal of Advertising* 25 (Winter 1996): 1–20.
162. Douglas Quenqua, "Muscular Body Image Lures Boys into Gym, and Obsession," *New York Times* (November 19, 2012), http://www.nytimes.com/2012/11/19/health/teenage-boys-worried-about-body-image-take-risks.html?hp, accessed January 11, 2013.
163. Nina Lentini, "Levi's Launches 'Ultimate Lift' for Female Derriere," *Marketing Daily* (November 17, 2008), www.mediapost.com/Publications/?-Fa=Articles.Showarticle&Art_Aid=94943, accessed November 23, 2008; Miho Inada, "Is a Girdle Just for Men a Stretch? Japanese Company Calls Product 'Exercise Wear,' Says It Tones Muscles," *Wall Street Journal* (December 28, 2007): B3.
164. Jack Loechner, "Appearance and Weight Trumps Disease in Women's Concerns," Center for Media Research (May 26, 2008), http://blogs.mediapost.com/Research_Brief/?P=1714, accessed May 26, 2008.
165. David Goetzl, "Teen Girls Pan Ad Images of Women," *Advertising Age* (September 13, 1999): 32; Carey Goldberg, "Citing Intolerance, Obese People Take Steps to Press Cause," *New York Times* (November 5, 2000), http://www.nytimes.com/2000/11/05/us/fat-people-say-an-intolerant-world-condemns-them-on-first-sight.html, accessed September 1, 2011.
166. Shirley S. Wang, "Diet Pepsi's 'Skinny Can' Campaign Riles Eating Disorders Group," *Wall Street Journal* (February 15, 2011), http://blogs.WallStreetJournal.com/health/2011/02/15/diet-pepsis-skinny-can--campaign-riles-eating-disorders-group/, accessed April 10, 2011.
167. http://www.myproana.com, accessed July 29, 2013; Quoted in http://hub.webring.org/hub/proana, accessed May 29, 2011; Doreen Carvajal, "French Bill Takes Chic Out of Being Too Thin," *New York Times* (April 16, 2008), www.newyorktimes.com, accessed April 16, 2008; Alex Williams, "Before Spring Break, the Anorexic Challenge," *New York Times* (April 2, 2006), www.newyorktimes.com, accessed April 2, 2006.
168. "Fat-Phobia in the Fijis: TV-Thin Is In," *Newsweek* (May 31, 1999): 70.
169. Norimitsu Onishi, "Japan, Seeking Trim Waists, Measures Millions," *New York Times* (June 13, 2008), www.nytimes.com, accessed June 13, 2008.
170. Erin White and Deborah Ball, "Slim-Fast Pounds Home Tough Talk Ads

Aimed at U.K. Women," *Wall Street Journal* (May 28, 2004): B3.

171. John W. Schouten, "Selves in Transition: Symbolic Consumption in Personal Rites of Passage and Identity Reconstruction," *Journal of Consumer Research* 17 (March 1991): 412–25; Janet Whitman, "Extreme Makeovers Blur Line Between Medicine and Cosmetics," *Wall Street Journal* (January 7, 2004), www.wsj.com, accessed January 7, 2004.
172. Simon Romero, "Chávez Tries to Rally Venezuela against a New Enemy: Breast Lifts," *New York Times* (March 14, 2011), http://www.nytimes.com/2011/03/15/world/americas/15venezuela.html?scp=1&sq=breast&st=cse, accessed April 10, 2011.
173. Sharon Lafranierek, "For Many Chinese, New Wealth and a Fresh Face," *New York Times* (April 23, 2011), http://www.nytimes.com/2011/04/24/world/asia/24beijing.html?_r=1&ref=todayspaper, accessed April 29, 2011.
174. Natasha Singer, "How to Stuff a Wild Bikini Bottom," *New York Times* (March 2, 2006), www.nytimes.com, accessed March 2, 2006.
175. Catherine Saint Louis, "This Teenage Girl Uses Botox. No, She's Not Alone," *New York Times* (August 11, 2010), http://www.nytimes.com/2010/08/12/fashion/12SKIN.html?_r=1&scp=2&sq=botox&st=cse, accessed April 10, 2011.
176. Caroline Muspratt, "Unilever Bans 'Size Zero' Models in Ads," *London Telegraph* (May 9, 2007), www.telegraph.co.uk, accessed May 9, 2007; Larry Rohter, "Burst of High-Profile Anorexia Deaths Unsettles Brazil," *New York Times* (December 30, 2006), www.nytimes.com, accessed December 30, 2006; Eric Wilson, "Doctors Fault Designers' Stance Over Thin Models," *New York Times* (January 9, 2007), www.nytimes.com, accessed January 9, 2007.
177. Jane E. Brody, "Personal Health," *New York Times* (February 22, 1990): B9.
178. Christian S. Crandall, "Social Contagion of Binge Eating," *Journal of Personality & Social Psychology* 55 (1988): 588–98.
179. Ruth P. Rubinstein, "Color, Circumcision, Tattoos, and Scars," in Michael R. Solomon, ed., *The Psychology of Fashion* (Lexington, MA: Lexington Books, 1985): 243–54; Peter H. Bloch and Marsha L. Richins, "You Look 'Mahvelous': The Pursuit of Beauty and Marketing Concept," *Psychology & Marketing* 9 (January 1992): 3–16.
180. Sondra Farganis, "Lip Service: The Evolution of Pouting, Pursing, and Painting Lips Red," *Health* (November 1988): 48–51.
181. Michelle Hancock, "High Heels: The Agony and the Ecstacy," *The Telegraph* (April 1, 1986), http://news.google.com/newspapers?nid=2209&dat=19860401&id=xp4rAAAAIBAJ&sjid=NfwFAAAAIBAJ&pg=6255,163038, accessed September 19, 2013.
182. Dannie Kjeldgaard and Anders Bengtsson, "Consuming the Fashion Tattoo," in Geeta Menon and Akshay R. Rao, eds., *Advances in Consumer Research* 32 (Duluth, MN: Association for Consumer Research, 2005): 172–77.
183. Tiffany Hsu and Don Lee, "At 50 Years Old, Barbie Gets Tattoos—And a Megastore in China," *Los Angeles Times* (March 6, 2009), http://articles.latimes.com/2009/mar/06/business/fi-tattoobarbie6, accessed March 6, 2009.
184. "Three in Ten Americans with a Tattoo Say Having One Makes Them Feel Sexier," Harris (February 12, 2008), www.harrisinteractive.com/harris_poll/index.asp?PID=868, accessed May 29, 2009.
185. Natasha Singer, "Erasing Tattoos, Out of Regret or for a New Canvas," *New York Times* (June 17, 2007), www.nytimes.com, accessed June 17, 2007.
186. www.pathfinder.com:80/altculture/aentries/p/piercing.html, accessed August 22, 1997.
187. "'Pester power' costs parents £460 a year," *The Telegraph U.K.* (October 17, 2013), http://www.telegraph.co.uk/finance/personalfinance/10385226/Pester-power-costs-parents-460-a-year.html, accessed on December 17, 2013.

Chapter 8 • 태도와 설득

Chapter Objectives

이 장을 끝마칠 때, 당신은 다음의 사항들을 이해해야 한다:

1. 소비자 연구자들이 태도의 특성과 파워를 이해하는 것은 중요하다.
2. 태도는 언뜻 보이는 것보다 더 복잡하다.
3. 우리는 여러 방법들을 통해 태도를 형성한다.
4. 태도 구성요소들 간의 일관성을 유지하려는 욕구들로 인해 사람들은 구성요소들 중 하나 이상을 변화시키게 된다.
5. 태도 모델은 제품이나 서비스에 대한 소비자의 전반적인 태도를 예측하기 위해 특정 구성요소들을 규명하고 이들을 결합시킨다.
6. 제품이나 서비스에 대한 소비자의 태도를 변화시키려고 할 때 커뮤니케이션 모델은 마케터를을 위해 몇 가지 중요한 요소들을 규명해 준다.
7. 마케터들이 과거에 생각했던 바와는 달리 소비자는 정보처리 시 항상 수동적인 수용자는 아니다.
8. 왜 몇 가지 요인들은 메시지 원천의 효과성에 영향을 주는가?
9. 마케터의 메시지 구성 방식에 따라 메시지의 설득력의 높고 낮음이 결정된다.
10. 청중의 특성들은 정보원의 특성이 효과적인지 혹은 메시지 자체가 상대적으로 더 효과적인지를 결정하는 데 도움을 준다.

Saundra는 몇몇 상점에서 본 물건들에 대해 친구들에게 문자를 보내면서 한가롭게 쇼핑몰에서 시간을 보내고 있다. 그녀가 자신의 Facebook을 체크했을 때 친구들은 대학 지원 계획에 대해 채팅하고 있었다. 그녀는 이제 드디어 시작되었구나!라고 생각하며 고통스러운 신음을 내뱉었다. 그녀는 이제 고등학교에서 최고학년이 되었고 이미 모든 사람들은 내년에 일어날 일에 대해 생각하고 있다. Saundra는 힘든 상황을 극복하고 대학 진학에 대해 주의 깊게 생각해야 할 시간이 되었다는 것을 깨닫고 있다. Saundra가 이런 생각을 하고 있다는 것을 엄마가 알면 기뻐할 것임에 틀림없다. 그러나 모든 것이 너무 혼돈스럽다. 그녀 앞에는 여러 대학교들에서 온 수많은 매력적인 광고와 브로셔들이 쌓여 있다. 이러한 상황은 피하기 어렵다. 어떤 것들은 우편으로 또 어떤 것들은 이메일과 문자로 지속적으로 오고 있다. 몇몇 학교는 그녀에게 웹사이트를 통해 가상의 학교 투어를 하도록 초대하기도 하고 심지어 어떤 학교는 아바타로 변신하여 가상의 세계 버전에서 캠퍼스에 들어와 캠퍼스를 걸어보고 재학생들과 이야기를 하기를 원한다. 이 학교들이 강조하는 것들이 어떻게 다른지를 보는 것도 흥미롭다. 물론, 몇몇 대학교들은 자신들의 학문적인 우수성을 강조하고 또 다른 학교들은 자신들의 국제적 프로그램, 직장 유치 프로그램, 심지어 생활편의시설을 강조한다. 물론, 그녀는 자신에게 구애를 보내기 시작하는 학교들에 익숙해 있고 그녀는 이미 이 학교들에 대해 꽤 많이 알고 있다. 하지만 다른 학교들에 대해서는 백지 상태이다. 지금까지 적어도 그녀는 이러한 학교의 학생이 되면 어떨까 하는 것에 대해 정보가 전혀 없다. 어디에서 정보를 얻을 수 있는가? 라는 질문들을 Facebook에 게시하기 시작하면서 Saundra는 아주 치열한 한 해를 보내게 될 것임을 깨닫게 된다.

출처: conrado/Shutterstock.

목표 1

소비자 연구자들이 태도의 특성과 파워를 이해하는 것은 중요하다.

태도의 힘

사람들은 태도(attitude)라는 용어를 여러 가지 맥락에서 사용하고 있다. 당신은 "낙태에 대한 당신의 태도는 어떤가?"라는 질문을 받을 수도 있다. 부모는 자녀에게 "애야, 나는 너의 태도가 맘에 들지 않는구나"라고 꾸짖을 수도 있다. 심지어 어느 술집에서는 특별 할인 시간(happy hour)을 "태도 적응기간"라고 완곡하게 말하기까지 한다. 그러나 소비자 행동 측면에서 볼 때, **태도**(attitude)는 사람(자신을 포함해서), 대상, 광고, 또는 쟁점들에 대한 지속적이고 일반적인 평가이다. 우리가 태도를 갖고 있는 어떠한 것을 **태도 대상**(attitude object: A_o)이라고 부른다. Saundra가 자신의 대학 탐색과정에서 알게 되는 것처럼, 우리는 다양한 원천을 통해 정보를 받아들이고 대학과 같은 복잡한 태도 대상을 포함한 다양한 것들에 대해 태도를 형성하기 위해 많은 노력을 기울인다.

태도는 시간에 크게 영향을 받지 않으므로 지속적이다. 비록 시간이 지나면서 소음에 대해 부정적인 태도를 형성할 수도 있지만, 태도는 시끄러운 소음을 듣는 것과 같은 순간적인 사건 이상의 것에 적용되기 때문에 일반적이다. 소비자들은 단순한 제품 관련 행동들(예: Colgate보다 Crest 치약을 사용하는 것)에서부터 훨씬 더 일반적인 소비 관련 행동들(예: 얼마나 자주 양치질을 해야 하는가?)에 이르기까지 광범위한 태도 대상에 대한 태도를 갖고 있다. 태도는 개인이 누구와 데이트할 것인지, 어떤 음악을 들을 것인지, 알루미늄 캔을 재활용할 것인지, 혹은 생계를 위해 소비자 연구자가 되는 것을 선택할 것인지 등의 결정을 하는데 도움을 준다.

이 장은 태도의 내용과 태도의 형성 방법, 태도의 측정 방법에 대해 살펴볼 것이다. 아울러 태도와 행동 사이의 놀랍도록 복잡한 관계들을 검토한 후 마케터들이 이런 태도를 어떻게 변화시킬 수 있는지에 대해 더 자세히 살펴볼 것이다.

심리학자 Daniel Katz는 태도가 사회적 행동을 어떻게 용이하게 하는지를 설명하기 위해 **태도의 기능 이론**(functional theory of attitudes)을 개발했다. 이 실용주의적 접근에 따르면, 태도는 사람에게 어떤 기능을 제공하기 때문에 존재한다. 즉, 태도는 어떤 사람의 동기에 의해 결정된다. 미래의 유사한 상황에 대처해야 할 필요가 있을 것이라 기대하는 소비자는 이런 사건을 예상하고 태도를 형성하기 시작할 가능성이 높다. 두 사람은 매우 다른 이유로 인해 어떤 대상에 대해 동일한 태도를 가질 수도 있다. 결과적으로, 마케터는 태도를 변화시키려고 하기 전에 이런 태도가 왜 형성되었는지를 이해할 필요가 있다. 다음은 태도의 몇 가지 기능들이다.

- **실용적 기능**(utilitarian function): 실용적 기능은 6장에서 배웠던 보상과 처벌의 기본적 원리와 관련되어 있다. 제품이 즐거움 혹은 고통을 주기 때문에 이에 기초해서 제품에 대한 태도를 발전시킨다. 만일 누군가가 치즈버거의 맛을 좋아한다면, 그 사람은 치즈버거에 대한 긍정적인 태도를 형성할 것이다. 단순히 제품의 편익을 강조하는 광고(예, 당신은 "바로 그 맛 때문에" Diet Coke를 마셔야 합니다)는 실용적 기능에 소구한다.
- **가치 표현적 기능**(value-expressive function): 가치 표현적 기능을 수행하는 태도는 소비자의 중심 가치(3장)나 자아개념(7장)과 연관되어 있다. 개인은 특정 제품이 자신을 나타내주기 때문에 그 제품에 대한 태도를 형성한다. 가치 표현적 태도는 7장에서 토론되었던 라이프스타일 분석 – 소비자들이 특정한 사회적 정체성을 표현하기 위해 여러 활동, 관심, 그리고 의견들을 어떻게 구축하는지를 고려하는 – 과 밀접한 관련이 있다.
- **자아 방어적 기능**(ego-defensive function): 외적인 위협 혹은 내적인 감정으로부터 스스로를 보호하기 위해 형성하는 태도는 자아 방어적 기능을 수행한다. 초기의 마케팅 연구는 1950년대 가정주부들이 인스턴트 커피의 사용을 꺼린 이유가 유능한 주부로서의 자신에 대한 신념을 위협했기 때문이라고 지적했다. "남성적인" 이미지를 가질 수 있도록 돕겠다고 약속하는 제품(예, Marlboro 담배)은 자신의 남성성에 대해 불안해하는 남자들에게 소구할 수 있다. 또 다른 예는 공공장소에서 겨드랑이 냄새를 풍겼을 때의 비참하고 난처한 결과를 강조하는 방취제 캠페인이다.
- **지식 기능**(knowledge function): 어떤 태도는 질서나 구조, 또는 의미에 대한 욕구의 결과로 형성된다. 이 욕구는 사람이 모호한 상황에 있거나(일하러 갈 때 캐주얼 바지를 입는 것은 괜찮다. 하지만 이는 금요일에만 허용된다), 신제품을 접했을 때 종종 나타

난다(예, "Bayer는 당신에게 진통제에 대해 알려주고 싶습니다").

목표 2

태도는 언뜻 보이는 것 보다 훨씬 더 복잡하다.

태도의 ABC 모델

미국 Subaru가 새로운 마케팅 캠페인에 착수했을 때, Subaru는 비록 대다수의 소비자가 Subaru에 대해 들어본 적은 있으나 이 자동차에 대해 강한 정서적 연관을 느끼는 사람은 거의 없음을 알게 되었다. 하지만, Subaru의 소유자들은 이 브랜드에 대해 강한 열정과 사랑을 표현하고 있었다. 이런 정서적 연관을 강화시키기 위해 새로운 캠페인은 자동차 구 매에서 세 가지 다른 단계 – 가슴, 머리, 지갑 – 에 있는 사람들을 타깃으로 했다. "가슴(heart)" 단계는 자동차에 대한 개인적 애착의 스토리를 광고에서 보여줌으로써 소유자가 자신의 차에 대해 느끼는 사랑에 초점을 두었다. 반대로, "머리(head)" 단계의 광고는 자동차가 신뢰성, 경제성 등의 측면에서 소유자에게 어떻게 혜택을 줄 수 있는지를 강조함으로써 특정 모델의 이성적인 면을 제시했다. "지갑(wallet)" 광고는 지역 딜러 할인과 같이 실제 Subaru를 구매할 때의 재무적인 측면을 다루고 있다.

Subaru 캠페인에서처럼 태도는 감정(affect), 행동(behavior), 인지(cognition)의 세 가지 구성요소를 갖고 있다. **감정**은 태도 대상에 대해 소비자가 어떻게 느끼는가를 의미한다. **행동**은 태도 대상에 대해 조치를 취하려는 소비자의 의도를 뜻한다(그러나 의도가 항상 실제 행동으로 나타나는 것은 아니며, 이는 뒤에서 논의될 것이다). **인지**는 태도 대상에 대해 소비자가 사실이라고 믿는 것을 말한다. 태도의 이러한 세 가지 구성요소를 **태도의 ABC 모델**(ABC model of attitude)이라고 한다.

ABC 모델은 아는 것(knowing), 느끼는 것(feeling), 하는 것(doing) 사이의 상호관계를 강조한다. 어떤 제품에 대한 소비자의 태도는 단순히 그것에 대한 사람들의 인지(신념)를 규명하는 것만으로는 밝혀낼 수 없다. 예를 들어, 연구자는 소비자들이 어떤 캠코더가 8:1의 강한 줌렌즈를 갖고 있고 자동 초점이라는 것을 "알고 있음"을 밝힐 수는 있지만, 이런 단순한 지식이 속성에 관한 소비자들의 감정 및 실제 소비자들의 캠코더 구매에까지 연결될지에 대해서는 알 수 없다.

효과의 위계

지식과 감정 혹은 행동 중 어느 것이 가장 먼저 형성되는가? 상황에 따라 각 요소가 다른 요소를 야기시킬 수 있다. 태도 연구자들은 이 세 가지 구성요소의 상대적 영향력을 설명하기 위해 **효과의 위계**(hierarchies of effects) 개념을 발전시켰다. 각 위계는 소비자가 태도를 형성하기 위해 고정된 단계의 순서를 밟는다고 규정하고 있다. 이 순서는 2장에서 이미 보았던 의사결정 모델들과 일치한다. 그림 8.1은 세 가지 다른 위계를 보여주고 있다.

표준 학습 위계

사고(think) → 감정(feel) → 행동(do): **표준 학습 위계**(standard learning hierarchy)는 사람들이 제품 결정을 문제 해결 과정으로 접근한다고 가정한다. 2장에서 이를 인지적 의사결정으로 설명하였다. 제일 먼저 관련된 속성들에 관한 지식(신념들)을 축적함으로써 제품에 대한 신념을 형성한다. 그런 다음, 이 신념들을 평가하고 제품에 대한 느낌을 형

그림 8.1 효과의 위계

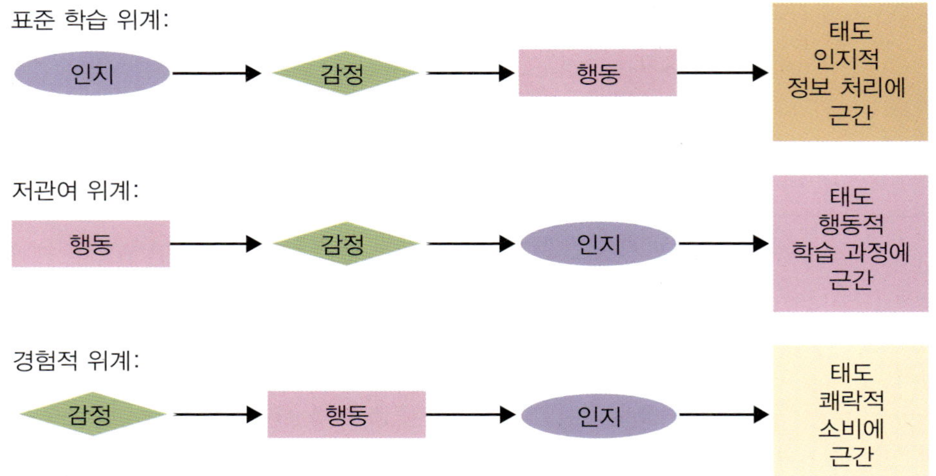

성한다(감정). 마지막으로, 좋다고 느껴지는 속성을 가진 제품을 구매하는 것과 같은 관련 행동을 하게 된다. 표준 학습 위계는 소비자가 구매 결정 시 깊이 관여한다고 가정한다. 즉, 많은 양의 정보를 탐색하고 대안들을 신중히 검토한 후 심사숙고해서 결정을 내린다.

저관여 위계

행동 → 감정 → 사고: **저관여 효과의 위계**(low-involvement hierarchy of effects)는 소비자들이 처음에는 특정 브랜드에 대해 강한 선호를 갖고 있지 않다고 가정한다. 그 대신 제한된 정보를 기초로 행동을 하고 제품을 구매한 후에야 평가를 내리게 된다. 좋거나 나쁜 경험이 소비자의 초기 선택을 강화하는 행동적 학습을 통해 태도가 형성되는 경향이 있다. 따라서 이러한 순서는 2장의 습관적 의사결정 모델과 일치된다.

신중하게 일련의 제품에 대한 신념을 수립한 후 이를 평가하는 대부분의 의사결정에 대해 소비자들이 충분히 관심을 기울이지 않을 가능성이 있다는 것은 중요한 부분이다. 그 이유는 신념에 영향을 미치려고 하거나 제품 속성에 관한 정보를 제대로 전달하려고 하는 모든 관심들이 흔히 쓸모없는 것이 될 수 있음을 의미하기 때문이다. 어쨌든 소비자는 주의를 기울이려고 하지는 않는다. 그들은 구매결정을 할 때 단순한 자극-반응 연결에 반응하는 경향이 더 크다. 예를 들어, 종이 타월을 선택하려는 소비자는 선반 위의 모든 브랜드를 일일이 비교하는 번거로움보다는 "Bounty는 빠르고 쉽게 뽑힌다"라는 것을 기억할 수도 있다.

소비자가 저관여되었다는 것은 어떤 마케터들에게는 받아들이기 어려운 일이다. 그들이 팔고 있는 것이 중요하지도 않고 소비자의 관여도도 낮다는 것을 누가 인정 하고 싶겠는가? 말하자면, 풍선껌이나 고양이 사료의 브랜드 관리자는 자신이 깨어 있는 많은 시간(아마도 자면서까지도) 동안 제품에 대한 생각을 하기 때문에, 소비자들이 그것을 구매하는 데 많은 생각을 하지 않는다는 것을 믿기 힘들 것이다.

마케터들에게 있어서 저관여의 긍정적인 측면은 저관여 상황에서 소비자들은 여러 복잡한 브랜드 관련 정보를 처리하도록 동기화되지 않는다는 것이다. 대신에 소비자들은 6장에서 다루었던 익숙한 브랜드명과 구매 시점의 진열에 대한 단순한 반응들과 같은 행동적 학습 원리에 의해 좌우될 것이다.

뉴욕의 유명한 Smith & Wollensky 레스토랑에 관한 이 광고는 마케터들과 제품이나 서비스와 관련된 여러 사람들이 소비자들보다 제품 및 서비스에 더 많이 관여되어 있다는 것을 강조하고 있다.
출처: Smith & Wollensky Steak House.

경험적 위계

경험 → 행동 → 사고: **경험적 효과의 위계**(experiential hierarchy of effects)에 따르면, 소비자는 자신의 감정적 반응에 근거하여 행동한다. 경험적 관점은 포장 디자인, 광고, 브랜드명과 같은 무형의 제품 속성들, 그리고 경험이 일어나는 환경의 성격이 브랜드에 대한 태도를 형성시키는 데 도움을 줄 수 있다는 생각을 강조한다. 이런 반응은 제품이 흥미로운지의 여부(Nintendo Wii와 같은)와 같은 쾌락적 동기에 근거를 두게 된다. 이 순서는 2장에서 다루었던 감정적 의사결정 과정과 일치한다.

심지어 의사전달자가 표현하는 감정까지도 영향을 준다. 행복은 전염된다. 정서적 전염(emotional contagion)이라고 하는 과정에서, 행복한 사람들이 전달하는 메시지는 제품에 대한 우리들의 태도를 향상시킨다. 많은 연구들은 마케팅 메시지에 노출될 때 어떤 사람이 갖고 있는 기분이 광고의 처리 과정, 제시된 정보가 기억되게 될 가능성, 그리고 광고된 제품 및 관련 제품에 대해 향후 어떻게 느끼게 될 것인가에 영향을 미친다고 지적하고 있다.

목표 3
우리는 여러 방법들을 통해 태도를 형성한다.

우리는 어떻게 태도를 형성하는가?

우리는 모두 여러 가지 태도를 갖고 있으며, 대개는 우리가 어떻게 그러한 태도를 형성하게 되었는지에 대해 의문을 갖지 않는다. 분명히 사람들은 Pepsi가 Coke보다 좋다든지, 대안(alternative) 음악이 영혼을 자유롭게 한다는 등의 확신을 갖고 태어나지는 않는다. 그러면 이런 태도는 어떻게 형성되는가?

태도는 작용하는 특정 효과 위계에 따라 몇 가지 다른 방식으로 형성된다. 6장에서 학습한 것처럼, 마케터가 Pepsi라는 이름의 태도 대상과 기억하기 쉬운 CM송(여러분은 Pepsi 세대입니다)을 반복적으로 연결짓는 것과 같은 고전적 조건화에 의해 브랜드에 대한 태도를 형성할 수도 있다. 또는 태도 대상에 대한 소비를 마케터가 강화시킬 경우(예: Pepsi는 갈증을 풀어준다), 태도는 도구적 조건화에 의해 형성될 수도 있다. 또는 태도 학습은 매우 복잡한 인지적 과정의 결과일 수 있다. 예를 들어, 10대들은 매체에 나와 Pepsi를 마시는 Beyonce와 같은 유명인사와 친구들의 행동을 모방할 수 있는데, 이것은 펩시를 마시는 것을 통해 자신들이 Pepsi 광고에서 묘사 된 바람직한 라이프스타일에 부합된다고 느끼기 때문이다.

모든 태도는 똑같이 형성되지는 않는다

모든 태도가 동일한 방식으로 형성되는 것은 아니므로, 태도의 유형들을 구별하는 것은 중요하다. 예를 들어, 어떤 소비자는 브랜드 충성도가 아주 높을 수 있으며, 태도 대상에 대한 지속적이며 깊은 긍정적 태도를 갖고 있고, 이러한 관여는 약해지기 힘들 것이다. 이와는 반대로 어떤 소비자는 훨씬 변덕스러울 수 있는데 그녀는 제품에 대해 어느 정도 긍정적인 태도를 가질 수 있지만, 더 좋은 것이 있을 때는 기꺼이 그것을 포기할 것이다. 이 절에서는 강하고 약한 태도의 차이에 대해 생각해 보고, 태도가 어떻게 형성되며 기존에 갖고 있는 태도와 어떻게 관련되는지를 설명해 주는 주요 이론적 접근들을 간략하게 검토하고자 한다.

태도에 대한 소비자의 몰입(commitment)은 다양하다. 몰입 정도는 태도 대상에 대한 그들의 관여 수준과 연관되어 있다(2장 참조). 낮은 단계에서 높은 단계로 증 가하는 몰입의 세 가지 수준은 다음과 같다.

1. **준수**(compliance): 가장 낮은 관여 수준. 준수의 단계에서 태도는 타인들로부터 처벌을 피하게 해주고 보상을 얻도록 도와주기 때문에 형성된다. 이 태도는 매우 피상적이다. 타인들이 어떤 사람의 행동을 더 이상 감시하지 않거나, 다른 대안을 사용할 수 있을 때는 바뀌기 쉽다. 카페테리아에서는 펩시를 팔고 있고 코카콜라를 사러 다른 곳으로 가기가 너무 힘들기 때문에 그냥 펩시를 마실 수도 있다.
2. **동일시**(identification): 소비자가 다른 사람이나 집단의 기대에 따르기 위해 태도를 형성할 때 동일시가 일어난다. 다른 제품을 제치고 특정 제품을 선택할 경우 발생하는 끔찍한 사회적 결과를 묘사하는 광고는 바람직한 모델들의 행동을 모방하려는 소비자의 경향성에 의존한다(이에 대해서는 9장에서 더 논의된다).
3. **내면화**(internalization): 높은 수준의 관여로, 깊게 자리잡은 태도는 내면화되고 그

사람의 가치 체계의 일부가 된다. 이런 태도들은 개인에게 매우 중요하기 때문에 바뀌기 어렵다. 악명 높았던 1980년대의 Coke의 대반란은 마케터가 소비자의 깊이 자리 잡은 가치를 바꾸려고 할 때 어떤 일이 생기는가를 보여주고 있다. Coca-Cola는 단맛을 선호하는 젊은 층의 욕구를 만족시키기 위해 맛을 내는 방식을 바꾸기로 했다. 이 회사는 시음을 한 소비자들이 새로운 방식의 맛을 선호한다는 것을 보여주는 엄격한 블라인드 테스트를 실시했다. 놀랍게도, New Coke가 시장에 출시되었을 때 골수 Coke 팬들이 항의하는 등 큰 소동이 일어났다. 이들의 Coca-Cola에 대한 충성도는 사소한 맛에 대한 선호 이상이었다. Coca-Cola는 이들의 사회적 정체성과 연관되어 있었으며, 강한 애국심과 향수적 성질을 띠고 있었다.

목표 4

태도 구성요소들 간의 일관성을 유지하려는 욕구로 인해 사람들은 태도 구성요소들 중 하나 이상을 변화시키게 된다.

일관성의 원리

"Pepsi는 내가 제일 좋아하는 청량음료이지만 맛은 나쁘다", 혹은 "나는 내 남자 친구를 사랑한다. 그는 내가 지금껏 만난 사람 중 가장 멍청한 사람이다"와 같은 말을 들어본 적이 있는가? 이 신념이나 평가는 서로 어울리지 않기 때문에 아마도 없을 것이다(적어도 그 커플이 결혼하기 전까진!). **인지적 일관성 원리**(principle of cognitive consistency)에 따르면, 소비자들은 그들의 사고와 감정 및 행동 사이의 조화에 가치를 두고, 이들 요소 간의 균형을 유지하고자 한다. 이것은 만일 필요하다면 다른 경험들과 일치할 수 있도록 소비자들이 자신의 생각이나 감정, 또는 행동을 변화시키려고 한다는 것을 의미한다. 남자 친구가 이따금 실수도 하고 바보처럼 행동할 수 있지만, 그의 여자 친구는 (결국) 그를 용서할 길을 찾을 것이라는 것이다. 일관성의 원리는 태도가 공백 상태에서 형성되지 않는다는 중요한 점을 일깨워준다. 대신에 한 가지 중요한 요소는 태도가 소비자가 이미 지니고 있는 다른 태도들과 어떻게 조화를 이루는가 하는 것이다.

인지 부조화 이론(theory of cognitive dissonance)은 사람이 태도 또는 행동 사이의 불일치에 직면했을 때, 아마도 태도를 바꾸거나 행동을 수정함으로써 이런 "부조화"를 해결하려는 행동을 취할 것이라고 주장한다. 사람들은 종종 제품이나 서비스에 대한 태도와 실제 행동이나 구매 행동 사이에서 갈등을 겪는 상황에 직면하기 때문에, 이 이론은 태도에 중요한 영향력을 갖게 된다.

이 이론에 따르면, 사람들은 신념과 감정을 서로 어울리게 하는 방식을 찾음으로써 부조화에 의해 유발된 부정적 감정을 감소시키려고 한다. 이 이론은 두 개의 인지 요소(cognitive elements)가 서로 불일치하는 상황에 초점을 둔다. 하나의 인지 요소는 어떤 사람이 자기 자신, 자신의 행동, 또는 주변 환경에 관한 관찰 등에 대해 믿고 있는 어떤 것이 될 수 있다. 예를 들어, "나는 흡연이 암을 유발시킨다는 것을 알고 있다"와 "나는 담배를 피운다"라는 두 개의 인지 요소는 서로 부조화된다. 이 심리적 불일치는 흡연자에게 불쾌감을 유발시키는데 이들은 이 불쾌감을 감소시키려고 한다. 부조화의 크기는 부조화 요소의 중요성과 수에 달려 있다. 다시 말하면, 불일치를 줄이려는 압력이 있는 고관여 상황에서 부조화가 관찰될 가능성이 더 많다.

요소들을 제거하든지, 덧붙이든지, 또는 변화시키는 방법을 통해 부조화는 감소될 수 있다. 예컨대, 담배를 끊거나(제거하기), 아니면 95세에 죽을 때까지 담배를 피운 고

광고회사들은 소비자의 주의를 끌고 고객의 인지를 형성하기 위해 종종 창의적인 이미지에 의지할 필요가 있다.
출처: Energy BBDO.

모 Sophie를 기억할 수 있다(덧붙이기). 아니면, 암과 흡연과의 연관성을 거부하기 위해 시행된 기업 후원 연구들을 신뢰함으로써 암과 흡연을 연관시킨 연구에 의문을 제기할 수 있다(변화시키기).

부조화 이론은 어떤 제품에 대한 평가가 제품 구매 후에 왜 증가하는 경향이 있는지를 설명해 줄 수 있다. "나는 우둔한 결정을 했다"는 인지 요소는 "나는 우둔한 사람이 아니다"라는 요소와 부조화되기 때문에, 사람들은 어떤 것이 자신의 것이 된 후에 그것을 좋아하는 더 많은 이유를 찾으려고까지 하는 경향이 있다. 경마장에서 수행된 한 고전적 연구는 구매 후 부조화(postpurchase dissonance)를 입증해 준다. 돈을 건 사람들은 그들이 선택한 말을 더 높게 평가했고, 돈을 걸기 전보다 그 이후에 성공을 더 확신했다. 돈을 건 사람은 그 선택에 금전적으로 개입되었기 때문에, 선택하지 않은 말에 비해서 선택한 말에 대해 상대적인 매력을 증가시킴으로써 부조화를 감소시킨다. 이 현상의 한 가지 시사점은 소비자들은 그들의 구매 결정을 지지해 줄 수 있는 단서들을 적극적으로 탐색한다는 것이다. 그러므로 마케터들은 소비자들의 결정을 지지해 줄 수 있는 부가적인 강화를 구매 후에 소비자들에게 제공해 주어야 한다.

동기 갈등

목표는 긍정적이거나 부정적일 수 있는 *유인가*(*valence*)를 갖는다. 소비자들은 긍정적 가치를 지닌 목표를 달성하도록 행동을 추구하게 된다. 소비자들은 목표에 *접근*하도록 동기화되고 목표를 달성하는 데 도움이 되는 제품을 찾게 된다. 그러나 모든 행동이 어떤 목표에 접근하려는 욕망에 의해 동기화되는 것은 아니다. 부정적 강화와 관련된 6장의 논의에서 보았듯이, 소비자들은 긍정적 결과를 성취하기보다 부정적 결과를 *회피*하도록 동기화될 수 있다. 소비자들은 부정적 결과를 발생시키는 기회들을 감소시키기 위해 구매나 소비 활동을 조직화한다. 예를 들어, 많은 소비자들이 동료들의 거부, 즉 부정적인 목표를 피하기 위해 노력한다. 이들은 사회적 비난과 관련된 제품을 회피한다. 탈취제와 구강청정제 같은 제품들은 종종 겨드랑이 냄새 및 구취와 같은 나쁜 사회적 결과들을 묘사함으로써 소비자들의 부정적 동기에 소구한다.

구매 결정은 한 가지 이상의 동기 원천과 관련될 수 있기 때문에, 소비자들은 종종 긍정적인 동기와 부정적인 동기가 서로 갈등하는 상황에 처하기도 한다. 마케터들은 이러한 딜레마에 대한 가능한 해결책을 제시함으로써 소비자의 욕구를 충족시키고자 한다. 그림 4.1에서 보듯이, 세 가지의 일반적인 갈등 유형이 발생할 수 있다. 이들 유형에 대해 살펴보도록 하자.

접근-접근 갈등

접근-접근 갈등(approach-approach conflict)에서 우리는 두 개의 바람직한 대안들 사이에서 선택을 해야 한다. 휴일에 고향집에 가는 것과 친구들과 스키 여행을 가는 것 사이에서 고민을 할 수 있다. 또한 가게에서 두 장의 CD 앨범 가운데 어느 것을 고를까 망설일 수도 있다. 인지부조화 이론(theory of cognitive dissonance)은 사람들이 삶에서 질서와 일관성에 관한 욕구를 가지고 있고, 신념이나 행동이 다른 신념이나 행동과 부딪칠 때 부조화(긴장) 상태가 발생한다는 전제에 기초하고 있다. 두 대안 사이에서 선택을 할 때 발생하는 갈등은 인지 부조화의 감소(cognitive dissonance reduction) 과정을 통해 해결될 수 있는데, 사람들은 이러한 비일관성(혹은 부조화)을 감소시키도록 동기화되고 이를 통해 불쾌한 긴장을 제거한다.

부조화 상태는 종종 소비자가 두 제품 중에서 하나를 선택해야만 하는 경우에 발생되는데, 두 대안은 일반적으로 좋고 나쁜 특성 모두를 갖고 있다. 하나의 제품을 선택함으로써 선택한 제품의 나쁜 점을 어쩔 수 없이 감수해야 하고, 선택하지 않은 제품의 좋은 점을 포기하게 된다. 이러한 손실은 불쾌하며 조화롭지 못한 상태를 야 기하게 되는데, 소비자들은 이러한 불편한 상태를 줄이고자 한다. 사람들은 사후에 그들이 선택한 대안을 지지하기 위한 부가적인 이유들을 찾거나, 아니면 그들이 선택하지 않은 대안이 가지고 있는 결함을 "밝혀냄으로써" 자신들이 현명한 결정을 내렸다고 확신하는 경향이 있다(이것은 합리화(rationalization)라고 불리기도 한다). 마케터들은 몇 가지 편익을 묶음으로써 접근-접근 갈등을 해결할 수 있다. 예를 들어, 미국 맥주 브랜드인 밀러(Miller)는 밀러 라이트 맥주가 "*배가 덜 부르면서*" 동시에 "*맛은 좋다*"는 주장을 함으로

그림 8.2 동기 갈등의 유형

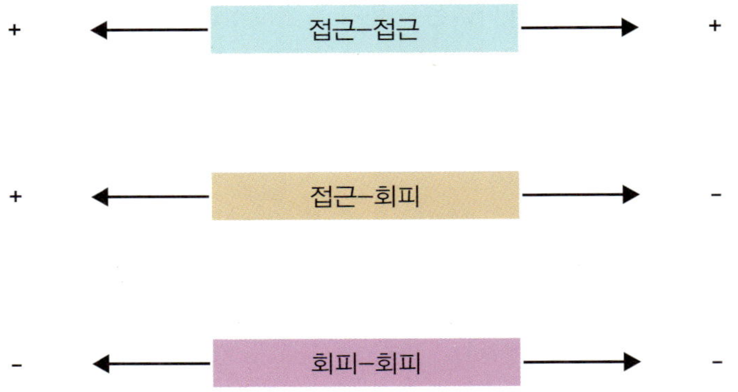

써 소비자들에게 밀러 라이트 맥주를 선택하도록 유도했다.

우리가 원하는 많은 제품과 서비스들은 소유나 사용에 따른 부정적 결과도 가지고 있다. 우리가 모피 코트와 같이 신분을 나타내 주는 제품을 구매할 때 죄의식이나 사치스럽다는 느낌을 가질 수 있으며, 또한 맛있어 보이는 감자 칩에 열광할 때 폭식을 하는 것처럼 느낄수 있다. 어떤 목표를 원하지만 동시에 그것을 피하고 싶을 때 **접근–회피 갈등**(approach-avoidance conflict)이 발생한다.

이러한 갈등의 몇 가지 해결 방법 중에서는 멋을 내기 위해 동물을 학대한다는 죄책감을 제거하기 위한 모조 모피의 확산이나, 칼로리가 낮은 좋은 제품임을 약속하는 Weight Watchers(weight-watchers.com)에 의해 생산되는 것과 같은 다이어트 식품의 성공이 포함될 수 있다. 많은 마케터들은 소비자에게 자신이 사치를 누릴 만하다는 것을 확신시킴으로써 이러한 죄책감을 극복시키려 노력하고 있다. L'Oréal의 화장품 광고에서 모델이 "나는 소중하니까요(Because I'm worth it!)"라고 외치는 것이 그 예가 될 수 있다.

때때로 소비자들은 두 가지 모두 "바람직하지 않은 대안들 가운데 선택을 해야 하는 경우"에 처하게 된다. 예를 들면, 갖고 있는 중고차에 돈을 좀 더 쓸 것인가 아니면 새 차를 사야 하는 것인가와 같은 경우이다. 마케터들은 흔히 특정 대안을 선택한 것이 야기하는 예상치 못한 편익들을 강조하는 메시지를 통해서 **회피–회피 갈등**(avoidance-avoidance conflict)을 다룬다(예, 자동차 구입 비용의 고통을 덜어주기 위해 특별 신용할부 계획을 강조할 때).

자기 지각 이론

우리는 인지 부조화를 줄이도록 동기화되므로 행동과 일관되도록 우리의 태도를 항상 변화시키는가? **자기 지각 이론**(self-perception theory)은 부조화 효과에 대한 대안적인 설명을 제공한다.[20] 이 이론은 타인의 행동을 지켜봄으로써 그들의 태도를 알 수 있다고 생각하는 것처럼, 사람들은 자신의 태도가 어떤가를 결정하기 위해 자신의 행동을 관찰한다고 가정한다. 이 이론은 우리가 어떤 대상을 구매하거나 소비했다면(우리가 자유롭게 선택을 했다고 가정할 때), 우리는 그에 대한 긍정적인 태도를 가져야 한다고 추론함으로써 일관성을 유지한다고 설명한다. 따라서 당신은 자신에게 "나는 Facebook을 정말 좋아함에 틀림없어. Facebook에 내 시간의 반을 할애하고 있어"라고 말할 것이다.

자기 지각 이론은 판매원들이 **문간에 발 들여놓기 기법**(foot-in-the-door technique)

이라고 부르는 판매 전략의 효과를 설명하는 데 도움이 된다. 만일 한 소비자가 작은 요구를 승낙하는 데 동의했다면 더 큰 요구도 승낙할 가능성이 커진다는 것을 알고 있다. 이 기법의 이름은 가가호호 방문판매 관행에서 유래되었다. 판매원들은 고객이 문을 닫아버릴 수 없도록 문 안에 그들의 발을 들여놓으라고 교육받는다. 훌륭한 판매원은 만일 소비자가 문을 열고 얘기하도록 설득될 수만 있다면, 제품을 구매하는 경향이 있다는 것을 안다. 이렇게 하도록 동의함으로써 고객은 판매원의 권유를 기꺼이 들을 준비가 되어 있다는 신호를 보낸다. 주문을 하는 것은 "나는 나의 집을 두드린 판매원으로부터 물건을 기꺼이 사려고 하는 유형의 사람이다"라는 자기 지각과 일치한다. 최근의 연구는 판매자가 인지적으로 어려운 일련의 결정을 내리도록 요청할 때 소비자는 자신의 행동을 감시하는 데 사용할 수 있는 자원이 고갈될 가능성이 있음을 지적하고 있다. 그 결과 타깃 소비자는 좀 더 쉬운 결정을 선호하게 될 것이다. 몇몇 경우에 구매하지 않아야 할 이유를 찾는 것보다 구매 요청을 단순히 받아들이는 것이 쉬울 수 있다.

사회적 판단 이론

사회적 판단 이론(social judgment theory) 역시 사람들이 이미 알고 있거나 느끼고 있는 것에 비추어 태도 대상들에 대한 새로운 정보를 받아들인다고 가정한다. 초기의 태도는 준거 틀(frame of reference)로 작용하고, 새로운 정보는 이 기존 기준에 의해 범주화된다. 어떤 상자가 얼마나 무거운가를 알기 위해선 다른 상자의 무게를 들어보아야 하듯이, 태도 대상에 관해 판단할 때는 주관적인 기준을 발전시킨다.

이 이론의 한 가지 중요한 측면은 정보의 수용 여부에 사람마다 차이가 있다는 것이다. 사람들은 태도 기준을 중심으로 **수용과 거부의 범위**(latitudes of acceptance and rejection)를 형성한다. 수용 범위 내에 들어온 정보는 호의적으로 받아들여질 것이지만, 그 구역 밖에 있는 것은 그렇지 못하다. 사람들은 수용 범위 내에 들어온 메시지를 실제보다 자신의 입장과 더 일치하는 것으로 보는 경향이 있다. 이 과장된 경향을 동화 효과(assimilation effect)라고 한다.

반면에, 거부 범위 내에 든 메시지는 실제보다 자신의 입장과는 더 거리가 있는 것처럼 느끼는 경향이 있는데, 이런 과장의 결과를 대비 효과(contrast effect)라고 한다. 어떤 사람이 한 태도 대상에 더 관여하게 됨에 따라, 그들의 수용 범위는 더 작아지게 된다. 다시 말하면, 소비자는 자신의 입장으로부터 벗어난 아이디어의 경우 일부만을 받아들이고 약간 다른 견해조차도 반대하는 경향이 있다. 까다로운 소비자는 더 작은 수락 범위를 가진다(예, "까다로운 어머니는 Jif 땅콩 버터를 선택합니다"). 반면에, 상대적으로 관여도가 낮은 소비자는 더 넓은 범위의 대안들을 고려한다. 그들은 브랜드 충성도가 낮고 브랜드 전환을 더 자주 하게 된다.

균형 이론

"Joe의 친구들은 나의 친구들이다" 혹은 "나의 적의 적은 내 친구이다"라는 말을 들어본 적이 있는가? **균형 이론**(balance theory)은 사람이 다른 태도 대상들 간의 관계를 어떻게 인식하는지와 그가 이런 일치성(혹은 "균형")을 유지하기 위해 태도를 어떻게 변화시키는지에 관심을 갖는다. 이 관점은 세 가지 요소 간의 관계(항상 지각자의 주관적인 관점에서)를 포함하기 때문에, 이것에 의해 형성되는 태도 구조를 3자 관계들(triads)이라 부른다; 각 3자 관계는 (1) 개인과 그의 지각, (2) 태도 대상, 그리고 (3) 어떤 타인이나 대상을 포함한다. 이 이론은 사람들이 3자 관계 간의 관계를 조화시키거나 균형을 잡도록 하고 싶어한다고 규정한다. 그렇지 못할 경우 균형을 회복하기 위해 우리의 지각을 변화시킴으로써 줄이고자 하는 긴장을 발생시킨다.

이 요소들은 두 가지 방법 중 하나로 연결될 수 있다: 요소들은 개인이 태도 대상(신념과 같은 것)과 연결된다고 생각되는 단위 관계(unit relation)나 개인이 태도 대상에 대한 좋아함과 싫어함을 표현하는 감정 관계(sentiment relation)를 가질 수 있다. 데이트를 하는 커플은 긍정적인 감정 관계를 갖고 있는 것으로 볼 수 있다. 결혼을 함으로써 그들은 긍정적인 단위 관계를 가질 것이다. 이혼 과정은 단위 관계를 끊는 시도이다.

균형 이론이 어떻게 작용하는지 보기 위해 다음의 시나리오를 고려해 보자:

- Alex는 그녀의 소비자 행동 강의를 같이 듣는 Elliott와 데이트를 하기를 원한다. 균형 이론 용어로 말하면, Alex는 Elliott와 긍정적인 감정 관계를 갖는다.
- 어느 날 Elliot가 귀고리를 하고 교실에 나타났다. Elliot는 귀고리와 긍정적인 단위 관계를 갖는다.
- Alex는 귀고리를 한 남자를 아주 싫어한다. 그녀는 남자의 귀고리와 부정적인 감정 관계를 갖고 있다.

균형 이론에 따르면, Alex는 불균형적인 3자 관계에 직면해 있다. 그림 8.3에 나타난 것처럼, 그녀는 3자 관계의 특정 부분을 바꿈으로써 균형을 회복하려는 압력을 경험하게 될 것이다. 그녀는 어떻게 할 까? 그녀는 결국 Elliott를 좋아하지 않는다고 결정할

그림 8.3 균형이론

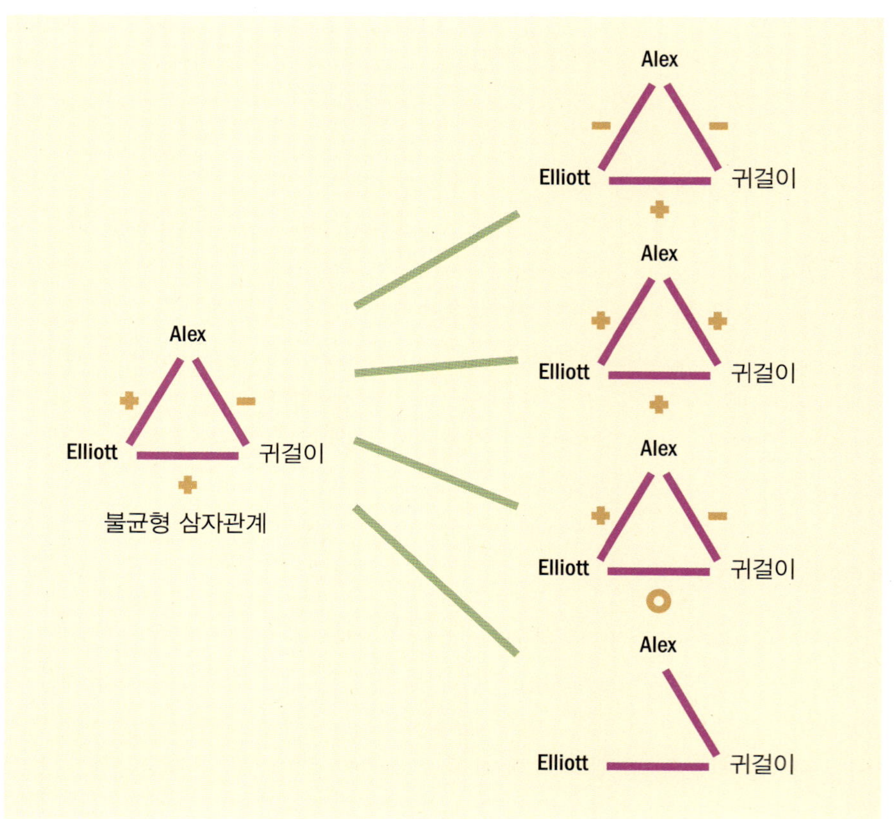

학교 팀이 경기에서 이길 때 학생들과 팬들은 학교와 연관된 옷이나 제품을 사용함으로써 학교와 자신들을 연결시키기를 원하는데 이를 "반사된 영광누리기(bask in reflected glory)"라고 한다.
출처: © D. Hurst/Alamy; © Rose-Marie Murray/Alamy.

수 있다. 아니면, Elliott를 좋아하기 때문에 귀걸이를 한 남자가 정말 멋지다고 생각하게 될 수도 있다.

더 나아가 그녀는 Elliott가 단지 사교클럽 가입 의무로서 귀고리를 하지 않으면 안 되었을 것이라고(자유롭게 선택할 수가 없었다고 생각함) 생각함으로써 Elliott와 귀고리 사이의 단위 관계를 부인하려고도 할 수 있다. 마지막으로, 그녀는 귀고리를 하지 않은(하지만 어마어마한 문신을 한) Elliott의 룸메이트인 Byron과의 데이트를 수락함으로써 "고민을 그만두는 것"을 선택하게 될 수도 있다. 비록 이 이론이 여러 경로 중 어느 것을 선택하게 될지를 알려주지는 않지만, 균형을 이루기 위해서 Alex의 지각 중 하나 이상이 변화될 것임을 예측하게 해준다. 이 예는 대부분의 태도 과정을 지나치게 단순화시킨 측면이 있지만, 소비자 행동 현상의 많은 부분을 설명하는 데 도움을 준다.

균형 이론은 지각이 균형을 이룰 때 태도가 안정적일 수 있음을 상기시켜 준다. 반면에, 불일치할 때 우리는 태도를 변화시킬 가능성이 높아진다. 균형 이론은 또한 소비자들이 왜 긍정적인 가치가 있는 대상과 연결되기를 좋아하는지 설명해 준다. 인기 있

Marketing Opportunity

소비자들은 자신의 가치를 높이기 위해 성공한 사람이나 기관과 자신과의 관련성을 알리기를 원한다. 연구자들은 이러한 전략을 반사된 영광누리기(basking in reflected glory)라고 한다. 애리조나 주립대학(ASU)에서 진행된 연구들은 자신들을 승자(이경우 아리조나 주립대학교)의 이미지와 연관시키기 위해 학생들이 소비를 어떻게 변화시키는지를 보여준다. 연구자들은 매 주말 학교 팀의 경기가 있은 후, 학교 관련 제품인 학교 티셔츠, 모자 등을 착용하고 학교 캠퍼스를 지나다니는 학생들의 숫자를 기록하였다. 연구자들은 이러한 행동의 빈도와 팀의 성과 간에 연관이 있음을 발견하였다. 토요일에 팀이 승리를 했을 경우 학생들은 그 다음 주 월요일에 학교 관련 제품들을 더 많이 착용하는 것으로 나타났다. 점수차가 크게 이길수록 학교 로고가 새겨진 옷들을 더 많이 입는 것을 알 수 있었다.

ASU뿐만 아니라 많은 대학들이 학교의 이름과 로고를 라이선싱하여 엄청난 수익을 얻고 있다. Michigan, Miami, Auburn 등과 같이 강한 운동 경기 팀들을 가진 대학들은 학교 관련 제품들을 판매하여 수백만 달러 이상의 엄청난 돈을 벌고 있다. Yale대학교는 상대적으로 나중에 이러한 사업을 시작하였지만, 라이선싱 책임자는 학교 이름을 사용하여 수익을 얻는 것을 다음과 같이 설명하고 있다: 경기장에 가지 않는 사람들에게도 우리의 이름이 의미하는 것이 엄청나다는 것을 깨달았다. 게다가 우리는 Yale 로고를 붙일 경우 아무 로고 없이 시중에 나와 있는 라크로스 티셔츠를 완벽하게 이길 수 있다.

는 제품과 단위 관계를 형성하는 것(예, 유행하는 옷을 사서 입는 것이나 멋있는 차를 운전하는 것)은 타인의 3자 관계 안에 긍정적인 감정 관계로 포함될 수 있는 기회를 높이기 때문이다.

이 "균형 유지 행위"는 유명인의 인기가 제품에 전이될 것이라고 마케터가 기대하거나, 비영리 단체가 해로운 행동을 억제하기 위해 유명인사를 기용하는 것과 같은 **유명인 보증**(celebrity endorser)의 핵심이다. 이 전략은 다음 장에서 자세히 논의될 것이다. 우선은 유명 보증인에 대한 대중의 의견이 긍정적에서 부정적으로 변화한다면, 제품과 스타 간의 단위 관계 창출이 역효과를 낳을 수 있음을 알아야 한다. 예를 들어, Madonna가 종교와 성을 연루시킨 말썽 많은 뮤직 비디오를 찍은 후에 Pepsi사가 그녀의 광고를 중단한 것이나 악명 높은 Paris Hilton이 구속된 경우를 생각해 보면 된다. 또한 스타-제품 단위 관계에 대해 소비자들이 의문을 가질 때에도 이런 전략은 문제가 될 수 있다. Pepsi 광고에 등장한 Michael Jackson이 후에 자신은 콜라는커녕 청량음료조차도 전혀 마시지 않는다고 고백했을 때와 같은 경우에 발생한다.

목표 5

태도 모델은 제품이나 서비스에 대한 소비자의 전반적인 태도를 예측하기 위해 특정 구성 요소들을 규명하고 이들을 결합시킨다.

태도 모델

시장 조사자들은 맥주 브랜드에 대한 소비자의 태도를 평가하고 싶을 때, 술집에 가서 남자들에게 "Budweiser에 대해 어떻게 생각하느냐?"라고 간단히 물어볼 수 있다. 하지만 앞에서 보았듯이 태도는 그보다 더 복잡할 수 있다. 하나의 문제는 제품이나 서비스가 여러 속성이나 품질로 이루어져 있다는 것이다 – 이들 중 어떤 것은 개인에 따라서는 더 중요할 수도, 덜 중요할 수도 있다("배가 덜 부른!", "맛이 근사한!"). 또 다른 문제는 개인이 어떤 태도 대상에 대해 행동을 취하기로 결정했을 때 가족이나 친구들이 승인할거라고 느낄 것인지와 같은 요인들에 의해 영향을 받는다는 것이다. 따라서 **태도 모델들**(attitude models)은 태도 대상에 대한 사람들의 평가에 영향을 주는 다양한 요소들을 규명하고자 한다.

다속성 태도 모델들

하나의 단순한 반응으로 소비자가 어떤 제품에 대해 왜 그렇게 느끼는지에 관해, 또는 마케터들이 소비자의 태도를 변화시킬 수 있는지에 관해 우리가 알고자 하는 모든 것들을 항상 알 수는 없다. 특정 제품에 대한 우리의 믿음은 그 제품에 대한 평가에 핵심적인 역할을 한다. Warner-Lambert사는 Fresh Burst Listerine 구강청정제를 연구하는 과정 중에 이런 사실을 발견했다. 리서치 회사는 욕실에 카메라를 설치하고, 그들의 일상생활을 지켜볼 수 있도록 허락하는 37개 가구에 비용을 지불했다. Fresh Burst와 경쟁사의 Scope를 모두 구매한 참여자들은 자신의 입에서 좋은 냄새가 나도록 하기 위해 구강청정제를 사용했다고 말했다. 그러나 Scope 사용자들은 입 안에서 액체를 심하게 움직여 헹군 다음 뱉었다. 반면에, Listerine 사용자들은 장시간 동안 제품을 물고 있었다(한 응답자는 그가 차에 탈 때까지 제품을 물고 있었고, 결국 한 블럭 떨어진 하수관에 그것을 뱉었다!). 이 결과들은 Listerine이 의약품이라는 이미지를 아직 깨지 못했다는 것을 알려주는 것이었다.

태도들은 이처럼 매우 복잡할 수 있기 때문에, 마케팅 연구자들은 태도를 이해하기 위해 **다속성 태도 모델들**(multiattribute attitude models)을 활용할 수 있다. 이런 유형의 모델은 태도 대상(attitude object: Ao)에 대한 소비자의 태도(평가)는 그 대상이 갖고 있는 여러 속성들에 대한 신념에 의해 결정된다고 가정한다. 다속성 모델의 이용은 특정한 신념들을 규명하고 소비자의 전체적인 태도를 측정하기 위해 이런 측정치들을 결합할 수 있다는 것을 가정하고 있다. 당신이 매우 친숙하게 여기는 복잡한 태도 대상(예, 대학)을 평가하는 소비자를 예로 들어 이러한 모델들이 어떻게 작용하는가를 기술해 보자.

기본적인 다속성 모델은 다음의 세 가지 요소를 포함한다.

- *속성들*(*attributes*)은 Ao의 특징들이다. 연구자는 Ao를 평가할 때 대부분의 소비자들이 사용하는 속성을 규명하고자 한다. 예를 들어, 대학의 속성 중 하나는 학문적 명성이다.
- *신념들*(*beliefs*)은 특정한 Ao에 대한 인지들이다(특정 대상과 마찬가지로 다른 대상 들에 비해 상대적인). 신념의 측정은 어떤 브랜드가 특정 속성을 갖고 있다고 소비자가 지각하는 정도를 평가하는 것이다. 예를 들어, 어떤 학생은 North Carolina 대학이 학문적으로 좋은 평판을 갖고 있다는 신념을 가질 수 있다.
- *중요성 가중치*(*important weights*)는 소비자에게 있어서 어떤 속성의 상대적인 우선 순위를 반영한다. 비록 Ao가 다수의 속성을 가질 수는 있으나, 어떤 것들은 다른 것보다 더 중요할 수 있다(즉, 더 많은 가중치가 주어질 것이다). 더욱이 이런 가중치들은 소비자에 따라 다를 수 있다. 예컨대, 대학의 사례에서, 어떤 학생은 연구 기회를 중요하게 생각하지만 다른 학생은 운동 프로그램에 더 큰 가중치를 줄 수 있다.

Fishbein 모델. 가장 영향력 있는 다속성 모델로 처음 이것을 개발한 사람의 이름을 따서 **Fishbein 모델**이라고 부른다. 이 모델은 다음과 같은 태도의 세 가지 구성요소를 측정한다.

- 사람들이 Ao에 대해 갖는 *중요한 신념들*(*salient beliefs*)(즉, 평가 중 고려되는 대상에 관한 신념들)
- *대상-속성 결합*(*object-attribute linkages*) 또는 특정 대상이 어떤 중요한 속성을 갖게 될 가능성
- 중요한 속성들 각각에 대한 *평가*(*evaluation*)

이 세 가지 요소를 결합함으로써 어떤 대상에 대한 소비자의 전체적인 태도를 산출해 낼수 있다(나중에 이 기본 공식이 정확성을 높이기 위해 어떻게 수정되어 왔는지를 보게 될 것이다). 기본 공식은 다음과 같다:

$$A_{jk} = \Sigma \beta_{ijk} I_{ik}$$

여기서, i = 속성
j = 브랜드
k = 소비자
I = 소비자 k 가 속성 i 에 부여하는 중요성 가중치

β = 브랜드 j가 속성 i를 가지고 있는 정도에 관한 소비자 k의 신념
A = 브랜드 j에 대한 특정 소비자(k)의 태도 점수

전체적인 태도 점수(A)는 그 속성에 대한 중요성 평가와 고려되는 모든 브랜드별 각 속성에 대한 소비자의 평가를 곱해서 얻어진다.

이 기본적인 다속성 모델이 어떻게 작용하는지 알아보기 위해서 고교생이 다니고자 하는 대학을 예측하는 경우를 가정해 보자. 몇 개월을 기다린 후에 Saundra는 네 개 학교에 입학이 허가되었다. 그녀는 지금 4개 대학 중에서 하나를 결정해야 하기 때문에, 우리는 그녀가 각각의 학교에 대한 태도를 형성하는 데 있어서 어떤 속성을 고려하는지 알아야 할 것이다. 그 다음에 Saundra에게 각각의 학교가 그 속성들을 얼마나 잘 달성하고 있는지에 관한 평가를 내리게 하고, 또 그 속성들이 얼마나 상대적으로 중요한지 결정하게 할 수 있다.

각 학교별 전체 태도 점수는 각 속성들에 주어진 점수를 합하여 산출될 수 있다 (상대적 중요도에 따라 각각에 가중치를 준 후에). 가설적인 순위는 표 8.1과 같다. 이 분석에 근거해 볼 때, Saundra는 Smith 대학에 대해 가장 호의적인 태도를 갖고 있는 것 같다. 그녀는 분명히 뛰어난 운동 경기 프로그램이 있거나 사교적인 분위기의 학교보다는 학문적 명성이 높은 여자대학에 다니고 싶어한다.

다속성 모델의 마케팅적인 적용

당신이 Saundra가 고려하고 있는 또 다른 대학, 즉 Northland 대학의 마케팅 책임자 라고 가정해 보자. 학교의 이미지를 향상시키기 위해 당신은 이 분석 자료를 어떻게 사용하겠는가?

상대적인 장점의 활용. 만약 잠재 학생이 어떤 브랜드를 특정 속성이 뛰어난 것으로 생

표 8.1 기본적인 다속성 모델: Saundra의 대학 결정

		신념(B)			
태도(i)	중요도(I)	Smith	Princeton	Rutgers	Northland
학문적 명성	6	8	9	6	3
여자대학교	7	9	3	3	3
비용	4	2	2	6	9
집과의 거리	3	2	2	6	9
운동경기	1	1	2	5	1
파티 분위기	2	1	3	7	9
도서관 시설	5	7	9	7	2
태도 점수		163	142	153	131

주: 이 가상의 평가는 1점에서 10점까지로 매겨지며 높은 점수일수록 각 속성에서 "더 나은" 위치임을 의미한다. 부정적 속성(예, 비용)의 경우 높은 점수일수록 대학이 각 속성을 "덜" 갖는 것으로(예, 저렴함) 여겨짐을 의미한다.

각한다면, 이 속성이 중요한 것이라는 것을 Saundra와 같은 소비자들에게 확신시킬 필요가 있다. 예를 들어, Saundra는 Northland의 파티 분위기를 높게 평가할 수 있지만, 이 속성이 대학 평가에 중요한 가치라고 믿지 않는다. Northland의 마케팅 책임자로서 당신은 활동적인 사교생활의 중요성과 다양한 경험, 그리고 강한 교우 관계의 형성을 통해 구축할 수 있는 미래의 비즈니스 개발 등의 중요성을 강조할 수 있다.

지각된 제품/속성의 연결을 강화하기. 마케터는 소비자들이 브랜드와 특정 속성을 동일 시하지 않는다는 것을 발견할 수 있다. 광고 캠페인은 소비자들에게 특정한 품질을 강조함으로써 이런 문제에 접근한다(예, "새롭고 향상된"). Saundra는 분명히 Northland 대학의 학문적 명성이나 운동 프로그램 또는 도서관 시설이 우수하지 않다고 생각할 수 있다. 당신은 이런 지각을 향상시키기 위한 정보 캠페인을 개발할 수 있다(예, "Northland에 대한 거의 알려지지 않은 사실들").

새로운 속성을 추가하기. 제품 마케터들은 종종 제품의 특징을 추가함으로써 경쟁자와 자사 제품을 차별화시키려 한다. Northland 대학은 지역 사회와의 제휴를 통해 경영학 전공자를 위한 실질적인 인턴십 프로그램 제공과 같은 독특한 측면을 강조할 수 있다.

경쟁자의 평가에 영향을 주기. 마지막으로, 비교 광고 전략을 사용함으로써 경쟁자에 대한 소비자의 높은 평가를 감소시키려고 할 수 있다. 이 경우, Northland가 수업료 대비 많은 것을 얻어갈 수 있는 대학이라는 것을 보여주기 위해 여러 지역 학교들의 수업료 목록을 게재한 광고를 낼 수 있다.

Marketing Opportunity

사회적 압력은 사회적으로 책임감 있는 행동을 하도록 동기 부여하는 데 유용한 역할을 한다. 한 연구에서는 호텔이 고객들에게 타월을 재사용하게끔 하기 위한 여러 가지 방법의 효과성을 비교한 후 이런 가능성을 발견했다. 연구자들은 사회적 소구("투숙객의 대부분이 타월을 재사용한다")가 기능적인 소구("환경을 보전하는 데 도움이 된다")보다 더 효과적임을 알게 되었다. 연구자들은 또한 좀 더 일반적인 집단 소구("대다수의 여성과 남성이 타월을 재사용한다")에 비해 직접적으로 관련이 있는 타인("이 방을 사용한 대부분의 투숙객이 타월을 재사용한다")을 이용하여 요청했을 때 준수율이 더 높아짐을 발견했다.

태도가 행동을 예측할 수 있는가?

소비자 연구자들은 수년간 다속성 모델을 사용해 왔으나 심각한 문제에 봉착했다. 많은 경우에, 개인의 태도는 행동을 예측하지 못한다. "내가 행동하는 대로가 아니라 내가 말한 대로 행동하라"의 고전적인 예에서, 많은 연구들은 대상에 대한 태도와 실제 행동 간에는 상관관계가 매우 낮음을 밝혀냈다. 몇몇 연구자들은 이에 너무나 낙담하여 태도가 행동을 이해하는 데 도움이 될 수 있는가에 대해 의문을 제기한다.

태도와 행동 간의 분명치 않은 연관은 광고인들에게 큰 골칫거리이다. 소비자들은 특정 광고를 좋아하지만 광고에 나온 제품을 구매하지 않을 수도 있다. 예를 들어, 최근 미국에서 가장 유명한 TV 광고 중 하나는 농구선수 Shaquille O'neal이 출연한 Pepsi 광고이다. Pepsi는 이 광고 및 유사한 다른 광고에 6,700만 달러를 지출했지만 Pepsi-Cola의 판매량은 2%가량 떨어졌다. 반면에, 같은 기간 Coca-Cola의 판매량은 8% 가량 증가했다.

확장된 Fishben 모델

이와 같은 문제점으로 인해, 연구자들은 예측력을 높이기 위해서 Fishbein 모델을 수정했다. 그들은 이 새로운 버전을 **합리적 행동 이론**(theory of reasoned action)으로 명명했다. 이 모델은 원래 Fishbein 모델에 몇 가지 주요사항을 추가했는데, 완벽하지는 않지만 예측력은 향상되었다. 이 모델에 대한 수정 내용에 대해 살펴보도록 하겠다.

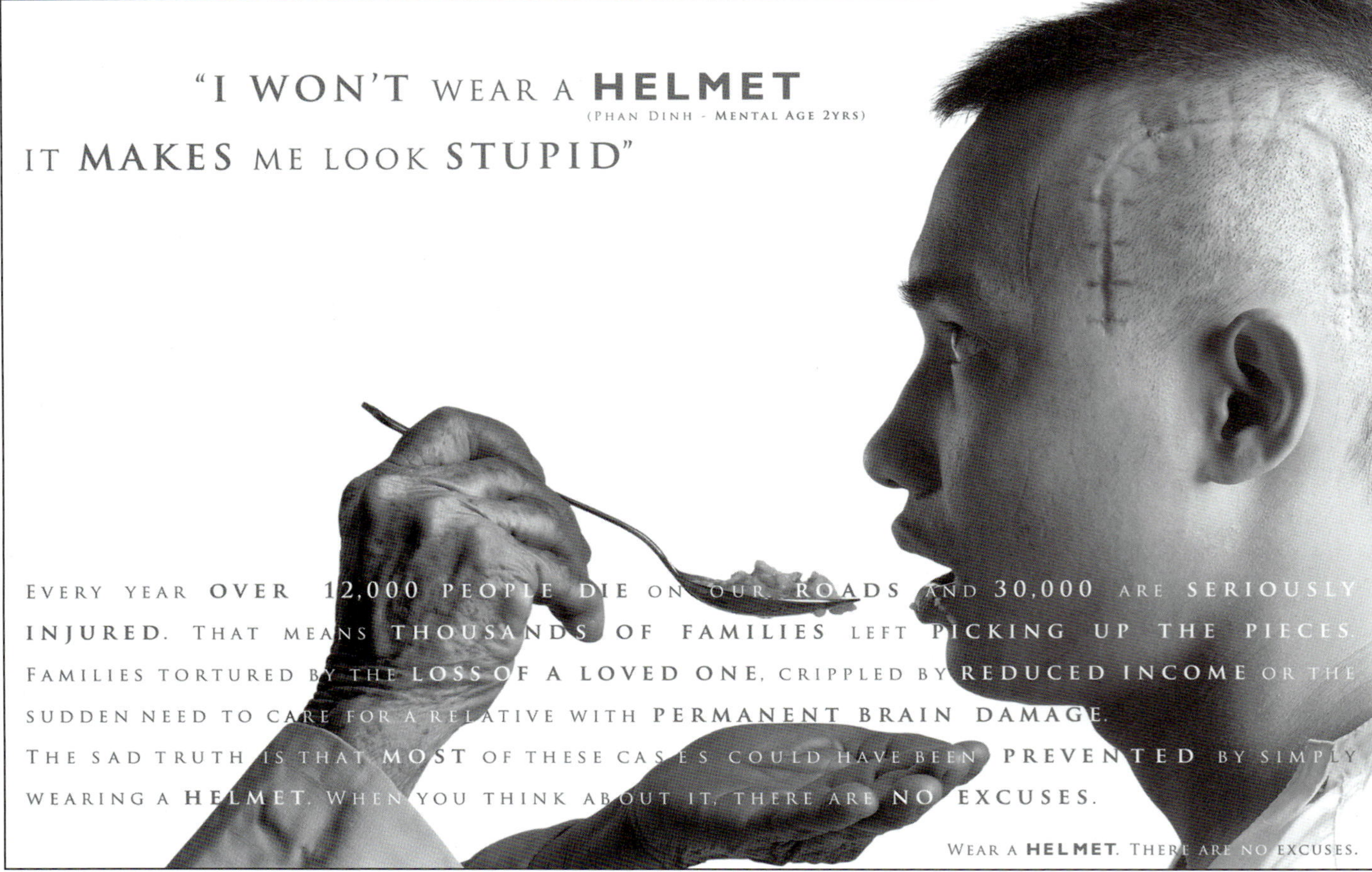

이 베트남 광고는 헬멧 착용에 대한 사람 들의 태도를 다루기 위해 사회적 압력(주관적 규범)을 채택하고 있다.
출처: Ogilvy & Mather/Asia Injury Prevention Foundation; Photo by Pro-I Studio.

의도 대 행동

태도는 방향성과 강도를 갖고 있다. 사람들이 가지는 확신이나 신념의 정도에는 차이가 있겠지만 특정 태도 대상을 좋아하거나 싫어할 수 있다. 이것은 확고하게 형성된 태도와 피상적인 태도를 구분하는 데 도움이 될 수 있다. 왜냐하면 더 많은 확신으로부터 유발된 태도가 행동에 더 큰 영향을 미치기 때문이다. 환경 관련 이슈와 마케팅 활동에 관한 한 연구는 재활용처럼 환경적인 책임이 있는 행동에 관한 자신의 감정에 더 많은 확신을 표현하는 사람들에게서 태도와 행동 의도 사이의 일치 수준이 높아짐을 발견했다.

아마도 가장 중요한 것은 이 이론이 우리의 행동에 미치는 다른 사람들의 영향력을 인정한다는 것이다. 인정하고 싶지는 않지만, 우리의 개인적 선호보다 타인들이 우리들에게 하기를 원하는 무엇인지가 더 중요할 수 있다. 즉, **규범적 영향력**(normative influence)은 우리가 하겠다고 말하는 것과 실제 행하게 되는 것 사이 간에 모순을 가져오게 한다.

Saundra의 학교 선택으로 되돌아가 보자. 표 8.1에서 볼 수 있듯이, 그녀는 유명한 여자대학에 입학하고 싶어한다. 그러나 만약 이 선택이 호응받지 못함을 알게 된다면(아마도 그녀의 친구들이 그녀에게 미쳤다고 한다면), 그녀는 결정을 할 때 이런 선호를 무시하거나 중요하지 않게 평가할 것이다. 연구자들은 타인들이 우리에게 해야 한다고 생각하는 것을 우리가 믿는 바의 영향력을 포함시키기 위해서 **주관적 규범**(subjective norm: SN)이라는 새로운 요소를 추가했다. 연구자들은 두 가지 요인으로 주관적 규범을 측정했다. (1) 특정 행동을 해야 할지 말아야 할지에 대해 타인이 믿는 규범적 신념(normative belief: NB)의 강도, 그리고 (2) 그 신념을 따르려는 동기(motivation to comply: MC)(즉, 구매를 평가할 때 소비자가 타인들의 예상된 반응을 고려하는 정도).

새로운 모델은 또한 제품 자체에 대한 태도보다는 **구매 행위에 대한 태도**(attitude toward the act of buying, A_{act})를 측정한다. 다시 말하면, 새로운 모델은 구매의 지각된 결과에 초점을 둔다. 누군가가 어떤 대상을 구매하거나 사용하는 것에 대해 어떻게 느끼는지를 파악하는 것은 단순히 소비자의 제품 자체에 대한 평가에 대한 이해보다 더 타당하다.

이런 차이를 알기 위해 대학교 학생들의 건전한 성생활과 콘돔에 대한 태도를 측정하고자 하는 마케팅 연구자가 있다고 가정해 보자. 그가 인터뷰한 대다수의 학생들이 콘돔 사용에 긍정적인 태도를 보인다는 결과에 근거하여, 연구자는 모든 학생들이 콘돔을 구매하고 사용한다고 결론 내릴 수 있을까? 연구자는 같은 학생들에게 콘돔을 구매할 것 같은가와 같은 질문을 함으로써 더 정확한 결과를 얻을 수 있을 것이다. 어떤 사람은 콘돔에 대해 긍정적인 A_o를 가질 수 있지만 구매 시 느끼는 어색함과 귀찮음 때문에 A_{act}(태도 대상을 획득하려는 행동에 대한 태도)는 부정적일 수도 있다.

합리적 행동 이론에서 행동 예측의 장애물

Fishbein 모델이 개선되었음에도 불구하고, 연구자들이 이를 잘못 적용할 때는 문제가 발생한다. 7장에서 개성의 측정에서처럼, 연구자들은 때때로 의도되지 않거나 인간 행동에 대한 특정 가정들에 대한 근거가 없이 이 모델을 사용하고 있다. 행동을 예측하는 데 장애물이 되는 것들에는 다음과 같은 것들이 포함된다.

- 이 모델은 몇몇 연구들이 평가하려는 행동의 결과(예, 체중 감량)가 아니라 실제 행동을 예측하기 위해 개발되었다(예, 다이어트 약 복용).
- 어떤 결과들은 구매가 다른 사람의 협력을 필요로 할 때처럼 소비자가 통제할 수 없다. 예를 들어, 어떤 여성이 융자를 받고 싶어도, 만일 그녀에게 돈을 빌려줄 은행을 찾지 못한다면 이 의도는 쓸모가 없을 것이다.
- 행동이 의도적이라는 기본적인 가정은 충동적 행위나 갑작스러운 상황의 변화, 신기함 추구, 또는 단순한 반복 구매 등을 포함하는 다양한 상황에서 타당하지 않을 수 있다. 한 연구에서는 예상치 못한 손님의 방문이나 날씨의 변화, 또는 건강에 좋은 음식에 관한 기사를 읽는 것 등이 실제 행동에 큰 영향을 미친다고 밝히고 있다.
- A_o나 실제 행위가 발생하는 시간의 측면에서 태도의 측정치들은 예측하고자 하는 행동과 일치하지 않는 경우가 종종 있다. 한 가지 공통적인 문제는 연구자들이 적용하는 추상성 수준의 차이이다. 예를 들어, 스포츠카에 대한 개인의 태도를 아는 것만으로는 그가 BMW Z3를 구매할지에 대한 여부를 예측하지 못할 수도 있다. 태도와 행동 의도 사이의 구체성 수준을 맞추는 것이 매우 중요하다.
- 비슷한 문제가 태도 측정의 시간 프레임과 연관된다. 일반적으로 태도 측정과 태도가 예측하려고 하는 행동 간의 시간이 길수록 이 둘 간의 관계는 점점 약해질 것이다. 예를 들어, 다음 주에 집을 구매할 가능성을 소비자에게 물어보는 것이 향후 5년 안에 집을 구매할 가능성을 물어보는 것에 비해 예측력을 향상시킬 수 있다.
- A_o에 대한 직접적이고 개인적인 경험에 의해 형성된 태도는 광고를 통해서 간접 적

으로 형성된 것보다 더 강하며 행동을 더 잘 예측한다. **태도 접근성 관점**(attitude accessibility perspective)에 따르면, 행동은 우리가 접하는 상황 맥락에서 A_o에 대한 즉각적인 지각의 함수이다. 태도는 대상에 대한 평가를 유도하지만, 이것은 대상을 접했을 때 기억이 활성화된 이후에라야 가능하다. 이런 연구 결과들은 마케팅 커뮤니케이션에 대한 노출을 극대화시키는 전략들뿐만 아니라 체험(trial)을 유도하는 전략(예, 소비자가 집에서 제품을 시험해 보도록 권하는 제품 견본 배포, 시음, 시운전)의 중요성을 강조하고 있다.

게다가, 대부분의 연구자들은 서구적 환경에서 합리적 행동 이론을 적용해 왔다. 이 이론에 내재된 일부 가정들은 다른 문화권의 소비자들에게 반드시 적용되지는 않는다는 것이다. 몇 가지 문화적 장벽이 합리적 행동 이론의 보편적인 적용을 감소시키고 있다.

- 이 모델은 자발적 행동의 성과를 예측하려고 한다. 하지만 문화권에 따라 시험을 치르는 것, 군 입대, 심지어 배우자 선택에 이르기까지 많은 활동들이 반드시 자발적인 것은 아니다.
- 주관적 규범의 상대적 영향력은 문화에 따라 달라질 수 있다. 예를 들어, 아시아 문화는 순종과 "체면"을 중요하게 여기는 경향이 있다. 따라서 선택에 있어서 타인의 예상된 반응과 연관되는 주관적 규범은 아시아권 소비자들의 행동에 더 큰 영향을 줄 것이다. 최근 싱가포르에서 유권자들을 대상으로 시행한 연구에서 유권자들의 투표 의도로부터 정치적 후보자들에 대한 지지를 예측할 수 있었는데, 투표 의도는 후보자들에 대한 유권자들의 태도, 정당에 대한 태도, 그리고 싱가포르에서 강조하는 조화와 사회 구성원 간의 긴밀한 관계를 포함하는 주관적 견해에 영향을 받고 있었다.
- 이 모델은 행동의 의도를 측정하므로 소비자들은 미리 적극적으로 생각하고 미래 행동을 계획한다는 것을 전제로 한다. 이런 의도의 개념은 소비자들이 과거, 현재, 미래의 관점에서 생각하는 선형적 시간 감각을 가졌다고 가정한다. 9장에서 다루겠지만, 모든 문화가 시간에 대해 선형적 관점을 갖고 있지는 않다.
- 의도를 형성한 소비자는 (암시적으로) 자신의 행동을 조절한다고 주장한다. 어떤 문화(예, 무슬림)에서는 자유 의지에 대한 개념을 믿지 않고 운명이라 생각하는 경향이 있다. 실제로, 미국, 요르단 및 태국 학생을 비교한 연구에서는 운명론과 미래 조절 능력에 관한 가정에서 문화적 차이가 나타났다.

시도 이론

다른 이론가들은 태도와 행동 간의 연관에 대해 다른 견해를 제시하고 있다. 예를 들면, **복잡 경로 기점화와 조정**(multiple pathway anchoring and adjustment: MPAA) 모델은 외부에서 내부(대상 중심)와 내부에서 외부(사람 중심) 경로를 포함한 태도 형성의 다양한 경로를 강조한다.

또 다른 관점은 소비자의 목표와 그들이 목표를 달성하기 위해 해야 한다고 믿는 것들에 중점을 둠으로써 이런 문제점의 일부를 해결하려고 한다. **시도 이론**(theory of trying)은 합리적 행동 모델에서 행동의 기준은 어떤 목표에 도달하려고 시도하기

그림 8.4 시도 이론

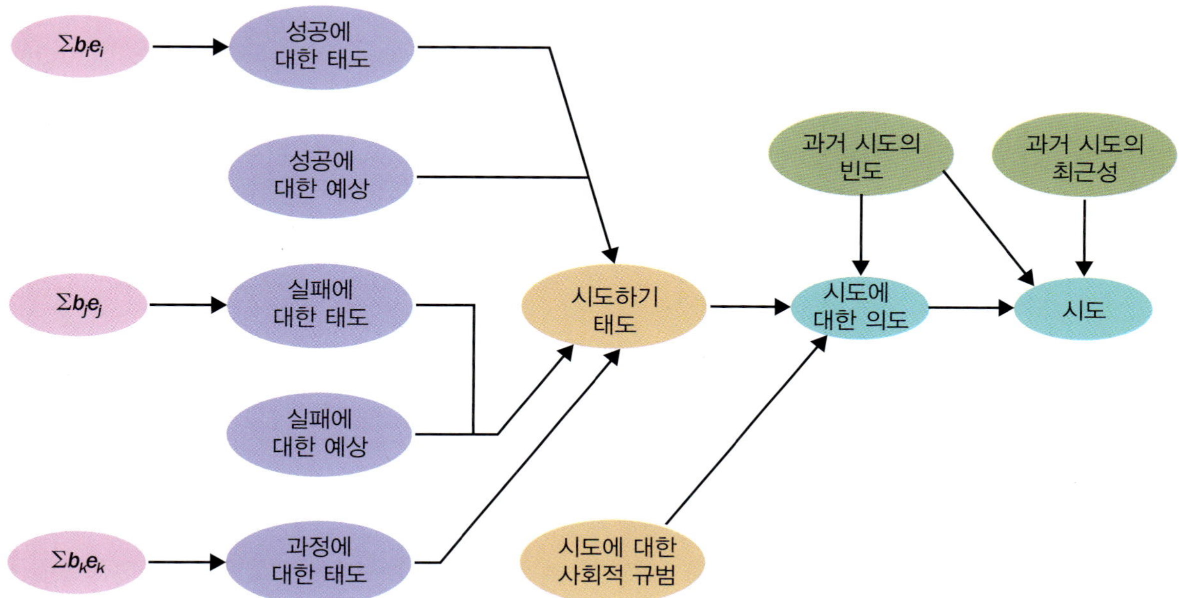

(trying)로 대체되어야 한다고 주장한다. 그림 8.4에 나타나 있는 것처럼, 이 관점은 의도와 행동 사이에 또 다른 요인이 개입될 수 있음을 인정하고 있다 – 개인적이고 환경적인 장애물은 개인이 목표를 달성하는 데 있어서 방해가 될 수 있다. 예를 들어, 체중을 감량하려고 의도하고 있는 사람은 많은 방해들을 감당해야 할 것이다. 그는 날씬해질 수 있다는 것을 믿지 않을 수도 있고, 요리를 좋아하여 아파트 곳곳에 맛있는 것들을 쌓아두는 룸메이트가 있을 수도 있고, 친구들이 그가 다이어트를 한다는 것을 질투하여 많이 먹기를 부추길 수도 있고, 또는 유전적으로 비만을 타고났기 때문에 칼로리를 줄이는 것만으로는 바라는 결과를 얻지 못할 수도 있다.

마케터들은 태도를 어떻게 변화시키는가?

지금 구매하세요!(BUY NOW!) 광고 마케터들은 소비자 태도를 변화시켜 자사의 제품을 구매하도록 만들기 위해 끊임없이 메시지 폭격을 날리고 있다. 이러한 설득은 논리적인 주장부터 그래픽 그림까지, 또한 동료의 협박에서 유명인사에 의한 권유까지 다양한 범위에 걸쳐 시도되고 있다. 이 절에서는 마케팅 커뮤니케이션의 효율성에 영향을 미치는 몇 가지 요소들을 살펴볼 것이다. 특히 태도가 어떻게 형성되고 변화하는지를 결정하는 데 영향을 미치는 커뮤니케이션의 몇 가지 기본적인 측면에 초점을 두고자 한다.

설득(persuasion)은 태도 변화를 위한 적극적인 시도와 연관된다. 또한 설득은 많은 마케팅 커뮤니케이션의 가장 중요한 목표이기도 하다. 뒷부분에서 마케터들이 어떻게 이것을 성취하려 하는지에 대해 더 많은 것들을 배우게 될 것이다. 이에 앞서 사람들의 마음을 변화시키거나 요청을 승낙하도록 하는데 영향을 미치는 몇 가지 기본적인 심리학적 원리들을 고찰해 보도록 하자.

- **상호호혜**(reciprocity): 우리는 만일 무엇인가를 먼저 받는다면, 줄 가능성이 높아진다. 이런 연유로, 우편 설문지에 돈을 넣어 보내면 금전적인 인센티브를 넣지 않았을때보다 응답률이 높아지게 된다.
- **희소성**(scarcity): 사람과 마찬가지로, 구하기 어려운 제품은 더 매력적으로 보인다. 소비자들에게 초콜릿 과자의 품질을 평가해 달라고 한 조사에서 단 한 개의 초콜릿 과자만 맛본 참가자들이 여러 개를 맛본 참가자들보다 더 호의적인 평가를 내렸다. 이는 우리가 왜 "한정판" 품목들에 더 가치를 두는지를 설명하는 데 도움이 된다.
- **권위**(authority): 우리는 권위 있는 전달자의 정보를 그렇지 못한 사람의 정보보다 더 신뢰한다. 이것은 뉴욕 타임즈에 기사가 실릴 경우, 특정 이슈에 대한 미국인들의 여론이 약 2%까지 변하는 것을 설명해 줄 수 있다.
- **일관성**(consistency): 이 장에서 살펴본 것처럼, 사람들은 어떤 이슈에 관해 자신들이 언급하고 행동했던 것에 대해 모순되지 않으려고 한다. 한 연구에서는 이스라 엘 대학생들이 장애인을 돕는 기부를 권유하기 2주 전에, 주민들에게 장애인을 후원하는 청원서에 사인을 하도록 먼저 요청하여 평소 모금액보다 두 배가량의 많은 액수를 모았음이 밝혀졌다.
- **호감**(liking): 우리는 좋아하거나 호감이 있는 사람들에게 더 동의하는 경향이 있다. 한 연구 결과에 의하면, 매력적인 기금 조성자가 그렇지 못한 기금 조성자보다 거의 두 배 가량 많은 돈을 모금했다.
- **일치성**(consensus): 우리는 흔히 어떤 일을 결정하기 전에 타인의 행동을 고려하는 경향이 있다. 예컨대, 사람들이 자선단체 기부 명단에서 자신의 이웃이나 동료의 이름을 먼저 본 경우 기부할 가능성이 더 높아진다.

결정, 결정: 전술적인 커뮤니케이션 선택

한 자동차회사가 젊은 운전자들을 표적으로 하여 만든 새로운 컨버터블 자동차의 광고 캠페인을 만들려고 한다고 가정해 보자. 이 캠페인을 계획할 때, 담당자는 반드시 그 차에 대한 욕망을 유발시킬 메시지를 개발해야 한다. 다른 경쟁사의 차 대신에 이 차를 구매하도록 누군가를 설득시킬 메시지를 고안하기 위해, 우리는 다음의 몇 가지 질문에 답할 수 있어야 한다:

- 광고에서 누구에게 자동차를 운전하게 할 것인가? NASCAR 드라이버? 직장 여성? 힙합 스타? 메시지 원천은 소비자가 그것을 받아들일지 결정하는 데 도움을 준다.
- 메시지를 어떻게 구성할 것인가? 주변 사람들이 모두 근사한 차를 몰 때, 당신만은 여전히 낡은 고물 자동차를 몰아 남들에게 따돌림을 당하는 부정적 결과를 강조해야 할까? 그 차를 이미 시장에서 판매되고 있는 다른 차와 직접적으로 비교하는 것이 좋을까, 아니면 강인한 정신의 여성 임원이 고속도로를 달리는 동안 멋진 낯선 이성과 만나는 상상 속 상황을 연출해 내는 것이 좋을까?
- 그러한 메시지를 전달하기 위해서는 어떤 매체를 이용하는 것이 좋을까? 잡지에 실

을까? 아니면 공중파 방송으로 내보낼까? 가가호호 방문판매로? 웹사이트에 게재를 할까 아니면 페이스북 그룹을 만들까? 블로거에게 이 차에 대해 쓰게 할까? 만약 우리가 인쇄 광고물을 만든다면, 어느 잡지가 알맞을까? 보그(Vogue)? 굿하우스 킵핑(Good house keeping)? 아니면 카 앤 드라이버(Car and Driver)? 때때로 어디에 싣는가는 무엇을 말하는가 하는 것만큼이나 중요하다. 제품의 속성이 매체의 속성과 걸맞아야 이상적이라고 할 수 있다. 예를 들어, 명성이 높은 잡지의 경우에는 전체적인 제품의 이미지와 품질에 대한 메시지를 전달하는 데 있어서 더욱 효과적이지만, 전문적인 잡지의 경우는 사실적 정보를 전달하는 데 있어서 더욱 효과적이다.

- 표적 시장의 어떤 특징들이 그들의 광고 수용에 영향을 미칠까? 만일 표적 시장의 소비자가 자신의 일상적인 삶에 불만을 갖고 있다면, 이들은 판타지 소구에 더 민감할 것이다. 만일 표적 시장의 소비자가 지위 지향적(status-oriented)이라면, 광고에서 새로운 자동차가 지나갈 때 주변 사람들이 감탄해서 쓰러지는 모습을 보여주는 것이 좋을 수 있다.

목표 6

제품이나 서비스에 대한 소비자의 태도를 변화시키려고 할 때 커뮤니케이션 모델은 마케터를 위해 몇 가지 중요한 요소들을 규명해 준다.

커뮤니케이션의 요소들

마케터들은 전통적으로 그림 8.5와 같은 **커뮤니케이션 모델**(communication model)에 의존했다. 이 모델은 소비자와 커뮤니케이션하기 위해 통제해야 할 필요가 있는 요소들을 명시하고 있다. 이 중 하나가 커뮤니케이션이 시작되는 정보원(source)이다. 또 다른 것은 바로 메시지(message)이다. 무엇을 말하는 데는 여러 가지 방식이 있으며, 메시지 구조는 그것이 소비자 에게 어떻게 지각되는지에 상당한 영향을 미친다. 메시지는 TV, 라디오, 잡지, 옥외광고, 개인적 접촉, 혹은 작은 종이성냥 뚜껑 등의 *매체*(*medium*)를 통해 전달된다. 한 명 이상의 수용자들(receivers)이 자신의 경험에 비추어 그 메시지를 해석한다. 마지막으로, 정보원은 피드백을 받게 되는데, 이 피드백을 통해 수용자들의 반응을 알게 되고 필요한 경우 메시지의 여러 측면을 수정하게 된다.

최신 관점: 상호작용 커뮤니케이션

비록 전통적 마케팅 커뮤니케이션 모델이 모두 잘못된 것은 아니지만, 여러 선택 대안들을 갖고 있으며, 처리하고자 선택하는 메시지에 대한 더 큰 통제권을 갖고 있는 오늘날의 소비자를 둘러싼 역동적인 상호작용의 세계에 대해 말해주지는 못하고 있다.

실제로, **퍼미션 마케팅**(permission marketing)이라 알려져 있는 인기 있는 전략은 자신이 동의하여 그 메시지를 받아들이려는 소비자를 설득하는 것이 그렇지 않은 소비자를 설득하는 것보다 훨씬 더 용이하다는 것을 인식하고 있다. 한편, 메시지를 받아들이지 않기로 한 소비자는 애초에 좋은 가망고객이 아니다. 퍼미션 마케팅의 개념이 일깨워 주는 것처럼, 우리는 가만히 앉아서 주는 정보만을 받아들일 수는 없다. 사람들은 어떤 메시지를 언제 볼지를 선택하는 결정권을 갖고 있으며, 그러한 선택권을 더욱더 많이 행사한다.

사회학자들은 TV와 같은 전파 매체를 통해 정보원이 정보를 한 번에 여러 수신자

그림 8.5 전통적인 커뮤니케이션 모델

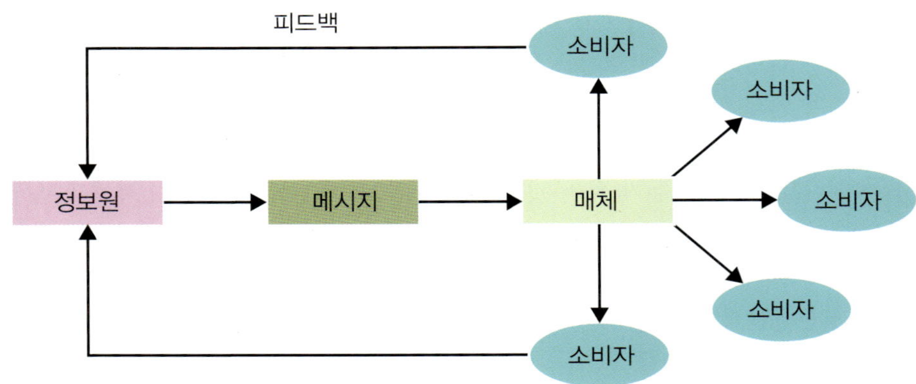

들에게 전달하는 매스커뮤니케이션을 이해하기 위해 전통적인 모델을 개발했다. 이 관점은 광고를 판매 전에 구매자에게 정보를 전달하는 과정으로 보고 있다. 이 관점은 메시지를 일시적인 것으로 보고 있는데, 그 이유는 마케터들이 동일한 메시지를 많은 사람들을 대상으로 반복적으로 전달하며, 새로운 캠페인이 시작될 때 메시지는 "사라지기" 때문이다. 앞으로 알게 되겠지만, 오늘날은 한정된 집단에 한해 메시지를 보낼 수 있고, 또한 아주 적은 수의 수신자를 대상으로 메시지를 미세하게 조정할 수 있기 때문에 이 모델은 잘 적용되지 않는다.

목표 7

마케터들이 과거에 생각했던 바와는 달리 소비자는 정보처리 시 항상 수동적인 수용자는 아니다.

Facebook에 새로운 글을 작성한 지 얼마나 되었는가? 흥미로운 기술과 사회적 발전으로 인해 사람들이 커뮤니케이션에 서 더 적극적인 역할을 하게 됨에 따라 수동적인 소비자에 대해 다시 한 번 생각해 볼 필요가 있다. 다시 말해, 커뮤니 케이션 과정에서 단순히 소파에 앉아 TV만 보는 것이 아니라 파트너가 된다는 이야기이다. 우리의 조언은 우리와 타인들이 수용하고자 하는 메시지를 만드는 데 도움을 주며, 더 나아가서는 단순히 집에 앉아 TV나 신문에서 메시지를 기다리기보다 능동적으로 메시지를 찾아볼 수 있게끔 만들어 준다. 상호작용 커뮤니케이션에 관한 최신 접근방법은 그림 8.6과 같다.

초기에 이 커뮤니케이션 혁명을 주도한 것 중 하나는 보잘 것 없는 손바닥 크기의 리모콘이었다. VCR이 가정에서 일반화되기 시작하면서, 갑자기 소비자들은 시청하고자 하는 것과 시청 시간에 대해 더 많은 주도권을 행사하게 되었다. 더 이상 TV 방송사들이 소비자들이 좋아하는 쇼의 방송 시간을 결정할 수 없으며, 어떤 쇼가 또 다른 인기 있는 쇼와 같은 시간대에 방송된다는 것 때문에 쇼를 놓치지 않아도 된다.

물론 그 이후로 매체 환경에 대한 사람들의 통제력은 엄청나게 커졌다. 원하는 TV 쇼를 보기 위해 TiVo와 같은 DVR(digital video recorder)을 사용하거나 광고를 보지 않고 건너뛰는 수백만 명 중 누군가에게 물어보면 알게 될 것이다. 많은 다른 사람들은 주문형 비디오 시스템(VOD)이나 유료 시청(pay-per-view) 광고에 접근 가능하다. 홈쇼핑 방송사들은 방송중인 보석에 대한 당신의 열정을 표현하도록 전화하라고 부추긴다. Caller ID 장치와 자동응답기는 우리가 저녁식사를 하는 동안에 걸려온 전화를 받을 것인지를 결정하는 데 도움을 주며, 전화를 받기 전에 혹시 텔레마케터가 전화를 걸었는지도 알려준다. 약간의 웹서핑만으로도 전 세계에 있는 나와 비슷한 사람들을 확인하

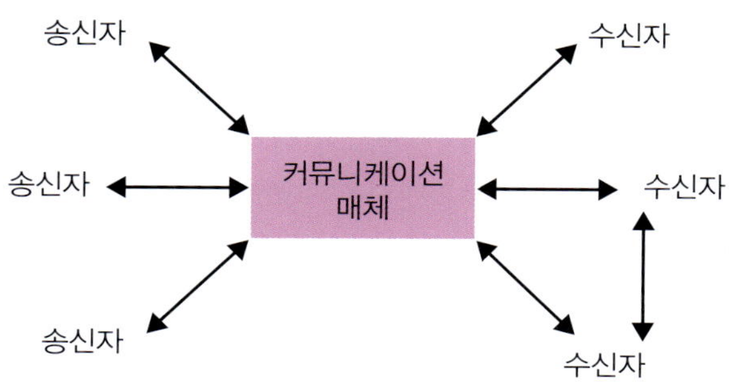

그림 8.6 최신 커뮤니케이션 모델

고, 제품에 대한 정보를 요청하며, 심지어는 제품 디자이너와 시장 조사자들에게 제안을 하는 것을 가능하게 해준다.

새로운 메시지 양식

문자와 사진을 모두 사용하여 정보를 전달하는 새로운 방식들은 마케터들에게 TV, 빌보드, 잡지 등의 전통적인 광고 방식에 대한 흥미로운 대안을 제공한다. 마케터들이 자신들의 상품이나 서비스를 무선 장비, 즉 휴대폰, PDA, iPod 등을 통해 촉진하는 **모바일 거래**(M-commerce)가 뜨겁게 달아오르고 있다. 미국에서는 이제서야 시작되었지만, 유럽이나 아시아의 소비자들은 이미 그들의 휴대폰을 사용하여 모바일 거래를 하고 있다. 아시아에서는 작은 휴대폰 액정이 전자 지갑이 되어 자판기에서 콜라를 사는 데 이용되거나 폰 스크린이 McDonald's 쿠폰을 나누어주는 도구로 사용되고 있다. 중국인들 사이에서는 휴대폰이 아주 중요한 지위의 상징이 되었는데, 죽은 사람이 사후에 모바일폰을 가질 수 있도록 친척들은 장례식장에서 휴대폰 형상의 종이를 태운다.

만약 당신이 Facebook, Twitter 혹은 LinkedIn에 가입해 있다면 당신은 **소셜미디어**(social media) 애플리케이션을 이용하는 10억 명 중의 한 명일 것이다. 소셜미디어는 사용자에게 컨텐츠를 개발하고 많은 다른 사람들과 공유하도록 해주는 일련의 기술들을 의미한다. 소셜미디어는 미국과 선진국에 광범위하게 퍼져 있어 이메일을 쓰는 사람보다 이 플랫폼을 이용하는 사람의 숫자가 더 많다. 또한 이런 네트워크에서 보내는 시간이 전반적인 온라인 참여율의 증가보다 세 배 정도 빠르게 성장하고 있다. 소셜미디어 플랫폼은 다음의 것들을 포함한다.

- **Blog:** 일기 형태로 웹에 메시지를 게재하는 것이다. 블로깅은 개인들이 일상적 인 것에서부터 심오한 것에 이르는 주제들에 대해 자신의 생각을 공유하려는 보통 사람들의 움직임으로 시작되었다.
- **Video blogging(Vlogging):** YouTube에 비디오 영상 자료나 Flickr에 사진을 게재할 수 있다.
- **Podcasting:** 사람들이 컴퓨터나 iPod를 통해 들을 수 있는 당신만의 라디오 쇼를 만들 수 있다.
- **Virtual Words:** 푹 빠져들게 되는 D–몰입형 디지털 환경(예, The Sims).
- **Twitter:** 글의 숫자가 140자로 제한됨. Twitter는 점점 많은 유명인이 그들의 팔로워(추종자)들에게 "트윗(tweets)"을 게재함에 따라 기하급수적으로 증가하고 있다.
- **Widgets:** 사용자가 자신의 컴퓨터에 다운로드 받을 수 있거나, 자신의 블로그나 프

로필 페이지에 끼워 넣을 수 있으며, 웹브라우저를 통하지 않고 데이터를 불러올 수 있는 미니 응용프로그램이다. 예를 들어, 축구 블로거는 가장 최신의 NFL 순위를 보여주는 ESPN.com 위젯을 자신의 블로그에 배치할 수 있다.

- **Transmedia formats:** 새로운 플랫폼이 진화함에 따라 창의적인 마케터들이 소비자들에게 자신을 표현하고 캠페인에 참여할 수 있게 하기 위한 다양한 포맷들을 활용하기 때문에 새로운 플랫폼들은 흥미로운 방식으로 융합되어진다. 이러한 접근법들은 **트랜스미디어 스토리텔링**(transmedia storytelling)의 형태를 띠게 되는데, 이것들은 웹사이트, 블로그, 이메일부터 녹음된 전화내용, 더 나아가 공공장소에 휘갈겨 쓰여진 낙서의 내용까지를 망라하는 커뮤니케이션 매체들을 포함한다. 1장에서 본 것처럼, 이것들은 종종 미스터리를 풀기 위해 가상의 이야기나 경쟁에 수천 명의 사람들이 참여하는 *대체현실게임*(*alternate reality games*)의 형태를 띠게 된다.

목표 8

왜 몇 가지 요인들은 메시지 원천의 효과성에 영향을 주는가?

정보원

어떤 메시지를 아주 느린 재래식 "달팽이 우편"(우편 서비스에 대한 속어) 혹은 이메일을 통해 받는지와 상관없이, 같은 내용이라도 누가 쓰고 말하느냐에 따라 메시지는 매우 다른 효과를 낸다는 사실을 알고 있다. 정보원 효과(source effects)에 관한 연구는 50년 이상 수행되어 왔다. 동 일한 메시지를 여러 정보원을 통해 전달하게 한 후 청중들에 게 나타나는 태도 변화의 정도를 측정함으로써, 태도 변화를 야기하는 의사 전달자의 특징을 구분해 낼 수 있다.

대부분의 조건하에서, 메시지 정보원은 소비자의 메시지 수용 가능성에 큰 영향을 미친다. 태도 변화를 최대화할 수 있는 정보원의 선택은 여러 차원에서 생각해 볼 수 있다. 마케터는 그가 전문가이거나, 매력적이나, 유명하거나, 혹은 호감이 가고 신뢰할 수 있는 우리 주변의 전형적인 소비자이기 때문에 대변인으로 선택할 수도 있다. 공신력(credibility)과 매력(attractiveness)이야말로 가장 중요한 정보원의 특징이라고 할 수 있다.

메시지 정보원을 선택할 때 공신력과 매력 중 어떤 것을 강조할 것인가를 마케터는 어떻게 결정하는가? 수용자의 욕구와 정보원이 제공하는 잠재적인 보상이 서로 잘 맞아떨어져야 한다. 이 두 가지가 서로 조화될 때 수용자는 메시지를 처리하도록 더 많이 동기화된다. 예를 들어, 사회적인 수용과 타인의 의견에 민감한 경향이 있는 사람들의 경우 매력적인 정보원에 의해 더 설득되는 경향이 있는 데 반해, 내적지향인 사람들은 공신력을 가진 전문적인 정보원에 의해 더욱 설득되는 경향이 있다. 하지만 신뢰할 수 있는 정보원에 대한 믿음도 이 정보원이 너무 많은 제품을 광고할 경우 약해질 수 있다.

선택은 또한 제품 유형에 따라 달라질 수도 있다. 긍정적인 정보원은 위험을 감소시키고 전반적으로 메시지 수용을 증가시키지만, 특정 유형의 정보원들이 여러 다른 종류의 위험을 감소시키는 데 더 효과적이다. 전문가들의 경우 복잡하고 위험한 가전제품과 같은 높은 기능적 위험을 가진 실용재에 대한 소비자의 태도를 변화시키는 데 있어서 효과적이다. 타인이 자신을 어떻게 평가할지와 같은 높은 사회적 위험을 가진 가구나 보석과 같은 제품의 사용자를 설득할 때는 유명인사들의 활용이 효과적이다. 마지막으로, 수용자와 유사하기 때문에 소구력 있는 정보원인 "일반" 소비자들은 과자와 같은 위험도가 낮은 일상 제품을 광고할 때 가장 효과적인 경향이 있다.

정보원 공신력

정보원의 공신력(source credibiyty)은 의사전달자의 전문성, 객관성, 혹은 신뢰성을 말한다. 이런 차원은 정보원이 유능하며 경쟁 제품들을 평가하는 데 필요한 정보를 제공할 것이라는 소비자의 신념과 관계된다.

공신력 있는 정보원은 소비자가 제품에 대해 잘 알지 못하거나 제품에 대한 의견을 아직 형성하지 않았을 때 특히 설득적이다. 실제로 최근의 한 연구는 소비자들에게 특정회사의 수익성이 높다라는 것을 알려주는 것만으로 소비자들이 그 회사가 광고에서 주장하는 것을 더 신뢰하게 됨을 밝히고 있다.

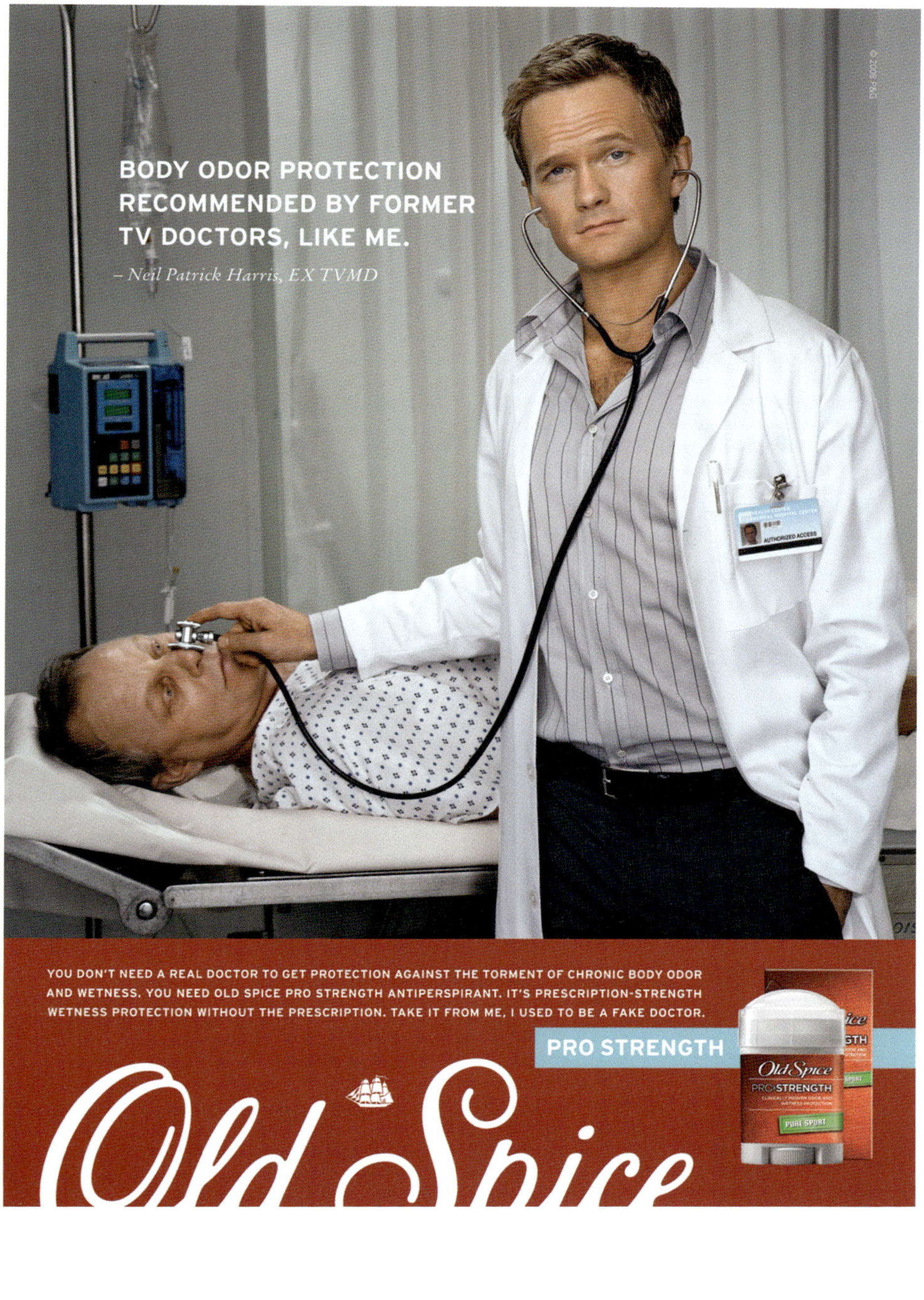

TV에서 의사 역할을 하는 배우도 신뢰적인 의사전달자가 될 수 있다.
출처: Old Spice/The Procter & Gamble Company.

Net Profit

최근에 우리는 sock pu-ppeting이라고 불리우는 태도를 조작하기 위한 새로운 시도를 목격하고 있다. 이 용어는 소셜미디어 안에서 자신의 조직을 칭찬하기 위해 자신이 다른 사람인 것처럼 속이는 회사의 경영진이나 다른 편향된 정보원을 의미한다. 예를 들어, 이는 2007년에 Whole Foods의 CEO가 자신의 진짜 신분을 감춘 채 경쟁사인 Wild Oats를 경멸하는 발언을 하면서 알려졌다. 좀 더 최근에는 자선단체의 효율성을 평가하는 GiveWell이라는 비영리 조사 기관은 블로그에 다른 사람인 것처럼 신분을 속이고 회사의 웹사이트로 사람들을 추천한 설립자 중 두 명을 징계해야만 했다.

잠재적으로 비슷한 문제들이 많은 학생들의 사랑을 받는 오픈소스 온라인 사전인 Wikipedia의 신뢰성을 약화시켰다. 누구나 자료를 수정할 수 있기 때문에 이들의 신뢰성이 보장되지 않는다. 이를 경계하는 기고자들이 결국에는 틀리거나 자기 잇속만 차리는 자료를 바로잡지만, 기관들이 자신의 목적을 달성하기 위해 내용을 바꿀 수 있는 여지가 존재한다. 예를 들어, 어떤 방문자는 "orcas(범고래)"라고 언급되어 있는 것을 "killer whales"로 바꾸기 위해 SeaWorld 놀이공원에 대한 Wikipedia 자료를 편집하고 SeaWorld 측의 "범고래(orcas)에 대한 존경심의 부족"을 비판한 문장을 모두 삭제했다. 이런 수정은 SeaWorld를 소유한 회사인 Anheuser-Busch에 있는 컴퓨터에서 이루어진 것으로 드러났다. PepsiCo의 종업원은 유해한 건강 효과에 강조를 둔 Pepsi 항목의 몇 문장을 삭제했고, Wal-Mart의 직원은 자사가 종업원들에게 임금을 얼마나 주는지에 대한 자료를 변경했다.(계속)

(계속) 다른 형태의 sock puppeting은 블로거들에게 자사의 브랜드에 대해 글을 쓰도록 권하면서 브랜드에 대한 온라인 대화의 시작을 시도하는 댓가를 받은 영향력 행사가 프로그램이다. 이 "지원받은 대화"는 효과적일 수 있지만, 마케터는 소비자들이 정보원의 추천을 왜곡할 수 있는 가능성에 대해 주의할 필요가 있다. 예를 들어, Kmart는 자신의 경험을 게재하는 것에 동의한 블로거 집단에게 엄청난 쇼핑을 하게끔 해주었다. Panasonic은 라스베이거스에서 열리는 Consumer Electronics Show에 블로거들을 보내주었고, 블로거들은 쇼와 쇼에서 처음으로 공개되는 Panasonic 제품에 대해 게시했다. Mercedes는 블로거에게 게재에 대한 조건으로 일주일 간 SUV를 사용할 수 있게 해주었다. 이러한 관행은 미국연방거래위원회(Federal Trade Commission)의 주목을 받게 되었고 미국연방거래위원회는 최근에 truth-in-advertisng 가이드라인을 업데이트하였다. 이 가이드라인에 의하면 현금이나 현물로 지원을 받은 사람은 누구나 온라인 홍보시 청중들에게 자신이 지원을 받았음을 밝혀야 한다.

정보원의 성실함은 지역 사회에 도움을 주는 *기업의 사회적 책임*(*corporate social responsibility: CSR*) 활동을 홍보하려고 할 때 특히 중요하다. 4장에서 본 것처럼 소비자들이 기업이 진짜로 좋은 활동을 행하고 있다고 느낄 때, 기업의 이미지는 급상승할 것이다. 그러나 이런 효과는 사람들이 조직의 동기에 대해 의구심을 품을 경우 역기능을 낳을 수 있다(예, 만일 소비자들이 실제 기업이 행하는 것보다 과대 포장한다고 느낄 경우). 기만 광고를 본 사람은 불신감을 경험하게 되며 일반적으로 광고를 신뢰할 수 없는 것이라 가정할 가능성이 높아지기 때문에 이런 감정이 정보원이 전달하는 다른 메시지로 전이가 된다는 것은 놀랄 만한 것이 아니다!

신뢰성을 창출하기 위해 많이 사용되는 기법 중 하나는 전문가나 유명인을 고용하여 제품에 대해 홍보하는 것이지만, 이러한 유형의 지지는 비용이 많이 든다. 하지만, 연구자들은 보증 계약의 공표가 회사의 잠재적인 수익성을 평가하는 시장 분석가들에 의해 흔히 사용되고, 따라서 예상되는 수익에 영향을 미치기 때문에 대체로 투자는 그 정도의 가치가 있다고 결론을 내리고 있다. 게다가, 주식 수익에 영향을 끼치는 보증의 영향은 긍정적이어서 전문가나 유명인을 고용하는 비용을 상쇄시켜 준다.

한 연구에 의하면, "평범한" 얼굴에 비해 유명인사의 얼굴은 주의를 끌고 뇌에서 더 효과적으로 처리되어진다. 유명인들은 회사의 광고에 대한 인지도를 증가시키고, 회사의 이미지와 브랜드 태도 모두를 높여준다. 유명인의 보증 전략은 자사의 제품을 유사한 제품 사이에서 차별화시킬 수 있는 효과적인 방법이다. 이것은 특히 브랜드가 제품 수명 주기의 성숙 단계에 있을 때 흔히 발생하게 되는데, 소비자들이 여러 경쟁 제품들 간의 실제적인 차이를 지각하지 못할 때 특히 중요하다.

더 나아가, 초기의 증거들은 유명인들이 우리가 소셜미디어 플랫폼으로부터 받는 메시지에 대해 동일한 영향력을 행사한다고 주장하고 있다. 페이스북과 트위터가 점점 중요해짐에 따라 유명인의 브랜드 보증은 친구들과 팔로어들에게 직접적인 영향을 주게 된다고 한 연구는 밝히고 있다. 이 연구에 포함된 유명인들은 Drew Brees, Snoop Dogg, Matt Hasselbeck, Enrique Iglesias, Khloe Kardashian, NickSwisher 그리고 Kendra Wilkinson 등이다.

비록 일반적으로 더 긍정적인 정보원은 태도 변화를 증대시키는 경향이 있지만, 예외적인 상황이 있을 수 있다. 때로는 어떤 정보원의 경우 짜증을 느끼게 할 수 있으나 메시지는 여전히 효과적이다. 신경질적인 빨강머리의 모델이 "이제 Wendy가 더 좋아"라고 말하는 Wendy's의 광고가 예가 될 수 있다. 경우에 긍정적인 정보원과 그보다 덜 긍정적인 정보원 간의 태도 변화 차이는 시간이 지나면 없어지기도 한다. 얼마 후, 사람들은 부정적인 정보원에 대해 "잊어버린 후" 태도를 변화시키게 된다. 이 과정을 **수면자 효과**(sleeper effect)라고 한다.

신뢰성에 영향을 주는 요인들은 무엇인가?

정보원이 그가 보증하고 있는 제품과 관련 있다고 수용자들에게 지각된다면 메시지의 공신력은 증가될 수 있다. 이런 연관성은 사람들이 보증인이나 제품에 대해 가질 수 있는 반감을 극복하게 할 수 있다. 영국의 Ronald Biggs는 1963년 영국영화 "대 열차 강도(The Great Train Robbery)"에서 유명해진 후 – 그가 잘 알 것이라고 여겨지는 주제 – 브라질의 문 열쇠를 만드는 회사의 광고 모델 역할을 성공적으로 수행했다.

특정 세분 시장에서 신뢰되었던 것이 다른 소비자 집단에는 부정적으로 작용할 수 있다. 어떤 유명인은 단지 반항적이거나 심지어 일탈적이라는 이유로 다른 누군가에 게 매력적일 수 있다. 토미 힐피거(Tommy Hilfiger)의 경우 의류 라인을 론칭하기 위해 래퍼 스눕독(Snoop Doggy Dogg: 미국의 유명한 래퍼)을 사용하여 반항적인 이미지를 창출했고, 과거 좀도둑이자 약물 중독자였던 쿨리오(Coolio)를 런에웨이 모델로 활용했다. 부모님들은 이러한 메시지 정보원에 스릴을 느끼지 못하겠지만, 이것이 바로 포인트가 아닐까?

제품 속성들에 대한 소비자의 믿음은 정보원이 객관적이지 않을 경우 약화될 수 있다. 지식 편향(knowledge bias)은 어떤 주제에 대한 정보원의 지식이 정확하지 않다는 것을 의미한다. 보고 편향(reporting bias)은 정보원이 충분한 지식을 갖고 있지만, 정확하게 전달할지에 대한 의문이 들 때 발생한다. 예를 들어, 특정 유명 테니스선수에게 자사의 라켓을 독점적으로 사용해 달라고 돈을 지불하는 기업의 경우를 들 수 있다. 그 정보원의 신임은 적합한 것일 수 있지만, 만일 이 전문가가 "고용된 도둑(hired gun)"이라고 지각되면 믿음을 훼손시킬 수도 있다. 연방무역위원회(FTC)는 광고회사에 대변인(spokesperson)의 제품 사용 결과가 다른 사람들에게도 적용될 수 있는지의 증거를 제공하도록 요구하는 것을 통해 추천 광고의 규정을 강화하는 단계를 고려하고 있다. 또 다른 가능한 측정은 TV 인터뷰에서 특정 제품을 언급하는 유명인에게 그 제품을 생산하는 회사와의 관계를 공개하도록 요구하는 것이다. 그리고 공짜 샘플을 받고 자신의 블로그에 제품을 추천하는 블로거는 그 제품을 아무런 대가없이 받았다는 것을 서류로 입증해야 한다.

정보원 매력: "아름다운 것은 좋은 것이다"

최근 영국의 유제품 회사는 자사의 버터를 홍보하기 위해 Sex Pistols의 리드싱어인 Johnny Rotten을 광고에 활용했다. 펑크락의 전설인 그가 제품을 홍보하자 판매량이 엄청나게 높아졌다. **정보원 매력**(source attractiveness)은 수용자가 의사전달자에 부여하는 사회적 *가치*(*value*)이다. 이런 가치는 개인의 신체적 외모, 개성, 사회적 지위, 혹은 수용자와의 유사성(사람들은 자신과 유사한 사람들의 이야기 듣기를 좋아한다)과 연관된다.

Johnny Rotten과 같은 정보원은 멋지고, 똑똑하거나 그냥 유명하기 때문에 사람들 에게 소구할 수 있다. 하지만 많은 경우 그냥 보기만 해도 좋다. 사방에서 아름다운 사람들이 우리에게 무엇을 사거나 어떤 행동을 하라고 설득하려고 한다. 7장에서 살펴본 것처럼, 우리 사회는 외적인 매력에 높은 프리미엄을 주고 있다. 우리는 잘생긴 사람이 우리보다 더 똑똑하고, 더 멋지며, 더 행복하다고 가정하는 경향이 있다. 이것은 한 분야에서 뛰어난 사람이 다른 분야에서도 역시 뛰어나다고 여겨지는 후광 효과(halo effect)의 예이다. 후광 효과는 이 장의 앞부분에서 다루었던 일관성 원리에 의해서도 설명될 수 있는데, 일관성 원리는 어떤 사람에 대한 우리의 판단이 모두 일치될 때 좀 더 편안함을 느끼게 된다는 것이다.

스타의 힘: 커뮤니케이션 정보원으로서의 유명인사

유명인들은 그릴(George Foreman)에서 향수(J.Lo)에 이르기까지 모든 것을 판매하고 있다. 일관성 원리에 의하면, 스타와 제품 간에 논리적 연계성이 있을 때 좀 더 높은 메시지 효과가 발생한다. 상업주의를 비판하던 가수인 Bob Dylan이 빅토리아 시크릿

(Victoria's Secret)의 속옷을 홍보했을 때 마케터들은 자신의 소비자 행동 교과서를 다시 한 번 읽어봐야 했다.

스타들은 공짜로 특정 제품을 홍보하지는 않는다. 심지어 당신에게 구매하라고 요청한 그 브랜드를 사용하지 않을 수도 있다. 유명인들은 광고에 등장하여 엄청난 돈을 벌게 되는데, 이것을 현명한 마케팅 투자라고 할 수 있을까? 여러 증거들에 의하면 그렇다.

스타의 힘은 유명인사들이 문화적 의미(cultural meaning)를 구현하기 때문에 효과가 있다. 스타들은 지위와 사회 계급(*King of Queens*에 등장하는 Kevin James와 같은 노동자 계급의 영웅)이나 성("바람둥이인"의 Brad Pitt), 나이(사내아이 같은 Michael J. Fox), 그리고 심지어 개성 유형(멍청하지만 진지한 *The office*의 Andy Bernard)과 같은 중요한 범주를 상징한다. 이상적으로, 광고주는 그 제품이 어떤 의미를 전달해야 하는지를 결정한 후(즉, 시장에서 그것이 어떻게 포지션되어야 하는지), 유사한 의미를 구체화 할 수 있는 유명인사

Marketing Pitfall

유명인은 단순히 아무 제품이나 후원하지는 않는다. 결국 자신들도 홍보해야 할 브랜드 이미지를 갖고 있기 때문이다. 지난 몇 년 간 인기있는 전략은 해외 광고를 찍은 후 자신의 나라에서는 방영을 하지 못하도록 계약하는 것이었다. 이런 관행은 일본에 많이 퍼져 있는데 한 웹사이트는 심지어 이런 현상을 설명하기 위한 용어인 Japander (Japanese와 pandering 의 합성어)를 만들어냈다. 1.자신의 유명도를 이용하여 자신들이 절대 사용하지 않을 것 같은 제품을 일본에서 광고함으로써 짧은 기간에 큰 돈을 벌려는 서구 스타 2.일본 미디어에서 자신을 웃음거리로 만드는 것." 미국 팬들이 보지 않기를 희망하면서 일본 광고에 등장한 Arnold Schwarzenegger, George Clooney와 Jennifer Aniston을 보려면 Japander.com을 방문해 보라.

출처: Courtesy of japander.com

를 선택한다. 이처럼 스타를 하나의 수단으로 하여 제품의 의미가 제조업자로부터 소비자에 게로 이동한다.

비인간 보증인

유명인사의 활용에는 단점도 존재한다. 이미 주지한 바와 같이, 만일 유명인이 그들의 이미지와 걸맞지 않은 제품을 홍보하거나 그 제품에 대해 잘 알지 못한다고 인식되기 시작하면 그들의 동기는 의심받을 수 있다. 유명인이 스캔들에 연루되거나 브랜드의 바람직한 이미지에서 멀어지는 경우도 있다. 한 가지 예로, 미국 유가공업체 교육홍보위원회(Milk Processor Education Program)는 Mary-Kate가 밝혀지지 않은 건강 문제로 치료센터에 들어간 후 Mary-Kate와 Ashley Olsen이 등장한 우유 광고를 중지한 바 있다.

이런 이유 때문에, 어떤 마케터들은 만화 캐릭터와 마스코트 등을 포함하여 대안적인 정보원을 찾게 된다. 따라서 스포츠 팀이나 기업들을 위해 캐릭터를 만들어내는 회사의 마케팅 디렉터는 다음과 같이 이야기하고 있다: "당신의 마스코트가 재활센터에 들어갈지에 대해 염려할 필요가 없습니다." 또한 연구자들의 보고에 따르면, Pillsbury

NoDNA라는 독일 회사는 사진에서 보이는 Tyra와 같은 그들만의 안정적인 사이버 모델을 활용하고 있다.
출처: NoDNA c/o Vierte Art.

Doughboy, Chester the Cheetah, GEICO Gecko와 같은 **대변캐릭터**(spokescharacter)들도 광고의 주장에 대한 시청자의 회상을 향상시키고 높은 브랜드 태도를 형성하게끔 한다. 최근 유명한 대변캐릭터에는 Old Spice의 The Man Your Man Could Smell Like(전 NFL 미식 축구 선수인 Isaiah Mustafa가 연기함), Snoopy (Metlife 보험사 광고에 등장), 말하는 M & Ms와 Allstate 보험사의 Mayhem Man 등이 있다

7장에서 살펴본 바와 같이, *아바타*(avatar)는 사람을 대신하는 인기있는 대안으로 떠오르고 있다. 아바타는 초인간이나 동물 형태로 나타난 신을 의미하는 힌두어이다. 컴퓨터 세계에서는 시각적이고 그래픽적인 세상을 돌아다닐 수 있는 캐릭터를 의미한다. *Second Life, Habbo Hotel, Entropia Universe*와 같은 가상세계에 살고 있는 소비자들은 독특한 개성이나 욕망, 판타지들을 표출해 내기 위해 자신의 아바타를 디자인한다.

살아 있는 모델에 비해 가상의 아바타가 갖고 있는 장점은 표적 수용자나 소비자 개개인의 욕구에 맞게끔 실시간으로 아바타를 바꿀 수 있다는 것이다. 광고 측면에 서 보면, 실제 유명인사를 활용하는 것에 비해 비용 측면에서 훨씬 효율적일 수 있다. 또 인적 판매와 고객 서비스 측면에서 아바타를 활용하면 한 번에 많은 고객들을 응대할 수 있다. 또한 지리적인 제한이 없으며, 언제든지 활용할 수 있기 때문에, 회사 종업원들과 판매원들이 다른 활동에 집중할 수 있도록 해준다.

목표 9

마케터의 메시지 구성 방식에 따라 메시지 설득력의 높고 낮음이 결정된다.

메시지

한 연구는 1,000개 이상의 방송 광고를 검토한 후 어떤 요소들을 갖춘 광고 메시지가 설득적인지를 규명했다. 이 중 가장 중요한 한 가지 특징은 커뮤니케이션이 제품의 독특한 속성이나 편익을 강조하고 있는가의 여부였다. 기타 좋은 요소들과 좋지 않은 요소들은 표 8.2에 설명되어 있다.

혼돈을 느끼게 하는 광고도 문제이지만 더 나쁜 경우는 광고가 소비자에게 짜증을 불러일으키는 것이다. 짜증을 야기하는 광고에 대한 연구에서 연구자들은 소비자들에게 부정적인 반응을 야기한 500개 이상의 황금시간대 방송 광고를 검토했다. 가장 비위를 거슬리는 것은 여성 위생용품, 치질약, 완하제, 혹은 여성 속옷 광고였다.

연구자들은 짜증을 불러일으키는 광고의 주요 유형을 다음과 같이 규명했다.

- 민감한 제품(예, 치질약)을 보여주고 사용법을 강조하는 광고
- 상황이 부자연스럽거나 지나치게 극적인 것
- 외모나 지식, 세련미 등의 측면에서 사람이 지나치게 폄하된 것
- 결혼과 같이 중요한 관계가 위협받는 것
- 신체적 불편함의 생생한 시연
- 논쟁이나 적대적인 인물 때문에 불편한 긴장감을 만들어내는 광고
- 비매력적이거나 매정한 인물을 묘사하는 것
- 성적인 암시의 장면을 포함한 것
- 잘못된 캐스팅이나 연기로 피해를 보는 광고

표 8.2 좋은 메시지와 나쁜 메시지의 특성

긍정적효과	부정적효과
사용의 편리성을 보여줌	부품, 성분, 영양에 대한 광범위한 정보
신제품이나 개선된 특징을 보여줌	야외 세팅(메시지가 눈에 띄지 않음)
배경을 희생시킴(사람은 메시지에 부수적임)	너무 많은 캐릭터가 화면에 등장
타 제품과의 간접적인 비교	그래픽 디스플레이
제품의 사용 시연	
명백한 결과의 시연(예, 탄력 있는 머리결)	
일반인 역할을 하는 배우	
주요 캐릭터가 존재하지 않음(즉, 더 많은 시간이 제품에 할당됨)	

출처: David W. Stewart and David H. Furse,"The Effects of Television Advertising Execution on Recall, Comprehension, and Persuasion," *Psychology & Marketing* 2 (Fall 1985): 135–60. Copyright © 1985 by John Wiley & Sons, Inc.

메시지 자체의 특징들은 태도에 미치는 영향력을 결정하는 데 도움을 준다. 이런 변수들에는 무엇을 말할 것이고 또한 어떻게 표현할 것인가에 대한 내용들이 포함되어 있다. 메시지를 만들 때 마케터들이 당면하게 되는 몇 가지 문제점은 다음과 같다.

- 메시지가 말로 전달되어야 하는가 혹은 그림으로 전달되어야 하는가?
- 메시지는 얼마나 자주 반복되어야 하는가?
- 시청자들에게 결론을 내려주어야 하는가, 아니면 시청자가 결론을 내리도록 남겨두어야 하는가?
- 양 측면의 주장이 모두 제시되어야 하는가?
- 자사 제품과 경쟁 제품의 비교를 명확하게 해야 하는가?
- 노골적인 성적 소구를 포함시켜야 하는가?
- 공포(fear)와 같은 부정적인 정서를 자극시켜야 하는가?
- 주장들과 심상(imagery)이 얼마나 구체적이고 생생해야 하는가?
- 메시지가 재미있어야 하는가?

어떻게 메시지를 보낼까?

그림 혹은 단어? "하나의 그림이 천 마디의 말보다 낫다"라는 속담은 특히 의사전달 자들이 수용자의 정서적 반응에 영향을 미치기를 원할 때 시각적인 자극이 아주 효과적이라는 것을 포착하고 있다. 이런 이유로, 광고회사들은 때때로 생생한 삽화나 사진에 의존하게 된다.

하지만, 사실적인 정보를 전달할 경우 그림이 항상 효과적인 것은 아니다. 같은 정보를 담고 있는 광고라도 이를 시각적으로 제시하느냐 혹은 언어적으로 제시하느냐에 따라 다른 반응을 가져오게 된다. 언어적 형태(verbal version)는 제품의 실용적인 측면에 대한 평가에 영향을 미치는 반면, 시각적 형태(visual version)는 미적인 평가에 영향을 미친다. 언어적 요소들은 그림과 함께 표현될 때, 특히 언어적 요소들이 삽화와 연관

Marketing Opportunity

강력한 묘사나 그래픽은 주의를 끌 수 있고 기억 속에 더 강하고 깊게 새겨지게 되는데, 그 이유는 강력한 묘사나 그래픽이 정신적 심상을 활성화시키는 경향이 있기 때문이다. 반면에, 추상적인 자극은 이런 과정들을 억제시킨다.

Google, Nokia, 그리고 프랑스 통신회사인 SA's Organe와 같은 주요 회사들은 버스 정류장이나 전화 부스, 기차역과 공항에서 통행자들이 포스터와 상호작용할 수 있도록 하게 하는 광고들을 실험하고 있다. 현재 이들 회사들은 스마트폰 사용자들에게 무선 어플리케이션이나 벨소리들을 배포하는 새로운 포맷을 사용하고 있다. 하지만 옥외광고전문가들이나 마케터들은 이러한 광고가 게임, 비디오 광고, 쿠폰 등을 배포하고 나아가 제품과 서비스를 판매하는 방식으로까지 사용될 수 있다고 이야기한다. Boston의 한 Google 포스터에는 "당신은 여기서 기다려야 하지만 지루해야 할 이유는 없다"라고 문구가 쓰여 있는데, 구글은 이들에게 그 지역에 설치된 무료 와이파이 라우터를 통해 구글의 모바일 앱을 다운받게 해준다.

이 잘 된다면 더 강력한 효과를 발휘할 수 있다.

언어적 메시지는 처리에 더 많은 노력이 요구되기 때문에, 독자가 많은 주의를 기울이는 인쇄 광고의 맥락과 같은 고관여 상황에서 가장 적절하다. 언어적 단서는 기억에서 보다 빠르게 소멸되기 때문에, 바라는 효과를 얻기 위해서 더욱 빈번한 노출이 필요하다. 반대로, 시각적 이미지는 수용자들이 부호화(encoding)할 때 정보를 의미별로 모아서 처리하도록(*chunk*) 해준다(6장 참고). 편화(chunking)는 시간이 지난 후 인출이 잘 되도록 강력한 기억의 흔적을 만들어낸다.

광고 카피에서 제품 속성에 관한 구체적인 논의는 더 많은 주의를 끌기 때문에 그 속성의 중요성에 영향을 미치게 된다. 예를 들어, 참가자들에게 두 가지 버전의 시계 광고 카피를 제시한 연구는, "업계의 정보에 따르면, 네 번의 시계 고장 중 세 번은 케이스 안에 물이 들어갔기 때문이다"라는 시계 광고 카피가 "업계의 정보에 따르면, 대부분의 시계 고장은 케이스 안에 물이 들어갔기 때문이다"라는 광고 카피보다 훨씬 효과적이라고 주장했다.

메시지의 반복?

이것은 마케터들에게는 양날의 칼일 수 있다. 3장에서 확인한 것처럼, 우리는 종종 학습이 일어나기 전에 자극에 대해 다양한 노출을 필요로 한다. "친숙함은 경멸을 낳게 된다"라는 말과는 대조적으로, 사람들은 처음부터는 아니었지만 좀 더 친숙한 것을 좋아하는 경향이 있다. 심리학자들은 이런 현상을 **단순 노출 효과**(mere exposure phenomenon)라고 부른다.

광고회사들은 성숙기의 제품 범주에서 반복이 긍정적인 효과가 있음을 발견했는데, 마케터들이 새로운 정보를 제공하지 않더라도 제품 정보를 반복하게 되면 브랜드에 대한 소비자의 인지도가 높아진다는 것이다. 그러나 6장에서 확인한 것처럼, 너무 많은 반복은 습관화(habituation)를 유발시키며, 소비자들은 피로함과 지루함으로 인해 더 이상 그 자극에 대해 관심을 기울이지 않는다. 과도한 노출은 광고에 대한 싫증을 야기할 수 있으며, 이는 부정적인 반응을 야기할 수 있다.

2요인 이론(two-factor theory)은 광고에 반복적으로 노출되었을 때 두 개의 분리된 심리적인 과정이 작용할 수 있음을 제안함으로써 친숙함과 지루함 사이의 미묘한 관계를 설명하고 있다. 반복의 긍정적인 측면에서는 친숙함이 증가하게 되고 제품에 대한

이 영국 의류 광고는 의사소통을 위해 생생한 (아마도 조금은 무서운?) 이미지를 사용하고 있다.
출처: DDB, London.

그림 8.7 2요인 이론

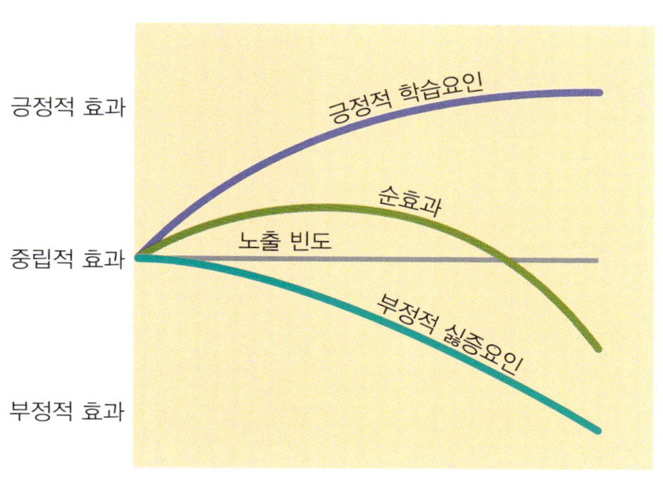

불확실성이 감소하게 된다. 반복의 부정적인 측면의 경우 노출이 빈번해짐에 따라 지루함이 증가된다. 어떤 시점에서 발생된 지루함의 정도는 감소된 불확실성을 초과하여 결국 싫증을 불러일으킨다. 그림 8.7은 이런 패턴을 나타내고 있다. 그 효과는 특히 각각의 노출이 장시간(30초 이상의 방송 광고와 같은) 동안 지속될 경우에 나타난다.

2요인 관점은 광고의 반복 시 노출의 양을 제한함으로써(긴 광고 대신 15초 스팟 광고를 사용하는 것과 같은) 이러한 문제를 해결할 수 있음을 광고회사들에 제안하고 있다. 또한 공통의 주제를 갖고 각각의 스팟 광고의 내용을 약간씩 변화시킴으로써 친숙함을 유지하고 지루함을 완화시킬 수 있다. 다양한 광고들에 노출된 수용자들은 같은 정보에 반복적으로 노출된 수용자들보다 제품 속성에 대해 더 많은 정보를 흡수하게 되며, 브랜드에 대해 더 긍정적인 사고를 경험하게 된다. 이런 추가적인 정보는 소비자가 경쟁 브랜드에 의해 반격을 받았을 때 자신의 태도를 변화시키려는 시도에 저항하도록 해 준다.

어떻게 주장을 구성할까?

대다수의 마케팅 메시지들은 누군가가 주장을 제기하고 청중들에게 의견을 바꾸도록 확신시키려고 한다는 점에서 토론이나 재판과 유사하다. 따라서 우리가 주장을 제시하는 *방법*은 아마도 우리가 *무엇*을 말할 것인가 하는 것만큼이나 중요하다.

대부분의 메시지들은 하나 또는 그 이상의 제품에 대한 긍정적인 속성들이나 제품을 구매해야 할 이유를 제시한다. 이것을 *지지적 주장*(*supportive arguments*)이라고 한다. 이에 대한 하나의 대안은 긍정적인 정보와 부정적인 정보가 모두 제시되는 양면적 메시지(two-sided message)를 사용하는 것이다. 연구에 따르면 양면적 광고가 더 효과적일 수 있지만, 아직까지 마케터들에 의해 널리 이용되고 있지는 않고 있다.

왜 마케터들은 제품의 부정적인 속성들을 선전하는 데 광고 지면을 사용하길 원하는 것일까? 공정한 상황에서 부정적인 문제가 제기되고, 그 이후에 기각되는 **논박적 주장**(refutational argument)의 활용은 매우 효과적일 수 있다. 이 접근법은 보고 편향(reporting bias)을 감소시킴으로써 정보원의 공신력을 증가시킬 수 있다. 이는 정보원이 양쪽 주장 모두를 신중하게 고려했다는 것을 수용자가 가정한다는 것을 의미한다. 또한 제품에 대해 회의적인 사람들은 "속임수(whitewash)"보다는 균형 있는(balanced) 주장을 더 잘 받아들일 수 있다. 예를 들어, GM은 파산을 선언한 다음, 다음과 같은 광고를 했

다: "정말로 솔직해지자: 어떤 회사도 파산을 경험하고 싶어하지 않는다." 이에 대한 연구들은 전문가들이 자신의 입장에 대해 강력한 주장을 펼칠 때, 자신의 주장이 옳다는 것을 명백하게 언급하는 것보다는 약간의 불확실성을 가지고 표현할 때 더욱 효과적임을 보여주고 있다.

하지만 마케터가 제품에 대한 문제점을 제시할 때 지나치게 도를 넘어도 된다는 말은 아니다. 전형적인 논박적 전략에서는 상대적으로 중요성이 떨어지는 속성을 경쟁 제품과 비교하면서 이런 속성이 현재의 문제 또는 미달된 부분이라고 이야기한다. 그런 다음, 긍정적이고 중요한 속성들을 통해 이런 결점들을 반박하게 된다. 예를 들어, Avis는 자동차 렌탈회사 중 "No. 2"라는 주장을 충분히 활용했으며, 반면에 Volkswagen 자동차 광고에서는 자신들의 차종 중 하나를 "레몬(lemon)"이라고 심하게 평가했는데, 그 이유는 자동차 앞좌석 사물함의 크롬 도금 조각에 긁힌 자국이 있었기 때문이다. 이와 같은 양면 전략은 청중들의 교육 수준이 높을 때 가장 효과적이다(그리고 아마도 균형 있는 주장들에 의해 감동을 받을 것이다). 또한 이것은 수용자들이 제품에 대한 충성도를 아직 형성하지 않았을 때 아주 좋은 방법이 될 수 있다. 가능한 단점에 대해 잘 알고 있을 경우 불필요한 의심을 제기할 수 있다.

주장을 통해 결론을 내려야 하는가? 혹은 소비자가 스스로 결론을 내리도록 마케터는 단지 사실만을 제시해야 하는가? 한편으로는, 소비자들에게 숟가락으로 떠먹여주는 것 대신에 스스로 추론을 이끌어내게 하면 이들은 더 강하고 접근하기 쉬운 태도를 형성할 것이다. 이와 반대로, 결론을 애매모호하게 남기는 것은 소비자가 바람직한 태도를 형성하지 않을 가능성을 증가시킨다.

이 이슈에 대한 반응은 광고를 처리하려는 소비자들의 동기와 주장들의 복잡성에 달려 있다. 만약 메시지가 개인적으로 관련이 된다면, 사람들은 메시지에 주의를 기울일 것이고, 자발적으로 추론을 형성할 것이다. 그러나 주장들이 따르기 힘든 것이거나 그것들을 따르려는 소비자의 동기가 결여되어 있다면, 광고를 통해 결론을 내려주는 것이 더 안전하다.

우리의 제품을 경쟁사의 제품과 비교해야만 하는가? 1971년 연방통상위원회(Federal Trade Commission: FTC)는 광고주들이 광고에서 경쟁 브랜드들의 이름을 제시하는 것을 권장하는 가이드라인을 발표했다. 정부는 광고를 통해 소비자들이 사용할 수 있는 정보를 더 많이 제시하기 위해 이와 같은 방법을 취했는데, 실제로 최근의 연구는 적어도 몇몇 상황에서는 정보를 비교의 형태로 제시할 경우에 좀 더 정보에 근거한 의사결정을 한다는 것을 보여주고 있다.

비교 광고(comparative advertising)는 두 개 이상의 인식 가능한 브랜드들의 메시지를 비교하고, 한 가지 이상의 구체적인 속성들에 의해 브랜드를 평가하는 전략을 말한다. 최근에 Arby's는 치킨 샌드위치를 홍보하는 캠페인을 통해 이 접근법을 사용했다. 방송 광고는 가상의 McDonald's 회의실을 설치해 놓고, 젊은 남성이 "McDonald's가 치킨에 인산염, 소금, 그리고 물을 첨가하는 것을 그만두기를 제안합니다. 당신들의 치킨은 바뀔 필요가 있습니다. 단지 70%의 치킨을 100%의 천연 치킨으로 바꾸는 것을 고려하기 바랍니다"라는 주장을 하면서 McDonald's 경영진에게 건강에 좋은 치킨을 제공해야 한다고 임원진을 설득시키려는 장면이 나오게 된다. 이 주장 후 회의실에는 웃음이 터지는데, 이 스팟 광고는 아름다운 음악과 함께 "우리는 McDonald's와 다릅니다. Arby's의 치킨 샌드위치는 100% 천연 치킨으로 만들어집니다"라는 해설이 나오면서 끝이 난다.

이런 전략은 좋은 면과 함께 나쁜 점을 수반하게 되는데, 특히 회사가 비열하거나 부정적인 방식으로 경쟁자를 묘사할 경우에 그러하다. 비록 어떤 비교 광고들은 태도를 변화시키는 결과를 가져오기도 하지만 신뢰성이 낮아질 수 있으며 정보원 폄하(source derogation)라는 부정적 결과를 가져올 수 있다(즉, 소비자들은 편향적인 모습의 공신력을 의심할 수도 있다). 게다가, 어떤 문화(아시아와 같은)권에서는 비교 광고가 흔치 않은데 그 이유는 소비자들이 이런 경쟁 접근법을 도덕적으로 비열하다고 인식하기 때문이다.

메시지 소구의 유형

설득적인 메시지는 당신의 심금을 울리거나 깜짝 놀라게 할 수도 있고, 당신을 웃고 울릴 수도 있으며, 또한 당신이 더 많은 것을 배우고 싶도록 만들 수도 있다. 이 절 에서는 의사전달자가 사용할 수 있는 주요 대안들을 살펴보도록 하겠다.

감성 소구 대 이성 소구

Colgate-Palmolive's는 치은염 치료에 효과적이라고 여겨지는 첫 번째 치약 브랜드로, 이런 효과적인 성분 덕분에 수십 년만에 처음으로 P & G의 Crest를 앞서 나갈 수 있었다. 처음에 Colgate는 새로운 시장 진입을 위해 세균을 죽이는 능력을 강조하는 과학적인 주장을 사용했다. 하지만, 최근의 광고에서는 예전 모델인 Brooke Shields가 부드러운 음악이 흐르는 뒤뜰에서 두 아이와 함께 뛰어다니고 있다. 그녀는 "건강한 미소를 갖는 것은 저에게 중요해요. 배우로서만이 아닌 엄마로서요"라고 말하고 있다.

그렇다면 머리(head)에 소구하는 것과 가슴(heart)에 소구하는 것 중 어느 것이 더 효과적인가? 이에 대한 대답은 제품의 특성과 제품에 대해 소비자들이 맺고 있는 관계의 유형에 따라 다르다. 이성(rational) 소구 대 감성(emotional) 소구의 정확한 효과를 측정하는 것은 매우 어렵다. 비록 광고 내용의 회상은"감성(feeling)" 광고보다는 "사고(thinking)" 광고의 경우에 더 높은 경향이 있지만, 광고 효과에 대한 전통적인 측정(예, 하루 뒤의 회상)은 감성 광고의 누적 효과를 측정하는 데 적절하지 않을 수도 있다. 이런 개방형 측정은 인지적 반응을 측정하는 것이며, 감성 광고들에 대한 반응들은 말로 표현하기가 쉽지 않기 때문에 불리할 수 있다.

성적 소구

Twitter상에서 많은 이슈가 된 캠페인 중에서, 보드카 회사인 Skky Spirit의 인쇄광고와 옥외광고가 있는데, 이는 빨간색 스타킹과 빨간 힐을 신은 여성이 거대한 Skky 보드카 병과 섹스를 하는 것처럼 보이는 광고였다. 한 비평가는 이 광고에 대해 "이 광고는 정말 말이 안 된다. 이것은 외설이다. 어린 아이들은 이 광고를 보고 Skky를 마시는 것과 성적인 기량을 연결시킬 것이다"라고 비판하였다

"성은 잘 팔린다"라는 널리 알려진 신념에 근간을 두고, 향수에서부터 자동차에 이르는 제품들의 마케팅 커뮤니케이션에서 미묘한 암시적 표현에서부터 대담한 피부 노출까지 성적인 제안이 많이 사용되고 있다. 물론, 성적 소구의 활용은 나라마다 다르다. 미국 회사들은 미국 가정에서 받아들여질 수 없는 광고들을 다른 곳에서 하고 있다.

두바이의 이 광고는 감성에 소구한다.
출처: Courtesy of Y&R Dubai.

예컨대, 미국산 리(Lee) 청바지를 유럽 사람들에게 소구하도록 제작된 한 "뻔뻔스러운 (cheeky)" 광고 캠페인은 일련의 벌거벗은 엉덩이를 보여주고 있다. 이 캠페인의 메시지는 엉덩이가 청바지를 선택할 수만 있다면 선택받은 엉덩이들은 리(Lee)를 선택할 것이라는 아이디어에 근거하고 있다. 즉, "엉덩이들은 리(Lee) 청바지를 입으면 기분이 더 좋다"라는 의미를 전달한다.

놀랄 일은 아니지만, 인쇄 광고물에 등장하는 여성의 나체는 여성 소비자들에게는 부정적인 느낌과 긴장감을 유발시키지만, 반대로 남성 소비자들은 더 긍정적인 반응을 보인다. 물론 성에 대한 태도가 좀더 자유로운 여성들의 경우보다 수용적이기는 하다.

공평하게 바꿔서 말하면, 남성들은 광고에 나오는 남성의 나체를 싫어하고, 반대로 여성들은 옷을 벗은 남성들에 호의적으로 반응했지만 완전히 벗은 나체에는 호의적이지 않음을 발견했다. 또한 여성들은 성적 주제가 불필요한 욕정이 아닌 연인관계 맥락에서 제시될 때 좀 더 긍정적으로 반응했다.

성은 효과가 있는가? 비록 성적인 표현이 광고에 대한 주의를 끌 수 있는 것 같지만, 성에 소구하는 광고는 마케터에게 역효과를 불러일으킬 수 있다. 한 조사에서, 피험자의 61% 이상이 섹시한 이미지의 방송 광고는 제품에 대한 구매를 감소시키게 할 것이라고 응답했다. 아이러니하게도, 도발적인 그림은 지나치게 효과적일 수 있다. 주의를 많이 끌게 되어 광고 내용들의 처리와 회상을 방해한다. 성적 소구가 단지 주의를 끌기 위한 "책략(trick)"으로 이용될 경우는 비효과적일 수 있지만 제품이 성과 관련되어 있을 경우(예, 여성 속옷이나 비아그라)에는 효과가 있다.

한 조사회사에서 최근에 남성과 여성들이 성적인 주제의 광고를 어떻게 보며, 무엇을 볼 것인지를 결정하는 것이 광고의 효과에 어떤 영향을 미치는지를 알아보는 조사를 실시했다. 연구 중 하나는 참여자에게 10개의 인쇄 광고를 보게 한 후 특별한 소프트웨어를 사용하여 이들의 시각적 행동을 추적했다. 광고의 샘플은 각각 5개의 제품 범주에서 2개의 미국 광고(성적인 광고/성적이지 않은 광고)로 구성되었다. 성적인 광고가 제시되었을 때, 남성 참가자들은 광고에 나오는 여성들에 초점을 두고 문맥을 무시하는 경향을 보였다. 반면에, 여성 참가자들은 먼저 광고의 내용을 파악하고자 하는 경향을 보였다. 남성들은 성적인 광고를 더 좋아하며, 성적인 광고에 등장하는 제품을 더 좋아하고, 그러한 제품을 구입할 것이라 이야기했다. 여성들은 세 가지 기준 모두에서 그렇지 않은 광고에 비해 성적인 광고를 낮게 평가했다.

유머 소구

Metamucil의 TV 광고에는 완하제를 유명한 간헐천인 올드 페이스풀(Old Faithful)에 쏟아버리며 이 완하제가 유명한 간헐천을 "규칙적(regular)"으로 만들어주었다고 주장하는 국립공원청의 관리원이 등장한다. Yellowstone 국립공원은 화난 시청자들의 편지를 받게 되었는데, 한 편지의 내용은,"이 시대에 사람들이 작명의 권리를 스포츠 영역에 팔아버리는 마당에 … 미국국립공원청이 장운동을 규칙적으로 하게끔 해주는 제품의 마케팅을 위해 미국국립공원청 관리원의 이미지를 팔아버리는 것은 아무런 문제가 없다고 보냐"는 것이었다. 공원청 관계자 역시 고민을 털어놓았는데, 그들은 사람들이 간헐천이 정말로 "도움(help)"을 필요로 한다고 생각하거나, 간헐천에 뭔가를 버려도 괜찮다고 생각하기를 바라지 않는다는 것이다.

유머는 효과가 있는가? 전반적으로, 유머 광고들은 주의를 끌 수 있다. 한 연구에서, 주류 제품의 유머 광고의 재인(recognition) 점수가 평균보다 더 높음을 밝혔다. 그러나 유머가 회상이나 제품에 대한 태도에 유의미한 영향을 미치는가에 대해서는 확실한 증거가 없다. 웃기는 광고가 의견을 변화시킬 수 있는 이유는 이것이 분산(distraction)의 원천을 제공하기 때문이다. 재미있는 광고는 소비자가 **반론적인 주장**(counterarguing)(왜 소비자가 메시지를 동의하지 않는가를 생각하는 것)을 제기하지 못하도록 하기 때문에 메시지의 수용 가능성을 증가시킨다.

Marketing Pitfall

독일 광고회사가 만들어낸 일련의 재미 있는 광고는 모든 사람들을 웃게 만들지는 않았다. Grey사는 약국 체인용의 세 가지 콘돔 광고를 실시했다. 이 광고는 많은 사람들이 콘돔을 사용하게 되면 마오쩌뚱, 히틀러, 오사마 빈 라덴과 같은 인물을 만들어내지 않을 것이라는 것을 의미하고 있었다. 각각의 광고는 경멸받는 인물들을 닮은 정자가 헤엄치는 것을 묘사하고 있었다. 이 광고는 인종차별적이며, 불쾌하고, 부적절하다는 비판을 받았다. 이 캠페인이 소매상의 이미지를 향상시켜 주지는 못했다는 것은 확실하다.

위협 소구

Jetta 모델의 안정성에 대한 Volkswagen의 광고 캠페인은 사람들의 큰 주목을 받았다. 화면은 거리를 운전해 내려오며 수다를 떨고 있는 승객의 관점에서 자동차가 박살나는 것을 그래픽으로 묘사하고 있다. 아무런 경고 없이, 어딘가에서 나타난 다른 차량이 인정사정없이 차를 들이받는다. 다음 장면에서, 시청자는 승객의 머리가 에어백을 들이받는 것을 볼 수 있다. 장면은 기절한 승객의 모습과 파괴된 제타, 그리고 "안전할 수 있습니다"라는 슬로건으로 막을 내린다. 이 광고가 너무 현실적으로 보인 나머지 소비자들은 배우의 부상 여부를 문의하는 전화를 하기도 했다.

위협 소구(fear appeals)는 소비자들이 어떤 행동이나 태도를 변화시키지 않을 경우 발생할 수 있는 부정적인 결과들을 강조한다. 위협 소구는 금연, 피임법의 사용, 대리운전자 이용 등을 통해 사람들이 더 건강한 라이프스타일로 전환하도록 유도하는 사회적 마케팅 맥락에서 더 일반적이긴 하지만, 광고에서도 일반적으로 널리 이용되고 있다. 미국을 포함한 몇몇 국가에서는 담배 광고와 포장에 대해 새로운 엄격한 기준을 찾고 있다. 이 기준에는 흡연의 피해로부터 고통받는 사람들에게 보여주기 위해 담배 포장과 담배광고에 끔찍한 이미지를 묘사하는 것을 포함한다.

이 위협 소구는 효과가 있다. 하지만 안전과 같은 비즈니스를 다루지 않는 마케터들에게도 일반적으로 도움이 되는가? 이 주제에 대한 많은 연구들은 광고주가 광고 내에 적당한 위협을 포함시키고 문제에 대한 적절한 해결책을 제시할 경우에 가장 효과적이라는 것을 밝히고 있다. 그렇지 않다면 문제를 해결할 수 있는 방법이 없기 때문에 소비자들은 그 광고를 무시하게 될 것이다.

약한 위협이 비효율적인 경우는 행동이 가져오는 끔찍한 결과에 대해서 충분한 정교화가 이루어지지 않았기 때문일 수 있다. 또한 강한 위협이 효과를 발휘하지 못하는 경우는 정교화가 너무 많이 이루어져서 행위자의 권장된 변화 과정을 방해하기 때문일 수도 있다 – 수용자들은 메시지가 자신에게 적용되지 않는 이유들을 생각하기에 너무

남아프리카의 공포 소구 광고
출처: Courtesy of Brandhouse.

바빠서 제안된 해결책에 관심을 기울이지 못하게 된다. 에이즈(AIDS)에 대한 피험자들의 불안함 정도를 조작한 한 연구에서는 적당한 위협을 포함하고 있는 콘돔 광고가 가장 긍정적인 평가를 받았다. "섹스는 위험한 일(적당한 위협)"이라고 표현한 광고 카피는 콘돔 제품의 민감도를 강조한 낮은 위협 소구나 에이즈(AIDS)에 걸리면 반드시 죽는다고 한 강한 위협 소구보다 더 큰 태도 변화를 야기했다.

마찬가지로, 협박(scare) 전술은 일반적으로 10대들의 알코올 혹은 마약 사용을 중지하도록 설득하는 데 그다지 효과적이지 못했다. 10대들은 단순하게 그 메시지를 무시하거나 자신과의 연관성을 부인한다. 그러나 마약 예방 메시지에서 사회적 위협 소구와 신체적 위협 소구에 대한 청소년들의 반응을 비교한 한 연구에서는 사 회적 위협이 더 효과적인 전략임을 밝히고 있다.

예술 형태로서의 메시지: 은유의 사용

작가, 시인, 예술가처럼 마케터들도 이야기꾼(storytellers)이다. 마케터들이 제공하고자 하는 제품 편익은 무형적인 것이기 때문에 이들의 커뮤니케이션은 이야기의 형식을 취하게 된다. 따라서 이야기꾼은 소비자들이 메시지를 이해할 수 있도록 이야기들을 구체적인 형식을 통해서 표현해야만 한다.

광고 크리에이티브는 의미를 전달하기 위해 잘 알려진 문학적 장치들을 활용한다(의식적이든 아니든). 예를 들어, Mr. Goodwrench, Jolly Green Giant, 혹은 Charlie the Tuna와 같은 캐릭터들은 제품이나 서비스를 의인화하게 된다. 많은 광고들은 **우화**(allegory)의 형태를 취하게 된다. 즉, 우화는 사람, 동물, 식물, 사물 등의 관점에서 이야

이 중국 세제 광고는 "손빨래의 부담에서 벗어나십시오"라고 시청자들을 자극하면서 수갑을 이용한 은유를 활용하고 있다.
출처: Saatchi & Saatchi.

기하는 추상적인 특성이나 개념들에 관한 스토리이다.

은유(metaphor)는 두 개의 유사하지 않은 대상을 "A는 B이다"와 같은 밀접한 관계로 배치하는 것을 의미하며, 반면에 **직유**(simile)는 "A는 B와 같다"와 같이 A와 B를 비교하는 것을 말한다. 이것은 겉보기에 A와 B가 유사하지 않지만, 은유에 의해 강조되는 어떤 특질을 공유하고 있기 때문에 이루어진다. 은유는 마케터들이 일상적인 사건들에 의미 있는 이미지를 적용할 수 있게 해준다. 주식 시장에서 "백의의 기사"가 "독약"을 사용하는 "적대적인 침입자"와 싸우는 것으로 표현하는 것처럼, 토니 더 타이거(Tony the Tiger)는 시리얼을 힘과 동일한 것으로 표현하고 Allstate 보험의 마주잡은 손의 이미지는 당신이 좋은 보험에 가입했다는 것을 의미하고 있다.

공명(resonance)은 광고주들이 자주 사용하는 문화적 장치의 다른 형식이다. 공명은 적절한 그림과 재치 있는 말을 결합한 표현 방식이다. 표 7.3은 공명의 원리에 의존하고 있는 실제 광고의 몇 가지 예를 보여주고 있다. 은유는 두 가지 사물을 연결함으로써 하나의 의미를 다른 것으로 대체하는 방법인 반면, 공명은 동음이의어를 이용한 말장난(pun)과 같이 단어의 소리에서는 유사성이 있지만 의미에서는 차이점이 있는 이중적 의미를 가진 요소를 이용한다. 예를 들어, 다이어트용 딸기 케이크 디저트 광고는 이 브랜드를 가치 있고 숨겨져 있는 보물(buried treasure)이라는 특질과 연관시키기 위해

CB AS I SEE IT

Edward McQuarrie 교수, *Santa Clara University*

사회생활 초창기에 나는 잡지 광고에 등장하는 재담(재미있는 말장난)에 매료되었다. 익살, 운율 및 훨씬 더 복잡한 담화들이 광고의 헤드라인에 많이 사용되고 있었다. 사실, 고대 그리스인에 의해 분류된 담화의 모든 형태들이 오늘날 미국 광고의 헤드라인에서 발견되어진다. 그렇다면 왜 이런 일이 일어나는가? 결국 광고회사들은 엄청난 압력을 받고 있다. 이들은 소비자에게 몇 초 동안이라도 광고에 관심을 갖게끔 하고자 하는 허망한 희망을 갖고 엄청난 돈을 쓰고 있다. 왜 복잡한 재담에 관심을 가져 소비자들을 혼돈시키거나 소외시키는 위험을 감수하는가?

동료 교수인 David Mick과 내가 발견한 답은 재담이야 말로 대중 매체 광고를 독특한 인간 커뮤니케이션의 일종으로 만들 수 있는 핵심이라는 것이었다. 기억해야 할 것은 아무도 잡지광고를 보거나 잡지를 보는 데 많은 시간을 쓰지 않는다는 것이다. 이것은 우리가 집중해야 하는 곳(그렇지 않으면 낙제를 하게 됨)인 학교에 다닐 때와는 정반대이다. 이러한 이유로 광고회사들은 광고 헤드라인에 익살, 운율 및 여러 다른 수사적인 장치를 집어넣게 된다. 이러한 재미있는 말장난은 사람들의 주의를 끌고 이들을 유혹하는 역할을 한다. 농담을 하는 것은 재미있다. 그 결과 소비자들이 광고에 몇 초 간 더 머무르게 되며 광고 로부터 적어도 한 가지(광고의 나머지를 다 읽지는 못하더라도)는 흡수하게 된다. 또한 브랜드와 즐거움을 연관시키게 한다.

전통적인 소비자 조사는 피험자가 전체 광고를 모두 읽어보도록 하는 실험 패러다임과 연관되어 있는데, 이 패러다임하에서는 수사적 의미의 중요성을 발견할 방법이 없다. 소비자 연구에 계속해서 불리하게 작용될 것이라고 여겨지는 연관되는 문제는 언어에 의한 설득에 지나치게 의존하는 것이다. 잡지를 펼쳐서 한 페이지 전체의 컬러 광고를 보라. 얼마나 많은 단어가 있는가? 아주 많지는 않다. 우리가 보는 것은 컴퓨터 그래픽 소프트웨어에 의해 심하게 변경된 아주 조심스럽게 고안된 사진의 이미지이다. 정말 여러분은 시각적 익살과 시각적 은유 - 그림의 형태로 된 담화의 의미 - 를 보게 될 것이다. 동료 교수인 Barbara Phippips와 나는 문장이 아니라 그림으로 표현하여 제품에 대한 홍보를 하는 것이 광고회사에 왜 도움이 되는지를 보여주었다. 간단히 말하면, 그림을 이용한 설득에서의 애매성 그 자체가 효과적인데 그 이유는 독자들이 광고를 이해하기 위해 더 많은 추론을 생성해내야 하기 때문이다.

소비자 연구자인 것이 좋은 이유는 현실을 연구한다는 것이다. 모든 광고는 자기 직업을 유지하기 위해 스트레스를 받으면서도 자기가 만든 광고에 보이지 않는 소비자 대중들이 몇 초 동안이라도 관심을 갖도록 하기 위해 열심히 일하는 어떤 사람의 시도를 반영하고 있다. 소비자 연구는 과학적 이해를 진전시키는 데 높은 가능성을 지니고 있는 설득에서의 이런 참된 노력들에 대한 연구라고 생각한다.

"딸기 모양의 보물(berried treasure)"이라는 카피를 사용할 수 있다. 이것은 일반적으로 생각하는 것에서 벗어나기 때문에 시청자들은 이런 익살(wordplay)을 이해할 때까지 긴장 혹은 불확실한 상태에 빠지게 된다. 하지만 일단 소비자들이 "광고의 의미를 이해하게"되면 직접적인 메시지보다 이런 광고를 선호하게 된다.

소설가나 예술가가 그림이나 단어로 이야기를 할 수 있는 것처럼, 우리는 시청자들에게 접근하기 위해 여러 가지 형식을 선택할 수 있다. 광고회사는 메시지를 전달하기 위해 문학과 예술에서 관례적으로 사용되는 것을 차용하여 광고를 다른 예술의 형태처럼 구성한다. 여기서 한 가지 중요한 점은 드라마(drama)와 강의(lecture) 간의 구별이다. 강의는 정보원이 청중에게 어떤 제품에 관한 정보를 제공하거나 그것을 구입하게 하도록 설득하기 위한 시도로서, 그 청중에게 직접적으로 말하는 연설(speech)과 같다. 강의는 확실히 설득의 시도를 의미하고 있으며 시청자들도 그렇게 인식을 한다. 강의가 시청자들에게 동기를 부여한다고 가정할 때, 그들은 정보원의 공신력과 함께 메시지의 장점에 가중치를 둔다. 그리고 이때 인지적 반응이 유발될 것이다(예, "콜라 광고를 하도록 하는 데 정보원에게 얼마나 돈을 지불했을까?"). 소비자들은 그 소구가 인지적 반발을 극복하고 자신들의 신념과 일치하다면 그 소구를 수용하게 된다.

목표 10

청중의 특성들은 정보원의 특성이 효과적인지 혹은 메시지 자체가 상대적으로 더 효과적인지를 결정하는 데 도움을 준다.

정보원 대 메시지: 스테이크를 파는가 혹은 지글거리는 소리를 파는가?

우리는 커뮤니케이션 모델에서 정보원과 메시지라는 두 가지 중요한 요인을 살펴보았다. 결국 소비자들의 태도를 변화시키도록 설득하는 데 가장 큰 영향을 미치는 것은 무엇인가? 마케터들은 *무엇을 말할 것인가*에 대해 고민해야 하는가? 아니면 그것을 *어떻게 말할 것인가* 혹은 *누가 말할 것인가*에 대해 더 고민해야 하는가?

놀랍겠지만, 이 질문의 대답은 "상황에 따라 다르다"이다. 2장에서 논의된 것처럼, 소비자의 관여 수준은 소비자들이 메시지를 받아들일 때 어떤 인지 과정이 활성화될 것인가를 결정하게 된다. 이것이 다시 소비자들이 처리하는 커뮤니케이션의 측면에 영향을 미치게 된다. 갈림길에 접어든 여행자처럼 소비자들도 둘 중 하나를 선택해야 한다. 소비자가 선택한 방향에 의해 어떤 마케팅 커뮤 니케이션이 효과적일지가 결정된다.

정교화 가능성 모델(elaboration likelihood model: ELM)은 고관여 상황하에서는 설득을 위해 중심 경로(central route)를 택하게 된다고 가정한다. 대신에, 저관여 상황하에서는 주변 경로(peripheral route)를 택한다. 그림 8.8의 도식은 이 모델을 설명해 주고 있다.

설득에 대한 중심 경로

정교화 가능성 모델에 의하면, 설득적인 메시지 내의 정보와 개인적으로 관련이 있거나 혹은 흥미가 있다고 느낄 때 소비자는 메시지에 신중한 주의를 기울인다. 이 경우 소비자들은 마케터들이 제시한 주장에 대해 집중하며 인지적 반응을 생성하게 된다. 임신 중 음주는 위험할 수 있다는 경고의 라디오 메시지를 들으면서, 임산부는 "이 말이 맞

아. 나는 지금 임신중이니까 정말로 술을 마시지 말아야 해"라고 자기 자신에게 다짐을 할 수도 있다. 아니면 임산부는 "이건 쓸데없는 소리야. 우리 어머니는 나를 임신했을 때 매일 밤 칵테일을 한 잔씩 드셨지만 나는 정상으로 태어났어"라는 반론적인 주장들(counterarguments)을 제시할 수도 있다. 만약 소비자가 메시지에 반발하여 반론을 제기할 경우, 메시지의 수용 가능성이 낮아지게 되는 반면, 소비자가 추가의 지지 주장을 제시한다면 메시지를 준수할 가능성은 높아진다.

설득을 통한 중심 경로는 이 장의 앞부분에서 논의되었던 전통적인 효과의 위계와 관련이 있다. 전통적인 효과의 위계는 우리가 조심스럽게 신념을 형성하고 평가하며 이로부터 야기되는 강한 태도가 행동을 결정한다고 가정한다. 이것이 주는 시사점은 광고에서 제시된 주장들의 질(quality)과 같은 메시지 요인들이 태도 변화를 결정하는 데 있어서 매우 중요하다는 것이다. 어떤 주제에 대한 사전 지식은 그 메시지에 대해 더 많은 사고를 유발시키게 하고 또한 반론적 주장들의 수를 증가시킨다.

설득에 대한 주변 경로

반대로, 사람들이 마케터들의 주장에 대해 사고하도록 충분히 동기화되지 못했을 때 주변 경로를 택하게 된다. 대신에, 소비자들은 메시지에 대해 반응하는 방식을 결정하기 위해 다른 단서들을 사용하게 된다. 이런 단서들은 제품의 포장, 정보원의 매력, 또는 메시지가 제시되는 맥락 등을 포함한다. 실제적인 메시지와 관계 없는 정보원은 이것이 실제적인 메시지를 둘러싸고 있기 때문에 주변적 단서(peripheral cues)라고 불린다.

설득에 대한 주변 경로는 4장에서 언급되었던 **저관여 모순**(paradox of low involvement)을 강조한다. 소비자들 이 제품에 대한 관심을 쏟지 않을 때, 그 제품이 제시하는 스타일(예, 누가 이 제품을 보증하는가? 또는 광고 내의 시각적 요소)의 중요성은 강조된다. 이 점이 시사하는 바는 마케터가 "섹시한" 패키지를 디자인하고, 인기 있는 대변인을 선택하며, 혹은 기분 좋은 쇼핑 환경(9장에서 더 논의됨)을 만들어내기 때문에 소비자들이 저관여 제품을 구매한다는 것이다.

요약하면, ELM의 기본적 생각은 고관여 소비자는 "스테이크"(예, 강하고 이성적인 주장)를 찾는다는 것이다. 상대적으로 덜 관여된 소비자들은 "지글거리는 소리(sizzle)"(예,

그림 8.8 설득의 정교화 가능성(ELM) 모델

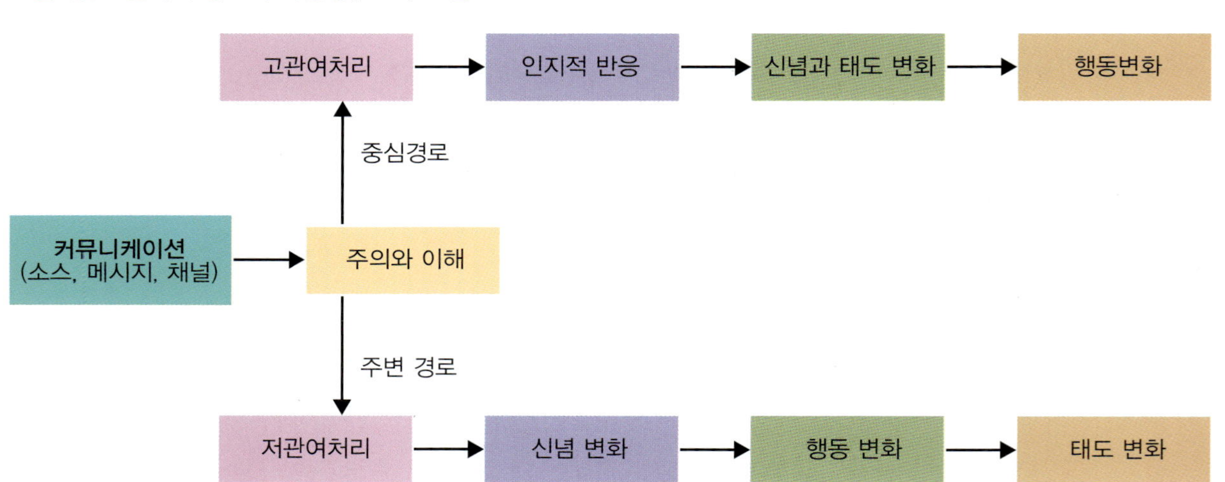

포장의 색상이나 이미지, 또는 유명인사의 보증)에 더 영향을 받는다. 그러나 동일한 커뮤니케이션 변수라도 태도 대상에 대한 관련성에 의해 중심 단서가 될 수도 있고 주변 단서가 될 수도 있다는 점을 기억해야 한다. 어떤 모델의 신체적인 매력이 자동차 광고에서는 주변 단서일 수 있지만, 매력도의 향상이 주요 편익으로 전달되어야 하는 샴푸와 같은 제품에서는 중심 단서가 될 수 있다.

본 장의 정리

본 장의 학습을 완료했다면 다음의 사항들을 이해할 수 있어야 한다:

1. **소비자 연구자들이 태도의 특성과 파워를 이해하는 것은 중요하다.**

   태도는 어떤 대상이나 제품을 긍정적 또는 부정적으로 평가하는 성향이다. 우리는 제품이나 서비스에 대한 태도를 형성하게 되는데, 형성된 태도는 종종 우리가 그 제품이나 서비스를 구매할지의 여부를 결정한다.

2. **태도는 언뜻 보이는 것보다 더 복잡하다.**

   태도는 세 가지 구성요소로 이루어져 있다: 신념, 감정, 그리고 행동 의도.

3. **우리는 여러 방법들을 통해 태도를 형성한다.**

   태도 연구자들은 전통적으로 고정된 순서에 의해 태도를 형성한다고 가정했다: 처음에 우리는 대상 태도에 대한 신념(인지)을 형성하고, 그 후 대상(감정)을 평가한다. 마지막으로, 어떤 태도(행동)를 취하게 된다. 하지만 소비자의 관여도 수준과 환경에 따라 그 태도는 다른 효과 위계로부터 형성될 수 있다. 태도 형성의 핵심은 소비자가 형성하는 태도의 기능이다(예, 그것은 실용적인가 혹은 자기 방어적인가?).

4. **태도 구성요소들 간의 일관성을 유지하려는 욕구들로 인해 사람들은 구성요소들 중 하나 이상을 변화시키게 된다.**

   태도 형성의 한 가지 체계화된 원리는 태도 요소들 사이 의 일관성에 대한 중요성이다 – 즉, 태도의 어떤 부분은 다른 부분과 일치하도록 바뀔 수 있다. 인지 부조화 이론, 자기-지각 이론 및 균형 이론과 같은 태도에 대한 이론적 접근들은 일관성 욕구의 중요한 역할을 강조한다.

5. **태도 모델은 제품이나 서비스에 대한 소비자의 전반적인 태도를 예측하기 위해 특정 구성요소들을 규명하고 이들을 결합시킨다.**

   다속성 태도 모델은 태도의 복잡성을 강조한다: 우리가 규명한 것을 구체화하고 전반적인 태도를 예측하기 위해 일련의 신념과 평가들을 결합한다. 연구자들은 예측력을 향상시키기 위해 주관적 규범이나 태도 측정의 특수함과 같은 요인들을 태도 측정에 통합해 왔다.

6. **제품이나 서비스에 대한 소비자의 태도를 변화시키려고 할 때 커뮤니케이션 모델은 마케터를을 위해 몇 가지 중요한 요소들을 규명해 준다.**

   설득은 소비자들의 태도를 변화시키려는 시도를 말한다. 커뮤니케이션 모델은 마케터들이 의미를 전달하는 데 필요한 요소들을 상세화한다. 요소들은 정보원, 메시지, 매체, 수용자, 그리고 피드백을 포함하고 있다.

7. **마케터들이 과거에 생각했던 바와는 달리 소비자는 정보처리 시 항상 수동적인 수용자는 아니다.**

   커뮤니케이션에 대한 전통적인 관점은 커뮤니케이션 과정에서 지각자를 수동적인 요소로 간주하는 경향이 있다. 새롭게 발전된 상호작용 커뮤니케이션에서는 제품 정보를 획득하고 어떤 회사와의 관계를 형성하는 데 있어서 소비자가 수행할 수 있는 적극적인 역할을 고려할 필요성을 강조한다. 퍼미션 마케팅(permission marketing)의 옹호자들은 자사의 권유 메시지에 "냉담한" 사람들보다는 자사 제품에 대해 알기를 원하는 소비자들에게 메시지를 보내는 것이 더 효과적이라고 주장한다.

8. **왜 몇 가지 요인들은 메시지 원천의 효과성에 영향을 주는가?**

   정보원의 성격을 결정하는 두 가지 중요한 특성은 매력과 공신력이다. 비록 유명인사들이 종종 이런 목적을 수행하지만, 그들의 공신력이 마케터가 바라는 만큼 항상 강력하지는 않다. 소비자들에게 입소문(믿을 만하고 소비자가 만들어낸)으로 지각된 마케팅 메시지가 과장광고(믿을 수 없고, 편향되어 있으며, 회사 측에서 만들어낸)라고 분류된 메시지보다 훨씬 더 효과적인 경향이 있다.

9. **마케터의 메시지 구성 방식에 따라 메시지의 설득력의 높고 낮음이 결정된다.**

   메시지의 효율성을 결정하는 데 도움을 주는 몇 가지 요청중의 특성들은 정보원의 특성이 효과적인지 아니면 메시지가 더 효과적일 수 있는지를 결정하는 데 도움을 준다.
소는 그것이 단어로 전달되는지 아니면 그림으로 전달되는지의 여부와 감성 또는 이성 소구가 적용될 것인가의 여부; 얼마나 자주 반복되는지, 아니면 주장의 두 측면이 나타나는지; 아니면 메시지가 위협, 유머, 혹은 성적인 의미를 포함하고 있는지에 따라 결정된다. 광고 메시지는 종종 예술 또는 문학에서 유래된 요소들(드라마, 강의, 은유, 우화, 공명과 같은)을 통합한다.

10. 청중의 특성들은 정보원의 특성이 효과적인지 혹은 메시지 자체가 상대적으로 더 효 과적인지를 결정하는 데 도움을 준다.

정보원 대 메시지의 상대적인 영향은 커뮤니케이션과 수용자의 관여 수준 정도에 의존한다. 정교화 가능성 모델(ELM)은 관여도가 낮은 소비자는 정보원 효과에 더 많은 영향을 받을 것이고, 관여도가 높은 소비자는 실제 메시지에 더 많은 주의를 기울여 메시지의 구성요소를 처리하게 될 것이라고 설명하고 있다.

KEY TERMS

2요인 이론 two-factor theory
Blog
Fishbein 모델
가치 표현적 기능 value-expressive function
감정 affect
경험적 효과의 위계 experiential hierarchy of effects
공명 resonance
구매 행위에 대한 태도 attitude toward the act of buying, Aact
규범적 영향력 normative influence
균형 이론 balance theory
내면화 internalization
논박적 주장 refutational argument
다속성 태도 모델들 multiattribute attitude models
단순 노출 효과 mere exposure phenomenon
대변캐릭터 spokescharacter
동일시 identification
명인 보증 celebrity endorser
모바일 거래 M-commerce
문간에 발 들여놓기 기법 foot-in-the-door technique
반론적인 주장 counterarguing
복잡 경로 기점화와 조정 multiple pathway anchoring and adjustment: MPAA 모델
비교 광고 comparative advertising
사회적 판단 이론 social judgment theory
설득 persuasion
소셜미디어 social media
수면자 효과 sleeper effect
수용과 거부의 범위 latitudes of acceptance and rejection
시도 이론 theory of trying
실용적 기능 utilitarian function
우화 allegory
위협 소구 fear appeals
은유 metaphor
인지 cognition
인지 부조화 이론 theory of cognitive dissonance
인지적 일관성 원리 principle of cognitive consistency
자기 지각 이론 self-perception theory
자아 방어적 기능 ego-defensive function
저관여 모순 paradox of low involvement
저관여 효과의 위계 low-involvement hierarchy of effects
접근-접근 갈등 approach-approach conflict
접근-회피 갈등 approach-avoidance conflict
정교화 가능성 모델 elaboration likelihood model: ELM
정보원 매력 source attractiveness
정보원의 공신력 source credibiyty
주관적 규범 subjective norm: SN
준수 compliance
지식 기능 knowledge function
직유 simile
커뮤니케이션 모델 communication model
태도 attitude
태도 대상 attitude object: Ao
태도 모델들 attitude models
태도의 ABC 모델 ABC model of attitude
태도의 기능 이론 functional theory of attitudes
태도 접근성 관점 attitude accessibility perspective
트랜스미디어 스토리텔링 transmedia storytelling
퍼미션 마케팅 permission marketing
표준 학습 위계 standard learning hierarchy
합리적 행동 이론 theory of reasoned action
행동 behavior
회피-회피 갈등 avoidance-avoidance conflict
효과의 위계 hierarchies of effects

REVIEW

8-1. 태도는 자아 방어적 기능에서 어떤 역할을 하는가?

8-2. 태도의 ABC 모델을 기술하라.

8-3. 태도의 세 가지 위계를 제시하고, 이들 간의 주요 차이 점을 설명하라.

8-4. 태도에 대한 몰입의 수준이 장기적으로 제품에 대해 우리가 느끼는 방식의 부분이 될 가능성에 어떻게 영향을 미치는가?

8-5. 우리는 종종 제품 구매 후 그 제품에 대한 태도를 향상 시키게 된다. 인지 부조화 이론은 이러한 변화를 어떻게 설명하는가?

8-6. 문간에 발 들여놓기(foot-in-the-door) 기법은 무엇인가? 자기 지각 이론은 이러한 효과와 어떻게 연관되는가?

8-7. 수용과 거부의 범위란 무엇인가? 소비자의 제품 몰입 수준이 수용의 범위에 어떻게 영향을 미치는가?

8-8. 균형 이론에 근거하여 3자 관계가 균형인지 아닌지를 어떻게 알 수 있는가? 어떻게 소비자는 비균형 관계에 서 균형 관계로 관계를 회복시킬 수 있는가?

8-9. 다속성 태도 모델을 기술하고 주요 구성요소를 열거하라.

8-10. "내가 행동하는 대로 하지 말고 말하는 대로 행동하라"라는 진술은 태도 모델과 어떻게 연관되어 있는가?

8-11. 주관적 규범이란 무엇이며, 이것은 우리의 태도에 어떻게 영향을 주는가?

8-12. 어떤 사람의 태도를 안다고 할지라도 행동을 예측하기는 어려운데, 행동 예측의 세 가지 장애물은 무엇인가?

8-13. 합리적 행동 이론(theory of reasoned action)을 설명하라. 이 이론이 서구 문화에서와 달리 비서구 문화에 동일하게 적용되지 않는 이유는 무엇이라 생각하는가?

8-14. 설득과 관련된 세 가지 심리학적 원칙을 나열하라.

8-15. 전통적인 커뮤니케이션 모델의 요소들을 기술하고, 최신 모델과 어떤 차이가 있는지를 설명하라.

8-16. 블로그란 무엇이며 마케터는 블로그를 어떻게 이용할 수 있는가?

8-17. 정보원 공신력이란 무엇이며, 정보원이 믿을만 한지를 결정하는 데 영향을 주는 두 가지 요인은 무엇인가?

8-18. 입소문(buzz)과 과장광고(hype) 간의 차이는 무엇인가? 이러한 차이는 기업 역설(corporate paradox)과 어떻게 연관되는가?

8-19. 후광 효과는 무엇이며, 왜 이러한 효과가 발생하는가?

8-20. 아바타란 무엇이며, 마케터들이 유명인을 활용하는 대신에 아바타를 선택하는 이유는 무엇인가?

8-21. 마케터들이 어떤 경우에 메시지를 시각적 혹은 언어적으로 표현해야 하는가?

8-22. 이요인 이론은 태도 변화에 미치는 메시지 반복의 효과를 어떻게 설명하고 있는가?

8-23. 양면적 메시지와 단면 메시지는 언제 이용되면 가장 효과적인가?

8-24. 유머 광고는 효과가 있는가? 그렇다면 어떤 경우에 효과적인가?

8-25. 마케터들은 소비자들을 설득하기 위해 공포 유발을 시도해야 하는가?

8-26. 왜 마케터들은 설득적 메시지를 고안해 내기 위해 은유를 사용하는가? 이러한 기법의 두 가지 예를 들어보아라.

8-27. 강의와 드라마의 차이는 무엇인가?

도전과제

토의문제

8-28. 이 장에서 서술한 효과의 위계들을 비교하여 설명하라. 마케터들은 마케팅 믹스 전략을 선택할 때 이런 다양한 상황들을 어떻게 고려해야 하는가?

8-29. 미국과 영국 내 대학들에 대한 기업의 후원은 일반적이라서 후원을 받은 대학들은 수백만 달러를 유치하고 있다. 중국 대학들도 이를 따르고 있다. 하지만 이러한 과정은 2011년 칭화대학교의 건물 후원 후 강한 비판을 받고 있다. 이 No. 4티칭 건물은 Jeanswest 빌딩이라고 쓰여져 있는 큰 글자의 금으로 장식되어 있었다. 이 건물 이름이 붙여진 후 며칠 안 되어 이 이름은 스프레이 페인트에 의해 훼손되었다. 이 대학교의 학생들은 이 건물이 "매진"되었다고 믿었고 이것은 중국 전역에서 웃음거리가 되었다. 이 건물 이름은 결국 끌어내려졌다. 칭화대학은 1억 천 사백만 달러를 유치하기 위해 학교 내 14개 건물에 대해 작명 권한을 제공하였다. 칭화대학은 이러한 과도한 제공을 통해 악평을 자초하였다고 생각하는가?

8-30. 전 세계적으로 앱의 형태로 제공되는 무료 모바일 폰 컨텐츠에 대해 지속적인 요구가 있어왔다. 이는 모바일 광고에 두드러진 영향을 미치고 있다. 무료 컨텐츠에 대한 자금을 조달하기 위해 개발자들은 광고를 통합시키고 있다. 모바일 광고의 가장 큰 증가는 아시아 태평양 지역에서 일어나고 있다. 시장조사 기관인 Gartner에 의하면 이 지역이 모바일 광고에 대한 가장 큰 시장이다. Gartner는

모바일 광고가 2016년까지 400%의 비율로 증가할 것이라고 예측하고 있다. 현재 이 시장은 $245억의 가치가 있는 것으로 추정되어지고 있다. 이러한 새로운 유형의 광고 매체가 일반화됨에 따라 시장은 이 새로운 매체에 어떻게 대응해야 한다고 생각하는가?

8-31. 중국 소비자들의 오염된 음식 구매에 대한 두려움 때문에, 2013년에 새로운 산업이 등장하였다. 온라인 공급회사들은 제품이 농장으로부터 직접 배달됨을 약속하였다. 이는 오염된 쌀과 식용유를 둘러싼 음식 공포로 인해 등장하였다. 새 비즈니스업계의 2개 회사인 COFO Ltd.와 Shunfeng Express는 프리미엄과 확실한 유기농 제품들을 제공하는 더가로 13억 중국소비자들을 타겟 고객으로 목표화 하고 있다. 신선한 농산물의 온라인 판매가 65억 달러에 달하는데, 이는 400% 이상의 성장을 의미하는 것이다. 이처럼 공포에 근간하여 비즈니스 모델을 수립하는 것을 윤리적이라고 생각하는가?

8-32. 코카콜라 회사는 악명높은 외설적 영화를 언급하면서 아동들을 타겟으로 삼은 것에 대해 부모들로부터 맹비난을 받은 후에 영국 프로모션 캠페인을 중단하였다. 젊은 소셜미디어 사용자들이 Dr. Pepper 브랜드를 이용하도록 만들기 위한 노력의 일환으로 이 회사는 자신들이 Facebook status box에 동의하게 할 수 있도록 하였다. 그리고 나서, 이 회사는 "샤워하면서 오줌 누는 것이 뭐가 잘못이냐?" 등과 같은 약간 당황스러운 질문을 게시하였다. 그러나 부모들이 자신의 14살된 딸의 프로파일이 노골적인 도색영화를 언급하는 메시지로 업데이트되었다는 것을 발견했을 때 이 계획은 역효과를 낳았고 코카콜라 회사는 이 프로모션을 중단하여야만 했다. 사이버공간에서 온갖 종류의 메시지에 노출되어 매사에 관심을 느끼지 못하는 어린 소비자들의 주의를 끌기 위해 어떤 것들을 할 수 있을까? 소셜미디어 플랫폼에서 어린 소비자들에게 다가가기 위해 노력할 때 마케터들이 따라야 할 가이드라인은 어떤 것일까?

8-33. sock puppeting이 의미하는 것은 무엇이며 이는 윤리적인 것인가?

8-34. 기업들은 자신들의 활동을 마케팅의 툴인 CSR의 영역에서. 이용해야만 하는가? 제품이나 서비스를 판매하기 위한 도구로보다는 좀 더 나은 이웃 기업이 되기 위한 것이 CSR이 아닌가?

★**8-35.** 어떤 상황에서 마케터들이 비교 광고 전략을 사용할 수 있을지를 논의해 보라.

8-36. 2013년에 Real Madrid의 Cristiano Ronaldo는 Herblife의 공식적인 영양 후원자가 되기 위해 수백만 달러짜리 계약을 5년간 체결하였다. 2010년에는 Lionel Messi가 이와 비슷한 계약을 맺은 바 있다. 이처럼 스포츠 영웅들이 다른 것들을 희생시키면서까지 특정한 제품을 후원하여야 한다고 생각하는가?

8-37. 공포 소구는 소비자가 행동이나 태도를 변화시키지 않으면 발생할 수 있는 부정적인 결과들을 강조한다. 주변에서 공포 소구를 이용한 예들에는 어떤 것들이 있는지 알아보자.

8-38. 많은 회사들이 소비자들을 설득하기 위한 커뮤니케이션 원천으로 유명 보증인들에게 의존한다. 특히 젊은 사람들을 타깃으로 할 때 이러한 대변인은 "멋진" 음악가, 운동가, 혹은 영화배우들이 된다. 오늘날 가장 효과적인 유명 보증인은 누구라고 생각하며, 그 이유는 무엇인가? 어떤 유명인이 보증인으로서 가장 효과적이지 않은가? 그 이유는?

8-39. 시계 브랜드인 Swiss Legend는 유명인들에게 자사의 컬러풀한 시계를 착용하게 한다. 이를 위해 시상식에서 자사의 제품을 유명인들에게 공짜로 제공한다. 홍보 담당자들은 이러한 일반적 관행을 "재능이 많은 사람들에 대한 선물(gifting the talents)"이라고 부르며 회사는 공짜 샘플로 가득한 "선물 주머니"를 스타들에게 제공한다. 홍보를 늘리기 위해 행하는 이러한 "재능이 많은 사람들에 대한 선물" 관행에 대해 당신은 어떻게 생각하는가? 건전한 전략이라고 생각하는가? 유명인들이 이러한 선물을 받는 것은 윤리적인 것인가?

응용문제

8-40. 사람들이 행하게 되는 자신의 태도와 일관되지 않는 행동(콜레스테롤, 마약 복용, 자신을 두드러지게 해주거나 지위를 얻을 수 있게 해주는 제품 구매 등)을 생각해 보시오. 태도와 비일관된 행동을 하게 되는 이유를 찾기 위해 이들에게 그 이유를 질문해 보시오. 또한 부조화 요소들을 해결하는 방법들을 규명해 보시오.

8-41. 몇 가지 경쟁 자동차 제품들을 대상으로 태도 설문지를 만들어보시오. 포함된 각 자동차 모델에 대한 경쟁 우위와 약점을 규명하시오.

8-42. 지역 레스토랑을 대상으로 하여 다속성 모델을 구성해 보시오. 조사 결과에 근거하여 레스토랑 매니저가 이 장에서 언급된 전략들을 통해 매장의 이미지를 어떻게 향상시킬 수 있을지를 제안해 보시오.

8-43. japander.com 등의 사이트에서 유명인들이 자국에서 판매되지 않는 제품을 홍보하고 있는 외국 광고를 찾아보시오. 동료나 친구들에게 각 유명인의 매력 정도에 대해 평가하도록 요청한 후 이들에게 유명인이 등장하는 광고를 보여주고 다시 한번 매력도를 평가하게 해보시오. 스타들이 싸구려 광고에 등장한 것을 본 후에 스타의 "브랜드 이미지"에 변화가 나타났는가? 조사 결과에 근거하여 중요한 의뢰인을 위해 이들 유명인 중 한 명을 선택해야만 하는 마케팅 담당자에게 당신은 어떤 충고를 줄 수 있겠는가?

8-44. 왜 마케터들은 자신의 제품에 대해 부정적인 것을 언급하는 것을 고려할 필요가 있는가? 언제 이런 전략은 실현 가능한가? 적절한 예를 찾아볼 수 있는가?

8-45. 제품 판매를 위해 성적 소구를 활용하고 있는 광고를 수집하시오. 이 광고들은 얼마나 자주 실제 제품의 혜택을 커뮤니케이션하고 있는가?

8-46. 친구에게 광고를 보는 동안 큰 소리로 말하게 부탁함으 써 반론의 과정을 관찰해 보라. 광고의 각 부분에 대해 생각해 보고 메시지의 주장에 대한 반응을 적도록 요청하라. 주장들에 대해 얼마나 많은 회의(의심)들이 발생했는가?

8-47. 2시간 동안 네트워크 TV 채널에서 방영된 광고들을 모두 기록하라. 각각의 제품에 한 사람을 배정하여 각 광고가 드라마인지 주장인지를 결정하게 하라. 광고가 사용하고 있는 메시지의 유형(양면적 논쟁)을 기술하고 등장하는 대변인의 유형(TV 배우, 유명인, 만화 캐릭터 등)을 기록하라. 마케터들이 활용하고 있는 설득 기법 중 우세한 형태는 무엇이라고 결론 내릴 수 있는가?

8-48. 은유나 공명의 사용에 의존하는 광고의 예를 찾아보아라. 이 광고들이 효과적이라고 생각하는가? 만약 당신이 제품을 마케팅한다면, 직접적인 "강매"식의 접근법을 취하는 광고가 더 편하다고 느낄 것 같은가? 혹은 아닌가? 그 이유는 무엇인가?

8-49. 정교화가능성모델(ELM)은 사람들이 고관여 상황에서는 설득에서 중심경로를 택한다고 가정한다. 이것이 의미하는 바는 무엇이며 어떻게 작동되는지를 설명하시오.

8-50. 이 장에 의하면 "소설가, 시인 및 예술가처럼, 마케터들 또한 이야기꾼이다". 이러한 표현은 어느 정도로 진지하게 받아들여질 수 있는가? 마케터들이 제품이나 서비스의 보이지 않는 측면을 묘사할 필요가 있을 때 커뮤니케이션이 종종 스토리의 형태를 띤다는 사실을 고려하면 확실히 일리가 있다. 이야기는 메시지를 이해하게 하는 구체적인 형태이다. 당신은 여기에 동의하는가?

사례연구Case Study

샴푸 구입: "Bad hair" day?

당신이 마지막으로 샴푸나 다른 헤어 제품을 구매한 적이 언제였는가? 제품을 선택하는데 얼마나 많은 시간이 걸렸는가? 최종 선택은 어떻게 내렸는가?

전형적인 드럭 스토어의 헤어 케어 코너에는 200가지 이상의 샴푸가 있다. 이 샴푸들은 헤어의 손상회복, 예방, 수분보충, 영양 등을 포함한 수많은 편익들을 홍보하고 있다. 소비자들은 자신들의 니즈와 브랜드의 편익들을 어떻게 연결시키는가? 특정 제품을 선택하는 것은 쉽지 않은 일이기 때문에 많은 사람들이 샴푸 브랜드를 고를 때 샴푸 진열대 앞에서 20분 이상을 소비한다는 것은 놀라운 사실이 아니다.

우리가 구매하는 것이 단순히 샴푸가 아니다라는 것을 고려하면 혼돈은 가중된다. 젤, 헤어스프레이, 무스, 컨디셔너 등의 종류가 있다. 최근의 Mintel 조사는 소비자의 3/4이 샴푸뿐만 아니라 컨디셔너를 사용하며 이 수치는 여성들에게서 더 높게 나타남을 밝힌바 있다.

광고대행사는 소비자들이 헤어 관련 옵션들을 잘 이해하도록 돕기 위해서 노력하고 있다.

헤어케어 제품 광고들은 주로 TV와 인쇄광고에 의존하고 있다. 때때로 빌보드의 형태로 옥외광고를 사용하기도 한다. 많은 광고 캠페인들은 Kate Winslet이나 Zooey Deschanel과 같은 유명인들을 활용하고 있다.

또한 이러한 선택들에 대해 고민하는 것은 미국의 여성소비자들에게만 국한되지 않는다. 싱가포르와 필리핀의 여성들도 헤어 컨디셔너를 선택하는 데 어려움을 겪는다. 이러한 국가들의 여성 소비자들에게 소구하기 위해 유니레버는 이 국가에서 판매되는 컨디셔너 브랜드인 'Cream Silk Hair Fall Defense'의 편익을 보여주기 위한 비전통적인 캠페인을 시도하였다. Cream Silk의 핵심 편익은 헤어에 제공하는 "힘"이다. 광고 대행사인 JWT의 도움으로 유니레버는 완전히 새로운 포맷으로 원하는 메시지를 전달할 수 있었다.

JWT는 싱가포르 최고의 바이올린 제작자인 Paul Goh를 컨택하였다. 이 프로모션에서 Mr. Goh는 바이올린 활을 만들 때 그가 전통적으로 사용하던 말털 대신 활의 일부를 사람의 머리카락으로 제작하도록 요청받았다. 이 머리카락은 깨끗이 감겨진 후 Cream Silk로 컨디셔닝 되어 있었다. 이 머리카락의 강함을 보여주기 위해 현악 4중주단이 마닐라의 복잡한 쇼핑몰에서 4시간 동안 콘서트를 할 때 이 활을 사용하였다. 유니레버에게 좋은 소식은 다음과 같다: 4시간의 콘서트 동안 활의 어떤 줄도 끊어지지 않았다는 것이다! 이 공연은 Youtube에서 "The Human Hair Quartet"를 찾으면 볼 수 있다. 이 입소문 비디오는 재생 품질이 우수하며 다음과 같은 광고 메시지를 포함하고 있다.

"튼튼한 헤어를 보여주고자 할 때, 모든 광고들은 이를 똑같은 방식으로 표현하고 있었다. 그래서 우리는 STRONG HAIR의 시연을 라이브 공연으로 바꿈으로써 게임의 룰을 변화시켰다."

광고대행사인 JWT에 의하면 "이 이벤트는 Cream Silk 표적 고객 객의 심금을 울렸다. 청중들은 600명이나 되었으며 450개 이상의 Cream Silk 샘플이 배포되었고 우리가 조사한 대다수의 소비자들이 이 브랜드에 대해 긍정적으로 느끼고 돌아갔다" 이에 대해 당신은 어떻게 생각하는가? 당신이 튼튼하고 강한 헤어를 원하고 있다면 이 광고는 당신에게 확신을 줄 수 있는가? 이 접근은 다른 컨디셔너 브랜드들이 흔히 사용하는 방식들에 비해 어떤 측면에서 우수한가? 혹은 부족한가?

토론 질문

1. 다속성 모델의 관점에서 Cream Silk의 프로모션을 설명해 보시오.
2. 긍정적 태도를 가지게 된 사람들은 이 제품을 구입할 것인가? 이 프로모션 이외에 소비자들의 행동에 영향을 미칠 수 있는 다른 요인들에게는 어떤 것들이 있을까?

출처: "Shampoo, Conditioners and Styling Products—US—April 2013," Mintel Oxygen, accessed August 4, 2013; "Jwt and Unilever Demonstrate the Power of Cream Silk with First Ever Human Hair Quartet," J. Walter Thompson, http://www.jwt.com/en/news/singapore/singapore/jwtandunileverdemonstratethepowerofcreamsilkwithfirsteverhumanhairquartet/, accessed August 5, 2013.

참조

1. Robert A. Baron and Donn Byrne, *Social Psychology: Understanding Human Interaction*, 5th ed. (Boston: Allyn & Bacon, 1987).
2. Daniel Katz, "The Functional Approach to the Study of Attitudes," *Public Opinion Quarterly* 24 (Summer 1960): 163–204, Richard J. Lutz, "Changing Brand Attitudes Through Modification of Cognitive Structure," *Journal of Consumer Research* 1 (March 1975): 49–59.
3. Russell H. Fazio, T. N. Lenn, and E. A. Effrein, "Spontaneous Attitude Formation," *Social Cognition* 2 (1984): 214–34.
4. Sharon Shavitt, "The Role of Attitude Objects in Attitude Functions," *Journal of Experimental Social Psychology* 26 (1990): 124–48; see also J. S. Johar and M. Joseph Sirgy, "Value Expressive Versus Utilitarian Advertising Appeals: When and Why to Use Which Appeal," *Journal of Advertising* 20 (September 1991): 23–34.
5. Aaron Baar, "New Subaru Campaign Takes Aim with Cupid's Arrow," *Marketing Daily* (April 28, 2008), http://publications.mediapost.com/Index.Cfm?Fuseaction=Articles.San&S=81435&Nid=420. . ., accessed April 28, 2008.
6. Michael Ray, "Marketing Communications and the Hierarchy-of-Effects," in P. Clarke, ed., *New Models for Mass Communications* (Beverly Hills, CA: Sage, 1973), 147–76.
7. Herbert Krugman, "The Impact of Television Advertising: Learning Without Involvement," *Public Opinion Quarterly* 29 (Fall 1965): 349–56; Robert Lavidge and Gary Steiner, "A Model for Predictive Measurements of Advertising Effectiveness," *Journal of Marketing* 25 (October 1961): 59–62.
8. Stephanie Thompson, "Bad Breakup? There, There, B&J Know Just How You Feel," *Advertising Age* (January 24, 2005): 8.
9. For some recent studies, see Andrew B. Aylesworth and Scott B. MacKenzie, "Context Is Key: The Effect of Program-Induced Mood on Thoughts About the Ad," *Journal of Advertising* 27 (Summer 1998): 17; Angela Y. Lee and Brian Sternthal, "The Effects of Positive Mood on Memory," *Journal of Consumer Research* 26 (September 1999): 115–28; Michael J. Barone, Paul W. Miniard, and Jean B. Romeo, "The Influence of Positive Mood on Brand Extension Evaluations," *Journal of Consumer Research* 26 (March 2000): 386–401. For a study that compared the effectiveness of emotional appeals across cultures, see Jennifer L. Aaker and Patti Williams, "Empathy Versus Pride: The Influence of Emotional Appeals Across Cultures," *Journal of Consumer Research* 25 (December 1998): 241–61. For research that relates mood (depression) to acceptance of health-related messages, see Punam Anand Keller, Isaac M. Lipkus, and Barbara K. Rimer, "Depressive Realism and Health Risk Accuracy: The Negative Consequences of Positive Mood," *Journal of Consumer Research* 29 (June 2002): 57–69.
10. Punam Anand, Morris B. Holbrook, and Debra Stephens, "The Formation of Affective Judgments: The Cognitive–Affective Model Versus the Independence Hypothesis," *Journal of Consumer Research* 15 (December 1988): 386–91; Richard S. Lazarus, "Thoughts on the Relations Between Emotion and Cognition," *American Psychologist* 37, no. 9 (1982): 1019–24; Robert B. Zajonc, "Feeling and Thinking: Preferences Need No Inferences," *American Psychologist* 35, no. 2 (1980): 151–75.
11. See Sharon E. Beatty and Lynn R. Kahle, "Alternative Hierarchies of the Attitude–Behavior Relationship: The Impact of Brand Commitment and Habit," *Journal of the Academy of Marketing Science* 16 (Summer 1988): 1–10.
12. J. R. Priester, D. Nayakankuppan, M. A. Fleming, and J. Godek, "The A(2)SC(2) Model: The Influence of Attitudes and Attitude Strength on Consideration Set Choice," *Journal of Consumer Research* 30, no. 4 (2004): 574–87.
13. Chester A. Insko and John Schopler, *Experimental Social Psychology* (New York: Academic Press, 1972).
14. Ibid.
15. Robert E. Knox and James A. Inkster, "Postdecision Dissonance at Post Time," *Journal of Personality & Social Psychology* 8, no. 4 (1968): 319–23.
16. Thomas Kramer and Song-Oh Yoon, "Approach-Avoidance Motivation and the Use of Affect as Information," *Journal of Consumer Psychology* 17, no. 2 (2007): 128–38.
17. www.weightwatchers.com/index.aspx, accessed June 30, 2009.
18. Daryl J. Bem, "Self-Perception Theory," in Leonard Berkowitz, ed., *Advances in Experimental Social Psychology* (New York: Academic Press, 1972): 1–62; cf. more recently Keisha M. Cutright, Eugenia C. Wu, Jillian C. Banfield, Aaron C. Kay, and Gavan J. Fitzsimons, "When Your World Must Be Defended: Choosing Products to Justify the System," *Journal of Consumer Research* 38, no. 1 (June 2011): 62–77.
19. Jonathan L. Freedman and Scott C. Fraser, "Compliance Without Pressure: The Foot-in-the-Door Technique," *Journal of Personality & Social Psychology* 4 (August 1966): 195–202. For further consideration of possible explanations for this effect, see William DeJong, "An Examination of Self-Perception Mediation of the Foot-in-the-Door Effect," *Journal of Personality & Social Psychology* 37 (December 1979): 221–31; Alice M. Tybout, Brian Sternthal, and Bobby J. Calder, "Information Availability as a Determinant of Multiple-Request Effectiveness," *Journal of Marketing Research* 20 (August 1988): 280–90.
20. David H. Furse, David W. Stewart, and David L. Rados, "Effects of Foot-in-the-Door, Cash Incentives and Follow-ups on Survey Response," *Journal of Marketing Research* 18 (November 1981): 473–78; Carol A. Scott, "The Effects of Trial and Incentives on Repeat Purchase Behavior," *Journal of Marketing Research* 13 (August 1976): 263–69.
21. Bob Fennis, Loes Janssen, and Kathleen D. Vohs, "Acts of Benevolence: A Limited-Resource Account of Compliance with Charitable Requests," *Journal of Consumer Research* (2009): 906–25.
22. See Joan Meyers-Levy and Brian Sternthal, "A Two-Factor Explanation of Assimilation and Contrast Effects," *Journal of Marketing Research* 30 (August 1993): 359–68.
23. Mark B. Traylor, "Product Involvement and Brand Commitment," *Journal of Advertising Research* (December 1981): 51–56.
24. Fritz Heider, *The Psychology of Interpersonal Relations* (New York: Wiley, 1958).
25. Robert B. Cialdini, Richard J. Borden, Avril Thorne, Marcus Randall Walker, Steven Freeman, and Lloyd Reynolds Sloan, "Basking in Reflected Glory: Three (Football) Field Studies," *Journal of Personality & Social Psychology* 34: 366–75.
26. Quoted in Jon Weinbach, "Ad Score! Major League Soccer Teams Will Sell Ad Space on Players' Jerseys," *Wall Street Journal* (September 28, 2006): B1.
27. Debra Z. Basil and Paul M. Herr, "Attitudinal Balance and Cause-Related Marketing: An Empirical Application of Balance Theory," *Journal of Consumer Psychology* 16, no. 4 (2006): 391–403.
28. Leslie Kaufman, "Enough Talk," *Newsweek* (August 18, 1997): 48–49.

29. Allan Wicker, "Attitudes Versus Actions: The Relationship of Verbal and Overt Behavioral Responses to Attitude Objects," *Journal of Social Issues* 25 (Autumn 1969): 65.
30. M. Fishbein, "An Investigation of the Relationships Between Beliefs About an Object and the Attitude Toward that Object," *Human Relations* 16 (1983): 233–40.
31. Icek Ajzen and Martin Fishbein, "Attitude–Behavior Relations: A Theoretical Analysis and Review of Empirical Research," *Psychological Bulletin* 84 (September 1977): 888–918.
32. Morris B. Holbrook and William J. Havlena, "Assessing the Real-to-Artificial Generalizability of Multi-Attribute Attitude Models in Tests of New Product Designs," *Journal of Marketing Research* 25 (February 1988): 25–35; Terence A. Shimp and Alican Kavas, "The Theory of Reasoned Action Applied to Coupon Usage," *Journal of Consumer Research* 11 (December 1984): 795–809.
33. R. P. Abelson, "Conviction," *American Psychologist* 43 (1988): 267–75; R. E. Petty and J. A. Krosnick, *Attitude Strength: Antecedents and Consequences* (Mahwah, NJ: Erlbaum, 1995); Ida E. Berger and Linda F. Alwitt, "Attitude Conviction: A Self-Reflective Measure of Attitude Strength," *Journal of Social Behavior & Personality* 11, no. 3 (1996): 557–72.
34. Noah J. Goldstein, Robert B. Cialdini, and Vladas Griskevicius, "A Room with a Viewpoint: Using Social Norms to Motivate Environmental Conservation in Hotels," *Journal of Consumer Research* 35 (October 2008): 472–82.
35. Blair H. Sheppard, Jon Hartwick, and Paul R. Warshaw, "The Theory of Reasoned Action: A Meta-Analysis of Past Research with Recommendations for Modifications and Future Research," *Journal of Consumer Research* 15 (December 1988): 325–43.
36. Joseph A. Cote, James McCullough, and Michael Reilly, "Effects of Unexpected Situations on Behavior-Intention Differences: A Garbology Analysis," *Journal of Consumer Research* 12 (September 1985): 188–94.
37. Robert E. Smith and William R. Swinyard, "Attitude–Behavior Consistency: The Impact of Product Trial Versus Advertising," *Journal of Marketing Research* 20 (August 1983): 257–67.
38. For a recent similar application, cf. N. T. Tavassoli and G. J. Fitzsimons, "Spoken and Typed Expressions of Repeated Attitudes: Matching Response Modes Leads to Attitude Retrieval Versus Construction," *Journal of Consumer Research* 33, no. 2 (2006): 179–87.
39. Kulwant Singh, Siew Meng Leong, Chin Tiong Tan, and Kwei Cheong Wong, "A Theory of Reasoned Action Perspective of Voting Behavior: Model and Empirical Test," *Psychology & Marketing* 12, no. 1 (January 1995): 37–51; Joseph A. Cote and Patriya S. Tansuhaj, "Culture Bound Assumptions in Behavior Intention Models," in Thom Srull, ed., *Advances in Consumer Research* 16 (Provo, UT: Association for Consumer Research, 1989): 105–9.
40. Joel B. Cohen and Americus Reed, "A Multiple Pathway Anchoring and Adjustment (MPAA) Model of Attitude Generation and Recruitment," *Journal of Consumer Research* 33 (June 2006): 1–15.
41. Richard P. Bagozzi and Paul R. Warshaw, "Trying to Consume," *Journal of Consumer Research* 17 (September 1990): 127–40.
42. Robert B. Cialdini and Kelton V. L. Rhoads, "Human Behavior and the Marketplace," *Marketing Research* (Fall 2001): 13.
43. Gert Assmus, "An Empirical Investigation into the Perception of Vehicle Source Effects," *Journal of Advertising* 7 (Winter 1978): 4–10. For a more thorough discussion of the pros and cons of different media, see Stephen Baker, *Systematic Approach to Advertising Creativity* (New York: McGraw-Hill, 1979).
44. Alladi Venkatesh, Ruby Roy Dholakia, and Nikhilesh Dholakia, "New Visions of Information Technology and Postmodernism: Implications for Advertising and Marketing Communications," in Walter Brenner and Lutz Kolbe, eds., *The Information Superhighway and Private Households: Case Studies of Business Impacts* (Heidelberg: Physica-Verlag, 1996): 319–37; Donna L. Hoffman and Thomas P. Novak, "Marketing in Hypermedia Computer-Mediated Environments: Conceptual Foundations," *Journal of Marketing* 60, no. 3 (July 1996): 50–68. For an early theoretical discussion of interactivity in communications paradigms, see R. Aubrey Fisher, *Perspectives on Human Communication* (New York: Macmillan, 1978).
45. Seth Godin, *Permission Marketing: Turning Strangers into Friends, and Friends into Customers* (New York: Simon & Schuster, 1999).
46. Brad Stone, "The War for Your TV," *Newsweek* (July 29, 2002): 46–47.
47. Geoffrey A. Fowler, "Asia's Mobile Ads," *Wall Street Journal* (April 25, 2005), www.wsj.com, accessed April 25, 2005; Brooks Barnes, "Coming to Your Cell: Paris Hilton," *Wall Street Journal* (March 17, 2005), www.wsj.com, accessed March 17, 2005; Alice Z. Cuneo, "Marketers Dial in to Messaging," *Advertising Age* (November 1, 2004): 18; Stephen Baker and Heather Green, "Blogs Will Change Your Business," *BusinessWeek* (May 2, 2005): 56.
48. "Social Nets and Blogs More Popular than E-Mail," March 17, 2009, www.emarketer.com, accessed March 17, 2009.
49. http://twittercounter.com/pages/100, accessed March 7, 2013.
50. http://www.iamtryingtobelieve.com/, accessed May 30, 2011.
51. Jon Zahlaway, "Nine Inch Nails' *Year Zero* Plot Hits the Web," *SoundSpike*, February 22, 2007, http://www.livedaily.com/news/11570.html?t=102, accessed May 30, 2011.
52. Carl I. Hovland and W. Weiss, "The Influence of Source Credibility on Communication Effectiveness," *Public Opinion Quarterly* 15 (1952): 635–50; for a recent treatment, cf. Yong-Soon Kang and Paul M. Herr, "Beauty and the Beholder: Toward an Integrative Model of Communication Source Effects," *Journal of Consumer Research* 33 (June 2006): 123–30.
53. Herbert Kelman, "Processes of Opinion Change," *Public Opinion Quarterly* 25 (Spring 1961): 57–78; Susan M. Petroshius and Kenneth E. Crocker, "An Empirical Analysis of Spokesperson Characteristics on Advertisement and Product Evaluations," *Journal of the Academy of Marketing Science* 17 (Summer 1989): 217–26.
54. Kenneth G. DeBono and Richard J. Harnish, "Source Expertise, Source Attractiveness, and the Processing of Persuasive Information: A Functional Approach," *Journal of Personality & Social Psychology* 55, no. 4 (1988): 541–46.
55. Joseph R. Priester and Richard E. Petty, "The Influence of Spokesperson Trustworthiness on Message Elaboration, Attitude Strength, and Advertising Effectiveness," *Journal of Consumer Psychology* 13, no. 4 (2003): 408–21.
56. Hershey H. Friedman and Linda Friedman, "Endorser Effectiveness by Product Type," *Journal of Advertising Research* 19, no. 5 (1979): 63–71. For a study that looked at nontarget market effects—the effects of advertising intended for other market segments—see Jennifer L. Aaker, Anne M. Brumbaugh, and Sonya A. Grier, "Non-Target Markets and Viewer Distinctiveness: The Impact of Target Marketing on Advertising Attitudes," *Journal of Consumer Psychology* 9, no. 3 (2000): 127–40.
57. S. Ratneshwar and Shelly Chaiken, "Comprehension's Role in Persuasion: The Case of Its Moderating Effect on the Persuasive Impact of Source Cues," *Journal of Consumer Research* 18 (June 1991): 52–62.
58. Steven S. Posavac, Michal Herzenstein, Frank R. Kardes, and Suresh Sundaram, "Profits and Halos: The Role of Firm Profitability Information in Consumer Inference," *Journal of Consumer Psychology* 20, no. 3 (2010): 327–37.
59. Yeosun Yoon, Zeynep Gurhan-Canli, and Norbert Schwarz, "The Effect of Corporate Social Responsibility (CSR) Activities on Companies with Bad Reputations," *Journal of Consumer Psychology* 16, no. 4 (2006): 377–90.
60. Peter R. Darke and Robin J. B. Ritchie, "The Defensive Consumer: Advertising Deception, Defensive Processing, and Distrust," *Journal of Marketing Research* 44 (February 2007): 114–27.
61. Jagdish Agrawal and Wagner A. Kamakura, "The Economic Worth of Celebrity Endorsers: An Event Study Analysis," *Journal of Marketing* 59 (July 1995): 56–62.
62. "Report: Charlie Sheen May Not Shine, But Stars Are Aligned as Print Ad Activists," NYSportsJournalism.com (February 25, 2011), http://nysportsjournalism.squarespace.com/study-stars-shine-in-print-ads/?SSScrollPosition=0&VK=94964620, accessed April 30, 2011.
63. Heather Buttle, Jane E. Raymond, and Shai Danziger, "Do Famous Faces Capture Attention?," paper presented at Association for Consumer Research Conference, Columbus, OH (October 1999).
64. Michael A. Kamins, "Celebrity and Noncelebrity Advertising in a Two-Sided Context," *Journal of Advertising Research* 29 (June–July 1989): 34; Joseph M. Kamen, A. C. Azhari, and J. R. Kragh, "What a Spokesman Does for a Sponsor," *Journal of Advertising Research* 15, no. 2 (1975): 17–24; Lynn Langmeyer and Mary Walker, "A First Step to Identify the Meaning in Celebrity Endorsers," in Rebecca H. Holman and Michael R. Solomon, eds., *Advances in Consumer Research* 18 (Provo, UT: Association for Consumer Research, 1991): 364–71.
65. Joe Mandese, "Tweet This: Social Endorsements Beat Social Media Ad Buys," *Online Media Daily* (March 10, 2011), http://www.mediapost.com/publications/?fa=Articles.showArticle&art_aid=146459&nid=124651, accessed April 30, 2011.
66. Anthony R. Pratkanis, Anthony G. Greenwald, Michael R. Leippe, and Michael H. Baumgardner, "In Search of Reliable Persuasion Effects: III. The Sleeper Effect Is Dead, Long Live the Sleeper Effect," *Journal of Personality & Social Psychology* 54 (1988): 203–18.
67. Stephanie Strom, "Nonprofit Punishes a 2nd Founder for Ruse," *New York Times*, January 15, 2008, www.nytimes.com/2008/01/15/us/15givewell.html?ex=1201064400&en=97effb249, accessed January 15, 2008; Ross D. Petty and J. Craig Andrews, "Covert Marketing Unmasked: A Legal and Regulatory Guide for Practices That Mask Marketing Messages," *Journal of Public Policy & Marketing* (Spring 2008): 7–18; James B. Stewart, "Whole

Foods CEO Threatens Merger, Fuels Arbitrage," *SmartMoney* (July 18, 2007), www.smartmoney.com/investing/stocks/whole-foods-ceo-threatens-merger-fuels-arbitrage-21550/?hpadref=1, accessed June 4, 2009; Brian Morrissey, "'Influencer Programs' Likely to Spread," *Adweek* (March 2, 2009), http://www.adweek.com/news/advertising-branding/influencer-programs-likely-spread-98542, accessed March 2, 2009; Katie Hafner, "Seeing Corporate Fingerprints in Wikipedia Edits," *New York Times* (August 19, 2007), www.nytimes.com/2007/08/19/technology/19wikipedia.html?_r=1&oref=slogin, accessed August 19, 2007; Brian Bergstein, "New Tool Mines: Wikipedia Trustworthiness Software Analyzes Reputations of the Contributors Responsible for Entries," *MSNBC* (September 5, 2007), www.msnbc.msn.com/id/20604175, accessed September 5, 2007; http://wikiscanner.virgil.gr, accessed June 4, 2009.

68. Ameet Sachdev, "FTC Cracks Down on Fake Online Endorsements: Agency Attempts to Punish Fake Reviews, Force Disclosure," *Chicago Tribune* (October 11, 2010), http://articles.chicagotribune.com/2010-10-11/business/ct-biz-1011-web-reviews--20101011_1_ftc-cracks-endorsements-mary-engle, accessed April 15, 2011.
69. "Robber Makes It Biggs in Ad," *Advertising Age* (May 29, 1989): 26.
70. Robert LaFranco, "MTV Conquers Madison Avenue," *Forbes* (June 3, 1996): 138.
71. Alice H. Eagly, Andy Wood, and Shelly Chaiken, "Causal Inferences About Communicators and Their Effect in Opinion Change," *Journal of Personality & Social Psychology* 36, no. 4 (1978): 424–35.
72. Ira Teinowitz, "'Results May Vary' Won't Be Enough Under New FTC Rules, Proposed Changes Could Put Squeeze on Ads for Diet Plans and Fitness Equipment," *Advertising Age* (March 12, 2009), www.adage.com, accessed March 12, 2009.
73. Patrick Loughran, "Sex Pistol Sends Dairy Crest Butter Sales Soaring," *Times of London* (February 3, 2009), www.timesonline.co.uk, accessed February 4, 2009.
74. Brian Steinberg, "Bob Dylan Gets Tangled Up in Pink: Victoria's Secret Campaign Drafts Counterculture Hero; Just Like the Rolling Stones," *Wall Street Journal* (April 2, 2004): B3.
75. Robert Klara, "Brands by Bieber," Brandweek (January 1, 2011), http://www.adweek.com/news/advertising-branding/brands-bieber-126241, accessed February 23, 2011.
76. Grant McCracken, "Who Is the Celebrity Endorser? Cultural Foundations of the Endorsement Process," *Journal of Consumer Research* 16, no. 3 (December 1989): 310–21.
77. Quoted in www.japander.com, accessed March 7, 2013.
78. Nat Ives, "Marketers Run to Pull the Plug When Celebrity Endorsers Say the Darnedest Things," *New York Times* (July 16, 2004), www.nytimes.com, accessed July 16, 2004.
79. Judith A. Garretson and Scot Burton, "The Role of Spokescharacters as Advertisement and Package Cues in Integrated Marketing Communications," *Journal of Marketing* 69 (October, 2005): 118–32.
80. Jeff Bercovici, "America's Most Loved Spokescharacters," *Forbes* (March 14, 2011), http://www.forbes.com/2011/03/11/old-spice-snoopy-m-and-m-most-loved-spokescharacters.html, accessed April 30, 2011.
81. Natalie T. Wood and Michael R. Solomon, eds., *Virtual Social Identity* (Newport, CA: Sage, 2010).
82. Kathy Crosett, "Consumers Confused by TV Commercials," *Adology* (October 4, 2010), http://www.marketingforecast.com/archives/7538, accessed May 30, 2011; David W. Stewart and David H. Furse, "The Effects of Television Advertising Execution on Recall, Comprehension, and Persuasion," *Psychology & Marketing* 2 (Fall 1985): 135–60.
83. R. C. Grass and W. H. Wallace, "Advertising Communication: Print vs. TV," *Journal of Advertising Research* 14 (1974): 19–23.
84. Elizabeth C. Hirschman and Michael R. Solomon, "Utilitarian, Aesthetic, and Familiarity Responses to Verbal Versus Visual Advertisements," in Thomas C. Kinnear, ed., *Advances in Consumer Research* 11 (Provo, UT: Association for Consumer Research, 1984): 426–31.
85. Terry L. Childers and Michael J. Houston, "Conditions for a Picture-Superiority Effect on Consumer Memory," *Journal of Consumer Research* 11 (September 1984): 643–54.
86. John R. Rossiter and Larry Percy, "Attitude Change Through Visual Imagery in Advertising," *Journal of Advertising Research* 9, no. 2 (1980): 10–16.
87. Spencer E. Ante, "Billboards Join Wired Age," *Wall Street Journal* (February 4, 2011), http://professional.wsj.com/article/SB10001424052748703652104576122091475061666.html?mg=reno-wsj, accessed April 15, 2011.
88. Scott B. MacKenzie, "The Role of Attention in Mediating the Effect of Advertising on Attribute Importance," *Journal of Consumer Research* 13 (September 1986): 174–95.
89. Robert B. Zajonc, "Attitudinal Effects of Mere Exposure," *Journal of Personality & Social Psychology* 8 (1968): 1–29.
90. Giles D'Souza and Ram C. Rao, "Can Repeating an Advertisement More Frequently Than the Competition Affect Brand Preference in a Mature Market?" *Journal of Marketing* 59 (April 1995): 32–42.
91. George E. Belch, "The Effects of Television Commercial Repetition on Cognitive Response and Message Acceptance," *Journal of Consumer Research* 9 (June 1982): 56–65; Marian Burke and Julie Edell, "Ad Reactions Over Time: Capturing Changes in the Real World," *Journal of Consumer Research* 13 (June 1986): 114–18; Herbert Krugman, "Why Three Exposures May Be Enough," *Journal of Advertising Research* 12 (December 1972): 11–14.
92. Robert F. Bornstein, "Exposure and Affect: Overview and Meta-Analysis of Research, 1968–1987," *Psychological Bulletin* 106, no. 2 (1989): 265–89; Arno Rethans, John Swasy, and Lawrence Marks, "Effects of Television Commercial Repetition, Receiver Knowledge, and Commercial Length: A Test of the Two-Factor Model," *Journal of Marketing Research* 23 (February 1986): 50–61.
93. Curtis P. Haugtvedt, David W. Schumann, Wendy L. Schneier, and Wendy L. Warren, "Advertising Repetition and Variation Strategies: Implications for Understanding Attitude Strength," *Journal of Consumer Research* 21 (June 1994): 176–89.
94. Linda L. Golden and Mark I. Alpert, "Comparative Analysis of the Relative Effectiveness of One- and Two-Sided Communication for Contrasting Products," *Journal of Advertising* 16 (1987): 18–25; Michael A. Kamins, "Celebrity and Noncelebrity Advertising in a Two-Sided Context," *Journal of Advertising Research* 29 (June–July 1989): 34; Robert B. Settle and Linda L. Golden, "Attribution Theory and Advertiser Credibility," *Journal of Marketing Research* 11 (May 1974): 181–85.
95. Cf. Alan G. Sawyer, "The Effects of Repetition of Refutational and Supportive Advertising Appeals," *Journal of Marketing Research* 10 (February 1973): 23–33; George J. Szybillo and Richard Heslin, "Resistance to Persuasion: Inoculation Theory in a Marketing Context," *Journal of Marketing Research* 10 (November 1973): 396–403.
96. Rupal Parekh and Jean Halliday, "New Ad Introduces Consumers to 'New GM,'" *Advertising Age* (June 1, 2009), http://adage.com/article?article_id=137010, accessed June 6, 2009.
97. Uma R. Karmarkar and Zakary L. Tormala, "Believe Me, I Have No Idea What I'm Talking About: The Effects of Source Certainty on Consumer Involvement and Persuasion," *Journal of Consumer Research* 36 (April 2009): 1033–49.
98. Golden and Alpert, "Comparative Analysis of the Relative Effectiveness of One- and Two-Sided Communication for Contrasting Products"; Gita Venkataramani Johar and Anne L. Roggeveen, "Changing False Beliefs from Repeated Advertising: The Role of Claim-Refutation Alignment," *Journal of Consumer Psychology* 17, no. 2 (2007): 118–27.
99. George E. Belch, Michael A. Belch, and Angelina Villareal, "Effects of Advertising Communications: Review of Research," in *Research in Marketing* 9 (Greenwich, CT: JAI Press, 1987): 59–117.
100. Frank R. Kardes, "Spontaneous Inference Processes in Advertising: The Effects of Conclusion Omission and Involvement on Persuasion," *Journal of Consumer Research* 15 (September 1988): 225–33.
101. Belch, Belch, and Villareal, "Effects of Advertising Communications: Review of Research"; Cornelia Pechmann and Gabriel Esteban, "Persuasion Processes Associated with Direct Comparative and Noncomparative Advertising and Implications for Advertising Effectiveness," *Journal of Consumer Psychology* 2, no. 4 (1994): 403–32.
102. Cornelia Dröge and Rene Y. Darmon, "Associative Positioning Strategies Through Comparative Advertising: Attribute vs. Overall Similarity Approaches," *Journal of Marketing Research* 24 (1987): 377–89; D. Muehling and N. Kangun, "The Multidimensionality of Comparative Advertising: Implications for the FTC," *Journal of Public Policy & Marketing* (1985): 112–28; Beth A. Walker and Helen H. Anderson, "Reconceptualizing Comparative Advertising: A Framework and Theory of Effects," in Rebecca H. Holman and Michael R. Solomon, eds., *Advances in Consumer Research* 18 (Provo, UT: Association for Consumer Research, 1991): 342–47; William L. Wilkie and Paul W. Farris, "Comparison Advertising: Problems and Potential," *Journal of Marketing* 39 (October 1975): 7–15; R. G. Wyckham, "Implied Superiority Claims," *Journal of Advertising Research* (February–March 1987): 54–63.
103. Suzanne Vranica, "Arby's TV Spots Play Game of Fast-Food Chicken," *Wall Street Journal* (July 5, 2006): A16.
104. Stephen A. Goodwin and Michael Etgar, "An Experimental Investigation of Comparative Advertising: Impact of Message Appeal, Information Load, and Utility of Product Class," *Journal of Marketing Research* 17 (May 1980): 187–202; Gerald J. Gorn and Charles B. Weinberg, "The Impact of Comparative Advertising on Perception and Attitude: Some Positive Findings," *Journal of Consumer Research* 11 (September 1984): 719–27; Terence A. Shimp and David C. Dyer, "The Effects of Comparative Advertising Mediated by Market Position of Sponsoring Brand," *Journal of Advertising* 3 (Summer 1978): 13–19; R. Dale Wilson, "An Empirical Evaluation of Comparative Advertising Messages: Subjects' Responses to Perceptual Dimensions," in B. B. Anderson, ed., *Advances in Consumer*

Research 3 (Ann Arbor, MI: Association for Consumer Research, 1976): 53–57.

105. Louise Kramer, "In a Battle of Toothpastes, It's Information vs. Emotion," *New York Times* (January 17, 2007): C6.
106. H. Zielske, "Does Day-After Recall Penalize 'Feeling' Ads?" *Journal of Advertising Research* 22 (1982): 19–22.
107. Bruce Horovitz, "Skyy Pushes the Envelope with Sexy Ad Campaign," *USA Today* (September 28, 2010), http://www.usatoday.com/money/advertising/2010-09-28-vodka28_ST_N.htm?csp=34money&utm_source=-feedburner&utm_medium=feed&utm_campaign=Feed%3A+UsatodaycomMoney-TopStories+%28Money+-+Top+Stories%29, accessed April 15, 2011.
108. Allessandra Galloni, "Lee's Cheeky Ads Are Central to New European Campaign," *Wall Street Journal* (March 15, 2002), www.wsj.com, accessed March 15, 2002.
109. Belch, Belch, and Villareal, "Effects of Advertising Communications: Review of Research"; Courtney and Whipple, *Sex Stereotyping in Advertising*; Michael S. LaTour, "Female Nudity in Print Advertising: An Analysis of Gender Differences in Arousal and Ad Response," *Psychology & Marketing* 7, no. 1 (1990): 65–81; B. G. Yovovich, "Sex in Advertising—The Power and the Perils," *Advertising Age* (May 2, 1983): M4–M5. For an interesting interpretive analysis, see Richard Elliott and Mark Ritson, "Practicing Existential Consumption: The Lived Meaning of Sexuality in Advertising," in Frank R. Kardes and Mita Sujan, eds., *Advances in Consumer Behavior* 22 (1995): 740–45; Jaideep Sengupta and Darren W. Dahl, "Gender-Related Reactions to Gratuitous Sex Appeals," *Journal of Consumer Psychology* 18 (2008): 62–78.
110. Penny M. Simpson, Steve Horton, and Gene Brown, "Male Nudity in Advertisements: A Modified Replication and Extension of Gender and Product Effects," *Journal of the Academy of Marketing Science* 24, no. 3 (1996): 257–62.
111. Jaideep Sengupta and Darren W. Dahl, "Gender-Related Reactions to Gratuitous Sex Appeals," *Journal of Consumer Psychology* 18 (2008): 62–78; Darren W. Dahl, Jaideep Sengupta, and Kathleen Vohs, "Sex in Advertising: Gender Differences and the Role of Relationship Commitment," *Journal of Consumer Research* 36 (August 2009): 215–231.
112. Mark Dolliver, "Seeing Too Much Sex in Ads, or Too Little?" *Adweek* (December6,2010),http://teens.adweek.com/aw/content_display/datacenter/research/e3i5b647315f27310efc8f6df37dcb48e9b, accessed April 15, 2011.
113. Michael S. LaTour and Tony L. Henthorne, "Ethical Judgments of Sexual Appeals in Print Advertising," *Journal of Advertising* 23, no. 3 (September 1994): 81–90.
114. "Does Sex Really Sell?" *Adweek* (October 17, 2005): 17.
115. Katharine Q. Seelye, "Metamucil Ad Featuring Old Faithful Causes a Stir," *New York Times* (January 19, 2003), www.nytimes.com, accessed January 19, 2003.
116. Thomas J. Madden, "Humor in Advertising: An Experimental Analysis," working paper, no. 83-27, University of Massachusetts, 1984; Thomas J. Madden and Marc G. Weinberger, "The Effects of Humor on Attention in Magazine Advertising," *Journal of Advertising* 11, no. 3 (1982): 8–14; Weinberger and Spotts, "Humor in U.S. Versus U.K. TV Commercials" *Journal of Advertising* 18, no. 2 (1989): 39–44; see also Ashesh Mukherjee and Laurette Dubé, "The Use of Humor in Threat-Related Advertising" (unpublished manuscript, McGill University, June 2002).
117. David Gardner, "The Distraction Hypothesis in Marketing," *Journal of Advertising Research* 10 (1970): 25–30.
118. Chris Abraham, "Global Web Means Your 'Fart Jokes' Can Be Heard Out of Context," *Advertising Age* (June 15, 2009), http://adage.com/digitalnext/article?article_id=137273, accessed June 16, 2009.
119. Brian Steinberg, "VW Uses Shock Treatment to Sell Jetta's Safety," *Wall Street Journal* (April 19, 2006): B4.
120. Lindsay Goldwert, "FDA to Require Graphic Images on Cigarette Packages to Deter Smoking," *New York Daily News* (November 10, 2010), http://www.nydailynews.com/lifestyle/health/2010/11/10/2010-11-10_fda_proposes_putting_graphic_images_onto_package_of_cigarettes_to_-deter_smoking.html, accessed April 15, 2011.
121. Michael L. Ray and William L. Wilkie, "Fear: The Potential of an Appeal Neglected by Marketing," *Journal of Marketing* 34, no. 1 (1970): 54–62.
122. Punam Anand Keller and Lauren Goldberg Block, "Increasing the Effectiveness of Fear Appeals: The Effect of Arousal and Elaboration," *Journal of Consumer Research* 22 (March 1996): 448–59.
123. Ronald Paul Hill, "An Exploration of the Relationship Between AIDS-Related Anxiety and the Evaluation of Condom Advertisements," *Journal of Advertising* 17, no. 4 (1988): 35–42.
124. Randall Rothenberg, "Talking Too Tough on Life's Risks?" *New York Times* (February 16, 1990): D1.
125. Denise D. Schoenbachler and Tommy E. Whittler, "Adolescent Processing of Social and Physical Threat Communications," *Journal of Advertising* 25, no. 4 (Winter 1996): 37–54.
126. Barbara B. Stern, "Medieval Allegory: Roots of Advertising Strategy for the Mass Market," *Journal of Marketing* 52 (July 1988): 84–94.
127. Edward F. McQuarrie and David Glen Mick, "On Resonance: A Critical Pluralistic Inquiry into Advertising Rhetoric," *Journal of Consumer Research* 19 (September 1992): 180–97.
128. Cf. Linda M. Scott, "The Troupe: Celebrities as Dramatis Personae in Advertisements," in Rebecca H. Holman and Michael R. Solomon, eds., *Advances in Consumer Research* 18 (Provo, UT: Association for Consumer Research, 1991): 355–63; Barbara Stern, "Literary Criticism and Consumer Research: Overview and Illustrative Analysis," *Journal of Consumer Research* 16 (1989): 322–34; Judith Williamson, *Decoding Advertisements* (Boston: Marion Boyars, 1978).
129. John Deighton, Daniel Romer, and Josh McQueen, "Using Drama to Persuade," *Journal of Consumer Research* 16 (December 1989): 335–43.
130. Edward F. McQuarrie and David Glen Mick, "On Resonance: A Critical Pluralistic Inquiry into Advertising Rhetoric," *Journal of Consumer Research* 19 (September 1992): 180–97.
131. Barbara J. Phillips and Edward F. McQuarrie, "Beyond Visual Metaphor: A New Typology of Visual Rhetoric in Advertising," *Marketing Theory* 4 (March/June 2004): 113–36.
132. Richard E. Petty, John T. Cacioppo, and David Schumann, "Central and Peripheral Routes to Advertising Effectiveness: The Moderating Role of Involvement," *Journal of Consumer Research* 10, no. 2 (1983): 135–46.
133. Jerry C. Olson, Daniel R. Toy, and Philip A. Dover, "Do Cognitive Responses Mediate the Effects of Advertising Content on Cognitive Structure?" *Journal of Consumer Research* 9, no. 3 (1982): 245–62.
134. Julie A. Edell and Andrew A. Mitchell, "An Information Processing Approach to Cognitive Responses," in S. C. Jain, ed., *Research Frontiers in Marketing: Dialogues and Directions* (Chicago, IL: American Marketing Association, 1978).
135. Richard E. Petty, John T. Cacioppo, Constantine Sedikides, and Alan J. Strathman, "Affect and Persuasion: A Contemporary Perspective," *American Behavioral Scientist* 31, no. 3 (1988): 355–71.
136. Ingrid Lunden, "Mobile Ad Revenues Will Top $11.4 Billion In 2013, Up 19% On 2012. India, China And Display Fuelling The Boost," *Tech Crunch* (January 17, 2013), http://techcrunch.com/2013/01/17/mobile-ad-revenues-will-top-11-4-billion-in-2013-up-19-on-2012-india-china-fuelling-boost-search-ads-diminishing-in-use/, accessed December 18, 2103.
137. Vikram Dodd, "Coca-Cola Forced to Pull Facebook Promotion After Porn References," *Guardian.co.uk* (July 18, 2010), http://www.guardian.co.uk/business/2010/jul/18/coca-cola-facebook-promotion-porn, accessed April 15, 2011.
138. Rob Walker, "The Gifted Ones," *New York Times Magazine* (November 14, 2004), www.nytimes.com, accessed September 29, 2007.

Section 3 • 소비자 행동에 대한 외부적 영향

본 책의 세 번째이자, 마지막 섹션인 3부에서는 소비자로서의 정체성과 의사결정에 영향을 미치는 외부 요인들에 대해서 보고자 한다. 9장에서는 집단에 대한 전반적인 내용을 담고 있으며, 우리가 처해있는 특정 상황이 우리의 선택에 어떤 영향을 미치는지를 살펴보고 있다. 10장에서는 큰 사회 안에서의 우리 자신에 대한 규정을 의미하는 사회적 정체성의 영향에 대해 살펴보고, 하위문화와 라이프스타일이 우리의 구매나 소비에 어떤 영향을 미치는지 설명한다. 11장에서는 타인과는 다른 우리의 상대적인 사회적 지위가 우리가 누구인가를 규명하는데 어떤 영향을 미치는지, 그리고 내면 깊은 곳에 자리한 가치들이 소비자 행동에서 어떤 방향으로 나아가고 있는지에 초점을 맞추고 있다. 마지막으로, 12장에서는 물리적, 디지털 측면에서 우리가 타인과 어떻게 연결되어 있는지 살펴보고, 왜 소셜미디어가 소비자로서 우리의 삶에 변화를 일으키고 있는지 그 이유를 살펴보고자 한다.

CHAPTERS AHEAD

Chapter 9 소비자 행동에 대한 집단과 상황적 영향

Chapter Objectives

이 장을 끝마칠 때, 당신은 다음의 사항들을 이해해야 한다:

1. 많은 요인들이 구매시점의 소비자 의사결정 과정에 크게 영향을 미친다.
2. 매장 레이아웃, 웹사이트, 또는 판매원이 제공하는 정보는 의사결정에 매우 큰 영향을 미친다.
3. 다른 사람과 집단, 특히 사회적 힘을 가지고 있는 사람들이 우리의 의사 결정에 영향을 미친다.
4. 우리는 제품이나 서비스에 대해 관심을 공유할 수 있는 사람들을 찾는다.
5. 다른 사람과 동조되려는 욕구는 다른 사람들의 구매와 사용하는 것들을 모방하도록 동기를 부여한다.
6. 마케터는 종종 소비자 한 명의 행동보다는 다수 소비자들의 행동을 이해할 필요가 있다.
7. 의사결정 과정은 개인적 사용과는 다르게 집단을 대신하여 구매하는 상황일 때 다르게 나타난다.
8. 가족에 대한 우리의 전통적인 생각은 시대에 뒤처져 있다.
9. 가족이 구매결정을 할 때, 가족 단위의 구성원들은 서로 다른 역할을 하며, 영향력의 정도도 다르다.

출처: Ljupco Smokovski/Shutterstock.

Zachary는 은밀한 생활을 즐긴다. 주중의 그는 대형 투자회사의 고지식한 주식 애널리스트로 일한다. 그는 앞으로 계속 일을 할 수 있을지 걱정을 많이 하고 있어, 최근 스트레스가 심하다. 반면, 그의 유일한 삶의 낙은 자신의 열정에 돈을 쓰는 것이다. 바로 Harley-Davidson을 타고 여행을 다니는 것! 그의 Facebook에는 점심시간마다, 그가 얼마나 도로를 질주하고 싶은지 아쉬워하는 글들로 가득하다(부디 그의 상사가 그의 친구가 아니길 바라며). 사실, Zach는 이런 위험 정도는 감수할 만하다고 여긴다. 그는 Harley-Davidson의 'free country' 소셜미디어 프로모션에 참여하고 있는데, 이는 Harley-Davidson을 타는 사람들이 트위터나 Facebook에 자신들의 이야기를 남기도록 하여, Harley-Davidson의 배너 광고에 그런 글들이 보여지도록 하는 것이다. 그의 여자 친구는 혹여나 사고라도 나지 않을까 걱정하지만, Zach는 스스로 조심하기만 하면 된다고 생각한다. 특히 바이크를 타는 중에 여자 친구에게 문자만 안 보내면 다칠 일은 없을 것이라고 여긴다.

금요일 밤이 되면, 그는 Brooks Brothers의 고급 정장 대신 검은색 가죽 옷을 입고, 평소 타고 다니는 Lexus 아닌 그가 아끼는 Harley-Davidson 오토바이를 탄다. Zachary는 HOG(Halrey Owners Group)의 헌신적인 일원으로 "RUBs(Rich Urban Bikers)"라는 Harley 집단에 소속되어 있다. 이 집단의 모든 회원들은 Harley문구가 새겨진 비싼 가죽조끼를 입고, 맞춤 제작된 "Low Riders(핸들을 높고 몸체는 낮은)"를 가지고 있다. 이번 주에 Zach는 드디어 새로 나온 구멍 난 검정 가죽 재킷을 Harley 용품을 파는 웹 페이지에서 구매했다. Harley 웹 페이지 중의 하나가 보여주듯이, "물건을 사게 만드는 것과 사람들의 몸에 당신의 이름을 문신으로 새기도록 하는 일은 별개의 것이다." 판매 중인 조끼, 안경, 벨트, 장식품, 스카프, 시계, 보석류, 심지어 가재도구 등의 더 많은 Harley-Davidson 물건들이 있었지만, Zachary는 더 많은 Harley-Davidson의 제품을 구매하는 것은 자제해야만 했었다. 그는 그의 친구인 Dan의 양념 저장고에 어울리는 Harley의 소금과 후추통 세트로 만족해야만 했다.

소셜미디어 플랫폼에서 Zach가 경험한 것은 다른 열정적인 친구들이 자기들이 Harley-Davidson 같은 대형 오토바이를 타고 있다는 것을 다른 사람에게 알리고 있다는 점이다. 그와 함께 오토바이를 타는 친구 중 한 명은 Foursquare의 지역 Harley판매점에서 "시장(mayor)"이 되고자 치열하게 경쟁하고 있으며, 다른 사람들은 Twitter를 통해 바이크 플래시 몹같이 단체 오토바이 타기 행사를 사람들에게 알리고 있었다.

Zach는 그 집단에 있는 다른 사람들과 닮아가기 위해 외면을 꾸미는 데 많은 돈을 썼다. 그러나 이것은 가치가 있는 것이었다. 그는 그의 동료 RUB들에게 진정한 형제애를 느낀다. 이 집단은 오토바이 집회에 2열종대로 모여서 타고, 어떤 때는 30만 명의 열성자들을 불러 모은다. 그들과 함께 질주를 할 때 그는 "세상에 저항하는 사람들" 같은 강력한 힘을 느낀다!

물론, 부가적인 혜택은 그의 열정적인 전문가 동료들과의 짧은 주말 여행을 동안 성취한 비즈니스 네트워킹이다(그의 동료들 또한 주말마다 "야성을 즐기기"위해 한 주를 기다리는 사람들이다). 요즘 세상에서 인간관계를 소홀히 한다는 것은 바로 성공을 포기하는 것과 마찬가지이다. 이런 고리를 유지하기 위해 LinkedIn에만 의존할 수만은 없다.

목표 1

많은 요인들이 구매시점의 소비자 의사결정에 크게 영향을 미친다.

소비자 행동에서 상황적 효과

구매를 한다는 것은 상점에 가서 무엇인가를 재빨리 선택하는 단순하고 일상적인 일이 아니다. 그림 9.1에서 보는 것처럼, 우리의 기분, 구매 시 시간 압박을 느끼는지의 여부, 그리고 제품이 필요한 특별한 이유 등 많은 상황적 요인들이 우리의 선택에 영향을 미친다. 자동차나 집을 구매할 때와 같은 특정 상황에서는 판매사원이나 부동산 중개인이 우리의 최종 선택에 매우 중요한 역할을 미치기도 한다. 또한 오늘날 사람들은 상점이나 중개인을 방문하기 전에 제품과 웹을 이용하여 가격 정보를 완전히 파악하기도 하는데, 이것은 고객들이 기대하는 가치를 제공하도록 소매상들에게 더 큰 압박을 주고 있다.

소비 상황(consumption situation)은 구매자, 판매자, 제품 또는 서비스뿐만 아니라 우리가 왜 구매를 하고 싶어하는지의 이유, 물리적 환경에 따라 우리가 어떤 감정을 느끼는지 등의 수많은 다양한 요인들을 포함한다. 상식적으로 우리는 특정 상황에 따라 구매를 변경하기도 하고, 특정 시점에서는 그 당시에 느끼는 방식에 따라 행동이나 구매가 달라진다는 것을 알고 있다. 똑똑한 마케터들은 이런 패턴들을 이해하면서, 사람들이 구매할 가능성이 가장 높은 상황에 맞도록 기획하려고 노력한다. 예를 들어, 북클럽은 6월에 프로모션 캠페인을 집중적으로 하는데, 많은 사람들이 여름 동안 "해변에서 읽을 도서"를 찾기 때문이다. 이와 동일한 이유로, 4월이나 5월에는 'Kindles and Nooks' 코너에 수천 톤의 재미있는 소설책을 가져다 놓기도 한다. 우리의 기분은 심지어 하루 동안에도 급격히 변해서, 각기 다른 시간대에 마케터가 제공하는 것들에 관심이 변할 수 있다. 또한 소셜미디어 플랫폼에서도 상황적인 변화에 빠르게 적응하기 위하여 방법을 찾고 있다. Facebook은 사용자의 상태업데이트("너의 생각은 무엇이니?")와 게시된 글을 기반으로 하는 실시간 타겟 광고를 테스트하는 중이다. 이상적이게도, 업무 일과를 마친 후에 "지금은 밀러를 마실 시간이다"라는 글을 게시한 사용자는 MillerCoors나 다른 맥주회사의 프로모션을 바로 제공받을 수 있다.

한 연구에서는 이런 변화들을 추적하기 위해 시간 재구조 방법(day reconstruction method)이라고 불리는 기법을 사용했다. 900명 이상의 일을 하고 있는 미국 여성들이 아침에 신문을 읽는 것에서부터 밤에 TV 앞에서 잠이 드는 것까지 하루 동안 그들이 했

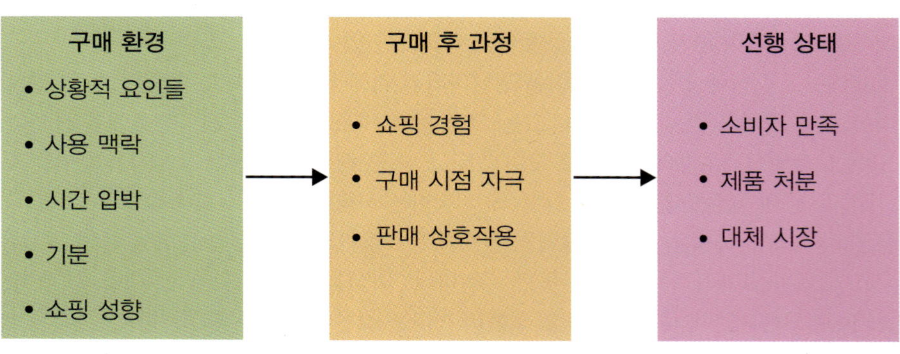

그림 9.1 구매 및 구매 후 활동과 관련된 이슈들

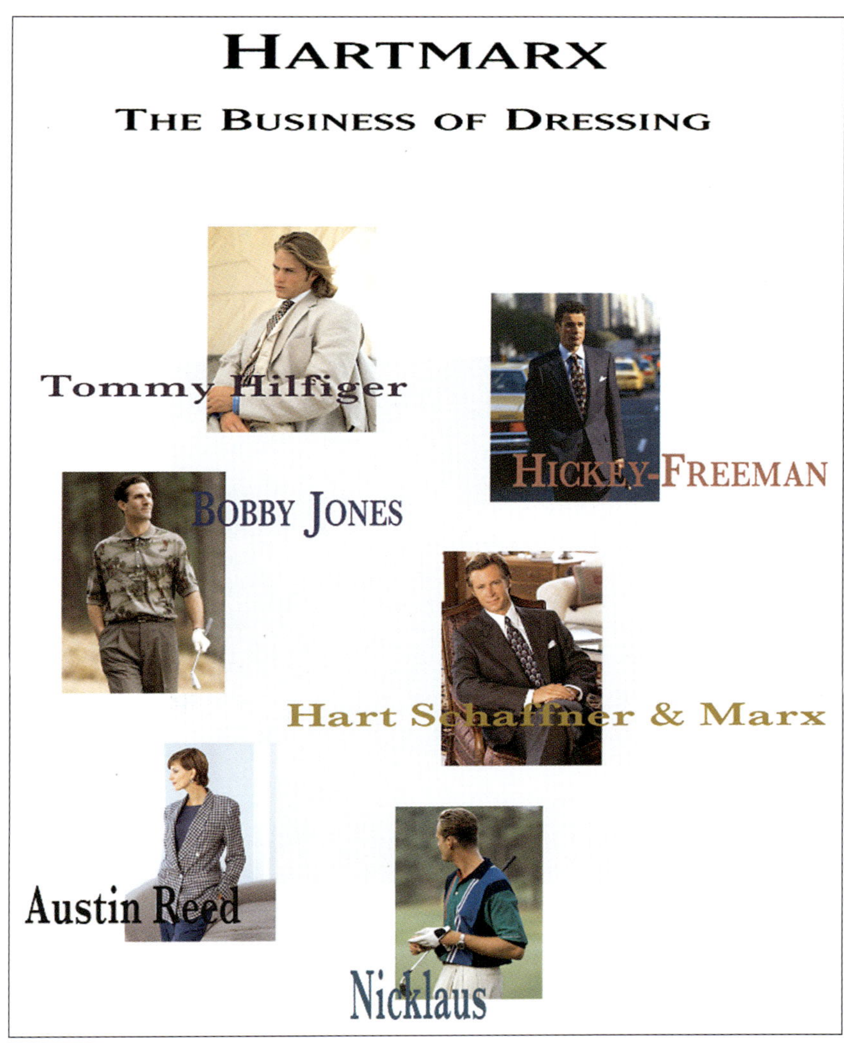

의류 선택은 종종 우리가 옷을 입는 상황에 크게 영향을 받는다.
출처: Hart Schaffner Marx/Hartmarx.

던 모든 것을 일기에 기록했다. 그리고 다음날, 그들은 각각의 일기에 적은 것들을 다시 떠올리며, 그 당시에 느낌이 어떠했는지를 평가하였다(예, 짜증남, 행복함 등). 연구자들이 전반적으로 발견한 것은, 실험 참여자들은 약간 언짢은 기분으로 아침에 일어나지만, 곧 어느 정도 기분 좋은 상태로 진입한다는 점이다. 이 긍정적 기분은 걱정, 당황, 그리고 화나는 상황들 때문에 일시적으로 중단되기도 하지만, 대개 낮 동안 기분 좋은 상태는 조금씩 높아진다. 놀라운 일은 아니지만, 사람들은 통근과 집안일과 같은 일상적 활동을 할 때 가장 행복하지 않은 반면에 섹스, 친구들과의 만남, 그리고 쉴 때 가장 즐겁다고 평가했다. 그러나 기존 연구와는 반대로, 여성들은 쇼핑이나 전화 통화할 때보다 TV를 볼 때 더 행복해하는 것으로 나타났다. 또한 여성들은 아이들을 돌보는 것을 낮은 점수로 평가하였는데, 이것은 요리할 때보다는 낮고, 집안일보다는 약간 높은 점수였다. 좋은 소식으로는, 전반적으로 사람들은 매우 행복해하는 것처럼 보였는데, 이 점수는 가구 소득이나 직업의 안정성과 같은 요인에 의해서는 크게 영향을 받지 않는 것으로 나타났다. 반면, 일상의 기분을 가장 망치는 두 가지 요인은 잠을 잘 자지 못한 것과 빠듯한 일의 마감날(deadline)이었다.

제품과 사용 상황 간의 기능적 관계에 덧붙여서, 환경적 상황이 중요하게 작용하는

표 9.1 선탠 로션에 대한 상황 세분화 매트릭스

상황	어린이		10대		성인 여성		성인 남성		이점/기능
	밝은 피부	어두운 피부	밝은 피부	어두운 피부	밝은 피부	어두운 피부	밝은 피부	어두운 피부	
해변/보트 일광욕	벌레 퇴치약 포함				여름 향수				a. 제품은 바람에 의한 피부염 보호 b. 제품성분과 용기는 열에 견딜 수 있음 c. 용기는 물에 뜰 수 있고 눈에 띄어야 함(쉽게 잃어버리지 않도록)
가정에서의 수영장 일광욕					보습제 포함				a. 제품은 큰 펌프 용기에 담겨 있음 b. 제품은 나무, 콘크리트, 가구를 얼룩지게 하지 않음
태양광 일광욕					보습제 및 마사지 오일 포함				a. 제품은 특히 램프에 알맞게 특수 설계됨 b. 제품은 인공적인 태닝 원료로 만들어짐
눈 스키					겨울 향수				a. 제품은 특별한 빛 광선과 날씨로부터 특수 보호를 함 b. 얼지 않는 제품성분을 가짐
개인적 이점/기능들	특수 보호 a. 차단이 결정적으로 중요 b. 무독성 제품성분		특수 보호 a. 바지 주머니에 맞는 제품 b. 의견 선도자들에 의해 사용되는 제품		특수 보호 여성 향수		특수 보호 남성 향수		

출처: Peter R. Dickson, "Person-Situation: Segmentation's Missing Link," *Journal of Marketing* 46 (Fall 1982): 62. permission of American Marketing Association.

이유는 사람들의 상황적 자아 이미지(situational self-image) – 특정 시점에 행하는 역할 – 때문이다. 이것은 사람들이 무엇을 구매 또는 소비하기를 원하는지 결정하는 데 도움을 준다. 데이트 상대에게 "멋쟁이 신사(man-about-town)"처럼 보이려고 하는 어떤 남자는 아낌없이 돈을 쓰고, 맥주 대신 샴페인을 주문하며, 꽃을 살 것이다. 이런 구매들은 친구들과 돌아다니고, 맥주를 마시는, "남자들 중의 한 명"으로서의 역할을 할 때는 전혀 생각지도 못했던 것이다. 이와 같이 사람들이 무엇을 구매할지에 대한 생각에 역학적인 관계들이 어떻게 영향을 미치는지에 대해 살펴보자.

만약 우리가 중요한 사용 상황을 체계적으로 구분해 본다면, 상황에 따른 특정 욕구를 제품들이 충족시킬 수 있도록 시장세분화 전략을 이용해 볼 수 있다. 예를 들어, 우리는 특정 상황에 맞춰 종종 가구 선택을 바꾼다. 도시의 아파트, 해변의 별장, 또는 집무실 별로 각기 다른 스타일의 가구를 선호한다. 이와 유사하게, 우리는 오토바이를 출퇴근용, 오프로드용, 또는 농장 또는 고속도로 여행용 등과 같이 운전자가 어떻게 이용하는지에 따라 오토바이를 구별한다.

표 9.1은 어떻게 마케터들이 사용 상황에 이런 세분화 전략을 세밀하게 조정하는

지에 대한 예를 보여주고 있다. 사람들이 제품을 사용하는 주요 맥락(예, 선탠로션을 스노우스키와 일광욕을 할 때 사용)과 제품을 쓰는 다양한 사용자들을 열거함으로써, 각각의 상황에서 강조되어야 하는 특정 제품의 속성을 식별하는 매트릭스를 구성할 수 있다. 예를 들어, 여름에는 로션 제조업자들이 용기가 물에 떠서 잃어버리기 어렵다는 사실을 광고하겠지만, 겨울에는 얼지 않는 제품성분을 광고해야 할 것이다.

사회 · 물리적 환경

소비자의 사회 · 물리적 환경은 제품 사용 동기뿐만 아니라 어떻게 제품을 평가하는가에 영향을 미친다. 중요한 신호(cue)는 사람들이 직접 당면하고 있는 환경뿐만 아니라 그 자리에 있는 다른 소비자들의 유형과 규모도 포함한다. 장식, 냄새, 심지어 온도와 같은 물리적 환경 요소들은 소비에 중요한 영향을 미칠 수 있다. 한 연구에 따르면, 라스베가스 카지노의 방 안에 특정 냄새를 뿌리면, 고객들이 슬롯머신에 투입하는 돈의 액수가 늘어난다는 것을 발견하였다! 이러한 영향 요인에 대해서는 점포 디자인이 소비자 행동에 얼마나 중요한가를 다루는 본 장의 후반부에서 더 자세히 살펴볼 것이다.

시간적 요인

시간은 소비자의 가장 귀중한 자원들 중 한 가지이다. 우리는 "시간을 만든다" 또는 "시간을 보낸다"라는 표현을 사용하고 있으며, 때로는 "시간은 돈이다"라고 다른 사람들에게 알리기도 한다. 일반적으로 우리는 시간이 충분할 때, 사고 싶은 것에 대해서 보다 많은 것을 생각한다. 평상시에는 구매하기 전에 제품 가격을 꼼꼼히 비교하는 소비자일지라도, 크리스마스 이브날 밤 9시에 마지막 세일상품을 사려는 경우라면, 선반 위에 남겨진 어떤 것이라도 건지려고 전속력을 다해 쇼핑몰로 달려갈지도 모른다. 같은 원리가 온라인 마케팅에 적용된다. **개봉 비율**(open rate: 마케터가 보낸 이메일 메시지를 확인하는 소비자 비율)는 하루 내내 계속 달라진다. 개봉 비율이 가장 높은 시간은 주중의 정오(대개 많은 직장인들이 점심을 먹는 때)이다.

시간은 경제적 변수이다. 즉, 시간은 우리의 활동에 따라 분배해야만 하는 자원이다. 여러 가지 업무에 시간을 배분할 때, 우리는 만족도를 극대화시키기 위해 노력한다. 물론, 사람에 따라 시간 배분에 대한 결정은 다르다. 어떤 사람들은 모든 시간을 노는 데에만 보내는 것처럼 보이고, 다른 사람들은 일만 하면서 시간을 보내는 워커홀릭(workaholic)이기도 하다. 한 개인의 우선순위가 그들의 시간양식(time style)을 결정한다. 서로 다른 나라에 사는 사람들은 시간자원을 소비하는 방식도 다르다. 한 사회과학자는 시간양식에 대한 연구를 하면서, 전 세계 31개 도시에서의 생활 속도(life pace)를 비교하였다. 그와 그의 조수들은 보행자들이 18m를 걷는 데 드는 시간, 그리고 우체국 직원이 우표를 파는 데 드는 시간을 측정했다. 이들 반응을 바탕으로, 그는 아래와 같이 생활속도가 가장 빠른 국가와 가장 느린 국가들을 발표했다.

- 가장 빠른 국가들: (1) 스위스, (2) 아일랜드, (3) 독일, (4) 일본, (5) 이탈리아
- 가장 느린 국가들: (31) 멕시코, (30) 인도네시아, (29) 브라질, (28) 엘살바도르, (27) 시리아

Marketing Opportunity

물리적인 환경과 더불어, 그 상황에 있는 다른 소비자들도 우리의 구매의사결정에 영향을 미친다. 때로는, 다른 고객들, 즉 공동 소비자들(co-consumers)이 단지 같이 있느냐 없느냐가 실제로 제품의 속성이 될 수 있다. 특권층에게 사생활 보호 제공을 약속하는 전용 리조트나 부티크를 생각해 보자. 또는 이와 다르게, 타인의 존재가 긍정적인 가치를 줄 수 있는 경우도 있다. 예를 들어, 관람객이 드문드문 앉아 있는 야구 경기장이나 빈 술집은 음울한 장면이 될 것 이다. 누가 이 매장이나 서비스를 단골로 이용하는지, 또한 누가 이 제품을 사용하는지와 같은 소비자의 유형은 우리의 평가에 영향을 미친다. 즉, 우리는 소비자를 보면서 그 매장에 대해 무언가를 추론할 수 있다. 이런 이유 때문에, 어떤 음식점은 저녁 만찬에 남자 손님에게 양복을 입는 것을 요구한다(만일 입고 오지 않으면 저렴한 양복이라도 제공한다). 그리고 어떤 나이트클럽에서는 클럽에 맞는 외모인지를 보고 줄에서 기다리고 있는 사람들을 선별하여 입장시킨다. 코미디언인 Groucho Marx의 말을 빌리자면 다음과 같다: "나는 나를 받아들여 주는 클럽에 절대 가지 않겠다!"

시간 빈곤(time poverty)은 사람들이 멀티 테스킹 할 수 있도록 돕는 신제품(예, 휴대용 수프)에 대해 많은 기회를 만들고 있다.
출처: Campbell Soup Company.

많은 소비자들은 이전보다 시간의 압박을 더 받는다고 믿고 있는데, 이런 느낌을 마케터들은 시간 빈곤(time poverty)이라고 부른다. 하지만 이런 느낌은 실제 사실이라기보다는 지각(perception)된 것에 더 가깝다. 현실에서는 사실, 시간을 소비해야 하는 옵션들이 더 많아졌기 때문에, 이러한 선택의 무게로 압박감을 더 느끼게 된 것이다. 19세기의 평균 근로 시간은 10시간(주 6일 근무)이었고, 여성은 주당 27시간의 가사 노동을 했다(지금은 주당 5시간 미만). 물론, 요즘은 이런 일들을 더 많이 공유해 주는 남편들이 많고, 또한 일부 가정에서는 우리의 가치가 변함에 따라, 매우 깨끗한 집을 유지하는 것이 예전만큼 중요하지도 않아졌다. 하지만 여전히 미국인의 1/3은 계속 정신없이 바쁘다고 생각하는데, 이는 1964년의 25%보다 증가한 것이다.

'즐거운 시간을 가질 때, 시간은 쏜살같이 지나간다', 그러나 어떤 상황(수업 시간 같은?)은 영원히 지속되는 것처럼 느껴진다. 시간에 대한 우리의 경험은 매우 주관적인데, 현재의 우선순위나 욕구들이 시간이 얼마나 빨리 가는 것처럼 느껴지는지를 결정한다. 마케터들에게는 **심리적 시간**(psychological time)을 이해하는 것이 중요하다. 왜냐하면 우리는 특정 시간에 다른 사람보다 구매하고 싶은 기분을 더 잘 느끼기 때문이다.

최근 한 연구는 미국 여성의 시간 양식이 그들의 소비 선택에 어떻게 영향을 주는지를 연구했다. 이 연구자들은 시간을 네 가지 차원으로 구분했다. 즉, (1) *사회적 차원*(social dimension)은 "나를 위한 시간" 또는 "타인을 위해/함께하는 시간"으로 시간을 범주화하는 것을 말하고, (2) *시제 중심 차원*(temporal orientation dimension)은 개인들이 과거, 현재, 또는 미래에 상대적으로 높은 중요성을 두는 것을 말한다. (3) *계획 중심 차원*(planning orientation dimension)은 분석적인 것에서부터 즉각적인 것까지의 연속선상에서 달라지는 다양한 시간관리 방식을 말한다. (4) *다중성 중심 차원*(polychronic orientation dimension)은 한 번에 한 가지 일을 선호하는 사람과 여러 가지 일을 처리하는 사람들을 구분하는 것을 말한다. 연구자들은 여성들과 인터뷰를 하고 관찰한 후에 시간에 대한 참여자들의 관점을 다음의 5개 비유로 구분했다.

1. **시간은 압력 밥솥이다:** 이런 비유로 표현할 수 있는 여성들은 보통 계획에 있어서 분석적이고, 타인 중심적이며, 시간 양식이 단색적(monochronic)이다. 그들은 쇼핑을 방법론적으로 하며 종종 압박과 갈등을 느낀다.
2. **시간은 지도이다:** 이런 비유의 좋은 예시가 되는 여성은 보통 분석적 계획가들이며, 미래 지향적이고, 다중성(polychronic) 시간양식을 갖고 있다. 그들은 종종 많은 정보를 탐색하고 가격 · 품질을 비교한다.
3. **시간은 거울이다:** 이 집단에 있는 여성들 또한 분석적 계획가들이며 다중 처리 경향을 갖고 있다. 그러나 이들은 과거 지향적이다. 시간 소비에 대해 위험 회피 경향이 있기 때문에 이런 여성들은 보통 그들이 알고 있고, 신뢰할 수 있는 제품과 서비스에 대한 충성도가 높다. 그들은 편의 중심적 제품을 선호한다.
4. **시간은 강이다:** 이런 비유로 표현되는 여성들은 보통 즉흥적으로 계획하고, 현재 중심적이다. 그들은 비계획적이며, 단기적으로 자주 쇼핑을 하는 경향이 있다.
5. **시간은 축제이다:** 이런 여성들은 현재 중심적인 분석적 계획가이다. 그들은 시간을 감각적 즐거움과 만족을 위해 소비되는 무엇가로 본다. 이런 이유 때문에 쾌락적 소비와 다양성 추구 욕구가 높은 편이다.

대기 시간(waiting time)

대기행렬(waiting line)에 대한 수학적 연구인 **대기행렬 이론**(quening theory)에서는 '실질적으로 어떻게 경험하는가'와 같은 시간의 심리적 차원이 중요하다. 우리 모두가 아는 것처럼, 기다리는 동안의 경험은 구매에 대한 평가에 매우 큰 영향을 미친다. 기다려야 하는 상황일 경우, 사람들은 매우 좋은 무언가가 있을 것이라 기대하면서도, 오랜 기다림이 주는 부정적인 감정 때문에 발걸음을 돌리기도 한다. NCR사의 한 설문조사에 따르면, 지역 교통국(Local Department or Division of Motor Vehicle)에서 서서 기다리는 것이 가장 끔찍한 기다림인 것을 발견했다. 소매 매장에서 줄 서는 것이 두 번째이고, 다음으로 병원에서 접수하며 기다리는 것, 공항에서 체크인하는 것, 패스트푸드 음식점에서 주문하는 것 순으로 나타났다. 평균적으로, 미국인들은 1년에 2일 이상은 서비스를 기다리는 시간으로 쓰고, 매주 30분에서 2시간 정도의 시간을 기다리는데 낭비한다고 생각한다.

목표 2

매장 레이아웃, 웹사이트, 또는 판매원이 제공하는 정보는 의사결정에 매우 큰 영향을 미친다.

쇼핑 경험

구매 시점에서 느끼는 기분은 우리가 무엇을 구매하고 싶어 하는지 영향을 준다. 특정 목표 상태를 충족시키기 위해서 우리가 행동을 어떻게 하는지 논했던 본 책의 2장 내용을 떠올려보라. 이 내용이 생각이 나지 않는다면, 우리가 배고픈 상태에서 식품점 쇼핑을 하는 것을 생각해 보라! 또는 스트레스를 받는 상황에서 의사결정을 경우, 우리의 생리적 상태(physiological state)가 정보처리나 문제해결능력을 얼마나 약화시키는지를 생각한다면 이해할 수 있을 것이다.

두 개의 기본적 차원인 즐거움(pleasure)과 각성(arousal)이 우리가 어떤 소비 상황에 부정적이거나 긍정적으로 반응할지를 결정한다. 즉, 당신은 어떤 상황을 즐기거나 즐기지 않을 수 있고, 자극적으로 느끼거나 그렇지 않을 수 있다. 그림 9.2는 즐거움과 각성 수준의 여러 조합이 다양한 정서적 상태를 유발할 수 있음을 보여준다. 예를 들면, 각성된 상태에서는 그 맥락이 긍정적이냐 부정적이냐에 따라 괴로운 상황일 수도 있고, 즐거운 상황일 수도 있다(예, 거리의 폭동 vs 거리 축제). 따라서 하나의 특정 기분은 즐거움과 각성의 조합으로 나타난다. 예를 들어, 행복감은 즐거움이 높고, 각성 정도는 중간 수준인 반면, 의기양양함(elation)의 기분은 두 차원 모두가 높은 것이다. 기분 상태(긍정적이든 부정적이든)는 제품과 서비스 평가에 편견을 갖게 한다. 단순하게 말하면, 우리가 기분이 좋을 때는 평가도 더 긍정적으로 한다(이는 업무를 하면서 식사를 하는 것이 왜 인기가 있는지 설명할 수 있다!).

매장 디자인, 날씨, 또는 당신이 방금 중요한 다른 사람과 싸웠는가에 이르기까지 많은 요인들이 당신의 기분에 영향을 미친다. 음악과 TV 프로그램 또한 마찬가지다. 당

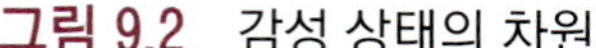
그림 9.2 감성 상태의 차원

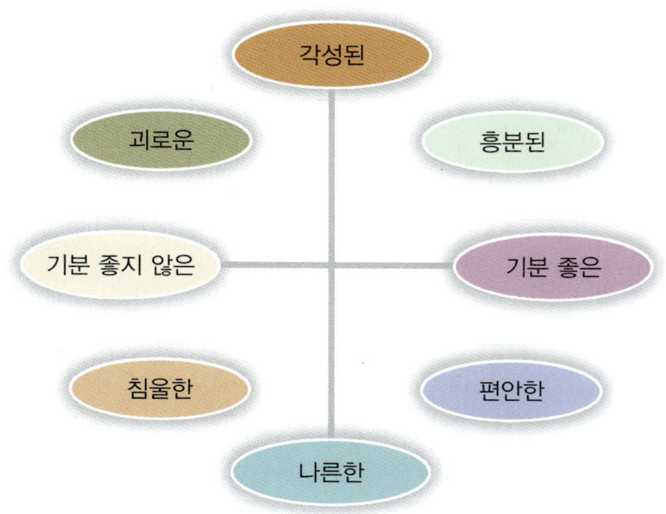

신은 행복한 음악을 듣거나 행복한 프로그램을 볼 때, 광고와 제품에 보다 긍정적인 반응을 한다. 그리고 기분이 좋을 때는 덜 정교한 방식으로 광고에 대한 정보처리를 한다. 우리는 메시지의 세부적인 부분에 주의를 덜 기울이고, 휴리스틱한 방식에 더 의존한다(2장 참조).

쇼핑 : 일인가 모험인가?

우리는 쇼핑을 하나의 재미로 쉽게 생각하는 사람과 매장에 억지로 끌고 가야만 하는 사람들을 모두 알고 있다. 쇼핑은 필요한 제품과 서비스를 획득하는 하나의 방법이지만, 쇼핑에 대한 사회적 동기 또한 중요하다. 따라서 쇼핑은 우리가 실용적(기능적 또는 유형의) 또는 쾌락적(즐거운 또는 무형의)인 이유로 할 수 있는 활동이다.

그럼, 사람들은 쇼핑하는 것을 싫어하는가, 좋아하는가? 우리는 소비자들을 **쇼핑 성향**(shopping orientation), 즉 쇼핑에 대한 일반적 태도 차원에서 세분화할 수 있다. 이런 성향들은 우리가 고려하고 있는 특정 제품 카테고리와 매장 유형에 따라 다르다. 어떤 소비자는 자동차를 사러가는 것은 싫어하지만, 음반 가게에서 제품을 찾아보는 것은 좋아할지 모른다. 예를 들면, 빠르게 무언가를 찾아서 구매하기를 원하는 사람은 시끄러운 음악, 밝은 색상, 또는 복잡한 레이아웃이 주의를 분산시킨다고 생각하는 반면, 매장을 천천히 둘러보고 상품을 구경하려는 사람에게는 그런 것들이 감각적인 자극들로 느껴질 수 있다.

쇼핑 동기를 평가하기 위해 연구자들이 사용하는 측정항목들은 우리가 쇼핑을 하는 다양한 동기들을 보여준다. 쾌락적 가치를 측정하는 한 항목은 "쇼핑을 하는 동안, 나는 사냥을 하는 것과 같은 흥분을 느꼈다" 같은 문장을 포함한다. 이 문장은 "쇼핑을 통해 그저 내가 원했던 것을 성취했다"와 같은 기능적 가치 측정 항목과는 매우 대조적이다. 쾌락적 쇼핑 동기는 다음과 같은 경우를 포함한다.

- **사회적 경험:** 쇼핑센터나 백화점은 커뮤니티의 모임 장소로서 기존의 마을 광장이나 시골 장터와 같은 공간을 대신하고 있다. 많은 사람들(특히 교외나 시골 지역에서)이 여가 시간을 보낼 만한 장소를 가지고 있지 않다. 이런 것들 때문에 일부 지방 대학생들 사이에서는 지역 월마트에서 늦은 시간까지 게임을 하는 일이 인기를 끈다. 물건찾기 게임(scavenger hunts), 축구(aisle foot ball), 그리고 쇼핑 카트를 이용한 릴레이 림보와 같은 스포츠 게임 외에 "10 in 10"게임이 하나의 큰 인기거리이다. 이 게임을 하려면, 학생들은 팀을 구성해야 한다. 각 팀에는 매장 어디에서든 쇼핑 카트에 10가지의 상품을 담을 수 있는 10분이 주어진다. 그런 다음, 각 팀은 자기 팀의 카트를 상대편에 주고, 카트에 담긴 제품들의 위치를 찾아 원래 있던 자리에 가져다 놓아야 한다(100,000개 이상의 제품이 있는 매장에서는 쉽지 않다). 그 후에 빈 카트를 가지고 계산대에 돌아오는 첫 번째 팀이 이기게 된다(주의: 만약 당신이 이 게임을 하다가 단속에 걸린다면, 여기서 배웠다고 말하지 말 것).
- **공통 관심 공유:** 상점들은 종종 공통 관심사를 가지고 있는 사람들끼리 소통할 수 있도록 특정 상품을 제공하기도 한다.
- **대인간의 명소:** 쇼핑센터는 사람들이 모이기에 자연스러운 장소이다. 특히 10대들에게 쇼핑몰은 좋은 집합소이다. 또한, 노인들에게 쇼핑몰은 관리가 잘되어 있고 안

전한 환경을 의미하여, 요즘 많은 쇼핑몰들은 아침 운동을 위한 "쇼핑몰 걷기 클럽"을 특별 이벤트로 내세우기도 한다.

- **일시적 지위:** 모든 판매원들이 알고 있는 것처럼, 어떤 사람들은 제품을 반드시 구매할 필요가 없더라도, 쇼핑을 하면서 대접 받는 그 경험 자체를 즐긴다. 한 남성 의류 판매원은 다음과 같은 조언을 했다. "그들의 사이즈가 무엇인지, 당신이 지난번에 무엇을 팔았었는지를 기억하세요. 그들이 중요하다는 것을 느끼도록 만드세요! 만약 당신이 그 사람들에게 중요하다고 느끼도록 만들 수 있다면, 그 사람들은 다시 찾아올 것입니다. 누구나 자기 자신이 중요하다고 느끼고 싶어합니다!" 한 연구팀은 무엇이 쇼핑을 즐거운 경험으로 만드는지 이해하기 위해 여성들을 대상으로 심층 인터뷰를 했을 때, 역할 연기(role-playing)가 하나의 동기가 됨을 알았다. 예를 들어, 어떤 응답자는 고급 부티크 매장에 쇼핑을 하러 갈 때, 옷을 신경 써서 차려 입는다고 했는데, 그 이유는 부유한 사람인 척했을 때 판매원들이 중요한 사람처럼 떠받드는 것이 좋기 때문이라고 했다.
- **찾기 힘든 상품을 찾는 것의 전율:** 어떤 사람들은 시장에 대한 자신의 지식들에 대해 큰 자긍심을 느낀다. 이런 사람들은 값을 깎고, 흥정하는 것을 좋아하고, 이런 과정 자체를 재미거리로 생각할 수도 있다.

Net Profit

제품을 획득하는 경험은 오프라인과 온라인에서 매우 다르다. 거래방식의 차이는 당신이 실제 구매하는 제품 또는 서비스에 대해 더 큰 가치를 제공할 수 있다. 우리는 사람들이 카지노 또는 온라인에서 도박하는 것을 비교하면서, 이 두 가지 서로 다른 세상에서 명백한 차이가 있다는 것을 알았다. 연구자들은 이러한 경험을 해보기 위해 30명의 도박꾼을 대상으로 인터뷰를 했고, 분명한 차이를 발견했다. 카지노 도박을 즐기는 사람들은 동료 도박꾼들과 강한 유대감을 갖는다. 따라서 이것은 대단한 사회적 경험의 일종이다. 반면, 온라인 도박꾼들은 인터넷의 익명성을 즐긴다. 카지노 도박꾼들은 감각적 경험과 카지노의 흥분에 의해 도취되어 있는 반면, 온라인 도박꾼들은 집에 있기 때문에 그들이 갖는 안정감과 통제감에 더욱 큰 비중을 둔다. 카지노 도박꾼들은 친근한 분위기에 대해서 주로 말하는 반면, 온라인에서 도박을 하는 사람들은 카지노 현장에서의 비아냥거림이나 괴롭힘 같은 행동을 참기 어렵다고 이야기했다. 두 집단 모두 즐거움을 느끼고, 돈을 벌려는 희망을 가지고 있지만, 그들의 경험이 아주 다르다는 것은 확실하다.

전자상거래: 온라인 점포 대 오프라인 점포

냉장고 자석에서부터 Mack 트럭에 이르기까지 거의 모든 상품들이 많은 웹사이트를 통해 판매될수록 마케터들은 이런 온라인 세상이 비즈니스에 어떻게 영향을 미칠 것인지 지속적으로 논쟁을 하고 있다. 특히 많은 사람들은 전자상거래가 전통적인 소매상을 대체할지, 또는 당신의 아이가 들으면 비웃을지도 모르는 그저 하나의 일시적 유행에 그치게 될지 고민하면서 잠을 설치고 있다(물론, 실제로 그럴 것 같지는 않다). 그러나 상품 비교를 할 수 있는 쇼핑 앱(app)들의 증가는 소위 **쇼루밍**(showrooming)이라고 불리는 것을 가능하게 하면서 기존 상점들의 존재를 위협하고 있다. 이것은 소비자가 TV나 전자제품 같은 고가의 상품을 구매하려고 할 때, Best Buy같은 오프라인 매장을 방문하여 상품들을 둘러보고는 특정 제품에 대해 더 싸게 파는 온라인 쇼핑몰을 찾는 것이다.

마케터의 입장에서는 온라인 상거래의 성장이 양날의 칼이다. 물리적으로는 100km 이상 떨어져 있더라도 전 세계의 고객들에게 도달할 수 있는 반면에, 인근 매장뿐만 아니라 전 세계의 수천 개의 웹사이트들과 경쟁업체가 되는 것을 의미하기도 한다. 또한 소비자들이 제조업체나 도매상으로부터 직접 제품을 구매할 때는 중간소매상(기업 제품을 보유하면서 더 비싼 가격에 판매하는 매장기반 소매상)을 없앨 수도 있다.

그러면 전자상거래 사이트를 성공적으로 만드는 것은 무엇인가? 일부 전자상거래 업체들은 그 지역의 경쟁업체가 할 수 없는 더 많은 가치를 소비자에게 제공하기 위해 기술의 이점을 이용한다. eBay는 "See It On"이라고 불리는 패션 앱 안에 특별한 기능을 제공하고 있다. 이 앱은 사용자가 iPhone4나 iPod Touch를 이용하여 실시간으로 가상에서 선그라스를 착용해 볼 수 있도록 한다. 소비자들은 이 앱을 통해 선글라스 프레임, 렌즈, 색상 등 자신에게 잘 맞는 다양한 스타일의 선글라스를 찾아볼 수 있고, 그리고는 eBay를 통해 적절한 가격이 있는지 검색할 수 있다. Net-a-Porter와 Gilt Groupe

출처: Shots Studio/Shutterstock.

와 같은 새로운 패션사이트들은 소비자와 판매자를 직접적으로 연결하여, 디자이너가 소비자의 변화하는 취향에 맞춰 신속히 대응할 수 있도록 하고 있다. Threadless, ModCloth, Fabricly 같은 다른 곳들은 한 걸음 더 나아갔다. 이들은 어떤 스타일을 실제 생산할 것인지를 결정하기 위해서 소비자들이 사겠다고 이야기한 것들을 기반으로 패션 제품 자체를 크라우드소싱(crowd sourcing)한다(역주: 대중을 제품생산 등의 과정에 참여시키는 방식). 실제로 최신 유행의 패션사이트인 ModaOperandi는 자기 자신을 "**프리테일러**(pretailer)"로 홍보하였다. pretailor는 크라우드소싱의 한 종류로, 사람들이 디자인을 올리면, 인기있는 제품에 대해 제조업자가 지원한다. 따라서 이곳에서는 제조업자들을 재촉하여, 독보적인 패션 스타일을 만들어낸다. 매장 판매자들은 실질적으로 누가 돈을 주고 구매할지 확신할 수 없기 때문에 쉽게 만들 수 없는 패션아이템들이 이를 통해 만들어질 수 있다.

Bluefly와 같은 전자상거래 사이트는 쇼핑객들에게 집에서 쇼핑할 수 있는 선택안을 준다.
출처: Bluefly.com.

일반적으로 온라인 쇼핑객들은 웹사이트의 이런 측면에 가치를 둔다.

- 제품을 클릭하면 가격, 사이즈, 색상, 재고량 등 보다 자세한 정보가 담긴 팝업창이 생기는 기능
- 현재 페이지를 벗어나지 않고도, 제품에 클릭하여 장바구니에 담는 기능
- 고화질의 이미지와 보다 많은 제품 설명 및 상세 정보를 통해 제품을 "느낄 수(feel)" 있도록 하는 기능
- 결제 페이지를 여러 번 거치지 않아도 구매와 관련된 모든 정보를 한 페이지에 입력할 수 있는 기능
- 여러 제품들끼리 서로 잘 어울리는지 확인할 수 있도록 한 페이지 안에서 제품 이미지들을 섞거나 조합해 볼 수 있는 기능

표 9.2 전자상거래의 장단점

전자상거래의 이점	전자상거래의 한계점
소비자측	**소비자 측**
하루 24시간 쇼핑	보안 문제
돌아다니는 것이 적음	사기
어느 장소에서든 관련된 정보를 몇 초 만에 받아볼 수 있음	물건을 만질 수 없음
제품의 선택안이 더 많음	정확한 색상이 모니터로 구현되지 않을 수 있음
저개발 국가에서도 더 많은 제품 이용 가능	주문하고 반송하는 비용이 높음
더 많은 가격 정보	인간관계의 붕괴 가능성
경제적으로 여유가 적은 사람도 구매할 수 있는 낮은 가격	
가상의 경매에 참여	
빠른 배달	
가상 커뮤니티	
마케터측	**마케터 측**
세계가 시장임	보안 문제
비즈니스 비용 절감	이윤을 거둬들이기 위해 사이트를 유지해야 함
치열한 가격 경쟁	매우 세분화된 비즈니스도 성공 가능함
기존의 전통적인 소매상들과의 갈등	실시간 가격 책정
	아직 해결되지 않은 법적 문제들

출처: Michael R. Solomon and Elnora W. Stuart, *Welcome to Marketing.com: The Brave New World of E-Commerce* (Upper Saddle River, NJ: Prentice Hall, 2001).

표 9.2에서는 전자상거래의 장점과 단점을 요약했다. 전통적인 쇼핑의 인기가 완전히 없어진 것은 아니다. 그러나 오프라인 소매업체들은 가상 세계에서는 얻을 수 없는 무언가를 쇼핑객들에게 제공하기 위해 더욱 노력해야 한다. 지금부터는 그들이 어떻게 하고 있는지 살펴보자.

무대로서의 소매

미국의 몇몇 쇼핑몰에서 짧은 반바지를 입고 슬리퍼를 신은 쇼핑객들이 나타났다.

이들은 거대한 파도를 생성해내는 기계인 Flowrider를 타려고 나타난 사람들이었다. 쇼핑센터 관계자들은 쇼핑몰에 오는 것을 꺼리는 소비자들을 유인하기 위해서 이러한 구경거리를 모색하고 있다. 고객에 대한 경쟁은 웹사이트, 인쇄 카탈로그에서 TV 홈쇼핑에 이르기까지 무점포 대안들이 계속 증가됨에 따라서 더욱 치열해지고 있는 상황이다.

이 많은 쇼핑 대안들에 대해, 전통적인 점포는 어떻게 경쟁을 할 수 있는가? 많은 쇼핑몰들은 아주 거대한 오락 센터처럼 변해가고 있다. 몰 안에 입점해 있는 기존 상점들은 거의 뒷전인 것처럼 보이기도 한다. 미국에서는 회전목마, 미니 골프장, 스케이트장, 또는 야구 타격연습장 등을 쇼핑몰에서 쉽게 찾아볼 수 있다. Hershey는 뉴욕의 타임스퀘어 광장 가운데에 make-believe factory smack을 열었다. 여기에는 4개의 스팀 기계와 약 116m의 네온 불빛, 그리고 연인을 놀래키기 위해 메시지를 보낼 수 있는 움직이는 메시지 판이 갖춰져 있다.

재미를 추구한다는 것은 많은 상점들이 쇼핑객들에게 다양한 자극을 제공하고, 환

출처 : Kumar Sriskandan/Alamy

Marketing Opportunity

하나의 유명한 테마 전략은 상점을 공간화 (being space)로 바꾸는 것이다. 이런 환경은 우리들이 휴식을 취하고, 즐기고, 친구들과 재미있게 놀 수 있으며, 일상을 벗어나거나 심지어 배울 것이 있는 상업적인 공간과 비슷하다. 당신이 공간화를 생각할 때, 아마도 Starbucks를 떠올릴 것이다. 이 커피 체인의 목표는 집과 회사와 더불어 많은 시간을 보내는 공간으로"제3의 장소"가 되는 것이다. Starbucks는 점포에 편안한 의자와 Wi-Fi를 설치함으로써 앞장섰다. 그렇지만, 소비자의 욕구가 무엇이든 간에, 재미있는 공간에 대한 소비자의 욕구를 충족시키기 위해 수많은 마케터들이 있다. 아시아의 경우, 만부(漫步)와 후지야마 랜드와 같은 일본 체인은 게임을 하는 사람들에게는 천국 같은 곳이다. 게임을 하는 사람들은 연중무휴로 이곳에서 매일 게임을 즐길 수 있고, 심지어 휴식 시간에 샤워까지 할 수 있다. 다른 곳의 경우는 작업 중심적 공간을 제공하여 소기업가(1인 기업가)의 욕구를 충족시키고 있다. 뉴욕의 Paragraph에서는 생각에 잠길 수 있는 조용한 공간이 필요한 작가들에게 습작실과 라운지 공간으로 나눈 다락방 같은 공간을 제공하고 있다. 일명 "너는 일하고, 다른 사람은 논다"로 불리는 'Two rooms'은 사무실 공간과 아이를 돌볼 수 있는 공간을 제공한다. 빠르게 변화하는 문화를 반영하려면, 많은 공간화들도 매우 빠르게 그 목적에 따라 바뀌어야 한다. 팝업(pop-up) 매장은 전 세계적으로 다양한 모습으로 나타나고 있다. 전형적으로, 이런 매장들은 며칠이나 몇 주 사이에 나타났다가 금방 사라진다. 스와치 인스턴트 매장(Swatch Instant Store)들은 주요 도시에 한정판 시계를 판매하고, 대중들에게 이 매장이 알려지면 문을 닫고 또 다른 "멋진" 장소로 옮긴다. 네덜란드의 도멜쉬 맥주(Dommelsch Beer)는 팝업 콘서트를 개최했는데, 팬들은 맥주캔, 맥주병, 컵받침에 있는 바코드를 홈페이지에 입력하면 콘서트 시간과 장소를 파악할 수 있다. 심지어 당신은 대학 캠퍼스에 있는 팝업 매장에 뛰어들어 갈지도 모른다. 브라질의 폭죽 업체인 Havaianas, Victoria's Secret의 Pink, 지속 가능한 의류 브랜드 RVL7은 미국에서 팝업 프로젝트를 운영하는 브랜드들이다.

상의 세계에 온 것 같은 창의적인 환경을 만드는 것을 의미한다. 우리는 이 전략을 **소매점 테마화**(retail theming)라고 부른다. 오늘날 혁신적인 상인들은 다음과 같은 네 가지 기본적 유형의 테마화 기술을 이용한다.

1. *풍경 테마*(landscape themes)는 자연, 지구, 동물, 신체의 이미지와 관련있다. 예를 들어, Bass Pro Shops는 물고기가 있는 수영장 등 자극적인 외관 환경을 만들었다.
2. *시장 테마*(marketscape themes)는 인공적인 공간을 구축하는 것이다. 예를 들어, 라스베가스의 베니치아 호텔은 실제 이탈리아 도시의 일부분을 아주 멋지게 재현했다.
3. *사이버공간 테마*(cyberspace themes)는 정보통신 기술의 이미지를 구축하는 것이다. eBay의 소매 인터페이스는 판매상과 거래상들 간의 커뮤니티를 활성화시켰다.
4. *정신세계 테마*(mindscape themes)는 추상적인 생각, 개념, 자아 성찰, 환상과 관련된 것이며, 종종 종교적인 의미를 포함하기도 한다. 시카고 시내에 있는 Kiva day스파는 미국 원주민의 치료 의식과 종교적 관습을 바탕으로 건강 치료법을 제공한다.

매장 이미지

수많은 매장들이 소비자를 두고 경쟁을 하고 있는 상황에서 우리는 어떻게 하나의 매장을 선택하는가? 제품(7장 참조)과 같이 매장도 "개성"을 가지고 있다. 어떤 매장들은 명료하게 정의된 이미지(좋거나 나쁜)를 가지고 있는 반면, 다른 매장은 불분명한 경향이 있다. 어떤 요인들이 이런 개성 또는 **매장 이미지**(store image)를 결정짓는가? 매장 이미지의 중요한 몇 가지 요소들은 위치, 제품 적합성, 판매원의 지식과 친절함이다.

이런 디자인 특성들은 대체로 함께 작용하여 하나의 전반적인 인상을 형성한다. 어떤 매장에 대해서 생각할 때, 우리는 보통 다음과 같이 말하지는 않는다. "글쎄, 이곳은 편리성 측면은 꽤 좋고, 판매자들은 만족스럽고, 서비스는 좋다." 대신에 우리는 "이곳은 소름 끼칠 정도로 신나게 해" 또는 "거기서 쇼핑하는 것은 즐거워"와 같이 말할 것이다. 우리는 매장에 대한 전반적인 인상을 빠르게 형성하는데, 우리가 매장에서 받는 느낌은 대개 무형의 것들과 더 큰 관련이 있다. 즉, 매장 환불정책이나 신용거래 가능성보다는 인테리어 디자인이나 그곳에서 만난 사람들의 유형 등과 같이 만질 수 없는 요소들이 더 큰 영향을 미친다. 그 결과, 어떤 매장들은 자연스럽게 우리의 고려 범위에 포함되는 반면(2장 참조), 다른 매장들은 전혀 고려되지 않는다("오직 괴짜들만 그곳에서 쇼핑한다!").

분위기

소매상들은 당신이 매장 안에 들어와서 시간을 보내기를 원한다. 세심하게 설계된 매장 디자인은 쇼핑객들이 접근할 수 있는 공간 범위를 늘리고, 눈길을 끄는 디스플레이가 고객들을 통로에서 보다 오래 머물도록 한다. 이런 "외관 소구(curb appeal)"는 직접적으로 순이익에 반영된다. 연구자 들은 식품점에서 쇼핑객들의 움직임에 따라 그들의 휴대폰 위치를 표시하면서 그 움직임을 추적했고, 사람들이 1% 더 오래 머물수록 매출은 1.3% 올랐다는 사실을 발견하였다.

물론 식품점주들은 수년간 쇼핑객을 관찰해 오면서 여러 가지의 비결들을 터득하였다. 예를 들어, 슈퍼마켓의 출입구 바로 안쪽을 "감압 지역(decompression zone)"이라고 부른다. 사람들은 상점 안으로 들어올 때 속도가 느려지고, 주위의 제품들을 확인하는 경향이 있다. 따라서 상점 디자이너들은 이런 공간을 판매보다는 판촉 공간으로 이용한다. 이와 유사하게, Wal-Mart의 "고객맞이 직원(greeter)"은 고객들이 쇼핑 환경에 쉽게 익숙해질 수 있도록 도움을 준다. 일단 고객들이 쇼핑을 시작하면, 그들이 접하게 되는 첫 번째 장소는 농산물 코너이다. 과일과 야채들은 쉽게 손상되기 때문에 이런 제품들은 마지막에 구입하는 것이 더 논리적이지만, 신선하고 건강에 좋은 음식들은 사람들을 기분 좋게(그리고 잘난 체하도록) 만들기 때문에 나중에 과자들을 카트에 담더라도 죄책감을 덜 느끼게 한다.

마케터는 매장 이미지가 소매 믹스(retailing mix)에서 매우 중요한 부분이라고 인식하고 있기 때문에, 매장 디자이너들은 **분위기**(atmospheric), 즉 "구매자에게 어떤 효과를 일으키기는 의도적인 공간과 공간의 다양한 차원"에 많은 관심을 갖는다.

이런 차원에는 색상, 향기, 소리가 포함된다. 예를 들면, 빨간색 인테리어의 매장은 사람들을 긴장하게 만들지만, 파란색 장식은 차분한 느낌을 준다.

매장의 분위기는 우리가 구매하는 것에 다시 영향을 준다. 한 연구는 쇼핑객이 매장에 들어선지 5분 후에 얼마나 즐거움을 느끼고 있는지를 질문하였다. 그 결과, 쇼핑 경험이 즐겁다고 느낀 소비자들은 더 많은 시간과 돈을 소비하는 것으로 나타났다. 쇼핑의 즐거움을 증대시키기 위해(그리고 온라인 쇼핑객을 다시 오프라인 매장으로 이끌기 위해), 일부 소매상들은 소비자들이 직접 제품이나 서비스 생산에 참여할 수 있도록 하는 **활동 점포**(activity store)를 만들었다. 이와 관련된 친숙한 예로는 고객들이 곰인형에게 의상을 입히는 Build-A-Bear Workshop 체인이 있다.

Marketing Opportunity

시각적인 자극에 더하여, 모든 종류의 감각적인 단서들은 행동에 영향을 미칠 수 있다. 예를 들면, 토속적인 웨스턴풍의 술집에서 고객들은 음악이 느릴 때 더 많은 술을 마신다. 한 연구에 따르면, "술을 많이 마시는 사람들은 느리고, 슬프고, 고독한 자기 연민적인 음악을 선호한다"고 한다. 또한 음악은 식습관에도 영향을 미칠 수 있다. 다른 연구에 의하면, 시끄럽고 빠른 음악을 들었던 손님들은 더 많은 음식을 먹었던 반면, 모짜르트나 브라암스와 같은 음악을 들었던 손님들은 음식을 적게 그리고 천천히 먹었다. 어떤 연구자들은 식사 시간에 차분한 음악을 선택한 사람들은 한 달에 최소 2kg의 체중을 감소시킬 수 있다는 결론을 내렸다.

단골들은 다른 유형의 음악보다 컨트리풍 음악을 들을 때 더 많이 마시는 경향이 있다.
출처: © Radharc Images/Alamy.

점포 내 의사결정

광고를 통해 소비자들의 "구매 의욕을 자극하는" 수많은 노력에도 불구하고, 마케터들은 매장 환경이 구매에 강력한 영향을 미친다는 것을 점점 더 인식하게 되었다. 예를 들어, 연구자들에게 여성들은 어떤 옷을 구매할지를 결정하는 데 있어서 매장 내 진열이 중요한 정보원천 중의 하나라고 말했다고 한다.

이러한 영향은 특히 음식을 구매할 때 더 크게 나타난다. 분석가들은 슈퍼마켓 쇼핑객들의 세 번 중에 약 두 번 정도는 슈퍼마켓 입구를 들어가는 순간에 구매결정을 한다고 추정하고 있다. 이 연구 자료에 따르면, 소비자는 식료품 구매를 할 때, **심적 예산**(mental budget)을 사용하는데, 이는 항목별로 구분되어 있는 부분과 *계획되지 않은 구매*(in-store-slack)의 두 가지로 구성되어 있다. 즉, 소비자는 얼마나 소비를 할 것인지 미리 결정을 하지만, 비계획된 구매에 대해서도 기꺼이 돈을 쓰려는 마음을 추가적으로 가지고 있다는 것을 의미한다. 따라서 매장은 샘플을 제공하거나, 소비자가 계산대에 접근했을 때 잊은 물건이 없는지 상기시키는 현수막을 걸어서 모든 심적 예산을 소비할 수 있도록 유도해야 한다.

스마트 폰에 있는 **모바일 쇼핑 앱**(mobile shopping app)들은 소매상들이 소비자들의 경험을 안내할 수 있도록 하는 창의적인 새로운 방식을 제공하고 있다. 즉, 상품을 찾고, 쇼핑몰 안의 가장 가까운 화장실을 알려주고, 또한 판매점을 찾는 것까지 쇼핑 앱은 당신이 하는 모든 것을 함께할 수 있다. 당신이 차를 어디에 주차했는지 기억하는 것을 돕는 것도 있고, 특정 매장을 방문했을 때 포인트를 주는 앱도 있다. 또한 긴 계산 줄이나 서툰 판매원같이 소비자가 오프라인 매장으로 가버리게 할 수 있는 번거로운 일들에 대해 앱이 해결책을 제시하기도 한다. 한 조사에 따르면, 매장에 방문한 10명 중 3명이 만족하지 못하고, 쇼핑카트를 놓고 가버리는 바람에, 평균 132달러를 덜 쓰고 끝나버리는 것으로 나타났다. 또한 이 연구는 손바닥 크기의 모바일 컴퓨터로 상점 관련 안내를 받은 쇼핑객의 경우에는 약 40%가량이 더 향상된 쇼핑 경험을 하는 것으로 나

Marketing Pitfall

몸에 나쁜 스낵이나 패스트푸드의 충동구매를 줄이고자 하는 정책입안자가 있을 경우, 한 가지 힌트는 신용카드 사용을 제한하는 것이다. 6개월 동안 1,000개 가구의 실제 쇼핑행동을 연구한 결과, 쇼핑객이 신용카드나 직불카드로 지불할 경우, 몸에 안 좋은 제품의 충동구매 비중이 더 높은 것으로 나타났다. 또한 매력적인 사탕 매대를 그냥 지나간다고 해서, 이것이 무조건 옳다고만 생각하지는 마라. 다른 연구에 따르면, 지금 자제하는 것이 나중에는 자기 자신에 대한 보상이라고 여기며, 더 자기가 하고 싶은 대로 구매할 가능성을 높인다고 하였다.

늘어나는 모바일 쿠폰은 점포 내 의사결정을 독려한다.
출처: Hardees.

타났다고 보고하였다. 매장 내에서 더욱 골치 아픈 건, 매장 직원들의 반 이상이 생각하기를, 온라인 쇼핑 툴이 급격히 늘어나면서 판매원들보다 소비자들이 제품에 대해서 더 많이 알고 있다는 점이다.

즉흥적 쇼핑

쇼핑객이 갑자기 상점에서 무엇인가를 구매하려고 할 때, 두 가지 다른 과정 중의 하나가 다음을 설명한다.

1. 그녀는 매장의 레이아웃에 친숙하지 않거나 구매 시간의 압박이 있을 때 **비계획적 구매**를 한다. 또는 한 매장의 선반에 있는 제품을 봄으로써 필요한 것이 생각나기도 한다. 모든 비계획적 구매의 약 1/3은 매장에 있는 동안 새로운 욕구를 인식했기 때문에 일어난다.
2. 단순히 저항할 수 없는 갑작스런 충동을 경험할 때 **충동구매**가 일어난다. 그림 9.3은 실제 소비자가 그린 그림으로 전형적인 충동구매자의 그림이다.

이런 충동을 부추기기 위해 소매상들은 소위 충동 제품이라고 불리는 사탕, 껌과 같은 제품을 편리하게 계산대 근처에 둔다. 이와 유사하게, 많은 슈퍼마켓들은 소비자가 마음껏 제품을 살펴볼 수 있도록 넓은 측면 통로를 설치하고, 가장 넓은 곳에 이윤

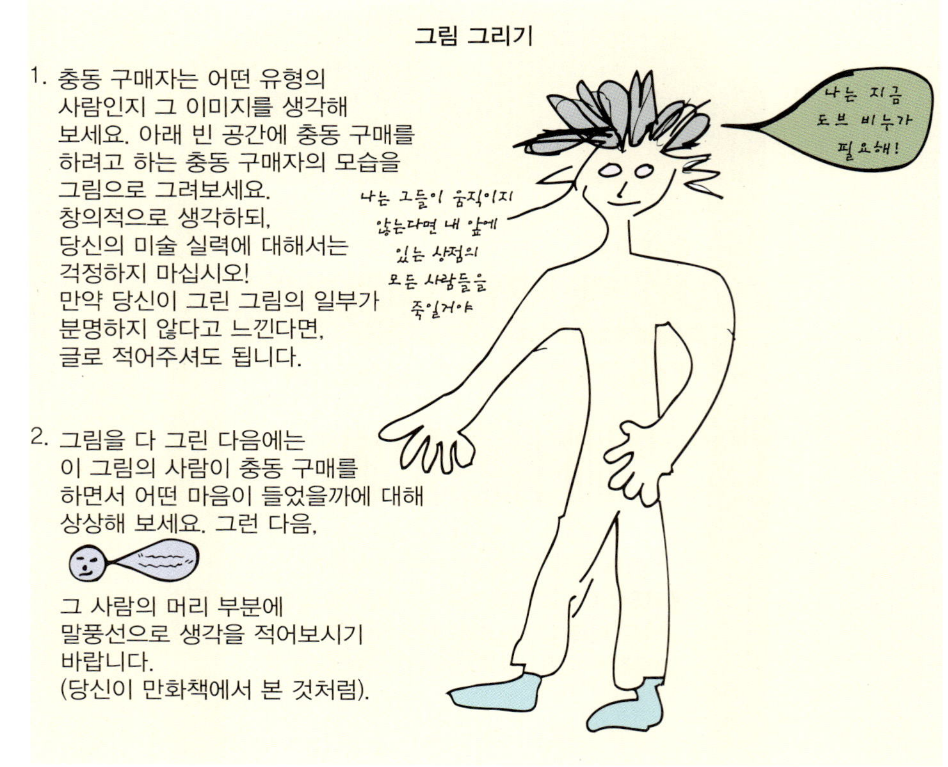

그림 9.3 어느 충동 구매자에 대한 한 소비자의 이미지

출처: Dennis Rook, "Is Impulse Buying (Yet) a Useful Marketing Concept?"(unpublished manuscript, University of Southern California, Los Angeles, 1990): Fig. 7-A.

Marketing Opportunity

쇼핑객의 의사결정에서 POP의 중요성을 생각해 보면, 왜 제품 포장이 기능적인 것에서 환상적인 것으로 진화해 갈수록 마케팅 믹스에서 왜 그렇게 점점 중요해지는지를 알 수 있다.

- 지난 100년 동안, Pepsi는 캔의 모양을 바꾸어 왔고, 그 이전에 병은 단지 10번만 모양을 바꾸었다. 최근에 이 회사는 디자인을 몇 주 간격으로 바꾸고 있다. 또한 캔을 땄을 때 음료수의 맛과 일치시키기 위해 향기를 뿌린 캔을 시도하고 있다. 예를 들면, Wild Cherry Pepsi 캔을 따면 Wild Cherry 향이 난다.
- Coors Light 맥주병은 적정 온도로 떨어지면 파란색으로 변하는 라벨을 선보였다.
- Huggies' Henry the Hippo 손 세척제 병은 어린이들에게 얼마나 오랫동안 손을 씻어야 되는지를 알려주기 위해서 20초 동안 빛을 발산한다.
- Evian의 새로운 "palace bottle"은 식당과 고급 호텔에서 판매된다. 이 제품은 우아한 백조와 같은 목을 갖고 있고 작은 은 접시에 놓여 있다.
- Unilever North America는 비디오 게임 조이스틱 모양의 Axe 샤워젤 병을 판매한다.
- 심지어 어떤 회사들은 제품에 컴퓨터 칩이나 조그마한 스피커를 넣어 즐거움을 주고자 한다. 이런 방식은 교차 촉진광고(cross-promotion)에 유용할 것이다. 예를 들면, 소비자가 치즈 제품을 선반에서 꺼낼 때, "나는 Triscuit 과자와 잘 어울려요"라고 이 치즈가 말할 수 있을 것이다. 물론, 이런 주의-집중 방식은 모든 사람들이 하기 시작하면 오히려 역효과가 날 수 있다. 어느 광고회사 임원은 다음과 같이 말했다: "만약 당신이 슈퍼마켓에서 쇼핑을 하려고 돌아다니는데 모든 제품이 당신을 보고 소리를 지른다면, 이것은 무섭고 불쾌한 경험이 될 것이다."

이 가장 높은 제품을 배치하는 경향이 있다. 정기적으로 구매하는 마진이 낮은 제품들은 쇼핑카트가 빠르게 지나갈 수 있도록 좁은 측면 복도에 쌓아놓는다. Starbucks는 매장의 스피커로 듣고 있는 음악을 다운받고 싶어하는 고객에게 돈을 부과하여 직접 iPhone으로 다운로드 받을 수 있도록 하면서 충동구매를 부추기기도 한다.

구매 시점의 자극(POP 자극)

잘 설계된 매장 내 제품 진열은 충동구매를 10%까지 증대시킬 수 있다. 이것은 왜 미국 기업들이 **구매 시점의 자극**(point-of-purchase stimuli)에 매년 130억 달러 이상을 쓰는지 설명하고 있다. POP 자극으로는 정교한 제품 진열 또는 시연, 쿠폰 발급 기계, 심지어 식품점 통로에서 새로 나온 과자 샘플의 무료 제공이 있다.

판매원 : 연극에서의 주연

판매원은 소매업이라는 드라마에서 가장 중요한 배우 중의 하나이다. 본 책의 1장에서처럼, 이런 영향을 교환 이론(exchange theory)으로 이해할 수 있는데, 모든 상호작용에는 가치의 교환을 수반한다는 것을 강조한다. 각 참여자는 다른 사람에게 무엇인가를 주고, 무엇인가를 되돌려 받기를 바란다. 유능한 판매원들은 그들의 전문가적 제언이 구매자들의 선택을 쉽게 만들기 때문에 많은 가치를 제공한다.

구매자-판매자 상황은 많은 다른 *한 쌍의 만남*(2인 집단)과도 같은 것이다. 이 관계에서 양측은 *정체성 협상*(identity negotiation)의 과정을 통하여 각자의 역할에 대해 어떤 합의에 도달해야만 하는 관계이다. 판매원의 역할(효과성)을 규명하는 데 도움이 되는

NXT 목욕 세정제/로션 용기가 점포 선반을 환하게 비춘다.
출처: NXT/Clio Designs Incorporated.

요인들로는 연령, 외모, 교육 수준 및 판매 동기가 있다.

게다가, 보다 효과적인 판매원은 비효과적인 판매원에 비해 고객의 특성과 선호를 잘 알고 있고, 각각의 특정 고객의 요구를 충족시키기 위해 소비자에 대한 접근방식을 적절히 조정한다. 이러한 적응능력은 고객과 판매원이 *상호작용방식*(interaction style)을 가질 때 특히 중요하다. 우리는 소통과정에서 확신 정도에 따라 서로 다른 모습을 보일 수 있다. 극단적으로, 주장이 약한 사람들은 자신의 불평이 사회적으로 수용되기 어려울 것이라고 생각하면서, 판매 상황이 그들에게 위협이 될지도 모른다고 믿는다. 반면, 주장이 강한 사람들은 위협적이지는 않지만 회사에 대해 확고한 태도를 보이는 경향이 있다. 또한 폭력적인 사람의 경우에는 자신의 방식대로 되지 않으면 매우 공격적이고, 위협적인 태도를 보일 수 있다.

출처: www.CustomerSuck.com, Art by Jennie Breeden www.TheDebilsPanties.com.

The Tangled Web

customerssuck.com 웹사이트를 보면, 하루 종일 웃으면서 참고 있어야만 하는 음식점 종업원들이 분통을 터트리고 있다. 영업시간이 끝나자마자, 그들은 고객들의 멍청함, 단정치 못함, 무감각에 대한 그들의 황당함을 공유한다. 이 웹사이트의 어떤 글쓴이는 "99센트 치즈버거가 얼마인가요?"와 같은 고객들이 질문하는 멍청한 질문들을 공유한다. 반면에, 다른 사람들은 근무조건, 그리고 불친절한 사람들에게 항상 좋게 대해야 하는 것에 대해 불평한다. 이 사이트의 슬로건은 "고객은 절대 옳지 않다"이다.

CB AS I SEE IT

Cele Otnes 교수, *University of Illinois at Urbana-Champaign*

브랜드 충성도와 재구매 가능성 같은 주요 태도적, 행동적 평가에 긍정적인 영향을 미치려면, 소매상들은 소비자의 매장 내 경험을 어떻게 의미 있게 만들 수 있을까? 이 질문과 관련된 하나의 연구 주제는, 소매상들은 소비자의 경험을 형성하기 위해 매장 내 의식(in-store ritual)을 어떻게 이용하고 있는가이다. 의식(ritual)은 우리가 계속적으로 반복하는 표현적이고, 극적인 이벤트를 의미한다(3장 참조).

우리의 연구에서는 이런 종류의 의식들이 실제로 고객들의 브랜드 경험에 영향을 미치는지, 영향을 미친다면 어떻게 영향을 주는지를 연구하고 있다.

의식은 회사주주와의 관계향상, 효율성 제고, 그리고 고 경쟁자들과의 차별화 등을 위해서 이용될 수 있는데, 연구를 위해 이런 목적으로 의식을 이용하고 있는 20개 이상의 소매상 및 서비스 제공자들을 인터뷰했다. 우리는 어떻게 고객들이 의식들을 거부하는지, 어떻게 소비자들이 다른 쇼핑객 및 소매상들과 함께 하는 의식에 참여하는지(예, Build-A-Bear 사례에서, 고객들은 그들이 방금 만들었던 인형을 가지고 grooming 의식에 참여하였다), 그리고 이러한 의식들이 실질적으로 소비자의 소매 경험을 좋게 하는지, 어떤 방향으로 좋게 만드는지 등을 연구하고 있다. 전략적인 관점에서는, 또한 쇼핑 경험을 의식화하는 것이 소매상들에게 더 높은 가격을 부과하게 할 수 있도록 하는지, 소매상들이 고객에게 실수를 하더라도 보다 쉽게 용서가 될 수 있게 하는지, 그리고 마케팅 커뮤니케이션에 더 적은 돈을 쓸 수 있도록 하는지를 밝히고자 한다. 따라서 다음번에 Marble Slab Creamery 아이스크림 가게에서 줄을 서 있게 되거나, 당신이 좋아하는 멕시칸 음식점에서 "생일 축하 멕시코 모자(birthday sombrero)"를 머리에 쓰게 된다면, 당신이 의식화되고 있다는 것을 기억하라.

목표 3

다른 사람과 집단, 특히 사회적 힘을 가지고 있는 사람들이 우리의 의사 결정에 영향을 미친다.

집단의 사회적 힘

인간은 사회적 동물로서, 집단에 속해 있고, 타인들을 즐겁게 하려고 노력하며, 공적인 장소에서는 어떻게 행동할지 결정하기 위한 단서로서 사람들의 행동을 관찰하기도 한다. 사실, 호감 가는 개인이나 집단에 "어울리려는" 욕구는 많은 소비 행동에서 기본적인 동기이다. 우리는 우리가 열망하는 집단의 구성원에게 인정받기 위해서 어떤 일이든 하려고 한다.

본 장의 도입부에 있던 Zach의 사례를 떠올려보자. Zachary의 오토바이 집단은 그의 정체성에서 중요한 부분이며, 이 소속감은 그의 많은 구매 결정에 영향을 준다. 그는 RUB가 되면서부터 각종 부품과 액세서리에 수천 달러를 써왔다. 오토바이를 타는 그의 동료들은 그들의 소비를 통해 서로 결속을 느끼며, 완전히 낯선 사람이더라도 만나기만 하면 서로 매우 빠르게 유대감을 느낀다. *American Iron*이라는 한 산업 잡지의 편집장은 다음과 같은 것을 목격했다. "당신은 Harley가 우수한 오토바이라서 사는 것이 아니라, 한 가족의 일부가 되기 위해 Harley를 구매한다."

Zachary가 모든 오토바이족을 모방하는 것은 아니며, 그가 정말로 동경하는 일부의 사람들만이 그에게 영향력을 미칠 수 있다. 예를 들어, Zachary의 집단은 커다란 Harley 문신을 하고, 생산직 오토바이족들로 주로 구성되어 있는 무법자 같은 클럽들과는 거의 교류를 하지 않는다. 그의 집단 구성원들은 "Ma and Pa" 오토바이족 집단에만 정중하게 접촉을 하고 있는데, Ma and Pa의 오토바이는 라디오, 손잡이를 따뜻하게 해주는 장치, 발판과 같은 섬세한 기능과 편안함의 전형적인 특성을 가지고 있다. 기본적으로 RUB들만이 Zachary의 준거 집단이다.

준거 집단은 왜 그렇게 설득적인 힘이 있는 것인가? 이것에 대한 대답은 그들이 우리에게 미치는 잠재적인 힘에 있다. **사회적 힘**(social power)은 "다른 사람들의 행동을 바꿀 수 있는 능력"을 말한다. 어떤 사람의 자발성 여부와는 상관없이 우리가 그 사람에게 일을 시킬 수 있다면, 우리는 그 사람에 대하여 영향력을 갖고 있는 것이다. 힘의 근원에 대한 다음의 분류는 어떤 사람이 다른 사람에게 힘을 행사할 수 있는 이유, 그 영향력의 자발성 정도, 그리고 이런 영향이 힘의 원천이 없을 때도 심지어 효과를 계속 가지고 있는가의 여부를 분간하는 데 도움을 준다.

- **준거의 힘:** 한 개인이 어떤 사람 또는 집단의 자질을 동경하게 되면, 그는 준거대상의 행동들을 모방하려고 한다(예, 옷, 자동차, 레저 활동 선택). 유명인사들은 삶의 모든 부분에서 우리의 소비행동에 영향을 미치는데, 예를 들어 제품에 대한 공개적인 지지(예, 폴라로이드에 대한 LadyGaga), 독특한 복장(예, Kim Kardashian의 고급 디자이너 옷 진열) 그리고 캠페인 운동에 대한 지지(UNICEF에 대한 Brad Pitt)등을 통해 영향을 미친다. **준거의 힘**(referent power)은 많은 마케팅 전략에서 중요하다. 왜냐하면 소비자들은 준거 대상과 동일시되기 위해 자발적으로 그들의 행동과 구매를 조정하기 때문이다.
- **정보의 힘:** 한 개인이 다른 사람들이 알고 싶어하는 무언가를 알고 있을 때 **정보의 힘**(information power)을 갖는다. *Women's Wear Daily*와 같이 판매와 관련된 출판물의 편집장들은 개인 디자이너들이나 회사를 만들어 내거나 없앨 수도 있는 정보들을 축적 및 배포하는 능력을 가지고 있기 때문에, 때때로 엄청난 힘을 가지고 있다. 이런 정보의 힘을 가진 사람들은 경쟁우의를 제공할 수 있는 지식을 제공함으로써 소비자의 의견에 영향을 미칠 수 있다.
- **합법적 힘:** 우리는 경찰, 군인, 그리고 교수에게 주는 권위와 같이 사회적 합의에 의한 힘을 때때로 인정한다. 유니폼이 주는 **합법적인 힘**(legitimate power)은, 의대생에게 흰옷을 입혀 환자에 대한 의사의 지위를 높이려는 병원의 예처럼 소비자 맥락에서 권위를 행사한다. 마케터들은 이런 유형의 힘을 "빌려" 소비자에게 영향을 미친다. 예를 들어, 흰색 의사 가운을 입은 모델이 나오는 광고는 제품 이미지에 합법성이나 권위와 같은 느낌을 부여할 수 있다("나는 의사는 아니지만, TV에서는 의사 역할을 합니다").
- **전문가의 힘:** 인터넷 이용자들의 관심을 끌기 위해 U.S. Robetics사는 영국 물리학자인 Stephen Hawking을 자사 모델로 계약하였다. 이 회사 임원은 다음과 같이 이야기를 하였다: "우리는 신뢰를 쌓고 싶었습니다. 그래서 U.S. Robertics의 기술을 사용하는 뛰어난 사람들을 찾았고, 우리의 제품이 그들의 삶을 얼마나 더 생산적으로 만드는지를 소비자들에게 이야기하도록 했습니다." 루게릭병을 앓고 있고, 신디사이저를 통해 말하는 Hawking은 한 TV 장면에서 이렇게 말했다: "내 몸은 이 의자에 있으나, 내 정신은 인터넷을 통해 우주 끝까지 갈 수 있습니다". Hawking의 **전문가의 힘**(expert power)은 한 분야에 대한 그의 지식으로부터 나온다. 비록 블로그와 Wikipedia와 같은 오픈 소스의 출현으로 누가 정말로 전문가인지 말하는 것이 훨씬 더 어려워졌지만, 전문가의 힘은 왜 많은 사람들이 식당, 책, 영화, 자동차에 대해서 전문 비평가의 리뷰에 중요성을 두는지를 설명하는 데 도움이 된다.

Marketing Opportunity

브랜드들은 소셜미디어의 필요성을 인식을 하고는 있지만, 집단의 힘을 판매로 전환시키는 데는 여전히 실패하고 있다. 그들은 여전히 소셜 네트워크 내 집단의 영향력에 대해 장래를 전망하기가 어렵다고 평가하고 있다. 한 연구에 따르면, 소비자의 의사결정에 영향을 미치는 매체로 블로그가 3위를 차지하였다. 약 31%의 소비자가 그들의 의사결정에 블로그가 영향을 미친다고 응답하였다. 첫 번째는 해당 매장과 브랜드 웹사이트가 차지하였는데, 여전히 가장 큰 영향력을 가지고 있다. 그러나 10년 전에는 사실상 존재하지 않았던 온라인 집단의 힘이 현재는 쇼핑객들에게 영향을 미치며 기업과 경쟁하고 있다는 점은 눈여겨보아야 한다. 브랜드들은 파워블로그가 나타나고 있다는 것을 이해는 해왔지만, 어떻게 이 관계를 형성해갈지에 대해서는 여전히 확신을 하지 못하고 있다. 평균적으로, 블로그를 통한 브랜드 광고의 지출은 디지털 예산의 6%를 차지하고 있다. 이는 진열 광고에 41%가 지출되고 있다는 것을 감안하면, 큰 비중은 아니다. Facebook, Twitter, Pinterest, or Instagram 또한 영향력이 있다고 여겨지고는 있지만, 소셜미디어 내 집단의 영향력을 생각하면 블로그만큼은 아니다. 흥미로운 점은, 많은 소비자들은 소비자들이 느끼기를, 커뮤니티가 더 커질수록, 영향력자들(influencer)이 소비자의 의사결정에 미치는 영향은 적어진다는 것이다. 온라인 쇼핑객들은 구성원들 간에 신뢰할 수 있는 더 적은 네트워크를 원한다.

- **보상의 힘:** 긍정적 강화(6장 참조)를 할 수 있는 사람 또는 집단은 **보상의 힘**(reward power)을 갖는다. 보상은 유형적(tangible)인 것일 수도 있고, 또는 아메리칸 아이돌(American Idol) 콘테스트에서 심사위원들이 참가자를 인정해 주는 것과 같이 무형적인 것 일 수도 있다.
- **강압적 힘:** 사회적 또는 신체적 위협으로 누군가에게 영향을 주는 경우, **강압적인 힘**(coercive power)을 행사하는 것이다. 위협은 종종 단기적으로는 효과적이나, 위협을 주는 당사자가 현장을 떠나면 우리는 본래의 행동으로 복귀하는 경향이 있기 때문에, 오래가지는 않는 경향이 있다. 다행스럽게도, 마케터들은 이런 종류의 힘은 거의 사용하지 않는다! 그러나 "강매"를 하려는 위협적인 판매원이나 8장에서 이야기 했던 공포 소구에서 이런 힘의 유형을 볼 수 있다.

Marketing Opportunity

대부분의 소비자들은 열망적 준거 집단을 오직 멀리서 동경해 왔지만, 점점 많은 사람들이 자신들의 영웅들과 더 가까워지고, 개인적으로도 친해지기 위해 많은 돈을 쓰고있다. Fantasy camp는 현재 약 10억 달러 규모의 산업으로, 이는 사람들이 자신의 우상과 놀 수 있는 기회를 만들기 위해 돈을 지불하면서 성장하였다. Baseball camps는 은퇴한 선수들과 팬들이 어울릴 수 있는 곳으로 수년간 유지되어 왔지만, 지금은 조금 다른 형태로 사람들이 자신이 좋아하는 하키선수, 포커 선수, 심지어 미국 여자국가대표 축구단 같은 선수들과 어울릴 수 있도록 하고 있다. 또한 다른 캠프에서는 80명의 사람들이 각각 8천 달러씩 지불한 적이 있는데, 이는 Nils Lofgren, Dickey Betts, 그리고 Roger Daltrey까지 록스타들로 가득 채워 함께하기 위해서였다. 한 풋내기 팬이 말하기는 "우리는 모두 영웅들과 함께 시간을 보내고 있고, 그들과 함께하는 이 순간을 다시는 갖지 못할 것입니다. 죽을 때까지 나의 이 환상 속에서 살 것입니다".

목표 4

우리는 제품이나 서비스에 대해 관심을 공유할 수 있는 사람들을 찾는다.

준거집단은 그냥 집단이 아니다!

우리가 어느 집단에 속해 있다고 해서 이 집단이 반드시 우리가 말하거나 행동하는 것에 영향을 미치는 것은 아니다. **준거 집단**(reference group)은 "한 개인의 평가, 열망, 행동에 중요한 영향을 미치는 실제 또는 가상의 개인이나 집단"을 말한다. 준거 집단은 *정보적, 실용적, 가치 표현적인 방식*으로 우리에게 영향을 미친다. 표 9.3은 이런 영향력을 설명하고 있다.

금연 프로그램에 대한 최근의 한 연구가 준거 집단의 강력한 영향을 잘 설명하고 있다. 이 연구에 의하면, 흡연자들은 집단으로 담배를 끊는 경향이 있으며, 한 사람이 담배를 끊을 경우, 그의 소셜 네트워크에 있는 다른 사람들도 담배를 끊도록 하는 산발효과(ripple effect)가 있는 것으로 나타났다. 이 연구자들은 30년 동안 수천 명의 흡연자와 비흡연자를 따라다녔고, 그들의 친척, 직장 동료, 친구들까지 추적하면서 연구를 하였다. 몇 년에 걸쳐 연구한 결과, 흡연자들은 무리 지어서 함께 있으려는 경향이 있다는 것을 분석하였다(평균적으로 세 명이 한 집단으로). 대체로 최근 미국 흡연율이 크게 감소하면서, 전체 표본 수는 감소했지만, 남아 있는 표본의 경우 흡연자들은 동일한 규모의 집단을 유지하고 있었다. 이는 사람들이 개인적보다는 집단적으로 담배를 끊는 경향이 있음을 말한다. 놀랍지 않게도, 어떤 사회적 유대감은 다른 것들보다 훨씬 강력하다. 금연에 있어서 배우자가 친구보다 더 큰 영향력이 있고, 형제자매보다는 친구들은 더 높

출처: Rock 'n' Roll Fantasy Camp.

표 9.3 준거 집단 영향의 세 가지 형태

정보적 영향	• 개인은 전문 협회 또는 개별적인 전문가 집단으로부터 다양한 브랜드에 대한 정보를 구한다. • 개인은 직업적으로 제품을 연구하는 사람들로부터 정보를 구한다. • 개인은 브랜드에 대해 신뢰 있는 정보를 갖고 있는 친구, 이웃, 친척, 또는 직장 동료들로부터 브랜드 관련 지식과 경험(브랜드 A의 성능을 브랜드 B와 비교하는 것과 같은)을 구한다. • 독립적인 조사 기관(Good Housekeeping과 같은)의 인증서를 확인함으로써 브랜드 선택에 영향을 미칠 수 있다. • 전문가들이 선택하는 것(경찰이 운전하는 자동차의 종류나 수리공이 구매하는 텔레비전의 상표와 같이)이 개인의 상표선택에 영향을 미친다.
실용적 영향	• 개인의 특정 브랜드에 대한 구매 결정은 직장 동료 집단의 선호에 의해 영향을 받는다. 그래서 그 사람은 그들의 기대를 만족시킨다. • 특정 브랜드를 구매하려는 개인의 결정은 그들이 사회적 상호작용을 갖는 사람들의 선호에 의해 영향을 받는다. • 개인의 구매 결정은 가족 구성원들의 선호에 의해 영향을 받는다. • 다른 사람들의 기대를 만족시키려는 욕구가 브랜드 선택에 영향을 미친다.
가치 표현적 영향	• 개인은 특정 브랜드의 구매 또는 사용이 다른 사람들이 그에 대한 이미지를 향상시킬 것이라고 느낀다. • 개인은 특정 브랜드를 구매 또는 사용하는 사람은 그가 갖고 싶어하는 특징을 있다고 느낀다. • 개인은 때때로 특정 브랜드를 이용하면서 광고에서 보여주는 사람의 유형과 비슷하게 되는 것을 좋아한다. • 개인은 특정 브랜드를 구매하는 사람들이 다른 사람들에 의해 존경받는다고 느낀다. • 개인은 특정 브랜드의 구매가 그가 누구인지 또는 무엇이 되고 싶은지(운동선수, 성공적인 경영자, 좋은 부모 등과 같은) 등을 다른 사람들에게 보여주는 데 도움을 줄 것이라고 느낀다.

출처: C. Whan Park and V. Parker Lessig,"Students and Housewives: Differences in Susceptibility to Reference Group Influence,"*Journal of Consumer Research* 4 September 1977): 102. Copyright © 1977 JCR, Inc. Reprinted with permission of The University of Chicago Press.

은 영향력을 가진다. 직장 동료들은 서로서로 잘 아는 소규모 회사에서만 영향력을 가지는 것으로 나타났다.

준거 집단의 영향이 모든 종류의 상품과 소비 행동에 대해 똑같은 방식으로 영향을 미치는 것은 아니다. 예를 들어, 전혀 복잡하지 않거나, 지각된 위험이 낮은, 또는 이미 구매한 경험이 있는 제품을 선택할 때는 다른 사람들의 선호를 고려하지 않는 경향이 있다. 또한 다른 사람들이 무엇을 선호하는지 알더라도 평범한 수준에서만 영향을 미칠 것이다(예, 컴퓨터 소유 vs. 비소유, 패스트푸드 vs. 건강식). 반면, 어떤 경우에서는 이런 정보가 한 제품군 내의 특정 브랜드로 우리를 유도할 수 있다(예, Levi's vs. Diesel 청바지, Virginia Slim vs. Marlboro 담배).

보통 두 사람 또는 그 이상의 사람들이 한 집단을 형성하지만, 우리는 종종 사회적 단서를 제공하는 어떤 외부적 영향을 기술하기 위해 준거 집단이라는 용어를 다소 넓게 사용한다. 준거 대상은 많은 사람들에게 영향력을 미치는 문화적 인물(예, Mishell Obama) 또는 소비자가 처해 있는 그 환경에서 영향을 주는 사람(예, 고등학교에서 인기 있는 학생들) 또는 집단이다. 소비에 영향을 미치는 준거 집단은 부모님, 동료 오토바이 열광자들, Tea Party, 심지어 Chicago Bears, Dave Matthews 밴드, Spike Lee 등을 포함한다.

다른 사람들과 유사한 점이 있다고 느끼는 것만으로도 어떤 사람들은 우리에게 영향을 미칠 수 있다. 신호등에서 당신과 똑같은 차를 몰고 가는 사람 옆에 차를 멈췄을 때, 어떤 따뜻한 느낌을 경험한 적이 있지 않은가? 우리가 유사 브랜드 이용자와 어떤 유대감을 느끼는 이유 중 하나는, 많은 사람들이 나르시스트적인 면을 조금씩은 가지고 있기 때문일 수 있다(물론, 당신은 아니다). 우리는 우리 자신들을 떠오르게 하는 사람과 제품에서 어떤 매력을 느낀다.

Marketing Pitfall

소비자의 피드백을 제공하는 표적집단(focus group)에 대해 한 가지 비판할 점은 집단 내에서 이들의 의견을 듣는 사람들이 이 일시적인 집단의 영향 때문에 의견을 바꿀 수도 있다는 점이다. 최근 한 실험은 이런 효과가 얼마나 강력할 수 있는지를 보여주었다. 이 연구는 정치 토론 중에 청중들의 응답을 보여주기 위해 사용하는 생중계 피드백 그래프 기술을 적용해 보았다. 이 기술은 마케팅 리서치 회사가 표적집단에게 TV쇼나 상품을 평가하도록 요청할 때도 쓰는 전화 테스트 형태이다. 이 연구의 한 실험은 American Idol처럼 보이게 하여, 수백 명의 대학생들에게 참가자의 공연을 보도록 했고, 이때 가짜 청중 피드백이 화면상에 함께 보여지도록 했다. 그 결과, 피드백이 부정적일 때는 컨테스트 참가자에 대한 그들의 평가도 낮아졌다. 이와 유사한 연구에서, 실험자들은 1984년도 대통령 후보 Ronald Reagan과 Walter Mondale의 논쟁 일부를 보았다(아마도 이런 주제는 이 선거가 있었던 아버지들의 눈에만 어렴풋하게 인식되었을 것이다). 그 결과, Regan을 선호하는 피드백을 스크린으로 보았던 응답자들 중에는 2.8배 이상 그 사람을 뽑겠다는 사람들이 많았던 반면, Modale을 선호하는 비슷한 피드백을 보았던 사람들은 1.8배 이상 민주당 후보를 뽑을 것이라고 말하는 경향이 있었다.

심지어 우리는 이름이 같은 낯선 사람과도 유대감을 느끼는데, 그 이유는 자신과 유사한 사람과 연결되고자 하는 욕구 때문이다. **이름-글씨 효과**(name-letter effect)에 대한 연구에서는, 우리는 우리의 이름과 같은 사람, 심지어 첫 글자만 같아도 그렇지 않은 사람보다 좋아하는 경향이 있다는 것을 발견했다. 연구자들이 인터넷 전화번호부 또는 주민번호 기록과 같은 대형 데이터베이스를 조사할 때, Johnsons은 Johnsons과 결혼하는 경향이 높으며, Virginia의 이름을 가진 여성들은 Virginia에 거주할(그리고 이사 오는) 가능성이 높고, 성이 Lane인 사람들의 주소명에는 Street가 아니라 lane이라는 단어가 포함되어 있다는 것을 알아냈다. 2000년도의 대선에서, B로 시작되는 성을 가진 사람들은 George Bush에 기부하는 경향이 있는 반면, G로 시작되는 성을 가진 사람들은 Al Gore 후보에 기부하는 경향이 있었다.

확실히 몇몇 집단과 개인들은 다른 사람들보다 더 영향력이 크며, 우리의 소비 결정에 광범위하게 영향을 미친다. 예를 들어, 부모님들은 결혼에 대한 태도나 어느 대학을 가는지와 같은 많은 주요 문제들에서 중요한 역할을 할 것이다. 우리는 이것을 **규범적 영향**(normative influence)이라고 부르는데, 즉, 준거 집단은 행동의 기본적인 기준을 만들고 따르도록 하는데 도움이 된다. 이와 달리, Harley-Davidson 클럽은 특정 오토바이 구매에서 회원들의 결정에 영향을 주는데, 이는 **비교적 영향**(comparative influence)을 행사하는 것이다.

브랜드 커뮤니티와 소비자 종족

인기 상품인 Xbox의 Halo2가 출시되기 전, Bungie Studio는 제품 개발에 대한 이야기를 하기 위해 웹사이트를 만들었다. 그러나 주목할 만할 것은 이 이야기들이 Covenant(게임에서 지구를 공격하기 위해 준비를 하고 있는 외계인)의 관점에서 그들의 언어로 썼다는 점이다. 48시간 안에, 전 세계의 열렬한 게이머들이 암호를 풀고 문자를 해석하기 위해 게임 채팅방에서 정보를 공유했다. 약 150만 명 이상의 사람들은 제품 출시 전부터 사전 주문을 하기도 했다. 이러한 협력적인 활동은 소비자의 행동에서 중요한 트렌드를 설명한다.

브랜드 커뮤니티(brand community)는 제품의 사용이나 제품에 대한 관심을 기반으로 사회적인 관계를 공유하는 소비자들의 집단이다. 다른 종류의 커뮤니티와는 달리, 이 구성원들은 대체로 서로 가까운 곳에 거주하지는 않는다(다만, 특정 행사를 통해 단기간 동안 만남이 이루어지는 것이나 Jeep, Harley-Davidson 스폰서와 같은 커뮤니티 지향적인 기업의 **브랜드페스트**(brandfest)는 제외이다). 이런 이벤트들은 제품을 가지고 있는 사람이 다른 열광자들과 "결속"하도록 하고, 제품, 그리고 열정을 공유하는 다른 사람들과도 일체감을 강화시키도록 도와준다.

연구자들은 이런 모임에 참여한 사람들이 제품에 대해 보다 더 긍정적으로 느끼고, 그 결과로 브랜드 충성도를 높인다는 것을 발견했다. 그들은 다른 사람들보다 제품 고장, 서비스 품질에서의 과실에 대해 더 너그럽게 용서하고, 심지어 경쟁 제품이 좋거나 더 뛰어나다는 것을 알더라도 브랜드를 바꾸지 않는 경향이 있다. 게다가, 이런 커뮤니티 구성원들은 그 회사의 발전에도 감정적으로 관여되었다. 그래서 그들은 종종 다른 사람들에게 마케팅 메시지를 전달하면서 브랜드 전도사의 역할을 하기도 한다. 연구자들은 브랜드커뮤니티 구성원들은 제품에 대한 입소문을 돕는 것 이상의 것을 한다는 것을 발견했다. 이들의 관여는 실질적으로 제품사용이나 맞춤형 제품에 대한 더 좋은 방법을 찾아내면서 그들 스스로와 다른 구성원들에게 더 큰 가치를 창출하였다. 경험이 있는 사용자들의 경우는 "초보자"들이 제품에 대한 즐거움을 극대화할 수 있도록 코치하는 것이 자연스러운 일이었으며, 이를 통해 더욱 많은 사람들이 이런 만족한 사람들로부터 이익을 얻도록 하였다. 다른 사례로는, 커뮤니티가 구성원들에게 배울 수 있는 기회를 제공하기 때문에 구성원들이 혜택을 받는 것이다. 예를 들어, 한 연구는 갑상선에 문제가 있으나 이에 대해 잘 알지 못하는 사람들을 관찰한 결과, 이들은 같은 문제를 가지고 있는 사람들 간의 온라인 커뮤니티를 참여하고 나서 치료에 대한 의사결정에 대해 더욱 적극적인 관여를 보이고, 정보력을 갖은 상태에서 의사결정을 하는 것으로 나타났다고 하였다. 이런 과정을 **집단적 가치창출**(collective value creation)이라고 하며, 그림 9.4에서 이 과정을 설명하고 있다.

소비자 종족(consumer tribe)의 개념은 브랜드 커뮤니티와 유사하다. 이는 어떤 활동이나 제품에 대한 같은 충성도 때문에 라이프스타일을 공유하고, 서로에게 동질감을 갖는 사람들의 집단이다. 비록 이런 부류의 모임은 대개 안정적이지 않고 단기적이지만, 적어도 일정 기간 동안은 공유된 감정, 도덕적 신념, 라이프스타일, 그리고 그들이 함께 소비하는 제품을 통해 그 모임의 한 일원으로서 다른 사람들과 동질감을 느낀다.

일부 기업들 중에는, 특히 젊음을 지향하는 기업의 경우 그들의 제품을 집단에 연결시키는 **부족 마케팅 전략**(tribal marketing strategy)을 사용한다. 그러나 나이가 많은 구성원으로 이루어진 부족들도 많다. 예를 들어, 유럽의 Citroën과 미국의 Ford Mustang과 같은 숭배 제품(2장 참조)을 찬양하는 자동차 애호가들의 모임, 또는 전 세계의 Wolfgang Puck 열성팬들과 함께 요리에 대한 열정을 공유하는 "식도락가" 모임은 나이가 많은 구성원들의 부족이다.

Marketing Opportunity

사실 어느 카테고리든, 열정적인 브랜드 커뮤니티를 찾을 수 있다(일부의 경우에는 심지어 더 이상 존재하지 않는 브랜드에도 헌신적이다). 예를 들어, 다음과 같은 브랜드들이 있다. 3Com Ergo Audrey(단종된 인터넷 가전제품), Apple Newton(단종된 개별 디지털 보조기구), BMW MINI(자동차), Garmin(GPS 기계), Jones Soda(탄산음료), Lomo and Holga(카메라), Tom Petty and the Heartbreakers(뮤지컬 단체), StriVectin(약용 화장품), 그리고 Xena: Warrior Princess(TV 프로그램)이 있다.

소속 대 열망적 준거 집단

소속 준거 집단(membership reference group)은 우리가 실제로 알고 있는 사람들로 구성되어 있는 반면, **열망적 준거 집단**(aspirational reference group)은 알지는 못하지만 동경

소셜 네트워킹
• 환영
• 공감
• 통치

커뮤니티 참여
• 문서화
• 표시화
• 이정표
• 거부

인상관리
• 전도
• 합리화

브랜드 이용
• 맞춤화
• 손질
• 상품화

가치

그림 9.4 브랜드 커뮤니티의 집단적 가치 창출 과정

출처: Reprinted with permission from *Journal of Marketing*, published by the American Marketing Association, Schau, Hope Jensen, Albert M. Muniz, and Eric J. Amould, September 2009, 73, 30–51.

The Tangled Web

웹은 새로운 형태의 회피 집단인 반브랜드 커뮤니티(antibrand community)의 성장을 부추기고 있다. 이런 집단은 유명인, 상점, 또는 브랜드별로, 이것을 경멸하는 사람들이 뭉친 집단이다. 블로그와 소셜 네트워킹 사이트인 LiveJournal에서 Rachael Ray Sucks 커뮤니티를 가보면, 1,000명 이상의 회원들이 TV 음식 프로에 대한 여러 단점, 결함, 동의할 수 없는 속성들에 대한 자신의 최근 생각들을 거침없이 올리고 있다. 그들은 요리연구가인 Ray의 과다한 닭고기 국물 사용, 그녀의 부엌 위생, 그녀의 미소, "Yum-o!"이라고 말하는 습관 등을 비판한다. 이 커뮤니티은 회원에 대한 다음과 같은 기본규칙이 있다: "당신은 반드시 Rachael을 싫어해야 한다!"

이러한 커뮤니티를 연구하는 한 연구팀에서는 이런 사람들은 비물질주의적인 삶을 지향하는 사회적 이상주의자들을 끌어들이는 경향이 있다는 것을 관찰했다. Wal-Mart, Starbucks, McDonald's를 반대하는 온라인 커뮤니티들의 회원들을 인터뷰한 결과, 그들이 내린 결론은 다음과 같다. 즉, 이런 반브랜드 커뮤니티들은 도덕적인 입장을 공유하는 사람에게 만날 수 있는 공간을 제공하고, 공통된 목표를 성취하기 위한 네트워크를 제공하며, 직장의 불만에 대처하는 방법(많은 회원들은 실제로 그들이 비난하는 회사에서 일하고 있다!), 그리고 각종 정보, 활동, 관련된 방편들을 제공한다. 또 다른 연구는 Hummer가 영감을 주는 반대의 수준을 연대기 순으로 기록한다. 예를 들어, 브랜드 열성자들은 Hummer의 크기와 무게 때문에 그 차의 안정성을 좋아하는 반면, 더 작은 차를 운전하는 브랜드 반대자들은 이 차의 크기를 비난한다. 한 운전자는 이런 메시지를 올렸다: "H2는 죽음의 기계이다. 당신은 당신의 경제적인 자동차를 타고 H2와 충돌하지 않기를 바라는 게 좋을 것이다. 당신은 H2의 엄청난 무게와 올라간 범퍼 덕분으로 당신의 엉덩이에게 작별 인사를 할 수도 있다. 당신은 당신 자신의 도시적인 공격 차량을 가질 수 없는 것이 애석하다."

하는 사람들로 구성되어 있다. 성공한 기업인, 운동선수, 연기자, 또는 세상의 어려움을 극복한 사람들이 이 집단에 속하는 경향이 있다. 당연히, 준거 집단 소구 전략을 이용하는 많은 마케팅 노력들은 널리 존경받는 인물(유명한 운동선수 또는 연기자와 같이)에 집중한다. 이런 사람들을 브랜드와 연결시켜서 그들이 사용하거나 후원하는 제품도 이런 열망적인 품질을 갖도록 한다. 예를 들면, 농구팀 마이애미 히트의 Dwyane Wade를 우상처럼 여기는 아마추어 농구선수는 Dwyane Wade가 신은 Air Jordan 12 신발을 가지고 싶어할 것이다. "임원"의 지위를 열망하는 경영대 학생들을 대상으로 한 한 연구에서는 그들의 이상적인 자아(7장 참조)와 연관된 제품들과 실제 임원들이 소유하고 있다고 생각하는 제품들 간에는 강한 관련성이 있음을 발견했다.

물론, 소셜미디어 사용이 증가하면서, 우리가 알고 있는 사람들과 친구라고 여기는 사람들 간의 경계가 불분명해졌다. 그러나 오프라인이든 온라인이든, 우리는 비슷한 다른 사람들을 추구하는 경향이 있다. 실제, 한 연구에 따르면, 트위터에서 사람들은 그들과 기분이 같은 사람들을 팔로우 하는 경향이 있는 것으로 나타났다. 즉, 행복한 사람들은 행복한 사람들을 리트윗하거나 리플라이를 하는 경향이 있는 반면, 슬프거나 외로운 사람들은 부정적인 감정을 느끼는 사람들에게 유사한 행동을 보였다.

우리는 우리 자신을 비슷한 다른 사람에 비교하는 경향이 있기 때문에, 많은 촉진 전략들은 "평범한" 사람들을 활용한다. 평범한 사람들의 소비활동은 정보적인 측면에서 사회적인 영향력을 제공하기 때문이다. 그렇다면, 당신이 알고 있는 사람 중에서 당신의 멤버십 준거집단에 속하는 사람은 누구인지 예측할 수 있겠는가? 몇 가지 요인들이 이것을 가능하게 만든다.

- **근접성:** 사람들 간의 물리적인 거리가 줄어들고 상호작용의 기회가 늘어나면서, 관계가 형성될 가능성이 더 커진다. 우리는 이런 물리적인 가까움을 **근접성**(propinquity)이라고 지칭한다. 가구 단지 내 친구 관계 패턴에 대한 한 연구에서는 이러한 요인들 간의 강한 영향력을 보여주었다. 모든 상황이 동등하다는 조건에서, 거주자들은 두 집 건너에 사는 사람보다 바로 옆에 사는 사람과 친구가 되는 경향이 높게 나타났다. 게다가, 계단 근처에 살고 있는 사람들이 복도의 끝에 살고 있는 사람들보다 이웃 친구가 더 많았다(아마도, 그들은 계단을 이용하는 사람들과 우연히 마주치는 일이 잦기 때문일 것이다).
- **단순 노출:** 자주 보게 되면 그 사람 또는 사물을 더 좋아하게 된다. 본 책의 8장에서 본 것처럼 이를 *단순 노출 현상*(mere exposure phenomenon)이라고 부른다. 의도적이지 않았더라도, 접촉 빈도가 높을수록 부분적인 관계를 밝히는 데 도움이 될 것이다. 예술 작품이나 정치 후보자를 평가할 때도 동일한 효과가 있다. 한 연구는 정치 후보자들의 매체 노출량만으로도 당선의 83%를 예측했다.
- **집단 응집성:** *응집성*(cohesiveness)은 한 집단의 구성원들이 서로에게 이끌리는 정도와 자신이 속한 집단의 소속에 대해 얼마나 가치부여를 하는지를 말한다. 집단이 개인에 대해 부여하는 가치가 클수록, 그 집단이 개인의 구매의사결정에 미칠 가능성 또한 커진다. 작은 집단일수록 응집력은 더 높은데, 그 이유는 큰 집단에서는 각 개인의 기여가 보통 덜 중요하거나 눈에 띄기 쉽지 않기 때문이다. 마찬가지로, 집단들은 회원 자격을 제한하여 소수를 선발하려고 노력하는데, 이것은 가입하는 사람들에게 소속에 대한 가치를 높인다.

출처: Corepics VOF/Shutterstock.

Marketing Pitfall

사회적 태만(social loafing)은 우리가 할 수 있는 만큼의 시간과 노력을 쓰지 않을 때 일어나는 것으로, 이것은 우리의 기여가 더 큰 집단 노력의 일부분에 불과하다고 여기기 때문에 나타난다. 수업에서 그룹 프로젝트를 할 때, 당신도 이런 경험이 있을지 모른다. 종업원들은 이런 사회적 태만을 매우 뼈저리게 느끼고 있다. 즉, 사람들은 혼자 식사를 할 때보다는 여럿이서 식사를 할 때, 팁을 적게 낸다. 이런 이유로, 많은 식당들은 6~7명 이상의 단체 손님에 대해서는 고정된 팁을 자동적으로 부과하고 있다.

긍정적 대 부정적 준거 집단

준거 집단은 우리의 소비 행동에 긍정적 또는 부정적으로 영향을 미친다. 대부분의 경우, 우리는 준거 집단이 우리에게 기대하는 것과 비슷하게 행동을 한다. 그러나 우리는 때때로 **회피 집단**(avoidance group)과 거리를 두고 싶은 경우, 의도적으로 반대로 행동한다. 당신이 싫어하는 집단(예, "명청한 사람", "마약 중독자", "명문 사립고등학교(Preparatory School)의 학생")의 옷과 예절을 주의 깊게 살펴서 그 집단과 당신이 동일시될 수 있는 어떤 구매도 철저하게 피하려 할 것이다. 예를 들어, 반항적인 청소년들은 그들의 독립성을 알리기 위해서 부모들이 좋아하는 것과는 반대되는 것을 고의적으로 할 것이다. 한 연구에서는 대학교 신입생들의 경우, 회피 집단과 관계를 맺게 될 때, 알코올 소비를 적게 하는 경향이 있다고 하였다.

부정적인 준거 집단과 거리를 두려는 동기는 긍정적인 집단을 기쁘게 하려는 욕망보다 더 강할 수 있다. 이는 가끔 광고들이 경쟁제품을 사용하는 비호의적인 사람들을 보여주는 이유이다. 이 접근방법은 그런 비호의적인 사람이 구매하는 제품을 멀리하게 함으로써 그런 사람들과 비슷하게 되는 것을 피할 수 있다는 것을 미묘하게 주장한다. 한때 인기를 얻었던 책에서는 "진정한 남자는 quiche(역자 주: 파이의 한 종류)를 먹지 않는다!" 라고 연상시킨 적이 있다.

집단구매

집단으로 행동을 할 때 우리는 더 자유로워진다. 하나의 단순한 이유는 이렇다: 사람들이 많으면 많을수록 한 구성원이 주목을 받을 가능성은 더 적어진다. 따라서 큰 집단에 있는 사람들은 그들의 행동에 더 적은 제약을 갖게 되는 것이다. 예를 들어, 사람들은 다른 사람들이 우리를 쉽게 알아볼 수 있는 상황일 때보다 코스튬 파티나 할로윈 파티 같은 상황일 때, 훨씬 거친 행동을 보인다. 우리는 이런 현상을 **탈개성화**(deindividuation)라고 하며, 이는 한 사람의 정체성이 한 집단 속에 깊이 잠겨버리는 과정이다.

다. 서로 얽혀있는 복잡한 문제들을 보면, 이런 의사결정들은 종종 2명 이상의 사람들이 관여되어 있는데, 이 사람들은 결과물에 대한 투자 정도나, 취향, 선호, 소비의 우선순위도 다를 수 있다. 만약 친구들과 어디서 식사를 할지, 또는 설거지 할 차례는 누구인가를 두고 서로 언쟁하거나 다툰 경험을 떠올려보면, 이해할 수 있을 것이다. 또한 Yelp (미국 생활정보 제공 사이트)와 같은 사이트에 올라와 있는 50개의 식당 리뷰를 살펴보면, 의견일치에 도달하기가 쉽지 않다는 것을 볼 수 있다.

본 장에서는 집단적 의사결정(collective decision making)에 대해 살펴볼 것이다. 집단적 의사결정은 두 명 이상의 소비자가 다수의 소비자들이 사용하게 될 제품이나 서비스를 선택하는 것이다. 먼저, 본 책에서는 조직의 의사결정에 대해 살펴보고자 한다. 조직의사결정은 여러 직원들이 더 규모가 큰 집단을 대표하여 제품이나 서비스를 선택하는 의사결정을 하는 것을 말한다. 그 다음으로는, 보다 세부적으로, 우리가 속해 있는 가장 중요한 조직 중의 하나인 가족 단위에 대해 살펴보고자 한다. 한 가족의 구성원이 그들 사이에서 어떻게 협상을 하고, 또한 현대 가족 구조의 중요한 변화들이 이런 과정에 어떻게 영향을 주는지에 대해 생각해볼 것이다.

왜 우리는 큰 기업과 소규모의 가족을 함께 묶어서 보는 것인가? 이 두 집단에 있어서 하나의 중요한 공통점은 두 경우 모두 한 개인이나 집단이 그들이 속해 있는 조직의 제품과 서비스 선택에 있어 세부적인 역할을 한다는 점이다. 의사결정별로 선택은 일부의 구성원만 할 수도 있고, 또는 모든 구성원이 참여할 수도 있지만, 서로 다른 집단 구성원들은 이 복잡한 과정에서 중요한 역할을 한다. 이들의 역할은 다음과 같다.

- **발기인:** 아이디어를 제기하거나 욕구를 찾아내는 사람
- **게이트키퍼:** 정보를 탐색하고, 그 집단에서 이용 가능한 정보의 흐름을 통제하는 사람. 조직적인 맥락에서, 이 문지기 역할을 하는 사람은 다른 나머지 사람들에게 필요한 판매자 및 제품들을 찾아낸다.
- **영향력자:** 의사결정 결과를 좌지우지 할 수 있는 사람. 몇몇 사람들은 다른 사람들보다 관여하는 것에 좀 더 동기 부여가 되어 있으며, 그리고 참여자들 또한 그들의 관점을 전달할 수 있는 다른 정도의 영향력을 갖는다.
- **구매자:** 실질적으로 구매를 하는 사람. 구매자는 실제로 제품을 사용할 수도 있고 사용하지 않을 수도 있다.
- **사용자:** 실제로 제품이나 서비스를 사용하는 사람.

목표 7

의사결정 과정은 개인적 사용과는 다르게 집단을 대신하여 구매하는 상황일 때 다르게 나타난다.

B2B 의사결정

회사나 여러 조직이 많은 종사자들은 매일매일 구매결정을 한다. **조직의 구매자**(organizational buyer)들은 회사의 제조, 유통, 재판매 과정에서 사용하게 될 상품이나 서비스를 회사를 대신하여 구매하는 사람들이다. 이러한 사람들은 기업, 정부, 병원, 그리고 소매상과 같은 조직의 수요를 충족시키는 업무를 맡고 있는 **B2B 마케터**(business-to-business marketer)로부터 구매를 한다. 대략 2조 달러의 제품과 서비스가 조직 내에서 거래되며, 이는 실질적으로 최종 소비자들 간의 구매보다 많다.

조직의 구매자들은 많은 책임을 갖는다. 그들은 어떤 판매상과 함께 거래를 하고 싶은지, 이런 공급자들로부터 어떤 제품을 구매할지를 결정한다. 그들이 고려하는 품목은 페이퍼 클립부터 수백만 달러의 컴퓨터 시스템에 이르기까지 그 가격과 중요성의 범위가 매우 넓다. 분명히, 마케터들에게는 이런 조직의 소비자들이 어떻게 의사결정을 하는지 이해해야 하는 이유들이 많다(매년 미국 기업들은 운영을 위해 2조 달러의 제품을 구매한다).

많은 요인들이 조직 구매자의 구매 상황에 대한 인지에 영향을 미친다. 이 요인들에는 공급자에 대한 기대(예, 제품의 품질, 회사 종업원의 능력과 행동, 그 공급자와의 과거 경험), 그 회사의 조직적인 풍토(예, 어떻게 회사가 성과를 보상하는가와 얼마나 가치를 부여하는가), 그 결과에 대한 구매자의 평가(예, 위험이 있는가 없는가에 대한 판단)를 포함한다.

다른 소비자들과 같이, 조직의 구매자들도 어떤 학습 과정을 거치는데, 그 과정에서 그 회사의 구성원들은 서로 정보를 공유하고, 최상의 선택을 하기 위한 공유된 신념, 가정들로 구성된 "조직의 기억(organizational memory)"을 만들어낸다. 어떤 구매자가 주말에 가족과 함께 쇼핑을 갈 때 우리의 "시장신념"이 그에게 영향을 미치는 것과 같이(2장 참조), 사무실에서도 똑같은 것이 일어난다. 사람들은 (아마도 동료들과 함께) 정보를 찾고, 대안을 평가하고, 의사결정을 하면서 문제를 해결한다. 물론 두 상황 간에는 중요한 차이점들이 있다.

B2B의사결정과 소비자 의사결정은 어떻게 다른가?

개인 소비자의 의사결정과 조직, 산업의 구매 의사결정 간의 중요 차이점들에 대해 요약해 보자.

- 회사들이 하는 구매 결정들은 대개 실제적으로 구매하는 사람들, 직접적 또는 간접적으로 이런 결정에 영향을 미치는 사람들, 그리고 제품이나 서비스를 실질적으로 사용하는 종업원들과 같이 다수의 사람들과 관련되어 있다.
- 조직과 회사들은 제품군에 대해 많은 지식을 요구하는 상세하고 기술적인 명세서를 종종 이용한다.
- 충동구매는 드물다(산업 구매자들은 갑자기 납 파이프나 실리콘 칩들에 "돈을 물 쓰듯 쓰려는 충동"을 갖지 않는다). 구매자는 전문가들이기 때문에 그들은 과거의 경험에 기반을 두어 신중하게 대안의 우수성을 잘 따진다.
- 특히 한 구매자의 직장생활이 그의 판단에 달려 있다는 점에서 결정에 종종 위험성이 수반된다.
- 구매 금액이 상당히 큰 편이다. 대부분 개인 소비자의 식료품비 또는 대출금을 훨씬 능가한다. 100명에서 250명 조직의 구매자들은 전형적으로 한 공급자 판매량의 반 이상을 차지한다. 따라서 구매자들은 공급자에게 훨씬 큰 영향력을 갖는다.
- B2B 마케팅은 종종 광고나 다른 판매촉진 방법보다는 인적판매에 보다 더 중심을 둔다. 조직의 구매자와의 거래는 마케터들이 최종 소비자에게 파는 것보다 더 많은 대면 접촉이 요구된다.

우리는 조직이 하는 구매 결정을 이해하려고 할 때, 이런 중요한 특징들을 반드시 고려해야 한다. 그러나 사실 조직의 구매자와 보통의 소비자 간에는 많은 사람들이 인식하는 것보다 훨씬 더 많은 유사점을 갖고 있다. 조직의 구매 결정은 개인적 소비자 선택에 비해 높은 경제적 또는 기능적 요소를 갖는 경향이 있지만, 감성적인 면도 역할을 한다. 합리적인 모델과는 거리가 있기는 하지만, 조직의 구매자들도 브랜드 충성도, 특정 공급자 또는 판매원들과의 장기적인 관계, 심지어는 미적인 취향을 기반으로 의사결정을 하기도 한다. 심지어 기업가치에 대해 재무적인 지표를 기반으로 냉정하고, 계산된 평가를 해야 하는 투자자들도 때로는 근무환경이나, 그 외 다른 특이한 요인들에 영향을 받기도 한다.

최종 소비자와 같이, 외적 및 내적 자극 모두는 조직 구매자에 영향을 미친다. 내적 자극으로는 구매자의 독특한 심리적 요인들이 포함되는데, 예를 들어, 위험추구경향, 직무 경험이나 교육과 같은 것 들이 있다. 외적 자극은 산업에서 작용하는 전반적인 경

조직은 구매 결정을 하기 위해 팀을 구성한다.
출처: Capstone Turb ne Corporation.

표 9.4 조직의 구매 결정 유형

구매 상황	노력 정도	위험도	구매자 관여도
직접 재구매	습관적 의사결정	저	자동적인 재주문
수정된 재구매	제한적 문제 해결	저~중	하나 또는 약간
새로운 과업	확장적 문제 해결	고	많은

출처: Patrick J. Robinson, Charles W. Faris, and Yoram Wind, *Industrial Buying and Creative Marketing* (Boston: Allyn & Bacon, 1967).

제 및 기술적 환경뿐만 아니라 구매자가 종사하는 조직의 성격을 포함한다. 다른 종류의 요인들은 문화적인 것이다. 우리는 서로 다른 국가에서 기업을 운영하기 위한 다른 규범들이 많다는 것을 발견한다.

당신이 예상하는 것처럼, 조직 구매자의 의사결정 과정은 구매에 따라 다르다. 소비자 구매와 같이, 좀 더 복잡하고, 새롭고, 위험한 결정일수록, 조직의 구매자는 정보 탐색과 대안 평가에 더 많은 노력을 한다. 그러나 만약 그가 일상적 구매에 대해 고정된 공급자에 의존한다면, 그의 정보 탐색과 노력은 크게 줄어든다. 일반적으로, 어떤 집단의 사람들(**구매 센터**의 구성원들)은 좀 더 복잡한 조직의 결정에서 여러 역할들을 한다. 우리가 나중에 살펴보겠지만, 이런 공동의 관여는 가족 의사결정과 어느 정도 유사한데 가족 구성원들은 보다 더 중요한 구매에 참여할 가능성이 크다(참고: 쇼핑센터나 구매센터는 물리적 장소를 말하는 것이 아니라, 구매 관련 결정을 하는 집단을 가리킨다).

구매등급 이론(buyclass theory of purchasing)은 가장 복잡한 것에서부터 그렇지 않는 것까지 조직의 구매 결정을 세 가지 유형으로 나눈다. 이 3가지의 의사결정 차원은 조직 구매자의 구매 전략을 설명하는 것이다.

1. 결정하기 전에 수집되어야 하는 정보의 수준
2. 가능한 모든 대안들을 고려해야만 하는 진지함
3. 구매에 대한 친숙한 정도

실제로, 이 세 가지 차원은 구매자가 결정할 때 얼마나 많은 인지적 노력을 소비하는지와 관계가 있다. 세 가지 "구매 분류"의 유형 또는 이 차원들이 결정한 전략구매에 대해 고정된 공급자에 의존한다면, 그의 정보 탐색과 노력은 크게 줄어든다. 표 9.4는 이 전략들을 요약하고 있다.

- **직접 재구매**(straight rebuy)는 습관적인 결정이다. 이는 재고 수준이 이미 설정된 재주문 시점에 이르면 이루어지는 자동적인 선택이다. 대부분의 조직은 승인된 판매업자 목록을 유지하고, 한 공급자와의 경험이 만족스러운 한, 더 이상의 정보 탐색이나 평가를 하지 않는다.
- **수정된 재구매**(modified rebuy) 상황은 제한적 의사결정과 관련이 있다. 조직이 제품이나 서비스의 재구매를 원하지만 약간의 작은 수정을 원할 때 일어난다. 이 결정은 몇몇 제공자 사이에서 제한된 정보 탐색을 할 것이다. 한 명 또는 몇 명의 사람들

Call the experts© for more power at high reach.

Reach further with Komatsu's telescopic handlers. With lifting heights from 9 to over 16 metres and lifting capacities from 3500 to 4500 kg, the range includes machines to suit every application. The state-of-the-art hydraulic system and single PPC joystick let you get the most from the huge power available and deliver precise control of the working equipment even during simultaneous operations. To complete the package, each of these highly versatile machines offers exceptional stability, high travel speed, superb manoeuvrability and best-in-class all-round visibility. Not bad for a telescopic.

Komatsu Europe International nv - Mechelsesteenweg 586 - B-1800 Vilvoorde - Belgium

중장비 제조업체에 대한 이 유럽의 광고가 보여주듯이, 산업 마케터들은 되고자 하면 창의적으로 될 수 있다.
출처: Komatsu Europe.

이 최종 결정을 할 것이다.

- **새로운 과업**(new task)은 확장된 문제 해결을 수반한다. 회사는 유사한 결정해 본 적이 없기 때문에, 제품이 제대로 작동하지 않거나 가격이 매우 비싼 것과 같은 위험성이 있다. 따라서 기업은 구매 평가와 관련된 전문가를 보유하고 있는 구매 센터를 선정하여, 대게 그들이 구매결정 전에 많은 정보를 수집하게 한다.

예측 시장들

구성원을 모두 합친 집단은 구성원 개개인보다 더 똑똑할까? **예측 시장**은 조직의 의사결정 방법들에서 가장 인기 있는 방법 중 하나이다. 이 접근은 산업에 대한 지식이 있는 사람들의 집단이 개인적으로 할 때보다 집단적으로 미래에 대해 더 예측을 잘한다고 주장한다.

예측 시장 개념과 같이, Microsoft, Eli Lilly, 그리고 Hewlett-Packard 같은 회사들은 종업원에게 "거래자"로서의 권한을 준다. 이 거래자들은 주식 시장처럼, 미래의 판매, 새로운 제품의 성공, 또는 다른 유통기업들이 어떻게 행동할지 등에 대해 예측하고,

싱가포르 기반의 B2B거래
출처 : GlobalSources.com

자신의 생각을 기반으로 내기를 건다. 그리고 그들의 예측이 잘 맞았을 때, 현금 보상을 받는다. 예를 들면, 큰 제약회사인 Eli Lilly는 주기적으로 실패 확률이 매우 큰 약품 후보에 수백만 달러의 돈을 투자한다. 비교적 아주 소수 약품이 성공하지만, 이 새로운 화합물들은 다른 부분에서 발생한 손실들을 충당할 수 있는 충분한 돈을 벌 수 있다. 초기 단계에서 과연 어떤 것이 성공할지 잘 구별할 수 있다면, 회사는 당연히 많은 이익을 얻을 것이다. Eli Lilly는 하나의 실험을 했다. 이 실험에는 화학자, 생물학자, 프로젝트 매니저를 포함하여 약 50명의 종업원이 약품 개발에 참여하고, 내부시장을 통해 6개의 모의의 약을 거래했다. 그 결과, 이 집단은 세 개의 가장 성공적인 약품을 정확하게 예측했다. 대중들도 접근 가능한 예측 시장인 Intrade(intrade.com)에서는 참가자들이 정치적 선거의 결과, 금융 활동, 심지어 희귀한 와인과 미술 작품의 시장 가치에 대해서 내기를 한다. 또는 Hollywood Stock Exchange (hsx.com)를 찾아보면, 어떤 연예인이나 새로 개봉하는 영화들이 성공할지 여러 거래자들이 예측하고 있다. 당신도 Hollywood 경영진들의 활동처럼 내기를 할 수 있다.

Net Profit

B2B 전자상거래는두개 이상의 회사나 조직 간의 인터넷 상호작용을 말한다. 이것은 정보, 제품, 서비스, 또는 결제의 교환들을 포함한다. 웹(Web)은 기업들이 다른 기업들과 의사소통하는 방식과 심지어 그들의 종업원들과 정보를 공유하는 방식을 혁명적으로 변화시켰다. 예를 들면, Worldwide Retail Exchange에 속해 있는 CVS, Best Buy, Target, Tesco, JCPenney, Gap과 같은 50개 이상의 회사들은 그들의 상업적인 거래를 보완하기 위해서 온라인 거래 커뮤니티에 참여하고 있다. 이와 같은 협력은 구성원들에게 제품 개발, 생산 계획, 재고 보충에서 함께 일할 수 있도록 한다.

B2B 전자상거래의 가장 단순한 형태는 인터넷이 기업들이 필요로 하는 제품과 서비스에 대한 온라인 카탈로그를 제공하는 것이다. Dell 컴퓨터와 같은 기업들은 그들의 인터넷 사이트를 이용해 온라인 기술 지원, 제품 정보, 주문 현황 정보, 기업 고객들을 위한 고객 서비스를 제공한다. 일찍이, Dell은 서로 다른 고객 세그먼트에 따라 인터넷을 활용하면 좀 더 효과적으로 고객의 욕구를 제공할 수 있었을 것이라는 것을 알아냈다. 오늘날 Dell의 인터넷 사이트는 쇼핑객이 그들의 고객 세그먼트 (가정, 가정 사무실, 정부, 중소기업, 교육)에 기초하여 추천정보를 받을 수 있게 해준다. 이 회사는 종이 매뉴얼을 전자식 다운로드로 교체함으로써 연간 수백만 달러를 절약하고 있다. 규모가 큰 고객의 경우, Dell은 대규모 고객들을 위해 기업 고객들이 기술적인 지원을 받거나 주문할 수 있도록 고객 기반의 암호화된 페이지를 제공한다.

목표 8

가족에 대한 우리의 전통적인 생각은 시대에 뒤처져 있다.

가족 의사결정

2010년, 우리의 문화는 중대한 분기점을 맞이하였는데, 처음으로 미국 내 가정 중 결혼한 가정이 절반 이하로 줄었다. 1950년대에는, 동거하는 성인 남녀의 78%가 결혼을 한 가구였다. 최근 인구통계조사에 의하면, 부모와 아이가 함께 살고 있는 전통적인 가족형태는 전체에서 1/5 수준만 차지하는 것으로 나타났는데, 참고로 1950년대에는 이런 가족이 43%를 차지하였던 것과는 비교가 된다. 그렇다면, 이것은 가족 형태가 사라지고 있다는 것을 의미하는가?

그렇지는 않다. 현재는 기존과는 다른 가족의 형태가 계속해서 늘어나고 있다. 몇몇 전문가들은 전통적인 가족 형태가 감소함에 따라, 우정과 사회적 지원을 제공하는 형제자매, 가까운 친구, 다른 친척의 중요성을 강조하고 있다. 어떤 사람들은 "의도적 가족(intentional families)"에 참여한다. 이는 특별히 관계가 있는 것은 아니지만, 주기적으로 밥을 같이 먹고 주말을 같이 보내는 사람들의 모임이다. 실제로, 같이 만나서 집에서 음식을 만들어 먹는 행동은 가족을 정의하는 데 중심적인 역할을 한다. 이는 음식을 개인적으로 맞춤화하고 축제를 준비하는 데 들어가는 노력을 통해 애정을 표현하는 것을 통해 가족을 다른 사회적 집단과 구분하는 상징적인 방법이다. 즉, 밥을 먹으며 서로 간의 감정을 표현하고 밥을 준비하는 데에 있어서의 노력을 같이 공유하는 것이 곧 가족단위를 다른 사회적 단체와 구별하게 만드는 가장 상징적인 의미인 것이다.

현대의 가족

대가족(extended family)은 기존에 가장 보편적인 가족단위였다. 이는 주로 할아버지, 이모, 삼촌 그리고 사촌 같이 3대에 걸친 세대가 같이 모여 사는 것을 말한다. 그리고 **핵가족**(nuclear family)이 있다. 핵가족은 엄마, 아빠 그리고 그들의 자식들로 이루어진 구성인데(아마 애완동물도 있을 것이다), Cleavers of Leave it to Beaver와 같은 TV속의 50년대 가족들은 이런 모습을 잘 보여준다. 이들 형태는 전통의 가족형태를 대체하고 있으며, 최소한 미국 사회 속에서는 이미 자리를 잡았다고 볼 수 있다. 비록 많은 사람들이 가족의 이미지를 과거 TV에서 보여진 전형적인 가족 형태를 떠올리기는 하지만, 인구통계 자료에 따르면 이 "이상적인" 이미지는 더 이상 존재하지 않는다. 미국 인구 조사국은 집에서 같이 거주하는 가구 단위를 **가정**(household)으로 간주하는데, 이는 그곳에 살고 있는 사람들 간의 관계에 대해서는 고려하지 않는다. 따라서 혼자 살거나, 3명의 룸메이트가 있거나, 사랑하는 두 사람이 살거나 (게이이거나, 양성애자 커플이거나) 통계에는 하나의 가정으로 나타난다.

게다가, 우리가 이미 본 바와 같이 결혼 또한 진화하고 있다. 미국 인구조사국이 발표한 바에 따르면, 25살에서 29살 사이의 여성 중 미혼 여성이 절반 가까이 된다고 한다. 1986년에는 1/4였던 것에 비하면 비약적으로 증가했다. 1950년의 초혼 연령은 남자 23세, 여자 20세였으나, 2009년에는 남자 28세, 여자 26세인 것으로 나타났다.133 이는 가족들에게도 영향을 미치는데, 인구 조사국이 발표한 바에 따르면 엄마들이 집에 있기보다 밖에서 일하는 경우가 증가함에 따라 매우 많은 수의 어린이들이 조부모들로부터 양육된다고 한다. 전체적으로 미국 내 어린이 중 6.5%에 해당하는 어린이들이 조부모들로부터 길러지고 있다. 이는 1970년도에 비해 두 배 증가한 수치이다.

사람들이 관계를 가지는 방식 또한 진화를 거듭함에 따라, 소셜 네트워크로 데이트를 할 짝을 찾는 인구고 늘어났다. 결혼정보회사 Match.com의 설문조사에 따르면 작년 결혼했던 커플 중 1/6에 해당하는 커플이 온라인으로 만났다고 한다. 그러나 유사한 사이트 OK Cupid의 설문에 의하면, 활성 트위터 계정에 나타난 '로맨틱한 관계'는 다른 사람들보다 그 관계가 오래 지속되지는 않았다고 한다.

또한 경제사정이 어려워짐에 따라 어린이들이 대학 졸업 이후에도 독립하지 않고 집에 계속 얹혀살고 있는 것으로 나타났다. 인구통계학자들은 독립 이후에도 부모의 집으로 돌아오는 이들을 **부메랑 아이들**(boomerang kids)(부메랑을 던지고 받는다는 점에서)라고 부른다. 요즘 일자리 시장이 계속 축소됨에 따라, 많은 젊은층들은 대학 졸업을 하면 자동적으로 혼자 살아야 한다는 생각을 재정립하고 있다. 심지어 불경기 이전에도 이런 모습이 빨라지고 있었는데, 2007년 55%에 해당하는 남자, 그리고 48%에 해당하는 18~24세의 성인들은 여전히 부모와 같이 거주했다. 게다가 많은 성인들은 자신의 자녀들뿐만 아니라 부모도 돌보고 있다. 실제로, 미국인들은 평균적으로 아이들을 17년

CB AS I SEE IT

Rachel Miller **교수,** *University of Virginia*

새로운 기술들이 집안으로 확산되면서, 새로운 용어들은 예를 들어, 스마트홈, 홈 오토메이션, 디지털 홈, 디지털 생활, 네트워크 홈, 미래의 집, 스마트 가전제품 등이 나타나기 시작했다. 더 나아가, 우리는 소셜미디어(Facebook, MySpace, YouTube 등)의 급격한 성장을 목격하고 있다. 우리는 이러저런 유사한 기술들을 설명하기 위해서 스마트 홈 테크놀로지(smart home technology)라는 용어를 쓸 것이다. 여러 종류의 산업이 참여하기 때문에 스마트 홈 테크놀로지는 서로 다른 방향에서 발전되고 있지만, 이 발전에는 몇몇 비슷한 토대가 존재한다. 예를 들어, 온라인 제품 정보 탐색에서부터 지불에 이르기까지의 가족 쇼핑 행동, 휴가 계획과 의사소통 등 가정에서 겪고 있는 이런 활동들이 모두 새로운 기술을 사용하여 이루어지고 있다는 것이다. 이러한 모든 것들은 과거 50~60년 전에 이해했던 가정생활이 앞으로 근본적인 변화를 겪을 것이라는 것을 예상하고 있다. 이런 변화들의 일부는 기술의 진보가 낳은 결과일 것이다.

스마트 홈의 개념에 적용된 것들은 멀티미디어 시스템, 에너지 기구와 센서, 조명기구와 조절시스템으로 프로그래밍된 기계지능의 기본적인 특성들을 가지고 있다. 그러나 이러한 기술의 적용이 아직까지 그렇게 성공적이지는 않고 속도도 느린 편이다. 그러나 최근의 발전은 스마트 홈 개념들이 현실로 더 가깝게 다가오고 있으며, 중대하게 다루어져야 한다.

이런 발전들을 역사적 관점에서 보면, 1980년대 초기에 PC가 가정에 도입될 때의 변화를 떠올려 볼 수 있다. 이 시기는 또한 다양한 전자제품들이 가정 공간으로 들어온 시기로, VCR, 전자레인지, 자동응답기, 케이블 TV 등이 가정으로 들어왔다. 이때부터 많은 것들이 일어나기 시작했다. 1990년대에는 외부 환경과 가정을 연결하는 인터넷의 도입으로 기술적 환경이 급속도록 변했다. 21세기 초반에, 휴대폰과 무선 기술의 도입은 또한 기술적 경계선을 더욱더 확장시켰고, 이러한 가능성은 무궁무진해 보였다. 그러나 이러한 끊임없는 기술의 발전 속에서도, 몇 가지 고려해 볼 것이 있다.

기존 연구들에 따르면, 가정들은 집을 "초기술화(overtechnologize)" 하는 것은 꺼리는 경향이 있지만, 그들의 현 행동 양식에 부합하고 가정생활에 가치를 높이는 기술들에는 꽤 개방적인 것으로 나타났다.

위에 서술하였듯이, 집 안으로 기술이 확산되고 있는 것은 아직 소비자 연구 분야에서는 미개척 분야이다. 소비자 연구자들에게 있어 다음과 같은 연구 문제들이 대두되고 있다:

- 스마트 홈 기술들이 가정에서 어떻게 확산되고 있는가?
- 새로운 기술들이 가정으로 들어옴에 따라 가족은 어떻게 변하고 있는가?
- 혁신자는 누구인가? 이들의 특성은 무엇인가?
- 기술들을 잘 접목하고 이용한 사례에는 무엇이 있는가?
- 이런 새로운 변화에서 가족 역할들은 어떻게 바뀌었는가?
- 소셜미디어를 고려할 때, 제품 광고에 미칠 영향은 무엇인가?

American Girls는 현대시대에 맞는 인형뿐만 아니라, 책, 인형, 악세서리 등을 갖춘 역사시대의 캐릭터들도 만들고 있다. 또한 이 회사는 The American Girl Place를 만들어서 운영하고 있는데, 이곳은 인형을 가지고 있는 어린 소녀들이 부모나 할머니와 함께 올 수 있는 명소로, 인형미용실과 인형세트장 같은 공간들이 포함되어 있는 곳이다. 이 American Girl 현상을 연구하는 소비자 연구가들은 이 브랜드의 큰 인기는 부분적으로 다세대에 대한 매력 호소 때문이라고 하고 있다. 수많은 어린 소녀와 엄마, 할머니들을 인터뷰한 후에 그들이 발견한 것은 모든 연령대의 소비자들이 가족 간의 소통할 수 있는 기회를 주고, 또한 그들의 문화유산이나 다른 문화를 배울 수 있는 계기를 마련하는 것에 가치를 부여한다는 점이었다.

출처 : Reprinted with permission of American Girl Inc

동안 돌보고, 나이든 부모들은 18년 동안 보살핀다. 일부는 이런 중년 연령층의 사람들을 **샌드위치 세대**(sandwich generation)라고 부른다. 왜냐하면 그들은 자식과 부모 양쪽의 세대를 모두 부양해야 하기 때문이다.

막 성인이 된 세대들이 스스로 살고자 둥지를 떠난 경우에는 비교적 돌아오는 경우가 적지만, 룸메이트와 같이 사는 사람들은 다시 돌아올 가능성이 높다. 애인과 동거하는 젊은이들은 관계가 깨지면, 다시 집으로 돌아오는 경향이 평균보다 높았다. 만약 불경기가 지속된다면 여러 시장에도 영향을 미칠 것으로 보이는데, 부메랑 아이들이 주거와 음식, 그리고 여러 문화소비와 같은 문제에 있어서 더욱 씀씀이를 줄일 가능성이 있기 때문이다.

가족 규모

가족 규모는 교육 수준, 피임 가능성, 종교와 같은 요인들에 따라 다르다. 인구통계학자들은 **출산율**(fertility rate)을 가임여성 1,000명이 연간 낳는 아이의 수로 정의하고 있다. 마케터들은 인구 출산율을 항상 주시하고 있는데, 출산의 패턴이 미래 제품에 대한 수요에 어떻게 영향을 미치는지를 판단해야 하기 때문이다. 미국 출생률은 1950년 후반부터 1960년 초반에 급격히 상승했었다. 이 시기는 *베이비부머 세대* 부모들이 아이를 낳기 시작하던 시기다. 다시 1970년대에 하락하다가 1980년대에 베이비붐 세대들이 새로운 "baby boomlet"으로 자신의 아이들을 갖기 시작하면서 다시 상승하기 시작했다.

이 집단에 대한 더 자세한 사항은 10장에 있다.

전 세계적으로 설문조사에 따르면, 오늘날 많은 여성들은 적은 규모의 가족을 원하고 있다. 이런 현상은 지난 수십 년간 출산율이 하락하고 있는 유럽 국가들과 노년층을 부양할 젊은 인구가 부족한 일본의 경우 더욱 문제가 된다. 아이러니하게도, 지구상의 많은 저개발 국가들에서는 인구가 계속 늘어나고 있지만, 산업화가 진행된 국가들은 노인들을 지원할 젊은 사람들의 수가 줄어들고 있어 미래의 위기에 봉착하고 있다. 인구 수준을 지속적으로 유지하기 위해서는 출산율이 2.0은 되어야 한다. 즉, 두 명의 아이들이 그들의 부모들을 대체할 수 있는 것이다. 이것은 스페인, 스웨덴, 독일, 그리스에서는 일어나지 않는 현상으로, 그곳의 출산율은 1.4 이하이다. 같은 기준으로, 미국의 출산율은 2.1이다. 미국 역사상 다른 해에 비해 2007년에 더 많은 아기가 미국에서 태어났다. 그러나 이 수치는 더 많은 수의 임신 가능한 연령의 여성이 포함된 것이 원인이라고 파악된다.

일부 국가들은 사람들에게 아이들을 더욱 많이 낳도록 권장하기 위한 방법을 모색

많은 부메랑 아이들이 자발적이든 아니든, 부모와 함께 살기 위해 집으로 돌아오고 있다.
출처: Copyright Cdp-Travissully Ltd.

Marketing Opportunity

무자녀 부부는 몇몇 기업들에게는 매력적인 시장 세그먼트이다(그러나 Gerber Baby Food와 같은 기업에서는 절대 아니다). 소위 DINKS(double income, no kids)라고 불리는 부부는 아이를 가진 맞벌이 부부보다는 평균적으로 높은 교육 수준을 가졌다. 미국의 인구통계국에 따르면, 아이가 없는 부부의 30%가 모두 대졸인 반면, 아이가 있는 부부의 경우에는 17%가 대졸이다. 또한 무자녀 부부들은 전문직이나 관리직 종사자인 경우가 많다(24%로 이것은 유자녀 맞벌이 부부의 16%와 대비된다). 댈러스 중심의 레스토랑 체인인 Dave and Buster's는 어린이들을 데리고 오는 가족들을 제지하는 엄격한 정책을 펴면서 무자녀 부부들을 대상으로 사업을 하고 있다. 그러나 많은 무자녀 부부들은 어린이 지향적인 사회로부터 무시당하고 있다고 느낀다. 최근에 이들은 이런 라이프스타일 선택을 지지하기 위해 Childfree by Choice와 같은 공식적인 네트워킹 조직을 설립했다.

하고 있다. 예를 들면, 스페인은 대가족에게 전기수도세를 적게 낼 수 있도록 해주고 있으며, 가정을 꾸려나가려는 젊은 부부들을 지원하고, 수십만 개의 새로운 놀이방과 유치원을 만들고 있다. 이탈리아 정부는 엄마들에게 6개월 산후 휴가 동안 거의 봉급 전액을 제공하고 있으나, 많은 여성들이 아직까지도 더 많은 아이를 낳는 것을 완강하게 거부한다. 심한 가톨릭 국가들이 대가족을 이루려고 하는 과거에서 이렇게 변모한 데에는 많은 이유가 있다. 피임과 낙태가 더 쉽게 가능해졌고, 이혼이 더 흔해졌으며, 손자들을 돌봐주던 노인 세대들이 지금은 여행과 같은 다른 활동을 추구하고 있기 때문이다. 또한 몇몇 전문가들은 많은 이탈리아 남자들이 결혼할 때인 30대까지 그들의 어머니들과 살다 보니, 결혼할 쯤에 가정을 도울 준비가 안 되어 있다고 말했다. 한 분석가는 "심지어 매우 오픈마인드인 남자라도, 만약 아내가 손톱으로 할퀴기라도 한다면, 그에게는 모든 것을 해줄 어머니가 있다"라고 언급했다.

미국의 보건통계국에는 자신들을 **자발적인 무자녀**(voluntarily childless)라고 정의하는 출산 가능한 연령대 여성들의 비중이 증가하고 있다는 것을 확인했다. 아이가 없는 40~44세 여성의 20%는 지난 30년 전의 두 배 수준이다. 관련 연구에서는 높은 학력을 가진 여성들은 무자녀일 가능성이 높다고 밝히고 있다. 2006년에 아이를 낳은 여성 중에서 36%는 별거, 사별, 이혼, 또는 전혀 결혼을 하지 않은 사람들이었다.

동물도 사람이다! 인간 이외의 가족 구성원

거의 모든 미국 가정의 1/3은 적어도 하나의 애완동물을 키우고 있으며, 이 중 92%는 이런 복슬복슬한 친구들을 가족 구성원으로 생각한다(83%는 이들과 대화를 할 때 본인들을 스스로 "엄마" 또는 "아빠"라고 부른다). 많은 이들은 애완동물이 우리와 감정을 공유한다고 생각한다. 아마 이것이 왜 전체 애완동물 중, 3/4에 해당하는 애완견이나 고양이가 기념일에 선물을 받는지를 설명할 듯하다. 우리는 과거보다 애완동물에 쓰는 비용을

애완동물은 South Africa 어디에서나 사람에게 중요한 존재다
출처: Courtesy of Euro RSCG South Africa

저자의 애완견, Kelbie Rae
출처: Photo courtesy of Michael Solomon

두 배로 늘렸으며, 오늘날 애완동물 산업은 장난감 또는 사탕 산업보다 많은 매출을 올리고 있다(거의 매년 400억 달러이다). 심지어 불경기에도 소비자들은 애완동물이 스스로 먹고 살게는 만들지 않았다. 심지어 그 어느 때보다도 애완동물의 음식이나 관련용품, 서비스에 더 많은 돈을 투자하고 있다.

- 애견호텔인 Kennels는 털이 달린 동물을 위한 스파와 같은 편의시설을 더 많이 제공하려 하고 있다. 이 안에서, 개들은 등산, 수영, 음악 듣기, TV 보기, 심지어는 손톱과 발톱에 매니큐어를 바른다. 따뜻한 바닥과 최신의 환기 시설은 기본이다. 개가 Club Bow-Wow 안에 있는 "스위트 룸"에 머물고 있을 때, 직원들은 밤새 이 방에서 같이 잔다. 미국의 가장 큰 애완동물 체인점인 PetSmart는 PetsHotels라는 애완동물 호텔 체인을 열었다. 여기서 동물 고객들은 저자극의 양털 이불에 앉아서 젖당이 들어 있지 않은 과자와 무지방 아이스크림을 먹는다. 이 방은 한층 높은 개 침대와 *Lady and the Tramp, 101 Dalmatians*와 같은 비디오를 볼 수 있는 TV를 구비하고 있다.
- 사람을 위한 제품을 만들고 있는 Gucci, Juicy Couture, Harley-Davidson, IKEA, Lands'End, Paul Mitchell, Ralph Lauren의 기업들은 애완동물을 위한 제품도 판매 중이다 – 이는 샴푸부터 손톱 매니큐어와 금으로 도금한 그릇에까지 이른다. Harley-Davidson은 고객들이 경주 및 다른 이벤트에 그들의 애완동물과 같이 온다는 것을 알고 나서, 애완동물용 제품을 팔기 시작했다. 어떤 사람들은 애완동물을 오토바이 운전자의 안장주머니와 보조차량에 둔다. 고객들은 자신들의 애완동물을 위해 고글, 두건, 스파이크 가죽끈뿐만 아니라 청바지, 가죽 잠바, 심지어는 기름 캔 모양의 소리 나는 장난감을 살 수 있다.
- 애완동물을 위한 맞춤형 생수? 캘리포니아의 한 회사는 애완동물을 위한 비타민이 풍부한 생수 제품 출시했고, 플로리다의 한 회사는 "Dog Water"라는 물을 일반

강아지용 장난감의 두 배 가격에 판매하고 있다. 또한 여기서 더 나 아가 K9 Water Inc.라는 회사의 카탈로그에는 "Gutter Water"와 치킨 맛 나는 "Toilet Water"를 팔고 있으며, 역시 비싼 가격에 팔고 있다.

- 만약 이 반려견이 하늘나라로 가버리면 어떻게 될까? 요즘 추세는 이들을 화장하거나 땅에 묻는 것 대신에 냉동 건조하여 따로 분리 보관하고 있다. 애완동물과 사별한 가족들은 이들을 반영구 형태로 남게 하는 것이 과거의 동반자에게 해줄 수 있는 최선의 예우이며, 사별의 슬픔에 대응하는 좋은 형태라고 말한다. 한번 건조처리를 하면, 애완동물의 시신은 썩지 않게 된다. 따라서 죽어도 소파의 특별한 자리를 차지하고 있을 수 있다.

가족생활주기

가족 구성원의 수(아이들과 어른), 그들의 나이, 그리고 외부에서 일을 하는 사람이 몇 명인가 등 많은 요인들이 가족이 소비하는 것에 영향을 미친다. 한 부부가 시간과 돈을 어떻게 쓸지 결정하는 데 특히 중요한 두 가지 요인은 (1) 아이들을 가지고 있는가 (2) 여성이 일을 하는가의 여부이다.

가족의 욕구와 지출은 시간에 따라 변한다는 것을 알기 때문에, 마케터들은 **가족생활 주기**(family life cycle: FLC)의 개념을 가족 유형을 세분화하는 데 적용한다. FLC는 수입과 가족 구성의 트렌드를 이것이 변화함에 따라 바뀌는 필요한 수입에 결합한 것이다. 나이가 들어감에 따라, 제품과 활동에 대한 우리의 선호와 욕구는 변하는 경향이 있다. 20대들은 대부분의 제품이나 서비스에 대해 평균 이하의 소비를 하는데, 이는 이들의 가정이 비교적 규모가 작고 소득이 낮기 때문이다(특히 요즘!). 소득 수준은 최소한 은퇴할 때까지는 올라가는 경향이 있어서 사람들은 시간이 지남에 따라 여유가 있을 수 있다. 나이가 많은 소비자들은 고급 요리와 명품 가구들과 같은 고가품에 더 소비한다. 게다가, 가정을 꾸렸을 때 구매했던 상품들을 다시 구매할 필요는 없다. 예를 들면, 우리는 대형 가전과 같은 내구재들은 지속적으로 보관하려고 하고 필요한 경우에만 이들을 교체한다.

가족수명주기에 접근하는 연구는 주요 사건들로 인해 역할에 변화가 오고, 삶에 있어서 새로운 국면을 맞는 등 가치관의 우선순위도 바뀐다고 본다. 첫 아이 출산 이후, 아이의 독립, 배우자의 죽음, 수입원으로부터의 은퇴, 그리고 이혼과 같은 것들이 삶의 변화를 가져오는 주요 계기들이다. The Bump와 같은 사이트에서 여성은 배란주기 계산기와 아이 작명리스트 등의 정보를 열람할 수 있다. The Knot이란 사이트는 아이들이 커서 결혼할 때와 같은 넓은 범위의 결혼 관련 서비스들을 제공하고 있다. 생애단계를 거치면서, 우리는 레저, 음식, 내구재, 서비스 등에 대한 지출이 변화함을 확인할 수 있다. 심지어 수입의 변화를 반영하기 위해 지출이 재조정된 후에도 그렇다. 우리는 이런 변화가 단순히 기능상의 변화 때문이라고 여기지만, 다른 사람들은 이것이 역할 변화에 따라 변화한 내면의 깊은 동기도 반영한 것이라고 하고 있다. 예를 들면, 연구자들은 처음으로 엄마가 되는 사람은 임신과 출산을 겪으면서 자기개념에 있어 심오한 변화를 보인다고 하였다. 그리고 이러한 변화들은 그들의 정체성을 반영하여, 소비하는 제품에도 영향을 미친다.

특정 제품에 대한 장기적인 수요를 예측하고 싶을 때는 우선순위의 장기적인 변화를 분석하는 것이 특히 유용하다. 예를 들면, 자녀가 없는 부부가 외식이나 휴가에 쓰는 돈은 자녀가 태어난 후에는 다른 구매에 지출될 것이다. 그때는 시내에서의 밤은 먼 기억이 된다. 아이러니하게도, 비록 엔터테인먼트 관련 산업은 젊은 소비자들의 마음과 지갑을 여는 데 초점을 맞추지만, 미국에서 진정한 파티를 좋아하는 사람들은 노인들이다. 평균적으로 65세에서 74세까지의 노인가구가 25세 미만의 가구보다 엔터테인먼트 부분에 더 많은 돈을 지출하는 것으로 나타났다.

몇 년 동안 연구자들은 가족 생활주기를 설명하기 위해 여러 모델들을 제안했지만, 이 효과는 매우 제한적이었다. 왜냐하면 대부분은 여성들의 역할 변화, 대안적인 생활양식의 가속화, 무자녀 및 늦은 자녀의 결혼, 편부모 가정과 같은 중요한 사회적 트렌드를 설명하지 못했기 때문이다. 이들의 변화를 적절하게 설명하기 위해 4가지 요인에 초점을 맞출 필요가 있다

1. 연령
2. 결혼 상태
3. 가정 내 자녀의 유무
4. (자녀가 있는 경우) 자녀의 연령

게다가, 장기간에 걸쳐 깊은 관계를 유지하고 있는 모든 커플을 포함하기 위해 결혼 상태의 정의를 좀 완화시켜야 한다. 결과적으로, 룸메이트를 "결혼한 상태"로 생각할 수는 없어도, 마케팅적인 측면에서는 가정을 꾸린 남성과 여성은 결혼한 상태로 볼 수 있어야 한다. 마찬가지로, 2명의 양성애자나 동성애자의 경우에도 유사하다. 이렇게 우리의 관점을 바꾸면, 가족의 여러 가지 상황을 반영한 다양한 형태를 찾을 수 있을 것이다. 3가지 유형으로 구분한 소비자는 소비 패턴에서 눈에 띄는 차이점을 보인다.

- 미혼 남성과 신혼부부는 운동을 많이 하는 경향이 있다: 술집, 콘서트, 영화, 식당을 가며, 술을 마신다. 비록 20대들이 미국 내 모든 가정에서 이루어지는 지출의 4% 미만을 차지하고 있지만, 의류, 전자제품, 가솔린 등의 소비에서는 모두 평균 이상의 소비를 보였다.
- 어린 자녀들을 갖고 있는 가족들은 과일, 주스, 요거트와 같은 건강식품에 더 많은 소비를 하는 경향이 있다. 편부모 가정 혹은 자식들이 좀 더 나이를 먹었을 경우에는 인스턴트 음식을 더 많이 사는 경향이 있다. 집, 자동차, 다른 내구재에 대한 달러 가치는 미혼과 편부모 가정에게는 가장 낮지만, 사람들이 가득한 둥지와 자식 없는 부부 단계에 가면서 높아진다.
- 신혼부부들은 부분적으로 결혼 선물을 받기 때문에, 토스터 오븐 및 전기 커피 분쇄기와 같은 가전제품을 소유하는 경향이 많다. 물론, 보모와 어린이집 이용은 편부모와 사람들이 가득한 둥지 가정에서 가장 높은 반면, 나이가 많은 부부와 미혼들은 집안을 유지하기 위한 서비스(예, 잔디깎기)를 많이 이용하는 경향이 있다.

The Tangled Web

Kaneva와 Second Life (SL)와 같은 가상 세계에서 아바타들끼리 어울리는 것이 가능해지면서, 일부는 짝을 이루기도 한다. 이 SL의 창시자인 Linden Lab에 따르면, 35,000명 이상의 SL 거주민들이 다른 거주민들과 공식적은 파트너 관계를 맺었다고 하였다(이 파트너 관계는 일종의 가상 결혼과 같으며, 게임을 하는 사람들은 이런 정보를 자신의 아바타 프로필에 게시한다). 아바타들은 SL안에서 다른 사람들과 성관계를 맺을 수도 있으나, 거기까지 자세히 다루지는 않을 것이다. 다만, 이것이 꽤 보편적인 활동이고, 심지어 강간 사건이 보고된 경우가 있다고만 말해도 충분할 것이다. 때때로 이런 파트너 관계는 실제 세계(RL: Real World)에서의 만남으로 이끌기도 한다(그러나 실제 세계에서 이런 관계는 안좋게 바뀔 수도 있다). 또한 SL 거주민 중 아바타 파트너를 위해 현실 속의 파트너를 떠나라는 이야기도 듣는 경우도 있다. 이와 같이 많은 사람들이 가상세계에 빠져들고 있기 때문에, 가족 의사결정 연구는 우리의 가상의 파트너들(그리고 어린이들까지도?)도 고려해야 할 것이다.

심지어 Facebook도 관계에 영향을 미치고 있다. 이는 아마도 이 플랫폼이 과거의 로맨스에 쉽게 불을 붙이기 때문이다. 최근 변호사들로부터의 한 조사에서는 이혼 변호사들의 2/3가 Facebook을 이혼의 주요 증거로 꼽았다고 한다. 많은 자료에 따르면, 부정한 관계의 증거를 온라인 사진첩이나 프로필 페이지, 그리고 Tweet에서 찾고 있다고 보고 한다. 한 변호사가 말하기로는 "Second Life, Illcit Encounters, Friends Reunited 같은 사이트의 많은 사람들과 각종 유혹요소들이 커플들로 하여금 바람을 피우도록 유혹하고 있다" 고 이야기하였다. 배우자의 Facebook 담벼락에 게시된 "시시덕거리는 메시지들"을 다른 배우자가 발견할 때, 확실히 많은 이혼이 발생하게 된다. 그녀는 또한 이혼 중재중인 사람들에게 하는 시기에 맞춰 충고를 전한다고 하였는데, "모든 것이 정리되기 전에는 새로운 인연의 사진을 게시하는 것은 피해주십시오" 라고 이야기한다고 하였다.

좀 더 긍정적인 측면에서는, Skype나 iChat같은 온라인 비디오 연락 서비스들이 가족의 관계를 바꾸고 있다는 점이다.

목표 9

가족이 구매결정을 할 때, 가족 단위의 구성원들은 서로 다른 역할을 하며, 영향력의 정도도 다르다.

친밀한 협력 : 가족 의사결정

가족 단위 내에서 무언가를 결정하는 과정은 비즈니스 회의와 비슷한 면을 보인다. 중요한 문제들이 회의를 통해 다루어지고, 서로 다른 구성원들은 우선권이나 관심주제에 따라 다른 행동을 보이며, 때로는 공동의 음모를 이겨내기 위해 권력 다툼이 있을 수도 있다. 모든 삶의 상황에서, 그것이 전통적인 가족이든 기숙사나 아파트를 공동으로 사용하는 학생들이든 간에, 기업 내에서 구매 대리인, 기술자, 회계 담당자, 그 밖의 다른 사람들이 하는 것과 같이 집단 구성원들은 서로 다른 역할들을 가정한다.

Chevrolet가 자동차 운전자들을 자사의 Venture 미니밴으로 끌어들이려고 했을 때, 이 회사는 인류학자 팀을 보내, 가정들을 관찰하도록 했다. 기존 관습에 따르면, 미니밴을 구매하는 사람들은 실용적이며, 적절한 가격, 다양한 기능, 넓은 공간에 신경 쓰는 사람들이었을 것이다. 그러나 이 연구자들은 다른 이유를 발견했다. 사람들에게 자동차는 가족의 일부분인 것으로 나타났다. 소비자들에게 미니밴을 비유해 보라고 했을 때, 많은 사람들은 행글라이더 사진을 뽑았는데, 그 이유는 자유로움과 함께 가족이 어딘가로 간다는 것을 보여주기 때문이었다. 이 Venture의 광고 슬로건은 "같이 가자(Let's go)!"가 되었다.

가족은 두 가지의 기본적 의사결정을 한다.

1. **합의적 구매 결정**(consensual purchase decision): 구성원들이 갖고 싶었던 구매에 대해서 합의는 하지만, 어떻게 그것을 일어나게 하는가에 대해서는 의견이 다를 수 있다. 이런 상황에서, 가족은 집단에서 모든 사람들을 만족시키는 방법을 찾을 때까지 문제 해결에 관여하고, 대안을 고려하려고 할 것이다. 예를 들면, 개를 사기로 결정한 가족의 경우, 몇몇 구성원들은 누가 개를 돌볼 것인가에 대해서 걱정을 말한다. 해결은 가족 구성원들에게 특정한 임무를 할당하는 표를 만드는 것이다.
2. **협조적 구매 결정**(accommodative purchase decision): 가족 구성원들은 다른 선호와 우선순위를 가지고 있기 때문에 모든 사람들의 욕구를 만족시키기는 구매를 하기는 어렵다. 구성원들은 여기서 무엇을 사고, 누가 사용할 것인가에 대한 합의점을 찾기 위해 거래, 강제, 타협 등을 한다. 갈등은 가족 구성원들의 욕구와 선호에서 완전한 합의가 없을 때 발생한다. 물론 가정의 지출과 예산이 가장 보편적인 갈등의 원천이지만, TV 프로그램 선택도 만만치 않은 갈등 요인이다!

이슈거리가 얼마나 중요한가 또는 새로운가 정도에 따라서 가족 구성원 간의 갈등이 발생한다. 또한 갈등은 각 개개인들이 좋은 대안과 나쁜 대안에 대해 너무 강한 의견을 가지고 있을 때에도 발생한다. 이런 요인들이 만들어내는 갈등의 정도는 가족이 어떤 의사결정 방식을 따라야 할지를 결정한다. 가족 의사결정의 갈등 정도를 결정하는 요인들로는 다음과 같은 것이 있다.

- **대인적 욕구(집단에 대한 기여 정도)**: 가족구성원이 가족을 위해 무엇을 살 때, 기숙

사에 사는 대학생들보다는 십대들이 더 신경을 쓸 것이다.

- **제품 관여도와 효용(한 사람이 욕구를 만족하기 위해 제품을 사용하는 정도):** 콜라를 많이 마시는 십대 아들보다 커피 애호가인 엄마가 새로운 커피메이커를 구매하는 데 더 관심이 있을 것이다.
- **책임(획득, 유지, 지불 등에 관해):** 의사결정이 장기간의 영향이나 약속을 수반한다면, 사람들은 동의하지 않을 가능성이 높다. 예를 들면, 개를 갖는 것에 대한 가족의 결정은 누가 개를 산책시키고 먹이를 줄 것인가와 같은 책임에 대해 갈등을 불러일으킬 수 있다.
- **힘(한 명의 가족 구성원이 의사결정에서 다른 사람에게 미치는 영향 정도):** 전통적인 가족에서 남편은 아내보다 더 큰 힘을 갖고 있고, 아내는 장남보다는 더 큰 힘을 갖고 있다. 한 사람이 자신의 우선순위를 충족하기 위해 집단 내에서 그가 갖고 있는 힘을 계속해서 쓸 때 갈등이 발생할 수 있다. 예를 들어, 만약 한 아이가 이것이 없으면 자기 삶이 끝날 수도 있다고 믿을 정도로 가지고 싶어하는 Kinect를 생일에 못 받으면, 그는 기꺼이 과자들을 돈으로 바꾸려 할 것이고, 떼를 쓸 것이다.

특히 멀리 떨어져 지내는 가족구성원들에게 정기적으로 연락하고, 스크린을 통해 서로 보도록 하고 있다(무료). 이전에는 HTML을 몰랐던 많은 할머니, 할아버지들이 적극적으로 기술을 수용하고 있다. 가상으로나마 멀리에 사는 손자들을 정기적으로 만날 수 있기 때문이다. AARP(미국 은퇴자 연합회)는 미국 노인들의 절반가량이 손자들로부터 적어도 200마일을 떨어져 산다고 보고하였다. 더한 것은, 손자들의 2/3가 기껏해야 일 년에 몇 번 자신들의 조부모를 본다는 것이다. 디지털 플랫폼은 가족구성원들을 연결하는 많은 기회를 제공하고, 똑똑한 마케터들에게도 그들을 연결하는 많은 기회를 만들고 있다.

가족 간의 의사결정과정을 더 자세히 분석한 바에 따르면, 가족 구성원들은 상호 간에 **가족 정체성**(family identity)구성하는데, 이는 가정에 대해서 가족 구성원과 내부자를 모두 분명히 규정하는 것이다. 이 관점에 의하면(이것은 1장에서 논의되었던 소비자 행동에서의 역할 이론 접근법과 유사함), 가족 의식, 이야기(구성원들이 가족에 대해 이야기하는 것), 일상적인 상호작용들은 가족들이 그들의 구조와 가족 특성(일상적 가족생활의 특성)을 유지하고, 구성원들이 서로에 대한 관계를 분명히 하는 데 도움이 된다. 마케터들에게 이런 접근법의 가치는 제품과 서비스들이 얼마나 자주 가족 정체성을 정의하는 데 도움이 되는가에 대해 우리를 생각해보도록 한다. 예를 들어, 한 아버지가 매주 토요일 오후에 그의 자녀들에게 아이스크림을 사준다면 이것은 그들의 관계성을 정의하는 예상 가능한 행사가 된다. 또는 한 어머니는 아이들이 방과 후에 놀 때 그 소음을 가리기 위해 그녀의 iPod로 편안함을 추구할지도 모른다. 반면에, TiVo는 가족 구성원들에게 누가 TV 이용권한을 가질지 결정하는 것을 도와주면서 "결혼생활을 구하고 있다."

이전에 이야기했던 것처럼, 기업은 가족(물론, 일부는 다른 그 어떤 것보다 문제가 있지만)과 많이 닮았다. 이런 생각에서 나온 관점에서는 가족을 기업과 비교한다. 이 연구자들은 가족 단위를 일종의 **소비자 네트워크**(consumer network)로 간주하기도 한다. 즉, 상업적인 공간에서 가족이라는 단위는 상품과 서비스를 적절한 범위 내에서 선택하면서 가족 공동의 목표에 이르도록 한다. 그리고 가족들은 이러한 추구가 각각의 선호를 보완하기 보다는 경쟁적으로 이루어질 수 있다는 것을 인식하고 있다. 연구자들은 이 개념을 가족여행(특히 일부가 개인적인 목표를 가지고 있고, 나머지 구성원들은 다른 사람들과 협력하는 데에 집중하는 경우)의 맥락에 적용하여, 마케터들이 가족 구성원의 서로 다른 목표를 조화시킬 경우 어떻게 성공할 수 있는지 이해하려고 하였다.

성 역할과 의사결정 책임

인도의 작곡가 A. R. Rahman이 "슬럼독 밀리어네어" 영화 히트작에서 그의 음악으로 두 개의 오스카상을 받았을 때, 그는 그의 어머니에게 감사를 전했고, 다음으로 그의 아

엄마들은 가족을 돌봄으로써 많은 책임을 진다.
출처: KidCare TV.

내에게 감사를 전했다. 인도의 문화는 어머니와 아들 간의 맹목적 사랑의 관계를 강하게 장려한다. 많은 성공한 남자들에게서는 공통적으로 나타나는 현상인데, 그들은 매일 어머니와 상의를 하며, 자주 조언을 얻는다. 그리고 어떤 거물들은 그들의 어머니들을 이사진에 넣기도 한다. 힌두교는 여성 신들을 강조하고, 많은 인도인들은 이 나라를 어머니의 나라 인도(Mother India)라고 자국을 일컫는다. 분명히 가족 단위에서 나이 든 의사결정자들은 집 안팎에서 높은 중요성을 갖는다. 젊은 사람들은 종종 첫 직장 인터뷰에 부모를 모시고 간다. 미국에서 **헬리콥터 엄마**(helicopter moms)라는 개념이 낯설지 않은데, 이들은 과잉보호를 하는 어머니들을 일컫는 말로, 늘 자식들 주변에서 대기 중이며 그들의 삶을 보호하고, 자녀들의 삶의 모든 측면에서 간섭하는 사람들이다. 심지어 취업 면접에서도 그렇게 생각한다!

그렇다면 가족에서 누가 "바지를 입는가?" 때때로 어떤 배우자가 의사결정을 하는지 분명하지 않을 때가 있다. 많은 남자들이 말 그대로 아직까지 바지를 입지만, 그것들을 구매하는 사람은 사실 여성들이다. 바지 브랜드인 Haggar의 조사에서는 기혼 여성들의 절반은 남편을 동반하지 않고 남편의 바지를 구매하는 것으로 나타나, 여성 잡지에 남성 의류 광고를 하기 시작했다. 가족 구성원 중 한 명이 제품을 선택할 때, 이것은 **자율적 결정**(autonomic decision)이라 말한다. 예를 들면, 전통적인 가정에서 남자들은 종종 자동차를 선택하는 데 단독의 책임이 있는 반면, 집을 꾸미는 것은 여자의 몫이다. 휴가 장소를 고르는 것과 같은 **공동 결정**(syncretic decision)은 두 사람이 같이한다. 이런 의사결정은 휴가, 집, 제품 구매, 가구, 가정용 전자제품, 오랜 기간 사용할 휴대폰 서비스와 같은 문제에서 일어난다. 부부의 교육수준이 증가할수록, 부부가 함께 의사결정을 할 가능성이 높다. Roper는 좀 타협적이고 역할 전환으로 가는 결혼 의사결정에서 변화의 징조를 발견한다. 예를 들면, 여성은 어떻게 집을 유지하는가에 대한 논쟁에서 승리하는 경향이 있는 반면, 남자는 리모컨 통제권을 갖는 것에 더 많은 관심이 있다는 것을 이 조사에서 발견했다!

자율적 결정의 비율은 여자들 사이에서 점점 높아지고 있다. 이는 집안의 재무관리를 여성이 지니고 있다는 점에서 새롭게 주장할 부분은 아니다. 그러나 이런 비율이 점점 높아지고 있는데, 이는 과거와 달리 여자도 돈을 벌고 있기 때문이다. 오늘날 미국 내 노동인구의 50%는 여성이고, 높은 수입을 받는 관리직과 전문직에 종사하는 여성 비율도 높다. 2명의 남성이 대학을 졸업하거나 그 이상의 학력을 보인다면, 여성은 3명이 그렇다. 전체적으로는 여성이 남성보다 수입이 약간 적었으나, 30%에 달하는 여성은 배우자보다 수입이 더 높다. 어떤 경제학자는 우리 세대가 **Sheconomy**세대에 진입한다고 말하며, 여성들이 시장을 지배하게 될 것이라고 말했다.

미국에선, 30세에서 44세 사이의 연령대에서 남편이 생업을 책임지는 가정일 경우 집안에서의 소비결정은 대략 엇비슷하게 결정지어진다고 보고되었다. 30%는 남성이, 30%는 여성이, 30%는 둘이 합의를 내려서 결정한다고 한다. 그렇지만 여성이 남성보다 돈을 더 많이 버는 22%의 가정에서는 아내가 남편보다 두 배나 많은 결정을 내린다고 한다. 여자가 돈을 많이 벌수록, 남성들이 점유했었던 영역에서 이런 변화가 더욱 커지는 것으로 나타났다.

여성들은 약 2,000억 달러의 전자제품 시장에서 거의 절반 정도 소비를 보이고 있으며, 약 2,560억 달러의 인테리어 보수/유지 산업 시장에서는 약 1,050억 달러의 소비를 보이고 있다. 또한 NFL 팬의 44%는 사실 여성이라는 얘기도 있다. 반면, 싱글 남성은 아주 강력한 소비 주체면서도 시장에서는 종종 중요한 주체로 감안되지 않고 있다. 현재 10명 중, 3명에 해당하는 남성들이 싱글인데, 이들 중 80%는 그들 가정에 있어서 단독적으로, 또는 중요한 의사결정자로 역할을 한다 – 적어도 현재는 그렇다.

Redbook 잡지에서는 기혼 여성을 대상으로 집단 면접을 실시하였는데, 이들의 응답은 기혼 여성들의 몇 가지 자발적 결정과 공동 의사결정의 역학 관계를 보여주었다.

- "우리는 막 우리가 할 단계를 끝냈고 이것은 큰 프로젝트였어요. 계약자는 (남편에게) 얘기하고 나에게 얘기하지 않았어요. 그래서 내가 '죄송한데, 나도 여기 있어요'라고 말했었지요."
- "우리는 지금 집을 찾고 있고, 우리가 원하는 동네와 집 크기에 대해 결정을 하고 있죠. 그리고 이것은 같이하는 결정이에요. 그것은 나의 어머님이 했던 방식이 절대 아니죠."
- "나의 남편은 밴을 원하지 않아요. 왜냐하면 우리는 애가 하나뿐이었으니까요. 그러나 '나는 밴을 원해. 그리고 그건 모든 사람들이 밴을 갖고 있어서가 아니라 나는 편한 것을 원하기 때문이야'라고 말했죠. 그는 스포츠카를 원했었어요. 그리고 우리는 밴을 샀죠."

마케터들은 가족에서 누가 구매 결정을 하는가를 파악할 필요가 있다. 왜냐하면 이런 정보는 누구를 표적으로 할 것인지, 그들이 두 부부에게 모두 다가갈 필요가 있는지

The Tangled Web

Johnson & Johnson은 처방전 없이 살 수 있는 진통제인 Motrin을 온라인을 통해 광고를 하고 나서, 화난 엄마들로부터 폭풍 같은 항의를 받았다. 그 약은 아기들을 데리고 다닐 때 통증을 느끼는 엄마들을 타겟으로 하는 것이었는데, 많은 여성들은 이 광고가 그들이 아이를 데리고 다닐 때 주로 이용하는 방법뿐만 아니라 여성의 고통에 대해서도 이해를 제대로 하지 않았다고 느꼈다. 따라서 출시 며칠 만에, 구매 거부에 대한 요청이 블로그, YouTube, Twitter에 모이기 시작했고, Johnson & Johnson은 재빨리 광고를 내렸다. 이것은 요즘 어머니들이 어떻게 소셜미디어를 통해 상황을 맞춰 나가고 있는지를 알려준다.

를 말해주기 때문이다. 예를 들면, 1950년대의 마케팅 연구 결과에서는 여성들이 가정의 구매 결정에서 더 큰 역할을 하기 시작한다는 것을 보여주었다. 그 결과, 잔디깎기 제조업자들은 여성들의 부상에 대한 두려움을 줄이기 위해 다른 전기 잔디깎기보다 회전식 잔디깎기에 중점을 두었다. 칼날과 엔진이 숨겨진 회전식 잔디깎기가 광고에 나타났고, 광고에서는 잔디를 깎고 있는 젊은 여성과 웃고 있는 할머니들을 보여주었다.

연구자들은 배우자 중, 누가 **가족 재무 담당자**(Family Financial Officer: FFO)의 역할을 하는지에 많은 관심을 가졌다. 가족 재무 담당자들은 가족의 지출을 계속 파악하고, 잉여금을 어떻게 사용할지에 대해 결정하는 개인들이다. 신혼부부는 이 책임을 같이하는 경향이 있었으며, 시간이 지나면서는 한쪽의 배우자가 책임을 지는 것으로 나타났다. 전통적인 가정에서는(특히 낮은 교육 수준을 가진 가정에서), 여성들이 주로 가족 재무 관리에 대한 책임을 지고 있었다. 즉, 남성이 돈을 벌면, 여성은 돈을 소비한다. 각 배우자는 특정 활동에서 "전문화" 되어 있었다.

이러한 패턴은 좀 더 근대화된 성 역할을 가지고 있는 가족들 사이에서는 다르다. 이런 부부들은 두 사람 모두 가족 유지 활동에 참여해야 한다고 믿는다. 이런 경우에 남편들은 집안 유지와 쓰레기 버리기와 같은 기존 "남성"들이 많이 하던 일들과 함께, 빨래, 집청소, 식료품 구매 등에 더 많은 책임을 맡았다. 공유된 의사결정은 오늘날 대부분의 미국 부부들에게 규범이 되어가고 있다. Roper의 설문에 따르면, 배우자가 있는 여성의 94%가 집안 가구 선택에서 그들이 결정을 하거나 동등하게 같이한다고 했다(크게 놀랄 일이 아니다). 하지만 또한 81%는 재정적인 저축이나 투자 등에 대해서도 같다고 했고, 74%는 어떤 차를 살지에 대한 결정에 참여한다고 했다.

일하는 여성들은 연구자들이 종종 "**곡예 라이프스타일**(juggling lifestyle)"이라고 부르는 것과 분투하고 있다. 엄마로서의 문화적인 이상과 전문성 간의 갈등 사이에서 광분하는 한편, 죄의식을 갖고 타협하는 것이다. 이런 미친 듯한 삶의 방식은 최근의 미국 노동국의 조사 결과를 보면 놀라운 일이 아니다. 이 결과에 의하면, 평균적으로, 일하는 여성들은 일하는 남자들보다 집안일과 아이들을 돌보는 일에 두 배 이상의 시간을 보낸다. 그리고 여성들은 집에 있는 가정주부보다 평균 1시간을 덜 잔다.

일반적으로, 무엇을 살지 결정할 때, 한 명의 배우가자 결정하는지 또는 두 명이 함께 결정하는가의 여부는 아래의 네 가지의 요인들이 영향을 미친다.

1. **성 역할의 고정관념:** 전통적인 성 역할의 고정관념을 믿는 부부들은 성을 구분하는 제품에 대해 개인들이 결정하는 경향이 있다.
2. **배우자의 자원:** 가족들에게 더 많은 자원을 기여하는 배우자가 더 큰 영향력을 가진다.
3. **경험:** 부부가 의사결정 단위로서 경험이 있을 때 개인적인 결정이 더 자주 이루어진다.
4. **사회경제적 지위:** 상류층이나 하류층보다 중류층 가족은 공동 의사결정을 더 많이 한다.

의사결정 책임에서의 최근 변화에도 불구하고, 여성들은 여전히 **친척관계 체계**(kin-network system)의 유지에 대해 우선 책임이 있다. 여성들은 직계가족과 먼 친척 모두에 대해 가족 간의 관계를 유지한다. 여성은 친척 간의 방문을 조율하고, 가족들과 연락하고, 축하 카드를 보내고, 사회적 관계를 관리하는 것 등을 더 많이 하는 경향이 있다. 이러한 조직화된 역할은 여성이 가족들의 여가 활동에 대해 종종 중요한 결정을 한다는 것을 의미한다. 그리고 그들은 어떤 가족원과 사회적인 교류를 할 것인가를 결정할 가능성이 높다.

복음서의 규범(synoptic ideal)은 남편과 아내가 공동의 관점을 갖고, 공동 의사결정자로서 행동하도록 요구한다. 이 관점에 따르면, 그들은 매우 깊게 생각하여 대안을 평가하고, 잘 정의된 역할들을 서로에게 할당하며, 구매결정에서도 서로에게 도움이 되는 결정들을 차분하게 해낸다. 부부는 공동의 효율성을 최대화하기 위해 이성적이고 분석적으로 행동하고, 가능한 많은 정보를 사용할 것이다. 그러나 이러한 사람들을 실제 본 적이 있는가? 현실에서 부부간의 의사결정은 갈등이 더 적은 대안을 선택하는 것에 더 가깝다. 즉, 부부는 결정을 "한다"라기보다는 결정에 "도달"한다고 볼 수 있다. 연구자들은 단순히 이런 과정을 "얽키고 설키어 굴러가기(muddling through)"라고 묘사한다.

이 의사결정을 단순화시키는 하나의 일반적인 방법은 휴리스틱(heuristic)을 이용하는 것이다(2장 참조). 부동산 업자가 종종 관찰하는 다음의 의사결정 패턴은 부부가 새로운 집을 결정할 때 어떻게 휴리스틱을 사용하는가를 설명한다.

- 부부들은 애매하고 정의하기 힘든 단서보다는 확실하고 객관적인 부분에서 공통된 취향을 정한다. 예를 들어, 새 집에 필요한 침실의 수에 대해서 쉽게 합의하지만, 그 집이 어떻게 보였으면 하는지에 대해 동의하는 데는 어려움을 겪을 수 있다.
- 부부는 *업무 전문화*(task specialization)의 체계를 협상한다. 여기서 각자는 특정 의무나 결정 분야에 대해 책임을 지고, 상대방의 다른 "영역"을 침해하지 않는다. 대개, 성 역할 자체가 많은 부부들에게 어떤 영역을 맡아야 하는지를 알려준다. 예를 들어, 부인은 그들의 필요에 적합한 집을 찾고, 남편은 대출과 관련된 결정을 한다.
- 한 배우자가 다른 배우자가 원하는 것에 수긍하는 정도는 각각의 사람이 특정 결과를 얼마나 열정적으로 열망하느냐에 달려 있다. 많은 경우에서, 배우자는 상대방의 영향력에 단순히 굴복하는데 그 이유는 특정 속성에 대한 배우자의 선호도가 특별히 강하지 않기 때문이다. 그러나 다른 상황에서, 한 사람은 자신이 원하는 것을 위해 더욱더 싸우려고 할 수 있다. 만약 부부가 서로 다른 부분에 대해 강한 선호가 있는 경우라면, 서로에게 영향을 행사하려고 하기보다는 서로 선호가 대립되지 않으면서, 스스로 더 관심이 높은 쪽으로 트레이드 오프를 할 것이다. 예를 들어, 부엌 디자인의 어떤 면에 대해 개의치 않는 남편은 그의 창고를 디자인하도록 허락받는 조건으로 아내의 말에 동의할 수 있다.

전통적인 성역할은 어느 수준까지 변화하고 있는가? 최근 연구결과에서는 꽤 변하고 있다고 말한다. 남성과 여성은 가정과 일의 균형에 대해 점점 유사한 태도를 많이 표현하고 있다. 일부 전문가들은 성의 혁명은 **성의 융합**(gender convergence)으로 발전되고 있다고 말한다. 최근 연구들의 통합적인 관점은 미국 남자와 여자 사이에서 차이점보다는 공통점이 더 많이 있다는 제시하고 있다: 즉, 많은 사람들이 여자들은 밖에서 일을 더 하고 집안일을 덜 하며, 남자들은 그들의 아버지 세대보다 밖에서 일은 덜 하고 집안일과 아이들을 돌보는 것은 더 한다고 인지하고 있다(물론, 남자들이 아직까지는 여자보다 부담이 적은 편이긴 하다).

본 장의 정리

1. 많은 요인들이 구매시점의 소비자 의사결정 과정에 크게 영향을 미친다.

많은 요인들이 구매에 영향을 준다. 이들 요인들에는 소비자의 구매 이전 선행적 상태(예, 기분, 시간 압박, 쇼핑 성향)도 포함된다. 예를 들어, 시간은 종종 얼마나 많은 노력과 탐색이 의사결정에 들어가는지를 결정짓는 중요한 자원이다. 우리의 기분은 매장 환경이 주는 즐거움과 각성의 정도에 의해 영향을 받는다.
제품의 사용 맥락은 세분화 변수 중 하나이다. 소비자들은 사용 의도에 따라서 서로 다른 제품 속성을 기대한다. 또한 다른 사람의 존재 여부(공동 소비자)와 사람들의 유형 또한 소비자 결정에 영향을 줄 수 있다 쇼핑 경험은 구매 결정에서 아주 중요한 부분이다. 많은 경우에, 소매는 극장과 같다. 매장과 제품에 대한 소비자 평가는 그들이 목격하는 "연기"의 유형에 따라 달라진다. 연기자(예, 판매원), 배경(예, 매장 환경), 소품(예, 매장 진열)은 이런 평가에 영향을 미친다. 브랜드 개성과 같이 지각된 편리성, 세련됨, 판매원의 전문성과 같은 많은 요인들은 매장 이미지를 결정한다. 무점포 대안들의 경쟁이 늘어나면서, 긍정적인 쇼핑 경험을 만드는 것만큼 더 이상 중요한 것이 없게 되었다. 온라인 쇼핑은 그 중요성이 커지고 있고, 제품을 획득하려는 이런 새로운 방식은 장점(예, 편리성)과 단점(예, 보안) 모두를 갖고 있다.

2. 매장 레이아웃, 웹사이트, 또는 판매원이 제공하는 정보는 의사결정에 매우 큰 영향을 미친다.

우리는 실제로 매장에 가기 전까지 구매 의사결정을 하지 않기 때문에, 구매 시점의 POP(자극물)은 매우 중요한 판매 방법이다. 여기에는 제품 샘플, 정교화 된 상품 진열, 장소 기반 미디어, "선반 음향광고(shelf talker)"와 같은 점포 내의 촉진물을 포함한다. 구매 시점 자극은 소비자가 갑자기 제품에 대한 충동을 느낄 때 발생하는 충동구매를 촉진시키는 데 특히 유용하다. 모바일 쇼핑 앱(app)의 증가가 또한 점점 중요한 역할을 하고 있다. 판매원과 소비자의 접점은 복잡하고, 중요한 과정이다. 그 결과는 판매원과 소비자 간의 유사성 그리고 지각된 신용 등의 요인들에 따라 달라질 수 있다.

3. 다른 사람과 집단, 특히 사회적 힘을 가지고 있는 사람들이 우리의 의사 결정에 영향을 미친다.

우리는 수많은 다양한 집단에 속해 있거나, 여러 집단을 열망하기도 한다. 다른 집단으로부터 수용되고자 하는 갈망은 종종 우리의 구매결정의 동기가 된다. 소비자의 의견이나 행동에 특히 중요한 영향을 미치는 한 개인 또는 집단을 준거 집단이라고 한다. 제품이 외부로 드러나는지의 여부와 준거 집단과의 관련성 등이 준거 집단의 영향력 정도를 결정하지만, 공식적 · 비공식적 집단들은 한 개인의 구매 결정에 영향을 미친다.
개인들은 그들이 사회적 힘을 갖는 한 한 집단에서 영향을 갖는다. 이런 사회적 힘의 종류는 정보의 힘, 준거의 힘, 합법적인 힘, 전문가적 힘, 보상의 힘, 강압적 힘을 포함한다.

4. 우리는 제품이나 서비스에 대해 관심을 공유할 수 있는 사람들을 찾는다.

브랜드 커뮤니티는 한 제품에 대한 공통된 열정을 가지고 있는 소비자들을 결속시킨다. 이런 모임을 활성화시키기 위해 기업들이 만드는 브랜드페스트(Brandfest)는 충성도를 높이고, 집단 소속감을 강화할 수 있다.

5. 다른 사람과 동조되려는 욕구는 다른 사람들의 구매와 사용하는 것들을 모방하도록 동기를 부여한다.

우리는 두 가지 이유 때문에 다른 사람들에게 동조한다: (1) 사람들은 정보적인 사회적 영향력 때문에 다른 사람의 행동을 모방하는데, 즉, 올바른 방식으로 행동할 수 있기 때문이다. (2) 다른 사람들의 기대를 충족시키거나 집단에 의해 수용되기 위해 동조 행동을 보이는 사람들은 규범적 사회적 영향에 영향을 받는 것이다. 집단 구성원들은 개인으로 움직일 때와는 다른 행동을 보이는데, 그 이유는 그들의 정체성들이 집단과 합쳐져서 몰개성화되었기 때문이다.

6. 마케터는 종종 소비자 한 명의 행동보다는 다수 소비자들의 행동을 이해할 필요가 있다.

한 명 이상으로 구매할 때 실질적으로 많은 구매가 이루어진다. 집단적 의사결정은 2명 이상의 사람들이 제품 또는 서비스에 대해 평가, 선택, 그리고 사용할 때마다 발생한다. 조직이나 가족 내의 구성원들은 의사결정 과정에서 서로 다른 역할을 한다. 이 역할에는 문지기, 영향자, 구매자, 사용자의 역할이 포함된다.

7. 의사결정 과정은 개인적 사용과는 다르게 집단을 대신하여 구매하는 상황일 때 다르게 나타난다.

조직의 구매자들은 회사나 다른 집단의 이익을 대신해서 구매 결정을 하는 사람들이다. 개인의 의사결정에 영향을 주는 요인들이 조직의 구매자에게도 동일한 영향을 미치지만, 조직의 선택은 좀 더 합리적인 경향이 있다. 조직의 의사결정은 재무적인 위험이 더 크고, 더 복잡한 특성이 있으며, 또한 더 많은 사람이 의사결정에 참여한다. 조직의 결정에 들어가는 인지적 노력의 양은 개인의 심리적 특성과 같은 내부적 요인과 회사가 위험을 감수하는 의지와 같은 외부적 요인과 관련이 있다. 가장 중요한 결정 요인 중 하나는 회사가 어떤 종류의 구매를 원하는가이다. 요구되는 문제 해결의 정도는 회사가 획득하는 제품과 서비스가 단순히 재주문(직접 재구매)하는 것인지, 약간 수정하는 재주문(수정된 재구매)인지, 또는 그것이 기존에 전혀 구매된 적이 없거나 복잡하고 위험한(새로운 과업) 것인지에 따라 달라진다. 온라인 구매 사이트들은 조직의 의사결정자들이 B2B 전자상거래에서 제품 정보를 수집하고 평가하는 방법을 혁명적으로 변화시켰다.

8. 가족에 대한 우리의 전통적인 생각은 시대에 뒤처져 있다.

늦은 결혼 및 출산, 편부모 가장의 증가 등 미국 가정의 숫자와 유형은 많은 면에서 변하고 있다. 가족생활주기에서는 삶의 단계에 따라 욕구도 다르게 나타난다는 점을 강조하는데, 가족생활주기의 새로운 관점은 마케터들에게 게이와 레즈비언, 이혼자, 무자녀 부부와 같은 소비자 세그먼트를 보다 더 진지하게 고려해 보라고 장려하고 있다. 인구에 대한 중요한 인구 통계적 차원들은 가족이나 가구의 구조와 관련이 있다. 인구통계학은 인구의 특징을 측정하는 통계학이다. 가장 중요한 몇 가지는 출산율, 결혼율, 이혼율과 같은 가족 구조와 연관되어 있다. 가정은 점유된 주거 단위이다.

9. 가족이 구매결정을 할 때, 가족 단위의 구성원들은 서로 다른 역할을 하며, 영향력의 정도도 다르다.

마케터들은 가족구성원들은 의사결정을 어떻게 하고 있는지 이해해야 한다. 특히 배우자들은 파급력이나 노력의 정도 측면에서 서로 다른 우선순위와 영향력을 가지고 있다. 어린이들 일상적인 구매 결정에서 점점 영향력이 높아지고 있다.

KEY TERMS

B2B 마케터 business-to-business marketer
Sheconomy세대
가정 household
가족생활 주기 family life cycle: FLC
가족 재무 담당자 Family Financial Officer: FFO
가족 정체성 family identity
강압적인 힘 coercive power
개봉 비율 open rate
곡예 라이프스타일 juggling lifestyle
공동 결정 syncretic decision
구매등급 이론 buyclass theory of purchasing
구매 센터 buying center
구매 시점의 자극 point-of-purchase stimuli
규범 norms
규범적 영향 normative influence
근접성 propinquity
대가족 extended family
대기행렬 이론 quening theory
동조 conformity
매장 이미지 store image
모바일 쇼핑 앱 mobile shopping app
보상의 힘 reward power
복음서의 규범 synoptic ideal
부메랑 아이들 boomerang kids
부족 마케팅 전략 tribal marketing strategy
분위기 atmospheric
브랜드 커뮤니티 brand community
브랜드페스트 brandfest
비교적 영향 comparative influence
사회적 힘 social power
새로운 과업 new task
샌드위치 세대 sandwich generation
성의 융합 gender convergence
소매점 테마화 retail theming
소비 상황 consumption situation
소비자 네트워크 consumer network
소비자 종족 consumer tribe
소속 준거 집단 membership reference group
쇼루밍 showrooming
쇼핑 성향 shopping orientation
수정된 재구매 modified rebuy
심리적 시간 psychological time
심적 예산 mental budget
열망적 준거 집단 aspirational reference group
이름-글씨 효과 name-letter effect
자발적인 무자녀 voluntarily childless
자율적 결정 autonomic decision
전문가의 힘 expert power
정보의 힘 information power
조직의 구매자 organizational buyer
준거의 힘 referent power
준거집단 reference group
직접 재구매 straight rebuy
직접 판매 direct selling
집단적 가치창출 collective value creation
최소 관심의 원리 principle of least interest
출산율 fertility rate
친척관계 체계 kin-network system
탈개성화 deindividuation
합법적인 힘 legitimate power
합의적 구매 결정 consensual purchase decision
핵가족 nuclear family
헬리콥터 엄마 helicopter moms
협조적 구매 결정 accommodative purchase decision
홈쇼핑 파티 home shopping party
활동 점포 activity store
회피 집단 avoidance group

REVIEW

9-1. 시간 빈곤(time poverty)이란 무엇이며, 어떻게 이것이 우리의 구매 의사결정에 영향을 미치는가?

9-2. 구매 환경에 긍정적 또는 부정적으로 반응하는지를 결정하는 두 가지 측면은 무엇인가?

9-3. 쇼핑의 세 가지 동기를 나열하고, 각각에 대한 예를 들어라.

9-4. 전자상거래의 주요 장점과 단점은 무엇인가?

9-5. 매장 이미지를 결정하는 데 도움을 주는 세 가지 요인을 나열하라.

9-6. 비계획적 구매와 충동구매의 차이점은 무엇인가?

9-7. 준거집단이 개인의 구매 의사결정에 영향을 주는지 혹은 그렇지 않는지에 대해 영향을 미치는 두 가지 측면을 명명하라.

9-8. 사회적 힘의 세 가지 유형을 나열하고, 각각에 대한 예를 들어라.

9-9. 규모가 큰 공식적 집단과 규모가 적은 비공식적 집단 중 우리의 행동에 더 큰 영향을 미치는 것은 무엇인가? 이유는 무엇인가?

9-10. 브랜드 커뮤니티란 무엇이며 마케터들은 왜 이것에 관심을 갖는가?

9-11. 멤버십 준거집단과 열망적 준거집단의 차이점을 설명 하고 각각의 예를 들어라.

9-12. 어떤 사람이 소비자의 멤버십 준거집단의 일원이 되도록 만드는 요인 한 가지를 명명하라.

9-13. 탈개인화의 정의를 하고 이것의 효과에 관한 예를 들어라.

9-14. 규범적 사회적 영향과 정보적 사회적 영향 간의 차이점은 무엇인가?

9-15. 동조(conformity)의 정의를 설명하고 이에 대한 예를 들어라. 또한 사람들이 왜 동조하는지에 대한 세 가지 이유를 제시하라.

9-16. 최소 관심의 법칙(principle of least interest)은 낭만적 관계(romantic relationship)에서의 당신의 성공과 어떻게 관련이 있는가?

9-17. 사회적 비교(social comparison)란 무엇인가? 우리는 일반적으로 우리 자신과 비교하기 위해 어떤 유형의 사람을 선택하는가?

9-18. 조직 구매자들이 구매 결정을 하는데 영향을 미치는 요인들은 무엇인가?

9-19. 예측시장이란 무엇인가?

9-20. 직접 재구매와 수정 재구매의 차이를 말하라.

9-21. 구매결정에 영향을 미치기 위해서 마케터는 어떻게 매장 내 사회적, 물리적 환경을 바꿀 수 있는가? 어떻게 영향을 미치는가?

9-22. 시간적 요인(temporal factor)과 관련하여, 빠르다는 것과 느리다는 것이 의미하는 것은 무엇인가?

9-23. 현대적인 가족단위(modern family unit)와 같은 있는가? 너무 광범위한 개념은 아닌가?

9-24. 비인간적 가족의 구성원에는 애완동물이나 그 외 다른 동물들이 있다. 마케터는 이런 이러한 경우 어떻게 공략할 수 있는가?

9-25. 많은 선진국에는 자발적인 무자녀 부부들이 늘어나고 있다. 이런 트렌드는 왜 생겨난 것인가? 마케터에게 이것이 의미하는 바는 무엇인가?

9-26. 전형적인 가족생활주기라는 것이 있는가?

9-27. 헬리콥터 엄마는 미국의 한 현상이다. 당신의 국가에도 적용이 되는가?

9-28. 가족 재무 관리자의 역할은 무엇인가? 시간이 지나면서 이 역할은 어떻게 변화하였는가?

9-29. 복음서의 규범(synoptic ideal)이란 무엇인가? 대부분의 상황들에 적용되는가?

9-30. 성 융합이란 무엇인가? 이것이 전 세계적인 트렌드라고 생각하는가?

도전과제

토의문제

9-31. 소비자는 항상 옳은가? 그렇다면 이유가 무엇인가? 또는 그렇지 않다면 그 이유는 무엇인가?

9-32. 팝업 매장(pop-up store)은 단지 일시적인 유행인가, 아니면 지속될 소매 개념인가?

9-33. 소비자와 상호 교류하는 직원들에게 유니폼을 입도록 요구하는 정책은 어떤 긍정적/부정적 측면이 있는가?

9-34. 당신이 쇼핑객으로서 접했던 판매직원 중 특별히 좋았거나 좋지 않았던 판매직원을 떠올려 보라. 그들이 다른 판매직원과 차별되는 특징은 무엇이라고 생각하는가?

9-35. "시간양식(timestyle)"의 개념에 대하여 논하라. 당신의 경험을 바탕으로 보았을 때, 우리는 시간양식으로 소비자를 어떻게 세분화할 수 있는가?

9-36. 몇몇 유명 남성 의류 소매상은 현재 그들의 남성 고객이

매장에서 많은 시간을 보내도록 장려하기 위해 무료 술(free booze)을 제공한다. 과연 쇼핑하기 전에 소비자를 취하도록 하는 것은 윤리적인가?

9-37. 일부 의류 소매상들은 특정 모습이나 이미지를 개발하기 위해서 엄청난 노력을 하며, 심지어 그들은 이런 모습이 잘 어울리는 직원들을 채용한다. 예를 들어, Abecrombie & Fitch는 용모 단정하고 미국적 이미지와 브랜드를 연결시키는 것처럼 보인다. 한 번은, Abecrombie & Fitch가 고소를 당하는 일이 있었는데, 이는 자격요건을 갖춘 소수민족 지원자들을 영업사원으로 채용하는 것을 거절하고, 소수민족 지원자들의 지원서를 제출하지 못하게 했다는 것 때문이다(Abecrombie는 "인종차별은 절대 일어날 수 없는 일"이라고 응답했다). 또한 Hooter restaurant은 매력적인 여자 종업원들이 있는 곳으로 유명하다. 특정 부류의 사람들(예, 백인이 아닌 사람, 남자)이 매장에서 쫓겨난다는 것을 의미한다 하더라도, 과연 판매자는 그들의 이미지와 부합하는 직원들만 고용할 권리를 가져야 하는가?

9-38. 기업들이 점점 촉진 비용을 POP(point-of-purchase)에 투자함에 따라 매장 환경이 이슈가 되고 있다. 몇몇 상점들은 계산대에 영상을 설치하거나, 쇼핑 카트에 컴퓨터 모니터를 부착하고, 그리고 바닥에 삽입된 광고 등을 통해 고객들을 맞이하고 있다. 또한 우리는 점점 쇼핑과 관련이 없는 환경에서도 광고에 노출되고 있다. 관련 사례로, 뉴욕에 위치한 한 헬스클럽은 Health Club Media Networks에서 광고를 보여주는 TV 모니터를 제거하도록 조치를 받았다 – 운동하는 사람들이 이것이 운동을 방해한다고 주장했기 때문이다. 당신은 이런 혁신들이 심하게 방해되는 것이라고 느끼는가? 쇼핑객들은 언제 이런 것에 거부감을 느끼고, 조용하고 평온한 환경을 원하는가? 향후에는 "간섭이 없는(hands off)" 쇼핑 환경을 제공하는 것 같은 "역마케팅(countermarket)"을 하는 상점이 더 큰 시장 잠재력이 있을까?

9-39. 법원에서는 종종 특정 이익집단들이 쇼핑몰 내에서 인쇄물을 배포하는 것을 금지시킨다. 쇼핑몰의 경영진은 이곳은 회사의 사유지라고 주장지만, 이익집단들은 쇼핑몰이 현대판의 광장이며 공공의 광장이라고 주장한다. 이와 유사한 최근 사례를 찾아보고, 이런 주장의 장단점을 조사해 보라. 쇼핑몰의 공공광장으로서의 현 지위에 대해 어떻게 생각하는가? 이 개념에 대해 동의하는가?

9-40. 마케팅 단서에 대한 우리의 감정적 반응은 매우 강한 영향을 미치는 것이기 때문에 일부 하이테크 기업들은 순간(1초의 1/30)의 기분들을 연구하고 있다. 예를 들어, 광고나 신제품을 소비자들이 보았을 때, 표정 반응을 분석한다. 또한 그들은 진정한 미소(true smile)(상단 눈꺼풀의 안정)와 사회적 미소(social smile)(입주변만 웃는) 간의 차이점을 보면서 행복감을 측정하고 있다.

Whirlpool은 아직 출시되지 않은 제품인 Duet 세척기와 드라이어에 대한 소비자의 감정적 반응을 측정하고자 이 기술을 이용하였다. 이 기업의 목표는 사람들을 진심으로 행복하게 하는 전자제품을 디자인하는 것이다. 이 실험에서 연구자들은 피험자들이 이야기하기로는 특이한 색 조합 같은 특별한 디자인 제품에 별로 흥미가 없다고 응답했으나, 얼굴 표정은 그렇지 않다는 것을 발견하였다. 특정 수준에서의 감정 반응을 연구하는 능력들이 마케터들에게 부적합한 이점을 주는 것인가?

9-41. 많은 사람들이 가상세계에 빠져들고 있기 때문에 가족의 사결정 연구는 가상세계 속의 상대방까지 포함해야 할 것이다. 이것에 동의하는가? 소비자연구가들이 소비자의 실질적인 의사결정을 이해하기 위해 가상세계를 이용하는 것에 대해 어떻게 생각하는가?

9-42. 마케터들은 심리적인 대기시간을 줄이기 위해서 "속임수(trick)"를 사용한다. 이 기술은 대기 줄의 길이에 대한 소비자의 인식을 바꾸는 것부터 처음 주목하는 지점부터 대기하는 곳까지의 거리를 두는 것까지를 포함한다.

- 한 호텔 체인은 엘리베이터 대기에 관한 엄청난 컴플레인을 받자, 엘리베이터 인근에 거울을 설치하였다. 대기 시간은 변하지 않았어도, 사람들의 자기 외모를 확인하려는 본능적인 경향이 이런 불만을 줄여주었다.
- 비행기 승객들은 짐을 찾기 위해 기다려야 하는 것에 대해 종종 불평을 한다. 한 공항에서는 비행기에서부터 수화물 컨베이어 벨트까지 1분을 걸어가면, 짐을 찾기까지는 7분을 기다려야 한다. 공항이 수화물 컨베이어 벨트까지 6분을 걷고, 2분 후에 짐을 찾을 수 있도록 동선을 변경하자, 사람들의 불만이 사라졌다.
- 레스토랑 체인들은 패스트 푸드 음식이 "빠르게" 나올 수 있도록 재빠르게 움직이고 있다. 특히 전체 수익의 65%를 차지하고 있는 드라이브 스루(drive through)의 경우는 더 그렇다. 25개의 패스트 푸드 체인의 속도를 순위 매긴 한 연구에 따르면, 메뉴 주문대에서부터 차가 떠나는 시점까지 자동차들은 평균 203.6초를 썼다. 이 중 Wendy's는 가장 빠른 150.3초를 기록했다. McDonald는 속도를 높이고, 음식을 쏟는 것을 없애기 위해 자동차 컵홀더에 딱 맞는 용기에 담은 샐러드를 새롭게 내놓았다. Arby's는 잘 쏟아지지 않도록 "점도가 높은" 특별한 소스에 공을 들이고 있으며, Burger King은 소비자들이 빠르게 자신의 주문을 확인할 수 있도록 속이 다 보이는 비밀봉지를 시험 중에 있다.
- 당신이 생각하는 대기행렬에서의 "고통스러운 점"은 무엇인가? 이런 상황을 보다 편리하게 하거나 또는 당신이 좀 더 즐길 수 있도록 하려면, 기업들은 프로세스를 어떻게 개선할 수 있을까?

9-43. 가족단위가 붕괴되고 있는가?

9-44. 자발적 무자녀와 같은 변화의 장단점이 무엇인지 토론해 보아라

9-45. 다음의 다섯 가지 제품 카테고리 각각에 대해, 결혼을 한 부부 또는 아이가 있는 사람들이 구매할 때 어떤 방식으로 영향을 미치는지에 대해서 설명해 보라.

9-46. 최근에 이혼한 부부를 타깃으로 하는 경우, 마케터는 이 부부의 상황을 활용해야 한다고 생각하는가? 이러한 상황이 마케터들에게 실질적으로 도움이 된다고 생각하는가? 예시를 활용하여 답해보라.

9-47. 기업의 구매결정은 매우 합리적이다. 미적인 또는 주관적인 요소들이 이 과정에 영향을 미치지 않고, 영향을 미쳐서도 안 된다. 동의하는가?

9-48. 우리 주변에서는 가족과 멀리 떨어져 살지만, 대신 이 가족을 대신할 대체적인 대안을 가지고 있는 대학생들을 볼 수 있다. 현재 당신이 부모님, 남편, 또는 다른 학생 등 누구와 살던지 간에, 대학 기숙사에 사는 학생들은 어떻게 "가족" 의사결정을 하고 있는가? 즉, 사람들은 엄마, 아빠, 또는 아이의 역할을 하는가? 구체적인 예를 들고, 구성원들이 했던 역할에 대해서 이야기 해보라.

9-49. 판촉 제품 산업은 티셔츠, 머그컵, 펜, 그 외 다른 브랜드 아이템을 연간 약 190억 달러씩 주문하고 있는 기업 고객들 사이에서 번성하고 있는 산업이다. 이런 제품들은 소비자의 마음 최전선에서 기업들을 유지시키기 위한 의도이다. 그러나 이것이 많은 반발을 일으키고 있는데, 특히 비판을 하는 사람들은 병원/의약품 산업에서의 이런 광고 메시지의 지나친 영향에 대해 우려하고 있다. Stanford University Medical Center는 새로운 정책 하에 의사들이 제약회사로부터 펜과 머그컵같이 작은 선물조차도 받지 못하도록 금지하고 있다. 이는 환자 관리와 의사의 교육에 대한 산업의 영향을 제한하기 위한 희망에서였다. 이 새로운 정책은 관련 센터들 사이에서 작은 부분이기는 하지만, 이런 움직임이 커지고 있었다(예일 대학과 펜실베니아 대학들도 유사한 정책들이 있다). 이 정책은 또한 의사들이 공짜 약 샘플을 받는 것과 의학저널에서의 산업 관계자가 대필한 논문을 게재하는 것(아주 일반적인 관행)을 금지하고 있다. 이러한 변화는 우리가 안전과 인상된 약 가격, 그리고 의학 장비에 대해 신경을 쓸 때 한 번에 오는 것이다. 의약품 산업에서 약 210억 달러의 마케팅 예산 중, 약 90%는 의사들을 표적으로 한다. 몇몇 연구들은 심지어 작은 선물들은 의무감을 만든다고 보고하고 있다. 한 비판적 연구는 공짜 약품 샘플은 "비싸지만 별로 효과적이지 않은 약품들에 의존하도록 의사들과 환자들을 강력하게 유인하는" 것이라고 했다. 정말로, 고발된 몇몇 산업 문서들에 따르면, 큰 제약회사들은 때때로 의사들이 그 회사의 약품을 썼을 때, 의사가 얼마까지 수익을 볼 수 있는지 동전 단위까지 계산해서 보여준다고 하였다. 즉, 문서에서 보여주기를, 영업사원들은 추정 수익을 의사, 그리고 그 회사의 직원들과 공유했던 것으로 나타났다. 시장에서의 이런 압박에 대응하여, 의학 산업에서는 프로모션 상품의 사용을 강력히 금지하고 있다. 이후 한 결과에서는 프리미엄 상품을 공급하는 기업들의 경우, 연간 매출의 10억 달러가 감소한 것으로 나타났다. 이러한 변화의 시작에 대해 당신은 어떻게 생각하는가? 이런 방식으로 생계를 유지하고 있는 기업에게는 부당한 것인가? 그 이유는 무엇인가? 과연 정당한 프로모션 제품과 비윤리적인 관행 간의 경계선은 어디에 있는가? 엄청난 의학적 및 재무적인 파문들이 있는 조직적 의사결정에 전문가들이 관여해야 하는가? 이런 철학은 이기적인가?

응용문제

9-50. 지역 쇼핑몰에서 자연관찰(naturalistic observation)을 시행해 보라. 중심부에 앉아서 쇼핑몰의 직원과 고객들의 행동을 관찰하라. 당신이 관찰한 비판매 활동(예, 특별 공연, 전시, 사람들과 어울리기 등)들을 일지로 작성하라. 이런 활동들은 쇼핑몰의 판매활동을 증대시키는가, 아니면 떨어뜨리는가? 몰들은 점점 첨단기술의 게임공간과 같이 변화하고 있는데, 이런 쇼핑 공간이 돈은 안 쓰고, 다른 고객들을 내쫓기만 하는 10대 청소년들이 쇼핑몰 안을 어슬렁거리도록 부추기기만 한다는 비판에 대해 적절하다고 생각하는가?

9-51. 당신의 지역에 있는 경쟁 의류 브랜드 매장 3개를 선택하고, 이들의 매장 이미지에 대해서 조사를 실시해 보라. 소비자 집단에게 몇 가지 속성을 중심으로 평가를 요청해 보고, 동일 그래프에 이 결과를 그려보아라. 이 결과를 바탕으로, 매장 관리와 관련한 경쟁 우위 또는 단점이 있는가?

9-52. 표 9.1을 모델로 이용하여, 한 가지의 향수 브랜드에 대한 사람-상황 세분화 매트릭스(person-situation segmentation matrix)를 구성해 보라.

9-53. 많은 소매점들은, 매장에 직원들이 많을 때는 이러한 분주함이 쇼핑객들로 하여금 제품을 열심히 찾고, 결국에는 더 많은 구매를 하도록 부추긴다고 믿고 있다. Daller General은 최근에 선반의 높이를 6피트 정도 더 높였다. JC Penny는 빈 벽을 보석과 악세서리의 그림들로 바꾸었다. Old Navy는 사람들이 늘어선 통로 쪽에 물병, 캔디, 도시락 같은 아이템들을 가져다 놓았다. Best Buy는 심지어 얇은 TV나 스피커 같은 것들이 채워져 있는 작은 공간에 Segway나 자전거 같은 부피가 큰 아이템들로 통로를 채우고 있다. 주목할 만한 것은, Walmart는 최근에 이런 방식을 바꿔보았다는 것이다. 이 회사는 최근에 복도 한 가운데에 제품들로 쌓여 있던 짐대를 없애면서 매장을 리

모델링하였다. 이로 인해, 전체 재고의 9%가량이 줄었고, 소비자들은 좀 더 깔끔해 보이는 외관을 좋아했다. 그러나 한 가지 문제점은 사람들이 제품을 덜 샀다는 점이다. Walmart의 고위 간부 중 한 명은 다음과 같이 말했다. "사람들은 이 경험을 좋아했지만, 구매는 적게 하였습니다. 따라서 장기적 관점에서 좋은 전략이 아니라고 생각합니다." 현재 Walmart는 다시 재고들을 매장 안으로 넣고 있고, 다시 통로 상품들을 쌓아놓고 있다. 당신은 이러한 매장 내의 쌓기 전략(stocking strategy)을 어떻게 생각하는가? Walmart, Target, Bestbuy, Costco 등과 같이 당신 지역에 있는 "Big-Box" 매장들을 방문해 보라. 가능하다면, 쇼핑객들을 대상으로 그들의 경험을 인터뷰해 보라. 그 매장을 돌아다니면서, 불편함이 느껴지는가? 사람들은 이런 어수선한 부분들을 즐기는가? 무더기로 쌓여 있는 곳에서 제품을 고를 때, "보물찾기"처럼 느껴지는가? 만약 당신이 매장을 디자인한다면, 이러한 쌓기 전략을 어떻게 활용하겠는가?

9-54. 전기 커피메이커를 가지고 있는 세 사람을 찾아라. 그런 후에, 그들이 실제 이 기계를 가지고 커피를 어떻게 준비하는지를 관찰해 보라. 이 경험을 바탕으로, 새로운 커피메이커 디자이너에게 제품에 대한 소비자 경험을 향상시킬 수 있는 방법을 추천한다면, 무엇이 있겠는가?

✪ **9-55.** 몰개성화(deindividuation)가 캠퍼스 안에서의 폭음을 부추긴다고 생각하는가? 이런 행동을 줄이기 위해 학교는 무엇을 할 수 있을까? 또는 무엇을 해야만 할까?

9-56. 바이럴 마케팅(viral marketing) 전략은 기업을 대신하여 소비자가 다른 소비자에게 제품을 판매하도록 하는 것이다. 그것은 종종 당신의 친구가 벤드웨건(bandwagon)에 오르도록 확신시키는 것을 의미하고, 때로는 그들이 무엇인가를 구매한다면 자르는 것을 의미한다. 어떤 사람들은 이것이 행동의 일부를 교환하면서, 당신이 친구를 판 것(적어도 당신의 친구들에게 판 것)을 의미한다고 주장할지도 모른다. 그러나 다른 사람들은 당신은 그저 당신의 자산을 친구들과 공유한 것이라고 이야기한다. 당신은 친구의 이름을 전달하거나 hotmail.com과 같은 웹사이트에 정보를 보낸 적이 있는가? 만일 그렇다면, 어떤 일이 일어났는가? 이 행동에 대해서 어떻게 느끼는가?

9-57. 친구나 이웃들에게 구매 압박을 주는 홈쇼핑 파티는 윤리적이라고 생각하는가?

9-58. 무언의 사회적 규범의 힘은 종종 우리가 이런 사회적 규범을 위반했을 때 명확해진다. 이런 결과를 직접 보기 위해서 다음 중 하나를 시도해 보라. 엘리베이터에서 벽을 마주 보고 서 있어라. 메인 코스요리가 나오기 전에 디저트를 주문하라, 친구 집에서 저녁식사 값을 주어라, 수업에 파자마를 입고 가라, 또는 다른 사람에게 좋은 날을 보내지 말라고 말해보라.

9-59. 당신 동료들의 회피집단을 찾아보라. 당신과 당신 친구들이 이러한 집단을 고려하면서 결정하는 소비의사결정을 찾을 수 있겠는가?

9-60. 젊은 부부 한 쌍과 나이가 많은 부부 한 쌍, 총 두 쌍의 부부에게 인터뷰를 해보아라. 5개 제품군–식료품, 가구, 가전제품, 여행, 자동차–에 대한 질문지를 준비하여, 각 부부에게 서로 의논하지 말고, 질문에 응답해 보도록 하라. 질문은 각각의 제품군에서 구매가 공동으로 이루어지는지 아니면 일방적으로 이루어지는지, 일방적인 의사결정의 경우 남편 또는 아내 중 누구에 의해서 이루어지는지를 질문하라. 누가 의사결정을 하는지에 대해 남편과 부부 사이의 결과가 일치하는지 비교해 보고, 공동 vs. 일방적인 결정 방식의 응답 수에 대한 부부의 전반적인 응답결과를 비교해 보라. 이 결과와 결론을 보고서로 제시하라.

9-61. 가족을 대상으로 한 서로 다른 세 가지 종류의 광고를 수집하라. 동일한 아이템 안에서 가족들을 타겟으로 하지 않는 다른 광고 세 가지를 찾아보라. 이 두 가지 접근의 효과에 대한 보고서를 만들어보자. 가족을 강조하는 것은 어떤 제품 카테고리에서 특히 효과가 있을까?

9-62. 세 쌍의 기혼가정을 골라, 각각의 남편과 아내에게 모든 사촌들의 이름을 물어본 후, 양쪽 가정의 사촌에 대해 알고 있는지도 물어보자. 이 결과를 바탕으로 볼 때, 친척관계 체계를 유지하는 데 있어, 남성과 여성의 상대적인 역할은 어떻다고 결론지을 수 있는가?

9-63. 부모와 자식이 마트 시리얼코너에서(당신은 귀마개를 한 뒤, 자신이 좋아하는 것을 부모에게 표현한 아이들이 몇 명이나 되는지 세어보자. 또한 어떻게 그들이 표현하는지, 그리고 부모는 이에 대해 어떻게 반응하는지를 살펴보자. 아이가 선택한 것을 구매한 경우의 수도 살펴보라.

9-64. 하나의 제품 카테고리를 고른 뒤, 이 장에서 설명한 사람의 생애주기 내용을 이용하여 소비자의 각 생애주기별로 소비자들의 제품 구매의사결정에 영향을 미치는 변수가 무엇인지 나열해 보라.

9-65. 현대 가족 구조에서 중요한 세 가지 변화를 생각해 보자. 각각의 변화에 대해 제품 커뮤니케이션, 유통 혁신, 또는 마케팅 믹스의 측면에서 이러한 변화를 고려하는 것처럼 보이는 마케터의 예를 찾아보라. 또한 가능하다면, 이러한 발전에 대처하지 못한 마케터들의 예시도 찾아보자.

사례연구Case Study

경험 제공하기

토요일 오후, Jordan의 가구점에 방문해 보라. 새 소파를 고르기 전에 시간이 있으면, 최신 3D IMAX 영화를 관람해 볼 수 있다. 가구점에서 이런 것을 한다는 게 살짝 미친 소리 같긴 하지만, 이런 이벤트성의 아이디어가 보스턴에 위치한 Jordan 가구점을 특별하게 만들고 있다. 이 회사의 슬로건은 "그냥 가게가 아닌, 경험"으로, 소비자들이 매일 매장에 오도록 하고 있다.

Jordan은 본인 회사의 전략으로 "쇼퍼테인먼트(shoppertainment)"를 강조한다. 모든 곳에서 음식, 음악, 공연 그리고 여러 서프라이즈 행사를 제공하며, Natick, Massachusetts에 상점에는 라이브 재즈음악과 함께 New Orleans의 Bourbon Street로 테마화 하였다.

조던의 이 전략은 성공적이었다. 1999년, Burkshire Hathaway에 의해 이 회사가 인수되었을 때 뉴욕타임즈는 Jordan이 미국 내 다른 어떤 가구점보다도 많은 판매고를 올렸다고 보도했다. 약 2억 5천만 달러의 수입을 올렸다.

가구시장은 연간 약 600억 달러의 규모로 상당하다. Jordan의 가게를 포함하여, 가구점들이 가구시장 규모의 대부분을 차지하고는 있지만, 대형 유통사(Target, Walmart 같은), 인테리어 가게(홈디포와 뢰베와 같은 회사들이), 창고형 매장들이(Costco와 BJ's) 가구업계를 위협하고 있다. Mintel의 설문조사에 의하면, 설문에 응답한 38%의 사람들이 대형 마트에서 가구를 샀다고 응답했으며, 28%의 사람은 인테리어 가게들에서 구매한다고 밝혔다. 만약, 가구점들이 경쟁력을 갖추고 이 시장에서 살아남길 원한다면, 사람들을 가게로 유인하기 위해 더 많은 노력을 해야 할 것이다.

소비자들이 원하는 것은 무엇인가? Mintel에 따르면, 그들은 가구를 싸게 사길 원한다. Jordan은 정기적으로 할인을 하고, 독특한 프로모션을 하는 것으로도 알려져 있다. 최근 한 TV광고에서, Jordan 가구 프랜차이즈의 CEO인 Eliot Tatelman은 보스턴 레드삭스의 투수 Pedro Martinez와 함께 프로모션을 진행했다.

> "뭐든지 일단 와서 사세요! 뭐든지요! Jordan의 가구점에는 오늘부터 시작하여, 2013년 7월 19일, 2013년 11월 29일에 보스턴 레드삭스가 퍼펙트게임에 성공할 시, 모두 공짜입니다!"

Jordan이 지속적으로 매장 환경과 프로모션을 혁신적으로 하면서, 다른 가구 소매점 또한 혁신적인 제품이나 쇼핑 경험을 새롭게 만들고 있다. 대형 가구업체 IKEA는 재미와 함께 참여를 유도하는 쇼핑경험을 제공하고 있다. Crate와 Barrel 또한 3D 디자인 툴 룸을 가게 안에 도입함으로써, 소비자들이 3D 스크린으로 사진을 게시하고, 여러 가지 회사 제품을 적용해 볼 수 있는 기회를 제공한다.

당신이 몇 년 안에 보스턴 근교에 가게 되면, Avon 근처에 있는 Jordan의 가구점에 들러보기를 권한다. Motion Odyssey Movie Ride(MOM)가 4D를 통해 짜릿한 경험을 제공할 것이다. 그리고 이 체험 이후에는 방에 둘 새 책상 하나를 바로 사고 싶을지도 모른다.

토의문제

CS 9-1 Jordan의 가게에서의 쇼핑경험을 평가해 보자. 왜 이것이 성공적인 전략이 되었는가?

CS 9-2 Jordan이 대학 근처에 새 점포를 개장한다면, 젊은 소비자들을 끌어들이기 위해 어떤 전략을 사용해야 할까?

CS 9-3 Jordan은 보스턴 레드삭스 같은 브랜드 커뮤니티를 어떻게 이점으로 활용하였는가? 다른 집단에서는 어떻게 이용 가능할까?

출처: "Furniture Retailing—US—August 2012," Mintel Oxygen, accessed July 31, 2013; www.jordans.com, accessed July 31, 2013; "Berkshire Hathaway Buys Furniture Seller," http://www.nytimes.com/1999/10/12/businessberkshire-hathaway-buys-furniture-seller.html, accessed July 31, 2013; "Pedro Martinez Pitches Perfect Game Promotion for Jordan's Furniture," http://www.boston.com/businessupdates/2013/04/03/pedro-martinez-pitches-perfect-game-promotion-for-jordan-furniture/iBw7rZlfRWMSPGRM6eCpWM/story.html, accessed July 31, 2013.

참조

1. http://freecountry.harley-davidson.com/landing.php, accessed June 15, 2011.
2. http://www.harley-davidson.com/browse/browse_categories.jsp?WebLogicSession=N3ErFgFyvT2Aiw6MWlyasMkqOsqqZ-rbOvNQIoR4HpGugrh1zxE0o!-36114594!hiwpbmsp04.ihd.hd!7005!8005&FOLDER%3C%3Efolder_id=1408474395439177&locale=en_US&bmUID=1308066867683&bmLocale=en_US, accessed June 15, 2011.
3. Details adapted from John W. Schouten and James H. McAlexander, "Market Impact of a Consumption Subculture: The Harley-Davidson Mystique," in Fred van Raaij and Gary Bamossy, eds., *Proceedings of the 1992 European Conference of the Association for Consumer Research* (Amsterdam, 1992); John W. Schouten and James H. McAlexander, "Subcultures of Consumption: An Ethnography of the New Bikers," *Journal of Consumer Research* 22 (June 1995): 43–61. See also Kelly Barron, "Hog Wild," *Forbes* (May 15, 2000), http://www.forbes.com/forbes/2000/0515/6511068a.html, accessed September 20, 2013.
4. Pradeep Kakkar and Richard J. Lutz, "Situational Influence on Consumer Behavior: A Review," in Harold H. Kassarjian and Thomas S. Robertson,

eds., *Perspectives in Consumer Behavior*, 3rd ed. (Glenview, IL: Scott, Foresman, 1981): 204–14.

5. Christopher Heine, "Will Facebook Ads Soon Reflect 'What's On Your Mind?,'" *ClickZ* (March 23, 2011), http://www.clickz.com/clickz/news/2036901/facebook-ads-soon-reflect-whats-mind, accessed April 17, 2011.
6. Benedict Carey, "TV Time, Unlike Child Care, Ranks High in Mood Study," *New York Times* (December 3, 2004), www.nytimes.com, accessed December 3, 2004.
7. Carolyn Turner Schenk and Rebecca H. Holman, "A Sociological Approach to Brand Choice: The Concept of Situational Self-Image," in Jerry C. Olson, ed., *Advances in Consumer Research 7* (Ann Arbor, MI: Association for Consumer Research, 1980): 610–14.
8. Peter R. Dickson, "Person–Situation: Segmentation's Missing Link," *Journal of Marketing* 46 (Fall 1982): 56–64.
9. Alan R. Hirsch, "Effects of Ambient Odors on Slot-Machine Usage in a Las Vegas Casino," *Psychology & Marketing* 12 (October 1995): 585–94.
10. Tanya Irwin, "ReachMail: Email Marketers Should Focus on Mid-Day," *Marketing Daily* (March 17, 2011), http://www.mediapost.com/publications/?fa5Articles.showArticle&art_aid5146883&nid5124807, accessed April 18, 2011.
11. Carol Felker Kaufman, Paul M. Lane, and Jay D. Lindquist, "Exploring More Than 24 Hours a Day: A Preliminary Investigation of Polychronic Time Use," *Journal of Consumer Research* 18 (December 1991): 392–401.
12. Laurence P. Feldman and Jacob Hornik, "The Use of Time: An Integrated Conceptual Model," *Journal of Consumer Research* 7 (March 1981): 407–19; see also Michelle M. Bergadaa, "The Role of Time in the Action of the Consumer," *Journal of Consumer Research* 17 (December 1990): 289–302.
13. Alan Zarembo, "What If There Weren't Any Clocks to Watch?" *Newsweek* (June 30, 1997): 14; based on research reported in Robert Levine, *A Geography of Time: The Temporal Misadventures of a Social Psychologist, or How Every Culture Keeps Time Just a Little Bit Differently* (New York: Basic Books, 1997).
14. Deborah Kotz, "Wives Do More Housework, Study Shows," *U.S. News & World Report* (April 7, 2008), http://health.usnews.com/blogs/on-women/2008/04/07/wives-do-more-housework-study-shows.html, accessed June 8, 2009; John P. Robinson, "Time Squeeze," *Advertising Age* (February 1990): 30–33.
15. June S. Cotte, S. Ratneshwar, and David Glen Mick, "The Times of Their Lives: Phenomenological and Metaphorical Characteristics of Consumer Timestyles," *Journal of Consumer Research* 31 (September 2004): 333–45.
16. Dhruv Grewal, Julie Baker, Michael Levy, and Glenn B. Voss, "The Effects of Wait Expectations and Store Atmosphere Evaluations on Patronage Intentions in Service-Intensive Retail Store," *Journal of Retailing* 79 (2003): 259–68; cf. also Shirley Taylor, "Waiting for Service: The Relationship Between Delays and Evaluations of Service," *Journal of Marketing* 58 (April 1994): 56–69.
17. "We're Hating the Waiting; 43% Prefer Self-Service," *Marketing Daily* (January 23, 2007), www.mediapost.com, accessed January 23, 2007.
18. Laurette Dube and Bernd H. Schmitt, "The Processing of Emotional and Cognitive Aspects of Product Usage in Satisfaction Judgments," in Rebecca H. Holman and Michael R. Solomon, eds., *Advances in Consumer Research* 18 (Provo, UT: Association for Consumer Research, 1991): 52–56; Lalita A. Manrai and Meryl P. Gardner, "The Influence of Affect on Attributions for Product Failure," in Rebecca H. Holman and Michael R. Solomon, eds., *Advances in Consumer Research* 18 (Provo, UT: Association for Consumer Research, 1991): 249–54.
19. Kevin G. Celuch and Linda S. Showers, "It's Time to Stress Stress: The Stress-Purchase/Consumption Relationship," in Rebecca H. Holman and Michael R. Solomon, eds., *Advances in Consumer Research* 18 (Provo, UT: Association for Consumer Research, 1991): 284–89; Lawrence R. Lepisto, J. Kathleen Stuenkel, and Linda K. Anglin, "Stress: An Ignored Situational Influence," in Rebecca H. Holman and Michael R. Solomon, eds., *Advances in Consumer Research* 18 (Provo, UT: Association for Consumer Research, 1991): 296–302.
20. Velitchka D. Kaltcheva and Barton A. Weitz, "When Should a Retailer Create an Exciting Store Environment?" *Journal of Marketing* 70 (January 2006): 107–18.
21. John D. Mayer and Yvonne N. Gaschke, "The Experience and Meta-Experience of Mood," *Journal of Personality & Social Psychology* 55 (July 1988): 102–11.
22. Meryl Paula Gardner, "Mood States and Consumer Behavior: A Critical Review," *Journal of Consumer Research* 12 (December 1985): 281–300; Scott Dawson, Peter H. Bloch, and Nancy M. Ridgway, "Shopping Motives, Emotional States, and Retail Outcomes," *Journal of Retailing* 66 (Winter 1990): 408–27; Patricia A. Knowles, Stephen J. Grove, and W. Jeffrey Burroughs, "An Experimental Examination of Mood States on Retrieval and Evaluation of Advertisement and Brand Information," *Journal of the Academy of Marketing Science* 21 (April 1993): 135–43; Paul W. Miniard, Sunil Bhatla, and Deepak Sirdeskmuhk, "Mood as a Determinant of Postconsumption Product Evaluations: Mood Effects and Their Dependency on the Affective Intensity of the Consumption Experience," *Journal of Consumer Psychology* 1, no. 2 (1992): 173–95; Mary T. Curren and Katrin R. Harich, "Consumers' Mood States: The Mitigating Influence of Personal Relevance on Product Evaluations," *Psychology & Marketing* 11 (March–April 1994): 91–107; Gerald J. Gorn, Marvin E. Goldberg, and Kunal Basu, "Mood, Awareness, and Product Evaluation," *Journal of Consumer Psychology* 2, no. 3 (1993): 237–56.
23. Gordon C. Bruner, "Music, Mood, and Marketing," *Journal of Marketing* 54 (October 1990): 94–104; Basil G. Englis, "Music Television and Its Influences on Consumers, Consumer Culture, and the Transmission of Consumption Messages," in Rebecca H. Holman and Michael R. Solomon, eds., *Advances in Consumer Research* 18 (Provo, UT: Association for Consumer Research, 1991): 111–14.
24. Marvin E. Goldberg and Gerald J. Gorn, "Happy and Sad TV Programs: How They Affect Reactions to Commercials," *Journal of Consumer Research* 14 (December 1987): 387–403; Gorn, Goldberg, and Basu, "Mood, Awareness, and Product Evaluation"; Curren and Harich, "Consumers' Mood States."
25. Rajeev Batra and Douglas M. Stayman, "The Role of Mood in Advertising Effectiveness," *Journal of Consumer Research* 17 (September 1990): 203; John P. Murry, Jr., and Peter A. Dacin, "Cognitive Moderators of Negative-Emotion Effects: Implications for Understanding Media Context," *Journal of Consumer Research* 22 (March 1996): 439–47; see also Curren and Harich, "Consumers' Mood States"; Gorn, Goldberg, and Basu, "Mood, Awareness, and Product Evaluation."
26. For a scale to assess these dimensions of the shopping experience, see Barry J. Babin, William R. Darden, and Mitch Griffin, "Work and/or Fun: Measuring Hedonic and Utilitarian Shopping Value," *Journal of Consumer Research* 20 (March 1994): 644–56.
27. Kaltcheva and Weitz, "When Should a Retailer Create an Exciting Store Environment?"
28. Babin, Darden, and Griffin, "Work and/or Fun."
29. Edward M. Tauber, "Why Do People Shop?" *Journal of Marketing* 36 (October 1972): 47–48.
30. Ann Zimmerman and Laura Stevens, "Attention, Shoppers: Bored College Kids Competing in Aisle 6," *Wall Street Journal* (February 23, 2005), http://professional.wsj.com/article/SB110911598024661430-H9jfYNklaF4oJ2sZ32IaqiAm5.html?mg5reno-wsj, accessed September 11, 2011.
31. Robert C. Prus, *Making Sales: Influence as Interpersonal Accomplishment* (Newbury Park, CA: Sage Publications, 1989): 225.
32. Michael-Lee Johnstone and Denise M. Conroy, "Dressing for the Thrill: An Exploration of Why Women Dress Up to Go Shopping," *Journal of Consumer Behaviour* 4, no. 4 (2005): 234.
33. Some material in this section was adapted from Michael R. Solomon and Elnora W. Stuart, *Welcome to* Marketing.com*: The Brave New World of E-Commerce* (Upper Saddle River, NJ: Prentice Hall, 2001).
34. June Cotte and Kathryn A. Latour, "Blackjack in the Kitchen: Understanding Online Versus Casino Gambling," *Journal of Consumer Research* 35 (February 2009): 742–58.
35. Rebecca K. Ratner, Barbara E. Kahn, and Daniel Kahneman, "Choosing Less-Preferred Experiences for the Sake of Variety," *Journal of Consumer Research* 26 (June 1999): 1–15.
36. http://www.youtube.com/watch?v=FmYZ1YlmWIw&lr=1, accessed March 12, 2013; "Total Immersion and eBay Bring Virtual 'See It On' Feature to eBay's Fashion App," *Business Wire* (February 1, 2011), http://www.businesswire.com/news/home/20110201006053/en/Total-Immersion-eBay-Bring-Virtual-%E2%80%98See-On%E2%80%99, accessed June 3, 2011.
37. http://modaoperandi.com/, accessed March 12, 2013; http://www.net-a-porter.com/, accessed March 12, 2013; http://www.threadless.com/, accessed March 12, 2013; www.modcloth.com, accessed March 12, 2013; www.fabricly.com, accessed March 12, 2013; Alisa Gould-Simon, "How Fashion Retailers Are Redefining E-Commerce with Social Media," Mashable.com (March 7, 2011), http://mashable.com/2011/03/07/fashion-retailers-social-e-commerce/, accessed April 17, 2011.
38. www.allurent.com/newsDetail.php?newsid520, accessed January 29, 2007.
39. http://www.waveloch.com/attraction/flowrider-double, accessed March 12, 2013; Stephanie Rosenbloom, "Malls Test Experimental Waters to Fill Vacancies," *New York Times* (April 4, 2009), www.nytimes.com/2009/04/05/business/05mall.html?_r51, accessed April 4, 2009.
40. Vanessa O'Connell, "Fictional Hershey Factory Will Send Kisses to Broadway," *Wall Street Journal* (August 5, 2002), www.wsj.com, accessed August 5, 2002.

41. Millie Creighton, "The Seed of Creative Lifestyle Shopping: Wrapping Consumerism in Japanese Store Layouts," in John F. Sherry Jr., ed., *Servicescapes: The Concept of Place in Contemporary Markets* (Lincolnwood, IL: NTC Business Books, 1998): 199–228; also cf. Robert V. Kozinets, John F. Sherry, Diana Storm, Adam Duhachek, Krittinee Nuttavuthisit, and Benet DeBerry-Spence, "Ludic Agency and Retail Spectacle," *Journal of Consumer Research* 31 (December 2004): 658–72.
42. http://www.paragraphny.com/, accessed March 12, 2013.
43. Jennifer Saranow, "Retailers Give It the Old College Try," *Wall Street Journal* (August 28, 2008): B8; *March 2007 Trend Briefing*, www.trendwatching.com/briefing, accessed March 30, 2007.
44. Most measures of store image are quite similar to other attitude measures discussed in Chapter 7. For an excellent bibliography of store image studies, see Mary R. Zimmer and Linda L. Golden, "Impressions of Retail Stores: A Content Analysis of Consumer Images," *Journal of Retailing* 64 (Fall 1988): 265–93.
45. Spiggle and Sewall, "A Choice Sets Model of Retail Selection."
46. "The Science of Shopping: The Way the Brain Buys," *The Economist* (December 18, 2008), www.economist.com, accessed February 2, 2009.
47. Philip Kotler, "Atmospherics as a Marketing Tool," *Journal of Retailing* (Winter 1973–74): 10; Anna Mattila and Jochen Wirtz, "Congruency of Scent and Music as a Driver of In-Store Evaluations and Behavior," *Journal of Retailing* 77, no. 2 (2001): 273–89; J. Duncan Herrington, "An Integrative Path Model of the Effects of Retail Environments on Shopper Behavior," in Robert L. King, ed., *Marketing: Toward the Twenty-First Century* (Richmond, VA: Southern Marketing Association, 1991): 58–62; see also Ann E. Schlosser, "Applying the Functional Theory of Attitudes to Understanding the Influence of Store Atmosphere on Store Inferences," *Journal of Consumer Psychology* 7, no. 4 (1998): 345–69.
48. Joseph A. Bellizzi and Robert E. Hite, "Environmental Color, Consumer Feelings, and Purchase Likelihood," *Psychology & Marketing* 9 (September–October 1992): 347–63.
49. Robert J. Donovan, John R. Rossiter, Gilian Marcoolyn, and Andrew Nesdale, "Store Atmosphere and Purchasing Behavior," *Journal of Retailing* 70, no. 3 (1994): 283–94; cf. also L. W. Turley and Jean-Charles Chebat, "Linking Retail Strategy, Atmospheric Design and Shopping Behaviour," *Journal of Marketing Management* 18, no. 1–2 (2002): 125–44.
50. http://www.buildabear.com/shopping/, accessed March 12, 2013.
51. Charles S. Areni and David Kim, "The Influence of In-Store Lighting on Consumers' Examination of Merchandise in a Wine Store," *International Journal of Research in Marketing* 11, no. 2 (March 1994): 117–25.
52. "Slow Music Makes Fast Drinkers," *Psychology Today* (March 1989): 18.
53. Brad Edmondson, "Pass the Meat Loaf," *American Demographics* (January 1989): 19.
54. "Through the Looking Glass," *Lifestyle Monitor* 16 (Fall–Winter 2002).
55. Jennifer Lach, "Meet You in Aisle Three," *American Demographics* (April 1999): 41.
56. Karen M. Stilley, J. Jeffrey Inman, and Kirk L. Wakefield, "Planning to Make Unplanned Purchases? The Role of In-Store Slack in Budget Deviation," *Journal of Consumer Research* 37, no. 2 (2010): 264–78.
57. "Motorola Survey: Shoppers Better Connected to Information than Store Associates," *Chain Store Age* (January 17, 2011), http://www.chainstoreage.com/article/motorola-survey-shoppers-better-connected-information-store-associates, accessed April 30, 2011; Kris Hudson, "Malls Test Apps to Aid Shoppers," *Wall Street Journal* (April 26, 2011), http://online.wsj.com/article/SB10001424052748704336504576258740640080926.html?mod5dist_smartbrief, accessed April 29, 2011.
58. Manoj Thomas, Kalpesh Kaushik Desai, and Satheeshkumar Seenivasan, "How Credit Card Payments Increase Unhealthy Food Purchases: Visceral Regulation of Vices," *Journal of Consumer Research* 38, no. 1 (June 2011): 126–39.
59. Mukhopadhyay Anirban and Gita Venkataramani Johar, "Indulgence as Self-Reward for Prior Shopping Restraint: A Justification-Based Mechanism," *Journal of Consumer Psychology* 19, no. 3 (2009): 334–45.
60. Easwar S. Iyer, "Unplanned Purchasing: Knowledge of Shopping Environment and Time Pressure," *Journal of Retailing* 65 (Spring 1989): 40–57; C. Whan Park, Easwar S. Iyer, and Daniel C. Smith, "The Effects of Situational Factors on In-Store Grocery Shopping," *Journal of Consumer Research* 15 (March 1989): 422–33.
61. Iyer, "Unplanned Purchasing"; Park, Iyer, and Smith, "The Effects of Situational Factors on In-Store Grocery Shopping."
62. Matt Richtel, "At Starbucks, Songs of Instant Gratification," *New York Times* (October 1, 2007), www.nytimes.com, accessed October 1, 2007.
63. Emily Steel, "Luring Shoppers to Stores," *Wall Street Journal* (August 26, 2010), http://online.wsj.com/article/SB10001424052748704540904575451841980063132.html, accessed April 18, 2011.
64. Quoted in Louise Story, "Product Packages Now Shout to Get Your Attention," *New York Times* (August 10, 2007), www.nytimes.com, accessed August 10, 2007.
65. Cf. Robert B. Cialdini, *Influence: Science and Practice*, 2nd ed. (Glenview, IL: Scott, Foresman, 1988).
66. Richard P. Bagozzi, "Marketing as Exchange," *Journal of Marketing* 39 (October 1975): 32–39; Peter M. Blau, *Exchange and Power in Social Life* (New York: Wiley, 1964); Marjorie Caballero and Alan J. Resnik, "The Attraction Paradigm in Dyadic Exchange," *Psychology & Marketing* 3, no. 1 (1986): 17–34; George C. Homans, "Social Behavior as Exchange," *American Journal of Sociology* 63 (1958): 597–606; Paul H. Schurr and Julie L. Ozanne, "Influences on Exchange Processes: Buyers' Preconceptions of a Seller's Trustworthiness and Bargaining Toughness," *Journal of Consumer Research* 11 (March 1985): 939–53; Arch G. Woodside and J. W. Davenport, "The Effect of Salesman Similarity and Expertise on Consumer Purchasing Behavior," *Journal of Marketing Research* 8 (1974): 433–36.
67. Mary Jo Bitner, Bernard H. Booms, and Mary Stansfield Tetreault, "The Service Encounter: Diagnosing Favorable and Unfavorable Incidents," *Journal of Marketing* 54 (January 1990): 7–84; Robert C. Prus, *Making Sales* (Newbury Park, CA: Sage Publications, 1989); Arch G. Woodside and James L. Taylor, "Identity Negotiations in Buyer–Seller Interactions," in Elizabeth C. Hirschman and Morris B. Holbrook, eds., *Advances in Consumer Research* 12 (Provo, UT: Association for Consumer Research, 1985): 443–49.
68. Barry J. Babin, James S. Boles, and William R. Darden, "Salesperson Stereotypes, Consumer Emotions, and Their Impact on Information Processing," *Journal of the Academy of Marketing Science* 23, no. 2 (1995): 94–105; Gilbert A. Churchill, Jr., Neil M. Ford, Steven W. Hartley, and Orville C. Walker, Jr., "The Determinants of Salesperson Performance: A Meta-Analysis," *Journal of Marketing Research* 22 (May 1985): 103–18.
69. www.customerssuck.com, accessed June 4, 2011; Keith Naughton, "Tired of Smile-Free Service," *Newsweek* (March 6, 2000): 44–45; www.protest.net, accessed June 4, 2011.
70. Siew Meng Leong, Paul S. Busch, and Deborah Roedder John, "Knowledge Bases and Salesperson Effectiveness: A Script-Theoretic Analysis," *Journal of Marketing Research* 26 (May 1989): 164; Harish Sujan, Mita Sujan, and James R. Bettman, "Knowledge Structure Differences Between More Effective and Less Effective Salespeople," *Journal of Marketing Research* 25 (February 1988): 81–86; Robert Saxe and Barton Weitz, "The SOCCO Scale: A Measure of the Customer Orientation of Salespeople," *Journal of Marketing Research* 19 (August 1982): 343–51; David M. Szymanski, "Determinants of Selling Effectiveness: The Importance of Declarative Knowledge to the Personal Selling Concept," *Journal of Marketing* 52 (January 1988): 64–77; Barton A. Weitz, "Effectiveness in Sales Interactions: A Contingency Framework," *Journal of Marketing* 45 (Winter 1981): 85–103.
71. Jagdish N. Sheth, "Buyer-Seller Interaction: A Conceptual Framework," in *Advances in Consumer Research* 3 (Cincinnati, OH: Association for Consumer Research, 1976): 382–86; Kaylene C. Williams and Rosann L. Spiro, "Communication Style in the Salesperson-Customer Dyad," *Journal of Marketing Research* 22 (November 1985): 434–42.
72. Marsha L. Richins, "An Analysis of Consumer Interaction Styles in the Marketplace," *Journal of Consumer Research* 10 (June 1983): 73–82.
73. Joel B. Cohen and Ellen Golden, "Informational Social Influence and Product Evaluation," *Journal of Applied Psychology* 56 (February 1972): 54–59; Robert E. Burnkrant and Alain Cousineau, "Informational and Normative Social Influence in Buyer Behavior," *Journal of Consumer Research* 2 (December 1975): 206–15; Peter H. Reingen, "Test of a List Procedure for Inducing Compliance with a Request to Donate Money," *Journal of Applied Psychology* 67 (1982): 110–18.
74. Dyan Machan, "Is the Hog Going Soft?," *Forbes* (March 10, 1997): 114–19.
75. Jennine Jacob, "Actually, Bloggers DO Influence People to Buy," *Independent Fashion Bloggers*, http://heartifb.com/2013/03/25/actually-bloggers-do-influence-people-to-buy/, accessed November 5, 2013; "How Twitter, Facebook and Blogs Influence Fashion Shoppers," *NetBase* (July 25, 2013), Gretchen Hoffman, http://www.netbase.com/all-posts/how-twitter-facebook-and-blogs-influence-fashion-shoppers/, accessed November 5, 2013.
76. Kenneth J. Gergen and Mary Gergen, *Social Psychology* (New York: Harcourt Brace Jovanovich, 1981): 312.
77. J. R. P. French, Jr., and B. Raven, "The Bases of Social Power," in D. Cartwright, ed., *Studies in Social Power* (Ann Arbor, MI: Institute for Social Research, 1959): 150–67.
78. Michael R. Solomon, "Packaging the Service Provider," *The Service Industries Journal* 5 (March 1985): 64–72.
79. Tamar Charry, "Unconventional Spokesmen Talk Up U.S. Robotics' Fast Modems in a New TV Campaign," *New York Times* (February 6, 1997), http://www.nytimes.com/1997/02/06/business/unconventional-spokesmen-talk-up-us-robotics-fast-modems-in-a-new-tv-campaign.html?scp=44&sq=Tamar+Charry&st=nyt, accessed September 13, 2011.
80. Patricia M. West and Susan M. Broniarczyk, "Integrating Multiple

Opinions: The Role of Aspiration Level on Consumer Response to Critic Consensus," *Journal of Consumer Research* 25 (June 1998): 38–51.

81. Barry Rehfeld, "At These Camps, Everybody Is a Star (If Only for a Day)," *New York Times* (June 12, 2005), http://www.nytimes.com/2005/06/12/business/yourmoney/12fantasy.html?scp=1&sq=Barry%20Rehfeld,%20%E2%80%9CAt%20These%20Camps,%20Everybody%20Is%20a%20 Star%20(If%20Only%20for%20a%20Day)&st=cse, accessed June 12, 2005.
82. C. Whan Park and V. Parker Lessig, "Students and Housewives: Differences in Susceptibility to Reference Group Influence," *Journal of Consumer Research* 4 (September 1977): 102–10.
83. Gina Kolata, "Study Finds Big Social Factor in Quitting Smoking," *New York Times* (May 22, 2008), www.nytimes.com/2008/05/22/science/22smoke.html?ex=1369195200&en=0a10910fcde1a1ac&ei=5124&partner=permalink&exprod=permalink, accessed May 22, 2008.
84. Jeffrey D. Ford and Elwood A. Ellis, "A Re-examination of Group Influence on Member Brand Preference," *Journal of Marketing Research* 17 (February 1980): 125–32; Thomas S. Robertson, *Innovative Behavior and Communication* (New York: Holt, Rinehart & Winston, 1980), Ch. 8.
85. Gergen and Gergen, *Social Psychology*.
86. Stephanie Rosenbloom, "Names That Match Forge a Bond on the Internet," *New York Times* (April 10, 2008), www.nytimes.com/2008/04/10/us/10names.html?ref=us, accessed April 10, 2008.
87. Harold H. Kelley, "Two Functions of Reference Groups," in Harold Proshansky and Bernard Siedenberg, eds., *Basic Studies in Social Psychology* (New York: Holt, Rinehart & Winston, 1965): 210–14.
88. Sam Schechner, "When Your Political Opinion Isn't Yours Alone: Broadcasts of Political Debates That Include Live Audience Feedback Can Influence What You're Thinking—Hecklers Can, Too," *Wall Street Journal* (October 10, 2008), http://online.wsj.com/article/SB122359949981721549.html, accessed October 11, 2008.
89. http://halo.xbox.com/en-us/intel/titles/halo2, accessed June 15, 2011; Kris Oser, "Microsoft's Halo 2 Soars on Viral Push," *Advertising Age* (October 25, 2004): 46.
90. Hope Jensen Schau, Albert M. Muñiz, Jr., and Eric J. Arnould, "How Brand Community Practices Create Value," *Journal of Marketing* 73 (September 2009), 30–51; John W. Schouten, James H. McAlexander, and Harold F. Koenig, "Transcendent Customer Experience and Brand Community," *Journal of the Academy of Marketing Science* 35 (2007): 357–68; James H. McAlexander, John W. Schouten, and Harold F. Koenig, "Building Brand Community," *Journal of Marketing* 66 (January 2002): 38–54; Albert Muñiz and Thomas O'Guinn, "Brand Community," *Journal of Consumer Research* (March 2001): 412–32; Scott A. Thompson and Rajiv K. Sinha, "Brand Communities and New Product Adoption: The Influence and Limits of Oppositional Loyalty," *Journal of Marketing* 72 (November 2008): 65–80.
91. Rama K. Jayanti and Jagdip Singh, "Framework for Distributed Consumer Learning in Online Communities," Journal of Consumer Research 36, no. 6 (2010): 1058–81.
92. Schau, Muñiz, and Arnould, "How Brand Community Practices Create Value."
93. Veronique Cova and Bernard Cova, "Tribal Aspects of Postmodern Consumption Research: The Case of French In-Line Roller Skaters," *Journal of Consumer Behavior* 1 (June 2001): 67–76.
94. http://www.sneakerfiles.com/2011/06/15/air-jordan-xii-12-dwyane-wade-player-exclusive/, accessed June 15, 2011; Jennifer Edson Escalas and James R. Bettman, "You Are What You Eat: The Influence of Reference Groups on Consumers' Connections to Brands," *Journal of Consumer Psychology* 13, no. 3 (2003): 339–48.
95. A. Benton Cocanougher and Grady D. Bruce, "Socially Distant Reference Groups and Consumer Aspirations," *Journal of Marketing Research* 8 (August 1971): 79–81.
96. Nick Bilton, "Twitter Users Congregate Based on Mood, Study Says," *New York Times* (March 16, 2011), http://bits.blogs.nytimes.com/2011/03/16/twitter-users-congregate-based-on-mood-study-says/, accessed April 29, 2011.
97. A. Benton Cocanougher and Grady D. Bruce, "Socially Distant Reference Groups and Consumer Aspirations."
98. R. B. Zajonc, H. M. Markus, and W. Wilson, "Exposure Effects and Associative Learning," *Journal of Experimental Social Psychology* 10 (1974): 248–63.
99. D. J. Stang, "Methodological Factors in Mere Exposure Research," *Psychological Bulletin* 81 (1974): 1014–25; R. B. Zajonc, P. Shaver, C. Tavris, and D. Van Kreveid, "Exposure, Satiation and Stimulus Discriminability," *Journal of Personality & Social Psychology* 21 (1972): 270–80.
100. J. E. Grush, K. L. McKeogh, and R. F. Ahlering, "Extrapolating Laboratory Exposure Research to Actual Political Elections," *Journal of Personality & Social Psychology* 36 (1978): 257–70.
101. Jonah Berger and Lindsay Rand, "Shifting Signals to Help Health: Using Identity Signaling to Reduce Risky Health Behaviors," *Journal of Consumer Research* 35, no. 3 (2008): 509–18.
102. http://boardoutmind.livejournal.com/, accessed June 15, 2011; Rob Walker, "Anti-Fan Club," *New York Times* (November 26, 2006), www.nytimes.com, accessed November 26, 2006.
103. Candice R. Hollenbeck and George M. Zinkhan, "Consumer Activism on the Internet: The Role of Anti-Brand Communities," *Advances in Consumer Research* 33, no. 1 (2006): 479–85.
104. Marius K. Luedicke, "Brand Community Under Fire: The Role of Social Environments for the Hummer Brand Community," *Advances in Consumer Research* 33, no. 1 (2006): 486–93.
105. Basil G. Englis and Michael R. Solomon, "To Be and Not to Be: Reference Group Stereotyping and the Clustering of America," *Journal of Advertising* 24 (Spring 1995): 13–28; Michael R. Solomon and Basil G. Englis, "I Am Not, Therefore I Am: The Role of Anti-Consumption in the Process of Self-Definition" (special session at the Association for Consumer Research meetings, October 1996, Tucson, Arizona); cf. also Brendan Richardson and Darach Turley, "Support Your Local Team: Resistance, Subculture and the Desire for Distinction," *Advances in Consumer Research* 33, no. 1 (2006): 175–80.
106. Bruce Feirstein, *Real Men Don't Eat Quiche* (New York: Pocket Books, 1982); www.auntiefashions.com, accessed December 31, 2002; Katherine White and Darren W. Dahl, "Are All Out-Groups Created Equal? Consumer Identity and Dissociative Influence," *Journal of Consumer Research* 34 (December 2007): 525–36.
107. B. Latane, K. Williams, and S. Harkins, "Many Hands Make Light the Work: The Causes and Consequences of Social Loafing," *Journal of Personality & Social Psychology* 37 (1979): 822–32.
108. S. Freeman, M. Walker, R. Borden, and B. Latane, "Diffusion of Responsibility and Restaurant Tipping: Cheaper by the Bunch," *Personality & Social Psychology Bulletin* 1 (1978): 584–87.
109. Donald H. Granbois, "Improving the Study of Customer In-Store Behavior," *Journal of Marketing* 32 (October 1968): 28–32; Tamara F. Mangleburg, Patricia M. Doney, and Terry Bristol, "Shopping with Friends and Teens' Susceptibility to Peer Influence," *Journal of Retailing* 80 (2004): 101–16.
110. Len Strazewski, "Tupperware Locks in New Strategy," *Advertising Age* (February 8, 1988): 30.
111. Luc Sante, "Be Different! (Like Everyone Else!)," *New York Times Magazine* (October 17, 1999), www.nytimes.com, accessed October 3, 2007.
112. Tanya Irwin, "Study: Facebook Users Show 'Herding Instinct,'" *Marketing Daily* (October 12, 2010), http://www.mediapost.com/publications/?fa=Articles.showArticle&art_aid=137340&nid=119587, accessed April 29, 2011.
113. For a study that attempted to measure individual differences in proclivity to conformity, see William O. Bearden, Richard G. Netemeyer, and Jesse E. Teel, "Measurement of Consumer Susceptibility to Interpersonal Influence," *Journal of Consumer Research* 15 (March 1989): 473–81.
114. John W. Thibaut and Harold H. Kelley, *The Social Psychology of Groups* (New York: Wiley, 1959); W. W. Waller and R. Hill, *The Family, a Dynamic Interpretation* (New York: Dryden, 1951).
115. Bearden, Netemeyer, and Teel, "Measurement of Consumer Susceptibility to Interpersonal Influence"; Lynn R. Kahle, "Observations: Role-Relaxed Consumers: A Trend of the Nineties," *Journal of Advertising Research* (March–April 1995): 66–71; Lynn R. Kahle and Aviv Shoham, "Observations: Role-Relaxed Consumers: Empirical Evidence," *Journal of Advertising Research* (May–June 1995): 59–62.
116. Fred E. Webster and Yoram Wind, *Organizational Buying Behavior* (Upper Saddle River, NJ: Prentice Hall, 1972).
117. See J. Joseph Cronin, Jr., and Michael H. Morris, "Satisfying Customer Expectations: The Effect on Conflict and Repurchase Intentions in Industrial Marketing Channels," *Journal of the Academy of Marketing Science* 17 (Winter 1989): 41–49; Thomas W. Leigh and Patrick F. McGraw, "Mapping the Procedural Knowledge of Industrial Sales Personnel: A Script-Theoretic Investigation," *Journal of Marketing* 53 (January 1989): 16–34; William J. Qualls and Christopher P. Puto, "Organizational Climate and Decision Framing: An Integrated Approach to Analyzing Industrial Buying," *Journal of Marketing Research* 26 (May 1989): 179–92.
118. James M. Sinkula, "Market Information Processing and Organizational Learning," *Journal of Marketing* 58 (January 1994): 35–45.
119. Allen M. Weiss and Jan B. Heide, "The Nature of Organizational Search in High Technology Markets," *Journal of Marketing Research* 30 (May 1993): 220–33; Jennifer K. Glazing and Paul N. Bloom, "Buying Group Information Source Reliance," *Proceedings of the American Marketing Association Educators' Conference* (Summer 1994): 454.
120. B. Charles Ames and James D. Hlaracek, *Managerial Marketing for Industrial Firms* (New York: Random House Business Division, 1984); Edward F. Fern and James R. Brown, "The Industrial/Consumer

Marketing Dichotomy: A Case of Insufficient Justification," *Journal of Marketing* 48 (Spring 1984): 68–77.

121. Jaakko Aspara, "Aesthetics of Stock Investments," *Consumption Markets & Culture* 12 (June 2009): 99–131.
122. Daniel H. McQuiston, "Novelty, Complexity, and Importance as Causal Determinants of Industrial Buyer Behavior," *Journal of Marketing* 53 (April 1989): 66–79
123. Patrick J. Robinson, Charles W. Faris, and Yoram Wind, *Industrial Buying and Creative Marketing* (Boston: Allyn & Bacon, 1967).
124. Erin Anderson, Wujin Chu, and Barton Weitz, "Industrial Purchasing: An Empirical Examination of the Buyclass Framework," *Journal of Marketing* 51 (July 1987): 71–86.
125. http://wwre.globalsources.com/, accessed June 14, 2011; http://company.monster.com/wre, accessed June 16, 2009.
126. http://www.dell.com/us/business/p/, accessed June 14, 2011.
127. Barbara Kiviat, "The End of Management," *Time Inside Business* (July 12, 2004), www.time.com/time/magazine/article/0,9171,994658,00.html, accessed October 5, 2007.
128. www.intrade.com, accessed June 4, 2011; www.hsx.com, accessed June 4, 2011.
129. Sabrina Tavernise, "Married Couples Are No Longer a Majority, Census Finds," *New York Times* (May 26, 2011), http://www.nytimes.com/2011/05/26/us/26marry.html?_r=2&scp=1&sq=marriage%20rate&st=cse, accessed June 4, 2011.
130. Robert Boutilier, "Targeting Families: Marketing to and Through the New Family," in *American Demographics Marketing Tools* (Ithaca, NY: American Demographics Books, 1993): 4–6; W. Bradford Fay, "Families in the 1990s: Universal Values, Uncommon Experiences," *Marketing Research: A Magazine of Management & Applications* 5 (Winter 1993): 47.
131. Ellen Graham, "Craving Closer Ties, Strangers Come Together as Family," *Wall Street Journal* (March 4, 1996): B1.
132. Risto Moisio, Eric J. Arnould, and Linda L. Price, "Between Mothers and Markets: Constructing Family Identity Through Homemade Food," *Journal of Consumer Culture* 4, no. 3 (2004): 361–84.
133. Sabrina Tavernise, "Study Finds Women Slower to Wed, and Divorce Easing," *New York Times* (May 18, 2011), http://www.nytimes.com/2011/05/19/us/19marriage.html?_r=1&scp=1&sq=age%20of%20marriage&st=cse, accessed June 4, 2011.
134. Sabrina Tavernise, "Grandparents' Role Grows as the Economy Struggles," *New York Times* (November 10, 2010), http://www.nytimes.com/2010/11/11/us/11marriage.html?_r=1&scp=2&sq=grandparent&st=cse, accessed April 19, 2011.
135. "Match.com Releases Study on Trends in Online Dating," *Dating Site Reviews* (April 30, 2010), http://www.datingsitesreviews.com/article.php?story=Match-Releases-Study-Trends-Online-Datin, accessed June 14, 2011.
136. Ben Parr, "Twitter Users Have Shorter Relationships," *Mashable* (April 20, 2011), http://mashable.com/2011/04/19/active-twitter-users-have-shorter-relationships-stats/?utm_source=feedburner&utm_medium=email&utm_campaign=Feed%3A+Mashable+%28Mashable%29, accessed April 30, 2011.
137. Bella English, 'The Boomerang Kids," *Boston Globe* (January 13, 2009), www.boston.com/lifestyle/family/articles/2009/01/13/the_boomerang_kids/?page=2, accessed June 16, 2009.
138. "Mothers Bearing a Second Burden," *New York Times* (May 14, 1989): 26.
139. Marcia Mogelonsky, "The Rocky Road to Adulthood," *American Demographics* (May 1996): 26.
140. Nina Diamond, John F. Sherry, Jr., Albert M. Muniz, Jr., Mary Ann McGrath, Robert V. Kozinets, and Stefania Borghini, "American Girl and the Brand Gestalt: Closing the Loop on Sociocultural Branding Research," *Journal of Marketing* 73 (May 2009): 118–34.
141. Erik Eckholm, "'07 U.S. Births Break Baby Boom Record," *New York Times* (March 18, 2009), www.nytimes.com/2009/03/19/health/19birth.html?_r=1, accessed March 18, 2009.
142. Frank Bruni, 'Persistent Drop in Fertility Reshapes Europe's Future," *New York Times* (December 26, 2002), www.nytimes.com, accessed December 26, 2002.
143. Katie Zezima, "More Women Than Ever Are Childless, Census Finds," *New York Times* (August 18, 2008), www.nytimes.com, accessed August 19, 2008.
144. P. Paul, "Childless by Choice," *American Demographics* (November 2001): 45–48, 50; www.childfreebychoice.com, accessed June 16, 2009.
145. Rebecca Gardyn, "Animal Magnetism," *American Demographics* (May 2002): 31–37.
146. For a review cf. Russell W. Belk, "Metaphoric Relationships with Pets," *Society & Animals* 4, no. 2 (1996): 121–46.
147. "Pets Win Prizes as Recession Bites," *Virgin Money* (April 23, 2009), http://uk.virginmoney.com/virgin/news-centre/press-releases/2009/Pets_win_prizes_as_recession_bites.jsp, accessed June 16, 2009; Carla Baranauckas, "A Dog's Life, Upgraded," *New York Times* (September 24, 2006), www.nytimes.com, accessed September 24, 2006; Thom Forbes, "PetSmart's Hotels Offer Doggies the Lap of Luxury," *Marketing Daily* (December 28, 2006), http://www.mediapost.com/publications/?fa=Articles.printFriendly&art_aid$$$=53099, accessed December 28, 2006; Stephanie Thompson, "What's Next, Pup Tents in Bryant Park?" *Advertising Age* (January 29, 2007): 4; Maryann Mott, "Catering to the Consumers with Animal Appetites," *New York Times on the Web* (November 14, 2004), http://www.nytimes.com/2004/11/14/business/yourmoney/14pet.html, accessed September 9, 2011; http://www.k9waterco.com/, accessed June 14, 2011; Jim Carlton, "For Finicky Drinkers, Water from the Tap Isn't Tasty Enough," *Wall Street Journal* (March 11, 2005), www.wsj.com, accessed March 11, 2005.
148. Brad Edmondson, "Do the Math," *American Demographics* (October 1999): 50–56.
149. www.thebump.com, accessed June 4, 2011; www.theknot.com, accessed June 4, 2011; Edmondson, "Do the Math."
150. The VOICE Group, "Buying into Motherhood? Problematic Consumption and Ambivalence in Transitional Phases," *Consumption Markets & Culture* 13, no. 4 (2010): 373–97.
151. Cheryl Russell, "The New Consumer Paradigm," *American Demographics* (April 1999): 50.
152. These categories are an adapted version of an FLC model proposed by Gilly and Enis (1982). Based on a recent empirical comparison of several competing models, Schaninger and Danko found that this framework outperformed others, especially in terms of its treatment of nonconventional households, though they recommend several improvements to this model as well. See Mary C. Gilly and Ben M. Enis, "Recycling the Family Life Cycle: A Proposal For Redefinition," in Andrew Mitchell, ed., *Advances in Consumer Research* 9 (Ann Arbor: Association for Consumer Research, 1982): 271–76; Schaninger and Danko, "A Conceptual and Empirical Comparison of Alternate Household Life Cycle Models," *Journal of Consumer Research* 19, no. 4 (March 1993): 580–94; Scott D. Roberts, Patricia K. Voli, and Kerenami Johnson, "Beyond the Family Life Cycle: An Inventory of Variables for Defining the Family as a Consumption Unit," in Victoria L. Crittenden, ed., *Developments in Marketing Science* 15 (Coral Gables, FL: Academy of Marketing Science, 1992): 71–75; George P. Moschis, "Life Course Perspectives on Consumer Behaviour," *Journal of the Academy of Marketing Science* 35 (2007): 295–307.
153. Edmondson, "Do the Math."
154. Jennifer Lach, "Intelligence Agents," *American Demographics* (March 1999): 52–60; for a detailed ethnographic study of how households assimilate products, cf. Jennifer Chang Coupland, "Invisible Brands: An Ethnography of Households and the Brands in Their Kitchen Pantries," *Journal of Consumer Research* 33, no. 2 (2005): 106.
155. Harry L. Davis, "Decision-Making Within the Household," *Journal of Consumer Research* 2 (March 1972): 241–60; Michael B. Menasco and David J. Curry, "Utility and Choice: An Empirical Study of Wife/Husband Decision-Making," *Journal of Consumer Research* 16 (June 1989): 87–97; Conway Lackman and John M. Lanasa, "Family Decision-Making Theory: An Overview and Assessment," *Psychology & Marketing* 10 (March–April 1993): 81–94.
156. Shannon Dortch, "Money and Marital Discord," *American Demographics* (October 1994): 11.
157. For research on factors affecting how much influence adolescents exert in family decision-making, see Ellen Foxman, Patriya Tansuhaj, and Karin M. Ekstrom, "Family Members' Perceptions of Adolescents' Influence in Family Decision-Making," *Journal of Consumer Research* 15 (March 1989): 482–91; Sharon E. Beatty and Salil Talpade, "Adolescent Influence in Family Decision-Making: A Replication with Extension," *Journal of Consumer Research* 21 (September 1994): 332–41; for a recent study that compared the influence of parents versus siblings, cf. June Cotte and S. L. Wood, "Families and Innovative Consumer Behavior: A Triadic Analysis of Sibling and Parental Influence," *Journal of Consumer Research* 31, no. 1 (2004): 78–86.
158. Daniel Seymour and Greg Lessne, "Spousal Conflict Arousal: Scale Development," *Journal of Consumer Research* 11 (December 1984): 810–21.
159. Amber M. Epp and Linda L. Price, "Family Identity: A Framework of Identity Interplay in Consumption Practices," *Journal of Consumer Research* 35 (June 2008): 50–70; Robert Lohrer, "Haggar Targets Women with $8M Media Campaign," *Daily News Record* (January 8, 1997): 1.
160. Erik Sass, "Facebook Is Now Leading Source of Evidence in Divorce Cases," *Social Media & Marketing Daily* (March 10, 2011), http://www.mediapost.com/publications/?fa=Articles.showArticle&art_aid=146421&nid=124595, accessed April 19, 2011.
161. Richard Alleyne, "Facebook Increasingly Implicated in Divorce," The Telegraph (UK) (January 21, 2011), http://www.telegraph.co.uk/technology/

facebook/8274601/Facebook-increasingly-implicated-in-divorce.html, accessed January 2, 2013.

162. Amy Harmon, "Grandma's on the Computer Screen," *New York Times* (November 26, 2008), www.nytimes.com/2008/11/27/us/27minicam.html?emc=eta1, accessed November 27, 2008.

163. Heather Timmons, "The Hand That Rocks the Cradle Can Call the Shots," *New York Times* (April 3, 2009), http://www.nytimes.com/2009/04/04/business/global/04indiamom.html?scp=113&sq=&st=nyt, accessed April 3, 2009.

164. www.urbanbaby.com/talk/posts/51108366, accessed June 16, 2009; "Helicopter Moms vs. Free-Range Kids," Newsweek.com (April 21, 2008), www.newsweek.com/id/133103, accessed June 16, 2009.

165. Diane Crispell, "Dual-Earner Diversity," *American Demographics* (July 1995): 32–37.

166. "Marriage: The Art of Compromise," *American Demographics* (February 1998): 41.

167. Belinda Luscombe, "Woman Power: The Rise of the Sheconomy," *Time Magazine* (November 22, 2010), http://www.time.com/time/magazine/article/0,9171,2030913-3,00.html, accessed April 19, 2011; Sarah Mahoney, "New Rules of Mama Marketing: Older, Greener," *Marketing Daily* (July 12, 2010), http://www.mediapost.com/publications/?fa=Articles.showArticle&art_aid=131754, accessed April 19, 2011.

168. Tanya Irwin, "Study: Men Defy Marketing Stereotypes," *Marketing Daily* (April 25, 2011), http://www.mediapost.com/publications/?fa=Articles.showArticle&art_aid$$$=149272&nid$$$=126106, accessed April 30, 2011.

169. "Wives and Money," *American Demographics* (December 1997): 34; for a more recent study of decision-making among lesbian couples, cf. Robert Wilkes and Debra A. Laverie, "Purchasing Decisions in Non-Traditional Households: The Case of Lesbian Couples," *Journal of Consumer Behaviour* 6, no. 1 (2007): 60–73.

170. Shirley S. Wang, "J&J Pulls Online Motrin Ad After Social-Media Backlash," *Wall Street Journal* (November 18, 2008): B4.

171. Thomas Hine, *Populuxe* (New York: Knopf, 1986).

172. Boutilier, "Targeting Families: Marketing to and Through the New Family."

173. Karlene Lukovitz, "Women in Wealthy Homes Make 2 of 3 Buying Decisions," *Marketing Daily* (May 15, 2008), www.mediapost.com, accessed May 15, 2008; Dennis L. Rosen and Donald H. Granbois, "Determinants of Role Structure in Family Financial Management," *Journal of Consumer Research* 10 (September 1983): 253–58; Robert F. Bales, *Interaction Process Analysis: A Method for the Study of Small Groups* (Reading, MA: Addison-Wesley, 1950). For a cross-gender comparison of food shopping strategies, see Rosemary Polegato and Judith L. Zaichkowsky, "Family Food Shopping: Strategies Used by Husbands and Wives," *Journal of Consumer Affairs* 28, no. 2 (1994): 278–99.

174. Alma S. Baron, "Working Parents: Shifting Traditional Roles," *Business* 37 (January–March 1987): 36; William J. Qualls, "Household Decision Behavior: The Impact of Husbands' and Wives' Sex Role Orientation," *Journal of Consumer Research* 14 (September 1987): 264–79; Charles M. Schaninger and W. Christian Buss, "The Relationship of Sex-Role Norms to Household Task Allocation," *Psychology & Marketing* 2 (Summer 1985): 93–104.

175. Jennifer Steinhauer, "Mars and Venus: Who Is 'the Decider'?" *New York Times* (April 26, 2006), www.nytimes.com, accessed April 26, 2006; "Tailor-Made," *Advertising Age* (September 23, 2002): 14.

176. Craig J. Thompson, "Caring Consumers: Gendered Consumption Meanings and the Juggling Lifestyle," *Journal of Consumer Research* 22 (March 1996): 388–407.

177. Edmund L. Andrews, "Survey Confirms It: Women Outjuggle Men," *New York Times* (September 15, 2004), www.nytimes.com, accessed September 15, 2004.

178. Gary L. Sullivan and P. J. O'Connor, "The Family Purchase Decision Process: A Cross-Cultural Review and Framework for Research," *Southwest Journal of Business & Economics* (Fall 1988): 43; Marilyn Lavin, "Husband-Dominant, Wife-Dominant, Joint," *Journal of Consumer Marketing* 10, no. 3 (1993): 33–42.

179. Micaela DiLeonardo, "The Female World of Cards and Holidays: Women, Families, and the Work of Kinship," *Signs* 12 (Spring 1942): 440–53.

180. C. Whan Park, "Joint Decisions in Home Purchasing: A Muddling-Through Process," *Journal of Consumer Research* 9 (September 1982): 151–62; see also William J. Qualls and Francoise Jaffe, "Measuring Conflict in Household Decision Behavior: Read My Lips and Read My Mind," in John F. Sherry Jr. and Brian Sternthal, eds., *Advances in Consumer Research* 19 (Provo, UT: Association for Consumer Research, 1992): 522–31.

181. Kim P. Corfman and Donald R. Lehmann, "Models of Cooperative Group Decision-Making and Relative Influence: An Experimental Investigation of Family Purchase Decisions," *Journal of Consumer Research* 14 (June 1987): 1–13.

182. Patricia Cohen, "Signs of Détente in the Battle Between Venus and Mars," *New York Times* (May 31, 2007), www.nytimes.com, accessed May 31, 2007; for a detailed look at couples' goal-setting with regard to artificial reproductive technologies, cf. Eileen Fisher, Cele C. Otnes, and Linda Tuncay, "Pursuing Parenthood: Integrating Cultural and Cognitive Perspectives on Persistent Goal Striving," *Journal of Consumer Research* 34, no. 4 (2007): 425–40.

183. Ray A. Smith, "Belly Up to the Bar and Buy Some Jeans," *Wall Street Journal* (April 2, 2009), http://online.wsj.com/article/SB123862311574879951.html, accessed April 2, 2009.

184. Shelly Branch, "Maybe Sex Doesn't Sell, A&F Is Discovering," *Wall Street Journal* (December 12, 2003), www.wsj.com, accessed December 12, 2003.

185. Jeffrey Zaslow, "Happiness Inc.," *Wall Street Journal* (March 18, 2006): P1.

186. Emily Friedman, "Does Virtual Cheating Still Count?," *ABC News* (August 13, 2007), http://abcnews.go.com/Technology/story?id=3473291&page=1, accessed August 13, 2007; Regina Lynn, "Virtual Rape Is Traumatic, but Is It a Crime?," *Wired* (May 4, 2007); www.wired.com/culture/lifestyle/commentary/sexdrive/2007/05/sexdrive_0504, accessed June 16, 2009; "Representative Kirk Wants to Ban Second Life's 'Rape Rooms' from Schools," *Virtual Worlds News* (May 7, 2008), www.virtualworldsnews.com/2008/05/representative.html?cid=113790134, accessed June 16, 2009.

187. David H. Maister, "The Psychology of Waiting Lines," in John A. Czepiel, Michael R. Solomon, and Carol F. Surprenant, eds., *The Service Encounter: Managing Employee/Customer Interaction in Service Businesses* (Lexington, MA: Lexington Books, 1985): 113–24.

188. David Leonhardt, "Airlines Using Technology in a Push for Shorter Lines," *New York Times* (May 8, 2000), www.nytimes.com, accessed May 8, 2000.

189. Jennifer Ordonez, "An Efficiency Drive: Fast-Food Lanes, Equipped with Timers, Get Even Faster," *Wall Street Journal* (May 18, 2000), www.wsj.com, accessed May 18, 2000.

190. Natasha Singer, "No Mug? Drug Makers Cut Out Goodies for Doctors," *New York Times* (December 30, 2008), www.nytimes.com, accessed December 30, 2008; Alex Berenson, "Cancer Drug Representatives Spelled Out the Way to Profit," *New York Times* (June 12, 2007), www.nytimes.com, accessed June 12, 2007; Andrew Pollack, "Stanford to Ban Drug Makers' Gifts to Doctors, Even Pens," *New York Times* (September 12, 2006), www.nytimes.com, accessed September 12, 2006.

191. Quoted in Stephanie Clifford, "Stuff Piled in the Aisle? It's There to Get You to Spend More," *New York Times* (April 7, 2011), http://www.nytimes.com/2011/04/08/business/08clutter.html?_r=1&hp=&adxnnl=1&adxnnlx=1302264052-gF+9E6s92AG9nsm5jbyIpg, accessed April 18, 2011.

192. Thomas E. Weber, "Viral Marketing: Web's Newest Ploy May Make You an Unpopular Friend," *Wall Street Journal* (September 13, 1999), www.wsj.com, accessed September 13, 1999.

Chapter 10 · 소비자 정체성 I : 성 역할과 하위문화

Chapter Objectives

이 장을 끝마칠 때, 당신은 다음의 사항들을 이해해야 한다:

1. 소비자 정체성은 '나'뿐만 아니라 '우리'로부터 나온다.
2. 성 정체성은 소비자의 자아개념에서 매우 중요한 요소이다.
3. 사람들은 자신이 속해 있는 민족, 인종, 종교적 하위 문화에 따라 각각 다른 소비 선택을 보인다.
4. 소비자들과 소통하려고 하는 마케팅 메시지들은 영적이나 종교적인 주제를 점점 더 많이 사용한다.
5. 나이가 비슷한 사람들은 공통점을 많이 갖고 있다.
6. 10대들은 마케터에게 중요한 연령별 세분 시장이다.
7. 베이비붐 세대는 여전히 경제적으로 가장 힘있는 세분 시장이다.
8. 세분 시장으로서의 노인 시장의 중요성이 증가하고 있다.
9. 유유상종

토요일 아침 일찍 잠에서 깬 Maria는 그날 하루 동안 해야 할 집안일들과 심부름들에 대해 생각하며 기운을 냈다. 평소와 다름없이 그녀는 어머니가 일하는 동안 오늘 저녁에 있을 가족모임 식사를 위해 식료품을 구매하고 요리 준비를 해야 하는 것이다. 당연히 어머니는 그녀의 오빠인 José에게는 식료품 구매나 요리를 도와달라고 얘기조차 꺼내지 않았을 것이다. 부엌일은 여자들 담당인 것이다.

가족모임을 위한 식사 준비는 손이 많이 가는 일이기 때문에 그녀는 어머니가 가끔 한 번쯤은 반조리 식품을 사용하길 바랬다. 특히 자신을 위해 처리해야 할 일이 있는 토요일 저녁 같은 때는 더더욱 그랬다. 어머니는 편의를 위해 반조리 식품을 사용하는 일이 극히 드물었으며, 모든 식사는 처음부터 끝까지 손맛으로 최상의 맛과 영양을 유지하게끔 항상 신경을 썼다.

그녀는 옷을 입는 동안 유니비전(Univision) 채널에서 방영하는 연속극인 텔레노벨라(Telenovela)를 봤다. 그리고 신문을 사러 작은 식료품 가게인 카니세리아(Carnicería)로 달려갔다. 그녀의 동네에는 거의 40여 종의 스페인어(Spanish) 신문이 판매되고 있고, 그녀는 때때로 평소 보던 것이 아닌 새로운 신문을 고르는 것을 좋아했다. 신문을 사고 난 후, 그녀는 어머니가 원하는 식료품을 구입하기로 했다. 어머니가 적어준 식료품 목록은 그녀가 항상 사는 카세라(Casera)와 고야(Goya)와 같은 친숙한 브랜드들로 채워져 있어서 쇼핑은 빨리 끝날 것 같았다. 운좋으면, Daddy Yankee의 새로 나온 레게톤(Reggaeton) 라틴 음악 CD를 사러 메카도(Mercado) 쇼핑센터에 들를 시간이 있을지도 모른다. 그렇다면, 부엌에서 야채를 다듬고, 썰고, 볶는 동안 그것을 들을 수 있을 것이다.

출처: Evok20/Shutterstock.

Maria는 자기도 모르게 미소 지었다. 로스앤젤레스는 정말 살기 좋은 곳이다. 게다가 세상에 어떤 것이 가족과 함께 하는 생기 넘치는 즐거운 저녁 시간보다 즐거울 수 있단 말인가?

목표 1

소비자 정체성은 '나'뿐만 아니라 '우리'로부터 나온다.

소비자 정체성

그렇다. Maria는 멕시코시티가 아닌 로스앤젤레스에 산다. 캘리포니아 주민 4명 중 1명 이상이 히스패닉이고 백인 거주자보다 유색인 거주자가 훨씬 많다. 사실 LA에서 가장 많은 사람들이 보는 TV 채널은 스페인어 채널인 Univision이다.

Maria를 비롯한 히스패닉계 미국인들은 미국에 사는 다른 인종 혹은 다른 민족 사람들과 공통점이 많다. 그들은 같은 휴일에 쉬고 미국의 경제 형편이 그들의 지출에 영향을 미치며, 그들은 올림픽에서 미국 선수들을 응원한다. 그러나 몇몇 소비 결정에 있어서는 미국 시민이라는 사실이 중요한 요인이지만, 많은 다른 소비 결정들에 있어서는 미국의 엄청나게 다양한 사회적 차이들이 영향을 미친다. 미국은 이탈리아계부터 아일랜드계까지, 모르몬교도부터 제7안식일 교도까지, 수백여 개의 다양한 그룹들의 '멜팅 팟(용광로)'이다.

한 사람의 **사회적 정체성**(social identity)은 집단의 구성원으로서 소속된 집단에 의해 규정된 자아의 일부분이다. 지난 장에서 살펴보았듯이 집단은 개인의 소비 결정에 많은 영향을 미친다. 우리가 소속된 곳들 중 어떤 곳들은 다른 곳들에 비해 우리의 본질에 훨씬 핵심적이다. 이 장에서 우리는 성(gender), 인종/민족, 종교, 연령, 거주지 등 우리가 누구이고 우리가 무엇을 가치있게 여기는지를 정하는 데 매우 큰 역할을 하는 외부 연결고리 중 몇몇을 살펴본다.

사회적 정체성 이론(social identity theory)은 우리들 각각이 집단에 관련된 여러 가지 자아를 갖고 있다고 주장한다. 이런 연결고리가 매우 중요해서 우리는 우리 자신을 "나"로만 생각하는 것이 아니라 "우리"로 생각한다. 게다가 우리는 같은 정체성을 공유하는 타인을 좋아한다. 심지어 그런 정체성이 피상적이고 실질적 의미가 없을 때도 말이다. **최소집단 패러다임**(minimal group paradigm)을 채택한 많은 실험에서 연구자들은 실험 참가자들이 한 그룹 혹은 다른 그룹에 무작위로 할당되었을 때조차도 같은 그룹에 묶인 사람들을 더 좋아한다는 사실을 보여주었다.

사람들이 이처럼 박약한 구분에 근거하여 집단 구성원들과 다른 사람들을 구분한다는 사실을 생각해 보면, 우리에게 중요한 집단의 소속감이 우리의 감정이나 믿음, 행동에 어떤 영향을 미칠지를 상상해 볼 수 있다. 우리들 대다수에게 있어 중요한 그룹은 성별, 연령, 인종 그리고 부모로부터 물려받은 다른 기본적 특징들과 관련된 그룹들이다. 그러나 펑크, 얼터너티브 같은 음악 장르에 대한 일체감, 오뜨 꾸뛰르 패션에의 흥미, 채식주의 원칙에 대한 신념 혹은 좋아하는 스포츠팀에 대한 열정과 같은 중요한 일상적 선택 또한 한 사람의 정체성을 형성한다. 다음 장에서는 이런 선택들에 초점을 맞출 것이다.

우리 사회가 소비 주도적이기 때문에 우리가 우리의 사회적 정체성을 표현하는 방식들 중 많은 것들이 상품 및 서비스에 관련되어 있다. 그러므로 우리는 우리의 총체적인 사회적 정체성의 큰 구성요소인 **소비자 정체성**(consumer identity)에 관해 생각해 볼 수 있다. (7장에서 논의했듯이) 우리가 먹고 입고 운전하는 것이 우리 자신이라는 명제가 어느 정도까지는 사실이라고 한다면 우리가 누구이고 우리가 함께 지내고 싶은 사람들이 누구인지를 결정하는 데 있어 우리의 소비 선택이 중요한 역할을 한다고 할 수 있다. 이들 중요한 카테고리 각각이 하위문화이다. **하위문화**(subculture)는 그 구성원들이 중요한 신념과 공통의 경험을 공유하고 그 신념과 경험으로 인해 다른 사람들과 구분되는 집단을 말한다.

목표 2

성 정체성은 소비자의 자아개념에서 매우 중요한 요소이다.

성 정체성

최근 인도 정부는 Unilever사의 Axe 남성용 데오도란트의 TV 광고를 금지했다. 이 TV 광고는 Axe의 Dark Temptation 데오도란트를 뿌린 다음 초콜릿 조각상으로 변한 남자가 시내를 걸어 다닐 때 여성들이 이 남자에게 몸을 던져 그를 핥아먹고 신체의 일부를 깨물어 먹는 내용이었다. 같은 광고가 아르헨티나와 유럽에서는 아무 문제 없이 방송되었지만, 전통적인 인도 문화에서는 이런 야하고 노골적인 이미지가 승인되지 않는다. 인도 정부는 Amul Macho 속옷 광고 또한 금지했다 — 젊은 여성이 남편 빨래를 하기 위해 강가에 도착한 후 관능적인 표정으로 응시하면서 사각 팬티를 꺼내 손으로 빨기 시작한다. 그리고 난 후 이 여자는 외설적인 느낌을 풍기면서 머리를 뒤로 젖히는데, 이때 다음과 같은 메시지가 흘러나온다: "Amul Macho. 판타지를 위해 만들어지다." The Army of Ram이라 불리는 힌두 조직원들은 남성들과 함께 춤을 추고 술을 마시고 있었다는 이유로 술집 안에 있던 여러 여자 대학생들을 습격하기도 했다. 확실한 것은 세계의 모든 나라에서 동일하게 명시되어진 성 역할은 존재하지 않는다는 것이다.

성 역할 정체성(gender identity)은 소비자의 자아개념에 있어서 매우 중요한 요소이다. 각 문화권마다 성별에 따라 기대되는 행동 방식, 복장, 언어 등에 차이가 있고, 사람들은 대개 그 기대에 맞추어 행동하고 입고 말한다. 물론 이러한 지침들은 시간이 지나면서 바뀌기도 하며, 사회에 따라 근본적으로 달라질 수도 있다. 인도와 다른 나라에서는 사회가 성별에 따른 이상적인 행동을 규정하고 있기 때문에 남성과 여성의 적절한 역할에 대한 기대가 전승된다.

성별 차이(gender difference)가 선천적으로 형성되는 것인지 아니면 문화에 의해 후천적으로 형성되는지는 확실하지 않다. 하지만 그러한 성별 차이는 소비 상황에서 보다 명백해진다. 남성과 여성의 음식 선호를 비교한 많은 연구들은 여성들은 과일을 더욱 선호하는 반면, 남성들은 육류를 더욱 선호한다고 밝히고 있다. 한 음식 기고가는 "소년들의 음식은 재배되는 것이 아니라 사냥하거나 죽임으로써 나오는 것이다"라 표현하기도 했다. 이러한 성별 차이는 먹는 양에서도 나타난다. Hershey에 근무하는 조사자는 여성들이 사탕을 더 적게 먹는다는 것을 알고 난 후, Hugs라 불리는 화이트 초콜릿 과자를 만들었고, 이는 가장 성공적인 음식 도입 사례 중 하나로 알려지고 있다. 이와 반대로, Burger King 와퍼의 한 광고에 등장한 남성은 데이트 상대 여성을 멋진 레스토랑에 남겨두고 나와 다음과 같이 불만을 토로한다. "새 모이처럼 적은 음식으로는 배를 채울 수가 없어요! 전 배고파요!" 그리고 난 후 와퍼의 사이즈가 커지고, 덩치가 큰 남성 군중들은 맨 주먹을 흔들고, 주먹질을 하며, 다리 위 밴에서, 노래를 부른다. "난 이 고기를 배꼽이 빠질 때까지 먹을테야!", "나는 배고파. 나는 주체할 수 없어. 난 남자야!"

성 역할 사회화

아동들은 연구자들의 믿음보다도 더 어린 나이에 — 어떤 경우에는 1세에 — 성 정체성의 개념을 배운다. 3세가 되면 대부분의 미국 어린이들은 트럭 운전을 남성적인 것으로, 요리와 세탁을 여성적인 것으로 분류한다. 만화 캐릭터조차도 힘없는 캐릭터로 그려질 경우에는 레이스가 달린 옷을 입는 경우가 많다.

부모와 친구 이외에도 많은 상업적 광고들은 소년과 소녀들에게 **성별 사회화**(gender socialization)에 대한 학습을 제공한다. Sony의 Bravia TV 광고는 전형적인 사례이다. 광고에서 남성과 여성은 Bravia LCD의 매장 윈도우를 뚫어져라 보고 있다. 서로를 잘 모르는 두 사람은 "멋진 그림이군"이라며 동시에 속삭인다. "남성을 위한 엔딩", "여성을 위한 엔딩"이라는 두 개의 문구가 화면에 나타난다. 남성을 위한 엔딩은 스포츠 쇼의 즐거운 장면 혹은 무술 영화의 만화 패러디이다. 여성들은 신발을 주제로 하는 1950년대의 뮤지컬이나 고아의 생명을 구하는 여의사에 관한 최루성 영화를 보게 된다.

아동의 놀이의 기능 중 한 가지는 어른이 되기 위한 예행연습이다. 아이들은 나중에 자라나서 맡을 역할에 따라 행동하고 다른 사람들이 그들에게 기대하는 바에 관해

Barbie.com에서 여자 아이들은 그녀의 분신과 그녀의 방을 원하는 대로 단들 수 있다.
출처: Courtesy of Mattel.

배운다. 장난감 산업은 아이들이 이런 역할들을 수행하기 위해 사용할 도구를 제공한다. 이들 장난감은 사회가 남성과 여성에게 가지는 기대를 반영하고 또 그 기대를 아이들에게 가르친다. 취학 전 아이들은 장난감 선호에 있어 많은 차이가 나타나지 않지만, 5살 이후에는 확연하게 구분된다. 소녀들은 인형에 집착하고 소년들은 "액션 히어로 인형"이나 하이테크 오락물에 비중을 둔다. Barbie.com 웹사이트에서 소녀들은 자신들의 아바타와 방을 꾸밀 수 있다. 바비 인형이 커리어우먼으로 재탄생했다는 사실은 기업이 사회화에 관해 얼마나 염두에 두고 있는지를 보여준다. Mattel사가 1964년에 우주비행사 바비 인형을 도입하고 1999년 파일롯 바비 인형을 도입했음에도 그 직업에 관한 세부적인 장난감이 제공되지는 않았다. 그러나 오늘날 소녀들은 커리어우먼 바비인형을 선택할 수 있다. 커리어우먼 바비 인형에는 미니어쳐 컴퓨터와 휴대폰, 그리고 금융에 관한 CD롬이 함께 딸려온다. 그 인형은 갈색 정장을 입는다. 그러나 치마는 뒤집으면 빨간 드레스로 바뀌는데, 이 치마는 퇴근 후 켄과의 모험에 갈 때 빨간 통굽 구두와 함께 입을 치마이다.

마케터들은 소년과 소녀, 남성과 여성들이 보여지고 행동해야 하는 "올바른" 방식에 대한 사회의 기대를 강화하는 경향이 있다. 많은 사회에서 남성들은 자기 주장과 지배를 강조하는 **주체적 목적**(agentic goals)을 추구하도록 기대되어진다. 반면에, 여성들에게는 소속과 조화로운 관계의 조성과 같은 **관계적 목적**(communal goals)을 기대한다.

컴퓨터에서 흘러나오는 남성의 목소리가 같은 내용을 읽는 여성의 목소리보다 더 정확하고 권위 있다고 여겨진다고 발표한 연구도 있다. 심지어 컴퓨터에서 나오는 칭찬의 말도 남성의 목소리일 때보다 가치를 두는 것으로 평가된다고 한다! 미국과 호주의 어린아이들을 대상으로 하는 TV 상업 광고에 대한 분석은 남자 어린아이들이 더욱 지적이고, 활동적이며, 적극적이고, 중요한 역할을 하는 것으로 묘사되고 있다고 밝혔다.

새로운 연구들에 의하면, 두뇌는 남성과 여성에게 다르게 반응하도록 "만들어져" 있고 이것은 남성들이 왜 여성들을 욕망의 대상으로 여기는지를 설명하는 데 도움이 될 수 있다. 뇌 스캔 기술을 사용한 연구는 비키니를 입은 여성들의 사진을 이성애자인 남자 대학생들에게 보여준 후 이들 뇌의 어느 부분이 활성화되는지를 추적했다. 활성화된 부분은 남성들이 연장을 다룰 때 각성화되는 부분과 동일했다. 추후 조사에서, 남성들은 비키니를 입은 여성들을 3인칭의 형태인 "she pushes", "she handles", "she grabs"가 아닌 1인칭의 형태인 "I push", "I handle", "I grab"과 연관짓는 경향이 있음이 밝혀졌다. 반면에, 옷을 모두 갖추어 입은 여성들의 사진을 보여주었을 때는 3인칭의 형태로 되돌아갔는데, 이는 남성들이 여성들 스스로가 자신들의 행동을 통제하고 있다고 인식함을 의미한다. 두 가지 종류의 그림에 응답한 여성 피험자들은 반응에 차이를 보이지 않았다.

이러한 경향성의 차이는 성장 발달 초기에 두드러지게 나타난다. Mattel사가 소녀들을 위한 조립식 완구 Ello를 개발하기로 결정했을 때 디자이너들은 5~10세 아이들의 놀이 유형을 신중하게 관찰했다. 해당 장난감은 모서리가 둥근 파스텔 톤의 플라스틱 사각형, 공, 삼각형, 곡선, 꽃, 그리고 막대 모양으로 구성되어 있으며, 사용자들은 각각을 조립하여 집, 사람, 보석, 그리고 액자를 만들 수 있다. 개발자들 중의 한 명은 관찰 결과 "소년들은 나무토막 쌓기와 건물을 완성하는 것과 같은 한 가지 목표를 성취하는

남성 화장실에 붙어 있는 이 이스라엘 포스터는 성 역할 차이에 대한 문화적 가정을 보여준다.
출처: Courtesy of Goldstar.

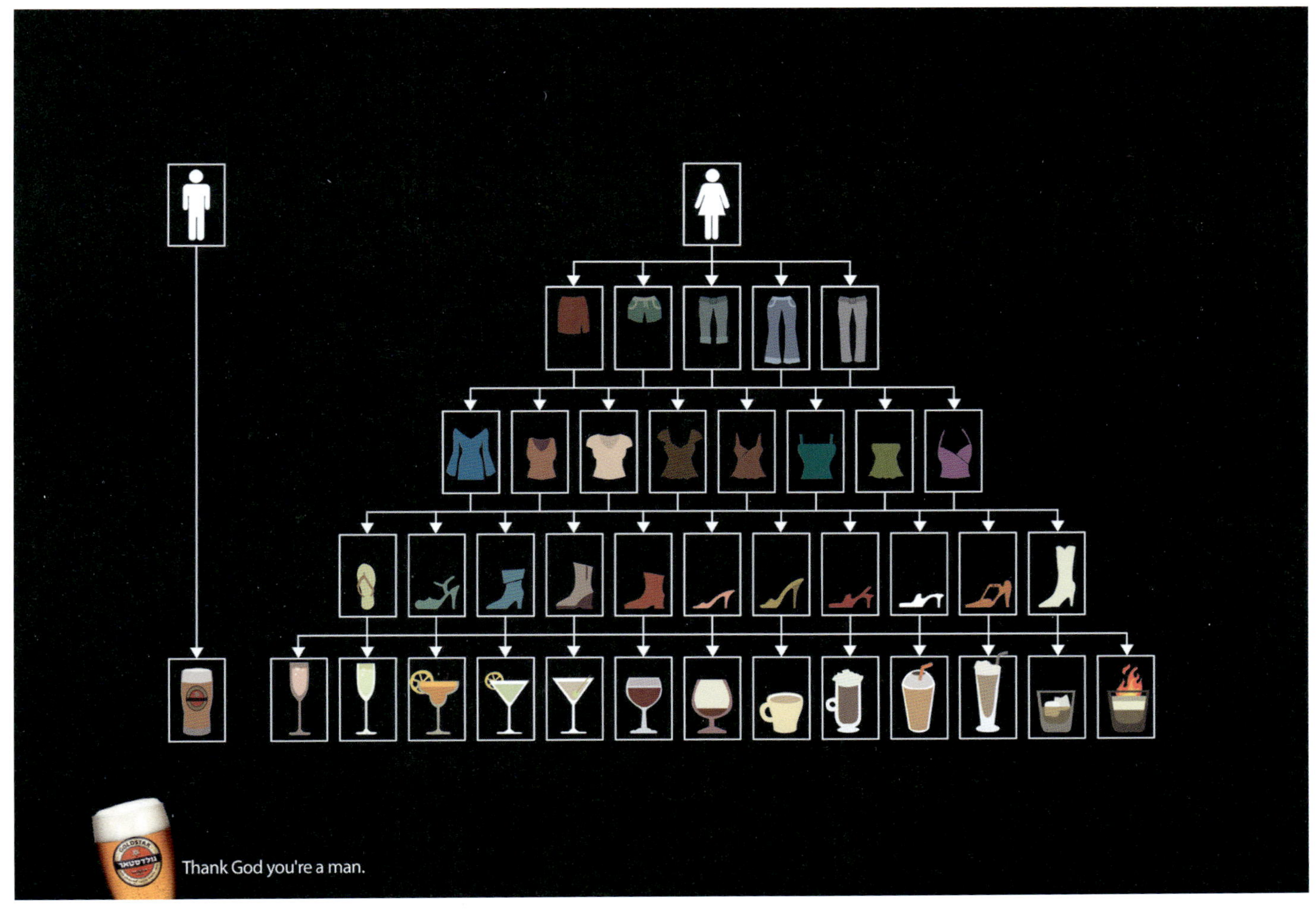

것을 즐기고 신체적으로 활동적이다. 또한 인물들 간의 갈등을 유발시키는 것을 선호한다. 반면에, 소녀들은 반복해서 토막을 쌓는 것을 좋아하지는 않지만, 인물들 간의 새로운 관계를 형성하는 것을 선호하고 공동체와 장식적인 공간을 좋아한다"고 말했다.

소셜미디어에서도 성차가 확인된다. 여성들은 다른 사람들과 연결되는 것에 더 열정을 쏟는다. 인터넷 상에 남성들이 더 많음에도 불구하고 여성들이 남성들보다 온라인에서 쓰는 시간이 8% 더 많다. 월 평균 25시간을 웹에서 보낸다. 또한 여성들은 남성들에 비해 쇼핑몰 사이트에서 보내는 시간이 20% 더 많다. 어떤 달에는 전 세계 여성의 76%가 소셜 네트워킹 사이트에 접속했는데, 이는 남성의 70%만이 접속한 것과 대비된다. 또한 여성들이 소셜네트워킹 사이트에서 보내는 시간도 남성에 비해 길다. 남성들이 월 평균 4시간을 소셜네트워킹 사이트에서 보내는 반면 여성들은 5.5시간을 쓴다.

Gender Identity Versus Sexual Identity

성 역할 정체성(gender-role identity)은 신체뿐만 아니라 정신의 상태를 의미한다. 개인의 생물학적 성(즉. 남성 혹은 여성)만이 전형적으로 성과 연관되는 특질인 **성별 특성**(sex-typed traits)을 결정짓는 것은 아니다. 소비자가 느끼는 자신의 주관적인 성도 역시 중요하다

남성성(maleness) 및 여성성(femaleness)과는 달리, 남성다움(masculinity)과 여성다움

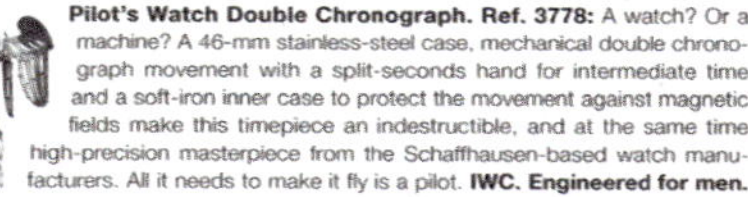

남성 유형의 상품
출처: IWC Schaffhausen.

(femininity)은 생물학적 특징이 아니다. 한 문화에서 남성다운 행동이 다른 문화에서는 그렇게 받아들여지지 않기도 한다. 가령, 미국의 규범에 의하면 남성은 동성친구와 신체적인 접촉을 해서는 안 된다(풋볼 경기장과 같이 "안전한" 구역에서는 제외하고). 일부 라틴과 유럽 문화권에서는 인사로 남성들이 서로 포옹하고 키스하는 것을 자주 볼 수 있다. 이러한 규범은 계속해서 진화하고 있는데, 미국의 10대들은 인사의 표시로 껴안는 것을 새로운 유행으로 받아들이고 있으며(하이 파이브와 주먹 부딪치기와 함께) 남성 친구들은 (MTV쇼 Bromance에 의해 촉발된) **브로맨스**(bromance: 동성애자가 아닌 남성 친구들 간의 애정)를 갖는 것에 대해 자연스럽게 이야기한다.

물론, 문화에 따라서 이런 "정상적인" 전형적 성에 대한 행동은 다양하게 나타날 수 있다. 가령, 아시아 문화권에서 동성애(homosexuality)에 대한 수용 정도는 다양하나 대부분의 아시아인들이 여성적 기질을 가진 남성을 게이(gay)라고 추정하지는 않는다. 한국 소비자들을 대상으로 이루어진 최근 연구를 살펴보면, 40대 이하 세대에서 남성의 66% 이상, 여성의 57% 이상이 "양성성"을 보여주는 라이프스타일을 갖고 있다고 응답했다. 이는 수년 전에 비해 남성은 전통적인 여성적 특질을, 여성은 전통적인 남성적 특질을 더 많이 갖고 있다고 믿는 것이다. 하지만 한국의 소비자들은 이를 성적 취향과 연결시키지는 않았다. "꽃미남(flower man)"과 같이 여성 취향이 묻어난 남성의 별명에 대해서도 한국 소비자들은 모욕적이라고 생각하지 않는다. 일본의 도시에서는 gyaru-o ("여성적인 남성")라 불리는 사람들을 자주 볼 수 있다. 검게 태닝하고 멋지게 차려입은

여성들은 문화적 기대와 부합하도록 자신의 외모를 변화시켜 주는 많은 제품들을 소비한다.
출처: Agency: Downtown Partners Chicago. Writer: Sean Austin. Art Directors: Joe Stuart and Tom Kim.

(일반적으로 양성애자인) 멋쟁이들이 도쿄의 우아한 부티크를 휘젓고 다닌다.

성 유형화된 제품

『진정한 남성은 키쉬(quiche: 파이의 일종)를 먹지 않는다』라는 책이 있다. 키쉬뿐만 아니라 많은 제품들이 "**성 유형화**(sex-typed products)"되어 있다. 이러한 제품들은 남성다움과 여성다움의 속성을 갖고 있으며, 소비자들은 그러한 제품들을 성과 연관짓는다. Thor's Hammer라는 보드카는 이러한 전형성을 보여준다. 술은 짧고 단단한 병에 담겨져 있다. 회사의 마케팅담당 부사장은 이 술을 "대담하고, 대단하며, 단단한 남성 취향의 보드카 … 반짝거리는 성분이 든, 소녀 같은 남자의 보드카가 아닙니다"라고 표현했다. Thor은 노르웨이의 천둥 신이며, 이 이름은 술을 많이 마실 때 발생할 수 있는 "해머 맞는(getting hammered)"다는 슬랭과는 아무런 관계가 없다고 회사는 밝히고 있다. 반대로, ePad Femme은 "여성 전용으로 만들어진 세계 최초의 태블릿"이다. 그 태블릿은 핑크색 바탕화면에 요가, 식료품 구매, 다이어트, 요리와 관련된 많은 앱들이 내장되어 나온다.

여성의 성 역할

1949년 아담의 갈빗대(Adam's Rib)라는 영화에서 Katherine Hepburn은 멋지고 유능한

이 Bijan 광고는 두 국가의 여성들의 외모에 대한 기대를 대비시킴으로써 성 역할 정체성이 문화에 따라 어떻게 달라지는지를 보여주고 있다.
출처: Courtesy of Bijan Fragrances c/o Fashion World.

변호사로 나왔다. 이 영화는 여성도 성공적인 직업을 가짐과 동시에 행복하게 결혼생활을 할 수 있다는 것을 보여준 첫 번째 영화였다. 오늘날 여성들이 관리자의 역할을 수행함에 따라 마케터들은 여성에 대한 전통적인 고정관념에서 벗어나 여성 시장에 대해서 주목하게 되었다. 가령, 스즈키는 경제적인 자립을 이루고 자신의 자동차를 소유한 인도 여성 소비자의 증가에 주목하기 시작했다. 스즈키의 Zen Estilo(Estilo는 스페인어로 "스타일"을 의미) 모델은 "퓨전보라", "버진 블루", "스파클링 올리브"를 포함한 여덟 가지 색상으로 판매된다.

전통적인 성 역할이 사라졌다고 주장하기에는 아직 이르다. 이슬람 국가에서는 여성들이 공적인 장소에서는 몸을 가리도록 하며, 공공장소에 위치한 매장(심지어 여성 의류를 파는 매장까지)에서 판매사원으로 일하는 것을 금지하고 있다.

설상가상인 것은 성 역할이 지속적으로 변화한다는 것인데, 우리가 살고 있는 복잡한 사회에서 종종 "적절한" 행동에 대한 모순되는 메시지에 부딪히며 상황에 따라 매우 다른 얼굴을 하는 우리 자신을 발견하게 된다. **현대의 젊은 주류 여성 성취자**(Contemporary Young Mainstream Female Achievers: CYMFA)라고 불리는 집단에 대한 탐색을 통해 저자는 여러 상황에서 여성들이 수행해야 하는 다양한 역할을 규명했다. 예

Marketing Opportunity

시장 세분화의 논리를 이해하는 사람이라면 누구나 설명할 수 있듯이(1장 참조) 매우 거대한 소비자 집단들을 동일 집단으로 여기는 것은 비현실적이므로 이러한 소비자들 중 중요한 특질을 공유한 집단으로 보다 세분화할 필요성이 있다. 이 논리는 분명히 여성에게도 적용되며 똑똑한 마케터는 모든 여성 소비자가 동일한 방식으로 사회화되지는 않는다는 것을 알고 있다. 예를 들어, Cohorts라는 리서치회사는 혼자 사는 여성 소비자를 9개의 집단으로 세분화했다. 이 중 가장 유망한 세 집단은 다음과 같다:

1. **Megan**: 평균 소득 16,000달러인 스타일리시하고, 기술에 지식이 있는, 학생이다. 그녀는 Self, Rolling Stone, InStyle, 그리고 US Weekly를 구독한다. 그녀는 광고가 방송될 때 채널을 돌리며, 케이블 방송이 없는 TV는 시청하지 않는다. 그녀가 가장 좋아하는 채널은 Oxygen, Nick at Nite, Disney Channel, MTV, VH1, E!, 그리고 TBS이다. 그녀는 멋지거나 최신의 것을 좋아한다. 또한 진보적이며, 기회를 잡고자 하고 변덕스럽다.
2. **Allison**: 평균 소득 52,000달러의 교육받은 일하는 여성이다. 그녀는 Elle, Shape, Cosmopolitan, 그리고 Entertainment Weekly를 구독한다. 그녀가 가장 좋아하는 채널은 Lifetime, Bravo, Cartoon Network, E!, FX, TBS, 그리고 TLC이다. 그녀는 여행과 자신의 직업에 몰입하며, 자신의 세련된 취향에 대해 자부심을 갖고 있다.
3. **Elizabeth**: 평균 소득이 174,000달러인 부유한 커리어우먼이다. 그녀는 Vogue, Harper's Bazaar, People, 그리고 Martha Stewart Living을 구독한다. TV를 시청할 시간이 있을 때 Lifetime, WE, Comedy Central, MTV, CNBC, E!, HBO, A&E, Bravo, 그리고 AMC 등을 시청한다. 그녀는 외국여행, 피트니스, 그리고 자신의 일을 중시하며, 현명하고 즉흥적이다.

남성 개인 화장품인 Axe 라인은 남성을 성의 대상으로 묘사함으로써 오랜 편견을 흔들고 있다.
출처: Courtesy of Bartle Bogle Hegarty New York aka BBH.

이 독일 맥주 광고는 남성의 성 역할에 대한 기대를 전달하고 있다.
출처: KesselsKramer, Amsterdam. KesselsKramer, Sabine Gilhuijs, Lauriergracht 39, 1016 RG Amstercam. The Netherlands.

를 들어, 어머니나 파트너로서는 매우 여성적인 역할을 수행하고 거칠며 냉혹한 비즈니스 여성으로서는 남성적인 역할을 수행하지만, 친구로서는 남성과 여성의 역할을 동시에 수행해야 할지도 모른다.

남성의 성 역할

디자이너 Dolce & Gabbana의 유럽 시장 광고는 스파이크 힐을 신은 채 딱 달라붙은 청바지를 입은 땀투성이의 남성들이 땅바닥에 눕혀져 있는 여성을 둘러싸고 있는 모습을 담고 있다. 가정용품의 대표 캐릭터로 오랜 역사를 자랑해 온 Mr. Clean의 광고는 힘센 남성만이 먼지와 맞설 수 있다고 역설한다. 새로 나온 닥터페퍼 텐 드링크를 홍보하기 위해, 회사는 이동식 "Man Cave(남성들의 소굴)"를 미국 주요 도시에 보내고 있다. 그 트레일러는 경기장이나 자동차 쇼 같은 남성들의 구역에 주차하여 남자들에게 TV 시청이나 비디오게임을 즐기도록 해준다. 그리고 뒤따르는 광고는 우주 시대의 무기들로 무장한 근육질의 게릴라대원을 보여준다. 그 대원은 "헤이, 아가씨. 이 영화 볼래? 물론 아니겠지. 이 영화는 우리 영화이고 닥터페퍼도 우리의 음료니까."라고 말한다.

전통적으로 우리 문화가 추구하는 이상적인 남성은 "남성적인" 스포츠를 즐기는 강하고, 공격적이며, 근육질의 남성이다. 글로벌 기업가이자 Virgin Airlines의 CEO인 Richard Branson이 Air Asia의 오너와의 자동차경주 내기에서 졌을 때, 그가 받은 벌은 Air Asia의 여승무원 복장을 입는 것이었다. 내기에 이긴 쪽은 "그가 스튜어디스가 되어

내게 봉사하다니, 기대된다"며 고소해했다.

하지만 여성과 마찬가지로 남성에 대한 진실은 이보다 훨씬 복잡하다. 게다가 **남성주의**(masculinism)를 연구하는 학자들은 남성 이미지와 남성다움에 대한 복잡한 문화적 의미에 대해 연구한다. 여성처럼 남성도 그들이 어떻게 행동하고 느껴야 하는지에 대해서 혼재된 메시지에 노출된다. 쉐보레의 광고 "사내들의 외박"은 친구들과 밤새 노는 모임에 온 초보 아빠가 아기의 sing-a-long CD를 지켜보느라 꼼짝 못하는 모습을 그렸다. Sprint는 문자메시지로 여자 친구에게 버림받은 소년에 대한 광고를 내보냈다.

한 연구에서는 미국의 남성들이 매일의 소비 활동을 통해 어떻게 남성적인 정체성을 추구하는지를 연구한 바 있다. 해당 연구자들은 남성들이 가장(breadwinner), 반항아(rebel), 그리고 활동적인 영웅(man-of-action hero)이라 불리는 세 가지 서로 다른 남성성 모델을 인식한다고 제안한다. 먼저, 가장 모델은 미국의 성공 신화에서 기인하며 존중, 시민 도덕, 물질적인 성공 추구 및 조직에서의 성취를 축하한다. 반면에, 반항아 모델은 반항, 독립성, 모험 및 권력을 강조한다. 활동적인 영웅 모델은 위의 두 모델에서 좋은 점을 끌어내어 통합한 것이다.

출처: Kati Neudert/Shutterstock.

Marketing Opportunity

현명한 마케터들은 자신들의 제품을 판매하기 위한 새로운 시장에 대해 고민한다. 따라서 하나의 성에게만 판매하는 제품을 만드는 몇몇 회사들은 gender-bending 제품(최근 여성들을 위한 분홍색 총을 파는 상인들이 급증한 것처럼 반대되는 성에게 맞추어 조정된 전통적인 성 역할 제품)을 홍보할 때 다른 성을 대상으로 사전 테스트를 해본다. 다음에 소개되는 예들은 gender bending 제품을 시도한 기업들에 관한 것이다

고전적인 Seinfeld TV 에피소드에서 따온 것으로 일본 란제리 소매상인 Wish Room은 일부 남성들이 남몰래 브래지어를 착용하기를 원하는 것을 발견하고 수백 개의 "남성용 란제리"를 판매했다.

Rubbermaid는 족집게와 가위를 포함한 남성 전용 미용 도구 라인을 개발했다. 매니저는 "많은 남성들은 소위 "여성 코너"에 가서 여성을 위해 만들어진 족집개와 가위를 사는 것을 좋아하지 않는다. 이들은 남성적으로 보이며 자신들의 독특한 미용 욕구를 만족시키기 위해 만들어진 제품을 원한다"라고 설명하고 있다.

Frito-Lay의 짭짤한 스낵과자는 원래 남성들을 위한 것이었는데, 이 회사는 이 과자를 1봉지에 100칼로리짜리의 구워 만든 칩으로 바꾸기 위해 노력하고 있다. 광범위한 조사를 실시한 결과, 이 회사의 마케터는 전형적인 여성들은 자신들이 건강한 음식을 먹고 있다는 것을 상기시켜 주길 원한다고 결론지었다. 이 작업의 하나의 결과로 탄생한 구운 Lay 포장은 기존의 반짝이는 노란색에서 향신료나 랜치 드레싱(ranch dressing)과 같은 재료의 그림을 보여주는 광택이 없는 베이지색으로 바뀌게 될 것이다.

양성성(androgyny)은 남성성과 여성성의 특성을 모두 갖고 있는 것을 의미한다. 기존의 연구자들은 남성성 혹은 여성성이라는 전형적인 성을 가진 사람들과 남성성/여성성이 명확하게 구분되지 않은 양성성을 가진 사람들을 구분해왔다. 뱀파이어 신화와 고스 전통에 의해 생겨난 고스 하위문화(Goth subculture)는 성 정체성에 대한 양성적 접근의 사례이다. 참여자들은 자신의 생물학적 성별과는 무관하게 다른 형태의 성적 측면을 표현한다. 그들은 남성성 과잉(hypermasculinity)이나 여성성 과잉(hyper-femininity), 혹은 (뼈대 의상처럼) 양성성을 표현하는 의상을 입는다. 남성과 여성 모두 미를 추구하고 지배할 수 있으므로 뱀파이어 이야기 또한 양성적이다.

Marketing Opportunity

동성 결혼을 합법화하려는 운동이 성장함에 따라, 산업은 이 새롭고 잠재적인 수익성이 매우 높을 시장의 수요를 충족할 방법을 찾고 있다. 이미 온라인 잡지 EquallyWed는 결혼 준비를 위한 팁을 제공하고 있고 OutVite.com은 게이 및 레즈비언 문구를 넣은 카드를 판매한다. 동성애 권리 그룹으로부터의 압력을 받은 후에 NBC의 Today 쇼는 연례 웨딩 콘테스트에 동성 커플을 초대했다. *Brides*지는 주요 화보로 잡지 사진 편집자 중 한 사람과 그녀의 여자친구의 결혼식에 관한 사진을 실었다. 1년 전 *Martha Stewart Weddings*지는 두 명의 게이 들러리가 유리 위에서 춤추면서 키스를 나누는 그림을 실었다.

Gun Goddess는 총기를 소유, 사용하는 여성들을 위한 여성용 악세사리를 판매한다.
출처: GunGoddess.com.

Axe의 Anarchy 브랜드는 성별 왜곡자이다.
출처: Courtesy of Unilever.

게이, 레즈비언, 양성애자, 트렌스젠더(GLBT) 소비자

미국에서 게이와 레즈비언의 비율을 쉽게 단정짓기 어려울 뿐만 아니라, 이러한 집단을 측정하기 위한 노력이 필요한가는 많은 논쟁거리이다. 많은 학자들과 마케팅 전문가들은 게이와 레즈비언의 숫자가 미국 전체 인구의 약 4~8% 혹은 1,100~2,300만 명 사이로 추정하고 있다. 2000년 미국 인구조사에 의하면, 미국에서 120만 명의 "미혼" 동성애자가 있다고 보고했지만 해당 결과에 독신(single) 게이와 레즈비언은 포함되지 않았다. 1971년부터 매년 소비자 가치와 태도를 조사해온 Yankelovich Partners사는 매년 발표하는 MonitorTM 조사에서 성적 정체성에 대한 질문을 했는데, 응답자들의 약 6%가 자신을 게이/동성애자/레즈비언이라고 응답했다고 보고하기도 했다. 이 연구는 표본 추출 과정에서 대표성이 떨어지는 소규모 집단 혹은 편향된 집단(게이 잡지의 독자와 같은)이 아닌 모든 모집단을 반영했다는 점에서 의미 있는 연구이다.

CB AS I SEE IT

Susan Dobscha 교수, *Bentley University*

첫 아이를 가진 것을 알게 되었을 때 젊은 커플이 느끼게 될 흥분을 상상해 보라. 이들은 의사를 통하거나 약국에서 구입한 임신 테스트기를 통해 이러한 사실을 알게 되었을 것이다. 임신이 확실해지고 친구들과 친척들에게 임신 소식을 알린 후에 이 커플은 새로운 식구를 맞을 준비를 위한 광범위한 계획 과정을 시작해야 한다. 당연하지만 이러한 과정의 많은 부분은 제품과 서비스에 대한 계획과 구매를 필요로 한다. 부모가 되는 방법에 대한 수천 가지의 책이 시중에 나와 있는데, 이들 책의 대부분은 엄마를 대상으로 하고 있다. 아빠가 되는 방법에 대해 조언을 해주는 책들도 몇 가지 있기는 하지만, 도서 시장은 엄마가 아이들을 일차적으로 돌보는 사람이며 아버지는 2차적인 역할을 한다는 널리 받아들여진 문화적 규범을 반영하고 있다. 최근 연구에서는 새로운 엄마와 아빠 모두 부모의 책임은 똑같이 공유되어야 한다고 믿는 한편, 이들 대다수는 이러한 책임이 가정 내에서 공유되어야 한다고 느끼지는 않는 것으로 밝혀졌다. 성 역할에 대한 기대는 엄청나게 바뀌었지만, 성역할 자체는 시간이 지나도 변하지 않고 있다.

모성에 대한 글로벌한 연구를 행하고 있는 국제적 조사팀인 VOICE Group은 새로운 아기의 탄생과 관련한 계획 과정에서 남편들의 역할이 무엇인지에 대해 부인들에게 질문하였다. 참여자의 대부분은 자신들의 남편들이 "신이 나거나(흥분한)" 혹은 "깊이 관여하는" 것으로 대답했으나 실상은 대부분의 여성들에게 파트너의 관여 수준이 자신들의 것에 미치지 못했다. 한 연구는 첫 아이의 출생과 관련된 아버지의 소비 결정 태도에 대한 엄마의 지각에 초점을 두고 있다. 이 조사는 공동 관여부터 제한된 관여, 그리고 특히 여행 시스템과 기술 제품들과 같은 비싼 제품에 대한 관여에 이르기까지 소비 관여의 수준은 달랐지만, 남자들은 가상의 탯줄로서 소비를 사용하고 있다고 부인들은 지각하고 있음을 밝히고 있다. 이 조사에 의하면 남성 중 일부는 제품의 안전성에 대한 정보를 찾기 위해 인터넷을 활용하는 등의 "조사" 활동에 관여하기는 하지만, 일반적으로 남성들은 임신 관련 책을 읽는 것을 피하며 아주 남성적인 형태의 태교에 참여한다. 우리는 이 연구를 통해 부모기로의 전이가 남성들에게 어려울 수 있음을 알 수 있다. 그 이유는 임신이라는 육체적 연결의 부족 및 유아 산업이 남성들을 위해 만들어지지 않았다는 지각, 매체에서의 지속적인 남성 고정관념 전파 및 아이의 출생 직전에 소비 활동에 관여될 가용시간 부족 등이 될 수 있다.

소비자 연구자를 위한 또 다른 흥미로운 질문은 시간에 따라 성 역할이 어떻게 변하며, 시장은 어느 정도까지 이러한 변화를 반영하는지 혹은 이러한 변화를 방해하는지 하는 것이다. 이 연구는 새로운 아빠들을 대상으로 하는 책들이 전형적인 놀림조로 쓰여 있다는 것을 발견하였다. 또한 남자들은 신생아를 돌볼 수 있는 경험이 일반적으로 없고 아이가 태어났을 때 무엇을 필요로 하는지에 대한 정보나 의식이 부족하기 때문에 유아를 대상으로 하는 상점에 대해 위협을 느끼기도 한다(여성들은 큰 유아 상점에서만 겁을 먹는다).

만약 남성들이 자신들을 똑같은 육아 책임을 갖고 있는 공동 부모라고 생각을 한다면, 젊은 아빠들을 위한 제품 부족이 새로운 역할을 행하고자 하는 젊은 아빠들을 막을 수 있을까? 그리고 이러한 욕구를 만족시키기 위해 더 좋은 제품을 개발할 수 있는 진취적인 마케터들에게 시장 기회가 존재할까?

GLBT 시장은 아시아계 미국인(약 1,200만 명)의 규모와 비슷한 정도의 시장이다. 이들은 연간 2,500~3,500억 달러 정도를 소비한다. 게이 독자들을 대상으로 한 Simmons 조사에 의하면 이들은 이성애자들과 비교하여 전문적인 직업을 갖고 있을 확률이 12배 이상이며, 별장을 소유하고 있을 확률이 2배, 자신의 노트북을 소유하고 있을 확률이 8배 이상 높은 것으로 밝혀졌다.

목표 3

사람들은 자신이 속해 있는 민족, 인종, 종교적 하위 문화에 따라 각각 다른 소비 선택을 보인다.

민족적/인종적 하위문화들

맥도널드의 미국 최고마케팅담당자(chief marketing officer, CMO)는 "민족적 소비자(ethnic consumer)가 트랜드를 선도하는 경향이 있다. 그래서 그들은 우리가 시장에 어떻게 진입할지에 관한 기조를 설정하도록 돕는다"고 말한다. 그는 소수민족 소비자들로부터의 피드백이 맥도널드의 메뉴와 광고 선택에 영향을 주고 그 메뉴와 광고를 통한 마케팅이 모든 고객을 대상으로 이루어진다. 사실 이 미국적인 연쇄 전략은 "민족적 통찰력을 가지고 리드하라"고 불린다. 그 회사는 상당히 많은 흑인, 히스패닉, 아시아인들을 초점 집단에 포함시킨다. 예를 들면 맥도널드의 최신 스무디의 과일 배합은 소수민족 커뮤니티의 입맛을 반영한다. 지난해 커피 음료를 비중있게 광고하기 시작했을 때, 그 광고는 모카와 같이 단 음료의 더 풍부한 맛을 강조했는데, 그 메시지는 아프리카계 미국인에게 잘 공명했다. 민족적 관행은 또한 주류(mainstream) 광고에도 등장하기 시작했다. "Big Day"라는 상업 광고에서 결혼식에 참석한 한 소년이 신부를 지켜보면서 지루해하다가 아프리카계 미국인들의 결혼 전통인 빗자루 뛰어넘기를 했다. 그가 자리로 돌아왔을 때 그는 Happy Meal을 발견하고 눈이 반짝반짝 빛이 났다.

민족적 하위문화(ethnic subculture)란 문화적으로 혹은 유전적으로 공통된 결속력을 지속적으로 공유하는 소비자들의 집단을 말한다. 해당 집단의 구성원이나 다른 집단들 모두 민족적 하위문화를 별개의 범주로 생각한다. 일본과 같은 경우, 비록 한국에서 이주한 조상을 갖고 있는 일본인 등 일본에 거주하고 있는 소수 민족이 상당수 존재하지만, 거의 모든 국민이 같은 문화적 배경을 갖고 있기 때문에 민족성이란 주류 문화와 동의어로 취급된다. 반면에, 미국과 같은 다민족 사회의 소비자들은 주류 사회의 물결에 휩쓸리지 않고 자신만의 하위문화적 주체성을 지키기 위해 상당한 노력을 기울인다.

많은 주류 사회를 재구성하는 문화의 다양성의 놀라운 힘을 무시할 수 있는 마케터들은 없다. 미국의 소수 민족들은 연간 6천억 달러의 상품과 서비스를 소비하고 있으며, 많은 기업들이 그들만의 독특한 욕구에 맞춘 제품과 커뮤니케이션 전략을 제공하고 있다. 게다가, 이 거대한 시장은 계속 성장하고 있다. 이민자들은 현재 전체 미국 인구의 10%를 차지하고 있지만 2050년에는 13%에 달할 것으로 예상된다.

미국 인구조사 통계는 2042년에 이르면 자기 자신의 인종적 분류를 히스패닉, 흑인, 아시안, 아메리칸 인디언, 하와이안 원주민, 태평양 섬 주민이라고 생각하는 미국인이 히스패닉계가 아닌 백인의 숫자를 넘어설 것이라고 추산하고 있다. 또한 미국 인구조사국은 2050년에는 자기 자신을 복합 인종(multiracial)이라고 분류하는 사람이 전체 미국 인구의 4%에 이를 것으로 내다보고 있다. 미국 아이들 중 복합인종의 수는 2000년 이후 50% 증가하여 4백20만 명에 달했는데 이는 미국 내에서 가장 빠르게 증가하는 청소년 집단이다. 전 연령대에서 흑인과 백인을 모두 자신의 정체성으로 인식하는 인구의 수는 2000년 이후 134% 증가해서 1백80만 명이 되었다.

이런 중요한 변화는 광고주들로 하여금 서구 유럽 출신 백인 중심으로 수립된 기존의 소비자 전략을 재고하게 만들었다. 예를 들어, P&G는 크레스트(Crest) 치약의 50주년 기념행사의 일환으로 1956년에 처음 등장했던 Norman Rockwell이 그린 붉은 뺨의 장난꾸러기 "크레스트 키드(Crest Kid)"를 부활시켰다. 현재 이 캐릭터는 쿠바 출신 소녀로 바뀌었다. 웃을 때 보이는 하얀 치아 때문에 이 소녀가 캐릭터로 선택된 것이지만, 미국 주요 브랜드의 상징이 히스패닉계라는 사실이 주는 의미가 크다고 할 수 있다.

해당 세분 시장에 제품과 서비스를 홍보할 때 고객의 모국어는 좋은 사업 수단이 된다. 다양한 민족적 집단들이 자기 민족을 위한 특화된 매체에서 정보를 얻고 있다는 설문조사 결과들이 꾸준히 보고되고 있다. 캘리포니아에 거주하는 민족적 집단의 63%가 매일 자국어로 방송되는 TV를 시청하고 있으며, 그들 중 1/3은 적어도 일주일에 한 번 이상 자국어로 된 신문도 읽고 있다. 이런 매체들을 접하는 사람은 자신이 일상생활에서 사용하는 언어로 방송되는 광고를 영어로 방송되는 광고보다 더 이상적으로 생각할 것이다.

한 가지 중요한 하위문화적 차이는 집단이 얼마나 추상적인가, 구체적인가 하는 것이다. 사회학자들이 나눈 구분에 의하면, **고맥락 문화**(high-context culture)에서는 집단 구성원들이 서로 단단히 결합되어 있으며, 말해지는 단어 이면의 의미 또한 추론해야 하며, 단어 이외의 기호와 몸짓이 의미 전달에 있어서 많은 무게를 가진다. 반면에, 저맥락 문화(low-context culture)의 사람들은 좀 더 구체적이다. 많은 소수 민족들이 고맥락 문화와 강한 구전 전통을 갖고 있기 때문에 이런 소비자들은 미국 백인들(저맥락 문화)에 비해 광고에서 보여지는 광고 문구 이면의 뉘앙스 등에 더 민감하다.

민족 그리고 인종적 고정관념들

최근 슈퍼볼(Super Bowl) 시즌 동안 TV에 방송되어 논란이 되었던 Salesgenie.com의 기업 광고는 마케터들이 (의도했던 의도하지 않았든지 간에) 민족적/인종적 고정관념들을 홍보 촉진용 커뮤니케이션에 어떻게 사용하는지 보여준다. 이 광고는 강한 중국어 액센트로 말하는 두 마리의 팬더곰 애니메이션 캐릭터를 등장시켰다. 소비자들의 불만 폭주에 해당 기업은 광고 집행을 취소했다.

일반 대중들은 많은 하위문화들에 대해 강한 고정관념을 갖고 있다. 이 경우, 외부인들은 집단 구성원들이 고유한 특색을 갖고 있을 것이라고 생각한다. 그러나 같은 특징이라 할지라도 광고 관련 의사결정자가 갖는 선입견이나 의도에 따라 광고에 긍정적이거나 부정적으로 묘사될 수 있다. 예를 들어, 미국에서 스코틀랜드 인에 대한 고정관념은 대개 긍정적이기 때문에 그들의 검소함을 좋게 평가하는 경향이 있다. 3M은 자사 제품의 가치를 강조하기 위해 제품명에 스코틀랜드 이미지를 사용했다(예, 스카치 테이프(Scotch tape)). 또한 저렴한 숙박을 제공하는 모텔 체인인 스카치 인(Scotch Inns)도 같은 이유로 작명된 것이다. 그러나 스코틀랜드인의 "개성", 즉 검소함을 영국인이나 아일랜드인에게 적용했을 때는 매우 다른 함의를 갖게 된다. 한 사람의 "검소함"은 다른 사람의 "인색함"인 것이다.

Marketing Pitfall

마케터들은 과거에 특정 제품의 속성을 전달하기 위한 손쉬운 방법으로 인종적 상징주의를 자주 사용했다. 그들은 아프리카계 미국인을 아첨하는 사람으로 그리거나 멕시코인을 도적떼로 그리는 등 가공되지 않은 이미지를 노골적으로 사용했다. Aunt Jemima(흑인 여성이 포장에 그려져 있는 핫케익 브랜드명, 제미마 아줌마라는 중의적 의미도 있다)는 핫케이크 믹스를 팔고, Rastus는 Cream of Wheat 제품의 포장에서 핫 시리얼에 대해 설명하는 칠판을 들고 웃고 있는 흑인 주방장이다. Gold Dust Twins(금가루 쌍둥이라는 의미의 브랜드명)는 Lever Brothers(Gold Dust Twins를 판매하는 회사명)를 위해 가루 비누를 행상하는 장난꾸러기 흑인 소년들이었으며, Pillsbury는 자사의 어린이용 분말 음료수에 인디언 오렌지나 중국인 체리 같은 캐릭터를 부여했다. 그러나 1950년대~60년대 흑인 차별 철폐를 위한 미국의 인권운동으로 인해 소수 인종에게 더 많은 권력이 부여되고, 그들의 경제적 지위가 점점 나아지자 마케터들이 그들의 구매력에 관심을 갖게 되면서 이런 부정적인 고정관념은 점차 사라지기 시작했다. FritoLay는 히스패닉 집단의 항의를 받아들여 1971년 Frito Bandito(히스패닉계 도적이라는 의미) 캐릭터 사용을 그만두었으며, Quaker Foods는 1989년에 Aunt Jemima 캐릭터를 수정했다.

불행히 오늘날에도 잘못된 커뮤니케이션들이 일어난다. 영국에서 Cadbury 캔디 광고를 둘러싼 논란은 이 민감한 이슈를 잘 보여준다. Cadbury의 Bliss Dairy Milk 초콜릿의 인쇄 광고는 "나오미는 비켜라. 이 도시의 새로운 디바가 왔다"는 문구를 사용했다. 슈퍼모델 나오미 캠벨을 비롯하여 많은 사람들이 이 광고의 인종차별적 기조에 반대했다. 나오미 캠벨은 그 광고가 "모든 면에서 저급한 취향을 보여준 광고이고, 내게는 그 초코바를 결코 좋아하게 만들지 못했다"고 말했다. Cadbury는 그 광고가 디바로서의 나오미 캠벨의 명성을 패러디하였지만 그녀의 피부색을 노린 것은 아니라고 방어했다. 영국의 광고 감독 기구가 그 메시지는 인종차별적이지 않다고 결정했음에도, 그 회사는 전 세계적 차원의 보이콧의 위협을 받아 광고를 철회하고 캠벨에게 사과해야 했다.

민족적 특성과 문화적 사회화

마케터들이 전략을 수립할 때 공공연히 소비자들의 인종적, 민족적 차이를 고려한다는 것에 대해 불쾌감을 느끼는 사람들도 더러 있지만, 실제로 이런 하위문화적 소속감이 많은 부분 소비자들의 욕구와 욕망을 결정하는 것이 사실이다. 한 연구 결과에 따르면, 소수 민족의 구성원들은 자신과 같은 민족이 광고에 등장하면 그 사람을 더 믿을 수 있다고 생각하며, 그러한 신뢰성은 좀 더 긍정적인 브랜드 태도를 형성하게 한다. 그러나 마케터들은 모든 민족적 혹은 인종적 구성원들을 동일한 시각으로 바라보는 오류를 저지르지 않도록 주의해야 한다. 이런 일반화는 부정확할 뿐만 아니라 기업이 다가가려고 하는 바로 그 소비자들이 해당 기업에 등을 돌리는 계기가 될 수도 있다.

문화적 사회화(acculturation)란 다른 나라에서 이주한 이민자가 한 국가의 문화적 환경에 동화되어 가는 과정을 말한다. 우리가 살고 있는 글로벌 사회에서 이것은 마케터에게 매우 중요한 문제이다. 한 장소에서 다른 장소로 이민을 다니는 동안 사람들은 매우 빠르게 새로운 장소에 적응하거나, 때로는 이런 융합 과정에 저항하여 스스로 주류 사회의 문화로부터 고립되기로 결심하기도 한다. 미국에 새로 이민 온 사람들이 기존의 관습을 버리고 새로운 관습을 받아들일 때 전형적으로 양면감정(ambivalence)이나 심리적 갈등을 느끼는 것을 그 예로 들 수 있다. Home Depot는 히스패닉 시장을 세분화하여 "사회화된 히스패닉"(이민 2세대나 3세대)을 위한 개별 광고를 제작했고 이는 기존의 스페인어로 제작된 광고와 함께 방송되고 있다.

한 연구는 민족학(ethnography)적 연구 방법을 사용하여 미국에 이민 온 멕시코 이민자들이 미국에서의 생활방식을 습득하는 과정을 연구했다. 연구자들이 그들의 거주 장소에 찾아가 자연스러운 환경에서 인터뷰하자 실제로 많은 이들이 양가감정을 토로했다. 그들은 미국에 이주한 것에 대해, 선택할 수 있는 직업이 다양해지고 취업 가능성이 높아졌고, 자녀의 교육 기회가 증진되었기 때문에 삶의 질이 향상되었다는 면에서 행복해하는 반면, 멕시코를 떠났다는 것에 대해 씁쓸한 감정도 함께 느끼는 것을 고백했다. 그들은 두고 온 친구들과 가족과 함께 보냈던 명절, 음식, 익숙한 환경에서 살면서 느낄 수 있는 편안함 등을 그리워했다. 또 다른 연구는 미국 소년소녀 클럽(Boys and Girls Club of America)과 미국 치과협회(American Dental Association)에서 제공하는 구강 청결 캠페인에 히스패닉 청소년들이 어떻게 반응하는가를 관찰했다. 연구 결과는 상대적으로 덜 사회화된 이민자들이 더 적극적으로 캠페인이 제안하는 구강 관리 방법을 받아들여 자신의 행동을 바꾸는 것으로 보고되었다. 왜냐하면 이런 행동의 변화가 자신이 또래들에게 사회적으로 받아들여지는 데 중요한 역할을 할 것이라고 생각하기 때문이었다.

많은 요인들이 변화 과정에 영향을 끼친다. 영어를 할 줄 아는지 모르는지 등의 개인 차이 또한 적응 과정이 얼마나 순탄할지 위태로울지에 영향을 주기도 한다. **사회화 대리인**(acculturation agents: 문화적 적응을 도와주는 개인이나 단체)과의 접촉 또한 결정적인 역할을 한다. 대리인들 중 일부는 출신 문화권으로, 또 나머지는 이민 문화권으로 구성된다. 출신 문화권으로부터 온 대리인은 출신 문화와 소비자를 연결 지어주는 매개체로서 출신 문화권(이 경우는 멕시코)에서 온 가족, 친구, 교회, 지역 상권, 스페인어를 사용하는 미디어를 포함한다. 이민 문화권(이 경우는 미국)으로부터 온 대리인은 소비자가 새로운 환경에 적응하는 것을 돕는다. 공립학교, 영어 사용 매체, 국가기관 등이 이민

문화권 대리인에 속한다.

이민자들이 새로운 환경에 적응하는 데에는 몇 가지 과정이 필요하다. 이동(movement)은 사람들이 살아오던 장소에서 새로운 장소로 물리적으로 주거를 바꾸도록 자극하는 요인을 말한다. 이 경우, 이민자들은 새로운 고용 기회와 자녀들에게 좋은 교육 환경을 제공하고자 멕시코를 떠났다. 이민 장소에 도착하면, 이민자들은 변환(translation)의 필요에 직면한다. 이것은 새로운 환경에 따라 움직이기 위해 새로운 규칙들을 받아들이려는 노력을 의미한다. 때로는 나라별로 다른 화폐 사용법을 습득해야 하기도 하고 익숙하지 않은 의상 스타일에 숨어 있는 사회적 의미를 해석해야 하기도 한다. 이런 문화적 교육(학습)은 적응(adaptation)의 단계에 이른다. 이 단계에서 사람들은 새로운 소비 패턴을 형성하게 된다. 예를 들어, 위의 연구에서 미국에 적응한 몇몇 멕시코 여성들은 고향에서는 입지 않던 반바지나 바지를 입기 시작했다.

문화적 사회화 과정 중 많은 이민자들이 유사화(동화) 단계를 거친다. 이 단계에서는 주류 사회에서 사용되는 제품, 습관, 가치들을 습득하게 된다. 동시에, 출신 문화권과 관련된 소비를 유지하려는 시도도 병행된다. 이민자들은 고향에 있는 사람들과 연락을 주고받으며 Maria처럼 많은 사람들이 고향에서 먹던 음식을 먹고 자국어로 쓰여진 신문을 읽는다. 멕시코 문화와 동질성을 유지하려고 노력하는 사람일수록 그들에게 자신의 멕시코 정체성을 덮어두고 새로운 사회적 역할을 받아들이라는 사회적 압력이 강해지면 이에 분개하여 저항하기도 한다. 마지막으로, 이민자들은 (자발적으로 혹은 비자발적으로) 분리를 보이는 경향이 있다. 그들은 물리적으로 주류 백인 소비자들로부터 떨어져 따로 군집을 이루고 생활하며 물건을 구매한다. 이런 과정들은 인종이란 것이 유동적인 개념이며 하위문화의 구성원들은 끊임없이 그 경계를 새로 만들고 있다는 것을 보여준다.

혁신적 학습 모형(progressive learning model)을 보면 사회화 과정을 잘 이해할 수 있다. 이 모형은 사람들이 새로운 문화에 접촉하는 빈도를 늘려감으로써 점차적으로 새로운 문화를 습득한다는 것을 전제로 하고 있다. 그렇기 때문에 사회화된 사람들일수록 출신 문화의 관습을 새로운 **주문화**(host culture)의 관습에 잘 녹여낸다. 실제로, 쇼핑 지향, 제품 속성의 중요도, 매체 선호도, 브랜드 충성도 등의 요인에 대한 연구들이 이런 패턴을 지지하는 결과를 보여주고 있다. 한편, 민족적 정체성의 강도를 고려하는 연구자들은 강한 민족적 정체성을 유지하고 있는 소비자들이 다음과 같은 면에서 사회화된 소비자들과 다른 면을 보여준다고 한다:

- 상업 전반에 대해 부정적인 태도를 보인다(아마도 결과적으로 비교적 낮은 경제력으로부터 오는 좌절감 때문인 것으로 보인다).
- 모국어로 된 매체를 사용하는 사람들이 많다.
- 브랜드 충성도가 높다.
- 명품 브랜드를 선호한다.
- 자신들의 민족 집단을 대상으로 광고하는 브랜드를 주로 구입한다.

사회화 과정은 같은 국가 안에서의 한 장소에서 다른 장소로의 이동을 포함한 모든 종류의 이동에서 나타난다. 만약 당신이 한 번이라도 이사를 한 적이 있다면(아마도 그렇지 않은 사람은 별로 없을 것이다), 옛 습관과 친구들을 버리고 새로운 장소에서 사람들

Marketing Pitfall

민족적 제품의 대중적 판매는 점점 확산되고 있다. 아메리칸 원주민인 아즈텍 족의 디자인이 스웨터의 문양으로 사용되고, 아프리카 부족으로부터 유래된 금을 수놓은 옷감인 켄티(Kente) 옷감으로 만든 운동화, 아메리칸 원주민의 색채 모래 화법을 사용한 안부 카드 등이 그 예이다. 그러나 어떤 이들은 독특한 상징성을 빌려 사용하거나, 심지어 왜곡하는 것에 대해 염려하고 있다. 예를 들면, 국제적 이슬람 공동체가 샤넬(Chanel) 패션쇼에서 발표된 옷들에 대한 항의 시위를 했던 일을 생각해 보자. 이 패션쇼에서 슈퍼 모델인 Claudia Schiffer는 Karl Lagerfeld가 디자인한 거의 23,000달러 정도 하는 끈 없는 이브닝 가운을 입었다. 이 드레스에는 아랍 문자가 프린트되어 있었는데 디자이너는 이 문자들이 사랑에 관한 시라고 믿고 있었다. 그러나 그 메시지는 이슬람 교도들의 성경인 코란에 나오는 구절이었으며 심지어 신이라는 단어가 모델의 오른쪽 가슴에 위치해 있었다. 디자이너와 모델 둘 다 이슬람 단체로부터 살해 위협을 받았으며, Chanel이 해당 드레스를 폐기 처분한 후에야 논란이 사그라졌다.
좀 더 최근의 사례로 Nike가 2007년 말 특별히 아메리칸 원주민을 위해 디자인된 육상 경기용 운동화를 내놓았을 때 사회 활동가들이 맹공격을 퍼부은 것을 들 수 있다. 나이키 에어 네이티브(Native: 원주민이라는 뜻) N7 모델은 Nike의 트레이드 마크인 부메랑 모양 로고와 함께 깃털과 화살촉 등을 함께 보여주고 있다. 워싱턴 주와 아이다호 주의 경계에 있는 스포케인/쿠르 달렌(Spokane/Coeur d'Alene)에 사는 한 젊은 원주민은 "그 제품이 생산될 것이라고 발표된 날, 저는 '운동화에 드림캐처(그물과 깃털, 구슬 등으로 장식한 작은 고리. 원래 아메리카 원주민들이 만든 것으로, 갖고 있으면 좋은 꿈을 꾸게 해준다고 여겨짐)를 달 건가? 구슬을 달 건가? '커스터 장군(미국 남북전쟁 동안 인디언들에게 죽임을 당함)의 자업자득'이라고 써 있는 자동차 범퍼 스티커라도 달 건가?' 라는 생각을 했어요."라고 말했다.

The Tangled Web

많은 비평가들은 비디오 게임들이 아프리카계 미국인 청소년들이 거리에서 폭력 범죄를 일으킨다는 인종적 고정관념을 이용하고 있다고 염려하고 있다. 몇몇 인기 비디오 게임의 출시는 이를 반증하고 있다:

- 자동차 도둑(Grand Theft Auto)-샌 안드리아스(San Andreas)층은 LA 근처에 있는 단층 지형으로 1990년대 갱이 출몰했던 지역을 닮았다. 이 게임의 주인공은 디지털로 재현된 아프리카계 미국인과 히스패닉 남성으로, 그들은 레게 머리를 하고 스카프로 얼굴을 가리고 차대가 낮은 차에서 우지(Uzis) 기관단총으로 목표물을 겨눈다.
- Def Jam Fight for NY은 뉴욕 할렘가의 125가 지하철 정류장 같은 장소에서 서로 따귀를 때리고, 발로 차고, 주먹으로 때리는 힙합 스타일의 캐릭터들(랩퍼인 스눕 독(Snoop Dogg)이 주인공 중 한 명의 목소리를 더빙했다)이 나오는 게임이다.
- 25 to Life는 힙합 사운드트랙이 삽입된 "도시적 액션 게임"이다. 이 게임의 사용자는 경찰이나 범죄자 중 하나를 선택해 그 역할을 플레이하게 된다. 이 게임에는 권총을 휴대하는 젊은 아프리칸 미국인 갱스터들의 이미지들이 다수 사용되었다.
- Notorious-Die to Drive는 사용자들이 "웨스트 코스트(West Coast) 네 구역의 거리를 지배"하기 위해 경쟁하는 "갱스터 스타일의 자동차 전쟁"을 선보이고 있다. 이 게임의 웹사이트는 "이 위험한 게임에서 살아남은 승자에게는 고가(高價)의 꿀, 섬세하게 세공된 장신구들, 백만장자 아기 침대 등 푸짐한 상품이 제공됩니다. Notorious에 한 번 오시면, 빠져나갈 길은 없습니다."라고 주장한다.

의 행동에 적응하는 것이 얼마나 어려웠는지 기억할 것이다.

터키에서 진행된 최근 연구는 사람들이 어떻게 친숙하지 않은 환경과 변화에 적응하는지 잘 묘사해 주고 있다. 연구 대상자들은 시골에서 도시로 이사한 터키인들이었다. 이들은 물건이나 장소를 아늑하고, 쾌적하고, 확실하게 변환시키는 과정인 준비 운동(warming) 과정을 통해 도시의 차갑고 익숙하지 않은 집을 어떻게 güzel("아름답고 좋은", "모던하고 따뜻한"이라는 뜻)한 가정으로 변모시켰는지 그 과정을 설명했다. 이들은 시골에서 특별한 용도(주로 신부의 혼수용)로 사용하던 손으로 놓은 수, 뜨개질, 레이스 장식이 있는 천으로 집안을 장식함으로써 시골생활의 상징을 도시에서의 새로운 가정에 포함시켰다. 연구자들은 이런 장식들이 시골 가정에서보다 이주자들의 가정에서 훨씬 많이 사용되고 있는 것을 발견했다. 이주와 함께 새롭게 장만한 가전 제품들을 꾸미기 위해서 그들은 훨씬 많은 천이 필요했던 것이다. 이 장식들은 그들에게 전통적 규범과 시골의 가족들과 친구들로 이루어진 소셜 네트워크를 상징한다. 이런 장식으로 그들 자신의 과거와 "차가운" 근대적 물건들을 연결시킴으로써 친숙하지 않은 것들이 친숙해질 수 있는 것이다.

물론, 특정 하위문화권에 속하지 않은 소비자들이 그 하위문화 그룹과 관련된 상품을 사용하는 것이 예외적인 일은 아니다. 특정 민족적 집단과 연결되어 있는 제품을 그 뿌리에서 분리하여 다른 집단에도 광고하는 것을 **비민족화**(deethnicization)라고 한다. 원래 유대인 음식 문화의 주요 산물이었던 베이글이 대중화된 후 얻은 인기를 생각해 보자. 최근 들어 베이글은 할라피뇨 베이글, 블루베리 베이글, 심지어 성 패트릭 데이를 위한 초록색 베이글에 이르기까지 다양하게 변용되었다. 베이글은 미국인의 아침식사 대용품의 3~6%를 차지하고 있으며, 브루거스(Bruegger's)사나 아인슈타인/노아(Einstein/Noah) 베이글사 같은 베이글 프랜차이즈 체인들이 몇 년 전까지만 하더라도 베이글이 뭔지 들어보지도 못했던 사람들이 살고 있는 도시까지 100여 개에 달하는 매장을 운영하고 있다.

역사적으로, 미국은 이민자들에게 출신 혈통으로부터 벗어나서 미국 주류 문화에 융합될 것을 요구해 왔다. 20세기 초반 루즈벨트 대통령은 "우리는 미국인이 된 아일랜드인이나 독일인을 환영합니다. 미국에는 아일랜드인이나 독일인으로 남아 있는 사람들은 필요 없습니다"라고 역설했다.

사실, 민족적 집단들이 미국에 정착하여 스스로를 사회의 주류라고 생각하고 자신의 출신 국가에 대한 정체성을 지각하지 않게 되기까지 오랜 시간의 역사가 흘렀다. 2000년 미국 인구 통계조사에 사용되는 "자신의 민족적 배경을 정의하는 데 가장 중요한 두 조상을 쓰라"는 항목에 자신을 아일랜드인, 독일인, 혹은 다른 유럽 국가의 민족적 배경을 갖고 있다고 대답한 사람의 수는 현저히 줄었다. 다른 하위문화들에 비해 유럽 출신들은 더 많은 수의 사람들이 자신을 "미국인"으로 분류했다.

"빅 쓰리" 미국 하위문화들

아프리카계 미국인, 라틴아메리카계(히스패닉) 미국인, 동양계 미국인은 현재 미국의 성장에 있어서 많은 부분을 감당하고 있다. 라틴아메리카계 미국인은 인종별 하위문화 중 가장 많은 인구를 차지하고 있다. 또한 동양계 미국인은 절대적 숫자로는 매우 적지만 가장 빠르게 성장하고 있는 인종 집단이다.

CB AS I SEE IT

Sonya Grier 교수, *American University*

급속하게 성장하는 다문화 사회에서 마케터들이 특정 소비자 집단에 접근하고자 노력을 집중하고 있다면 이 현상이 갖는 사회적 함의는 무엇인가? 효과적인 마케팅 전략의 핵심인 표적 마케팅은 "모두에게 맞는 한 사이즈"라는 방식의 접근이 다양하고 세련된 현대의 소비자들에게 적용되지 않는다는 자각에서 비롯되었다. 표적 전략은 소비자들의 구매 행동(예,"이 제품을 사자")이나 사회적 행동(예, "체중 감량을 위해서 더 많은 과일과 야채를 먹자") 혹은 이 두 가지 행동의 조합(예, "이 제품을 사면 수익의 10%가 자선 단체에 기부된다")에 영향을 주려는 노력이다. 심화된 경쟁, 다양한 제품들, 변화하는 경제 상황 때문에 마케터들이 제품과 서비스의 잠재적 소비자들에게 접근하는 것은 더욱 어려워지고 있다.

게다가, 소비자의 행동 변화를 이끌어낼 수 있는 동력으로서 사회적 마케팅이 중요해질수록, 표적 마케팅을 사용해 특정 소비자 집단이 직면하고 있는 일련의 사회적 도전을 언급하려는 시도가 늘어나고 있다. 나는 인종과 민족성으로 정의되는 소비자들, 특히 아프리카계 미국인 소비자들을 목표로 하는 표적 마케팅 전략의 "방법"과 "기대되는 효과"에 대해 주로 연구하고 있다. 나는 표적 마케팅이 사회에 미치는 긍정적인 영향력과 부정적인 영향력을 모두 총체적으로 이해하고자 비만, 민족적 제품의 크로스오버, 암 예방, 서비스 차별 등의 다양한 영역을 연구하고 있다.

이 분야에서 내 초창기 연구는 "목표 대상 집단의 구성원인(혹은 구성원이 아닌) 소비자들은 표적 광고에 어떻게 반응하는가?"에 관한 것이었다. 연구는 사람들이 자신이 속한 인종과 자신의 인종 집단이 갖는 사회적 위치, 그리고 자신이 다른 인종 집단에 대해 익숙한 정도에 따라 인종적 표적 광고를 서로 다른 심리적 정보 처리 방법을 사용해 해석하고, 다른 태도를 형성하는 것을 밝혔다. 이런 연구 결과들은 나에게 표적 마케팅의 효과에 대해 생각하게 만들었다. 각각의 소비자 세분 시장에 차별화된 가격과 프로모션으로 접근해야 한다고 강조하는 표적 마케팅이 해당 소비자들에게 어떤 개별적 마케팅 환경을 만들어줄 것인가에 대한 것과 사회적 마케팅 프로그램이 의도하는 유익한 행동 변화를 상쇄시킬 수 있는 가능성에 대해 생각했다.

현재 나는 표적 마케팅을 사용해 민족적 주류 집단과 소수 집단의 신체 건강, 특히 비만 인구 비율의 차이를 극복할 수 있는 방법을 찾고 있다. 아프리카계 미국인과 히스패닉계 어른과 아이들 중 비만 인구의 비율은 백인 미국인의 비만 인구를 현저히 앞지르고 있다. 비록 비만이 민족 집단의 수입이나 교육 정도와 높은 관련성을 갖고 있지만, 이것이 단순히 수입이나 교육 정도의 차이에서 비롯된 것이 아니라는 것을 알고 있다. 비만 방지에 초점을 맞춘 사회적 마케팅 프로그램은 몸에 좋은 음식의 섭취를 늘리고 몸에 안 좋은 식품의 섭취를 줄일 것을 권장하고 있다. 그러면 이런 몸에 안 좋은 식품들을 판매하는 회사들은 어떤 표적 마케팅을 사용할 것인가(즉 비만 방지를 막아야 하는가)? 아프리카계 미국인이 처한 마케팅 환경에 대한 체계적인 연구 보고서에서 나와 동료는 이런 기업들의 표적화된 식품 마케팅 전략이 아프리카계 미국인이 건강한 식습관을 유지하는 것을 불가능하게 만들고 있다는 것을 발견했다. 아프리카계 미국인에게 향하는 마케터들의 프로모션 전략은 캔디, 탄산 음료, 스낵 등 주로 저가격, 저영양 식품에 대한 광고가 주를 이루고 있다. 따라서 아프리카계 미국인들은 저가격, 저영양 식품의 인지도는 높지만 영양가 있는 식품에 대한 지식이 부족하며, 광고는 건강을 강조하는 마케팅 메시지를 포함시키지 않고 있다. 아프리카계 미국인 거주 지역에는 건강 식품을 판매하지 않거나 비싸게 판매하는 등의 유통이나 가격 전략 또한 아프리카계 미국인 소비자들이 몸에 좋은 식품을 구매할 수 있는 기회를 제한하고 있다. 이렇듯 선택할 수 있는 기회가 제한되어 있는 상황에서라면, 몸에 좋은 식품을 섭취하는 일은 그 어떤 소비자에게라도 일상생활이 아니라 큰 도전이 될 것이다.

내가 현재 진행하고 있는 연구는 표적 마케팅이 지역 사회 주민들에게 어떻게 건강한 생활을 위한 행동을 권장할 것인가에 대한 것이다. 이런 전략들은 개인이 건강한 식습관을 가질 수 있도록 변화시킬 뿐만 아니라 지역 사회에도 도움이 될 것이다. 나는 또한 쌍방향 표적 효과에 대해서도 연구하고 있다. 기술적인 발전에 따라 표적 마케팅의 절차가 바뀌고 있긴 하지만, 중요한 건강 증진 행동은 소비자의 반응에 따라 촉진되기도 하고 저하되기도 한다. 이런 쌍방향성 때문에 때때로 표적 마케팅은 어떤 특정 목표 세분 시장에 의도하지 않은 결과를 일으키기도 한다. 이런 결과가 어떤 이유로 일어나는지 총체적으로 이해할 수 있다면, 표적 마케팅이 상업적 마케팅이나 사회적 마케팅 기업에 모두 유익한 전략이 될 수 있을 것이며, 중요한 사회적 쟁점을 다루는 데 도움이 될 것이라고 믿는다. 나는 내 연구들이 이런 효과에 대한 이해를 돕고, 사회적으로 좀 더 책임감 있는 마케팅 활동, 효과적인 사회적 마케팅 노력, 그리고 전 세계적으로 의식적이고 공정한 시장을 디자인하는 데 기여할 수 있기를 바란다.

아프리카계 미국인

아프리카계 미국인은 미국 전체 인구의 13% 이상을 차지한다. 맥도널드 사례에서 살펴보았듯이 많은 마케터들이 이 인종적 하위문화의 거대한 영향력을 인식한다. 그리고 2007년 말, P&G는 흑인 여성들을 대상으로 실시한 자체 마케팅조사에서 주요 미디어가 흑인 여성들의 권리를 잘 대변하고 있지 못한다고 생각한다는 결과를 얻었다. 조사에 참여한 여성의 4분의 3은 다른 인종 집단에 비해 자신들이 프로그램과 광고에서 더 부정적으로 묘사되어 있다고 말했다. 그들은 그 메시지들이 10대들에게 부정적 영향을 미칠 것을 우려하고 있었다. 이를 바탕으로 P&G는 "My Black Is Beautiful"이라는 새로운 프로그램을 실시했다.

이런 차이는 때론 사소하지만 중요하게 다가온다. Coffee-Mate는 흑인들이 백인들보다 설탕과 크림이 든 커피를 더 선호한다고 밝히며, 흑인 대상 매체에 판촉물을 집중 투하했다. 그 결과, 동일 세분 시장에서의 판매량과 시장 점유율이 두 자릿수 증가했다. 북미 지역 Volvo 자동차는 자체조사 후 아프리카계 미국인을 목표로 한 광고 캠페인을 처음으로 실시했다. 광고는 아프리카계 미국인 어린이의 사망 원인 중 1위가 자동차 사고 때문이며, 이는 안전벨트를 하는 아프리카계 미국인 어린이들이 다른 인종의 어린이들에 비해 절반 정도이기 때문이라는 내용이었다.

Unilever사는 새롭게 실시한 마케팅조사에서 신체 이미지 역동성(body image dynamics, 7장 참조)은 하위문화마다 다르다고 밝혔다. 아프리카계 미국인에게 피부가 갖는 의미는 남다르다고 한다. Essence 잡지에서 18세부터 64세까지 1,400명의 아프리카계 미국 여성들을 대상으로 실시한 설문조사에서 자신의 피부에 대해 묘사해 달라는 질문에 "아름답다(beautiful)"라는 응답이 59%로 가장 많은 부분을 차지했다. 나머지 30%는 자신의 피부에 대해 "강하다(strong)"라고 표현했다. 설문조사는 아프리카계 미국인 여성들이 피부를 모발, 몸매, 화장, 의상보다도 "자신에게 가장 중요한 것"(49%)이라고 생각한다는 것을 알아냈다. 응답자의 약 1/3은 자신의 피부는 전통적 유산의 원천이라고 이야기했으며, 1/4은 피부색은 자긍심의 원천이며 "아프리카계 미국 여성의 거의 절반 정도가 자신의 피부가 그들이 누구인지를 말해주며 서로를 동일시시킨다"고 느낀다고 말한다. 이런 깊은 친밀감(애착)은 웹사이트에 올라온 "제 피부는 내 인생의 역사죠"라든가 "제 피부는 제 부모님들의 결합을 나타내며 그들의 사랑을 외부적으로 표현하는 결과물입니다"라는 코멘트에 선명히 드러난다.

Marketing Pitfall

히스패닉계 미국인들을 대상으로 한 많은 마케팅은 그다지 성공적이지 못했다. 기업들은 광고를 단순히 스페인어로 번역하는 수준에 그치거나 광고가 의도하는 뉘앙스에 맞춰 카피를 만드는 정도였다. 그렇지만 현재 마케터들은 좀 더 세련된 방법을 사용해 이 세분 시장을 공략하고자 광고를 제작할 때도 히스패닉계 인력을 고용하여 메시지를 제대로 전달하려고 노력하고 있기 때문에 이런 실수들은 더 이상 반복되지 않고 있다. 하지만, 그들이 협업을 하기 전에 사소한 번역 오류들이 저질러지고 말았다

- Perdue(닭고기 브랜드)의 슬로건인 "Tough man makes tender chicken(강인한 사람이 만드는 부드러운 닭고기)"이 "성적으로 흥분한 사람(sexually excited man)이 만드는 매력적인 여자(chick)"로 번역되었다.
- 버드와이저(Budweiser) 맥주는 "맥주의 여왕(queen of beers)"으로 번역되었다(주: 미국에서 버드와이저의 슬로건은 "The king of beers(맥주의 왕)"이다).
- 현재는 존재하지 않는 Braniff 항공사는 비행기에 안락한 가죽 시트를 홍보하면서 Sentado en cuero라는 헤드라인을 사용했다. 이는 번역하면 "벌거벗고 앉으세요"라는 뜻이 된다.
- 쿠어스(Coors) 맥주의 슬로건인 "쿠어스와 함께 편안한 휴식을"은 "쿠어스와 함께 흥분의 순간을"이라는 의미의 스페인어로 표현되었다.

히스패닉 미국인

히스패닉(Hispanic)이라는 용어는 서로 다른 배경을 가진 많은 사람들을 통칭한다. 히스패닉 미국인 중 거의 60%는 멕시코계의 후손들이다. 히스패닉 미국인 집단 중 두 번째로 큰 집단은 푸에르토리코 출신으로 10%가 약간 안 된다. 그 외 인구 통계 집단은 중앙아메리카, 도미니카, 남아메리카, 쿠바 출신 순이다.

최근까지 많은 미국 마케터들이 주목하지 않았던 히스패닉 하위문화는 잠자고 있는 거인이다. 이 집단의 성장과 증가하는 영향력은 마케터들이 이 집단을 더 이상 못 본 척하고 지나칠 수 없게 만들었고, 주요 대기업들이 히스패닉 소비자들에게 공공연히 구애하고 있다. 놀랄 일이 아니다. 2010년 인구총조사에 따르면 히스패닉은 약 5천만 명을 기록했다. 미국 거주자 6명 중 1명이 히스패닉이다. 이는 2000년 총조사에 비해 42% 증가한 것이다. 현재 히스패닉은 백인 비히스패닉계에 이어 미국에서 두 번째로 큰 소

히스패닉 소비자들은 빠르게 주류 시장으로 편입되고 있다.
출처: Courtesy of Latina Magazine.

비 시장이다. 아이러니하게도 이 세분시장은 1950년대 미국에 대한 우리의 이상화된 개념과 닮아 있다. 그들은 젊고(그들의 중간 연령은 1955년 전체 국가의 값과 거의 같다) 대개 할아버지, 할머니와 많은 시간을 보내는 전통적 대가족을 구성하며 산다. 그들은 점차 교외로 이사하고 있고, 커뮤니티 지향적이며, 아이들에 대해 열정이 크다.

히스패닉 인구 중 ⅓ 이상이 18세 이하이다. 이는 그들이 그들 부모보다 빠르게 사회화될 것임을 의미한다. 이미 영어를 쓸 때 편하다는 사람이 거의 절반에 달한다. 그들은 또한 지리적으로 집중되어 있고 이는 마케터가 찾아가기 더 쉬워졌음을 의미한다. 히스패닉 소비자의 절반 이상이 캘리포니아와 텍사스에 살고 있다. 1백만 명 이상이 살고 있는 다른 6개 주는 플로리다, 뉴욕, 일리노이, 아리조나, 뉴저지, 콜로라도이다.

이 중요한 민족적 하위문화에 도달하기 위한 현재의 마케팅 활동 중 몇몇 언급할 만한 사례들이 아래에 나와 있다.

Marketing Opportunity

히스패닉은 다른 인종에 비해 온라인에서 보내는 시간이 3배 정도 더 길고, 소셜 네트워크에서 보내는 시간도 거의 2배(주당 평균 5시간)이다. 이 차이를 설명하는 한 요인은 이 세분 시장의 상대적 젊음이다. 13세에서 34세까지의 히스패닉은 35세 이상에 비해 세 배 많은 시간을 소셜 네트워킹 사이트에서 보낸다. 미국 히스패닉 인구의 60%인 약 3천만 명의 히스패닉들이 온라인 상에 있다. 스페인어 미디어 네트워크인 Terra에 의해 설립된 comScore의 연구에 따르면 히스패닉은 다른 인종에 비해 온라인에서 더 활동적이고 신기술에 대해 더 수용적이다. 그 연구는 또한 인터넷이 히스패닉에게 있어 상품과 서비스에 관한 정보의 주요 원천이라고 말한다. 수천 명을 대상으로 한 조사에 따르면 히스패닉의 37%가 온라인 홍보에 반응한다고 응답(다른 인종의 경우 30%)했으며, 35%가 그들이 본 사이트의 광고에 더 개방적이거나 댓글로 기여(다른 인종의 경우 27%)한다고 한다. 36%는 인터넷 광고 때문에 매장을 방문했다고 응답(다른 인종의 경우 24%)했고, 35%가 온라인 광고가 있는 영화를 본다(다른 인종의 경우 25%). 조사에 참여한 히스패닉의 60%가 아이패드 광고, 가상 구매, 모바일 쿠폰, 라이브스트리밍 같은 것들을 좋아한다(다른 인종의 경우 42%). 또한 그 연구는 히스패닉이 모바일 문자 알림, 트위터, 페이스북 등을 통해 오프라인 활동에 대한 추가 정보를 받는 것에 더 수용적이라고 밝혔다. 그들은 브랜드 팬 페이지를 방문하거나 작가들의 트위터 소식을 팔로우하는 데도 더 적극적이다.

- 월마트는 피닉스와 휴스턴에 월마트의 첫 번째 히스패닉 중심 슈퍼마켓인 Supermercado de Walmart를 열었다.
- AT&T는 그레미상 수상자인 가수 Natalia Jimenez를 내세운 스페인어 광고 캠페인에 착수했다.
- 미국 L'Oréal사는 Telemundo Communications Group과 파트너십을 맺고 Club de Noveleras를 후원했다. Club de Noveleras는 Telemundo 방송 네트워크의 핵심 드라마 프로그램으로 황금시간대에 수주 동안 방영중인 인기 연속극의 첫 번째 공식 팬클럽이다.
- Wendy's International사는 Sabor de Verdad(진짜 맛)이라는 테마의 신규 TV 및 라디오 광고 시리즈물을 공개했다. 그 광고 덕분에 Wendy's는 적절한 가격에 품질 좋은 음식으로 입맛을 만족시키기를 원하는 히스패닉 소비자들의 솔루션으로 포지셔닝할 수 있었다.

동양계 미국인

동양계 미국인은 가장 빠르게 성장하고 있는 인종 집단으로 히스패닉보다 증가 속도가 더 빠르며 신규 미국 이민자 중 가장 큰 그룹이 되었다. 이 하위문화의 구매력은 몇 년 이내에 7천억 달러에 달할 것으로 전망된다.

동양계 인구는 가장 빠르게 증가하고 있을 뿐만 아니라 가장 부유하고, 인종적 하위문화 중 가장 높은 교육을 받은 시장이며, 전문직에 종사하는 고소득자를 가장 많이 갖고 있는 시장이다. 실제로, 평균적인 미국인보다 동양계 소비자들이 하이테크 전자기기들을 많이 구매한다. 이들은 일반 소비자보다 디지털 캠코더를 세 배 정도 많이 소유하고 있고, MP3 플레이어의 소유 비율도 두 배 정도나 된다. 동양계 가정의 32% 정도가 50,000달러 이상의 가계 소득을 올리고 있는 반면, 이 정도 소득을 올리는 가구는 전체 미국 인구의 29%이다. 이 세분 시장의 구매력은 연간 2,530억 달러 정도로 추정된다. 이는 Charles Schwab과 같은 주식 중개업체가 왜 소비자 콜센터에 중국어, 한국어, 베트남어를 할 수 있는 인원을 300명 넘게 고용하는지를 말해준다.

미국 마케터들이 히스패닉 시장에 처음 접근하고자 했을 때 나타났던 문제점들이 동양계 미국인을 대상으로 했을 때에도 또한 동일하게 일어났다:

- "코크가 활기를 더합니다(Coke Adds Life)"라는 코카콜라의 슬로건은 일본어로 "코크가 조상님들을 죽음으로부터 깨웁니다(Coke brings your ancestors back from the dead)"로 번역되었다.
- 중국 KFC는 치킨이 "손가락을 핥아먹을 만큼 맛있다"라고 묘사했지만, 중국인들은 손가락을 핥는 것이 별로 점잖치 못하다고 생각한다.
- 한 신발 광고는 전족을 한 일본 여성을 묘사했지만, 전족은 중국에서만 행해지는 관습이다.

이런 시장 잠재성에도 불구하고, 이 집단은 문화적으로 다양한 하위 집단들로 구성되어 있고 서로 다른 언어와 사투리를 사용하기 때문에 마케팅하기가 어렵다. 동양계라는 용어는 20여 개의 다른 인종 집단을 통칭한다. 그 중 중국계가 가장 큰 집단이며 그 뒤를 필리핀계와 일본계가 뒤따르고 있다. 필리핀계는 동양계 중 유일하게 영어를 주로 사용하는 집단이다. 히스패닉계와 마찬가지로 동양계는 모국어로 된 매체를 선호한다. 동양계 미국인들이 가장 많이 사용하는 언어는 표준 중국어인 북경어, 한국어, 일본어, 베트남어 등이다.

전체 인종과 민족 집단 중 동양계 소비자들은 쇼핑을 가장 자주 하는 집단일 뿐만 아니라 브랜드 제품을 가장 선호하는 집단이기도 하다. 거의 절반에 이르는 43%의 소비자들이 쇼핑할 때 항상 브랜드 제품을 찾는다고 한다. 흥미롭게도, 이들은 브랜드 충성도가 가장 낮은 집단이다. 동양계 소비자의 1/4이 브랜드를 자주 바꾼다고 대답한 반면, 히스패닉계는 22%, 아프리카계 미국인은 20%, 백인들은 17%만이 브랜드를 자주 바꾼다고 대답했다. 동양계 소비자들은 또한 체면치레에 가장 신경을 쓰는 집단이다. 1/4이 넘는 26%의 소비자들이 이웃들이 인정해 줄 만하다고 생각하는 제품을 구매한다고 대답한 반면, 같은 대답을 한 히스패닉계와 아프리카계 미국인은 각 12%, 백인은 10%밖에 되지 않았다. 한 동양계 미국인인 광고국 간부는 "부유한 동양계 소비자들은 사회적 지위나 체면을 대단히 중시하고 BMW, 벤츠, 가장 좋은 프랑스 꼬냑, 스카치 위스키 등 프리미엄 브랜드 구매에 비용을 지불합니다"라고 말한다.

목표 4

소비자들과 소통하려고 하는 마케팅 메시지들은 영적이나 종교적인 주제를 점점 더 많이 사용한다.

종교적 하위문화

최근 몇 년간 미국 대중 문화에서 종교적 숭고함은 폭발적 인기를 누렸다. 영화배우 Mel Gibson이 감독한 영화인 Passion of the Christ가 놀라운 흥행 수익을 기록했으며 소설 『다빈치 코드』는 내용을 둘러싼 논란과 함께 엄청난 인기를 끌었다. 과거에 종교적 이슈를 피하던 주류 시장의 마케터들도 이제는 교인들에게 적극적으로 구애하고 있다.

특정 제품에 "예배" 드리기 위해서 종교 단체에서 활발한 활동을 벌일 필요는 없다. Apple사의 Newton PDA 제품을 중심으로 이루어진 한 브랜드 커뮤니티에 대한 연구를 보면, 종교적 테마가 어떻게, 특히 "컬트(소수의 조직화된 신앙 집단) 제품"의 한 종류로서, 일상적 소비까지 침투했는지 잘 설명해 주고 있다. 아직도 많은 사용자들이 수년 전에 단종된 Newton PDA에 대한 믿음을 고수하고 있다. 연구자들은 해당 제품의 채팅룸에 포스팅된 댓글을 분석했다. 그 결과, 많은 댓글들의 내용이 제품의 기적적인 효능과 생존, 심지어 브랜드 창시자의 귀환에 관한 초자연적이고, 종교적이며, 마술적인 테마를 갖고 있었다. 포스팅 중 가장 흔한 내용은 죽었던 Newton의 배터리가 기적적으로 살아났다는 것이었다. 다음은 "또 다른 배터리의 기적"이라는 제목으로 포스팅된 한 이야기에서 일부를 발췌한 것이다.

> 2100 모델과 함께 배송받은 배터리는 죽은 것 같았어요. 나는 배터리가 타버렸다고 생각했고 더 이상 잃을 것도 없었어요. "충전"하는 동안 배터리 동력으로 다시 움직이기 시작했다는 표시등이 켜질 때까지 코드를 빼놓았다가, "충전 중"이라는 표시등이 들어올 때까지 코드를 다시 꽂았어요. 몇 분 후, 배터리 충전 표시등이 왼쪽에서 오른쪽으로 움직이기 시작했고 10분 만에 충전이 완료되었어요! … 지금까지 약 4시간 동안 연속으로 Newton을 사용하고 있는데 아무런 문제가 없어요. 이상하죠. 이건 마치 또 하나의 Newton 배터리 기적이 일어난 것 같아요. 믿음을 지키세요.

Marketing Opportunity

일시적 실수에도 불구하고, 적어도 어떤 음식과 복장에 대한 규정은 분명히 특정 제품에 대한 수요를 창출하고 있다. 예를 들어, 현재 시장에 나와 있는 86,000가지 코셔(Kosher: 성서에 나오는 율법에 맞는 음식, 유대인의 식품으로 알려져 있음) 제품들을 구매하는 600만 소비자 중 유대인은 1/3이 채 되지 않는다. 유대인과 매우 비슷한 식품 규정을 갖고 있는 제7일 안식교도들과 이슬람교도들, 그리고 종교를 갖고 있지 않는 일반인들도 포함된다. 일반인들은 단순히 코셔 음식이 최상의 품질을 제공한다고 믿기 때문에 구매하는 것이다. 그렇기 때문에 Pepperidge Farm과 같은 미국의 대형 식품 회사들이 다양한 범위의 코셔 제품들을 시장에 제공하고 있는 것이다.

조직된 종교에 더해, 수많은 다른 유형의 그룹들이 소비자들에게 유사한 기능을 제공한다. 그들은 실제로 느슨하게나마 종교적 원칙들을 기반으로 하기도 한다(예컨대 Alcoholics Anonymous나 다른 중독자 치료모임들이 따르는 매우 성공적인 12단계 프로그램). 전 세계 최대의 다이어트 그룹인 체중 감시자들(Weight Watchers)은 영리기업임에도 **영성 치료적 모델**을 따르고 있다.

사실 한 연구 결과에 따르면, 어떤 사람들에게는 브랜드 로고가 십자가나 다윗의 별 같은 종교적 상징이 다른 사람들에게 제공하는 것 같은 기능을 제공한다. 종교에 심취하지 않은 사람들에게는 상업 브랜드의 가시적 표식이 자기 표현의 형태이고 자기 가치의 표식으로, 신념의 상징적 표현과도 같다. 한 현장 연구의 연구자들은 인구 백만 명 당 애플 스토어의 수, 그리고 메이시스와 갭 같은 브랜드 스토어의 수라는 관점에서 몇몇 지리적 지역들을 분석하고 소위 "브랜드 디스카운트 스토어 비율"이라는 비교 통계를 발전시켰다. 그리고나서 그들은 이 지표를 인구 1천 명당 신도단의 수, 그리고 교회 예배 참석자 수와 비교했다. 이 때 소득, 교육, 도시화 정도 등의 변수는 통제하였다. 연구 결과 모든 지역에서 브랜드 의존과 종교성 사이에 부정적 상관관계가 드러났다. 즉, 브랜드 활동이 활발한 지역에서 종교 조직에의 참여 비율이 낮아지는 경향이 있다.

그 팀은 브랜드가 종교적 체험을 다소나마 대체할 수 있을지 확인하기 위해 2장에서와 같은 프라이밍 방식을 사용하여 일련의 실험을 수행했다. 2장에서는 사람들이 어떤 활동에 참여하기 전에 먼저 어떤 주제에 관해 생각하게 했다. 한 그룹의 대학생들에게는 "당신의 종교가 당신에게 개인적으로 어떤 의미인지"에 관해 에세이를 쓰게 함으로써 프라이밍을 시킨 반면, 대조 집단의 대학생들은 그들이 일상을 보내는 방법에 관해 쓰게 했다. 그리고 나서 두 그룹 모두 가상의 쇼핑 여행에 보내졌다. 그 여행에서 그들은 전국 브랜드와 스토어 브랜드 상품 간의 선택을 해야 했다. 그 상품들 중 몇몇은 선글라스, 시계, 양말 등 자기 표현의 물품이었다. 다른 상품들은 빵, 전지, 항생제 같은 기능성 물품이었다. 종교에 관해 생각을 프라이밍한 그룹은 브랜드 상품 구입을 통해 자신을 표현하는 경향이 감소했다. 종교성에 관한 척도에서 높은 점수를 받은 참여자와 낮은 점수를 받은 참여자를 비교한 다른 온라인 연구 또한 유사한 결과를 보였다.

종교와 소비

마케터들은 종교 조직으로 확대하여 연구하지 않았다. 아마도 많은 사람들이 종교 문제를 금기시화했기 때문이겠다. 한 연구 감독이 말하기를 "성, 정치와 함께 종교는 결코 이야기되지 않을 금기시된 세 주제 중 하나"이다.

종교적 민감성은 세계 각 국가별로 다양하고 다른 문화권에서 금기시된 주제를 위반하면 큰 문제가 발생할 수 있다. 몇 가지 사례를 살펴보자.

- Doritos/Pepsi MAX 사의 "슈퍼볼 깨뜨리기" 공모전의 후보작이 슈퍼볼 경기 동안 광고로 방송된다. 2011년 한 후보작이 많은 논란을 일으켰다. "유유상종"이라는 제목의 이 작품은 제단에 놓인 Doritos와 Pepsi MAX를 접대함으로써 새 교회의 신도들을 모으는 데 성공한 "목사"를 보여주었는데 그 시나리오는 몇몇 카톨릭 신도들에게 Holy Eucharist(거룩한 성체 행사)를 모욕한 것으로 여겨졌다. 카톨릭 조직들은 PepsiCo에 그 작품이 끔찍한 신성모독이라며 후보작을 승인하지 않도록 요구하는

탄원서를 보냈다. 그 작품은 최종 수상작으로 선택되지 못했고 PepsiCo는 공모전 웹사이트에 올라온 수천 편의 후보작들 중에서 그 작품을 삭제했다. 그러나 그 비디오의 제작자는 그 작품을 유튜브에 올렸고 10만 번 이상의 시청이 이루어졌다.

- 립톤(Lipton) 광고는 영광스럽게도 칸느 광고제 금사자상에 수상이 확정되었지만, 반대 의견에 부딪혀 이를 고사해야만 했다. 광고는 어니언 딥(onion dip: 포테이토 칩이나 야채를 찍어 먹는 양파 소스)이 담긴 그릇을 손에 들고 영성체 줄에 서 있는 남자가 나오는 장면을 묘사함으로써 가톨릭 성당을 조롱하는 듯한 배경을 사용했다.
- 미국 유타주 솔트 레이크 시티(Salt Lake City)에서 폴리가미 포터(Polygamy는 일부다처제라는 뜻을, Porter는 흑맥주라는 뜻을 갖고 있다)라는 지역 맥주의 옥외 광고에 대한 시안이 전 세계 모르몬 교도들의 분노를 일으켰다. 맥주 제조회사와 계약한 옥외 광고업체는 광고 설치를 거부했다. 옥외 광고는 몸을 가린 듯 만 듯한 옷을 입은 남자와 천사 같은 아이들, 그리고 여섯 명의 배우자를 보여주며 애주가들에게 "부인들을 위해 식스 팩(six-pack: 여섯 개들이 맥주 한 세트)을 집에 사가세요"라고 권하는 것이었다.
- 런던에서 제작된 한 리바이스(Levi's) 청바지 광고는 약국에서 콘돔을 산 후 청바지 주머니에 숨기는 한 청년을 보여준다. 데이트 상대를 데리러 갈 때, 그는 여자친구의 아버지가 같은 약국에 계셨던 것을 발견한다. 이 CF는 영국에서는 매우 인기가 있었으나, 가톨릭 국가인 이탈리아나 스페인에서는 전혀 인기를 끌지 못했다.
- 프랑스 자동차 제조회사인 르노(Renault)가 덴마크에서 시행했던 광고 캠페인이 지역 가톨릭 단체의 항의 운동 때문에 철회되었다. 이 광고는 고해성사 동안 신부와 죄를 고백하는 남자 사이의 대화를 보여준다. 이 남자가 성모 마리아에게 드리는 기도를 하며 죄를 속죄한 후 신부님의 새 르노 자동차의 차체를 긁어 흠집을 냈다고 고백하자 신부는 이 남자에게 "이교도"라고 소리지르며 성당에 상당한 액수의 벌금을 내라고 명령한다.

거듭난 소비자들

요즘 주류 교회는 그 스스로가 공격적으로 마케팅을 하고 있다. 미국에는 약 400여 개의 **대형 교회**(megachurch)가 있다. 이들 교회는 각각 매주 2천 명 이상을 대상으로 목회를 진행하고 (몇몇 교회는 주일 예배에 2만 명 이상을 끌어들인다) 연간 18억 5천만 달러의 수익을 유치한다. 교회 마케팅 컨설턴트들이 관찰한 바에 따르면, "베이비부머들은 교회를 슈퍼마켓처럼 생각한다. 그들은 옵션, 선택, 편리함을 원한다. Safeway가 1주일에 딱 한 번만 열리고 상품도 딱 하나만 있고, 영어로 된 설명도 없다고 생각해 보라" 종교는 명백하게 대형 산업이다.

미국에서 가장 종교적인 마케팅 행동은 성경의 원문 해석을 따라 예수를 믿음으로써 새로 태어날 수 있다고 생각하는 '거듭난 기독교인'(born-again christians: 믿음 그 자체를 구원으로 이해하는 기독교관을 강조하는 초교파적 운동의 지지자들) 대상으로 하는 경우가 많다. 그들은 미국에서 가장 빠르게 성장하는 종교적 제휴 집단 중 하나이다. 한 조사 기관의 연구 결과에 따르면, 미국에 있는 2억 3,500만 명의 기독교인 중 7,200만 명이 스스로를 거듭났다고 대답했다.

많은 마케터들이 이들 소비자들에게 접근하고자 강도 높은 복음주의 운동에 주이 세상 것이 아님(Not of This World)은 기독교 테마 의류와 악세사리를 전문으로 하고 있다.
출처: Courtesy of NOTW.

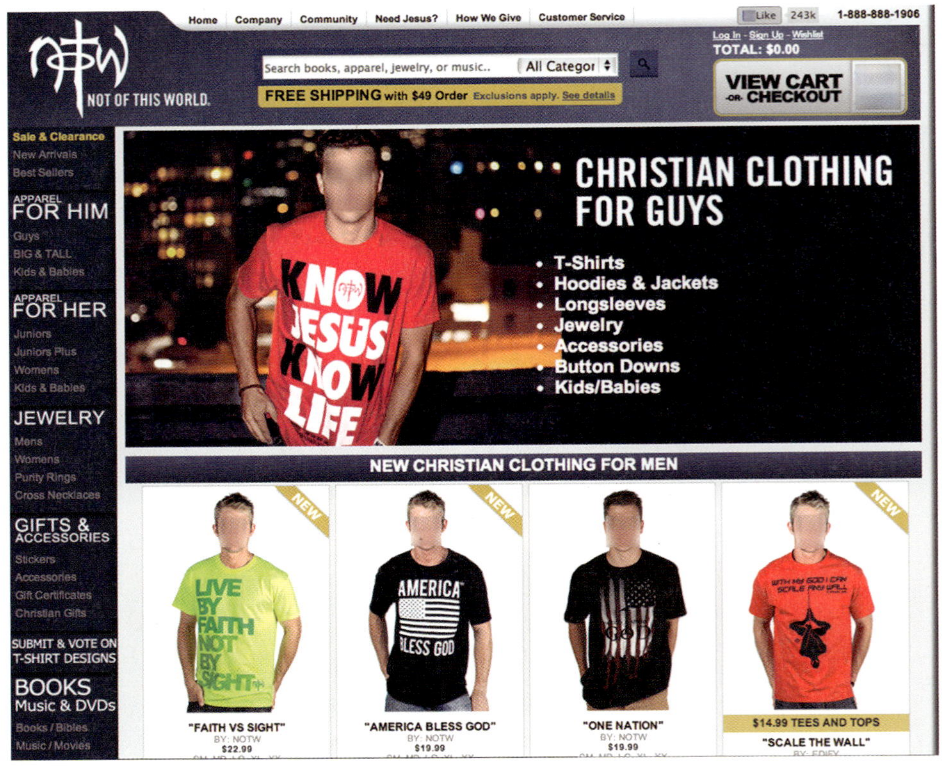

Marketing Opportunity

기독교 서점은 매년 20억 달러 이상의 매출을 올리고 있으며, 신앙심이 깊은 기독교인(주로 젊은 복음주의자들)의 급증은 젊은 세대에게 어필하려는 주류 매장도 종교에 관련된 제품들을 판매하게 만들었다. 이 매장에서 판매중인 한 티셔츠에는 손바닥에 찔린 못이 그려져 있으며 "바디 피어싱이 나를 구원했다"라는 문구가 쓰여져 있다. 캘리포니아 소재의 체인점인 C28의 상호는 성경 골로세서(C로 시작함) 2장 8절, "누가 얄팍하고 헛된 철학으로 너희를 노략할까 주의하라, 이것은 인간의 전통과 세상의 기초 원리를 좇음이요 그리스도를 좇음이 아니니라"에서 따온 것이다. C28은 자체 브랜드인 "이 세상 것이 아님(Not of This World)"을 갖고 있는데 이 브랜드는 모던한 디자인과 함께 성경 구절을 사용한다. 소유주는 이 매장에서 수백 명의 사람들이 거듭난 기독교인으로 태어난다고 주장한다: "우리의 사명은 예수님의 은혜와 진리와 사랑을 함께 나누는 것입니다. 그러기에 쇼핑몰보다 더 좋은 장소가 어디 있겠습니까?"

의를 집중했다. 이런 믿음을 기반으로 하는 마케팅 전략을 사용하는 회사들은 파이저(Pfizer), 머크(Merck), 타이슨(Tyson), 슈머커(Smucker's), 몇몇 주요 자동차 회사들, 그리고 커브스(Curves) 피트니스 체인까지 포함된다. Suzuki 자동차는 자신의 모터사이클과 SUV 라인을 홍보하기 위해 기독교 록 밴드인 Kutless의 전국 투어를 후원했다

이슬람 마케팅

무슬림은 2030년까지 전 세계 인구의 4분의 1 이상을 차지할 것이며 같은 기간 동안 미국의 무슬림 숫자는 2배 이상 증가할 것으로 전망된다. 이민 패턴과 무슬림의 상대적으로 높은 출산율이 지속되면 미국에서의 무슬림의 수는 2백6십만 명에서 6백2십만 명으로 가파르게 상승할 것으로 예측된다. 몇몇 유럽 국가에서는 무슬림 인구가 국가 전체 인구의 10%를 넘어설 것으로 예측되고 있다. 무슬림은 중요하게 다루어져야 할 소비자 시장이다.

나이키는 1996년 한 운동화를 내놓았을 때 전설적인 실수를 했는데 몇몇 무슬림들이 보기에 밑창의 로고가 아랍 글자 '알라신' 의 모양과 비슷했다. 무슬림은 발을 불결한 것으로 여겼고 나이키는 전 세계적으로 8십만 벌의 신발을 회수해야 했다. 오늘날 몇몇 회사는 이런 종교적 하위문화의 요구에 더 가깝게 귀기울인다. 예를 들면 말레이시아 회사인 Sunsilk의 Lively Clean & Fres 샴푸는 젊고 미소 짓는 여성을 묘사했지만 머리카락은 한 올도 보이지 않았다. 그녀의 머리는 그 나라에서 많은 무슬림 여성들이 쓰는 머리 스카프인 tudung으로 완전히 덮여 있었다. Sunsilk의 장점은 tudung 착용자들의 공통적인 문제, 즉 머리카락과 두건의 기름을 제거하는 데 도움이 된다는 것이다.

코셔 식품 인증이 성공하자, 몇몇 이슬람교도들은 **하랄**(halal: 이슬람 율법이 인정하

는 방법으로 도축한 동물의 고기) 식품도 일반 대중 소비자들에게 인기를 얻을 수 있을 것이라고 생각했다. 미국 이슬람식품영양협의회(Islamic Food and Nutrition Council)는 인증받은 하랄 식품에 가장 큰 코셔 인증기관인 정교회 연합이 사용하는 원형 "O"와 비슷한 방식으로 "초승달 모양의 M" 표시를 했다. 코셔와 하랄 식품의 추종자들은 돼지고기 섭취를 금지하고, 고기를 도육하는 데 서로 비슷한 의식을 사용한다. 종교적으로 유대인들은 우유와 육식을 섞지 않으며 갑각류를 먹지 않는 반면, 이슬람교도들은 술을 마시지 않는다. 두 집단 모두 맹금류(예를 들면, 독수리나 매의 고기)나 동물의 피를 먹지 않는다.

색인어(descriptor)로서 하랄은 우유, 물, 비처방 의약품, 휴가 관련 상품, 세제, 휴지, 화장품, 웹사이트, 음악 등을 포함하여 점점 더 많은 상품과 서비스, 활동에 사용된다. 많은 주요 기업들은 음식 뿐만 아니라 자신들의 모든 제품이 하랄임을 소비자들에게 보증하기 위해 공식 인증을 받는 단계를 밟는다.

- 콜게이트-팜올리브는 말레이시아에서 치약과 구강청결제에 대한 하랄 인증을 획득한 최초의 외국 기업이라고 주장한다. 몇몇 구강청결제는 하랄 가이드라인 상으로 금지된 알콜을 포함하고 있다. 콜게이트의 제품에는 이제 하랄 로고가 표시되어 있는데, 이 표시는 그 기업의 TV 광고에서도 나타난다.
- 노키아는 중동과 북아프리카 시장을 위한 휴대폰을 출시했는데 그 폰에는 Islamic Organizer라는 앱이 탑재되어 있다. Islamic Organizer에는 하루 다섯 번 기도를 위한 알람, 전자책으로 된 두 권의 이슬람 경전, 그리고 라마단을 위한 SMS 안부 카드를 보낼 수 있는 e-카드 등의 기능이 제공된다.
- Ogilvy & Mather 사는 새로운 조직인 Ogilvy Noor(Noor 는 아랍어로 '빛'을 의미한다)를 설립했다. 그 회사는 Ogilvy Noor를 "세계 최초의 맞춤형 이슬람 브랜딩 업체"라고 말했다. Ogilvy는 또 무슬림 소비자들에 대한 브랜드 호소력을 평가하는 Noor 지수를 도입했다. 그 지수는 소비자들이 30개 이상의 유명 브랜드가 shariah(이슬람 율법)을 얼마나 잘 따르는지를 평가한 결과에 기초하여 만들어졌다. 유니레버(Unilever) 소유의 립톤 티(Lipton tea)가 최고였고 네슬레(Nestlé)가 뒤를 이었다. Ogilvy의 연구는 젊은 무슬림 소비자들이 서구의 젊은이들과는 다르다는 사실을 보여준다. 그들은 자기 종교의 핵심 가치에 충실한 것이 근대 세계에서의 성공으로 이어질 수 있다고 믿는다.

목표 5

나이가 비슷한 사람들은 공통점을 많이 갖고 있다.

연령 하위문화

동시대를 살면서 나이를 먹는다는 것은, 같은 시간대를 지나면서 같은 사건을 경험한 수많은 다른 사람들에게 유대감을 형성하게 해준다. 당연하게도, 우리의 필요와 선호도는 나이가 들수록 변해가고(우리도 늙을 것이라는 사실을 믿지 못하는 사람도 있겠지만), 같은 나이의 사람들은 서로 비슷한 필요와 선호도를 가진다. 이런 이유 때문에, 연령은 우리의 정체성을 형성하는 데 큰 부분을 차지한다. 다른 요인들이 미치는 영향력이 모두 같다고 가정하면, 우리는 자신보다 어리거나 나이 든 사람들보다 동년배들에게서 훨씬 더 많은 공

Marketing Pitfall

장난감은 재미있게 놀기 위한 것이지만 아이들에게 삶에 관해 가르치는 사회화 수단이라는 숨겨진 아젠다가 있다. 아마도, 때때로 장난감이 너무 현실적이기도 하다. 몇몇 비판자들은 Baby Alive Learns to Potty(아기에게 화장실 훈련시키기)라는 새 인형에 반대했다. 그 인형에는 핑크색 플라스틱 화장실이 딸려 나왔다. 0-이가 인형의 팔찌를 누르면 그 인형은 "킁, 킁, 구린 냄새가 나는데…"라고 재잘거린다. 또 그 인형에는 "초록 콩"과 "바나나"도 딸려 나왔는데 아이들이 그 음식 모형을 인형에게 먹이면 반대편 끝으로 다시 나왔다. Baby Alive 인형을 화장실에 앉히면 자석으로 인해 변기에서 변화가 일어난다: "물"이 "화장실 휴지"로 바뀌면서, 인형은 (적절한 효과음과 함께) 얼굴이 붉어진다. 비판자들은 어떤 것들은 믿음의 땅에 남겨두는 게 더 낫다고 말한다. 사실 대부분의 아동 심리학자들은 최고의 장난감은 아이들로 하여금 상상력을 사용하게 드는 장난감이라고 하는 데 의견을 모은다.

통 부분을 발견할 수 있다. 이같은 유사성은 마케터들에게 기회를 제공하기도 하고 (어떤 소셜미디어 운영자에게라도 물어보라) 위험 신호를 발견하게 할 수도 있다. 예를 들면 젊은 소비자들은 나이 많은 사람들만큼 하루에 많은 커피를 마시지 않는다.

연령 집단(age cohort)이란 비슷한 경험을 갖고 있는 비슷한 연령대의 사람들로 이루어진 집단을 말한다. 그들은 문화적 영웅(예, John Wayne으로 기억하느냐, Brad Pitt로 기억하느냐)이나 중요한 역사적 사건들(예, 대공황 세대 혹은 IMF로 인한 경기 불황 세대)에 대해 공통된 기억을 공유하고 있다. 사람들을 동시대 연령 집단으로 나누는 보편적인 방법은 존재하지 않으나, 모든 사람들이 "우리 세대"가 어떤 의미를 갖는지에 대해서 잘 알고 있을 것이다. 마케터는 종종 특정 제품이나 서비스를 특정 연령 집단에 판매한다. 우리는 같은 물건을 소유하고 있다는 이유로 어떤 연령대의 다른 사람들과 자신을 동일하다고 간주하기도 하며, 인생의 각 단계에서 마주치는 필요를 충족시키거나 우선순위를 표현하기 위해 물건을 구매하기도 한다.

연령 집단을 설명하는 방법에 대해서는 분석가들 사이에 대체적인 합의가 이루어져 있으나, 소비자들을 세대 범주로 분류할 때 사용되는 명칭이라든가 분류 기준 같은 것은 상당히 주관적이다. 분류 방법 중 한 가지는 개략적으로 다음과 같다:

- **1차 대전 이후 2차 대전이 발발하기까지의 시기(Interbellum) 세대**: 20세기의 시작인 1900년대 초에 태어난 사람들
- **침묵의 세대**: 1차와 2차 세계대전 사이에 태어난 사람들
- **전쟁 고아 세대**: 2차 세계대전 동안 태어난 사람들
- **베이비붐 세대**: 1946년에서 1964년 사이에 태어난 사람들
- **X세대**: 1965년에서 1985년 사이에 태어난 사람들
- **Y세대**: 1986년에서 2002년 사이에 태어난 사람들
- **Z세대**: 2003년 이후에 태어난 사람들

같은 방법이나 언어, 이미지 등을 사용하여 모든 연령의 사람들의 관심을 끈다는 것은 사실상 불가능하다. 어떤 경우, 기업은 각 연령 집단을 위한 개별적 캠페인을 개발하기도 한다. 예를 들면, Norelco(필립스(Phillips) 면도기의 브랜드명)는 제품의 주된 소비자층인 성인들보다 젊은이들이 전기면도기를 사용하는 확률이 훨씬 낮다는 것을 알아냈다. 이를 극복하기 위해 Phillips가 시도한 두 가지 장기적인 노력 중 하나는 젊은이들에게 거품 면도 방식에서 전기 면도 방식으로 바꾸라고 설득하는 것이었고, 다른 하나는 장년층의 제품 충성도를 유지시키는 것이었다. Norelco의 스피드레이저(Speedrazor)의 광고는 18세부터 35세까지의 남성을 대상으로 심야 TV 프로그램과 GQ나 Details 등의 남성 잡지에 집행되었다. 대신에, 35세 이상의 남성을 대상으로 한 3중날 면도기에 대한 광고 메시지는 타임(Time)이나 뉴스위크(Newsweek) 같은 좀 더 나이 든 독자들을 대상으로 하는 출판물에 진행되었다.

의사결정자로서의 어린이: 훈련 중인 소비자

사람들이 그들의 아이들에게 많은 돈을 쓴다는 것은 비밀이 아니다(주변의 할아버지 할머니에게라도 물어보라). 기저귀부터 디즈니 월드 여행까지의 상품들에 대한 거대한 시

장은 분명 많은 기업들의 주목을 받는다. 사실 디즈니는 부모들과 어린아이들, 심지어 아직 태어나지도 않은 아이들에게까지 마케팅을 하기 위해 노력한다. 디즈니는 유아식 같은 상품을 포함해서 북미 유아 시장이 연간 363억 달러 규모라고 추정한다. 미국 내 580개 산부인과 병원에서 운영되는 디즈니 유아 프로그램의 대표는 산모를 방문하여 전통적 유아복을 변형시킨 디즈니 유아복을 무료로 제공한다. 그 대표는 침대 맡 설명서를 제공하고 DisneyBaby.com의 뉴스레터 구독 신청을 하게 한다. 한 회사 임원이 말하듯이, "아이가 태어나기도 전에 첫 번째 가족 나들이에 관해 생각하게 한다면 대성공이다"

아이들을 카트에 싣고 식료품 쇼핑을 하는 "기쁜" 경험이 있는 사람이라면 누구나, 아이들이 부모가 산 물건에 대해 뭔가를 (때때로 시끄럽고 짜증스럽게) 말한다는 것을 안다. 아이들은 세 종류의 시장을 형성한다.

1. **1차 시장**: 아이들은 장난감, 옷, 영화, 게임 등을 포함하여 그들 자신의 욕구와 필요에 많은 돈을 쓴다. 누가 자신들의 상품을 실제로 사는지에 대해 알아내면서, M&M 캔디 마케터들은 더 작은 사람들이 이용할 수 있도록 자동 판매기의 동전 투입구 높이를 낮추었고 판매고는 급격하게 증가했다.
2. **영향력 시장**: 의사결정자인 부모가 아이의 요구에 굴복할 때 '부모 항복(parental yielding)'이 일어난다. 아이들의 요구의 90%가 특정 브랜드에 대한 것이므로 항복(yielding)은 대부분 선택으로 이어진다. 연구자들은 연간 가계 구매량 중 4,530억 달러 정도에 대해 아이들이 직접적으로 영향력을 행사한다고 추정한다. 연구자들의 발표에 따르면, 아이들은 부모와 함께 쇼핑할 때 평균적으로 2분마다 구매 요구를 하면서 끼어든다. 이같은 영향력을 인식하면서 Mrs. Butterworth's Syrup사는 6백만 달러를 들여 아이들을 직접 타깃으로 하는 유머 광고를 이용한 캠페인을 했다. 그 캠페인은 어른들로 하여금 아이들이 이야기한 시럽 병을 구해 올만큼 오랜 기간 동안 진행되었다. 그 캠페인을 담당한 임원 한 사람은 "우리는 아이들이 부모에게 그 제품을 사달라고 요구하는 성화 요인(nag factor: 자녀들의 성화에 기반한 구매력)을 만들어낼 필요가 있었다"고 설명했다.
3. **미래 시장**: 아이들은 자라서 어른이 되므로 요령있는 마케터들은 어린시절에 브랜드에 대한 로열티를 확립하려 한다. 그들이 우리에게 새 차를 사도록 하기 위해 노력하듯이, 자동차 메이커들은 운전하기에는 너무 어린 사람들의 지지를 얻기 위해서도 많은 시간을 쓴다. 어린이를 위한 피트니스 클럽, 젊은 사람들이 자주 방문하는 소셜 네트워크 사이트, 그리고 토요일 오전 시간대의 만화 등 아동 위주의 영역에서 많은 사람들이 광고를 한다. 8세에서 15세 사이의 어린이 2백만 명이 모여 있는 가상 세계인 Whyville.net에서는, 아이들이 클램(clams, Whyville의 화폐 단위)을 충분히 갖고 있다면 가상의 싸이언 xB(토요타의 자동차 브랜드)를 살 수 있다. 만일 충분한 돈이 없다면, 아이들은 그 가상의 토요타 금융 서비스 상담사인 에릭을 만나 돈을 마련할 수 있다. Nickelodeon이 수행한 연구 결과에 따르면 부모들의 약 2/3가 그들의 아이들이 자동차 구매 결정에 적극적으로 참여한다고 말하고 있다.

Marketing Pitfall

마케터들은 소녀를 자연적인 성장 속도보다 빠르게 여성으로 만드는 걸까? 성인들의 상품들과 행동들이 점차 더 어린 아이들에게 내려가고 있다. 분석가들에 따르면 11세에서 14세까지의 소녀들은 하루에 500편 정도의 광고를 본다. 초등학생들이 미용실에서 오후를 보내기도 하고 심지어 5세 아동이 스파 및 발톱 관리 모임을 한다는 이야기도 있다. 2005년에 NPD 그룹은 여성들이 미용 제품을 이용하기 시작하는 평균 연령이 17세라고 보고했다. 2009년에는 13세로 떨어졌다. Experian의 다른 조사에 따르면, 6세에서 9세 사이 아동의 43퍼센트가 립스틱이나 립글로스를 사용하고 38퍼센트의 여성이 헤어스타일링 제품을 사용한다. 어린 친구들은 Extreme Makeover 같은 성인 TV 프로그램에다 더해 Toddlers & Tiaras와 Little Miss Perfect(어린이를 대상으로 하는 미인대회 컨셉의 리얼리티 프로그램)의 소녀들에게 화장에 관해 배운다.

이제 여성 위생 상품들도 어린 여성들을 타겟으로 하고 있다. 어머니용 Kotex Web 사이트는 "일부 소녀들은 8세에 생리를 시작한다. 당신은 그런 대화를 해봤는가?"라고 묻는다. 그 회사는 8세에서 12세의 소녀들을 위해 다른 생리대보다 더 짧고 좁은 모양의 생리대를 개발했다. 그 제품은 하트, 별, 소용돌이 무늬 등으로 장식된 반짝이 상자에 포장되어 팔린다(생리대 자체도 그렇게 디자인되어 있다). Kotex의 조사에 따르면 소녀 세 명 중 한 명이 언제 생리가 시작되는지를 모르고 있으며, 어머니 다섯 명 중 4명은 생리에 관해 딸을 교육시킬 준비가 잘되어 있지 않다고 느끼고 있었다.

목표 6

10대들은 마케터에게 중요한 연령별 세분 시장이다.

청소년 시장

1956년에, 처음으로 10대(teenage)라는 명칭이 미국에서 일상적 단어로 소개된 계기는 프랭키와 10대들(Frankie Lymon and the Teenagers)이라는 팝 그룹이 자신들을 틴에이저라는 새로운 하위문화로 규정하면서부터였다. 믿기 힘들겠지만, 틴에이저라는 개념은 상당히 새로운 아이디어였던 것이다. 인간은 어린이에서 어른으로 자라는 동안 인생의 전환기마다 경험하게 되는 신분상의 갑작스러운 변화를 기념하기 위해 문화적 전통 의식이나 의례를 치른다. 이에 대해서는 3장에서 좀 더 자세히 다루고 있다.

현대 사회에서 살아가는 젊은 여성들은 자신의 엄마와 같은 취향과 선호를 가진 엄마의 작은 복제인간이 되고 싶어하지는 않을 것이라는 기본적인 생각에서 1944년 세

마케터들은 종종 흡연이나 마약 사용 등의 행동에 영향을 줄 수 있는 광고 메시지를 창조함으로써 공공 정책에 영향력을 행사하기도 한다. 이 모자이크는 로릴라드 담배(Lorillard Tobacco)의 청소년 흡연 방지 프로그램을 홍보하기 위해 사용되었다.

출처: Courtesy of Lorilland Tobacco Corp. c/o Lowe Worldwide.

그림 10.1 미국의 10대 연령 인구

븐틴(Seventeen) 잡지가 미국에서 처음 창간되었다. 2차 세계대전 후, 반항과 순응 사이에서 갈등하던 10대들 사이에서 화이트 벅스(white bucks)라 불리던 흰 구두를 신은 모범적인 가수 Pat Boone에 대항하듯 선정적으로 골반을 흔들며 춤추던 Elvis Presley로 대변되는 십대 문화가 꽃피기 시작했다(그림 10.1 참조). 오늘날, 이런 반항은 계속되어 많은 사춘기 청소년들이 자신의 바비(Barbie) 인형을 버리고 Paris Hilton이나 Lindsay Lohan(그들이 감옥에 있거나 재활원에 있지 않을 때), Nick Jonas 같이 십대들의 심장을 두근거리게 하는 현재의 스타가 되고 싶어한다.

전 세계의 청소년 시장은 거대한 크기를 자랑하며 1,000억 달러의 소비력을 갖고 있다! 이 금액의 많은 부분은 "기분이 좋아지는" 제품에 소비된다: 화장품, 포스터, 패스트 푸드 — 가끔 코걸이까지 포함해서. 틴에이저들은 다양한 제품들에 관심이 많고 그런 상품들을 구매할 수 있는 자원을 갖고 있기 때문에 많은 마케터들이 열렬히 그들에게 구애 중이다.

살롱에서만 판매되는 L'Oréal 소유의 헤어스타일링 상품 브랜드인 Redken은 8세에서 16세의 여아들을 대상으로 하는 닌텐도 Wii와 DS용 헤어스타일링 시뮬레이션 게임 Busy Scissors를 만들었다. Busy Scissors는 플레이어가 할리우드 살롱을 소유해서 '화려하고 별난 손님들'을 돌보는 것을 가정한 게임이다. 플레이어가 머리를 자르고 염색하고 머리를 감기는 적절한 기술을 사용함으로써 (25개 스타일 선택이 가능함) 고객들에게 좋은 날(good hair day)를 선사하면 포인트를 얻는다.
출처: Courtesy of Busy Bizzy, LLC.

누구나 알고 있듯이, 사춘기와 청소년기는 인생에 있어서 가장 빛나는 황금기이기도 하지만 또 최악의 시기이기도 하다. 우리가 어린아이의 시기를 지나 어른의 역할을 떠맡도록 요구되는 순간, 흥분되는 많은 변화들이 일어난다. 이런 변화들은 자신에 대한 불확실성을 증폭시키며, 어떤 집단에 소속되고자 하는 욕구와 독립적이고자 하는 욕구가 서로 상충하기 때문에 한 개인에게 자신의 고유한 정체성을 찾는 일이 매우 중요해진다. 이 나이에는 어떤 활동을 할지, 어떤 친구를 사귈지, 어떤 옷을 입을지 결정하는 것이 매우 중요하다. 십대들은 친구들에게 어떻게 보이고 어떻게 행동하는 것이 "맞는" 방법인지에 대한 힌트를 광고 등에서 적극적으로 찾는다. 십대를 대상으로 하는 전형적인 광고는 십대 집단이 "우리끼리" 활동적으로 움직이며 제품을 사용하는 모습을 보여준다.

이 연령의 하위문화 소비자들은 서로간의 친밀한 관계 형성, 독립성, 책임감, 남들로부터 인정받는 것 등을 포함한 수많은 욕구를 갖고 있다. 제품 사용은 그들이 이런 욕구들을 표현할 수 있는 중요한 수단이 된다. 예를 들어, 사회 일부에서는 많은 영화에서 흡연 장면이 지나치게 미화되어 묘사되고 있기 때문에 많은 청소년들이 흡연 행위를 어떤 사회적 지위를 상징하는 행동으로 착각하고 있다는 의견이 제기되고 있다. 이를 증명하기 위해, 중학교 3학년 학생들을 대상으로 실시된 한 연구에서 한 집단의 학생들에게는 흡연 장면이 포함된 원래 영화의 일부를 보여주고 다른 한 집단의 학생들에게는 통제 조건으로서 흡연 장면을 삭제한 영화의 일부를 보여주었다. 당연하게도, 흡연 장면을 포함한 영화를 본 학생들이 인지하는 영화 속 흡연자의 사회적 지위가 높았고 자신들이 흡연하고자 하는 의도도 높게 나타났다(좋은 소식: 영화 상영 전에 금연 광고를 보여주면 이런 효과가 나타나지 않았다).

모든 문화권의 십대들은 어린이 시기에서 어른으로의 전환 과정 사이에서 발생되는 근본적인 발달 과정 문제들에 부딪힌다. 역사적으로, 모든 세대의 젊은이들은 불안감, 부모의 권위, 동료 집단으로의 압력 등에 적응하며 살아간다(이전 세대도 똑같은 일을 겪었다는 것을 믿지 못해 하면서!). Teenage Research Unlimited에 따르면, 10대에게 가장 중요한 다섯 가지 사회적 문제는 AIDS, 인종 관계, 아동 학대, 낙태와 환경 문제이다. 오늘날에는 추가적으로 가족 부양의 책임까지 떠맡아야 하는 십대들도 있다. 특히 비전통적인 가정에 속해 있는 십대들의 경우, 장보기, 음식 만들기, 집안일 등을 책임지는 경우도 있다. 현대 사회에서 십대로 살아간다는 것은 쉽지 않은 일이다. 광고 회사인 Saatchi & Saatchi사에서 십대에게 공통적으로 일어나는 네 가지 기본적 갈등에 대해 분류했다:

- **자율성 대 소속감:** 십대들은 가족으로부터 분리되어 독립성을 갖기를 원한다. 그러나 혼자인 것을 피하기 위해 친구 집단과 같은 지지 계층을 필요로 한다.
- **반항 대 동조:** 십대들은 사람들이 사회적 기준으로 생각하는 외모나 행동을 따르지 않고 반항하고 싶어하는 동시에 다른 사람으로부터 인정받고 무리에 포함되고 싶어한다. 그들은 반항적 이미지를 기르기 위해 Hot Topic 매장에서 파는 상품같이 대담한 제품을 구매한다.
- **이상 대 현실:** 십대들은 자신들은 순수하다고 생각하는 반면, 어른들을 위선자라고 본다. 그들은 세상은 이래야 한다는 이상과 현실에서 느끼는 감정 사이의 괴리감으로 고민한다.

- **자기애(나르시시즘) 대 친밀감:** 십대들은 가끔 자기 자신의 외모나 욕구(needs)에 집착적으로 빠지기도 한다. 그러나 그들은 다른 사람들과 의미 있는 관계를 갖고자 하는 욕구를 느끼기도 한다.

이런 욕구들은 때론 불쾌한 방식으로 서로 충돌하기도 한다(만사가 잘 안 풀리는 10대만큼 악에 받힌 존재는 없다!). 한 연구자는 최근 사춘기 청소년들이 상호간 소비 규범과 가치에 대한 정보를 교환하는 방법 중 하나인 비웃음의 역할에 대해 연구했다. 연구 결과에 의하면, 청소년들은 중학교 때부터 소비 규범을 위반하는 친구들을 배척하고, 골탕 먹이고, 경고하기 위해 비웃음을 사용하기 시작하는 것으로 밝혀졌다. 이런 고통스러운 과정의 한 가지 결과는 청소년들이 열망하거나 회피하는 집단(9장을 기억하라)에 대해 또래 집단이 갖고 있는 정형화된 이미지를 내부화하여 습득하게 된다는 것이다. 그럼으로써 청소년들은 열망하는 집단과 함께하고, 회피하는 집단과 거리를 두기 위해 스스로의 소비 패턴을 두드러지게 바꾼다. 예를 들어, 이 연구에서 한 소년은 자신이 산 흰색 운동화를 친구들이 비웃자 재빠르게 좀 더 스타일리시한 검은 운동화로 교환했다.

Y세대

최근 웃는 입 모양의 새로운 스마일 로고와 함께 재정비된 Pepsi 브랜드는 소위 말하는 **Y세대**(Gen Y) 연령 세분 시장을 정확하게 겨냥하고 있다. "당신은 Pepsi 세대"라는 슬로건과 함께 출발한 Pepsi가 "다음 세대의 선택"에서 "새 세대의 선택"으로 진화하기까지, 젊은이들은 언제나 Pepsi에게 생명선과 같은 존재였다. 그러나 지난 몇 년간 Pepsi는 에너지 드링크나 비타민 등 몸에 좋은 성분이 강화된 음료에 젊은 소비자를 빼앗겼으며 심한 매출액 저하를 경험했다. Pepsi는 최근 실시한 연구에서 **밀레니엄 세대**(Millennials)나 **에코 부머**(Echo Boomers)라고도 불리는 이 연령 집단이 미래에 대해 희망적이라는 것을 알아냈다. 이 세대의 거의 모든 이들이 인생에 대해 긍정적인 관점을 유지하는 것이 중요하다는 데 동의한다. Pepsi는 밀레니엄 세대의 95%가 변화라는 단어에 대해 긍정적인 연상을 떠올리며 이 단어를 새로움, 발전, 희망, 흥분 같은 다른 단어와 연결시킨다는 것을 발견했다.

Y세대는 1984년부터 2002년 사이에 태어난 사람들을 말한다. 이들은 미국 전체 인구의 1/3을 차지하며 자기 자신과 부모의 돈으로 1년에 1,700억 달러를 소비한다. 이들이 사랑하는 브랜드는 Sony, Patagonia, Gap, Aveda, Apple 등이다. 에코 부머들은 지난 20년간 미국인의 삶에 일어난 급격한 변화를 반영하고 있다. 이들은 또한 가장 다양화된 세대이기도 하다. 이들의 35%가 백인이 아니며, 많은 Y세대들은 우리가 9장에서 공부한 비전통적 가정에서 성장했다. 오늘날 21세 청년 4명 중 1명은 한부모 가정에서 성장했으며 4명 중 3명은 맞벌이 부모를 갖고 있다.

Y세대 구성원들은 자유분방함과 7일 24시간 내내 친구들과 연결되어 있는 것을 둘 다 소중하게 생각하는 "저글러(공 세 개를 떨어뜨리지 않고 다루는 곡예사)"이다. 광고대행사인 Saatchi & Saatchi는 이 새로운 라이프스타일을 **커넥시티**(connexity)라고 불렀다. 밀레니엄 세대가 서로 연결되어 있다는 느낌이 가질 수 있도록 Apple이나 Philips 같은 기업들이 iPod과 MP3 열쇠 고리와 같은 작은 전자기기들을 개발하여 아이들이 이동 중에도 음악을 듣거나 영상을 볼 수 있도록 하고 있다. 그리고 이런 전자기기들은 USB

Every Romance Has A Story. Wear Yours.

I was in London for business and he made plans to meet me in Paris. We'd been dating four years, but we'd never taken a real vacation together. The first three days were perfect. Then I sprained my ankle. Two bottles of red at dinner didn't mix. I had no idea he was planning to pop the question. He was so nervous and I was...well, extremely relaxed. He had to ask me again the next morning! We'll always have Paris. We're going back for our three-year anniversary this fall.

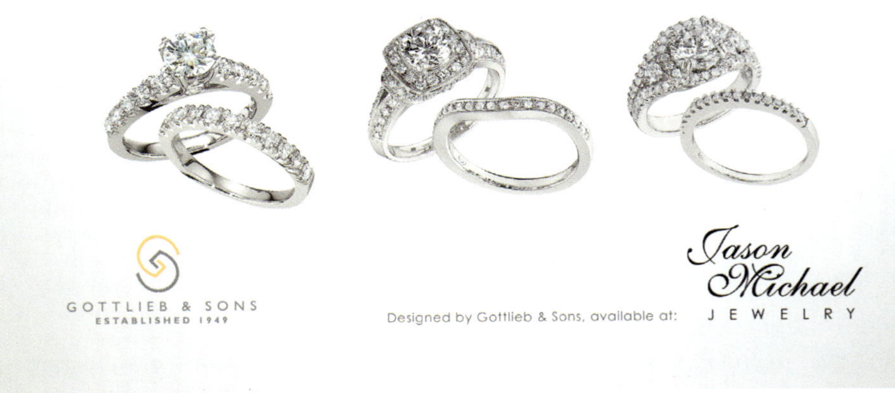

커플들은 결혼식이 그들의 특별한 이야기를 반영하기를 원하고, 브랜드는 마케팅 캠페인을 새로운 취향과 수요의 체계의 설명에 맞추고 있다. 지금 대개 20대인 밀레니엄 세대는 정중한 초대와 정찬 등 전통적으로 해야 할 일들 대신에 그들의 관심사와 개인적 스타일을 공개하는 방식을 추구한다.
출처: Gottlieb & Sons.

포트를 직접 꽂아 업로드하거나 다운로드할 수 있다. Toyota 자동차가 젊은이들을 위한 Scion 모델을 개발했을 때, 연구자들은 에코부머들이 실제로 자신의 자동차 안에서 생활하고 있다는 것을 발견했다. 예를 들면, Y세대의 1/4은 언제든지 갈아입을 수 있는 옷을 자동차 안에 비치한다. 따라서 Toyota의 디자이너들은 Scion을 바퀴 달린 집처럼 느껴지도록 디자인했다. 앞 좌석은 침대처럼 완전히 뒤로 젖혀져 운전자들이 강의 시간 사이에 차에서 낮잠을 잘 수 있도록 배려했으며 15볼트 충전기를 장착해 운전자들이 자신의 컴퓨터를 충전할 수 있도록 했다.

부모 세대나 손위 형제 세대와는 다르게, 미국의 Y세대들은 비교적 전통적인 가치관을 소유하고 있으며 반항하는 것보다는 기존 방식에 순응하는 것에 더 높은 가치를 둔다. 그들의 사회화 동력(이 장 전반부 참조)은 팀워크이다 — 이들은 팀을 이루어 가르치고, 팀별로 성적을 받고, 팀을 이루어 스포츠, 지역 봉사 활동, 서비스 학습을 하며, 학생 심사 위원회 등을 조직한다. 10대 폭력 범죄는 60~70%가 줄었고 청소년의 담배와 음주, 10대 임신율은 사상 최저이다. 10명 중 5명은 정부를 신뢰한다고 대답했으며 거의 모든 Y세대가 부모를 신뢰한다고 응답했다

우리는 이미 소비자, 특히 젊은 소비자들의 삶에 있어 온라인 세계가 얼마나 중요한지에 관해 논의했다. 밀레니엄 세대들은 가정용 컴퓨터와 500개 채널을 가진 TV 환경에서 자라난 첫 번째 세대이다. 그들은 휴대폰, 음악 다운로드, 인터넷을 사용한 실시간 메신저 등을 자유자재로 사용하는 멀티태스킹이 가능한 세대이다. 그들은 밖에 나가지 않고 집에서 인터넷과 휴대폰으로 (특히 통화보다는 주로 메시지와 인스턴트 메신저를 사용해) 커뮤니케이션을 하는 엄지족 문화에 매우 편안해한다.

몇몇 연구자들은 13~14세 청소년들이 생활의 일부분으로서 자신들의 사이버 정체성(cyberidentity)을 표현할 때 컴퓨터를 어떻게 사용하는지에 대해 심층 연구를 진행했다. 연구의 대상이 된 트윈(tween)들은 운전면허를 따기엔 너무 어리므로 실제 도로에서의 기동성이 제한된다. 이들은 혼자 다른 장소로 이동할 수 없으며 이동할 때 부모님 혹은 운전할 수 있는 다른 사람의 도움이 필요하다. 따라서 이들은 독립적으로 이동할 수 있는 권리를 꿈꾸며 가상적으로 다른 장소로 이동하거나 다른 모드로 전환하는데 도움을 주는 기구로 컴퓨터를 사용한다. 이 연구에서는 이 나이의 청소년들이 자신의 컴퓨터를 생각할 때 어떤 은유를 사용하는지 알아보았다. 어떤 아이들은 PC를 자신들이 어울릴 수 있는 "남학생 클럽 하우스"라고 묘사했다. 또한 PC는 이들에게 게임을 할 수 있는 "축제"이기도 하고 숙제를 도와주는 "외부에 있는 두뇌"이기도 하다.

현재의 십대는 TV를 보며 자랐고 윗세대보다 더 "세련된"소비자이기 때문에 마케터들은 그들에게 좀 더 가볍게 접근할 필요가 있다. 특히 Y세대들은 자신들을 어른과 동등하게 대해주는 진정성 있는 메시지를 원한다. "그들은 매우 빠르고 쉽게 꺼지고 켜지는 신체 알람을 갖고 있다… 그들은 가게에 들어섰을 때 어떤 것이 멋있는지 멋있지 않은지, 그리고 어떤 것을 살 것인지 사지 않을 것인지 매우 빨리 결정을 내린다. 그들은 광고가 거짓말과 과대 선전에 기반하고 있다는 사실을 잘 알고 있다"라고 한 연구결과는 보고하고 있다.

그렇다면 젊은 소비자들로 하여금 소비하게 만드는 규칙은 무엇일까?

- **규칙 1**: 얕보는 투로 이야기하지 말라. 젊은 소비자들은 자신 스스로 제품에 대한 결론을 내리고 싶어한다. 한 십대 소비자는 "누군가가 나에게 무엇을 하라고 지시하는 건 싫어요. 마약이나 청소년 성범죄 광고들은 설교하잖아요. 도대체 뭘 알기나 하면서 말하는 건지 모르겠어요. 그리고 광고가 파티 장면을 보여주면서 이 제품을 갖고 있으면 그 분위기에 어울릴 거라고 말하는 것도 싫어요. 그건 그 물건을 어떻게 사용하는지 보여주는 게 아니잖아요"라고 한다.
- **규칙 2**: 실제가 아닌 것을 보여주려고 애쓰지 말라. 브랜드 이미지에 솔직하고 충실하라. 십대들은 솔직함을 가치 있게 생각한다. 광고하는 이미지대로 실천하는 기업들은 십대들에게 깊은 인상을 심어줄 수 있다. P&G는 올드 스파이스 하이 인듀어런스(Old Spice High Endurance) 데오도란트 제품에 하자가 있으면 1-800-PROVEIT로 전화하여 환불받을 수 있도록 함으로써 십대들의 마음을 움직였다.
- **규칙 3**: 그들을 즐겁게 해주어라. 쌍방향 커뮤니케이션을 하고 판매는 짧게 끝내라. Y세대는 예상치 못한 장소에서 브랜드를 발견하는 것을 즐긴다. 십대들이 TV를 보

는 이유는 프로그램 이외에도 재미있는 광고를 보기 위한 것이다. 만약 제품에 대해 더 많은 것을 알고 싶으면 그들은 당신의 웹사이트를 방문할 것이다.

- **규칙 4**: 심각하지 않은 분위기로 그들이 어떤 기분인지 알고 있다는 것을 보여주어라. Hershey의 아이스 브레이커 민트 캔디 광고는 클럽에서 모르는 여자에게 다가가는 남자가 느끼는 스트레스를 보여주며 제품이 갖는 혜택을 미묘히 강조한다. 남자는 스스로에게 최면을 건다. "오늘은 행운의 팬티를 입고 있으니까 운이 좋을 거야. 발 헛디디지 말고. 침 흘리지 말고. 자, 릴랙스. 입 냄새는 안 나나?"
- **규칙 5**: 진정성이 있으며 사회에 환원한다는 것을 보여주라. 밀레니엄 세대들은 눈을 뗄 수 없는 이유나 미션과 연계된 조직에 영향을 받는다. 그들로 하여금 회사를 믿게 하는 것이 중요하다. "일을 하라. 공허한 약속은 하지 말라." 한 조사에 따르면 유명인들의 보증이나 맹세를 접할 때 모금 활동에 기부하려는 동기가 생긴다고 대답한 비율은 단지 2퍼센트였다.

트윈

어린 10대에게 가장 인기 있는 TV 채널은 디즈니 채널이다. 이 채널은 아이들이 좋아하는 피니와 퍼브 같은 만화영화를 보여준다. 디즈니는 1년에 옷, CD, 영화, 다른 "기분 좋아지는" 제품에 140억 달러를 소비하는 8세부터 14세 사이의 2,700만 어린이들, 즉 **트윈**(tween) 그룹의 구매력을 이해하고 있다. 트윈은 어린이와 청소년의 중간에 있고 두 연령 집단의 특성을 모두 갖고 있다. 한 트윈이 말한다: "우리들은 혼자 있을 땐 이상한 짓도 하고 애기처럼 행동할 수도 있어요. 그런데 공공장소에서는 십대처럼 차분하게 있죠."

최근 미국의 유명 여성용 속옷 브랜드인 빅토리아 시크릿이 실시한 마케팅 캠페인은 어린이도 어른도 아니고 심지어 충분히 10대가 되지 않은 소비자를 상대할 때는 적절한 선을 지키는 것이 중요함을 시사한다. 소녀들을 위한 란제리 라인인 핑크 브랜드를 개발했을 때, 이 소매점 체인은 Abercrombie & Fitch가 어린이 사이즈의 티팬티를 판매했을 때 일어났던 것과 같은 과열 현상을 피하고자 했다. 회사는 오하이오 주립대학, UCLA, 펜실베니아 주립대학 등에서 24명 가량의 여대생들을 핑크 브랜드 홍보대사로 고용했다. 이 여대생들은 트윈을 위한 속옷 세트의 롤 모델이 되었다. 핑크팀의 구성원들은 경품 전단지와 인기 TV 시리즈의 특별 시사회 티켓을 나눠주고, 사람들의 이목을 끌기 위해 캠퍼스에 천여 개의 핑크 헝겊인형들을 숨기는 일 등을 조직했다. "회사에서는 저에게 단지 다른 조직을 지지하는 일만 하면 된다고 했어요"라고 한 홍보대사는 자신의 대학신문과의 인터뷰에서 말했다. "그리고 그 논점이 집 없는 사람들, 아동 결식이나 빈곤 문제가 아니라 속옷 문제였던 것뿐이죠." Wow.

캠퍼스의 큰 손들

광고주들은 대학생들을 유혹하기 위해 연간 약 1억 달러를 소비한다. 전체적으로 대학생 시장은 간식과 음료수에 연간 110억 달러, 개인 생활용품에 40억 달러, CD와 테이프에 30억 달러를 소비하는 거대한 시장이다. 70%의 학생들이 노트북을 가지고 있다. 많은 대학생들은 여유 자금과 시간을 갖고 있다(물론 이 책을 읽고 있는 당신은 그렇지 않겠지만...). 일반적인 대학생은 하루 평균 1.7시간 동안 수업을 듣고 그 외 1.6시간 동안 공부한다. 이런 "평균적" 대학생들(아니면 모든 학생들이 평균을 상회하는가?)은 소비용품에

ABOUT PRIVATE TREND SCHOOLS

A DAY OF DISCOVERY

TREND SCHOOL IS IMMERSIVE, INTIMATE, AND INTERACTIVE...AND IT WILL TRANSFORM YOU.

Thousands of executives have gained the awareness and vision necessary to connect with young consumers by attending Trend School. Part grad class, part mini-conference, part networking event, Trend School takes you beyond what's happening with young consumers by delving into why they do what they do. Comprehensive Cassandra Report presentations. Pervasive macro trends. Amazing guest speakers. Product samples. Taste tests. Tech demos. Ideation exercises. Cool music. Hot videos. Gen Y consumer panels. It's all there, in one intense day.

몇몇 마케터들은 젊은 사람들과 얘기할 가장 좋은 방식에 관한 최근 동향을 알기 위해 "트렌드 스쿨"에 출석한다.
출처: The Intelligence Group.

한 달 동안 287달러를 쓴다. 한 마케팅 간부는 "대학생 시절은 신제품을 써보고자 하는 호기심이 가장 큰 나이지요… 이 시기가 그들을 여러분의 프랜차이즈로 끌어들일 가장 좋은 시기입니다"라고 한다. 초보 소비자들에게 대학생 시기는 생전 처음 가족과 떨어져 혼자 생활하게 된 시기이며, 세탁세제나 청소용품 등의 제품을 처음 사용해 보기 때문에 해당 제품 범주에 대한 브랜드 충성도가 아직 강력히 형성되어 있지 않은 시기이기도 하기 때문에 대학생 시장은 많은 기업에게 매력적인 시장이다.

그럼에도 불구하고, 대학생들은 신문 같은 전통적 매체로는 접근하기 어려워 마케터들에게 특별한 도전이 되기도 한다. 온라인 광고는 이들에게 매우 효과적이다. 대학생 중 99%는 한 주에 적어도 한두 번, 90%는 매일 인터넷에 접속한다. 대학생들의 생활에 접근함으로써 전성기를 맞은 mtvU.com이나 collegehumor.com과 같은 웹사이트도 있다. 최근 TV 시청률을 측정하는 기관인 Nielsen 미디어 리서치가 집을 떠나 다른 도시에서 생활하고 있는 대학생들을 표본에 포함시킨 것은 이 시장의 힘을 증명하는 일례일 것이다. Nielsen 미디어는 미국 대학생들이 일주일에 평균 24.3시간 동안 TV를 시청한다고 보고했다.

X세대

미국인 4,600만 명이 **X세대**(Gen X)는 미국인 중 4,600만 명에 달한다. 이 집단의 이름은 Douglas Coupland의 베스트셀러 소설 『X세대(Generation X: Tales for and Accelerate Culture)』에서 차용된 것이다. 혹자들은 이들이 보여주는 자기 소외나 게으름 때문에 이들을 "슬랙커(slackers: 책임 회피자)"나 "베이비 버스터(baby busters: 출생률 격감기에 태어난 아이들)"라고 부르기도 하며, 이런 고정관념들은 "클루리스(Clueless)" 같은 영화나 마릴린 맨슨 같은 그룹의 음악에 잘 나타나 있다.

Marketing Opportunity

청소년 시장을 전담으로 하는 조사회사들은 혁신적일 필요가 있다. 왜냐하면 많은 밀레니엄 세대들은 전통적인 설문조사 방식에는 잘 응답하지 않기 때문이다. Pizza Hut은 십대들을 초청해 회사 간부들과 같이 점심을 먹으며 완벽한 피자에 대한 그들의 의견을 듣는다. 어떤 조사회사들은 십대들에게 비디오 카메라를 주고 학교에서의 "일상적인" 하루를 촬영해 오라고 한다. 물론 놀이와 놀이 사이에 어떤 일을 하고 있는지에 대한 설명도 포함해 줄 것을 요청한다. 다른 마케터들은 뉴욕과 LA에서 한 달에 한 번 하루 동안 열리는 트렌드 스쿨(Trend School)에 참여해 주는 대가로 2,500달러를 지불하기도 한다. 그곳에서 "학생들"은 최신 기술, 음악, 패션 유행을 배우며 다른 아이들과 함께 어울린다.

전 세계적으로 X세대 그룹이 외면할 수 없는 광고 메시지를 창조하려는 노력의 일환으로 1964년 CBS에서 세 시즌 동안 인기리에 방영된 TV 시트콤인 길리건의 섬(Gilligan's Island)의 한 장면을 참고하거나, 닳고 닳은 것처럼 보이는 헝클어진 옷차림의 배우를 보여주는 장면을 보여주었지만, 이런 방법은 사실 X세대로부터 외면당할 뿐이었다. 이런 광고들은 단지 옛날 TV 프로그램의 재방송을 보는 것이나 다름 없었기 때문이다. Subaru(일본 자동차 브랜드)의 초기 광고 또한 이런 장르 중 하나였다. Subaru의 대표 브랜드인 임프레자(Impreza) 광고는 몸보다 큰 헐렁헐렁한 옷을 입은 젊은이를 등장시켜 다른 경쟁 제품을 "지루하고 상업적"이라고 비난하면서 임프레자 모델은 "펑크록 같다"고 표현했다. 이 광고는 목표 청중에게 효과적인 반응을 얻지 못했고 결국 Subaru는 담당 광고회사를 교체했다.

오늘날 X세대는 성장하여 어른이 되었으며 실제로 이 세대의 구성원들은 많은 문화적 변화를 이끈 제품이나 기업들, 즉 Google, YouTube, Amazon의 창업주가 되었다. 최근 X세대가 당한 부당한 비난에 대해 애통해 하는 책이 『X가 세상을 구한다: 어떻게 X세대가 주축이 되었고 여전히 세상이 저질화되는 것을 막고 있는가(X saves the World: How Generation X Got the Shaft but Can Still Keep Everything from Sucking)』라는 제목으로 출간되었다.

성인 시장

Restylane은 얼굴 주름 감소용 피부 투여 주사액 중 판매량 1위인 브랜드이다. 이 회사는 이전에는 기업 대상으로 판매를 하다가 2007년 처음으로 소비자를 대상으로 직접 광고를 시작했다. 중년 소비자들을 상대로 제품의 기술적 우월성을 직접 홍보하기 위해 이 회사는 새로운 미디어 추세를 이용해 다면적인 광고 캠페인을 펼쳤다. 전통적인 매체인 TV 광고에서는 시술을 받은 후 거리에서 남자들이 얼마나 자주 자신을 돌아보는지 이야기하는 여성을 등장시켜 시술 전과 시술 후 결과를 비교하는 광고를 방영했다. 한편 YouTube에는 50세 여성의 생일 잔치 풍경을 보여주는 동영상을 올렸다. 아들이 비디오로 생일 카드를 제작하는 동안, 화면 뒤쪽 소파에서 엄마가 자신보다 어린 남자와 애정행각을 벌이고 있는 장면이 잡힌 것이다. 시청자들은 이 동영상의 마지막 15초를 보기 전에는 이것이 광고라는 것을 알 수 없었다. 세 번째 방법은 "미국에서 가장 섹시한 엄마" 콘테스트였다. 이 웹사이트에 동영상을 올린 콘테스트 참가자들 중 우승자에게는 상금 및 1년 동안 공짜 시술을 제공했으며 모델 에이전시와 면접을 볼 수 있도록 주선해 주었다. 이 시대의 엄마들이 모두 June Cleaver(1950년대 방송되었던 TV 시트콤의 현모양처형의 여주인공)는 아니다. 성인 소비자들의 변화된 모습에 대해 좀 더 자세히 살펴보도록 하자. 이들 중 대부분은 이전 세대의 동일한 나이의 사람들만큼 성숙한 모습을 보여주고 있지는 않다.

목표 7

베이비붐 세대는 여전히 경제적으로 가장 힘 있는 세분 시장이다.

Baby Boomers

베이비붐 세대 그룹(1946년에서 1964년 사이에 태어난 사람들)은 부모가 2차 세계대전 종전 후에 가정을 꾸린 후 태어나 경제적으로 안정된 평화로운 시대였던 1950년대를 보낸 이들이다. 일반적으로 사람들이 세상이 별일 없이 평화롭게 돌아간다고 느

1962년에 제작된 이 Pepsi 광고는 베이비붐 세대들이 10대가 된 1960년대부터 문화적 영향력을 갖기 시작한 청소년의 힘을 강조하고 있다.
출처: Courtesy of PepsiCo.

끼게 되면 아이를 많이 낳는다고 한다. 따라서 이때는 산부인과 분만실이 "붐"이었던 시절이다. 1960년대와 70년대에 십대였던 이들은 패션, 정치, 소비 태도 등에서 혁명을 창조한 "우드스톡 세대"이다. 이들이 나이가 들어감에 따라 1960년대의 자유발언 운동이나 히피 문화에서부터 1980년대 레이건 경제 정책이나 여피 문화에 이르기까지 다양한 문화적 이벤트의 원동력이 되었다. 이들은 중년의 나이가 된 오늘날까지도 여전히 대중 문화에 영향력을 행사하고 있다.

Restalyne 캠페인이 보여주는 바와 같이, 이 세대는 그 전 세대보다 더욱 활동적이며 육체적으로 더 건강하다. 스포츠 활동을 하고 있는 베이비붐 세대는 국내 평균 스포츠 인구보다 6% 더 많다. 게다가, 베이비붐 세대는 현재 경제 활동의 정점에 이르고 있다. MTV를 보기에는 조금 나이든 사람들을 위한 뮤직 비디오 네트워크인 VH1에 방영되는 광고 카피가 지적하듯이, "현실에서 탈출하고 젊어지고자 식초를 먹는 이 세대는,

이 영국 AIDS 인식 메시지는 50세 이상 남성을 대상으로 하고 있다.
출처: FPA.

그것을 소화시키려고 제산제를 먹어야 하는 세대이기도 하다."

35세에서 44세의 서구 소비자들은 수입의 대부분을 주택, 자동차, 유흥비로 소비한다. 베이비붐 세대는 "가족을 먹여 살리느라" 바쁘다. 이 세분 시장의 소비자가 지출하는 금액 중 대략 40%는 집의 가구 및 비품 구매에 쓰인다. 게다가, 45세에서 54세의 소비자는 다른 어떤 연령의 사람들보다 특정 범주의 품목, 특히 음식(평균보다 30% 이상), 의복(평균보다 38% 이상), 은퇴 보장 상품(평균보다 57% 이상) 등에 더 많은 지출을 한다. 한 연구에 따르면 베이비붐 세대의 다수는 브랜드를 통해 놀라움과 기쁨을 얻기를 원한다고 한다. 그들에게 특별히 호소력을 갖는 브랜드로는 가정용으로는 Swiffer, 미각과 관련해서는 Keurig, 유기농 식품으로는 Amy's Kitchen, 그리고 Dove와 Trader Joe's 등이 있다.

중년 소비자들의 소비가 현재와 미래의 경제에 미칠 영향을 제대로 알려면 다음과 같은 것을 생각해볼 필요가 있다. 35~54세 사이의 세대주 인구가 1% 증가하고 현재와 같은 수준의 지출을 하게 되면 89억 달러의 추가 지출이 발생한다. 닐슨에서 산출한 바에 따르면, 베이비붐 세대가 포장 음식 매출의 38.5%를 담당함에도, 광고비의 5%만이 35세에서 64세까지의 성인을 대상으로 지출된다. 이 세대는 1,083종의 포장 식품 중 1,023종의 최대 소비자이다. 또한 이들 세대는 하루 9.34시간을 비디오 시청으로 보내는데 이 역시 다른 어떤 그룹보다 많다. 그들은 전체 TV 시청자, 온라인 사용자, 소셜 미디어 이용자, 트위터 이용자의 3분의 1을 차지하며, 더 중요하게도 광대역 인터넷을 보유하고 있을 가능성이 더 높다. 닐슨의 한 임원은 "마케터들은 베이비붐 세대가 은퇴가 가까워짐에 따라 앞으로 고요하고 평화로울 것이라고 생각하는 경향이 있지만, 이는 사실이 아니다. 우리 데이터는 일관되게 이들이 훨씬 오랫동안 능동적인 소비자일 것으로 전망한다. 이들은 더 건강할 것이고, 최근의 퇴직금을 둘러싼 논란에도 불구하고, 여전히 더 부유해질 것이다. 그들은 오랫동안 주요 세분시장일 것이다.

목표 8

세분 시장으로서의 노인 시장의 중요성이 증가하고 있다.

고령화 시장

한 노인 여성이 컴컴한 아파트에서 드라마가 방영되는 TV 앞에 혼자 앉아 있다. 며칠마다 한 번씩 그녀는 관절염에 걸린 손으로 힘들게 삼중으로 굳게 잠긴 문을 열고 차, 우유, 시리얼 등 생필품을 사기 위해 가게로 간다. 그녀가 고르는 것은 항상 제일 싼 브랜드들이다. 그녀는 하루 중 대부분의 시간을 흔들의자에 앉아 죽은 남편이 살아 있었을 때 함께 보낸 즐거웠던 시간을 회상하며 보낸다.

이것이 당신이 생각하는 대표적인 미국 노인 소비자의 이미지가 아닌가? 많은 기업들도 최근까지 이렇게 생각했다. 그들은 열광적으로 청소년 시장을 쫓느라 노인층을 등한시했었다. 그러나 평균 연령은 점점 높아지고 많은 사람들이 더 오랫동안 건강한 삶을 살 수 있게 된 현재, 시장의 행태는 매우 빠르게 변화하고 있다. 많은 기업들은 가난한 은둔자라는 오랜 고정관념을 벗어나고 있다. 노인 소비자에 대한 좀 더 새롭고 정확한 이미지는 인생이 가져다 주는 기쁨을 즐기는 활동적인 소비자이고 기쁨을 주는 도구인 제품과 서비스를 기꺼이 열렬히 구매하는 소비자이며, 수십 년 동안 좋아하는 브랜드에 대해 강한 애착을 갖는 소비자인 것이다. 그리고 노인 시장은 우리가 이야기하고 있는 이 순간에도 계속 증가하고 있다. 매 7초마다 미국인 중 한 명은 50세가 된다.

다음에 대해 한 번 생각해 보자. UN(United Nations)은 전 세계적으로 60세 이상인 인구가 빠르게 증가하고 있다고 발표했다. 지금 60세 이상 인구는 7억 명 정도이지만 21세기 중반이 되면 약 20억 명이 될 것으로 전망되고 있다. 2030년이 되면 미국에서 65세 이상 인구는 전체 인구의 20%에 육박할 것이다. 2100년에 이르면, 100세 이상 인구가 500만 명 이상이 될 것으로 추산된다.

우리 중 많은 사람들은 그때까지 살 수 없을지도 모르지만, 오늘날에도 벌써 **노인 시장**(gray market)의 효과를 일부 목도할 수 있다. 노인들은 재량 소득의 50%를 관리하며, 전 세계적으로 50세 이상의 소비자들의 연간 소비액은 거의 4,000억 달러이다. 장년 시장은 미국에서 베이비붐 세대 다음으로 빠르게 성장하는 세분 시장이다(적어도 우리 중 일부에게는). 더 건강한 라이프 스타일, 발전된 의료, 노인에게 걸맞는 적절한 행동에

도브 비누는 광고를 통해 서구 사회의 "젊음은 아름답다"는 고정관념에 도전하고 있다.
출처: Courtesy of Unilver.

대한 문화적 기대의 변화 덕분에 우리는 더 오래, 더 건강하게 살고 있다.

대부분의 노인들은 우리가 생각하는 것보다 더 활동적이고 다면적인 인생을 살고 있다. 거의 60%의 노인들이 자원봉사활동에 참여하고 있고, 65세에서 72세까지의 노인 4명 중 1명은 직업을 갖고 있으며, 1,400만 명의 노인들은 손주들을 돌보고 있다. 그리고 수입만이 노인의 소비력을 나타낸다고 생각한다면 그것은 큰 오산이다. 미국 노년 소비자들은 젊은이들의 소득의 대부분을 차지하고 있는 은행 융자를 다 갚고 재정적인 의무에서 벗어난 상태라는 것을 기억해야 한다. 65세 이상 소비자의 80%는 자신의 주택을 소유하고 있다. 게다가 자녀가 장성함으로써 육아와 자녀 교육에 더 이상 비용을 지출하지 않아도 된다. 미국에서 인기 있는 자동차 범퍼 스티커 문구 중 하나는 "우리 애들에게 물려줄 상속 재산을 우리가 쓰고 있어요!"라는 것이다.

노인 소비자들이 가진 경제적 영향력을 고려한다면, 젊은 고객을 좇느라 노인 소비자들을 등한시하는 기업들은 정작 매우 큰 수익을 놓치는 어리석은 짓을 하고 있다. 미국 노인 소비자들은 브랜드를 좀 더 자주 재구매하며, 제품을 고를 때 비교적 적은 수의 브랜드나 딜러를 고려하고, 오랜 역사를 가진 브랜드를 선택하는 경우가 많다. 여전히 많은 수의 광고 캠페인이 노인 시장의 구매자들을 인정하지 않는다. 이미 50세 이상의 사람들이 미국 내 임의 지출액의 절반 정도를 소비하고, 젊은이들보다 더 많이 TV를 시청하며, 더 자주 영화 관람을 하고, 더 많은 CD를 구매하는 데도 불구하고 이들은 10% 이하의 광고에서만 주목을 받고 있다

노인 시장이 확대됨에 따라 각광받는 분야 중 중요한 몇 가지는 운동 기구, 크루즈와 여행 상품, 성형수술과 스킨 케어 상품, 자기 계발서, 평생 교육을 위해 제공되는 대학 강의 등이 있다. 노인들은 다른 연령 집단보다 더 높은 비율로 더 많은 제품 범주에 비용을 지출한다. 55~64세 연령대의 가장들은 개인별 평균 지출액보다 15%를 더 지출한다. 그들은 평균 소비자들보다 여성 의류에 56% 더 지출하며 조부모가 된 기념으로 25~44세 소비자가 지출하는 것보다 더 많은 금액을 손자를 위한 장난감과 놀이용품 구매에 사용한다. 실제로, 조부모인 평균적 미국인 소비자가 자신의 손자손녀를 위한 선물을 구입하기 위해 지출하는 금액은 연평균 500달러에 달한다. 오늘 당신은 할아버지, 할머니께 안부 전화를 드렸는가?

노인 소비자들이 어떤 가치를 중요하게 고려하는지 알기 위해 많은 연구들이 진행

이 광고는 "나이는 숫자에 불과하다"고 반복함으로써 사람들이 지각하는 연령이 반드시 실제 연령과 같지는 않다라고 상기시켜 주고 있다.
출처: Courtesy of Atena US Healthcare.

Marketing Opportunity

많은 연구들이 나이는 실제적인 몸의 상태보다 마음의 상태를 이르는 것이라는 일반적 지식을 뒷받침하는 결과들을 보고하고 있다. 사실 태어나서 몇 년을 살았는지를 말하는 실제 연령보다 사람의 정신적인 건강 상태와 활동성의 수준이 장수 여부와 삶의 질을 좌우한다. 이것이 지각된 연령(perceived age) 혹은 얼마나 자신이 나이 들었다고 느끼는지가 더 좋은 기준이 되는 이유일 것이다. 연구자들은 "느낌-나이" (즉, 얼마나 자신이 나이 들었다고 느끼는지)나 "외모-나이"(즉, 얼마나 나이들어 보이는지)를 포함한 몇 가지 차원을 이용해 지각된 연령을 측정한다. 소비자들은 나이가 들수록 실제 나이에 비해서 더 젊다고 느끼게 된다.
최근의 한 연구는 저자들이 소비자 정체성 르네상스(consumer identity renaissance)라고 이름 붙인, 사람들이 은퇴 후 겪게 되는 자신의 정체성 재정립 과정에 대해 연구했다. 연구는 정체성 르네상스를 두 가지 형태로 분류했다. 한 가지는 부활형(revived)으로 이전 정체성을 재활성화시키는 방식을 말하며, 다른 한 가지는 전혀 새로운 인생 계획을 추구하는 발생형(emergent)이다. 많은 은퇴자들이 직업을 잃거나 배우자의 죽음 등 많은 상실감을 경험하며 이를 극복하고자 하지만, 이들 중 많은 사람들이 계속 살아가는 것을 중요하게 생각하고 있다. 이를 위해 가족이나 친구들과(많은 경우 온라인상에서) 관계를 맺음으로써 형성되는 소속감(affiliation)이나 자기 표현(self-expression) 등의 전략을 사용한다. 이런 전략들은 그들이 젊었을 때 충분한 시간이 없어서 추구하지 못했던 활동이라든가, 새로운 기술 배우기, 혹은 문화적 활동에 다시 참여하기 위해 도회지로 이주한다든가 하는 행동으로 나타난다.

CB AS I SEE IT

George Moschis 교수, *Georgia State University*

소비자 행동 연구자들은 일반적으로 어떤 특정 시점에서의 개인에 대한 연구를 주로 실시한다. 이때 소비자가 인생의 여러 단계에서 경험하거나 기대하는 사건이나 환경적 요인이 미치는 영향력은 무시된다. 성인 소비자들이 보이는 어떤 행동 패턴은 그 이전 단계에서 경험한 생활의 결과로 형성된다는 사실을 연구자들도 잘 알고 있지만, 아직까지 인생 전반에 걸친 소비자 행동 문제를 탐구하기에 적절한 도구가 개발되지 못했다. 일생에 거친 소비자 연구는 주로 횡단 연구로 실시되었다. 서로 다른 연령 집단의 소비자 행동에 집중하여 각 연령 집단에서 관찰되는 차이점을 묘사하는 데 국한하고 있다. 대부분 이 방법은 전체 일생 동안 일어나는 소비자 행동에 어떤 변화가 일어나고 왜 일어나는지는 설명하지 못하고 있다.

그러나 최근 몇 십 년간 다양한 연구 분야에서 많은 수의 연구자들이 소비자 행동을 연구하기 위해 인생 과정 패러다임(life course paradigm)을 도입하였다. 이 관점은 인생의 어떤 단계나 어떤 특정 시점에서의 행동이 이전 생활에서 주어진 조건에 대한 응답이나 행동의 결과로 발생된 것이며, 개인이 사회적, 환경적 환경에 적응하는 방식이라고 보고 있다. 인생 과정 모델은 생로병사의 형태로 나타나는 생활 조건의 변화는 신체적, 사회적, 감정적 요구와 개인이 반드시 적응해야만 하는 환경을 창조한다고 제안한다. 생각과 행동 패턴의 변화와 발전은 개인이 다양한 요구와 환경에 적응한 결과라고 볼 수 있다. 이때 적응은 변화 기제와 사회화 과정, 스트레스와 적응 반응, 발전/성장/쇠퇴를 수반하고 있다.

인생 과정 접근법은 연구자들이 소비자로서의 선택을 포함한 유아기나 청소년기의 경험이 현재의 소비자 행동 패턴에 어떤 영향을 미치는지 이해할 수 있도록 도와준다. 우리는 역사적 혹은 문화적 맥락 안에서 유아기나 청소년기와 연관된 소비자 행동을 연구할 수 있고 시간의 흐름과 환경의 변화에 따른 행동 변화 과정을 탐구할 수 있다. 특히, 이 접근법은 타이밍, 기간, 순서, 역사적 맥락 등 소비자가 자신의 소비 패턴을 형성하거나 바꾸는 조건에 주목함으로써 중, 장년층 소비자 행동의 안정성, 발전, 변화와 관련된 문제를 연구하는 데 사용된다. 마케터들은 인생의 특정 시기에 있는 소비자들에게 그들이 인생 단계에서 경험하는 이벤트나 환경에 따라 갖게 되는 서로 상이한 욕구에 맞춰 각각 다른 방법으로 접근해야 한다. 배우자를 잃는다거나 은퇴 경험 등 이전에 어떤 생활을 경험했느냐에 따라 사람들의 마음가짐, 소비 욕구, 다양한 형태의 마케팅 노력에 반응하는 방법 등이 달라지기 때문이다.

되고 있다. 성공적인 마케팅 전략을 위해 마케터들은 다음과 같은 요소 중 한 가지 이상을 연결시킬 수 있어야 한다

- **독립성:** 노인 소비자들은 활동적인 삶을 영위하고 스스로 만족하는 삶을 살길 원한다. Kimberly-Clark에서 만든 여성용 요실금 팬티인 디펜드(Depends)에 사용된 광고 전략은 June Allyson과 같은 중년 여배우를 모델로 기용해 요실금 걱정 없이 골프를 즐기거나 파티에 참여하는 여성을 보여주고 있다.
- **유대감:** 노인 소비자들은 친구나 가족과의 유대 관계를 가치 있게 생각한다. 시리얼 브랜드인 Quaker Oats는 배우 Wilford Brimley를 기용해 젊은 세대에게 제대로 먹는 것에 대해 할아버지처럼 인자하게 충고해 주는 광고를 통해 그들이 중요하게 생각하는 가치를 성공적으로 건드렸다.
- **이타심:** 노인 소비자들은 세상에 뭔가를 베풀고 싶어한다. 렌터카 브랜드인 Thrifty Car Rental사가 노인 소비자들을 대상으로 설문조사를 실시한 결과, 이들 중 40% 이상이 만약 양로원까지 이동하는 차량 사용 요금을 할인해 주는 프로그램을 지원하는 렌트카 회사가 있다면 그 회사를 선택할 의향이 있다는 결과를 얻었다. 이 조사에 기반한 Thrifty Car Rental사의 "친구를 태워가세요" 프로그램은 큰 성공을 거두었다.

목표 9
유유상종

장소 기반 하위문화

지리적 인구통계학(geodemography)이란 공통적인 소비 패턴을 공유하는 소비자들을 규명하기 위해, 사람들이 살고 있는 지역에 관한 지리적 정보와 소비자 지출 및 기타 사회 · 경제적 요인들에 관한 자료들을 결합시키는 분석 기법을 말한다. 이 접근방법은 "유유상종"의 가정, 즉 욕구와 취미가 비슷한 사람들은 서로 가까이 사는 경향이 있으며, 따라서 마케터들이 직접 우편(DM)과 다른 방법들에 의해서 비슷한 생각을 가진 사람들에게 좀 더 경제적으로 접근할 수 있을 것이라고 가정한다. 예컨대, 대졸 이상의 백인 독신자이면서 재정적으로 보수적인 경향을 가진 소비자를 타깃으로 하는 마케터가 있다면, 우편번호 20770번(매릴랜드주의 Greenbelt)과 90277번(캘리포니아주의 Redondo Beach) 지역에 카탈로그를 보내는 것이 이런 특징들을 가진 소비자가 다른 주에 비해 훨씬 적은 매릴랜드나 캘리포니아의 인근 지역에 보내는 것보다 더 효율적이라는 것을 알 수 있을 것이다.

한 가지 인기 있는 군집화 기법은 Claritas사에 의해 개발된 **PRIZM** 시스템이다. 이 시스템은 미국의 모든 우편번호를 가장 부유한 "Blue-Blood Estates"에서 가장 가난한 "Public assistance"에 이르기까지 1에서 66까지의 범주 중 하나로 분류한다. 이 방법은 Southern California의 Encino(zip code 91316)에 사는 여성을 "부와 지능(Money & Brains)"으로 분류하는 반면, Sherman Oaks(zip code 91423)에 사는 여성을 "젊은 영향력 행사자(Young Influential)"로 분류한다.

지리적 인구통계학은 "유유상종(birds of a feather flock together)"이라는 가정에 근거를 두고 있다. 이 광고를 만든 이사 업체에 따르면 여학교 옆에 남학생 기숙사가 있을 수 없으므로 둘 중 하나는 다른 곳으로 옮겨가야 한다.
출처: Courtesy of 86 The Onion Ad Agency.

표 10.1 PRIZM에서 두 개의 다른 군집의 소비패턴 비교

Furs & Station Wagons (ZQ3)		Tobacco Roads (ZQ38)	
신흥 부유층인 40~50대 부모들		인종적으로 통합된 남부농가마을	
테니스코트, 수영장, 정원 등을 가진 새로 건설된 교외지역		중고품 가게, 식당, 셀프서비스세탁소 등이 있는 작은 동네; 내부 배관이 없는 오두막집	
유사지역		유사지역	
Plano, TX (75075)		**Belzoni, MI (39038)**	
Dunwoody, GA (30338)		**Warrenton, NC (27589)**	
Needham, MA (02192)		**Gates, VA (27937)**	
높은 수요	낮은 수요	높은 수요	낮은 수요
컨트리 클럽	오토바이	버스 이용	편물
와인 대량 구매	설사약	천식약	리이브 극장
잔디 가구	필터 없는 담배	몰트 주류	연기 감지기
***Gourmet* magazine**	씹는 담배	***Grit* magazine**	***Ms.* magazine**
BMW 5 Series	***Hunting* magazine**	임신 테스트	**Ferraris**
호밀빵	**Chevrolet Chevettes**	**Pontiac Bonnevilles**	통밀빵
천연 시리얼	통조림 스튜	간편음식	멕시코음식

상이한 군집의 거주자들은 연금에서부터 지프록(Ziplock) 가방에 이르기까지 제품 소비에 있어서 눈에 띄는 차이를 보인다. 이들 그룹들은 또한 ZQ(Zip Quality) 척도 상에서 수입, 집의 가치, 그리고 직업(사회 계급의 개략적 지표)에 따라 순위가 매겨진다. 표 10.1은 두 가지 군집의 소비 패턴이 얼마나 다를 수 있는지를 보여준다. 이 표는 세 번째로 높은 군집인 "Movers and Shakers"과 세 번째로 낮은 "Bedrock America"의 소비 자료를 비교한 것을 보여주고 있다. MyBestSegments.com에서 당신의 우편번호를 체크해 보라.

비록 두 개의 매우 다른 군집에 속한 소비자들이 동일한 비율로 어떤 제품을 구매할 수 있다고 치더라도, 이런 유사성은 다른 구매를 고려할 때 더이상 유효하지 않다. 이런 차이들은 실제로 시장을 이해하기 위해서는 단순한 제품 범주 구매 자료와 인구통계학적 특성들을 넘어설 필요가 있음을 강조한다. 예를 들어, 높은 품질의 망원경은 "Urban Gold Coast", "Money & Brains", "Blue-Blood Estates" 지역에 사는 사람들이 구매하지만, "Grain Belt", "New Homesteaders", "Agri-Business" 군집에 속한 사람들 또한 구매한다. 전자에 속하는 집단은 새와 다른 야생 생물을 관찰하기 위해 망원경을 사용하지만, 후자 집단은 사냥터에서 그 동물들을 표적으로 삼기 위해 망원경을 사용한다는 것이 차이점이다. 또한 조류 관측자들은 외국 여행이 많고, 클래식 음악을 들으며, 칵테일 파티를 주최하지만, 조류 사냥꾼들은 버스 여행을 하고, 컨트리 음악을 좋아하며, 재향군인(veterans) 클럽에 소속되어 있다.

본 장의 정리

1. 소비자 정체성은 '나'뿐만 아니라 '우리'로부터 나온다.

소비자들은 같은 특성과 정체성을 공유하는 많은 그룹들과 함께 정체성을 형성한다. 그러나 이들 소속 집단 중 몇몇은 우리가 우리 자신을 정의할 때 핵심적인 곳들이다. 하위문화는 사회 내에 존재하는 큰 집단들이며, 그 집단들의 구성원이라는 사실은 마케터들에게 개인들의 소비 결정에 관한 중요한 실마리를 제공한다. 소비자 정체성의 주요 원천으로는 성별, 인종/민족, 종교, 연령, 거주지 등이 있다.

2. 성 정체성은 소비자의 자아개념에서 매우 중요한 요소이다.

성 역할, 혹은 남성성과 여성성에 관한 사회적 개념은 우리가 소비하는 브랜드에 관한 우리의 기대에 강한 영향력을 미친다. 광고는 성 정체성에 관한 기대를 이상적으로 그려내기 때문에 중요한 역할을 한다.

3. 사람들은 자신이 속해 있는 민족, 인종, 종교적 하위 문화에 따라 각각 다른 소비 선택을 보인다.

개인의 민족적 근원, 인종적 정체성, 그리고 종교적 배경은 그 사람의 정체성을 구성하는 주요한 요소이다. 미국의 가장 큰 세 가지 민족과 인종적 하위문화들은 아프리카계 미국인, 히스패닉 미국인과 아시아계 미국인들이다. 인종적/민족적 하위 문화에 접근하기 위해서는 소비자가 주류 미국 사회 문화에 어느 정도 사회화되어 있는지, 그리고 히스패닉 하위집단들(예, 푸에르토리코인, 쿠바인, 멕시코인 등)에 따라 존재하는 문화적 차이점을 인정하는 것이 중요하다.

4. 소비자들과 소통하려고 하는 마케팅 메시지들은 영적이나 종교적인 주제를 점점 더 많이 사용한다.

영성 탐구는 서적, 음악, 영화 등의 제품 범주의 수요에 영향을 준다. 비록 소비자 행동에서 종교적 공감대의 영향력은 분명하지 않지만, 종교적 하위문화들 간의 어떤 차이점은 점점 부각되고 있다. 마케터들은 종교적 상징주의를 사용할 때 서로 다른 교단이나 교파의 교인들이 가질 수 있는 종교적 감정까지 주의깊게 고려해야 할 것이다.

5. 나이가 비슷한 사람들은 공통점을 많이 갖고 있다.

같은 시기에 성장한 소비자들은 공통적인 연령 집단에 속해 있기 때문에 많은 동일한 문화적 기억들을 공유하고 있다. 그러므로 이들은 마케터가 이런 경험들을 상기시키는 향수(노스탤지어) 마케팅을 사용할 때 쉽게 반응한다.

6. 10대들은 마케터에게 중요한 연령별 세분 시장이다.

십대들은 어린이에서 어른이 되는 전환기의 중심에 있으며 자아개념도 불안정한 편이다. 이들은 친구들에게 인기를 얻게 도와주는 제품이나 독립성을 강조하는 제품에 호의적이다. 많은 십대들이 스스로 용돈을 버는 반면에 재정적인 의무는 없기 때문에 여유 자금이 풍부하다. 따라서 이들은 종종 껌에서부터 패션 의류와 음악 같은 필수적이지 않은 제품이나 고가의 제품에 있어서 매우 중요한 세분 시장이 된다. 가족 구조가 변화함에 따라, 이전과 달리 많은 십대들이 가족의 일상생활을 위한 쇼핑을 담당하고 있다. 대학생들은 중요한 시장이지만 접근하기 어려운 시장이다. 많은 경우, 그들은 생애 처음으로 혼자 사는 경험을 하며 세대를 이루는 중요한 결정을 하게 된다. 트윈은 8세에서 14세 사이의 아이들을 말한다. 이들은 의류, CD, 그 외 "기분이 좋아지는" 제품에 있어서 영향력 있는 구매자들이다. 많은 젊은이들이 자신의 라이프 스타일이나 제품 선호에 영향을 미치는 청소년 부족에 속해 있다.

7. 베이비붐 세대는 여전히 경제적으로 가장 힘있는 세분 시장이다.

베이비붐 세대는 크기나 경제력 면에서 가장 강력한 연령 집단이다. 베이비붐 세대는 주택, 육아, 자동차, 의류, 그 외 많은 제품의 수요에 영향을 미치고 있다.

8. 세분 시장으로서의 노인 시장의 중요성이 증가하고 있다.

인구가 노령화함에 따라 노인 소비자의 욕구는 앞으로 점점 더 중요해질 것이다. 많은 마케터들이 노인들은 활발하지 않으며 돈을 쓰지 않는다는 고정관념 때문에 이 시장의 가능성을 놓치고 있다. 이 고정관념은 더 이상 사실이 아니다. 많은 고령 소비자들은 건강하며, 활기차고, 신제품과 새로운 경험에 흥미를 갖고 있다. 게다가, 이들은 신제품과 서비스를 구매할 수 있는 수입을 갖고 있다. 이 연령별 하위문화를 목표로 하는 마케팅 활동들은 소비자의 실제 연령보다 어린 지각된 연령에 초점을 맞춰야 한다. 이 집단의 소비자들은 막연하고 이미지만을 나열하는 방식의 판매 촉진에 회의적이기 때문에 마케터들은 제품의 구체적인 혜택을 강조하는 것이 좋다.

9. 유유상종

지리적 인구통계학(geodemography)이란 공통적인 소비 패턴을 공유하는 소비자들을 규명하기 위해, 사람들이 살고 있는 지역에 관한 지리적 정보와 소비자 지출 및 기타 사회 · 경제적 요인들에 관한 자료들을 결합시키는 분석 기법을 말한다. 이 접근법은 "유유상종"이라는 가정에 기반한다. 마케터들은 같은 장소에 사는 소비자들의 유사성에 초첨을 맞출 때 메시지의 효율성을 증가시킬 수 있다.

KEY TERMS

고령화 시장 senior market
고맥락 문화 high-context culture
공동의 목적 communal goals
관계적 목적 communal goals
남성주의 masculinism
대형교회 megachurches
문화적 사회화 acculturation
민족적 하위문화 ethnic subculture
밀레니엄 세대 Millennials
베이비붐 세대 Baby Boomer
부모 항복 parental yielding
비민족화 deethnicization
사회적 정체성 social identity
사회적 정체성 이론 social identity theory
사회화 대리인 acculturation agents
성 역할 sex roles
성 유형화 sex-typed products
성 정체성 gender identity
성별 사회화 gender socialization
성별 특성 sex-typed traits
소비자 정체성 consumer identity
소비자 정체성 르네상스 consumer identity renaissance
양성성 androgyny
에코 부머 Echo Boomers
연령 집단 age cohort
영성 치료적 모델 spiritual-therapeutic model
저배경 문화 low-context culture
주문화 host culture
주체적 목적 agentic goals
준비 운동 warming
지각된 연령 perceived age
지리적 인구통계학 geodemography
최소집단 패러다임 minimal group paradigm
커넥시티 connexity
트윈 tweens
하랄 halal
하위문화 subculture
행위자적 목적 agentic goals
혁신적 학습 모형 progressive learning model
현대의 젊은 주류 여성 성취자 contemporary young mainstream female achievers (CYMFA)
히스패닉 Hispanic
브로맨스 bromance
gender-bending 제품 gender-bending products
Goth 하위문화 Goth subculture
PRIZM 시스템
X세대 Gen X
Y세대 Gen Y

REVIEW

10-1. "사회정체성 이론"이란 무엇을 의미하는가?

10-2. 하위문화와 관련된 한 중요한 차이는 그것이 얼마나 문자 그대로의 의미인지, 혹은 추상적인지에 관한 것이다. 그 구분은 어떻게 하나?

10-3. 마케터들은 민족적 하위문화 집단에 상품과 서비스를 어떻게 판매하나?

10-4. 비민족화란 무엇인가? 예를 제시하라.

10-5. 왜 히스패닉 미국인과 아시아계 미국인들이 매력적인 시장인가?

★ **10-6.** 문화적 사회화란 무엇인가? 문화 적응과는 어떻게 다른가?

10-7. 사회화 대리인이란 무엇인가? 두 가지 예를 제시하라.

★ **10-8.** 한 개인이 새로운 주류 문화에 동화될 때 겪게 되는 과정들을 묘사하라.

10-9. 왜 마케터들이 시장에서 두 번째로 큰 인종 집단에 흥미를 느끼나? 마케터들이 그들에게 접근하기 어려운 이유는 무엇인가?

10-10. 매우 수요가 크고 시장을 지배하는 브랜드를 5개 제시하라. 왜 그렇다고 생각하나?

10-11. 종교적, 문화적, 전통적 사건들이 소비에 영향을 미친다는 것은 사실인가?

10-12. 아이들을 "대기 중인 소비자"라고 생각할 수 있나?

10-13. 부모 항복(parental yielding)이란 무엇인가?

10-14. 전지구적 청년 시장은 얼마나 중요한가? 그들이 원하는 상품과 서비스를 제시해보라.

10-15. 젊은 소비자들에게 개입하는 규칙은 무엇인가?

10-16. 고령화 시장은 얼마나 중요한가?

10-17. 지리적 인구통계학이란 무엇인가? 어떤 시장이나 국가에 그것을 적용하는 것은 간단한 일인가?

도전과제

토의문제

10-18. 성 역할의 지속적인 진화의 한 결과는 남성들이 그들의 외모에 대해 이전 어느 때보다 관심이 있다는 것이다. 남성들은 매년 전 세계적으로 77억 달러를 몸 단장하는 상품에 지출한다. 유럽 마케터들로부터 남성용 클린저, 보습제, 선크림, 제모제, 바디 스프레이의 물결이 미국 연안을 휩쓸었다. L'Oréal Paris 사는 남성용 스킨케어 제품이 그 회사에서 가장 빨리 성장하는 부문이라고 보고하고 있다. 유럽에서 30세 이하의 남성 중 24%가 스킨케어 제품을 사용하며 한국에서는 젊은 남자들의 80%가 사용한다. Mintel 사는 노화 방지 및 박피 관련 성분이 담긴 상품들의 성장이 매우 크다고 보고했다. 기초화장품이나 아이라이너 같은 몇몇 화장품들조차, 남성들이 소유하고 사용하기에 불편함에도 불구하고 몇몇 세분시장에서는 유행하고 있다. 사실 한 영국 화장품 상품은 볼펜처럼 생겨서 남성들이 사무실에서도 그것을 은밀히 사용할 수 있다. 지난 10년 동안 미디어는 소위 "메트로섹슈얼"-패션, 디자인, 요리, 개인 관리 상품 등에 흥미를 갖는 이성애자 남성-에 많은 관심을 가져왔다. 이런 현상은 얼마나 퍼져있는가? 당신 당신 나이의 남성들이 이런 관심에 집중하는 것을본 적이 있나? 마케터들은 오늘날 남성의 성 역할에 관해 생각을 바꾸어야 하나?

★**10-19.** 일부 운동가들은 Axe의 남성 중심적인 마케팅에 반대한다. 이들은 Axe의 광고가 여성들을 비하한다고 주장한다. 반면에, Dove의 캠페인은 여성들의 건강한 신체이미지를 고취한다는 이유로 찬사를 받고 있다. 어떤 생각이 드는가? Axe와 Dove는 모두 Unilever사의 제품이다. 거대 회사가 한 제품 분야에서는 여성들에 대한 긍정적인 메시지를 후원하는 반면에 다른 제품 분야에서는 전혀 다른 메시지를 전달하고 있다는 것은 위선적이지 않는가?

10-20. 히트 드라마 Glee의 게이 캐릭터인 Kurt(Chris Colfer 분)는 GLBT 소비자들이 직면한 이슈를 공개화하는 데 도움이 되었고 이제 게이 캐릭터는 Modern Family 같은 히트 드라마에서 주연을 맡는다. 오바마 대통령은 10대 GLBT들이 "여러분 그대로의 여러분을 사랑하고 아끼는 사람들이 있다"는 걸 알게끔 유튜브에 동영상을 업로드했다. 지금 동성 결혼을 합법화하려는 운동이 주류가 되고 있다. 보통 소비자들이 GLBT 소비자들을 점차 수용하고 있다는 사실의 마케팅적 함의는 무엇인가?

10-21. 지리적 인구통계학 기법은 같은 지역에 사는 사람들은 여러 가지 공통점을 가진다고 간주하고 있다. 이 기법은 왜 이러한 가정을 하며, 이러한 가정은 얼마나 정확한가?

10-22. 몇몇 업계 전문가들은 구매자들이 그 의미를 잘 알지 못하는 타문화적 상징들을 상품에 도용하는 행위가 사회적으로 용인될 수 있다고 느낀다. 그들은 심지어 원래 그 상징을 사용하는 국가에서도 그 의미에 대한 의견이 불일치한 경우가 많다고 주장하기도 한다. 어떻게 생각하는가?

10-23. 폭력적인 이야기 구조를 갖고 있는 비디오 게임에서 흑인 캐릭터의 빈번한 사용은 지난 몇 년 간 얼마나 좁은 범위의 비디오 게임에만 흑인이 등장했는가를 생각하면 더욱 충격적이다. 한 연구는 조사한 1,500개의 비디오 게임 캐릭터 중 288개가 아프리카계 미국인 남성이었으며 그 중 83%가 운동 선수였다고 밝혔다. 이런 현상에는 문제가 없는가? 만약 문제가 있다면 어떻게 해결하겠는가?

10-24. 종교 집단의 구성원들은 기업들이 세속적 제품의 시장점유율을 증가시키기 위해 관습적으로 사용하는 마케팅 테크닉들을 받아들여야 하는가? 왜 그런가 혹은 그렇지 않은가?

10-25. 몇 년 전 R.J. Reynolds는 특히 아프리카계 미국인 소비자를 대상으로 Uptown이라고 불리는 맨솔 담배를 테스트 마켓하겠다고 발표했다. 발표에 따르면, 아프리카계 미국인 흡연자의 약 70%가 맨솔을 선호하며 이는 전체 흡연자 평균의 약 두 배에 이르는 수치라고 한다. 시장조사를 통해 흑인들이 담뱃갑을 밑부분부터 개봉한다는 것을 발견한 후, 회사는 업타운 담배를 필터가 윗부분에 오도록 포장하기로 결정했다. Reynolds는 소비자 보건 단체와 정부 기관의 반대에 부딪히자 이 계획을 취소했다. 특히 담배와 같이 건강에 해로운 제품의 판매를 증가시키기 위해 회사는 하위문화의 특징을 활용할 권리가 있는가? 마케팅 개념을 사용하는 거의 모든 사업은 미리 선정된 세분시장의 필요와 구미를 만족시킬 수 있는 제품을 디자인해야 한다는 주장에 대해서 어떻게 생각하는가?

10-26. RushmoreDrive.com은 첫 번째 흑인 검색엔진이라고 적극 홍보했지만 출범한 지 1년만에 문을 닫고 말았다. 흑인 관련 컨텐츠와 자료를 찾기 위한 검색엔진이라는 이 사이트의 아이디어는 블로그상에서 논쟁의 대상이 되었다—어떤 평론가들은 이 사이트가 인종차별적이며 흑인과 백인을 분리시킬 것이라고 생각했다. 반면에, 아프리카계 미국인인 한 마케팅 간부는 "흑인 검색엔진은 아프리카계 미국인들이 다른 흑인이 운영하는 가게의 웹사이트를 찾는 데 도움을 줄 뿐만 아니라 하청을 줄 수 있는 소규모 회사를 찾고 있는 대기업에게도 도움을 줄 수 있다"고 말했다. 당신은 어떻게 생각하는가? 개별 세부문화 소비자들이 인터넷에서도 자신들의 세부문화에 접근할 수 있는 기술을 회사들이 개발해야 하는가?

10-27. 혁신적 학습 모형(progressive learning model)에 대해 설명하고 세부문화권에 마케팅하려면 이 관점이 왜 중요한지 토의하라.

10-28. 다시 태어난 기독교인 그룹은 그들이 반대할 만한 TV 프로그램들, 특히 가족의 가치를 훼손하고 있다고 느끼는 프로그램들을 보이코트 하는 데 매우 유능하다. 교회 지도자들은 소비를 북돋울 수도 있지만 더 중요하게도, 강력한 영향력으로 그들은 소비를 막을 수도 있다. 디즈니 사는 남부 밥티스트 협회가 그 멤버들에게 디즈니의 operation에 대해 보이코트하도록 설득하라고 의결했을 때 이 운동의 영향력에 대해 알게 되었다. 교회는 테마파크에서의 "게이의 날"에 반대하기 위해 반-미키마우스 폭동을 제도화했고 디즈니는 급진적인 동성애 아젠다를 가지고 방송을 통해 홍보하고 있다고 주장했다. 곧 the American Family Association, the General Council of the Assemblies of God, the Congregational Holiness Church, the Catholic League for Religious and Civil Rights, and the Free Will Baptists 등 다른 조직들이 그 운동에 동참했다. 보이콧의 결과는 유의미했다. 디즈니사는 4천 명의 직원을 떠나보내야 했다. 종교적 그룹은 방송이 어떤 광고를 내보낼 것인지를 명령할 권리나 책임을 갖는가?

10-29. 종교적 상징주의를 반대하는 사람이 많은데도 광고에는 이런 상징들이 빈번히 등장하고 있다. 예를 들어, 프랑스에서 새롭게 선보이는 Volkswagen 자동차인 골프를 위한 광고는 기독교 최후의 만찬의 현대적 버전을 "형제여, 찬양하라. 새 골프(Golf) 자동차 나셨네"라는 카피와 함께 보여주었다. 프랑스의 성직자 집단은 Volkswagen사를 고소했고 해당 광고는 10,000개의 옥외광고판에서 제거되었다. 법률적 분쟁에 관계된 한 주교는 "광고 전문가들은 섹스 어필이 더 이상 효과적이지 않기 때문에 대중에게 심리적 충격을 주기 위한 목적으로 이 광고를 제작했다고 우리에게 말했습니다"라고 한다. 이에 동의하는가? 제품을 홍보하기 위해 종교가 반드시 사용되어야 하는가? 당신은 이 전략이 효과적이라고 생각하는가, 불쾌하다고 생각하는가? 이 전략이 쓰여야 한다면, 언제 어디서 사용해야 가장 적절할 것인가?

10-30. 이 장에는 하랄 제품을 만듦으로써 무슬림 소비자들에게 소구하려는 몇몇 주류 마케터들의 노력이 소개되어 있다. 무슬림에 관한 일부 미국인들의 정치적 태도를 고려할 때, 이는 의험한 전략인가, 용기있는 전략인가? 이 접근의 위험한 요소는 무엇이며 당신은 그것을 어떻게 처리할 것인가?

10-31. 이 장에서는 Y세대 구성원들이 그들의 손위 세대보다 전통적인 가치관과 팀워크를 중요시한다고 묘사하고 있다. 이에 동의하는가?

10-32. 많은 부모들이 자신의 자녀들이 너무 많은 시간 동안 인터넷을 사용하고 있다고 걱정한다. 그러나 실제로는 인터넷 활동이 아이들에게 좋은 영향을 미칠 수 있다. 맥아더(MacArthur) 재단에서 실행한 연구에 의하면 이들은 인터넷 검색을 통해 미래를 준비하는 데 도움이 되는 소중한 기술을 얻고 있다고 한다. 이 연구의 한 저자는 "마이스페이스(MySpace)나 메신저를 하는 동안 아이들이 새로운 매체와 노는 데 많은 시간을 허비하는 것처럼 보이지만, 이런 활동들이 현대 사회에서 성공하는 데 필요한 기계를 다루는 기술과 컴퓨터 사용 능력을 길러준다. 그들은 어떻게 다른 사람들과 어울릴 것인가, 대중적 정체성을 어떻게 관리할 것인가, 혹은 홈페이지를 어떻게 만들 것인가 등을 배우는 중"이라고 관찰했다. 이 연구는 또한 성적(性的)이나 폭력적인 목적으로 십대들을 부당하게 이용하는 성인 인터넷 사용자인 온라인 프레데터(online predator)에 대한 걱정도 지나치게 부풀려져 있는 것을 발견했다. 거의 모든 아이들은 학교나 캠프 등 다른 상황을 통해 알고 있는 친구들과 사귀고 있었다. 이것에 대해 어떻게 생각하는가? 과도한 웹 서핑에 대한 걱정이 부풀려져 있다고 보는가?

10-33. 대학생들을 표적으로 하는 마케팅의 장점과 단점은 무엇인가? 여러분이 성공적이라고 느끼거나 실패라고 여겼던 특정한 마케팅 전략의 예를 들어보라. 성공적인 마케팅 전략이 갖고 있는 특징 중 실패한 전략과 결정적으로 다른 특징은 무엇인가?

10-34. 55세 이상의 사람들이 하나의 거대한 소비자 시장을 형성한다고 생각하는 것은 타당한가? 마케터들은 이 연령별 하위문화를 어떻게 세분화할 수 있는가? 우리가 노인들을 위해 마케팅 전략을 변화시킬 때 주의해야 할 중요한 변수는 무엇인가?

10-35. 몇몇 비판자들은 아이들의 게임이 성 역할에 대한 고정관념을 영속화한다고 비판했다. 하지만 장난감 회사 중역은 그들이 아이들의 자연적 선호에 반응할 뿐이라고 반박한다. 사실, 20년간 소년 대 소녀라는 고정관념을 회피하려고 노력했지만 많은 기업들은 그 차이가 피할 수 없는 것이라는 결론을 내렸다. Toys "R" Us는 1만 명의 아이들을 인터뷰한 후에 새 가게 디자인을 선보였는데, 소녀의 세계와 소년의 세계라는 분리된 영역을 갖고 있었다. Fox 가족 채널의 의장에 따르면 "소년과 소녀는 다르다. 그들 각각에게 특별한 것을 축복하는 것이 훌륭한 일이다." 소년들은 전투와 경쟁에 더 흥미를 느끼지만 소녀들은 창의력과 관계에 더 흥미를 갖는다. 전문가들은 이를 "남녀 놀이 패턴"이라고 부른다. 어떤 주장을 지지하는가?

10-36. 주류 미디어는 지난 몇 년 동안 '난잡함'이 쿨한 것이라는 명백한 메시지를 보냈다. Paris Hilton, Lindsay Lohan, Britney Spears, 그리고 심지어 Bratz 인형 같은 롤 모델들은 10대들에게 어떻게 그들이 그들의 성적 매력을 방송할 때 얼마나 나가야 하는지에 대한 기준을 전달한다. 이제 이들 메시지가 (적어도 일부 우려하는 부모들의 시각에서

는) 도를 넘어섬에 따라, 일각에서 거의 모든 것을 상상의 영역으로 남겨두는 것을 주장하듯이, 역풍의 초기 신호가 나타나기 시작한다. PureFashion 웹사이트의 스타일 팁은 소녀들에게 무릎 위로 네 손가락 이상을 올라가지 않는 치마와 드레스를 권하고 스웨터나 재킷을 입지 않을 경우 탱크탑을 입지 말 것을 추천한다. ModestApparel 웹사이트는 "얌전한 여성이 아름다운 여성"이라고 옹호한다. 우리의 문화는 "와일드한 여성"을 찬양하는 것에서 "얌전한 여성"을 찬양하는 것으로 변화하고 있나?

응용문제

10-37. 여성과 남성들이 주인공으로 나오는 TV 광고를 시청해 보라. 그러고 난 후 이 주인공들이 서로 반대의 역할을 한다고 상상해 보라(남성은 여성의 역할을 하고 여성은 남성의 역할을 함). 성 유형화 행동에 대한 가정에 어떤 차이를 발견할 수 있는가?

10-38. 마케팅 메시지를 전달하기 위해 민족적, 종교적 고정관념에 의존하는 마케팅 자극물의 예를 찾아보자. 이런 고정관념에의 소구는 얼마나 효과적인가?

10-39. 인종적 고정관념이 갖고 있는 힘을 알아보기 위해 나만의 여론조사를 해보자. 일련의 인종적 집단들에게 각집단을 생각할 때 어떤 이미지가 마음 속에 가장 먼저 떠오르는지 이야기하는 자유 연상 기법을 사용하여 각집단을 대표하는 특성(성격적 특징 혹은 제품 포함)을 무기명으로 대답하게 한다. 응답자들이 이야기한 특성 중 동일한 특성을 몇 가지나 얻었는가? 부정적인 고정관념을 반영하거나 그런 고정관념에서 나온 특성은 어느 정도인가? 어떤 민족적 집단의 구성원이 갖고 있는 그 집단에 대한 연상과 그 집단의 구성원이 아닌 사람이 가진 연상을 비교해 보자.

10-40. 한 연구에서 미국과 네덜란드의 젊은이들에게 "쿨한 것"과 "툴하지 않은 것"에 관한 에세이를 쓰고 쿨하다는 것의 의미를 나타내는 시각적 꼴라쥬를 만들게 했다. 이 연구에서 두 문화의 아이들에게 쿨하다는 것은 중층적 의미를 갖고 있음이 드러났다. 공통된 측면 중 일부는 카리스마, 통제력, 냉정함 등이 포함된다. 응답자들 다수가 쿨하다는 것이 움직이는 목표라는 것에 동의했다. 쿨하려고 하면 할 수록 쿨해지지 않는다. 아래에 몇몇 실제 답변을 소개한다.

"쿨한 것은 여유 있고 무관심하지만, 자연스럽게 모든 상황을 지배하고, 뭐 그런 것들이 발산되는 것이죠" (네덜란드 여학생).

"쿨하다는 것은 다른 사람들이 나를 좀 '있게' 봐주는 것이다. '있는' 것은 어떤 것이냐 하면 좀 남자답고, 유행에 민감하고, 뭐 그런 거" (네덜란드 남학생).

"쿨한 것은 좀 무뚝뚝하지만 동시에 매력적인 어떤 것이 있어야 한다" (네덜란드 남학생).

"남과 달라야 하지만 너무 다르면 안 돼요. 자신의 일을 하고 있으면서도 눈에 띄어야 하지만 또 동시에 너무 필사적으로 하는 것처럼 보이면 안 돼요" (미국 남학생).

"여름에 테라스에 앉아 있으면, 휴대폰과 선글라스 등으로 무장한 남자애들이 지나가죠. 아시잖아요. 그걸 볼 때마다, '제발, 정신 좀 차리지' 하는 생각이 들어요. 걔네들은 그저 멋있게 보이려고 할 뿐이에요. 그런 건 정말 쿨하지 못해요" (네덜란드 여학생).

"어떤 사람이 본인이 쿨하다고 생각하는 순간 그 사람은 전혀 쿨하지 않게 되죠" (네덜란드 여학생).

"쿨해지기 위해서는 항상 자신을 평가해야 해요. 잡지, TV, 최신 가요 등에서 보고 듣는 것에 걸맞은 자신의 정체성을 만들어야 해요" (미국 남학생).

여러분의 지역에서 이 연구를 재현해보라. 10대들을 모아 그들이 쿨하다고 느끼는 것을 나타내는 개인적인 꼴라쥬를 만들어보게 해라. 그 결과를 분석해라. 어떤 패턴이 보이는가?

10-41. 다른 나라에서 이민온 소비자들(혹은 그 가족)을 찾아보자. 이들이 주류 문화에 어떻게 적응했는지 인터뷰해 보자. 특히, 시간이 흐름에 따라 그들의 소비 활동은 어떻게 변화해 왔는가?

10-42. 노인 소비자들을 표적으로 하는 광고의 좋은 예와 나쁜 예를 찾아보라. 각 광고가 노인들을 정형화시키는 정도는 어떠한가? 광고의 어떤 요소 혹은 다른 촉진 방법이 이 집단에 접근하고 설득하는 데 효과적인가?

10-43. 은퇴한 사람들과 인터뷰하라. 이들은 어떻게 자신의 정체성을 재구성하고 있는가? 이들의 욕구가 마케터들에게 제공하는 기회에는 어떤 것들이 있는가?

사례연구Case Study

플러스 사이즈 물결을 타다

수년 동안 할리우드와 광고 미디어들은 전형적인 여성의 이미지를 영속화시켜왔다. 한 결과로 많은 소비자들은 많은 여성들이 땀구멍도 없고, 엉덩이가 작고, 실크 같은 머리칼에, 광대뼈는 높고 제로 사이즈의 20대 여신들이라는 비현실적 기대를 갖고 있었다. 하지만 이 미인 신화는 결국 변화할 것인가? 대형 사이즈 의류 소매업체인 Lane Bryant의 모회사인 Ascena Retail Group은 변화를 일으키기 위해 최선을 다하고 있다.

Lane Bryant는 1900년에 뉴욕에서 대형사이즈에 특화된 최초의 여성 의류 소매업체로 설립되었다. 2012년에 그들은 Ascena Retail Group에 합병되었다. Ascena Retail Group은 Lane Bryant의 상징적 브랜드와 시장 리더십이 지속적 성장과 이윤을 위한 자사의 전략적 계획에 기여할 것이라고 믿는다.

미래는 밝아보인다. 의류 산업은 대형 사이즈를 14 이상으로 정의하는데, 오늘날 미국 여성의 62%가 여기에 해당된다. 한 산업 임원에 따르면, "사람들은 오늘날 그들의 몸을 더 받아들이고 있고, 내 생각에는 롤 모델들의 긍정적 영향이 있다. 수년 전에, 제조업자들은 고객들이 늘 지나갈 사람들이라고 생각했기 때문에 단지 싸구려 대형 사이즈 상품을 만드는 데만 흥미를 갖고 있었다. 이제는 더 이상 그렇지 않다."

Lane Bryant는 이 흐름과 싸우고 있다. 뉴욕 시의 새 플래그십 스토어와 함께, 회사는 대형 사이즈가 괜찮을 뿐 아니라 이 카테고리의 여성들이 누구 못지 않게 스타일리시할 수 있다는 메시지를 보낸다. Lane Bryant는 이전에는 더 일반적인 사이즈의 구매자들에게만 이용가능했던 유행 스타일에 초점을 맞춘다. 그들의 전략은 호소력있는 맵시와 스타일로 유명한 대형 사이즈 란제리 브랜드인 Cacique의 판매를 포함한다.

Lane Bryant의 판매고는 2012년에 10억 달러를 기록했다. 다른 소매업체들이 이 시장에 눈독을 들이고 움직이기 시작하고 있다. 이들 회사 중 하나인 온라인 소매업체 ModCloth는 대형 사이즈 고객들이 다른 고객들에 비해 주문당 25퍼센트 이상 더 많이 지불하고 17퍼센트 이상의 더 많은 아이템을 구매한다고 보고했다.

플러스 사이즈 패션 블로거들은 점유율을 늘리려는 다른 소매업체들의 주목을 받고 있다. 전국적 소매업체들 중 H&M, Gap/Old Navy, Target, Lands' End, Saks Fifth Avenue, 그리고 Macy's가 대형 사이즈 의류 취급을 제공하거나 확대하고 있으며 이 카테고리의 홍보 노력을 강화하고 있다. 실제로 H&M은 대형 사이즈라는 사진 라벨링을 하지 않은 채 수영복 사진에 사이즈 12인 모델을 캐스팅함으로써 미디어의 주목을 끌다. 산업이 이처럼 변화한다면, 미래의 미디어들이 어떤 이미지의 여성들에게 찬사를 보낼지 누가 알겠는가?

토의문제

CS 10-1 Lane Bryant가 최근에 자아 개념, 자기 존중감, 그리고 자의식에 관하여 경험한 성공에 관해 설명하라. 우리의 소비자 행동에 관한 지식 중 자기 존중감과 관련된 지식에 대형 사이즈 산업이 어떤 영향을 미치는가?

CS 10-2 여성에 관한 미디어의 이미지와 관련하여 일어날 것 같은 현실 세계의 변화에 대해 토론해보라. 이 이유는 무엇인가?

CS 10-3 대형 사이즈의 여성들에 대한 더 큰 수용 정도와 우리 사회가 마른 몸매에 대해 계속적으로 강조한다는 사실(다이어트 식품, 운동 등에 수십억 달러를 사용한다는 것이 증거임)을 어떻게 조화시킬 수 있는가? 비만과 연관된 건강 문제(심장병, 당뇨 등)를 고려할 때, 산업이 이같은 수용을 계속 부추겨야 할까?

출처:Tamara Abraham, "The Huge Potential of Plus-Size Clothes: How Fashion Brands Are Waking Up to the Spending Power of Larger Women," http://www.dailymail.co.uk/femail/article-2341742/, accessed July 26, 2013; Ascena Retail Group, 2012 Annual Report, July 28, 2012, p. 2. From http://www.ascenaretai.com/investors.jsp; accessed July 28, 2013; www.spoke.com, accessed May 23, 2009; "Plus Size Teens and Women—US—November 2008," Mintel Oxygen, accessed May 23, 2009; Leigh Gragan, "Looking Good: Plus-Size Styles Are All About the Fashion," *McClatchy Tribune Business News* (March 26, 2008); Keiko Morris, "Finding Both Fashion and Fit: Plus-Size Retailing Is Becoming Hot as Demand Grows for Trendy Clothing in Size 14 and Up," *Knight Ridder Tribune Business News* (May 28, 2007): 1.

참조

1. Jaime Mejia and Gabriel Sama, "Media Players Say 'Si' to Latino Magazines," *Wall Street Journal* (May 15, 2002), www.wsj.com, accessed May 15, 2002.
2. Kay Deaux, "Social Identity," http://www.utexas.edu/courses/stross/ant393b_files/ARTICLES/identity.pdf, accessed March 13, 2013.
3. Henri Tajfel and John C. Turner, "The Social Identity Theory of Intergroup Behaviour," in S. Worchel and W. G. Austin (Eds.), *Psychology of Intergroup Relations* (Chicago, IL: Nelson-Hall, 1986): 7–24.
4. Somini Sengupta, "Attack on Women at an Indian Bar Intensifies a Clash of Cultures," *New York Times* (February 8, 2009), www.nytimes.com, accessed February 8, 2009; Niraj Sheth and Tariq Engineer, "As the Selling Gets Hot, India Tries to Keep Cool, New-Age Dilemma: Too Sexy? Just Fun? The Chocolate Man," *Wall Street Journal* (September 9, 2008), www.wsj.com, accessed September 9, 2008.
5. Diane Goldner, "What Men and Women Really Want . . . to Eat," *New York Times* (March 2, 1994): C1(2).
6. Nina M. Lentini, "McDonald's Tests 'Angus Third Pounder' in California," *Marketing Daily* (March 27, 2007), www.mediapost.com, accessed March 27, 2007.
7. Glenn Collins, "New Studies on 'Girl Toys' and 'Boy Toys,'" *New York Times* (February 13, 1984): D1.
8. Susan B. Kaiser, "Clothing and the Social Organization of Gender Perception: A Developmental Approach," *Clothing & Textiles Research Journal* 7 (Winter 1989): 46–56.
9. Suzanne Vranica, "Sony Tries to Lure DVR Ad-Skippers," *Wall Street Journal* (September 20, 2006): A20.
10. Lori Schwartz and William Markham, "Sex Stereotyping in Children's Toy Advertisements," *Sex Roles* 12 (January 1985): 157–70.
11. http://www.barbie.com/activities/friends/, accessed June 14, 2011.
12. http://www.barbie.com/activities/friends/, accessed March 16, 2013.
13. www.amazon.com/Mattel-Working-Woman-Barbie-Doll/dp/B001871UEO, accessed June 16, 2009; Constance L. Hayes, "A Role Model's Clothes: Barbie Goes Professional," *New York Times* (April 1, 2000), www.nytimes.com, accessed April 1, 2000.
14. Joan Meyers-Levy, "The Influence of Sex Roles on Judgment," *Journal of Consumer Research* 14 (March 1988): 522–30.
15. Anne Eisenberg, "Mars and Venus, on the Net: Gender Stereotypes Prevail," *New York Times* (October 12, 2000), www.nytimes.com, accessed October 12, 2000.
16. Beverly A. Browne, "Gender Stereotypes in Advertising on Children's Television in the 1990s: A Cross-National Analysis," *Journal of Advertising* 27 (Spring 1998): 83–97.
17. Lisa Bannon, "Mattel Sees Untapped Market for Blocks: Little Girls," *Wall Street Journal* (June 6, 2002): B1.
18. Gavin O'Malley, "Study: Men Are from Hulu, Women Are from Facebook," *Online Media Daily* (July 28, 2010), http://www.mediapost.com/publications/?fa=Articles.showArticle&art_aid=132841&nid=117095, accessed April 10, 2011.
19. Eileen Fischer and Stephen J. Arnold, "Sex, Gender Identity, Gender Role Attitudes, and Consumer Behavior," *Psychology & Marketing* 11 (March–April 1994): 163–82.
20. Sarah Kershaw, "For Teenagers, Hello Means 'How About a Hug?'" *New York Times* (May 27, 2009), www.nytimes.com, accessed May 28, 2009.
21. Geoffrey A. Fowler, "Asia's Lipstick Lads," *Wall Street Journal* (May 27, 2005), www.wsj.com, accessed May 27, 2005.
22. Matt Alt and Hiroko Yoda, "Big Primpin' in Tokyo," *Wired* (May 2007): 46.
23. Clifford Nass, Youngme Moon, and Nancy Green, "Are Machines Gender Neutral? Gender-Stereotypic Responses to Computers with Voices," *Journal of Applied Social Psychology* 27, no. 10 (1997): 864–76; Kathleen Debevec and Easwar Iyer, "Sex Roles and Consumer Perceptions of Promotions, Products, and Self: What Do We Know and Where Should We Be Headed," in Richard J. Lutz, ed., *Advances in Consumer Research* 13 (Provo, UT: Association for Consumer Research, 1986): 210–14; Joseph A. Bellizzi and Laura Milner, "Gender Positioning of a Traditionally Male-Dominant Product," *Journal of Advertising Research* (June–July 1991): 72–79.
24. Hillary Chura, "Barton's New High-End Vodka Exudes a 'Macho Personality,'" *Advertising Age* (May 1, 2000): 8; www.thorshammervodka.com, accessed May 29, 2009.
25. Michelle Jaworski, "The 'First Tablet for Women' Is as Awful as It Sounds," *The Daily Dot* (March 13, 2013), http://www.dailydot.com/society/epad-femme-tablet-for-women/, accessed March 15, 2013.
26. Eric Bellman, "Suzuki's Stylish Compacts Captivate India's Women," *Wall Street Journal* (May 11, 2007): B1.
27. Craig S. Smith, "Underneath, Saudi Women Keep Their Secrets," *New York Times* (December 3, 2002), www.nytimes.com, accessed December 3, 2002.
28. Marylouise Caldwell, Ingeborg Astrid Kelppe, and Paul Henry, "Prosuming Multiple Gender Role Identities: A Multi-Country Written and Audio-Visual Exploration of Contemporary Young Mainstream Female Achievers," *Consumption, Markets & Culture* 10 (June 2007): 95–115.
29. Adapted from http://www.ixicorp.com/PDFs/2010-Cohorts-Brief-Descriptions.pdf, accessed March 15, 2013.
30. Doreen Carvajal, "Europe Takes Aim at Sexual Stereotyping in Ads," *New York Times* (September 9, 2008), www.nytimes.com/2008/09/10/Business/Media/10adco.Html?_R=1&Ei=5070&Emc=Et . . ., accessed September 10, 2008.
31. Quoted in Natalie Zmuda, "Can Dr Pepper's Mid-Cal Soda Score a 10 with Men?," *Advertising Age* (February 21, 2011), http://adage.com/article/news/dr-pepper-10-avoid-marketing-missteps-pepsi-coke/148983/, accessed April 10, 2011.
32. Quoted in Barry Silverstein, "Ever the Publicity Hound, Branson Readies to Be an Airline Hostess," *BrandChannel* (November 18, 2010), http://www.brandchannel.com/home/post/2010/11/18/Richard-Branson-Loses-Bet.aspx, accessed April 10, 2011.
33. Barbara B. Stern, "Masculinism(s) and the Male Image: What Does It Mean to Be a Man?," in Tom Reichert and Jacqueline Lambiase, eds., *Sex in Advertising: Multi-Disciplinary Perspectives on the Erotic Appeal* (Mahwah, NJ: Erlbaum, 2003): 215–28.
34. "NBCU Brand Index: Women Love Gender Bender Ads," *Media Daily News* (February 28, 2011), http://www.mediapost.com/publications/?fa=Articles.showArticle&art_aid=145748, accessed April 10, 2011.
35. Douglas B. Holt and Craig J. Thompson, "Man-of-Action Heroes: The Pursuit of Heroic Masculinity in Everyday Consumption," *Journal of Consumer Research* 31 (September): 425–40.
36. Projections of the incidence of homosexuality in the general population often are influenced by assumptions of the researchers, as well as the methodology they employ (e.g., self-report, behavioral measures, fantasy measures). For a discussion of these factors, see Edward O. Laumann, John H. Gagnon, Robert T. Michael, and Stuart Michaels, *The Social Organization of Homosexuality* (Chicago: University of Chicago Press, 1994).
37. Rupal Parekh, "Gender-Bending Brands an Easy Way to Increase Product Reach," *Advertising Age* (March 2, 2009), www.adage.com, accessed March 2, 2009; Sarah Mahoney, "Best Buy Opens Store Designed for Women," *Marketing Daily* (October 6, 2008), www.mediapost.com, accessed October 6, 2008; Kevin Helliker, "The Solution to Hunting's Woes? Setting Sights on Women," *Wall Street Journal* (October 1, 2008), http://online.wsj.com/Article/Sb122281550760292225.Html?Mod=Dist_Smartbrief, accessed October 2, 2008; Stephanie Clifford, "Frito-Lay Tries to Enter the Minds (and Lunch Bags) of Women," *New York Times* (February 24, 2009), www.nytimes.com, accessed February 24, 2009; Karl Greenberg, "Harley Says Guys Ride Back Seat in May," *Marketing Daily* (February 3, 2009), www.mediapost.com, accessed February 3, 2009.
38. Sandra L. Bem, "The Measurement of Psychological Androgyny," *Journal of Consulting & Clinical Psychology* 42 (1974): 155–62; Deborah E. S. Frable, "Sex Typing and Gender Ideology: Two Facets of the Individual's Gender Psychology That Go Together," *Journal of Personality & Social Psychology* 56, no. 1 (1989): 95–108.
39. Christina Goulding and Michael Saren, "Performing Identity: An Analysis of Gender Expressions at the Whitby Goth Festival," *Consumption, Markets & Culture* 12 (March 2009): 27–46; Ayalla Ruvio and Russell Belk, "Conflicting Selves and the Role of Possessions: Exploring Transgenders' Self-Identity Conflict," in eds. Ayalla A. Ruvio and Russell W. Belk, *The Routledge Companion to Identity and Consumption, Routledge, London (2013): 141–148.*
40. Lisa Leff, "2010 Census Will Count Same-Sex Couples in Reversal of Bush Policy," June 19, 2009, *Huffington Post*, http://www.huffingtonpost.com/2009/06/20/210-census-will-count-sam_n_218489.html, accessed May 28, 2011; Lee Condon, "By the Numbers (Census 2000)," *The Advocate: The National Gay & Lesbian Newsmagazine* (September 25, 2001): 37.
41. For a recent academic study of this subculture, cf. Steven M. Kates, "The Dynamics of Brand Legitimacy: An Interpretive Study in the Gay Men's Community," *Journal of Consumer Research* 31 (September 2004): 455–64.
42. Kevin Sack, "When the Bride Takes a Bride, Businesses Respond," *New York Times* (July 15, 2010), http://www.nytimes.com/2010/07/16/us/16marriage.html?emc=eta1, accessed April 10, 2011; http://equallywed.com/, accessed May 28, 2011; http://www.outvite.com/

?Cobrand=OutVite&Site=OutVite&vk=1777211146, accessed May 28, 2011.

43. Burt Helm, "Ethnic Marketing: McDonald's Is Lovin' It," *Bloomberg Businessweek* (July 8, 2010), http://www.businessweek.com/magazine/content/10_29/b4187022876832.htm, accessed April 24, 2011.
44. See Frederik Barth, *Ethnic Groups and Boundaries: The Social Organization of Culture Difference* (London: Allen & Unwin, 1969); Janeen A. Costa and Gary J. Bamossy. "Perspectives on Ethnicity, Nationalism, and Cultural Identity," in J. A. Costa and G. J. Bamossy, eds., *Marketing in a Multicultural World: Ethnicity, Nationalism, and Cultural Identity* (Thousand Oaks, CA: Sage, 1995): 3–26; Michel Laroche, Annamma Joy, Michael Hui, and Chankon Kim, "An Examination of Ethnicity Measures: Convergent Validity and Cross-Cultural Equivalence," in Rebecca H. Holman and Michael R. Solomon, eds., *Advances in Consumer Research* 18 (Provo, Utah: Association for Consumer Research, 1991): 150–57; Melanie Wallendorf and Michael Reilly, "Ethnic Migration, Assimilation, and Consumption," *Journal of Consumer Research* 10 (December 1983): 292–302; Milton J. Yinger. "Ethnicity," *Annual Review of Sociology* 11 (1985): 151–80.
45. D'Vera Cohn, "2100 Census Forecast: Minorities Expected to Account for 60% of U.S. Population," *Washington Post* (January 13, 2000): A5.
46. Sam Roberts, "In a Generation, Minorities May Be the U.S. Majority," *New York Times* (August 13, 2008), http://www.nytimes.com/2008/08/14/washington/14census.html?scp=1&sq=In%20a%20Generation,%20Minorities%20May%20Be%20the%20U.S.%20Majority&st=cse&gwh=F531FD97BA1C0FB38BB78D5D88A0AD16, accessed August 14, 2008.
47. Susan Saulny, "Census Data Presents Rise in Multiracial Population of Youths," *New York Times* (March 24, 2011), http://www.nytimes.com/2011/03/25/us/25race.html?_r=2&ref=census, accessed April 24, 2011.
48. Brian Sternberg, "P&G Brushes up Iconic Image of 'Crest Kid' in New Campaign," *Wall Street Journal* (March 29, 2005), www.wsj.com, accessed March 29, 2005.
49. Pui-Wing Tam, "The Growth in Ethnic Media Usage Poses Important Business Decisions," *Wall Street Journal* (April 23, 2002), www.wsj.com, accessed April 23, 2002.
50. Steve Rabin, "How to Sell Across Cultures," *American Demographics* (March 1994): 56–57.
51. Stuart Elliott, "An Ad with Talking Pandas, Maybe, but Not with Chinese Accents," *New York Times* (February 6, 2008), http://www.nytimes.com/2008/02/06/business/media/06adco.html?scp=1&sq=An%20Ad%20with%20Talking%20Pandas,%20Maybe,%20but%20Not%20with%20Chinese%20Accents&st=cse&gwh=6B8FCB2D9ADF9E79D7859A84689E4F68, accessed February 6, 2008.
52. Marty Westerman, "Death of the Frito Bandito," *American Demographics* (March 1989): 28.
53. Stuart Elliott, "Uncle Ben, Board Chairman," *New York Times* (March 30, 2007), www.nytimes.com, accessed March 30, 2007.
54. Adam Sherwin, "ASA Says Cadbury Was Not Racist When It Compared Campbell to Chocolate Bar," *The Independent* (June 21, 2011), http://www.independent.co.uk/news/media/advertising/asa-says-cadbury-was-not-racist-when-it-compared-campbell-to-chocolate-bar-2300278.html, accessed June 22, 2011.
55. Rohit Deshpandé and Douglas M. Stayman, "A Tale of Two Cities: Distinctiveness Theory and Advertising Effectiveness," *Journal of Marketing Research* 31 (February 1994): 57–64.
56. Warren Brown, "The Potholes of Multicultural Marketing," *Washington Post* (June 10, 2007): G2.
57. See Lisa Peñaloza, "*Atravesando Fronteras*/Border Crossings: A Critical Ethnographic Exploration of the Consumer Acculturation of Mexican Immigrants," *Journal of Consumer Research* 21 (June 1994): 32–54; Lisa Peñaloza and Mary C. Gilly, "Marketer Acculturation: The Changer and the Changed," *Journal of Marketing* 63 (July 1999): 84–104; Carol Kaufman-Scarborough, "Eat Bitter Food and Give Birth to a Girl; Eat Sweet Things and Give Birth to a Cavalryman: Multicultural Health Care Issues for Consumer Behavior," *Advances in Consumer Research* 32, no.1 (2005): 226–69; Søren Askegaard, Eric J. Arnould, and Dannie Kjeldgaard, "Postassimilationist Ethnic Consumer Research: Qualifications and Extensions," *Journal of Consumer Research* 32, no. 1 (2005): 160.
58. Stuart Elliott, "1,200 Marketers Can't Be Wrong: The Future Is in Consumer Behavior," *New York Times* (October 15, 2007), www.nytimes.com, accessed October 15, 2007.
59. Peñaloza, "*Atravesando Fronteras*/Border Crossings."
60. Shuili Du, Sankar Sen, and C. B. Bhattacharya, "Exploring the Social and Business Returns of a Corporate Oral Health Initiative Aimed at Disadvantaged Hispanic Families," *Journal of Consumer Research* 35 (October 2008): 483–94.
61. Andrew Adam Newman, "Nike Adds Indian Artifacts to Its Swoosh," *New York Times* (October 3, 2007), www.nytimes.com, accessed October 3, 2007.
62. Wallendorf and Reilly, "Ethnic Migration, Assimilation, and Consumption."
63. Ronald J. Faber, Thomas C. O'Guinn, and John A. McCarty, "Ethnicity, Acculturation and the Importance of Product Attributes," *Psychology & Marketing* 4 (Summer 1987): 121–34; Humberto Valencia, "Developing an Index to Measure Hispanicness," in Elizabeth C. Hirschman and Morris B. Holbrook, eds., *Advances in Consumer Research* 12 (Provo, Utah: Association for Consumer Research, 1985): 118–21.
64. Rohit Deshpandé, Wayne D. Hoyer, and Naveen Donthu, "The Intensity of Ethnic Affiliation: A Study of the Sociology of Hispanic Consumption," *Journal of Consumer Research* 13 (September 1986): 214–20.
65. Güliz Ger, "Warming: Making the New Familiar and Moral," *Journal of European Ethnology* (special issue of the journal *Ethnologia Europea*), Richard Wilk and Orvar Lofgren, eds. (forthcoming) 35, no. 1–2: 19–21.
66. Eils Lotozo, "The Jalapeño Bagel and Other Artifacts," *New York Times* (June 26, 1990): C1.
67. Dana Canedy, "The Shmeering of America," *New York Times* (December 26, 1996): D1.
68. Peter Schrag, *The Decline of the WASP* (New York: Simon & Schuster, 1971): 20.
69. "Nation's European Identity Falls by the Wayside," *Montgomery Advertiser* (June 8, 2002): A5.
70. U.S. Census Bureau, *Census 2000 Brief: Overview of Race and Hispanic Origin* (U.S. Department of Commerce, Economics and Statistics Administration, March 2001).
71. Padmananda Rama, "U.S. Census Show Asians Are Fastest Growing Racial Group," NPR (March 23, 2012), http://www.npr.org/blogs/thetwo-way/2012/03/23/149244806/u-s-census-show-asians-are-fastest-growing-racial-group, accessed March 16, 2013.
72. U.S. Census Bureau, http://quickfacts.census.gov/qfd/states/00000.html, accessed March 16, 2013.
73. www.myblackisbeautiful.com, accessed June 18, 2009; Karl Greenberg, "P&G Borrows 'Black Power' Phrase for Campaign," *Marketing Daily*, (August 10, 2007), www.mediapost.com, accessed August 10, 2007.
74. Bob Jones, "Black Gold," *Entrepreneur* (July 1994): 62–65.
75. Jean Halliday, "Volvo to Buckle Up African-Americans," *Advertising Age* (February 14, 2000): 28.
76. www.skinvoice.com, accessed June 18, 2009; Sarah Mahoney, "Unilever Finds Skin Takes on Deep Meaning Among Black Women," *Marketing Daily* (May 23, 2007), www.mediapost.com, accessed May 23, 2007.
77. Michel Marriott, "The Color of Mayhem, in a Wave of 'Urban' Games," *New York Times* (August 12, 2004), www.nytimes.com, accessed August 12, 2004.
78. Sonya A. Grier and Anne Brumbaugh, "Compared to Whom? The Impact of Status on Third Person Effects in Advertising Persuasion in a South African Context," *Journal of Consumer Behavior* 6, no. 1 (February 2007): 5–18; Sonya A. Grier, Anne Brumbaugh, and C. Thornton, "Crossover Dreams: Consumer Responses to Ethnic-Oriented Products," *Journal of Marketing* 70, no. 2 (April 2006): 35–51; Sonya A. Grier and Rohit Deshpandé, "Social Dimensions of Consumer Distinctiveness: The Influence of Social Status on Group Identity and Advertising Persuasion," *Journal of Marketing Research* 38 (May 2001): 216–24; Jennifer A. Aaker, Anne Brumbaugh, and Sonya A. Grier, "Non-Target Market Effects and Viewer Distinctiveness: The Impact of Target Marketing on Attitudes," *Journal of Consumer Psychology* 9, no. 3 (2000): 127–40; Sonya A. Grier and Anne Brumbaugh, "Noticing Cultural Differences: Advertising Meanings Created by the Target and Non-Target Markets," *Journal of Advertising* 28, no. 1 (Spring 1999): 79–93.
79. Sonya A. Grier and S. K. Kumanyika, "The Context for Choice: Health Implications of Targeted Food and Beverage Marketing to African Americans," *American Journal of Public Health* 98, no. 9 (September 2008): 1616–29.
80. Schwartz, "Hispanic Opportunities," *Joe Schwartz American Demographics* (May 1987): 56–59.
81. Peter Francese, "Hispanic Market Hits Tipping Point," *Advertising Age* (July 26, 2010), http://adage.com/article/hispanic-marketing/hispanic-market-hits-tipping-point/145095/, accessed April 24, 2011.
82. Karl Greenberg, "Study: Hispanics Are Ideal Online Consumers," *Marketing Daily* (January 3, 2011), http://www.mediapost.com/publications/?fa=Articles.showArticle&art_aid=142204&nid=122251, accessed April 24, 2011; Karl Greenberg, "Hispanics' Web Savvy Surpassing Others," *Marketing Daily* (March 25, 2009), www.mediapost.com, accessed March 25, 2009.
83. Jonathan Birchall, "Wal-Mart looks to Hispanic Market," *Financial Times* (March 12, 2009), www.ft.com/cms/s/0/

bd371350-0f2c-11de-ba10-0000779fd2ac,dwp_uuid=02e16f4a-46f9-11da-b8e5-00000e2511c8.html?nclick_check=1, accessed March 12, 2009.

84. Aaron Baar, "AT&T Enlists Jimenez in Hispanic Campaign," *Marketing Daily* (April 5, 2011), http://www.mediapost.com/publications/?fa=Articles.showArticle&art_aid=148053&nid=125449, accessed April 24, 2011.
85. Stuart Elliot, "Pretty as a (Census) Picture," *New York Times* (March 28, 2011), http://www.nytimes.com/2011/03/29/business/media/28ad-newsletter1.html?nl=business&adxnnl=1&emc=ata1&ref=advertisingemail&adxnnlx=1303681253-toqoRVw+PthkndBiYU0ctQ#, accessed April 24, 2011.
86. Karlene Lukovitz, "Wendy's Launches Hispanic Campaign," *Marketing Daily* (November 1, 2010), http://www.mediapost.com/publications/?-fa=Articles.showArticle&art_aid=138648, accessed April 24, 2011.
87. "Pew Social & Demographic Trends. The Rise of Asian Americans Overview," Pew Research Center (June 19, 2012), http://www.pewsocialtrends.org/2012/06/19/the-rise-of-asian-americans/; Bruce Britt, "Marketing to Asian Americans," *Deliver Magazine* (August 23, 2012), https://delivermagazine.com/2012/08/marketing-to-asian-americans/.
88. "Made in Japan," *American Demographics* (November 2002): 48.
89. Hassan Fattah, "Asia Rising," *American Demographics* (July–August 2002), http://findarticles.com/p/articles/mi_m4021/is_2002_July_1/ai_89374125/?tag=content;col1, accessed October 6, 2007.
90. Marty Westerman, "Fare East: Targeting the Asian-American Market," *Prepared Foods* (January 1989): 48–51; Eleanor Yu, "Asian-American Market Often Misunderstood," *Marketing News* (December 4, 1989): 11.
91. For a recent discussion of Asian identity, cf. Julien Cayla and Giana M. Eckhardt, "Asian Brands and the Shaping of a Transnational Imagined Community," *Journal of Consumer Research* 35 (August 2008): 216–30.
92. Donald Dougherty, "The Orient Express," *The Marketer* (July/August 1990): 14.
93. Dan Brown, *The Da Vinci Code* (New York: Doubleday, 2003).
94. Albert M. Muñiz, Jr., and Hope Jensen Schau, "Religiosity in the Abandoned Apple Newton Brand Community," *Journal of Consumer Research* 31 (March 2005): 737–47.
95. Risto Moisio and Mariam Beruchashvili, "Questing for Well-Being at Weight Watchers: The Role of the Spiritual-Therapeutic Model in a Support Group," *Journal of Consumer Research* 36, no. 5 (2010): 857–75.
96. Ron Shachar, Tülin Erdem, Keisha M. Cutright, and Gavan J. Fitzsimons, "Brands: The Opiate of the Non-Religious Masses?" *Marketing Science* 30, no. 1 (January–February 2011): 92–111.
97. For a couple of exceptions, see Michael J. Dotson and Eva M. Hyatt, "Religious Symbols as Peripheral Cues in Advertising: A Replication of the Elaboration Likelihood Model," *Journal of Business Research* 48 (2000): 63–68; Elizabeth C. Hirschman, "Religious Affiliation and Consumption Processes: An Initial Paradigm," *Research in Marketing* (Greenwich, CT: JAI Press, 1983): 131–70.
98. Quoted in Joe Mandese, "MindShare Turns SoulShare, Puts Faith in Evangelicals," *Media Daily News* (May 15, 2008), http://www.mediapost.com/publications/index.cfm?fa=Articles.showArticle&art_aid=82586&passFuseAction=PublicationsSearch.showSearchReslts&art_searched=&page_number=0, accessed May 15, 2008.
99. Karlene Lukovitz, "PepsiCo Pulls Controversial Video Entry from Site," *Marketing Daily* (January 5, 2011), http://www.mediapost.com/publications/?fa=Articles.showArticle&art_aid=142406&nid=122346, accessed April 25, 2011; Jack Neff, "Dip Ad Stirs Church Ire," *Advertising Age* (July 2, 2001): 8; G. Burton, "Oh, My Heck! Beer Billboard Gets the Boot," *Salt Lake Tribune* (November 6, 2001); "Religion Reshapes Realities for U.S. Restaurants in Middle East," *Nation's Restaurant News* 32 (February 16, 1998); Sarah Ellison, "Sexy-Ad Reel Shows What Tickles in Tokyo Can Fade Fast in France," *Wall Street Journal* (March 31, 2000), www.wsj.com, accessed March 31, 2000; Claudia Penteado, "Brazilian Ad Irks Church," *Advertising Age* (March 23, 2000): 11; "Burger King Will Alter Ad That Has Offended Muslims," *Wall Street Journal* (March 15, 2000), www.wsj.com, accessed March 15, 2000.
100. Kim Severson, "For Some, 'Kosher' Equals Pure," *New York Times* (January 12, 2010), http://www.nytimes.com/2010/01/13/dining/13kosh.html?pagewanted=all&_r=0, accessed March 15, 2013.
101. Patricia Leigh Brown, "Megachurches as Minitowns: Full-Service Havens from Family Stress Compete with Communities," *New York Times* (May 9, 2002): D1; Edward Gilbreath, "The New Capital of Evangelicalism: Move Over, Wheaton and Colorado Springs—Dallas, Texas, Has More Megachurches, Megaseminaries, and Mega-Christian Activity Than Any Other American City," *Christianity Today* (May 21, 2002): 38; Tim W. Ferguson, "Spiritual Reality: Mainstream Media Are Awakening to the Avid and Expanding Interest in Religion in the U.S.," *Forbes* (January 27, 1997): 70.
102. Richard Cimino and Don Lattin, *Shopping for Faith: American Religion in the New Millennium* (New York: Jossey-Bass, 2002).
103. Michael Fielding, "The Halo," *Marketing News* (February 1, 2005): 18–20.
104. Mandese, "MindShare Turns SoulShare, Puts Faith in Evangelicals"; Karlene Lukovitz, "Evangelicals More Diverse Than Might Be Assumed," *Marketing Daily* (November 7, 2007), http://www.mediapost.com/publications/?fa=Articles.showArticle&art_aid=70553, accessed November 7, 2007.
105. Rob Walker, "Cross Selling," *New York Times Magazine* (March 6, 2005), www.nytimes.com, accessed March 6, 2005; John Leland, "At Festivals, Faith, Rock and T-Shirts Take Center Stage," *New York Times* (July 5, 2004), www.nytimes.com, accessed July 5, 2004.
106. Cathy Lynn Grossman, "Number of U.S. Muslims to Double," *USA Today* (January 27, 2011), http://www.usatoday.com/news/religion/2011-01-27-1Amuslim27_ST_N.htm, accessed June 22, 2011.
107. Barry Newman, "Halal Meets Kosher in Health-Food Aisle," *Wall Street Journal* (May 5, 2006): B1; Louise Story, "Rewriting the Ad for Muslim-Americans," *New York Times Online* (April 28, 2007), www.nytimes.com, accessed April 28, 2007.
108. Liz Gooch, "Advertisers Seek to Speak to Muslim Consumers," *New York Times* (August 11, 2010), http://www.nytimes.com/2010/08/12/business/media/12branding.html?pagewanted=1&_r=1&ref=media, accessed April 25, 2011.
109. Karlene Lukovitz, "Coffee Marketers Need to Woo Young Adults," *Marketing Daily* (October 8, 2010), http://www.mediapost.com/publications/?-fa=Articles.showArticle&art_aid=137318, accessed April 29, 2011.
110. Anil Mathur, George P. Moschis, and Euehun Lee, "Life Events and Brand Preference Changes," *Journal of Consumer Behavior* 3, no. 2 (December 2003): 129–41; James W. Gentry, Stacey Menzel Baker, and Frederic B. Kraft, "The Role of Possessions in Creating, Maintaining, and Preserving Identity: Variations Over the Life Course," in Frank Kardes and Mita Sujan, eds., *Advances in Consumer Research* 22 (Provo, Utah: Association for Consumer Research, 1995): 413–18.
111. Cf. Neil Howe and William Strauss, *Generations: The History of America's Future, 1584 to 2069* (New York: Harper Perennial, 1992). The yearly ranges in this list are the author's synthesis of a variety of generational schemes and as such are approximations.
112. www.disneybaby.com, accessed March 16, 2013; Quoted in Brooks Barnes, "Disney Looking into Cradle for Customers," *New York Times* (February 6, 2011), http://www.nytimes.com/2011/02/07/business/media/07disney.html?_r=1&ref=business#, accessed April 19, 2011.
113. James U. McNeal, "Tapping the Three Kids' Markets," *American Demographics* (April 1998): 3, 737–41.
114. Harris Curtis, "Making Kids Street Smart," *Newsweek* (September 16, 2002): 10.
115. Kay L. Palan and Robert E. Wilkes, "Adolescent-Parent Interaction in Family Decision-Making," *Journal of Consumer Research* 24 (September 1997): 159–69; cf. also Tiffany Meyers, "Kids Gaining Voice in How Home Looks," *Advertising Age* (March 29, 2004): S4.
116. Russell N. Laczniak and Kay M. Palan, "Under the Influence," *Marketing Research* (Spring 2004): 34–39.
117. Stephanie Thompson, "Mrs. Butterworth's Changes Her Target," *Advertising Age* (December 20, 1999): 44.
118. Brigid Schulte, "Baby Dolls Raise a Stink in More Ways than One," *Washington Post* (December 21, 2008): A1.
119. http://whyville.net/smmk/nice, accessed March 16, 2013; Jennifer Saranow, "'This Is the Car We Want, Mommy'—Car Makers Direct More Ads at Kids (And Their Parents)," *Wall Street Journal* (November 9, 2006): D1.
120. Jessica Bennett, "Generation Diva: How Our Obsession with Beauty Is Changing Our Kids," *Newsweek* (March 30, 2009), www.newsweek.com/id/191247, accessed April 8, 2009.
121. Andrew Adam Newman, "A Younger Group for Feminine Products," *New York Times* (April 14, 2011), http://www.nytimes.com/2011/04/15/business/media/15adco.html?_r=1, accessed April 19, 2011.
122. Stephen Holden, "After the War the Time of the Teen-Ager," *New York Times* (May 7, 1995): E4.
123. Cornelia Pechmann and Chuan-Fong Shih, "Smoking Scenes in Movies and Antismoking Advertisements Before Movies: Effects on Youth," *Journal of Marketing* 63 (July 1999): 1–13.
124. Junu Bryan Kim, "For Savvy Teens: Real Life, Real Solutions," *New York Times* (August 23, 1993): S1.
125. Excerpted from David B. Wooten, "From Labeling Possessions to Possessing Labels: Ridicule and Socialization Among Adolescents," *Journal of Consumer Research* 33 (September 2006): 188–98.
126. Natalie Zmuda, "Pepsi Embraces 'Optimistic' Millennials in New TBWA Work," *Advertising Age* (December 11, 2008), http://adage.com/article/news/pepsi-embraces-optimistic-millennials-tbwa-work/133211/, accessed January 12, 2008; James Ledbetter, "Obama, the Pepsi Candidate," *Slate* (August 21, 2008), www.slate.com/id/2198198, accessed June 19,

2009.
127. Michael J. Weiss, "To Be About to Be," *American Demographics* (September 2003): 29–48.
128. Steve Kroft, "The Echo Boomers," *CBS News* (October 3, 2004), www.cbsnews.com, accessed October 3, 2004.
129. Laurel Anderson and Julie L. Ozanne, "The Cyborg Teen: Identity Play and Deception on the Internet," in Connie Pechmann and Linda Price, eds., *Advances in Consumer Research* 33, no. 1 (2006): 12–14.
130. Cyndee Miller, "Phat Is Where It's at for Today's Teen Market," *Marketing News* (August 15, 1994): 6; see also Tamara F. Mangleburg and Terry Bristol, "Socialization and Adolescents' Skepticism Toward Advertising," *Journal of Advertising* 27 (Fall 1998): 11; see also Gil McWilliam and John Deighton, "Alloy.com: Marketing to Generation Y," *Journal of Interactive Marketing* 14 (Spring 2000): 74–83.
131. Adapted from Gerry Khermouch, "Didja C That Kewl Ad?," *BusinessWeek* (August 26, 2002): 158–60.
132. Aaron Baar, "Gen Y Donors Rely on Trust, Not Celebrity," *Marketing Daily* (April 7, 2011), http://www.mediapost.com/publications/?fa=Articles.showArticle&art_aid=148198&nid=125532, accessed April 24, 2011.
133. Shannan Younger, "Disney Channel Rules Tween Screens," *Tween Us* (August 29, 2012), http://www.chicagonow.com/tween-us/2012/08/disney-channel-rules-the-tween-airwaves/, accessed September 25, 2013.
134. Karen Springen, Ana Figueroa, and Nicole Joseph-Goteiner, "The Truth About Tweens," *Newsweek* (October 18, 1999): 62–72.
135. Rob Walker, "Training Brand," *New York Times Magazine* (February 27, 2005), www.nytimes.com, accessed February 27, 2005.
136. Center for Media Research, "Students Rule," www.mediapost.com, accessed August 12, 2008; Rebecca Gardyn, "Educated Consumers," *Demographics* (November 2002): 18; Tibbett L. Speer, "College Come-Ons," *American Demographics* (March 1998): 40–46; Fannie Weinstein, "Time to Get Them in Your Franchise," *Advertising Age* (February 1, 1988): S6.
137. www.mtvU.com, accessed June 21, 2011; www.collegehumor.com, accessed June 21, 2011.
138. Maria Aspan, "Nielsen Will Start to Measure TV Habits of College Students," *New York Times* (February 20, 2006), www.nytimes.com, accessed February 20, 2006.
139. http://www.cassandra.co/live/trendschool/, accessed March 16, 2013; Beth Synder Bulik, "Want to Build a Hipper Brand? Take a Trip to Trend School: Intelligence Group Endeavor Gives Marketers a Crash Course in Cool," *Advertising Age* (February 19, 2007), www.adage.com, accessed February 19, 2007.
140. Laura Zinn, "Move Over, Boomers," *BusinessWeek* (December 14, 1992): 7.
141. Jeff Gordinier, *X Saves the World: How Generation X Got the Shaft But Can Still Keep Everything from Sucking* (New York: Viking Adult, 2008); M. J. Stephey, "Gen-X: The Ignored Generation?" *Time* (April 16, 2008), www.time.com/time/arts/article/0,8599,1731528,00.html, accessed June 19, 2009.
142. http://www.restylaneusa.com/, accessed March 16, 2013; Angel Jennings, "Contests, YouTube and Commercials Converge for Skin Product," *New York Times Online* (July 26, 2007), http://www.nytimes.com/2007/07/26/business/media/26adco.html?_r=0, accessed September 25, 2013; cf. also Isabelle Szmigin and Marylyn Carrigan, "Consumption and Community: Choices for Women Over Forty," *Journal of Consumer Behaviour* 5, no. 4 (2006): 292.
143. Jennings, "Contests, YouTube and Commercials Converge for Skin Product"; cf. also Szmigin and Carrigan, "Consumption and Community: Choices for Women Over Forty."
144. Amy Merrick, "Gap Plans Five Forth & Towne Stores for Fall," *Wall Street Journal* (April 22, 2005): B1.
145. Gavin O'Malley, "Boomers Value Brands That Champion 'Youthful' Style," *Marketing Daily* (April 13, 2011), http://www.mediapost.com/publications/?fa=Articles.showArticle&art_aid=148507&nid=125673, accessed April 24, 2011.
146. Quoted in Sarah Mahoney, "Nielsen: Time to Recommit to Boomers," *Marketing Daily* (July 21, 2010), http://www.mediapost.com/publications/?fa=Articles.showArticle&art_aid=132364&nid=116838, accessed April 24, 2011.
147. Elkin Tobi, "Sony Ad Campaign Targets Boomers-Turned-Zoomers," *Advertising Age* (October 21, 2002): 6; cf. also Raphaelle Lambert-Pandraud and Gilles Laurent, "Why Do Older Consumers Buy Older Brands? The Role of Attachment and Declining Innovativeness," *Journal of Marketing* 74 (July 2010): 104–21.
148. Hiawatha Bray, "At MIT's AgeLab Growing Old Is the New Frontier," *Boston Globe* (March 23, 2009), www.boston.com/business/technology/articles/2009/03/23/at_mits_agelab_growing_old_is_the_new_frontier/?s_campaign=8315, accessed March 23, 2009.
149. D'Vera Cohn, "2100 Census Forecast: Minorities Expected to Account for 60% of U.S. Population," *Washington Post* (January 13, 2000): A5.
150. Catherine A. Cole and Nadine N. Castellano, "Consumer Behavior," in James E. Binnen, ed., *Encyclopedia of Gerontology*, vol. 1 (San Diego, CA: Academic Press, 1996), 329–39.
151. Rick Adler, "Stereotypes Won't Work with Seniors Anymore," *Advertising Age* (November 11, 1996): 32.
152. Raphaël Lambert-Pandraud, Gilles Laurent, and Eric Lapersonne, "Repeat Purchasing of New Automobiles by Older Consumers: Empirical Evidence and Interpretations," *Journal of Marketing* 69 (April 2005): 97–113.
153. Jonathan Dee, "The Myth of '18 to 34,'" *New York Times Magazine* (October 13, 2002), www.nytimes.com, accessed October 11, 2007; Hillary Chura, "Ripe Old Age," *Advertising Age* (May 13, 2002): 16.
154. Cheryl Russell, "The Ungraying of America," *American Demographics* (July 1997): 12.
155. Jeff Brazil, "You Talkin' to Me?," *American Demographics* (December 1998): 55–59.
156. David B. Wolfe, "Targeting the Mature Mind," *American Demographics* (March 1994): 32–36.
157. Benny Barak and Leon G. Schiffman, "Cognitive Age: A Nonchronological Age Variable," in Kent B. Monroe, ed., *Advances in Consumer Research* 8 (Provo, UT: Association for Consumer Research, 1981): 602–6.
158. Hope Jensen Schau, Mary C. Gilly, and Mary Wolfinbarger, "Consumer Identity Renaissance: The Resurgence of Identity-Inspired Consumption in Retirement," *Journal of Consumer Research* 36 (August 2009): 255–76.
159. http://www.claritas.com/MyBestSegments/Default.jsp?ID=70&&pageName=Nielsen%20PRIZM&menuOption=learnmore, accessed March 16, 2013; Michael J. Weiss, *The Clustering of America* (New York: Harper & Row, 1988).
160. Bob Minzesheimer, "You Are What You Zip," *Los Angeles Times* (November 1984): 175.
161. www.MyBestSegments.com, accessed March 16, 2013.
162. Vivian Manning-Schaffel, "Metrosexuals: A Well-Groomed Market?" *Brand Channel* (May 22, 2006), www.brandchannel.com, accessed May 22, 2006; Jack Neff, "A Lipstick Index for Men? Philips' Norelco Posits That Guys Are Growing Beards to Protest Recession," *Advertising Age* (April 2, 2009), www.adage.com, accessed April 2, 2009; Aaron Baar, "Move Over, Ladies; Men Are Walking Down Beauty Aisles," *Marketing Daily* (December 22, 2008), www.mediapost.com, accessed December 22, 2008.
163. Ben Parr, "Google Chrome Commercial Lets Gay Teens Know 'It Gets Better,'" Mashable.com, http://mashable.com/2011/05/04/google-chrome-it-gets-better/, accessed May 28, 2011.
164. Marriott, "The Color of Mayhem, in a Wave of 'Urban' Games."
165. Quoted in Pepper Miller and John Parikhal, "Do African-Americans Need a Separate Search Engine?," *Advertising Age* (June 25, 2009), www.adage.com, accessed June 26, 2009.
166. www.religioustolerance.org/new1_966.htm, accessed October 6, 2007; www.erlc.com/WhoSBC/Resolutions/1997/97Disney.htm, accessed October 6, 2007.
167. Alex Johnson, "Southern Baptists End 8-Year Disney Boycott," *MSNBC* (June 22, 2005), www.msnbc.com, accessed October 6, 2007.
168. Penteado, "Brazilian Ad Irks Church."
169. Quoted in Tamar Lewin, "Teenagers' Internet Socializing Not a Bad Thing," *New York Times* (November 19, 2008), www.nytimes.com/2008/11/20/us/20internet.html?ex=1384923600&en=c3467e945b431625&ei=5124, accessed November 24, 2008.
170. Joseph Pereira, "Oh Boy! In Toyland, You Get More If You're Male," *Wall Street Journal* (September 23, 1994): B1; Joseph Pereira, "Girls' Favorite Playthings: Dolls, Dolls, and Dolls," *Wall Street Journal* (September 23, 1994): B1.
171. Lisa Bannon, "More Kids' Marketers Pitch Number of Single-Sex Products," *Wall Street Journal* (February 14, 2000), www.wsj.com, accessed February 14, 2000.
172. See D. Bruce Carter and Gary D. Levy, "Cognitive Aspects of Early Sex-Role Development: The Influence of Gender Schemas on Preschoolers' Memories and Preferences for Sex-Typed Toys and Activities," *Child Development* 59 (1988): 782–92; Bernd H. Schmitt, France Le Clerc, and Laurette Dube-Rioux, "Sex Typing and Consumer Behavior: A Test of Gender Schema Theory," *Journal of Consumer Research* 15 (June 1988): 122–27.
173. Gary J. Bamossy, Michael R. Solomon, Basil G. Englis, and Trinske Antonidies, "You're Not Cool If You Have to Ask: Gender in the Social Construction of Coolness," paper presented at the Association for Consumer Research Gender Conference, Chicago, June 2000; see also Clive Nancarrow, Pamela Nancarrow, and Julie Page, "An Analysis of the Concept of Cool and Its Marketing Implications," *Journal of Consumer Behavior* 1 (June 2002): 311–22.

Chapter 11 소비자 정체성 II : 사회계급과 라이프스타일

Chapter Objectives

이 장을 끝마칠 때, 당신은 다음의 사항들을 이해해야 한다:

1. 경제 전반에 대해서만 아니라, 우리 미래에 대한 우리의 신뢰도가 얼마나 자유롭게 소비하고 어떤 유형의 물건을 구매하는 데 있어서의 결정요인이 된다.
2. 우리는 소비자들을 서로 다른 사회 계급으로 구분하고, 이러한 사회 계급은 소비자들이 사회에서 처한 상황에 대해 많은 것을 알려준다.
3. 소비자 자신이 처해 있는 사회 계급 또는 선망하는 사회 계급에 대해 표현하고 싶어하는 욕구가 어떤 제품을 선호하고 선호하지 않는 것에 어떻게 영향을 미치는가?
4. 라이프스타일은 개개인의 시간과 돈의 사용과 관련된 선택을 반영한 소비 패턴을 결정하게 하며 이는 소비자 정체성의 중요한 요소이다.
5. 소비패턴을 확인하는 것은 라이프스타일 마케팅 전략의 조직기능에서 개인적인 구매를 파악하는 것보다 더욱 유용한 것이다.
6. 사이코그래픽스 기법은 단순 인구통계학적 특성을 넘어서 마케터들이 서로 다른 소비자 세분 시장을 이해하고 접근하는데 도움을 준다.

출처: Sakala/Shutterstock.

드디어 중요한 날이 왔다. Phil은 교제 중인 Marilyn의 부모님을 뵙기 위해 그녀의 집에 방문할 예정이다. Phil은 Marilyn이 근무하는 증권회사에서 계약직 사원으로 근무했다. 그 두 사람은 그곳에서 서로 첫눈에 반해 사랑하게 되었다. Phil은 정규 교육 대신 브루클린에서 인생수업을 했고, 반면에 Marilyn은 얼마 전 명문 Princeton 대학을 졸업했다. 두 사람의 배경은 매우 상이하지만, 그들은 모든 일이 순조롭게 진행될 것으로 기대한다. Marilyn은 Phil에게 그녀의 집안이 재력이 있다는 얘기를 종종 해왔지만, 그는 그것에 주눅 들지 않았다. Phil은 주변에서 수완이 좋아 억대 연봉을 받은 사람들을 많이 보았다. 그는 좋은 옷 입고, 돈 많고, 최신의 값비싼 가구들로 자랑하는 또 한 명의 재력가 정도는 쉽게 다룰 수 있다고 생각했다. 그 두 사람이 코네티컷에 있는 그녀의 저택에 도착했을 때, Phil은 집 진입로에 주차되어 있을 롤스로이스 차를 찾았다. 그러나 그의 눈에 들어온 것은 집안일을 돕는 사람이 탈 것처럼 보이는 낡은 지프 체로키(Cherokee)밖에 없었다. Phil은 집안에 들어가서는 검소하게 꾸며진 집 내부와 오래된 실내 물건들에 놀랐다. 거실 입구는 색이 바랜 동양식 융단이 깔려 있었고, 대부분의 가구들도 아주 낡아 보였다. Phil은 Marilyn의 아버지 Caldwell 씨와 만나고는 더욱 놀랐다. 사실 Phil은 그녀의 아버지가 턱시도를 입고 영화에서 본 부자들처럼 손에 브랜디 잔을 들고 있지 않을까 생각했었다. Phil은 여러 가지 생각을 한 끝에 그가 갖고 있는 최고의 이탈리안 셔츠를 입고 커다란 핑크색 지르코늄 반지를 꼈다. 그는 내심 자신이 돈 좀 있는 사람으로 보이고 싶었다. 오래되고 구겨진 가디건 스웨터와 운동화 차림의 Marilyn의 아버지가 그의 일을 잠시 멈추고 나타났을 때, Phil은 그녀의 아버지가 지금까지 주변에서 보아온 성공한 사람들과는 분명히 다르다는 것을 알아차렸다.

목표 1

경제 전반에 대해서만 아니라, 우리 미래에 대한 우리의 신뢰도가 얼마나 자유롭게 소비하고 어떤 유형의 물건을 구매하는 데 있어서의 결정요인이 된다.

수입과 고객 정체성

Phil이 Caldwell 씨 집에서 체험한 신선한 경험에서 알 수 있듯이, 돈을 지출하는 방법은 매우 다양하다. 그리고 돈이 많은 사람과 그렇지 않은 사람들 사이에 돈 쓰는 방식의 차이는 매우 크다. 아마도, 원래 부자인 사람들과 열심히 일을 해 어렵게 돈을 번 사람들 사이에도 돈 씀씀이 방식에 큰 차이가 있을 것이다. 이 장은 다음과 같은 고민으로 출발한다. 즉, 소비자들의 일반적인 경제적 상황이 돈을 지출하는 방식과 내용에 어떠한 영향을 미치는가 이다. 우리는 "부자들은 다르다"는 격언을 염두에 두면서, 사회적 위치가 서로 상이한 사람들이 어떻게 서로 다른 방식으로 소비를 하는가를 탐구할 것이다. 이러한 소비의 차이가 우리가 시간과 돈을 어떻게 배분하며 사용하는지에 대한 독특한 라이프스타일 유형을 만들게 된다. 그것은 마케터들이 이해해야 하는 매우 중요한 개념이며, 이에 우리는 이번 장에서 라이프스타일 마케팅의 역동적인 모습에 대해서 알아갈 것이다.

Marketing Opportunity

경제적 불황에 모든 사람이 동일하게 반응할 거라는 생각은 매우 순진한 생각이다. 영국에 본부를 둔 M&C Saatchi는 돈을 저축하고 쓰는 것과 관련한 서로 다른 태도와 행동을 나타내는 소비자들을 8개의 그룹으로 구분하기 위한 조사를 실시했다.

- 속성 다이어트주의자(Crash Dieters)(26%): 상황이 호전될 때까지 모든 불필요한 지출을 줄이는 것
- 절약자(Scrimpers)(13%): 현재 라이프스타일을 유지하기를 원하며 삶에서의 희생을 원치 않는다. 그들이 좋아하는 제품의 구매를 중단하기보다는 덜 비싼 브랜드로 대체한다.
- 절제자(Abstainers)(15%): 큰 구매는 연기하며 신용 구매를 하여 가격은 이후에 지불한다.
- 균형자(Balancers)(9%): 다른 것을 구매하기 위해 어떤 제품 범주를 포기한다.
- 대접가(Treater)(12%): 지출을 줄여야 하는 것을 알지만 예산 책정에 문제가 있다. 작은 보상으로 경제적인 생활을 하면 생활이 나아진다.
- 옹호자(Justifers)(12%): 그들은 돈을 쓸 용의가 충분히 있다. 그런데 새로운 모델과 같이 어떤 것을 사야 할 좋은 이유가 있어야 한다.
- 현실 외면자(Ostriches)(9%): 경제 불황상황을 부정하며, 대부분이 젊은 소비자들로 신용카드가 있는 한 계속 구매한다.
- 호시탐탐 기회를 노리는 자(Vultures)(4%): 시장 주변을 배회하며 기회를 노리다가 싼 가격의 물건이 나오면 재빨리 구매한다.

수입의 패턴

"당신은 결코 정도 이상으로 가난할 수도 부자일 수도 없다"는 유명한 말이 있다. 실제로 평균적인 미국인의 삶의 기준은 꾸준히 향상되지만, 많은 미국인들은 충분한 돈을 벌지 못한다고 느낀다. 우리는 이런 수입 변화를 두 가지 주요한 요소로 연결시켜 설명하고자 한다. 하나는 여성의 역할 변화이고 또 하나는 학력의 향상이다.

- 노동 시장에서 미취학 어린이를 자식으로 둔 여성들이 가장 급속히 성장하는 집단이다. 더욱이, 그들 중 많은 수가 과거에는 남자들이 독식했던 의사나 건축사와 같은 고수입 직업군에서 일하고 있다. 많은 전문적인 직업군에서 여성은 아직 소수 집단이지만, 그들의 위치는 계속 향상되고 있다. 일하는 여성들의 꾸준한 증가는 중상층 가계 소득 증가의 주요 원인들 중 하나이다.
- 학업 또한 누가 더 큰 경제적 파이를 차지하느냐를 결정짓는 주요 요소이다. 대학교육이 큰 희생을 수반하지만, 이것은 장기적인 관점에서 볼 때 남는 장사이다. 미국에서 대학 졸업자는 고등학교 졸업자보다 인생 전체로 보면 50% 정도 더 많은 수입을 얻는다. 여성들 또한 고졸 이하 학력의 여성들은 대졸 여성의 40% 정도의 수입을 얻는다. 그래서 많은 사람들이 학교에 있는 것이다!

쓰느냐 안 쓰느냐 그것이 문제로다

제품과 서비스에 대한 소비자 수요는 소비자가 갖고 있는 살 수 있는 능력과 동시에 사려는 의지에 의해 좌우된다. 필수품에 대한 수요는 시간의 흐름에 비추어 볼 때 안정적이지만, 우리가 어떤 지출과 관련해 지금이 좋은 시기가 아니라고 느끼면, 그 지출은 연기되거나 폐기된다. 예를 들어, 당신은 현재 당신이 갖고 있는 고물차를 당장 새 차로 바꾸기보다는 1년 동안만 그냥 쓰기로 결정할 수 있다. 박스 단위로 생활용품을 판매하는 대형 회원제 할인매장도 소비자들이 구매를 연기할 경우 큰 곤란을 겪는다. 즉, 코스트코(Costco)나 샘스클럽(Sam's Club)도 종이타월이나 피클의 판매가 꾸준하더라도 사람들이 저렴한 보석이나 의류를 더 이상 구매하지 않으면 큰 적자를 면하기 힘들다.

지출가능소득(discretionary income)은 편안한 삶의 기준을 유지하기 위해 가구에서 쓸 수 있는 돈이다. 경제학자들은 미국 소비자들이 매년 4천억 달러에 해당하는 지출가능 소득을 행사하는 것으로 추정한다. 사람들은 보통 35세에서 55세 사이에 수입이 절정에 이르는데, 이들의 소득이 전체 지출 가능 소득 총액의 절반을 차지한다. 사람들은 나이가 들수록 그리고 수입이 올라갈수록 돈을 쓰는 방식이 변화한다. 가장 눈에 띄는 변화는 지출 예산의 많은 부분을 주거와 교통 수단에 할당한다는 점이다. 그리고 음식과 옷에 대한 전체 소득 대비 지출 비율은 줄어든다(주: 이것은 높은 수입을 얻는 사람들이 음식과 옷을 덜 구매한다는 의미가 아니라, 이 범주에 대한 지출 비율이 상대적으로 줄어들었다는 것을 뜻한다).

많은 소비자들은 2009년도 대불황이 발생했을 때 자신 또는 자신이 속한 집단의 미래에 대해 불확실성을 경험했다. 그리고 그들은 현재 그들이 갖고 있는 것에 대해 더욱 더 집착하게 되었다. 물론 모든 사람들이 돈에 대해 동일한 태도를 갖고 있지 않고 돈이 갖는 중요성도 사람들마다 다르다. 우리 모두는 1원이라도 지출하는 것을 싫어하는 **수전노**(실제로 이들은 돈이 손에서 떠날 때 커다란 감정적인 고통을 경험한다) 그리고 눈에

보이는 모두를 사면서 사는 행위 자체를 즐기는 **낭비벽** 있는 사람들에 대해 잘 알고 있다. 이와 관련된 연구는 미국인의 경우, 수전노가 돈을 헤프게 쓰는 사람들보다 많다는 사실을 알아냈다. 남자가 여자보다, 나이가 들수록, 그리고 학력이 높을수록 구두쇠적인 경향을 보인다. 그렇다면 구두쇠와 검소한 사람과는 어떻게 구분될 수 있는가? 이와 관련된 한 연구는 "검소함은 절약의 즐거움에서 나오는 반면에 구두쇠는 지불의 고통에서 비롯한다."고 밝히고 있다.

돈에는 매우 복잡한 심리적 의미들이 중첩되어 있다. 우리는 종종 돈과 성공, 실패, 사회적 수용, 안전, 사랑, 또는 자유, 그리고 긍정, 심지어는 성적 소구(sex appeal) 등과 같은 의미들과 동일시한다. 돈과 관련한 정신질환만 전문으로 다루는 치료사가 등장하기도 했다. 이 치료사들은 어떤 사람들은 자신이 이룬 성공에 죄책감을 갖고 이 죄책감을 줄이기 위해 고의로 잘못된 투자를 한다는 사실을 전한다. 돈과 관련된 정신질환으로는 아테포비아(atephobia, 망함에 대한 두려움), 하팍소포비아(harpaxophobia, 강도에 대한 두려움), 페니아포비아(peniaphobia, 빈곤에 대한 두려움), 그리고 아우로포비아(aurophobia, 부에 대한 두려움) 등을 들 수 있다.

최근 연구는 돈을 사회적인 자원으로 접근하는데, 이 연구는 수용의 필요성과 현금에 대한 느낌이라는 두 개념의 흥미로운 관련성에 대해 탐구했다. 이 연구에서 연구 참여자들은 두 그룹으로 나뉘어져 한 그룹은 어떤 그룹에게 받아들여지는 것으로 또 다른 그룹은 거부되는 것으로 믿게 만들었다. 그 후, 참여자들은 돈에 대한 열망을 측정하는 여러 측정들을 완수했다. 거절당했던 사람들이 돈에 대한 더 큰 갈망을 나타냈다. 다른 단계에서 실험 참여자는 실제 돈과 종이돈을 세는 일이 부과되었고 돈을 세는 데서 오는 육체적인 고통을 경험했다. 그런데 실제 돈을 센 사람들이 종이돈을 센 사람들보다 경험하는 고통의 정도가 훨씬 적었다!

소비자 신뢰도(Consumer Confidence)

미래에 대한 우리의 전망은 우리의 현재 소비에 영향을 주게 되며, 이런 개인들의 의사결정이 사회의 경제적 웰빙에도 영향을 미치게 된다. 소비자들이 미래에 대해 갖고 있는 믿음은 **소비자 신뢰도**(consumer confidence)를 나타내는 데 중요한 지표가 된다. 소비자 신뢰도가 사람들이 미래 경제 상태에 대해 낙관적인가 아니면 비관적인가 그리고 사람들 스스로가 별 무리 없이 잘 살 수 있는가에 대한 믿음 정도를 반영하기 때문이다. 이런 믿음들이 소비자들이 어떤 임의 구매를 할 때 얼마만큼의 돈을 경제에 투입할지 결정하는 데 영향을 미친다. 많은 기업들은 예상 지출에 대해 매우 정밀하게 예측치를 구하며, 정기적으로 미국 소비자들의"동향에 대해 조사"한다. Conference Board사는 미시간 대학의 조사연구 센터에서 하는 것처럼 소비자 신뢰도 설문조사를 실시한다. 소비자들에게 제시되는 질문의 예는 아래와 같다.

- 당신과 당신 가족은 1년 전과 비교하여 살기 편해졌습니까 혹은 더 어려워졌습니까?
- 지금부터 1년 후에는 살기 더 편해질까요 혹은 더 어려워질까요?
- 지금이 가구나 냉장고 같은 주요 가정용품들을 구매하기에 적당한 시기라고 생각하십니까?
- 내년 중에 차를 구입할 계획이 있습니까?

사람들이 경제 상태나 전망에 대해 비관적일 경우에는 지출을 줄이고 빚도 덜 진다. 반면에 낙관적인 전망의 경우, 소비자들은 저축을 줄이고, 빚을 더 얻고, 자유재량으로 물품을 구매하는 경향을 보인다. 전체 저축률에 영향을 미치는 요인으로는, 소비자들이 상속으로 인한 갑작스런 부의 증가와 같은 스스로의 개인 상황에 대한 낙관 또는 비관과 대공황과 같은 세계적 사건이 있을 수 있다. 또한 저축 태도에 관한 문화적 차이(예, 최근 들어, 미국인들 사이에서 자신들의 수입을 좀 더 저축하려는 경향이 확실히 보이기는 하지만, 이러한 미국인에 비해 일본인이 더 높은 저축률을 보임)를 들 수 있다.

대공황과 그 여파

최근과 같은 음울한 경제 상황에서는 다음과 같은 인식에 기반을 두어 변화를 모색해야 한다. 즉, 얼어붙은 신용 시장과 대량 해고 등을 포함한 여러 가지 요소들로 발생한 소비자 지출의 변화가 순식간에 소비자 행동의 전반적인 지형 변화를 가져왔다. 이른바 "계속 달리는(go go)"시절은 이미 기억 저편으로 사라졌고 많은 사람들은 당장 구매(BUY NOW)의 사고방식에 제동을 걸기 시작했다. 2011년 중산층의 소득은 2007년에 비해 8.1 퍼센트 낮아졌으며, 그 전해의 경기침체가 미국을 강타했다.

1980년대(우리가 마지막으로 경험한 경제 불황) 이후, 미국인의 저축률은 계속 하락했다. 2008년 후반에는 1% 미만으로 떨어졌다. 그리고 몇 개월이 채 지나지 않아서, 사람들이 줄일 수 있는 곳에서 줄이기 시작하면서 저축률은 5%로 다시 치솟았다. 새로운 주문은 다음과 같다: 지금 갖고 있는 것으로 무엇이든 하라. 저축하라. 예를 들어, Starbucks의 까페라떼가 정말로 필요한지, 80달러 헤어컷 또는 그 패션 잡지가 필요한지와 같은 모든 지출에 대해 의심하라. 놀랄 만한 화려함은 가고 검소함이 지배하게 되었다. 많은 패션 디자이너들도 검소함에 주목했다. 즉, 스타일을 양보하면서 비용을 고려하게 되었다. 최근 들어, 검소함을 찬양하는 달러 스트레쳐(Dollar Stretcher: stretcher.com), All Things Frugal(allthingsfrugal.com), Frugal Mom(frugalmom.net)과 같은 웹사이트나 블로그들이 인기를 얻고 있다.

물론, 경기가 회복되더라도 검소의 경향이 남아 있을지는 좀 더 지켜봐야 할 것이다. 젊은 소비자들은 풍족함의 이미지와 함께 성장했다. 또한 그들에게 갑작스런 변화가 준비되지 않았을 것이다. 한 조사에서 91%의 젊은 성인들은 재정적인 목표를 갖고 있는 것으로 나타났다. 뿐만 아니라 53%는 월간 예산에 맞추어 생활하고 있으며, 42%는 자신의 저축에 대한 평가에 D 또는 F 학점을 주고 있다.

알려진 것과는 다르게, 불황기에 모든 사람이 고통을 받는 것은 아니며, 소비자들 모두가 씀씀이를 줄이는 것은 아니다. 많은 사람들은 소비에서 우선순위를 조정할 뿐이다(아마도 외상 구매를 덜 한다). 과연 지금 어떤 회사가 어려움을 겪고 있고, 어떤 회사가 실제로 흑자를 내고 있는가? 몇 해 전에 Citigroup 전략가들은 소수의 부자에 의해 좌지우지되는 경제 묘사하기 위해 **부자경제**(plutonomy)라는 용어를 만들었다. Standard & Poor's 500-주식 지표에서 힌트를 얻어, 그들은 불가리(Bulgari), 포르쉐(Porsche), 그리고 소더비(Sotheby's)와 같은 명품 주식으로 구성된 "바구니"를 만들었다. 많은 부자들이 불행히도 오늘날에는 부자가 아니다. 따라서 많은 명품 브랜드들이 타격을 입고 있다. 그렇다 하더라도, 우리는 사치품 카테고리의 판매율이 다시 높아지려고 하는 부활의 움직임을 눈여겨봐야 한다(어떤 경우에는 중국과 같은 경기가 활성화된 곳의 수요 때문일

이 덴마크 광고에서 여성은 나쁜 금융 뉴스를 들었다. 우리의 의지와 상관없이 국제불황은 우리 모두에게 영향을 미친다. 마케터들은 그들의 전략을 이러한 좋지 않은 경제적 환경에 잘 짜 맞추려고 한다.
출처:Bianco Footwear & Co.

수 있다).

반면에, 또 다른 분석가들은 가난한 사람은 더 가난해진다는 지수(Poor Getting Poorer Index)를 만들었다. 이 바구니에는 22개의 주식이 들어 있다. 경제 상황이 안 좋아지면, 호황을 누릴 소매점들, 이름 없는 브랜드들, 압류회사, 염가 판매점, 전당포 등이 여기에 해당한다. S&P지수가 40% 하락할 시기에, 이 지수는 9% 상승했다. 소비자들이 먹는 씀씀이를 줄일 때도 음식 산업의 모든 사람이 타격을 입는 것은 아니다. 예를 들어, McDonald's와 같은 패스트푸드 업체들은 흑자를 본다. 사람들은 아마도 비싼 콘서트 표를 구매하지는 않더라도 영화는 보러 갈 것이다. 이것이 영화 박스오피스의 매출을 지탱해 준다.

마지막으로, 사람들이 많은 경우 가격을 의식하지만, 소비자들이 불황 전에 강조되어 오던 회사의 사회적 책임에 대해 외면할지에 대해서는 아직 불명확하다. 한 포괄적인 설문에서 10명의 소비자들 가운데 7명은 불황에도 불구하고 더 많은 돈과 시간을 가치 있는 곳에 기부한다고 말했다. 그리고 절반 이상의 소비자들은 좋은 명분으로 후원하는 브랜드에 더 많은 돈을 지불할 용의가 있다고 밝혔다. 거의 미국 소비자들 가운데 자신의 경제상황에 대해 불안해하는 10명 가운데 8명은 좋은 일(good cause)에 후원하는 브랜드로 바꿀 의사가 있다고 말했다. 여담이지만, 마케터들은 브랜드 충성도를 높이고 동시에 사회적 책임을 다하는 것은 쉬운 일이 아니다. 단지 응답자들 가운데 3분의 1만이 어떤 브랜드가 좋은 일에 후원하는지 인지하고 있기 때문이다!

물질주의와 경제적 조건

대공황의 부산물로, 많은 소비자들이 자신의 소유물의 가치를 다시금 고려해 보게 되었다. 한 여성은 "당신이 소유할수록 더 행복해진다는 생각은 잘못됐다. 나는 진심으로 물질의 소유가 행복을 가져다 주지 않는다고 확신한다"고 말했다. 이것이 사람들이 구매를 멈춘다는 것을 의미하지는 않는다. 그러나 아마도, 최소한 잠시 동안이라도, 좀더 신중하게 행동할 것이다. 산업분석가의 말에 따르면, "우리는 과시적인 소비—고심 끝에 필요해서 사는 것이 아닌—에서 점차 계획적인 소비로 옮겨가고 있다" 2010년, 미국의 소비자들은 평균적으로 자신의 소득의 6%를 저축한다. 대공황 이전의 저축율은 1%에서 2% 정도였다. 아이러니하게도, 좋지 않은 경제상황이 몇몇은 행복하게 만들어주는 것이다. 소비와 행복과의 관계에 관한 연구에서는 사람들이 물질적인 요소가 아닌 체험하는 것에 소비하는 경우, 무엇인가를 사기 전에 오랫동안 계획했던 것들을 구매한 경우, 그들의 주변사람들과의 경쟁에서 벗어나는 경우에 더욱 더 큰 행복감을 느끼는 것으로 본다. 한 연구에 의하면, 행복과 밀접하게 연관된 소비 카테고리는 레저, 휴가, 엔터테인먼트, 스포츠, 그리고 골프나 낚시용품과 같은 장비라는 보고가 있다. 이러한 발견은 구매패턴의 변화와 일치하는 것으로, 고객들이 물질을 넘어 경험을 선택하려는 경향이 지난 몇 년 동안 보여져 왔다는 것을 의미한다. 예들 들어, 밖으로 나가는 것 혹은 디즈니월드로의 여행과 같은 외부에서의 "만족"보다는 집에서 그들 자신을 즐겁게 하는 것들을 선택한다는 것이다. 다른 한 요소는 우리가 구매한 물건에서 비롯되는 "신호음"의 정도이다. 연구의 결과들은 소비자들이 큰 구매를 했을 때에 비해 작은 구매를 지속적으로 하는 경우에 오히려 더 많은 "비용 대비 효용"을 원하는 것으로 밝히고 있다. 이것은 심리학자들이 **쾌락적응**(hedonic adaptation)이라 부르는 것 때문인데, 이것은 기본적으로, 안정적인 행복의 수준을 유지하기 위해서는 크거나 작은, 환상적이거나 끔찍한 것으로 변화하고자 하는 경향이 있다는 것을 의미한다. 이것은 시간이 지남에 따라 주요한 구매의 욕구가 사라지고 우리가 출발했던 지점으로 되돌아감(감정적으로 말해서)을 의미한다. 따라서, 당신이 보너스를 받거나 혹은 현금으로 가득 채워진 봉투를 길거리에서 발견했을 때, 마무이에서의 3주간의 여행으로 흥청망청 쓰는 것 대신에 일련의 긴 주말을 보내게 될 것이다.

목표 2

우리는 소비자들을 서로 다른 사회 계급으로 구분하고, 이러한 사회 계급은 소비자들이 사회에서 처한 상황에 대해 많은 것을 알려준다.

사회 계급과 소비자 정체성

모든 사회 집단들은 "가진 사람들"과 "갖지 못한 사람들"(물론 사람들이 "가진"양은 상대적임에도 불구하고)로 구분된다. 미국은 "사람은 모두 평등하게 태어난 것이다"라는 신념을 표방하는 곳이다. 하지만 어떤 사람들은 다른 사람들에 비해 더 평등한 것 같다. 수입, 가족 배경, 직업 등 보다 복잡한 변수들이 한 사람의 사회적 위치를 결정한다. 당신이 차지하는 사회 구조에서의 위치는 당신이 얼마만큼의 재화를 지출하느냐 뿐만 아니라 어떻게 지출하는가를 결정하는 데도 큰 도움이 된다.

사회적 서열 정하기

많은 동물세계에서, 하나의 사회 조직은 가장 자신감 있고 공격적인 동물이 다른 동물들을 지배하는 형태로 발전한다. 이 가장 공격적인 동물은 먹이, 사는 곳, 심지어 교배를 위한 짝도 가장 먼저 고른다. 예를 들어, 닭들은 분명하게 규정된 **지배와 복종의 서열체계**(dominance-submission)를 보여준다. 이 서열 체계에서 각각의 암탉은 각자 자기 위치를 갖고 있다. 한 암탉은 자기보다 높은 위치에 있는 암탉들에게는 복종하고 자신보다 낮은 위치에 있는 암탉들은 지배한다(서열(pecking order)의 어원은 닭 사회에서 비롯된 것이다).

사람들도 동물들과 크게 다르지 않다. 사람들도 사회에서 자신의 상대적인 위치를 결정짓는 서열 체계를 만든다. 이 사회적 위치는 교육, 주거, 소비재 등과 같은 자원에 대한 활용성을 결정한다. 사람들은 사회 체제 안에서의 상승을 통해 그들의 위치를 향상시킨다. 살아가면서 자신의 사회적 위치를 향상시키려는 인간의 욕구, 그리고 다른 사람들도 향상을 위해 노력하고 있다는 것을 알리는 것은 여러 가지 마케팅 전략에 있어서 핵심이 된다.

마케터들이 시장 세분화를 목적으로 한 사회를 여러 그룹으로 나누듯이, 사회학자들도 한 사회를 상대적인 사회적 그리고 경제적 자원을 기준으로 의미 있는 그룹으로 나누어서 설명한다. 이런 구분들은 때로는 정치적인 힘의 역학 관계를 포함하기도 하고 단순히 경제적인 구분만을 의미하기도 한다. 19세기 경제 이론가인 Karl Marx는 한 개인과 생산 수단(means of production)과의 관계가 그 사람의 사회적 위치를 결정한다고 본다. "가진 자들"은 자원을 지배하며 그들의 특권을 유지하기 위해 타인의 노동력을 이용한다. "갖지 못한 자들"은 생존을 위해 자신의 노동력에 의존하게 된다. 이 사람들은 사회 시스템의 변화를 통해 더 많은 것을 얻을 수 있다고 본다. 독일 사회학자 Max Weber는 사람의 계급이 일차원적이지 않다고 말한다. 여기에는 명성 또는 "사회적 명예"도 포함된다. 어떤 계급은 정치적 힘(또는 정당)에 집중하지만, 어떤 계급은 부와 자산(계급) 위주로 구성된다.

우리는 여기서 **사회계급**(social class)이란 용어를 사회학자들이 언급한 것보다 더 일반적으로 한 사회에서 사람들의 전반적인 위치를 묘사하는 것으로 의미한다. 동일한 사회 계급에 속한 사람들은 사회에서 유사한 사회적 지위를 차지한다. 그들은 넓게 보면 유사한 직업을 갖고 있고 비슷한 수입 수준과 기호로 비슷한 라이프스타일을 가진다. 이 비슷한 계급에 있는 사람들은 서로 교류하면서 살아가는 방식에 대한 다양한 아이디어와 가치들을 나눈다.

"유유상종"이란 속담이 있듯이, 사람들은 자신과 비슷한 사회 계급에 속한 사람들과 결혼하는 경향이 있다. 사회학자들은 이 경향성을 **동형배우자생식**(homogamy) 또는 "동류교배(assortative mating)"라 부른다. 고등학교 중퇴자 중 90%는 중퇴자나 고등학교 졸업자와 결혼한다. 가장 학력이 높은 미국인들 가운데 1% 미만만이 고등학교를 졸업하지 않은 사람과 결혼한다.

사회 계급은 재산을 갖고 있는 것처럼 일종의 존재 상태(state of being)를 의미한다.

Net Profit

온라인 공간에서, 많은 사람들이 자신의 돈 만큼, 혹은 그 이상으로 자신의 의견에 대해 관심을 가져주기를 바라고 있다. 우리가 리뷰의 게시를 통해 다른 사람들로부터 인정 받을 때 얻는 '심리적 소득'은 평판경제(reputation economy)를 만들어내고, 이곳에서의 통화는 현금이 아닌 다른 사람들로부터의 인정이다. 소매상들은 그들의 고객을 소매점의 제품이나 서비스를 구매할 수 있는 여유를 가지고 있느냐에 따라 그들을 분류한다(예를 들어, 일부 투자회사는 고객을 고객이 가진 확실한 순자산만으로 받아들인다). 또는 ASmallWorld.net과 같은 사회관계망 사이트의 사이버 공간은 우리들 대부분은 참여할 수 없는 부유한 사람들만의 의사소통 공간이다. 이곳은 회원의 초대로만 가입이 가능한데 벌써 15만 명의 등록된 사용자를 갖고 있다. 이 사이트의 창시자는 이곳을 사회 엘리트들을 위한 Facebook으로 홍보한다. 이 사이트에 올라온 최근의 몇몇 글을 살펴보면 이 사이트의 존재 이유에 대해 이해할 수 있다.

한 사람은 다음과 같은 글을 올렸다. "나는 스위스에서 열리는 한 이벤트를 위해 명품 스포츠카 20대를 렌트해야 한다. 마세라티(Maserati), 페라리(Ferrari), 람보르기니(Lamborghini), 애스턴 마틴(Aston Martin) 브랜드만이 필요하다."

어떤 다른 사람은 다음과 같은 글을 올렸다: "혹시 누가 개인 섬을 찾고 있으면, 나에게 문의하라.나는 지금 피지에 팔 수 있는 한 개인 섬을 갖고 있다." 부자들은 역시 다르다.

도입 사례에서 Phil이 보았듯이, 계급은 돈을 쓰는 방식과 사회에서 자신의 사회적 위치를 어떻게 규정하느냐에 달려 있다. 당신이 사회에서 어떤 사람들은 더 나은 위치를 차지하고 있다거나 또는 다른 사람들과 다른 위치를 차지한다는 생각을 싫어할 수도 있지만, 대부분의 소비자들은 구별되는 계급의 존재와 어떤 계급에 속해 있다는 인식이 소비에 미치는 영향에 대해 잘 알고 있다. 연구자들이 한 부유한 여성에게 사회 계급에 대한 정의를 부탁하자 다음과 같이 말했다.

나는 사회계급을 어느 학교를 나왔고 어느 정도까지 공부했느냐를 의미한다고 본다. 즉, 당신의 지적 능력이다. 어디에 살고 당신 자녀들이 어느 학교에 다니는지도 사회 계급을 구성하는 중요한 요소이다. 당신이 갖고 있는 취미도 중요한데, 예를 들어, 스키는 스노우모빌보다 계급적으로 높은 위치를 차지한다. 돈이 전부가 아니다. 그 이유는 누구도 당신의 재력에 대해 확실히 알 수 없기 때문이다.

> 학교에서 어떤 부류의 아이들은 모든 특별 프로그램에 참여하는 것 같다. 그들은 특권, 멋진 차, 넉넉한 용돈, 인기 있는 학우와의 데이트 등과 같은 다양한 자원에 접근이 가능하다. 직장에서 어떤 동료 직원은 높은 연봉의 높은 명성이 있는 직업으로 승진한다. 이들은 주차공간, 넓은 사무실, 그리고 임원 전용 샤워실 등으로 의기양양해 한다.

실제로, 모든 공간에서 어떤 사람은 다른 사람들보다 높은 위치를 차지한다. 사회 배치(social arrangement)의 패턴은 점차 진화한다. 이것은 사회의 어떤 구성원들이 다른

이 광고는 사회 계급에 따라 여가 활동과 선호하는 음료수에 차이가 있다는 것을 암시한다.
출처:Libbey Glass Co.

구성원들에 비해 더 많은 자원을 소유하면서 갖게 되는 상대적으로 더 높은 위치, 더 큰 힘, 또는 지배력 덕택이다.

사회성층화(social stratification) 과정은 인위적으로 사회를 세분화하는 변수들을 만드는 것이다. 사회 시스템에서 이런 과정들을 통해 귀하고 값진 자원들이 신분 위치에 따라 불공정하게 분배된다. 이 신분 위치는 대체로 각 개인이 받는 귀중한 자산에 따라 그 사회적 위치가 결정된다.

성취적 지위 대 귀속적 지위

당신이 속해왔던 그룹들을 한 번 생각해 보라. 당신은 분명히 다음 의견에 동의할 것이다. 즉, 어떤 사람은 자신에게 돌아오는 공정한 몫보다 더 받았고, 반면에 어떤 사람들은 그렇게 운이 좋지 못했다. 값진 재화 가운데 일부는 열심히 일하고 성실하게 공부한 사람들에게 돌아간다. 우리는 이것을 **성취적 지위**(achieved status)라 한다. 반면에 어떤 사람들은 단지 부유한 집안에서 태어났다는 이유만으로 값진 재화를 소유한다. 이런 행운을 우리는 **귀속적 지위**(ascribed status)라고 부른다.

보상이 "가장 잘하는 사람 또는 똑똑한 사람"에게 돌아가든 또는 보스와 연관된 사람에게 돌아가든지 간에 분배는 사회 그룹 안에서 거의 공정하게 이루어지지 않는다. 대부분의 그룹들은 체계 또는 **지위서열**(status hierarchy)을 드러낸다. 어떤 사람들은 다른 사람들보다 더 나은 생활을 한다. 그들은 더 많은 권위와 힘을 갖고, 다른 사람들은 단순히 그들을 좋아하거나 존경한다.

사회 이동

우리는 전 세계적으로 소비자 제품의 구입이라는 측면에서 상향 이동이 있다는 것을 알 수 있다. 사람들은 실제로 어느 정도로 한 계급에서 다른 계급으로 이동하는가? 인도와 같은 나라에서 사회 계급의 이동은 어렵다. 하지만, 미국인들은 "누구나 대통령이 될 수 있다고 말한다"(전임 대통령과 관계가 있다면 기회는 더 많을 것이다). **사회이동**(social mobility)은 개인이 한 계급에서 다른 계급으로의 이동을 의미한다.

수평적 이동(horizontal mobility)은 한 개인이 어떤 위치에서 그것과 비슷한 사회적 위치로 이동하는 것을 의미한다. 예를 들어, 간호사가 초등학교 교사가 되는 것과 같다. 하향 이동(downward mobility)은 누구도 그것을 바라지 않지만, 우리는 그것을 때때로 목격한다. 예를 들어, 농민이나 노동자가 생활보호대상자가 되거나 노숙자로 전락하는 경우이다. 미국에서 노숙자는 연간 평균 2백3십만~3백5십만 명 정도로 추정된다.

이처럼 비관적인 트렌드에도 불구하고 인구통계학적 정보로 볼 때 전체적으로 사회에 상향 이동이 분명히 존재함을 알 수 있다. 중상류층은 하류층에 비해 아이들을 적게(예를 들어, 가구당 자식수가 더 적음) 낳는데(인구통계학자들은 이런 현상을 차별 생식력(differential fertility)이라 함), 종종 가족 사이즈가 보충 수위(replacement level) 이하(단지 한 자녀만 있음)이다. 따라서 상식적인 선에도 봐도 시간이 지남에 따라 하위계급의 사람들이 더 높은 지위를 보충해야만 한다.

미국의 경우, "기회의 땅"이라는 명성에도 불구하고, 사회적 계층 이동이 자유로운가라는 측면에서 보면, 캐나다, 덴마크, 호주, 노르웨이, 핀란드, 스웨덴, 독일, 그리고 스페인 등 다른 선진국들에 비해 계층 상승이 더 어려운 것이 사실이다.

예컨대, 널리 인용된 한 보고서에 따르면, 아버지의 부(富)가 자식의 재산에 미치는

우리 사회에서 부는 상속받는 것보다 노력해서 얻는 것 같다.
출처:The Phoenix Companies, Inc.

영향력이 다른 서구 국가들에 비해 미국에서 훨씬 더 크다.

전체적으로 볼 때, 블루칼라 소비자의 자녀들은 블루칼라이고 화이트칼라 소비자의 자녀들은 화이트칼라이다. 사람들은 그들의 포지션들을 점차로 향상시킨다. 그러나 이런 향상이 갑자기 한 계급에서 다른 계급으로 변화할 정도로 극적이지는 않다. 그 예외가 한 사람이 자신보다 부유한 사람과 결혼하는 것이다. 이런 "신데렐라 환상(Cinderella Fantasy)"은 우리 사회의 흔한 주제 가운데 하나이다. 우리는 그것을 영화(Pretty Woman또는Maid in Manhattan)에서도 보고 인기 TV 쇼(The Bachelor)에서도 본다.

사회 계급의 구성

한 사람의 사회 계급에 대해 생각할 때, 우리는 여러 가지 요소들에 대해 고려한다. 두 가지 주요 요소로는 직업과 수입을 들 수 있다. 그 각각에 대해 살펴보도록 하자.

직업적 명성

하나의 사회 시스템 안에서 우리는 일정 정도 그들이 생활을 위해 무엇을 하는가로 사람들을 규정한다. 이렇듯 직업적 명성(occupational prestige)은 우리가 그들의 "가치"를 평가하는 한 가지 방법이다. 직업적 명성의 서열은 시간이 지남에도 변하지 않고 비교적 일정하게 유지된다. 또한 서로 다른 사회에도 큰 차이는 없다. 연구자들은 브라질, 괌, 일본, 터키 등 다양한 국가들에서 비슷함을 발견했다.

일반적으로 다양한 전문적 또는 상위 비즈니스 직군들(예, 큰 기업의 CEO, 의사, 또는 대학교수)이 직업 서열에서 상위 랭킹을 차지한다. 반면에, 하위 순위에 해당하는 직업은 구두닦기, 막노동꾼, 그리고 쓰레기 수거자 등이다. 한 개인의 직업이 그 개인의 레저 시간 사용, 가족 자산 분배, 미적 선호도, 정치적 성향 등과 강하게 관계되어 있기 때문에 많은 사회과학자들은 직업을 사회 계급을 알 수 있는 최고의 단독 지시자(single indicator)로 여긴다.

수입

부의 분배는 사회과학자들과 마케터들에게 매우 큰 관심사이다. 그 이유는 수입이 가장 큰 구매력을 가진 집단과 시장 잠재력을 가진 집단을 결정하기 때문이다. 부는 결코 사회 계급들에 골고루 분배되지 않는다. 전체 인구의 5분의 1에 해당하는 사람들이 전체 자산의 75%를 관리한다. 이 장에서 살펴본 바와 같이, 수입 그 자체만으로는 사회 계급을 나타내는 최상의 지시자는 아니다. 이것은 지출하는 돈의 총액보다 돈을 쓰는 방식이 우리의 사회 계급을 더 많이 반영하기 때문이다. 하지만 사람들은 여전히 그들의 기호를 나타내기 위해서는 제품과 서비스를 구할 돈이 필요하다. 따라서 수입은 명백하게 여전히 매우 중요한 요소이다.

비록 돈과 계급을 동일하게 보지만, 수입과 사회 계급의 다른 모습들의 명확한 관계는 아직 선명하지 않다. 그리고 사회과학자들은 이 관계에 대해 아직 논쟁 중이다.

이 두 개념은 결코 동의어가 아니다. 이는 왜 많은 부자들이 더 상위의 사회 계급의 소비 방식을 구매하기 위해 노력하는지를 보면 알 수 있다. 한 가지 문제는 한 가족에 한두 사람의 임금 수입자가 더 생긴다고 하더라도 각각의 추가적인 직업이 주요한 임금 수입자의 직업보다 낮은 지위에 있을 가능성이 높다. 더욱이 이 가족 구성원들이 공동의 제품을 구입하기 위해 그들의 수입을 모으지 않는다.

그렇다면, 무엇이 소비자 행동을 예측하는 데 더 나은 변수인가? 이는 판매하는 제품 유형에 달려 있다. 즉, 사람이 제품의 기능적 가치를 위해 구입하는지(제품의 기능) 아니면 그것의 상징적 가치(제품이 타인에게 주는 인상) 때문에 구입하는지가 중요하다.

- 사회계급은 상징적인 측면을 가진 구매에 대해 뛰어난 예측력을 갖고 있지만, 중간 정도 가격의 상품에서는 예측력이 낮다(예, 화장품, 술).
- 수입은 사회적 지위나 상징적인 측면을 갖고 있지 않는 대부분의 지출에 더 뛰어난 예측력을 갖고 있다(예, 대부분의 가구).
- 가격이 비싸고 상징적인 제품의 구매를 예측하기 위해서는 사회 계급과 수입 데이터가 모두 필요하다(예, 자동차나 집).

피라미드의 상위층 공략 : 고소득 소비자

많은 마케터들은 부유하고 수입이 많은 시장들을 공략하려고 한다. 이들은 불황의 어려움 속에도 직장을 유지하고 더 많은 이익을 내는 값비싼 제품을 구매할 수 있는 구매력을 갖고 있기에 이런 소비자들을 목표 고객으로 삼는 것은 너무 당연한 일이다. 그러나 부유층의 모든 소비자들을 하나의 동일한 세부 시장에 위치할 것이라고 가정하는 것은 착오이다. 앞에서 살펴본 바와 같이, 사회 계급에는 절대적인 수입 이상의 요소들이 포함된다. 그것은 삶의 방식이며, 이 요소들에는 그들이 어디서 수입을 얻는지, 어떻게 수

CB AS I SEE IT

George Loewenstein 교수, *Carnegie Mellon Universit*

평균적인 미국인들은 독서나 영화감상보다 복권을 구매하는 데 더 많은 비용을 쓴다. 2003년도에, 복권구입에 들어간 비용은 거의 450억 달러에 달하며, 이는 미국 성인과 아이들까지 포함한 일인당 155달러에 해당하는 금액이다. 무엇보다도 소득이 낮은 계층에서 더욱 불균형적인 복권 구매현상을 보이는데, 한 연구에서 소득 1만 달러 이하의 사람들이 소득 5만 달러 이상인 사람들에 비해 3배 이상의 비용을 복권구입에 사용한다는 것을 보여주기도 하였다.

왜 복권을 즐기는 것이 이렇게 매력적이고, 특히 저소득층의 개인들에게 더욱 매력적인 이유는 무엇일까?

나는 나의 동료 Emily Haisley와 Romel Mostafa와 함께 이 문제에 대해 연구하였다. 우리는 복권의 매력 중 하나가 전형적인 복권은 단지 1달러 수준이라 낮은 소득의 사람들에게도 땅콩을 사먹듯이 쉽게 구매할 수 있는 점을 가설로 세웠다.

우리는 피츠버그의 그레이하운드 정류장으로 가서 버스 승객들에게 그들이 피츠버그에 대한 태도에 관한 설문을 완료해 주면 5달러를 주겠다고 제안했다. 또한 우리는 그들에게 다섯 장의 복권을 구매할 수 있는 기회를 주었다.

한 참여자 집단에는 5달러를 직접 전해주고, 그들이 얼마나 많은 복권을 구매할지 결정하게 했다(0장에서 5장까지) 다른 참여자 집단에는 한 번에 1달러씩 전달해 주면서, 5차례를 순서대로 각각의 순서마다 그들에게 1달러로 복권을 구매하겠는지를 물었다. 후자의 참여자들은 전자의 참여자에 비해 2배 많은 복권의 구매를 보였다. 물론 1달러가 큰 돈은 아니지만, 통계에 따르면 많은 사람들이 매일같이 돈을 지불한다.

이것은 가장 낮은 배당률에도 불구하고 미국에서 가장 인기 있는 형태의 도박인 복권의 매력을 설명하는 데 도움이 된다. 그런데, 이 발견은 왜 낮은 소득층의 개인들이 복권에 더욱 매력을 느끼는지는 설명하지 못하고 있다. 이어지는 2개의 연구에서 우리는 이를 밝히고자 했다.

우리는 가난한 사람들이 부유한 사람들에 비해 복권의 구매가 불균형적인지에 대해, 그 이유를 그것이 적은 비용으로 그들의 경제적 상황을 극적으로 향상시킬 수 있는 유일한 기회라는 점에서 찾았다.

첫 번째 연구에서 우리는 그레이하운드 승객들에게 부유함을 느끼게끔 하기 위해 소득을 조사하면서 설문의 척도가 1만 달러씩 증가해 최고점이 '5만 달러 이상'인 설문을 실시했다. 다른 그룹에게는 가난함을 느끼게끔 하기 위해 그들의 소득을 물어보는 설문의 척도가 5만 달러씩 증가해 최고점이 '1백만 달러 이상'인 설문을 실시하였다. 평균적으로 가난함을 느낀 사람들이 2배의 복권을 구입했다.

두 번째 연구에서 우리는 복권이 저소득층 사람들에게 매력적인 이유가 고소득층에게 유리한 다른 많은 생활 영역과 달리, 저소득층이 고소득층과 동등한 기회를 갖기 때문이라고 추론했다(부자들이 장점을 보이는 생활분야에 대조적으로). 우리는 그 사실을 상기시키기 위해 참여자들에게 '도박'이 포함된 여러 삶의 영역에서 가난한 사람이 더 유리한지, 부자가 더 유리한지, 아무도 유리하지 않은지를 물어보았다. 복권이 모든 사람에게 당첨될 확률이 같다는 것을 인지한 사람들은 다시 한번 더 복권을 샀다.

복권에 대한 슬픈 현실은 1달러 중 50센트만을 돌려준다는 것으로, 최악의 투자 중 하나라는 것이고, 주식시장에 비해서도 수익성이 낮다는 것 - 주식시장이 안 좋은 해에 비해서도 - 이다. 그러나 미국인들의 21%가 - 그리고 소득이 2만5천 달러 이하인 사람들 중 38%가 - 그들의 은퇴 시점에 수천 달러를 모아놓을 수 있는 유일한 방법이 복권이라고 대답했습니다.

복권은, 일수대출, 임대 후 소유(rent-to-own, 리스와 할부판매가 혼합된 판매 기법) 계약, 전당포, 세금 즉시 환급 서비스(instant rebate tax services) 등과 함께 상업/국가 기관이 가난한 사람들의 재정 건전성에 해를 끼치는 여러 방식들 중 하나이다.

입을 얻는지, 얼마나 오랫동안 수입을 유지하는지와 같은 것들이 포함되는데, 이것들은 부유층이 관심사와 지출에 있어서 우선사항을 결정하는 데 큰 영향을 미친다.

부유한 사람들은 매일 파티를 할 것이라는 우리의 선입견에도 불구하고, 한 연구는 다음과 같은 결과를 보여주었다. 백만장자의 평균은 57세의 남자로 자영업을 운영하며, 1년 평균 수입은 131,000달러이고, 이혼 경력이 없고, 자녀들이 있으며, 옷 한 벌에 399달러 이상, 신발 한 켤레에 140달러 이상을 쓰지 않으며, 포드 익스플로어를 운전한다(겸손한 억만장자 투자가 워렌버핏을 생각하면 된다). 흥미롭게도, 많은 부유한 사람들은 그들 스스로 부자라고 생각하지 않는다. 최근 연구자들이 알려주는 부유한 사람들에 대

이 오스트리아 은행처럼 많은 기업들이 상류층 소비자를 적극적으로 공략하고 있다.
출처: Bank Austria Creditanstalt AG. Photo by Gunter Parth.

한 한 가지 경향은 다음과 같다: 부유한 사람들은 명품에도 관심이 많지만 일상 제품을 구매할 때는 1원에도 신경을 쓴다. 예를 들어, 신발은 Neiman Marcus에서 구입하지만, 방향제는 Wal-Mart에서 구입한다.

SBI 비즈니스 인텔리전스 컨설팅은 소비자들을 그들이 갖고 있는 명품에 대한 태도를 바탕으로 다음과 같이 세 그룹으로 구분했다.

1. **명품은 기능적이다**: 이 그룹에 속한 소비자들은 그들의 돈을 오래가고 가치가 계속 유지될 수 있는 물건을 구입하는 데 사용한다. 그들은 구입 전에 제품에 대한 폭넓은 연구를 하며 감정적이고 충동적인 결정보다는 논리적인 결정을 한다.
2. **명품은 보상이다**: 이 소비자들은 첫 번째 그룹에 속하는 소비자들보다 젊고 세 번째 그룹의 소비자들보다는 나이가 들었다. 이 그룹에 속한 사람들은 명품에 대해 다음과 같이 말한다: "내가 이것을 이룬 거야." 성공하고자 하는 욕구와 그들의 성공을 다른 사람들에게 증명해 보이고 싶은 욕구가 이들로 하여금 고가의 자동차나 전용 커뮤니티 안의 주택과 같은 명품을 구입하게 만든다.
3. **명품은 사치이다**: 이 그룹은 앞의 두 그룹에 비해 가장 작고 보다 젊은 소비자들로 구성되어 있으며, 남자의 수가 약간 많다. 이 소비자들에게 명품을 소유하는 목적은 자의적이고 사치적이다. 이 그룹의 소비자들은 자신의 개인성으로 표현

할 수 있다면 그리고 다른 사람들이 알아봐 준다면 명품 구입으로 위해 많은 돈을 지불할 용의가 있다. 이들은 명품에 대해 더 감정적인 접근을 보이며 다른 두 그룹의 사람들에 비해 더 충동 구매의 경향을 보인다.

오랫동안 돈이 있었던 사람들은 재산을 사용하는 방식이 매우 다양하다. 오랫동안 부유한 가족들(예, Rockefellers, DuPonts, Fords)은 대부분 상속된 재산을 바탕으로 생활한다. 한 해설자는 이 그룹을 "숨은 계급"이라 부른다.

1930년대 대공황을 거치면서 부유한 가족들은 자신의 부를 드러내는 것에 매우 조심스럽게 되었다. 많은 부자들은 우리가 현재도 맨해튼에서 볼 수 있는 맨션(현재 Ralph Lauren의 본점이 위치한 개조한 밴더빌트 맨션)에서 나와 버지니아, 코네티컷, 그리고 뉴저지 같은 조용한 은둔 공간으로 이동했다.

이런 사회에서는 사회적인 명성을 획득하는 데는 단순한 부만으로는 충분하지 않다. 당신은 공익사업이나 자선활동에 대한 가족 내력을 입증해야 한다. 이와 같은 공헌을 확실하게 눈에 띄게 한 사람들은 종종 불멸의 존재가 되기도 한다(예, Rockefeller대학, Carnegie 홀, Whitney 박물관). 대대로 부자인 사람들은 부 자체보다는 가계 또는 혈통으로 그들 스스로를 구분짓는다. 더 나아가, 그들은 이러한 지위에 흔들림 없이 확고하다.

많은 소비자들을 그들이 살 스 있는 능력이 있든 없든 명품에 대해 갈망한다.
출처: Harry Winston Jewelers.

즉, 그들은 평생 동안 부자로 교육받는다.

전통적인 갑부에 대비되는 Bill Gates, Steve Jobs, 그리고 Richard Branson과 같은 유능한 억만장자는 오늘날에도 많이 있다. 열심히 일하고 운도 따라 평범한 사람에서 부자가 될 수 있다는 Horatio Alger의 신화는 아직도 우리 사회에서 큰 힘을 갖고 있다. 이것이 Hewlett-Packard의 두 창립자가 처음 함께 일한 실제 주차장을 보여주는 광고가 많은 이들의 심금을 울리는 이유이다.

많은 사람들이 실제로 "자수성가한 백만장자"이지만, 그들은 또한 종종 부유하게 되고 사회적 지위가 바뀐 후에 몇몇 문제(최악의 문제는 아니더라도)에 봉착하게 된다. **벼락부자**(nouveau riche)라는 단어는 최근에 갑자기 부를 얻고 돈을 어떻게 써야 할지 훈련 받지 못한 소비자를 일컫는다.

불행하게도 많은 벼락부자들이 지위에 대한 갈망(status anxiety)을 갖고 있다. 그들은 자신들이 "올바르게" 행동하는지, 옷을 "바르게" 입는지, "올바른" 장소를 바라보는지, 행사 때 음식 조달자는 "바르게" 선택했는지 등에 대해 확신을 얻기 위해 항상 그들을 둘러싼 문화적 환경을 감시한다. 그들의 화려한 소비가 상징적 자기 완성(symbolic self-completion)의 좋은 예가 된다. 그 이유는 그들 스스로가 "올바르게" 행동하는 방식에 대해 자기 확신이 없어 이것과 관련한 부족함을 채우고자 그들이 특정 계급을 대표한다고 믿는 상징들을 드러내 보이려 하기 때문이다. 상하이와 같은 중국의 주요 도시에는 자신이 축적한 최근의 부를 과시하기 위한 방식으로 공공장소에서 파자마를 입고 다니는 사람들도 있기도 하다. 한 소비자가 설명한 대로, "도시에서 소수의 사람들만 이와 같은 옷을 살 수 있다. 농촌에서는 아직도 오래된 작업복을 입은 채로 취침을 취하는 사람들이 있다."

피라미드의 하위층 공략 : 저소득 소비자

최저생계선 이하의 계층에 해당하는 미국인이 약 14%에 달하지만, 대부분의 마케터들이 이 계층을 무시한다. 비록 가난한 사람들이 부자인 사람들에 비해 구매력이 적은건

The Tangled Web

오늘 세계에서 일어난 일 중 상당수가 온라인에서 볼 수 있기 때문에 인터넷에 접속하지 못하는 사람들이야말로 불리한 사람들이다. 소위 정보격차라고 불리는 빈부간의 차이는 여전한 현실이다. Pew Research Center의 연구에 따르면 소득 7만5천 달러 이상의 미국 가정중 87%가 집에서 광대역망을 사용하고 있는 반면에 소득 3만 달러 이하의 가구는 단지 40%만이 광대역망을 이용할 뿐이었다. 소득이 높은 가구의 95%가 어떤 식으로든 가정에서 인터넷을 사용하는 반면, 가난한 가정은 57%만이 이용할 뿐이다. 부유한 사람들이 자신 소유의 핸드폰과, 컴퓨터, 전자책리더기, 그리고 다른 엔터테인먼트 장비를 즐긴다는 것은 놀랍지도 않다.

출처: DESHAKALYAN CHOWDHURY/AFP/Getty Images.

그림 11.1 4A

출처: Anderson and Niels Billou, "Serving the World's Poor: Innovation at the Base of the Economic Pyramid," *Journal of Business Strategy*, 28, 2: 14–21, reprinted in A. T. Kearney, *Serving the Low-Income Consumer: How to Tackle This Mostly Ignored Market*, 2011, http://www.atkearney.com/index.php/Publications/serving-the-low-income-consumer.html.

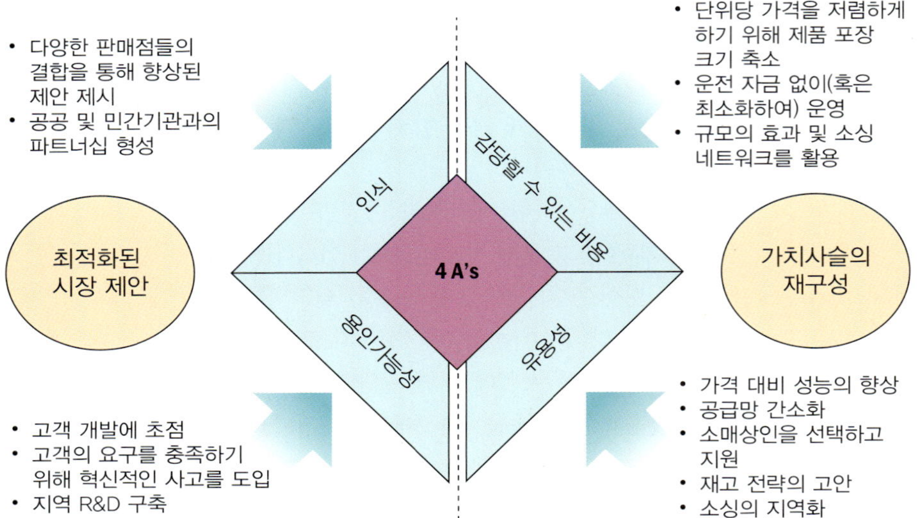

사실이지만, 그들 역시 모든 사람들이 필요로 하는 기본적인 것은 필요로 한다. 저소득층의 가정도 우유와 오렌지쥬스, 그리고 차와 같은 주요상품들의 구매율은 평균적인 소득의 가정과 같은 비율을 보인다. 최저임금 수준의 가정들은 의료비용, 임대비용, 그리고 가정에서 먹는 음식과 같은 소비에 평균 이상으로 많이 사용한다.

그리고 시장의 규모 또한 매우 크다. 전 세계 66억 명의 인구 중, 오직 15억 명에 해당하는 소비자만이 1만 달러 이상의 구매력을 가지고 있다. 그 외의 51억 명에 해당하는 사람들은—전체 인구의 78%에 해당하는—저소득의 소비자들이다. 몇몇 분석가들은 이런 거대한 소비자층을 **피라미드의 하층부**라 언급한다.

많은 회사들이 저소득층의 큰 규모로 인해 그들을 마케팅적인 면에서 다시 바라보고 있다. 이 거대한 시장에 접근하는 몇몇 혁신적인 방법으로 회사의 배분 시스템을 개조하거나 생산품을 단순하고 저가로 만들고 있다. 브라질 네슬레사는 보노 쿠키(가수 U2와는 관련 없음)의 용량을 200g에서 140g으로 줄이고 가격을 낮춰 40%의 판매율 신장을 가져왔다. 유니레버사는 새로운 비누의 브랜드를 Ala로 정해 라틴아메리카 사람들이 쉽게 인식하도록 배려하였다. 멕시코의 경우 CEMEX사라는 시멘트 회사는 건축자재를 구입하는 종량제(pay-as-you-go) 시스템을 도입한 하여 빈곤지역의 주택을 개선하였다. 그림 11.1은 마케터들에게 전 세계의 저소득층의 수요에 대응할 변화의 필요성을 보여주는데 도움이 될 새로운 틀을 보여준다.

세계관

세계관(worldview)은 사회 계급을 구분하는 한 방법이다. 일반적으로 말하면, 노동계급(즉, 중하위 계급)의 세계는 더 친밀하고 제약이 많다. 예를 들어, 노동 계급의 남자들은 지역 스포츠 스타를 더 영웅으로 여기며, 잘 모르는 곳으로의 여행은 덜 가는 것으로 알려져 있다. 새로운 냉장고 또는 TV 구입과 같이 즉각적인 욕구가 구매행동을 좌우한다.

하지만 상위 계급은 대학 학비나 은퇴를 대비한 저축과 같은 보다 더 장기적인 안목에 주목한다. 노동 계급의 경우, 친척이나 동료들의 감정적인 후원에 크게 의존하며,

세계적인 기준보다 지역적인 기준에 자신을 맞추는 경향이 있다. 그들은 보수적이고 가족 지향적인 성향을 보인다. 집의 크기와 상관없이 자신 집의 모습을 꾸미는 것을 우선시한다.

사회 계급과 그것이 소비자들이 느끼는 자율권(empowerment)과의 관계에 관한 최근의 한 연구는 하위 계급 남자들이 자신이 결과에 많은 영향을 미치지 못한다고 느낀다는 사실을 발표했다. 이 연구에서 응답자들은 연구자가 잠재적 배우(potent actor)(그들이 세상에 영향을 미칠 것이라고 믿는 사람들)라고 칭해지는 사람들부터 무력한 배우(impotent actor)(그들의 경제적 상황에 복종해야 한다는 사람들)라고 불리는 사람들까지 다양했다. 이 성향은 소비 행위에 영향을 미친다. 예를 들어, 이 연구에 참여한 전문가들은 재무적인 기회와 성장에 대해 본인 스스로를 잠재적 배우로 여긴다. 그들은 자신의 예산을 전략적으로 계획하고 투자하는 데 보다 더 큰 관점을 갖고 있다.

노동 계급의 소비자들은 물질적인 제품에 대해 더 많이 소유하고 싶어하지만, 상위 계급 사람들에게 필요 이상의 질투의 감정을 갖고 있지는 않다. 그들은 상위 계급의 라이프스타일을 유지하는 노력에 그다지 큰 가치를 두지 않는다. 한 블루 칼라 소비자는 다음과 같이 말한다. "상위 계급 사람들에게 인생은 정말 정신 없는 것이네요. 그 사회에 파산과 알콜 중독이 더 많네요. 그 지위를 유지하고, 그런 옷을 입고 파티에 참여해야 하고, 참 쉽지 않은 일 같아요. 저는 그런 위치에서 살고 싶지 않아요."

이 사람의 의견은 아마도 맞을 것이다. 좋은 물건들이 부유한 사람들 사이에서 손에서 손으로 전달되는 것처럼 보이더라도, 그 상황이 명확하게 그려지지는 않는다. 사회학자 Émile Durkheim은 부유층의 자살률이 훨씬 높다는 사실에 주목했다. 그는 1897년에 '가장 안락한 전문가들이 가장 고통 받는다'라고 썼다. Durkheim의 지혜는 오늘날에 유효하다. 많은 부유한 소비자들은 많은 부에도 불구하고 그 부 때문에 불행하게 여기고 스트레스를 받는다. 이 상태는 **부자병**(affluenza)으로 불려진다.

세계시민주의(cosmopolitanism)는 소비자 행동 연구자들에게 중요한 연구주제로 받아들여지고 있는 세계관의 양상으로, 이들에 따르면 세계시민주의자들은 세상에 대해 개방적이고 다양한 경험을 얻으려고 노력하는 사람들로 정의된다(인기 있는 칵테일과 혼돈하지 말 것). 이런 특징은 과거에는 부유층에 연결된 특징이었지만 지금은 미디어 및 인터넷 덕분에 상품의 문화적 다양성 측면의 관심을 표출하기 위해 반드시 부자일 필요는 없다. 세계시민주의자들은 세계적 (혹은 국제적, 지구적) 이미지를 가진 브랜드에 잘 반응한다. 그들은 가전제품 구매를 중시하고, 이메일, 웹서핑, DVD 구매 같은 전자매체를 더 많이 이용하는 경향이 있다.

- 이러한 고객들의 특성을 파악하기 위한 척도로 다음과 같은 것들이 있다.
- 나는 다른 문화 및 다른 국가 출신자들과 생각을 나누는 것을 좋아한다.
- 나는 다른 나라에 사는 사람들에 대해 더 많이 알고 싶다.
- 나는 다른 문화권에서 온 사람들로부터 자극을 받는 편이라고 생각한다.

미국의 계급구조

이론적으로 미국에는 견고하거나 객관적으로 규정된 계급 시스템은 없다. 그럼에도 불구하고, 미국인들은 수입 분포에 따라 안정적인 계급 구조를 유지한다. 미국이 다른 나

Marketing Pitfall

지난 몇 년간 One Percenter라 불려진 것이 국가 어휘에 수록되었다. 시위대가 미국 전역의 도시에서 야영을 하며 '월스트리트를 점령하라'는 운동에서 시작된, 미국 내 소득 상위 1%에 해당하는 사람들에게 집중하는 현상이다. 2012년 대선 캠페인은 적지 않은 사람들이 분노하는, 가진 사람들과 그렇지 못한 사람들 간의 소득의 격차가 커져가는 것에 초점이 맞춰졌었다. 2010년 납세자의 상위 1%가 평균적으로 1,120,000달러를 벌었다.

라들과 다른 점은 사회 체계에서 그룹들의 위치가 시대에 따라 달라진다는 것이다. W. Lloyd Warner라는 사회학자는 1941년에 가장 영향력 있는 미국 계급 체계에 대한 범주를 제안했다. 여기서 Warner는 6개 사회 계급을 각각 규정한다.

1. 상상위 계급(upper upper)
2. 하상위 계급(lower upper)
3. 상중간 계급(upper middle)
4. 하중간 계급(lower middle)
5. 상하위 계급(upper lower)
6. 하하위 계급(lower lower)

이같은 분류는 다음과 같은 사실을 암시한다. 즉, 사람들이 사회 계급에서 하하위에서 상상위로 올라갈수록, 돈, 교육, 사치품과 같은 자원의 접근이 증가한다. 예를 들면, 미국에서 상위 20%에 해당하는 부유한 사람들이 전체 미국의 절반에 해당하는 수입을 올린다. 반면에, 하위 20%의 빈곤한 사람들이 올린 수입은 전체 3%에 불과하다. 하지만 이 숫자들이 전체 이야기를 다 해주지는 못한다. 그 이유는 몇몇 빈곤한 가정들은 세금이 부과되지 않는 수입이 있거나 어떤 사람들은 이직 기간에 놓여 있어 현재 낮은 수입은 일시적이기 때문이다. 만약 당신이 다른 요인들로 수입을 조정하거나 개인 기준으로 된 데이터를 보면(최고 부유층의 경우 한 가정에 평균 3.1명이 살고 있지만, 극빈층의 경우 단지 1.7명만이 살고 있다), 최고 부유층은 극빈층에 비해 4배 정도 더 많이 소비하는 것을 알 수 있다.

다른 사회과학자들이 시간이 흐름에 따라 다소 변형된 계급 체계를 제안했지만, 앞의 6개 레벨은 미국 사람들이 계급에 대해 인식하는 방식을 잘 요약한다. 물론 시간의 변화에 따라 각각의 범주에 포함되는 소비자들의 비율은 변동한다. 그림 11.2은 미국의 사회적 지위에 대한 하나의 견해에 대해 보여준다.

지구촌 계급 구조

모든 사회는 일종의 서열적인 계급 구조를 갖고 있다. 이 계급 구조는 사람의 제품과 서비스에 대한 접근을 결정한다. 몇 가지 중요한 것들을 간단하게 살펴보자.

China

중국의 경제적인 붐은 1억 3천만 명 이상의 중간 계급을 급속하게 형성하고 있다. 그리고 분석가들은 10년 안에 4억 명 이상이 될 것으로 예상하고 있다. 문화혁명 시기 동안 마오쩌둥의 홍위병은 호주머니 시계 또는 실크 스카프와 같은 작은 것들까지 "부르주아적 계급 의식"의 증거라고 하여 모두 빼앗아 갔다. 마오쩌둥의 후계자 덩샤오핑은 "부자가 되는 것은 명예로운 것이다"라는 구호를 외쳤고, 이것이 빠르게 신 중국의 신조가 된 후 1990년 초반 중국에 많은 변화가 한꺼번에 밀려왔다.

비용이 저렴하기 때문에 미국 빈곤 구분선보다 낮은 약 14,000달러의 연간 수입의 가족은 유행에 따르는 옷, 중국제 컬러 TV, DVD 플레이어 및 휴대폰과 같은 중산층의 풍요로움을 즐길 수 있다. 부유한 중국 사업가는 한 개에 25달러에 판매하는 쿠바산 시

출처: Kevork Djansezian/Getty Images.

수입

상위 계급 미국인

상상위(0.3%): 상속받은 부의 "자본 S 사회" 세계
하상위(1.2%): 현재 전문가 집단에서 나온 신 사회 엘리트
상중간(12.5%): 대다수의 대졸 매니저와 전문가 집단: 라이프스타일에서 개인 클럽, 주의, 그리고 예술이 중심이 된다.

중간 계급 미국인

중간 계급(32%): 화이트 칼라로 평균적인 임금 노동자 그리고 그들의 블루 칼라 동료; "도시에서 좋은 지역에 거주한다", "올바른 일을 하려 노력한다."
노동 계급(38%): 블루 칼라로 평균적인 임금 노동자; 수입, 학교, 배경, 그리고 직업이 무엇이든 "노동 계급의 라이프스타일"을 주도한다.

하위 계급 미국인

"하위 계급이나 최하위는 아닌 그룹"(9%): 생활 보조금을 받지 않는 노동 계급으로 삶의 수준이 빈곤층을 겨우 면한 수준이다; 행동이 거칠고 경박하다고 여겨진다.
"최하-하위 계급"(7%): 생활 보조금으로 생활을 하며, 가난에 찌들어 보이며, 실업이거나 가장 고된 일에 종사한다; "부랑자", "상습범"

그림 11.2 미국 계급 구조에 대한 동시대적 시각

가에 빠져 있는데 25달러는 중국 노동자 한 달 평균임금의 4분의 1에 해당한다. 혼잡한 상하이에서는 신조어인 "여피족"이 자신의 자녀들에게 골프 수업을 시키고, 마세라티(Maserati)나 페라리(Ferrari) 쇼룸을 방문하고, 루이비통(Lois Vuitton), 휴고 보스(Hugo Boss), 또는 프라다(Prada)와 같은 명품을 구입하고, 에비안(Evian) 스파에서 몸을 풀기 전에 하겐다즈(Hägen-Dazs) 아이스크림을 먹는다.

얼마 전 설문에서 Nike는 중국 소비자들에게 가장 쿨한 브랜드로 조사되었다. 이런 Nike는 중국 중산층의 성장으로 많은 이익을 보고 있다. Nike 신발은 성공의 상징이며 중국에서 하루 평균 1.5개씩 새로운 매장이 생기고 있다. Nike사는 이런 명성을 얻기 위해 오랜 기간 동안 노력했는데, 중국의 일류 스포츠 선수들에게 스포츠용품을 공급해주고 중국 프로 농구리그의 모든 팀을 스폰서하는 것부터 시작했다. 패션 아이콘이 되

중국 중산층 여성들은 야외 육체노동으로부터 자유로운 삶을 살고 있다는 것을 보이기 위해 하얀 피부를 원한다. "좋은 피부가 다른 수천 가지 단점을 감춘다."는 속담에서 보여지듯, 많은 사람들이 해변에서 즐기고 시간을 보낼 때 여성들은 그들의 피부를 지키기 위한 노력에 더 공을 들인다. 몇몇은 정교한 얼굴 마스크를 쓴다던가 혹은 "태양 보호 장갑"을 사용한다.
출처: Sim Chi Yin/VII Mentor

는 것(그리고 소비자들에게 가격이 두 달치 노동자 평균 임금에 맞먹는 신발을 사는 것을 설득하는 것)은 스포츠에 그다지 열광하지 않는 중국에서는 결코 쉬운 일은 아니다. 그래서 Nike는 NBA(중국 TV에서 경기가 중계되기 시작함)와의 제휴를 통해 마이클 조던과 같은 선수들을 중국에 초청했다. 느리지만 확실한 효과가 있었다. 지금은 중국에서 운동화를 "나이케(Nai-ke)"라고 부르게까지 되었다.

일본

일본은 사회적 지위에 대한 의식 정도가 매우 높은 사회이다. 일본에서는 격조 높은 디자이너 브랜드에 대한 인기가 상상을 초월할 정도로 매우 높다. 일본인의 명품 브랜드에 대한 사랑은 1970년대부터 시작되었다. 이 시기 지역 경제가 크게 활성화되면서 많은 일본인들이 처음으로 서양 명품을 살 수 있었다. 어떤 분석가들은 일본의 긴 경제 슬럼프가 소량의 명품이라도 과시하고 싶은 심리적 필요성을 더 크게 만들었다고 이야기한다. 즉, 명품이 부의 환상을 제공하고 미래에 대한 걱정을 잊게 해줄 수 있기 때문이다. 독신이면서 일하는 여자들이 일본의 명품 소비를 활성화시키는 데 가장 큰 몫을 하고 있다. 일본에서 25세부터 29세까지 여성의 3/4은 외부에서 경제 활동을 하고 있다. 우리가 10장에서 살펴본 대로, 이런 "오피스 레이디들"은 부모와 함께하면서 돈을 절약할 수 있기 때문에 옷, 액세서리, 휴가에 필요한 돈을 지불할 현금 능력이 있다.

중동

일본인들과 대조적으로, 아랍에서는 거의 여성들이 집 밖에서 일을 하지 않는다. 따라서 대다수의 여성들에게는 최신 서구 명품 브랜드들에 관심을 갖고 알아보는 것이 주요한 레저 활동이다. 이곳에서는 드레싱 룸이 매우 크고 작은 대기실들과 함께 있다. 그 이유는 쇼핑에 종종 함께 오는 친구나 가족 구성원들의 편의를 돕기 위해서이다. 서구 명품 브랜드의 확장은 중동 지역에서 현재 진행중이다. 중동이 어떤 패션산업에는 최고의 고객이다. Saks Fifth Avenue나 Giorgio Armani는 이렇게 성장하는 시장에 만족시키기 위해 비싼 물건이 가득한 상점들을 운영한다. 하지만 이런 패션 소매점들은 문화적이고 종교적인 요소들을 반드시 고려해야 한다. Missoni는 긴 바지와 셔츠 그리고 머리와 맨 어깨를 덮을 수 있는 가벼운 숄이 있는 이브닝 가운을 제품 컬렉션에 꼭 포함시킨다. 광고와 디스플레이 옵션도 더 제한적이다. 에로틱 이미지는 잘 허용되지 않는다. 엄격한 종교적인 문화를 갖고 있는 사우디는 마네킹을 성별이나 인간 모습을 드러나게 만들 수 없다. Saks의 리야드 매장에서는 모델은 머리와 손가락이 없다. 이층으로 된 매장의 절반은 남성들에게는 출입금지 구역이다.

영국

영국은 매우 계급 의식이 강한 나라이다. 적어도 최근까지 상속된 지위나 가족 배경이 대체로 소비 패턴들을 미리 결정한다. 상층 계급 사람들은 주로 이튼(Eton)이나 옥스퍼드(Oxford)와 같은 학교에서 교육받는다. 그리고 그들은 영화 마이 페어 레이디(My Fair Lady)의 Henry Higgins와 같은 말투로 이야기한다. 우리는 여전히 이와 같은 완고한 계급 구조의 흔적을 찾아볼 수 있다. "Hoorary Henrys(부유한 젊은 남자들)"는 윈저(Windsor)에서 폴로 경기를 하며, 상속 귀족들이 여전히 상원을 지배하고 있다.

하지만 Virgin 왕국의 Richard Branson과 같은 영국사업가가 영국 경제를 재규정하는 것처럼, 전통적으로 귀속사회인 영국에서는 상속받은 부의 우월성은 점점 약해지고 있다. 특히, 영국은 미국에서와 같은 불황의 여파가 커서, 검소함에 대한 강조가 새롭게 일어나 사람들의 우선순위를 바꾸었다. 이와 더불어, 의회가 정부의 대규모 초과지출을 허용한 것이 알려진 후, 국민들의 대중영합주의에 대한 격노는 증가하였다. 여러 가지 예산낭비 사례 가운데 하나의 예를 들자면, 영국 납세자들은 성곽 주위를 둘러싼 못(해자)을 청소하는 도시경찰 한 명을 위해 2천 파운드에 해당하는 비용을 부담했다.

최근에 BBC에서 실시한 영국 계급 조사에서 161,000명 이상의 사람들에게 자신이 어떤 사회 계급에 속해 있는지 물었다. 그 연구의 결과에 따르면 오늘날 영국에서 뚜렷하게 구분되는 계급이 3단계에서 7단계로 늘어났다. 이 범위는 돈과 사회적 연계, 그리

2011년 윌리엄 왕자와 캐서린 미들턴의 왕실 결혼식 동안 영국은 실질적으로 정지상태에 가까웠다.
출처: waynehowes/Shutterstock.

출처: Public domain.

Marketing Opportunity

지금은 Unilever와 Groupe Danone과 같은 거대 마케터들은 영국에서 차브(chavs)라고 부르는 하위 계급에 초점을 맞추고 있다. 이 차브는 젊은 하위 계급에 속하는 남성과 여성들을 의미한다. 이 사람들은 조잡한 브랜드와 유명 브랜드를 섞어서 사용한다. 예를 들어, 운동복에 버버리(Burberry)를 입는 것과 같은 것이다. 이와 같은 스타일의 아이콘은 축구스타 David Beckham과 그의 아내 Posh Spice로 알려진 Victoria이다. 추정하건대, 이들이 좀 촌스럽긴 하지만, 마케터들은 차브 그룹을 좋아한다. 그 이유는 그들이 음식, 패션, 그리고 최신 유행에 많은 가처분소득을 사용하기 때문이다. 프랑스 회사인 Danone은 영국인들이 백년 넘게 베이컨 샌드위치와 튀김에 발라 먹는 소스인 HP 소스를 만드는 기업이다. 이 기업은 차브 문화에 어울리는 시리즈 광고를 개시했다. 한 광고는 웨딩 부페에서 소스를 놓고 벌이는 다툼이 묘사되어 있다. 다른 광고는 몸매가 좋은 축구선수의 부인이 파티에서 심술궂게 다른 사람들과 어울리는 모습이 포함되어 있다. Danone은 리버풀 거리에서 "차브스러운(chavvy)"사람들이 그들 광고의 스타라는 것을 깨달았다.

고 상류층 문화 취향을 가진 최상층 엘리트부터 매우 궁핍한 자원으로 하루하루 살아가는 최하층의 불안정계급(불안정한 무산계급)에까지 이른다. 신중간층에는 돈은 많지만 사회적 연계와 문화적 활동이 부족한 "기술 중간계급"과 돈은 많지 않지만 사회적 연결과 문화적 관심이 풍부한 "신흥 서비스 노동자"들이 포함된다. 모든 영국인들이 새로운 분류에 대해 동의하는 것은 아니다. 누군가 한 신문에서 다음과 같이 표현했다. "오직 두 계층만이 있을 뿐이다. 문신을 한 사람들과 그렇지 않은 사람들".

인도

세계적인 불황에도 불구하고 인도 경제는 호황이다. 인도 인구의 절반은 하루에 1달러 25센트 미만의 돈으로 살아가지만, 부유한 소비자들은 고급 브랜드들을 구매한다. Gucci, Jimmy Choo, Hermes과 같은 브랜드들이 경비원이 가난한 사람들의 출입을 통제하는 초호화 쇼핑몰과 고급 호텔 등에 재빠르게 입점하고 있다.

최근에 일어난 변화는 인도사회의 엄청난 변화를 설명해 주고 있다. 보그 인디아(Vogue India)는 가난한 사람들을 명품으로 치장한 사진들을 16페이지를 할애하여 보도했다. 이가 없는 나이 든 여성이 펜디(Fendi) 턱받침을 두른 아이를 안고 있는 사진, 오토바이를 타고 있는 한 여성과 다른 두 사람, 그 여성은 1만 달러 이상의 에르메스 가방을 메고 있는 사진, 그리고 버버리(Burberry) 우산을 쥐고 있는 거리의 거지 사진. 한 칼럼니스트는 이 기사의 조잡함이 아니라 불쾌한 감정을 불러일으킨다는 것에 대해 비난했다. 이 잡지의 편집장은 이 비난에 대해 간단하게 다음과 같이 코멘트했다. "패션은 더 이상 부자들만의 특권이 아니다. 누구라도 멋지게 치장할 수 있고 아름답게 보일 수 있다."

볼리우드(Bollywood)의 최고 스타 중의 한 사람인 Shahrukh Khan은 수천 달러를 호가하는 태그 호이어(Tag Heuer) 시계의 "브랜드 전도사"이다. 그는 인도판 "누가 백만장자가 되고 싶은가?(Who Wants to be a Millionaire?)"라는 TV 프로그램에서 이 시계들을 상품으로 나누어 주었다. 이런 분위기는 꽤 최근에 형성되었다. 인도는 영국에서 독립한 후 수십 년 동안 전통적이고 사회주의적인 경제 체계를 갖고 있었다. 한때는 손도 대어서는 안 되는 천민으로 여겨졌던 계층은 브라만 계층이 역사적으로 사회적 계층의 최상위층을 점유하는 동안 밑바닥의 강요된 하인의 일들을 해왔다.

2015년의 분석에 의하면 인도의 중산층은 2억 6천 7백만 명 이상으로 보여지고 있고, 이는 단 5년 동안 약 67%가 성장한 수치이다. 비록 현재는 인도 인구의 15%에 미치지 못하는 수치이지만, 그들 역시 인도 내의 1/2에 해당하는 자동차와 컴퓨터, 에어컨을 소유하고 있다.

오늘날 젊은 소비자들은 MTV를 보고, 인터네셔널 패션 잡지를 읽는다. 그들은 인도의 급속한 성장에 강한 영향을 미치고 있고, 특히나 인도의 인구는 상대적으로 젊어 25세 미만의 인구가 54%에 이른다.

어떻게 사회 계급을 측정할 것인가?

사회 계급은 여러 변수들에 의존하는 복잡한 개념이기 때문에 사회과학자들이 그것을 측정하는 데 어려움이 있다는 사실이 그렇게 놀랄 만한 일은 아니다. 초기 측정도구로는 1940년대의 사회 지위 특성 지수(Index of Status Characteristics)와 1950년대의 사회 위치 지수(Index of Social Position)를 들 수 있다.

이 지수들은 사람들의 계급을 분류하기 위해 개별 특성들의 다양한 조합들(예, 수입이나 주거 형태)을 사용한다. 이 복합물의 정확도는 연구자들 사이에 여전히 논란거리이다. 한 연구는 시장 세분화를 위해서는 복합 측정 도구들과 함께 교육 수준과 수입 측정 방식이 효과적이라고 주장한다. 그림 11.3은 자주 사용되었던 측정 도구에 대해 보여준다.

미국 소비자들은 일반적으로 자신을 노동 계급(하위에서 중간 정도)이나 중간 계급으로 분류하는 데 큰 불만이 없다. 이런 계급 범주가 존재한다는 생각을 인정하지 않는 사람들의 수는 적다. 소비자들 가운데 자신을 노동 계급으로 분류하는 사람들의 비율은 1960년대까지 상승했다. 그러나 그 이후로 이 추세는 감소하고 있다. 상대적으로 명성이 높은 직업을 갖고 있는 블루칼라라도 여전히 자신을 노동계급으로 여기는데, 이들의 수입은 많은 화이트칼라의 수입과 비슷하다. 이런 사실은"노동계급" 또는 "중간 계급"이라는 구분 자체가 매우 주관적이라는 의견을 강화시킨다. 이런 계급의 의미는 자신이 처해 있는 경제적 행복에 관해 말하는 것만큼 적어도 자신의 자아 정체성에 대해서도 말한다.

시장조사자들은 아마도 사람들을 의미 있는 방식으로 서로 다른 계급으로 구분할 수 있다고 주장하는 선두 주자 가운데 하나일 것이다. 몇몇 계급 구분법들은 아직도 존재하지만 바뀐 것들도 있다. 불행하게도 많은 계급 측정 도구들이 구식이 되어 오늘날에는 더 이상 유효하지 않다.

이 측정 도구들이 더 이상 사용할 수 없게 된 이유 가운데 하나는 대부분의 측정 도구들이 전통적인 핵가족에 의존해 만들어졌기 때문이다. 즉, 이런 가족은 중년 남성 수

그림 11.3 수량화된 지위 지표의 예

인터뷰어들은 자신들이 판단하기에 응답자들 및 그 가족들에 가장 어울리는 번호에 체크한다. 인터뷰어들은 직업에 관한 세부 사항을 묻고 등급을 매긴다. 인터뷰어들은 응답자들에게 그들의 이웃에 관해 묘사하도록 요청한다. 인터뷰어들은 응답자들에게 8개 소득 구간으로 구분되는 카드를 보여주면서 소득을 밝히도록 요청하고 그 응답을 기록한다. 이 응답이 과장되었거나 축소되었다고 느껴지면 "더 우수한 추정치(better judgment estimates)"를 그 근거와 함께 기록해야 한다.

학력:

	응답자	배우자
중등학교 (8학년 이하)	-1	-1
고등학교 (9~11학년)	-2	-2
고졸 (12학년)	-3	-3
고교후 과정 (상업, 간호, 기술학교, 1년제 대학)	-4	-4
2년제 및 3년제 대학 — Associate of Arts 학위	-5	-5
4년제 대학 졸업	-7	-7
석사 학위 혹은 5년제 전문 과정 졸업	-8	-8
박사학위 또는 7년제 전문 과정 졸업	-9	-9

응답자 연령 ____　　배우자 연령 ____

가장의 직업 지위: 가장이 직업 지위를 어떻게 평가하는지에 대한 인터뷰어의 판단
(응답자의 설명 – 만일 은퇴했다면 전 직업을, 응답자가 사별한 경우 남편의 직업을 물을 것)

만성 실업 상태 – 날품팔이 노동, 미숙련 노동, 사회복지제도에 의존	-0
지속적 고용 상태, 단 미숙련 직업: 수위, 최저임금의 공장 보조, 서비스 노동자(주유소 직원) 등	-1
평균 숙련 조립라인 노동자, 버스/트럭 기사, 경찰, 소방관 택배기사, 목수, 벽돌공	-2
숙련 기능공 및 전기기술자, 소규모 독립사업자, 공장 주임, 저임금 판매원, 사무노동자, 집배원	-3
소기업주(직원 수 2–4명), 평균 임금 수준의 기술자, 영업사원, 사무 노동자, 공무원	-4
중간 관리자, 교사, 사회복지사, 하급 전문가	-5
하급 기업 임원, 중규모기업주(직원수 10–20명), 중견급 전문가(치과의사, 공학자 등)	-7
최고위 기업 임원, 고소득 전문가(일류 의사 및 변호사), 부유한 기업주	-9

거주지역: 지역사회의 평판이라는 관점에서 주변 이웃들에 대한 인터뷰어의 인상

슬럼지역: 구호에 의존하는 사람들, 아르바이트 노동자	-1
노동계급 지역: 슬럼은 아니지만 극빈 지역	-2
일부 사무직들이 포함된 블루칼라 지역	-3
일부 고소득 블루칼라들이 포함된 화이트칼라 지역	-4
고급 화이트칼라 지역: 임원급들은 많지 않지만, 블루칼라들 또한 드문 지역	-5
최고급 지역: 전문가 및 고소득 관리자	-7
부촌	-9

총점 ______

연간 가구 총소득:

이하 $5,000	-1	$20,000 to $24,999	-5
$5,000 to $9,999	-2	$25,000 to $34,999	-6
$10,000 to $14,999	-3	$35,000 to $49,999	-7
$15,000 to $19,999	-4	$50,000 이상	-8

추정지위 ________

(인터뷰어의 추정치: ________________ 와 설명 ________________________________)
응답자의 결혼 상태: 결혼 ____ 이혼/별거 ____ 사별 ____ 독신 ____ (코드: ____)

입자와 전업주부로 구성된다. 이에 근거해 만들어진 측정도구들은 맞벌이 가족, 젊은 독신, 또는 여성가장 가족들의 계급을 설명하는 데 한계가 있다. 실제로 이런 가족의 형태는 오늘날 서구 사회에서 일반적이다.

사회 계급 측정의 또 다른 문제점은 우리 사회에서 높아진 익명성이다. 초기 연구들은 평판적 방법(reputational method)에 의존했다. 즉, 연구자들은 한 지역 내에서 개인들의 명성과 배경을 결정하기 위해 광범위한 인터뷰를 실시했다. 연구자들이 이 정보를 사용하여 사람들 사이의 상호작용 패턴을 추적하면, 한 커뮤니티 안에서의 사회적 위치에 대한 매우 광범위한 의견을 도출해 낼 수 있었다. 하지만, 오늘날 대부분의 사회에서 이런 연구 방식을 실행하기는 불가능하다. 한 가지 타협점은 인터뷰를 통해 개인들의 인구통계학적 데이터를 수집하고, 이 정보에 각 면담 대상자들의 소유물과 생활 수준을 면접관의 주관적인 인상과 결합시키는 것이다.

예로서, 그림 11.3의 측정 항목을 보라. 면접관의 판단(특히, 응답자 이웃에 대한 수준)이 설문지의 정확성을 크게 좌우한다는 사실을 언급해 둔다. 면접관의 개인적인 상황이 자신의 비교 기준에 영향을 미칠 수 있기 때문에 면접관이 갖는 주관적인 인상들이 왜곡될 소지가 있다. 게다가 이 측정 도구들은 매우 주관적인 용어들을 사용한다. 예를 들어, "슬럼가풍의" 또는 "우수한" 등의 용어는 객관적인 용어로 보기 힘들다. 이 문제들은 면접관의 훈련과 동일한 지역을 평가하는 데 복수의 평가자들을 고용하여 교차 검증(cross-validate)의 필요성을 강조한다.

한 집단의 사람들을 한 사회 계급으로 규정할 때 발생할 수 있는 또 다른 문제점은 그들이 사회적 지위를 규정하는 데 관련된 모든 요소들에서 동일하지 않다는 것이다. 어떤 사람이 사회적으로 하위 지위에 위치하는 소수민족 출신이라도 상위 지위의 직업을 가질 수 있다. 반면에, 또 다른 사람은 고급스러운 동네에 거주하지만 고등학교도 졸업하지 못했을 수 있다. 사회과학자들은 지위명백화(status crystallization)라는 개념을 사용하여 개인과 사회 행위의 불일치에 따른 효과를 평가한다.

이 견해의 배경은 다음과 같다. 즉, 이 "불균형적"인 개인 인생의 각각의 단면에서 오는 보상은 쉽게 변하고 예측 불가능하기 때문에 정신적 스트레스가 발생한다. 이렇게 부조화를 보이는 사람들은 자기 정체성이 보다 확고하게 뿌리내린 사람들보다 사회 변화에 더 수용적인 입장을 취한다.

한 사람의 사회 계급이 그 사람이 이행할 수 없는 기대를 만들어낸다면 문제가 발생한다. 어떤 사람들은 그들의 사회 계급에서 예상된 것보다 더 많은 수입을 올리는 불행하지 않은 경험을 하기도 한다. 이것은 그들이 보다 더 특권을 갖고 있다는 것을 의미한다. 즉, 한 계급의 중간값보다 25~30% 이상의 수입으로 규정되는 사람들이다.

반면에, 보다 덜 특권적인 소비자들도 있다. 이들은 중간값보다 적어도 15% 적게 번다. 이들은 어떤 사회적 지위를 자치한다는 인상을 유지하기 위해 수입의 상당 부분을 할당한다. 예를 들어, 어떤 사람들은 "하우스푸어(house-poor)"에 대해 이야기한다. 이들은 화려한 집을 위해 자신의 수준보다 더 많은 돈을 지불하여 집을 가꿀 돈을 지불할 수 없는 사람들이다. 오늘날, 많은 집주인들은 불행히도 이런 위치에 처해 있다.

2012년 미국의 은행들은 70만 가정에 담보권을 행사했다(이는 전년도의 80만 가구에 담보권을 행사했던 것에 비해 줄어든 수치이다).

우리는 전통적으로 남편이 한 가족의 사회적 지위를 규정한다고 가정한다. 반면에, 아내는 그 안에서 생활한다. 여자는 남자를 통해 사회적 지위를 획득한다. 연구에 따르면, 신체적으로 매력적인 여자들이 매력적인 남자들에 비해 "결혼(hierogamy)"을 통해 자신의 사회적 지위를 향상시킨다는 사실이 증명되었다. 여성들은 역사적으로 허용된 자산 중 하나인 성적 매력의 자원을 남자들의 경제적인 자원과 교환한다.

우리는 오늘날의 세상에서 이와 같은 가정의 정확성에 강한 의문을 제기해야만 한다. 많은 여성들은 가족의 웰빙에 동등하게 공헌하고 있으며, 그들의 배우자에 필적하거나 더 높은 지위에서 일한다. 일하는 여성들은 그들 자신의 지위를 예측할 때 자기 자신과 남편의 지위를 평균 내는 경향이 있다. 그럼에도 불구하고, "결혼 시장"에 있는 한 사람이 상대방을 평가할 때 유망한 배우자의 사회적 지위는 종종 중요한 "제품 속성"으로 여겨진다.

목표 3

소비자 자신이 처해 있는 사회 계급 또는 선망하는 사회 계급에 대해 표현하고 싶어하는 욕구가 어떤 제품을 선호하고 선호하지 않는 것에 어떻게 영향을 미치는가?

지위 상징과 사회적 자본

최근 들어, 어떤 브랜드와 소매점들과 특정 계급을 분명히 연결시키기는 점점 어려워지고 있다. 그리고 시장의 변화들로 인해 개인이 구매하는 제품들만 보고 그 개인을 계급에 정확하게 위치짓기가 매우 어려워졌다. 그것은 최근 들어 값이 적당한 "명품들(affordable luxuries)"이 많아지면서 과거에는 그것들을 소유하지 못했던 사람들의 손에 미칠 수 있게 되었기 때문이다. 여대생들이 루이비통(Louis Vuitton)이나 코치(Coach)에서 나오는 비싼 가방을 구입하면서도 저녁으로는 값싼 라면을 먹는다는 사실을 생각해 보라. 문제를 더 혼란스럽게 만드는 것은 부유한 사람들도 Costco에서 와인을 사며 타겟(Target)과 같은 할인점에서 목욕타월을 구매한다는 것이다. 그리고 오늘날의 경제에서는 거지나 마찬가지인 것에 대해서도 매우 흡족해 한다. 명품 브랜드들은 더 많은 소비자들을 매혹시키기 위해 가격을 대폭 내렸다. 또한 대중 시장의 브랜드들이 상위 브랜드로 올라섰다. 예를 들어, Disney의 새로운 Disney 의류 제품은 "팅커벨(Tinker Bell)에게서 영감을 얻은" 캐시미어 스웨터, Walt Disney의 이전 사무실에 있던 아르데코(Art Deco) 장식이 있는 값비싼 상들리에, 그리고 1,400달러짜리의 Dolce & Gabbana에서 제작된 스팽글로 장식된 미키마우스 티셔츠를 판매한다.

전 세계적인 수입 분배(income distribution)의 엄청난 변화는 이 변화의 원인이라 할 수 있다. 전통적으로 보면, 부자와 빈곤한 사람들 사이에는 수입의 관점에서 거대한 차이가 있었다. 즉, 한 개인은 부자거나 가난하거나 둘 중의 하나였다. 오늘날 한국이나 중국과 같은 여러 개발도상국에서 개인 수입은 상승했다. 이 수입 상승은 소비자 제품과 서비스의 품질 대비 가격이 낮아지는 현상을 가져왔고 세상을 좀 더 공평하게 만드는 효과를 가져왔다. 최근에 경기 불경기를 제외하고, 전 세계적으로 더 많은 사람들이 글로벌 경제에 참여한다. 최근에 가장 큰 시장을 약어로 **BRIC**이라고 부른다. 여기에는 브라질, 러시아, 인도, 중국이 포함된다. 이 4개국은 60조 달러에 이르는 세계 경제의 15%를 차지한다. 분석가들은 20년 안에 유럽과 미국 경제를 추월할 것으로 내다본다.

이 변화는 여전히 일정 정도의 겉치레용으로 사용될 수 있는 대중 소비 제품에 대한 수요가 늘어났다는 것이다. H&M, Zara, EasyJet, 그리고 L'Oréal과 같은 회사들이 **대중 계급**(mass class)이라고 분석가들이 구분하는 소비자 그룹에 의식주를 제공하고 있다. 이것은 지금 지구촌의 수백만 소비자들이 대학 교육, 집, 명품 차와 같은 고가의 품목을 제외한 다른 양질의 제품을 구입할 수 있는 정도의 구매력을 즐기고 있다는 것을 의미한다. 예를 들어, 대중 계급 시장은 여러 가지 버전의 적당한 가격의 차를 생산하게 만들었다. 라틴 아메리카인들은 폭스바겐 비틀(Volkswagen Beetle)(이 차는 엘 후에비

이 브라질 보석 광고에서 알 수 있듯이, 다이아몬드 약혼 반지 같은 사치품들은 전 세계적으로 지위 상징재로 가치 부여된다.
출처: Courtesy of Saatchi & Saatchi/Brazil.

토(el huevito: "작은 계란")라는 애칭을 갖고 있다)을 애용하고 있다. 인도 소비자들은 마루티(Maruti) 800을 애용한다. 그리고 Fiat의 팰리오(Palio)는 이 회사의 "월드차"인데, 주로 브라질, 아르헨티나, 인도, 중국, 그리고 터키와 같은 신흥공업국 사람들을 표적으로 한다.

"당신은 어떤 포크를 사용하는가?" 취향 문화, 코드, 그리고 문화적 자본

취향 문화(taste culture)는 소비자를 미적이고 지적인 선호도로 묘사한다. 이 개념은 중요하기도 하고 민감한 서로 다른 사회 계급 사이의 소비와 관련한 선택의 구분을 분명

그림 11.4 거실 물건들의 종류와 사회계급

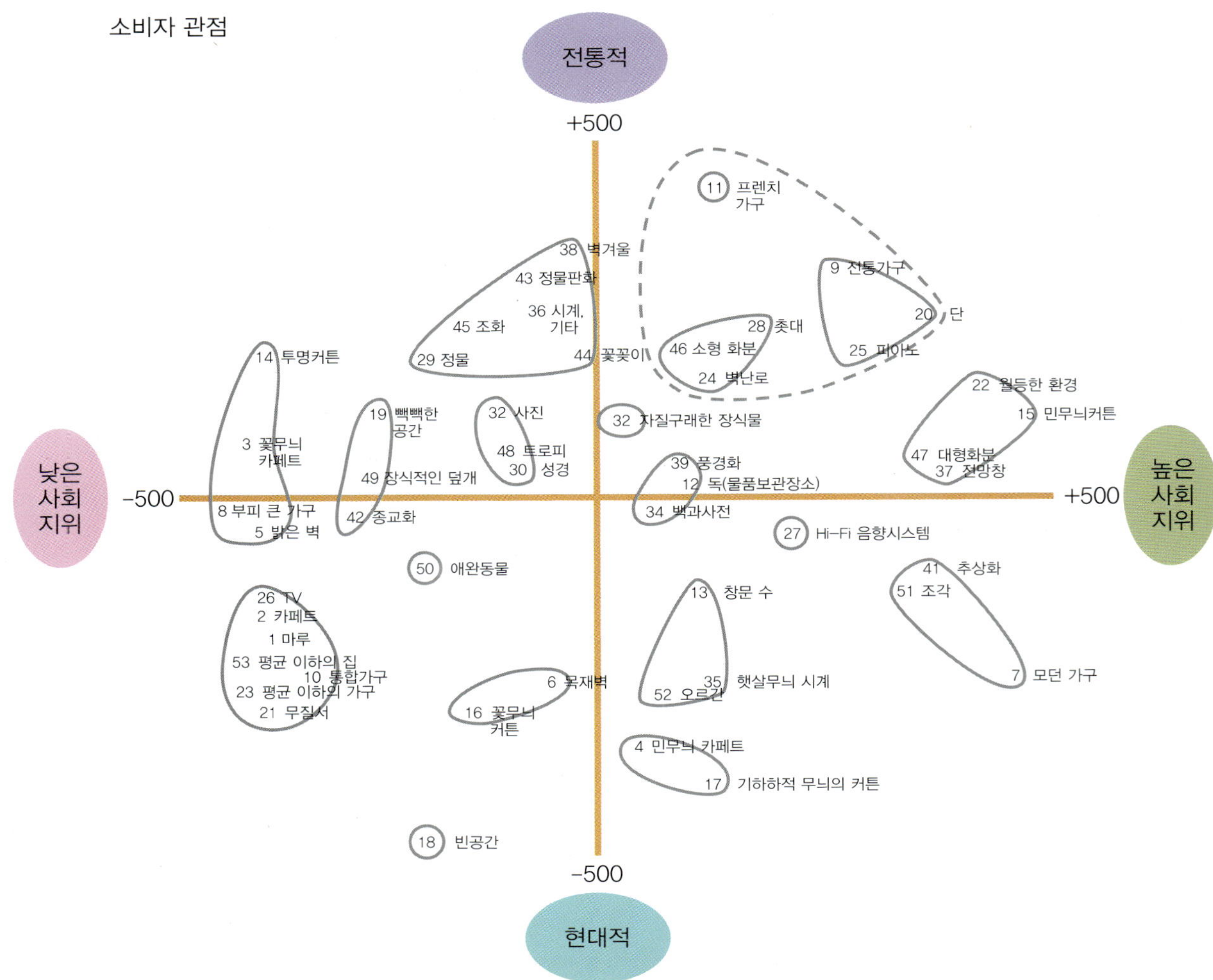

출처: Adapted from Edward O. Laumann and James S. House, "Living Room Styles and Social Attributes: The Patterning of Marerial Artifacts in a Model Urban Community," *Sociology and Social Research* 54 (April 1970): 321 – 342. Copyright, University of Southern California, April 1970. All rights reserved.

히 보여준다. 예를 들어, 675,000가구에서 취합한 데이터를 사용하여 사회적 계급에 따른 소비 행위에 대한 차이를 분석한 결과 우리가 전에 논의했던 대중 계급 현상이 지지되었다. 즉, 소비 패턴에 따른 상위와 중상위 그리고 중간 계급과 노동계급의 차이는 사라지고 있다. 하지만 소비자들이 어떻게 자유롭게 쓸 수 있는 수입과 여가시간을 사용하는가와 관련한 계급의 차이는 명확하게 존재한다. 상위, 중상위 계급의 사람들은 주로 박물관이나 라이브 극장을 더 많이 방문하고 중간 계급 소비자들은 캠핑이나 낚시에 더 많이 다닌다. 또한 상위 계급은 종합 뉴스 프로그램을 듣지만, 반면에 중간 계급은 컨추리 음악에 라디오 주파수를 더 많이 맞춘다.

취향에 대한 사회적 차이에 관한 전통적인 연구에서 연구자들은 집주인의 소유물들을 분류하고 거실에 앉아 그들의 수입과 직업에 대해 물었다. 연구자들은 일련의 가구와 장식용 물품들이 특정한 규칙성을 갖고 무리를 이룬다는 사실과 소비자들의 사회적 지위에 따라 이 무리가 상이하다는 사실을 발견했다(그림 11.4 참조). 예를 들어, 연구

표 11.1 제한된 코드 대 정교화된 코드의 영향

	제한된 코드	정교화된 코드
일반적인 특징	물건의 내용과 묘사를 강조한다.	물건 간의 상호관계와 분석을 강조한다.
언어	함축적인 의미를 갖는다(맥락 의존적임).	명백한 의미를 갖는다.
사회 관계들	공식적인 역할을 넘어 개인들의 특징을 강조한다.	공식적인 역할 구조, 수단적인 관계를 강조한다.
시간	현재를 강조하고 미래에 대해서는 일반적인 관심이 있다.	현재의 행동들과 미래의 성과에 대한 수단적인 관계에 집중한다.
물질적인 공간	다른 방과 공간과의 맥락 속에서 방과 공간을 위치 짓는다. (예, "앞 방", "모퉁이 가게")	방과 공간을 사용과 관련하여 파악한다. 공식적인 공간의 순서짓기(예, "식당", "금융가")
마케터를 위한 함유점	제품의 내부적인 품질, 내용(또는 신뢰도, 실제적인 이로움), 제품 추천인을 강조한다. 제품과 전체적인 라이프스타일의 함축적인 조화를 강조한다. 간단한 형용사와 묘사를 사용한다.	자율적으로 정한 평가 기준에 입각해서 각각의 제품에 대해 장점과 차이점을 강조한다. 제품이 갖는 특이한 혜택을 강조한다. 복잡한 형용사와 기술어를 사용한다.

출처: Adapted from Jeffrey F. Durgee, "How Consumer Sub-Cultures Code Reality: A Look at Some Code Types," in Richard J. Lutz, ed., *Advances in Consumer Research* 13 (Provo, UT: Association of Consumer Research, 1986): 332.

자들은 상대적으로 사회적 지위가 낮은 소비자들의 거실에서는 정물화, 조화, 종교적인 용품들을 주로 목격했고, 반면에 사회적 지위가 높은 소비자들의 거실에서는 추상화, 조각, 그리고 현대 가구 등이 주로 눈에 띈다는 것을 알았다.

사회 계급에 대한 또 다른 접근법은 서로 다른 사회 계층에서 상이하게 사용하는 **코드**(code)(소비자들의 의미들을 표현하거나 해석하는 방식)이다. 마케터들은 목표하는 고객과 관련된 개념과 용어들을 사용할 수 있기 때문에 그들에게 코드가 갖는 가치는 크다. 마케터가 사회 계급의 사고방식에서 차이를 감안해서 만드는 마케팅 소구(marketing appeal)는 상당히 다른 마케팅 메시지로 귀결된다. 예를 들어, 하위 계급 소비자들을 타깃으로 하는 생명보험회사 광고는 매우 간단하게 이 보험에 가입하자마자 즐거워하는 열심히 일하는 가장의 모습을 그릴 것이다. 좀 더 상위 계급의 고객을 목표로 하는 소구는 그들의 자식과 손자손녀들에 둘러싸인 부유한 나이 든 부부를 묘사하는 것이 될 것이다. 또한 이 광고는 미래를 계획하는 것에서 오는 만족감에 대한 광범위한 카피를 포함할 것이다.

제품의 혜택을 의사소통하는 두 가지 방법은 서로 다른 두 가지 코드를 포함한다. **제한된 코드**(restricted codes)는 제품들 사이의 관계가 아닌 제품들의 내용에 집중한다. 반면에, **정교화된 코드**(elaborated codes)는 더 복잡하고 지적인 세계관에 의존한다. 이와 같은 코드의 차이는 소비자들이 시간, 사회 관계, 그리고 물건들과 같은 기본 개념들을 접근하는 방식에까지 확장된다. 표 11.1은 두 코드 간의 이와 같은 차이를 정리하고 있다.

분명하게, 모든 취향 문화가 동일하게 만들어진 것은 아니다. 상위 계급들은 사회에서 영예로운 위치를 영속하게 해주는 자원에 접근 가능하다. 프랑스 이론가인 Pierre Bourdieu는 사람들이 자원 또는 자본(capital)을 위해 어떻게 경쟁하는가에 대해 상세한 글을 썼다. Bourdieu는 사람들의 부를 추적하기 위해 규모가 큰 설문조사를 실시했다. 그리고 이 "경제적인 자본"을 엔터테인먼트 및 예술에 관한 취향의 패턴과 관계 지

Net Profit

온라인 사회자본을 쉽게 이해할 수 있도록 Foursquare를 예로 들어보자. 사람들은 특정 장소에 체크인하고 그들 친구들과의 커뮤니티에 자신의 방문을 알리기 위해서 Foursquare를 찾는다. 일부 소매점의 경우 체크인을 하면 뱃지나 쿠폰을 제공하기도 한다. 더 많은 사람들이 참여할수록 더욱 가치 있는 커뮤니티가 되고, 참여자들이 중시하는 활동에 기반하여 관여도가 증가한다. 예를 들어 Foursquare를 찾는 사람들은 해당 지역의 스타벅스 같은 곳에서 "시장(mayor)"이라는 명목상의 지위를 획득하기를 열망한다. 많은 사람들이 이런 타이틀에 가치를 느끼는 한, Foursquare의 커뮤니티는 열정적인 참여자들을 매혹할 것이다. 만일 사람들이 다른 곳으로 이동할 때, "시장(mayor)" 지위로부터 나온 사회적 자본은 점차 감소할 것이다. 이런 점이 우리를 최신 유행하는 다른 사이트로 옮기게끔 한다. 커뮤니티가 쇠퇴하게 되면 참여, 규범 준수, 명성, 구성원 간 신뢰 차원에서 급격한 쇠락을 경험한다. 플랫폼이 하루 밤 사이에 자신의 강점을 잃어버릴 수 있다는 것을 이해하려면 MySpace나 Friendster를 생각해 보라.

었다. 그는 "취향"은 지위를 나타내는 힘 또는 **아비투스**(habitus)라고 결론짓는다. 이 아비투스는 소비 선호도가 함께 무리를 이루는 원인이 된다. 이후에 미국 소비자들을 대상으로 한 분석에서 이와 같은 관련성은 대부분 사실로 입증되었다. 예를 들어, 고소득인 소비자들은 평균적인 소비자들에 비해 영화관의 방문이 잦은 반면, 저소득 소비자들은 레슬링 경기를 더 참관한다는 것이다.

사회적 자본

재무 자원, 즉, 경제적 자본과 함께, Bourdieu는 **사회적 자본**(social capital: 조직적인 연계와 네트워크)의 중요성을 언급한다. 성공을 열망하는 전문가들이 골프를 치며 사업에 관련된 많은 일들을 골프장에서 수행하는 것은 사회적 자본이 작동된다는 것을 증명하는 것이다. 많은 사람들이 골프를 순수하게 즐기지만, 수많은 사업상의 거래가 골프장 안에서 이루어지고, 이러한 커뮤니티의 회원으로서 혜택이 주어진다는 것은 명백한 사실이다. 사회적 자본은 대개 한정되고 보호받는 자원이다. 많은 골프 클럽에서 단지 돈이 많다는 것만으로는 자격이 주어지지 않는다. 당신은 기존 멤버들의 추천을 필요로 한다. 그것이 그 조직이 (공정하든 아니든) 누가 라커룸에서 어울릴 만한 사람인지를 정하는 방식이다.

Bourdieu는 **문화적 자본**(cultural capital)의 중요함을 알려주었다. 문화적 자본은 특별하고 사회적으로 드문 취향 또는 실천을 일컫는다. 이것은 사람들이 상위 계급으로 들어갈 수 있는 "세련된(refined)" 행동에 관한 지식이다. 사회에서 이와 같은 엘리트들은 그들이 힘과 권위를 가진 위치를 유지할 수 있는 일련의 기술을 모은다. 그리고 이 기술들을 자신의 자녀에게 전수한다(에티켓 수업과 사교 무도회를 생각해 보라). 다른 계급에 속한 구성원들은 이와 같은 자원에 접근하는 데 제한되어 있기 때문에 이것들은 매우 가치 있게 여겨진다. 이것이 사람들이 엘리트 학교에 들어가고자 지독한 경쟁을 하는 이유의 한 부분일 것이다. 우리는 정말로 인정하기 싫지만, 부자들은 뭔가 다르다.

온라인 사회적 자본

대체적으로, 커뮤니티에서 제공하는 많은 사회적 자본이 회원 가입을 유인하는 요소가 될 때 그 커뮤니티는 유익하고 좀 더 바람직해질 것이다. 이는 온라인 세계에서도 마찬가지이다. 당신은 나이트클럽의 입구에서 누구를 입장시킬 것인지 결정하는 덩치가 크고 몸집이 좋은 경비원을 생각해 보면 될 것이다. 온라인 세계에서는 블로거들이 얼마나 많은 사람들이 자신의 글을 읽고 리트윗하는 정도에 따라 사회적 자본을 획득한다. 그리고 회원제의 컨트리클럽이 그렇듯, 온라인도 울타리나 벽으로 둘러싼 **개인소유의 공간**(online gated communities)으로 높은 수준의 사회적 자본을 제공할 수 있는, 테스트를 거친 소수의 행운아 몇몇에게만 선택적으로 허락되는 공간이다.

예를 들어, "배타적인(exclusive)" 온라인 데이트 사이트인 hotenough.org 같은 곳을 보면 (들리는 바에 의하면) 매력적이지 않은 사람들은 마치 잡초를 제거하듯 추려내진다. 이 사이트의 홈페이지에 의하면, "우리에게는 우리의 심사기준을 통과한, 당신이 거주하는 지역에서 최고 매력적이고, 건강한, 트랜디한 싱글인 다수의 사람들이 있습니다. 또한 40세 이상의 싱글들을 위해서 배타적인 섹션인 '베이비부머 섹션'을 제공합니다. Hot Enough는 이런 매력적인 사람들을 3단계로 제공합니다. 만약 당신이 건강하고

뉴질랜드의 이 광고는 몇몇 소비자들이 그들의 문화적 자본을 지나치게 과시하는 경향을 조소하고 있다.
출처: DB Breweries.

트랜디하다면 이곳이 바로 당신을 위한 휴식의 장소일 것입니다".

지위와 관련된 상징들

우리는 우리 자신, 우리의 전문적인 업적, 우리의 외모, 그리고 다른 사람들과 관련된 우리의 물질적인 웰빙에 대해 평가하는 경향이 있다. 유명한 구절 중의 하나인 "주변 사람에 뒤지지 않는다(keeping up with the Johnses)"라는 말은 이웃들의 삶과 자신의 삶을 비교하고 더 나아가서는 가능하면 이웃의 삶을 능가하려는 욕구를 말한다.

종종 부 또는 명성을 얻는 것만으로는 충분하지 않다. 정말 중요한 것은 당신이 다른 사람들보다 더 가져야 한다. 한 연구는 우리가 고객 충성 프로그램(예, 항공사에서 총 비행거리에 기준으로 특별한 지위를 부여하는 것)에 적어도 부분적으로는 위계 체계 안에서 다른 구성원들과 비교한 우리의 단계를 기준으로 어떻게 가치를 부여하는가에 대해 실증했다. 소비자들은 실제로 금메달 또는 은메달 수준 모두 고객 충성 프로그램에서 "금메달 지위"를 수여받는다. 두 그룹 모두 금메달 지위이지만, 낮은 지위에 있었던 사람은 "금메달 지위"에 대해 즐거워했다.

물건 구매의 주요 동기는 구매한 물건들을 즐기기 위함이 아니라 우리가 그것들을 살 수 있다는 것에 대해 다른 사람들이 알게 만드는 것이다. 이런 물건들이 지위와 관련된 상징들이다. 잘 알려진 범퍼스티커 슬로건인 "물질적으로 풍요로운 사람이 성공한

출처: © Neil Setchfield/Alamy.

Marketing Pitfall

명품들은 지위 상징을 나타내곤 한다, 그러나 비싸지 않은 모조품의 확산이 그 가치를 떨어뜨리고 있다("이봐 친구, '진짜' Rolex 시계를 20달러에 사고 싶지 않아?"). 위조품은 많은 제조업자들에게 큰 골치거리다. 특히 아시아에서. 중국 당국은 제품의 15~20%는 위조된 제품일 것이라 판단하고 있다.

만약 진품을 구매해 가지고 있는 사람들이 그들이 소중하게 여기는 핸드백이나 시계의 모조품이 거리에 정렬되어 있는 광경을 본다면 어떤 반응을 보일까? 연구자들은 인도와 태국의 명품 패션 브랜드를 구매한 사람들과의 인터뷰를 통해 세 그룹으로 분류하였다.

1. **탈출**: 그들은 가짜 브랜드를 구입해 낮은 지위의 사람으로 잘못 인식되고 싶지 않기 때문에 그 브랜드의 사용을 중단한다.
2. **교화**: 그들은 그들이 그 브랜드와 가진 오랜 관계를 강조하기 위해 많은 노력을 한다. 하지만 브랜드의 이미지가 퇴색되는 것에 대한 우려를 표명한다.
3. **브랜드 격하**: 진정 높은 지위의 사람들은 비싼 로고를 드러낼 필요가 없으며 로고를 드러내는 것은 지위가 낮다는 사실을 폭로하는 것이라고 믿으므로, 그들은 자신들의 물건이 명품이 아닌 척 한다.

사람이다(He who dies with the most toys, wins)"는 **"성취의 배지"**를 축적하고자 하는 욕망을 요약한다. 지위를 가지려고 하는 욕구(status seeking)는 다른 사람이 알아주었으면 하는 제품과 서비스를 획득하는 주요한 동기가 된다. 최근의 한 연구는 소비자들이 그들의 삶의 어떤 면에 불확실하거나 나쁜 느낌이 들 때 자아를 지지하기 위해 어떻게 지위와 관련된 상징들에 주의를 기울이는가에 대해 실증적인 연구를 진행했다. 경매에 참여한 사람들의 경우, 그들이 힘이 없다고 느낄 때, 이 결핍을 보상하고자 품목 구매에 더 많은 돈을 쓴다.

이 장의 앞부분에서 논의한 바와 같이, 대중 계급을 대상으로 한 시장이 성장하고 있다는 것은 많은 명품이 대중 시장, 즉 저가 시장으로 이동했다는 것을 의미한다. 그렇다면 이것이 미국인들은 지위 상징들에 대해 더 이상 동경하지 않는다는 것을 의미하는가? 그렇지 않다. 시장에서 계속 값비싼 제품과 서비스가 출시된다. 그 예로 130,000달러의 허머(Hummer) 자동차, 12,000달러의 다이아몬드가 박힌 크고 작은 테니스 팔찌 세트, 600달러 청바지, 800달러 머리깎기, 그리고 400달러 와인 등을 들 수 있다. 모든 사람들이 디자이너 핸드백(또는 적어도 유명 상표의 모조품)을 무시할 수 있지만, 미국의 부유한 소비자들은 9,000명의 개인 조리사를 고용하고, 성형수술 병원을 찾고, 자녀들에게 1시간에 400달러 하는 수학 과외를 시킨다. 한 사회학자는 다음과 같이 말한다. "사람들의 평면 TV 소유 여부는 그들이 어떤 서비스를 받고, 어디에 살고, 그들에게 서비스를 제공하는 다른 사람의 노동력을 통제할 수 있는가에 비해 그 사람들에 대해 훨씬 적은 양의 정보를 제공한다."

물론 지위를 나타내는 상징으로서의 제품이 문화적으로나 지역적으로 차이를 보인다.

- 대부분의 미국인들에게 지금은 존재하지 않는 허머(Hummer)는 과잉의 상징이지만, 이라크인들은 이 커다란 기름 먹는 허머를 매력적인 힘의 상징으로 여긴다. 이라크의 한 허머 딜러는 다음과 같이 말한다. "이라크에서는 차로 그 사람을 판단한다. 차 없이는 진정한 남자로 인정받지 못한다." 그쪽 사람들은 아랍어로 가장 큰 차를 가질 필요에 대해 "하사드 듀쿠리(hasad thukuri)"라고 표현한다. 번역하면, 그것은 "남근 선망"의 의미를 갖는다.
- 중국에서는 자녀들이 지위 상징이다(그 이유는 정부가 한 자녀 이상을 갖는 것을 강력하게 막아왔기 때문이다). 부모들은 애지중지하게 키운 자녀들을 과시하고 싶어한다. 그리고 아이들을 마치 "작은 황제"처럼 명품으로 치장하는 데 열중한다. 중국 가족들은 가용 수입의 1/3이나 1/4을 자녀들을 위해 쓴다.
- 러시아에는 오일 붐으로 인해 적어도 25명의 억만장자와 88,000명의 백만장자가 있다(불황이 러시아 경제를 약간 어렵게 하기는 했지만). 러시아 사람들은 자신이 최근에 축적한 부를 과시하기 위해 명품에 집착한다. 어떤 사람들은 120캐럿 다이아몬드로 외피를 두른 백금 케이스를 가진 GoldVish 휴대폰을 구매한다. 사치품을 위해 가능한 모든 돈을 쓰고자 하는 욕망은 모스크바에서 다음과 같은 농담을 만들었다. 어떤 부유한 사업가가 친구에게 "100달러짜리 넥타이를 구입했다"고 말했다. 그러니까 친구는 "바보로군. 길 건너 가게에서 똑같은 것을 200달러에 살 수 있다"고 대답했다.
- 다른 많은 나라에서처럼 인도네시아에서는 휴대폰이 지위를 나타내는 상징이다. 하지만 소비자들은 날렵한 iPhone 대신, 20년 이상 된 Nokia의 "Brick"을 갖고 싶어한다. 이 "스마트폰"은 너무 크고 구식처럼 보여 서구에서는 성공하지 못했다. 그러나 자카르타에서는 이 전화의 묵직함이 인기의 비결이다. 200g으로 주머니에 잘 들어가지 않으며, 모델, 정치인, 그리고 다른 유명인이 이 휴대폰을 갖고 다닐 때면 쉽게 눈에 띈다. 노키아는 금박으로 된 버전을 2,500달러에 팔았다. 지위 상징 세계에서는 다른 사람들이 그 물건을 갖고 있지 않는 한, 어떤 물건도 그 지위를 가질 수 있다.

Thorstein Veblen은 20세기 들어와서 소비를 위한 소비의 동기와 관련하여 처음으로 논의한 사회분석가이다. Veblen은 우리가 물건을 사는 것이 남에게 **시샘을 얻을 만한 구별**(invidious distinction)를 만들어내기 위한 것으로 보았다. 이는 힘이나 부의 과시를 통해 구입한 제품을 다른 사람의 질투심을 유발하는 데 사용한다는 것을 의미한다. Veblen은 **과시적 소비**(conspicuous consumption)라는 용어를 사용하여 사람들이 자신이 사치품을 구입할 수 있는 능력을 다른 사람들에게 과시하고 싶은 욕구에 주목했다. 그 당시의 물질적인 풍족함이 Veblen으로 하여금 이와 같은 이론을 만드는 동기가 되었다. Veblen은 "악덕 자본가(robber baron)" 시대에 주로 저술 활동을 했는데, 이 시대는 J.P Morgan, Henry Clay Frick, 그리고 Willam Vanderbilt와 같은 사업가들이 거대한 금융 왕국을 건설하고 사치스러운 파티를 열어 경쟁적으로 부를 과시하던 때이다. 이 이벤트 가운데 전설처럼 이야기되는 것도 있다.

> 말을 탄 채로 여는 승마 디너, 애완견을 위한 파티, 100달러짜리 지폐로 접어서 만든 냅킨, 침팬지와 함께 앉아 주의를 끄는 호스티스, 테이블 중앙에 놓인 유리 탱크 안에서 약간의 옷

이 프랑스의 광고는 심지어 개도 "트로피 와이프"와 결혼한다고 주장하고 있다.
출처: Courtesy of Mars Petfood.

만 걸치고 수영하는 여자, 또는 커다란 파이에서 나오는 여자, 그리고 액면가가 큰 은행권으로 시가에 불을 붙이는 파티 등과 같은 이야기들이 신문 지면에 계속 나타났다.

이 이야기가 아주 오래된 일처럼 느껴지는가? 아마도 많은 것이 바뀌었지만, 유사한 것도 많을 것이다. 최근에 AIG, Enron, WorldCom, 그리고 Tyco 등이 연루된 기업 스캔들에서 소비자들은 이들 회사의 몇몇 고위 임직원들이 다른 직원들이 해직될 때도 신나게 살았다는 사실을 알았을 때 매우 분노했다. 아내의 생일 선물로 100만 달러짜리 파티를 열어준 Tyco CEO의 이야기는 벼락부자의 떠들썩한 파티와 매우 비슷한 이야기이다. 보도에 의하면, 이 파티는 글레디에이터를 주제로 한 파티였다고 한다. 얼음으로 된 미켈란젤로의 다비드 상이 있었고 그 얼음 상의 남근에서 보드카가 나와 크리스탈 잔을 받을 수 있었다고 전해진다. 이 회사는 뉴욕에 있는 임원들의 아파트를 6,000달러짜리 샤워 커튼, 2,200달러나 하는 금박이 입혀진 휴지통, 또한 17,100달러나 하는 "여행용 세면용품 세트"로 치장했다.

Veblen에 따르면, 이와 같은 과시적 소비 현상은 생산적인 일에 참여하는 것을 금기시하는 **유한 계급**(leisure class)의 사람들에게 두드러지게 나타났다. Marx의 용어로 말하면, 이와 같은 태도는 생산 그 자체보다는 생산 수단을 통제하고 소유하려는 욕망을 반영한다. 게으른 부자(idle rich)란 용어가 의미하듯이, 이들은 생활을 위해 노동하지 않고 이 자원들만 통제한다.

Veblen은 와이프도 경제적 자원이라 말한다. 그는 이런 여자들이 갖고 있는 "장식품으로서의 역할"을 비판한다. 부자들은 자신의 와이프에게 비싼 옷을 입히고, 허세를 부릴 수 있는 집을 마련해 주고, 유한계급의 삶을 영위하게 한다. 이런 것들은 그들의 부를 광고할 수 있는 한 방법이다. 그는 아마도 오늘날도 적지만 소수의 남편들이 이와 비슷하다고 주장할 것이다. 부유한 여성의 하이힐, 꽉 조이는 코르셋, 풍성하게 부풀어 오른 드레스, 정교한 헤어스타일과 같은 패션은 그들이 도움 없이 쉽게 이동할 수 없고 육체 노동을 거의 하지 않는다는 사실을 입증한다. 이와 비슷하게, 중국의 풍습인 전족

그림 11.5 A Typology of Status Signaling

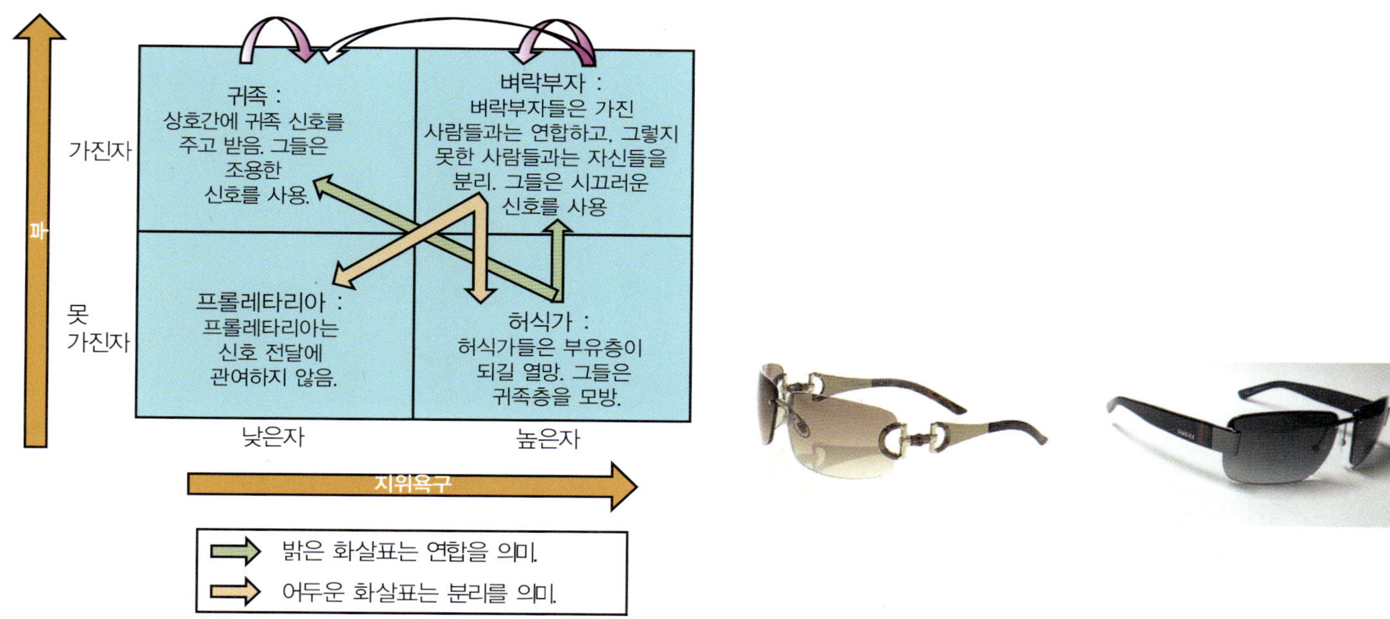

주: "조용한" 선글라스는 눈에 띄는 로고를 포함자히 않는 반면 "요란한" 선글라스는 눈에 띄는 로고를 포함한다.
출처: Young Jee Han, Joseph C. Nunes, and Xavier Dreza (2010), "Signaling Status with Luxury Goods: The Role of Brand Prominence," *Journal of Marketing* 74 (July), 15 – 30, from Figures 2 and 3.

(foot-binding)은 귀족 여성들의 이동을 원활하지 못하도록 했으며, 하인들이 그들을 이동시켰다.

최근 들어, 나이 든 여성들이 남자 동료들만큼 벌고 사회적 네트워크도 넓어지면서 젊은 남성들을 행사 대동용으로 찾는 사례가 늘어났다. 이런 여성들을 거대 고양이과 동물인 **쿠거**(cougar, 이 용어는 TV쇼 Cougar Town에서 대중화 됨)라고 부르는데 어디서나 쉽게 볼 수 있다. 한 조사에 따르면, 40세 이상 된 약 1/3의 여성이 젊은 남자와 데이트를 즐긴다.

고객들은 자신의 지위 상징을 나타내는 방식으로 과시적 소비에 사로잡히게 된다. 그러나 브랜드 현출성(prominence)은 잘 알려진 엠블럼의 제품들부터 로고 없는 제품까지 그 정도가 다양하다. "아는" 사람들은 차별적 디자인의 가방이나 시계처럼 엘리트 그룹의 다른 구성원들이 보여주는 미세한 지위상징—즉, "조용한 신호"까지도 인지할 수 있다. 반면 몇몇 사람들은 그들의 장식물로 다른 사람들의 머리를 강타할 필요성을 느낀다. 이는 "요란한 신호"라 할 수 있다.

어떤 연구자들은 이러한 차이를 **브랜드 현출성**(brand prominence)이라고 이름 붙였다. 그들은 소비자들을 그들의 부와 지위에 대한 필요성을 기준으로 귀족, 벼락부자, 허식가, 무산계층의 네 그룹으로 분류하였다. 명품에 대한 정보를 보았을 때, 서로 다른 계급들이 서로 다른 브랜드 현출성 유형을 중시한다는 것을 보여주었다. Louis Vuitton, Gucci, Mercedes 같은 브랜드들은 자기 브랜드의 지위 상징이 광고나 상품 그 자체에 얼마나 노골적으로 보여지는지가, 즉 그들이 채택한 지위 신호의 유형이 각각 다르다.

이 장의 앞 부분의 "대대로 부자인 계층"과 "새로운 부자계층"에 관한 논의로 되돌아가보면, 더 부유하지만 높은 지위에 대한 필요성을 갖지 않은 사람들이 "조용한 신호"에 의존하고 지나치게 눈에 띄는 제품을 사용하지 않는 것은 놀랄 일이 아니다. 지위 브랜드에 대한 마케터들은 이 차이를 이해할 필요가 있다. 왜냐하면, 그들의 고객들은 과시적 소비의 상징인 로고나 표식들이 눈에 너무 잘 띄는 것을 좋아할 수도 있고 싫어할 수도 있기 대문이다. 그림 11.5는 이 네 유형을 요약하고 이 연구에서 사용된 대조적인 상품군을 보여준다: Gucci 선글라스에 대한 조용한 신호 VS 요란한 신호.

Veblen은 북아메리카 북서부 해안에 살았던 콰키우틀(Kwakiutl) 인디언에 대한 인류학 연구에서 그의 이론에 대한 영감을 얻었다. 포틀락(potlatch) 축제에서 주인은 손님들에게 과도한 선물을 주며 그의 부를 과시한다. 더 많은 선물을 나누어 줄수록, 그의 지위는 더욱 올라간다. 때때로, 주인은 그의 부를 과시하기 위해 더 극단적인 전략을 구사한다. 그는 그가 얼마나 많은 것을 갖고 있는가를 증명하기 위해 그의 재산 일부를 공개적으로 파괴한다.

그리고 이 의식은 사회적 무기로도 가능하다. 손님들은 받은 선물과 동일한 가치의 선물을 다시 선물해야 하기 때문에, 주인은 화려한 파티에 가난한 라이벌을 초대하여 그에게 창피를 줄 수 있다. 그 불운한 손님은 그 능력이 없음에도 주인만큼의 선물을 해야 하기에 결국 파산을 면치 못한다. 이런 관행이 원시적으로 들리겠지만, 현대의 결혼식에 대해 잠시 생각해 보라. 부모들은 보통 화려한 파티를 위해 자신의 퇴직 연금이 바닥나더라도 엄청난 돈을 투자하고 그들의 자녀가 "최고의" 가장 화려한 결혼식을 하도록 다른 사람과 경쟁한다.

포틀락 의례처럼, 오늘날에도 많은 재산을 갖고 있다는 것을 다른 사람에게 확신시키고자 하는 우리의 욕망이 소비할 수 있다는 증거를 보여주고자 하는 욕구를 만든다. 따라서 우리는 건설적이지 못한 방식으로 가능한 많은 재화를 쓰는 소비 활동을 우선시하는 것이다. 과시적 낭비(conspicuous waste)를 통해 우리는 다른 사람들에게 여분의 자원이 있다는 것을 보여준다. Veblen은 말한다. "우리는 체면 때문에 자신의 손으로 음식을 먹느니 차라리 굶어 죽겠다는 폴리네시안 족장의 이야기를 잘 알고 있다."

지위 상징을 축적하기 위한 경쟁이 치열해질수록, 때때로 정반대로 행동해 보는 것도 좋은 전술이다. 이를테면, 지위 상징들을 경시하면서 그것들을 의도적으로 피하는 것이다. 사회과학자들은 이런 세련된 형태의 과시적 소비를 **모방과시**(parody display)라고 부른다.

그런 이유로, 오래되고 찢어진 청바지(회사들은 청바지를 오래되고 낡게 보이기 위해 특수 처리를 한다)의 인기가 높은 것이고, Caldwell씨 같은 상류층에서의 지프(Jeep)와 같은 "실용적인" 자동차가 인기를 얻으며, Von Dutch 모자 또는 Red Wing 부츠 같은 블루칼라 전통이 있는 브랜드가 사랑을 받는 것이다.

목표 4
라이프스타일은 개개인의 시간과 돈의 사용과 관련된 선택을 반영한 소비 패턴을 결정하게 하며 이는 소비자 정체성의 중요한 요소이다.

라이프스타일과 소비자 정체성

지금까지 이번 장에서 우리는 사회적계급이 소비자 행동에 미치는 영향에 대해 알아봤다. 여전히, 우리는 모든 면에서 매우 비슷한, 혹은 사회적 계층지표가 비슷한 두 명의 사람은 쉽게 찾을 수 있지만, 그들의 소비 선택은 전적으로 다르다. 우리는 이런 두드러진 차이점을 같은 대학교의, 심지어 비슷한 배경을 가지고 있는 학생들 사이에서도 찾아볼 수 있다. 예들 들어 한 학회의 대학생 몇 명이 이러한 범주에 들어간다.

- **Metro**: 당신은 바나나 리퍼블릭(Banana Republic) 매장에서 뭔가를 구매하지 않고 지나쳐 갈 수 없다. 당신은 20켤레의 신발을 가지고 있고, 6개의 선글라스, 많은 시계와 남성 지갑을 가지고 가지고 있다. 이발사는 눈의 띄는 스타일을 만들어주지 못하기 때문에 당신은 이발사 대신에 스타일리스트를 찾아간다. 당신은 그녀를 위해 부드러운 양다리 찜을 만들고, 저녁으로 리조또를 준비하며 아침으로는 에그 베네딕트를 준비하며… 모든 것을 당신이 스스로. 또 당신은 얼굴을 면도하는 것만으로 그치지 않는다. 각질을 제거하고 보습까지도 한다.
- **Hesher**: 부모님 댁 지하실에 살면서 Ibanez Stratocaster의 복제품 기타에 대고 진정한 락 음악을 하겠다고 맹세하고 5년 동안 달린 적 없는 Nova를 소유하고 있는, mullet 스타일(앞은 짧고 옆과 뒤는 긴 남자 헤어스타일)에 리복 신발에 물빠진 청바지, 주다스 프리스트(Judas Priest) T셔츠를 입은 사람.
- **Emo**: 고음에 과도한 가사, 들리지 않는 기타 리프가 합쳐진 부드러운 펑크 뮤직에 젖은 어떤 사람. 그는 꽉 끼는 털스웨터와 청바지에 (여름에조차) 스카프를 두르고, 좋아하는 밴드의 사인이 적힌 ripped chucks, 검정색 사각뿔테 안경을 쓰고 있다. 그리고 감지 않아 기름기가 흐르는 검은 머리가 적어도 얼굴의 3/5을 덮고 있다.

전통 사회에서는 계급, 신분, 거주 지역 및 가족 등이 한 사람의 소비 선택권

"조율사" 하위문화는 늦은 10대부터 이른 20대의 젊은 남성들로 이루어져, 라틴과 아시아 커뮤니티에서 일반적이고, 빠른 차에 대한 열정을 가지고 있고, 신기술로 업그레이드 하는 것과 자동차의 한 부분을 특별화 하는 것에 공감하는 사람들이다. 이 소비자 정체성은 뉴욕과 로스엔젤리스에서 늦은 밤에 열린 불법적인 거리 레이스에서 시작되었다. 지금은, 조율사들이 주류가 되었고 수입 튜너와 같은 잡지와 Pioneer와 같은 큰 회사들이 이런 하이테크 폭주족들에게 구애하고 있다. Honda의 Civic 광고는 미국의 히스패닉 소비자를 대상으로 크롬 테두리와 색을 칠한 창으로 주문제작된 자동차들을 보여주었다.
출처: © Blue Jean Images/Alamy

Marketing Opportunity

트렌드를 쫓는 사람들은 일본에서 몇몇 가장 흥미롭고 가장 급변하는 마이크로 문화를 보게 된다. 거기에서 젊은 여성들은 전 세계로 퍼져나갈 많은 유행을 만들어낸다. 그 하나는 Onna Otaku(여성 오타쿠, 여자 괴짜)이다. 화장품이나 옷 대신 여성친화적인 만화, 가젯(소도구), 그리고 액션 피규어를 모으는 괴짜기질의 소녀를 뜻한다. 다른 하나는 참가자들이 가상 세계의 아바타 또는 다른 가상의 캐릭터를 표현한 정교한 의상을 착용하는 공연 예술의 한 형태인 코스프레 활동의 증가이다. 이 복장은 종종 만화, 애니메이션, 또는 그래픽 소설의 인물을 묘사하지만, 그들은 또한 The Matrix, Star Wars, Harry Potter, 또는 Ace Ventura와 같은 영화에서 의상의 형태를 취하기도 한다: Pet Detective(도쿄에 있는 여종업원이 하녀 복장을 한 코스프레 카페). 이러한 역할연기의 하위 문화는 서양문화에서도 애니메이션 또는 만화 대회, 대중적 Goth 하위문화, 혹은 성적 역할 놀이의 형태 등 다양한 형태로 나타난다(예, 간호사 복장을 한 여성).

출처: Guryanov Andrey/Shutterstock.

(option)을 결정한다. 그러나 현대 소비자 사회에서 사람들은 자신을 규정하는 일련의 제품과 서비스 및 활동들을 (적어도 예산 내에서는) 자유롭게 선택하며, 이것은 우리가 타인들과 의사소통하는 사회적 정체성을 형성한다. **라이프스타일**(lifestyle)은 어떤 사람이 시간과 돈을 사용하는 방식의 선택을 말해주는 소비 형태이다. 이러한 선택은 소비자 정체성을 정의하는데 중요한 역할을 한다.

Tuners, Dead Heads, 또는 skinheads의 어떤 음악을 좋아하던, 각각의 라이프스타일 하위문화는 그 자신의 고유한 규범, 어휘, 그리고 제품 휘장의 체계를 드러낸다. 온라인 Redneck Bank "where bankin's funner"에서 당신은 당신의 개인 bidness를 돌보고 Redneck Reward를 받는다.

미국 서부지방의 현대의 마운틴맨(mountain men)에 대한 연구는 그들 구성원의 소수문화의 영향력을 보여준다. 연구자들은 그들 구성원들이 정체성에 대한 강한 공감대를 가지고 있다는 것을 그들이 주말에 쉬는 모습을 통해 알아냈다. 그들은 그들의 관계를 강화하기 위해 티피(원뿔형 천막집), 들소가죽으로 만든 무릎 덮개, 숫사슴 가죽의 바지, 그리고 beaded moccasins과 같은 전통적인 물건들의 사용을 통해 그들 공통체의

우리의 음식에 대한 선호는 우리의 라이프스타일과 가치에 대해 많은 것을 알려준다.
출처: Courtesy of Saskatoon Restaurant, Greenville, SC.

공감을 만들어내고 있다.

이런 하위문화들은 간혹 허구의 캐릭터나 사건을 둘러싸고 형성되며, 그것들은 확장된 자아(7장 참조)를 정의하는 데 도움이 된다. 수많은 라이프스타일이 음악그룹 Phish에서부터 Hello Kitty까지의 신화적인 혹은 조금 덜 신화적인 세계와 캐릭터들에 대한 집단적 숭배에 기초하여 번영한다.

마케터들은 또한 라이프스타일을 우리가 하고 싶은 것을 하는 데 필요한 시간을 얼마나 갖고 있는지와 레저 시간에 무엇을 하는지의 측면에서 접근한다. 일반적으로 소비자들은 자신의 경제적인 문제를 보상하기 위해 예전보다 더 많이 일한다. 32~43세의 사람들이 가장 많이 일한다. 이들은 일주일에 평균 55시간을 일한다. Harris Poll은 1973년부터 미국인들의 레저 시간을 추적해 오고 있다. 여론조사가 시작되었을 때 레저 시간의 중간값은 26시간이었다. 2008년에 이르러 이 숫자는 평균 16시간으로 줄어들었다. 이 줄어든 레저 시간에 무엇을 하는지를 살펴보는 것도 흥미롭다. 미국인의 30%는 가장 좋아하는 활동이 독서라고 응답했으며, 24%는 TV시청, 17%는 가족과 자녀들과 함께 보내기라고 응답하고 있다. 컴퓨터와 관련된 활동에 상당한 시간을 할애하고 있음에도 불구하고, 이 조사는 사람들이 일을 하기 위해 컴퓨터나 전화로 "접속하는 데 소요되는" 많은 시간을 근무 시간으로 생각하지 않는다는 것을 발견했다.

라이프스타일 마케팅 관점(lifestyle marketing perspective)은 하고 싶어하는 것, 여가시간을 사용하고자 하는 방법, 그리고 가처분 소득을 사용하고자 하는 방법 등을 근거로 해서 사람들이 스스로를 구분한다는 것을 인정한다. 전문화된 관심사에 부합하는 틈새 잡지와 웹사이트의 증가는 현 사회 안에서 우리에게 가능한 선택들의 영역을 반영하고 있다. 이것의 단점은 뉴스 산업에서 명백하다. 몇 개의 주요 신문사는 사람들이 대부분의 정보를 온라인에서 소비하고 있기 때문에 인쇄판을 포기했다.

라이프스타일은 재량 소득의 배분 그 이상의 것이다. 그것은 누가 사회 안에 속해 있고 누구는 아닌지에 대한 진술이다. 그가 취미에 열중인 사람(hobbyist), 체육 동호인, 또는 마약 복용자이든지 간에 집단 정체성은 표현적인 상징주의의 형태를 보인다. 사회학자들은 이런 자아 정의를 기술하기 위해 라이프스타일, 취미 동아리, 소비자 집단, 상징적 공동체 및 지위 문화 등을 포함하는 많은 용어들을 사용하고 있다.

유사한 사회적 및 경제적 환경 내에 있는 사람들은 유사한 일반적 소비 패턴을 따르게 된다. 하지만 각 개인들은 또한 어떤 생활양식 속에 약간의 개인성을 주입시킴으로써 그 패턴에 독특한 "파격"을 제공해 주기도 한다. 예컨대, "전형적인" 대학생이라면(이러한 게 있다고 가정하면), 동료들과 유사한 옷차림을 하고, 같은 장소에서 시간을 보내며, 같은 음식을 먹으면서도 자신을 독특하게 해주는 마라톤 경주나 우표 수집, 또는 애시드 재즈(acid jazz) 등에 열성적으로 몰입하기도 한다.

이러한 관심은 종종 사람들이 다른 사람 누구와 공유하느냐(온라인, 오프라인 모두)와 관련이 있고, 이러한 선택과 관련된 그룹은 하위문화가 된다. 라이프스타일 마케팅의 목표가 소비자로 하여금 그들의 삶을 향유하고 사회적 정체성을 표현하는 선택된 방식을 추구하도록 해주는 것이기 때문에, 이 전략의 한 가지 주요한 측면은 바람직한 사회적 환경 속에서의 제품을 사용하는 소비자에 초점을 맞추는 것이다. 어떤 제품을 한 라운드의 골프 경기, 가족 바비큐 파티, 혹은 부유층 젊은이들이 모이는 멋진 클럽에서의 하룻밤 등과 같은 사회적 상황과 연관시키려는 갈망은 광고주에게는 오래된 것이다.

그림 11.6 소비 스타일

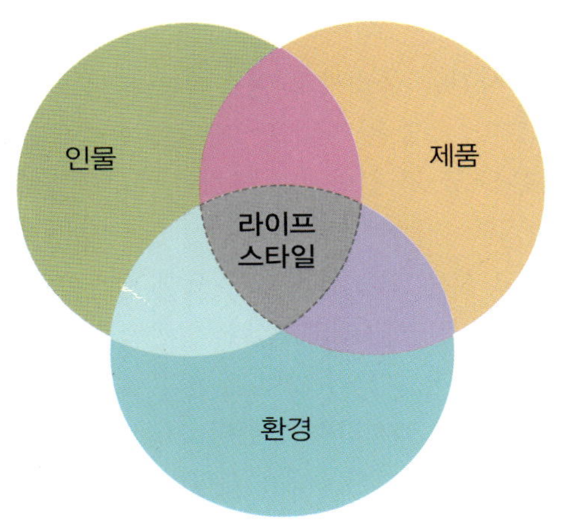

Marketing Opportunity

음악의 선택은 우리의 라이프스타일에 대해 많은 것을 말해준다. 오늘날 몇몇 앞서가는 브랜드들은 음악은 전혀 만들지 않지만 음악 비즈니스와의 협업을 통해 음악적 표현과 브랜드 충성도간의 연결을 강화하고 있다. Nike는 다양한 신발과 운동복을 만들고 있으나, 현재 Nike는 당신의 라이프스타일을 정의하는 데 있어서 더 큰 역할을 하기를 원한다. Nike는 기존 운동용 음악에 Apple의 iTunes Music Store에서 구입할 수 있는 "Nike+Original Run"시리즈의 제작을 의뢰했다. Apple과 한 팀이 되어 좋아하는 라디오를 들으면서 달리거나 운동 목표를 세울 수 있는 Nike+iPod 센서를 신발 깔창 안에 넣을 수 있는 내장 포켓을 가진 Nike+shoes를 내놓았다. 또 요가나 댄스, 웨이트 트레이닝과 같은 활동 중에 음성으로 지시해 주거나 음악이 나오는 CD도 판매한다.

따라서 그림 11.6에서처럼 특정한 소비스타일을 표현하는 데 사람과 제품과 환경이 결합된다. 경쟁사인 Converse는 새로운 밴드가 신발과 음악 예술가 사이의 연결을 활용해 그 댓가로 자신의 작품을 무료로 녹음할 수 있는 스튜디오를 만들었다(이 브랜드는 the Ramones로부터 시작해 the Strokes까지와 같은, 밴드 세대가 입기 시작했던 브랜드이다). Levi Strauss, Dr. Martens, Scion, 그리고 Bacardi와 같은 회사들은 모두 잠재력을 가진 음악가들을 후원하고 있다. Mountain Dew사의 Green Label Sound 레이블은 Neon Indian와 Chromeo 등 블로거들이 좋아하는 밴드의 MP3 파일을 무료로 배포했다. Starbucks는 Ray Charles의 Genius Loves Company 같은 앨범이 성공한 후 자신만의 레이블을 시작하였다. Motel 6 체인 또한 투어 중인 그룹에게 무료 객실을 제공하는 Rock Yourself to Sleep 프로그램을 후원하고 있다.

제품 상보성 및 공동 브랜딩 전략

목표 5
소비패턴을 확인하는 것은 라이프스타일 마케팅 전략의 조직기능에서 개인적인 구매를 파악하는 것보다 더욱 유용한 것이다.

우리는 소비자들이 다양한 제품 범주 안에서 어떻게 제품을 선택하는가를 파악해 봄으로써 그들이 라이프스타일을 정의하는 제품을 어떻게 사용하는지를 더욱 분명히 이해할 수 있다. 라이프스타일 마케팅 조망은 소비자를 이해하기 위해서는 행동의 패턴을 주목해야 한다는 것을 의미한다. 한 연구에서 지적했듯이, "모든 제품은 의미를 지니고 있는데, 저절로 의미가 부여되는 것은 아니다. … 그 의미는 모든 제품들 사이의 관계 속에 존재하는데, 마치 음악이 어떤 하나의 음표 속에서가 아니라 사운드(sounds)에 의해 드러나는 것과 유사하다."

실제로, 많은 제품과 서비스는 "공존하는" 것처럼 보이는데 그 이유는 같은 유형의 사람들이 이것들을 선택하는 경향이 있기 때문이다. 많은 경우에, 동반 제품들(예, 패스트푸드와 종이접시, 또는 양복과 넥타이)이 존재하지 않거나 아주 다른 개성을 가진 제품들 사이에서 조화를 이루지 못한다면(예, 최첨단 사무실에 놓인 Chippendale(18세기 영국의 가구 양식) 의자나 Lucky Strike 담배에 따라오는 순금 라이터), 제품의 "의미를 이해하기" 가 어려울 수 있다.

따라서 라이프스타일 마케팅의 중요한 한 부분은 소비자들이 특정의 라이프스타일과 연관되어 있다고 생각하는 일련의 제품과 서비스를 규명하는 것이다. 사실, 연구들

그림 11.7 라이프스타일 트랜드. 전 세계의 많은 마케터들이 가까운 미래뿐만 아니라 장기적으로 소비자의 행동을 형성할 만한 영향을 파악하려 오프라인과 온라인을 가리지 않고 모니터링을 하고 있다. Canvas 8은 새로운 라이프 스타일에 대한 정기 보고서를 발행하는 영국의 브랜드 컨설팅회사이다.

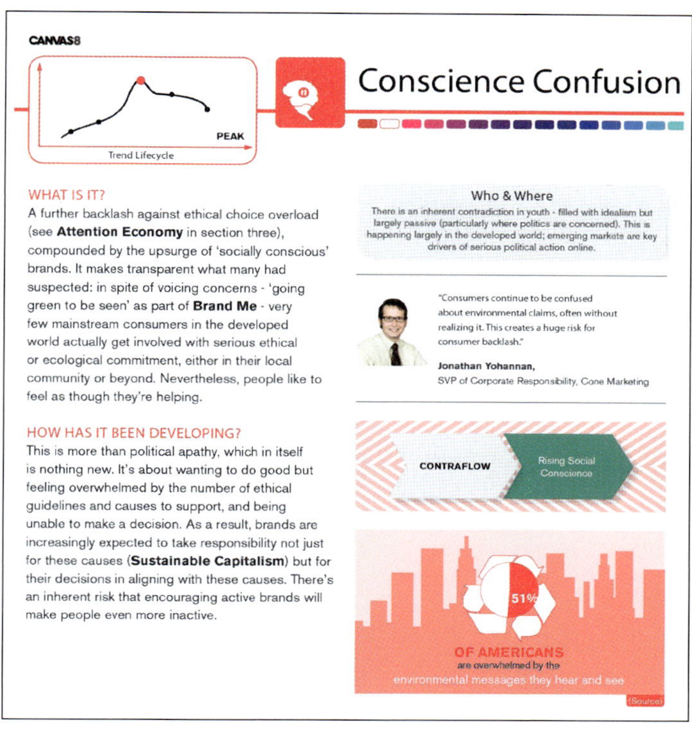

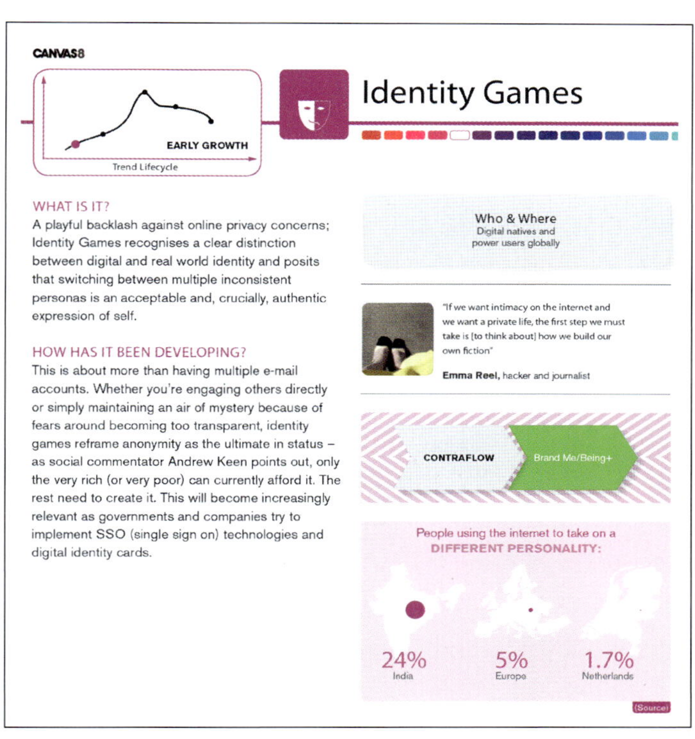

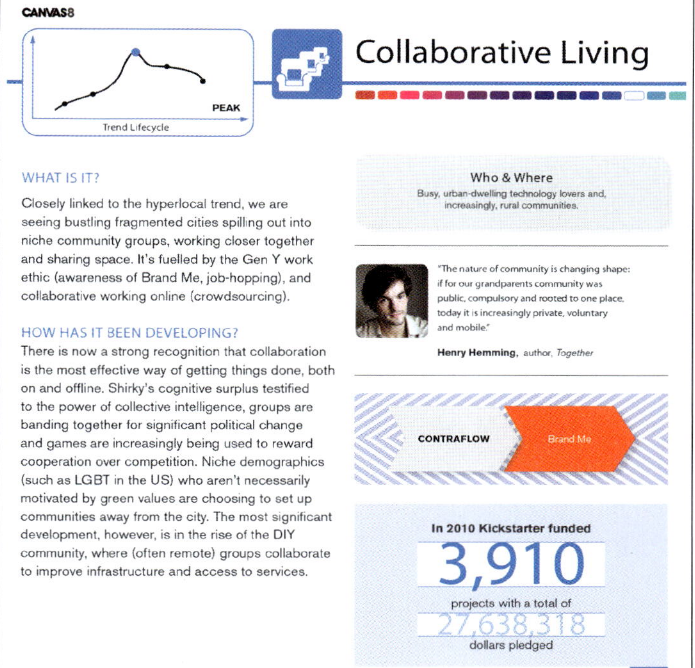

에 의하면 상대적으로 비매력적인 제품들도 소비자들이 좋아하는 다른 제품과 연관될 경우 좀 더 매력적으로 보일 수 있다.

하나의 라이프스타일 아이디어를 표현하기 위해 많은 다른 범주의 물건들을 연결시키는 것은 여러 소비 관련 의사결정에서 핵심적인 것이다 — 이것은 중요한 데이트를 위해 복장을 조합하고(신발, 옷, 향수 등), 집을 장식하거나(테이블, 카페트, 벽지 등), 식당을 디자인하는 것(메뉴, 분위기, 종업원의 유니폼 등) 등을 포함한다.

오늘날 많은 사람들은 기능 측면뿐만 아니라 디자인이 다른 물건이나 가구들과 얼마나 잘 조화가 되는지에 근거하여 제품을 평가한다.

이들 타 범주와의 관계를 이해하는 마케터들은 종종 두 가지 이상의 제품을 홍보하기 위해 다른 회사와 협업하는 **공동브랜딩전략**(co-branding strategy)을 꾀한다. 몇몇 마케터들은 심지어 광고 속에 등장하는 캐릭터를 매치시킨다. Pillsbury Doughboy는 광고 속에서 Sprint Guy와 함께 휴대 전화를 홍보하기 위해 나타났고, 외로운 Maytag 수리공은 Chevrolet Impala 자동차 광고 속에 등장했으며, Taco Bell의 치와와(레스토랑 타코벨의 마스코트로 현재는 은퇴했다)는 GEICO 보험사 광고 속에 등장하였다.

제품상보성(product complementarity)은 여러 가지 제품들의 상징적 의미들이 서로 관련될 때 발생한다. 소비자는 사회적 역할을 정의하고, 커뮤니케이션하며, 수행하기 위해 **소비제품군**(consumption constellation)이라고 하는 일련의 제품들을 사용한다. 예컨대, 1980년대 미국의 "여피족(yuppie)"은 Rolex 시계, BMW 승용차, Gucci 서류가방, 스쿼시 라켓, 신선한 pesto 요리, 백포도주, 그리고 브리 치즈 등으로 특징지을 수 있다. 연구자들은 심지어 어린이도 소비 제품군을 만들어내는 숙달되어 있다는 것을 밝혔고, 나이가 들어갈수록 인지구조 속에서 더욱 많은 브랜드를 포함한다는 것을 밝혔다. 그림 11.7에서 라이프스타일 트랜드를 보여준다.

목표 6

사이코그래픽스 기법은 단순 인구통계학적 특성을 넘어서 마케터들이 서로 다른 소비자 세분 시장을 이해하고 접근하는 데 도움을 준다.

사이코그래픽스

Cadillac이 Escalade SUV를 출시했을 때 비평가들은 기괴한 오래된 럭셔리 브랜드를 트럭과 비교하며 비웃었지만, 소비자들은 이 자동차를 힙합 라이프스타일과 연결시켰다. J. Lo(Jennifer Lopez)나 Outkast, Jay-Z와 같은 아티스트들은 자동차의 이름을 자신의 노래 속에서 언급했고, Jermaine Dupri(미국 음반제작자 겸 가수)는 "Escalade를 갖게 해주세요"라고 외쳤다. 3년이 지난 후, Cadillac은 18피트의 Escalade EXT트럭의 가격을 50,000달러로 책정할 정도가 되었다.

Escalade의 브랜드 매니저는 럭셔리 픽업의 표적 고객을 초창기 버전의 SUV 구매자로 묘사했다. 두 명의 운전자가 각각 2백만 달러짜리 집을 갖고 있을지라도, 전형적인 럭셔리 SUV 운전자는 약 50세로 Harvard 대학 MBA를 졸업하고, 골프 클럽의 회원이며, 대학 친구들과의 지속적인 관계를 유지하고, 시대에 뒤떨어지지 않기 위해 열심히 일하는 사람으로 묘사되었다. 그러나 럭셔리 픽업 운전자들은 이들보다 5세 정도 어리며 아마도 아버지의 건축 사업을 물려받았을 것이고, 18세부터 일하기 시작했을 것이다. 대학에 다녔거나 다니지 않았을 수도 있으며, SUV 운전자들과는 다르게 고등학교 친구들과 아직까지도 연락을 하고 지낸다.

이 예에서 보듯이, 마케터들은 종종 다른 라이프스타일 집단에 어필할 수 있는 제

여러 다른 디자인으로 판매되는 유명한 Sigg라는 물병 제조업체는 매년 특별한 고객을 염두에 두고 3,000여 개의 컨셉트 중에서 특정 디자인을 선택한다. 특별한 고객은 도시에 살면서 요가를 하고 유기농 농산물을 구입하는 Whole Foods Woman, 혹은 록 그룹 Radiohead 를 즐겨듣고 빈티지 Converse 스니커즈를 신는 Geek Chic Guy를 포함한다.
출처: © Winston Wong/Alamy

품을 개발하는 것이 유용하다는 것을 알게 된다. 개성이라는 변수가 라이프스타일의 선호에 대한 지식과 결합될 때, 마케터는 어떤 소비자 세분 시장에 초점을 맞출 것인가에 관해 알 수 있는 강력한 도구를 얻게 되는 것이나 다름없다. 예를 들어, Adidas는 라이프스타일의 측면에서 여러 유형의 신발 구매자들을 묘사했다. 그래서 Gearheads(하드코어, 고기능 신발을 원하는 고령의 경주자), Popgirls(팝, 패션에 관심이 많은 10대 소녀), Fastidious Eclectus(보헤미안, 최신 유형의 차별화된 제품을 원하는 사람)와 같은 세분 시장의 욕구를 다룰 수 있었다.

이런 접근을 **사이코그래픽스**(psychographics)라고 부르는데, 이것은 "어떤 제품, 사람, 이데올로기, 또는 그 밖의 태도나 매체 이용에 관한 특정의 의사결정을 하기 위해, 시장이 시장에 속한 집단의 성향에 의해 어떻게 세분되는지 — 그리고 그 이유는 무엇인지 — 를 결정하기 위해 심리학, 사회학 및 인류학적 요인들을 활용"하는 것과 관련이 있다.

마케터는 소비자들을 세분화하기 위해 많은 사이코그래픽스 변수를 이용하지만, 이런 구분들 모두는 제품들을 구매하고 사용하는 소비자들의 동기를 이해하기 위한 피상적인 특징들을 넘어선다. 인구통계학적 특성들은 누가 구매하는지를 나타내 주지만, 사이코그래픽스는 왜 구매하는지를 설명해 준다. 하나의 고전적인 예로는 Molson Export 맥주회사가 사이코그래픽스 연구 결과에 근거하여 캐나다에서 실시했던 유명한 방송 광고 캠페인이 있다. 조사에 의하면, Molson의 표적 고객들은 결코 어른처럼 행동하지 않고, 미래에 관해 확신을 갖지 못하며, 여성의 새롭게 찾은 자유에 의해 위협을 받는 소년의 성향을 갖고 있었다. 따라서 광고에서는 남성들의 집단, 즉 "Fred와 소년들"이 등장하는데 이들 남성들과의 어울림이 남성의 동료애와 변화에 대한 보호를 제공함을 강조하면서, 그 맥주가 "최고의 맛을 유지한다"라는 메시지를 전달했다.

사이코그래픽스 분석은 어떻게 하는 것인가?

사이코그래픽스 연구들은 다음과 같은 다양한 형태를 띨 수 있다:

- **라이프스타일 프로필**은 제품의 사용자와 비사용자를 구별 짓는 항목들을 찾는다.
- **제품특성 프로필**은 표적 집단을 확인한 다음에 제품 관련 차원들에서 이들 소비자들의 프로필을 작성한다.
- **일반적인 라이프스타일 세분화**는 반응자들의 큰 표본을 그들이 가진 전체적인 선호의 유사성에 근거하여 동질적 집단으로 세분화한다.
- **제품특성세분화**는 제품 범주에 맞추어 질문들을 만든다. 예를 들어, 위장약과 관련된 연구를 수행하고 싶다면, "나는 걱정을 많이 한다"라는 문항을 "나는 걱정을 많이 해서 위장에 문제가 생겼다"라고 바꿀 수 있다. 이렇게 함으로써 연구자는 경쟁 브랜드의 사용자들을 좀 더 정교하게 구별해 낼 수 있다.

AIOs

가장 최근의 사이코그래픽스 연구는 **AIOs**로 알려진 세 범주의 변수 — 활동(activities), 관심(interests) 및 의견(opinions) — 의 조합에 따라 소비자들을 분류하고자 한다. 대규모 표본에서 입수된 자료를 사용하여, 마케터는 활동과 제품 사용 패턴에 따라 서로 비슷한 고객의 프로필을 만들어낸다. 표 11.2는 일반적으로 사용되는 AIO의 차원들이다.

소비자들을 AIO의 범주로 묶기 위해, 연구자들은 응답자들에게 긴 목록의 진술문들을 제시하고 각 진술문에 얼마나 동의하는지를 표시하게 한다. 따라서 라이프스타일은 사람들이 어떻게 그들의 시간을 보내고, 관심 있거나 중요시하는 것이 무엇이며, 자

표 11.2 라이프스타일 차원들

활동	관심	의견	인구통계학적 특성
일	가족	자기 자신	연령
취미	가정	사회적 쟁점들	교육
사회적 사건들	일	정치	소득
휴가	공동체	사업	직업
오락	레크리에이션	경제	가족 크기
클럽 멤버십	패션	교육	거주지
공동체	음식	제품	지리
쇼핑	매체	미래	도시 크기
스포츠	성취	문화	라이프사이클 단계

출처: William D. Wells and Douglas J. Tigert, "Activities, Interests, and Opinions," *Journal of Advertising Research* 11 (August 1971): 27–35. © 1971 by The Advertising Research Foundation. Used with permission.

신과 그를 둘러싼 세계를 어떻게 보고 있는가를 밝힘으로써 "요약될 수 있다."

전형적으로 사이코그래픽스 분석의 첫 단계는 특정 제품에 대해 고객의 상당수를 구성하고 있는 라이프스타일 세분 시장을 결정하는 것이다. 우리가 1장에서 다뤘던 80/20규칙에 따르면, 단지 몇 개의 라이프 스타일 세분 시장으로도 브랜드 사용자들의 대부분을 설명할 수 있다.

사이코그래픽스의 기법들은 마케터들이 다량 사용자들을 밝혀내는 데 도움을 준다. 마케터들은 다량 사용자들을 파악하고 이들에 대해 이해한 후, 이들을 브랜드와 연관시킬 수 있는 방법을 보다 구체적으로 고려한다. 예컨대, 워킹용 운동화가 유행하기 시작할 때, 마케터는 이 제품의 모든 구매자가 기본적으로 조깅에 싫증난 사람들일 것이라고 예상했다. 그 후에 수행된 사이코그래픽스 연구는 "보행자들"도 직장에 걸어가려는 사람에서부터 걷는 게 즐거워 걷는 사람에 이르기까지 실제로 여러 집단이 있다는 것을 보여주었다. 이러한 사실은 Footjoy Joy-Walkers에서부터 Nike Healthwalkers에 이르기까지 신발 제조업자들이 여러 다른 세분 시장을 공략하고자 하는 계기가 되었다.

마케터들은 여러 가지 방법으로 이런 연구 결과들을 활용할 수 있다:

- **표적시장을 규정하기 위해:** 이런 정보를 통해 마케터는 단순한 인구통계학적 기술이나 제품 사용에 관한 기술(예, 중년 또는 빈번한 사용자들)을 넘어설 수 있다.
- **시장에 대한 새로운 시각을 갖기 위해:** 때때로 마케터는 마음 속에 있는 "전형적인" 고객을 대상으로 전략을 입안한다. 이런 고정관념은 실제의 고객이 가정과 맞지 않을 수도 있기 때문에 정확치 않을 수 있다. 예컨대, 여성용 미용 크림을 담당하는 마케터들은 그들이 주로 소구해 왔던 젊고 사교적인 여성이 아니라 나이 든 미망인들이 다량 사용자라는 것을 알고 놀랐다.
- **제품을 포지셔닝하기 위해:** 사이코그래픽스 정보는 마케터들에게 한 개인의 라이프스타일에 적합한 제품의 특징을 강조하도록 해줄 수 있다. 사람들과 같이 있고자 하는 욕구를 강하게 보이는 라이프스타일 프로필을 가진 사람들을 표적으로 삼고자 하는 회사는 이런 사회적 욕구를 충족시키는 데 도움이 되는 제품력에 초점을 맞출 수 있다.
- **제품속성을 보다 잘 전달하기 위해:** 사이코그래픽스 정보는 제품 관련 내용을 커뮤니케이션해야 할 광고 크리에이티브(advertising creative: 광고 창작과정)에 매우 유용한 자료를 제공해 줄 수 있다. 아티스트나 카피라이터는 무미건조한 통계보다는 사이코그래픽스 자료를 통해 표적 소비자에 대한 더욱 풍부한 정신적 이미지를 얻을 수 있다. 예컨대, Schlitz 맥주에 대한 연구 결과, 맥주의 구매빈도가 높은 사람들은 즐거운 삶이란 아주 드물다고 느끼는 경향이 있음이 밝혀졌다. 그래서 개발된 광고의 슬로건은 "삶은 한 번뿐, 모든 열정을 불태우세요"였다.
- **제품전략을 개발하기 위해:** 마케터는 어떤 제품이 소비자의 라이프스타일에 적합한지 아닌지를 이해해야만 신제품 기회를 확인하고, 매체 전략을 입안하며, 이러한 소비 패턴과 가장 잘 일치하면서 조화를 이루는 환경을 만들어낼 수 있다.
- **사회적 및 정치적 쟁점을 마케팅하기 위해:** 사이코그래픽스 세분화는 정치 캠페인의 중요한 수단이 될 수 있으며, 정책 입인자가 마약 복용이나 과도한 도박 등의 유해한 행동들에 가담하는 소비자들의 공통점을 찾아내기 위한 기법으로 이용할 수있

그림 11.8 VALS2™

다. 18~24세까지의 남성 음주운전자들에 대한 사이코그래픽스 연구는 해로운 행위의 근절에 도움을 주기 위해 사이코그래픽스 접근법의 잠재성을 강조했다. 연구자들은 이 세분 시장을 네 개의 집단으로 나누었다: "즐거움 추구자(good timers)", "적응자(well adjusted)", "멍청이(nerds)", "문제아(problem kids)." 연구자들은 특히 "즐거움 추구자" 집단은 술 마시는 것을 재미있어하며, 음주운전 동안 사고가 발생할 가능성은 낮으며, 음주가 이성에게 더 매력적으로 보이게 할 수 있다고 믿는 경향이 높음을 발견했다. 이 연구는 또한 이 집단이 록 콘서트와 파티에서 술을 마시며, MTV를 가장 즐겨보고, 앨범 위주 라디오 방송국의 인기 음악 방송을 즐겨 듣는 경향이 있음을 밝혀냄으로써, 즐거움 추구자들을 대상으로 예방 캠페인을 실시하는 데 도움을 주었다.

마케터들은 공통의 라이프스타일에 의해 하나로 묶여지는 소비자 집단을 규명하고, 이들에게 접근하는 데 도움이 될 새로운 통찰력을 끊임없이 찾는다. 이런 욕구를 충족시키기 위해, 많은 리서치회사들과 광고대행사들은 독자적인 **세분화 유형학**(segmentation typology)을 개발해 왔다. 응답자들은 일련의 뚜렷한 라이프스타일 집단으로 자신들을 분류해 주는 수많은 질문들에 대해 답을 하게 된다. 이런 질문들에는 보통 AIOs 분석 외에 응답자들의 특정한 브랜드에 대한 감정, 좋아하는 유명인, 그리고 선호 매체 등에 관련된 문항들이 포함된다. 자신들의 고객들과 잠재 고객들에 관해 더 많은 것을 알고 싶어하는 회사들이 이런 시스템을 구매하게 된다.

가장 잘 알려진 세분화 시스템은 **VALS2™**(Values and Lifestyles System)으로, California에 있는 SRI International사에 의해 개발되었다. 현재의 VALS2™ 체계는 미국의 성인들을 각각의 두드러진 특성을 가진 집단으로 나누기 위해 39개의 문항(심리적인 것과 인구통계학적인 것)을 사용하고 있다. 그림11.8에서와 같이, 수직적으로는 자원(수입, 교육, 에너지 수준, 그리고 구매 의욕)에 의해서, 그리고 수평적으로는 자아 지향성에 의해 집단들이 배열되어 있다.

수평적 차원은 세 가지 자아 지향성으로 구성된다. 이상(Ideals) 지향성을 지닌 사람들은 구매 결정 시 신념 체계에 의존하며, 타인들의 시선에는 관심이 없다. 성취(Achievement) 지향성을 가진 사람들은 좀 더 경쟁적이다. 이들은 동료가 자신의 결정에 관해 어떻게 생각하는지와 이런 결정들이 자신들을 어떻게 반영하는지를 고려한다. 마지막으로, 자아–표현(Self–Expression) 지향성을 가진 사람들은 구매에 있어서 감정적인 측면과 제품 및 서비스에서 사적으로 얻는 만족에 더 많은 관심을 보인다.

다음 세 개의 집단도 역시 충분한 물질적 자원을 보유하고 있으나, 인생관에서 차이가 있다:

- **사상가**(thinkers): 만족을 느끼며, 사려 깊고, 안정적이다.
- **성취가**(achievers): 경력 지향적이며 위험이나 자아 발견에 대한 예측력을 선호한다.
- **경험가**(experiencers): 충동적이고, 젊고, 색다르면서도 위험 요소가 있는 경험을 즐긴다.

다음 네 개의 집단은 더 적은 자원을 보유하고 있다:

- **신자**(believers): 단호한 원칙을 고수하며 입증된 브랜드를 선호한다.
- **노력가**(strivers): 자원을 적게 갖고 있지만 성취가와 유사하고, 다른 사람들의 인정에 매우 관심이 많다.
- **실행가**(makers): 행위 지향적이며, 자급자족에 자신의 에너지를 집중하는 경향이 있다. 자신의 차를 수리하거나, 채소를 가꾸거나, 직접 집을 짓는 유형의 사람들에게서 흔히 발견된다.
- **생존가**(strugglers): 경제적 사다리의 맨 하단에 있다. 이들은 순간의 욕구를 충족시키는 데 가장 많은 관심을 두며, 생존을 위해 필요한 기본 제품 이상의 것을 획득할 능력이 제한되어 있다.

만약 당신이 어떤 VALS 유형으로 분류되는지 알고 싶다면, www.strategicbusinessinsights.com/vals/presurvey.shtml을 방문해 보라.

본 장의 정리

1. 경제 전반에 대해서만 아니라, 우리 미래에 대한 우리의 신뢰도가 얼마나 자유롭게 소비하고 어떤 유형의 물건을 구매하는 데 있어서의 결정요인이 된다.

행동 경제학 연구들은 소비자들이 어떻게 지출과 관련한 결정을 하는가에 대해 연구한다. 소비자의 신뢰는 소비자가 자신의 상황에 대해 갖고 있는 마음 상태이며 전체적인 경제 전망에 대한 느낌을 말한다. 이것은 소비자들이 제품이나 서비스의 구입 여부, 그리고 대출받을 것인지, 저축을 할 것인지에 대해 결정하는 데 중요한 역할을 한다.

2. 우리는 소비자들을 서로 다른 사회 계급으로 구분하고, 이러한 사회 계급은 소비자들이 사회에서 처한 상황에 대해 많은 것을 알려준다.

소비자의 사회 계급은 소비자의 사회적 위치를 의미한다. 교육, 직업, 그리고 수입 정도가 우리가 속하는 계급을 결정한다. 실제로, 모든 계급 그룹들은 상대적인 우월성, 힘, 그리고 가치 있는 자원의 접근성 관점에서 볼 때 구성원들 사이에 차이가 난다. 이 같은 사회 계층화는 소비자들이 어떤 제품을 다른 제품보다 선호하는 것에 기반이 되는 지위 계급을 만들어낸다.

수입이 사회 계급의 중요한 지표이지만, 이 둘 사이의 상관관계는 완벽하지 않다. 거주 지역, 문화적 취향, 세계관 등이 또한 사회 계급을 결정한다. 수입 분포가 세계적으로 변화하기 때문에 사회 계급에 따라 소비자들을 구분하기가 더욱 어려워졌다. 많은 제품은 마케터들이 대중 계급(소규모일지라도 명품을 구입할 수 있는 수입이 있는 사람)이라 부르는 신흥 소비자 그룹들의 호응을 얻었기에 성공했다.

3. 소비자 자신이 처해 있는 사회 계급 또는 선망하는 사회 계급에 대해 표현하고 싶어하는 욕구가 어떤 제품을 선호하고 선호하지 않는 것에 어떻게 영향을 미치는가?

과시적 소비는 개인이 재화를 의도적으로 써없애면서 그 개인의 사회적 지위를 과시하는 것을 말한다. 이것은 더 높은 계급으로 "올라가는" 하나의 방법이다. 벼락부자는 부모로부터의 상속이 아닌 최근에 갑자기 늘어난 부로 계급의 이동을 한 사람을 말한다. 여기에 속한 상당수의 사람들이 과시적 소비를 보인다. 우리는 지위를 나타내는 상징(대개 희귀한 제품이나 서비스)을 우리의 사회적 위치를 다른 사람들과 커뮤니케이션하는 데 사용한다. 모방과시(parody display)는 우리가 의도적으로 패션 제품을 피하는 것으로 지위를 찾을 때 발생한다.

4. 라이프스타일은 개개인의 시간과 돈의 사용과 관련된 선택을 반영한 소비 패턴을 결정하게 하며 이는 소비자 정체성의 중요한 요소이다.

라이프스타일은 어떤 사람의 돈과 시간을 사용하는 방식 및 소비 선택이 이런 가치와 취향을 어떻게 반영하는지를 의미한다. 라이프스타일 연구는 사회적 소비 선호를 추적하고 또한 상이한 세분 시장에 특정 제품과 서비스를 포지셔닝시키는 데 유용하다. 마케터들은 라이프스타일 차이에 의해, 즉 종종 AIOs(활동, 관심 및 의견)에 의해 소비자를 세분화한다.

5. 소비패턴을 확인하는 것은 라이프스타일 마케팅 전략의 조직기능에서 개인적인 구매를 파악하는 것보다 더욱 유용한 것이다.

사람들은 소비 제품군을 형성하기 위해 일련의 제품과 활동을 사회적 역할과 연결시킨다. 사람들은 어떤 제품이나 서비스가 특정소비군들과 연결되고 나아가 자신들이 바람직하다고 보는 라이프스타일과 관련되기 때문에 특정한 제품이나 서비스를 구매한다. 지리적 인구통계학이라 불리는 일련의 기법들은 지리적이고 인구통계학적인 자료를 이용하여 소비 패턴을 분석하고, 유사한 심리적(psychographic)특성들을 보이는 소비자들의 집단을 규명한다.

6. 사이코그래픽스 기법은 단순 인구통계학적 특성을 넘어서 마케터들이 서로 다른 소비자 세분 시장을 이해하고 접근하는데 도움을 준다.

사이코그래픽스 기법들은 관찰 가능한 특징들(인구통계학적 특성) 외에도 심리적이고 주관적인 변수들에 의해서 소비자들을 분류한다. 마케터들은 소비자 "유형들"을 확인하고, 브랜드나 제품 선호, 매체 사용, 레저 시간 활동, 그리고 정치나 종교와 같은 포괄적인 쟁점에 대한 태도 등을 규명하기 위해 다양한 시스템들을 개발했다.

KEY TERMS

AIOs
BRIC 국가 BRIC nations
가치와 라이프스타일 시스템 The Values and Lifestyles System (VALS2™)
개인 소유의 공간 online gated community
검소함 frugalistas
공동브랜딩전략 co-branding strategies
과시적 소비 conspicuous consumption
귀속적 지위 ascribed status
낭비벽 있는 사람 spendthrifts
대중계급 mass class

동형배우자생식 homogamy
디지털 양극화 Digital Divide
라이프스타일 lifestyle
라이프스타일 마케팅 관점 lifestyle marketing perspective
라이프스타일 세분화 유형학 lifestyle segmentation typologies
명성 경제 reputation economy
모방과시 parody display
문화적 자본 cultural capital
벼락부자 nouveau riches
부자경제 plutonomy
부자병 affluenza
브랜드 현출성 brand prominence
사이코그래픽스 psychographics
사회계급 social class
사회 성층화 social stratification
사회 이동 social mobility
사회적 자본 social capital
성취적 배지 status symbol
성취적 지위 achieved status
세계관 worldview
세계시민주의 cosmopolitanism
소득상위 1%인 자 One Percenter
소비자 신뢰도 consumer confidence
소비제품군 consumption constellation
수전노 tightwads
시샘을 얻을 만한 구별 invidious distinction
아비투스 habitus
유한계급 leisure class
이형배우자생식 hierogamy
정교화된 코드 elaborated codes
제품상보성 product complementarity
제한된 코드 restricted code
지배와 복종의 서열체계 dominance–submission hierarchy
지위 명백화 status crystallization
지위 서열 status hierarchy
지위 신호 status signaling
지출가능소득 discretionary income
차브 chav
취향문화 taste culture
코드 code
코스프레 cosplay
쾌락적응 hedonic adaptation
쿠거 cougar
피라미드의 하층부 bottom of the pyramid

REVIEW

11-1. 우리 사회에서 여성들은 전반적인 수입 향상에 어떻게 기여했는가?
11-2. 가용 수입(discretionary income)을 정의하라.
11-3. 소비자의 신뢰(consumer confidence)는 소비자 행동에 어떻게 영향을 미치는가?
11-4. 사회의 서열(pecking order)은 무엇인가?
11-5. 성취적(achieved) 대 귀속적 지위(ascribed status)의 차이는 무엇인가?
11-6. 중상류층의 출산율이 낮은 것에 대한 중요한 의의는 무엇인가?
11-7. 수입만이 사회 계층을 결정하는 좋은 요인인가?
11-8. SBI 비즈니스 인텔리전스 컨설팅은 명품에 대한 태도를 어떻게 구분하였는가?
11-9. 어떤 국가에서는 사회계층을 측정하고 정량화하는 것이 어렵다. 왜 이러한 경우가 나오는가?
11-10. 지위상징을 구매하는 가장 중요한 요인은 무엇인가?
11-11. 개인의 미적이고 지적인 선호도로 묘사하는 그 용어는 무엇인가?
11-12. 제한된 코드와 정교화된 코드의 차이점에 대해서 설명하고 각각의 예를 들어라.
11-13. 엘리트들은 자신의 그룹에 접근하는 것을 어떤 방식으로 제한하는가?
11-14. 자신이 선호하는 브랜드에 모조품이 성행할 때 그것을 밝혀내는 세 가지 방법은 무엇인가?
11-15. 계획적인 소비란 어떤 의미인가?
11-16. 모방과시의 최근 예를 들어라
11-17. 어떻게 사람과 제품과 환경이 결합하여 소비 스타일을 만들어내는가?
11-18. 사이코그래픽스 분석은 어떻게 실시되는가?

도전과제

도전문제

11-19. 최근 들어, Sears, JCPenney, 그리고 Wal-Mart는 회사이미지를 향상시키고 보다 상위 사회 계급에 호응을 얻기 위해 노력하고 있다. 실제로, JCPenney의 경우 Apple's stores의 대표를 새로운 CEO로 고용하였다. 이 노력들은 성공적으로 평가될 수 있는가? 당신은 이것을 현명한 전략이라고 생각하는가?
11-20. 오늘날 사회에서 사회 계급을 측정하는 데 있어서 어려움은 무엇인가? 이 어려움을 극복할 수 있는 방안에 대해 토론하라.

11-21. 사회적 혜택을 받지 못한 가족과 수입이 사회의 평균 정도 되는 가족들 사이에 소비는 어떤 차이가 있는가?

11-22. 사람들에게 사회 계급을 어떻게 부여하는가? 당신은 어떤 소비를 사회적 위치를 결정하는 신호(예, 옷, 말투, 차 등)로 사용하는가?

11-23. 오늘날의 경제 상황에서 돈이 있더라도 돈을 과시하는 것은 약간 저속해 보인다. 그렇다면 이런 상황에서 명품과 같은 제품들은 구식이 되었는가? 그 이유에 대해 설명하라.

11-24. Thorstein Veblen은 남자들은 여자들을 자신의 부를 과시하는 "트로피 주부"로 사용한다고 했다. 이 주장은 오늘날에 유효한가?

11-25. 지위를 나타내는 상징들은 우리가 가치 있게 생각하는 제품들이다. 그 이유는 다른 사람에게 로렉스 손목시계나 스포츠카처럼 얼마만큼의 명성과 돈을 갖고 있는지를 보여줄 수 있기 때문이다. 당신은 당신의 동료 집단이 이와 같은 지위를 나타내는 상징들을 가치 있게 여긴다고 믿고 있는가? 만약 그렇다면, 당신 연령대의 소비자들에게 적합한 지위 상징들은 무엇인가? 당신은 이 장에서 주장하는 많은 젊은이들에게 핸드폰이 지위 상징이라는 것에 동의하는가?

11-26. 무선기기들은 빠른 시간 안에 소비자의 생활에서 없어서는 안 되는 필수 제품으로 자리 잡았다. 많은 사람들을 "CrackBerrys"나 iPhone 없이는 생활할 수 없는 상태로 만든 이러한 급속한 변화에 대해 당신은 어떻게 생각하는가?

11-27. 우리는 많은 사람들이 절약하면서 생활하는 시대에 살고 있다. 이들은 외식을 줄이고 값비싼 의류와 명품도 이전보다 적게 구매하며 차도 더 오랫동안 사용한다. 이러한 현상은 소비자 행동에 있어서 장기적인 이행인가? 혹은 단지 일시적인 현상일까? 당신의 생각은 어떠한가?

응용문제

11-28. 부모님들을 포함해 당신이 알고 있는 사람의 사회 계급 점수를 매기기 위해 그림 11.3에 나오는 사회적 지위 지수를 사용해 보라. 몇몇 친구들(서로 다른 곳에 거주하면 더욱 좋다)에게 그들이 알고 있는 사람들의 정보를 정리해 달라고 부탁해 보라. 그리고 당신의 대답과 비교하라. 만약 다른 점이 있다면, 그것들을 어떻게 설명할 수 있겠는가?

11-29. 직업 목록을 정리해 보고 다양한 전공(경영학 전공자 그리고 비 경영학 전공자)의 학생들에게 이 직업들의 명성에 대한 순위를 정하게 하라. 학생들의 전공에 따라 어떤 차이가 있는가?

11-30. 서로 다른 사회 계급들의 소비자들을 그리는 광고 모음을 정리해 보라. 이 광고들의 현실과 그들이 나타나는 미디어에 관해 어떤 일반화된 결론이 가능하겠는가?

11-31. shredder(파괴자), tuner(조율사), 혹은 geek(괴짜)에 상관없이 새로운 "유형(type)"(혹은 종종 오래된 유형의 최신판)은 정기적으로 유행하는 문화로부터 생겨난다. 예를 들어, 최근에 일부 분석가들은 hipster가 다시 나타나고 있음을 발견하였다. 한 소식통에 의하면 이런 라이프스타일을 추구하는 사람은 Nylon잡지를 구독하는 "복잡한" 헤어스타일(검정색이나 흰 금발로 염색한)을 갖고 있으며,인디 록 음악을 즐겨 듣고, 예술이나 글쓰기를 전공했으며; Pabst Blue Ribbon 맥주를 마시고, 달라붙는 검정 바지와 스카프, 풍자적인 내용이 들어간 티셔츠를 착용하며, 커피와 담배에 탐닉하지만 — 자신이 hipster라는 것을 부정한다! 당신의 주변에 있는 사람들에게도 이런 라이프스타일 유형이 적용될 수 있는가? 당신은 여기에 속하는 사람이나 비슷한 사람을 찾아낼 수 있는가?

11-32. 대학생들을 타깃으로 하는 매체를 이용하여 이러한 사회적 역할에 대한 소비 제품군을 형성해 보라. "전형적인" 대학생들을 묘사하는 광고에 어떤 종류의 제품, 활동 및 관심사가 나타나고 있는가? 이러한 제품군은 얼마나 현실적인가?

11-33. 익스트림 스포츠. 유튜브. 블로깅. 완전 채식주의. 당신은 미래에 어떤 것이 "뜨거운" 관심을 받을지 예측할 수있는가? 당신 주변에서 부상하고 있는 라이프스타일 트렌드에는 어떤 것이 있는가? 이러한 트렌드를 좀 더 구체적으로 기술하고 예측을 정당화시켜 보라. 어떠한 제품과 스타일이 이러한 트렌드의 부분이 될 수 있는가?

사례연구 Case Study

앵무새 머리여, 단결하라!

당시은 앵무새 머리입니까? 당신이 이 말이 무슨 뜻인지 모른다면, 당신은 확실히 아니라고 할 수 있다. 전 세계의 Jimmy Buffett 팬들은 이 이름으로 자신들을 부르는 것을 자랑스러워한다. 많은 점에서 그들은 어느 곳에서나 가장 헌신적인 팬 기반이 있다는 것을 보여준다. 왜 이름이 앵무새 머리일까? 1985년 콘서트에서, 이글스의 한 멤버는 밝은 하와이 셔츠를 입은 청중들을 보았다. 그는 "마치 열대지방 옷을 입은 Deadheads처럼 보였다. 그들은 앵무새의 머리 같아"라고 말했다.

몇몇 비평가들은 Jimmy Buffett의 최고의 시기는 1970년대 후반이라고 생각하지만, 그는 1978년에서 2006년 사이 8장의 골드, 6장의 플래티넘, 그리고 3장의 멀티플래티넘 음반을 발표했다. 이 기간동안 그는 콘서트로 명성을 얻었고 5권의 베스트셀러를 집필했으며, 레스토랑과 카지노를 포함하여 수십억 달러 규모의 비즈니스인 Margaritaville 브랜드를 통해 세계에서 가장 부유한 음악가 중 한 명이 되었다.

Buffett의 콘서트에는 수천 명의 팬들이 모인다. 그의 콘서트는 하와이 셔츠와 앵무새 머리로 장식한 팬들로 마치 해변의 파티 같았다. 그러나 콘서트는 단지 이벤트의 한 부분일 뿐이었다. 팬들은 테일게이트 파티(tailgate parties 자동차 뒷문을 열고 즐기는 간단한 파티)에서 해마다 서로 친해졌다. 사실 너무 많은 사람들이 Buffett의 콘서트 이전에 파티를 열어서, 많은 공연장에서는 이제 테일게이트 파티에 들어가는 데도 입장료를 물렸다.

얼마나 대단한 Buffett의 팬들인가? 많은 사람들이 (몇몇은 수십 번씩 봤을) Buffett 콘서트를 중심으로 정기 휴가를 계획하고, 카리브해의 목적지에서 Buffett를 테마로 한 레스토랑을 방문하는 특별한 여행을 고려한다. 집과 보트, 그리고 RV차량을 열대의 Buffett의 장식으로 꾸미는 것은 이상한 게 아니며, 앵무새 머리를 테마로 한 결혼식을 올리는 사람들도 많았다.

Buffett의 팬은 세대별, 연령별 그룹, 그리고 직업별로 다양했지만, 그들은 전형적으로 그들의 헌신의 이유를 "현실도피"라 언급했다. 그러나 앵무새 머리는 단지 "Margaritaville에서 다시 수척해지는" 것 이상이었다. 많은 사람들이 현혈모임에서 자원봉사를 하거나, 아픈 아이들의 소원을 들어주기 위해 수천 달러를 모금하는데, 혹은 가난한 곳에 집을 짓는 데 그들의 자유시간을 사용하였다. 220개 이상의 지부를 가진 팬 그룹인 천국의 앵무새 머리는 2천9백만 달러 이상을 자선단체에 기부하였다.

Buffett의 매니지먼트는 Buffett 커뮤니티의 자선 노력을 인식하였다. 앵무새 머리 클럽은 자신들에게 할당되는 티켓을 배정받았다. 회원들은 여전히 비용을 지불해야 하지만, (자선 혹은 자원봉사 활동에 참여할 때 회원들에게 지급되는) 앵무새 포인트를 그가 얼마나 많이 가지고 있느냐에 따라 좌석의 우선순위를 준다. 티켓이 점점 더 구하기 힘들어지면서 이 권리는 실제로 환영받는 보너스이다.

토의문제

CS 11-1 우리는 Jimmy Buffett의 팬들을 준거집단으로 봐야 하는가? 브랜드 커뮤니티로 봐야 하는가?

CS 11-2 Buffett 커뮤니티의 존재가 마케터들에게 제시하는 기회는 무엇인가? 구체적인 마케팅 및 홍보 전술을 발전시켜보라.

출처: Chris Willman, "For Christmas Birthday Boy Jimmy Buffett, Who Needs Record Sales to Be Worth $400 Million?" http://music.yahoo.com/blogs/stop-the-presses, accessed July 25, 2013; www.phip.com, accessed July 25, 2013; Douglas Hanks, "Jimmy Buffett Represents Florida Culture, Lifestyle," *McClatchy Tribune Business News* (May 17, 2009); Alexis Garrobo, "Tropical Tuesday Brings Out the Parrot Heads," *McClatchy Tribune Business News* (July 16, 2008); Geoff Gehman, "A Buffet of Buffett: Tropical Troubadour Sets Sail to Philly," *McClatchy Tribune Business News* (June 5, 2008).

참조

1. Data in this section adapted from Fabian Linden, *Consumer Affluence: The Next Wave* (New York: The Conference Board, 1994). For additional information about U.S. income statistics, access Occupational Employment and Wage Estimates at www.bls.gov/oes/oes_data.htm.
2. Mary Bowler, "Women's Earnings: An Overview," *Monthly Labor Review* 122 (December 1999): 13–22.
3. Christopher D. Carroll, "How Does Future Income Affect Current Consumption?" *Quarterly Journal of Economics* 109 (February 1994): 111–47.
4. "Costco Net Falls on Weak Discretionary Spending," *Reuters* (May 28, 2009), www.reuters.com/article/newsOne/idUSTRE54R1GJ20090528, accessed June 17, 2009.
5. Quoted in Philip Jackman, "What Makes a Tightwad? Study Finds That People Who Are Stingy Report Feeling Emotional Pain When Spending Money," *Toronto Globe & Mail* (March 19, 2008), www.theglobeandmail.com, accessed March 22, 2008; http://webuser.bus.umich.edu/srick/Globe%20and%20Mail%203-19-08.pdf, accessed September 24, 2011.
6. Center for Media Research, "Coping with Recession" (June 3, 2009), www.mediapost.com, accessed June 3, 2009.
7. José F. Medina, Joel Saegert, and Alicia Gresham, "Comparison of Mexican-American and Anglo-American Attitudes Toward Money," *Journal of Consumer Affairs* 30, no. 1 (1996): 124–45.
8. Kirk Johnson, "Sit Down. Breathe Deeply. This Is Really Scary Stuff," *New York Times* (April 16, 1995): F5; cf. also Matthew J. Bernthal, David Crockett, and Randall L. Rose, "Credit Cards as Lifestyle Facilitators," *Journal of Consumer Research* 32 (June 2005): 130–45.
9. Xinyue Zhou, Kathleen D. Vohs, and Roy F. Baumeister, "The Symbolic Power of Money: Reminders of Money Alter Social Distress and Physical Pain," *Psychological Science* 20, no. 6 (2009): 700–6.
10. Fred van Raaij, "Economic Psychology," *Journal of Economic Psychology* 1 (1981): 1–24.
11. Richard T. Curtin, "Indicators of Consumer Behavior: The University of Michigan Surveys of Consumers," *Public Opinion Quarterly* (1982): 340–52.
12. George Katona, "Consumer Saving Patterns," *Journal of Consumer Research* 1 (June 1974): 1–12.
13. "Income, Poverty, and Health Insurance Coverage in the United States: 2011," U.S. Census Bureau (September 2012), http://www.census.gov/prod/2012pubs/p60-243.pdf, accessed March 17, 2013.
14. Matt Richtel, "Austere Times? Perfect," *New York Times* (April 10, 2009), www.nytimes.com/2009/04/11/business/economy/11cheap.html?_r=1, accessed April 10, 2009; www.stretcher.com, accessed March 16, 2013; www.allthingsfrugal.com, accessed March 16, 2013; www.frugalmom.net, accessed March 16, 2013.
15. Center for Media Research, "Financial Security an Elusive Concept," *Mediapost* (November 20, 2008), www.mediapost.com, accessed November 20, 2008.
16. Elizabeth Holmes, "Luxury Goods Sparkle," *Wall Street Journal* (May 4, 2011), http://professional.wsj.com/article/SB10001424052748703834480

4576300941315031916.html?mg=reno-secaucus-wsj, accessed June 16, 2011.
17. Michael Bush, "Consumers Continue to Stand by Their Causes During Downturn, Survey Says People Will Still Pay More if They Support Brand's Beliefs," *Advertising Age* (November 17, 2008), http://adage.com/article/news/consumers-continue-stand-downturn/132587/, accessed November 17, 2008; Rob Cox and Aliza Rosenbaum, "The Beneficiaries of the Downturn," *New York Times* (December 28, 2008), www.nytimes.com, accessed December 28, 2008.
18. Stephanie Rosenbloom, "But Will It Make You Happy?," *New York Times* (August 7, 2010), http://www.nytimes.com/2010/08/08/business/08consume.html?pagewanted=1&_r=2&ref=business, accessed April 10, 2011.
19. Floyd L. Ruch and Philip G. Zimbardo, *Psychology and Life*, 8th ed. (Glenview, IL: Scott Foresman, 1971).
20. Jonathan H. Turner, *Sociology: Studying the Human System*, 2nd ed. (Santa Monica, CA: Goodyear, 1981).
21. Richard P. Coleman, "The Continuing Significance of Social Class to Marketing," *Journal of Consumer Research* 10 (December 1983): 265–80; Turner, *Sociology: Studying the Human System*.
22. Rebecca Gardyn, "The Mating Game," *American Demographics* (July–August 2002): 33–34.
23. Richard P. Coleman and Lee Rainwater, *Standing in America: New Dimensions of Class* (New York: Basic Books, 1978): 89.
24. Coleman and Rainwater, *Standing in America: New Dimensions of Class*.
25. Turner, *Sociology: Studying the Human System*.
26. Anya Kamenetz, "The Perils and Promise of the Reputation Economy," *Fast Company* (November 25, 2008), www.fastcompany.com/magazine/131/on-the-internet-everyone-knows-youre-a-dog.html, accessed June 17, 2009.
27. Ruth LaFerla, "A Facebook for the Few," *New York Times* (September 6, 2007), www.nytimes.com, accessed September 6, 2007; www.asmallworld.net, accessed June 16, 2011.
28. Turner, *Sociology: Studying the Human System*, 260.
29. See Ronald Paul Hill and Mark Stamey, "The Homeless in America: An Examination of Possessions and Consumption Behaviors," *Journal of Consumer Research* 17 (December 1990): 303–21; "The Homeless Facts and Figures," NOW (May 2, 2007), www.ask.com/bar?q=What+Percentage+of+Americans+Are+Homeless&page=1&qsrc=6&ab=0&u=http://www.pbs.org/now/shows/305/homeless-facts.html, accessed June 17, 2009.
30. Joseph Kahl, *The American Class Structure* (New York: Holt, Rinehart & Winston, 1961).
31. "A Family Affair: Intergenerational Social Mobility Across OECD Countries," Organization for Economic Co-Operation and Development (2010), http://www.oecd.org/tax/public-finance/chapter%205%20gfg%202010.pdf, accessed March 17, 2013; Dan Froomkin, "Social Immobility: Climbing the Economic Ladder Is Harder in the U.S. Than in Most European Countries," *The Huffington Post* (September 21, 2010), http://www.huffingtonpost.com/2010/03/17/social-immobility-climbin_n_501788.html, accessed September 25, 2013.
32. Leonard Beeghley, *Social Stratification in America: A Critical Analysis of Theory and Research* (Santa Monica, CA: Goodyear, 1978).
33. Coleman and Rainwater, *Standing in America: New Dimensions of Class*.
34. See Coleman, "The Continuing Significance of Social Class to Marketing"; Charles M. Schaninger, "Social Class Versus Income Revisited: An Empirical Investigation," *Journal of Marketing Research* 18 (May 1981): 192–208.
35. Coleman, "The Continuing Significance of Social Class to Marketing."
36. "Reading the Buyer's Mind," *U.S. News & World Report* (March 16, 1987): 59.
37. Shelly Reese, "The Many Faces of Affluence," *Marketing Tools* (November–December 1997): 44–48.
38. Rebecca Gardyn, "Oh, the Good Life," *American Demographics* (November 2002): 34.
39. Paul Fussell, *Class: A Guide Through the American Status System* (New York: Summit Books, 1983): 29.
40. Elizabeth C. Hirschman, "Secular Immortality and the American Ideology of Affluence," *Journal of Consumer Research* 17 (June 1990): 31–42.
41. Coleman and Rainwater, *Standing in America: New Dimensions of Class*, 150.
42. Kerry A. Dolan, "The World's Working Rich," *Forbes* (July 3, 2000): 162.
43. Jason DeParle, "Spy Anxiety: The Smart Magazine That Makes Smart People Nervous About Their Standing," *Washingtonian Monthly* (February 1989): 10.
44. For an examination of retailing issues related to the need for status, cf. Jacqueline Kilsheimer Eastman, Leisa Reinecke Flynn, and Ronald E. Goldsmith, "Shopping for Status: The Retail Managerial Implications," *Association of Marketing Theory & Practice* (Spring 1994): 125–30; also cf. Wilfred Amaldoss and Sanjay Jain, "Pricing of Conspicuous Goods: A Competitive Analysis of Social Effects," *Journal of Marketing Research* 42 (February 2005): 30–42.
45. Martin Fackler, "Pajamas: Not Just for Sleep Anymore," *Opelika-Auburn News* (September 13, 2002): 7A.
46. Paula Mergenhagen, "What Can Minimum Wage Buy?," *American Demographics* (January 1996): 32–36.
47. A. T. Kearney, *Serving the Low-Income Consumer: How to Tackle This Mostly Ignored Market*, 2011, http://www.atkearney.com/index.php/Publications/serving-the-low-income-consumer.html, accessed March 17, 2013.
48. Teddy Wayne, "Digital Divide Is a Matter of Income," *New York Times* (December 12, 2010), http://www.nytimes.com/2010/12/13/business/media/13drill.html?adxnnl=1&src=busln&adxnnlx=1304179556-CFuBrgamrMhyRJjRfjj9Zg, accessed April 30, 2011.
49. C. K. Prahalad, *The Fortune at the Bottom of the Pyramid: Eradicating Poverty Through Profits* (Philadelphia, PA: Wharton School Publishing, 2004).
50. Antonio Regalado, "Marketers Pursue the Shallow-Pocketed," *Wall Street Journal* (January 26, 2007): B3.
51. Ibid.
52. Jeffrey F. Durgee, "How Consumer Sub-Cultures Code Reality: A Look at Some Code Types," in Richard J. Lutz, ed., *Advances in Consumer Research* 13 (Provo, UT: Association for Consumer Research, 1986): 332–37.
53. Paul C. Henry, "Social Class, Market Situation, and Consumers' Metaphors of (Dis)Empowerment," *Journal of Consumer Research* 31 (March 2005): 766–78.
54. David Halle, *America's Working Man: Work, Home, and Politics Among Blue-Collar Owners* (Chicago: University of Chicago Press, 1984); David Montgomery, "America's Working Man," *Monthly Review* (1985): 1.
55. Coleman and Rainwater, *Standing in America: New Dimensions of Class*, 139.
56. Roger Brown, *Social Psychology* (New York: Free Press, 1965).
57. Kit R. Roane, "Affluenza Strikes Kids," *U.S. News & World Report* (March 20, 2000): 55.
58. Mark Cleveland, Michel Laroche, and Nicolas Papadopoulos, "Cosmopolitanism, Consumer Ethnocentrism, and Materialism: An Eight-Country Study of Antecedents and Outcomes," *Journal of International Marketing* 17, no. 1 (2009): 116–46; cf. also Dana Alden, James Kelley, Petra Reifler, Julie Lee, and Geoff Soutar, "The Negative Impact of Global Companies: A Three Country Study on Global Company Animosity," *Journal of International Marketing*, in press, June 2013.
59. James Fallows, "A Talent for Disorder (Class Structure)," *U.S. News & World Report* (February 1, 1988): 83.
60. Coleman, "The Continuing Significance of Social Class to Marketing"; W. Lloyd Warner and Paul S. Lunt, eds., *The Social Life of a Modern Community* (New Haven, CT: Yale University Press, 1941).
61. W. Michael Cox and Richard Alm, "You Are What You Spend," *New York Times* (February 10, 2008), www.nytimes.com/2008/02/10/opinion/10cox.html?scp=1&sq=you+are+what+you+, accessed February 10, 2008.
62. Tami Luhby, "What It Takes to Be a One Percenter," CNNMoney (November 20, 2012), http://money.cnn.com/2012/11/20/news/economy/top-1-percent/index.html, accessed April 11, 2013.
63. Howard W. French, "Chinese Children Learn Class, Minus the Struggle," *New York Times* (September 22, 2006), www.nytimes.com, accessed September 22, 2006; Bay Fang, "The Shanghai High Life," *U.S. News & World Report* (June 20, 2005), www.usnews.com/usnews/biztech/articles/050620/20china.b2.htm, accessed June 20, 2005; Janine Gibson, "Den of Equity," *The Guardian* (May 12, 2001), http://travel.guardian.co.uk/cities/story/0,7450,489488,00.html, accessed June 20, 2005; Russell Flannery, "Long Live the $25 Cigar," *Forbes* (December 27, 2004): 51; Clay Chandler, "China Deluxe," *Fortune* (July 26, 2004): 149–56; Matthew Forney, "How Nike Figured Out China," *Time* (November 2004): A10–A14; J. David Lynch, "Emerging Middle Class Reshaping China," *USA Today* (November 12, 2002): 13A.
64. Dan Levin, "Beach Essentials in China: Flip-Flops, a Towel and a Ski Mask," *New York Times* (August 3, 2012), http://www.nytimes.com/2012/08/04/world/asia/in-china-sun-protection-can-include-a-mask.html?_r=1&ref=todayspaper, accessed January 11, 2013.
65. Sebastian Moffett, "The Japanese Paradox: Pinched by Economic Slump, Women Buy More Handbags from Vuitton, Prada, Hermes," *Wall Street Journal* (September 23, 2003), www.wsj.com, accessed September 23, 2003.
66. Cecilie Rohwedder, "Design Houses Build Stores, Pamper Demanding

Shoppers in Fashion-Industry Hot Spot," *Wall Street Journal* (January 23, 2004), www.wsj.com, accessed January 23, 2004.

67. Frank Skinner, "Take Not the Moat Out of the Tory's Eye," *Times of London* (May 15, 2009), www.timesonline.co.uk/tol/comment/columnists/frank_skinner/article6289313.ece, accessed June 17, 2009.
68. Quoted in Sarah Lyall, "Multiplying the Old Divisions of Class in Britain," *New York Times* (April 3, 2013), http://www.nytimes.com/2013/04/04/world/europe/multiplying-the-old-divisions-of-class-in-britain.html?_r=0, accessed April 11, 2013; "Huge Survey Reveals Seven Social Classes in UK," *BBC News UK* (April 3, 2013), http://www.bbc.co.uk/news/uk-22007058, accessed April 11, 2013;
69. Heather Timmons, "Vogue's Fashion Photos Spark Debate in India," *New York Times* (August 31, 2008), www.nytimes.com/2008/09/01/business/worldbusiness/01vogue.html?_r=1&ref=busi; accessed September 1, 2008.
70. Quoted in Timmons, "Vogue's Fashion Photos Spark Debate in India."
71. Sara C. Nelson, "Vagina 'Brightener': Indian Feminine Hygiene Product Promises to Make Genitals 'Many Shades Fairer'," *Huffington Post UK* |, http://www.huffingtonpost.co.uk/2012/04/12/vagina-brightener-indian-feminine-hygiene-product-promises-to-make-genitals-many-shades-fairer_n_1420052.html?just_reloaded=1, accessed January 11, 2013.
72. Robert Guy Matthews, "Bawdy British Ads Target Hot Youth," *Wall Street Journal* (April 20, 2005): B9.
73. "India's Middle Class Population to Touch 267 Million in 5 Yrs," *Hindustan Times*, http://www.hindustantimes.com/India-news/NewDelhi/India-s-middle-class-population-to-touch-267-million-in-5-yrs/Article1-659159.aspx, accessed March 17, 2013.
74. "Indian Consumer Market: A Change from Pyramid to Sparkling Diamond," KS Oils, http://www.ksoils.com/whitepapers/KS_WHITEPAPER_INDIAN_CONSUMER_MARKET.pdf, accessed March 17, 2013.
75. August B. Hollingshead and Fredrick C. Redlich, *Social Class and Mental Illness: A Community Study* (New York: Wiley, 1958).
76. John Mager and Lynn R. Kahle, "Is the Whole More Than the Sum of the Parts? Re-evaluating Social Status in Marketing," *Journal of Business Psychology* 10 (Fall 1995): 3–18.
77. Beeghley, *Social Stratification in America: A Critical Analysis of Theory and Research*.
78. R. Vanneman and F. C. Pampel, "The American Perception of Class and Status," *American Sociological Review* 42 (June 1977): 422–37.
79. Coleman, "The Continuing Significance of Social Class to Marketing"; Donald W. Hendon, Emelda L. Williams, and Douglas E. Huffman, "Social Class System Revisited," *Journal of Business Research* 17 (November 1988): 259.
80. Gerhard E. Lenski, "Status Crystallization: A Non-Vertical Dimension of Social Status," *American Sociological Review* 19 (August 1954): 405–12.
81. Richard P. Coleman, "The Significance of Social Stratification in Selling," in Martin L. Bell, ed., *Marketing: A Maturing Discipline: Proceedings of the American Marketing Association 43rd National Conference* (Chicago: American Marketing Association, 1960): 171–84.
82. Alex Veiga, "Number of Homes Facing Foreclosure Rose in July," Yahoo! Finance (August 9, 2012), http://finance.yahoo.com/news/number-homes-facing-foreclosure-rose-040831645.html, accessed March 17, 2013.
83. E. Barth and W. Watson, "Questionable Assumptions in the Theory of Social Stratification," *Pacific Sociological Review* 7 (Spring 1964): 10–16.
84. Zick Rubin, "Do American Women Marry Up?" *American Sociological Review* 33 (1968): 750–60.
85. K. U. Ritter and L. L. Hargens, "Occupational Positions and Class Identifications of Married Working Women: A Test of the Asymmetry Hypothesis," *American Journal of Sociology* 80 (January 1975): 934–48.
86. Jennifer Steinhauer, "When the Joneses Wear Jeans," *New York Times* (May 29, 2005), www.nytimes.com, accessed May 29, 2005.
87. http://www.disneystore.com/adults/disney-couture/mn/1000777+1000808/, accessed March 17, 2013; Brooks Barnes, "Disney, By Design," *New York Times* (November 5, 2008), http://www.nytimes.com/2008/11/06/style/06iht-06disney.17579292.html?scp=1&sq=Disney%20by%20design%20brooks%20barnes&st=cse, accessed November 6, 2008.
88. Gleb Bryanski and Guy Faulconbridge, "BRIC Demands More Clout, Steers Clear of Dollar Talk," *Reuters* (June 16, 2009), www.reuters.com/article/ousiv/idUSTRE55F47D20090616, accessed June 17, 2009; Guy Faulconbridge, "BRIC Seeks Global Voice at First Summit," *Reuters* (June 14, 2009), http://www.reuters.com/article/2009/06/14/us-russia-bric-idUSLE11928120090614, accessed June 17, 2009.
89. Paul F. Nunes, Brian A. Johnson, and R. Timothy S. Breene, "Moneyed Masses," *Harvard Business Review* (July–August 2004): 94–104; *Trend Update: Massclusivity*, report from Reinier Evers and Trendwatching.com, Zyman Institute of Brand Science, Emory University, www.zibs.com, accessed February 25, 2005.
90. Herbert J. Gans, "Popular Culture in America: Social Problem in a Mass Society or Social Asset in a Pluralist Society?" in Howard S. Becker, ed., *Social Problems: A Modern Approach* (New York: Wiley, 1966).
91. Eugene Sivadas, George Mathew, and David J. Curry, "A Preliminary Examination of the Continuing Significance of Social Class to Marketing: A Geodemographic Replication," *Journal of Consumer Marketing* 41, no. 6 (1997): 463–79.
92. Edward O. Laumann and James S. House, "Living Room Styles and Social Attributes: The Patterning of Material Artifacts in a Modern Urban Community," *Sociology & Social Research* 54 (April 1970): 321–42; see also Stephen S. Bell, Morris B. Holbrook, and Michael R. Solomon, "Combining Esthetic and Social Value to Explain Preferences for Product Styles with the Incorporation of Personality and Ensemble Effects," *Journal of Social Behavior & Personality* 6 (1991): 243–74.
93. Morris B. Holbrook, Michael J. Weiss, and John Habich, "Class-Related Distinctions in American Cultural Tastes," *Empirical Studies of the Arts* 22, no. 1 (2004): 91–115.
94. Pierre Bourdieu, *Distinction: A Social Critique of the Judgment of Taste* (Cambridge, UK: Cambridge University Press, 1984); cf. also Douglas B. Holt, "Does Cultural Capital Structure American Consumption?," *Journal of Consumer Research* 1 (June 1998): 1–25; Tuba Ustuner and Douglas B. Holt, "Toward a Theory of Status Consumption in Less Industrialized Countries," *Journal of Consumer Research* 37, no. 1 (2010): 37–56; James S. Coleman, "Social Capital in the Creation of Human Capital," *American Journal of Sociology* 94 (1988): 95–120.
95. Charla Mathwick, Caroline Wiertz, and Ko de Ruyter, "Social Capital Production in a Virtual P3 Community," *Journal of Consumer Research* 34 (April 2008): 832–49; cf. also Jonah Berger and Morgan Ward, "Subtle Signals of Inconspicuous Consumption," *Journal of Consumer Research* 37, no. 4 (2010): 555–69.
96. Quoted from www.hotenough.org, accessed June 16, 2011.
97. Nicole Ellison, Charles Steinfield, and Cliff Lampe, "The Benefits of Facebook 'Friends': Social Capital and College Students' Use of Online Social Network Sites," *Journal of Computer-Mediated Communication* 12 (2007): 1143–68.
98. Xavier Dréze and Joseph C. Nunes, "Feeling Superior: The Impact of Loyalty Program Structure on Consumers' Perceptions of Status," *Journal of Consumer Research* (April 2009): 890–905.
99. Derek Rucker and Adam D. Galinsky, "Desire to Acquire: Powerlessness and Compensatory Consumption," *Journal of Consumer Research* 35 (August 2008): 257–67.
100. "China: The Land Where Fake Brands Reign Supreme," *WeirdAsia News* (October 22, 2010), http://www.weirdasianews.com/2010/10/22/chinathe-land-fake-brands-reign-supreme/, accessed June 16, 2011.
101. Suraj Commuri, "The Impact of Counterfeiting on Genuine-Item Consumers' Brand Relationships," *Journal of Marketing* 73 (May 2009): 86–98.
102. Quoted in Steinhauer, "When the Joneses Wear Jeans."
103. Rod Nordland, "Iraqis Snap Up Hummers as Icons of Power," *New York Times* (March 29, 2009), http://www.nytimes.com/2009/03/30/world/middleeast/30hummer.html?scp=1&sq=Iraqis%20Snap%20Up%20Hummers%20as%20Icons%20of%20Power&st=cse, accessed March 29, 2009.
104. "Western Companies Compete to Win Business of Chinese Babies," *Wall Street Journal Interactive Edition* (May 15, 1998).
105. Andrew E. Kramer, "New Czars of Conspicuous Consumption," *New York Times* (November 1, 2006), www.nytimes.com, accessed November 1, 2006.
106. Tom Wright, "Ringing Up Sales in Indonesia: Nokia's Bulky Smart Phones Find Niche Following There as Business Status Symbol," *Wall Street Journal* (May 22, 2007): B1.
107. John Brooks, *Showing Off in America* (Boston, MA: Little, Brown, 1981), 13.
108. Naughton Keith, "The Perk Wars," *Newsweek* (September 30, 2002): 42–46.
109. http://www.wikihow.com/Know-if-a-Woman-is-a-Cougar, accessed July 29, 2013; Alexia Elejalde-Ruiz, "Age Gap: She's Old Enough to Be his . . . Wife," *Chicago Tribune* (September 19, 2012), http://articles.chicagotribune.com/2012-09-19/features/sc-fam-0918-age-gap-romance-20120919_1_age-gap-age-difference-age-matters, accessed March 17, 2013; Jessica Leshnoff, "Cougars and Their Cubs," *AARP* (February 2008), www.aarp.org/family/love/articles/cougars_and_their.html, accessed June 17, 2009; Robert Campbell, "For the Mature Woman Who Has Everything: A Boy Toy," Reuters (January 30, 2008), http://www.reuters.com/article/2008/01/30/us-speeddating-odd-idUSN3061371020080130, accessed July 29, 2013.

110. Young Jee Han, Joseph C. Nunes, and Xavier Dreza, "Signaling Status with Luxury Goods: The Role of Brand Prominence," *Journal of Marketing* 74 (July 2010): 15–30.
111. Thorstein Veblen, *The Theory of the Leisure Class* (1899; reprint, New York: New American Library, 1953): 45.
112. Brooks, *Showing Off in America.*
113. These definitions are adapted from entries in *The Urban Dictionary,* www.urbandictionary.com, accessed March 16, 2013.
114. Benjamin D. Zablocki and Rosabeth Moss Kanter, "The Differentiation of Life-Styles," *Annual Review of Sociology* (1976): 269–97; Mary Twe Douglas and Baron C. Isherwood, *The World of Goods* (New York: Basic Books, 1979).
115. www.bullz-eye.com/cars/tuner_cars.htm, accessed June 18, 2009; Brian Steinberg, "Pioneer's Hot-Rod Ads Too Cool for Mainstream," *Wall Street Journal* (March 14, 2003), www.wsj.com, accessed March 14, 2003; Mireya Navarro, "Advertisers Carve Out a New Segment," *New York Times* (May 22, 2003), www.nytimes.com, accessed May 22, 2003.
116. www.redneckbank.com, accessed June 20, 2011.
117. Russell W. Belk and Janeen Arnold Costa, "The Mountain Man Myth: A Contemporary Consuming Fantasy," *Journal of Consumer Research* 25 (1998): 218–40.
118. "Cosplay," www.cosplay.com, accessed June 20, 2011; www.acparadise.com, accessed June 20, 2011; Lisa Katayama, "Anatomy of a Nerd; Japanese Schoolgirl Watch," *Wired* (March 2006), www.wired.com/wired/archive/14.03/play.html?pg=3, accessed October 6, 2007.
119. Center for Media Research, "Precious Little Time," www.mediapost.com, accessed December 24, 2008.
120. Zablocki and Kanter, "The Differentiation of Life-Styles."
121. Richard A. Peterson, "Revitalizing the Culture Concept," *Annual Review of Sociology* 5 (1979): 137–66.
122. Stephanie Kang and Ethan Smith, "Music for Runners, Volume 2: Nike Releases Second Recording," *Wall Street Journal* (October 23, 2006): B6; http://nikeplus.nike.com/nikeplus/#tutorials, accessed July 6, 2007.
123. Ben Sisario, "Looking to a Sneaker for a Band's Big Break," *New York Times* (October 6, 2010), http://www.nytimes.com/2010/10/10/arts/music/10brand.html?_r=1&emc=eta1, accessed April 30, 2011.
124. William Leiss, Stephen Kline, and Sut Jhally, *Social Communication in Advertising* (Toronto: Methuen, 1986).
125. Douglas and Isherwood, *The World of Goods*, quoted on pp. 72–73.
126. Christopher K. Hsee and France Leclerc, "Will Products Look More Attractive When Presented Separately or Together?" *Journal of Consumer Research* 25 (September 1998): 175–86.
127. Brian Steinberg, "Whose Ad Is This Anyway? Agencies Use Brand Icons to Promote Other Products; Cheaper Than Zeta-Jones," *Wall Street Journal* (December 4, 2003), www.wsj.com, accessed December 4, 2003.
128. Michael R. Solomon, "The Role of Products as Social Stimuli: A Symbolic Interactionism Perspective," *Journal of Consumer Research* 10 (December 1983): 319–29.
129. Michael R. Solomon and Henry Assael, "The Forest or the Trees? A *Gestalt* Approach to Symbolic Consumption," in Jean Umiker-Sebeok, ed., *Marketing and Semiotics: New Directions in the Study of Signs for Sale* (Berlin: Mouton de Gruyter, 1988), 189–218; Michael R. Solomon, "Mapping Product Constellations: A Social Categorization Approach to Symbolic Consumption," *Psychology & Marketing* 5, no. 3 (1988): 233–58; see also Stephen C. Cosmas, "Life Styles and Consumption Patterns," *Journal of Consumer Research* 8, no. 4 (March 1982): 453–55; Russell W. Belk, "Yuppies as Arbiters of the Emerging Consumption Style," in Richard J. Lutz, ed., *Advances in Consumer Research* 13 (Provo, UT: Association for Consumer Research, 1986): 514–19.
130. Lan Nguyen Chaplin and Tina M. Lowrey, "The Development of Consumer-Based Consumption Constellations in Children," *Journal of Consumer Research*, 36, no. 5 (2010): 757–77.
131. Danny Hakim, "Cadillac, Too, Shifting Focus to Trucks," *New York Times* (December 21, 2001), http://www.nytimes.com/2001/12/21/business/cadillac-too-shifting-focus-to-trucks.html, accessed September 3, 2011.
132. Stevenson, "How to Beat Nike."
133. See Lewis Alpert and Ronald Gatty, "Product Positioning by Behavioral Life Styles," *Journal of Marketing* 33 (April 1969): 65–69; Emanuel H. Demby, "Psychographics Revisited: The Birth of a Technique," *Marketing News* (January 2, 1989): 21; William D. Wells, "Backward Segmentation," in Johan Arndt, ed., *Insights into Consumer Behavior* (Boston: Allyn & Bacon, 1968): 85–100.
134. Ian Pearson, "Social Studies: Psychographics in Advertising," *Canadian Business* (December 1985): 67.
135. Helen Coster, "The $25 Water Bottle," *Forbes* (March 19, 2009), www.forbes.com, accessed March 19, 2009; www.mysigg.com, accessed June 3, 2009.
136. Rebecca Piirto Heath, "Psychographics: Qu'est-Ce Que C'est?," *Marketing Tools* (November–December 1995).
137. Alfred S. Boote, "Psychographics: Mind Over Matter," *American Demographics* (April 1980): 26–29; William D. Wells, "Psychographics: A Critical Review," *Journal of Marketing Research* 12 (May 1975): 196–213.
138. Joseph T. Plummer, "The Concept and Application of Life Style Segmentation," *Journal of Marketing* 38 (January 1974): 33–37.
139. Berkeley Rice, "The Selling of Lifestyles," *Psychology Today* (March 1988): 46.
140. John L. Lastovicka, John P. Murry, Erich A. Joachimsthaler, Gurav Bhalla, and Jim Scheurich, "A Lifestyle Typology to Model Young Male Drinking and Driving," *Journal of Consumer Research* 14 (September 1987): 257–63.
141. www.strategicbusinessinsights.com/vals/presurvey.shtml, accessed March 16, 2013; Martha Farnsworth Riche, "VALS 2," *American Demographics* (July 1989): 25. Additional information provided by William D. Guns, Director, Business Intelligence Center, SBI Consulting, Inc., personal communication, May 1997.
142. Robert Lanham, *The Hipster Handbook* (New York: Anchor, 2003); www.urbandictionary.com/define.php?term=hipster, accessed July 5, 2007.

Chapter 12 • 네트워크화된 소비자행동: 구전, 소셜미디어, 패션

Chapter Objectives

이 장을 끝마칠 때, 당신은 다음의 사항들을 이해해야 한다:

1. 제품에 대한 다른 소비자들의 의견(좋고 나쁨)은 공식적인 광고보다 영향력이 크다.
2. 오피니언 리더는 다른 사람의 제품 선택에 영향을 미칠 가능성이 높다.
3. 소셜미디어는 기업과 소비자의 소통 방식을 변화시킨다.
4. 온라인 소셜 네트워킹은 구전 커뮤니케이션의 영향력을 더 확대한다.
5. 새로운 제품, 서비스와 아이디어는 시간이 지날수록 모든 사람들에게 확산된다. 다른 유형의 사람들은 이 확산 과정 동안 새로운 것들을 더 혹은 덜 수용하게 된다.
6. 많은 사람들과 조직들이 소비자들에게 상징적인 의미를 창출하고 알리는 패션 시스템 안에서 역할을 한다.
7. 패션은 주기(cycle)을 따르고 문화적 역동성(cultural dynamics)을 반영한다.

Natalie는 신속하게 오늘 온 메일을 살펴본다. 청구서, 광고, 청구서, 정치 후보자의 모금편지, 다른 신용카드 제공에 관련된 메일이 있다. 아하! 여기 그녀가 기다리던 메일이 있다.

출처: Lucky Business/Shutterstock

그건 바로 그녀의 친구 Jacke의 광고 대행사에서 주최하는 상류층 칵테일 파티의 초청장이다. 이 파티는 그녀가 다른 사람들을 보기도 하고 다른 사람들에게 자신을 보여줄 수 있으며, 사람들과 어울리며 인적 네트워크를 형성할 수 있는 기회를 제공한다. 심지어 일자리 제의를 받을 수 있을지도 모른다. 하지만 그녀는 무슨 옷을 입어야 할까? 왠지 그녀의 그런지(grunge) 스타일 옷은 그녀가 꿈꾸는 광고 기획자로서의 삶에는 적절해 보이지 않는다. Natalie는 도움을 얻기 위해 본능적으로 행동한다. 먼저, 그녀는 그녀의 친구들에게 그 이벤트를 알려주기 위해 Twitter로 메시지를 전달한다. 그 다음에 컴퓨터를 켜서 블로그를 잘 방문하는 패셔니스트들(fashionistas)이 이번 시즌에 추천하는 옷이 무엇인지를 검색한다. 그녀는 연예인의 게시물을 보기 위해 Polyvore(소셜커머스 웹사이트)를 둘러본다. 그리고 그녀는 여배우 Cate Blanchett이 입은 Balenciaga의 꽃무늬 장식이 달린 장밋빛 드레스를 마음에 들어한다. 게다가 거기에는 펑키한 스타일의 옷이 있었는데, buttonbaby라고 알려진 어느 단골 고객이 1/10 가격에 그 옷을 구매할 수 있었다고 글을 남겼다. Natalie는 그 사이트에서 몇 장의 사진을 복사하고, 지인들의 반응을 알아보기 위해 자신의 Facebook 페이지에 게시한다. 그녀의 친구들로부터 솔직한 피드백을 얻을 수 있을 뿐만 아니라 패션산업 관계자로부터 조언을 얻을 수 있어 큰 도움이 된다. Natalie는 그 투표를 잠시 기다리며, 그 옷이 도착했을 때 YouTube에 게시할 haul video(자신이 구매한 상품을 소개하는 동영상)를 상상한다. 그녀가 파티에서 인터뷰 기회를 얻지 못할지라도 그것은 별일 아니다. 단지 카메라 앞에 서서 옷과 액세서리를 가방에서 의기양양하게 꺼내며 자신의 쇼핑 여행 스토리를 알려주는 작은 동영상을 만든다는 것만으로도 충분히 가치가 있는 것이다.

목표 1

제품에 대한 다른 소비자들의 의견(좋고 나쁨)은 공식적인 광고보다 영향력이 크다.

구전 커뮤니케이션 (word-of-Mouth Communication)

200년 동안 판매되고 있던 Altoid 구취 제거 민트는 20세기 말 정도에 크게 유행했다. 어떻게 이런 일이 일어난 것일까? 1980년대 번성했던 시애틀 클럽을 즐겨 찾던 흡연자와 커피애호가 사이에서 민트가 인기를 끌기 시작했을 때, 이 부활이 시작되었다. 1993년까지, Kraft가 제조사인 Callard & Bowers를 인수했을 때, “아는 사람들만” 민트를 사용했다. 브랜드 마케팅 매니저는 Kraft에게 적절한 판촉 캠페인을 기획하기 위해 광고 대행사 Leo Burnett를 고용하라고 설득했다. 이 대행사는 이 제품이 대중화가 되면 기존 고객들의 이탈이 발생지도 모른다고 생각했다. 이것을 피하기 위해 복고풍 이미지와 다른 “낮은 기술(low-tech)” 미디어를 이용하여 이 사탕을 홍보하기로 결정했다. 젊은 사람들이 “복

출처: Andrew Rich/istockphoto.com

Net Profit

Varsity 브랜드는 치어리더들을 이끄는 공급자이다. 이 회사는 십대 소녀들이 무엇을 구매할 때 어떻게 결정하는지를 알기 위해 이들에 대한 조사를 후원하였다. 놀랄 것도 없지만 응답자의 반이 하루에 1시간 또는 그 이상의 시간을 휴대전화 문자보내기에 소비하고 있으며, 1/3은 온라인에서 사람들과 교제하는데 1시간 정도를 소비하는 것으로 나타났다. 반대로, 44%는 사실상 15분 이하의 시간을 전화통화에 소비하는 하는 것으로 나타났다(누가 더 이상 전화로 이야기하겠는가?). 십대 소녀들은 자신이 좋아하는 브랜드를 보게 되면 3/4은 친구에게 그것을 추천한다고 응답하였다. 대략 반 정도가 그 브랜드의 온라인 팬이 되고, 55%는 제품에 대한 호의적인 온라인 게시물이 그 제품을 구매하는데 영향을 미칠 것이라고 응답하였다. Varsity 마케팅 책임자는 소셜미디어를 통해서 아이디어를 퍼뜨리고자 할 때 십대 소녀들은 선도적인 역할을 한다고 말했다. 그들은 온라인을 통해 의사소통, 자기 표현(self-expression), 관계 형성에 좀 더 시간을 보낼 가능성이 높다. 그들은 이메일을 사용하고 있으며, 웹사이트를 통해 사진을 공유하고, 블로그나 커뮤니티에 의견을 게시하고, 블로그나 온라인 저널을 운영할 가능성이 소년들보다 거의 2배 정도 높다.

고" 전술에 관심을 갖기 시작하면서, 이 제품의 인기는 폭발적으로 증가했다.

Altoid의 성공 이야기에서 알 수 있는 것처럼 "입소문(Buzz)"은 제품을 성공하게 만든다. **구전**(word of mouth: WOM)은 개인들이 개인에게 전하는 제품 정보이다. 당신이 아는 사람들로부터 이 정보를 듣기 때문에 구전은 보다 공식적인 마케팅 채널보다 더 신뢰성을 가진다. 광고와는 달리, 구전은 이들의 추천을 따르게 하는 사회적 압력을 수반하기도 한다.

아이러니하게도, 마케터들이 비싼 광고에 모든 돈을 퍼부음에도 불구하고, 구전의 영향력이 가장 크다. 이는 모든 소비자의 제품 판매 중 2/3에 영향을 준다. 최근의 한 조사에서, 응답자의 69%는 그들의 음식점 선택에 도움을 받기 위해 1년에 적어도 한 번은 개인 추천에 의존을 했고, 36%는 컴퓨터 부품이나 소프트웨어를 결정하기 위해 추천을 이용했다고 응답했다. 그리고 22%는 여행지를 결정하기 위해 친구나 지인들로부터 도움을 받았다.

만약 당신이 일상에서 자신의 대화에 대해 신중히 생각해 본다면, 아마도 친구, 가

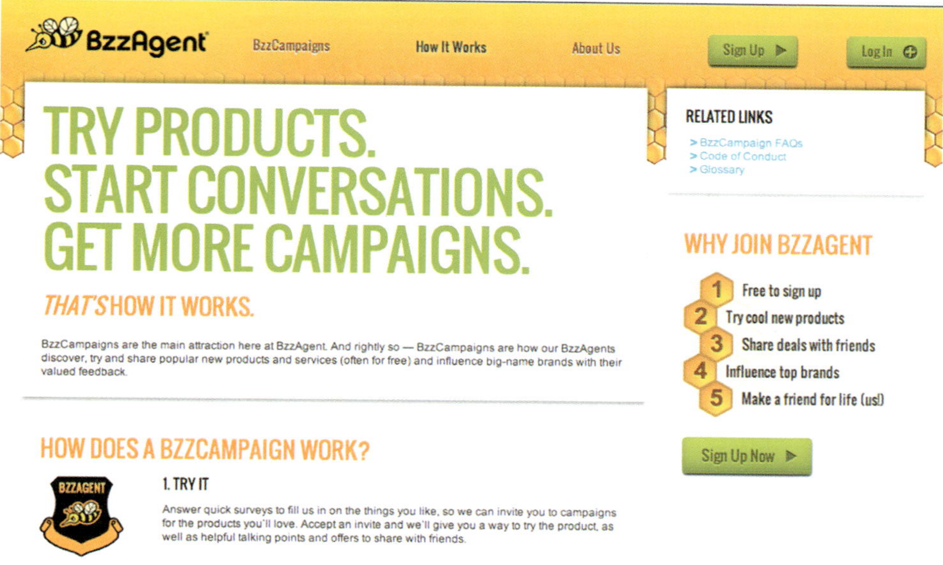

출처: BuzzAgent, Inc.

Net Profit

마케터들은 오랫동안 구전의 효과를 인지하고 있었다. 하지만 최근에는 사람들이 자사의 제품에 대해 자연스럽게 이야기하길 바라는 대신에, 구전을 촉진하고 통제하는 것에 보다 더 적극적으로 관여하고 있다. BzzAgent와 같은 회사는 새로운 제품을 사용하고 그들이 좋아하는 점들에 대해 말을 퍼트리는 수십만 명의 "대행자"를 가능한 많이 모은다. 또한 오늘날 수많은 유능한 마케터들은 구전을 면밀히 살펴본다. 예를 들어, 현재 진행되고 있는 TalkTrack연구는 서로 다른 제품군에서 소비자들이 가장 많이 언급하는 브랜드가 무엇인지를 조사한다. 14,000명의 여성을 대상으로 한 온라인 조사에서 중년 여성들(베이비 부머)은 다른 식료품 브랜드보다 Kraft를 더 많이 얘기하는 반면, 미용제품에서는 Olay를 가장 많이 의논하는 것으로 나타났다.

족, 직장 동료와 나누고 있는 대화의 대부분이 제품과 관련되어 있다는 것에 동의할 것이다. 당신은 어떤 사람의 옷에 대해 칭찬하면서 어디서 샀냐고 묻거나, 친구에게 새로운 식당을 소개를 하거나, 또는 이웃에게 당신이 은행에서 받은 불친절함에 대해서 불평할 때, 당신은 구전에 관여한 것이다.

꽤나 오래전(글쎄, 여하튼 1950년대이다), 커뮤니케이션 이론가들은 "광고가 기본적으로 우리가 무엇을 사는지 결정한다."는 가설을 제시하였다. 대체로, 광고는 우리의 새로운 선호를 만드는 것보다 기존의 선호를 강화할 때 보다 더 효과적이다. 비록 비개인적인 정보 원천으로부터의 정보는 브랜드 인지 창출에 중요하지만, 산업재 및 소비재 구매 환경 모두에 대한 연구에서는 소비자들이 나중의 평가와 채택 단계에서 구전에 의존함을 강조한다. 아주 단순히 말하면, 소비자들은 동료들로부터 제품에 대한 긍정적인 정보를 얻을수록, 그 제품을 채택할 확률이 높아진다.

심지어 다른 사람의 의견은 매번 우리 자신의 지각보다 더 강력한 영향을 준다. 가구 선택에 대한 한 연구에서는 소비자들의 친구들이 얼마나 그 가구를 좋아하는지를 측정하는 것이 그 소비자들이 가구에 대해 생각하는 것보다 더 나은 구매 예측이라고 했다. 게다가, 소비자들은 특정 브랜드를 선택하려는 자기만의 이유를 찾는데 그것은 제조사마저도 깜짝 놀라게 한다. 이것은 마운틴 듀에서 나타났다. 젊은 소비자들 사이의 인기 비결은 이 음료의 높은 카페인 함유에 대한 "입소문(Buzz)" 때문이었다. 한 광고 전문가는 "마운틴 듀의 TV 광고 어디에도 카페인에 대한 언급은 없었다. 이 음료수는 구전에 의해 유명해진 것이다."라고 설명했다.

구전은 소비자가 비교적 그 제품군과 친숙하지 않을 때 특히 영향력이 크다. 우리는 신제품이거나(예, 탈모 방지를 위한 의약품) 기술적으로 복잡한 경우(예, 스마트폰)에도 구전의 영향력이 큼을 예상할 수 있다. 현명한 구매를 하기 위해서는 불확실성을 줄여야 하는데 그 방법 중 하나가 바로 제품에 대해 이야기하는 것이다. 대화는 소비자에게 구매에 대한 찬성 의견을 발생하게 하고 이 구매에 대한 다른 사람들의 지지를 얻을 수 있는 기회를 제공한다. 예를 들면, 어떤 사람의 주택용 태양열 온수 시스템에 대한 구매 의도를 가장 잘 예측할 수 있는 근거는 그 사람이 알고 있는 태양열 온수 시스템 사용자의 숫자이다.

Marketing Opportunity

브랜드 인지도를 상승시키기 위해서 Subaru 싱가포르는 2002년부터 싱가포르 방송협회와 공동으로 "싱가포르 방송협회 Subaru Challenge"를 개최하고 있다. 해마다 열리는 이 대회에서는 쇼핑몰 앞에 개방된 공간을 마련해 각 참가자에게 자신의 손바닥을 Subaru 자동차에 올려놓고 이 상태를 유지하게 한다. 자동차에 올리는 손바닥의 구체적인 위치는 행운의 추첨에 의해 사전에 지정된다. 참가자들은 비가 오거나 햇빛이 비치더라도 선 채로 있어야 하며, 매 6시간마다 먹고, 마시고, 쉴 수 있는 시간이 5분만 주어진다. 이런 이유로 많은 사람들이 이 행사를 "참을성 콘테스트"로 부르고 있다. 콘테스트가 진행되는 동안 자동차에서 자신의 손을 때거나 자신의 옷에 용변을 보게 되는 참가자는 탈락하게 된다. Subaru 자동차에 마지막까지 손을 얹고 있는 참가자가 그 대회에서 우승하게 된다. 현재 기록은 81시간 32분이다. 이 이벤트는 너무 성공적이었다. 2008년 다른 지역으로 확대되면서 홍콩과 베트남과 같은 주변 국가들로부터 참가자들이 몰리게 되었다. 이 이벤트는 현재 12회를 맞이하고 있으며 아시아에서 Subaru의 브랜드인지도를 상승시키는 데 매우 큰 기여를 하고 있다.

입소문 내기(Buzz Building)

"옛날"에(즉, 몇 년 전에), 장난감 회사들이 새로운 제품을 시장에 출시하는 방법이 있었다. 봄에 열리는 무역 박람회 기간 동안 멋진 주말 장난감을 출시하고, 장난감을 아이들에게 팔기 위해 11~12월 동안 만화 황금시간대에 집중적인 TV 광고를 한 후에 간절한 부모들이 Toys"R"Us의 복도에서 재빨리 움직이는 것을 뒤에 앉아서 지켜본다. 그런 다음, 더 많은 매출을 달성하기 위해 미디어 노출 결과를 기다린다. 최근의 전략은 다음과 같다. Silverlit Toys라는 한 홍콩 회사는 30달러짜리 Picoo Z 헬리콥터 장난감을 만든다. Google에서 Picoo라는 이름으로 검색할 때 109,000개의 URL이 검색되었고, 대부분의 링크는 Hammacher-Schlemmer와 Toys"R"Us 와 같은 주요 글로벌 선물 소매업과 연결된 것이었다. 당신은 이 어마어마한 노출이 세심하게 계획된 촉진 전략의 결과라고 생각해 보았는가? 다시 생각해 보자. 시카고에 사는 28세의 한 기술자가 Picoo Z의 구전을 만들기 시작했다. 그는 취미에 열광한 사람들의 메시지 게시판에서 이에 대한 것을 읽은 후, 이 헬리콥터를 구매했다. 몇 개월 후에 그는 YouTube에 직접 만든 동영상을 올렸다. 2주 안에, 15명의 그의 친구가 그 장난감을 구매했고, 그들은 다시 그들이 직접 만든 동영상을 올렸고, 이를 초기의 동영상과 연결시켰다. 휴식과 흥미로운 입소문을 위해 온라인 대화를 찾는 인터넷 소매업자들은 이 제품을 확인하고 자신의 홈페이지에 이 동영상을 추가하기 시작했다. 몇 개월 안에, 수백 개의 Picoo Z 동영상이 생겼으며 백만 명 이상의 사람들이 이것을 보았다.

오늘날 우리가 종종 목격하는 것 중에 하나가 게릴라 마케팅이다. **게릴라 마케팅**(guerrilla marketing)은 제품에 관련된 구전을 발생시키기 위해 독특한 수단과 장소를 활용하는 촉진 전략이다. 이것은 바보 같은 짓을 의미하는 것이 아니다. 이 말은 마케터들이 사람들이 예상하지 못한 상태에서 "잠복하여 습격"하는 것을 의미하는데 그 이유는 사람들이 광고를 볼 거라고 예상하지 못한 장소에서 메시지가 나타나기 때문이다.

이런 캠페인들은 종종 제품 또는 서비스 사용을 독려하기 위해 길거리 극장 또는

Hoaxkill.com은 거짓말을 추적하고 제품 루머의 진실을 밝히는 것에 전념하는 웹사이트다.
출처: Courtesy of Joroen Siking Hoaxkill.com.

다른 활동에 참여하기를 동의하는 실제 소비자들을 모집하기도 한다.

부정적인 구전: 소문의 힘

구전은 마케터들에게 양날의 검이다. 소비자들 사이의 비공식적인 토론은 제품이나 상점을 성공시키거나 파산시킬 수도 있다. 게다가, 소비자들은 긍정적인 견해보다 **부정적인 구전**(nagative word-of-mouth)에 더 큰 비중을 둔다. White House Office of Consumer Affairs의 연구에 따르면, 불만족 소비자의 90%는 그 회사와 다시 거래하지 않을 것이라고 한다. 이런 사람들은 최소 9명의 다른 사람들에게 그들의 불만을 공유하고, 이렇게 불만을 품은 고객의 13%는 30명 이상의 사람들에게 그들의 부정적인 경험을 말한다.

특히, 새로운 제품이나 서비스를 고려할 때, 소비자들은 긍정적인 정보보다는 부정적인 정보에 주의를 기울이고, 자신의 끔직한 경험을 다른 사람들에게 얘기하는 경향이 있다. 조사에 따르면, 부정적인 구전은 회사 광고의 신뢰성을 떨어뜨리고, 제품에 대한 소비자의 태도뿐만 아니라 구매 의도에 영향을 미친다. Dell 컴퓨터는 블로거들이 컴퓨터 제조업체의 품질과 서비스 수준에 대해 비난한 것이 나중에 유명한 미디어를 통해 확대되면서 어려움을 겪었는데, 그 이후에서야 구전의 중요성을 깨닫게 되었다.

Dell이 깨달았듯이, 온라인에서의 부정적인 구전은 급속도로 퍼진다. 많은 불만족을 경험한 고객들과 불만을 품은 이전 종업원들은 그들의 불만사항을 다른 사람들과 공유하기 위해 웹사이트를 만든다. 예를 들면, Dunkin' Donuts 체인에 대해 불평하는 사람들을 위한 한 웹사이트가 아주 유명해져서, Dunkin' Donuts는 부정적인 언론을 통

이 이스라엘 광고는 사람들이 들은 이야기를 남에게 전하면서 사실이 어떻게 변형되는지를 묘사하고 있다.
출처: Gitam BBDO, Tel Aviv; Karmel Abuzlaf, Gyu Bar, Shani Gershi; Eitan Cohen; Arnon Rotem; Miriam Moshinksy

제하기 위해서 이 사이트를 샀다. 사실 이 사이트는 한 남자가 커피를 위한 탈지우유를 얻지 못해 만들어진 것이었다. Walmartsucks.com과 같은 40개의 불평 웹사이트에 대한 심층 인터뷰 결과, 다음의 세 가지 기본적인 주제를 확인했다.

1. **불평등**(injustice): 소비자 시위자들은 그 회사와 접촉하기 위해 그들의 성과 없는 시도에 대해 자주 이야기한다.
2. **정체성**(identity): 게시판에 글을 올리는 사람들은 방해자들을 단지 무능한 것 이상의 악마로 여긴다.
3. **대행**(agency): 개인적인 웹사이트 창시자는 회사에 대한 그들의 분노를 공유하는 사람들에게 집단적 정체성을 만들려고 시도한다. 이들은 기업들이 아무런 보상이 없이 소비자들을 부당하게 취급하는 상황을 변화시키는 힘을 갖고 있다고 다른 사람들을 설득하기 위해 소비자 운동과 영웅주의의 주제를 환기시켜 소비자들을 단결시킨다.

우리가 다른 사람들에게 서로 정보를 전달하면서 정보는 바뀌는 경향이 있다. 즉, 최종적인 메시지가 처음의 메시지와 항상 같지는 않다. 영국의 심리학자인 Frederic

Marketing Pitfall

1930년대, 몇몇 회사들은 자사 고객의 제품을 권장하고 경쟁자들을 비판하는 구전 캠페인을 만들기 위해 "전문적으로 소문을 퍼뜨리는 사람(professional rumormongers)"들을 고용했다. 더 최근에 Terra Femme이라는 이름의 100% 무염소(무표백) 탐폰을 파는 소규모 캐나다 회사인 Bio Business International은 미국 경쟁사에서 만든 탐폰이 다이옥신이 함유되었다는 메시지를 퍼뜨리도록 여성들을 부추겼다. 이 제품들이 위험하다는 주장을 뒷받침하는 증거는 매우 적었지만, 이 소문의 결과로 Procter & Gamble사는 여성 위생 제품에 대한 수천 건의 항의를 받았다.

그림 12.1 잘못된 정보의 전달

Bartlett은 어떻게 정보가 변하는지를 파악하기 위해 연속적 재현(serial reproduction) 방법을 사용했다. 우리가 어렸을 때 많이 했던 "전화" 게임에서와 같이, 한 피험자에게 그림이나 이야기 같은 어떤 자극을 재현하라고 부탁했다. 또 이 피험자는 다른 피험자에게 이 재현된 것을 주고, 이것을 똑같이 그리라고 요청했다. 이 과정을 여러 번 반복했다. 그림 12.1은 사람들이 그것을 재현하면서 어떻게 메시지가 변하는지를 보여준다. Bartlett은 왜곡들은 거의 불가피하게 어떤 패턴을 따른다는 것을 발견했다: 피험자들은 이미 존재하는 스키마(2장 참조)에 그들을 일치시키도록 하면서 모호한 형태에서 보다 더 관습적인 형태로 바꾸려는 경향이 있다. Bartlett은 이런 과정을 동화라고 불렀으며, 이는 사람들이 구조를 단순하게 만들기 위해 세부적인 것을 생략하는 단순화(leveling)와 두드러진 부분을 과장하는 첨예화(sharpening)가 진행되어 발생한다고 했다.

목표 2

오피니언 리더는 다른 사람의 제품 선택에 영향을 미칠 가능성이 높다.

오피니언 리더십

Cold Stone Creamery는 일본으로 매장을 확장하면서, 기존 미국과는 다소 다른 이미지의 아이스크림 매장을 기획했다. 이 체인은 일본에서 싱글이고, 젊고, 전문직 여성을 일컫는 패션에 민감한 "사무직 여성"이 입소문(buzz)을 내서 성공하기를 원했다. 이 여성들은 일본에서 큰 영향력을 행사하기 때문에 신제품에 대한 이들의 반응

CB AS I SEE IT

Praveen Aggarwal 교수, *Unniversity of Minnesota Duluth*

대부분의 사람들이 구매의사결정을 할 때 우리가 독립적으로 행동한다고 생각하지만 진실을 말하면 우리의 결정은 다른 사람들의 영향을 많이 받는다. 대인간 영향력을 다룬 전통적인 문헌에서는 의사결정에 대한 구전의 역할을 연구하였다. 우리는 평소 조언과 정보를 얻기 위해 친구들이나 가족에게 의지한다. 우리 중 대다수도 다른 사람들의 의사결정을 도와주는 오피니언 리더의 역할을 하고 있다. 구전 커뮤니케이션 맥락에서 오가는 메시지가 세부적인지 혹은 포괄적인지는 중요하다. 예를 들어, 누군가가 특정 휴대폰 배터리가 다른 것들보다 좋다는 주제로 당신과 대화하기를 원한다고 가정해 보자. "그 휴대폰 배터리는 다른 것들보다 오래 지속된다."고 포괄적인 조언을 해준 경우와 "그 휴대폰 배터리는 5시간 더 오래 지속된다."고 세부적인 정보를 제공해 준 경우가 다르지 않을까? 우리 연구에서는 대화 내용에 구체적인 정보가 더 많이 포함될수록 구전 커뮤니케이션이 더 효과적이라고 나타났다. 흥미롭게도, 이 효과는 메시지 제공자가 전문가로 보이거나 수신자와 강한 사회적 유대감이 있는 경우에는 사라진다.

대인간 영향력에 대한 관련 연구에서, 우리 연구진은 사람들이 다 알고도 의사결정을 다른 사람에게 위임하는 상황을 연구하였다. 결정하지 않기로 결심한 사람들과 자신을 위해 타인에게 의사결정을 위임한다는 점에서 이것은 타인의 의견을 구하는 것과는 별개의 상황이다. 의사결정을 다른 사람에게 위임한 사람들을 대리 구매자(surrogate buyer)라고 부른다. 의상 컨설턴트, 실내 장식가, 증권 중개인, 와인스튜어드들은 최종사용자가 선택권한을 다른 사람에게 위임하는 보편적인 예이다. 의사결정 위임을 장려하기 위한 조건은 무엇일까? 우리 연구에서는 사용자와 대리 구매자 간의 전문성 차이가 큰 경우와 대리 구매자가 신뢰할 만하고, 책임감 있게 보인 경우에 위임 수준이 높은 것으로 나타났다. 또한 대리인이 개인의 니즈와 욕구에 맞도록 추천한 경우에도 위임 수준이 높아지는 것으로 나타났다.

기업들은 어떻게 구매자와 최종 사용자가 자사의 제품에 대해 이야기 하는 것이 무엇인지 알 수 있을까? 인터넷이 등장하기 전 시대에는 사람들의 의견에 대한 보편적 정서를 판단하는 것이 어려웠다. 하지만 온라인에 게시된 오피니언, 리뷰, 추천과 같은 방대한 정보들은 자사 브랜드와 관련된 구전의 요약 평가를 얻을 수 있는 기회를 관리자에게 제공한다. 그러나 문제는 정보의 양이 너무 방대하기 때문에 그 정보들을 꼼꼼히 살펴보고 요약된 결론을 도출하는 것은 매우 어렵다. 우리 연구는 이 어려운 문제를 다루고 있다. 텍스트 어휘 분석과 전산 언어학과 같은 연구들을 통해 우리는 거대한 양의 정보를 수집하고 관리자가 자사의 브랜드와 관련된 구전이 어떻게 변화하고 있는지를 파악할 수 있도록 그 정보를 간단한 지표로 변환하는 단순한 메커니즘을 개발하였다.

이 성공과 실패를 결정지을 수도 있다. 이런 집단의 지지를 얻기 위해 Cold Stone은 젊은 여성을 위한 패션쇼를 지원하고(이 모델들이 Cold Stone에서 몇 개의 칼로리 제품을 시식한 후에 입은 드레스가 모델들과 잘 어울릴 수 있다고 가정하고), 패션 잡지들은 이 매장에서 사진을 촬영했다.

소비자들은 개인적인 정보원으로부터 정보를 얻음에도 불구하고, 보통 구매에 대한 조언을 아무에게나 물어보지는 않는다. 만약 당신이 새로운 스테레오를 사기로 결정했다면, 음향 시스템에 관해 잘 알고 있는 친구로부터 조언을 구하려고 할 것이다. 이 친구는 복잡한 음향 시스템을 갖고 있거나 Stereo Review 같은 전문 잡지를 구독하고, 전자상가를 둘러보며 여가 시간을 보낼 것이다. 그러나 당신은 스타일이 좋은 것으로 유명하고, Gentlemen's Quarterly를 읽으면서 여가 시간을 보내고, 부티크에서 쇼핑을 하는 또 다른 친구가 있을지도 모른다. 당신은 스테레오 문제를 이 친구에게 꺼내지 않을 것이지만, 새로운 가을 의상을 쇼핑하기 위해서는 그를 데리고 갈지도 모른다.

모든 사람들은 제품에 대한 지식이 있고, 다른 사람들이 진지하게 그 조언을 받아들이는 사람을 알고 있다. 종종 타인의 태도와 행동에 영향을 주는 이런 사람들을 오피니언 리더(opinion leader)라고 한다. 분명히, 어떤 사람들의 추천은 다른 사람들의 추천

보다 더 많은 설득력을 가진다. 오피니언 리더들은 매우 가치 있는 정보원들이다. 앞서 언급하였던 것과 같이 이들은 사회적 힘을 가졌기 때문이다.

- 그들은 기술적으로 능숙해서 전문적인 힘을 갖는다.
- 그들은 편견 없이 제품 정보를 미리 선별하고, 평가하며, 통합한다. 그래서 지식의 힘을 갖는다.
- 그들은 사회적으로 활동적이고 그들의 커뮤니티에서 밀접하게 서로 연관되어 있다.
- 그들은 커뮤니티 집단과 클럽에서 직책을 맡고 있으며, 집 밖에서 활동적이다. 그 결과, 오피니언 리더들은 종종 그들의 사회적 지위로 인해 합법적인 권력을 갖는다.
- 그들은 자신의 가치와 신념에 있어서 소비자와 유사한 경향이 있으므로 지시력(referent power)을 갖는다. 오피니언 리더들은 한 제품 범주에서 그들의 관심과 전문성이 그들을 달리 보이게 할지라도, 그들은 이질적(heterophilous)이기보다는 동질적(homophilous)이라고 생각한다. 동질성(homophily)은 개인들이 교육, 사회적 위치, 신념에 있어서 유사한 정도를 의미한다. 영향력 있는 오피니언 리더들은 그들이 영향을 주는 사람들보다 좀 더 높은 지위와 교육 수준을 지니고 있으나 다른 사회 계층에 속할 만큼 높지는 않다.
- 오피니언 리더들은 종종 신제품을 처음 구매하는 사람들 가운데 속한다. 그래서 그들은 많은 위험을 감수한다. 이런 경험은 용감하지 못한 나머지 사람들의 불확실성을 감소시킨다. 게다가, 회사가 지원하는 커뮤니케이션은 제품의 긍정적 측면에만 초점을 두는 경향이 있는 반면, 오피니언 리더들의 실제 체험은 제품 성능에 대한 긍정적 및 부정적 정보를 모두 알려줄 수 있다. 따라서 그들은 아무런 "다른 속셈"이 없기 때문에 더 신뢰할 수 있다.

오피니언 리더들은 얼마나 영향력이 있는가?

Ford의 SUV Flex 모델 출시 전 캠페인은, 이 새로운 자동차의 평범하지 않은 외형을 오피니언 리더들에게 보여주면서 입소문이 나는 것을 목표로 했다. 5개의 도시에서 이 회사는 Flex를 보여주기 위해 라디오 DJ들, 음악가들, 그리고 다른 창의적인 사람들을 초대했다. 이런 영향력 있는 사람들은 차량 행렬을 통해 아트 갤러리, 나이트 클럽, 그리고 다른 유명 장소를 돌아다니며 도시를 순회하였다. Ford의 Fiesta 모델을 소개하는 또 다른 캠페인에서는 차에 대한 블로그를 올리는 대가로 6개월 동안 공짜로 차를 사용할 수 있는 100명의 젊은 사람들을 선정했다.

사회학자들이 처음으로 오피니언 리더라는 개념을 만들었을 때, 그들은 오피니언 리더란 공동체에서 어떤 영향력이 있는 사람이 집단 구성원들의 태도에 전반적인 영향을 미치는 것이라고 생각했다. 그러나 차후 연구에서, 우리는 모든 종류의 구매에 대해 추천을 하는 전반적인 오피니언 리더(generalized opinion leader)가 있다는 가정을 의문시했다. 매우 소수의 사람들만이 많은 분야에서 전문가로 있을 수 있다. 사회학자들은 제한된 분야에서의 전문가, 즉 단형(monomorphic)인 사람과 여러 분야에서의 전문가, 즉 다형(polymorphic)인 사람을 구별한다. 그러나 심지어 다형인 오피니언 리더들도 전자 장비나 패션과 같은 한 가지 광범위한 영역에 집중하는 경향이 있다. 예를 들어, Mediamark Research & Intelligence는 "Big Circle Influentials"이라고 불리는 미국 성인의 10.5%가 개인 금융결정에서 핵심적인 영향력을 발휘한다고 추정한다.

일반적으로 오피니언 리더에 관한 연구에서는 다양한 제품 범주에서 오피니언 리더들이 존재하지만, 전문가들은 유사한 범주 안에서 서로 겹치는 경향이 있다는 것을 지적한다. 전반적인 오피니언 리더를 찾기는 드물다. 가전제품에 대한 오피니언 리더는 가정용 청소기의 유사한 기능에는 도움이 되지만, 화장품에는 도움이 되지 않는다. 반대로, 의상 선택에 주로 영향을 주는 패션 오피니언 리더는 화장품 구매에 관해 충고할 수는 있지만, 전자레인지에 관한 그의 의견은 필요하지 않을 것이다.

오피니언 리더에 대한 전통적 관점에 대한 최근의 재조사는 이 과정이 몇몇 연구자들이 생각했던 것과 같이 명확하지는 않다는 것을 밝혔다. 원래의 개념적인 틀은 **영향의 2단계 흐름 모델**(two step flow model of influence)이라고 부른다. 이것은 소규모 집단의 영향력자(influencer)들은 다른 많은 사람들의 의견을 수정할 수 있기 때문에 이들이 정보를 전파한다고 생각했다. 저자들이 이런 과정에 대해 대규모 컴퓨터 시뮬레이션을 돌린 결과, 이 영향력은 영향력자로 발생되는 부분은 적지만 쉽게 영향을 받는 사람들 간의 상호작용에 의해 더 크게 발생한다는 것을 발견했다. 이들은 서로에게 아주 열정적으로 정보를 공유하고, 또한 **영향력 네트워크**(influence network)의 부분으로서 오피니언 리더들과 쌍방 대화에 참여한다. 이런 대화들은 하나의 정보가 연속적인 상호작용을 발생시키는(마치 눈사태처럼) **정보 캐스케이드**(information cascades)를 일으킨다.

오피니언 리더의 유형

오피니언 리더의 역할에 대한 초기 개념들은 정적이고 일방적인 프로세스로 가정했다. 오피니언 리더는 대중매체에서 정보를 얻은 다음 의견 수용자에게 이 자료들을 전달한다. 또한 이런 관점은 몇몇 다른 유형의 소비자들의 기능을 혼란스럽게 한다.

오피니언 리더들은 그들이 추천한 제품의 구매자일 수도 있고 아닐 수도 있다. 초기 구매자들은 혁신자인 경향이 있다. 그들은 위험을 감수하는 것을 좋아하며, 새로

Net Profit

Klout는 우리 각자가 어떻게 영향력이 있는지를 정확하게 측정하기를 원한다. 640만 명의 Twitter 팔로워를 보유한 팝스타 Justin Bieber는 100점 만점이다. 가서 당신이 얼마나 영향력이 있는지 보라. 오늘날 많은 마케터들이 핵심 영향력자들을 정의하고 그들로 하여금 특정 브랜드에 대한 구전을 전파하게 하는데 집중하고 있다. 하지만 다른 한쪽에서는 당신의 메시지를 가능한 많은 사람들에게 알리는 것이 더 생산적이라고 믿고 있다. 그들은 무엇이 캐스케이드를 일으키는지 예측하기 너무 어렵기 때문에 가능한 폭넓게 입소문을 퍼트려서 실패의 위험을 줄이는 것이 좋다고 주장한다. 하지만 급격히 증가하는 새로운 플랫폼 이용에 뒤떨어지지 않기 위해 온라인 영향력을 이해하는 학문은 지속되어야 한다.

출처: Courtesy of Klout, Inc

운 것을 시도한다. 연구자들은 초기에 구매하는 오피니언 리더들을 혁신적 의사소통자(innovative communicators)로 부른다. 한 연구는 패션 제품들에 대한 혁신적 의사소통자인 남자 대학생들의 특징을 연구했다. 이런 남자들은 새로운 패션을 처음 구매하는 사람들이며, 다른 학생들은 그들이 구매 결정을 할 때 그들을 따르는 경향이 있다. 이 남자들의 다른 특징은 다음과 같다.

- 그들은 사회적으로 활동적이다.
- 그들은 외모를 의식하며 자아도취적이다(즉, 그들은 자기 자신을 매우 좋아하고 자기중심적이다).
- 그들은 록(rock) 문화에 관여한다.
- 그들은 Playboy와 Sports Illustrated와 같은 잡지의 주요 구독자들이다.
- 그들은 다른 학생들보다 더 많은 옷과 더 폭넓은 스타일을 갖는 경향이 있다.

오피니언 리더들은 또한 의견 탐색자(opinion seekers)가 될 수도 있다. 그들은 일반적으로 한 제품 범주에 더 많이 관여되어 있고 적극적으로 정보를 탐색한다. 그 결과, 제품에 대해 다른 사람과 더 많이 말하는 경향이 있고, 또한 다른 사람들의 의견들을 구하는 경향이 있다. 오피니언 리더에 대해 정적인 구식 관점과는 달리, 대부분의 제품 관련 대화는 한 사람이 모든 것을 말하는 "강의" 형태로 이루어지지 않는다. 제품과 관련된 많은 대화는 공식적인 강의보다는 자연스러운 상호작용 맥락에서 일어난다. 의견 탐색이 특히 식품에서 높다는 것을 발견한 어떤 연구에서는 의견 탐색자들의 2/3가 스스로를 오피니언 리더로 생각하는 것으로 나타났다.

시장 전문가

Vaseline은 새로운 로션 브랜드인 Clinical Therapy를 홍보하기 위해 알래스카에 있는 작은 마을의 사회적 네트워크에 대한 지도를 그려봤다. Kodiak에서 제품담당자들은 점포 앞에 공간을 마련하여 공짜로 로션 병을 선물로 주었다. 그 대가로 제품을 받은 사람들은 마을에서 그들에게 그 제품을 추천했던 사람의 이름을 알려주어야 했다. 이런 과정을 통해 이 회사는 대다수의 마을 사람들이 정보원이라고 말한 한 여성을 찾았다.

Vaseline이 발견한 그 알래스카 여성이 **시장 전문가**(market maven)이다. 그녀는 모든 유형의 시장 정보를 알려주기를 좋아하는 사람이다. 이런 쇼핑 중독자들은 특정 제품에 꼭 관심이 있는 것이 아니고 반드시 제품의 초기 구매자가 되지 않을 수도 있다. 그들은 단순히 시장에서 무슨 일이 일어나는지 가장 먼저 아는 것에 머문다. 그들은 제품들을 어떻게 그리고 어디에서 구매하는가에 대해 실속 있는 전반적 지식을 갖고 있는 경향이 있기 때문에 전반적인 오피니언 리더의 기능과 가깝다. 그들은 또한 현명하게 구매의사를 결정하는 자신의 능력에 더 자신감을 느낀다.

대리 소비자

타인의 구매 결정에 영향을 주는 평범한 소비자들과 더불어 대리 소비자라 불리는 마케팅 중개인은 종종 우리가 구매하는 것을 안내한다. **대리 소비자**(surrogate consumer)는 우리의 구매 결정을 위한 조언을 제공받기 위해 관계를 갖는 제3자이다. 오피니언 리더나 시장 전문가와는 달리, 우리는 보통 이 중개인들의 조언에 보상을 한다. 실내 장식업자, 증권 중개인, 전문 쇼핑객, 또는 대학 자문위원들이 대리 소비자들이다.

그들이 실제로 소비자를 대신해서 구매 결정하는 것과는 관계없이 그들의 추천은 큰 영향력을 가질 수 있다. 본질적으로, 소비자는 정보 탐색, 대안 평가, 또는 실제 구매와 같은 일부 또는 전체의 의사결정 기능에 대한 통제권을 대리 소비자에게 양도하는 것이다. 예를 들면, 한 고객이 자신의 집을 새롭게 단장하기 위해 실내 장식업자에게 수수료를 주고, 우리는 중요한 매매 결정을 중개자에게 위임을 하게 된다. 마케터들은 그들의 상품과 서비스를 소비자들에게 설득시키려고 할 때 대리인을 간과하는 경향이 있다. 이것은 큰 실수인데 최종 고객들과 의사소통하는 것은 커뮤니케이션의 대상이 잘못된 것이다. 즉, 마케터들은 실제적으로 정보를 면밀히 살피고 고객들에게 구매를 추천하는 대리인에 중점을 두어야 한다.

우리는 어떻게 오피니언 리더들을 찾을까?

10대들과 연결되고 싶어하는 기업들은 치어리더 연맹전으로 눈을 돌리고 있다. 기업들은 치어리더들이 미국 고등학생들 사이에서 최고의 인기이며, 이들은 어떤 제품이 가장 좋은지에 대한 학교 친구들의 의견에 큰 영향을 미칠 수 있다. 그렇기 때문에 P&G 화장품의 Cover Girl 브랜드에 일하는 화장 전문가들이 치어리더 클리닉에 나타나서 매년 훈련 과정에 다니는 350,000명 중 몇몇 사람에게 메이크업의 팁을 알려주는 것이다. 삼성은 적극적인 삼성 모바일 홍보단을 통해 자신의 경험을 소셜미디어상의 자기 지인들에게 공유하는 Mobilers 프로그램으로 갤럭시 라인업을 홍보하고 있다.

불행하게도, 많은 오피니언 리더들이 유명인보다는 보통 소비자들이기 때문에 찾기가 어렵다. 유명인이나 영향력 있는 산업 전문가들은 찾기 쉽다. 이들은 전국적으로나 적어도 지역적으로 지명도가 있고 발행된 전화번호부 목록에 기재되어 있다. 대조적으로, 대부분의 오피니언 리더들은 지역 수준에서 활동하는 경향이 있고, 전체적인 시

Marketing Opportunity

삼성이 새로운 갤럭시 스마트폰을 출시할 때, 영향력자로 선정된 그룹이나 시장 출시 전에 앞서 새로운 기기를 제공함으로써 입소문을 낼 수 있는 "Mobilers"를 알아보고 모집할 것을 대행사에게 요구하였다. 삼성 Mobilers는 일종의 엠버서더(embassador) 프로그램으로 휴대폰을 적극적으로 사용하는 사람들이 삼성 갤럭시 제품에 대한 자신의 경험에 대해 자유롭게 이야기하는 것이다. 그리고 자신의 소셜미디어 계정이나 블로그를 사용하여 독자들에게 피드백과 통찰력을 제공하는 것이다. 그 필요조건은 간단하다. 기술을 좋아하고 자신의 커뮤니티 안에서 영향력자에 해당되는 뛰어난 소셜미디어 사용자면 된다. Mobilers는 소셜미디어에 게시하고 휴대폰의 소프트웨어와 하드웨어 측면을 모두 리뷰함으로써 인지도를 높인다. 예를 들어, UAE의 한 영향력자는 삼성 SpaceNinjas라 불리는 Facebook 페이지를 만들고 최신 갤럭시 제품과 기술에 대한 업데이트, 기사, 비디오를 공유하였다. 다른 영향력자는 갤럭시 S4에 대한 비디오 리뷰를 YouTube에 올렸다. 삼성은 이제 세계 곳곳에 Mobiler들을 보유하고 있다.

출처: AP Photo/Paul Sakuma;jsbdueck/Shutterstock.

장보다는 작은 규모의 소비자 집단에만 영향을 미친다.

큰 시장에서 특정 오피니언 리더를 찾는 것이 어렵기 때문에 대부분은 탐색적인 방법에 보다 더 중점을 둔다. 이러한 노력으로 연구자들은 대표적인 오피니언 리더들의 프로필을 규명하고 이러한 통찰력을 가지고 더 큰 시장에 적용시킨다. 예를 들면, 금융 오피니언 리더를 찾고 있던 한 기업은 이런 소비자들이 자신의 재정을 관리하는 경향이 있고, 그렇게 하기 위해서 컴퓨터를 사용하는 경향이 있음을 알아냈다. 그들은 또한 매일 투자를 하고, 더 많은 책을 읽으며, 재무적 문제들과 관련된 TV쇼를 더 시청하는 경향이 있는 것으로 나타났다.

자칭법(Self-designation)

오피니언 리더를 찾기 위해 가장 많이 사용되고 있는 방법은 단순하게 스스로 오피니언 리더로 생각하는지 개인들에게 물어보는 것이다. 한 제품 범주에 더 높은 관심을 보인 응답자들은 오피니언 리더일 가능성이 높을 수 있을지라도 자칭법으로 오피니언 리더를 찾아낸 조사 결과는 다소 회의적으로 봐야 한다. 몇몇 사람들은 그들의 중요성과 영향력을 과장하는 경향이 있는 반면, 실질적으로 영향력이 있는 다른 사람들은 이러한 특성을 인정하지 않거나 그것을 의식하고 있다.

여기에 문제가 있다. 즉, 우리가 제품에 대한 조언을 전한다는 것이 다른 사람들이 그 조언을 수용한다는 의미는 아니다. 오피니언 리더로 간주되는 어떤 사람의 경우, 의견 탐색자들은 그 사람의 조언을 실제로 경청해야 한다. 한 가지 대안은 오피니언 리더인지 구별하기 위해 우리가 질문하는 특정 집단 구성원들(주요 정보원)을 선정하는 것이다. 이런 방법의 성공은 집단에 대한 정확한 지식을 갖고 있는 사람들을 찾는데 달려 있다.

그림 12.2 오피니언 리더 척도

____에 대해 당신이 친구나 이웃들과 상호작용하는 것과 관련하여 다음의 척도를 스스로 평가해 주십시오.

1. 일반적으로, 당신은 __________에 관해 친구들이나 이웃들과 이야기를 나눕니까?
   매우 자주 ... 전혀 하지 않음
   5 4 3 2 1
2. 당신이 __________에 관해 친구들이나 이웃들과 이야기를 할 때 당신은:
   정보를 많이 제공한다 ... 정보를 아주 조금 제공한다
   5 4 3 2 1
3. 지난 6개월 동안, 당신은 얼마나 많은 새로운 사람들과 새로운 _________에 대해 말했습니까?
   많은 사람에게 말함 ... 아무에게도 말하지 않았음
   5 4 3 2 1
4. 당신의 친구 모임들과 비교해 볼 때, 새로운 _____에 관해 당신은 얼마나 많은 질문을 받은 것 같습니까?
   많은 질문을 받는 경향임 ... 전혀 질문을 받지 않는 경향임
   5 4 3 2 1
5. 새로운 ________에 관해 토론을 할 때, 다음 중 가장 많이 일어나는 것은?
   당신이 _____에 관해 친구들에게 말함 ... 친구들이 _____에 관해 당신에게 말함
   5 4 3 2 1
6. 전반적으로 친구들이나 이웃들과의 모든 토론에서 당신은:
   조언의 원천으로 자주 이용됨 ... 조언의 원천으로 이용되지 않음
   5 4 3 2 1

자칭법은 좀 더 체계적인 분석에 비해 신뢰성이 떨어진다(우리는 다른 사람들이 동의하는지 물어볼 때 그 영향력에 대한 개인의 주장을 입증할 수 있다). 그러나 장점은 큰 규모의 잠재적인 오피니언 리더들에게 적용하기가 쉽다는 것이다. 그림 12.2는 연구자들이 사용하는 자칭법에 대한 측정 척도 중 하나이다.

계량 사회학: (Sociometry: the kevin bacon phenomenon)

연극 "Six Degree of Separation(여섯 단계의 분리)"은 지구에 있는 모든 사람들이 모든 사람들을 간접적으로 알거나 적어도 그 사람들을 아는 사람들을 어떻게든 안다는 전제에 기초한다. 사실상, 사회학자들은 일반적인 사람은 1,500명의 사람들을 알고, 미국에서 5~6명의 중개인들을 통해 어떤 두 사람을 연결할 수 있다고 추정한다. 한 인기 있는 게임은 오락하는 사람들에게 이와 똑같은 방법으로 배우 Kevin Bacon과 다른 배우들을 연결시키는데 도전하고 있다.

사회측정법(sociometric method)은 집단 구성원들 사이에서 의사소통 패턴을 추적한다. 이런 기술들은 조사자들에게 집단 구성원들 사이에서 일어나는 상호작용을 체계적으로 그리게 한다. 이전에 우리가 설명했던 알래스카의 Vaseline 캠페인과 같이 소비자들을 인터뷰하고, 그들이 누구에게 제품 정보를 물어보았는지를 파악하는 것이다. 대개, 한 사람 또는 몇 사람이 지도에 "노드(node)"로 부각되면 이 노드는 오피니언 리더인 것이다. 이 방법은 매우 정확하지만 작은 집단에서 매우 가깝게 상호작용하는 패턴들을 연구해야 되기 때문에 수행하기가 어렵고 비용이 많이 든다. 이런 이유로 사회측정법은 구성원들이 다른 사회적 연결망으로부터 고립되어 있는 병원, 감옥 및 군부대와 같은 폐쇄적이고 제한적인 사회적 환경에서 주로 잘 적용된다.

비만에 대한 최근 사회측정법 조사는 어떻게 우리의 소셜 네트워크가 우리의 행동에 영향을 미치는지에 대해 놀라운 예를 제공한다(이것은 전에 흡연자 집단에 관해 읽었던 것과 유사하다). 연구자들은 1971년부터 2003년까지 Framingham Heart Study에 참여하고, 그들의 건강에 대한 상세한 기록들이 있는 12,000명 이상의 사람들을 분석했다. 그들은 비만이 마치 바이러스와 같이 사람과 사람을 통해 퍼질 수 있다는 사실을 발견했다. 조사자들은 누가 누구의 친구, 배우자, 사촌, 이웃인지를 알았다. 그리고 그들은 각각의 사람들이 30년 동안 다양한 시점에서 몸무게가 늘어났다는 것을 발견했다. 따라서 참가자들이 비만이 되었다면 몇 년 동안 어떤 일이 있어났는지를 재구성할 수 있었다. 어떠했을까? 한 사람이 몸무게가 늘어나면, 친한 친구도 몸무게가 늘어나는 경향이 있다. 만약 친한 친구의 몸무게가 늘어나면, 그의 친구가 비만이 될 확률은 57%가 증가한다! 이 친구의 영향은 심지어 그 친구가 160km 정도 멀리 떨어진 곳에 살아도 유지된다. 연구자들은 이런 "사회적 전염" 효과에 대한 이유를 다음과 같이 추측했다. 가장 친한 친구가 살이 찌면, 이것은 우리의 정상적인 몸무게의 인지를 변화시켜 우리가 몇 kg 정도 늘어날 때 별로 걱정을 하지 않게 된다는 것이다. 이 이야기의 교훈은 "날씬한 사람들과 놀아라!"이다.

잔디 손질이나 청소와 같은 서비스 기업의 마케터들뿐만 아니라 의사, 회계사, 변호사 등 많은 전문가들도 사업을 위해 우선적으로 구전 효과에 의존한다. 많은 사례에서 소비자들은 친구나 동료에게 서비스 제공자를 추천하고, 또 다른 사례에서 회사원들은 그들의 고객에게 추천한다. 예를 들면, 한 조사에서 응답자의 0.2%만이 광고에 의존하여 내과 의사를 선택한다고 보고했다. 대신에 그들은 우선적으로 가족과 친구로부터의 조언에 의지한다.

우리는 커뮤니티를 통해 어떤 사람의 평판이 어떻게 이동하는지를 살펴봄으로써 참조 행동(referral behavior)을 더 잘 이해할 수 있고, 강점과 약점을 파악하기 위해 계량 사회학 분석을 이용한다. 네트워크 분석은 사회 체계에서 커뮤니케이션에 중점을 준다. 이것은 참조 네트워크(referral network)에서 사람들 사이의 관계들을 고려하고, 그들 간의 결속력을 측정한다. 네트워크가 당신이 구매에 어떻게 영향을 미치는지를 이해하기 위해 여학생 기숙사의 여학생들을 대상으로 조사한 연구를 살펴보자. 이 연구에서는 여학생 기숙사 안에 파벌(cliques)이라는 하위집단들이 다양한 제품에 대한 선호를 공유하려 한다는 증거를 찾았다. 어떤 경우에 여자애들은 "개인적인"(즉, 사회적으로 과시되지 않는) 제품(아마도 여학생 기숙사에서 목욕탕을 공유하기 때문에)마저도 공유했다.

유대강도(tie strength)는 사람들 사이의 유대를 지칭한다. 이것은 강한 1차 집단(예, 배우자)에서 약한 2차 집단(예, 거의 보지 않는 지인)의 범위까지 있을 수 있다. 강한 연결이 중요하지만, 약한 연결 또한 가교 기능을 수행하기 때문에 중요하다. 이런 연결의 종류는 소비자들로 하여금 하부 조직 간의 접촉을 가능하게 한다. 예를 들면, 중요한 준거집단(강한 결속력)인 자주 만나는 친구 그룹이 있을 것이다. 만약, 당신이 테니스에 관심이 있다면 친구 중 한 사람이 당신에게 테니스팀에 소속된 사람들을 소개시켜 줄 것이다. 결과적으로 당신은 이런 가교 기능을 통해 그들의 귀중한 전문 기술을 얻을 수 있다. 이런 참조(referral) 과정은 약한 유대의 힘을 보여준다.

목표 3

소셜미디어는 기업과 소비자의 소통 방식을 변화시킨다.

소셜미디어 혁명

당신은 이미 소셜미디어를 접하고 있다. 당신의 Facebook 페이지를 확인하고(당연히 수업시간 말고!), Twitter로 메시지를 전달하고, Yelp의 레스토랑 리뷰를 읽고, 혹은 World of Warcraft에서 못된 오크들을 섬멸하고 있다면, 당신은 소셜미디어 혁명의 일부분이다. 즉, 소비자들이 시장(marketplace), 다른 사람들과 서로 교류하는 방법을 변하게 하는 점이 소셜미디어 혁명이다. 우리 중 다수는 우리의 부모님들이 아마도 공적으로 절대 논의하지 않을 자기 삶의 구체적인 것들을 공유하기를 좋아한다. 왜그런지 모르겠지만 사건들은 우리가 게시하기까지 공식적이지 않은 것처럼 보인다(예를 들면, Facebook에서 관계 상태의 변화, Instagram에 올린 감미로운 레스토랑 에피타이저 사진 한 장, Pinterest에 올린 펑키한 목걸이 사진). 우리는 우리가 아는 것을 우리 네트워크 안에 있는 다른 사람들이 알기를 원한다. 한 연구에서는 우리는 나쁜 것보다 좋은 뉴스를 공유하기를 좋아한다는 것을 보여주었다. 우리는 또한 우리 자신에 대해서 이야기하기를 원한다. 한 연구에서는 80%의 트윗이 글 작성자와 관련된 내용임을 밝혔다.

때때로 사람들은 소셜미디어를 하드웨어(예, 안드로이드 스마트폰)나 소프트웨어(예, 위키피디아) 관점에서 정의하지만 다른 무엇보다도 그것은 커뮤니티에 관한 것이다. 즉, 함께 사이트를 만들고 유지하는 구성원들의 집단적인 참여이다. 사실상 우리의 소셜 네트워크는 서로 얽혀 있다. 온라인 친구가 항상 무엇에 바쁘게 시간을 보내는지 훤히 알기 위해 끊임없이 소셜미디어를 확인하기도 한다. 몇몇의 사람들은 이 충동을 **FOMO**(Fear of Missing Out: 좋은 기회를 놓치고 싶지 않은 두려움)라고 부른다. 항상 관계

사람들은 점점 더 많은 시간을 소셜미디어 사용에 소비하고 있기 때문에 몇몇 비평가들은 우리가 대면 상호작용의 혜택을 잃는 것에 대해 아쉬워한다. 당신은 어떻게 생각하는가?(혹은 당신의 Facebook 친구들에게 이 주제에 대한 여론 조사를 해보라)
출처: Chinet Brand Ad, The Buntin Group

가 있다고 느끼는 것은 확실히 여러 이점이 있지만 우리가 다소 선택하지 않은 경우에는 그 이면에 후회 또는 부적합함 같은 애매함을 느낄 수 있다는 것이 단점이다. 심지어 더 최악은 우리가 초대받지 못한 경우다.

우리가 구매하기 전에 공유하거나 타인의 피드백을 얻으려는 우리의 열의는 기본적인 구전 프로세스 근원이 되는 소셜미디어의 핵심 역할을 두드러지게 한다. 우리는 이러한 리뷰들을 제공하는 사람들을 **브랜드 옹호자**(brand advocate)라고 부른다. Yahoo!에서는 온라인에서 시간을 보내는 40%의 사람들이 브랜드 옹호자이며, 이들은 반드시 그렇지 않은 사람(nonadvocates)의 구매에 영향을 미치는 것으로 나타났다. 이 영향력을 알기 위해 전략을 수정하는 마케터들은 그것의 가치를 깨달아야 한다. 한 예로, PETCO는 온라인 광고에 소비들의 리뷰를 포함시켰을 때 사용자 클릭 비율이 500% 증가하였다.

소셜미디어와 커뮤니티

Skittles 사탕 브랜드는 회사 웹사이트를 소셜미디어 중심으로 바꿨고, 이 과정에서 소비자의 제품에 대한 인지도가 엄청나게 올랐다. 이 사이트 방문자는 기업에서 올린 콘텐츠를 보는 대신 Twitter에 연결된 링크를 통해 Skittles에 관한 좋고 나쁜 트윗을 보게 된다. 또 다른 링크는 YouTube와 Flickr에 있는 Skittles 비디오와 사진들로 방문자들을 안내한다. 그리고 만약 그가 "친구"를 클릭하면 그는 브랜드의 Facebook 페이지에 바로 연결된다.

마케터들은 Skittles와 같이 웹 2.0 환경에서 자신의 전략을 적용시키기 위해 애쓰고 있다. 이 새로운 커뮤니케이션 플랫폼은 Facebook, Groupon과 같은 쇼셜 쇼핑 사이트, Twinity 같은 가상세계 같은 소셜 네트워킹 사이트처럼 다양할 수 있다. 그럼에도 불구하고 이 플랫폼들은 다음과 같은 몇 가지 기본적 특성을 가지고 있다.

- 이런 플랫폼들은 사용자의 수가 늘어남에 따라 향상된다. 예를 들면, 유사한 관심을 가진 다른 사람들이 구매하는 것을 바탕으로 당신에게 책을 추천하는 Amazon의 기능은 검색 문의를 하는 많은 사람들을 추적하면서 더 향상된다.
- 이런 플랫폼들의 통화는 눈동자이다. Google은 검색 용어를 친 후에 광고를 보는 사람의 수에 따라서 광고주에게 돈을 부과하면서 돈을 번다.

출처: Courtesy of DIRECTV.

출처: Courtesy of DIRECTV.

Marketing Opportunity

바이럴 마케팅(viral marketing)은 조직이 웹사이트에 있는 정보를 좀 더 많은 소비자들에게 알리기 위해 방문자에게 그 정보를 자신의 친구에게 전달하도록 하는 전략을 말한다. 보통 온라인 콘텐츠가 재밌거나 다소 기이한 경우에 발생한다. 이 방법은 폭발적인 관심을 유발한다. 예를 들면 lap giraffes 같은 경우다. 온라인으로 lap giraffes와 Sokoblovsky Farms(우리가 동물원에서 볼 수 있는 온순한 동물들의 작은 종을 기르는 곳)에 대한 메시지가 유포되고 난 후 수천 명의 사람들은 이 새로운 애완동물을 찾기 시작했다. 한 가지 문제는 실제로 lap giraffe 같은 동물은 존재하지 않는다. 이 사기극은 미국에서 가장 큰 위성 케이블 TV 공급업자인 DirecTV의 마케팅 캠페인의 하나였다. 그것은 돈을 절약하는 러시아 부자가 주연인 TV 광고로부터 시작됐다. 광고의 마지막 부분에서 그는 애완용 작은 개 크기만한 기린에게 입을 맞춘다. 이 기업은 그 기린을 찍은 사진을 올린 가짜 웹사이트를 만든다. 50만 명 이상의 사람들이 그 작은 기린을 받기 위해 대기자 명단에 자신의 이름을 올렸다. 만약 그들이 아직까지도 그 애완동물을 기다리고 있는지는 분명하지 않다. 하지만 DirecTV는 언론에 상당히 많이 노출되었다.

오늘날, 모두가 Facebook에 있는 것처럼 느껴진다.
출처: Toyota Motor Sales U.S.A., Inc.

- 이런 플랫폼들은 무료 버전과 영구적인 베타 버전이다. Wikipedia(온라인 백과사전)는 다른 사람들의 실수를 "고쳐주는" 자발적인 편집자들에 의해 지속적으로 업데이트가 된다.
- 이런 플랫폼들은 "분류학(taxonomy)"보다는 "**대중분류법**(folksonomy: 폭소노미)"에 따라 분류한다. 다시 말하면, 사이트들은 내용을 분류하기 위해 미리 개발된 시스템보다는 사용자에 의존한다. Pandora.com의 이용자는 자신만의 "라디오 스테이션"을 만든다. 여기서는 그들이 선택한 가수뿐만 아니라 다른 유사한 가수들의 노래를 틀어준다.

여러 가지 면에서 우리가 알고 있는 물리적 환경에서의 커뮤니티와 온라인 커뮤니티는 크게 다르지 않다. Merriam-Webster 사전(온라인 버전)에서는 **커뮤니티**를 "흥미, 위치, 직업, 공통의 역사, 정치적 또는 경제적 관심으로 인해 통합된 개인들의 연합체"라고 정의하고 있다. 사실상, 어떤 사회 과학자는 온라인 커뮤니티를 "관심사가 같은 사람들이 온라인으로 연결되어 그들과 사교적인 관계를 맺고, 의미 있고 친밀한 관계를 유지하며 동질감을 느끼는 온라인 활동이 있는 **사이버 공간**(cyberplace)으로 표현한다.

소비자들이 정말로 어떤 제품, 광고, 웹사이트에 몰두한다면 **몰입 상태**(flow-state)에 빠지게 된다. 매혹적인 사이트를 만들기 원하는 웹디자이너 Holy Grail는 파도타기하는 사람이 너무 재미있어서 시간이 가는 줄 모르는 것처럼 사이트의 콘텐츠에 몰입한다. 몰입은 아래와 같은 상황에서 경험할 수 있다.

- 놀이성(a sense of playfulness)
- 자신이 지배한다는 느낌(a feeling of being in control)
- 집중과 고도집중(highly focused attention)
- 자신을 위한 활동에 대한 정신적 즐거움
- 왜곡된 시간 감각
- 가까운 미래의 도전과 자신의 능력 간의 조화

소셜 네트워크의 구조

소셜미디어의 근본적인 구조를 좀 더 자세히 살펴보자. 각 플랫폼은 하나의 소셜 네트워크, 하나 혹은 그 이상의 관계들에 의해 연결된 사회적으로 의미가 있는 **노드**(node)들로 구성되어 있다. 노드들은 네트워크의 구성원들이다(예, 900만 명 이상의 Facebook 사용자). 구성원들은(혹은 네트워크 구성단위) 유대(관계)로 서로 연결되어 있다. 친족, 우정과 같은 소속이나 정서적 유대, 공유된 경험, 공통의 취미 및 관심사로 인해 유대가 형성된다. 우리가 커뮤니티를 머리에 떠올릴 때 사람을 생각하는 경향이 있지만 원칙적으로 네트워크의 구성원들은 단체, 규약, 국가, 부서나 다른 구성 단위가 될 수 있다. 당신의 대학 동창회가 대표적인 예이다. 협회(association)는 네트워크화된 개인들이나 조직들로 이루어진 커뮤니티다. 소셜 네트워크는 때때로 소셜그래프로 불리기도 하는데, **소셜그래프**(social graphs)는 네트워크 안의 구성단위들의 상호연결을 보여주는 도표를 의미하기도 한다.

네트워크 안의 노드들은 **상호작용**(interaction)한다. 이 노드들은 서로 대화하는 것, 함께 이벤트에 참석하는 것, 혹은 함께 일하는 것과 같이 행동을 기반으로 생성된 유대다. 만약 당신이 온라인으로 Match.com에서 미래의 데이트 파트너와 대화를 한다면 당신은 다른 노드와의 상호작용에 참여한 다른 한 노드가 되는 것이다. 그리고 만약 당신이 결혼식 사진작가에 대한 경험을 공유하는 온라인 포럼에 참석한다면 결혼 예정인 다른 노드들과의 상호작용에 참여하는 것이다. 상호작용은 완전히 참여적인 것이다. 즉, 상호작용은 네트워크 구성원들 안에서 공유된 활동이다.

흐름(flows)은 노드들 간에 발생한다. 흐름은 네트워크 구성원들 안에서의 자원, 정보, 영향력의 교환이다. 뉴스, 자신의 인생에 관련된 업데이트, 당신이 제일 좋아하는 책이나 영화에 대한 의견, 사진, 비디오, 메모들을 당신은 Facebook에 공유한다. 당신

이 호주 광고에서 알 수 있듯이 Twitter는 영향력 있는 소셜 네트워크로 떠올랐다.
출처: STIHL Pty Ltd.

이 콘텐츠를 공유하는 만큼 당신의 네트워크 안에서 흐름들이 발생된다. 소셜미디어에서 이런 커뮤니케이션의 흐름들은 어떤 지점에서 많은 방향으로 퍼져가게 되며, 종종 복수의 플랫폼으로 확산되기도 한다. 우리는 이런 상태를 **미디어 멀티플렉서티**(media multiplexity)라고 부른다. 흐름들은 단순히 양방향 혹은 3방향이 아니다. 즉, 흐름들은 특정 커뮤니티 전체, 네트워크 안에서의 한 리스트나 그룹, 혹은 몇몇의 개인들에게만 거쳐가기도 한다. 커뮤니케이션의 흐름은 커뮤니티 플랫폼 밖에서도 발생한다. 온라인 커뮤니티는 전적으로 웹 공간에 존재하기는 하지만 커뮤니케이션의 흐름은 이메일, 문자 메시지, 가상 세계, 대면 접촉과 같은 다른 영역으로 확장될 수 있다.

흐름은 정보를 공유하고 판촉물을 전달하고 사회적 영향의 원천이라는 측면에서 사회적 네트워크 시스템의 활동적인 요소이기 때문에 마케터들에게 특히 중요하다. 사회적 영향의 정도(다른 사람으로 인해 어떤 사람의 태도나 행동이 변화하는 정도)는 다른 노드들의 영향력과 매력성에 따라 달라진다.

사회적 대상 이론(social object theory)에서는 만약 사람과 대상 간의 관계를 활성화시킬 수 있는 방법이 있다면 사회적 네트워크들이 좀 더 영향력 있는 커뮤니티가 될 것이라고 주장한다. 이 이론에서 대상은 공통의 관심사를 말하며 그것의 일차적인 기능은 사람들 간의 상호작용을 매개한다는 것이다. 모든 관계들은 그 관계 안에서 내포된 사회적 대상을 가지고 있다. 온라인에서 Facebook과 같은 사이트는 관계가 그 사이트의 틀 안에서 확장될 수 있도록 다양한 대상 포맷을 제공한다. Facebook의 깜짝 놀랄 만한 성공을 이끈 한 요인은 Facebook이 사용자가 공유할 수 있는 많은 대상들을 제공한 것이다. 이벤트, 가족과 친구, 퀴즈 등이 이러한 대상들에 포함된다. 다른 SNS에서는 좀 더 전문화된 대상을 제공하거나 특정 대상에 집중된 콘텐츠를 제공한다. 예를 들면, 아래의 SNS들은 그 대상이 조금씩 다르다.

- Flickr는 사진을 공유하기 원하는 사용자들이 참여한다. 이런 이미지들이 해당 플랫폼에 의미를 부여하고 사람들이 방문하게 만드는 대상인 것이다.
- 동영상은 YouTube의 사회적 대상의 핵심이다.
- Diigo social 즐겨찾기 사이트에서는 그 대상이 URL이다.
- Foursquare의 대상은 물리적 위치이다.
- Dogster의 대상은 개(canine companions)다.

목표 4

온라인 소셜 네트워킹은 구전 커뮤니케이션의 영향력을 더 확대한다.

온라인 커뮤니티의 영향력

모든 커뮤니티들은 온라인과 오프라인 모두 동일하게 중요한 특성을 가지고 있다. 참여자들은 서로 소속감, 친밀함(온라인 그룹에서 다른 구성원의 물리적 거리가 수천마일 떨어져 있더라도), 그리고 대개의 경우 커뮤니티 활동에 대한 흥미를 가지고 있다. 구성원들은 공통의 미션을 가지고 있기 때문에(예, Twitter에서 진행하는 석유유출 구호품을 위한 기금 조성 캠페인) 서로를 동일시할 수도 있다. 또한 그들이 같은 지역의 주민이거나 같은 클럽(예, Classmates.com은 같은 고등학교에 다닌 사람들을 연결해 준다)에 소속되었었다는 이유만으로 서로를 동일시하기도 한다.

커뮤니티는 구성원들이 동화, 자원 획득, 오락, 정보의 욕구를 충족시킬 수 있도록 도와준다. 우선 무엇보다도 커뮤니티는 사회적이다. 온라인이나 오프라인이나 커뮤니티는 새로운 구성원이 유입되는 경우뿐만 아니라 구성원들이 참여하고 토론하고, 공유하고, 다른 사람들과 상호작용할 때 번창한다. 구성원들이 커뮤니티에 참여하는 정도는 다르지만 회원이 활동적일수록 커뮤니티가 더욱 잘 운영된다.

소셜미디어는 온라인 커뮤니티가 번성할 수 있는 좋은 조건을 제공한다. 웹 1.0 시대에는 사람들이 자신이 관심 있는 콘텐츠를 보기 위해 웹사이트를 방문했다. 하지만 정보의 흐름이 일방향이기 때문에 이것은 진정한 커뮤니티라고 할 수 없다. 오늘날 웹 2.0 환경에서 모든 것이 변했다. 상호적인 플랫폼은 온라인 커뮤니티가 다음의 기본적인 특성들을 가능케 하였다.

Net Profit

오픈 소스 혁명은 최첨단 기업들이 자신의 비즈니스 모델을 생각하는 방식에 엄청난 변화를 불러일으켰다. 이 새로운 접근법은 freemium이라는 새로운 단어를 만들었다. **freemium**은 고급(premium) 버전은 유료인 제품을 무료 버전으로 제공하는 것을 말한다. 이 아이디어는 제품 사용을 최대한 많은 사람들에게 장려하는 방법이다. 결국 그들 중 일부가 고객으로 전환되는 것이다. 이 과정에서 당신은 광고주(Exhibit A: Google)에게 가치 있는 상당한 규모의 고객 기반을 형성하게 된다. 이것은 또한 제품이나 서비스를 사용한 사람들이 더 많은 사람들이 참여할수록 이득이 되는 **네트워크 효과**(network effect)를 발생시킨다. 예를 들어, 만약 당신이 Zagat의 레스토랑 리뷰를 확인했다면 10명의 짜증내는 사람들로부터 피드백을 받아들이는 것보다 1,000명의 사람들이 어떤 장소를 고려하는지를 아는 편이 낫다. freemium 모델은 어떤 장소에서나 나타날 수 있다. 사람들은 무료 온라인 게임을 하고, 판도라에서 음악을 들으며, 케이블 서비스는 해지하고 Hulu에서 무료로 TV쇼나 영화를 볼 것이다. 또한 일반 전화는 해지하고 Skype를 통해 무료 국제전화를 걸 것이다. 당신이 Tap Tap Revenge와 같은 프로그램을 다운로드 받을 때에도 급속히 발전하는 아이폰 앱 시장은 freemium 원칙을 따르고 있다. 수백만 명의 사람들이 앱을 다운로드 받고, 그 중 몇몇의 사람들이 제작사가 Weezer나 Nine Inch Nails와 같은 실제 밴드가 중심이 되는 유료버전을 제공할 때 현금을 지불한다. 웹 2.0의 익살스러운 세계에서, 당신은 돈이 되는 무언가를 선물로 주고 있다.

Net Profit

ASOS는 영국에서 가장 큰 **온라인 소매상**(pure play retailer)이다. 오프라인 매장을 운영하지 않고 온라인으로만 판매한다. 이 회사의 Fashion Finder 플랫폼은 서로에게 아이디어를 공유하는 방식으로 쇼핑객들에게 인기가 있다. 그래서 패션에 대한 열정으로 커뮤니티를 만들었다.

- **대화**(conversation): 커뮤니티는 구성원들 간의 커뮤니케이션을 유도한다. 이 대화들은 말하기 혹은 쓰기에 기초한 것이 아니라 말하기와 쓰기의 혼합(hybrid)을 기반으로 한다. 만약 당신이 SMS나 Facebook 채팅을 통해 친구와 소통하고자 한다면 사실상 그녀에게 말하는 듯한 기분이 들 것이다.
- **존재**(presence): 온라인 커뮤니티가 물리적 공간보다는 가상으로 존재하는 것이지만 특정 장소에 돌풍을 일으킬 수 있는 특징들은 더 잘 제공한다. 가상 세계 커뮤니티는 물리적 공간을 3차원적으로 설명하고 있지만 전자게시판과 같이 눈에 보이도록 온라인 커뮤니티에 적용할 수 있다. **존재**(presence)는 사람들이 컴퓨터를 매개로 또는 컴퓨터가 만들어낸 환경에서 상호작용할 때 사람들이 경험하는 효과를 말한다. 소셜미디어 사이트는 방문자들 간에 상호작용을 가능하게 하고 그 환경을 보고 실제로 느낄 수 있게 될 때 존재감이 향상된다.
- **집단적 흥미**(collective interest): 당신의 오프라인 커뮤니티가 가족, 종교적 신념, 사회적 활동, 취미, 목표, 거주하는 곳 등을 기초로 하는 것처럼 온라인 커뮤니티 또한 구성원들 간의 유대를 느끼게 하는 공통점이 필요하다. 그것이 인디 밴드, 화이트 와인 아니면 오픈 소스 앱이이든 이러한 그룹들은 사람들이 자신의 열정을 공유하게 한다.
- **민주주의**(democracy): 대부분 온라인 커뮤니티의 정치적 모델은 민주주의다. 리더들은 일반적인 회원들에게 얻은 명성으로 인해 생겨난다. 이런 맥락에서 **민주주의**는 사람들에 의해 운영되는 것을 말한다. 리더들은 그룹의 가치를 높이기 위해 지명되거나 선출된다. 사용자의 리뷰를 원하는 수요가 엄청하게 증가하면서 지역 비즈니스를 위한 Yelp, 여행을 위한 TripAdvisor, 레스토랑을 위한 Urbanspoon과 같은 새로운 오피니언 기반 사이트들이 쏟아지고 있다. 예를 들어, Yelp는 작은 카페부터 애견 미용사까지 모든 것에 대한 리뷰를 400만 개 이상 제공하고 있다. 이런 사이트에 게시물을 올리는 데 시간이 걸리지만 사람들은 돈을 바라지 않는다. 하지만 그들은 좋은 추천 후원자 형식으로 소득을 얻는다. 수많은 소비자들이 Wikipedia에 정보를 올리고, 브랜드 옹호자로 활동하거나 YouTube에 동영상을 업로드 하는 것에 상당한 시간을 소비하는 것은 소비자들이 그 과정을 즐기고 똑똑한 조언자로서의 명성을 쌓기를 원하기 때문이다.

소셜미디어의 수평적 구조 때문에 그 플랫폼에서 일어나는 일들에 대한 통제가 소수 엘리트에서 많은 대중들에게로 이동되었다. **미디어 민주화**(media democratization)는 잡지사나 신문사와 같은 전통적 미디어 출판사와는 달리 사회적 커뮤니티의 구성원들이 콘텐츠의 생성, 전달, 유행을 결정하는 것을 의미한다.

- **행동의 기준:** 가상 커뮤니티를 운영하기 위해서는 행동을 통제할 수 있는 규칙이 필요하다. 이러한 규칙들 중에 몇 가지는 분명하게 설명되어 있다(예, 만약 당신이 eBay에서 상품을 구입하고자 한다면 당신은 그것을 지불하기 위해 합법적인 계약을 맺는데 동의해야 한다). 하지만 그 규칙들 중에서 많은 것들이 암암리에 존재한다. 간단한 예를 들면, 모든 철자를 대문자로 표기하는 것은 분노를 나타내는데, 이런 우편물을 받았을 때 부정적인 메시지를 보내는 것을 방지하고 있다.
- **참여 수준:** 온라인 커뮤니티가 번성하기 위해서 구성원들의 상당수가 참여해야 한

There's no 'u' in Threadless, but there should be. You pick the great ideas, you pick what we sell, you pick the next big thingy!

출처: Courtesy of Threadless

Net Profit

Threadless에서는 고객들이 미리 티셔츠 디자인의 순위를 매기고 회사에서 우승한 아이디어의 티셔츠를 만든다. 매주 참가자들은 티셔츠 디자인을 사이트에 업로드하고 대략 700개의 디자인에서 6개 정도가 제품으로 만들어진다. Threadless 방문자들은 디자인들에 대해 0점부터 5점까지 점수를 매기고 가장 인기가 좋은 출전자를 우승자로 선정한다. 그리고 이렇게 제작된 모든 셔츠를 판매한다.

다. 그렇지 않으면 그 사이트는 신선한 소재를 제공하는데 실패할 것이고, 결국 방문자 수는 줄어들 것이다. 하지만 참여는 경쟁이 될 수 있다. 대부분의 사용자가 게시물을 쓰지 않고 **보기만 하는 사람들**(lurkers)이다. 다소 기이한 단어이긴 하지만 그들은 게시물을 남기기보다 다른 사람들이 게시한 콘텐츠를 받아들이기만 한다. 연구자들은 일반적인 커뮤니티의 이용자 중 1%만이 정기적으로 참여하며, 9%가 띄엄띄엄 활동하는 것으로 추정한다. 나머지 90%는 단지 사이트에 무엇이 있는지 관찰하기 때문에 광고주들에게 매력적인 눈동자의 수를 늘려주는 것 외에는 이들이 커뮤니티에 기여하는 바는 적다.

사이트는 게시물을 쓰지 않고 보기만 하는 사람들(lurkers)을 활동적인 사용자로 전환시키기 위해서 어떻게 해야 할까? 참여하기 쉬울수록 방문자의 대다수가 더 활동하게 될 것이다. 사용자들을 참여시키기 위해서 사용하기 쉽게 만드는 몇 가지 방법이 있다. Facebook은 어떻게 여러 형식으로 참여시킬 수 있는지를 보여준 온라인 커뮤니티의 한 예이다. Facebook 사용자들은 상태 업데이트를 게시하고, 댓글을 달고, 사진을 업로드하며, 메모와 링크를 공유하고 소셜게임을 하며, 퀴즈에 답하고 자신의 프로필을 꾸미고, 동영상을 업로드하고 이벤트를 만든다.

- **군중의 힘**(crowd power): 소셜미디어는 마케터와 소비자의 근본적인 관계를 변화시켰다. 기업은 더 이상 고객의 기호에 맞게 상품을 제공하는 것이 아니라 고객과 함께 상품을 내놓는다. 많은 조직에서 이 변화에 저항할지라도 다른 조직들은 대중의 지혜 관점에서 새로운 비즈니스 모델을 만들고 있다. 이 모델은 올바른 환경이라

The Tangled Web

Whopper Sacrifice는 Burger King이 새로운 Angry Whopper 햄버거를 홍보하기 위해 시작했던 광고 캠페인이었다. 당시 사람들은 공짜 햄버거를 얻을 수 있었다. 그러나 이것을 얻기 위해서는 10명의 Facebook 친구들을 희생해야만 했다. 사람들은 친구들의 이름을 지우고 난 후에 메일로 쿠폰을 얻게 된다. 그 예전 친구들은 공짜 햄버거 때문에 친구 목록에서 삭제되었다는 공지를 받게 된다. 이 햄버거의 값은 3.69달러인데, 수학적으로 예전 각 친구들의 가치는 약 37센트인 것이다. 이 정도의 돈을 위해 친구를 포기하는 것이 잔혹하게 들릴지라도, 많은 Facebook 사용자들은 자신의 친구 목록을 제거하는 기회에 달려들었다. 몇백 명의 친구를 갖고 있는 한 학생은 "그것은 내 계정에 있는 예전 여자친구들과 그들의 가족을 삭제하기에 좋은 변명이다. 그리고 그것을 이용해서 Whopper를 얻는다"고 말했다.

면 그룹은 그 안에 가장 똑똑한 사람보다 더 똑똑하다는 것이다. 만약 이것이 사실이라면, 많은 소비자들이 성공적인 제품을 예측할 수 있음을 의미한다. 버드와이저처럼(새로운 Black Crown 맥주는 크라우드 소싱으로 만들어진 제품이다) 다양한 기업들부터 핸드백 디자이너 Alexander Wang까지 이들은 종업원이나 고객들에 의해 제시된 아이디어들로 고안된 제품을 제공한다. 가격이 적당한 여성 옷과 악세사리를 판매하는 온라인 소매업 ModCloth는 자사 브랜드 콜렉션을 대부분 Facebook 커뮤니티에 제출되고 투표로 결정된 디자인으로 구성한다. Kickstarter.com은 크라우드 소싱 펀딩 사이트로 참여자들이 영화부터 블루투스 내장 시계까지 다양한 18,000개 이상의 프로젝트에 투자하기 위해 320만 달러 이상을 지원할 것을 약속했다.

온라인 오피니언 리더

인터넷은 오피니언 리더들의 영향력을 더 증대시켰다. 이것은 마치 야구 선수에게 스테로이드를 주는 것과 같다. 가까운 곳에 있는 사람들에게만 영향을 미칠 수 있었던 것 대신, 이제는 영향력 있는 사람은 전 세계 수백만 명의 사람들에게 자신의 의견을 전달할 수 있다. 온라인 그룹에서 오피니언 리더들은 때때로 **파워 유저**(power user)로 불린다. 그들은 직접적이나 간접적으로 다른 소비자들의 구매의사결정에 영향을 미칠 수 있는 뛰어난 커뮤니케이션 네트워크를 가지고 있다.

파워 유저들은 직장과 커뮤니티에서 활동적인 참여자이다. 그들의 소셜 네트워크는 크고 잘 발달되어 있다. 다른 사람들은 그들을 신뢰하며 하나 혹은 그 이상의 세부적인 주제에 대해 믿을 수 있는 정보를 제공하는 정보원으로 생각한다. 그들은 새로운 정보 원천으로 그들을 인도하는 타고난 지적 호기심을 가지고 있는 경향이 있다. 그리고

소셜쇼핑은 전자상거래에서부터 발생된 것으로 쇼핑객에게 일반 오프라인 상점에서의 쇼핑 경험을 시뮬레이션할 수 있게 하였다.
출처: 2011 Travelocity.com LP.

그들은 엄청나게 많은 브랜드 관련 콘텐츠를 게시한다. Forrester Research는 이러한 브랜드에 특화된 언급을 **인플루언스 임프레션**(influence impression)이라고 부른다. 광고 용어 중에서 임프레션(impression)은 광고메시지에 대한 관점(view) 혹은 노출(exposure)을 말한다. Forrester는 사람들이 서로가 자신의 삶에 대해 말하거나 이야기나 경험을 말할 때 거의 브랜드가 포함되기 때문에 매년 미국 소비자들이 2,560억 건의 인플루언스 임프레션을 발생시킨다고 추정하였다. 이러한 인플루언스 임프레션은 1차적으로 파워 유저에게 전달된다. 단 6.2%의 소셜미디어 사용자만이 80%의 브랜드 관련 언급을 발생시키고 있다. Forrester는 이런 영향력 있는 사람들을 **매스 커넥터**(Mass Connectors)라고 부른다.

매스 커넥터가 인플루언스 임프레션을 퍼트릴수록 메시지의 영향력은 **모멘텀 효과**(momentum effect) 때문에 커진다. 영향력자들은 블로그에 메시지를 게재하고, 위젯을 공유하며, Facebook 페이지에 브랜드 로고 등을 배치한다. 만약 브랜드가 인기가 있고, 적절하며, 대중의 관심을 받을만 하다면, 그 구전에서 비롯된 미디어의 가치는 엄청나다.

소셜쇼핑

Travlocity는 온라인 고객 참여를 높이고 모멘텀 효과를 일으키기 위해 Roaming Gnome에게 협조를 요청했다. 이 대변인 캐릭터는 Aflac Duck의 Facebook에 더 많은 친구가 있다는 것에 격분했다(가상으로). 그래서 Travlocity는 국제적인 Gnome Day를 만들었다. 그 페이지에서 gnome은 자신의 목표를 달성할 수 있다는 희망을 가지고 팬들에게 자신의 요청을 친구들에게 공유하길 애원하였다.

새로운 기술은 아바타를 통해 소비자들이 옷을 입어볼 수 있게 해주며, 또한 구매를 결정하기 전이나 후에 자신의 소셜 네트워크에 있는 타인에게로부터 피드백을 받을 수 있게 한다. 그런 소셜쇼핑은 소셜 네트워킹과 온라인 소매가 병합된 것이다. 기술이 발달할수록 소셜쇼핑은 매장 안에서 이루어지는 상호작용보다 더 흥미로운 구매 경험을 제공할 수도 있다. 빠른 속도로 유입되고 있는 소셜쇼핑 메커니즘은 제품 평점, 리뷰, 제품 몽타주, 디자인 경쟁, 스타일 조언, 실시간 옷 리뷰, 시각적 스크랩북 만들기,

표 12.1 Social Shopping Applications

소셜쇼핑 애플리케이션 분류들						
가상 위시리스트/스크랩북	입어보기 사이트와 앱	구매전 피드백	경쟁	소셜쇼핑 옹호자	집단구매 사이트	'Sign On' 링크와 네트워킹
Svpply	Gotryiton	ASOS	ASOS	Klout	Living Social	Facebook Connect
Polyvore	Fashionism	Facebook		The Fancy	Groupon	Modcloth
Pinterest	Justboughtit	Twitter		Sneakpeeq	BuyWithMe	Wanelo
vi.sualize.us		Motilo		Fab		
Mydeco		Daily Grommet				

출처: Adapted from Rachel Ashman and Michael R. Solomon, "Bowling Alone" No Longer: Social Shopping in the Digital Age, *Academy of Marketing Science*, 2013

크라우드 소싱 기반 조언 서비스와 같은 형태로 나타나고 있다. 표 12.1은 소셜쇼핑에 대한 현재 접근 방법들을 정리한 것이다.

소셜게임과 게임화(gamification)

소셜게임(social game)은 커뮤니티 안에서 플레이어들의 참여와 온라인 연결성의 정의된 규칙에 따라 동시에 여럿이 참가할 수 있으며, 경쟁적이고, 목표 지향적인 활동이다. Farm Ville과 Angry Birds와 같은 성공적인 모바일 게임은 수백만 명의 열정적인 추종자들을 보유하고 있다. 브랜드는 몇 가지 방식으로 마케팅을 위해 소셜게임을 활용할 수 있으며 그렇게 해야만 한다. 마이크로소프트 검색엔진 Bing은 플레이어들에게 Bing의 Facebook 팬이 되면 Farm Ville 게임머니를 받을 수 있는 기회를 제공하는 광고를 냈다. 그 결과 첫날에만 425,000명의 새로운 팬들이 가입했다. 6장에서 살펴본 바와 같이, 마케터들이 소비자들의 쇼핑이나 일하는 환경에 게임적인 요소들을 적용한다면 게임화 전략은 일상적인 행동을 매력적인 경험으로 변화시킨다.

우리가 소셜게임의 호황을 확인할 수 있는 한 가지 구체적인 전략은 **거래적 광고**(transactional advertising)이다. 이 광고는 플레이어들이 소셜게임을 할 때 요구에 대응하게 되면 그들에게 보상을 주는 것이다. 그 보상은 가상 제품(플레이어들이 게임에서 사용하거나 친구에게 선물로 줄 수 있는 것), 통화(게임에서 사용되는) 혹은 코드(플레이어에게 제안한 접근을 풀어주는 것)가 될 수 있다. 플레이어들은 구매를 하거나 브랜드를 친구로 맺거나 광고를 보거나 설문조사에 응답하게 되면 가상 제품, 통화, 또는 코드를 보상으로 받게 된다. ProFlowers는 거래적 광고를 Playfish's Pet Society 게임에서 발렌타인데이 홍보의 일환으로 사용하였다. 게임 안으로부터에서 실제 꽃을 보낸 플레이어들은 Playfich Cash를 보상으로 받았다. 엄청나게 인기 있는 FarmVille 소셜게임은 또한 엄청나게 유명한 Lady Gaga와 팀을 구성하여 Gaga Ville이라고 불리는 특별 버전을 출시하였다. 이 게임에는 유니콘과 같은 Gaga 테마의 아이템들이 포함되어 있다. Best Buy로부터 25달러짜리 게임 카드를 구매한 팬들도 그녀의 Born This Way 앨범을 무료로 다운로드 받을 수 있었다.

대부분의 소셜게임은 몇 가지 핵심 요소를 가지고 있다.

- **리더 보드**(leaderboards): 게임에서 리더들의 명단
- **성취 배지**(Achievement badge): 성취한 게임 레벨을 알려주거나 커뮤니티와 공유하기 위해 수여된 상징
- **채팅 친구 명단**(Friend[buddy] lists with chat): 플레이어와 관련된 다른 플레이어의 명단과 게임 안에서 소통하는 기능

소셜게임은 플랫폼, 모드, 장소(milieu), 장르를 포함한 몇몇의 단계를 기반으로 한다. 소셜게임의 기본적인 차원을 간단히 살펴보면 다음과 같다.

- **게임 플랫폼**은 게임이 플레이되는 하드웨어 시스템을 말한다. 플랫폼은 게임 콘솔(콘솔은 상호작용적인 전자기기로 소니의 Playstation 3, 마이크로소프트의 Xbox 360, 닌텐도의 Wii와 같은 비디오 게임의 디스플레이로 사용된다), 컴퓨터(온라인 게임과 플레이어의 컴퓨터 하드 드라이브에 소프트웨어를 설치해서 하는 게임 모두 포함), 스마트폰이나 소니

출처: Fabrice Dimier/Bloomberg via Getty Images

의 PSP, 닌텐도의 DS와 같이 게임을 위해 고안된 휴대용 기기를 포함한다.

- **모드**는 플레이어가 게임 세계를 경험하는 방식이다. 플레이어의 활동이 매우 구조화 되어있는지, 혼자 하는 게임인지 아님 다수가 함께 하는 게임인지, 다른 플레이어들과 물리적으로 가까이에 있는지, 게임이 실시간인지 아니면 턴 기반으로 진행되는지 등 여러 측면이 있다.
- **환경**(milieu)은 공상 과학, 판타지, 호러, 복고와 같은 게임의 시각적 속성을 말한다.
- 게임의 **장르**(genre)는 플레이 방식을 의미한다. 인기 있는 장르로는 시뮬레이션, 액션, 롤플레잉이 있다. 시뮬레이션 게임은 가능한 실제 상황을 묘사하도록 노력한다. 몇 가지 하위 장르로 레이싱 시뮬레이터, 파이트 시뮬레이터, 플레이어들이 환경개발을 시뮬레이션 하게 하는 "Sim" 게임이 있다. 소셜게임 중에서 시뮬레이션 장르에 속하는 게임으로는 Farm Ville, Pet Resort, Fish Ville이 있다. 액션 게임은 주로 2개의 하위 장르로 구성되어 있는데, 당신의 아바타가 보는 대로 게임에서 당신이 볼 수 있는 FPS(first-person shooters)와 3인칭 게임이 있다. 소셜 액션 게임의 예로는 실시간 액션 축구 게임이 Epic Goal, FPS인 Paradise Paintball, 소셜 도박 게임으로 Texas Hold'Em이 있다. 롤플레잉 게임(RPG)에서는 플레이어들이 특정 미션을 완수하려는 목적을 가진 캐릭터 역할을 플레이한다. 아마도 가장 잘 알려진 RPG는 Dungeons and Dragons이다. 플레이어들은 게임 스토리 안에서 캐릭터의 신분으로 활동하며 임무를 완수하고, 목표를 달성하기 위해 노력하면서 점수와 아이템을 모은다.

Net Profit

MMORPG(massive multiplayer online role-playing game)는 게임의 사회적 측면을 모두 아우르는 전형적인 RPG의 유형 중 하나이다. World of Warcraft는 전 세계에 수백만 명의 플레이어들을 보유한 가장 큰 MMORPG 중의 하나이다. Facebook의 소셜 RPG에는 Haven, Mafia Wars, Battle Stations, Tennis Mania가 있다. 사람들이 가상 세계에 소비하는 돈은 급격히 증가하고 있다. 실제로 **디지털 가상 소비**(digital virtual consumption: DVC)는 곧 마케팅이 공략해야할 타겟이 될 것이다. 현재 미국의 경우, 소비자는 연간 2십억 달러 이상을 온라인 게임의 캐릭터를 위한 가상 제품을 구매하는데 소비하고 있다. 수천 명의 사람들이 게임속의 아바타가 필요로 하는 옷, 가구, 집, 자동차와 다른 제품들을 디자인하고 만들고 구매한다. 그리고 많은 사람들이 실제 삶에서는 이룰 수 없는 꿈을 얻기 위해 거창하게 아바타를 꾸민다. 장래를 고려한 몇몇 마케터들은 이러한 플랫폼들이 현실과 가상 세계의 경계를 넘어 자사의 제품을 소개할 수 있는 단계가 올 것이라고 예상한다. 예를 들어, The Sims를 플레이하는 사람들은 그들의 가상 집에 IKEA에서 만든 가구를 구매할 수 있다. 이런 종류의 플랫폼 사용은 현실세계에서도 구매를 부추길 수 있다. 이 실제처럼 느껴지는 3D 환경에 살고 있는 수백 명을 보면서 우리는 Facebook과 같은 다른 소셜 네트워크에서 이러한 플랫폼을 도입하는 것을 가까운 미래에 볼 수 있을지도 모른다.

CB AS I SEE IT

Donna L. Hoffman 교수, *The George Washington University*

어떻게 그리고 왜 소비자는 소셜미디어를 사용하는가? 소셜미디어 어플리케이션은 빠르게 확산되고 있으며 온라인에서 사회적 상호작용의 역동성은 계속해서 진화하고 있다. 그럴수록 소비자 행동 연구자들은 소비자의 소셜미디어 사용에 대한 깊은 이해를 필요로 하고 있다. 이는 소비자 동기, 소셜미디어 목표, 웰빙에 대한 지각과 관련된 일관된 이론적 모델을 구성하기 위함이다. 이러한 모델에 대한 필요는 점점 극심해지고 있다. 이는 소셜미디어에서 새로운 형태의 소비자 참여가 증가하고 있고 마케터들이 소비자의 기본적인 니즈를 가장 잘 만족시키며 긍정적인 결과를 얻을 수 있는 콘텐츠 어플리케이션 통합 방안을 모색하고 있기 때문이다.

나의 동료 교수 Tom Novak과 나는 소셜미디어의 근본적인 상호작용성(interactivity)이 4개의 고차원적 목표를 감안한다는 것을 제안하였다. 이 4가지는 연결(connect), 창출(create), 소비(consume), 통제(control)이다. 소셜미디어의 4C는 왜 많은 사람들이 소셜미디어에 상당한 시간을 소비하며 왜 소셜미디어가 인기가 있는지를 어느 정도 설명해 준다. 최근에 소셜미디어 사용에 관한 연구가 급증하고 있지만 무엇이 소셜미디어를 사용하게 하며 주관적 행복과 사용 목적이 어떠한 관계가 있는지를 설명해줄 수 있는 개념적 틀을 제시한 연구는 많지 않다.

이것을 다루기 위하여 우리는 어떻게 소비자 동기가 소셜미디어 사용 목적을 다르게 하는지와 목표들이 주관적 행복과 어떻게 연관되는지를 조사하기 위해 2개의 대규모 연구를 설계했다. 소셜미디어가 니즈를 충족시켜 준 개인들은 행복에 긍정적인 영향이 있다는 것을 경험해야 한다. 이 주장의 근거는 우리가 이전 연구에서 추구한 최적의 온라인 경험과 관련 있다. 이전 연구에서는 온라인 활동(online navigational experience) 중에 몰입을 경험한 사람들은 이런 경험을 하지 못한 사람들에 비해 긍정적인 결과를 얻을 가능성이 높았다. 두 개의 연구에서 우리는 소비자의 소셜미디어 목적을 체계화하기 위해 우리가 개발한 4C를 사용했다.

첫 번째 연구에서 우리는 사회적 동기 맥락 안에서 소셜미디어 목적 추구, 자율 욕구, 역량, 개인의 내부적/외부적 인과 소재, 사회적 정체성 맥락에서 2가지 측면의 자존감을 조사했다. 그 결과, 연결 목표(사회적 목표)는 관계 욕구, 외부적 인과 소재, 타인과 연결되려는 내부적 동기, 소비자가 소속된 소셜미디어 그룹에 대한 긍정적 평가와 관련 있는 것으로 나타났다. 소비자들의 창출 목표는 자율성, 역량, 관계욕구, 외부적 인과 소재, 소셜미디어에 대한 높은 관여도, 자신에 대한 기여(정체성 자존감)와 관련이 있는 것으로 나타났다. 소비 목표(비사회적 목표)는 내부적으로 동기부여되는 것으로 나타났으며 자율성과 역량과는 부정적인 관계로 나타났다. 통제 목표는 자율성과 역량 욕구를 충족시키고 외부적 인과 소재와 소셜미디어 지식과 관련 있는 것으로 나타났다.

두 번째 연구에서 우리는 개인의 행복에 대한 지각 관점에서 4C 소셜미디어 목표가 다른지를 알아보기 위해 진행하였다. 소셜미디어 목표 추구와 주관적 행복 간의 명백한 연관성(연결자들과 창조자들이 행복함)을 찾아냈다. 또한 온라인 상호작용의 고차원 중심의 관점(대인상호작용을 추구하는 연결자들이 행복하였고, 콘텐츠 상호작용을 추구하는 창조자가 행복함)에서 명백한 차이점도 발견했다.

우리의 결론은 다른 소셜미디어 목표가 다른 욕구와 동기에 의해 지지된다는 것이다. 그리고 행복의 지각에 있어서 동등하게 관련 있는 것이 아니며, 이러한 결론은 연구와 마케팅 측면에 있어서 중요한 시사점을 제공한다. 이 결과는 연구자들에게는 소비자들이 소셜미디어에 어떻게 참여해야 행복을 느끼는지를 이해하는데 도움이 될 수 있다. 마케팅 관리자들은 소셜미디어가 "killer app"의 가능성을 제공한다고 믿고 있다. 그리고 어떻게 마케터들이 좀 더 사회적인 어플리케이션을 개발할 수 있을까에 대해 고민하게 한다. 마케터들은 이 결과를 통해 소셜미디어 목표와 상호적인 미디어 환경에서 마케팅 노력에 대한 소비자의 반응 간의 관계를 조사하는 것이 전략적으로 활용될 수 있음을 알 수 있다.

목표 5

새로운 제품, 서비스와 아이디어는 시간이 지날수록 모든 사람들에게 확산된다. 다른 유형의 사람들은 이 확산 과정 동안 새로운 것들을 더 혹은 덜 수용하게 된다.

혁신의 확산

1970년대 캘리포니아 남부의 스케이드 보드 창시자(인기 다큐멘터리 Dogtown and Z-Boys에 묘사된 사람)는 오늘날 그 스포츠를 알지 못했을 것이다. 영화 주인공 중 한 명이 말한 것처럼 "우리는 여기저기서 다 까인다. 어디를 가든 사람들이 우리를 싫어한다." 그 시기에 보드를 타는 것은 금지되었다.

요즘 스케이트보드를 타는 것은 The Simpsons만큼 반항적 문화(countercultural)이다. 더 많은 아이들이 농구를 하기보다는 스케이트보드를 타고, 그들 중 다수는 비싼 티셔츠, 스케이트 신발, 헬멧, 그리고 다른 액세서리들을 덥석 산다. 사실상, 보드를 타는 사람들은 보드를 포함한 핵심 장비보다 티셔츠, 반바지, 선글라스와 같은 "주변제품"에 대해 거의 6배(한 해 약 44억 달러)에 해당하는 비용을 지출한다.

반항적인 잠재 요소를 가진 컬트 유형의 활동에서 주요 취미까지 스케이팅의 진보는 많은 상품과 서비스가 대중문화를 통과하는 여정을 반영한다. **혁신의 확산**(diffusion of innovations)은 새로운 상품, 서비스, 혹은 아이디어가 사람들 사이로 퍼지는 과정을 말한다. **혁신**(innovation)은 소비자들이 새롭다고 인식하는 어떤 상품 혹은 서비스이다. 그것은 활동(스케이트보드 타기), 의복 양식(Ed Hardy 티셔츠), 새로운 제조 기법(nike.com에서 당신만의 운동화를 디자인할 수 있는 기능), 기존 상품에 대한 새로운 변화(감청색과 진분홍의 Parkay Fun Squeeze Colored Margrine), 상품을 유통하는 새로운 방법(식료품 온라인 주문하기와 당신의 집으로 Peapod 배달하게 하기), 혹은 현재의 상품을 포장하는 새로운 방법(여행 머그잔에 부을 수 있는 Hand Microwaveable Soup의 Campbell's Soup)의 형태가 있다.

소셜미디어의 폭발적인 증가는 확산 과정을 완전히 다른 수준으로 만들었다. 우리가 봐왔던 것처럼 우리가 오늘날 목격한 미디어 민주화는 소비자가 신제품을 인지하는 방식과 이러한 혁신들이 시장에 도달하는 비율에 있어 근본적인 붕괴가 있음을 의미한다. 마지막 부분에서 우리는 한걸음 물러나 확산의 기본적 과정을 검토할 것이다.

만약 한 혁신이 성공적이라면(대부분 그렇지 않다!), 그것은 사람들을 통해 퍼진다. 먼저 소수의 사람들이 그것을 시도하기를 결심한다. 만약 그것이 인기가 있다면 때때로 거의 모든 사람들이 그것을 사는 것처럼 보일 때까지 점점 더 많은 소비자들이 그것을 채택하기를 결심한다. 한 상품이 확산되는 비율은 다양하다. 예를 들면, 도입된 후 10년 안에 미국 가정의 40%가 케이블 TV를 보았으며, 35%가 CD를 들었으며, 25%가 자동응답기를 사용했고, 20%가 컬러 TV를 샀다. 라디오는 6,000만 사용자를 달성하는데 30년, TV는 이 수에 도달하기 위해 15년이 걸렸다. 대조적으로, 9,000만 명이 웹을 즐기는 데는 3년이 걸렸다.

우리는 어떻게 혁신을 채택하는 결정을 하는가?

혁신의 채택은 2장에서 토론한 의사결정 순서와 유사하다. 우리는 인식, 정보 탐색, 평가, 시도, 그리고 채택의 단계를 거친다. 그러나 새로운 것을 시도하기 위한 우리의 의지에 영향을 주는 문화적 요인들만큼 혁신에 대해 우리가 얼마나 알고 있는지에 따라 각 단계의 상대적인 중요성은 다르다.

유럽 11개국에 관한 어떤 연구는 개인주의 문화의 소비자들이 집단주의 문화의 소비자들보다 더 혁신적이라는 사실을 알아냈다(3장 참조). 그러나 같은 문화에서조차 모든 사람들이 같은 비율로 한 혁신을 채택하지는 않는다. 일부는 굉장히 빠르지만 다른 사람들은 전혀 그렇지 않다. 우리는 소비자들이 새로운 것을 채택할 가능성에 근거하여 유사한 범주로 소비자들을 분류한다.

그림 12.3에서 보여주는 것처럼, 대략 인구의 1/6(혁신자와 초기 수용자)은 아주 빨리 새로운 상품을 채택하고, 또 **1/6**(laggard: 지각수용자)은 매우 느리다. **후기 수용자**(late

그림 12.3 수용자들의 유형

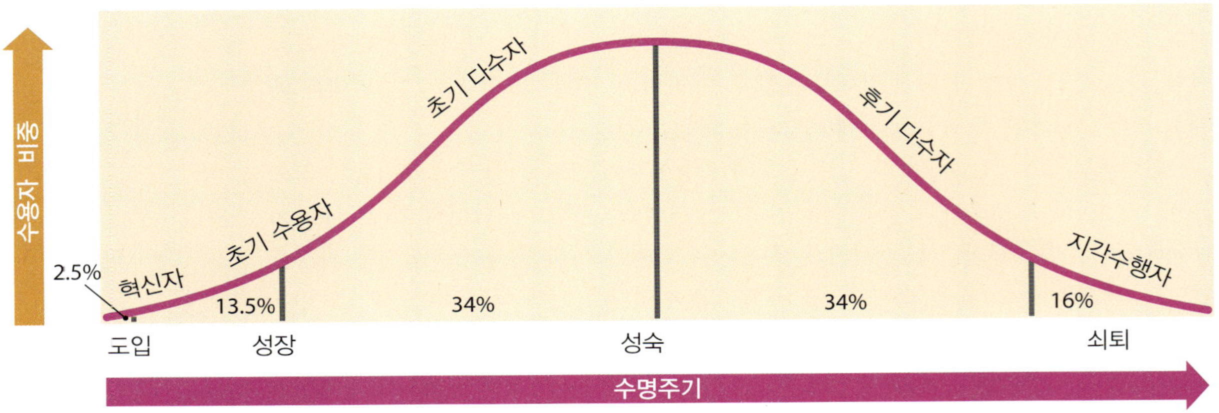

Marketing Opportunity

우리가 어떻게 혁신자들을 알아낼 수 있을까? 광고대행사와 리서치 회사들은 트렌드 개발에 아주 가까이에 있는 사람들 주변을 항상 배회한다. 한 광고대행사는 택시 운전사들이 매일 거리에서 무엇을 보는지에 대해 조사한다. 다른 대행사들은 더 정교하게 무엇을 "잘 아는 사람"을 파악하기 위해 인터넷과 세계적 네트워크를 사용한다. 이런 대행사 중 하나인 DDB는 광고주에게 그 모두가 그들에게 어떤 의미인지를 조언하기 위해 전 세계 13,000개의 지사로부터 문화적 변화에 대한 수천 종류의 정보를 수집하는 SignBank라고 불리는 서비스를 운영한다. 예를 들어, 몇몇 시장에서 정보 수집가들은 저녁 식사 손님들이 건강과 비만에 대한 걱정 때문에 그들의 호스트에게 초콜릿 대신에 꽃을 가져오는 경향이 있다는 것을 감지했다. 이러한 정보는 초콜릿을 만드는 고객에게는 매우 가치 있는 정보이다.

adopters)로 불리는 다른 2/3는 중간의 어딘가에 있다.

이 소비자들은 주류계층이다. 그들은 새로운 것에 관심이 있지만 자신이 너무 새로운 것이 되는 것을 원하지 않는다. 어떤 경우에, 사람들은 혁신을 채택하기 위해 신중하게 기다린다. 왜냐하면 그들은 기업이 혁신의 기술을 향상시키거나 가격이 시장에 출시된 지 조금 지나면 내릴 것이라고 예상하기 때문이다(Apple이 다음에 무엇을 갖고 나올 것인 지를 보기 위해 iPhone을 구매하기를 연기한 적이 있는가?). 각 범주에 있는 소비자의 비율이 추정에 의한 것이라는 것을 명심해야 한다. 각각의 실제 규모는 제품, 비용, 그리고 사람들이 그것과 관련한 위험이 얼마나 되는지의 복합성과 같은 요인들에 따라 달라진다.

혁신자들(innovators)이 단지 인구의 약 2.5%일지라도, 마케터는 그들을 식별하기 위해 노력한다. 이들은 이전에 볼 수 없었던 새로운 상품 혹을 서비스를 항상 찾고 제일 먼저 새로운 어떤 것을 시도하는 용감한 영혼들이다. 혁신자는 위험을 감수하는 경향이 있다 또한 상대적으로 높은 교육 및 소득 수준을 가지고 있으며, 사회적으로 활동적일 가능성이 높다.

초기 수용자(early adopters)는 혁신자와 비슷한 특징을 갖고 있다. 그러나 중요한 차이점은 그들의 사회적 수용에 대한, 특히 옷과 화장품 같은 자신을 표현하는 상품에 관해 갖는 관심의 정도이다. 일반적으로 초기 수용자는 새로운 스타일을 잘 받아들인다. 왜냐하면 초기 수용자는 그 제품군에 관여되어 있고 패션에 관한 것을 높이 평가하기 때문이다.

표면적으로 상당히 높은 위험을 수용하는 것(예, 대부분의 사람들이 무릎 아래 3인치 치마를 입을 때 무릎 위 3인치 치마를 입는 것)은 사실상 그렇게 위험하지 않다. 위험한 패션을 정말로 감수하는 혁신자들은 이미 스타일 변화를 "현장 실험(field-tested)"해왔다. 우리는 최신 "유행" 디자이너 브랜드를 특징으로 한 "패션을 이끄는" 매장에서 초기 수용자들을 찾을 수 있다. 대조적으로, 우리는 아직 알려지지 않은 디자이너들의 상품을 가진 작은 부티크에서 진짜 혁신자들을 찾을 가능성이 더 높다.

혁신의 행동적 요구

우리는 혁신이 수용자들에게 스스로 자신의 행동을 바꾸기를 요구하는 정도에 따라 혁신을 분류한다. 이 세 가지 분류가 절대적이지는 않을지라도, 연구자들은 세 가지 혁신의 주요 유형을 규정한다. 상대적인 의미에서, 혁신의 유형은 사람들의 생활에 가져오는 붕괴 혹은 변화의 정도를 말한다.

연속적 혁신(continuous innovation)은 General Mills가 Cheerios의 Honey Nut 버전을 소개하거나 Levi's가 몸에 꽉 끼는 청바지를 홍보할 때와 같은 기존 제품의 수정이다. 기업은 제품을 시장에 포지셔닝하고, 라인 확장을 추가하거나 소비자의 지루함을 완화시키기 위해 작은 변화를 시도한다. 대부분의 제품 혁신은 이런 유형이다. 이것은 혁명적이라기보다 진화적이다.

소비자들이 이런 종류의 새로운 제품을 채택할 때는 단지 습관에서 작은 변화를 시도하는 것이다. 예를 들면, 오래전에 한 타자기 회사는 그 회사 제품이 비서들에게 더 "사용자 친화적"이 되도록 개선했다. 그 회사의 엔지니어들은 비서들이 긴 손톱을 갖고 평평한 표면에 타이핑하는 것이 어렵다고 말했기 때문에 키의 윗부분을 오목하게 만들었다. 이 변화는 오늘날 우리의 컴퓨터 키보드에도 지속되고 있다.

일부 혁신들은 우리에게 기존 제품을 사용하는 새로운 방법을 알려준다. 이것이 더 효과적일 수 있지만 우리는 여전히 그것을 사용하기 위한 습관을 바꿔야만 한다. 일본의 의류회사는 최근 출장 중인 임원들이 드라이 크리닝을 할 필요가 없는 Shower Clean 비즈니스 정장 라인을 소개했다. 이 정장은 따뜻한 물로 샤워하듯이 세탁하며 다림질할 필요가 없다. **역동적인 연속적 혁신**(dynamically continuous innovation)은 기존 제품에서 중요한 변화가 일어난 것이다. IBM이 각각의 키를 사용하기보다 타이핑 볼을 사용한 Selectric 타자기를 소개했을 때, 그 새로운 디자인은 비서들이 하나의 Selectric 볼을 다른 것으로 대체하는 것과 같이 원고의 활자면을 즉각 바꿀 수 있게 하였다.

비연속적 혁신(discontinuous innovation)은 우리가 사는 방식에 실제로 큰 변화를 가져온다. 비행기, 자동차, 컴퓨터, 텔레비전과 같은 주요 혁신들은 현대 생활양식을 급진적으로 변화시켰다. 개인 컴퓨터는 타자기를 대신했고, 일부 사람들이 집에서 "재택근무"를 할 수 있게 한다. 물론 새로운 연속적 혁신(예, 소프트웨어의 새로운 버전)들이 지속적으로 우리 컴퓨터를 업데이트하듯이 그 주기는 계속된다.

> **Net Profit**
>
> 
>
> M-PESA는 모바일 전화 기반 송금 서비스로 대부분의 소비자들이 은행 지점에 접근할 수 없는 아프리카 일부 지역에서 큰 인기를 끌고 있다. 전 세계 많은 다른 사람들이 금융업을 온라인으로 거래하기 시작한 것처럼 M-PESA는 금융기관을 연결되는 앱을 어떻게 만드는지에 대한 교육을 제공하였다. 이 서비스는 역혁신(reverse innovation)의 한 예이다. 역혁신은 특정 제품이 초기에는 개발도상국가의 니즈를 충족시키기 위한 것이었으나 이후에 다른 곳에서도 채택된 것을 말한다. 처음에 제한된 사회공공기반 시설을 가진 나라들을 위해 설계되었던 건전지로 작동되는 의료기기들이 역혁신의 다른 예이다.

혁신이 확산되도록 결정짓는 것은 무엇인가?

우리의 행동이 얼마나 변해야 하는지에 관계없이 성공적인 수용은 다음의 속성들을 지녀야 한다.

- **호환성**(compatibility): 혁신은 기존의 소비자 생활양식과 호환될 수 있어야 한다. 개인 케어 제품 제조회사는 불행히도 몇 해 전에 면도기와 면도 크림의 대체 수단으로서 남성을 위한 제모 크림을 소개했다. 이 방식은 많은 여성들이 다리털을 제거하기 위해 사용하는 것과 유사하다. 비록 그 제품이 사용하기에 간단하고 편리했지만, 그것은 실패했다. 왜냐하면 남성들에게 너무 여성적이며, 그들의 남성적 자아 개념을 위협하는 상품으로 지각되어 남성들의 관심을 끌지 못했기 때문이다.
- **시용성**(trialability): 우리는 잘 모르는 상품을 위험하다고 생각하기 때문에 만약 확

신하기 전에 그것을 실험할 수 있다면 우리는 혁신을 수용하기가 더 수월하다. 이 위험을 감소하기 위해 회사들은 새로운 제품의 "견본" 샘플들을 무료로 배포하고, 여기에 많은 돈을 지출할 수 있다.

- **복잡성**(complexity): 제품은 복잡하지 않아야 한다. 유사한 제품들이 있을 때, 우리는 더 복잡한 것보다 이해하고 사용하기 쉬운 제품을 선택할 것이다. 이같은 행동은 우리에게 적은 노력을 요구하고 우리의 지각된 위험을 낮춰준다. 예를 들면, DVD 제조업자들은 비전문가들이 그것들을 수용하는 것을 장려하기 위해 사용을 간편하게(예, 화면 프로그래밍) 하는 데 많은 노력을 기울인다.
- **관찰 가능성**(observability): 쉽게 식별할 수 있는 혁신들은 확산되기가 더 쉽다. 왜냐하면 그것에 대해 더 쉽게 배울 수 있기 때문이다. 지퍼 달린 작은 주머니(fanny pack, 사람들이 지갑 대신에 허리에 차는 파우치)의 빠른 확산은 그것의 높은 가시성(visibility)에 기인한다. 다른 사람들은 이 제품의 편리함을 쉽게 볼 수 있었다(심지어 그들이 조금 바보일지라도).
- **상대적 장점**(relative advantage): 가장 중요한 것은, 새로운 제품은 다른 대안들보다 상대적인 장점을 제공해야 한다. 소비자들은 혁신적인 제품은 다른 제품이 제공할 수 없는 편익을 제공할 것이라고 믿는다. 예를 들면, Bugchaser는 곤충 살충제가 포함된 팔찌이다. 어린 자녀를 둔 어머니들은 이 제품이 무독성이고 자국을 남기지 않기 때문에 좋아한다. 즉, 다른 제품들보다 명확한 장점이 있다. 대조적으로, 자동

CB AS I SEE IT

Gordon Bruner 교수, *Southern Illinois University*

몇 해 전 Kumar 교수(University of South Florida)와 나는 Sprint사의 협력으로, 기업이 평소 서베이를 통해 쉽게 사용할 수 있도록 사람의 기술적 혁신성을 측정하는 방법을 개발하는 연구를 했다. Sprint의 초기 관심은 가장 먼저 하이테크 제품과 서비스를 채택하는 경향을 가진 소비자 집단인 혁신자들이었다. 동시에 Kuma 박사와 나는 우리가 기계 애호가(gadget lovers)라고 부르는 유사한 수용자 집단에 관해 더 알고자 했다. 기계 애호가라는 용어는 수 년 동안 미국 내에서 논의되었지만, 이것에 관한 과학적인 연구는 없었다. 우리는 그들이 기술 혁신자와 상당히 유사한지 또는 다른지 궁금했다.

우리가 몇 개의 연구를 실시한 후에 확실한 결과들을 얻을 수 있었다. 두 소비자 집단은 비슷한 부분이 있었지만 역시 중요한 차이점이 있었다. 혁신자들은 기계 애호가보다 좀 더 빠르게 채택한다. 기계 애호가들은 보통 소비자들보다 훨씬 빠르게 채택하는 경향이 있었으나 혁신자로서의 자격을 갖지는 못했다. 반면 기계 애호가들이 혁신자보다 더 오피니언 리더의 자격 요건을 갖추었다. 이 이유가 완전히 명확하지는 않지만, 기계 애호가들이 그 이름이 암시하는 것처럼 진정으로 기술을 갖고 노는 것을 즐기는 것처럼 보인다. 그 경험과 전문 지식은 기계 애호가에게 조언을 구하는 것을 편안하게 느끼는 다른 소비자들의 눈에 띄게 된다. 대조적으로, 혁신자들은 처음 채택하는 것으로부터 오는 그 상태에 더 관심이 있어 보인다. 비록 그들이 하이테크 인형을 좋아할지라도, 그들은 그것을 사용할 때 기계 애호가만큼 전문가가 되지 않고, 기계 애호가들이 보이는 전염성의 열정이 나타나지 않는다.

기계 애호가 척도로 전국적으로 많은 미국 소비자 샘플에게 조사를 실시했을 때, 그 결과는 남성이 여성보다 훨씬 높은 수치를 나타냈고, 젊은 성인들이 나이 든 성인보다 약간 높은 수치를 보였으며, 학식이 많은 이들이 학식이 낮은 이들보다 더 높았고, 주요 이민족 그룹들이 백인/비히스패닉보다 높은 점수를 얻은 것으로 나타났다.

최종 결론은 기계 애호가들이 어떤 측면에서 혁신자와 유사할지라도, 우리는 그들이 첨단 기술 혁신의 마케터로부터 훨씬 혹은 더 많은 관심을 받을 만한 충분한 자격이 있다고 생각한다. 겉보기에도 그 집단이 다른 사람들의 행동에 큰 영향을 주기 때문이다.

차 와이퍼를 켤 때 향기를 내뿜는 Crazy Blue Air Freshener는 흐지부지 되었다. 사람들은 자동차를 더 상쾌하게 할 수 있는 더 간단한 방법이 있다고 생각했기 때문에 이 제품에 대한 필요성을 느끼지 못했다.

목표 6

많은 사람들과 조직들이 소비자들에게 상징적인 의미를 창출하고 알리는 패션 시스템 안에서 역할을 한다.

패션 시스템

패션 시스템(fashion system)은 상징적 의미를 창출하고 이 의미를 문화적 재화에 이입하는 모든 사람과 기업을 포함한다. 우리가 종종 패션을 의복과 동일시 하지만, 패션 프로세스는 음악, 예술, 건축물, 그리고 심지어 과학(즉, 확실한 연구 주제와 각각의 과학자들은 그 시기에 "인기"가 있다)을 포함하는 모든 문화적 현상의 형식에 영향을 미친다는 것을 명심해야 한다. 심지어 경영 방침도 패션 프로세스의 대상이다. TQM(통합 품질 관리), JIT(재고 관리) 혹은 MBWO(현장 관리)와 같은 특정 관리 기법들은 유행 여부에 따라 발전하고 변화한다. 이러한 영역들은 모두 우리가 3장에서 논의한 문화 안에서의 "의미의 이동"에 의해 영향을 받는다.

우선, 일부 혼란스러운 용어를 구분하도록 하자. **패션**(fashion)은 새로운 방식을 수용하는 일부 소비자 집단에 의한 사회적 확산의 과정이다. 대조적으로, 하나의 유행(혹은 스타일)은 특별한 속성들의 조합이다(말하자면, 짧은 상의에 일자 청바지를 입는 것). 그리고 유행하고 있다(in fashion)는 것은 어떤 준거 집단이 이 조합을 긍정적으로 평가하고 있다는 것을 의미한다(유행은 이번 시즌 동안 "입음"으로서 이 룩(look)을 보증한다). 따라서 Danish Modern이라는 용어는 가구 디자인의 특별한 특징과 관련 있다(예, 인테리어 디자인에서의 패션). Danish Modern이 반드시 현재 소비자가 바라는 패션을 의미하는 것은 아니다.

패션에 대한 행동 과학적 관점

패션은 많은 단계에서 작용하는 아주 복잡한 과정이다. 한 극단에서, 그것은 동시에 많은 사람들에게 영향을 주는 사회 활동의 현상이다. 다른 측면에서, 그것은 개개인의 행동에 대해 아주 개인적 효과를 미친다. 많은 사람들은 그러한 패션 내에 존재하길 바라고, 이것은 우리가 사는 것에 동기를 부여한다. 패션 상품들은 역시 심미적인 대상이며, 문화의 예술적 전통과 역사를 반영한다. 이러한 이유로 패션의 기원과 확산에 대한 많은 견해들이 있다. 일부 주요 접근방법들을 요약해 보자.

패션의 심리학적 모델. 많은 심리학적 요인들은 무엇이 우리로 하여금 유행을 따르게 하는지를 설명하는데 도움이 된다. 이 요인들에는 동조, 다양성 추구에 대한 욕구, 개인적 창의성을 표현하고자 하는 욕구, 그리고 성적 매력이 포함된다. 예를 들면, 많은 소비자들이 "독특성 욕구"를 갖고 있는 것 같다. 그들은(반드시 아주 다르지 않더라도) 구별되기를 원한다. 결국 사람들이 패션의 기본적 기준을 따라가지만, 여전히 이 일반적인 지침 안에서 즉흥적으로 자신의 소신을 개진한다.

패션에 대한 가장 최초의 이론 중 하나인 "성감대의 이동(erogenous zone, 신체의 성적 각성 영역들)"은 패션 변화를 설명하고 다른 영역대들(zones)이 사회 활동의 경향을 반영하기 때문에 관심의 대상이 된다고 주장했다. Freud의 제자인 J. C. Flugel은 성적

Maidenform의 이 광고는 오랜 세월 동안 패션이 여성 인체의 서로 다른 부분들을 강조해 왔다는 것을 보여준다.
출처: Courtesy of Maidenform Inc.

인 영역이 자극되고 우리가 그것들에 대해 지겨워짐으로써 감퇴한다는 것을 1920년대에 발표했다. 의상 스타일 변화는 현재 관심의 중심이 된 그 부분을 강조하거나 숨기기 위함이다. 예를 들면, 르네상스 시대에 여성들이 풍만한 모습으로 보이기 위해 그들의 복부를 천으로 주름 잡아 낙낙하게 하는 것은 흔한 일이었다. 질병이 유행하던 14세기와 15세기에는 성공적인 출산이 중시되었다. 현재 여성 패션에서 복부를 노출시키는 것이 유행인 것은 우리 사회에서 건강(fitness)이 차지하는 프리미엄을 반영하는 것이다.

패션의 경제학적 모델. 경제학자들은 공급과 수요 모델 관점에서 패션에 접근한다. 제한된 공급의 품목들은 높은 가치를 갖지만 쉽게 이용 가능한 상품에 대한 우리의 욕망은 감소한다. 희귀한 품목들은 존경과 명성을 받는다. 11장에서 논의된 것처럼, 작가 Thorstein Veblen은 부자들이 그들의 부를 나타내기 위해 과시적 소비(conspicuous consumption)를 행한다고 주장했다. 우리도 언급한 것과 같이 이 접근은 어떤 점에서 시대에 뒤진 관점이다. 돈 많은 소비자들은 의도적으로 비싸지 않은 제품을 사는 경우에 패러디 과시(parody display)에 참여한다(특히 불경기 동안에). 다른 요인들 역시 패션 관련 상품에 있어서 수요 곡선에 영향을 미친다. 이것은 비싼 가격은 여전히 높은 수요를 창출하는 부의 독점 효과, 그리고 낮은 가격은 실제로 수요를 감소시키는 속물(snob) 효과를 포함한다("만약 그것이 싸다면, 그것은 좋은 것이 될 수 없다.").

패션의 사회학적 모델. 이 견해는 패션의 하위문화에 대한 수용(사고, 스타일 등)과 이후에 사회 전체적으로 확산되는 것에 초점을 둔다. 이 프로세스를 이해하기 위해서 대중문화에 고딕 문화가 통합되는 것을 생각해 볼 필요가 있다. 이 패션은 19세기 낭만주의자들을 동경하고 그들의 검은 의상(종종 Count Dracula 망토, 망사 스타킹, 컬러 단추, 그리고 검은 립스틱과 같은 과장된 패션을 포함하는)과 Siouxsie & the Banshee와 Bauhaus 같은 밴드의 펑크 음악은 전통적인 양식을 거부하는 어린 부랑자의 반란의 표현으로서 시작되었다. 오늘날, 음악 매장은 흡혈 소녀 도시락을 판매하고, 아울렛 몰은 무거운 십자가 보석과 검은 레이스를 판매한다. 당신은 Kmart에서 코르셋처럼 보이는 티셔츠를 발견할 수 있다. Hot Topic 웹사이트에서, 10대 서퍼(surfer)는 "링이 많은 초커 목걸이(multiring choker)"를 살 수 있다. 하드 코어 고딕패션이 즐겁지는 않지만 당신을 위한 패션이다.

사회학자 Georg Simmel이 1904년에 처음 제안한 **적하이론**(trickle-down theory)은 가장 영향력 있는 패션 관련 견해 중 하나이며, 패션의 변화를 이끄는 상충된 두 가지 힘을 제시하고 있다. 먼저, 더 높은 사회적 계층으로 이동하기 위해 노력하는 것처럼 하위 집단이 상위 집단의 신분 상징을 수용한다. 그러므로 지배적인 스타일들은 상위 계급에서 시작이 되고 이것이 아래로 내려온다.

오늘날은 두 번째 힘의 효과가 나타나기 시작한다. 상위 집단에 있는 사람들은 이를 따르는 사람들이 자신을 모방할 수 없다는 것을 깨닫게 하기 위해 경계한다. 즉, 하위 계층 소비자들이 상위 집단의 행동을 따라할 때, 그들은 대세로부터 그들 스스로를 멀리하기 위해 새로운 패션을 수용한다. 이 두 프로세스가 저절로 계속되는 변화의 주기를 만들어낸다. 마치 패션을 만드는 기계와 같다.

힙합의 통합 어구들은 패션을 가진 사람들이 더 넓은 사회에 의해서 주류 채택에 어떻게 저항하는지를 설명한다. 한때 거리의 엘리트들이 주류였던 때에는 bad, fresh, jiggy와 같은 일부 속어들을 피했다. 랩 커뮤니티는 심지어 옥스퍼드 사전이 개정판에 포함한 def 단어를 위해 장례식(Al Sharpton목사가 작성한 송덕문을 포함)을 열었다.

적하이론은 하위 대 상위 계층 소비자를 쉽게 인식할 수 있는 안정된 계층 구조를 가진 사회에 적용된다. 그러나 이 현상은 더 이상 쉽게 일어나지 않는다. 현대 서구 사회에서 우리는 대중 문화에서 새로운 발전들을 설명하기 위해 이 이론을 수정해야만 한다.

- 계급 구조에 기초한 견해는 현재 이용 가능한 광범위한 양식을 설명할 수 없다. 오늘날 우리는 제조업자들이 생산 시간 속도를 급속하게 높인 기술적 진화와 스타일 변화에 대해 바로 알려주는 실시간 미디어로 인해 더 많은 선택을 하고 있다. Zara와 H&M과 같은 매장들은 월 단위보다 주 단위로 그들의 재고를 보충할 수 있다. Alex와 같은 청소년들은 간단히 MTV를 보거나 최신 유행의 선두에 있기 위해

Marketing Opportunity

큰 보상이 밈을 찾거나 새로운 것을 만들 수 있는 사람들을 기다리고 있다. 좋은 예로, 한 젊은 기업가 Ben Huh는 자신이 저축한 돈으로 2명의 하와이언 블로거들에게서 별난 사이트를 사들였다. 이 사이트(I Can Has Cheezburger)는 고양이 사진과 기이한 캡션을 짝 지어 놓았는데 이는 매우 성공적이었다. 그는 사람들의 별난 갈망을 충족시킬 수 있는 콘텐츠에 대한 수요가 엄청나다는 것을 깨닫고, 이 사이트의 네트워크를 확장해 오고 있으며, 이 네트워크에는 모든 종류의 색다른 유머들을 제공하는 52개의 사이트가 있다. 이 네트워크에는 처참한 사고에 대한 사진과 동영상이 있는 Fail Blog, 사람들이 엉망으로 해놓은 수리 작업에 대한 사진들을 보여주는 There I Fixed It가 있다. 이 네트워크의 직원들은 40명 이상으로, 이들은 사이트에 게시할 새로운 아이디어를 찾기 위해 웹을 샅샅이 뒤진다. 그들은 포럼, 블로그, 동영상 사이트에서 발생하는 여러 주제들을 관찰하여 밈(meme)을 찾아내는 사람들이다. "Know Your Meme"로 불리는 동영상 시리즈의 제작자는 "Cheezburger는 무엇이 유명해지고 있는지를 알아내며, 가치 있는 것으로부터 유머를 얻는다. Lolcats and Fail과 같은 것들은 만들기 쉽고, 전파되기 쉬우며, 전통적 경계를 거스르며 인기를 얻는다."라고 설명했다. 이 네트워크는 진지하게 그 일을 착수한다. 매일 18,000개 이상의 의견을 개진하지만 그 중에서 단 1%만이 채택된다. 물론, 어떤 밈이 유명해질지는 아무도 확신할 수 없다.

Facebook 혹은 Stardoll.com에서 채팅을 한다. 따라서 미디어가 많은 시장들이 한 스타일에 대해 동시에 말해주고 있기 때문에 대중 패션은 엘리트 패션을 대신한다.

- 오늘날 소비자들은 같은 마을 혹은 심지어 같은 나라에 살고 있지 않을지라도 그들과 유사한 오피니언 리더에 의해 더 영향을 받는다. 결과적으로, 각 사회적 집단에는 패션 트렌드를 결정짓는 그들 자신의 패션 혁신자가 있다. 패션이 같은 사회적 집단의 구성원들 사이에서 수평적으로 확산되는 것은 trickle-across 효과(trickle-down과 대비되는)라고 부르는 것이 더 정확하다.
- 마지막으로, 현재 패션은 종종 하위 계급에서 시작하고 위로 올라간다(trickle-up). 대중의 혁신자들은 전형적으로 지배적인 문화에서 명성이 부족한 사람들이다(예, 도시의 젊은이들). 그들은 현실을 유지하는 것에 관심이 적기 때문에 자유롭게 혁신하고 위험을 감수할 수 있다.

패션의 의학적 모델. 여러 해 동안, 초라한 Hush Puppy는 샌님들을 위한 신발이었다. 이 신발은 생산자가 그 이미지를 홍보하기 위해 아무것도 하지 않았는데도 갑자기 거의 하룻밤 만에 멋진 패션이 되었다. 왜 이 스타일이 아주 빠르게 사람들에게로 확산되었을까? **밈 이론**(meme theory)은 의학적 비유를 들어 이 과정을 설명한다. 하나의 밈(meme)은 시대를 거쳐 사람들의 인식에 들어 있는 하나의 아이디어 혹은 제품이다. 그 예로 노래, 유행어("당신은 해고야!"), 혹은 Hush Puppy와 같은 스타일을 포함한다.

이 관점에서, 마치 한 바이러스가 조그맣게 그리고 꾸준히 움직이기 시작하여 전염병이 되고, 많은 사람들을 감염시키는 것처럼 기하급수적으로 밈들은 소비자들 사이에 퍼진다. 밈들은 모방의 과정을 경유하여 뇌에서부터 뇌까지 "뛰어오른다(leap)". 생존한 밈들은 다른 것과 구별되고 인상적인 경향이 있으며, 가장 강인한 밈들은 종종 이전 밈들과 결합한다. 예를 들면, Star Wars 영화는 아더왕의 전설, 종교, 영웅적인 젊음, 그리고 1930년대 모험 시리즈와 관련된 이전 밈들을 일깨운다. 사실, George Lucas는 Star Wars 모험담과 The Story of Mace Windu의 초안을 준비하는 동안 비교 종교학과 신화를 공부했다.

Hush Puppy 외에 많은 상품들의 확산은 동일한 기본적 단계를 따르는 것처럼 보인다. 소수 사람들이 초기에 제품을 사용하지만 그 과정이 결정적 다수에 도달할 때 변화는 갑자기 일어난다. 한 저자가 **정점**(tipping point)이라고 부르는 것과 같은 맥락이다. 예를 들면, Sharp는 처음으로 저가 팩스를 1984년에 소개했고 그 해 약 80,000대를 팔았다. 다음 3년 동안 사용자의 수는 느린 상승세를 보였다. 그때 갑자기 모든 사람들이 팩스를 소유하는 것이 당연하다고 여겨진 1987년에 많은 사람들이 팩스를 구매했고, Sharp는 100만 대를 팔았다. 휴대폰도 유사한 궤도를 따른다. 당신이 Instagram에 대해 처음으로 들었던 때를 기억하는가?

목표 7

패션은 주기(cycle)을 따르고 문화적 역동성(cultural dynamics)을 반영한다.

패션 수용의 주기

1980년대 초반, 양배추 인형들은 미국 아이들 사이에서 대유행이었다. 이 상품의 제한적 공급에 직면한 일부 소매상들은 부모들이 아이들을 위해 필사적으로 그 인형을 사려하기 때문에 어른들 사이에서 거의 폭동(near-riots)이 일어났다고 말했다. Milwaukee의 한 DJ는 비행기가 머리 위로 날아와 2,000개의

음악, 가구, 다른 문화적 제품들은 패션 수용 주기를 겪는다.
출처: Creative Director: João Santos, Art Director: Mariana Moreira, Copy: Daniel Pereira.

인형을 떨어뜨릴 것이기 때문에 사람들이 포수 글러브를 지역경기장에 가져와야 한다고 장난스럽게 알렸다. 그는 그들의 American Express 카드를 들고 있으면 그 숫자가 비행기에서 찍힐 것이라고 청취자들에게 말했다. 24명 이상의 열망하는 부모들은 분명히 그것을 농담으로 받아들이지 않았다. 그들은 영하의 날씨에 손에 야구 장갑을 들고 나타났다.

양배추 인형의 유행은 유행이 사그라져 없어지기 전 두 시즌 동안 지속되었다. 그리고 소비자들은 1989년 6억 달러 이상의 수익을 얻은 Teenage Mutant 닌자 거북이와 같은 다른 것으로 이동했다. Mighty Morphin Power Rangers는 포켓몬이 나타나기 전

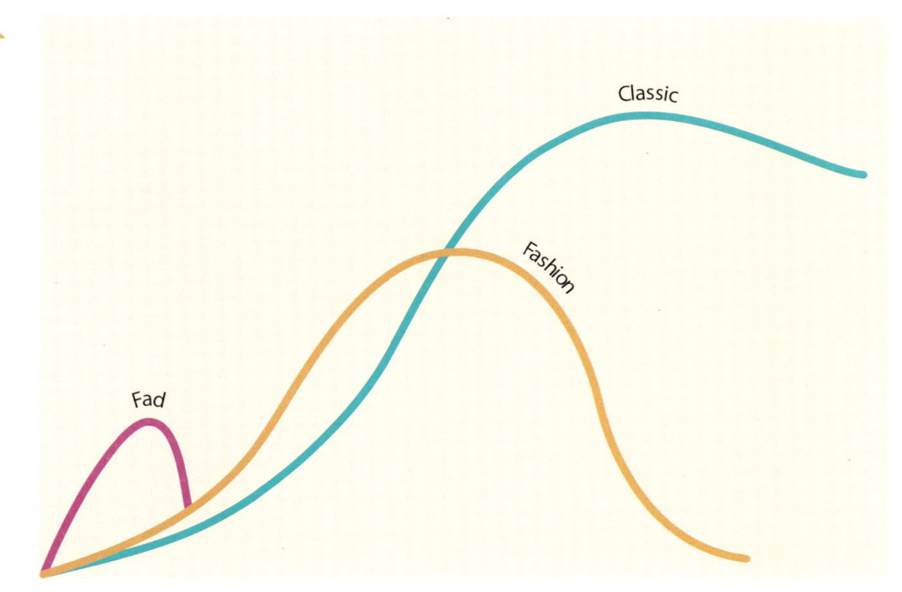

그림 12.4 일시적 유형, 패션, 고전의 수용 주기의 비교

이 Jim Beam 광고는 패션의 주기적 특성을 보여주고 있다.
출처: Courtesy of Jim Beam Brands

1960.
1968.
1975.
1980.
1986.
FMR
1990.
You always come back to the basics.
JIM BEAM

Marketing Pitfall

일시적 유행은 종종 경박하거나 "이상한" 행동을 포함하므로, 많은 소비자들이 참여하기를 거부하고 동조하지 않을 수 있다(9장 참조)(이런 점이 오히려 열성적인 애호가들이 일시적 유행을 더 매력적으로 느끼게 만들 수도 있다). 두 명의 연구자들은 최근의 Harry Potter 유행에 저항하는 성인들을 연구했다. 그들은 이 소비자들의 일부가 "편입되지 않음"에 대해 그들 스스로를 자랑하기 때문에 Hogwarts 세계를 피하는 것을 발견했다. 이 성인들은 그들을 개종시키려는 광신자에게 부정적으로 반응했다. 신혼여행에서 돌아온 한 새신부는 다음과 같이 말했다. "내게 생긴 새로운 강박관념을 내 새로운 인생 파트너는 마음에 들어하지 않는다. 부부관계를 기대하는 몰디브에서의 첫날밤, 그녀는 허구의 11살 마법사 훈련생과 Sorting Hat(Harry Potter에 나오는 모자)이라 불리는 물건보다 자신이 덜 중요하게 여겨지고 있다는 것을 깨달았다."

에 Trutles와 Beanie Babies 그리고 Giga Pets로 대체되었다. 뒤이어 Yu-Gi-Oh! Cards, Webkinz, Transformers, Squinkies, Zoobles, Furbys 등이 그 자리를 차지하였다.

그림 12.4는 패션은 천천히 시작되지만 만약 그들이 "성공하게" 되면, 시장을 통해 빠르게 확산되고, 절정에 이르고, 그 뒤 무명으로 되돌아간다는 것을 설명하고 있다. 우리는 패션의 **수용 주기**(acceptance cycle)의 상대적인 길이를 보고 패션을 다른 유형들로 구분한다. 많은 패션들은 적당한 주기를 보인다. 그것들은 수용과 감소의 단계가 몇 개월 혹은 심지어 몇 년이 걸린다. 다른 것들은 그 주기가 극단적으로 길거나 짧기도 한다.

고전(classic)은 극단적으로 긴 수용 주기를 갖는 패션이다. 그것은 안정성과 오랜 기간 동안 그 구매자들에게 낮은 위험을 보장하기 때문에 "반유행적(antifashion)"이다. 1917년에 도입된 Keds 스니커즈는 Nike 혹은 Reebok의 유행하는 옷, 최신 유행 스타일(high fashion)에 싫증난 사람들에게 호소했다. 연구자들이 포커스 그룹의 소비자들에게 기존의 Keds 이미지에 대해 질문했을 때, 공통적인 응답은 흰색 말뚝 울타리를 가진 시골집이었다. 다시 말하면, 소비자들은 그 신발을 안정된 고전 제품으로 간주한 것이다.

대조적으로, 참가자들은 Nike를 좀 더 현대적인 이미지를 반영하는 강철과 유리로 된 고층건물로 묘사했다.

일본의 한 테마 공원은 방문객에게 와인 목욕, 녹차 목욕, 커피 목욕, 사케 목욕, 심지어 라면 목욕을 포함한 "즐거운 목욕"을 제공한다. 그들은 목욕 가운을 입고 (마치 수프 그릇처럼 보이는) 라면 목욕탕으로 뛰어들 때, 콜라겐과 마늘 추출물이 함유된 후추맛 물(일본인은 피부가 좋아질 것이라고 믿는다)에서 장난치며 즐겁게 논다. 요리사처럼 옷을 입은 한 남자는 탕 안에 있는 모든 사람들에게 국수 모양의 목욕탕 첨가물과 간장 소스를 제공한다. 일시적 **유행**(fad)은 아주 짧게 지속되는 패션이다. 상대적으로 적은 사람들이 일시적 유행 상품을 채택하지만 그것은 아주 빠르게 퍼질 수 있다. 수용자들은 공통의 하위문화에 속하게 될 것이고, 그 일시적 유행은 구성원들 사이로 흩어져 가지만 그 특정 집단을 벗어나 퍼지는 경우는 매우 드물다.

스트리킹이란 용어는 강의실, 카페테리아, 기숙사, 그리고 스포츠 경기장 사이로 벗은 채로 달리는 학생들을 의미한다. 이 관행은 많은 캠퍼스들 사이로 빠르게 퍼졌지만, 주로 대학 환경에 제한(한정)되었다. 스트리킹은 몇 가지 일시적 유행의 "적나라한 진실들"을 강조한다.

- 일시적 유행은 비실용적이다. 그것은 어떤 의미 있는 기능을 수행하지 않는다.
- 일시적 유행은 종종 충동적으로 퍼진다. 사람들은 그것에 합류하기 전에 합리적인 의사결정의 단계를 거치지 않는다.
- 일시적 유행은 빠르게 확산되고, 빠르게 수용되고, 사라진다.

본 장의 정리

본 장의 학습을 완료했다면 다음의 사항들을 이해할 수 있어야 한다.

1. 제품에 대한 다른 소비자들의 의견(좋고 나쁨)은 공식적인 광고보다 영향력이 크다.

제품에 대해서 우리가 알게 되는 대부분은 공식적인 광고보다 구전 커뮤니케이션을 통해 체득하게 된다. 우리는 평범한 대화 안에서도 제품관련 정보를 교환한다. 게릴라 마케팅 전략은 소비자들에게 구전을 퍼트리도록 협조를 요청하는 구전 프로세스를 가속화시킨다. 구전은 종종 소비자에게 제품을 알리는 데 도움이 되지만 제품에 해로운 소문이나 부정적인 구전이 발생하게 되면 회사에 큰 피해를 줄 수 있다.

2. 오피니언 리더는 다른 사람의 제품 선택에 영향을 미칠 가능성이 높다.

특정 제품에 대해 지식이 많은 오피니언 리더들과 그들의 의견은 다른 사람들의 선택에 영향을 미치는 경향이 있다. 특정 오피니언 리더들을 찾기는 다소 힘들지만 이들의 일반적인 특징을 아는 마케터들은 미디어와 홍보 전략에서 그들을 목표로 삼을 수 있다. 다른 영향력자로는 시장의 움직임에 대해 전반적인 관심을 갖고 있는 시장 전문가와 구매에 대한 조언의 대가로 보상을 받는 대리 소비자가 있다.

3. 소셜미디어는 기업과 소비자의 소통 방식을 변화시킨다.

Web 2.0이 계속 발달하면서 기업들과 소비자들은 점점 더 직접적으로 상호작용하고 있다. 군중의 지혜 관점은 올바른 환경에서 집단들은 그 집단에서 가장 똑똑한 사람보다 더 똑똑하다고 주장한다. 만약 이것이 사실이라면, 수많은 소비자들이 성공적인 제품을 예측할 수 있음을 의미한다. 이런 관점에서 많은 소셜 네트워크 사이트들은 그들의 구성원들이 구매 결정에 영향을 주게 한다.

4. 온라인 소셜 네트워킹은 구전 커뮤니케이션의 영향력을 더 확대한다.

소셜 네트워킹 플랫폼은 제품이나 서비스에 대한 타인의 의견에 우리의 접근을 상당히 증가시킨다. 가상 소비 커뮤니티들은 공통적인 유대감(보통 열광하는 대상이나 특정 제품이나 서비스에 대한 지식)을 가진 사람들을 결속시킨다. 최근 생겨난 시장 전략은 소비자에서 소비자로 정보를 매우 빠르게 퍼트리기 위해 웹의 잠재성을 이용한다. 바이럴 마케팅 기법은 회사 대신 소비자가 다른 사람들에게 제품, 서비스, 웹사이트 등을 홍보하게 한다. 블로그는 소비자들이 제품에 대한 자신의 생각을 다른 사람들이 볼 수 있도록 쉽게 게시하게 한다.

5. 새로운 제품, 서비스와 아이디어는 시간이 지날수록 모든 사람들에게 확산된다. 다른 유형의 사람들은 이 확산 과정 동안 새로운 것들을 더 혹은 덜 수용하게 된다.

혁신의 확산은 새로운 상품, 서비스 또는 아이디어가 사람들에게 퍼지게 되는 프로세스를 말한다. 혁신자와 초기 수용자들은 새로운 제품을 빨리 채택하고 지각수용자(laggard)는 매우 느리게 채택한다. 신제품을 채택하려는 소비자의 결정은 그 혁신의 특성뿐만 아니라 소비자의 개인적 특성에 따라 달라진다. 우리는 새로운 제품이 상대적으로 적은 행동 변화를 요구하고, 이해하기 쉽고, 기존 제품에 비교하여 상대적 이점을 제공한다면 그 제품을 채택할 가능성이 높다.

6. 많은 사람들과 조직들이 소비자들에게 상징적인 의미를 창출하고 알리는 패션 시스템 안에서 역할을 한다.

패션 시스템은 창조, 상징적 의미 전환에 관련된 모든 것을 포함한다. 많은 다른 제품들은 공통 문화 범주(예, 성별 차이)를 표현한다. 많은 사람들은 집단적 선택의 과정에서 새로운 스타일을 동시에 채택하는 경향이 있다. 밈(meme) 이론에 따르면, 아이디어는 마치 바이러스가 유행성 전염병에 도달할 때까지 많은 사람들을 감염시키는 것처럼 기하급수적으로 사람들에게 퍼진다. 새로운 스타일을 채택하는 동기에 대한 다른 관점으로는 심리적, 경제적, 사회학적 모델들이 있다.

7. 패션은 주기(cycle)을 따르고 문화적 역동성(cultural dynamics)을 반영한다.

어떤 시점에 한 문화에서 일반적으로 행해지는 양식들은 근본적인 정치적 및 사회적 조건들을 반영한다. 우리는 양식의 대안들을 창출하는데 책임이 있는 대행 집단을 문화적 생산 체계라고 부른다. 이 체계 안에 포함된 사람들의 유형과 다른 제품에 의한 경쟁의 양과 같은 요인들은 결국 최종 소비자에 의해 시장에서의 그들의 방식을 만드는 선택에 영향을 미친다.

패션은 제품 생애주기와 유사한 주기를 따른다. 우리는 주기의 길이에 따라 고전과 일시적 유행으로 패션 수용의 두 극단을 구분한다.

KEY TERMS

가상의 제품 virtual goods
거래적 광고 transactional advertising
게릴라 마케팅 guerrilla marketing
게임 플랫폼 game platform
고전 classic
관찰 가능성 observability
구전 word-of-mouth (WOM)
군중의 지혜 wisdom of crowds
네트워크 단위 network units
네트워크 효과 network effect
노드 node
대리 소비자 surrogate consumer
대중 분류법 folksonomy
동질성 homophily
디지털 가상 소비 digital virtual consumption(DVC)
만남 meetups
매스 커넥터 Mass Connectors
모드 mode
모멘텀 효과 momentum effect
몰입 상태 flow state
미디어 멀티플렉스 media multiplexity
미디어 민주화 media democratization
민주주의 democracy
밈 이론 meme theory
바이럴 마케팅 viral marketing
보기만 하는 사람 lurkers
복잡성 complexity
부정적인 구전 negative word of mouth
브랜드 옹호자 brand advocates
비연속적 혁신 discontinuous innovation
사이버 공간 cyberplace
사회적 대상 이론 social object theory
사회측정법 sociometric method
상대적 장점 relative advantage
상호작용 interactions
소셜게임 social game
소셜그래프 social graphs
소셜 네트워크 social network

소셜쇼핑 social shopping
수용 주기 acceptance cycles
시용성 trialability
시장 전문가 market maven
역동적인 연속적 혁신 dynamically continuous innovation
연속적 혁신 continuous innovation
영향력 네트워크 influence network
영향의 2단계 흐름 모델 two step flow model of influence
역혁신 reverse innovation
오피니언 리더 opinion leader
온라인 소매상 pure play retailer
유대 ties
유대강도 tie strength
인플루언스 임프레션 influence impressions
일시적 유행 fad
장르 genre
장소 milieu
적하이론 trickle-down theory
정보 캐스케이드 information cascades
정점 tipping point
존재 presence
좋은 기회를 놓치고 싶지 않은 마음 FOMO
지각수용자 laggards
초기 수용자 early adopters
커뮤니티 community
파워 유저 power users
패션 fashion
패션 시스템 fashion system
프리미엄 freemium
플레이밍 flaming
혁신 innovation
혁신자들 innovators
혁신의 확산 diffusion of innovations
호환성 compatibility
후기 수용자 late adopters
흐름 flows
MMORPGs
M-PESA

REVIEW

12-1. 입소문 내기(buzz building)은 무엇인가? 그것은 어떻게 영향을 미치는가?

12-2. 동질성(homophily)은 무엇을 의미하는가?

★ **12-3.** 마케터들이 긍정적인 구전을 조장하기 위해 인터넷을 어떠한 방식으로 사용하는지 설명하라

12-4. 마케터는 전반적인 오피니언 리더를 창조할 수 있는가?

★ **12-5.** 오피니언 리더(opinion leader)란 무엇인가? 오피니언 리더가 소비자 의견에 미치는 영향력이 강력한 세 가지 이유를 제시하라. 오피니언 리더의 특징은 무엇인가?

★ **12-6.** 전반적인 오피니언 리더와 같은 것들이 있는가? 왜 그런가? 없다면, 그 이유는 무엇인가?

12-7. Klout는 무엇인가? 그것은 어떻게 측정되는가?

12-8. 당신은 어떻게 적합한 오피니언 리더를 찾는가?

12-9. FOMO는 무엇이며, 왜 이것이 중요한가?

도전과제

도전문제

12-10. 몇 년 전에 6인치 힐의 부츠가 젊은 일본 여성들에게 큰 유행이었다. 몇몇 십대들은 신발에 발이 걸려 넘어졌고 두개골이 골절되어 죽었다. 하지만 이 스타일의 추종자들은 그 플랫폼 신발로 발생되는 접질린 발목, 부러진 뼈, 멍든 얼굴, 다른 위험들을 기꺼이 감수할 것이라고 주장했다. 한 십대는 말했다. “나는 땅에 쓰러지고 발목을 접질렸지만 그것이 너무 귀엽기 때문에 이 유행이 끝날 때까지 이 신발을 포기하지 않을 것이다.” 세계적으로 많은 소비자들이 패션을 따라가기 위해 고통을 감수한다. 다른 이들은 우리가 디자이너들의 손에 놀아난다고 주장한다. 이 디자이너들은 거추장스러운 패션을 우리가 억지로 승낙하도록 음모를 꾸민다. 당신은 어떻게 생각하는가? 우리 사회에서 패션의 역할은 무엇이고, 무엇이어야만 하는가? 유행을 따르는 것이 사람들에게 얼마나 중요한가? 최신 패션을 따라가는 것에 대한 찬성과 반대 의견은 무엇인가? 당신은 우리가 디자이너들에게 휘둘린다고 생각하는가?

12-11. 소셜 네트워킹은 뜨거운 이슈이지만 이런 날들이 지속될 수 있을까? 많은 사람들은 개인의 보안과 관련하여 걱정하고 있지만 다른 사람들은 Facebook과 같은 플랫폼은 너무나 압도적이라고 생각한다. 한 미디어 업체 간부는 “어느 누구도 5,000명의 친구가 있지는 않다. 결국에는 이것이 커다란 잡음이 될 것이다.”라고 말했다. 이에 대한 당신의 입장은 어떠한가? 우리는 좋은 것만 많이 가질 수 있을까? 사람들은 이런 네트워크를 모두 무시할 수 있을까?

12-12. 미국 십대들이 스마트폰, PC, TV, 혹은 태블릿의 스크린을 보면서 하루 8시간 이상을 소비한다. 한 연구에서는 인터넷 사용자들 간의 물리적인 고립이 점점 증가하고 있다고 보고했다. 하지만 이것은 논란을 만들었고 온라인에 소비한 시간이 사회적 관계를 방해하지 않았다고 주

장하는 일부 사용자들로부터 엄청난 항의를 받았다. 그러나 연구자들은 인터넷 사용이 사람들이 친구들을 만나는 시간과 심지어 수면시간까지 감소시켰다는 것을 보여주는 많은 증거들이 있다고 말한다. 이 연구에 의하면, 약 1시간의 인터넷 사용은 친구, 동료, 그리고 가족들과 직접 만나는 시간을 약 23.5분 줄이고, TV 시청시간을 10분 줄이고, 수면 시간을 약 8.5분 감소시키는 것으로 나타났다. 이 이슈에 대한 당신의 생각은 어떠한가? 우리 사회에서 증가하고 있는 인터넷 사용은 대인간 관계에 있어서 긍정적 또는 부정적인 시사점을 갖고 있는가?

12-13. SureBzz는 자사가 인도에서 처음으로 구전 마케팅 서비스를 시작했으며 선도하고 있다고 주장한다. 그 사업은 "SureBzzers"라는 커뮤니티를 만들면서 시작되었다. 이 커뮤니티는 브랜드, 제품 혹은 서비스에 대한 구전을 다른 소비자들에게 전파하기 위해 사용되었다. SureBzz는 브랜드에 대한 입소문을 퍼트리기에 적합한 사람을 찾기 위해 인구통계학적 및 행동적 데이터 점수를 사용한다. 각 SureBzzer는 제품이나 서비스를 직접 체험할 기회를 갖게 된다. 일반적으로 그들은 샘플, 시험제품, 쿠폰을 받게 된다. SureBzzer들은 Facebook, Twitter, 블로그나 다른 소셜미디어에 자신의 의견을 공유하도록 장려된다. SureBzzer들은 그것을 확인할 수 있는 보고서를 회사에 제출한다. 이러한 관점에서 그 데이터는 어떻게 사용되는가?

12-14. Ooredoo는 중아시아와 남아프리카에서 선두적인 국제적 커뮤니케이션 회사를 운영한다. 2013년 9월, 이 회사는 튀니지(Tunisia)의 축구팀 4개와 주요 후원 협정을 맺고 이를 발표하였다. 이 4개의 축구팀은 Club Sportif Sfaxien(CSS), Club Africain(CA), Etoile Sportive du Sahel(ESS), Esperance Sportive de Tunis(EST)이다. Ooredoo는 이 관계로부터 어떠한 이점들을 얻을 수 있는가?

12-15. 맬웨어(malware: 악성코드)와 광고로 난무하고 신뢰가 부족한 P2P(peer to peer sharing). 이런 이슈들은 파일을 공유하는 것이 컴퓨터 사용자들의 책임이 되면서부터 수년간 지속되었다. 어떤 것이라도 디지털 형식으로 되어 있다면 그것은 공유자들에게는 좋은 공유 대상이 된다. 거대한 네트워크들이 소프트웨어 설치를 좋아하고 관련된 위험을 감수하려는 거대한 커뮤니티들의 구성원들에게 소개되고 있다. 인터넷의 이러한 양상을 끝내려는 기업들은 옳은가?

응용문제

12-16. 당신의 나라에서 누가 패션 오피니언 리더인가? 그런 리더들을 위한 인지도는 그들과 어떻게 일치하는가?

12-17. 10명을 선택하고 그들에게 자신의 최근 주요 구매 제품이나 서비스를 물어보라. 그들은 어떻게 그들이 필요한 제품이나 서비스를 결정했는가? 무엇이 그들로 하여금 그 브랜드를 선택하게 했는가? 그들이 의사결정과정에서 오피니언 리더의 영향을 받았는가?

12-18. 최소 10명의 친구들을 리스트에 적어라. 그들은 가까운 친구 혹은 그냥 지인일 수도 있다. 그 리스트 안에서 당신의 구매 결정에 영향을 주는 순서를 매겨보라. 당신의 지인에 비교하여 좀 더 가까운 친구들의 의견을 당신은 얼마나 신뢰하고 따르고 있는가? 그들이 구매에 영향을 미치는 것은 어떤 유형의 제품과 서비스인가?

사례연구Case Study

절대 여기 머물지 마세요! 부정적 온라인 리뷰의 영향력

만약 당신이 다음 휴가를 위해 호텔을 예약한다면, 아마 당신은 TripAdvisor에서 평점(rating)을 볼 것이다. 세계에서 가장 큰 여행 사이트인 TripAdvisor는 500개 이상의 주요 여행 파트너들에 대한 리뷰 시스템을 통합하였다. TripAdvisor의 파트너에는 온라인 예약 사이트인 Kayak와 Wyndham, Best Western, Four Season등의 호텔 체인들이 있다.

TripAdvisor는 여행객 커뮤니티에서 발생한 온라인 오피니언 리더다. 온라인 리뷰는 얼마나 중요한가? 보스턴 기반 Cone 커뮤니케이션 연구소 조사 결과, 89%의 소비자가 온라인 채널을 통해 제품과 서비스에 대해 신뢰할 수 있는 리뷰를 얻는다고 응답했다. 게다가 Cone의 연구에서 4/5의 소비자들은 그들이 부정적인 정보 때문에 추천한 구매에 대한 마음을 바꾸는 것으로 나타났다.

온라인 리뷰들은 매우 중요하기 때문에 이 리뷰들, 특히 부정적인 리뷰를 어떻게 관리하는지는 마케터들에게 중요한 과제이다. 모든 사람은 모든 리뷰가 긍정적이지 않다는 것을 알지만 호텔에 대한 염려를 가지게 마련이다. 빈대, 더러운 시트, 무례한 접수계 등 여러 가지 사항에 대해 끝도 없이 걱정하게 된다. 그럼 호텔들은 부정적인 리뷰들에 대해 어떻게 대응할까?

부정적인 리뷰에 대처하는 몇 가지 방법이 있다. 명백하게, 첫 번째 방법은 아무것도 하지 않는 것이며, 많은 호텔들이 이 방법을 따른다. 작은 호텔 소유주는 너무 바빠서 온라인 리뷰에 대한 응답은 매일의 우선순위에서 밀린다. 아마도 이러한 소유주들은 소셜미디어에 대해 잘 모르거나 의견을 추적하고 응답해 주는 소셜미디어 모니터링 시스템을 모른다. 정교한 모니터링 시스템의 비용은 월 800달러 이상으로 비싸다. 이 금액은 중소기업의 마케팅 예산보다 큰 금액일 것이다.

대부분의 마케터들은 부정적인 리뷰를 듣고 응답하는 것이 가장 좋은 전략이라는 것에 동의하고 있다. Red Roof Inns를 포함한 몇몇의 호텔 체인들은 개인 재산의 관리자들에게 모든 부정적인 온라인 리뷰에 응답할 것을 요구한다. 부정적인 리뷰에 대응하는 것은 힘든 일이다. 뭐라고 말할 것인가? 대응의 전반적인 목표는 리뷰 작성자를 만족시키고 호텔에 대한 공공의 시각을 변화시키는 것이다. 만약 리뷰의 내용이 사실과 다르다면, 호텔은 어떻게 정중하게 리뷰 작성자를 모욕하지 않고, 온라인 논쟁을 일으키지도 않으면서 그 정보를 바로 잡을 것인가?

만약 리뷰의 내용이 정말로 나쁜 경험이라면, 많은 호텔들은 그 게스트에게 할인이나 무료 숙박의 혜택을 주는 것을 고려할 것이다. 하지만 호텔은 이러한 보상이 공식적으로 드러나지 않게 주의해야만 한다. 그렇지 않으면, 비도덕적인 리뷰 작성자는 이런 혜택을 누리기 위해 의도적으로 나쁜 리뷰를 작성할 수도 있다.

TripAdvisor는 이런 문제점들에서 호텔들을 도와줄 수 있는 기능을 가지고 있다. 호텔은 TripAdvisor 메시지 시스템을 통해 해당 고객에게 쿠폰이 담긴 메시지를 보낼 수 있다. 만약 호텔이 리뷰가 사실이 아니라고 생각한다면, 그 리뷰가 부적절하다는 것을 TripAdvisor에게 보고하고 해당 리뷰를 삭제하거나 수정을 요청할 수 있다.

몇몇 사업체들은 부정적인 리뷰에 좀 더 극단적으로 대처하고 있다. 부정적인 리뷰 하나당 500달러의 벌금을 고객에게 물리는 호텔도 있다. 그 고객들은 계약서의 작은 글씨로 경고를 받았고, 호텔들은 체크인에 사용된 신용카드에서 그 비용을 공제하고 있다. 또한 몇몇의 작은 사업체들은 온라인 리뷰에 대해 명예훼손으로 소송을 걸기도 한다.

온라인 리뷰는 기업 생존과 매출 성장에 매우 중요하다. 한 연구에서는 Yelp 평가에서 별 하나가 증가하면 9%의 매출 증가가 있음을 밝혔다. 호텔 마케팅의 경쟁 세계에서 소셜미디어 마케팅과 방문자 리뷰 사이트들은 여행객의 선택에 계속해서 영향을 미칠 것이다.

토의문제

CS 12-1 부정적인 온라인 리뷰를 처리하기 위해서 당신은 호텔에게 어떤 조치를 취할 것을 권할 것인가?

CS 12-2 당신은 호텔이나 레스토랑을 고를 때 온라인 리뷰를 확인하는가? 이러한 리뷰는 당신의 선택에 얼마나 영향을 미치는가?

출처: "Game Changer: Cone Survey Finds 4-out-of-5 Consumers Reverse Purchase Decisions Based on Negative Online Reviews," http://www.conecomm.com/stuff/contentmgr/files/0/286c351989671ae74994fec139863bb2/files/2011_cone_online_influence_trend_tracker_release_and_fact_sheet.pdf, accessed August 9, 2013; "HBS Study Finds Positive Yelp Reviews Boost Business," *Harvard Magazine* (October 5, 2011), http://harvardmagazine.com/2011/10/hbs-study-finds-positive-yelp-reviews-lead-to-increased-business, accessed August 9, 2013; Steve Chenevey, "Hotel Owners Fining Customers for Bad Reviews," (May 29, 2012), http://www.wjla.com/articles/2012/05/hotel-owners-fining-customers-for-bad-reviews-76443.html, accessed August 9, 2013; "Hotel Websites Embrace TripAdvisor, Bad Reviews and All," *USA Today* (December 20, 2012), http://www.usatoday.com/story/hotelcheckin/2012/12/20/tripadvisor-red-roof-latest-hotel-chain-wyndham-best-western/1782313/, accessed August 9, 2013.

참조

1. www.polyvore.com, accessed July 29, 2013.
2. http://www.youtube.com/channel/HCzDHQjv_snsA, accessed July 29, 2013.
3. Pat Wechsler, "A Curiously Strong Campaign," *BusinessWeek* (April 21, 1997): 134.
4. Johan Arndt, "Role of Product-Related Conversations in the Diffusion of a New Product," *Journal of Marketing Research* 4 (August 1967): 291–95.
5. Quoted in Sheila Shayon, "Teen Girls: Shopping and Texting, Texting and Shopping," *BrandChannel* (November 26, 2010), http://www.brandchannel.com/home/post/2010/11/26/Teen-Girls-Snapshot-Shopping-and-Social-Media.aspx, accessed February 23, 2011.
6. John Gaffney, "The Cool Kids Are Doing It. Should You?" *Asiaweek* (November 23, 2001): 1.
7. Douglas R. Pruden and Terry G. Vavra, "Controlling the Grapevine," *MM* (July–August 2004): 23–30.
8. Elihu Katz and Paul F. Lazarsfeld, *Personal Influence* (Glencoe, IL: Free Press, 1955).
9. John A. Martilla, "Word-of-Mouth Communication in the Industrial Adoption Process," *Journal of Marketing Research* 8 (March 1971): 173–78; see also Marsha L. Richins, "Negative Word-of-Mouth by Dissatisfied Consumers: A Pilot Study," *Journal of Marketing* 47 (Winter 1983): 68–78.
10. www.bzzagent.com, accessed March 18, 2013.
11. Les Luchter, "Kraft, Folgers, Olay Top Baby Boomer Gals' WOM," *Marketing Daily* (November 18, 2008), www.mediapost.com/publications/?fa=Articles.showArticle&art_aid=95000, accessed November 18, 2008.
12. Arndt, "Role of Product-Related Conversations in the Diffusion of a New Product."
13. James H. Myers and Thomas S. Robertson, "Dimensions of Opinion Leadership," *Journal of Marketing Research* 9 (February 1972): 41–46.
14. Ellen Neuborne, "Generation Y," *BusinessWeek* (February 15, 1999): 86.
15. Leonard-Barton, "Experts as Negative Opinion Leaders in the Diffusion of a Technological Innovation."
16. youtube.com/watch?v=y6t1R3yB-cs, accessed June 15, 2011.
17. http://www.mediacorpradio.sg/archive098.htm.
18. Tiffany Yap, "MediaCorp Subaru Challenge 2013 kicks off," *Today Online* (October 26, 2013), http://www.todayonline.com/lifestyle/cars/

mediacorp-subaru-challenge-2013-kicks.
19. Chip Walker, "Word-of-Mouth," *American Demographics* (July 1995): 38–44; Albert M. Muñiz, Jr., Thomas O'Guinn, and Gary Alan Fine, "Rumor in Brand Community," in Donald A. Hantula, ed., *Advances in Theory and Methodology in Social and Organizational Psychology: A Tribute to Ralph Rosnow* (Mahwah, NJ: Erlbaum, 2005); cf. also Gaby A. C. Schellekens, Peeter W. J. Verlegh, and Ale Smidts, "Language Abstraction in Word of Mouth," *Journal of Consumer Research* 37, no. 2 (2010): 207–23.
20. Richard J. Lutz, "Changing Brand Attitudes Through Modification of Cognitive Structure," *Journal of Consumer Research* 1 (March 1975): 49–59. For some suggested remedies to bad publicity, see Mitch Griffin, Barry J. Babin, and Jill S. Attaway, "An Empirical Investigation of the Impact of Negative Public Publicity on Consumer Attitudes and Intentions," in Rebecca H. Holman and Michael R. Solomon, eds., *Advances in Consumer Research* 18 (Provo, UT: Association for Consumer Research, 1991): 334–41; Alice M. Tybout, Bobby J. Calder, and Brian Sternthal, "Using Information Processing Theory to Design Marketing Strategies," *Journal of Marketing Research* 18 (1981): 73–79; see also Russell N. Laczniak, Thomas E. DeCarlo, and Sridhar N. Ramaswami, "Consumers' Responses to Negative Word-of-Mouth Communication: An Attribution Theory Perspective," *Journal of Consumer Psychology* 11, no. 1 (2001): 57–73.
21. Robert E. Smith and Christine A. Vogt, "The Effects of Integrating Advertising and Negative Word-of-Mouth Communications on Message Processing and Response," *Journal of Consumer Psychology* 4, no. 2 (1995): 133–51; Paula Fitzgerald Bone, "Word-of-Mouth Effects on Short-Term and Long-Term Product Judgments," *Journal of Business Research* 32 (1995): 213–23.
22. Keith Schneider, "Brands for the Chattering Masses," *New York Times* (December 17, 2006), www.nytimes.com, accessed October 3, 2007.
23. "Dunkin' Donuts Buys Out Critical Web Site," *New York Times* (August 27, 1999), www.nytimes.com, accessed August 27, 1999. For a discussion of ways to assess negative WOM online, cf. David M. Boush and Lynn R. Kahle, "Evaluating Negative Information in Online Consumer Discussions: From Qualitative Analysis to Signal Detection," *Journal of Euro-Marketing* 11, no. 2 (2001): 89–105.
24. James C. Ward and Amy L. Ostrom, "Complaining to the Masses: The Role of Protest Framing in Customer-Created Complaint Web Sites," *Journal of Consumer Research* 33, no. 2 (2006): 220.
25. King and Summers, "Overlap of Opinion Leadership Across Consumer Product Categories."
26. Michael Fumento, "Tampon Terrorism," *Forbes* (May 17, 1999): 170.
27. Sung-Youl Jun, Taihoon Cha, and Praveen Aggarwal, "How Much Better? The Effect of Tensile Information on Word-of-Mouth Effectiveness," *Journal of Marketing Theory & Practice* 19, no. 3 (2011): 263–77; Praveen Aggarwal, Rajiv Vaidyanathan, and Alladi Venkatesh, "Using Lexical-Semantic Analysis to Derive Online Brand Perceptions: An Application to Retail Marketing Research," *Journal of Retailing* 85, no. 2 (2009): 145–58; Praveen Aggarwal and Tridib Mazumdar, "Delegation of Purchase Tasks: An Empirical Investigation," *Psychology & Marketing* 25, no. 1 (2008): 73–95.
28. Amy Chozick, "Cold Stone Aims to Be Hip in Japan Ice-Cream Chain, Uses Word-of-Mouth as Part of Bid for an Urban Image," *Wall Street Journal* (December 14, 2006): B10.
29. Everett M. Rogers, *Diffusion of Innovations*, 3rd ed. (New York: Free Press, 1983); cf. also Duncan J. Watts and Peter Sheridan Dodds, "Influentials, Networks, and Public Opinion Formation," *Journal of Consumer Research* 34 (December 2007): 441–58; Morris B. Holbrook and Michela Addis, "Taste Versus the Market: An Extension of Research on the Consumption of Popular Culture," *Journal of Consumer Research* 34 (October 2007): 415–24.
30. Dorothy Leonard-Barton, "Experts as Negative Opinion Leaders in the Diffusion of a Technological Innovation," *Journal of Consumer Research* 11 (March 1985): 914–26; Rogers, *Diffusion of Innovations*; cf. also Jan Kratzer and Christopher Lettl, "Distinctive Roles of Lead Users and Opinion Leaders in the Social Networks of Schoolchildren," *Journal of Consumer Research* (2009): 646–59. Dec 2009, Volume: 36 Issue 4.
31. Herbert Menzel, "Interpersonal and Unplanned Communications: Indispensable or Obsolete?," in Edward B. Roberts, ed., *Biomedical Innovation* (Cambridge, MA: MIT Press, 1981), 155–63.
32. Meera P. Venkatraman, "Opinion Leaders, Adopters, and Communicative Adopters: A Role Analysis," *Psychology & Marketing* 6 (Spring 1989): 51–68.
33. Rogers, *Diffusion of Innovations*.
34. Karl Greenberg, "Ford Puts Trendsetters Behind Wheel in VIP Events," *Marketing Daily* (November 11, 2008), www.mediapost.com/publications/?fa=Articles.san&s=94582&Nid=49281&p=407, accessed November 11, 2008.
35. Robert Merton, *Social Theory and Social Structure* (Glencoe, IL: Free Press, 1957).
36. Center for Media Research, "Inconspicuous, But Influential" (December 26, 2008), www.mediapost.com, accessed December 26, 2008.
37. Charles W. King and John O. Summers, "Overlap of Opinion Leadership Across Consumer Product Categories," *Journal of Marketing Research* 7 (February 1970): 43–50.; see also Ronald E. Goldsmith, Jeanne R. Heitmeyer, and Jon B. Freiden, "Social Values and Fashion Leadership," *Clothing & Textiles Research Journal* 10 (Fall 1991): 37–45; J. O. Summers, "Identity of Women's Clothing Fashion Opinion Leaders," *Journal of Marketing Research* 7 (1970): 178–85.
38. Duncan J. Watts and Peter Sheridan Dodds, "Influentials, Networks, and Public Opinion Formation," *Journal of Consumer Research* 34 (December 2007): 441–58.
39. Steven A. Baumgarten, "The Innovative Communicator in the Diffusion Process," *Journal of Marketing Research* 12 (February 1975): 12–18.
40. http://klout.com/home, accessed June 15, 2011.
41. Matthew Creamer, "Your Followers Are No Measure of Your Influence," *Advertising Age* (January 3, 2011), http://adage.com/article/special-report-influencers-2010/facebook-followers-measure-influence/147957/, accessed April 30, 2011.
42. Laura J. Yale and Mary C. Gilly, "Dyadic Perceptions in Personal Source Information Search," *Journal of Business Research* 32 (1995): 225–37.
43. Russell W. Belk, "Occurrence of Word-of-Mouth Buyer Behavior as a Function of Situation and Advertising Stimuli," in Fred C. Allvine, ed., *Combined Proceedings of the American Marketing Association*, series no. 33 (Chicago: American Marketing Association, 1971): 419–22.
44. Lawrence F. Feick, Linda L. Price, and Robin A. Higie, "People Who Use People: The Other Side of Opinion Leadership," in Richard J. Lutz, ed., *Advances in Consumer Research* 13 (Provo, UT: Association for Consumer Research, 1986): 301–5.
45. Stephanie Clifford, "Spreading the Word (and the Lotion) in Small-Town Alaska," *New York Times* (October 8, 2008), www.nytimes.com/2008/10/09/business/media/09adco.html, accessed October 9, 2008.
46. Michael R. Solomon, "The Missing Link: Surrogate Consumers in the Marketing Chain," *Journal of Marketing* 50 (October 1986): 208–18.
47. http://samsunggeeks.com/samsung-mobilers/#.UvHV9hCSwgv, accessed November 10, 2013.
48. https://www.facebook.com/Samsungninja, accessed November 10, 2013.
49. Barbara Stern and Stephen J. Gould, "The Consumer as Financial Opinion Leader," *Journal of Retail Banking* 10 (1988): 47–49.
50. William R. Darden and Fred D. Reynolds, "Predicting Opinion Leadership for Men's Apparel Fashions," *Journal of Marketing Research* 1 (August 1972): 324–28. A modified version of the opinion leadership scale with improved reliability and validity appears in Terry L. Childers, "Assessment of the Psychometric Properties of an Opinion Leadership Scale," *Journal of Marketing Research* 23 (May 1986): 184–88.
51. Dan Seligman, "Me and Monica," *Forbes* (March 23, 1998): 76.
52. Gina Kolata, "Find Yourself Packing It On? Blame Friends," *New York Times* (July 26, 2007), www.nytimes.com, accessed July 26, 2007.
53. "Referrals Top Ads as Influence on Patients' Doctor Selections," *Marketing News* (January 30, 1987): 22.
54. Peter H. Reingen and Jerome B. Kernan, "Analysis of Referral Networks in Marketing: Methods and Illustration," *Journal of Marketing Research* 23 (November 1986): 370–78.
55. Peter H. Reingen, Brian L. Foster, Jacqueline Johnson Brown, and Stephen B. Seidman, "Brand Congruence in Interpersonal Relations: A Social Network Analysis," *Journal of Consumer Research* 11 (December 1984): 771–83; see also James C. Ward and Peter H. Reingen, "Sociocognitive Analysis of Group Decision-Making Among Consumers," *Journal of Consumer Research* 17 (December 1990): 245–62.
56. John Tierney, "Good News Beats Bad on Social Networks," *New York Times* (March 18, 2013), http://www.nytimes.com/2013/03/19/science/good-news-spreads-faster-on-twitter-and-facebook.html, accessed March 19, 2013.
57. The material in this section is adapted from Tracy Tuten and Michael R. Solomon, *Social Media Marketing* (Englewood Cliffs, NJ: Pearson, 2012).
58. Jenna Wortham, "Feel Like a Wallflower? Maybe It's Your Facebook Wall," *New York Times* (April 9, 2011), http://www.nytimes.com/2011/04/10/business/10ping.html?_r=0, accessed March 19, 2013; Lizzie Crocker, "Are Twentysomethings Too Afraid of Missing Out?" *The Daily Beast* (November 9, 2012), http://www.thedailybeast.com/articles/2012/11/09/are-twentysomethings-too-afraid-of-missing-out.html, accessed March 19, 2013.
59. Emily Burg, "Leverage User-Generated Content to Boost Brands," *Marketing Daily* (March 13, 2007), www.mediapost.com, accessed March 13, 2007.
60. Karlene Lukovitz, "Marketers Praise Skittles' Gutsy Site Move," *Marketing Daily* (March 3, 2009), www.mediapost.com, accessed March 3, 2009.
61. www.pandora.com, accessed June 15, 2011.

62. Barry Wellman, "Physical Place and Cyberplace: The Rise of Personalized Networking," *International Journal of Urban & Regional Research* 24, no. 2 (2001): 227–52.
63. Michael Waltzer, "Petite Lap Giraffe: A Tiny Viral Marketing Success," *Brandchannel* (April 5, 2011), http://www.brandchannel.com/home/post/2011/04/05/Petite-Lap-Giraffe.aspx, accessed June 15, 2011.
64. Mihaly Csikszentmihalyi, *Flow: The Psychology of Optimal Experience* (New York: HarperCollins, 1991); Donna L. Hoffman and Thomas P. Novak, "Marketing in Hypermedia Computer-Mediated Environments: Conceptual Foundations," *Journal of Marketing* (July 1996): 50–68.
65. Alexandra Marin and Barry Wellman, "Social Network Analysis: An Introduction," in *Handbook of Social Network Analysis* (London: Sage, 2010).
66. John Coate, "Cyberspace Innkeeping: Building Online Community" (1998), http://www.cervisa.com/innkeeping, accessed December 31, 2010.
67. T. B. Sheridan, "Further Musings on the Psychophysics of Presence," *Presence: Teleoperators and Virtual Environments* 5 (1994): 241–46.
68. Matthew Lombard and Theresa Ditton, "At the Heart of It All: The Concept of Presence," *Journal of Computer Mediated Communication* 3, no. 2 (1973), http://jcmc.indiana.edu/vol3/issue2/lombard.html, accessed December 31, 2010.
69. Chris Anderson, "The Economics of Giving It Away," *Wall Street Journal* (January 31, 2009), http://online.wsj.com/article/SB123335678420235003.html, accessed January 31, 2009.
70. Sangkil Moon, Paul K. Bergey, and Dawn Iacobucci, "Dynamic Effects Among Movie Ratings, Movie Revenues, and Viewer Satisfaction," *Journal of Marketing* 74 (January 2010): 108–21; http://www.yelp.com/search?find_desc=restaurants&find_loc=Philadelphia%2C+PA&ac-tion_search=Search, accessed May 31, 2011; Anya Kamenetz, "The Perils and Promise of the Reputation Economy," *Fast Company* (December 3, 2008), www.fastcompany.com/magazine/131/on-the-internet-every-one-knows-youre-a-dog.html, accessed December 3, 2008.
71. Cf. C. Page Moreau and Kelly B. Herd, "To Each His Own? How Comparisons with Others Influence Consumers' Evaluations of Their Self-Designed Products," *Journal of Consumer Research* 36, no. 5 (February 2010): 806–819; Wendy Liu and David Gal, "Bringing Us Together or Driving Us Apart: The Effect of Soliciting Consumer Input on Consumers' Propensity to Transact with an Organization," *Journal of Consumer Research* 38, no. 2 (August 2011): 242–259.
72. James Surowiecki, *The Wisdom of Crowds* (New York: Anchor, 2005); Jeff Howe, "The Rise of Crowdsourcing," *Wired* (June 2006), www.wired.com/wired/archive/14.06/crowds.html, accessed October 3, 2007.
73. Emma Hutchings, "Budweiser Will Crowdsource Its Next Beer," *Mashable* (November 7, 2012), http://mashable.com/2012/11/07/budweiser-crowdsourced-beer/, accessed March 19, 2013; Stephanie Buck, "Alexander Wang Teams Up with Samsung for Crowdsourced Handbag," *Mashable*(February11,2013),http://mashable.com/2013/02/11/alexander-wang-samsung/, accessed March 19, 2013.
74. Lauren Indvik, "ModCloth Launches Clothing Collection of User-Generated Designs," *Mashable* (May 23, 2012), http://mashable.com/2012/05/23/modcloth-user-generated-fashion-label/?WT.mc_id=en_business&utm_campaign=Business&utm_medium=email&utm_source=newsletter, accessed January 10, 2013; kickstarter.com, accessed March 19, 2013.
75. www.threadless.com, accessed March 19, 2013; Mark Weingarten, "Designed to Grow," *Business 2.0* (June 2007): 35–37. For a contrarian view, cf. Joseph P. Simmons, Leif D. Nelson, Jeff Galak, and Shane Frederick, "Intuitive Biases in Choice Versus Estimation: Implications for the Wisdom of Crowds," *Journal of Consumer Research* 38, no. 1 (June 2011): 1–15.
76. Ed Keller and Jon Berry. *The Influentials* (New York: Simon & Schuster, 2003).
77. "Introducing Peer Influence Analysis: 500 Billion Peer Impressions Each Year," *Empowered*, (April 20, 2010), http://forrester.typepad.com/groundswell/2010/04/introducing-peer-influence-analysis.html, accessed December 31, 2010.
78. "MySpace, Isobar & Carat, Never Ending Friending: A Journey into Social Networking," http://creative.myspace.com/groups/_ms/nef/images/40161_nef_onlinebook.pdf, accessed December 31, 2010; cf. also Malcolm Gladwell, *The Tipping Point* (New York: Little, Brown, 2000).
79. Jenna Wortham, "What's the Value of a Facebook Friend? About 37 Cents," *New York Times* (January 9, 2009), www.nytimes.com, accessed January 9, 2009.
80. Drew Elliott, "Opportunities for Brands in Social Games," *Ogilvy PR Blog* (May 2010), http://blog.ogilvypr.com/2010/05/opportunities-for-brands-in-social-games/, accessed July 12, 2010.
81. Andiara Petterle, "Reaching Latinos Through Virtual Goods," *Media Post* (June 10, 2010), http://www.mediapost.com/publications/?fa=Articles.showArticle&art_aid=129857, accessed July 13, 2010.
82. Adapted from Tracy Tuten and Michael R. Solomon, *Social Media Marketing* (Upper Saddle River, NJ: Pearson Education, 2012).
83. "Gagaville," http://gagaville.org/, accessed May 12, 2011.
84. Thomas Apperley, "Genre and Game Studies: Toward a Critical Approach to Video Game Genres," *Simulation & Gaming* 37, no. 1 (2006): 6–23.
85. Interactive Advertising Bureau, *IAB Game Advertising Platform Status Report*, http://www.iab.net/media/file/games-reportv4.pdf, accessed May 31, 2011.
86. Apperley, "Genre and Game Studies: Toward a Critical Approach to Video Game Genres."
87. Mike Snider, "Virtual Goods Spending Topped $2 Billion in U.S. in 2011," *Game Hunters* (February 29, 2012), http://content.usatoday.com/communities/gamehunters/post/2012/02/virtual-goods-spending-topped-2-billion-in-us-in-2011/1, accessed March 19, 2013; Janice Denegri-Knot and Mike Molesworth, "Concepts and Practices of Digital Virtual Consumption," *Consumption Markets & Culture* 13, no. 2 (2010): 109–32; Natalie T. Wood and Michael R. Solomon, "Adonis or Atrocious: Spokesavatars and Source Effects in Immersive Digital Environments," in Matthew S. Eastin, Terry Daugherty, and Neal M. Burns, eds., *Handbook of Research on Digital Media and Advertising: User Generated Content Consumption* (Hershey, PA IGI Global, 2011): 521–34.
88. Damien Cave, "Dogtown, U.S.A.," *New York Times* (June 12, 2005), www.nytimes.com, accessed June 12, 2005.
89. Emily Nelson, "Moistened Toilet Paper Wipes Out After Launch for Kimberly-Clark," *Wall Street Journal* (April 15, 2002), www.wsj.com, accessed April 15, 2002.
90. Robert Hof, "The Click Here Economy," *BusinessWeek* (June 22, 1998): 122–28.
91. Eric J. Arnould, "Toward a Broadened Theory of Preference Formation and the Diffusion of Innovations: Cases from Zinder Province, Niger Republic," *Journal of Consumer Research* 16 (September 1989): 239–67; Susan B. Kaiser, *The Social Psychology of Clothing* (New York: Macmillan, 1985); Thomas S. Robertson, *Innovative Behavior and Communication* (New York: Holt, Rinehart & Winston, 1971).
92. Jan-Benedict E. M. Steenkamp, Frenkel ter Hofstede, and Michel Wedel, "A Cross-National Investigation into the Individual and National Cultural Antecedents of Consumer Innovativeness," *Journal of Marketing* 63, no. 7 (1999): 55–69.
93. Susan L. Holak, Donald R. Lehmann, and Fareena Sultan, "The Role of Expectations in the Adoption of Innovative Consumer Durables: Some Preliminary Evidence," *Journal of Retailing* 63 (Fall 1987): 243–59.
94. DDB Signbank (April 25, 2012), http://issuu.com/jannekedekker/docs/trendreport, accessed March 19, 2013; Eric Pfanner, "Agencies Look Beyond Focus Groups to Spot Trends," *New York Times* (January 2, 2006), www.nytimes.com, accessed January 2, 2006.
95. "Trends in Japan," http://web-japan.org/trends/08_lifestyle/lif080707.html, accessed March 19, 2013.
96. Everett M. Rogers, *Diffusion of Innovations*, 3rd ed. (New York: Free Press, 1983).
97. For more details, see Gordon C. Bruner II and Anand Kumar, "Gadget Lovers," *Journal of the Academy of Marketing Science* 35, no. 3 (2007): 329–39.
98. Melanie Wallendorf, "The Formation of Aesthetic Criteria Through Social Structures and Social Institutions," in Jerry C. Olson, ed., *Advances in Consumer Research 7* (Ann Arbor, MI: Association for Consumer Research, 1980): 3–6.
99. For more details, see Kaiser, *The Social Psychology of Clothing*; George B. Sproles, "Behavioral Science Theories of Fashion," in Michael R. Solomon, ed., *The Psychology of Fashion* (Lexington, MA: Lexington Books, 1985): 55–70.
100. C. R. Snyder and Howard L. Fromkin, *Uniqueness: The Human Pursuit of Difference* (New York: Plenum Press, 1980).
101. Linda Dyett, "Desperately Seeking Skin," *Psychology Today* (May–June 1996): 14; Alison Lurie, *The Language of Clothes* (New York: Random House, 1981). Note: Until very recently, the study of fashion focused almost exclusively on women. Some researchers today also probe the meanings of the fashion system for men, but not nearly to the same extent. Cf., for example, Susan Kaiser, Michael Solomon, Janet Hethorn, Basil Englis, Van Dyk Lewis, and Wi-Suk Kwon, "Menswear, Fashion, and Subjectivity," paper presented in Special Session: Susan Kaiser, Michael Solomon, Janet Hethorn, and Basil Englis (Chairs), "What Do Men Want? Media Representations, Subjectivity, and Consumption," at the ACR Gender Conference, Edinburgh, Scotland, June 2006.
102. Harvey Leibenstein, *Beyond Economic Man: A New Foundation for Microeconomics* (Cambridge, MA: Harvard University Press, 1976).
103. Nara Schoenberg, "Goth Culture Moves into Mainstream," *Montgomery*

Advertiser (January 19, 2003): 1G.
104. Georg Simmel, "Fashion," *International Quarterly* 10 (1904): 130–55.
105. Maureen Tkacik, "'Z' Zips into the Zeitgeist, Subbing for 'S' in Hot Slang," *Wall Street Journal* (January 4, 2003), www.wsj.com, accessed January 4, 2003; Tkacik, "Slang from the 'Hood Now Sells Toyz in Target," *Wall Street Journal* (December 30, 2002), http://www.ytlcommunity.com/commnews/shownews.asp?newsid=5112, accessed September 13, 2011.
106. Grant D. McCracken, "The Trickle-Down Theory Rehabilitated," in Michael R. Solomon, ed., *The Psychology of Fashion* (Lexington, MA: Lexington Books, 1985): 39–54.
107. Charles W. King, "Fashion Adoption: A Rebuttal to the 'Trickle-Down' Theory," in Stephen A. Greyser, ed., *Toward Scientific Marketing* (Chicago: American Marketing Association, 1963): 108–25.
108. Alf H. Walle, "Grassroots Innovation," *Marketing Insights* (Summer 1990): 44–51.
109. Adapted from Tracy Tuten and Michael R. Solomon, *Social Media Marketing* (Upper Saddle River, NJ: Pearson, 2012); Jenna Wortham, "Once Just a Site with Funny Cat Pictures, and Now a Web Empire" (June 13, 2010), *New York Times,* http://www.nytimes.com/2010/06/14/technology/internet/14burger.html?emc=eta1, accessed June 23, 2011.
110. Robert V. Kozinets, "Fandoms' Menace/Pop Flows: Exploring the Metaphor of Entertainment as Recombinant/Memetic Engineering," *Association for Consumer Research* (October 1999). The new science of memetics, which tries to explain how beliefs gain acceptance and predict their progress, was spurred by Richard Dawkins who in the 1970s proposed culture as a Darwinian struggle among "memes" or mind viruses. See Geoffrey Cowley, "Viruses of the Mind: How Odd Ideas Survive," *Newsweek* (April 14, 1997): 14.
111. Malcolm Gladwell, *The Tipping Point* (New York: Little, Brown, 2000).
112. "Cabbage-Hatched Plot Sucks in 24 Doll Fans," *New York Daily News* (December 1, 1983).
113. www.Zoobles.com, accessed June 23, 2011; Ann Zimmerman, "How Toy Crazes Are Born: Collectibles Are Designed to Be Cute, Numerous, Affordable and Just Rare Enough," *Wall Street Journal* (December 16, 2010), http://online.wsj.com/article/SB10001424052748704828104576021430434938792.html, accessed April 28, 2011; John Lippman, "Creating the Craze for Pokémon: Licensing Agent Bet on U.S. Kids," *Wall Street Journal* (August 16, 1999), www.wsj.com, accessed August 16, 1999; "Turtlemania," *The Economist* (April 21, 1990): 32.
114. Anthony Ramirez, "The Pedestrian Sneaker Makes a Comeback," *New York Times* (October 14, 1990): F17.
115. Madden, "Japan's Latest Fads—Marketable in U.S.?"
116. Quoted in Stephen Brown and Anthony Patterson, "You're a Wizard, Harry!" Consumer Responses to the Harry Potter Phenomenon," *Advances in Consumer Research* 33, no. 1 (2006): 155–160.
117. B. E. Aguirre, E. L. Quarantelli, and Jorge L. Mendoza, "The Collective Behavior of Fads: The Characteristics, Effects, and Career of Streaking," *American Sociological Review* (August 1989): 569.
118. Surowiecki, *The Wisdom of Crowds*; Howe, "The Rise of Crowdsourcing."
119. Calvin Sims, "For Chic's Sake, Japanese Women Parade to the Orthopedist," *New York Times* (November 26, 1999), www.nytimes.com, accessed November 26, 1999.
120. Quoted in Suzanne Vranica, "Ad Houses Will Need to Be More Nimble, Clients Are Demanding More and Better Use of Consumer Data, Web," *Wall Street Journal* (January 2, 2008): B3.
121. John Markoff, "Internet Use Said to Cut into TV Viewing and Socializing," *New York Times on the Web* (December 30, 2004), http://www.nytimes.com/2004/12/30/technology/30internet.html?_r=1&scp=1&sq=John%20Markoff,%20%E2%80%9CInternet%20Use%20Said%20to%20Cut%20into%20TV%20Viewing%20and%20Socializing&st=cseM, accessed September 13, 2011.
122. http://www.surebzz.com, accessed December 18, 2013.

SECTION NIELSEN NUGGET

시나리오: Healthy Clean, Inc.는 "세균 소멸자(Germ Destructor)" 브랜드에서 표면 살균에 있어서 강한 존재감을 가지고 있다. 이 회사에게 손 위생 시장에 진입하는 것은 살균 해결의 완벽한 범위를 제공하고 카테고리 리더십을 유지하기 위해서 매우 중요하다. Healthy Clean은 손세정제(hand-wash) 시장에서 만지지 않아도 나오는 시스템(no-touch dispensing system)으로 진입하는 것이 어떤지 조사하기를 원한다.

과제: Healthy Clean은 다양한 제품 속성과 제품 컨셉의 일반적인 수용에 대한 소비자 지각을 이해하기 원한다. 다른 연구 대상들 중에서, Healthy Clean은 경쟁우위를 성취할 수 있는 시장을 결정하기를 원한다. 또한 이 회사는 조정이 필요하거나 고객 지각에 영향을 미칠 수 있는 제품 속성들을 규명하기 원한다.

제시된 데이터를 검토한 후에

1. 만약 신상품 출시를 진행한다면 Healthy Clean이 프로모션에서 강조해야하는 구체적 속성을 규명하라.
2. 만약 어떤 것이라도 리엔지니어링이 고려되어야 한다면, 구체적 속성을 규명하라.
3. 이 데이터에 의하면, 이 장에서 논의된 다속성 모델에서 어떤 마케팅 전략이 제안될 수 있는가?

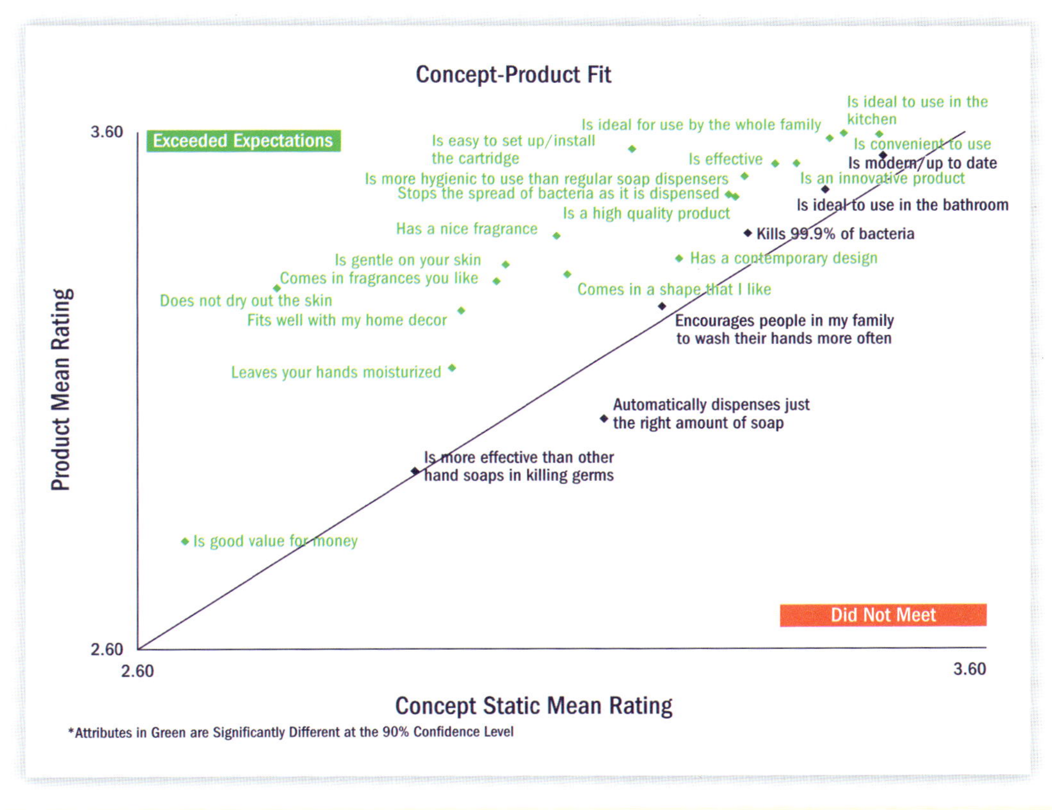